U0920561

中国特色社会主义年鉴

（2009）

中国社会科学院
马克思主义研究学部
马克思主义研究院
编

中国社会出版社

图书在版编目（CIP）数据

中国特色社会主义年鉴／中国社会科学院　马克思主义研究学部　马克思主义研究院编．
—北京：中国社会出版社，2009.10
ISBN 978－7－5087－2851－3

Ⅰ.中…　Ⅱ.①中…②马…③马…　Ⅲ.中国特色—社会主义建设模式—年鉴　Ⅳ.D616－54

中国版本图书馆 CIP 数据核字（2009）第 177724 号

书　　名：中国特色社会主义年鉴
编　　者：中国社会科学院　马克思主义研究学部　马克思主义研究院
责任编辑：袁美珍

出版发行：中国社会出版社　邮政编码：100032
通联方法：北京市西城区二龙路甲 33 号新龙大厦
电　话：（010）66080300　（010）66083600
（010）66085300　（010）66063678
邮购部：（010）66060275　电　传：（010）66051713
网　　址：www.shcbs.com.cn
经　　销：各地新华书店

印刷装订：中国电影出版社印刷厂
开　　本：185mm×260mm　1/16
印　　张：48.75
字　　数：1400 千字
版　　次：2009 年 11 月第 1 版
印　　次：2009 年 11 月第 1 次印刷
定　　价：230.00 元

2008年10月14日，中国社会科学院举行深入学习实践科学发展观动员大会，全国政协副主席、中国社会科学院院长陈奎元，常务副院长王伟光等院领导及中央指导检查组成员出席会议。

2008年10月15日，中国社会科学院马克思主义研究院举行回顾与展望：改革开放30年理论创新——暨马研院顾问特聘研究员座谈会。出席会议的有：王伟光、刘国光、逄先知、程恩富、吴恩远等领导和专家。

2008年10月16日，中国社会科学院学部主席团举办“马克思主义研究报告会”，学部主席团秘书长何秉孟出席会议，马克思主义研究学部委员靳辉明主持会议，学部主任程恩富、学部委员李崇富作报告。

2008年11月26日，马克思主义研究院举行“深入学习实践科学发展观活动——解放思想讨论会”，院长程恩富（右二）主持会议，党委书记侯惠勤（右三）作报告。

《中国特色社会主义年鉴》编委会

《中国特色社会主义年鉴》编辑部

编　目

目　录

第一编　重要文献

第二编　特　稿

第三编　中国特色社会主义的新进展

第四编　中国特色社会主义建设在地区的探索与实践

第五编　中国特色社会主义理论研究的新进展

第六编　研究成果选介

第七编　重要学术活动

第八编　中国特色社会主义建设事业大事记

第九编　院校风采

第　一　编

重　要　文　献

在纪念党的十一届三中全会召开30周年大会上的讲话

(2008年12月18日)

胡锦涛

同志们：

1978年12月18日，也就是30年前的今天，党的十一届三中全会隆重召开。这次会议，实现了新中国成立以来我们党历史上具有深远意义的伟大转折，开启了我国改革开放历史新时期。从此，党领导全国各族人民在新的历史条件下开始了新的伟大革命。

今天，我们在这里集会，纪念党的十一届三中全会召开30周年，就是要充分认识改革开放的重大意义和伟大成就，深刻总结改革开放的伟大历程和宝贵经验，坚持党的十一届三中全会精神，高举中国特色社会主义伟大旗帜，以马克思列宁主义、毛泽东思想、邓小平理论和“三个代表”重要思想为指导，深入贯彻落实科学发展观，在中国特色社会主义道路上，继续把改革开放伟大事业推向前进。

党的十一届三中全会是在党和国家面临向何处去的重大历史关头召开的。1976年10月粉碎“四人帮”之后，广大干部群众强烈要求纠正“文化大革命”的错误，彻底扭转十年内乱造成的严重局势，使党和国家从危难中重新奋起。但是，这一顺应时势的愿望遇到严重阻碍，党和国家工作在前进中出现徘徊局面。与此同时，世界经济快速发展，科技进步日新月异，国家建设百业待兴，真理标准讨论热潮涌起。国内外大势呼唤我们党尽快就关系党和国家前途命运的大政方针作出政治决断和战略抉择。

在邓小平同志领导下和其他老一辈革命家支持下，党的十一届三中全会开始全面认真纠正“文化大革命”中及其以前的“左”倾错误，坚决批判了“两个凡是”的错误方针，充分肯定了必须完整、准确地掌握毛泽东思想的科学体系，高度评价了关于真理标准问题的讨论，确定了解放思想、开动脑筋、实事求是、团结一致向前看的指导方针，果断停止使用“以阶级斗争为纲”的口号，作出了把党和国家工作中心转移到经济建设上来、实行改革开放的历史性决策。

党的十一届三中全会标志着我们党重新确立了马克思主义的思想路线、政治路线、组织路线，标志着中国共产党人在新的时代条件下的伟大觉醒，显示了我们党顺应时代潮流和人民愿望、勇敢开辟建设社会主义新路的坚强决心。在党的十一届三中全会春风吹拂下，神州大地万物复苏、生机勃发，拨乱反正全面展开，解决历史遗留问题有步骤进行，社会主义民主法制建设走上正轨，党和国家领导制度和领导体制得到健全，国家各项事业蓬勃发展。我们伟大的祖国迎来了思想的解放、经济的发展、政治的昌明、教育的勃兴、文艺的繁荣、科学的春天。党和国家又充满希望、充满活力地踏上了实现社会主义现代化的伟大征程。

新时期最鲜明的特点是改革开放。党带领人民进行改革开放，目的就是要解放和发展社会生产力，实现国家现代化，让中国人民富裕起来，振兴伟大的中华民族；就是要推动我国社会主义制度自我完善和发展，赋予社会主义新的生机活力，建设和发展中国特色社会主义；就是要在引领当代中国发展进步中加强和改进党的建设，保持和发展党的先进性，确保党始终走在时代前列。

30年来，以邓小平同志为核心的党的第二代中央领导集体、以江泽民同志为核心的党的第三代中央领导集体和党的十六大以来的中央领导集体，团结带领全党全国各族人民，承前启后，继往开来，接力推进改革开放伟大事业，谱写了中华民族自强不息、顽强奋进新的壮丽史诗。我们党先后召开6次全国代表大会、45次中央全会，及时研究新情况、解决新问题、总结新经验，集中全党全国各族人民智慧，形成了党的基本理论、基本路线、基本纲领、基本经验，制定和作出了指导改革开放和社会主义现代化建设的一整套方针政策和工作部署，成功开辟了中国特色社会主义道路。

今天，13亿中国人民大踏步赶上了时代潮流，稳定走上了奔向富裕安康的广阔道路，中国特色社会主义充满蓬勃生机，为人类文明进步作出重大贡献的中华民族以前所未有的雄姿巍然屹立在世界东方。

30年来，我们始终以改革开放为强大动力，在新中国成立以后取得成就的基础上，推动党和国家各项事业取得举世瞩目的新的伟大成就。

我们锐意推进各方面体制改革，使我国成功实现了从高度集中的计划经济体制到充满活力的社会主义市场经济体制的伟大历史转折。我们建立和完善社会主义市场经济体制，建立以家庭承包经营为基础、统分结合的农村双层经营体制，形成公有制为主体、多种所有制经济共同发展的基本经济制度，形成按劳分配为主体、多种分配方式并存的分配制度，形成在国家宏观调控下市场对资源配置发挥基础性作用的经济管理制度。在不断深化经济体制改革的同时，不断深化政治体制、文化体制、社会体制以及其他各方面体制改革，不断形成和发展符合当代中国国情、充满生机活力的新的体制机制，为我国经济繁荣发展、社会和谐稳定提供了有力制度保障。

我们不断扩大对外开放，使我国成功实现了从封闭半封闭到全方位开放的伟大历史转折。我们坚持对外开放的基本国策，打开国门搞建设，加快发展开放型经济。从建立经济特区到开放沿海、沿江、沿边、内陆地区再到加入世界贸易组织，从大规模“引进来”到大踏步“走出去”，利用国际国内两个市场、两种资源水平显著提高，国际竞争力不断增强。从1978年到2007年，我国进出口总额从206亿美元提高到21737亿美元、跃居世界第三，外汇储备跃居世界第一，对外投资大幅增长，实际使用外资额累计近10000亿美元。广泛深入的国际合作加快了我国经济发展，也为世界经济发展作出了重大贡献。

我们坚持以经济建设为中心，我国综合国力迈上新台阶。从1978年到2007年，我国国内生产总值由3645亿元增长到24.95万亿元，年均实际增长9.8%，是同期世界经济年均增长率的3倍多，我国经济总量上升为世界第四。我们依靠自己力量稳定解决了13亿人口吃饭问题。我国主要农产品和工业品产量已居世界第一，具有世界先进水平的重大科技创新成果不断涌现，高新技术产业蓬勃发展，水利、能源、交通、通信等基础设施建设取得突破性进展，生态文明建设不断推进，城乡面貌焕然一新。

我们着力保障和改善民生，人民生活总体上达到小康水平。这30年是我国城乡居民收入增长最快、得到实惠最多的时期。从1978年到2007年，全国城镇居民人均可支配收入由343元增加到13786元，实际增长6.5倍；农民人均纯收入由134元增加到4140元，实际增长6.3倍；农村贫困人口从2.5亿减少到1400多万。城市人均住宅建筑面积和农村人均住房面积成倍增加。群众家庭财产普遍增多，吃穿住行用水平明显提高。改革开放前长期困扰我们的短缺经济状况已经从根本上得到改变。

我们大力发展社会主义民主政治，人民当家作主权利得到更好保障。政治体制改革不断深化，人民代表大会制度、中国共产党领导的多党合作和政治协商制度、民族区域自治制度以及基层群众自治制度日益完善，中国特色社会主义法律体系基本形成，依法治国基本方略有效实施，社会主义法治国家建设取得重要进展，公民有序政治参与不断扩大，人权事业全面发展。爱国统一战线发展壮大，政党关系、民族关系、宗教关系、阶层关系、海内外同胞关系更加和谐。

我们大力发展社会主义先进文化，人民日益增长的精神文化需求得到更好满足。社会主义核心价值体系建设取得重大进展，马克思主义思想理论建设卓有成效，群众性精神文明创建活动、公民道德建设、青少年思想道德建设全面推进，文化事业生机盎然，文化产业空前繁荣，国家文化软实力不断增强，人们精神世界日益丰富，全民族文明素质明显提高，中华民族的凝聚力和向心力显著增强。

我们大力发展社会事业，社会和谐稳定得到巩固和发展。城乡免费九年义务教育全面实现，高等教育总规模、大中小学在校生数量位居世界第一，办学质量不断提高。就业规模持续扩大，全社会创业活力明显增强。社会保障制度建设加快推进，覆盖城乡居民的社会保障体系初步形成。公共卫生服务体系和基本医疗服务体系不断健全，新型农村合作医疗制度覆盖全国。社会管理不断改进，社会大局保持稳定。

我们坚持党对军队绝对领导，国防和军队建设取得重大成就。军队革命化、现代化、正规化建设全面加强，新时期军事战略方针扎实贯彻，中国特色军事变革加速推进，中国特色精兵之路成功开辟，裁减军队员额任务顺利完成，军队武器装备建设成效显著。军队、武警部队停止一切经商活动。军政军民团结不断巩固。人民军队履行新世纪新阶段历史使命能力全面增强，在保卫祖国、建设祖国特别是抗击各种自然灾害中发挥了重要作用。

我们成功实施“一国两制”基本方针，祖国和平统一大业迈出重大步伐。香港、澳门回归祖国，“一国两制”、“港人治港”、“澳人治澳”、高度自治的方针得到全面贯彻执行，香港特别行政区、澳门特别行政区保持繁荣稳定。祖国大陆同台湾的经济文化交流和人员往来不断加强，两岸政党交流成功开启，两岸全面直接双向“三通”迈出历史性步伐，反对“台独”分裂活动斗争取得重要成果，两岸关系和平发展呈现新的前景。

我们坚持奉行独立自主的和平外交政策，全方位外交取得重大成就。我们恪守维护世界和平、促进共同发展的外交政策宗旨，同发达国家关系全面发展，同周边国家睦邻友好不断深化，同发展中国家传统友谊更加巩固。我国积极参与多边事务，承担相应国际义务。我国国际地位和国际影响显著上升，在国际事务中发挥了重要建设性作用。

我们坚持党要管党、从严治党，党的领导水平和执政水平、拒腐防变和抵御风险能力明显提高。党的建设新的伟大工程全面推进，执政能力建设和先进性建设深入进行，思想理论建设成效显著，党内民主不断扩大，党内生活准则和制度不断健全，党的各级组织不断加强，干部队伍和人才队伍朝气蓬勃，党的作风建设全面加强，党内法规更加完善，反腐倡廉建设深入推进，党领导改革开放和社会主义现代化建设能力显著提高，党在中国特色社会主义事业中的领导核心作用不断增强。

30年来，国际局势风云变幻，改革任务艰巨繁重，党和人民经历和战胜了前所未有的严峻考验和挑战。我们从容应对一系列关系我国主权和安全的国际突发事件，战胜在政治、经济领域和自然界出现的困难和风险。无论是面对东欧剧变、苏联解体和国内严重政治风波，还是面对西化、分化图谋和所谓的“制裁”，无论是面对历史罕见的洪涝、雨雪冰冻、地震等重大自然灾害和非典等重大疫病，还是面对亚洲金融危机和当前这场国际金融危机，党和人民始终同心同德、奋勇向前。特别是在决定党和国家前途命运的重大历史关头，我们党紧紧依靠全国各族人民，坚持党的十一届三中全会以来的路线不动摇，排除各种干扰，坚定不移地捍卫中国特色社会主义伟大事业，保证了改革开放和社会主义现代化建设航船始终沿着正确方向破浪前进。今年以来，抗击南方部分地区严重低温雨雪冰冻灾害和四川汶川特大地震灾害斗争取得重大胜利，北京奥运会、残奥会圆满成功，神舟七号载人航天飞行任务顺利完成，应对国际金融危机取得积极成效，这些都生动展现了在改革开放中不断发展壮大的中国共产党和中国社会主义国家政权的伟大力量，展现了阔步前进的13亿中国人民的伟大力量，展现了改革开放的伟大力量，展现了中国特色社会主义的伟大力量。

经过30年的不懈奋斗，我们胜利实现了我们党提出的现代化建设“三步走”战略的前两步战略目标，正在向第三步战略目标阔步前进。30年的伟大成就，为我们党、我们国家、我们人民继续前进奠定了坚实基础。实践充分证明，党的十一届三中全会以来我们党团结带领人民开辟的中国特色社会主义道路、形成的理论和路线方针政策是完全正确的。党的十一届三中全会的伟大意义和深远影响，已经、正在并将进一步在党和国家事业蓬勃发展的进程中充分显现出来。

改革开放的伟大成就，是全党全国各族人民团结奋斗的结果。一切亲身经历了这30年伟大变革并贡献了自己力量的中华儿女，一切关心祖国命运的华夏子孙，都有理由为我国改革开放的历史性成就感到自豪。在这里，我代表党中央、国务院，向各条战线上为改革开放和社会主义现代化建设贡献了智慧和力量的广大工人、农民、知识分子、干部、解放军指战员、武警部队官兵、公安民警，向各民主党派、各人民团体、各界爱国人士，致以崇高的敬意！向为祖国现代化建设和祖国和平统一大业作出积极努力的香港特别行政区同胞、澳门特别行政区同胞、台湾同胞和海外侨胞，致以诚挚的问候！向一切关心和支持中国现代化建设的外国朋友和世界各国人民，表示衷心的感谢！

此时此刻，我们更加深切地怀念毛泽东同志、邓小平同志等老一辈革命家。没有以毛泽东同志为核心的党的第一代中央领导集体团结带领全党全国各族人民浴血奋斗，就没有新中国，就没有中国社会主义制度。没有以邓小平同志为核心的党的第二代中央领导集体团结带领全党全国各族人民改革创新，就没有改革开放历史新时期，就没有中国特色社会主义。此时此刻，我们要向以江泽民同志为核心的党的第三代中央领导集体致以崇高的敬意，他们团结带领全党全国各族人民高举邓小平理论伟大旗帜，继承和发展了改革开放伟大事业，把这一伟大事业成功推向21世纪。全党全国各族人民要永远铭记党的三代中央领导集体的伟大历史功绩！

同志们！

改革开放以来我们取得一切成绩和进步的根本原因，归结起来就是：开辟了中国特色社会主义道路，形成了中国特色社会主义理论体系。在30年的创造性实践中，我们经过艰辛探索，积累了宝贵经验。概括起来说，就是党的十七大阐明的“十个结合”。

（一）必须把坚持马克思主义基本原理同推进马克思主义中国化结合起来，解放思想、实事求是、与时俱进，以实践基础上的理论创新为改革开放提供理论指导。30年来，我国改革开放取得伟大成功，关键是我们既坚持马克思主义基本原理、又根据当代中国实践和时代发展不断推进马克思主义中国化，形成和发展了包括邓小平理论、“三个代表”重要思想以及科学发展观等重大战略思想在内的中国特色社会主义理论体系，赋予当代中国马克思主义勃勃生机。

马克思主义是我们立党立国的根本指导思想。坚持和巩固马克思主义指导地位，是党和人民团结一致、始终沿着正确方向前进的根本思想保证。同时，马克思主义只有同本国国情和时代特征紧密结合，在实践中不断丰富和发展，才能更好发挥指导实践的作用。党的十一届三中全会重新确立了党的思想路线，这就是：一切从实际出发，理论联系实际，实事求是，在实践中检验真理和发展真理。在改革开放实践中，我们坚持解放思想和实事求是的统一，大力发扬求真务实精神，不断深化对共产党执政规律、社会主义建设规律、人类社会发展规律的认识，自觉把思想认识从那些不合时宜的观念、做法和体制的束缚中解放出来，从对马克思主义的错误的和教条式的理解中解放出来，从主观主义和形而上学的桎梏中解放出来，以实践基础上的理论创新回答了一系列重大理论和实际问题，为改革开放提供了体现时代性、把握规律性、富于创造性的理论指导，开辟了马克思主义新境界。中国特色社会主义理论体系是马克思主义中国化最新成果，是党最可宝贵的政治和精神财富，是全国各族人民团结奋斗的共同思想基础，是扎根于当代中国的科学社会主义。我们要始终坚持用中国特色社会主义理论体系武装全党、教育人民，不断提高全党的马克思主义理论水平，使中国特色社会主义理论体系更加深入人心、更好发挥指导作用。

（二）必须把坚持四项基本原则同坚持改革开放结合起来，牢牢扭住经济建设这个中心，始终保持改革开放的正确方向。30年来，我们毫不动摇地坚持党的基本路线，既以四项基本原则保证改革开放的正确方向，又通过改革开放赋予四项基本原则新的时代内涵，坚持把以经济建设为中心同四项基本原则、改革开放这两个基本点统一于发展中国特色社会主义的伟大实践，使中国特色社会主义在当今世界的深刻变化和当代中国的深刻变革中牢牢站住了、站稳了，成为充满生机活力的社会主义。

我们党作出我国仍处于并将长期处于社会主义初级阶段的科学论断，形成了党在社会主义初级阶段的基本路线，这就是：领导和团结全国各族人民，以经济建设为中心，坚持四项基本原则，坚持改革开放，自力更生，艰苦创业，为把我国建设成为富强民主文明和谐的社会主义现代化国家而奋斗。以经济建设为中心是兴国之要，是我们党、我们国家兴旺发达和长治久安的根本要求。四项基本原则是立国之本，是我们党、我们国家生存发展的政治基石；改革开放是强国之路，是我们党、我们国家发展进步的活力源泉。一个中心、两个基本点，是相互贯通、相互依存、不可分割的统一整体，须臾不可偏离、丝毫不可偏废，必须全面坚持、一以贯之。离开经济建设这个中心，社会主义社会的一切发展和进步就会失去物质基础；离开四项基本原则和改革开放，经济建设就会迷失方向和丧失动力。发展中国特色社会主义，最根本的就是一切都要从社会主义初级阶段这个最大的实际出发。在社会主义初级阶段这个不发达阶段，社会主要矛盾是人民日益增长的物质文化需要同落后的社会生产之间的矛盾。这就决定了社会主义的根本任务是解放和发展社会生产力，不断改善人民生活。中国解决所有问题的关键在于依靠自己的发展。30 年来，我们既毫不动摇地坚持发展是硬道理的战略思想，牢牢扭住经济建设这个中心，不断解放和发展社会生产力，不断夯实我国社会主义制度的物质基础，又毫不动摇地坚持四项基本原则、坚持改革开放。党的基本路线是兴国、立国、强国的重大法宝，是实现科学发展的政治保证，是党和国家的生命线、人民群众的幸福线。我们要始终坚持党的基本路线不动摇，做到思想上坚信不疑、行动上坚定不移，决不走封闭僵化的老路，也决不走改旗易帜的邪路，而是坚定不移地走中国特色社会主义道路。

（三）必须把尊重人民首创精神同加强和改善党的领导结合起来，坚持执政为民、紧紧依靠人民、切实造福人民，在充分发挥人民创造历史作用中体现党的领导核心作用。30 年来，我们坚持人民创造历史这一马克思主义科学原理，真诚代表中国最广大人民的根本利益，紧紧依靠人民，最广泛地调动人民群众的积极性、主动性、创造性，从人民中汲取智慧，加强和改善党的领导，使党得到人民充分信赖和拥护，始终发挥领导核心作用，为改革开放和社会主义现代化建设凝聚起强大力量、提供根本政治保证。

人民群众是党的力量源泉和胜利之本。改革开放是人民的要求和党的主张的内在统一，是亿万人民自己的事业。我们坚持一切为了群众、一切依靠群众，从群众中来，到群众中去，把党的正确主张变为群众的自觉行动，坚持尊重社会发展规律与尊重人民历史主体地位的一致性，坚持为崇高理想奋斗与为最广大人民谋利益的一致性，坚持完成党的各项工作与实现人民利益的一致性。我们把人民拥护不拥护、赞成不赞成、高兴不高兴、答应不答应作为制定各项方针政策的出发点和落脚点，一切以是否有利于发展社会主义社会生产力、有利于增强社会主义国家综合国力、有利于提高人民生活水平这“三个有利于”为根本判断标准，坚持问政于民、问需于民、问计于民，既通过提出和贯彻正确的理论和路线方针政策带领人民前进，又从人民的实践创造和发展要求中获得前进动力。我们尊重人民主体地位，发挥人民首创精神，贯彻尊重劳动、尊重知识、尊重人才、尊重创造的重大方针，坚持全心全意依靠工人阶级，发挥我国工人阶级和农民阶级、其他劳动群众推动我国生产力发展基本力量的作用，又支持新的社会阶层发挥中国特色社会主义事业建设者的作用，使全体人民都满腔热情地投身改革开放伟大事业。我们坚持全心全意为人民服务的根本宗旨，坚持立党为公、执政为民，通过改革发展为人民群众造福，实现好、维护好、发展好最广大人民的根本利益。我们要始终坚持同广大人民群众心连心、同呼吸、共命运，在人民的实践创造中吸取营养，丰富和完善党的主张，使我们党在世界形势深刻变化的历史进程中始终走在时代前列，在应对国内外各种风险考验的历史进程中始终成为全国各族人民的主心骨，在发展中国特色社会主义的历史进程中始终成为坚强领导核心。

（四）必须把坚持社会主义基本制度同发展市场经济结合起来，发挥社会主义制度的优越性和市场配置资源的有效性，使全社会充满改革发展的创造活力。30 年来，我们既在深刻而广泛的变革中坚持社会主义基本制度，又创造性地在社会主义条件下发展市场经济，使经济活动遵循价值规律的要求，不断解放和发展社会生产力，增强综合国力，提高人民生活水平，更好实现经济建设这个中心任务。建立和完善社会主义市场经济体制，是我们党对马克思主义和社会主义的历史性贡献。

我们党带领人民干的是社会主义事业，必须坚持党的领导、保证人民当家作主，必须坚持公有制为主体、按劳分配为主体，同时又必须积极探索能够极大解放和发展社会生产力、充分发挥全社会发展积极性的体制机制，放手让一切劳动、知识、技术、管理、资本的活力竞相迸发，让一切创造社会财富的源泉充分涌流。我们党提出把社会主义市场经济体制确立为我国经济体制改革的目标模式，正确解决了关系整个社会主义现代化建设全局的一个重大问题。我们着力建立和完善社会主义市场经济体制，发挥市场在资源配置中的基础性作用，推动建立现代产权制度和现代企业制度，同时又注重加强和完善国家对经济的宏观调控，克服市场自身存在的某些缺陷，促进国民经济充满活力、富有效率、健康运行。我们毫不动摇地巩固和发展公有制经济、发挥国有经济主导作用，积极推行公有制多种有效实现形式，增强国有经济活力、控制力、影响力，同时又毫不动摇地鼓励、支持、引导非公有制经济发展，形成各种所有制经济平等竞争、相互促进新格局。我们坚持和完善按劳分配为主体、多种分配方式并存的分配制度，既鼓励先进、促进发展，又注重社会公平、防止两极分化。我们要始终坚持社会主义市场经济的改革方向，继续完善社会主义市场经济体制，继续加强和改善宏观调控体系，不断为经济社会又好又快发展提供强大动力。

（五）必须把推动经济基础变革同推动上层建筑改革结合起来，不断推进政治体制改革，为改革开放和社会主义现代化建设提供制度保证和法制保障。30年来，我们既积极推进经济体制改革，又积极推进政治体制改革，发展社会主义民主政治，建设社会主义法治国家，保证人民当家作主，不断推动我国社会主义上层建筑与经济基础相适应，社会主义民主政治展现出更加旺盛的生命力。

我国是工人阶级领导的、以工农联盟为基础的人民民主专政的社会主义国家。人民民主是社会主义的生命，人民当家作主是社会主义民主政治的本质和核心。没有民主就没有社会主义，就没有社会主义现代化。我们顺应经济社会发展变化、适应人民政治参与积极性不断提高，以保证人民当家作主为根本，以增强党和国家活力、调动人民积极性为目标，不断发展社会主义政治文明。我们依法实行民主选举、民主决策、民主管理、民主监督，保障人民的知情权、参与权、表达权、监督权，坚持科学执政、民主执政、依法执政，推进决策科学化、民主化，最广泛地动员和组织人民依法管理国家事务和社会事务、管理经济和文化事业。我们坚持科学立法、民主立法，建立和完善中国特色社会主义法律体系，树立社会主义法治理念，坚持公民在法律面前一律平等，尊重和保障人权，推进依法行政，深化司法体制改革，推进国家各项工作法治化，维护社会公平正义，维护社会主义法制的统一、尊严、权威。我国政治体制改革是社会主义政治制度自我完善和发展，必须坚持中国特色社会主义政治发展道路，坚持党的领导、人民当家作主、依法治国有机统一，坚持社会主义政治制度的特点和优势，坚持从我国国情出发。我们需要借鉴人类政治文明有益成果，但绝不照搬西方政治制度模式。我们要始终坚定不移地发展社会主义政治文明，深化政治体制改革，坚持和完善人民代表大会制度、中国共产党领导的多党合作和政治协商制度、民族区域自治制度以及基层群众自治制度，壮大爱国统一战线，推进社会主义民主政治制度化、规范化、程序化，更好保证人民当家作主，巩固和发展民主团结、生动活泼、安定和谐的政治局面。

（六）必须把发展社会生产力同提高全民族文明素质结合起来，推动物质文明和精神文明协调发展，更加自觉、更加主动地推动文化大发展大繁荣。30年来，我们既重视物的发展即社会生产力的发展，又重视人的发展即全民族文明素质的提高，坚持物质文明和精神文明两手抓，实行依法治国和以德治国相结合，以科学的理论武装人、以正确的舆论引导人、以高尚的情操塑造人、以优秀的作品鼓舞人，着力培育有理想、有道德、有文化、有纪律的公民，不断提高全民族的思想道德素质和科学文化素质，为改革开放和社会主义现代化建设提供强大精神动力和智力支持、营造良好舆论环境。

中国特色社会主义是全面发展、全面进步的事业，是物质文明和精神文明相辅相成、协调发展的事业。物质贫乏不是社会主义，精神空虚也不是社会主义。人的素质是历史的产物，又给历史以巨大影响。任何时候都不能以牺牲精神文明为代价换取经济的一时发展。我们把社会主义核心价值体系建设作为主线，贯穿到国民教育和精神文明建设全过程，坚持不懈地用马克思主义中国化最新成果武装全党、教育人民，用中国特色社会主义共同理想凝聚力量，用以爱国主义为核心的民族精神和以改革创新为核心的时代精神鼓舞斗志，用社会主义荣辱观引领风尚，巩固全党全国各族人民团结奋斗的共同思想基础。我们积极探索用社会主义核心价值体系引领社会思潮的有效途径，既尊重差异、包容多样，又有力抵制各种错误和腐朽思想的影响。我们着力发展面向现代化、面向世界、面向未来的，民族的科学的大众的社会主义文化，贴近实际、贴近生活、贴近群众，深化文化体制改革，大力推进文化创新，激发全民族文化创造活力，提高国家文化软实力，推动文化事业和文化产业不断发展、文化市场更加繁荣，使人民基本文化权益得到更好保障。我们要始终坚持社会主义先进文化前进方向，兴起社会主义文化建设新高潮，在中国特色社会主义的伟大实践中进行文化创造，让人民共享文化发展成果，使社会文化生活更加丰富多彩、人民精神风貌更加昂扬向上。

（七）必须把提高效率同促进社会公平结合起来，实现在经济发展的基础上由广大人民共享改革发展成果，推动社会主义和谐社会建设。30 年来，我们既高度重视通过提高效率来增强社会活力、促进经济发展，又高度重视在经济发展的基础上通过实现社会公平来促进社会和谐，坚持以人为本，以解决人民最关心最直接最现实的利益问题为重点，着力发展社会事业，着力完善收入分配制度，保障和改善民生，走共同富裕道路，努力形成全体人民各尽其能、各得其所而又和谐相处的局面，为改革开放和社会主义现代化建设营造良好社会环境。

实现社会公平正义是中国特色社会主义的内在要求，处理好效率和公平的关系是中国特色社会主义的重大课题。讲求效率才能增添活力，注重公平才能促进和谐，坚持效率和公平有机结合才能更好体现社会主义的本质。我们通过深化改革、实行正确方针政策，努力提高全社会推动经济发展和其他各项事业发展的积极性，最大限度激发全社会的创造活力和发展活力。同时，在我国改革发展关键阶段，在经济体制深刻变革、社会结构深刻变动、利益格局深刻调整、思想观念深刻变化的条件下，我们把提高效率同更加注重社会公平结合起来，最大限度增加和谐因素，最大限度减少不和谐因素，不断促进经济效率提高、促进社会和谐。我们把实现好、维护好、发展好最广大人民的根本利益作为党和国家一切工作的出发点和落脚点，坚持发展为了人民、发展依靠人民、发展成果由人民共享，优先发展教育，大力促进就业，不断提高城乡居民收入，加快建立覆盖城乡居民的社会保障体系，加快发展医疗卫生事业，切实加强社会管理，加强生态文明建设，努力使全体人民学有所教、劳有所得、病有所医、老有所养、住有所居。我们要始终按照民主法治、公平正义、诚信友爱、充满活力、安定有序、人与自然和谐相处的总要求，大力发展社会事业，促进社会公平正义，努力形成社会和谐人人有责、和谐社会人人共享的生动局面。

（八）必须把坚持独立自主同参与经济全球化结合起来，统筹好国内国际两个大局，为促进人类和平与发展的崇高事业作出贡献。30 年来，我们既高度珍惜并坚定不移地维护中国人民经过长期奋斗得来的独立自主权利，又坚持对外开放的基本国策，始终站在国际大局与国内大局相互联系的高度审视中国和世界的发展问题，思考和制定中国的发展战略，坚持独立自主的和平外交政策，坚持和平发展道路，坚持互利共赢的开放战略，推动建设持久和平、共同繁荣的和谐世界，为我国发展争取良好国际环境，也为世界和平与发展作出重要贡献。

当代中国的前途命运已日益紧密地同世界的前途命运联系在一起。中国的发展离不开世界，世界的发展也需要中国。在当今世界，任何国家关起门来搞建设都是不能成功的。我们全面分析判断世界多极化趋势增强、经济全球化深入发展的外部环境，全面把握当今世界发展变化带来的机遇和挑战，既坚持独立自主，又勇敢参与经济全球化。在我们这样一个人口众多的发展中社会主义大国，任何时候都必须把独立自主、自力更生作为自己发展的根本基点，任何时候都要坚持中国人民自己选择的社会制度和发展道路，始终把国家主权和安全放在第一位，坚决维护国家主权、安全、发展利益，坚持中国的事情按照中国的情况来办、依靠中国人民自己的力量来办，坚决反对外部势力干涉我国内部事务。对于一切国际事务，都要从中国人民的根本利益和各国人民的共同利益出发、根据事情本身的是非曲直确定我们的立场和政策，按照冷静观察、沉着应对的方针和相互尊重、求同存异的精神进行处理，不屈从于任何外来压力。同时，我们在坚持和平共处五项原则的基础上同所有国家开展交流合作，积极促进世界多极化、推进国际关系民主化，尊重世界多样性，反对霸权主义和强权政治。我们不断扩大对外开放，把“引进来”和“走出去”紧密结合起来，认真学习借鉴人类社会创造的一切文明成果，坚持趋利避害，形成经济全球化条件下参与国际经济合作和竞争新优势，推动经济全球化朝着均衡、普惠、共赢方向发展，共同呵护人类赖以生存的地球家园，促进人类文明繁荣进步。我们要始终高举和平、发展、合作旗帜，既利用和平的国际环境发展自己，又通过自己的发展维护世界和平。

（九）必须把促进改革发展同保持社会稳定结合起来，坚持改革力度、发展速度和社会可承受程度的统一，确保社会安定团结、和谐稳定。30 年来，我们既大力推进改革发展，又正确处理改革发展稳定关系，坚持改革是动力、发展是目的、稳定是前提，把不断改善人民生活作为处理改革发展稳定关系的重要结合点，在社会稳定中推进改革发展，通过改革发展促进社会稳定，在当今世界发生广泛而深刻的变化、当代中国发生广泛而深刻的变革的大环境下，始终保持社会大局稳定。

实现改革发展稳定的统一，是关系我国社会主义现代化建设全局的重要指导方针。推动社会主义现代化不断前进，必须自觉调整和改革生产关系与生产力、上层建筑与经济基础不相适应的方面和环节。我们既坚定不移地大胆探索、勇于创新，又总揽全局、突出重点，先易后难、循序渐进，在实践中积累经验，不断提高改革决策的科学性、增强改革措施的协调性，推进经济体制、政治体制、文化体制、社会体制以及其他各方面体制改革相协调，使改革获得广泛而深厚的群众基础。我们及时总结改革的实践经验，对的就坚持，不对的赶快改，新问题出来抓紧研究解决。同时，我们深刻认识到，发展是硬道理，稳定是硬任务；没有稳定，什么事情也办不成，已经取得的成果也会失去。我们正确把握和处理经济社会生活中出现的各种矛盾，加强和改进思想政治工作，健全党和政府主导的维护群众权益机制，及时妥善处理人民内部矛盾，依法打击各种违法犯罪活动，警惕和防范国内外敌对势力的渗透破坏活动，坚决维护社会稳定和国家安全。我们要始终从维护我国发展的重要战略机遇期、维护国家安全、维护最广大人民根本利益的高度出发，全面把握我国社会稳定大局，有效应对影响社会稳定的各种问题和挑战，确保人民安居乐业、社会安定有序、国家长治久安。

（十）必须把推进中国特色社会主义伟大事业同推进党的建设新的伟大工程结合起来，加强党的执政能力建设和先进性建设，提高党的领导水平和执政水平、拒腐防变和抵御风险能力。30年来，我们既紧紧围绕推进中国特色社会主义事业来推进党的建设，又通过加强和改进党的建设来推进中国特色社会主义事业，顺应世情、国情、党情的新变化，明确党的历史方位，坚持党要管党、从严治党，坚持以改革创新精神加强党的自身建设，不断提高党的执政能力、保持和发展党的先进性，不断增强党的阶级基础和扩大党的群众基础，不断提高拒腐防变和抵御风险能力，始终保持党同人民群众的血肉联系，使党始终成为中国特色社会主义事业的坚强领导核心。

坚持和改善党的领导，是我们事业胜利前进的根本保证。要把十几亿人的思想和力量统一和凝聚起来，齐心协力发展中国特色社会主义，没有中国共产党的坚强统一领导是不可设想的。我们深刻认识到，党的先进性和党的执政地位都不是一劳永逸、一成不变的，过去先进不等于现在先进，现在先进不等于永远先进；过去拥有不等于现在拥有，现在拥有不等于永远拥有。党要承担起人民和历史赋予的重大使命，必须认真研究自身建设遇到的新情况新问题，在领导改革发展中不断认识自己、加强自己、提高自己。我们坚持不懈地加强党的自身建设，在不断解放思想中统一全党思想，在加强党的执政能力建设和先进性建设中推进高素质干部队伍建设，在增强党的阶级基础的同时扩大党的群众基础，在继承党的优良传统的同时弘扬时代精神，使党始终坚持工人阶级先锋队、中国人民和中华民族先锋队的性质，坚持马克思主义指导地位，坚持全心全意为人民服务的宗旨，发扬优良传统和作风，不断增强创造力、凝聚力、战斗力。我们高度重视提高党员、干部队伍素质特别是思想政治素质，使广大党员、干部坚持把党和人民利益摆在第一位，牢记“两个务必”，做到权为民所用、情为民所系、利为民所谋，坚持讲党性、重品行、作表率，经受住长期执政考验、改革开放考验、发展社会主义市场经济考验。我们要始终坚持以改革创新精神加强党的建设，把党的执政能力建设和先进性建设作为主线，坚持党要管党、从严治党，贯彻为民、务实、清廉的要求，以坚定理想信念为重点加强思想建设，以造就高素质党员、干部队伍为重点加强组织建设，以保持党同人民群众的血肉联系为重点加强作风建设，以健全民主集中制为重点加强制度建设，以完善惩治和预防腐败体系为重点加强反腐倡廉建设，使党始终成为立党为公、执政为民，求真务实、改革创新，艰苦奋斗、清正廉洁，富有活力、团结和谐的马克思主义执政党。

30年来，我们在一个十几亿人口的发展中社会主义大国取得的摆脱贫困、加快现代化进程、巩固和发展社会主义的宝贵经验，闪耀着马克思主义的真理光芒，是辩证唯物主义和历史唯物主义的胜利。我国人口多、底子薄，发展很不平衡。我们在推进改革开放和社会主义现代化建设中所肩负任务的艰巨性和繁重性世所罕见，我们在改革发展稳定中所面临矛盾和问题的规模和复杂性世所罕见，我们在前进中所面对的困难和风险也世所罕见。要妥善解决这些矛盾和问题、战胜这些困难和风险，就必须善于从千头万绪、纷繁复杂的事物和事物的普遍联系中抓住主要矛盾和矛盾的主要方面，同时又必须善于统筹协调、把握平衡，在事物的普遍发展中形成有利于突破主要矛盾和矛盾主要方面的合力，不断提高驾驭复杂局面、解决复杂问题能力，不断推动经济社会向前发展。

30年来，我们党的全部理论和全部实践，归结起来就是创造性地探索和回答了什么是马克思主义、怎样对待马克思主义，什么是社会主义、怎样建设社会主义，建设什么样的党、怎样建设党，实现什么样的发展、怎样发展等重大理论和实际问题。30年的历史经验归结到一点，就是把马克思主义基本原理同中国具体实际相结合，走自己的路，建设中国特色社会主义。30年的经验是极为宝贵的财富，全党同志要倍加珍惜和自觉运用这些宝贵经验。

同志们！

中华民族具有五千多年的悠久历史。在漫长的历史长河中，我国各族人民团结奋斗、自强不息，开发了祖国的锦绣河山，创造了灿烂的中华文明，为人类文明进步作出了不可磨灭的巨大贡献。鸦片战争以后，由于西方列强的侵略和封建统治的腐朽，中国逐步沦为半殖民地半封建社会，国家积贫积弱，社会战乱不已，人民生灵涂炭。为了实现中华民族伟大复兴，无数仁人志士奋起寻求救国救民、振兴中华的道路。近一个世纪以来，我国先后发生三次伟大革命。第一次革命是孙中山先生领导的辛亥革命，推翻了统治中国几千年的君主专制制度，为中国的进步打开了闸门。第二次革命是中国共产党领导的新民主主义革命和社会主义革命，推翻了帝国主义、封建主义、官僚资本主义在中国的统治，建立了新中国，确立了社会主义制度，为当代中国一切发展进步奠定了根本政治前提和制度基础。第三次革命是我们党领导的改革开放这场新的伟大革命，引领中国人民走上了中国特色社会主义广阔道路，迎来中华民族伟大复兴光明前景。

我们的伟大目标是，到我们党成立100年时建成惠及十几亿人口的更高水平的小康社会，到新中国成立100年时基本实现现代化，建成富强民主文明和谐的社会主义现代化国家。只要我们不动摇、不懈怠、不折腾，坚定不移地推进改革开放，坚定不移地走中国特色社会主义道路，就一定能够胜利实现这一宏伟蓝图和奋斗目标。

30年来，我们取得了伟大成就，但同我们的远大目标相比，同人民群众对美好生活的期待相比，我们没有任何理由骄傲自满、固步自封。我们必须清醒地看到，我国仍处于并将长期处于社会主义初级阶段的基本国情没有变，人民日益增长的物质文化需要同落后的社会生产之间的矛盾这一社会主要矛盾没有变，当前我国发展呈现出一系列新的阶段性特征。我国生产力水平总体上还不高，自主创新能力还不强，长期形成的结构性矛盾和粗放型增长方式尚未根本改变，影响发展的体制机制障碍依然存在，城乡贫困人口和低收入人口还有相当数量，农业基础薄弱、农村发展滞后的局面尚未改变，缩小城乡、区域发展差距和促进经济社会协调发展任务艰巨，社会建设和管理面临诸多新课题，党和国家工作中还存在缺点和不足，人民群众还有不少不满意的地方。在前进道路上，我们还会遇到这样那样的困难和风险。改革发展任重道远。全党同志一定要更加兢兢业业地工作，永远不辜负人民的信任和期望。全国各族人民一定要更加同心同德地奋斗，永远保持和发扬自强不息的进取精神。

党的十一届三中全会以来30年的伟大历程和伟大成就深刻昭示我们：改革开放是决定当代中国命运的关键抉择，是发展中国特色社会主义、实现中华民族伟大复兴的必由之路；只有社会主义才能救中国，只有改革开放才能发展中国、发展社会主义、发展马克思主义；改革开放符合党心民心、顺应时代潮流，方向和道路是完全正确的，成效和功绩不容否定，停顿和倒退没有出路。

在新的国际国内形势下和新的历史起点上，我们必须坚定不移地坚持党的十一届三中全会以来开辟的中国特色社会主义道路，坚定不移地坚持党的基本理论、基本路线、基本纲领、基本经验，勇于变革、勇于创新，永不僵化、永不停滞，不为任何风险所惧，不被任何干扰所惑，继续奋勇推进改革开放和社会主义现代化事业。

我们一定要坚持高举中国特色社会主义伟大旗帜，继续推进马克思主义中国化。高举中国特色社会主义伟大旗帜，最根本的就是要坚持中国特色社会主义道路和中国特色社会主义理论体系。经过30年的实践探索和理论创新，我们对中国特色社会主义在认识上更深化、把握上更深刻了。中国特色社会主义道路，就是在中国共产党领导下，立足基本国情，以经济建设为中心，坚持四项基本原则，坚持改革开放，解放和发展社会生产力，巩固和完善社会主义制度，建设社会主义市场经济、社会主义民主政治、社会主义先进文化、社会主义和谐社会，建设富强民主文明和谐的社会主义现代化国家。在当代中国，坚持中国特色社会主义道路，就是真正坚持社会主义；坚持中国特色社会主义理论体系，就是真正坚持马克思主义。《共产党宣言》问世以来160年的实践证明，马克思主义是与时俱进的开放的理论体系。中国特色社会主义理论体系，既展现了当代中国马克思主义的勃勃生机，又为我们继续进行理论创新打开了广阔空间。发展中国特色社会主义是一项长期历史任务，必须坚持不懈地为之奋斗。发展中国特色社会主义理论体系也是一项长期历史任务，必须随着中国特色社会主义实践的发展而发展。我们要坚持解放思想、实事求是、与时俱进，坚持以我国改革开放和现代化建设的实际问题、以我们正在做的事情为中心，着眼于马克思主义理论的运用，着眼于对实际问题的理论思考，着眼于新的实践和新的发展，深入研究和回答重大理论和现实问题，不断把党带领人民创造的成功经验上升为理论，不断赋予当代中国马克思主义鲜明的实践特色、民族特色、时代特色，不断推动当代中国马克思主义大众化，让当代中国马克思主义放射出更加灿烂的真理光芒。

我们一定要坚持改革开放的正确方向，着力构建充满活力、富有效率、更加开放、有利于科学发展的体制机制。这30年来，中国人民的面貌、社会主义中国的面貌、中国共产党的面貌之所以能够发生历史性变化，最根本的就是我们在党的基本路线指引下始终坚持改革开放的正确方向。中国未来的发展也必须靠改革开放。实践永无止境，探索和创新也永无止境。世界上没有放之四海而皆准的发展道路和发展模式，也没有一成不变的发展道路和发展模式。我们既不能把书本上的个别论断当作束缚自己思想和手脚的教条，也不能把实践中已见成效的东西看成完美无缺的模式。我们要适应国内外形势新变化、顺应人民新期待，坚定信心，砥砺勇气，坚持不懈地把改革创新精神贯彻到治国理政各个环节，继续推进经济体制、政治体制、文化体制、社会体制改革创新，加快重要领域和关键环节改革步伐，坚决破除一切妨碍科学发展的思想观念和体制机制弊端，促进现代化建设各个环节、各个方面相协调，促进生产关系与生产力、上层建筑与经济基础相协调，不断完善适合我国国情的发展道路和发展模式。我们要坚持对外开放的基本国策，拓展对外开放广度和深度，提高开放质量，完善内外联动、互利共赢、安全高效的开放型经济体系，加强同世界各国的经济技术交流合作，继续以自己的和平发展促进世界各国共同发展。

我们一定要坚持抓好发展这个党执政兴国的第一要务，更好地做到发展成果由人民共享。在当前国际形势深刻变化特别是国际金融危机不断扩散和蔓延的情况下，我们要更加自觉、更加坚定地牢牢扭住经济建设这个中心，继续聚精会神搞建设、一心一意谋发展，坚持走生产发展、生活富裕、生态良好的文明发展道路。要深入贯彻落实科学发展观，坚持第一要义是发展、核心是以人为本、基本要求是全面协调可持续、根本方法是统筹兼顾，按照统筹城乡发展、统筹区域发展、统筹经济社会发展、统筹人与自然和谐发展、统筹国内发展和对外开放的要求，着力把握发展规律、创新发展理念、转变发展方式、破解发展难题，全面推进社会主义现代化事业，更好实施科教兴国战略、人才强国战略、可持续发展战略，加快推进经济结构战略性调整，加快提高自主创新能力、建设创新型国家，加快建设资源节约型、环境友好型社会，不断增强经济实力、科技实力、综合国力，提高国际竞争力和抗风险能力，为发展中国特色社会主义打下坚实基础。我们要切实实施好进一步扩大内需、促进经济增长的各项措施，妥善应对国际金融危机以及来自国际经济环境的各种风险，全力保持经济平稳较快发展。我们党领导人民全面建设小康社会、进行改革开放和社会主义现代化建设的根本目的，是要通过发展社会生产力，不断提高人民物质文化生活水平，促进人的全面发展。我们要时刻把群众的安危冷暖放在心上，真诚倾听群众呼声，真实反映群众愿望，真情关心群众疾苦，多为群众办好事、办实事，特别是要千方百计帮助困难群众排忧解难，切实抓好地震灾区灾后恢复重建，切实保障人民经济、政治、文化、社会权益，不断促进社会和谐稳定。

我们一定要坚持戒骄戒躁、艰苦奋斗，不断开创改革开放和社会主义现代化事业新局面。我们的事业是面向未来的事业。实现全面建设小康社会的目标还需要继续奋斗十几年，基本实现现代化还需要继续奋斗几十年，巩固和发展社会主义制度则需要几代人、十几代人甚至几十代人坚持不懈地努力奋斗。艰苦奋斗是我们的传家宝。我们党靠艰苦奋斗起家，我们的事业靠艰苦奋斗发展壮大，我们的幸福生活和美好未来也要靠艰苦奋斗去开创、去实现。全党全国各族人民要长期奋斗、顽强奋斗、不懈奋斗。我们要增强忧患意识，始终居安思危，保持清醒头脑，充分估计前进道路上种种可以预料和难以预料的困难和风险，进一步抓住和用好我国发展的重要战略机遇期，不断创造新的业绩。我们要增强学习的紧迫感和自觉性，刻苦学习马克思列宁主义、毛泽东思想特别是邓小平理论、“三个代表”重要思想以及科学发展观等重大战略思想，学习做好工作所需要的一切新知识，坚持求真务实，加强战略思维，树立世界眼光，提高对发展中国特色社会主义的规律性认识，增强工作的原则性、系统性、预见性、创造性，提高推动科学发展、促进社会和谐能力。我们要深入开展党风廉政建设和反腐败斗争，坚持标本兼治、综合治理、惩防并举、注重预防的方针，继续旗帜鲜明地反对腐败，切实改进作风，始终保持共产党人的蓬勃朝气、昂扬锐气、浩然正气。我们要自觉维护全党的团结统一，保持党同人民群众的血肉联系，巩固全国各族人民的大团结，加强海内外中华儿女的大团结，促进中国人民同世界各国人民的大团结，进一步把我们自己的事情办好，在发展中国特色社会主义的历史画卷上描绘出更新更美的图画。

同志们!

我们取得的成就已经载入史册，新的更加艰巨繁重的任务正摆在我们面前。我们的事业崇高而神圣，我们的前景光明而美好，我们的责任重大而光荣。让我们更加紧密地团结起来，坚定不移地沿着党的十一届三中全会以来开辟的中国特色社会主义道路奋勇前进，继续解放思想，坚持改革开放，推动科学发展，促进社会和谐，为夺取全面建设小康社会新胜利、开创中国特色社会主义事业新局面、实现中华民族伟大复兴而团结奋斗，努力为人类作出新的更大的贡献!

全国人民代表大会常务委员会工作报告

——2008 年 3 月 8 日在第十一届全国人民代表大会第一次会议上

吴邦国

各位代表:

我受十届全国人大常委会委托，向大会报告五年来的主要工作，并对下一步工作提出建议，请予审议。

过去的五年，是我国改革开放和全面建设小康社会取得重大进展的五年，也是社会主义民主法制建设和人民代表大会制度建设取得重大进展的五年。十届全国人大常委会认真贯彻落实党的十六大和十七大精神，以邓小平理论和“三个代表”重要思想为指导，深入贯彻落实科学发展观，坚持党的领导、人民当家作主、依法治国有机统一，围绕党和国家工作大局依法履行职责，在前几届工作的基础上与时俱进，开创了人大工作新局面，为坚持和完善人民代表大会制度、发展社会主义民主政治，为坚持改革开放、推动科学发展、促进社会和谐，作出了重要贡献。

一、关于立法工作

立法权是宪法和法律赋予全国人大及其常委会的重要职权。十届全国人大常委会从一开始就明确提出任期内“以基本形成中国特色社会主义法律体系为目标、以提高立法质量为重点”的立法工作思路，并以此指导立法工作。五年来，共审议宪法修正案草案、法律草案、法律解释草案和有关法律问题的决定草案 106 件，通过了其中的 100 件。到目前为止，我国现行有效的法律共 229 件，涵盖宪法及宪法相关法、民商法、行政法、经济法、社会法、刑法、诉讼及非诉讼程序法等七个法律部门；现行有效的行政法规近600件，地方性法规7000多件。以宪法为核心，以法律为主干，包括行政法规、地方性法规等规范性文件在内的，由七个法律部门、三个层次法律规范构成的中国特色社会主义法律体系已经基本形成，国家经济、政治、文化、社会生活的各个方面基本做到有法可依，为依法治国、建设社会主义法治国家、实现国家长治久安提供了有力的法制保障。

（一）相继完成一批重要立法项目。法律是党的主张和人民意志的统一。坚持服从服务于党和国家工作大局，是做好立法工作、提高立法质量的基本前提。我们按照党和国家的战略部署和重大决策，以改革开放和社会主义现代化建设伟大实践作为立法基础，根据经济社会发展的客观需要，把在中国特色社会主义法律体系中起支架作用、现实生活迫切需要、立法条件比较成熟的立法项目作为立法重点，使党的主张经过法定程序成为国家意志，将改革开放和社会主义现代化建设的成功经验以法律形式固定下来，在加强经济领域立法的同时着力加强社会领域立法，在制定新法律的同时注重现行法律的修改完善，一批重要的立法项目相继完成。

根据中共中央关于修改宪法部分内容的建议，审议通过宪法修正案，确立“三个代表”重要思想在国家社会生活中的指导地位，把党的十六大确定的重大理论观点、重大方针政策载入宪法，并在宪法中明确国家尊重和保障人权、依法保护公民的财产权和继承权，这充分体现了党的主张和人民意志的统一，成为我国宪政史上又一重要里程碑。制定反分裂国家法，把党和国家对台工作的大政方针和政策措施以法律形式固定下来，充分体现我们以最大诚意、尽最大努力实现两岸和平统一的一贯主张，同时表明全中国人民为维护国家主权和领土完整，绝不允许任何人以任何名义任何方式把台湾从祖国分裂出去的共同意志和坚定决心，为反对和遏制“台独”分裂活动、促进祖国和平统一提供了有力的法律保障。根据香港特别行政区基本法的立法原意，对基本法及其附件有关条款作出解释并通过相关决定，对保障基本法正确实施、推进香港民主健康发展、维护香港长期繁荣稳定发挥了不可替代的作用。制定监督法，完善各级人大常委会监督的形式和程序，有力地推动了人大监督工作的制度化、规范化、程序化。制定公务员法，贯彻党的干部路线方针政策，为推进干部人事制度改革提供了有力的法律保障。

适应发展社会主义市场经济的客观需要，全面推进经济法制建设。依据宪法精神制定物权法，对涉及物权制度的共性问题作出规定。物权法以明确物的归属，发挥物的效用，保护权利人的物权为立法宗旨，进一步完善了中国特色社会主义物权法律制度。遵循优胜劣汰的市场法则，制定适用于所有企业法人的企业破产法，规范企业破产程序，确立了企业有序退出市场的法律制度。根据我国国情制定反垄断法，确立了与我国经济发展阶段相适应的预防和制止垄断、保护和促进公平竞争的法律制度，有利于维护市场经济秩序，保护消费者权益，促进技术进步。为加强金融监管，维护金融秩序，制定银行业监督管理法、反洗钱法，修改中国人民银行法、商业银行法、证券法等，完善了金融法律制度。按照税收制度改革目标，制定企业所得税法，统一内外资企业所得税，规范了税前扣除标准和税收优惠政策。三次修改个人所得税法，减轻了中低工薪收入者的纳税负担，加强了对高收入者的税收征管。作出废止农业税条例的决定，结束两千多年农民种田纳税的历史，向实行城乡统一税制迈出了重要一步。制定农民专业合作社法，对提高农民的组织化程度，促进农业产业化经营具有重要意义。还制定了可再生能源法，修改了节约能源法，审议了循环经济法草案等资源环境方面的法律。

按照构建社会主义和谐社会的要求，着力加强社会领域立法。健全劳动和社会保障方面的法律制度，事关劳动者切身利益，事关社会和谐稳定，是社会领域立法的一个重点。2007年一年内，常委会先后通过了劳动合同法、就业促进法、劳动争议调解仲裁法，审议了社会保险法草案。针对代表反映强烈的社会领域问题，全面修订义务教育法，将义务教育经费保障机制以法律形式固定下来，将实施素质教育写入法律，将义务教育均衡发展作为目标确定下来。修改妇女权益保障法，第一次在法律上明确实行男女平等是国家的基本国策。修改未成年人保护法，进一步强化家庭、学校、社会、政府的保护责任，突出未成年人受教育权。

（二）妥善解决立法中遇到的矛盾和问题。立法是国家的一项基本政治活动。坚持正确的指导思想，是做好立法工作、提高立法质量的根本保证。我们在立法工作中始终坚持以宪法为依据，坚持正确的政治方向，坚持以人为本，坚持从我国国情和实际出发，以改革创新精神，正确处理立法中遇到的矛盾和问题。

物权法是在市场经济条件下规范民事财产关系的基本法律。物权法的制定涉及我国基本经济制度，关系广大人民群众切身利益，备受社会关注，从研究起草到颁布实施历时13年。十届全国人大常委会高度重视物权法的立法工作，采取积极慎重的态度，投入很大精力，做了大量工作，对原草案作了重大修改。经多次审议，十届全国人大五次会议高票通过的物权法，体现了社会主义基本经济制度，遵循了平等保护物权的原则，强化了国有资产保护，贯彻了现阶段党在农村的基本政策，规范了现实生活中群众最为关注的问题。根据物权法立法宗旨，为保护国有资产权益，防止国有资产流失，常委会还审议了国有资产法草案。

监督法涉及我国政治制度和国家体制，从六届全国人大开始酝酿，到颁布实施历时20年。十届全国人大常委会本着对党和人民高度负责的精神，在认真总结实践经验、广泛听取意见的基础上，对草案作了重大修改，调整了监督法的适用范围，重点规范了各级人大常委会最为关注、最希望规范的问题，正确处理了加强人大监督工作和坚持党的领导的关系，正确处理了加强人大监督工作和支持“一府两院”依法开展工作的关系，充分体现了坚持党的领导、人民当家作主、依法治国有机统一。

在前两届工作基础上，我们重新起草了企业破产法草案，并就优先清偿破产企业所欠职工工资和基本养老、医疗保险费用等重大问题，在与国务院及有关方面充分协商的基础上，作出特别规定，切实维护了破产企业职工的合法权益。针对社会普遍关注的防止外资以并购国内企业或者其他方式实行垄断经营的问题，反垄断法明确规定，涉及国家安全的，除依法对经营者集中进行审查之外，还应当按照国家有关规定进行国家安全审查，既有利于扩大对外开放，又有利于维护国家经济安全。

针对行政许可法草案审议中分歧意见比较大的问题，常委会坚持合法与合理、效能与便民、权力与责任相统一的原则，重视对被许可人合法权益的保护，明确行政许可的范围和设定权限，取消部门规章设定行政许可的权力，对省级人民政府规章设定行政许可作出限制。审议修改治安管理处罚法草案，既注意赋予公安机关和人民警察必要的权力，又注意对权力的行使加以规范和监督，以切实维护公民合法权益和社会公共秩序。

（三）积极推进科学立法、民主立法。坚持走群众路线、充分发扬民主、扩大公民对立法工作的有序参与，是做好立法工作、提高立法质量的重要途径。十届全国人大常委会以改革创新精神，积极探索科学立法、民主立法的有效形式。

一是先后将物权法草案、劳动合同法草案、就业促进法草案和水污染防治法修订草案全文向社会公布，广泛听取各方面尤其是基层群众的意见。二是举行全国人大及其常委会历史上第一次立法听证会，就修改个人所得税法涉及的工薪所得减除费用标准问题，直接听取公众和有关方面意见。三是提请审议的法律草案印发有关中央和国家机关、地方和单位，召开各种形式座谈会征求意见，对法律草案中专业性强的问题，召开论证会，组织专家充分论证。四是物权法、企业所得税法等重要法律草案在大会审议前，组织代表提前审阅和讨论，充分听取代表意见，修改完善法律草案。五是认真执行审次制度，对于法律关系复杂、分歧意见较大的法律草案，采取积极慎重的态度，需要调研的深入调研，需要协商的耐心协商，需要论证的充分论证，反复审议修改完善，在各方面基本取得共识后再提请表决。监督法、行政许可法、劳动合同法、居民身份证法等法律草案都经过4次审议。物权法草案先后审议了8次，这在我国立法史上是空前的。

二、关于监督工作

监督权是宪法和法律赋予全国人大及其常委会的又一重要职权。十届全国人大常委会从一开始就确定了“围绕中心、突出重点、讲求实效”的监督工作思路，不断深化对人大监督工作的认识，形成一套行之有效的工作机制和方法，取得了党和人民满意的效果，也为监督法的制定和实施提供了实践基础。五年来，共听取和审议国务院、最高人民法院、最高人民检察院的41个专项工作报告，15个决算、审计和计划执行情况报告；由副委员长带队，就22件法律的实施情况组织了25次执法检查；受理群众来信47万多件次，接待来访21万批次。

（一）进一步突出监督重点。人大监督工作涉及方方面面，要增强实效，很重要的一条就是要使人大监督工作与党和国家工作大局紧紧相扣、与人民群众普遍呼声息息相应。为此，我们根据党的十六大以来的重大战略部署、代表提出的意见和建议、群众反映集中的问题，确定监督重点，选择经过努力可以解决的突出问题作为突破口，举一反三，以点带面，不断充实监督内容，使人大监督工作更有深度、更具实效。

常委会在加强对预算、计划和宏观调控等经济工作监督的同时，主要对以下五个方面的工作开展监督：（1）围绕建设社会主义新农村，推动解决“三农”工作中的突出问题；（2）围绕建设资源节约型、环境友好型社会，推动实现节能减排目标；（3）围绕建设创新型国家，推动提高自主创新能力；（4）围绕促进公正司法，推动解决群众反映的突出问题；（5）围绕构建社会主义和谐社会，推动解决群众普遍关注的民生问题。

常委会一直高度重视“三农”工作。针对粮食播种面积大量减少、违法占用耕地现象严重等问题，从2003年开始，连续三年把粮食安全和耕地保护作为推动“三农”工作的突破口，2006年以后，根据中央战略部署，又把监督“三农”工作的侧重点放在全面推进社会主义新农村建设上，五年来先后组织了4次执法检查，听取了4个专项工作报告。经各地区、各部门共同努力，我国粮食产量连续四年稳定增长，农村居民人均纯收入从2003年的2622元增长到2007年的4140元，农村基础设施和农民生活条件不断改善，社会主义新农村建设正在扎实向前推进。

资源环境问题始终是常委会监督工作的又一个重点，我们连续几年把推动实现节能减排目标作为监督资源环境工作的重点，着重加强对水、大气和固体废物污染防治以及节能工作的监督，督促有关方面切实重视资源环境问题，促进“十一五”规划纲要确定的节能减排目标的实现。针对科技进步对经济增长贡献率偏低、对外技术依存度过高、科研投入不足等问题，我们把增强自主创新能力作为建设创新型国家的关键，推动有关方面贯彻落实全国科技大会精神和国家中长期科学和技术发展规划纲要。

民族区域自治法、归侨侨眷权益保护法的执法检查，是这两部法律颁布实施以来的第一次。民族区域自治法执法检查，把推动民族地区经济社会发展作为重点，督促有关方面抓紧制定和完善配套法规及政策，切实加大对民族地区和少数民族尤其是人口较少民族的扶持力度。归侨侨眷权益保护法执法检查，把推动解决华侨农场30万职工的生产生活困难作为重点，提出分阶段解决历史遗留问题的思路和建议，有力地促进了华侨农场的改革和发展。

这里还要一提的是，2003年、2004年，面对突如其来的非典疫情和高致病性禽流感，常委会及时调整监督计划，专门安排听取和审议国务院专项工作报告，检查传染病防治法、动物防疫法和固体废物污染环境防治法的实施情况，推动有关方面建立和实施突发公共卫生事件应急机制。

（二）不断完善监督方式。常委会在监督工作中发现的问题，既有工作层面的问题，也有法律层面的问题，还有一些是长期积累的问题。为了增强监督工作的针对性，我们有意识地把听取审议专项工作报告与执法检查结合起来，把推动改进工作和修改完善法律结合起来，着力加强跟踪监督。对属于工作层面的问题，推动有关方面改进工作、解决问题；对属于法律层面的问题，及时修改有关法律，为相关工作提供法律保障；对代表普遍关注的重点难点问题，反复督查、一抓到底。监督方式的不断完善，使人大监督工作更有针对性、更具活力。

针对近年来人民群众反映强烈的上学难、上学贵等问题，2004年对义务教育法进行执法检查，明确提出建立义务教育经费保障机制、修改义务教育法等重要建议。根据常委会的建议，国务院及时研究起草了义务教育法修订草案。2006年结合审议义务教育法修订草案，听取和审议普及义务教育和实施素质教育的专项工作报告。2007年又对新修订的义务教育法开展执法检查，重点检查义务教育经费保障机制落实情况，有力地促进了义务教育法的贯彻实施和义务教育的均衡发展。

水污染防治工作是一项艰巨而长期的任务。针对水污染日益加剧的严峻形势，我们采取多种形式、连续不断地跟踪监督。2004年听取审议水资源节约保护和合理利用情况的专项工作报告；2005年对水污染防治法和水法进行执法检查；2006年结合听取审议水环境形势和水污染防治的专项工作报告，再次检查水污染防治法的实施情况；2007年结合听取审议节约能源保护环境情况的专项工作报告，又对淮河、辽河流域水污染防治情况进行跟踪检查。

（三）努力增强监督实效。人大对“一府两院”的监督是代表国家和人民进行的具有法律效力的监督。我们始终坚持服从服务于党和国家工作大局，坚持依法按程序办事，坚持集体行使职权，在充分调查研究、掌握大量第一手材料的基础上，提出中肯的、切实可行的意见和建议，着力推动有关方面解决带有普遍性、倾向性的问题，着力促进有关方面建立解决问题的长效机制。国务院、最高人民法院、最高人民检察院高度重视全国人大常委会提出的意见和建议，做了大量认真细致的工作。在各方面共同努力下，一些事关全局而又长期得不到解决的问题，通过人大监督工作取得了实实在在的效果。

推动解决拖欠出口退税问题。2003 年，常委会经过深入调查研究，向国务院提出三条建议：一是确保不再发生新的拖欠，二是用中央财政超收收入尽快解决历史拖欠，三是改革出口退税机制。根据常委会的建议，国务院连续四年从超收收入中共拿出 2422 亿元用于解决出口退税历史欠账，及时作出改革出口退税机制的决定，有力地推动了拖欠出口退税问题的解决。

推动解决拖欠农民工工资和职工工资问题。2003 年，针对建筑法执法检查和人民群众来信来访反映的问题，要求各级政府及有关部门采取切实措施解决拖欠农民工工资问题。通过工会法、劳动法执法检查，明确提出在 2007 年底前基本解决职工工资和社保资金历史拖欠问题的建议。据统计，到 2006 年底，2003 年以前累计拖欠的农民工工资 337 亿元已经全部偿付。到 2007 年底，全国多数省份基本解决职工工资历史拖欠问题，少数清欠任务重的老工业基地省份，也有望在 2008 年上半年偿还历史拖欠的职工工资。

推动加强安全生产工作。2005 年，检查安全生产法实施情况，针对煤矿安全生产形势严峻问题，明确提出用两年左右时间使重特大瓦斯爆炸事故有较大幅度下降、争取用三年时间解决非法小煤矿问题等建议。国务院高度重视这些意见，立即召开常务会议，就安全生产工作进行专题研究和部署。到 2007 年底累计关闭非法小煤矿 1.12 万处，2007 年煤矿重特大瓦斯事故起数和死亡人数比 2005 年分别下降 46.3% 和 65.4%。

促进公正司法。针对代表和群众反映强烈的超期羁押问题，推动并支持最高人民法院、最高人民检察院及公安部，集中开展了全面清理超期羁押专项工作，制定了预防和纠正超期羁押问题的具体规定，实行羁押期限告知、期限届满提示、超期投诉和责任追究等制度，历史遗留的超期羁押案件基本得到纠正。为了从制度和机制上促进公正司法，要求审判机关和检察机关从容易发生问题的岗位和环节入手，建立健全各项制度，完善内部监督机制。最高人民法院、最高人民检察院高度重视常委会的意见，法院系统从立案、审判、执行和审判监督等重要环节及规范法官行为等重点方面，完善监督制度和措施；检察院系统强化经常性监督，开展专项检查和清理，加强检察队伍建设，取得了积极成效。同时，我们还督促和推动有关方面切实解决基层法院、检察院人员编制和经费保障等方面的实际困难。

三、关于代表工作

全国人大代表是最高国家权力机关组成人员。做好代表工作是常委会的重要责任。十届全国人大常委会高度重视发挥代表作用，形成和完善了一套支持和保障代表依法行使职权的制度和办法，代表工作迈上新台阶。五年来，共办理代表议案 3772 件，代表建议 29323 件，邀请代表 663 人次列席常委会会议，1700 人次参加执法检查和立法调研等，组织代表 5354 人次参加专题调研、9000 人次参加集中视察，举办代表培训和专题研讨班 14 期，共有 1050 名代表参加培训。

（一）把充分发挥代表作用作为坚持和完善人民代表大会制度的重要内容。人民代表大会制度是我们国家的政体。人大代表具有广泛的群众基础，反映人民的意见和要求，代表人民行使国家权力。根据党的十六大和十六届四中全会精神，经过深入调查研究，我们起草了关于进一步发挥代表作用加强常委会制度建设的若干意见。2005 年 5 月，中共中央以 9 号文件批转了这个意见，进一步明确了坚持和完善人民代表大会制度、做好新形势下人大工作的方向和重点。我们认真贯彻落实中央 9 号文件精神，进一步深化做好代表工作重要性的认识，把充分发挥代表作用作为坚持和完善人民代表大会制度的重要内容，制定关于代表活动、代表议案、代表建议等方面的工作文件，促进了代表工作制度化、规范化、程序化，不仅使代表作用得到进一步发挥，也使常委会工作保持旺盛活力。

（二）把支持和保障代表依法履职作为充分发挥代表作用的重要举措。全国人大机关作为全国人大代表的集体参谋助手和服务班子，按照中央 9 号文件的要求，加强和改进服务保障工作，为代表依法行使职权创造条件。一是在继续办好形势报告会和向代表寄送有关公报的同时，大幅增加向代表提供书面材料的种类，帮助代表更多地了解全局的情况。二是在大会前组织代表审阅和讨论准备提交大会审议的重要议案和报告，并根据代表的意见对报告和议案作出修改。三是扩大代表对常委会活动的参与，并使之规范化、制度化。邀请列席常委会会议的代表，从原来的每次10名左右增加到40名左右；参加常委会执法检查和立法调研等活动的代表人数，也有较大幅度的增长。四是在继续组织代表集中视察的同时，从2005年开始，每年都统一组织代表开展专题调研，共形成490篇调研报告，许多调研成果在国家重大决策中发挥了积极作用。五是加强代表履职培训，编写人大代表依法履职读本，还在省级人大常委会机关设立全国人大代表联络处，增加代表活动经费，代表服务工作得到加强。

（三）把增强代表议案建议办理实效作为支持和保障代表依法履职的重要环节。认真办理代表议案建议，是国家机关的法定职责。我们在提高议案建议办理质量上取得了明显成效。

代表议案在立法中的作用得到进一步发挥。一是制定立法规划和年度立法计划时，充分考虑代表议案提出的立法项目。共有2177件代表议案涉及的92个立法项目列入了立法规划和年度立法计划。二是起草和审议法律草案时，邀请提出议案的领衔代表参加，并充分听取相关代表的意见。共有1132件代表议案涉及的48个立法项目已经审议通过，代表的意见和建议在通过的法律中得到很好体现。三是对代表议案比较集中的食品安全法等立法项目，督促有关方面抓紧起草，及时提请审议。四是以内容比较完整、质量比较高、立法条件比较成熟的代表议案为基础，经过规范完善直接形成法律草案。“申诉难”和“执行难”是社会反映强烈的问题，湖南等代表团部分代表在深入调查研究、广泛听取意见、认真总结经验的基础上，于十届全国人大五次会议期间提出修改民事诉讼法的议案及修正案建议稿。常委会作出的关于修改民事诉讼法的决定，就是在这个代表议案的基础上形成的。这在全国人大常委会立法工作中还是第一次。

代表建议办理采取了一些新的做法。一是在加强综合分析、实行统一交办的基础上，将代表反映比较集中的突出问题作为办理重点，由有关专门委员会负责督办。二是对涉及多个部门的代表建议，由主办单位牵头负责，相关单位参加，共同办理。三是加强与代表沟通，注重办理实效。从2005年开始，常委会每年都听取和审议代表建议、批评和意见处理情况的报告，并将报告印发全体代表。经过各方面共同努力，代表建议所提问题已经解决或正在抓紧解决的比例，2007年已达到76%。

人大代表选举是我国社会主义民主政治建设的一件大事。为做好县、乡人大同步换届选举和十一届全国人大代表选举工作，全国人大及其常委会及时作出有关决定，并在充分调查研究的基础上提出指导意见。各地认真贯彻中央部署，坚持党的领导、充分发扬民主、严格依法办事，顺利完成县、乡人大换届选举，顺利选举产生十一届全国人大代表，为坚持和完善人民代表大会制度、开创人大工作新局面提供了坚实的组织保障。

四、关于对外交往工作

全国人大对外交往是国家总体外交的重要组成部分。我们坚持服从服务于国家外交大局，注重发挥人大对外交往的特点和优势，加强同各国议会的友好交往，积极参加国际和地区议会组织的活动，为维护我国发展的重要战略机遇期，推动建设和谐世界作出了积极贡献。目前，全国人大已与14个国家议会和欧洲议会建立了定期交流机制，同178个国家议会建立或保持联系，与98个国家议会成立了双边友好小组，成为12个国际和地区议会组织的成员国、3个多边议会组织的观察员。五年来，共接待外国议会领导人率领的109个代表团访华，委员长会议组成人员共出访58次。各专门委员会和常委会办事机构也结合实际，开展形式多样、内容丰富的对外交往活动。为加强全国人大对外交往工作的统筹协调，建立了外事工作联席会议制度。

建立和完善与外国议会定期交流机制，是十届全国人大对外交往工作取得的一项重要成果。一是在前两届工作的基础上，与美国、俄罗斯、日本、韩国、印度、英国、法国、德国、意大利、加拿大、澳大利亚、南非、埃及、巴西等国议会和欧洲议会建立和完善定期交流机制。一个涉及五大洲，包括周边国家、发展中国家、发达国家及多边组织在内的，具有广泛代表性的定期交流机制格局已经形成，成为全国人大与外国议会加强战略对话、深化务实合作的重要平台。二是通过定期交流机制，统筹安排领导人、专门委员会、友好小组等各层次、各领域的交流合作，就共同关心的重大问题开展实质性对话，督促落实双方签署的法律性文件，交流合作的深度与广度得到明显拓展。定期交流机制保持了双方交流的连续性和稳定性，减少了因外国议会大选、政党更替、领导人变化带来的影响。在有关部门的大力支持下，常委会办公厅还向我国驻上述国家和地区组织使馆（团）派遣专职工作人员，加强与外国议会的经常性联系。

在对外交往中，我们始终贯穿为全面建设小康社会营造良好国际环境这条主线，生动展示我国改革开放取得的伟大成就，全面阐述中国特色社会主义道路，广泛宣传人民代表大会制度的特点和优势，深刻论述我国的和平发展道路，增进政治互信，推动务实合作，促进国家关系全面发展。针对不同国家的不同情况，利用各种场合、采取多种方式，就台湾、西藏等关系国家核心利益的问题做深入细致的工作，增进外国议会、政府和议员、民众的理解和支持，深化了双边关系的政治基础。

五年来，常委会还批准我国与外国缔结的条约、协定、协议和我国加入的国际条约74件，决定和批准任免了一批国家机关工作人员。

五、关于常委会自身建设

全国人大常委会是全国人大的常设机关，肩负着宪法和法律赋予的重要职责。加强常委会自身建设，对于充分发挥全国人大及其常委会作为最高国家权力机关、依法履行职责的工作机关和密切联系人民群众的代表机关的作用至关重要。

五年来，常委会紧密结合人大工作实际，始终把自身建设摆在突出位置。一是认真学习和深刻领会党的十六大和十七大精神，牢固树立党的观念、政治观念、大局观念、群众观念和法治观念，坚持以中国特色社会主义理论体系指导实践、推动工作，坚持和完善人民代表大会制度、坚持和发展中国特色社会主义道路的自觉性和坚定性进一步增强。二是围绕贯彻落实中央9号文件，在总结经验的基础上，制定了涉及6个方面的13个配套工作文件，促进了常委会工作的制度化和规范化。三是注重调查研究，深入实际，深入基层，深入群众，勤政廉洁，常委会作风建设得到加强。四是努力提升依法履职能力和水平，结合常委会立法、监督工作，组织30次专题讲座，不断充实法律知识和现代科学文化知识，常委会的审议质量和工作效率明显提高。五是自觉接受人大代表和人民群众监督，完善新闻发布制度，改进会议报道工作，办好中国人大网、中国人大杂志和“人大说法”栏目，开通全国人大常委会会议视频直播系统，常委会工作的透明度显著增强。各专门委员会紧紧围绕全国人大及其常委会的中心工作，充分发挥人才荟萃的特点和优势，完善工作制度、规范工作方式、加强协调配合，为提高全国人大及其常委会工作质量和水平发挥了重要作用。

全国人大机关按照“政治坚定、业务精通、务实高效、作风过硬、团结协作、勤政廉洁”的要求，深入开展保持共产党员先进性教育活动，认真贯彻执行公务员法，切实加强政治建设、组织建设、制度建设、思想作风建设和素质能力建设，集体参谋助手和服务班子的作用得到进一步发挥。

十届全国人大常委会取得的成绩是在以胡锦涛同志为总书记的党中央正确领导下，全国人大代表、常委会组成人员、各专门委员会组成人员以及全国人大机关工作人员辛勤工作的结果，是国务院、最高人民法院、最高人民检察院协同工作的结果，也是地方各级人大及其常委会和广大人民群众大力支持的结果。在此，我代表十届全国人大常委会向全国人大代表、“一府两院”、地方各级人大表示衷心的感谢！

同时我们也清醒地看到，虽然中国特色社会主义法律体系已经基本形成，但仍有一些现实生活迫切需要的重要法律还没有制定出来；现行法律中的一些规定已不能适应经济社会发展需要，亟待修改完善；与法律相配套的部分法规需要抓紧制定或完善；有的立法项目的可行性研究还不够深入；立法工作的协调与配合还需要改进；法律宣传普及工作有待加强。虽然监督实效有明显增强，但有的监督工作重点还不够突出，有的专项工作报告还流于形式。虽然代表议案和建议的办理质量有所提高，但与代表的期望和要求还有差距。我们要高度重视这些问题，在今后的工作中采取切实措施认真加以解决。

各位代表！

我国人民代表大会制度已经走过了半个多世纪的光辉历程，显示出巨大的优越性和强大的生命力。回顾50多年来特别是改革开放近30年来人民代表大会制度建设取得的伟大成就，总结十届全国人大及其常委会的新鲜经验，我们深深体会到，把人民代表大会制度坚持好、完善好，做好新形势下的人大工作，必须高举中国特色社会主义伟大旗帜，坚定不移地走中国特色社会主义道路，坚定不移地以中国特色社会主义理论体系为指导，坚持党的领导、人民当家作主、依法治国有机统一。

一要坚持中国特色社会主义政治发展道路。一个国家选择什么样的政治发展道路，只能从本国国情和实际出发。中国特色社会主义政治发展道路是中国共产党带领全国各族人民，经过长期奋斗和实践找到的正确道路。这就是在政权制度上，实行人民代表大会制度；在政党制度上，实行中国共产党领导的多党合作和政治协商制度；在少数民族聚居地区，实行民族区域自治制度；在城乡社区，实行基层群众自治制度。这条道路既有科学的指导思想，又有严谨的制度安排，既有明确的价值取向，又有有效的实现形式和可靠的推动力量，集中体现了中国特色社会主义民主政治的特点和优势。实践充分证明，这是一条符合我国国情的政治发展道路，有利于解放和发展生产力、增强综合国力、改善人民生活，有利于维护国家统一、增进民族团结、促进社会和谐，有利于保证党领导人民有效治理国家、实现国家长治久安。人民代表大会制度作为我国的根本政治制度，是中国特色社会主义政治发展道路的重要组成部分。坚持中国特色社会主义政治发展道路，很重要一条就是要坚持和完善人民代表大会制度。我国的政体不是“三权鼎立”，也不是“两院制”。人民代表大会统一行使国家权力，国家行政机关、审判机关、检察机关都由人大产生，对它负责，受它监督。各国家机关虽然职责分工不同，但目标是完全一致的，都是在党的领导下协调一致地开展工作。坚持中国特色社会主义政治发展道路，坚持和完善人民代表大会制度，就要正确处理人大与“一府两院”的关系。人大统一行使国家权力要尽职尽责，但不代行行政权、审判权、检察权。人大根据党的主张和人民的意愿，通过制定法律、作出决议，决定国家的大政方针，并监督和支持“一府两院”依法行政、公正司法，保障国家机关协调有效地开展工作，把人民赋予的权力真正用来为人民谋利益，使人民代表大会制度的优势得到充分发挥。坚持中国特色社会主义政治发展道路，坚持和完善人民代表大会制度，最根本的是坚持党的领导、人民当家作主、依法治国有机统一，其中最核心的是坚持党的领导。党的领导是人民当家作主和依法治国的根本保证，也是坚持和完善人民代表大会制度、做好新形势下人大工作的根本保证。我们要自觉坚持党的领导，使党的主张经过法定程序成为国家意志，使党组织推荐的人选经过法定程序成为国家政权机关的领导人员。人大工作，无论是立法工作、监督工作，还是决定重大事项，都要有利于加强和改善党的领导，有利于巩固党的执政地位，有利于保证党领导人民有效治理国家。

二要坚持从最广大人民的根本利益出发。人民当家作主是社会主义民主政治的本质和核心。人民代表大会制度是全国各族人民当家作主的根本途径和最高实现形式。人大最大的优势是密切联系人民群众。只有保持同人民群众的血肉联系，更好地代表人民意愿，自觉地接受人民监督，才能保持人大工作旺盛的生命力。我们要坚持以人为本，把最广大人民的根本利益作为人大一切工作的出发点和落脚点，尊重人民主体地位，发挥人民首创精神，保障人民各项权益。要坚持国家一切权力属于人民，健全民主制度，丰富民主形式，拓宽民主渠道，从各个层次、各个领域扩大公民有序政治参与，保障人民依法实行民主选举、民主决策、民主管理、民主监督的权利。要坚持走群众路线，更好地发挥人大在体察民情、反映民意、集中民智、珍惜民力方面的优势和作用。要正确反映和统筹兼顾不同方面群众的利益，认真督促有关方面及时解决人民最关心、最直接、最现实的利益问题，着力保障和改善民生，最大限度地调动人民群众的积极性、主动性、创造性，把最广大人民的根本利益实现好、维护好、发展好。

三要坚持围绕党和国家工作大局开展工作。人大工作是党和国家工作的重要组成部分，涉及社会主义经济建设、政治建设、文化建设、社会建设各个方面，关系到国家各项事业全面协调可持续发展。随着人民代表大会制度的不断完善，人大工作在国家政治生活中发挥着越来越重要的作用。要增强人大工作的实效，开创人大工作的新局面，关键的一条就是必须服从服务于党和国家的中心工作，牢牢抓住发展这个党执政兴国的第一要务，紧紧围绕全面建设小康社会的奋斗目标，紧紧围绕改革发展稳定的重大问题，紧紧围绕人民群众普遍关心的热点难点问题，不断加强和改进人大工作。科学发展观是马克思主义关于发展的世界观和方法论的集中体现，是同马克思主义、毛泽东思想、邓小平理论和“三个代表”重要思想既一脉相承又与时俱进的科学理论，是我国经济社会发展的重要指导方针，是发展中国特色社会主义必须坚持和贯彻的重大战略思想。要围绕党和国家工作大局，开创人大工作新局面，就是要认真学习和深入贯彻落实科学发展观，从人大工作定位和特点出发，全面部署和统筹安排立法、监督等各项工作，坚持改革开放，坚持与时俱进，集中力量，突出重点，保障党和国家大政方针贯彻落实，保障宪法和法律正确实施，保障改革开放和社会主义现代化建设顺利进行。

四要坚持依法按程序办事。民主集中制是人民代表大会制度的组织原则，也是人大及其常委会依法行使职权必须遵循的原则。人大工作与其他国家机关的工作相比，方式有很大不同。人大及其常委会主要是通过会议形式，按照民主集中制原则，依照法定程序，集体行使职权，集体决定问题。人大依法履行职责，无论是行使立法权、监督权、重大事项决定权，还是行使人事任免权，都必须充分发扬民主，严格依法按程序办事。要认真听取人大代表和常委会组成人员的意见包括不同意见，保证他们充分发表意见的民主权利，做到充分审议、集思广益，在基本达成共识的基础上依法进行表决，实行一人一票，按照多数人的意见作出决定，使人大制定的法律和作出的决定更好地体现人民的共同意志，更具有权威性。

各位代表!

去年10月召开的中国共产党第十七次全国代表大会，回答了我们党在改革发展关键阶段举什么旗、走什么路、以什么样的精神状态、朝着什么样的发展目标继续前进等重大问题，阐述了科学发展观的科学内涵、精神实质、根本要求，描绘了在新的时代条件下加快推进社会主义现代化的宏伟蓝图，为我们继续推动党和国家事业发展指明了前进方向，对坚持和完善人民代表大会制度、做好新形势下人大工作提出了新的更高要求。

2008年是全面贯彻落实党的十七大作出的战略部署的第一年，也是十一届全国人大及其常委会依法履职的第一年。我们将迎来改革开放30周年，还要举办北京奥运会和残奥会。做好今年的工作，意义十分重大。全国人大常委会要把深入学习领会和全面贯彻落实党的十七大精神作为首要任务，进一步增强高举中国特色社会主义伟大旗帜的自觉性和坚定性，进一步增强坚持中国特色社会主义道路和中国特色社会主义理论体系的自觉件和坚定性，进一步增强深入贯彻落实科学发展观的自觉性和坚定性，进一步增强全面建设小康社会的自觉性和坚定性，进一步增强协调推进社会主义经济建设、政治建设、文化建设、社会建设的自觉性和坚定性，把人民代表大会制度坚持好、完善好，把人大各项工作提高到一个新水平。

（一）以完善中国特色社会主义法律体系为目标，从我国基本国情出发，坚持以人为本，坚持实事求是，抓紧制定在法律体系中起支架作用的法律，及时修改与经济社会发展不相适应的法律规定，督促有关方面尽快制定和修改与法律相配套的法规，确保到2010年形成中国特色社会主义法律体系。要以改善民生为重点加强社会领域立法，继续完善经济、政治、文化领域立法，积极推进科学立法、民主立法，不断提高立法质量，更好地发挥法律在国家政治和社会生活中的规范、引导和保障作用。

一是抓紧研究制订五年立法规划，适时召开立法工作会议，对立法工作进行全面部署。二是全年拟安排审议法律草案20件左右，制定国有资产法、社会保险法、食品安全法、循环经济法、农村土地承包纠纷仲裁法等，修改选举法、全国人大组织法、国家赔偿法等。三是加强对立法工作的统筹协调，督促法律起草部门认真研究解决立法中涉及的重大问题，在保证质量的前提下，确保列人年度立法计划的法律草案如期提请审议。四是进一步扩大公民对立法工作的有序参与，对食品安全法等与群众利益密切相关的法律，通过向社会全文公布法律草案，广泛听取各方面尤其是基层群众的意见；对社会保险法等法律草案中涉及的法律关系复杂、专业性较强的问题，通过立法论证会等形式，广泛征求意见，深入研究论证。

（二）以增强监督实效为核心，从党和国家工作大局出发，坚持依法按程序办事，坚持集体行使职权，全面贯彻落实监督法，加强宪法和法律实施，把关系改革发展稳定全局、影响社会和谐、人民群众反映强烈的突出问题作为监督重点，综合运用法定监督形式，加强跟踪监督，务求取得实效，着力推动“一府两院”改进工作，建立健全解决问题的长效机制，做到有法必依、执法必严、违法必究，维护社会公平正义，维护社会主义法制的统一、尊严、权威，更好地发挥人大监督对促进依法行政、公正司法和维护人民利益的作用。

一是通过听取和审议国务院关于“十一五”规划纲要中期评估报告和计划执行、中央决算、审计工作报告以及其他专项工作报告，督促落实中央经济工作会议精神，推动国民经济又好又快发展。二是通过听取和审议国务院关于促进农民稳定增收情况的专项工作报告，检查农民专业合作社法的实施情况等，推动社会主义新农村建设。三是通过听取和审议国务院关于水污染防治进展情况的专项工作报告，检查环境影响评价法的实施情况等，推动节能减排工作。四是通过检查劳动合同法、义务教育法和未成年人保护法的实施情况等，切实维护劳动者的合法权益，保障少年儿童健康成长。五是通过听取和审议最高人民法院、最高人民检察院关于刑事审判和刑事审判法律监督情况的专项工作报告，促进公正司法，维护社会稳定。

（三）以深入贯彻中央9号文件为主线，从坚持和完善人民代表大会制度出发，坚持尊重代表主体地位，坚持为代表服务的思想，进一步完善工作制度，加大工作力度，为代表依法行使职权、密切代表同人民群众的联系、扩大代表对常委会活动的参与创造条件，不断提升代表工作水平，更好地发挥代表参与管理国家事务的作用。

一是认真办理十一届全国人大一次会议期间代表提出的议案和建议，把办理代表议案与立法工作更有效地结合起来，把办理代表建议与推动改进工作更有效地结合起来，切实提高办理质量。二是继续组织代表开展专题调研和集中视察，完善代表小组活动，增强代表活动实效。三是继续邀请代表列席常委会会议，适当增加参加执法检查的代表人数，进一步扩大代表对专门委员会活动的参与。四是为提高代表依法履职能力，年内拟组织新当选代表参加各种形式的履职培训，进一步加强代表联络机构的工作。

（四）以巩固和完善定期交流机制为重点，从人大对外交往的特点和优势出发，坚持维护世界和平、促进共同发展的外交政策宗旨，坚持服从服务于国家外交大局，保持对外交往工作的连续性和稳定性，广泛开展与外国议会的友好交往，积极参与国际和地区议会组织的活动，加强治国理政经验交流，推动各领域务实合作，更好地发挥人大对外交往的独特作用。

（五）继续加强常委会自身建设，完善工作制度，开展调查研究，密切联系群众，自觉接受监督，充分发挥专门委员会作用，不断提高审议质量和工作水平。继续加强法制宣传教育，积极推动“五五”普法，把关系群众切身利益的法律作为重点，普及法律知识，解读立法原意，运用法律解决实际问题，切实增强全社会的法律意识和法制观念。继续加强与地方人大的联系，共同推进社会主义民主法制建设。全国人大机关要以素质能力建设为重点，全面加强机关建设，更好地发挥集体参谋助手和服务班子的作用。

各位代表，让我们紧密团结在以胡锦涛同志为总书记的党中央周围，高举中国特色社会主义伟大旗帜，以邓小平理论和“三个代表”重要思想为指导，深入贯彻落实科学发展观，继往开来，锐意进取，扎实工作，为夺取全面建设小康社会新胜利、开创中国特色社会主义事业新局面而努力奋斗！

中国人民政治协商会议全国委员会常务委员会工作报告

——在政协第十一届全国委员会第一次会议上

（2008年3月3日）

贾庆林

各位委员：

我代表中国人民政治协商会议第十届全国委员会常务委员会，向大会报告过去五年的工作，对十一届全国政协的工作提出建议，请予审议。

一、过去五年工作的回顾

中国人民政治协商会议第十届全国委员会任期的五年，是人民政协事业蓬勃发展的五年。五年来，在以胡锦涛同志为总书记的中共中央领导下，政协全国委员会及其常务委员会高举爱国主义、社会主义旗帜，牢牢把握团结和民主两大主题，切实贯彻《中共中央关于加强人民政协工作的意见》，紧紧围绕党和国家的中心工作，积极履行政治协商、民主监督、参政议政职能，为全面推进社会主义经济建设、政治建设、文化建设、社会建设作出了重要贡献。

（一）巩固团结合作的思想政治基础，促进社会主义民主政治建设

人民政协作为我国政治体制的重要组成部分，在社会主义民主政治建设中具有不可替代的作用。我们把思想理论建设摆在人民政协各项建设的首要位置，不断夯实做好人民政协工作的思想政治基础。把“三个代表”重要思想同马克思列宁主义、毛泽东思想、邓小平理论一道确立为人民政协的指导思想，深入贯彻落实科学发展观，不断增强参加人民政协的各党派团体和各族各界人士走中国特色社会主义道路的自觉性和坚定性。建立健全经常性的学习制度，加强学习工作，举办常委会组成人员学习讲座14次，组织全国政协委员学习培训，基本实现了每一位全国政协委员届内参加一次集中学习培训的目标。

加强同民主党派和无党派人士的合作共事。支持各民主党派和无党派人士参与国家重大方针政策的讨论协商及其履行职责的各种活动，尊重和保障各民主党派在政协的各种会议上以本党派名义发表意见的权利，尊重和保障各民主党派和无党派人士开展视察、提出提案、举报、反映社情民意以及参与调查和检查活动的权利。重点安排民主党派和无党派人士代表发言，重点办理和充分反映他们提出的提案和社情民意信息。重要视察、考察、协商和外事活动，都有计划地邀请民主党派和无党派人士参加。

充分发挥人民政协这一政治组织和民主形式的重要作用。全体会议期间，政协委员听取政府工作报告和其他重要报告，围绕修改宪法、制定反分裂国家法等重要法律法规以及关系国计民生的重大问题提出意见和建议。中共中央领导同志与委员共商国是，参加分组讨论71场；中共中央、国务院以及有关部门负责人听取政协大会发言，参加小组讨论1300多人次。召开10次专题议政性常委会议、5次专题协商会，就经济社会发展中的重大问题同到会的中共中央、国务院领导及有关部委负责同志进行互动交流，为更好地贯彻落实国家重大决策提供了重要依据和参考。这些会议和活动，集中展示了人民政协履行职能的重要成果，生动体现了重要问题在决策之前和决策执行过程中在人民政协进行协商的精神，彰显了中国特色社会主义民主政治的独特优势和强大生命力。

（二）围绕党和国家中心工作咨政建言，促进经济社会全面协调可持续发展

常委会认为，围绕中心、服务大局，是人民政协履行职能必须遵循的重要原则。我们紧紧围绕制定和实施“十一五”规划、构建社会主义和谐社会、加强和改善宏观调控、建设社会主义新农村、建设创新型国家、建设资源节约型和环境友好型社会、调整经济结构和转变发展方式等重大问题，提出了许多重要意见和建议。五年来，共受理提案23000余件，形成视察报告100多份，提出调研报告270多份，组织大会发言4000余篇，反映社情民意信息6600多篇。其中，关于推进西部大开发、振兴东北地区等老工业基地、促进中部地区崛起的建议，推动了国家区域发展总体战略的完善；关于促进天津滨海新区开发开放、海峡西岸经济发展、大连大窑湾保税港区建设的建议，为这些地区纳入国家发展规划发挥了重要作用；关于推进广西北部湾经济区开发与建设的专题调研和协商，对推动西南地区开发开放、完善我国沿海沿边经济布局具有重要意义；关于完善金融和国有资产管理体制改革的意见，对国家金融和国有企业改革的决策和部署具有重要价值；关于促进非公有制经济健康发展的建议，为国务院制定促进非公有制经济发展的指导性文件提供了决策参考；关于首钢搬迁和曹妃甸工业区建成循环经济生态工业园区的建议，推动了曹妃甸工业区的建设和发展；关于“三江源”生态保护、退牧还草的调研以及“保护长江万里行”、“关注森林”等系列活动，有效促进了环境保护和生态建设。

重点围绕教育公平、劳动就业、收入分配、农村最低生活保障、计划生育、医疗服务体系建设等问题开展调研，协助党和政府推进以改善民生为重点的社会建设。就深化科技体制改革、整合科技资源、提高自主创新能力提出意见和建议，对落实国家中长期科学和技术发展规划纲要、建设创新型国家起到了积极的推动作用。围绕国家文化软实力建设开展专题协商，就公共文化服务体系建设、文化产业发展、中华文化传承和对外交流、历史文化名城保护等问题积极建言，对推动社会主义文化建设产生了重要影响。其中，关于昆曲艺术的保护和扶持、南水北调工程中的文物保护、京杭大运河保护与申遗工作等方面的意见和建议，已经转化为决策思路或政策部署。

（三）贯彻党和国家的民族、宗教政策，增进民族团结和宗教和睦

民族关系、宗教关系始终是涉及党和国家工作全局的重大关系，民族工作、宗教工作始终是关系党和人民事业发展的重要工作。我们围绕民族区域自治法的贯彻执行组织视察，推动民族区域自治制度的完善和发展；组织青藏铁路视察和西藏天然草场保护的考察，推动了相关地区的生态环境建设；连续四年开展武陵山民族地区经济社会发展调查研讨，探索跨省交界少数民族贫困地区连片扶贫开发的新形式；提出发挥新疆优势、加快经济发展的意见建议，为国务院制定关于进一步促进新疆经济社会发展的若干意见提供了重要参考；开展民族地区人才培养和义务教育、保护少数民族传统文化等方面的调研，对加快民族地区的教育、科技、文化等社会事业发展作出了贡献。围绕贯彻落实宗教事务条例组织考察调研，促进了一大批宗教房产等问题的解决；连续两年召开宗教界为构建社会主义和谐社会作贡献经验交流会，探索宗教界人士促进社会和谐的途径和方法；召开中国宗教界纪念中国人民抗日战争暨世界反法西斯战争胜利60周年座谈会，郑重发表《中国宗教界和平文告》；举办海峡两岸暨港澳佛教、道教界近万名信教群众参加的和平祈祷活动，充分展示中国宗教界促进祖国统一和维护世界和平的真诚愿望。

（四）开展促进祖国统一和海外联谊工作，不断增强中华民族的凝聚力

常委会认为，实现祖国统一和中华民族的伟大复兴，是全体中华儿女的共同心愿，也是需要全体中华儿女共同为之奋斗的伟大事业。我们通过多种方式和途径，积极宣传党和政府对香港、澳门的方针政策，及时向港澳委员通报国家经济社会发展情况和政协常委会议精神，精心组织港澳委员在内地12个省、自治区、直辖市开展视察、考察活动，鼓励他们为国家发展献计出力。高度重视发挥港澳委员在香港、澳门社会政治事务中的作用，探索相关工作机制，支持港澳委员为维护香港、澳门繁荣稳定作出贡献。深入学习贯彻胡锦涛总书记关于新形势下发展两岸关系的四点意见，认真做好台湾岛内有关党派团体和各界人士的工作，加强与各界台胞的联系，推动两岸人员往来和经济文化交流。举办孙中山诞辰140周年纪念活动。支持海外侨胞以各种形式开展“反独促统”活动，为推进祖国和平统一大业发挥了积极作用。开展与海外侨胞的联谊活动，邀请侨胞代表列席全国政协全体会议，组织他们回国参观考察，组织海外侨胞中的专家学者建言献策，使政协海外侨胞的团结联谊工作与参政议政工作有机结合起来。

（五）扩大交流合作，形成人民政协对外交往新格局

人民政协的对外交往是我国总体外交的重要组成部分，是增进中国人民同各国人民了解和友谊的重要桥梁。我们按照国家外交工作部署，发挥人民政协对外交往的特点和优势，积极、务实、稳妥地开展人民外交，为争取良好的国际环境和周边环境、促进世界和平与发展贡献力量。五年来，全国政协主席会议组成人员对近70个国家进行访问，共接待46位副议长以上级别代表团来访。在对外交往中，我们着力介绍我国改革开放和现代化建设的辉煌成就，推动与有关国家的经贸合作；着力阐明中国奉行独立自主的和平外交政策，有针对性地开展增信释疑工作；着力宣传中国共产党领导的多党合作和政治协商制度，进一步树立我国民主、开放、文明、进步的国际形象；着力就台湾、西藏等涉及国家核心利益的问题开展工作，维护国家主权、安全、发展利益。成功举办“21世纪论坛”2005年会议。中国经济社会理事会承办经社理事会国际协会第十次全体会议，通过了《北京宣言》，并与欧盟经社委员会建立圆桌会议机制。中国宗教界和平委员会积极宣传我国的宗教政策和宗教信仰自由的真实情况，推动我国宗教界参加世界宗教和平运动。各专门委员会有序开展对外交流与考察。截至目前，全国政协已同121个国家的211个机构和12个国际或区域性组织建立联系并开展友好交往。

（六）加强人民政协理论研究，以理论创新推动工作创新

常委会认为，实践是理论的基础，理论是实践的先导，人民政协只有通过理论创新推动工作创新才能永葆生机。胡锦涛总书记在庆祝人民政协成立55周年大会上的讲话和《中共中央关于加强人民政协工作的意见》提出了一系列重大理论观点，强调人民政协事业是中国特色社会主义事业的重要组成部分；人民政协是中国共产党把马克思列宁主义统一战线理论、政党理论和民主政治理论同中国具体实践相结合的伟大创造；人民通过选举、投票行使权利和人民内部各方面在重大决策之前进行充分协商，是我国社会主义民主的两种重要形式等。我们进行了认真学习，并有计划、有组织地开展理论研究，取得了一批重要理论成果，初步确立了人民政协理论的思想体系和基本框架。隆重举办纪念邓小平同志诞辰100周年暨邓小平关于人民政协理论研讨会，成立中国人民政协理论研究会，举办首次人民政协理论研讨会。人民政协理论研究队伍逐步形成，人民政协理论正在纳入党政领导干部培训计划，列入各地党校、行政学院、干部学院、社会主义学院的教学计划。

人民政协理论研究工作的开展，不仅深化了对关系人民政协事业发展全局的重大理论和实践问题的认识，而且推动了人民政协经常性工作的创新。我们积极探索政协提案、委员视察、专题调研、反映社情民意信息、新闻宣传、文史资料等工作的特点和规律，先后召开了6个座谈会，制定了6项加强和改进相关工作的意见。建立健全提案工作协调办理机制，突出委员视察咨政建言、民主监督的工作定位，明确专题调研“高层参与、协同配合、注重实效”的特点，完善反映社情民意信息的收集、报送和反馈机制，强调政协新闻宣传工作要注重体现统一战线、民主协商、界别作用的特色，提出新形势下文史资料工作的方针、原则和任务。

各位委员！

十届政协工作的成绩，是以胡锦涛同志为总书记的中共中央坚强领导的结果，是人民政协各参加单位、各级组织和广大委员团结奋斗的结果，是各级党委、政府和全社会大力支持的结果。在这里，我代表全国政协常委会，向大家表示衷心的感谢！

回顾五年来的工作，也要清醒地看到，我们的工作与新形势新任务的要求相比，与广大政协委员的期望相比，还有一定的差距，还有不少工作需要加强和改进。比如，如何进一步加强制度建设，使人民政协履行职能更加规范有序；如何适应经济社会发展的实际情况，研究并合理设置界别、发挥界别作用；如何加强政协委员队伍建设，充分发挥他们的积极性、主动性、创造性；如何协调配合，进一步发挥专门委员会在履行职能中的基础性作用等。这些都需要我们认真研究，并在今后的工作中切实加以解决。

二、过去五年工作的主要经验

十届全国政协继承和发扬历届政协的优良传

统，着眼于新世纪新阶段人民政协工作面临的新形势新任务，研究新情况，解决新问题，不断深化对人民政协事业发展特点和规律的认识，不断深化对人民政协在党和国家事业全局中地位和作用的认识，在实践中积累了许多有益经验。这些经验，既是长期形成的宝贵财富，也是今后人民政协工作必须坚持的重要原则，值得倍加珍惜。

——坚持中国共产党对人民政协的领导。

中国共产党是中国特色社会主义事业的领导核心。中国共产党领导的多党合作和政治协商制度是我国的一项基本政治制度，人民政协事业是中国特色社会主义事业的重要组成部分。坚持中国共产党对社会主义事业的领导核心地位，决定了人民政协必须把坚持中国共产党的领导作为自己的根本原则。中国共产党对人民政协的领导是政治领导，即政治原则、政治方向和重大方针政策的领导。坚持中国共产党的领导，要求我们必须坚定不移地贯彻党的基本理论、基本路线、基本纲领、基本经验，坚定不移地贯彻执行党关于人民政协的方针政策，在思想和行动上与中共中央保持高度一致；必须始终围绕党的重大决策部署来研究谋划政协工作，把党的重大决策和工作部署贯彻到人民政协的全部工作中去，为实现党在各个历史时期的发展战略和发展目标建真言、献良策、出实力；必须充分发挥政协委员和政协机关中中共党员的先锋模范作用，带头遵守政协章程，自觉按章程办事，广交、深交党外朋友，自觉接受监督，努力成为合作共事的模范、发扬民主的模范、廉洁奉公的模范。中国共产党的领导，是历史的选择、人民的选择。坚持中国共产党的领导，人民政协事业的发展就有了可靠的政治保证，就能始终沿着正确的政治方向前进。

——坚持团结和民主两大主题。

在中国共产党领导下实行团结和民主，是人民政协性质的集中体现，是人民政协产生和发展的历史和现实根据。人民政协作为中国人民最广泛的爱国统一战线组织，是大团结、大联合的象征，以其广泛的代表性和巨大的包容性，把一切可以团结的力量都团结起来，把一切可以调动的积极因素都调动起来，集中全国各族人民的智慧，凝聚全体中华儿女的意志，为实现国家富强、人民幸福和祖国统一而携手奋斗，这是人民政协义不容辞的神圣使命。人民政协作为中国共产党领导的多党合作和政治协商的重要机构，从诞生之日起就是我国政治生活中发扬人民民主的重要形式。本着团结、民主、和谐的精神，体现合作、参与、协商的特点，广泛吸收各党派团体和各族各界人士参与国事，广开言路、集思广益、尊重多数、照顾少数，不断扩大公民有序的政治参与，不断巩固多党合作的政治格局，不断发展民主团结、生动活泼、安定和谐的政治局面，这是人民政协基本属性的内在要求。团结和民主这两大主题，如车之两轮、鸟之双翼，彼此联系、相得益彰。实现紧密团结，发展民主才更有基础；发扬广泛民主，加强团结才更有力量。以坚强的团结保证我们的民主健康有序，以充分的民主保证我们的团结坚实有力，人民政协事业就能永远保持蓬勃生机和旺盛活力。

——坚持把促进发展作为人民政协履行职能的第一要务。

发展是硬道理，是解决中国一切问题的关键。只有发展了，才能解决前进过程中出现的矛盾和问题；只有发展了，才能从根本上把握人民的意愿和要求。在当代中国，任何组织和团体能否在社会生活中找到自己的位置，体现应有的价值，归根结底取决于在促进发展方面的成效。同样，人民政协只有围绕国家发展的大目标，立足整个国家建设的大格局，才能有所作为、多作贡献。这就要求我们，必须牢牢扭住经济建设这个中心，深入贯彻落实科学发展观，围绕发展谋划工作，紧贴发展开展工作，为推动实现以人为本、全面协调可持续的科学发展服务；必须充分发挥政协的优势和特点，突出综合性、全局性、前瞻性，选择党和政府重视、人民群众关心、政协有条件做好的课题，以专门委员会为依托、政协委员为主体，多层次地开展专题调研活动，为党和政府有关决策提供参考依据；必须坚持协商于决策之前和决策执行过程中的原则，围绕党和国家大政方针的制定和实施过程中的重大问题，组织好常委会议、主席会议等协商议政活动，组织好专题协商会，促进党和政府决策的科学化、民主化。人民政协把促进发展作为履行职能的第一要务，把握了时代的主题，顺应了党和人民的期待。人民政协讲作为，要从围绕中心的实践中去看待；讲成绩，要从服务大局的实效中来评判。这是衡量人民政协工作成效的重要尺度。

——坚持把实现好、维护好、发展好最广大人民的根本利益作为人民政协工作的出发点和落脚点。

人民是建设中国特色社会主义的主体。历史

已经并将继续证明，革命、建设、改革最深厚的力量来自于人民。实现好、维护好、发展好最广大人民的根本利益，是中国各项事业成功的根本保证。坚持以人为本、履职为民，是人民政协固有属性的体现，是人民政协履行职能的应有之义。偏离了这一条，人民政协就会背离自身的性质和使命，履行职能、发挥作用就会成为无源之水、无本之木。这就要求我们，必须把履行职能的实践和最广大人民的根本利益紧密联系起来，常怀爱民之心，常谋富民之策，常为利民之举，协助党和政府解决好教育、就业、医疗、社会保障、住房和环境保护等事关民生的突出问题。各级政协委员是各界群众的代表人士，应当具有“先天下之忧而忧、后天下之乐而乐”的崇高境界，真诚倾听群众呼声，真实反映群众愿望，真情关心群众疾苦，自觉承担社会责任，努力为群众解难事、办实事、做好事。把关心群众、服务群众的工作切实做好了，我们就能始终保持同人民群众的血肉联系，从人民群众创造历史的伟大进程中汲取智慧和力量，为人民政协事业的发展注入不竭的动力。

——坚持推进人民政协履行职能的制度化、规范化、程序化。

加强人民政协的“三化”建设，是我国社会主义民主政治建设的重要内容，也是人民政协履行职能的重要保障。通过“三化”建设，使人民政协履行职能的各项工作建立起相应的规章制度，各个环节都按步骤、按程序开展，可以有效避免政协工作的盲目性和随意性，更好地发挥人民政协的特点和优势。推进政协的“三化”建设，必须从我国社会主义民主政治建设的全局出发，将人民政协的制度建设纳入我国社会主义政治制度自我完善和发展的总体布局加以推进，遵守宪法和法律，贯彻政协章程，切实提高人民政协履行职能的成效；必须立足政协事业实践，认真分析和研究政协工作中存在的问题，有针对性地制定和完善各项规章制度，使人民政协的工作更加规范有序、富有成效；必须注重总结经验，对实践中形成的好的做法和经验，加以归纳、提炼，上升为规范，上升为制度，更好地指导和推动人民政协工作。制度建设关系人民政协事业的长远发展。只有不断加强政协履行职能的制度化、规范化、程序化，人民政协事业才能持续健康发展，才能体现时代性、把握规律性、富于创造性，更好地为发展社会主义民主政治，为改革开放和社会主义现代化建设服务。

——坚持全面加强人民政协的自身建设。

加强自身建设，是人民政协强基固本的重要工作。面对新形势新任务，人民政协只有把自身建设摆在重要位置，进一步促进党派合作、突出界别特色、发挥委员主体作用、加强机关建设，才能不断提高履行职能的实效，更好地推进人民政协事业的发展。这就要求我们，必须贯彻长期共存、互相监督、肝胆相照、荣辱与共的方针，加强中国共产党同民主党派和无党派人士的合作共事，充分尊重和保障他们的各项民主权利，为他们在政协中发挥作用创造良好的条件；必须注重体现界别的优势，积极探索行之有效的方法和途径，切实发挥政协界别作为扩大社会各界有序政治参与的重要民主渠道的作用；必须强化委员的主体观念和责任意识，促进政协委员提高自身素质，鼓励和引导他们在做好本职工作的同时，履行好委员的职责；必须推进“学习型、服务型、创新型、和谐型”机关建设，加大机关干部的学习、培训、交流力度，努力造就一支政治坚定、作风优良、学识丰富、业务熟练的政协工作干部队伍。实践证明，人民政协只有按照“四位一体”的总体布局，大力加强自身建设，才能更好地承担起党和人民赋予的光荣使命。

实践在发展，时代在进步。人民政协必须立足于生动实践，坚持继承与创新的统一，不断丰富和发展源于实践而又具有指导意义的原则和经验，切实提高认识和把握人民政协工作规律的能力，把人民政协事业进一步推向前进。

三、今后五年的工作建议

今后五年，是全国人民为夺取全面建设小康社会新胜利而团结奋斗的五年，也是人民政协创造新业绩、谱写新篇章的五年。人民政协的各参加单位、各级组织和广大政协委员要把学习贯彻中共十七大精神作为当前和今后一个时期的首要政治任务，以邓小平理论和“三个代表”重要思想为指导，深入贯彻落实科学发展观，牢牢把握团结和民主两大主题，进一步落实《中共中央关于加强人民政协工作的意见》，积极开展政治协商，完善民主监督机制，提高参政议政实效，充分发挥协调关系、汇聚力量、建言献策、服务大局的重要作用，努力开创人民政协事业发展新局面。

（一）用马克思主义中国化最新成果武装头脑

要高举中国特色社会主义伟大旗帜，坚持中国特色社会主义道路，坚持中国特色社会主义理论体系，坚定不移地把中国特色社会主义作为参加人民政协的各党派团体、各族各界人士的共同理想信念、共同前进方向、共同奋斗目标。要适应政协换届后形势和任务的需要，有针对性地加强委员的学习培训，组织委员认真学习党和国家的重大方针政策，学习统一战线和人民政协的理论和规章制度，学习履行职责必需的各方面知识，不断提高委员的综合素质和参政议政能力。要抓住改革开放30周年和建国60周年的重要机遇，全面总结建国以来特别是在改革开放的伟大历史进程中，人民政协取得的重大成就和宝贵经验，深入探索人民政协工作的规律和特点，不断推进人民政协事业发展。加强人民政协理论建设和创新，制定研究规划，建立研究基地，开展人民政协理论建设工程，进一步丰富中国特色社会主义民主政治理论。

（二）紧紧围绕贯彻落实科学发展观献计出力

要开展学习实践科学发展观活动，全面把握科学发展观的科学内涵、精神实质和根本要求，切实增强贯彻落实科学发展观的自觉性和坚定性。要把科学发展观贯穿于人民政协履行职能的各个方面，围绕完善宏观调控政策、增强改革措施的协调性、推进城乡经济社会发展一体化、发展中国特色的现代农业、确保国家粮食安全、发展现代服务业、建设国家创新体系、金融改革与发展、资源能源的合理开发利用、增加城乡居民收入、生态文明建设、气候变化与我国经济发展的关系、完善应急管理体制机制等重大课题建言献策，推动经济社会又好又快发展。要高度关注民生，围绕教育、就业、社会保障、公共医疗卫生服务、住房保障等方面的建设，组织委员运用提案、视察、专题调研、反映社情民意信息等多种形式，协助党和政府解决好人民最关心、最直接、最现实的利益问题，多做协调关系、化解矛盾、理顺情绪的工作，为正确处理人民内部矛盾、维护改革发展稳定的大局作贡献。

（三）促进政党关系、民族关系、宗教关系、阶层关系、海内外同胞关系的和谐

要不断拓展各民主党派在人民政协参政议政的平台，切实加强中国共产党同各民主党派和无党派人士的合作共事，巩固和发展多党合作的政治格局；深入开展纪念中共中央发布“五一”劳动节口号60周年和人民政协成立60周年活动，举办多种形式的报告会、研讨会、座谈会，认真回顾我国人民民主发展的历史进程，系统总结多党合作的基本经验。以庆祝广西壮族自治区和宁夏回族自治区成立50周年为契机，深入宣传和贯彻执行党和国家的民族政策；积极推进少数民族和民族地区经济社会发展，巩固和发展平等团结互助和谐的社会主义民族关系。要全面贯彻宗教信仰自由政策，落实宗教事务条例，围绕宗教工作中重点、难点问题深入调查研究，引导宗教界人士和信教群众发展生产、改善生活，发挥他们在促进社会和谐中的积极作用。要密切与新的社会阶层人士的联系，关注他们的利益诉求，畅通利益表达渠道，加强思想政治工作，引导他们自觉承担社会责任，做合格的中国特色社会主义事业的建设者。要着眼于促进海外华侨华人资源的可持续发展，积极开展知名爱国侨领、融入主流社会的华侨华人和华裔新生代的工作，推动海外华文教育，弘扬中华民族优秀文化，推进海内外中华儿女的大团结。

（四）切实推动社会主义文化大发展大繁荣

要牢牢把握社会主义先进文化的前进方向，坚持马克思主义的指导地位，大力弘扬以爱国主义为核心的民族精神和以改革创新为核心的时代精神，大力提倡以“八荣八耻”为主要内容的社会主义荣辱观，努力使社会主义核心价值体系成为参加政协的各党派团体、各族各界人士的自觉追求。积极组织委员围绕促进城乡区域文化协调发展、推动和谐文化建设、挖掘和保护民族文化、弘扬中华文化、推进文化创新、保障人民基本文化权益、办好奥运会与残奥会和世博会等重大问题，深入调查研究。认真做好文史资料的征集、抢救、编辑和出版工作，发挥“存史、资政、团结、育人”的社会作用。继续组织科技、文艺、医疗卫生“三下乡”活动，鼓励他们为促进社会主义文化大发展大繁荣贡献力量。

（五）认真做好港澳台侨人士团结联谊工作

要坚定不移地贯彻“一国两制”、“港人治港”、“澳人治澳”、高度自治的方针，推动内地同香港、澳门的交流合作，加强与香港、澳门政团、社团及代表人士的联系，发展壮大爱国爱港、爱国爱澳力量。引导港澳委员在“一国两制”条件下更好地发挥作用，广泛团结香港、澳门各界同胞，促进香港、澳门长期繁荣稳定。坚决贯彻中央对台工作方针政策，充分发挥人民政协海内外联系广泛的特点和优势，着力做好台湾人民的工作，积极促进两岸人民的接触交往，增进相互了解，推动两岸经济、科技、教育、文化交流，共同反对和遏制“台独”分裂活动。办好纪念辛亥革命100周年活动。继续加强与海外华侨华人和归侨侨眷的联系，多做凝聚侨心、汇聚侨智、发挥侨力、维护侨益的工作，一如既往地支持全球华侨华人“反独促统”活动，为促进祖国和平统一贡献力量。

（六）进一步扩大对外友好交往

要继续按照国家外交的总体部署和目标，不断开辟新的对外交往渠道，拓展新的对外交往领域。继续开展同有关国家的互访，有计划、有重点、多层次地发展同有关国家的相关机构、国际组织及非政府组织的友好往来。切实加强人民政协的对外宣传工作，大力宣传中国特色社会主义政治制度的优越性，宣传人民政协在我国政治生活中的重要地位和作用，宣传人民政协的性质、职能、任务等基本情况，增进国际社会对人民政协的了解。支持中国经济社会理事会开展对外交往工作，加强中国人民与各国人民的友谊，促进中国与世界各国的发展与合作。发挥中国宗教界和平委员会的独特作用，同世界宗教和平组织与宗教界人士开展友好交往，为推动世界和平与发展作出积极贡献。

各位委员！中共十七大描绘了在新的时代条件下继续全面建设小康社会、加快推进社会主义现代化的宏伟蓝图。我们伟大的祖国正从新的历史起点出发，迈上更加壮丽的征程。面向未来，人民政协要继续肩负起时代赋予的光荣使命，在推动国家各项事业的发展中再创新的辉煌。让我们更加紧密地团结在以胡锦涛同志为总书记的中共中央周围，高举中国特色社会主义伟大旗帜，以邓小平理论和“三个代表”重要思想为指导，深入贯彻落实科学发展观，锐意进取，开拓创新，为夺取全面建设小康社会新胜利、谱写人民美好生活新篇章而努力奋斗！

政府工作报告

——2008年3月5日在第十一届全国人民代表大会第一次会议上

国务院总理　温家宝

各位代表：

现在，我代表国务院，向大会报告本届政府过去五年的工作，对今年工作提出建议，请予审议，并请全国政协各位委员提出意见。

一、过去五年工作回顾

第十届全国人民代表大会第一次会议以来的五年，是不平凡的五年。在中国共产党领导下，各级政府和全国各族人民认真贯彻党的十六大精神，齐心协力，顽强拼搏，积极应对复杂多变的国际环境，努力克服经济社会发展中的各种困难，战胜了突如其来的严重非典疫情和历史罕见的低温雨雪冰冻等特大自然灾害，改革开放和现代化建设取得了举世瞩目的重大成就。

——经济跨上新台阶。2007年，国内生产总值达到24.66万亿元，比2002年增长65.5%，年均增长10.6%，从世界第六位上升到第四位；全国财政收入达到5.13万亿元，增长1.71倍；外汇储备超过1.52万亿美元。

——取消农业税，终结了农民种田交税的历史。全国粮食连续四年增产，2007年产量达到50150万吨。

——国有企业、金融、财税、外经贸体制和行政管理体制等改革迈出重大步伐。开放型经济进入新阶段。2007年进出口总额达到2.17万亿美元，从世界第六位上升到第三位。

——创新型国家建设进展良好，涌现出一批具有重大国际影响的科技创新成果。载人航天飞行和首次月球探测工程圆满成功。

——全面实现农村免费义务教育，这是我国教育发展史上的重要里程碑。覆盖城乡的公共卫生体系和基本医疗服务体系初步建立。

——城乡公共文化服务体系逐步完善。文化体制改革取得重要进展，文化事业和文化产业快速发展。上海特奥会成功举办。北京奥运会、残奥会和上海世博会筹备工作进展顺利。

——民主法制建设取得新进步，依法行政扎实推进，保障人民权益和维护社会公平正义得到加强。

——人民生活显著改善。五年全国新增城镇就业5100万人。城镇居民人均可支配收入由2002年7703元增加到2007年13786元，农村居民人均纯收入由2476元增加到4140元。社会保障体系框架初步形成。贫困人口逐年减少。

事实充分说明，过去五年是改革开放和全面建设小康社会取得重大进展的五年，是社会生产力和综合国力显著增强的五年，是社会事业全面发展和人民得到更多实惠的五年，是我国国际地位和影响不断提高的五年。

五年来，我们树立和落实科学发展观，着力发展经济、深化改革开放、保障和改善民生，促进社会和谐，付出了巨大努力，做了大量工作。

（一）加强和改善宏观调控，促进经济平稳快速发展

我们围绕解决经济运行中的突出矛盾，注重宏观调控的预见性、及时性和有效性。几年来，针对固定资产投资增长过快、货币信贷投放过多、外贸顺差过大，以及农业基础薄弱等经济发展中不稳定、不协调、不可持续的问题，严把土地、信贷两个闸门，提高市场准入门槛，适时调整财政政策、货币政策，完善产业政策和土地政策，调整经济结构，加强薄弱环节，搞好经济运行调节。根据经济形势的变化，多次及时调整金融机构存款准备金率、存贷款基准利率，取消或降低高耗能、高排放和资源性产品的出口退税。这些宏观调控措施取得明显成效，经济连续五年保持平稳快速发展，没有出现大的起落。

我们从加强农业基础入手，把促进粮食增产和农民增收作为首要任务，在制度、政策和投入方面采取一系列重大举措。全部取消了农业税、牧业税和特产税，每年减轻农民负担1335亿元。同时，建立农业补贴制度，对农民实行粮食直补、良种补贴、农机具购置补贴和农业生产资料综合补贴，对产粮大县和财政困难县乡实行奖励补助。大幅度增加对农业农村投入，中央财政用于“三农”的支出五年累计1.6万亿元，其中用于农村基础设施建设近3000亿元，地方也较多增加了投入。五年新增节水灌溉面积666.7万公顷、新增沼气用户1650万户、新建改建农村公路130万公里，解决了9748万农村人口饮水困难和饮水安全问题，建立了重大动物疫病防控体系，防止了高致病性禽流感等疫情蔓延。这些措施，极大地调动了农民积极性，有力地推动了社会主义新农村建设，农村发生了历史性变化，亿万农民由衷地感到高兴。农业的发展，为整个经济社会的稳定和发展发挥了重要作用。

我们制定了国家中长期科学和技术发展规划纲要，对2006－2020年的科技发展作出全面部署，启动一批重大专项。这对增强自主创新能力，推进创新型国家建设，有着重要而深远的影响。基础科学和前沿技术研究得到加强，取得高性能计算机、第三代移动通信、超级杂交水稻等一批重大创新成果，形成了一批具有自主知识产权和市场竞争力的产品。五年中央财政用于科技的投入达到3406亿元。全社会研究与实验发展经费，从2002年1288亿元增加到2007年的3664亿元，占国内生产总值比重从1.07%提高到1.49%。以企业为主体的技术创新体系建设取得重要进展。科技创新支撑和引领经济社会发展的能力明显增强。

我们制定和实施一系列产业政策和专项规划，促进产业结构优化升级。信息、生物、航空航天、新能源、新材料、海洋等高新技术产业加快发展。振兴装备制造业成效显著。旅游、金融、物流等现代服务业蓬勃发展。基础设施基础产业建设取得长足进展，一批重大工程相继建成或顺利推进。青藏铁路提前一年建成通车，三峡工程防洪、发电、航运等综合效益全面发挥，西电东送、西气东输全面投产，南水北调工程进展顺利，溪洛渡水电站、红沿河核电站、京沪高速铁路和千万吨级炼油厂、百万吨级乙烯等一批重大项目陆续开工建设，普光气田、南堡油田等勘查开发取得重大进展。五年新增电力装机3.5亿千瓦，是1950年到2002年53年的总和；新增公路19.2万公里，其中高速公路2.8万公里；新增铁路营运里程6100公里；建成万吨级以上泊位568个；新增电信用户4.94亿户。这些有效改善了能源交通通信状况，增强了经济社会发展后劲。

我们高度重视资源节约和环境保护。“十一五”规划纲要把节能和减排作为约束性目标。近两年，又提出并实施节能减排综合性工作方案，建立节能减排指标体系、监测体系、考核体系和目标责任制，颁布了应对气候变化国家方案。依法淘汰一大批落后生产能力，关停小火电 2157 万千瓦、小煤矿 1.12 万处，淘汰落后炼铁产能 4659 万吨、炼钢产能 3747 万吨、水泥产能 8700 万吨。启动十大重点节能工程。燃煤电厂脱硫工程取得突破性进展。中央政府投资支持重点流域水污染防治项目 691 个。继续推进天然林保护、京津风沙源治理等生态建设，五年累计退耕还林、植树造林 3191 万公顷，退牧还草 3460 万公顷。加强土地和水资源保护，五年整理复垦开发补充耕地 152.6 万公顷。经过各方面努力，节能减排取得积极进展，2007 年单位国内生产总值能耗比上年下降 3.27%，化学需氧量、二氧化硫排放总量近年来首次出现双下降，比上年分别下降 3.14% 和 4.66%。节约资源和保护环境从认识到实践都发生了重要转变。

我们实施区域发展总体战略。西部大开发继续推进，五年中央财政支持重点建设投资 2800 多亿元，基础设施和生态环境建设取得明显进展，重点地区和特色优势产业加快发展。制定和实施振兴东北地区等老工业基地战略，大型粮食基地建设不断加强，国有企业改革改组改造取得突破性进展，重大技术装备国产化成效显著，资源型城市经济转型试点进展顺利，老工业基地焕发出新的生机和活力。制定和实施促进中部地区崛起政策措施，粮食主产区现代农业建设步伐加快，重要能源原材料工业、装备制造业和综合交通运输体系进一步发展。东部地区继续率先发展，经济实力和整体素质显著提升。经济特区、上海浦东新区、天津滨海新区开发开放加快推进。这些重大举措，促进了区域经济合理布局和协调发展。

（二）大力推进改革开放，注重制度建设和创新

全面深化农村改革。以乡镇机构、农村义务教育和县乡财政管理体制改革为主要内容的农村综合改革，取得阶段性重要成果。放开粮食收购市场，实现了粮食购销市场化。集体林权制度改革进行了成功探索。供销合作社、国有农场等改革进展顺利。

坚持完善基本经济制度。巩固和发展公有制经济，推进国有资产管理体制改革和国有经济布局与结构调整，建立和完善国有资产出资人制度。加快国有企业股份制改革，一批具有国际竞争力的大公司大企业集团发展壮大。邮政体制改革顺利进行，电力、电信、民航、铁路等行业改革取得积极进展。2006 年，全国国有企业资产总额比 2002 年增长 60.98%，实现利润增长 2.23 倍，税收增长 1.05 倍。国有经济活力、控制力和影响力明显增强。制定和实施一系列政策措施，进一步营造公平竞争的法制环境和市场环境，鼓励、支持和引导个体私营等非公有制经济发展。非公有制经济在促进经济增长、扩大就业、增加税收和活跃市场等方面，发挥着越来越大的作用。

大力推进金融、财税体制改革。针对国有商业银行经营管理不善、金融风险加剧的状况，我们果断地推进了改革。中国工商银行、中国银行、中国建设银行和交通银行完成股份制改造并成功上市，资产质量和盈利能力明显提高，银行业发生了重大变化。坚定地进行上市公司股权分置改革，解决了这个长期困扰证券市场发展的制度性问题。重点国有保险企业重组改制上市，促进了保险业迅速发展。利率市场化改革迈出实质性步伐。实施人民币汇率形成机制改革，汇率弹性逐步增强。外汇管理体制改革全面推进。财税体制改革进一步深化，财政转移支付制度和公共财政制度逐步完善。2003 年到 2007 年，中央财政对地方的转移支付累计 4.25 万亿元，87% 用于支持中西部地区。在部分企业试行国有资本经营预算制度。启动和扩大增值税转型改革试点。统一内外资企业所得税制度。建立国家统一的职务与级别相结合的公务员工资制度，初步规范了津贴补贴制度。投资体制改革和价格改革取得新进展。

加强市场体系建设。生产要素市场化程度稳步提高。商品流通现代化步伐加快。土地和矿产资源市场秩序、产品质量和食品药品安全等专项整治取得明显成效，保护知识产权力度加大，严厉打击了制假售假、非法传销、商业欺诈、盗版侵权等违法犯罪活动。

坚持扩大对外开放。我们认真履行加入世界贸易组织各项承诺，积极做好过渡期各项工作。深化涉外经济体制改革，促进贸易投资便利化。放开外贸经营权，大幅度降低关税，取消进口配额、许可证等非关税措施，金融、商业、电信等服务业开放不断扩大。进出口商品结构逐步优化。利用外资质量进一步提高。实施“走出去”战略迈出坚实步伐，对外经济互利合作取得明显成效。

（三）全面加强社会建设，切实保障和改善民生

我们坚持统筹经济社会发展，加快教育、卫生、文化、体育等社会事业发展和改革，积极解决涉及人民群众切身利益的问题。

在教育方面。全国财政用于教育支出五年累计2.43万亿元，比前五年增长1.26倍。农村义务教育已全面纳入财政保障范围，对全国农村义务教育阶段学生全部免除学杂费、全部免费提供教科书，对家庭经济困难寄宿生提供生活补助，使1.5亿学生和780万名家庭经济困难寄宿生受益。西部地区基本普及九年义务教育、基本扫除青壮年文盲攻坚计划如期完成。国家安排专项资金支持2.2万多所农村中小学改造危房、建设7000多所寄宿制学校，远程教育已覆盖36万所农村中小学，更多的农村学生享受到优质教育资源。更加重视职业教育发展，2007年中、高等职业教育在校生分别达到2000万人和861万人。普通高等教育本科生和研究生规模达到1144万人。高校重点学科建设继续加强。建立健全普通本科高校、高等和中等职业学校国家奖学金助学金制度，中央财政此项支出从2006年20.5亿元增加到去年的98亿元，高校资助面超过20%，中等职业学校资助面超过90%，资助标准大幅度提高。2007年开始在教育部直属师范大学实施师范生免费教育试点。我们在实现教育公平上迈出了重大步伐。

深入实施人才强国战略，大力培养、积极引进和合理使用各类人才，高层次、高技能人才队伍不断壮大。

在卫生方面。全国财政用于医疗卫生支出五年累计6294亿元，比前五年增长1.27倍。重点加强公共卫生、医疗服务和医疗保障体系建设，覆盖城乡、功能比较齐全的疾病预防控制和应急医疗救治体系基本建成。国家规划免疫预防的疾病由7种扩大到15种，对艾滋病、结核病、血吸虫病等重大传染病患者实施免费救治。国家安排资金改造和新建1.88万所乡镇卫生院、786所县医院、285所县中医院和534所县妇幼保健院，为1.17万个乡镇卫生院配备了医疗设备，农村医疗卫生条件明显改善。全国建立了2.4万多个社区卫生服务机构，新型城市医疗卫生服务体系进一步健全。人口和计划生育事业取得新进展，低生育水平继续保持稳定。人民健康水平不断提高，婴儿死亡率和孕产妇死亡率明显下降，2005年人均期望寿命达到73岁，对于我们这样一个有13亿人口的发展中国家是了不起的成就。

在就业方面。坚持实施和完善积极的就业政策，从财税、金融等方面加大支持力度，中央财政安排就业补助资金五年累计666亿元。城乡公共就业服务体系建设进一步加强。统筹做好就业再就业工作，全面加强职业技能培训，平均每年城镇新增就业1000多万人、农村劳动力转移就业800万人。基本解决国有企业下岗职工再就业问题，完成下岗职工基本生活保障向失业保险并轨。在劳动力总量增加较多、就业压力很大的情况下，保持了就业形势的基本稳定。

在社会保障方面。全国财政用于社会保障支出五年累计1.95万亿元，比前五年增长1.41倍。城镇职工基本养老保险制度不断完善，2007年参保人数突破2亿人，比2002年增加5400多万人；做实基本养老保险个人账户试点扩大到11个省份；从2005年开始连续三年提高企业退休人员基本养老金标准。中央财政五年累计补助养老保险专项资金3295亿元。2007年城镇职工基本医疗保险参保人数达到1.8亿人，比2002年增加近1倍；88个城市启动城镇居民基本医疗保险试点；新型农村合作医疗制度不断完善，已扩大到全国86%的县，参合农民达到7.3亿人。全国社会保障基金积累4140亿元，比2002年增加2898亿元。城乡社会救助体系基本建立。城市居民最低生活保障制度不断完善，保障标准和补助水平逐步提高。2007年在全国农村全面建立最低生活保障制度，3451.9万农村居民纳入保障范围。这是保障城乡困难群众基本生活的一项根本性制度建设。社会福利、优抚安置、慈善和残疾人事业取得新进展。抗灾救灾工作全面加强，中央财政五年支出551亿元，受灾群众生产生活得到妥善安排。

在文化和体育方面。全国财政用于文化体育事业支出五年累计3104亿元，比前五年增长1.3倍。县乡两级公共文化服务体系初步形成，基本实现了县县有图书馆、文化馆。全国文化信息资源共享工程、广播电视村村通工程等基层文化设施建设扎实推进。哲学社会科学和新闻出版、广播影视、文学艺术进一步繁荣。文物和非物质文化遗产保护得到加强。对外文化交流更加活跃。城乡公共体育设施建设加快，群众性体育蓬勃发展，体育健儿在国际大赛中取得优异成绩。

在居民收入和消费方面。努力增加城乡居民特别是低收入居民收入。调高最低工资标准；基本解决拖欠农民工工资问题；四次提高重点优抚对象的抚恤补助标准，统筹解决退役军人实际困难。降低居民储蓄存款利息税率，提高个人所得税起征点。家庭财产普遍增多。居民消费结构升级加快，家用汽车大幅度增加，移动电话、计算机、互联网快速普及，旅游人数成倍增长。住房条件进一步改善，棚户区改造取得积极进展。城乡居民享有的公共服务明显增多。

在社会管理方面。着力维护人民群众合法权益，积极化解社会矛盾。制定并实施保障农民工合法权益的政策措施。努力解决土地征收征用、房屋拆迁、企业改制、环境保护等方面损害群众利益的问题。信访工作不断加强。高度重视安全生产工作，健全安全监管体制，落实安全生产责任制，加强安全生产法制建设。社会治安防控体系更加健全，综合治理工作进一步加强。依法打击各类犯罪活动，有效维护了国家安全和社会稳定。

在经济快速发展和财力明显增加的情况下，用很大力量解决了一些长期遗留的历史问题。剥离和处置国有商业银行不良资产，置换农村信用社不良贷款和历年亏损挂账，化解国有企业历史债务，逐步解决国有粮食企业政策性亏损挂账，还清出口退税欠款，完善大中型水库征地补偿和移民后期扶持政策等。这些问题的解决对于经济社会发展起到了重要作用。

五年来，我们在民主法制建设、国防和军队建设、港澳台工作和外交等方面，也取得了重要进展。

稳步推进社会主义民主法制建设。各级政府自觉接受同级人民代表大会及其常委会的监督，主动接受人民政协的民主监督，认真听取民主党派、工商联、无党派人士、人民团体意见，通过多种形式征求专家学者和人民群众的建议，接受新闻媒体和社会各界的监督。实行重大事项决策公示和听证制度。加强城乡基层自治组织建设，基层民主管理制度进一步健全。五年国务院共向全国人大常委会提交39件法律议案，制定、修订137件行政法规。探索建立公众有序参与政府立法的机制和制度，有15部法律草案和行政法规草案向社会公开征求意见。全面清理了现行行政法规和规章。贯彻民族区域自治法，推进民族团结进步事业。全面落实宗教信仰自由政策，宗教事务管理走向法制化、规范化。全面落实侨务政策，依法保护海外侨胞和归侨侨眷的合法权益。

全面加强军队现代化建设。积极推进中国特色军事变革。调整改革军队体制编制和政策制度，裁减军队员额20万任务顺利完成。国防和军队建设取得历史性成就。人民解放军和人民武装警察部队为维护国家主权、安全、领土完整和促进社会和谐稳定作出了重大贡献。

坚持“一国两制”方针，严格按照香港特别行政区基本法和澳门特别行政区基本法办事。实施内地与香港、澳门更紧密经贸关系安排。香港、澳门保持繁荣稳定。

坚决反对和遏制“台独”分裂活动，捍卫国家主权与领土完整，维护台海和平。实施一系列有利于人员往来和经济科技教育文化体育交流的措施，促进了两岸关系和平稳定发展。

积极开展对外交往与合作，全方位外交取得重大进展，坚定地维护和发展了国家利益。我国同主要大国加强了对话，增进了信任，扩大了合作。中美关系稳定发展，中俄战略协作伙伴关系提高到新水平，中欧全面合作日益深化，中日关系得到改善，同周边国家睦邻友好关系进一步加强，区域合作取得新成果，同发展中国家的团结合作开创了新局面。成功举办一系列重大多边外交活动。妥善应对国际上各种新挑战，积极负责地参与解决全球性问题，在解决国际和地区热点问题上发挥着重要的建设性作用。

五年来，我们始终重视政府自身改革和建设。本届政府把实行科学民主决策、推进依法行政、加强行政监督作为政府工作的三项基本准则。制定全面推进依法行政实施纲要，推动政府职能转变和管理创新，强化社会管理和公共服务。认真贯彻实施行政许可法，推进行政审批制度改革，国务院各部门取消和调整行政审批项目692项。推进政务公开，完善新闻发布制度，加强电子政务建设。全国应急管理体系基本建立。监察、审计等专门监督工作卓有成效。公务员教育培训和管理法制化建设进一步加强。坚持不懈地开展反腐败斗争和加强政风建设，治理商业贿赂工作取得良好成效，依法查处违法违规案件和失职渎职行为，惩处腐败分子。

过去五年，我们在丰富实践中积累了许多宝贵经验，主要体会是：

第一，必须坚持解放思想。解放思想、实事求是是我们党的思想路线。只有坚持一切从实际出发，破除迷信，敢于冲破不合时宜的观念束缚，尊重群众首创精神，大胆探索、实践和创造，与时俱进，才能使社会主义现代化事业充满生机和活力。

第二，必须坚持落实科学发展观。科学发展观是发展中国特色社会主义的重大战略思想，是我国经济社会发展的重要指导方针。我们要坚持把发展作为第一要务，着力转变经济发展方式，调整经济结构，提高经济增长质量和效益；坚持以人为本，注重统筹兼顾，推动全面协调可持续发展。只有深入贯彻落实科学发展观，才能实现经济社会又好又快发展，促进社会和谐。

第三，必须坚持改革开放。改革开放是决定当代中国命运重大而关键的抉择。我们要坚定不移地推进经济体制改革、政治体制改革，发展社会主义民主政治，完善社会主义市场经济体制，解放和发展生产力，促进社会公平正义，实现人的全面发展。开放也是改革，开放兼容才能强国。改革开放贯穿于社会主义现代化建设的整个过程，任何时候都不能动摇。

第四，必须坚持搞好宏观调控。宏观调控与市场机制都是社会主义市场经济体制的组成部分。我们要更大程度地发挥市场在资源配置中的基础性作用，增强企业活力和竞争力。同时，要加强和改善宏观调控，坚持主要运用经济手段、法律手段，发挥各种政策的组合效应；坚持区别对待、有保有压，不搞一刀切，不搞急刹车；坚持不断总结经验，及时调整政策，注重实际效果。只有把市场机制和宏观调控有机结合起来，才能保证整个经济充满活力、富有效率、持续健康协调发展。

第五，必须坚持执政为民。政府的一切权力都是人民赋予的，执政为民是各级政府的崇高使命。我们要牢记全心全意为人民服务的宗旨，把实现好、维护好、发展好最广大人民的根本利益，作为政府工作的出发点和落脚点。更加注重保障和改善民生，特别要关心和解决城乡低收入群众的生活困难，使全体人民共享改革发展成果。只有坚持一切属于人民，一切为了人民，一切依靠人民，一切归功于人民，我们的各项事业才能获得最广泛最可靠的群众基础和力量源泉。

第六，必须坚持依法行政。遵守宪法和法律是政府一切工作的根本原则。我们要严格按照法定权限和程序行使权力、履行职责，加强政府立法，规范行政执法，完善行政监督，建设法治政府，不断提高依法行政能力。只有全面推行依法行政，努力做到有权必有责、用权受监督、侵权要赔偿、违法要追究，让权力在阳光下运行，才能保证人民赋予的权力始终用来为人民谋利益。

我们也清醒地认识到，经济社会发展和政府工作中还存在不少问题，国内外形势发展变化使我们面临诸多新的挑战和风险。

——经济运行中一些突出问题和深层次矛盾依然存在。近年来固定资产投资增长过快，货币信贷投放过多，国际收支不平衡。长期形成的结构性矛盾和增长方式粗放问题仍然突出。投资与消费关系不协调，投资率持续偏高；一二三产业发展不协调，工业特别是重工业比重偏大，服务业比重偏低；自主创新能力不强，经济增长的资源环境代价过大。农业基础仍然薄弱，农业稳定发展和农民持续增收难度加大，城乡、区域发展差距扩大的趋势尚未扭转。特别是影响经济发展的体制机制障碍还相当突出，改革攻坚任务繁重。

——涉及群众切身利益的问题有待进一步解决。当前物价上涨、通货膨胀压力加大，是广大群众最为关注的问题。去年居民消费价格总水平比上年上涨4.8%，主要是食品和居住类价格涨幅较大。物价上涨有多方面的因素：国内农产品价格多年在低位运行，近期的价格上涨有其必然性和一定的合理因素，但对群众特别是低收入群众生活影响较大；近年来国际市场初级产品价格大幅上升，也直接影响国内价格上涨。由于推动价格上涨的因素还将存在，今年价格上涨的压力仍然较大。同时，生产资料价格不断上升，房地产等资产价格上涨过快，防止通货膨胀的任务相当艰巨。劳动就业、社会保障、教育、医疗卫生、收入分配、住房、产品质量安全、安全生产、社会治安等方面，还有不少问题需要认真加以解决。

——国际经济环境变化不确定因素和潜在风险增加。随着经济全球化深入发展，我国经济与世界经济联系越来越密切。当前全球经济失衡加剧、增速放缓，国际竞争更加激烈；美国次级抵押贷款危机影响蔓延，美元持续贬值，国际金融市场风险增大；国际市场粮食价格上涨，石油等初级产品价格高位运行；贸易保护主义加剧，贸易摩擦增多。国际上一些政治因素对世界经济走势的影响也不容忽视。这些都可能对我国经济发展带来不利影响。我国正处在改革发展的关键时期，必须充分做好应对国际环境变化的各种准备，提高防范风险的能力。

——政府自身建设和管理需要加强。我们深深感到，政府工作与形势的要求和人民的期望还有不小差距。政府职能转变还不到位，社会管理和公共服务比较薄弱；一些部门职责交叉、权责脱节，相互推诿，办事效率低下；一些政府工作人员服务意识不强，素质不高；对权力的监督和约束机制不健全，形式主义、官僚主义问题比较突出，弄虚作假、奢侈浪费和腐败现象比较严重。

我们一定要始终保持清醒头脑，增强忧患意识，以对国家、对人民高度负责的使命感和紧迫感，更加兢兢业业、扎扎实实地做好政府各项工作。

各位代表！

过去五年的成就和进步，来之不易。这是在改革开放多年来奠定的基础上取得的，是以胡锦涛同志为总书记的党中央驾驭全局、正确领导的结果，是全国各族人民奋发进取、共同努力的结果，也是与广大海外侨胞、国际友人的支持和帮助分不开的。在战胜种种严重困难和挑战、完成各项重大任务中，充分表现了中国人民不畏艰险、一往无前的决心、勇气和意志。我代表国务院，向全国各族人民，向各民主党派、各人民团体和各界人士，表示诚挚的感谢！向香港特别行政区同胞、澳门特别行政区同胞和台湾同胞，以及广大侨胞，表示诚挚的感谢！向世界各国政府、国际组织和国际友人对中国现代化事业的理解和支持，表示诚挚的感谢！

二、2008 年主要任务

今年是全面贯彻党的十七大精神的第一年，改革发展任务繁重而艰巨，做好政府工作意义重大。

政府工作的基本思路和主要任务是：高举中国特色社会主义伟大旗帜，以邓小平理论和“三个代表”重要思想为指导，深入贯彻落实科学发展观，更加重视加强和改善宏观调控，更加重视推进改革开放和自主创新，更加重视调整经济结构和提高发展质量，更加重视节约资源和保护环境，更加重视改善民生和促进社会和谐，推进社会主义经济建设、政治建设、文化建设、社会建设，加快全面建设小康社会进程。

今年国民经济和社会发展的预期目标是：在优化结构、提高效益、降低消耗、保护环境的基础上，国内生产总值增长 8% 左右；居民消费价格总水平涨幅控制在 4.8% 左右；城镇新增就业 1000 万人，城镇登记失业率控制在 4.5% 左右；国际收支状况有所改善。

这里要着重说明，提出国内生产总值增长 8% 左右，主要是综合考虑了国内和国际多种因素，着眼于保持经济平稳较快发展，引导各方面把主要精力和工作重点放在转变发展方式、深化改革、加快社会建设上，防止片面追求和盲目攀比经济增长速度，实现经济社会又好又快发展。提出居民消费价格总水平涨幅控制在 4.8% 左右，主要是由于去年价格上涨对今年价格的翘尾影响较大，推动价格上涨的因素较多，控制物价上涨的难度加大；同时，又要考虑到居民、企业和社会各方面承受能力，努力避免物价涨幅过大。

实现经济社会发展的目标和任务，需要把握以下原则：坚持稳中求进，促进经济平稳较快发展；坚持好字优先，加快转变经济发展方式；坚持改革开放，注重推进制度建设和创新；坚持以人为本，加快以改善民生为重点的社会建设。今年经济工作，要把防止经济增长由偏快转为过热、防止价格由结构性上涨演变为明显通货膨胀作为宏观调控的首要任务；鉴于当前国内外经济形势发展的不确定因素较多，要密切跟踪分析新情况新问题，审时度势，从实际出发，及时灵活地采取相应对策，正确把握宏观调控的节奏、重点和力度，保持经济平稳较快发展，避免出现大的起落。

今年要着重抓好以下九个方面工作：

（一）搞好宏观调控，保持经济平稳较快发展

根据国内外经济形势和宏观调控任务的要求，今年要实行稳健的财政政策和从紧的货币政策。

继续实行稳健的财政政策，就是要保持财政政策的连续性和稳定性，充分发挥财政促进结构调整和协调发展的重要作用，增加对薄弱环节、改善民生、深化改革等方面的支出；同时，进一步减少财政赤字和长期建设国债。今年，中央财政赤字预算拟安排 1800 亿元，比去年预算赤字减少 650 亿元；拟安排国债投资 300 亿元，比去年减少 200 亿元；增加中央预算内经常性建设投资，中央建设投资总计为 1521 亿元。继续调整财政支出和政府投资结构，较大幅度地增加“三农”、社会保障、医疗卫生、教育、文化、节能减排和廉租住房建设等方面支出。要抓好增收节支，依法加强税收征管，规范非税收入管理，控制一般性支出。改革政府投资管理方式，提高投资使用效益。

合理安排财政超收收入。去年全国财政比年度预算超收 7239 亿元，其中中央财政超收 4168 亿元。超预算收入使用的原则是：集中财力办关系民生和制度性建设方面的事，调整结构，加强薄弱环节。依法增加地方两税返还和一般性转移支付的支出；增加农林水、教育、文化和科技方面支出；增加社会保障、医疗卫生、司法保障和廉租住房建设支出；增加节能减排和环境保护支出；解决农村义务教育债务和国有粮食企业财务挂账等历史遗留问题支出。同时，削减财政赤字450亿元；拟增加中央预算稳定调节基金1032亿元。

实行从紧的货币政策，主要是考虑当前固定资产投资反弹压力较大，货币信贷投放仍然偏多，流动性过剩矛盾尚未缓解，价格上涨压力明显，需要加强金融调控，控制货币供应量和信贷过快增长。一要综合运用公开市场操作、存款准备金率等方式，加大对冲流动性力度；合理发挥利率杠杆调节作用；完善人民币汇率形成机制，增强汇率弹性。二要着力优化信贷结构，严格执行贷款条件，有保有压。控制中长期贷款增长，特别是对高耗能、高排放企业和产能过剩行业的贷款；创新和改进银行信贷服务，完善担保、贴息等制度，加大对“三农”、服务业、中小企业、自主创新、节能环保、区域协调发展等方面的贷款支持。三要深化外汇管理体制改革。完善结售汇制度，加强跨境资本流动监管，稳步推进资本项目可兑换。拓展外汇储备使用渠道和方式。同时，采取综合措施，努力改善国际收支状况。

防止价格总水平过快上涨，是今年宏观调控的重大任务。必须从增加有效供给和抑制不合理需求两方面采取有力措施。一要大力发展生产，特别要加强粮食、食用植物油、肉类等基本生活必需品和其他紧缺商品生产，认真落实支持发展生产的政策措施，搞好产运销衔接。二要严格控制工业用粮和粮食出口。坚决制止玉米深加工能力盲目扩张，违规在建项目必须停建。三要加快健全储备体系，改进和完善储备调节和进出口调节方式，适当增加国内紧缺重要消费品进口。四要把握好政府调价的时机和力度，必须调整的资源性产品价格和公共服务收费也要从严控制，防止出现轮番涨价。五要健全大宗农产品、初级产品供求和价格变动的监测预警制度，做好市场供应和价格应急预案。六要加强市场和价格监管，抓好教育收费、医药价格、农资价格及涉农收费的监督检查。依法打击串通涨价、囤积居奇、哄抬物价等违法违规行为。七要及时完善和落实对低收入群众的补助办法，特别要增加对生活困难群众和家庭经济困难学生的补贴，确保他们基本生活水平不因物价上涨而下降。八要遏制生产资料尤其是农业生产资料价格过快上涨。九要坚持实行“米袋子”省长负责制和“菜篮子”市长负责制。物价问题与人民生活密切相关，各级政府一定要把稳定市场物价放在更加重要的位置。现在，国家粮食库存充裕，主要工业消费品供大于求，只要切实加强领导，认真落实各项政策措施，上下共同努力，就一定能够保证市场供应和价格基本稳定。

近期发生的严重低温雨雪冰冻灾害，给经济造成重大损失，给群众生活带来很大困难。要继续做好灾后重建工作，把灾害损失减少到最低程度。要以电网恢复重建为重点抓紧修复基础设施，尽快恢复农业生产，加强煤电油运协调工作，妥善安排受灾地区群众生活。同时，要从这次特大自然灾害中，认真总结经验教训。加强电力、交通、通信等基础设施建设，提高抗灾和保障能力；加强应急体系和机制建设，提高预防和处置突发事件能力；加强对现代条件下自然灾害特点和规律的研究，提高防灾减灾能力。

（二）加强农业基础建设，促进农业发展和农民增收

今年，要千方百计争取农业有个好收成，努力增加农民收入，推进社会主义新农村建设。突出抓好三件事：一是大力发展粮食生产，保障农产品供给。粮食安全，关系经济社会发展全局，关系人民群众切身利益，丝毫不能放松粮食生产。要切实稳定粮食种植面积，提高单产水平。加大对粮食主产区和种粮农民的扶持力度，实施粮食战略工程，加快建立粮食核心产区，全面提高粮食综合生产能力和供给保障能力。农业生产既要增加总量，又要优化品种结构，促进各类重要农产品稳定增长。认真落实支持生猪、奶业、油料发展的政策措施。积极发展畜牧水产业，扶持和促进规模化健康养殖。推进农业标准化生产，提高农产品质量安全水平。二是加强农业基础设施建设。加快完成大中型和重点小型病险水库除险加固任务。搞好灌区改造和小型农田水利建设，大力发展节水灌溉。加大土地开发整理复垦力度，搞好中低产田改造，提高耕地质量，建设一批高标准农田。加强农村饮水、道路、电网、通信、文化等基础设施建设，大力发展农村公共交通，改善农村人居环境。今年要再解决3200万农村人口的安全饮水问题，增加500万农村沼气用户，支持建设一批大中型沼气项目。三是拓宽农民增收渠道。加快发展高产优质高效生态安全农业，支持农业产业化经营和龙头企业发展。加强农村现代市场流通体系建设，壮大和提升农村二三产业，发展乡镇企业，增强县域经济实力。加强农村职业教育和技能培训，提高农民转移就业能力，发展劳务经济。加大扶贫开发力度，继续减少贫困人口。

主要措施是：一要大力增加投入。今年财政支农投入的增量要明显高于上年，国家固定资产投资用于农村的增量要明显高于上年，政府土地出让收入用于农村建设的增量要明显高于上年。调整耕地占用税使用方向，改革城市建设维护税使用办法，增加农村建设投入。今年中央财政安排“三农”支出5625亿元，比上年增加1307亿元。二要强化和完善农业支持政策。增加粮食直补、农资综合直补。扩大良种补贴规模和范围。增加农机具购置补贴种类，提高补贴标准，从今年起农机具购置补贴覆盖到所有农业县。根据情况提高粮食最低收购价。三要坚持最严格的耕地保护制度，特别是加强基本农田保护。按土地利用总体规划从严审查调整各类规划的用地规模和标准，严格执行土地用途管制制度，依法严格管理农村集体和个人建设用地，坚决制止违法违规占用耕地和林地行为。四要完善农业科技推广和服务体系。加强农业科技创新和成果转化，强化以公益性为主的多元化农业技术推广服务。加快推进农业机械化。加强良种、信息、农产品质量安全和防灾减灾体系建设，搞好动物疫病和植物病虫害防控。扩大测土配方施肥规模。五要全面推进农村改革。加快农村综合改革步伐。采取多种有效措施，积极稳妥地化解乡村债务。中央和地方将增加财政投入，用三年左右时间基本化解农村义务教育历史债务。坚持农村基本经营制度，稳定和完善土地承包关系，按照依法自愿有偿原则，健全土地承包经营权流转市场，有条件的地方可以发展多种形式的适度规模经营。大力发展农民专业合作组织。全面推进集体林权制度改革。

（三）推进经济结构调整，转变发展方式

坚持扩大内需方针，调整投资和消费关系，促进经济增长由主要依靠投资、出口拉动向依靠消费、投资、出口协调拉动转变。关键是合理控制固定资产投资规模，着力优化投资结构。坚持严把土地、信贷闸门和市场准入标准，特别要加强和规范新开工项目管理，严格执行项目新开工条件。坚决控制高耗能、高排放和产能过剩行业盲目投资和重复建设，提高限制发展行业的准入标准和项目资本金比例。违法违规建设项目要坚决停建。加大对经济社会发展薄弱环节、重点领域和中西部地区的支持力度。从严控制新增建设用地特别是工业用地，今年土地利用计划总规模控制在去年水平。要适应新形势、新情况，加强和改进对全社会各类投资活动的引导、调控和监管。

坚持把推进自主创新作为转变发展方式的中心环节。要认真落实国家中长期科学和技术发展规划纲要，全面启动和组织实施大型飞机、水体污染控制与治理、大型油气田及煤层气开发等国家重大专项。实施基础研究、高技术研究和科技支撑计划。着力突破新能源汽车、高速轨道交通、工农业节水等一批重大关键技术。推进国家创新体系建设，重点建设一批国家实验室、国家工程中心、面向企业的创新支撑平台和企业技术中心，加强科技基础能力建设。深化科技管理体制改革，统筹和优化科技资源配置。今年中央财政将安排科技支出1134亿元，比上年增加134亿元。完善和落实支持自主创新的政策，充分发挥企业作为技术创新主体的作用，鼓励、引导企业增加研发投入。推进产学研结合，培育创新型企业。加大政府采购对自主创新产品的支持力度。扩大创业风险投资试点范围。实施知识产权战略。加强国际科技合作。

推进产业结构优化升级。坚持走中国特色新型工业化道路，推进信息化与工业化融合。着力发展高新技术产业，大力振兴装备制造业，改造和提升传统产业，加快发展服务业特别是现代服务业。继续实施新型显示器、宽带通信与网络、生物医药等一批重大高技术产业化专项。充分发挥国家高新技术开发区的集聚、引领和辐射作用。围绕大型清洁高效发电装备、高档数控机床和基础制造装备等关键领域，推进重大装备、关键零部件及元器件自主研发和国产化。加强地质工作，提高资源勘查开发水平。积极发展现代能源原材料产业和综合运输体系。

促进区域协调发展。深入推进西部大开发，开工建设一批重点工程，支持重点地区优先开发。继续搞好天然林保护、防沙治沙、石漠化治理，落实退耕还林后续政策。组织实施东北地区振兴规划，支持先进装备制造业、现代农业发展和资源枯竭型地区经济转型。编制和实施促进中部崛起规划，落实并完善相关政策。鼓励东部地区率先发展，着力提升国际竞争力。进一步加大对革命老区、民族地区、边疆地区、贫困地区发展的扶持力度。制定并实施主体功能区规划和政策。

（四）加大节能减排和环境保护力度，做好产品质量安全工作

今年是完成“十一五”节能减排约束性目标的关键一年，务必增强紧迫感，加大攻坚力度，力求取得更大成效。一是落实电力、钢铁、水泥、煤炭、造纸等行业淘汰落后生产能力计划。建立淘汰落后产能退出机制，完善和落实关闭企业的配套政策措施。同时，按照规划加强这些行业先进生产能力的建设。二是抓好重点企业节能和重点工程建设。加快十大重点节能工程实施进度。提高城镇污水处理能力，力争用两年时间在36个大城市率先实现污水的全部收集和处理。适当提高排污费、污水处理费和垃圾处理费标准。完善和严格执行建筑标准，大力推进墙体材料革新和建筑节能。稳步推进城镇供热体制和市政公用事业改革。三是开发和推广节约、替代、循环利用资源和治理污染的先进适用技术，实施节能减排重大技术和示范工程。大力发展节能服务产业和环保产业。开发风能、太阳能等清洁、可再生能源。四是做好“三河三湖”、南水北调水源及沿线、三峡库区和松花江等重点流域污染防治工作，实施渤海环境保护总体规划。提高重点流域水污染物的国家排放标准。五是加强农村饮用水水源地保护，推进农村生活污染治理，严格控制农村地区工业污染，加强畜禽、水产养殖污染治理，控制农业面源污染。六是鼓励和支持发展循环经济，促进再生资源回收利用。全面推行清洁生产。七是加强土地、水、草原、森林、矿产等资源的保护和节约集约利用，严厉查处乱采滥挖矿产资源等违法违规行为。搞好海洋资源保护和合理利用，发展海洋经济。加强气象、地震、测绘基础研究和能力建设。八是实施应对气候变化国家方案，加强应对气候变化能力建设。九是完善能源资源节约和环境保护奖惩机制。执行节能减排统计监测制度，健全审计、监察体系，加大执法力度，强化节能减排工作责任制。十是增强全社会生态文明观念，动员全体人民更加积极投身于资源节约型、环境友好型社会建设。节约资源和保护环境要一代一代人持之以恒地进行下去，让我们的祖国山更绿，水更清，天更蓝。

加强产品质量安全工作。一是加快产品质量安全标准制定和修订。今年要完成7700多项食品、药品和其他消费品安全国家标准的制定修订工作，健全食品、药品和其他消费品安全标准体系；食品、消费品安全性能要求及其检测方法标准，都要采用国际标准。出口产品除符合国际标准外，还要符合进口国标准和技术法规的要求。二是完善产品质量安全法制保障。加快制定修订涉及产品质量安全的法规，完善行政执法与刑事司法紧密衔接的机制，加大对违法违规企业的惩处力度。三是健全产品质量安全监管体系。严格执行生产许可、强制认证、注册备案制度，严把市场准入关。提高涉及人身健康和安全产品的生产许可条件和市场准入门槛。加强食品、药品等重点监管工作，严把进出口商品质量关。认真落实产品质量安全责任制。我们一定要让人民群众吃得放心、用得安心，让出口产品享有良好信誉。

（五）深化经济体制改革，提高对外开放水平

今年是改革开放30周年，改革开放使中国发生了历史性的巨大变化。我国仍处于并将长期处于社会主义初级阶段，进一步解放和发展生产力，进一步促进社会公平正义，实现全面建设小康社会和国家现代化的宏伟目标，必须继续坚定不移地推进改革开放。今年着重抓好以下方面：

推进国有企业改革，完善所有制结构。继续推动国有资本调整和国有企业重组。深化国有企业公司制股份制改革。完善公司法人治理结构。做好政策性关闭破产和主辅分离、辅业改制工作。扩大国有资本经营预算制度试点。深化垄断行业改革，引入竞争机制，加强政府监管和社会监督。严格规范国有企业改制和国有产权转让，防止国有资产流失，保障职工合法权益。推进集体企业改革，发展多种形式的集体经济、合作经济。认真落实鼓励、支持和引导个体私营等非公有制经济发展各项政策，尤其要解决市场准入和融资支持等方面的问题。

深化财税体制改革，加快公共财政体系建设。改革预算制度，强化预算管理和监督。完善和规范财政转移支付制度，提高一般性转移支付规模和比例，加大公共服务领域投入。积极推进省以下财政体制改革。全面实施新的企业所得税法。改革资源税费制度，完善资源有偿使用制度和生态环境补偿机制。继续推进增值税转型改革试点，研究制定在全国范围内实施方案。

加快金融体制改革，加强金融监管。继续深化银行业改革，重点推进中国农业银行股份制改革和国家开发银行改革。建立存款保险制度。加快农村金融改革，强化中国农业银行、中国农业发展银行和中国邮政储蓄银行为“三农”服务的功能，继续深化农村信用社改革，积极推进新型农村金融机构发展。优化资本市场结构，促进股票市场稳定健康发展，着力提高上市公司质量，维护公开公平公正的市场秩序，建立创业板市场，加快发展债券市场，稳步发展期货市场。深化保险业改革，积极扩大农业保险范围，做好政策性农业保险试点工作。依法严厉查处各种金融违法违规行为。切实防范和化解金融风险，维护金融稳定和安全。

拓展对外开放广度和深度，提高开放型经济水平。在保持出口平稳增长的同时，加快转变外贸发展方式，优化出口结构，鼓励自主知识产权和自主品牌产品出口，提高出口产品质量、档次及附加值。扩大服务出口，发展服务外包。积极扩大进口，重点增加先进技术装备、重要原材料和关键零部件及元器件进口。优化利用外资产业结构和地区布局，稳步推进服务业对外开放。限制和禁止高耗能、高排放和部分资源性外资项目，切实纠正招商引资中违法违规的做法。创新对外投资和合作方式，完善和落实支持企业“走出去”的政策措施。加强多双边和区域经济合作。继续推进自由贸易区谈判，认真实施已签署的协定。维护公平的国际贸易秩序。

在推进改革开放中，要加快现代市场体系建设，大力发展现代流通，深入整顿和规范市场秩序，推进社会信用制度建设。

（六）更加注重社会建设，着力保障和改善民生

坚持优先发展教育。一是在全国城乡普遍实行免费义务教育。继续增加农村义务教育公用经费，提高保障水平。适当提高农村家庭经济困难寄宿生生活费补助标准。认真落实保障经济困难家庭、进城务工人员子女平等接受义务教育的措施。在试点基础上，从今年秋季起全面免除城市义务教育学杂费，这是推动义务教育均衡发展、促进教育公平的又一重大举措。二是大力发展职业教育。加强职业教育基础能力建设，深化职业教育管理、办学、投入等体制改革，培养高素质技能型人才。三是提高高等教育质量。优化学科专业结构，推进高水平大学和重点学科建设。普通高校招生增量继续向中西部地区倾斜。办好各级各类教育，必须抓好三项工作：一要全面实施素质教育，推进教育改革创新。深化教学内容和方式、考试和招生制度、质量评价制度等改革。切实减轻中小学生课业负担。二要加强教师队伍特别是农村教师队伍建设，完善和落实教师工资、津贴补贴制度。三要加大教育事业投入。今年中央财政用于教育的投入，将由去年的1076亿元增加到1562亿元；地方财政也都要增加投入。进一步规范教育收费。鼓励和规范民办教育发展。没有全民教育的普及和提高，便没有国家现代化的未来。要让孩子们上好学，办好人民满意的教育，提高全民族的素质。

推进卫生事业改革和发展。重点抓好四件事：一是加快建设覆盖城乡居民的医疗保障制度。扩大城镇职工基本医疗保险覆盖面；城镇居民基本医疗保险试点要扩大到全国50%以上的城市；在全国农村全面推行新型农村合作医疗制度，用两年时间将筹资标准由每人每年50元提高到100元，其中中央和地方财政对参合农民的补助标准由40元提高到80元。健全城乡医疗救助制度。二是完善公共卫生服务体系。抓好重大疾病防治，落实扩大国家传染病免疫规划范围的政策措施，加大对艾滋病、结核病、血吸虫病等疾病患者免费治疗力度。加强地方病、职业病、精神病防治。做好妇幼保健工作。在中西部地区农村实施住院分娩补助政策。健全公共卫生服务经费保障机制。三是推进城乡医疗服务体系建设。重点健全农村三级卫生服务网络和城市社区医疗卫生服务体系。加大全科医护人员和乡村医生培养力度，鼓励高素质人才到基层服务。开展公立医院改革试点。制定和实施扶持中医药和民族医药事业发展的措施。四是建立国家基本药物制度和药品供应保障体系，保证群众基本用药和用药安全，控制药品价格上涨。今年中央财政将安排832亿元，比上年增加167亿元，支持卫生事业改革和发展，重点向农村和基层倾斜。

去年以来，国务院组织力量研究深化医药卫生体制改革问题，已经制定一个初步方案，将向社会公开征求意见。改革的基本目标是：坚持公共医疗卫生的公益性质，建立基本医疗卫生制度，为群众提供安全、有效、方便、价廉的基本医疗卫生服务。我们要坚定地推进这项改革，让人人享有基本医疗卫生服务，提高全民健康水平。

加强人口和计划生育工作。稳定现行生育政策和低生育水平，提高出生人口素质，综合治理出生人口性别比偏高问题。全面实施计划生育家庭特别扶助制度，扩大实施农村计划生育家庭奖励制度和少生快富工程范围，提高奖励扶助标准。加强流动人口计划生育服务管理。

重视发展老龄事业，切实保障妇女和未成年人权益，关心和支持残疾人事业。

努力扩大就业。认真贯彻实施就业促进法和劳动合同法。坚持实行积极的就业政策，落实以创业带动就业的方针，加强就业和创业培训，鼓励自谋职业和自主创业，支持创办小型企业。加快建设城乡统一规范的人力资源市场，完善公共就业服务体系，促进形成城乡劳动者平等就业制度。加强高校毕业生就业指导和服务。深化退役军人安置制度改革。完善就业援助制度，落实促进残疾人就业政策，建立帮助零就业家庭解决就业困难的长效机制。督促各类企业同劳动者依法签订并履行劳动合同。加强劳动争议处理和劳动保障监察，严厉打击各种非法用工行为。在世界上人口最多的国家解决就业问题，是一项极为艰巨的任务。我们要用百倍的努力，把这项关系民生之本的大事做好。

增加城乡居民收入。关键要调整国民收入分配格局，深化收入分配制度改革，逐步提高居民收入在国民收入分配中的比重，提高劳动报酬在初次分配中的比重。一是多渠道增加农民收入，确保农民工工资按时足额发放，适当提高扶贫标准。二是提高企业职工工资水平，建立企业职工工资正常增长和支付保障机制。推动企业建立工资集体协商制度，完善工资指导线制度，健全并落实最低工资制度。改革国有企业工资总额管理办法，加强对垄断行业企业工资监管。三是从今年1月1日起，再连续三年进一步提高企业退休人员基本养老金水平。四是深化公务员工资制度改革，继续做好规范公务员津贴补贴工作。加快推进事业单位收入分配制度改革。五是落实职工带薪年休假制度。同时要进一步完善消费政策，拓宽服务消费领域，稳定居民消费预期，扩大即期消费。只有把经济发展成果合理分配到群众手中，才能得到广大群众的拥护，才能促进社会和谐稳定。

完善社会保障体系。坚持实行广覆盖、保基本、多层次、可持续的方针。一要做好社会保险扩面和基金征缴工作。重点扩大农民工、非公有制经济组织就业人员、城镇灵活就业人员参加社会保险。努力解决关闭破产企业退休人员和困难企业职工参加基本医疗保险问题。二要推进社会保险制度改革。完善社会统筹与个人账户相结合的企业职工基本养老保险制度，扩大做实养老保险个人账户试点，加快省级统筹步伐，制定全国统一的社会保险关系转续办法。规范发展企业年金制度。探索事业单位基本养老保险制度改革。抓紧制定适合农民工特点的养老保险办法。鼓励各地开展农村养老保险试点。加快完善失业、工伤、生育保险制度。三要采取多种方式充实社会保障基金，强化基金监管，确保基金安全，实现保值增值。四要健全社会救助体系。重点完善城乡居民最低生活保障制度，建立与经济增长和物价水平相适应的救助标准调整机制。健全临时救助制度。同时，积极发展社会福利事业。鼓励和支持慈善事业发展。做好优抚安置工作。加强防灾减灾救灾工作。为加快社会保障体系建设，今年中央财政将安排2762亿元，比上年增加458亿元。建立和完善覆盖城乡的社会保障体系，让人民生活无后顾之忧，直接关系经济社会发展，是全面建设小康社会的一项重大任务。

抓紧建立住房保障体系。总的指导原则是：（1）坚持从我国人多地少的基本国情出发，建立科学、合理的住房建设和消费模式。大力发展省地节能环保型住宅，增加中小套型住房供给，引导居民适度消费。（2）坚持正确发挥政府和市场的作用，政府主要制定住房规划和政策，搞好土地合理供应、集约利用和管理，重点发展面向中低收入家庭的住房。高收入家庭的住房需求主要通过市场调节解决。（3）坚持加强对房地产市场的调控和监管，规范和维护市场秩序，促进房地产业持续稳定健康发展。今年要采取四项措施：一要健全廉租住房制度，加快廉租住房建设，增加房源供给，加强经济适用住房的建设和管理，积极解决城市低收入群众住房困难。今年中央用于廉租住房制度建设的资金68亿元，比去年增加17亿元；地方各级政府都要增加这方面投入。同时，要积极改善农民工居住条件。二要增加中低价位、中小套型普通商品住房供应，建立多渠道投融资机制，通过多种途径帮助中等收入家庭解决住房问题。合理调整城市土地供给结构，增加中小套型住房用地。三要综合运用税收、信贷、土地等手段，完善住房公积金制度，增加住房有效供给，抑制不合理需求，防止房价过快上涨。四要加强市场监管，严格房地产企业市场准入和退出条件。依法查处闲置囤积土地、房源和炒地炒房行为。同时，要加强农村住房建设规划和管理，切实解决农村困难群众住房安全问题。我们要坚定不移地推进住房改革和建设，让人民群众安居乐业。

（七）深化文化体制改革，推动文化大发展大繁荣

进一步落实和完善文化体制改革政策措施，推动文化创新，加强文化建设，保障人民基本文化权益，繁荣文化市场，满足人民日益增长的、多样的文化需求。坚持用马克思主义中国化最新成果教育人民，在全社会树立中国特色社会主义共同理想，大力弘扬以爱国主义为核心的民族精神和以改革创新为核心的时代精神，深入进行社会主义荣辱观教育。推进和谐文化建设，实施公民道德建设工程，培育文明社会风尚。特别要加强青少年思想道德建设。深入开展文明创建活动。坚持为人民服务、为社会主义服务的方向，全面贯彻百花齐放、百家争鸣的方针。发展哲学社会科学。繁荣新闻出版、广播影视、文学艺术。鼓励创作优秀精神文化产品。加大政府投入力度，加快构建覆盖全社会的公共文化服务体系，加强公益性文化事业建设，特别是加强社区和乡村文化设施建设。加快乡镇综合文化站建设。推进全国文化信息共享、广播电视村村通、农家书屋和农村电影放映工程。具有公益性质的博物馆、纪念馆和全国爱国主义教育示范基地，今明两年实现全部向社会免费开放。完善文化产业政策，加快文化产业基地和区域性特色文化产业群建设。加强网络文化建设和管理。规范文化市场，坚持开展“扫黄打非”。加强民族文化遗产保护。扩大对外文化交流。加强城乡公共体育设施建设，广泛开展全民健身活动，不断提高竞技体育水平。

2008年奥运会和残奥会即将在北京举办。这是全体中华儿女的共同期盼，对于促进我国经济社会发展、增进中国人民同世界各国人民的友谊与合作，具有重要意义。要扎实做好各项筹办和组织工作，加强国际合作，创造良好环境，确保成功举办一届有特色、高水平的体育盛会。

（八）加强社会主义民主法制建设，促进社会公平正义

深化政治体制改革，发展社会主义政治文明。扩大人民民主，健全民主制度，丰富民主形式，拓宽民主渠道，依法实行民主选举、民主决策、民主管理、民主监督，保障人民的知情权、参与权、表达权、监督权。发展基层民主，完善基层群众自治制度，扩大基层群众自治范围，推动城乡社区建设，深入推进政务公开、村务公开、厂务公开。发挥社会组织在扩大群众参与、反映群众诉求方面的积极作用，增强社会自治功能。

全面落实依法治国基本方略。加强政府立法，提高立法质量。今年要重点加强改善民生、推进社会建设、节约能源资源、保护生态环境等方面的立法。政府立法工作要广泛听取意见。制定与群众利益密切相关的行政法规、规章，原则上都要公布草案，向社会公开征求意见。合理界定和调整行政执法权限，强化行政执法监督，全面落实行政执法责任制。健全市县政府依法行政制度。加强对行政收费的规范管理，改革和完善司法、执法财政保障机制。加强法规、规章和规范性文件的备案审查工作。健全行政复议体制，完善行政补偿和行政赔偿制度。做好法律服务和法律援助工作。深入开展法制宣传教育，在全社会形成自觉学法守法用法的良好氛围。

完善社会管理。加强社会组织建设，健全基层社会管理体制。做好信访工作，完善信访制度。健全社会矛盾调解机制，妥善处理人民内部矛盾，维护群众合法权益。完善社会治安防控体系，加强社会治安综合治理，深入开展平安创建活动。改革和加强城乡社区警务工作。加强流动人口服务和管理。集中整治突出的治安问题和治安混乱地区，依法防范和打击违法犯罪活动，保障人民生命财产安全，确保社会大局稳定。加强国家安全工作。

强化安全生产工作。加大源头治理力度，遏制重特大安全事故发生。巩固和发展煤矿瓦斯治理和整顿关闭两个攻坚战成果，继续开展重点行业领域安全专项整治。加强对各类安全事故隐患排查和整治工作，健全重大隐患治理、重大危险源监控制度，完善预报、预警、预防和应急救援体系。依法加强监管，严肃查处安全生产事故。

（九）加快行政管理体制改革，加强政府自身建设

行政管理体制改革是深化改革的重要环节，是政治体制改革的重要内容，也是完善社会主义市场经济体制的必然要求。改革总的原则和要求是：坚持以人为本、执政为民，坚持同发展社会主义民主政治、发展社会主义市场经济相适应，坚持科学民主决策、依法行政、加强行政监督，坚持管理创新和制度创新，坚持发挥中央和地方两个积极性。要着力转变职能、理顺关系、优化结构、提高效能，形成权责一致、分工合理、决策科学、执行顺畅、监督有力的行政管理体制。

第一，加快转变政府职能。这是深化行政管理体制改革的核心。健全政府职责体系，全面正确履行政府职能，努力建设服务型政府。在加强和改善经济调节、市场监管的同时，更加注重社会管理和公共服务，维护社会公正和社会秩序，促进基本公共服务均等化。重视发挥行业协会、商会和其他社会组织的作用。

第二，深化政府机构改革。这次国务院机构改革方案，主要围绕转变职能，合理配置宏观调控部门职能，调整和完善行业管理机构，加强社会管理和公共服务部门，探索实行职能有机统一的大部门体制；针对职责交叉、权责脱节问题，明确界定部门分工和权限，理顺部门职责关系，健全部门间的协调配合机制。国务院机构改革方案将提交本次大会审议。

第三，完善行政监督制度。坚持用制度管权、管事、管人。加强行政权力监督，规范行政许可行为。强化政府层级监督，充分发挥监察、审计等专门监督的作用。自觉接受社会各个方面的监督。推行行政问责制度和政府绩效管理制度。切实加强公务员队伍建设。严肃法纪政纪，坚决改变有令不行、有禁不止的现象。大力推行政务公开，健全政府信息发布制度，完善各类公开办事制度，提高政府工作透明度，创造条件让人民更有效地监督政府。

第四，加强廉政建设。要把反腐倡廉建设放在更加突出的位置，旗帜鲜明地反对腐败。坚持标本兼治、综合治理、惩防并举、注重预防的方针，扎实推进惩治和预防腐败体系建设。特别要解决权力过分集中和缺乏制约的问题。从根本上加强制度建设，规范财政转移支付、土地和矿产资源开发、政府采购、国有资产转让等公共资源管理。加大专项治理力度，重点解决环境保护、食品药品安全、安全生产、土地征收征用和房屋拆迁等方面群众反映强烈的问题，坚决纠正损害群众利益的不正之风。大力提倡艰苦奋斗，坚决制止奢侈浪费。严肃查处各类违法违纪案件，深入开展治理商业贿赂，依法严惩腐败分子，决不姑息。

各位代表！

我国是统一的多民族国家，必须坚持各民族共同团结奋斗、共同繁荣发展。坚持和完善民族区域自治制度，促进少数民族和民族地区经济社会发展，巩固和发展平等团结互助和谐的社会主义民族关系。全面贯彻党的宗教工作基本方针，落实宗教事务条例，发挥宗教界人士和信教群众在促进经济社会发展中的积极作用。做好新时期侨务工作，进一步发挥海外侨胞和归侨侨眷在祖国现代化建设与和平统一大业中的作用。

加强国防和军队建设，是发展中国特色社会主义的战略任务，必须统筹经济建设和国防建设，在推进现代化事业进程中实现富国和强军的统一。要坚持以毛泽东军事思想、邓小平新时期军队建设思想、江泽民国防和军队建设思想为指导，认真落实胡锦涛同志关于新形势下国防和军队建设重要论述，把科学发展观作为国防和军队建设的重要指导方针。着眼全面履行新世纪新阶段军队历史使命，提高军队应对多种安全威胁、完成多样化军事任务的能力，坚决维护国家主权、安全和领土完整，为全面建设小康社会提供坚强有力的保障。加强人民武装警察部队建设，提高执勤、处置突发事件、反恐维稳能力。加强国防教育，增强全民国防观念。完善国防动员体系。巩固军政军民团结。

坚定不移地贯彻“一国两制”、“港人治港”、“澳人治澳”、高度自治的方针，严格按照特别行政区基本法办事；全力支持香港、澳门两个特别行政区政府依法施政；进一步加强内地与两个特别行政区在经贸、环保、科技、教育、文化、卫生、体育等领域的交流合作。我们坚信，香港、澳门同胞一定能够把香港、澳门管理和建设得更好。

坚持“和平统一、一国两制”的基本方针和新形势下发展两岸关系、促进祖国和平统一的各项政策，牢牢把握两岸关系和平发展的主题，鼓励两岸同胞加强交往、增进共识，积极促进两岸经济文化交流，推动直接“三通”。实施和充实惠及广大台湾同胞的政策措施，支持海峡西岸和其他台商投资相对集中地区经济发展。争取在一个中国的原则基础上尽快恢复两岸协商谈判，解决两岸同胞关心的重大问题。坚决反对“台独”分裂活动，绝不允许任何人以任何名义任何方式把台湾从祖国分割出去。任何涉及中国主权和领土完整的问题，必须由包括台湾同胞在内的全中国人民共同决定。“台独”分裂势力企图改变大陆和台湾同属一个中国的现状，破坏台海和平，是注定要失败的。两岸统一是中华民族走向伟大复兴的历史必然。海内外中华儿女共同奋斗，一定能够完成祖国统一大业！

在新的一年，我们要高举和平、发展、合作旗帜，坚持独立自主的和平外交政策，坚持和平发展道路，坚持互利共赢的开放战略，推动建设持久和平、共同繁荣的和谐世界。要努力发展同发达国家的关系，全面深化同周边国家的睦邻友好关系，大力加强同发展中国家的团结合作，积极开展多边外交，推动重大热点问题和全球性问题的妥善解决，维护我国公民和法人在海外的合法权益。中国政府和人民愿同各国人民一道，共同分享发展机遇，共同应对风险挑战，共同推进人类和平与发展的崇高事业。

各位代表！

回顾五年成就，令人鼓舞；展望未来发展，催人奋进。伟大的祖国已迈上新的历史征程，前景无限美好。让我们在以胡锦涛同志为总书记的党中央领导下，高举中国特色社会主义伟大旗帜，以邓小平理论和“三个代表”重要思想为指导，深入贯彻落实科学发展观，解放思想，改革创新，扎实工作，为夺取全面建设小康社会新胜利而努力奋斗！

关于深入贯彻落实科学发展观的若干重大问题

——在全党深入学习实践科学发展观活动动员大会暨省部级主要领导干部专题研讨班上作的专题报告

(2008年9月20日)

温家宝

科学发展观是我国经济社会发展的重要指导方针，是发展中国特色社会主义必须坚持和贯彻的重大战略思想。在全党开展深入学习实践科学发展观活动，就是要把各方面的积极性真正引导到科学发展轨道上来，抓住机遇，应对挑战，在新的起点上，实现更长时间、更高水平、更好质量的发展；实现经济发展与社会进步结合，政治体制改革与经济体制改革结合，开放兼容与自主创新结合，时代精神与文化传统结合的全方位发展。我们必须从国际和国内大局出发，进一步增强贯彻落实科学发展观的紧迫感和自觉性，着力破解制约科学发展的矛盾和难题，加快构建有利于科学发展的体制和机制，提高领导科学发展的能力和素质，努力开创科学发展的新局面。

一、必须加强和改善宏观调控，促进经济长期又好又快发展

科学发展观的第一要义是发展。发展，对于全面建设小康社会、加快推进社会主义现代化具有决定性意义，始终是我们党执政兴国的第一要务，是解决中国一切问题的关键。科学发展观要求的发展，是好中求快、又好又快的发展，是速度与结构、质量、效益相统一的发展，是长期、稳定、可持续的发展。

近几年，我国取得了举世瞩目的发展成就。最显著的是，保持了经济平稳较快发展，避免了大的起落。2003～2007年，国内生产总值年均增长10.6%，是改革开放以来增长速度快、持续时间长、平稳程度高的最好时期之一。

我们始终坚持把保持经济平稳较快发展，防止出现大的起落，作为促进科学发展的首要目标。按照这一目标要求，加强和改善宏观调控，切实防止苗头性问题演变成趋势性问题，局部性问题演变为全局性问题。一是正确把握宏观调控的方向、力度和节奏，努力提高调控的有效性。我们既注重保持宏观经济政策的连续性和稳定性，又适时适度进行调整。更好地发挥市场配置资源的基础性作用，正确履行政府调节经济的职能，主要运用经济、法律手段，辅之以必要的行政手段，有效克服市场缺陷和应对突发事件的冲击。二是抓住关键，突出重点，努力提高调控的针对性。我们及时发现和解决影响全局的倾向性、关键性

问题。针对粮食减产、农业基础薄弱的问题，持续加大财政投入和政策扶持力度，促进了粮食稳定增产和农民持续增收。针对投资增长过快、货币投放过多、贸易顺差过大的问题，严格把好土地、信贷“两个闸门”和市场准入门槛，合理调控货币总量，多次调整出口退税率和关税税率，改革人民币汇率形成机制，增强汇率弹性，使“三过”问题得到缓解。针对结构性、输入性的物价上涨问题，采取增加有效供给、抑制不合理需求等一系列政策措施，居民消费价格涨幅下降，通胀势头得到初步遏制。三是区别对待，有保有压，努力提高调控的灵活性。既合理控制总量，又积极调整结构。一方面，坚决抑制投资需求膨胀，遏制高耗能、高污染和资源性产品出口，加快淘汰落后生产能力；另一方面，不断加强薄弱环节和重点领域，加大对农业发展、节能减排、自主创新、改善民生、中西部地区发展和深化改革等方面的支持力度。

我国经济实现了30年的快速增长，实属不易。要把经济发展的良好势头长期保持下去，更为艰难。我们要清醒地看到，今年是近几年经济发展最困难的一年。国际金融经济形势更加复杂多变。国际金融市场动荡加剧，全球经济明显减速，整个形势还在进一步恶化。国际油价虽有所回落，但仍在高位波动，通胀压力还不小。这些不利因素对我国的影响已经并会继续显现，对此要有充分的估计。国内经济运行中的突出问题也不少。价格上涨压力尚未根本缓解，煤电油运供应紧张，一些地区和行业增长速度明显回落，股市、房市波动较大，财政减收增支压力增加。近期我们对宏观经济政策及时进行了有针对性的调整，今后几个月，还要密切观察和有效应对形势变化，努力实现全年经济平稳较快发展，为明年打好基础。我们不但要看到今年和明年，还要看得更长远一些，要自觉按照科学发展观的要求，努力促进国民经济长期又好又快发展。从宏观上看，必须重点解决以下三个问题。

第一，把握好经济平稳较快发展和抑制通货膨胀的平衡点。前几年我国经济增长较快、物价水平较低，这在世界上是少有的。从国际经验看，长期保持高增长、低通胀是很困难的。今年以来我国经济增速高位回落，通货膨胀压力加大，世界经济形势不利变化对我国的影响可能还会加重。在复杂的国内外形势下，既要保持经济平稳较快增长，又要把物价控制在可承受的范围内，难度很大。这就要求我们密切关注形势变化，适时适度地调整宏观经济政策，增强调控的针对性、灵活性和有效性，把握好发展经济与控制物价两者平衡点，防止顾此失彼。必须清醒地看到，没有一定的经济增长速度，就业、财政收入、社会发展都会出现困难，民生问题难以改善，影响社会稳定的因素就会增多。在当前国际金融经济动荡的形势下，要把保持我国经济平稳较快发展摆在更重要的位置。同时，也必须充分认识通货膨胀对经济发展、人民生活和社会稳定的危害性，任何时候都不可掉以轻心。

第二，进一步扩大国内需求特别是居民消费需求。我国经济运行中总量矛盾始终与结构性矛盾交织在一起。虽然总需求比较旺，但内需占总需求的比重逐年下滑，居民消费尤其是中低收入居民消费、农村消费增长较慢。在当前世界经济增长减缓、出口形势严峻的情况下，扩大内需特别是消费需求，对于拓展经济发展空间、促进国际收支基本平衡和防止经济下滑尤为重要。从中长期看，扩大消费具有巨大市场潜力和发展空间，这是我国的优势，也是抵御外部冲击的重要基础。必须坚持把扩大内需作为经济发展的基本立足点，在优化结构的基础上保持合理的投资规模，下决心调整国民收入分配格局，着力扩大消费需求特别是居民消费需求，统筹解决影响即期消费的体制性问题，减轻和消除居民扩大消费的后顾之忧，提高消费对经济增长的贡献率。

第三，努力促进国际收支基本平衡。近几年来，我国国际收支持续“双顺差”，外汇储备大幅增加，这是我国发挥优势，积极参与国际竞争的结果。保持必要的外贸顺差和外汇储备，对于经济发展、增加就业和抗御风险是必需的。但外贸顺差过大、外汇储备过多，也会加剧贸易摩擦，加大金融调控和外汇储备资产经营管理的难度，降低货币政策有效性和资源利用效率。同时，经济增长过度依赖外需会挤压国内有效需求，增加外部冲击的风险。这是需要努力缓解和避免的。我们必须深化涉外经济体制改革，完善国际收支调控体系和机制，促进国际收支基本平衡。

二、必须统筹城乡发展，坚持把解决好“三农”问题作为全党工作的重中之重

农业、农村和农民问题，始终是关系党和国

家工作全局的根本性问题。必须懂得，中国现代化的成败取决于农业，没有农业的现代化就没有整个国家的现代化。这几年，我们不断加强“三农”工作，把促进农业增产和农民增收作为首要任务，在制度、政策和投入方面采取了一系列重大举措。取消农业税，终结了农民种田交税的历史，建立农业补贴制度，大幅度增加农业投入，极大地调动了农民积极性，农业连续增产和农民持续增收，这对于控制通货膨胀、促进经济平稳较快发展、保持社会和谐稳定发挥了关键性作用。同时也要看到，我国农业和农村发展仍处在一个艰难的爬坡阶段，农业基础设施脆弱、农村经济社会发展滞后、城乡居民收入差距扩大等问题相当突出，农业农村仍然是我国发展中最薄弱的环节。全面建设小康社会，最艰巨最繁重的任务在农村。实现科学发展，关键要下更大的决心、花更大的气力、用更多的力量，解决好“三农”问题。

一是切实保障粮食等主要农产品供给。粮食始终是经济发展、社会稳定和国家安全的基础，任何时候都不能出现闪失。在指导思想上，必须始终坚持立足国内，实现粮食基本自给。13亿人口的国家，如果粮食和农业出了问题，谁也帮不了我们。寄希望于大量进口粮食，既不现实也存在极大风险。必须努力保持粮食供求的紧平衡。粮食产量过低，粮食安全就会受到威胁；粮食供大于求，粮价就会下跌，谷贱伤农。在有限的耕地和一定时期内粮食与其他农产品种植存在此消彼长的关系，保持粮食供求紧平衡，既有利于粮食产量和价格的基本稳定，也有利于开展多种经营，满足群众对农产品的多样化需求。

在具体措施上，要落实最严格的耕地保护和最严格的节约用地“两个制度”。保护耕地，就是保护农业生产力。中央要求，18亿亩耕地的红线要坚守到2020年，这是一个极为艰巨而又必须完成的任务。我们必须节约每一寸土地，利用好每一寸土地。要运用好价格和补贴“两个杠杆”。目前，我国粮食等农产品价格偏低，需要逐步适当提高，这是促进农业生产的一个根本性措施。但农产品价格一时上涨过多，城乡中低收入群众承受不了。所以，对农产品价格问题要统筹兼顾，努力把农产品价格保持在一个合理水平上。对农业进行补贴，是国家的一项长期政策。今年我们给农民的补贴达到1028亿元。今后如果财政状况好，还要下决心大幅度增加。支持粮食生产的政策要向主产区倾斜，国家对粮食大县的财政奖励力度要进一步加大。要强化科技进步和农田基本建设“两个手段”。加大农业科技投入，力争在农业科技的关键领域、前沿领域有所突破，加强科技成果推广，提高农业科技贡献率。同时，加强以水利为重点的农业基础设施建设，增加高产稳产基本农田。

二是促进农民持续增收。解决农民收入问题，最重要的是扩大农民就业。要内外结合、多措并举，既要挖掘农业内部的增收潜力，做足种植业结构调整、耕地精耕细作的文章，积极发展特色农业、生态农业和旅游观光农业；又要拓展农村二三产业的就业增收空间，还要广辟外出务工经商的转移渠道。把壮大县域经济作为一项大战略，积极发展农村二三产业，加快乡镇企业发展和小城镇建设，为农民创造更多的就业和增收机会。

三是加强农村基础设施建设。统筹城乡发展，必须加快农村基础设施建设步伐，缩小城乡基础设施差距。很多农村基础设施建设属于公益性事业，各级政府负有义不容辞的责任。在统筹城乡基础设施建设中，切实把重点放在农村，不断加大投入力度。但是，农村基础设施建设不可能也不应该完全由政府全包下来。必须发挥农民的主体作用，引导他们通过自己的辛勤劳动改善生产生活条件，国家财政也要通过直接补助或“以奖代补”给予鼓励。

四是协调推进城镇化和新农村建设。推进城镇化与建设新农村，是我国现代化战略布局相辅相成、不可或缺的两个重要组成部分。一方面，城镇化是经济社会结构转变的大趋势，必须坚定不移地加以推进。有序转移农村人口，为提高农业劳动生产率、加快农村发展奠定基础。另一方面，今后相当长时期我国始终会有数以亿计的人口在农村生活，进城务工农民相当一部分还会“双向流动”，必须建设好农民的家园。要协调推进城镇化与新农村建设，合理把握城镇化的速度，积极稳妥引导农村人口转移。使城镇化与经济社会发展相适应，与新农村建设相协调，努力形成城镇化与新农村建设良性互动、相互促进的局面。

五是继续深化农村改革。家庭承包经营为基础、统分结合的双层经营体制具有广泛的适应性和旺盛的生命力，深受农民欢迎。在家庭承包经营的基础上，可以发展多种形式的土地规模经营。但必须遵循自愿、依法、有偿的原则，不能不顾条件地强制推行，特别是对土地入股、长期租赁等形式更要慎重。因为经济发展是有波动的，很多外出务工的农民就业是不稳定的，只要承包地还在，即便农民失业回乡，生活也有最基本的保障。因此，稳定农村基本经营制度，保护农民的土地承包权益，是党的农村基本政策，必须长期坚持。集体林权制度改革是农村基本经营制度的丰富和完善，是农村改革的又一重大突破，我们一定要按照中央的部署，认真落实。要继续推进农村综合改革，到2012年基本完成乡镇机构改革任务，着力增强乡镇政府社会管理和公共服务职能。扩大省直管县财政体制改革试点，优先将农业大县纳入试点。有条件的地方可依法探索省直接管理县的体制。

三、必须大力推进自主创新，加快经济结构战略性调整

实现科学发展，关键要在转变发展方式、提高国民经济整体素质和国际竞争力方面取得实质性进展。

提高自主创新能力是推动科学发展的主要突破口，是从根本上提高国家科技经济竞争力，建设经济强国的有效途径。在当今国际竞争格局中，真正的核心技术、关键技术是买不来的。必须走出一条中国特色的自主创新道路，形成强大的原始创新能力、集成创新能力和引进消化吸收再创新能力。特别要把自主创新的战略重点放在着力突破制约经济社会发展的关键技术、解决制约经济社会发展的重大科技问题上，重点支持事关国计民生、国家安全和长远利益的基础研究、前沿技术研究和社会公益研究。要加快促进科技与经济的有机结合。充分发挥企业在自主创新中的主体作用，大力推动产学研结合，完善鼓励企业增加研发投入的机制，推进科技成果产业化；充分发挥政府在自主创新中的主导作用，加强和改进政府科技宏观管理体制，营造有利于科技创新和人才成长的政策环境；充分发挥市场在配置创新资源中的基础性作用，激发企业和全社会的创新活力。特别要全面发挥人才资源在自主创新中的重要作用。要切实加强知识产权保护。新时期，世界科技和经济的竞争，很大程度上是知识产权的竞争。作为开发和利用知识资源的基本制度，重视保护知识产权就是重视和鼓励创新。必须把知识产权战略作为国家发展的重要战略，积极营造良好的知识产权法治环境、市场环境、文化环境，大幅度提升知识产权创造、运用、保护和管理能力。

加快结构优化升级是推动科学发展的重要途径。要坚持走中国特色新型工业化道路，大力推进信息化与工业化融合，形成以高新技术产业为先导、基础产业和制造业为支撑、服务业全面发展的现代产业体系。当前，必须着力加强的薄弱环节是服务业和装备制造业。我国服务业长期以来发展缓慢，去年服务业增加值占GDP的比重才40%，发展潜力还很大。要全面落实国务院关于加快服务业发展的若干意见，大力发展面向生产的服务业。优先发展运输业，提升物流的专业化、社会化服务水平；积极发展信息服务业，促进信息化与工业化的融合，特别要加快软件业发展；有序发展金融服务业，鼓励发展科技服务、法律咨询等服务业。进一步发展面向民生的服务业，积极拓展新型服务领域，不断培育形成服务业的新增长点。加快构建服务业市场体系，优化服务业组织结构，提高服务业市场化、产业化、社会化和国际化水平。

装备制造业水平，是一个国家工业化程度的重要标志。我国要成为世界制造中心，一定要有强大的装备制造业。目前，装备制造业发展滞后，产品可靠性差，成套能力弱的问题十分突出。必须尽快改变这种局面，提高重大装备研发设计能力、制造能力和集成能力，发展重大成套装备、高技术装备和高技术产业所需装备，推进装备制造业绿色化、信息化和国产化。同时，要大力发展信息、生物、新材料、航空航天、海洋等产业，继续推进钢铁、化工、建材、纺织等传统工业改造升级，加快发展现代能源产业。劳动密集型产业在相当长时间内仍然是我国竞争优势所在。发展劳动密集型产业是我国基本国情决定的，是扩大就业的重要途径，必须积极支持。但要调整布局，优化结构，提高水平和效益。

促进区域协调发展是推动科学发展的长期任务。这几年，在继续积极支持东部地区率先发展、深入推进西部大开发的基础上，大力促进中部地区崛起，全面振兴东北地区等老工业基地，区域发展总体战略取得重大进展，东中西开始出现优势互补、良性互动的局面。但区域发展不平衡的问题仍然十分突出。促进区域经济协调发展，逐步缩小区域发展差距，是实现科学发展的重点和难点，是我国现代化进程中必须长期花大力气解决的重大问题，事关大局。无论是东部地区还是

中西部地区，都必须关心这个大局，维护这个大局。

促进区域经济协调发展，必须坚持优化国土开发格局，加快形成若干带动力强、联系紧密的经济圈和经济带，形成辐射作用大的城市群和培育新的经济增长极，形成东部地区带动中西部地区发展的新格局。我们必须看到，珠三角、长三角和环渤海等东部沿海地区随着要素成本持续上升，既有的优势在减弱，传统的发展方式难以走得更远，加上国际形势变化和周边国家竞争加强，加快经济转型和结构升级已经刻不容缓；而中西部地区基础设施逐步完善，要素成本优势明显，发展空间还比较大。在这种情况下，促进区域协调发展的一个重要方向，就是加快东部沿海产业向中西部的梯度转移，形成更加合理、有效的区域产业分工格局。东部地区要率先发展，就必须早下决心，加快调整，优化结构。着力发展现代服务业、装备制造业和高新技术产业，增强自主创新能力、可持续发展能力和国际竞争力，更好地辐射和带动中西部地区发展。中西部地区的发展要坚持从自身实际出发，充分借鉴东部地区发展的经验和教训，避免走弯路。要增强承接产业转移的主动性，营造良好的投资环境，并与自身产业布局、结构调整和节能环保等要求紧密结合起来，培育区域发展的新优势。西部地区缺水，生态条件差，决不能把那些高耗能、高耗水、高污染的项目引进来。不能饥不择食，来者不拒。还是要大力发展优势特色产业和劳动密集型产业。必须坚决破除地区壁垒和保护主义，引导生产要素跨区域合理流动，按照主体功能区规划和政策，统筹考虑生产力的规模、结构、布局和时序，形成东中西协调互动、相互促进、科学发展的新局面。支持中西部地区和革命老区、民族地区、边疆地区、矿产资源枯竭地区、贫困地区发展是关系国民经济全局的重大政策，一定要毫不动摇地长期坚持，与时俱进地逐步完善。

四、必须坚持资源节约和环境保护的基本国策，增强可持续发展能力

科学发展观的基本要求是全面协调可持续。贯彻落实科学发展观，必须坚持走生产发展、生活富裕、生态良好的文明发展道路，建设资源节约型、环境友好型社会，实现速度和结构质量效益相统一、经济发展与人口资源环境相协调，使人民群众在良好生态环境中生产生活，实现经济社会永续发展。

资源环境是人类赖以生存发展的基本条件。自然资源大都具有不可再生性，而生态环境一旦遭到破坏，恢复难度很大，付出代价很高，有些甚至是不可逆的。我国人均资源相对紧缺，环境承载能力较弱。随着经济总量扩大和人口不断增加，能源、淡水、土地、矿产等战略性资源不足的矛盾越来越尖锐，特别是石油的对外依存度越来越高。长期形成的高投入、高消耗、高污染、低产出、低效益的状况仍未根本改变，由此带来的水质、大气、土壤等污染严重，化学需氧量、二氧化硫等主要污染物的排放量居世界前列。不解决好这些问题，我们的资源支撑不住，环境容纳不下，社会承受不起，经济发展也不可持续。今天的人们，只要还有一点长远眼光，还在为子孙后代的福祉考虑，就必须改变不可持续的生产和消费方式，以较小的资源环境代价，赢得较快的、更长久的发展。

近几年来，国家出台了一系列节约环保的政策措施，正在收到积极成效，但是任务仍然十分艰巨。发达国家在两百多年工业化过程中分阶段出现的资源环境问题，我国现阶段集中显现出来；发达国家在经济高度发达后花几十年解决的问题，我们要在五到十年里逐步解决，难度之大前所未有。加强资源节约和环境保护，犹如逆水行舟，不进则退。我们必须把这两项工作融入经济社会发展全局，切实抓紧抓好，努力实现节约发展、清洁发展、可持续发展。一是统筹推进经济社会发展与资源节约、环境保护。国内外经验表明，资源节约的发展模式、山川秀美的生态环境正在成为新的竞争优势。节约资源就是增强发展后劲，保护环境就是保护生产力，这不仅对发达地区十分重要，对欠发达地区同样不可或缺。在社会主义现代化进程中，必须把经济社会发展与资源节约、环境保护统筹考虑，将资源接续能力、生态环境容量作为经济建设的重要依据，推动经济社会发展与资源节约、环境保护相互协调、相互促进。二是构建资源节约和环境友好的国民经济体系和社会组织体系。现代国民经济体系的各个领域，都不同程度地利用资源、影响环境，单独在某一个或几个方面推行节约环保，难以从根本上缓解资源环境对经济发展的制约。这就需要我们从更高的层面、更广阔的范围，全面系统地落实资源节约和环境保护的基本国策。在生产、建设、流通、消费等各个环节，工业、农业、交通运输、

建筑、服务等各个领域，加强资源综合利用，强化生态环境保护，大力发展循环经济；在社会组织的各个方面，推行有利于节约资源、保护环境的生产方式、生活方式和消费模式。三是解决资源浪费和环境污染的突出问题。重点抓好节能、节水、节地、节材，降低单位产出的能源资源消耗。特别要搞好工业、交通和建筑节能，加快淘汰高耗能、高排放行业的落后生产能力；发展清洁能源和可再生能源。要把水、空气、土壤污染防治作为重中之重，降低污染物排放总量，落实重点流域和区域污染防治任务，提高城市污水、垃圾处理能力，加强水源地保护和农村面源污染防治。四是健全节约资源、保护环境的长效机制。要逐步建立政府引导、法规支撑、企业为主、公众参与的运行机制。各级党委政府要把节约环保作为促进科学发展的硬任务、考核各级干部的硬指标，实行有利于节约环保的财税、价格政策，完善节能减排指标体系、监测体系和考核体系。健全节约环保的法律法规和标准体系。企业必须严格执行环境法规和排放标准。要把节约环保纳入国民教育体系，使之成为全体公民和全社会的自觉行动。五是积极应对气候变化问题。科学观测表明，工业革命以后，随着化石燃料的大量使用，大气中二氧化碳等温室气体浓度不断上升，是引起全球气候变暖的重要原因，造成冰川退缩、海平面升高、极端气候事件增多等很多问题，对人类生存环境带来严重的负面影响。我国作为一个负责任的大国，必须在减排问题上采取切实有效的行动。我们要认真履行《中国应对气候变化国家方案》，加强应对气候变化能力建设。积极参与制定实施应对气候变化的国际公约，维护国家环境与发展权益，为减缓全球气候变化作出新贡献。

五、必须坚持以人为本、执政为民，着力发展以改善民生为重点的社会事业

科学发展观的核心是以人为本。实质上就是要把发展的成果体现在提高人民生活水平上，体现在满足人民物质文化需求上，体现在实现人的全面发展上。在整个现代化过程中，通过发展满足人们日益增长的物质文化需要始终是我们要解决的主要矛盾。只有坚持保障和改善民生，才能激发人民推动科学发展的积极性、主动性、创造性，赢得广大群众的信任、拥护和支持。在新的形势下，要更加注重经济社会协调发展，统筹兼顾，突出重点，加强薄弱环节，加快发展社会事业；注重改善人民生活，尽最大努力解决城乡低收入居民的实际困难；注重促进社会公平正义，切实保障人民群众的合法权益。

要把教育切实摆在优先发展的战略地位。教育作为国家发展的基石，事关民族兴旺、人民福祉和国家未来，是百年大计、千秋工程。只有一流的教育，才有一流的人才，一流的国家实力，才能建设一流国家。这几年，我们在发展教育事业、推动教育公平上迈出重大步伐。大幅度增加教育投入，在全国城乡实行免费义务教育，把农村义务教育全面纳入公共财政保障范围，建立健全了普通本科高校、高等和中等职业学校奖助学金制度，促进各级各类教育协调发展。但总体上讲，教育还不适应全面建设小康社会的新要求，教育体制亟待改革，教育水平亟待提高，教育投入亟待增加。坚持教育兴国、教育立国、教育强国，把教育摆在优先发展的战略地位，是我国现代化建设需要长期坚持的方针。要以改革为动力，以加强薄弱环节为重点，集中力量办一些让社会公众满意、给教育发展增添动力的事情。目前，国家正在抓紧制定教育中长期改革发展规划纲要，将对今后12年教育改革与发展进行全面部署。力争制定出一个面向未来、面向世界、面向现代化，立足基本国情，体现优先发展、促进公平、改革创新精神的规划纲要。要把规划纲要制定的过程作为解放思想、形成共识、推进工作的过程。有关部门和单位、各级地方政府都必须从科学发展的高度，认识这个问题，做好这项工作。

要把提高人民健康素质作为改善民生的重要目标。加快建设覆盖城乡居民的基本医疗卫生制度，不断提高全民健康素质，是重大的民生问题，是落实科学发展观的必然要求，是维护社会公平正义的重要举措，也是我们正着力加强的重点。近几年，各级政府加大投入，进行了新中国成立以来规模最大的公共卫生体系建设，基本建成覆盖城乡、功能比较齐全的疾病预防控制和应急医疗救治体系；新型农村合作医疗制度试点扩大到全国90%的县，城市社区医疗服务明显加强，城镇居民基本医疗保险试点覆盖了全国一半以上的地级市；城乡居民的健康水平继续提高，群众看病难、看病贵的问题有所缓解。但城乡和区域医

药卫生事业发展不平衡，公共卫生和农村、社区卫生工作薄弱，医疗保障制度不健全的问题还十分突出，人民群众反映比较强烈。必须坚持以人为本，把维护人民健康权益放在第一位；坚持立足国情，建设中国特色的医药卫生体制；坚持公平效率统一，实行政府主导与发挥市场作用相结合；坚持统筹兼顾，把完善制度与解决当前实际问题结合起来。要全面加强公共卫生服务体系，进一步完善医疗服务体系，加快建设医疗保障体系，建立健全药品供应保障体系。完善医药卫生管理、运行、投入、价格、监管体制机制，加强科技与人才、信息、法律建设。近期的重点是加快推进基本医疗保障制度建设，建立国家基本药物制度，健全基层医疗卫生服务体系，促进基本公共卫生服务均等化，推进公立医院改革试点。要切实加强城乡公共体育设施建设，广泛开展全民健身活动，促进群众体育和竞技体育共同发展，全面提高人民体质。

要把扩大就业摆在经济社会发展的突出位置。就业是民生之本，关系到亿万劳动者及其家庭的切身利益，是实现科学发展、促进社会和谐的重要基础。必须努力把经济发展的过程作为促进就业持续扩大的过程，创造有利于扩大就业的经济发展方式，形成适应我国国情的多元化就业格局。同时，充分发挥服务业容纳就业多、消耗资源少的优势，继续鼓励有竞争力的劳动密集型产业发展，鼓励个体私营和中小企业发展，鼓励大学生到基层、企业和落后地区就业和创业。开展多种形式的职业培训，特别是对农村适龄就业人员的技能培训，增强他们的就业能力，千方百计扩大就业。

要把完善社会保障体系作为安邦兴国的根本大计。社会保障制度是保证国家长治久安的根本性制度。近几年，我国社会保障进入发展最快的时期。城镇职工基本养老和医疗保险参保人数突破2亿人和1.8亿人；做实基本养老个人账户试点扩大到11个省份；在连续三年提高企业退休人员养老金标准的基础上，今年起再连续提高三年；城市最低生活保障制度不断完善，去年开始在全国农村全面建立最低生活保障制度，城乡社会救助体系进一步健全。这些措施发挥了保障城乡居民基本生活、维护社会稳定、推动经济发展、促进社会公平和增进国民福利的作用。但是，目前的社会保障体系还存在着城乡发展不平衡、覆盖面窄、统筹层次较低、转移接续难、基金支付压力大等突出矛盾。我们必须坚持“广覆盖、保基本、多层次、可持续”的方针，加快完善覆盖城乡居民的社会保障体系。需要强调的是，完善社会保障体系要统筹考虑国家、企事业单位和个人的承受能力，有针对性地满足城乡不同层次群众的保障需求，合理确定与经济发展水平相适应的制度模式和待遇标准。当前，要突出抓好基本养老、基本医疗、最低生活保障制度等重点，逐步提高统筹层次和保障水平，制定全国统一的社会保险关系结转办法。

要把解决保障性住房问题作为政府工作的重要任务。我国正处在城镇化快速发展时期，面临着世界上最大规模的人口迁移，必须从全局和战略的高度重视解决保障性住房问题。要从人多地少的基本国情出发，建立科学合理的住房建设和消费模式。特别是要花更大的力气，解决城市低收入群众住房困难问题。要进一步健全城市廉租房、住房公积金和经济适用房三项制度，不断加大财政投入。同时，逐步改善农民工居住条件，解决农村困难群众住房安全问题。

最近一个时期，连续出现了食品安全事件和安全生产事故，严重损害人民生命健康，造成了极其恶劣的社会影响，教训十分深刻。食品药品安全和安全生产是人民群众最关心、最直接、最现实的利益问题，是需要常抓不懈、不可有丝毫放松的重大民生问题。绝不能以损害人民健康、甚至牺牲职工生命来换取增长，谋求利益。在这个问题上，各级政府都必须有清醒的认识、鲜明的立场、严明的纪律、有力的举措。要落实领导责任，强化行政问责。要切实加强对研发、生产、流通、消费等各个环节的监管，整顿市场秩序，提高食品、药品质量，让人民群众吃得放心、用得放心。“安全责任重于山”，各级领导干部要树立起“抓经济发展是政绩，抓安全生产也是政绩”的观念，切实贯彻安全第一、预防为主、综合治理的方针，坚持标本兼治、重在治本，使全国安全生产形势尽快出现根本好转。

我们不仅要满足人民群众的物质需求，还要满足日益增长的、多样的文化需求，推动社会主义文化发展和繁荣。要在全社会树立中国特色社会主义共同理想，大力弘扬以爱国主义为核心的民族精神和以改革创新为核心的时代精神。建设和谐文化，弘扬中华文化，推进文化创新。要进行社会主义荣辱观教育，加强公民道德、企业道德、社会道德建设。要深化文化体制改革，加快文化产业发展，繁荣文化市场，为人民群众提供形式多样的文化产品和服务。

六、必须深化改革开放，构建有利于科学发展的体制机制

改革开放是推动中国经济社会发展的永恒动力，也是贯彻落实科学发展观的重要保证，将贯穿社会主义现代化建设的全过程，在任何时候、任何情况下都不能动摇。只有深化改革开放，构筑充满活力、富有效率、更加开放、有利于科学发展的体制机制，才能进一步解放和发展社会生产力，把中国特色社会主义不断推向前进。

必须继续深化重点领域和关键环节的改革，打好改革攻坚战。一是加快资源和要素价格形成机制改革。进一步完善反映市场供求、资源稀缺程度、环境损害成本的生产要素和资源价格形成机制，尽快理顺重要产品价格关系，更好地发挥价格杠杆在资源配置和经济运行中的调节作用。二是推进财税体制改革。财税体制是引导地方政府行为的重要“指挥棒”。只有真正建立起有利于促进科学发展的财税体制，才能合理引导企业和政府行为。深化财税体制改革的主要方向，是调节国民收入分配格局，推进经济发展和社会进步，促进社会公平正义。要健全统一、规范、透明的财政转移支付制度，完善省以下财政体制；健全公共财政职能，推进基本公共服务均等化，着力支持解决重点民生问题。加快在全国范围内实施增值税转型改革。三是深化金融体制改革。要着力构建多种所有制和多种经营形式、结构合理、功能完善、高效安全的现代金融体系，建立健全货币市场、资本市场、保险市场有机结合、协调发展的机制，维护金融运行和金融市场的整体稳定，有效防范来自国外或国内的系统性风险。在抓好这三方面改革的同时，要全面推进与经济领域改革相配套的其他领域改革，特别要加快行政管理体制改革，加快政府职能转变，使各级政府更好地履行经济调节、市场监管、社会管理和公共服务职能。

在经济全球化深入发展的新形势下，我国参与国际分工与合作的机遇增多，外部环境中的不确定因素和潜在风险也在加大，统筹国内发展和对外开放的难度和要求更高了。必须提高驾驭国内国际两个大局的能力，在进一步扩大开放的条件下维护好、发展好我国的根本利益。一要增强开放意识，拓展对外开放的广度和深度。善于从国际国内条件的变化中抢抓新的发展机遇，从国际国内优势的互补中创造新的发展条件，在不断强化的国际国内竞争中加快转变发展方式，更充分地利用好国际国内两个市场、两种资源，牢牢把握对外开放的主动权。二要增强效益意识，着力提升开放型经济水平。把利用国际有利条件和充分发挥自身优势结合起来，把扩大引进技术和全面增强自主创新能力结合起来，把利用外资和促进国内产业结构优化升级结合起来，把实施“走出去”战略和缓解国内资源约束结合起来。加快转变外贸增长方式，优化进出口结构，推动加工贸易转型升级。全面提升利用外资水平，加快培育我国的跨国公司和国际知名品牌。三要增强风险意识，在扩大开放中切实维护经济安全。随着我国全方位开放日益发展，参与国际经济合作的机遇在增多，外部环境中的不确定因素和潜在风险也在增加。我们要始终保持清醒头脑，注意趋利避害，维护国家安全。四要增强合作意识，努力营造良好的外部环境。现在这一点变得比以往任何时候都重要。我们要充分利用各种多双边组织和机制，扩大共同利益的汇合点，妥善处理分歧和摩擦，消除国际社会对我国的疑虑和担心。要推动建设公正合理的国际贸易和金融体制，加强和改善与各类国家的经贸合作关系。深化与发展中国家的传统友谊，力所能及扩大援外规模，改进援外方式，提高援外效益。同时，督促“走出去”的企业遵守国际通行规则，并承担相应的社会责任。

（《求是》2008 年第 21 期）

国务院关于加强市县政府依法行政的决定

（2008 年 5 月 12 日）

各省、自治区、直辖市人民政府，国务院各部委、各直属机构：

党的十七大把依法治国基本方略深入落实，全社会法制观念进一步增强，法治政府建设取得新成效，作为全面建设小康社会新要求的重要内容。为全面落实依法治国基本方略，加快建设法治政府，现就加强市县两级政府依法行政做出如下决定：

一、充分认识加强市县政府依法行政的重要性和紧迫性

（一）加强市县政府依法行政是建设法治政府的重要基础。市县两级政府在我国政权体系中具有十分重要的地位，处在政府工作的第一线，是国家法律法规和政策的重要执行者。实际工作中，直接涉及人民群众具体利益的行政行为大多数由市县政府做出，各种社会矛盾和纠纷大多数发生在基层并需要市县政府处理和化解。市县政府能否切实做到依法行政，很大程度上决定着政府依法行政的整体水平和法治政府建设的整体进程。加强市县政府依法行政，事关巩固党的执政基础、深入贯彻落实科学发展观、构建社会主义和谐社会和加强政府自身建设，必须把加强市县政府依法行政作为一项基础性、全局性工作，摆在更加突出的位置。

（二）提高市县政府依法行政的能力和水平是全面推进依法行政的紧迫任务。我国改革开放和社会主义现代化建设已进入新的历史时期，经济社会快速发展，一些深层次的矛盾和问题逐步显现，人民群众的民主法治意识和政治参与积极性日益提高，维护自身合法权益的要求日益强烈，这些都对政府工作提出了新的更高要求，需要进一步提高依法行政水平。经过坚持不懈的努力，近些年来我国市县政府依法行政已经取得了重大进展，但是与形势发展的要求还有不小差距，一些行政机关及其工作人员依法行政的意识有待增强，依法办事的能力和水平有待提高；一些地方有法不依、执法不严、违法不究的状况亟须改变。依法行政重点在基层，难点在基层。各地区、各部门要切实增强责任感和紧迫感，采取有效措施加快推进市县政府依法行政的进程。

二、大力提高市县行政机关工作人员依法行政的意识和能力

（三）健全领导干部学法制度。市县政府领导干部要带头学法，增强依法行政、依法办事意识，自觉运用法律手段解决各种矛盾和问题。市县政府要建立健全政府常务会议学法制度；建立健全专题法制讲座制度，制订年度法制讲座计划并组织实施；建立健全集中培训制度，做到学法的计划、内容、时间、人员、效果“五落实”。

（四）加强对领导干部任职前的法律知识考查和测试。对拟任市县政府及其部门领导职务的干部，在任职前考察时要考查其是否掌握相关法律知识以及依法行政情况，必要时还要对其进行相关法律知识测试，考查和测试结果应当作为任职的依据。

（五）加大公务员录用考试法律知识测查力度。在公务员考试时，应当增加法律知识在相关考试科目中的比重。对从事行政执法、政府法制等工作的公务员，还要进行专门的法律知识考试。

（六）强化对行政执法人员的培训。市县政府及其部门要定期组织对行政执法人员进行依法行政知识培训，培训情况、学习成绩应当作为考核内容和任职晋升的依据之一。

三、完善市县政府行政决策机制

（七）完善重大行政决策听取意见制度。市县政府及其部门要建立健全公众参与重大行政决策的规则和程序，完善行政决策信息和智力支持系统，增强行政决策透明度和公众参与度。制定与群众切身利益密切相关的公共政策，要向社会公开征求意见。有关突发事件应对的行政决策程序，适用突发事件应对法等有关法律、法规、规章的规定。

（八）推行重大行政决策听证制度。要扩大听证范围，法律、法规、规章规定应当听证以及涉及重大公共利益和群众切身利益的决策事项，都要进行听证。要规范听证程序，科学合理地遴选听证代表，确定、分配听证代表名额要充分考虑听证事项的性质、复杂程度及影响范围。听证代表确定后，应当将名单向社会公布。听证举行10日前，应当告知听证代表拟做出行政决策的内容、理由、依据和背景资料。除涉及国家秘密、商业秘密和个人隐私的外，听证应当公开举行，确保听证参加人对有关事实和法律问题进行平等、充分的质证和辩论。对听证中提出的合理意见和建议要吸收采纳，意见采纳情况及其理由要以书面形式告知听证代表，并以适当形式向社会公布。

（九）建立重大行政决策的合法性审查制度。市县政府及其部门做出重大行政决策前要交由法制机构或者组织有关专家进行合法性审查，未经合法性审查或者经审查不合法的，不得做出决策。

（十）坚持重大行政决策集体决定制度。市县政府及其部门重大行政决策应当在深入调查研究、广泛听取意见和充分论证的基础上，经政府及其部门负责人集体讨论决定，杜绝擅权专断、滥用权力。

（十一）建立重大行政决策实施情况后评价制度。市县政府及其部门做出的重大行政决策实施后，要通过抽样检查、跟踪调查、评估等方式，及时发现并纠正决策存在的问题，减少决策失误造成的损失。

（十二）建立行政决策责任追究制度。要坚决制止和纠正超越法定权限、违反法定程序的决策行为。对应当听证而未听证的、未经合法性审查或者经审查不合法的、未经集体讨论做出决策的，要依照《行政机关公务员处分条例》第十九条第（一）项的规定，对负有领导责任的公务员给予处分。对依法应当做出决策而不做出决策，玩忽职守、贻误工作的行为，要依照《行政机关公务员处分条例》第二十条的规定，对直接责任人员给予处分。

四、建立健全规范性文件监督管理制度

（十三）严格规范性文件制定权限和发布程序。市县政府及其部门制定规范性文件要严格遵守法定权限和程序，符合法律、法规、规章和国家的方针政策，不得违法创设行政许可、行政处罚、行政强制、行政收费等行政权力，不得违法增加公民、法人或者其他组织的义务。制定作为行政管理依据的规范性文件，应当采取多种形式广泛听取意见，并由制定机关负责人集体讨论决定；未经听取意见、合法性审查并经集体讨论决定的，不得发布施行。对涉及公民、法人或者其他组织合法权益的规范性文件，要通过政府公报、政府网站、新闻媒体等向社会公布；未经公布的规范性文件，不得作为行政管理的依据。

（十四）完善规范性文件备案制度。市县政府发布规范性文件后，应当自发布之日起15日内报上一级政府备案；市县政府部门发布规范性文件后，应当自发布之日起15日内报本级政府备案。备案机关对报备的规范性文件要严格审查，发现与法律、法规、规章和国家方针政策相抵触或者超越法定权限、违反制定程序的，要坚决予以纠正，切实维护法制统一和政令畅通。建立受理、处理公民、法人或者其他组织提出的审查规范性文件建议的制度，认真接受群众监督。

（十五）建立规范性文件定期清理制度。市县政府及其部门每隔两年要进行一次规范性文件清理工作，对不符合法律、法规、规章规定，或者相互抵触、依据缺失以及不适应经济社会发展要求的规范性文件，特别是对含有地方保护、行业保护内容的规范性文件，要予以修改或者废止。清理后要向社会公布继续有效、废止和失效的规范性文件目录；未列入继续有效的文件目录的规范性文件，不得作为行政管理的依据。

五、严格行政执法

（十六）改革行政执法体制。要适当下移行政执法重心，减少行政执法层次。对与人民群众日常生活、生产直接相关的行政执法活动，主要由市、县两级行政执法机关实施。继续推进相对集中行政处罚权和综合行政执法试点工作，建立健

全行政执法争议协调机制，从源头上解决多头执法、重复执法、执法缺位问题。

（十七）完善行政执法经费保障机制。市县行政执法机关履行法定职责所需经费，要统一纳入财政预算予以保障。要严格执行罚缴分离和收支两条线管理制度。罚没收入必须全额缴入国库，纳入预算管理。对下达或者变相下达罚没指标、违反罚缴分离的规定以及将行政事业性收费、罚没收入与行政执法机关业务经费、工作人员福利待遇挂钩的，要依照《违反行政事业性收费和罚没收入收支两条线管理规定行政处分暂行规定》第八条、第十一条、第十七条的规定，对直接负责的主管人员和其他直接责任人员给予处分。

（十八）规范行政执法行为。市县政府及其部门要严格执行法律、法规、规章，依法行使权力、履行职责。要完善行政执法程序，根据有关法律、法规、规章的规定，对行政执法环节、步骤进行具体规范，切实做到流程清楚、要求具体、期限明确。要抓紧组织行政执法机关对法律、法规、规章规定的有裁量幅度的行政处罚、行政许可条款进行梳理，根据当地经济社会发展实际，对行政裁量权予以细化，能够量化的予以量化，并将细化、量化的行政裁量标准予以公布、执行。要建立监督检查记录制度，完善行政处罚、行政许可、行政强制、行政征收或者征用等行政执法案卷的评查制度。市县政府及其部门每年要组织一次行政执法案卷评查，促进行政执法机关规范执法。

（十九）加强行政执法队伍建设。实行行政执法主体资格合法性审查制度。健全行政执法人员资格制度，对拟上岗行政执法的人员要进行相关法律知识考试，经考试合格的才能授予其行政执法资格、上岗行政执法。进一步整顿行政执法队伍，严格禁止无行政执法资格的人员履行行政执法职责，对被聘用履行行政执法职责的合同工、临时工，要坚决调离行政执法岗位。健全纪律约束机制，加强行政执法人员思想建设、作风建设，确保严格执法、公正执法、文明执法。

（二十）强化行政执法责任追究。全面落实行政执法责任制，健全民主评议制度，加强对市县行政执法机关及其执法人员行使职权和履行法定义务情况的评议考核，加大责任追究力度。对不依法履行职责或者违反法定权限和程序实施行政行为的，依照《行政机关公务员处分条例》第二十条、第二十一条的规定，对直接责任人员给予处分。

六、强化对行政行为的监督

（二十一）充分发挥社会监督的作用。市县政府要在自觉接受人大监督、政协的民主监督和司法机关依法实施的监督的同时，更加注重接受社会舆论和人民群众的监督。要完善群众举报投诉制度，拓宽群众监督渠道，依法保障人民群众对行政行为实施监督的权利。要认真调查、核实人民群众检举、新闻媒体反映的问题，及时依法做出处理；对社会影响较大的问题，要及时将处理结果向社会公布。对打击、报复检举、曝光违法或者不当行政行为的单位和个人的，要依法追究有关人员的责任。

（二十二）加强行政复议和行政应诉工作。市县政府及其部门要认真贯彻执行行政复议法及其实施条例，充分发挥行政复议在行政监督、解决行政争议、化解人民内部矛盾和维护社会稳定方面的重要作用。要畅通行政复议渠道，坚持便民利民原则，依法应当受理的行政复议案件必须受理。要改进行政复议审理方式，综合运用书面审查、实地调查、听证、和解、调解等手段办案。要依法公正做出行政复议决定，对违法或者不当的行政行为，该撤销的坚决予以撤销，该变更的坚决予以变更。要按照行政复议法实施条例的规定，健全市县政府行政复议机构，充实行政复议工作人员，行政复议机构审理行政复议案件，应当由2名以上行政复议人员参加；推行行政复议人员资格管理制度，切实提高行政复议能力。要认真做好行政应诉工作，鼓励、倡导行政机关负责人出庭应诉。行政机关要自觉履行人民法院做出的判决和裁定。

（二十三）积极推进政府信息公开。市县政府及其部门要加强对政府信息公开条例的学习宣传，切实做好政府信息公开工作。要建立健全本机关政府信息公开工作制度，指定机构负责本机关政府信息公开的日常工作，理顺内部工作机制，明确职责权限。要抓紧清理本机关的政府信息，做好政府信息公开指南和公开目录的编制、修订工作。要健全政府信息公开的发布机制，加快政府网站信息的维护和更新，落实政府信息公开载体。要建立健全政府信息公开工作考核、社会评议、年度报告、责任追究等制度，定期对政府信息公开工作进行考核、评议。要严格按照政府信息公开条例规定的内容、程序和方式，及时、准确地向社会公开政府信息，确保公民的知情权、参与权、表达权、监督权。

七、增强社会自治功能

（二十四）建立政府行政管理与基层群众自治有效衔接和良性互动的机制。市县政府及其部门要全面正确实施村民委员会组织法和城市居民委员会组织法，扩大基层群众自治范围，充分保障基层群众自我管理、自我服务、自我教育、自我监督的各项权利。严禁干预基层群众自治组织自治范围内的事情，不得要求群众自治组织承担依法应当由政府及其部门履行的职责。

（二十五）充分发挥社会组织的作用。市县政府及其部门要加强对社会组织的培育、规范和管理，把社会可以自我调节和管理的职能交给社会组织。实施社会管理、提供公共服务，要积极与社会组织进行合作，鼓励、引导社会组织有序参与。

（二十六）营造依法行政的良好社会氛围。市县政府及其部门要深入开展法制宣传教育，弘扬法治精神，促进自觉学法守法用法社会氛围的形成。

八、加强领导，明确责任，扎扎实实地推进市县政府依法行政

（二十七）省级政府要切实担负起加强市县政府依法行政的领导责任。各省（区、市）人民政府要把加强市县政府依法行政作为当前和今后一个时期建设法治政府的重点任务来抓，加强工作指导和督促检查。要大力培育依法行政的先进典型，及时总结、交流和推广经验，充分发挥典型的示范带动作用。要建立依法行政考核制度，根据建设法治政府的目标和要求，把是否依照法定权限和程序行使权力、履行职责作为衡量市县政府及其部门各项工作好坏的重要标准，把是否依法决策、是否依法制定发布规范性文件、是否依法实施行政管理、是否依法受理和办理行政复议案件、是否依法履行行政应诉职责等作为考核内容，科学设定考核指标，一并纳入市县政府及其工作人员的实绩考核指标体系。依法行政考核结果要与奖励惩处、干部任免挂钩。加快实行以行政机关主要负责人为重点的行政问责和绩效管理制度。要合理分清部门之间的职责权限，在此基础上落实工作责任和考核要求。市县政府不履行对依法行政的领导职责，导致本行政区域一年内发生多起严重违法行政案件、造成严重社会影响的，要严肃追究该市县政府主要负责人的责任。

（二十八）市县政府要狠抓落实。市县政府要在党委的领导下对本行政区域内的依法行政负总责，统一领导、协调本行政区域内依法行政工作，建立健全领导、监督和协调机制。要把加强依法行政摆上重要位置，主要负责人要切实担负起依法行政第一责任人的责任，加强领导、狠抓落实，确保把加强依法行政的各项要求落实到政府工作的各个方面、各个环节，认真扎实地加以推进。要严格执行依法行政考核制度。对下级政府和政府部门违法行政、造成严重社会影响的，要严肃追究该政府或者政府部门主要负责人的责任。

（二十九）加强市县政府法制机构和队伍建设。健全市县政府法制机构，使机构设置、人员配备与工作任务相适应。要加大对政府法制干部的培养、教育、使用和交流力度，充分调动政府法制干部的积极性、主动性和创造性。要按照中办、国办有关文件的要求，把政治思想好、业务能力强、有较高法律素质的干部充实到基层行政机关领导岗位。政府法制机构及其工作人员要切实增强做好新形势下政府法制工作的责任感和使命感，不断提高自身的政治素质、业务素质和工作能力，努力当好市县政府及其部门领导在依法行政方面的参谋、助手和顾问，在推进本地区依法行政中充分发挥统筹规划、综合协调、督促指导、政策研究和情况交流等作用。

（三十）完善推进市县政府依法行政报告制度。市县政府每年要向本级人大常委会和上一级政府报告本地区推进依法行政的进展情况、主要成效、突出问题和下一步工作安排。省（区、市）人民政府每年要向国务院报告本地区依法行政的情况。

其他行政机关也要按照本决定的有关要求，加强领导，完善制度，强化责任，保证各项制度严格执行，加快推进本地区、本部门的依法行政进程。

上级政府及其部门要带头依法行政，督促和支持市县政府依法行政，并为市县政府依法行政创造条件、排除障碍、解决困难。

中华人民共和国循环经济促进法

（2008年8月29日第十一届全国人民代表大会
常务委员会第四次会议通过）

第一章 总 则

第一条 为了促进循环经济发展，提高资源利用效率，保护和改善环境，实现可持续发展，制定本法。

第二条 本法所称循环经济，是指在生产、流通和消费等过程中进行的减量化、再利用、资源化活动的总称。

本法所称减量化，是指在生产、流通和消费等过程中减少资源消耗和废物产生。

本法所称再利用，是指将废物直接作为产品或者经修复、翻新、再制造后继续作为产品使用，或者将废物的全部或者部分作为其他产品的部件予以使用。

本法所称资源化，是指将废物直接作为原料进行利用或者对废物进行再生利用。

第三条 发展循环经济是国家经济社会发展的一项重大战略，应当遵循统筹规划、合理布局，因地制宜、注重实效，政府推动、市场引导，企业实施、公众参与的方针。

第四条 发展循环经济应当在技术可行、经济合理和有利于节约资源、保护环境的前提下，按照减量化优先的原则实施。

在废物再利用和资源化过程中，应当保障生产安全，保证产品质量符合国家规定的标准，并防止产生再次污染。

第五条 国务院循环经济发展综合管理部门负责组织协调、监督管理全国循环经济发展工作；国务院环境保护等有关主管部门按照各自的职责负责有关循环经济的监督管理工作。

县级以上地方人民政府循环经济发展综合管理部门负责组织协调、监督管理本行政区域的循环经济发展工作；县级以上地方人民政府环境保护等有关主管部门按照各自的职责负责有关循环经济的监督管理工作。

第六条 国家制定产业政策，应当符合发展循环经济的要求。

县级以上人民政府编制国民经济和社会发展规划及年度计划，县级以上人民政府有关部门编制环境保护、科学技术等规划，应当包括发展循环经济的内容。

第七条 国家鼓励和支持开展循环经济科学技术的研究、开发和推广，鼓励开展循环经济宣传、教育、科学知识普及和国际合作。

第八条 县级以上人民政府应当建立发展循环经济的目标责任制，采取规划、财政、投资、政府采购等措施，促进循环经济发展。

第九条 企业事业单位应当建立健全管理制度，采取措施，降低资源消耗，减少废物的产生量和排放量，提高废物的再利用和资源化水平。

第十条 公民应当增强节约资源和保护环境意识，合理消费，节约资源。

国家鼓励和引导公民使用节能、节水、节材和有利于保护环境的产品及再生产品，减少废物的产生量和排放量。

公民有权举报浪费资源、破坏环境的行为，有权了解政府发展循环经济的信息并提出意见和建议。

第十一条 国家鼓励和支持行业协会在循环经济发展中发挥技术指导和服务作用。县级以上人民政府可以委托有条件的行业协会等社会组织开展促进循环经济发展的公共服务。

国家鼓励和支持中介机构、学会和其他社会

组织开展循环经济宣传、技术推广和咨询服务，促进循环经济发展。

第二章　基本管理制度

第十二条　国务院循环经济发展综合管理部门会同国务院环境保护等有关主管部门编制全国循环经济发展规划，报国务院批准后公布施行。设区的市级以上地方人民政府循环经济发展综合管理部门会同本级人民政府环境保护等有关主管部门编制本行政区域循环经济发展规划，报本级人民政府批准后公布施行。

循环经济发展规划应当包括规划目标、适用范围、主要内容、重点任务和保障措施等，并规定资源产出率、废物再利用和资源化率等指标。

第十三条　县级以上地方人民政府应当依据上级人民政府下达的本行政区域主要污染物排放、建设用地和用水总量控制指标，规划和调整本行政区域的产业结构，促进循环经济发展。

新建、改建、扩建建设项目，必须符合本行政区域主要污染物排放、建设用地和用水总量控制指标的要求。

第十四条　国务院循环经济发展综合管理部门会同国务院统计、环境保护等有关主管部门建立和完善循环经济评价指标体系。

上级人民政府根据前款规定的循环经济主要评价指标，对下级人民政府发展循环经济的状况定期进行考核，并将主要评价指标完成情况作为对地方人民政府及其负责人考核评价的内容。

第十五条　生产列入强制回收名录的产品或者包装物的企业，必须对废弃的产品或者包装物负责回收；对其中可以利用的，由各该生产企业负责利用；对因不具备技术经济条件而不适合利用的，由各该生产企业负责无害化处置。

对前款规定的废弃产品或者包装物，生产者委托销售者或者其他组织进行回收的，或者委托废物利用或者处置企业进行利用或者处置的，受托方应当依照有关法律、行政法规的规定和合同的约定负责回收或者利用、处置。

对列入强制回收名录的产品和包装物，消费者应当将废弃的产品或者包装物交给生产者或者其委托回收的销售者或者其他组织。

强制回收的产品和包装物的名录及管理办法，由国务院循环经济发展综合管理部门规定。

第十六条　国家对钢铁、有色金属、煤炭、电力、石油加工、化工、建材、建筑、造纸、印染等行业年综合能源消费量、用水量超过国家规定总量的重点企业，实行能耗、水耗的重点监督管理制度。

重点能源消费单位的节能监督管理，依照《中华人民共和国节约能源法》的规定执行。

重点用水单位的监督管理办法，由国务院循环经济发展综合管理部门会同国务院有关部门规定。

第十七条　国家建立健全循环经济统计制度，加强资源消耗、综合利用和废物产生的统计管理，并将主要统计指标定期向社会公布。

国务院标准化主管部门会同国务院循环经济发展综合管理和环境保护等有关主管部门建立健全循环经济标准体系，制定和完善节能、节水、节材和废物再利用、资源化等标准。

国家建立健全能源效率标识等产品资源消耗标识制度。

第三章　减量化

第十八条　国务院循环经济发展综合管理部门会同国务院环境保护等有关主管部门，定期发布鼓励、限制和淘汰的技术、工艺、设备、材料和产品名录。

禁止生产、进口、销售列入淘汰名录的设备、材料和产品，禁止使用列入淘汰名录的技术、工艺、设备和材料。

第十九条　从事工艺、设备、产品及包装物设计，应当按照减少资源消耗和废物产生的要求，优先选择采用易回收、易拆解、易降解、无毒无害或者低毒低害的材料和设计方案，并应当符合有关国家标准的强制性要求。

对在拆解和处置过程中可能造成环境污染的电器电子等产品，不得设计使用国家禁止使用的有毒有害物质。禁止在电器电子等产品中使用的有毒有害物质名录，由国务院循环经济发展综合管理部门会同国务院环境保护等有关主管部门制定。

设计产品包装物应当执行产品包装标准，防止过度包装造成资源浪费和环境污染。

第二十条　工业企业应当采用先进或者适用的节水技术、工艺和设备，制定并实施节水计划，加强节水管理，对生产用水进行全过程控制。

工业企业应当加强用水计量管理，配备和使

用合格的用水计量器具，建立水耗统计和用水状况分析制度。

新建、改建、扩建建设项目，应当配套建设节水设施。节水设施应当与主体工程同时设计、同时施工、同时投产使用。

国家鼓励和支持沿海地区进行海水淡化和海水直接利用，节约淡水资源。

第二十一条 国家鼓励和支持企业使用高效节油产品。

电力、石油加工、化工、钢铁、有色金属和建材等企业，必须在国家规定的范围和期限内，以洁净煤、石油焦、天然气等清洁能源替代燃料油，停止使用不符合国家规定的燃油发电机组和燃油锅炉。

内燃机和机动车制造企业应当按照国家规定的内燃机和机动车燃油经济性标准，采用节油技术，减少石油产品消耗量。

第二十二条 开采矿产资源，应当统筹规划，制定合理的开发利用方案，采用合理的开采顺序、方法和选矿工艺。采矿许可证颁发机关应当对申请人提交的开发利用方案中的开采回采率、采矿贫化率、选矿回收率、矿山水循环利用率和土地复垦率等指标依法进行审查；审查不合格的，不予颁发采矿许可证。采矿许可证颁发机关应当依法加强对开采矿产资源的监督管理。

矿山企业在开采主要矿种的同时，应当对具有工业价值的共生和伴生矿实行综合开采、合理利用；对必须同时采出而暂时不能利用的矿产以及含有有用组分的尾矿，应当采取保护措施，防止资源损失和生态破坏。

第二十三条 建筑设计、建设、施工等单位应当按照国家有关规定和标准，对其设计、建设、施工的建筑物及构筑物采用节能、节水、节地、节材的技术工艺和小型、轻型、再生产品。有条件的地区，应当充分利用太阳能、地热能、风能等可再生能源。

国家鼓励利用无毒无害的固体废物生产建筑材料，鼓励使用散装水泥，推广使用预拌混凝土和预拌砂浆。

禁止损毁耕地烧砖。在国务院或者省、自治区、直辖市人民政府规定的期限和区域内，禁止生产、销售和使用粘土砖。

第二十四条 县级以上人民政府及其农业等主管部门应当推进土地集约利用，鼓励和支持农业生产者采用节水、节肥、节药的先进种植、养殖和灌溉技术，推动农业机械节能，优先发展生态农业。

在缺水地区，应当调整种植结构，优先发展节水型农业，推进雨水集蓄利用，建设和管护节水灌溉设施，提高用水效率，减少水的蒸发和漏失。

第二十五条 国家机关及使用财政性资金的其他组织应当厉行节约、杜绝浪费，带头使用节能、节水、节地、节材和有利于保护环境的产品、设备和设施，节约使用办公用品。国务院和县级以上地方人民政府管理机关事务工作的机构会同本级人民政府有关部门制定本级国家机关等机构的用能、用水定额指标，财政部门根据该定额指标制定支出标准。

城市人民政府和建筑物的所有者或者使用者，应当采取措施，加强建筑物维护管理，延长建筑物使用寿命。对符合城市规划和工程建设标准，在合理使用寿命内的建筑物，除为了公共利益的需要外，城市人民政府不得决定拆除。

第二十六条 餐饮、娱乐、宾馆等服务性企业，应当采用节能、节水、节材和有利于保护环境的产品，减少使用或者不使用浪费资源、污染环境的产品。

本法施行后新建的餐饮、娱乐、宾馆等服务性企业，应当采用节能、节水、节材和有利于保护环境的技术、设备和设施。

第二十七条 国家鼓励和支持使用再生水。在有条件使用再生水的地区，限制或者禁止将自来水作为城市道路清扫、城市绿化和景观用水使用。

第二十八条 国家在保障产品安全和卫生的前提下，限制一次性消费品的生产和销售。具体名录由国务院循环经济发展综合管理部门会同国务院财政、环境保护等有关主管部门制定。

对列入前款规定名录中的一次性消费品的生产和销售，由国务院财政、税务和对外贸易等主管部门制定限制性的税收和出口等措施。

第四章 再利用和资源化

第二十九条 县级以上人民政府应当统筹规划区域经济布局，合理调整产业结构，促进企业在资源综合利用等领域进行合作，实现资源的高效利用和循环使用。

各类产业园区应当组织区内企业进行资源综合利用，促进循环经济发展。

国家鼓励各类产业园区的企业进行废物交换利用、能量梯级利用、土地集约利用、水的分类利用和循环使用，共同使用基础设施和其他有关设施。

新建和改造各类产业园区应当依法进行环境影响评价，并采取生态保护和污染控制措施，确保本区域的环境质量达到规定的标准。

第三十条　企业应当按照国家规定，对生产过程中产生的粉煤灰、煤矸石、尾矿、废石、废料、废气等工业废物进行综合利用。

第三十一条　企业应当发展串联用水系统和循环用水系统，提高水的重复利用率。

企业应当采用先进技术、工艺和设备，对生产过程中产生的废水进行再生利用。

第三十二条　企业应当采用先进或者适用的回收技术、工艺和设备，对生产过程中产生的余热、余压等进行综合利用。

建设利用余热、余压、煤层气以及煤矸石、煤泥、垃圾等低热值燃料的并网发电项目，应当依照法律和国务院的规定取得行政许可或者报送备案。电网企业应当按照国家规定，与综合利用资源发电的企业签订并网协议，提供上网服务，并全额收购并网发电项目的上网电量。

第三十三条　建设单位应当对工程施工中产生的建筑废物进行综合利用；不具备综合利用条件的，应当委托具备条件的生产经营者进行综合利用或者无害化处置。

第三十四条　国家鼓励和支持农业生产者和相关企业采用先进或者适用技术，对农作物秸秆、畜禽粪便、农产品加工业副产品、废农用薄膜等进行综合利用，开发利用沼气等生物质能源。

第三十五条　县级以上人民政府及其林业主管部门应当积极发展生态林业，鼓励和支持林业生产者和相关企业采用木材节约和代用技术，开展林业废弃物和次小薪材、沙生灌木等综合利用，提高木材综合利用率。

第三十六条　国家支持生产经营者建立产业废物交换信息系统，促进企业交流产业废物信息。

企业对生产过程中产生的废物不具备综合利用条件的，应当提供给具备条件的生产经营者进行综合利用。

第三十七条　国家鼓励和推进废物回收体系建设。

地方人民政府应当按照城乡规划，合理布局废物回收网点和交易市场，支持废物回收企业和其他组织开展废物的收集、储存、运输及信息交流。

废物回收交易市场应当符合国家环境保护、安全和消防等规定。

第三十八条　对废电器电子产品、报废机动车船、废轮胎、废铅酸电池等特定产品进行拆解或者再利用，应当符合有关法律、行政法规的规定。

第三十九条　回收的电器电子产品，经过修复后销售的，必须符合再利用产品标准，并在显著位置标识为再利用产品。

回收的电器电子产品，需要拆解和再生利用的，应当交售给具备条件的拆解企业。

第四十条　国家支持企业开展机动车零部件、工程机械、机床等产品的再制造和轮胎翻新。

销售的再制造产品和翻新产品的质量必须符合国家规定的标准，并在显著位置标识为再制造产品或者翻新产品。

第四十一条　县级以上人民政府应当统筹规划建设城乡生活垃圾分类收集和资源化利用设施，建立和完善分类收集和资源化利用体系，提高生活垃圾资源化率。

县级以上人民政府应当支持企业建设污泥资源化利用和处置设施，提高污泥综合利用水平，防止产生再次污染。

第五章　激励措施

第四十二条　国务院和省、自治区、直辖市人民政府设立发展循环经济的有关专项资金，支持循环经济的科技研究开发、循环经济技术和产品的示范与推广、重大循环经济项目的实施、发展循环经济的信息服务等。具体办法由国务院财政部门会同国务院循环经济发展综合管理等有关主管部门制定。

第四十三条　国务院和省、自治区、直辖市人民政府及其有关部门应当将循环经济重大科技攻关项目的自主创新研究、应用示范和产业化发展列入国家或者省级科技发展规划和高技术产业发展规划，并安排财政性资金予以支持。

利用财政性资金引进循环经济重大技术、装备的，应当制定消化、吸收和创新方案，报有关主管部门审批并由其监督实施；有关主管部门应当根据实际需要建立协调机制，对重大技术、装备的引进和消化、吸收、创新实行统筹协调，并给予资金支持。

第四十四条 国家对促进循环经济发展的产业活动给予税收优惠，并运用税收等措施鼓励进口先进的节能、节水、节材等技术、设备和产品，限制在生产过程中耗能高、污染重的产品的出口。具体办法由国务院财政、税务主管部门制定。

企业使用或者生产列入国家清洁生产、资源综合利用等鼓励名录的技术、工艺、设备或者产品的，按照国家有关规定享受税收优惠。

第四十五条 县级以上人民政府循环经济发展综合管理部门在制定和实施投资计划时，应当将节能、节水、节地、节材、资源综合利用等项目列为重点投资领域。

对符合国家产业政策的节能、节水、节地、节材、资源综合利用等项目，金融机构应当给予优先贷款等信贷支持，并积极提供配套金融服务。

对生产、进口、销售或者使用列入淘汰名录的技术、工艺、设备、材料或者产品的企业，金融机构不得提供任何形式的授信支持。

第四十六条 国家实行有利于资源节约和合理利用的价格政策，引导单位和个人节约和合理使用水、电、气等资源性产品。

国务院和省、自治区、直辖市人民政府的价格主管部门应当按照国家产业政策，对资源高消耗行业中的限制类项目，实行限制性的价格政策。

对利用余热、余压、煤层气以及煤矸石、煤泥、垃圾等低热值燃料的并网发电项目，价格主管部门按照有利于资源综合利用的原则确定其上网电价。

省、自治区、直辖市人民政府可以根据本行政区域经济社会发展状况，实行垃圾排放收费制度。收取的费用专项用于垃圾分类、收集、运输、贮存、利用和处置，不得挪作他用。

国家鼓励通过以旧换新、押金等方式回收废物。

第四十七条 国家实行有利于循环经济发展的政府采购政策。使用财政性资金进行采购的，应当优先采购节能、节水、节材和有利于保护环境的产品及再生产品。

第四十八条 县级以上人民政府及其有关部门应当对在循环经济管理、科学技术研究、产品开发、示范和推广工作中做出显著成绩的单位和个人给予表彰和奖励。

企业事业单位应当对在循环经济发展中做出突出贡献的集体和个人给予表彰和奖励。

第六章 法律责任

第四十九条 县级以上人民政府循环经济发展综合管理部门或者其他有关主管部门发现违反本法的行为或者接到对违法行为的举报后不予查处，或者有其他不依法履行监督管理职责行为的，由本级人民政府或者上一级人民政府有关主管部门责令改正，对直接负责的主管人员和其他直接责任人员依法给予处分。

第五十条 生产、销售列入淘汰名录的产品、设备的，依照《中华人民共和国产品质量法》的规定处罚。

使用列入淘汰名录的技术、工艺、设备、材料的，由县级以上地方人民政府循环经济发展综合管理部门责令停止使用，没收违法使用的设备、材料，并处五万元以上二十万元以下的罚款；情节严重的，由县级以上人民政府循环经济发展综合管理部门提出意见，报请本级人民政府按照国务院规定的权限责令停业或者关闭。

违反本法规定，进口列入淘汰名录的设备、材料或者产品的，由海关责令退运，可以处十万元以上一百万元以下的罚款。进口者不明的，由承运人承担退运责任，或者承担有关处置费用。

第五十一条 违反本法规定，对在拆解或者处置过程中可能造成环境污染的电器电子等产品，设计使用列入国家禁止使用名录的有毒有害物质的，由县级以上地方人民政府产品质量监督部门责令限期改正；逾期不改正的，处二万元以上二十万元以下的罚款；情节严重的，由县级以上地方人民政府产品质量监督部门向本级工商行政管理部门通报有关情况，由工商行政管理部门依法吊销营业执照。

第五十二条 违反本法规定，电力、石油加工、化工、钢铁、有色金属和建材等企业未在规定的范围或者期限内停止使用不符合国家规定的燃油发电机组或者燃油锅炉的，由县级以上地方人民政府循环经济发展综合管理部门责令限期改正；逾期不改正的，责令拆除该燃油发电机组或者燃油锅炉，并处五万元以上五十万元以下的罚款。

第五十三条 违反本法规定，矿山企业未达到经依法审查确定的开采回采率、采矿贫化率、选矿回收率、矿山水循环利用率和土地复垦率等指标的，由县级以上人民政府地质矿产主管部门责令限期改正，处五万元以上五十万元以下的罚款；逾期不改正的，由采矿许可证颁发机关依法吊销采矿许可证。

第五十四条　违反本法规定，在国务院或者省、自治区、直辖市人民政府规定禁止生产、销售、使用粘土砖的期限或者区域内生产、销售或者使用粘土砖的，由县级以上地方人民政府指定的部门责令限期改正；有违法所得的，没收违法所得；逾期继续生产、销售的，由地方人民政府工商行政管理部门依法吊销营业执照。

第五十五条　违反本法规定，电网企业拒不收购企业利用余热、余压、煤层气以及煤矸石、煤泥、垃圾等低热值燃料生产的电力的，由国家电力监管机构责令限期改正；造成企业损失的，依法承担赔偿责任。

第五十六条　违反本法规定，有下列行为之一的，由地方人民政府工商行政管理部门责令限期改正，可以处五千元以上五万元以下的罚款；逾期不改正的，依法吊销营业执照；造成损失的，依法承担赔偿责任：

（一）销售没有再利用产品标识的再利用电器电子产品的；

（二）销售没有再制造或者翻新产品标识的再制造或者翻新产品的。

第五十七条　违反本法规定，构成犯罪的，依法追究刑事责任。

第七章　附　则

第五十八条　本法自2009年1月1日起施行。

中华人民共和国企业国有资产法

（2008 年 10 月 28 日第十一届全国人民代表大会
常务委员会第五次会议通过）

第一章　总　则

第一条　为了维护国家基本经济制度，巩固和发展国有经济，加强对国有资产的保护，发挥国有经济在国民经济中的主导作用，促进社会主义市场经济发展，制定本法。

第二条　本法所称企业国有资产（以下称国有资产），是指国家对企业各种形式的出资所形成的权益。

第三条　国有资产属于国家所有即全民所有。国务院代表国家行使国有资产所有权。

第四条　国务院和地方人民政府依照法律、行政法规的规定，分别代表国家对国家出资企业履行出资人职责，享有出资人权益。

国务院确定的关系国民经济命脉和国家安全的大型国家出资企业，重要基础设施和重要自然资源等领域的国家出资企业，由国务院代表国家履行出资人职责。其他的国家出资企业，由地方人民政府代表国家履行出资人职责。

第五条　本法所称国家出资企业，是指国家出资的国有独资企业、国有独资公司，以及国有资本控股公司、国有资本参股公司。

第六条　国务院和地方人民政府应当按照政企分开、社会公共管理职能与国有资产出资人职能分开、不干预企业依法自主经营的原则，依法履行出资人职责。

第七条　国家采取措施，推动国有资本向关系国民经济命脉和国家安全的重要行业和关键领域集中，优化国有经济布局和结构，推进国有企业的改革和发展，提高国有经济的整体素质，增强国有经济的控制力、影响力。

第八条　国家建立健全与社会主义市场经济发展要求相适应的国有资产管理与监督体制，建立健全国有资产保值增值考核和责任追究制度，落实国有资产保值增值责任。

第九条　国家建立健全国有资产基础管理制度。具体办法按照国务院的规定制定。

第十条　国有资产受法律保护，任何单位和个人不得侵害。

第二章　履行出资人职责的机构

第十一条　国务院国有资产监督管理机构和地方人民政府按照国务院的规定设立的国有资产监督管理机构，根据本级人民政府的授权，代表本级人民政府对国家出资企业履行出资人职责。

国务院和地方人民政府根据需要，可以授权其他部门、机构代表本级人民政府对国家出资企业履行出资人职责。

代表本级人民政府履行出资人职责的机构、部门，以下统称履行出资人职责的机构。

第十二条　履行出资人职责的机构代表本级人民政府对国家出资企业依法享有资产收益、参与重大决策和选择管理者等出资人权利。

履行出资人职责的机构依照法律、行政法规的规定，制定或者参与制定国家出资企业的章程。

履行出资人职责的机构对法律、行政法规和本级人民政府规定须经本级人民政府批准的履行出资人职责的重大事项，应当报请本级人民政府批准。

第十三条　履行出资人职责的机构委派的股东代表参加国有资本控股公司、国有资本参股公司召开的股东会会议、股东大会会议，应当按照委派机构的指示提出提案、发表意见、行使表决权，并将其履行职责的情况和结果及时报告委派机构。

第十四条　履行出资人职责的机构应当依照法律、行政法规以及企业章程履行出资人职责，保障出资人权益，防止国有资产损失。

履行出资人职责的机构应当维护企业作为市场主体依法享有的权利，除依法履行出资人职责外，不得干预企业经营活动。

第十五条　履行出资人职责的机构对本级人民政府负责，向本级人民政府报告履行出资人职责的情况，接受本级人民政府的监督和考核，对国有资产的保值增值负责。

履行出资人职责的机构应当按照国家有关规定，定期向本级人民政府报告有关国有资产总量、结构、变动、收益等汇总分析的情况。??

第三章　国家出资企业

第十六条　国家出资企业对其动产、不动产和其他财产依照法律、行政法规以及企业章程享有占有、使用、收益和处分的权利。

国家出资企业依法享有的经营自主权和其他合法权益受法律保护。

第十七条　国家出资企业从事经营活动，应当遵守法律、行政法规，加强经营管理，提高经济效益，接受人民政府及其有关部门、机构依法实施的管理和监督，接受社会公众的监督，承担社会责任，对出资人负责。

国家出资企业应当依法建立和完善法人治理结构，建立健全内部监督管理和风险控制制度。

第十八条　国家出资企业应当依照法律、行政法规和国务院财政部门的规定，建立健全财务、会计制度，设置会计账簿，进行会计核算，依照法律、行政法规以及企业章程的规定向出资人提供真实、完整的财务、会计信息。

国家出资企业应当依照法律、行政法规以及企业章程的规定，向出资人分配利润。

第十九条　国有独资公司、国有资本控股公司和国有资本参股公司依照《中华人民共和国公司法》的规定设立监事会。国有独资企业由履行出资人职责的机构按照国务院的规定委派监事组成监事会。

国家出资企业的监事会依照法律、行政法规以及企业章程的规定，对董事、高级管理人员执行职务的行为进行监督，对企业财务进行监督检查。

第二十条　国家出资企业依照法律规定，通过职工代表大会或者其他形式，实行民主管理。

第二十一条　国家出资企业对其所出资企业依法享有资产收益、参与重大决策和选择管理者等出资人权利。

国家出资企业对其所出资企业，应当依照法律、行政法规的规定，通过制定或者参与制定所出资企业的章程，建立权责明确、有效制衡的企业内部监督管理和风险控制制度，维护其出资人权益。

第四章　国家出资企业管理者的选择与考核

第二十二条　履行出资人职责的机构依照法律、行政法规以及企业章程的规定，任免或者建议任免国家出资企业的下列人员：

（一）任免国有独资企业的经理、副经理、财务负责人和其他高级管理人员；

（二）任免国有独资公司的董事长、副董事长、董事、监事会主席和监事；

（三）向国有资本控股公司、国有资本参股公司的股东会、股东大会提出董事、监事人选。

国家出资企业中应当由职工代表出任的董事、监事，依照有关法律、行政法规的规定由职工民主选举产生。

第二十三条　履行出资人职责的机构任命或者建议任命的董事、监事、高级管理人员，应当具备下列条件：

（一）有良好的品行；

（二）有符合职位要求的专业知识和工作能力；

（三）有能够正常履行职责的身体条件；

（四）法律、行政法规规定的其他条件。

董事、监事、高级管理人员在任职期间出现不符合前款规定情形或者出现《中华人民共和国公司法》规定的不得担任公司董事、监事、高级管理人员情形的，履行出资人职责的机构应当依法予以免职或者提出免职建议。

第二十四条　履行出资人职责的机构对拟任命或者建议任命的董事、监事、高级管理人员的人选，应当按照规定的条件和程序进行考察。考察合格的，按照规定的权限和程序任命或者建议任命。

第二十五条　未经履行出资人职责的机构同

意，国有独资企业、国有独资公司的董事、高级管理人员不得在其他企业兼职。未经股东会、股东大会同意，国有资本控股公司、国有资本参股公司的董事、高级管理人员不得在经营同类业务的其他企业兼职。

未经履行出资人职责的机构同意，国有独资公司的董事长不得兼任经理。未经股东会、股东大会同意，国有资本控股公司的董事长不得兼任经理。

董事、高级管理人员不得兼任监事。

第二十六条　国家出资企业的董事、监事、高级管理人员，应当遵守法律、行政法规以及企业章程，对企业负有忠实义务和勤勉义务，不得利用职权收受贿赂或者取得其他非法收入和不当利益，不得侵占、挪用企业资产，不得超越职权或者违反程序决定企业重大事项，不得有其他侵害国有资产出资人权益的行为。

第二十七条　国家建立国家出资企业管理者经营业绩考核制度。履行出资人职责的机构应当对其任命的企业管理者进行年度和任期考核，并依据考核结果决定对企业管理者的奖惩。

履行出资人职责的机构应当按照国家有关规定，确定其任命的国家出资企业管理者的薪酬标准。

第二十八条　国有独资企业、国有独资公司和国有资本控股公司的主要负责人，应当接受依法进行的任期经济责任审计。

第二十九条　本法第二十二条第一款第一项、第二项规定的企业管理者，国务院和地方人民政府规定由本级人民政府任免的，依照其规定。履行出资人职责的机构依照本章规定对上述企业管理者进行考核、奖惩并确定其薪酬标准。

第五章　关系国有资产出资人权益的重大事项

第一节　一般规定

第三十条　国家出资企业合并、分立、改制、上市，增加或者减少注册资本，发行债券，进行重大投资，为他人提供大额担保，转让重大财产，进行大额捐赠，分配利润，以及解散、申请破产等重大事项，应当遵守法律、行政法规以及企业章程的规定，不得损害出资人和债权人的权益。

第三十一条　国有独资企业、国有独资公司合并、分立，增加或者减少注册资本，发行债券，分配利润，以及解散、申请破产，由履行出资人职责的机构决定。

第三十二条　国有独资企业、国有独资公司有本法第三十条所列事项的，除依照本法第三十一条和有关法律、行政法规以及企业章程的规定，由履行出资人职责的机构决定的以外，国有独资企业由企业负责人集体讨论决定，国有独资公司由董事会决定。

第三十三条　国有资本控股公司、国有资本参股公司有本法第三十条所列事项的，依照法律、行政法规以及公司章程的规定，由公司股东会、股东大会或者董事会决定。由股东会、股东大会决定的，履行出资人职责的机构委派的股东代表应当依照本法第十三条的规定行使权利。

第三十四条　重要的国有独资企业、国有独资公司、国有资本控股公司的合并、分立、解散、申请破产以及法律、行政法规和本级人民政府规定应当由履行出资人职责的机构报经本级人民政府批准的重大事项，履行出资人职责的机构在作出决定或者向其委派参加国有资本控股公司股东会会议、股东大会会议的股东代表作出指示前，应当报请本级人民政府批准。

本法所称的重要的国有独资企业、国有独资公司和国有资本控股公司，按照国务院的规定确定。

第三十五条　国家出资企业发行债券、投资等事项，有关法律、行政法规规定应当报经人民政府或者人民政府有关部门、机构批准、核准或者备案的，依照其规定。

第三十六条　国家出资企业投资应当符合国家产业政策，并按照国家规定进行可行性研究；与他人交易应当公平、有偿，取得合理对价。

第三十七条　国家出资企业的合并、分立、改制、解散、申请破产等重大事项，应当听取企业工会的意见，并通过职工代表大会或者其他形式听取职工的意见和建议。

第三十八条　国有独资企业、国有独资公司、国有资本控股公司对其所出资企业的重大事项参照本章规定履行出资人职责。具体办法由国务院规定。

第二节　企业改制

第三十九条　本法所称企业改制是指：

（一）国有独资企业改为国有独资公司；

（二）国有独资企业、国有独资公司改为国有资本控股公司或者非国有资本控股公司；

（三）国有资本控股公司改为非国有资本控股公司。

第四十条　企业改制应当依照法定程序，由履行出资人职责的机构决定或者由公司股东会、股东大会决定。

重要的国有独资企业、国有独资公司、国有资本控股公司的改制，履行出资人职责的机构在作出决定或者向其委派参加国有资本控股公司股东会会议、股东大会会议的股东代表作出指示前，应当将改制方案报请本级人民政府批准。

第四十一条　企业改制应当制定改制方案，载明改制后的企业组织形式、企业资产和债权债务处理方案、股权变动方案、改制的操作程序、资产评估和财务审计等中介机构的选聘等事项。

企业改制涉及重新安置企业职工的，还应当制定职工安置方案，并经职工代表大会或者职工大会审议通过。

第四十二条　企业改制应当按照规定进行清产核资、财务审计、资产评估，准确界定和核实资产，客观、公正地确定资产的价值。

企业改制涉及以企业的实物、知识产权、土地使用权等非货币财产折算为国有资本出资或者股份的，应当按照规定对折价财产进行评估，以评估确认价格作为确定国有资本出资额或者股份数额的依据。不得将财产低价折股或者有其他损害出资人权益的行为。

第三节　与关联方的交易

第四十三条　国家出资企业的关联方不得利用与国家出资企业之间的交易，谋取不当利益，损害国家出资企业利益。

本法所称关联方，是指本企业的董事、监事、高级管理人员及其近亲属，以及这些人员所有或者实际控制的企业。

第四十四条　国有独资企业、国有独资公司、国有资本控股公司不得无偿向关联方提供资金、商品、服务或者其他资产，不得以不公平的价格与关联方进行交易。

第四十五条　未经履行出资人职责的机构同意，国有独资企业、国有独资公司不得有下列行为：

（一）与关联方订立财产转让、借款的协议；

（二）为关联方提供担保；

（三）与关联方共同出资设立企业，或者向董事、监事、高级管理人员或者其近亲属所有或者实际控制的企业投资。

第四十六条　国有资本控股公司、国有资本参股公司与关联方的交易，依照《中华人民共和国公司法》和有关行政法规以及公司章程的规定，由公司股东会、股东大会或者董事会决定。由公司股东会、股东大会决定的，履行出资人职责的机构委派的股东代表，应当依照本法第十三条的规定行使权利。

公司董事会对公司与关联方的交易作出决议时，该交易涉及的董事不得行使表决权，也不得代理其他董事行使表决权。

第四节　资产评估

第四十七条　国有独资企业、国有独资公司和国有资本控股公司合并、分立、改制，转让重大财产，以非货币财产对外投资，清算或者有法律、行政法规以及企业章程规定应当进行资产评估的其他情形的，应当按照规定对有关资产进行评估。

第四十八条　国有独资企业、国有独资公司和国有资本控股公司应当委托依法设立的符合条件的资产评估机构进行资产评估；涉及应当报经履行出资人职责的机构决定的事项的，应当将委托资产评估机构的情况向履行出资人职责的机构报告。

第四十九条　国有独资企业、国有独资公司、国有资本控股公司及其董事、监事、高级管理人员应当向资产评估机构如实提供有关情况和资料，不得与资产评估机构串通评估作价。

第五十条　资产评估机构及其工作人员受托评估有关资产，应当遵守法律、行政法规以及评估执业准则，独立、客观、公正地对受托评估的资产进行评估。资产评估机构应当对其出具的评估报告负责。

第五节　国有资产转让

第五十一条　本法所称国有资产转让，是指依法将国家对企业的出资所形成的权益转移给其他单位或者个人的行为；按照国家规定无偿划转国有资产的除外。

第五十二条　国有资产转让应当有利于国有经济布局和结构的战略性调整，防止国有资产损失，不得损害交易各方的合法权益。

第五十三条　国有资产转让由履行出资人职责的机构决定。履行出资人职责的机构决定转让全部国有资产的，或者转让部分国有资产致使国家对该企业不再具有控股地位的，应当报请本级人民政府批准。

第五十四条　国有资产转让应当遵循等价有偿和公开、公平、公正的原则。

除按照国家规定可以直接协议转让的以外，国有资产转让应当在依法设立的产权交易场所公开进行。转让方应当如实披露有关信息，征集受让方；征集产生的受让方为两个以上的，转让应当采用公开竞价的交易方式。

转让上市交易的股份依照《中华人民共和国证券法》的规定进行。

第五十五条　国有资产转让应当以依法评估的、经履行出资人职责的机构认可或者由履行出资人职责的机构报经本级人民政府核准的价格为依据，合理确定最低转让价格。

第五十六条　法律、行政法规或者国务院国有资产监督管理机构规定可以向本企业的董事、监事、高级管理人员或者其近亲属，或者这些人员所有或者实际控制的企业转让的国有资产，在转让时，上述人员或者企业参与受让的，应当与其他受让参与者平等竞买；转让方应当按照国家有关规定，如实披露有关信息；相关的董事、监事和高级管理人员不得参与转让方案的制定和组织实施的各项工作。

第五十七条　国有资产向境外投资者转让的，应当遵守国家有关规定，不得危害国家安全和社会公共利益。

第六章　国有资本经营预算

第五十八条　国家建立健全国有资本经营预算制度，对取得的国有资本收入及其支出实行预算管理。

第五十九条　国家取得的下列国有资本收入，以及下列收入的支出，应当编制国有资本经营预算：

（一）从国家出资企业分得的利润；

（二）国有资产转让收入；

（三）从国家出资企业取得的清算收入；

（四）其他国有资本收入。

第六十条　国有资本经营预算按年度单独编制，纳入本级人民政府预算，报本级人民代表大会批准。

国有资本经营预算支出按照当年预算收入规模安排，不列赤字。

第六十一条　国务院和有关地方人民政府财政部门负责国有资本经营预算草案的编制工作，履行出资人职责的机构向财政部门提出由其履行出资人职责的国有资本经营预算建议草案。

第六十二条　国有资本经营预算管理的具体办法和实施步骤，由国务院规定，报全国人民代表大会常务委员会备案。

第七章　国有资产监督

第六十三条　各级人民代表大会常务委员会通过听取和审议本级人民政府履行出资人职责的情况和国有资产监督管理情况的专项工作报告，组织对本法实施情况的执法检查等，依法行使监督职权。

第六十四条　国务院和地方人民政府应当对其授权履行出资人职责的机构履行职责的情况进行监督。

第六十五条　国务院和地方人民政府审计机关依照《中华人民共和国审计法》的规定，对国有资本经营预算的执行情况和属于审计监督对象的国家出资企业进行审计监督。

第六十六条　国务院和地方人民政府应当依法向社会公布国有资产状况和国有资产监督管理工作情况，接受社会公众的监督。

任何单位和个人有权对造成国有资产损失的行为进行检举和控告。

第六十七条　履行出资人职责的机构根据需要，可以委托会计师事务所对国有独资企业、国有独资公司的年度财务会计报告进行审计，或者通过国有资本控股公司的股东会、股东大会决议，由国有资本控股公司聘请会计师事务所对公司的年度财务会计报告进行审计，维护出资人权益。

第八章　法律责任

第六十八条　履行出资人职责的机构有下列行为之一的，对其直接负责的主管人员和其他直接责任人员依法给予处分：

（一）不按照法定的任职条件，任命或者建议任命国家出资企业管理者的；

（二）侵占、截留、挪用国家出资企业的资金或者应当上缴的国有资本收入的；

（三）违反法定的权限、程序，决定国家出资企业重大事项，造成国有资产损失的；

（四）有其他不依法履行出资人职责的行为，造成国有资产损失的。

第六十九条　履行出资人职责的机构的工作

人员玩忽职守、滥用职权、徇私舞弊，尚不构成犯罪的，依法给予处分。

第七十条 履行出资人职责的机构委派的股东代表未按照委派机构的指示履行职责，造成国有资产损失的，依法承担赔偿责任；属于国家工作人员的，并依法给予处分。

第七十一条 国家出资企业的董事、监事、高级管理人员有下列行为之一，造成国有资产损失的，依法承担赔偿责任；属于国家工作人员的，并依法给予处分：

（一）利用职权收受贿赂或者取得其他非法收入和不当利益的；

（二）侵占、挪用企业资产的；

（三）在企业改制、财产转让等过程中，违反法律、行政法规和公平交易规则，将企业财产低价转让、低价折股的；

（四）违反本法规定与本企业进行交易的；

（五）不如实向资产评估机构、会计师事务所提供有关情况和资料，或者与资产评估机构、会计师事务所串通出具虚假资产评估报告、审计报告的；

（六）违反法律、行政法规和企业章程规定的决策程序，决定企业重大事项的；

（七）有其他违反法律、行政法规和企业章程执行职务行为的。

国家出资企业的董事、监事、高级管理人员因前款所列行为取得的收入，依法予以追缴或者归国家出资企业所有。

履行出资人职责的机构任命或者建议任命的董事、监事、高级管理人员有本条第一款所列行为之一，造成国有资产重大损失的，由履行出资人职责的机构依法予以免职或者提出免职建议。

第七十二条 在涉及关联方交易、国有资产转让等交易活动中，当事人恶意串通，损害国有资产权益的，该交易行为无效。

第七十三条 国有独资企业、国有独资公司、国有资本控股公司的董事、监事、高级管理人员违反本法规定，造成国有资产重大损失，被免职的，自免职之日起五年内不得担任国有独资企业、国有独资公司、国有资本控股公司的董事、监事、高级管理人员；造成国有资产特别重大损失，或者因贪污、贿赂、侵占财产、挪用财产或者破坏社会主义市场经济秩序被判处刑罚的，终身不得担任国有独资企业、国有独资公司、国有资本控股公司的董事、监事、高级管理人员。

第七十四条 接受委托对国家出资企业进行资产评估、财务审计的资产评估机构、会计师事务所违反法律、行政法规的规定和执业准则，出具虚假的资产评估报告或者审计报告的，依照有关法律、行政法规的规定追究法律责任。

第七十五条 违反本法规定，构成犯罪的，依法追究刑事责任。

第九章 附 则

第七十六条 金融企业国有资产的管理与监督，法律、行政法规另有规定的，依照其规定。

第七十七条 本法自2009年5月1日起施行。

第　二　编

特　稿

改革开放是发展中国特色社会主义的强大动力

王伟光

我国30年的改革开放既是我们党领导的一场新的伟大革命，又是社会主义制度的自我完善和发展。通过这场伟大革命，中华民族大踏步地赶上了时代潮流，社会主义中国走在了时代前列，我们党成为时代先锋。

总结30年改革开放的历史经验，对于我们在新的历史起点上继续推进改革开放，发展中国特色社会主义，有着重大现实意义和深远历史意义。

改革开放是发展中国特色社会主义的强大动力。改革开放30年的历史经验启示我们：发展中国特色社会主义，必须坚持解放思想，进一步改革开放。

一、我国改革开放有着深厚的国际国内背景，面临世界社会主义运动和我国社会主义建设的严重困难，面对发达资本主义国家快速发展的严峻挑战，中国共产党人必须着力回答社会主义与马克思主义的历史命运这一时代课题

第二次世界大战结束后，形成了社会主义和资本主义两大阵营。建立在经济文化相对落后基础上的社会主义各国，在发展初期取得了多方面的重大成就，但后来由于没有创造性地坚持和发展马克思主义，体制和机制逐步僵化，导致发展速度缓慢甚至停滞，至20世纪70年代初，世界社会主义面临严重的困难。在此同时，世界范围内蓬勃兴起的新科技革命推动世界经济以更快的速度向前发展，发达资本主义国家抓住新技术革命兴起的机遇，大力发展社会生产力，不断调整自己的体制和政策，缓解社会矛盾，表现出稳定和快速发展的势头。

而我国社会主义建设事业也遭遇了极大的挫折。我们党在领导人民建立新中国和社会主义制度后，极大地发展了经济社会等各项事业，但也走了弯路，甚至发生“文化大革命”这样全局性的失误，使我国社会主义建设一度停滞，经济实力、科技实力与国际先进水平的差距明显拉大，面临着巨大的国际性挑战和压力。

在这样的国际国内历史背景下，肩负着复兴中华民族和发展社会主义双重使命的中国共产党人，开始深刻思考为什么社会主义在发展的进程中面临如此巨大的挑战和困难，而资本主义为什么在发展进程中又起死回生，表现出新的发展势头，中国社会主义事业怎样才能克服困难和挫折，发展起来，并最终战胜资本主义。这一重大现实问题引出了如何认识当代资本主义、如何认识当代社会主义的时代课题，引出了中国共产党人毅然决然走改革开放之路，发展中国特色社会主义的必然抉择。

对于我国社会主义改革开放的实践者们来说，推进改革开放，建设和发展社会主义，必须正确认识和把握当代社会主义的发展规律，这就必须回答在经济文化比较落后的中国，“什么是社会主义，怎样建设社会主义”，“建设一个什么样的执政党，怎样建设执政党”，“实现什么样的发展，怎样发展”的问题。这三大问题归结于“什么是马克思主义，怎样坚持和发展马克思主义”这一根本性问题。这事关马克思主义政党的长期执政，中国特色社会主义的发展和社会主义事业的兴衰成败，说到底，事关社会主义和马克思主义的历史命运。

历史实践已经证明，我们党在改革开放的历程中，已经创造性地并将进一步深入地回答这一

系列重大历史性课题。“什么是社会主义，怎样建设社会主义”，这是改革开放，发展中国特色社会主义的首要的基本问题。邓小平科学地破解了这个课题，邓小平理论是中国特色社会主义理论体系的开篇。邓小平在1980年就提出了“执政党应该是一个什么样的党，执政党的党员应该怎样才合格，党怎样才叫善于领导”① 的问题。以江泽民为代表的第三代党的领导集体在进一步回答“什么是社会主义，怎样建设社会主义”问题的同时，创造性地提出了“三个代表”重要思想，这是中国特色社会主义理论体系的第二篇答卷。在新世纪新阶段“实现什么样的发展，怎样发展”，这是要回答的第三个问题。以胡锦涛为总书记的党中央提出科学发展观，成为中国特色社会主义理论体系的第三篇答卷。对三大问题的依次回答，使我们党创造并不断丰富和发展了中国特色社会主义理论体系，推进了马克思主义中国化的不断创新，不间断地回答了“什么是马克思主义，怎样坚持和发展马克思主义”这一根本性问题。

因此，中国特色社会主义理论体系既是中国社会主义改革开放的理论产物，又是中国社会主义改革开放的指导思想。

二、改革开放30年，深刻的思想解放运动带动了中国特色社会主义实践和理论的伟大飞跃

中国共产党人担负着通过改革开放，使社会主义从困境中走出来，开创社会主义现代化建设新局面的历史重任，而要完成这一历史重任，首要的是回答在经济文化比较落后的中国，“什么是社会主义，怎样建设社会主义”。邓小平说：现在我们搞经济改革，仍然要坚持社会主义道路。“但问题是什么是社会主义，如何建设社会主义。我们的经验教训有许多条，最重要的一条，就是要搞清楚这个问题。”② 而要搞清楚这个问题，就要抛弃禁锢头脑的思想束缚，抛弃沉重的历史包袱和思想包袱，彻底解放思想。改革开放30年来，围绕着“什么是社会主义，怎样建设社会主义”这一首要的基本问题，中国共产党人展开了深刻的、持续的思想解放运动。思想解放在我国改革开放历程中起到了思想动力的巨大作用，思想解放带动了改革开放新时期中国特色社会主义实践和理论的伟大飞跃。

关于实践是检验真理唯一标准的大讨论是率先发动的思想解放运动。

粉碎“四人帮”之后，中国共产党人面临两个问题需要回答和解决。第一个问题就是回答“文化大革命”是否错了，社会主义建设道路是否一度走错了，错在哪里，也就是要实现拨乱反正，确立正确的思想路线。第二个问题是回答社会主义建设正确的道路是什么，怎样走出一条新路，也就是实现改革开放的任务，确定符合中国国情的社会主义建设道路。

从1978年党的十一届三中全会到80年代末90年代初，是我国改革开放和中国特色社会主义事业发展的第一个阶段。这个阶段是以邓小平在十一届三中全会上的重要讲话《解放思想，实事求是，团结一致向前看》作为标志的，党的十五大把这篇重要讲话概括为我国社会主义改革开放和现代化建设进程中的第一篇政治宣言书。

中国共产党历史上曾经有过两次重大转折：一次是遵义会议，一次是党的十一届三中全会。十一届三中全会是我们党在社会主义正处于生死存亡的关键时刻召开的一次极其重要的会议。党的十一届三中全会以前的20多年间，尤其是“十年内乱”期间，正是“以阶级斗争为纲”的“左”的政治路线和作为这条政治路线的思想理论基础的主观唯心主义、教条主义、个人崇拜等错误思想路线的指导，导致了我党在社会主义建设的实际工作中的长期重大失误和“文化大革命”的空前浩劫。粉碎“四人帮”以后，广大群众强烈要求纠正过去“左”的思想路线和政治路线，但是，“两个凡是”（即“凡是毛主席的决策，都坚决拥护；凡是毛主席的指示，都始终不渝地遵循”）的错误主张，仍严重地束缚了人们的思想，压制了人民群众要求拨乱反正的积极性。所谓“两个凡是”，实质上就是仍然坚持“文化大革命”所奉行的“左”的理论和路线不变。1976年到1978年，又经过两年的徘徊，我国经济社会发展更是雪上加霜，处于危机状态。而恰恰在这个时期，世界上发生了翻天覆地的变化，亚洲“四小龙”已经腾飞，资本主义世界已经进入现代资本主义发展的新阶段。在这样的历史背景下，究竟什么是检验真理的标准，是实践，还是“最高

① 《邓小平文选》第2卷，北京：人民出版社，1994年，第276页。

② 《邓小平文选》第3卷，北京：人民出版社，1993年，第116页。

指示”？如此重大的问题必然要反映到理论上，反映到思想上，并集中通过作为世界观方法论的哲学问题而反映出来。当时，如果不彻底搞清这个问题，就无法实现思想上的大解放，就无法从思想理论上同“左”的思想政治路线相决裂。于是，一场不可避免的思想理论大决战就开始了。在这个重要的历史转折关头，邓小平提出了“解放思想，实事求是，团结一致向前看”的正确主张，发动了“实践是检验真理的唯一标准”的大讨论，解放了人们被束缚已久的思想，恢复了实事求是的思想路线，进行了理论上和路线上的拨乱反正，确定了以经济建设为中心，坚持改革开放，坚持四项基本原则的正确路线。邓小平的第一篇政治宣言书，起到了在历史转折关头力挽狂澜的巨大历史作用。“实践是检验真理的唯一标准”的大讨论，为我们党重新确立一条实事求是的思想路线和正确的马克思主义政治路线、组织路线，为十一届三中全会以来全面拨乱反正，纠正“文化大革命”的错误，为冲破长期以来禁锢人们的思想枷锁，并为以后实行改革开放，开创社会主义现代化建设的崭新局面开辟了道路。正是在正确的思想路线和政治路线的指引下，在事实上形成了以邓小平为核心的党的第二代领导集体。党领导全国人民按照邓小平开创的改革开放新思路和新格局，把社会主义经济建设作为首要任务，同时加强社会主义民主法制建设和精神文明建设，开启了改革开放新时期：农村改革成功启动，对外开放迈出坚实步伐，城市改革进入攻坚阶段，各项改革全面展开，中国特色社会主义现代化建设取得了重大成就。

我国改革开放和中国特色社会主义事业发展的第一个阶段，也正是中国特色社会主义理论体系的开篇之作——邓小平理论逐步系统化的阶段。党的十二大正式提出“走自己的道路，建设有中国特色社会主义”，标志着我们党确立了中国特色社会主义的主题。党的十三大全面阐述了社会主义初级阶段理论，确定了党在社会主义初级阶段的基本路线，制定了分“三步走”的经济发展战略，中国特色社会主义理论体系逐步形成轮廓，标志着我们党实现了马克思主义与中国实际相结合的第二次历史性的飞跃。

关于生产力标准的大讨论是深入展开的思想解放运动。

20世纪90年代初到20世纪末是改革开放和中国特色社会主义事业发展的第二个阶段。80年代末90年代初，国内发生严重的政治风波，国际发生了苏东剧变，列宁亲手创建的社会主义苏联崩溃了，东欧社会主义阵营不复存在了，社会主义在苏联和东欧暂时失败了，社会主义遭遇到前所未有的挑战。当时，我们党面临着国际国内复杂严峻的形势，面对着来自“左”和右两方面的干扰。“左”的干扰认为改革开放是错误的，以经济建设为中心也是错误的，应该回到“以阶级斗争为纲”路线的老路上去。右的干扰则鼓吹完全“西化”，完全私有化，完全资本主义化，要求走到资本主义的邪路上去。中国特色社会主义究竟向何处去？成为世界瞩目的焦点。在这个关键的历史时刻，邓小平明确指出，坚持党的基本路线一百年不动摇。不坚持社会主义，不改革开放，不改善人民生活，只有死路一条。谁要改变十一届三中全会以来的路线、方针、政策，老百姓不答应，谁就会被打倒。① 这就是说，十一届三中全会以来的路线是完全正确的，要坚定不移地沿着十一届三中全会确定的路线走下去。南方谈话正是在这样大的历史背景下，经过邓小平深思熟虑而形成的，它是我们党在改革开放至关重要的历史关头的第二篇“解放思想、实事求是”的政治宣言书。南方谈话进一步解放了思想，极大地推动了改革开放，大大加快了中国特色社会主义发展进程。

南方谈话是对十一届三中全会以来我们党领导的社会主义改革开放新鲜经验的高度总结，是对世界各国社会主义建设历史经验教训的高度总结，是对国际共产主义运动及其发展经验教训的高度总结。南方谈话抓住了我国社会主义建设实践中长期困扰人们的根本性问题，抓住了中国特色社会主义建设进程中一系列重大问题，从理论上全面地、系统地、科学地回答了“什么是社会主义，怎样建设社会主义”的问题，对发展中国特色社会主义具有战略性、前瞻性和全局性的指导意义。如果说邓小平的《解放思想，实事求是，团结一致向前看》的重要讲话起到了拨乱反正、开辟中国特色社会主义建设正确航道的重要历史作用，那么南方谈话则起到了全面肯定十一届三中全会以来的理论、路线和实践，坚定不移地沿着社会主义改革开放的正确道路走下去，开拓社

① 参见《邓小平文选》第3卷，北京：人民出版社，1993年，第370~371页。

会主义改革开放新局面，掀起中国特色社会主义现代化建设新高潮的伟大历史作用。党的十四大对南方谈话的深远历史意义和伟大现实意义作出了高度的评价：“以邓小平同志的谈话和今年三月中央政治局全体会议为标志，我国改革开放和现代化建设事业进入了一个新的阶段。”南方谈话朴实无华，道理深刻，既对前十年我国改革开放事业作了肯定和总结，又对开辟改革开放第二个十年起到了巨大的推动作用。改革开放的伟大实践，充分证明了南方谈话所具有的强大的理论生命力。南方谈话标志着邓小平理论达到了成熟的高峰，标志着我国改革开放进入一个新的发展阶段。

南方谈话提出了判断“姓‘社’姓‘资’”的“三个有利于”标准，说到底，就是生产力标准，正是生产力标准的讨论掀起了进一步的思想解放。邓小平指出：“改革开放迈不开步子，不敢闯，说来说去就是怕资本主义的东西多了，走了资本主义道路。要害是姓‘资’还是姓‘社’的问题。判断的标准，应该主要看是否有利于发展社会主义社会的生产力，是否有利于增强社会主义国家的综合国力，是否有利于提高人民的生活水平。”① 增强国力和提高人民生活水平，关键和基础是发展生产力，在三个“有利于”判断标准中，最根本的还是生产力标准。生产力标准是实践标准的深化和具体化。实践标准主要是针对“两个凡是”的观点，恢复和重新确立了马克思主义的思想路线，划清了辩证唯物主义和主观唯心主义的界限。生产力标准主要是针对“生产关系决定论”、“僵化的社会主义模式论”，判断姓“社”姓“资”的僵化固定的思维模式，恢复和坚持历史唯物主义原理，划清科学社会主义和种种空想社会主义的界限。从实践标准到生产力标准的大讨论是思想解放的进一步深入，是以邓小平为代表的中国共产党人对马克思主义在新的历史条件下的再阐发，是十一届三中全会以来坚持实事求是的思想路线，对“什么是社会主义，怎样建设社会主义”不断深入认识的必然结果，是进一步解放思想、大胆改革开放的必然结果。

依据实践标准，在建设有中国特色社会主义问题上，就必须一切从实际出发，从中国具体国情，尤其是从中国的生产力现实状况出发，制定出正确的马克思主义政治路线。那么，基于什么样的理论来制定正确的政治路线呢？根据马克思主义的生产力理论和生产力标准，就必须把是否有利于社会主义社会生产力的发展，作为制定正确的政治路线的根本着眼点和落脚点。只有从生产力标准出发，才能科学地回答“什么是社会主义，怎样建设社会主义”的问题。正是从这个根本标准出发，邓小平全面提出了社会主义本质论、社会主义市场经济论等一系列关于“什么是社会主义，怎样建设社会主义”的基本观点。这样，对生产力标准的学习、研究、讨论和落实，就成为进一步解放思想、解放生产力的关键环节。生产力标准正是在改革开放不断深入的新的历史条件下，为了进一步端正思想路线，加快改革开放步伐，集中力量发展中国特色社会主义的需要而提出来的。在改革和建设实践中，我们党每一项改革措施的提出、试验和推广，都贯彻了实事求是的思想路线和以经济建设为中心的指导方针。然而，在改革开放的实践过程中，我们每走一步，都涉及进一步检验十一届三中全会以来思想政治路线的正确性，都涉及衡量改革举措的必要性的客观标准问题。坚持客观的判断标准，克服来自右和“左”两个方面，特别是“左”的方面的干扰，是改革开放能否取得胜利的关键。到底以什么标准来看待改革开放十多年的成绩，要不要始终不渝地坚持党的基本路线，这在政治路线方面，在改革开放的实际举措方面就提出了一个衡量的客观标准问题，这个客观标准就是生产力标准。

应该说，在改革开放的根本方向、根本道路、大政方针乃至具体举措上，问一下姓“社”还是姓“资”，是应该也是必要的。然而，这里的关键是以什么样的标准来判断姓“社”还是姓“资”。生产力标准的观点告诉我们，既然生产力是一切社会发展的最终决定性力量，是判断社会进步的根本标准，是判断社会主体的认识和实践是否正确的最终尺度，那么离开生产力的发展来判断什么是资本主义和社会主义，就是用空想的原则、抽象的教条来裁剪火热的现实生活，就会在思想上陷入唯心史观的泥潭，在政治上导致或右或“左”的路线，在实践上阻碍生产力的发展。在这里，关键在于科学地掌握判断姓“社”与姓“资”的标准，只要用生产力这个根本标准来分析，关于“什么是社会主义，怎样建设社会主义”的许多疑惑不解就会一扫而光。在改革开放中，生产力标准是根本性的判断标准，如果离开这个

---

① 《邓小平文选》第 3 卷，北京：人民出版社，1993 年，第 372 页

标准，也就离开了社会主义的根本方向，离开了“什么是社会主义，怎样建设社会主义”的正确认识，就没有什么是非曲直可言，就会陷入主观随意性，甚至可能会重犯历史性的错误。一旦我们解决了这个根本标准的认识问题，那么我们就可以抛掉沉重的思想包袱，冲破思想牢笼，就会在改革开放实践中大胆地想、大胆地闯、大胆地试、大胆地干。

邓小平南方谈话和党的十四大，标志着中国改革开放和中国特色社会主义发展进入新阶段。党的十四大确定了经济体制改革的目标是建立社会主义市场经济体制。十四大以来，我们党坚定不移地以中国特色社会主义理论为指导，坚持党在社会主义初级阶段的基本路线，紧紧围绕“抓住机遇、深化改革、扩大开放、促进发展、保持稳定”的大局，努力推进社会主义市场经济体制改革，积极实施党的建设新的伟大工程，改革开放全面深入，现代化建设步伐明显加快。

三、世纪之交和新世纪新阶段，中国共产党人在回答“什么是社会主义，怎样建设社会主义”的同时，创造性地回答了“建设什么样的执政党，怎样建设执政党”，“实现什么样的发展，怎样发展”，继续解放思想，坚持改革开放，极大地推进了中国特色社会主义伟大事业和党的建设新的伟大工程

世纪之交和进入新世纪以来，是改革开放和中国特色社会主义发展的新阶段。世纪之交正是该阶段的历史关键时刻。回顾20世纪最后10年，对中国社会主义现代化发展进程影响最大的有两个最重要的事件。第一个重大政治事件是80年代末90年代初，在我国发生的“6·4”政治风波和苏东剧变。

我国发生的“6·4”政治风波和苏东剧变，是两件密切相连构成一个整体的带有世界性影响的历史事件。中国共产党在1989年“6·4”政治风波中，在苏东剧变的过程中，经受了巨大的政治考验。邓小平在《第三代领导集体的当务之急》这篇重要讲话中严肃地指出：“常委会的同志要聚精会神地抓党的建设，这个党该抓了，不抓不行了。”① 这是邓小平对“6·4”政治风波深刻思考的科学结论。“6·4”政治风波也好，苏东剧变也好，这些问题集中到一点，其根本原因就在于党自身。国际国内的政治事件警醒我们：如果党的建设不抓好，最后会出大问题。江泽民精辟地指出，“中国的事情关键在党”，②“要把中国的事情办好，关键取决于我们的党”。③ 以江泽民为核心的第三代党的领导集体按照邓小平的政治交待，认真思索怎样加强党的建设问题。

江泽民在深刻分析国内外的新情况、新变化时认为，有几件事值得深思：第一件事是1989年动乱，第二件事是苏东剧变，第三件事是法轮功事件，第四件事是台湾国民党下台。深思这四件事，特别是联系我们党内的腐败问题，使人们感到形势严峻。所有问题集中到一点，归结起来就是：一定要解决“建设一个什么样的党，怎样建设党”的问题。按照邓小平的指示，以江泽民为代表的第三代党的领导集体致力于聚精会神地解决党的建设问题。在十三届四中全会上强调要大力加强党的建设；十四届四中全会就加强党的建设几个重大问题又做了专门决定；十五大提出了继续推进党的建设新的伟大工程的总目标。总之，我们党的一系列思考和措施，都是要集中解决党的建设问题。

第二件大事是1997年2月19日邓小平去世。邓小平是中国改革开放的总设计师，是中国特色社会主义现代化建设的开创者。邓小平去世以后，世纪之交的中国共产党人还能不能继续高举邓小平理论伟大旗帜，坚持党的基本理论、基本路线，把建设有中国特色社会主义事业进行到底？党的十五大高举邓小平理论伟大旗帜，在阐述社会主义初级阶段理论的基础上，规定了党在社会主义初级阶段的基本纲领和社会主义初级阶段的基本经济制度，提出依法治国、建设社会主义法治国家的基本方略，确定了跨世纪发展的奋斗目标和任务，并郑重地把“邓小平理论”作为我们党长期坚持的指导思想写进党章。在这之后，我们党领导全国人民战胜特大自然灾害，成功地应对了亚洲金融危机的考验，提前实现“三步走”经济

---

① 《邓小平文选》第3卷，北京：人民出版社，1993年，第314页

② 《江泽民文选》第3卷，北京：人民出版社，2006年，第271页。

③ 《江泽民文选》第3卷，北京：人民出版社，2006年，第1页。

发展战略目标的前两步。

世纪之交，我们党面临着三大方面的考验：一是世界大变化的考验。整个世界呈现大动荡、大变化、大改组的局面。特别是随着高科技的发展，信息时代、知识经济时代的到来，世界发生了巨大的变化。如何应对世界性的大变化，对我们党是一个重大考验。二是执政的考验。党在夺取政权后，先后经过过渡时期、建设时期、“文化大革命”的挫折时期和改革开放新时期的发展，经受住了执政的考验。特别是在1989年的政治风波和苏东剧变后，我们党经受住了执政的考验。还能不能继续经受住执政的考验，这又是一个重大课题。三是改革开放、市场经济的考验。在发展社会主义市场经济的过程中，一方面经济上去了，但另一方面党的干部队伍的腐败现象越来越严重，一些大案要案情况已经达到了触目惊心的地步。这说明党在改革开放、市场经济中面临着新形势下的新的考验。能否经得住市场经济的考验，这对我们党来说，也是一个严峻问题。

从历史来看，我们党经历了“两大转折”，从领导革命夺取政权到执政搞建设，从计划经济条件下的执政到市场经济条件下的执政，情况发生了很大变化。在新的历史条件下，党要着重解决“两个水平、两个能力”这两大历史性课题。“两个水平”，一是执政水平，一是领导水平；“两个能力”，一是防御风险的能力，一是拒腐防变的能力。因此，“建设一个什么样的执政党，怎样建设执政党”，这是摆在全党面前最重大最迫切的现实和理论问题。以江泽民为核心的第三代党的领导集体，在坚持邓小平理论，经受住国内国际的严峻考验，稳住改革开放大局的基础上，继续解放思想，不断改革开放，开拓创新，把中国特色社会主义的伟大实践成功地推向新世纪新阶段。

进入新世纪，以江泽民为代表的中国共产党人，着眼于我们党所处的历史方位，从党长期执政的战略高度，在继续回答“什么是社会主义，怎样建设社会主义”的同时，进一步回答了“建设什么样的执政党，怎样建设执政党”的问题，形成了“三个代表”重要思想，为中国特色社会主义理论体系增添了新的内容。“三个代表”重要思想，从最直接的意义来说，是解决党的建设问题，创造性地回答了“建设什么样的执政党，怎样建设执政党”，集中解决了党的先进性和执政能力建设问题。但是，它又不仅仅是解决党的建设问题，不仅仅是党的建设的全面纲领，它还进一步回答了“什么是社会主义，怎样建设社会主义”，是建设中国特色社会主义事业的强大思想理论武器，是全面实现小康社会宏伟目标的根本指针。党的十六大全面总结党领导人民建设中国特色社会主义的基本经验，把“三个代表”重要思想确立为党的指导思想，确定了全面建设小康社会的伟大任务，对党的建设提出全面的要求，顺利实现了中央领导集体的整体性交接，开创了中国特色社会主义的新局面。

党的十六大以来，以胡锦涛同志为总书记的党中央以邓小平理论、“三个代表”重要思想为指导，提出了科学发展观、加强党的执政能力建设和先进性建设、构建社会主义和谐社会、建设社会主义新农村等一系列重大战略思想，创造性地回答“实现什么样的发展，怎样发展”的问题，进一步回答了社会主义建设和执政党建设等问题，这些战略思想是马克思主义中国化的理论创新成果。党的十七大，对科学发展观的重要地位、产生的实践基础和背景、科学内涵、精神实质以及如何贯彻落实进行了全面系统论述。对科学发展观在我们党的指导思想上的重要地位作了科学定位，把科学发展观确立为党的指导思想，作为继续解放思想，深入改革开放，发展中国特色社会主义必须遵循的基本原则和指导方针。总之，进入新世纪新阶段以来，以胡锦涛为总书记的党中央按照十一届三中全会以来确定的基本理论、基本路线、基本纲领、基本经验，进一步完善社会主义市场经济体制，努力推进中国特色社会主义的“科学发展、和谐发展、和平发展”，继续致力于党的自身建设，加强党的执政能力建设和先进性建设，大大推进了改革开放的历史进程，马克思主义中国化取得新的进展，中国特色社会主义道路探索实现新的突破，执政党的建设迈出新的步伐。

四、近代以来，中国实现了两次伟大革命，改革开放是第二次伟大革命，成功地开创和实践了中国特色社会主义道路，取得了经济的持续快速增长和社会全面发展的伟大成就

中国共产党成立以来，中国实现了两次革命，第一次是共产党领导的、先是新民主主义接着是社会主义的伟大革命。这次革命改变了制约中国生产力发展的半封建半殖民地的经济政治制度，

建立了社会主义制度，极大地解放和发展了社会生产力。

鸦片战争以来，中国开始沦为半殖民地半封建国家。如何振兴中华？如何使中华民族再创辉煌？这是中华民族一切有志之士一个共同的理想和奋斗目标。在中国近代历史进程中，涌现出了一系列有作为的人物，为了中华民族的振兴，作出了不懈的努力，提出了种种救国方案，譬如禁烟运动、太平天国运动、洋务运动、戊戌变法、义和团运动、辛亥革命等等。然而在近代中国历史上，旨在救国救民的斗争和探索，每一次都在一定的历史条件下推动了中国的进步，但一次又一次总是归于失败。究其原因，除了一些旧式农民起义的方案外，许多民族复兴的方案，其主要学习对象是西方的资本主义文明，主要是发展资本主义的经济、政治和文化，跳不出建立资本主义国家的愿望。为什么这些救国方案和实践屡屡碰壁呢？这是由国内外的客观条件决定的。国内外条件不允许中国建立独立富强的资产阶级民主共和国。帝国主义列强从自身利益考虑，绝不会让中国变成一个强大的资产阶级民主共和国，必须要维持和强化半殖民地半封建制度。为了维持旧制度，封建势力和官僚资本势力也需要与帝国主义列强勾结，不允许中国民族资产阶级强大起来，不允许在中国进行资产阶级民主革命。同时，中国民族资产阶级是一个软弱的、具有两重性的阶级，担当不起革命的领导力量，资产阶级旧式民主革命是解救不了中国的。

历史告诉我们，不触动封建根基的自强运动和改良主义、旧式农民战争、旧的民主主义革命，照抄照搬西方文明，这些方案都不能改变中国半殖民地半封建的社会性质和中国人民的悲惨命运。在帝国主义和封建势力打击下，这些方案和运动瞬息即逝。毛泽东同志讲，十月革命一声炮响，给我们送来了马克思主义，送来了社会主义。只有社会主义才能救中国，只有马克思主义才能救中国。只有中国工人阶级及其政党登上政治舞台，坚持马克思主义、举社会主义旗、走社会主义道路，才能解救中国。1919 年五四运动爆发，1921 年中国共产党诞生，中国进入新民主主义革命新的发展阶段。中国只有在马克思主义理论指导下，把马克思主义与中国实际相结合，进行共产党领导下的彻底的革命，才能振兴中华。中国共产党领导下的中国革命分两步走，第一步，进行共产党领导的、不同于旧民主主义革命的新民主主义革命。第二步，新民主主义革命成功以后，不间断地进行社会主义革命。以毛泽东为代表的第一代党的领导集体带领中国人民取得了新民主主义革命和社会主义革命的胜利，建立了社会主义制度，进入全面社会主义建设时期。

改革开放是我们党领导的第二次革命。从社会主义中国建立到党的十七大召开，党在全国执政的历史和社会主义建设的历史，以十一届三中全会为界，可以划分为前后两个时期。第一个时期是社会主义道路的探索时期，我们党确立了社会主义基本制度，建立了独立的比较完整的工业体系和国民经济体系，社会主义建设取得了伟大成就，积累了丰富的正反经验。第二个时期是改革开放新时期。在这个时期，我们党坚持改革开放，始终以经济建设为中心，中国特色社会主义事业取得了一系列巨大成就。

改革开放成果丰硕。农村改革、城市改革和全面改革取得重大进展，确立了以公有制为主体、多种所有制经济共同发展的基本经济制度，初步建立起社会主义市场经济体制。积极推进政治体制改革，社会主义民主政治和法制建设取得重大进展。实施“引进来”与“走出去”的对外开放战略，加入世界贸易组织，抓住机遇，积极投身于全球化浪潮，共享世界文明的先进成果，大大加快了我国现代化建设的步伐。

经济发展持续高速。国民经济长时间快速稳定增长，1978 ~ 2007 年，国民生产总值年均增速高于 9.7%，远远超过同期世界经济 3% 左右的平均增长速度。目前，经济总量居世界第四位，外贸进出口总额居世界第三位，外汇储备突破 1.5 万亿美元大关、居世界第一位，钢铁、煤炭、水泥等主要工业品产量居世界第一位。农村生产力得到极大的解放和发展，亿万农民的生活得到极大的改善，农村发生了历史巨变。

政治建设稳步推进。人民代表大会制度和共产党领导的多党合作、政治协商制度以及民族区域自治制度，进一步健全和完善。政治文明建设不断加强，民主向制度化、规范化方向发展。政府职能明显转变，依法行政与公正司法取得很大进展。基层民主不断扩大，农村普遍实行了村民自治。以宪法为核心、与社会主义市场经济体制相适应的中国特色社会主义法律体系初步形成，依法治国基本方略得到贯彻落实。广大人民享受到空前的自由民主权利。

文化建设成绩卓越。人民群众思想观念发生

了深刻变化，公民意识、竞争意识、法制观念等现代意识显著增强。不断丰富发展马克思主义，初步构建起社会主义的核心价值体系，民族精神与良好的道德风尚得以弘扬。科教兴国、人才强国战略正在实施，具备了建设创新型国家的重要基础和良好条件。教育、科学、文化、艺术、新闻、出版、体育事业欣欣向荣，人民日益增长的精神文化需要不断得到满足。

社会建设成效显著。人民生活显著改善，十三亿人达到了总体小康。扶贫攻坚计划顺利实施，稳定地解决了十三亿人口的吃饭问题，反贫困事业成效显著。医疗、卫生事业不断发展。社会保险制度覆盖了大多数城镇从业人员和退休人员，城市普遍建立了居民最低生活保障制度，农村积极推进社会保障制度建设，与社会主义市场经济体制相适应的劳动和社会保障制度已初步建立。社会建设日益朝着全面和谐方向迈进。

国防建设成就巨大。指导思想实现了战略性转变，贯彻积极防御的军事战略方针，适应世界军事发展新趋势，依靠科技强军，走中国特色的精兵之路，人民解放军的革命化、现代化、正规化建设全面展开，国防总体实力和防卫作战能力不断提高。

祖国统一取得历史性胜利。顺利恢复对香港和澳门行使主权，洗雪了中华民族的百年屈辱。积极贯彻“一国两制”的基本方针，保持香港和澳门特别行政区的繁荣稳定。祖国大陆同台湾的经贸关系空前发展，教育、文化、社会等方面的交流与合作不断加强，政党交流打开新的局面。反台独、反分裂斗争不断取得胜利。

对外关系迈上新台阶。高举和平、发展、合作的旗帜，坚持独立自主的和平外交政策，倡导建立和谐世界。与主要大国建立起不同形式的合作关系，加强了与广大发展中国家及周边国家的合作，积极参与处理国际和地区热点问题，树立起负责任大国的新形象。中国国际地位与国际影响力与日俱增。

党的建设全面加强。实施党的建设新的伟大工程，加强执政能力建设与先进性建设，党的领导水平和抵御风险的能力不断提高。廉政建设与反腐败斗争深入开展，党内民主向制度化、规范化方向迈出新步伐。

回顾30年改革开放走过的历史进程，我们在工作中也曾发生过失误和偏差，当前还面临着很多困难和问题，人民群众还有诸多不满意的地方。但是，从党在全国执政的历史、我国近代以来的历史以及社会主义运动史等多方面的视角来看，这30年是中国特色社会主义理论和体制创新最多的30年，是经济发展速度和人民生活水平提高最快的30年，是社会政治最为稳定和民主法制建设成就最大的30年，是综合国力和国际地位提升最高的30年。我们走出了一条全新的中国特色社会主义发展道路，用短短30年的时间走过了许多国家上百年、甚至几百年的发展历程，使中华民族以前所未有的姿态屹立于世界民族之林。

五、30年改革开放的伟大实践积累了十分宝贵的历史经验，奠定了中国特色社会主义理论体系的实践基础和科学依据，对于继续改革开放，发展中国特色社会主义，具有深远的指导意义

全面总结改革开放的历史经验，并把它上升为系统的理论，对于进一步推进改革开放，发展中国特色社会主义，丰富中国特色社会主义理论体系，十分重要。

1. 始终坚持解放思想实事求是的思想路线，坚持马克思主义基本原理与推进马克思主义中国化相结合

解放思想，实事求是，坚持马克思主义基本原理的普遍性与中国实际的特殊性具体的历史的统一，是改革开放伟大实践的首要经验。

解放思想是发展中国特色社会主义的一大法宝。30年的实践证明，改革开放和社会主义现代化建设的每一次重大推进，都以解放思想为前提，以思想理论创新为发端，以观念变革为先导。解放思想、实事求是，带来了不断创新的马克思主义中国化的理论成果，带来了改革开放和现代化建设实践的突破性进展。

在改革开放的全过程，坚持马克思主义老祖宗不能丢，同时又必须坚持马克思主义不断创新。这一历史的理论的辩证法，其实质就是要把马克思主义的普遍原理与中国建设和发展的实际结合起来、与时代特征结合起来，不断推进马克思主义的当代化、中国化，创造出中国化的马克思主义的理论成果。30年前，中国改革开放的总设计师邓小平做出的改革开放的历史性决策，正是基于马克思主义的基本原理同中国具体实际的结合所得出的必然结论。一部改革开放的实践发展史，也是一部马克思

主义中国化的理论探索史。30年来，我们党始终坚持以科学的态度对待马克思主义，不断根据变化了的实践推进马克思主义中国化，赋予马克思主义基本原理以时代的和民族的内涵，形成了中国特色社会主义理论体系这一马克思主义中国化的最新成果，并运用发展着的中国化的马克思主义指导不断发展的改革开放和现代化建设实践，成功地开辟出中国特色社会主义发展道路，取得了改革开放和现代化建设的辉煌成就。

2. 始终坚持初级阶段的基本国情和“一个中心，两个基本点”的基本路线，坚持四项基本原则与改革开放相结合

始终坚持初级阶段的基本国情，坚持“一个中心，两个基本点”的基本路线不动摇，是改革开放取得成功的基本经验。

十一届三中全会以来，我们党在坚持以经济建设为中心的同时，始终正确认识和处理坚持四项基本原则和坚持改革开放的辩证统一关系。四项基本原则是立国之本，这个“本”是我们党和中国生存发展的政治基石，是以经济建设为中心的坚强保障，是改革开放正确方向的根本保证。改革开放是强国之路，这条“路”是发展中国特色社会主义、实现现代化的必由之路，是我们党和中国发展进步的活力源泉。改革开放的实践证明，无论是坚持四项基本原则，还是坚持改革开放，都必须基于两者的统一，一旦将坚持四项基本原则与坚持改革开放割裂或对立起来，中国特色社会主义必然会偏离正确的方向，中国特色社会主义建设事业就会陷入停顿或倒退。

坚持党在社会主义初级阶段的基本路线，必须始终坚持一切从中国的国情实际出发，把改革开放和现代化建设的大政方针建立在对国情的清醒和正确的认识上。一切从实际出发，最根本的，就是一切从中国处于并将长期处于社会主义初级阶段这个最大的实际、最基本的国情出发。党的基本纲领是党的基本路线的展开和具体化，坚持从初级阶段的基本国情出发，就要坚持和完善以公有制为主体、多种所有制经济共同发展的基本经济制度，就要坚持和完善以按劳分配为主体、多种分配方式并存的分配制度，就要坚持和完善共产党领导的多党合作和政治协商制度、民族区域自治制度以及基层群众自治制度。

坚持党的基本路线，必须始终坚持在中国共产党的领导下，坚持工人阶级的领导，建立巩固的工农联盟，巩固和发展最广泛的爱国统一战线，积极争取和团结改革开放中新产生的各社会阶层，团结一切可以团结的力量，发挥他们作为中国特色社会主义建设者的积极作用。

3. 始终坚持把人民利益作为改革开放的出发点和落脚点，坚持人民当家作主、尊重人民首创精神与加强和改善党的领导相结合

始终坚持以人为本的基本原则，把人民的根本利益作为改革开放的出发点和落脚点，尊重人民的首创精神，让人民共享改革发展成果，最终走共同富裕的道路，这是改革开放取得成功的重要经验。

人民群众是历史的创造者和推动历史前进的力量，是改革开放各项事业发展的依靠力量和推动力量。中国农民最先揭开了我国改革的序幕。无论是家庭联产承包责任制还是乡镇企业，以及城市改革、全面改革，都是中国人民自己的独特创造。离开人民群众的首创精神和积极性，改革开放则一事无成。推进改革开放，一定要充分尊重人民的首创精神，从人民的伟大创造中汲取经验，形成政策，付诸实践。

改革开放以来，我们党始终坚持把依靠人民、由人民当家作主、尊重人民群众的首创精神和党的领导有机地结合起来，积极调动最广大人民群众投身改革开放伟大实践的积极性、主动性和创造性，把实现好、维护好、发展好最广大人民的根本利益作为加强和改善党的领导的奋斗目标和检验标准，切实做到改革发展为了人民、改革发展依靠人民、改革发展成果由人民共享。实现党的领导，最重要的是党所制定的改革开放政策要符合人民的愿望、执行过程要维护人民的利益、实施结果要满足人民的需要。在改革开放过程中，我们党始终以人民满意不满意、高兴不高兴、赞成不赞成、拥护不拥护作为衡量改革开放成败与否的标准。正因为这样，我们党才通过改革开放，得到了人民的真心拥护。正是在改革开放的过程中，在一切为了人民、一切依靠人民的过程中，党的领导才得到了切实的加强和改善。

4. 始终坚持社会主义公有制为主体的根本方向和社会主义市场经济的改革取向，坚持社会主义基本制度与发展市场经济相结合

我国的改革开放是社会主义方向的改革开放，是社会主义市场经济的改革取向。社会主义与市场经济结合具有蓬勃的生机和活力，在实行社会主义市场经济体制改革的同时，始终坚持社会主义方向、坚持社会主义基本制度，实现社会主义制度与市场经济的有机结合，这是改革开放的成功经验。

提出社会主义市场经济理论，进行社会主义市场经济体制改革，是我们党的一个伟大创举。30年改革开放所取得的巨大成就，已经初步显示出这一创举的强大威力。坚持社会主义基本制度，关键是坚持社会主义公有制为主体。在坚持社会主义市场经济体制改革的过程中，我们党始终坚持公有制经济为主体、多种所有制经济共同发展的基本经济制度，不断探索社会主义市场经济不同于其他市场经济运行的特殊规律和特殊运行方式，始终坚持在发挥市场配置资源的基础性作用的同时，不断加强和改善宏观调控，既发挥市场经济的优势，也发挥社会主义制度的优越性，促进社会主义制度与市场经济的有机结合，逐步完善社会主义市场经济体制。

5. 始终坚持社会主义制度的自我完善和发展，坚持推动经济基础变革同推动上层建筑改革相结合

我国改革开放的实质是社会主义制度的自我完善和发展。努力通过经济基础和上层建筑的调整和变革，构建适合中国现阶段生产力发展状况和社会发展的社会体制，坚持社会主义制度的自我完善和发展，也是改革开放的一条卓有成效的经验。

改革开放以来，在推动经济基础变革的同时，政治、文化和社会等上层建筑各个领域的体制改革也在稳步推进。与社会主义初级阶段相适应的经济体制、政治体制、文化体制和社会诸体制的逐步完善，是30年来我国经济社会健康发展的基础和保证。推进经济基础和上层建筑具体体制的改革，实现社会主义制度的自我完善和发展，实质上就是不断推进社会主义的制度创新。改革初期，家庭联产承包责任制的实行与人民公社体制的废除，掀开了社会主义生产关系体制改革和上层建筑体制改革、社会主义制度创新的序幕，极大地促进了农村生产力的发展。当前，我国正处于以贯彻落实科学发展观为中心内容的全面制度创新阶段，加大社会主义经济基础和上层建筑各个领域的制度文明的建设力度，必将极大推动改革开放的深入发展，推进社会主义制度的自我完善和发展。

6. 始终坚持我国经济社会的全面协调可持续的科学发展，坚持发展社会生产力同提高全民族文明素质相结合

必须始终坚持在大力发展生产力的同时，坚持以人为本，推进我国经济社会的全面协调可持续的科学发展，这是进一步改革开放必须坚持的经验。

我国改革开放的社会主义性质不仅决定了发展不只是物质文明的单兵突进，还是物质文明、政治文明、精神文明和生态文明的共同发展，不仅是经济建设的单一推动，还是政治建设、文化建设、社会建设和生态建设的全面推进，不仅以发展生产力实现全体人民的共同富裕为目的，还要以提高全民族文明素质，实现人的全面发展为最终目标和落脚点。只有坚持通过改革开放，实现全民族的物质和文化生活水平，不断提高全民族的文化素质，坚持全面发展、协调发展、和谐发展、可持续发展，把中国特色社会主义建设和发展逐步纳入科学发展的轨道，才能最终把我国建设成为富强民主文明和谐的社会主义现代化国家。

7. 始终坚持构建社会主义和谐社会，坚持提高效率同促进社会公平相结合

我国改革开放得到人民拥护、肯定的一条经验，就是构建社会主义和谐社会，坚持提高效率与促进社会公平相结合。

社会主义和谐社会建设是中国特色社会主义的本质要求，是发展中国特色社会主义的长期的历史任务。构建社会主义和谐社会，就要实现社会公平正义。改革开放以来，由当时我国的基本国情和具体的历史条件所决定，“效率优先，兼顾公平”曾作为改革开放一段时期内的方针。改革开放发展到今天，在坚持效率优先的前提下，我们党又把实现社会公平正义提到了更加突出的地位加以解决，提出了构建社会主义和谐社会的重大战略思想，将实现社会公平正义作为发展中国特色社会主义的一项重大任务。我国的改革是一个寓效率与公平于其中的总体性概念，我们党始终反对人为地将效率与公平二元化、对立起来的观点和做法，着力解决广大人民群众最关心、最直接、最现实的利益问题，切实把追求效率与实现公平辩证统一于改革开放的全过程。只有这样，才能不断取得人民对改革开放的支持，才能取得改革开放的成功。

8. 始终坚持统筹国内和国际两个大局，坚持独立自主与参与经济全球化、对内改革和对外开放相结合

统筹兼顾国内国际两个大局，着眼于两个大局，制定和实施对内改革与对外开放的政策和措施，坚持在与世界经济相联系和相互竞争中，自力更生地提升综合国力的开放战略，把社会主义市场经济的国内改革和与世界经济相联系的对外开放相结合，是改革开放的成熟经验。

经济全球化的发展，离不开市场化，国内市场发展，又离不开国际化。中国特色社会主义发展离不开市场经济的发展，离不开与世界的联系。在我国这样生产力水平还不发达，经济相对落后的国家进行社会主义建设，必须始终坚持“引进来”和“走出去”相结合的对外开放战略，积极参与到经济全球化之中，不断拓展对外开放的广度和深度，有效利用国外资金、技术和先进管理经验等外部条件发展自己，在全球竞争中趋利避害，努力实现互利、普惠、共赢。

坚持独立自主是参与经济全球化的前提和基础，坚持独立自主必须同参与经济全球化相结合。对中国这样一个发展中国家来说，要在经济全球化竞争中生存和发展，必须始终保持足够的清醒，始终在总体上保持发展的自主性，主要依靠自己的力量发展经济等各项事业。一定要在保持独立自主的前提下，积极扩大对外开放，参与全球经济合作，才能实现跨越式发展。

坚持改革与开放相结合，必须创造良好的外部环境，这就必须始终坚持独立自主的和平外交政策，走和平发展道路，推动建设持久和平、共同繁荣的和谐世界，以维护国家发展利益和安全利益为最高准则，永远不称霸，维护世界和平与促进各国共同发展，为改革开放和现代化建设争取和平稳定的国际环境。

9. 始终坚持“三个有利于”的判断标准和渐进式改革策略，坚持促进改革发展同保持社会稳定相结合

我们党始终把“三个有利于”作为判断改革得失成败的根本标准。“三个有利于”最根本的是有利于生产力的发展，只有紧紧扭住经济建设这个中心不动摇，作为执政兴国的第一要务，才能迅速摆脱生产力不发达状态，早日实现国富民强，这是我国改革开放成功的根本经验。

在改革过程中，我们党时刻注意正确地处理好改革、发展、稳定三者的关系，使之相互协调、相互促进，把改革、发展的紧迫感同科学求实的精神结合起来，把实现当前目标和追求长远目标统一起来，把改革的力度、发展的速度和社会可承受程度统一起来，把握准改革举措出台的时机、力度和节奏，这也是我国改革开放的一条可行经验。改革是动力，发展是目标，稳定是前提。没有改革，就无法最大限度地解放和发展生产力，就不可能走出一条适合自己国情的正确的发展道路；没有发展，尤其是生产力的发展，中国就不可能实现现代化，也就不可能保持国家的长治久安；没有稳定，改革和发展都无从进行。三者关系处理得当，就能保证改革开放的健康平稳运行，否则，就会吃苦头，付代价，甚至给社会带来灾难。在改革开放过程中，我们党统筹改革，综合谋划，把不断改善人民生活作为处理改革发展稳定关系的重要结合点，把构建和谐社会作为协调改革发展稳定关系的长远目标，以改革促进和谐、以发展巩固和谐、以稳定保障和谐，努力实现社会稳定，为改革发展提供和谐的环境和氛围。

我国的改革开放，是前无古人的创举，走的是一条“摸着石头过河”的循序渐进的道路——这是中国取得巨大成功的一条举世公认的经验。改革开放30年来，党始终坚持“渐进式”的改革策略，没有采取“休克疗法”、“硬着陆”等激进的方案，坚持试点先行，在取得试点经验的基础上再加以推广。在改革开放中，采取的是先农村后城市、先沿海后内地、先经济后政治、先发展后规范、先体制外后体制内、先易后难的改革策略。在改革开放中，保持制度变革的连续性和渐进性，保证改革开放的顺利推进。坚持重点突破和整体推进相结合的改革战略。渐进式改革方案既避免了由于举措不当而出现的经济严重衰退、社会矛盾激化和社会剧烈动荡，又使中国社会充满活力、和谐稳定。

10. 始终坚持以改革创新的精神加强党的建设，坚持中国特色社会主义伟大事业与推进党的建设新的伟大工程相结合

始终坚持以改革创新的精神加强党的建设，改善党的领导，提高党的执政能力和水平，增强党的先进性，不断增强拒腐防变和抵御风险的能力，为改革开放和现代化建设提供坚强有力的政治保证，是改革开放取得伟大成就的政治经验。

我们党是中国特色社会主义事业的领导力量，中国共产党的自身状况与中国特色社会主义事业的发展休戚相关。我国的改革开放既给我们党注入了巨大的活力，也带来了许多前所未有的新课题、新考验。中国特色社会主义事业是改革创新的事业，中国共产党要站在时代前列带领中国人民开创事业发展新局面，必须坚持以改革创新精神加强自身建设。在30年改革开放的历史进程中，我们党从世情、国情和党情的发展变化出发，深入探索共产党执政的特殊规律，坚持把党建设成中国工人阶级的先锋队，同时是中国人民和中华民族的先锋队。坚持始终代表最广大人民根本利益的马克思主义立场，立党为公、执政为民。不断改革和完善党的领导方式和执政方式，坚持科学执政、民主执政、依法执政。不断巩固党的阶级基础，扩大党的群众基础，保持和发展党同人民群众的血肉联系。不断加强党的先进性建设和执政能力建设，积极推进党内民主建设，旗帜鲜明地反对腐败。

六、进一步改革开放，必须始终不渝地坚持和发展中国特色社会主义理论体系，坚定不移地以中国特色社会主义理论体系为思想指南

改革开放之所以是一场新的伟大革命，之所以发挥了中国特色社会主义强大动力的作用，之所以取得伟大成功，最重要的就在于走出了正确的道路，形成了正确的理论指南。这条正确的道路就是中国特色社会主义道路，这个正确的理论指南就是中国特色社会主义理论体系。

中国特色社会主义理论体系是改革开放新时期的实践结果，是马克思主义科学社会主义原理同中国具体实际相结合的理论产物，是党的几代领导集体带领全党共同努力的智慧结晶，是马克思主义中国化的最新成果，是全国各族人民团结奋斗的共同思想基础。中国特色社会主义理论体系的前提和基础是毛泽东同志关于中国社会主义建设道路的理论和实践的初步探索。中国特色社会主义理论体系是包括邓小平理论、“三个代表”重要思想、科学发展观等重大战略思想的完整统一体，是既一脉相承、又与时俱进的马克思主义中国化的科学的理论体系。

中国特色社会主义理论体系是由一系列紧密联系、相互贯通的新思想、新观点、新论断所构成的完整的系统的科学理论体系，该体系博大精深，内容十分丰富。

中国特色社会主义理论体系的哲学依据最主要的是两个基本支撑点，一是解放思想、实事求是的观点，一是生产力标准的观点。邓小平提出解放思想、实事求是的观点，奠定了中国特色社会主义理论的思想路线基础。江泽民把解放思想、实事求是的观点概括为与时俱进这一马克思主义的理论品质，进一步丰富和发展了党的思想路线。胡锦涛继承了解放思想、实事求是、与时俱进的思想路线，特别强调解放思想是党的思想路线的本质要求，是中国特色社会主义的一大法宝，继承了党的思想路线的真谛。我们党从邓小平、江泽民到胡锦涛，之所以不断把中国特色社会主义理论体系发扬光大，就是因为不断地在实践中继承和发扬了党的解放思想、实事求是的思想路线。

生产力标准是马克思主义唯物史观的最基本的观点。正是根据生产力标准的观点，邓小平提出了一系列改革开放的重大决策，形成了党的基本路线和基本理论，并在改革开放的关键时刻，就如何判断改革成败的问题，如何判断姓“社”姓“资”的问题，提出了“三个有利于”的判断标准，“三个有利于”判断标准实质上就是生产力标准。“三个代表”重要思想，把代表先进生产力作为第一个代表，同时提出代表先进文化、代表人民根本利益。这是对生产力标准和“三个有利于”标准的丰富和发展。解放思想、实事求是的观点是辩证唯物主义的基本问题，生产力的观点是历史唯物主义的基本问题。辩证唯物主义和历史唯物主义是我们党全部理论的哲学基础，因此解放思想、实事求是和生产力标准则构成了中国特色社会主义理论体系的基本哲学依据。

中国特色社会主义理论体系是围绕中国特色社会主义这一主题展开的，回答的主要问题是中国特色社会主义如何发展，而解决发展的问题，必须解决改革的问题。解决发展和改革问题，其重要理论根据一是发展观，一是改革观。科学发展观和正确改革观是中国特色社会主义理论体系的两个重要内容。

邓小平发展思想是邓小平理论的重要内容。邓小平十分强调发展、首先是发展生产力的重要意义。为什么中国特色社会主义理论体系那样强调发展问题？这是由中国特色社会主义现阶段，即初级阶段的基本国情和历史方位决定的。邓小平指出，我国目前还处于社会主义初级阶段，考虑一切问题都要从这个基本国情出发。我国社会主义初级阶段的主要矛盾是人民群众日益增长的物质文化需求和生产力不能满足这种需求的矛盾，解决这个矛盾就必须大力发展生产力。发展生产力是社会主义的根本任务，经济建设是中心任务。因此，中国特色社会主义建设的主要问题可以归结为发展。当然，发展首先是发展生产力。

邓小平不仅强调发展生产力，还拟定了中国

发展分三步走的发展战略，提出了实现小康社会的宏伟目标。到20世纪末国内生产总值比1980年翻两番，基本实现温饱，奔向小康。到21世纪中叶，人均国民生产总值达到中等发达国家水平，基本实现现代化。

在1992年南方谈话中，邓小平总结了多年的发展思想，提出了“发展是硬道理”的科学论断。并强调发展需要一定的速度和数量，但不单是速度和数量。要实现速度与效益、质量与数量的统一。这些构成了邓小平关于发展的基本思想。

江泽民提出“三个代表”重要思想，第一个代表就是代表先进生产力，也就是要不断地解放和发展生产力，并把它提高到了党的性质、党的建设的高度来认识，把发展生产力同党的执政理念、党的先进性建设和执政能力建设联系在一起，进一步丰富和发展了邓小平发展思想。江泽民提出了“发展是执政兴国的第一要务”，并且十分强调要全面理解发展问题。提出要正确处理社会主义现代化建设中的若干重大关系，把握好发展、稳定和改革的关系，处理好建设与效益、数量与质量的关系。提出关键要更新发展思路，要实现增长方式的转变，由粗放型转变到集约型。这不仅从理论上丰富了邓小平发展思想，而且对中国特色社会主义的发展思路作了战略调整。

以胡锦涛为总书记的党中央，在总结国际国内发展经验的基础上，针对我国在新世纪新阶段发展的新问题、新要求和新任务，提出了以人为本、全面协调、可持续的科学发展观，提出“科学发展、和谐发展、和平发展”的发展新理念，把中国特色社会主义发展理论推向一个新的高度。科学发展观站在历史和时代的高度，总结国内外在发展问题上的经验教训，吸收人类文明进步的新成果，进一步解决了新世纪新阶段我国“为什么发展，怎样发展和发展什么”等一系列发展中国特色社会主义的重大问题。在新的实践基础上，进一步回答了社会主义的本质及其主要特征，拓宽了对“什么是社会主义，怎样建设社会主义”的社会主义发展规律的认识视野；进一步论述了共产党的执政任务，拓宽了对“建设什么样的执政党，怎样建设执政党”的共产党执政规律的认识视野。正是在进一步回答“什么是社会主义，怎样建设社会主义”，“建设什么样的执政党，怎样加强执政党建设”，“什么是马克思主义，怎样坚持和发展马克思主义”的意义上说，科学发展观是对邓小平理论和“三个代表”重要思想的继承、丰富和发展，同邓小平理论和“三个代表”重要思想一样，是马克思主义中国化的最新成果，是与时俱进的马克思主义发展观，是正确指导发展的马克思主义世界观和方法论的集中体现，是我们党对社会主义现代化建设理论和指导思想的新发展，开拓了中国特色社会主义的理论创新和实践创新的新境界。

关于改革的思想也是邓小平理论的重要内容。改革是中国特色社会主义理论体系的重要内容。社会主义的根本任务是解放和发展生产力，要解放和发展生产力，就必须不断改革。这是因为社会主义基本矛盾特点决定了必须要进行改革。社会主义制度建立后，我国的社会基本矛盾是适应前提下的不适应，也就是存在体制上的不适应：一是以往形成的僵化的经济政治体制，严重阻碍了生产力的发展；二是社会主义不是一成不变的，即使适合的体制也要随着经济社会的发展，不断地进行体制创新，以适应新的经济发展的需要。因此，邓小平率先提出“革命是解放生产力，改革也是解放生产力，”① “改革是中国的第二次革命”。② 只有破除旧的体制，才能解放和发展生产力。改革是社会主义不断向前发展的动力。这就是邓小平改革思想立论的根据。邓小平改革思想在马克思主义发展史上是一个创新。

经济体制要改革，改革的方向是什么呢？邓小平经过长时间的反复思考，总结社会主义建设和我国实践的经验，提出以市场经济为取向的社会主义市场经济体制改革思路。社会主义市场经济的创新提法在理论上是一大突破，使人们从市场经济等于资本主义的陈旧观念中解放出来，在实践中为我国经济体制改革开辟了广阔的前景。在提出社会主义市场经济体制改革的同时，邓小平提出了政治体制改革的必要性、重要性，提出了政治体制改革的基本要求和战略任务，提出了建设社会主义民主政治的政治体制改革目标，提出了总体改革的重要思想。邓小平是中国社会主义改革开放的总设计师。

邓小平改革思想是极其丰富的，主要观点是：“自我完善”的改革观，确定了改革的基本性质，即改革是“社会主义制度的自我完善”；

---

① 《邓小平文选》第3卷，北京：人民出版社，1993年，第370页。

② 《邓小平文选》第3卷，北京：人民出版社，1993年，第113页。

“革命”的改革观，确定了改革的基本定位，即“改革是中国的第二次革命”；“全面”的改革观，确定了改革的全面性，即“改革是全面的改革，不仅经济、政治，还包括科技、教育等各行各业”；①“贯穿发展全过程”的改革观，确定了改革的战略，即“改革开放要贯穿中国整个发展过程”；②“三个有利于”的改革观，确定了改革成败的判断标准，即“是否有利于发展社会主义生产力，是否有利于增强社会主义国家的综合国力，是否有利于提高人民的生活水平”；“群众”的改革观，确定了改革的主体，即一定要把实现人民的根本利益，把依靠人民、尊重人民的首创精神，把人民“拥护不拥护”、“赞成不赞成”、“高兴不高兴”、“答应不答应”，作为改革的出发点和归宿。

以江泽民为核心的党的第三代领导集体丰富和充实了邓小平改革思想，明确提出建立社会主义市场经济体制的改革目标。他指出，“在坚持公有制和按劳分配为主体，其他经济成分和分配方式为补充的基础上，建立和完善社会主义市场经济体制。”③ 强调把社会主义市场经济同社会主义基本经济制度结合在一起，建立这种经济体制就是要使其在国家宏观调控下对资源配置起基础性作用。为实现这个目标，必须坚持以公有制为主体，各种经济成分共同发展的方针，必须进一步转换国有企业制度，建立现代企业制度。江泽民勾画了社会主义市场经济体制的基本框架，规定了国有企业改革的方向。在党的十五大上，江泽民又就社会主义初级阶段的所有制结构和公有制实现形式问题作了论述，进一步从理论上加以突破。他指出，我国经济成分可以多样化，公有制实现形式可以多样化；公有制为主体主要体现在控制力上；非公有制经济是社会主义市场经济的重要组成部分；股份制是现代企业的一种资本组织形式，资本主义可以用，社会主义也可以用。这些论述为我国的经济体制改革进一步扫清了道路。

在改革发展的新阶段，以胡锦涛为总书记的党中央提出了科学发展观，破解了“发展什么，怎么发展”这个发展中国特色社会主义伟大事业的根本性问题。继续改革开放，必须全面落实科学发展观。推进科学发展，必须进一步改革开放，集中破解影响科学发展的体制和机制性障碍。在今天，能不能理解和贯彻科学发展观的问题，就是能不能坚持改革开放，能不能坚持发展中国特色社会主义的问题。目前，中央突出强调体制创新，强调改革问题上的创新，把体制改革创新和落实科学发展观结合起来。胡锦涛强调，“推进体制创新，是解决经济社会诸多矛盾和问题的必由之路，也是贯彻和落实科学发展观的必然要求。必须通过深化改革，努力形成一套有利于科学发展的体制机制。”④ 他要求，第一，以转变政府职能为重点推进行政管理体制改革；第二，继续深化国有企业体制改革；第三，鼓励、支持和引导非公有制经济发展；第四，进一步破除垄断，加强现代市场经济体制建设；第五，提高对外开放水平。这些论述为我国推进改革开放、全面建设小康社会提供坚实的理论基础，充实和丰富了中国特色社会主义理论体系的改革观。

胡锦涛同志指出，“改革开放是发展中国特色社会主义的强大动力”。⑤ “改革开放是决定当代中国命运的关键抉择，是发展中国特色社会主义、实现中华民族伟大复兴的必由之路；只有社会主义才能救中国，只有改革开放才能发展中国、发展社会主义、发展马克思主义。”⑥ 我国改革开放的实践证明，能不能解放思想，实事求是，坚持解放和发展生产力，坚持发展和改革，关系到我们事业的兴衰成败。可以说，坚持解放思想，实事求是和坚持解放发展生产力，坚持发展和改革，也就是坚持了中国特色社会主义。进一步改革开放，发展中国特色社会主义，最重要的是坚持中国特色社会主义理论体系的指导。只有坚持中国特色社会主义理论体系的指导，并在实践中不断创新这个理论体系，用这个理论体系指导创新实践，才能不断地解放思想、改革开放，发展中国特色社会主义。

（作者为中国社会科学院常务副院长）

（《中国社会科学》2008年第5期）

---

① 《邓小平文选》第3卷，北京：人民出版社，1993年，第117页。

② 《邓小平文选》第3卷，北京：人民出版社，1993年，第265页

③ 《江泽民文选》第1卷，北京：人民出版社，2006年，第219页。

④ 《全面贯彻落实科学发展观，推动经济社会又快又好发展》，《求是》2006年第1期。

⑤ 《中国共产党第十七次全国代表大会文件汇编》，北京：人民出版社，2007年，第2页。

⑥ 《中国共产党第十七次全国代表大会文件汇编》，北京：人民出版社，2007年，第10页。

对当代世界社会主义的相关思考

李慎明

一、关于“开辟了世界历史的新纪元”的十月革命

2007年11月7日是伟大的十月革命胜利90周年。早在86年前，列宁在《十月革命四周年》纪念文章中就指出：十月革命“开辟了世界历史的新纪元”；“这个伟大的日子离开我们愈远，俄国无产阶级革命的意义就愈明显，我们对自己工作的整个实际经验也就思考得愈深刻。”① 事实确实如是。

十月革命胜利以来，世界社会主义运动曾经风起云涌、凯歌行进；但也在20世纪80年代末90年代初，出现了东欧剧变、苏共垮台、苏联解体的惨痛事件，使世界社会主义运动遭受重大挫折。在经济全球化日益深入发展和以信息技术为主导的高新科技革命日新月异的今天，我们应当如何正确认识和理解十月革命道路是对马克思主义的坚持和发展，正确认识和理解十月革命道路在今天依然是全人类求解放的指南，正确认识和理解十月革命道路对中国特色社会主义事业的时代价值呢？

（一）十月革命道路是对马克思主义的坚持和发展

几十年来，在如何评价列宁开辟的十月革命的道路问题上不时泛起波澜；特别是苏东剧变后，列宁和列宁所开辟的十月革命道路更遭到一些人的责难。如有人提出了“列宁违背了马克思主义关于社会主义在先进资本主义国家共同胜利的思想，提出了在落后的东方国家一国建设社会主义的理论”。事实如是吗？当然不是。

大家知道，马克思恩格斯从资本主义生产方式固有的生产日益社会化和生产资料私人占有的对抗性矛盾出发，得出了资产阶级的灭亡和无产阶级的胜利是同样不可避免的历史总趋势。这里讲得是社会主义革命的原因和历史的必然趋势，是马克思主义的普遍原理。与此同时，他们根据当时的情势，又对社会主义革命发生的时间、地点等作出过预言，这是马克思恩格斯的具体结论。比如，恩格斯在1847年10月底~11月写成的《共产主义原理》中指出：“共产主义革命将不仅是一个国家的革命，而将在一切文明国家里，即至少在英国、美国、法国、德国同时发生。”② 应该说，这一观点从分析当时自由竞争为主要特征的世界资本主义发展状况出发，得出了符合当时历史发展辩证逻辑的结论。但我们应该看到，《共产主义原理》是恩格斯受托为共产主义者同盟起草纲领的初稿，恩格斯本人并不满意，后被他在1847年12月~1848年1月间同马克思起草的《共产党宣言》所代替，而《共产党宣言》中没有再使用“同时发生”的提法。随着资本主义世界的发展变化，1850年马克思和恩格斯已经预见到美国将发展成资本主义世界最大的经济强国，并认为欧洲要避免陷入对美国的依附地位，唯一条件就是进行社会主义革命。在这以后，他们再没有重提无产阶级革命同时发生的设想。③ 恰恰相反，在1848年革命，特别是1871年巴黎公社革命失败后，马克思恩格斯除了继续努力为推进西方发达国家的革命创造条件之外，还把更多的注意力投向世界的东方，特别是俄国。他们认为在19世纪80年代的俄国“已是欧洲革命运动的先进部队了”，说“只要俄国一发生革命，整个欧洲的面貌

---

① 《列宁选集》第4卷，人民出版社，1995年，第569页。

② 《马克思恩格斯选集》第1卷，1995年，第241页。

③ 参见《马克思恩格斯选集》第1卷的注62。

就要改变。”①

我们知道，列宁所处的时代和马克思、恩格斯所处的时代相差半个世纪。当时的资本主义已经进入帝国主义时代。列宁继承了马克思恩格斯有关资本集中和垄断的思想，将其发展为完整的帝国主义论。

列宁分析指出，资本主义进入帝国主义阶段以后，经济政治发展不平衡空前加剧，一些后起的资本主义国家跳跃式发展，从而改变资本主义国家之间的力量对比，加剧了列强之间的矛盾和冲突。在这种历史条件下，垄断资本主义的发展不仅在国内加剧无产阶级和资产阶级的矛盾，而且也在世界范围内加剧工业发达国家和不发达国家间的矛盾。经济文化落后国家的无产阶级和广大劳动人民不仅受本国资产阶级和其他剥削者的压迫，而且还受到发达资本主义国家的资产阶级的剥削和压迫。这样，某些经济文化落后国家就成了整个资本主义世界统治体系各种矛盾的焦点，容易造成革命形势。所以，列宁根据帝国主义时代表现得更加明显和突出的资本主义经济和政治发展的不平衡的绝对规律，从而得出结论：“社会主义可能首先在少数甚至在单独一个资本主义国家内获得胜利。”②

任何个人、政治派别或阶级政党都不能单凭自己的“意志”制造出一场革命。十月革命决不是由列宁等无产阶级革命领袖强加给俄国的，而是资本主义内部矛盾发展的必然产物。由于十月革命前的俄国统治阶级的反动压迫，内部政治矛盾异常尖锐，外部帝国主义列强之间的矛盾激化，再加上第一次世界大战的爆发，造成了列宁所讲的那种革命形势：“‘下层’不愿照旧生活，而‘上层’也不能照旧维持下去。”③结果使社会主义革命在俄国这个世界资本主义统治体系的“薄弱环节”中首先发生并获得了胜利。

十月革命道路的成功同时又是人民领袖和人民群众积极进取、勇于创新的革命主观能动性充分发挥的结果：当时俄国无产阶级革命的觉悟程度空前提高；列宁等坚持把马克思主义基本原理与俄国实际相结合，为俄国的无产阶级革命作好了较充分的理论准备；尤其重要的是俄国有一个列宁创建的伟大的布尔什维克党的坚强正确的领导，以及在革命斗争实践中形成了一个以列宁为首的无产阶级领袖集团等，这些都是十月革命取得胜利的根本保证。

总之，列宁提出的“一国胜利”说是从马克思主义立场出发，既科学地考察和深刻地分析了世纪之交的国际政治经济状况，又不拘泥于马克思恩格斯早年说过的“同时发生说”的具体结论，使科学社会主义理论第一次成为了现实，从而坚持和发展了马克思主义关于社会主义革命的理论。

有人所说的列宁违背了马克思主义关于社会主义在先进资本主义国家共同胜利的思想云云，其实质不仅是想否定十月革命道路本身，而更是为了否定我们正在从事的中国特色社会主义的伟大事业，进而推销他们的民主社会主义主张。还需要指出的是，恩格斯所说的无产阶级革命是在多国“同时发生”，而却被这样的人归纳为“共同胜利”，这无疑也是对恩格斯原意的误解甚至曲解。

我们还看到，有人在论证列宁违背马克思主义关于社会主义在先进资本主义国家共同胜利思想的同时，把无产阶级革命和无产阶级专政称为“暴力社会主义”，并认为“和平长入社会主义”是无产阶级取得革命胜利的唯一的选择。

大家同样知道，马克思早在1852年就指出：“至于讲到我，无论是发现现代社会中有阶级存在或发现各阶级之间的斗争，都不是我的功劳。在我以前很久，资产阶级的历史学家就已叙述过阶级斗争的历史发展，资产阶级的经济学家也已对各个阶级作过经济上的分析。我的新贡献就是证明了下列几点：（1）阶级的存在仅仅同生产发展的一定历史阶段相联系；（2）阶级斗争必然要导致无产阶级专政；（3）这个专政不过是达到消灭一切阶级而进入无阶级社会的过渡。”④无产阶级专政理论是马克思恩格斯在深入分析了当代资本主义的基本矛盾，特别是总结了巴黎公社的革命实践经验以后得出的科学结论，是马克思主义的精髓。无产阶级专政是无产阶级和资产阶级的阶级斗争的必然结果，其本质上是一种国家形态，是达到消灭一切阶级和进入无阶级社会的过渡。

马克思主义经典作家从来就没有把无产阶级专政仅仅看作暴力手段。列宁在无产阶级专政问题上不仅毫无违背，而且坚持、丰富和发展了马

① 参见《马克思恩格斯选集》第1卷，第251页，《马克思恩格斯全集》第1版第19卷，第134页。

② 《列宁选集》第2版第2卷，第554页。

③ 《列宁选集》第4卷，第193页。

④ 《马克思恩格斯选集》第2版第4卷，第547页。

克思主义关于无产阶级专政的思想。列宁一方面指出："马克思主义在国家问题上一个最卓越最重要的思想即'无产阶级专政'"，同时他还把"国家即组织成为统治阶级的无产阶级"的表述，视为无产阶级国家的定义。① 另一方面列宁又明确指出："无产阶级专政实质不仅在于暴力，而且主要不在于暴力。"他说："它的主要实质在于劳动者的先进部队、先锋队、唯一领导者即无产阶级的组织性和纪律性。无产阶级的目的是建成社会主义，消灭社会的阶级划分，使社会全体成员成为劳动者，消灭一切人剥削人的制度的基础。"② 这就明确告诉我们，民主与专政是辩证统一的，无产阶级专政就是在无产阶级和最广大人民群众内部实行民主，对少数敌对分子实行专政的有机结合。无产阶级专政本身并不是目的，它的目的在于创造比资本主义更高的劳动生产率，逐步做到社会产品极大丰富，全体人民的思想觉悟和道德品质逐步得到极大提高，最后实现共产主义。

无产阶级专政仍然是无产阶级革命的一般规律。无产阶级要夺取和巩固政权，打碎旧的国家机器，建立新的社会制度，必须坚持无产阶级专政。但无产阶级政权建立的途径，可以是革命的方式，也可以是和平的方式。我们应该看到，十月革命及其后的一系列社会主义国家的革命，是发生在经济文化落后和独裁专制极为严重的国度。由于剥削阶级的强烈镇压和反抗，所以都采取了比较激烈的暴力革命的形式，但无产阶级专政的建立决不排斥和平的方式。这正如同在我国解放战争的平津战役中，我们用战争手段解放了天津，而用和平手段解放了北平。恩格斯早在1847年在回答"能不能用和平的办法废除私有制"时，就十分明确地说："但愿如此，共产主义者当然是最不反对这种办法的人。"③ 我们也应看到，迄今为止，尽管没有哪一个国家是真正意义上"和平长入社会主义"的，虽然一些工人阶级政党一时通过选举获胜掌权，但是仍然是在资本主义宪法框架下执政，没有也不可能从根本上改变资产阶级少数人对多数劳动群众专政的实质。尽管如此，也决不意味今后不会出现用和平办法取得政权的情况。因此，无产阶级政党的政策应该是，必须坚持马克思主义的武装夺取政权的道路，但也绝不放弃选举等合法程序进行斗争，直至执掌政权。但作为一般规律的所谓"和平长入社会主义"，恐怕是要等到社会主义力量居有绝对优势，而资本主义处于绝对劣势之时。

在谈到这一问题时，我们不得不谈到斯大林。简要谈以下三点：一是斯大林在后期犯了一些严重错误，如个人专断的工作方法，曾经在一定程度上损害了苏联党的生活中和国家制度中的民主集中制原则，损害了社会主义法制；在肃反工作中，一方面惩办了很多必须惩办的反革命分子，但在另一方面也冤枉了许多忠诚的共产主义者和善良的公民，造成了严重的损失。二是斯大林的错误虽然对苏联造成了不应有的损失，但他领导苏联实现了工业化、打败了德国法西斯等。这不仅说明了社会主义制度的优越性，而且也说明了他毕竟是一个坚定的共产主义者。他的错误与他的成绩相比较，只居于第二位。三是斯大林的错误不是十月革命道路和苏联的社会主义经济制度、政治制度的必然。斯大林后期的错误一定要纠正，但决不能把纠正这些错误变成抛弃苏联社会主义经济、政治制度的本身。历史已经证明，若如是，后果极其严重。

苏联演变的实质是国内敌对势力在西方帝国主义势力的支持下，苏共领导人公开放弃无产阶级专政、推行所谓人道的、民主的社会主义路线所致。苏联解体后实行了打着民主旗号的资产阶级专政，宣布解散共产党、没收苏共财产、查封党的各级机构、停止党的各级组织的活动，以及"8.19"事件以后苏联共产党人遭到政治迫害等事实，真正说明资产阶级国家专政的实质和坚持无产阶级专政的必要性。

无产阶级专政有对内对外两个职能。一是国内的职能，解决敌我之间的矛盾用专政，解决人民内部矛盾用民主；二是防御国家外部敌人的颠覆和可能的侵略。现在个别霸权主义国家肆意歪曲和攻击社会主义国家的无产阶级专政和广大第三世界国家捍卫国家主权的举措是"专制"，甚至把自己赤裸裸的武装侵略行径打扮成"推行民主"，其实质是为了颠覆甚至用武力推翻现存在的社会主义国家和广大第三世界国家的政权做舆论准备。

历史经验告诉我们，社会主义国家必须毫不动摇地坚持无产阶级专政。这正如邓小平所说："依靠无产阶级专政，保卫社会主义制度，这是马

① 《列宁选集》第2版第3卷，第129~130页。

② 《列宁全集》第35卷，第276页。

③ 《马克思恩格斯选集》第2版第1卷，第239页。

克思主义的一个基本观点。”“运用人民民主专政的力量，巩固人民的政权，是正义的事情，没有什么输理的地方。”①

十月革命胜利后，列宁对什么是社会主义和怎样建设社会主义等一系列重大问题进行了艰辛的思考和探索，他在深刻总结实施战时共产主义政策经验教训的基础上，提出了新经济政策。列宁提出的新经济政策是一次伟大的革命实践和探索，对于发展生产力、巩固工农联盟、巩固无产阶级专政起到了重要的作用，对落后国家建设社会主义具有普遍借鉴意义。但有人认为，列宁实行的新经济政策的实质和前途是“发展资本主义”。这不是糊涂的误解便是有意的曲解。

列宁认为，国家资本主义是进入社会主义的一个入口，向社会主义过渡需要通过国家资本主义的“迂回道路”。新经济政策实质上就是从俄国小农占优势出发，在无产阶级掌握国家政权和掌握大工业的前提下，向社会主义的迂回过渡，包括通过利用国家资本主义来实现这种过渡，其目的是巩固工农联盟，巩固无产阶级专政，推进社会主义建设。

列宁指出，要向共产主义过渡，必须经过国家资本主义和社会主义这些过渡阶段，通过国家资本主义走向社会主义。他强调，实行新经济政策，无产阶级要牢牢掌握政权，不仅要而且一定能够防范和克服资本主义的消极影响，利用资本主义特别是国家资本主义来促进社会主义。

因此，要认清新经济政策的实质，是否要把握好以下几点：一是1921年，俄共（布）开始放弃战时共产主义政策实行以实物税代替余粮收集制、允许多种经济成分并存、实行租让制、租赁制等为主要内容的新经济政策，这是俄共（布）从实际出发，对在当时俄国建设社会主义的成功探索，并对落后国家建设社会主义具有普遍的指导意义。二是新经济政策是为了进攻的退却。“我们现在退却，好像是在向后退，但是我们这样做是为了先后退几步然后再起跑，更有力地向前跳。”② 因此，不能放弃社会主义共产主义目标，不是主张无止境地退却。三是新经济政策是利用资本主义来发展社会主义的政策，不是利用资本主义来搞垮社会主义的政策，它是无产阶级坚定的阶级政策，而决不是实行阶级调和取消阶级和阶级斗争的政策。四是实行新经济政策，必须善于使自己掌握的国家按照人民的意志来行动，也就是说必须要把握好方向，只有道路走得正，才能达到胜利的彼岸。

新经济政策的实施过程，是列宁对社会主义不断进行探索和重新认识的过程。他依据新的实践不断检验、纠正已有的理论，提出了一系列新的理论观点，对社会主义有了崭新的理解。这些新探索发展了马克思恩格斯对社会主义本质特征的认识，形成了列宁建设社会主义构想的整体框架，从而为其他落后国家开辟自己建设社会主义道路，提供先行的探索和有益的启示。邓小平对列宁时期建设社会主义的探索给予充分肯定。他指出：“社会主义究竟是什么样子，苏联搞了很多年，也并没有完全搞清楚。可能列宁的思路比较好，搞了个新经济政策。”③ 列宁提出的新经济政策，有可能是经济比较落后的广大发展中国家在消除了外部强大敌人武力直接威胁之后所应该采取的普遍性政策。

在列宁苏联共产党的领导之下，俄国不仅胜利实现了无产阶级革命和无产阶级专政，接着又胜利建成了社会主义社会，从而使科学的社会主义由理论和理想变为活生生的现实。这不但在共产主义运动史上开辟了一个新纪元，而且在整个人类历史上开辟了一个新纪元。十月社会主义革命至少在以下四个方面取得了巨大的无可置疑的成就：一是在占世界土地1/6的苏联建成了世界上第一个社会主义国家，进行了消灭人剥削人的制度的伟大尝试，第一次实现了在经济平等基础上的人民普遍的政治平等权利。二是以资本主义所不可比拟的速度展示了社会主义的优越性：1953年与革命前俄国最高的年份1913年相比，苏联的国民收入增加了12.67倍，而同期美国只增加了2.03倍，英国增加了0.71倍，法国增加了0.54倍。三是苏联还先后战胜了14个资本主义国家的武力围剿，并在第二次世界大战中，成为打败法西斯的主力，为挽救和发展人类的文明作出了巨大的贡献。四是指引包括中国在内的占世界人口1/3的十多个国家曾先后实行了或实行过社会主义制度，在世界范围内推动了各国无产阶级和被压迫民族解放运动的兴起，导致了殖民体系的瓦解。五是推动了发达资本主义国家社会主义理论和思潮的空前活跃，推动了发达资本主义国家引入计划以补充市场机制缺陷和福利政策的普

① 《邓小平文选》第3卷，第379页。

② 《列宁全集》第3卷，第732页。

③ 《邓小平文选》第3卷，第139页。

及与发展。

列宁所开辟的十月革命道路的光辉永垂人类进步的史册。

（二）十月革命道路所揭示的基本原理依然是全人类求解放的指南

苏东剧变之后，社会主义运动处于空前的低潮，资本主义则处于二战之后的峰巅。以美国为首的西方资本主义国家利用其在经济、政治、文化、科技和军事诸方面的优势，竭力推行新自由主义全球化，极大地拓展着资本主义的发展空间。以信息技术为先导的高新科技革命也极大地推动了西方资本主义国家生产力的迅猛发展。在经济全球化日益深入和以信息技术为主导的高新科技革命的迅猛发展的今天，十月革命所开辟的道路过没过时呢？是否还具有强大的生命力呢？我们的回答是：十月革命已经过去90年了，世界形势已发生许多重大变化，十月革命的许多具体做法或体现的一些具体结论显然已不适用于当前。因此，我们一定要旗帜鲜明地反对各种形式的教条主义，但十月革命道路所体现的基本原则并没有过时，十月革命道路所揭示的马克思主义基本原理依然具有强大的生命力。

让我们重温一下指导十月革命的列宁著作中的相关论述吧，阅读原著可能是对上述问题最有力地回答。列宁明确指出：从自由竞争到垄断的转变，“是最新资本主义经济的最重要的现象之一，甚至是唯一的最重要的现象。”① 他们不仅控制了国民经济命脉，而且操纵“许多国家以至全世界所有的原料来源”，“垄断熟练的劳动力，雇用最好的工程师，霸占交通的路线和工具”② 等等。列宁还指出：“帝国主义的特点，恰好不是工业资本而是金融资本。”③ “金融资本的统治，是资本主义的最高阶段。”④ “金融资本还导致对世界的直接瓜分。”⑤ 针对有人所谓工人购置少量股票便可称之为社会主义的论调，列宁说：“其实经验证明，只要占有40%的股票就能操纵一个股份公司的业务，因为总有一部分分散的小股东实际上根本没有可能参加股东大会等等。”⑥ “‘参与制’不仅使垄断者的权力大大增加，而且还使他们可以不受惩罚地、为所欲为地干一些见不得人的龌龊勾当，可以盘剥公众。”⑦ 在《帝国主义是资本主义的最高阶段》一文中，列宁在引用了一位资产阶级经济学家的话后解释说：“资本主义已经发展到这样的程度，商品生产虽然依旧‘占统治地位’，依旧被看作全部经济的基础，但……大部分利润都被那些干金融勾当的‘天才’拿去了。这种金融勾当和欺骗行为的基础是生产社会化，人类历尽艰辛所达到的生产社会化这一巨大进步，却造福于……投机者。”⑧ 列宁还指出：“帝国主义的趋势之一，即形成‘食利国’、高利贷国的趋势愈来愈显著，这种国家的资产阶级愈来愈依靠输出资本和‘剪息票’为生。如果以为这一腐朽趋势排除了资本主义的迅速发展，那就错了。”⑨ “生产社会化了，但是占有仍然是私人的。社会化的生产资料仍旧是少数人的私有财产。在形式上被承认的自由竞争的一般架子依然存在，而少数垄断者对其余居民的压迫却更加百倍地沉重、显著和令人难以忍受了。”⑩ 联系当今世界的大势，读读这极有限的引述是不是有着强烈的现实感呢？有谁能说指引十月革命的列宁的基本理论过时了呢？

让我们运用马克思主义的基本原理，来分析一下当今资本主义和社会主义的新变化吧。

苏东剧变后，国际垄断资产阶级终于甩掉苏联社会主义国家人民当家作主和全民、全面福利这一对立物和参照物，得以在全世界包括在资本主义强国内部，展开了对民主和福利的全面进攻，使人类再次陷入到资本规范的强制统治之中。

在苏东剧变后这十多年间，国际垄断资本在全球范围迅速加强。作为生产和资本国际化、全球化主要载体的跨国公司，数量和规模都在迅速扩大。一方面，以美国等几个少数国家领衔的以新的信息技术为主导的新的高科技革命，使资本所雇佣的人数愈来愈少，而产品价格和质量却愈具竞争力，因而产品的市场便愈具全球性，这便使得他们从世界各地源源不断地获得超额垄断利润。另一方面，因特网的广泛使用，使国际资本流动速度以几何级数加快。实体经济普遍处于停滞状态，而国际金融投机成为中心资本主义国家

① 《列宁全集》第1版第22卷，第189页。
② 《列宁全集》第1版第22卷，第197页。
③ 《列宁选集》第2版第2卷，第653页。
④ 《列宁选集》第2版第2卷，第625页。
⑤ 《列宁选集》第2版第2卷，第631页。
⑥ 《列宁选集》第2版第2卷，第614页。
⑦ 《列宁选集》第2版第2卷，第616页。
⑧ 《列宁选集》第2版第2卷，第594页。
⑨ 《列宁选集》第2版第2卷，第684～695页。
⑩ 《列宁选集》第2版第2卷，第593页。

获得收益的绝对途径，使得发展中国家的财富通过金融市场的各种电子票据交易无声息地转移到发达国家手中。从一定意义上讲，有了产业特别是金融的国际垄断，便有了科技、人才乃至军事、舆论等国际垄断的经济基础。正是主要基于以上两点，产品市场的全球化和国际金融的高度垄断，这吮吸穷国、穷人的“双管齐下”，使得当今经济全球化时代里，在全球范围内，与其说必然，不如说已经出现这样一个最基本的经济现象：穷国、穷人愈来愈穷，富国、富人愈来愈富。现在，世界上最富有国家的人均收入比最贫穷国家的人均收入高出330多倍；世界上贫穷的南方国家欠富裕的北方国家的外债总额已经从1991年的7940亿美元急增至目前的3万多亿美元，短短十多年增加了3倍多！2007年9月12日，联合国协会世界联合会刚刚发表的研究报告中指出：现在世界上最富有的225人的收入与最贫穷的27亿人的收入相等，相当于世界所有人口的收入的40%。这样的贫富悬殊是人类历史上从未有过。这也说是说，穷国、穷人，已经没有多少钱可供发达资本主义再来榨取。这就是生产的全球化其中包括金融产品的全球化与生产资料私人占有这一矛盾带来的必然结果。

但资本本身，是会始终受着资本主义社会客观经济规律，即剩余价值规律和竞争规律的支配，是决不会自动中止的。资本为了在激烈的竞争中站稳脚跟，并获得更大的超额利润，决不会停止盘剥，并始终设法“要从一头牛身上剥下两张皮来”。我们可以明显地看到，在二战后很长的一段时间里，帝国主义的各种矛盾有所缓和，但苏东剧变后，列宁所分析的垄断作为帝国主义的经济实质并没有改变。经济全球化和高新科技革命，对于国际垄断资产阶级而言，无疑是一柄双刃剑。一方面，它在一定程度上带动了资本主义社会生产力的发展，并在一段时日内，可以使得资本主义社会内部的阶级矛盾得到一定程度的缓解；另一方面，我们在客观估计资本主义扩展能力的同时，也必须看到：随着经济全球化和高新科技革命的进一步深入发展，生产全球化与生产资料私人占有这一基本矛盾在全球范围内非但没有消弥，反而随着经济全球化进程的加快和社会主义力量的衰落而进一步得到激化。随着这一矛盾的进一步发展，资本主义生产和消费之间的矛盾，垄断资产阶级与无产阶级和劳动人民之间的矛盾，西方发达国家与广大第三世界国家的矛盾，发达资本主义国家之间的矛盾，以及全球范围内生态环境的进一步恶化等世界性难题，也将进一步趋向激化。这些矛盾与难题，在资本主义制度框架内是不可能得到根本解决的。霸权主义和单边主义的进一步强化，只会使这些矛盾与难题进一步加剧，这就最终无法摆脱资本过剩和人民日益贫困规律的制约，毛泽东同志所说的“哪里有压迫，哪里就有反抗”这一铁的历史法则便会表现得愈加充分，十月革命道路不仅不会被历史遗忘和否定，而且还会被历史和人民唤醒并焕发新的生机。

因此，以个别霸权主义国家为主导的经济全球化与高新科技革命，只能为加速另一种全球化的替代创设更多更充足的物质条件和社会基础，创设新的思潮、理论、运动与制度。

社会主义前进道路上还会出现新的甚至更大的困难与曲折，但人类社会从来都是在曲折中螺旋式向前发展的，资产阶级的灭亡和无产阶级的胜利最终是不可避免的。

（三）十月革命道路对中国特色社会主义事业的时代价值

党的八大的政治报告明确指出：“尽管我国的革命有自己的许多特点，可是中国共产党人把自己所干的事业看成是伟大十月革命的继续。”① 中国新民主主义革命、社会主义革命和建设特别是改革开放所取得的伟大成就，同样充分证明十月革命道路的原则的正确。

俄国十月革命90年来，世界形势风云变幻，世界社会主义运动曲折发展，既有成功的经验，也有深刻的教训，这些宝贵的经验和教训对推进中国特色社会主义建设事业，具有重要的启发意义。

1. 坚定不移解放思想，坚持把马克思主义的基本原理与中国实际相结合，进一步推进我们党指导思想的与时俱进。

十月革命的道路在某种意义上就是把马克思主义的基本原理与俄国实际相结合的道路。把马克思主义基本原理与中国实际相结合，坚持马克思列宁主义的中国化，是我们党从胜利走向胜利的奥秘和法宝。也是十月革命给我们的重要启示。

我们党坚定不移地坚持把马克思主义的普遍原理与中国革命、建设和改革开放实际结合起来，

① 《建国以来重要文献选编（第9册）》，中央文献出版社，第568页。

先后诞生了毛泽东思想、邓小平理论和“三个代表”重要思想。党的十六大以来，以胡锦涛同志为总书记的党中央坚持以马克思列宁主义、毛泽东思想、邓小平理论和“三个代表”重要思想为指导，提出了科学发展观、构建社会主义和谐社会等一系列战略思想，进一步深化了我们党对党的建设规律、社会主义建设规律、社会发展规律的认识，丰富和发展了中国特色社会化主义理论。胡锦涛同志在十七大报告中明确指出：“中国特色社会主义道路之所以完全正确、之所以能够引领中国发展进步，关键在于我们既坚持了科学社会主义的基本原则，又根据我国实际和时代特征赋予其鲜明的中国特色。”在我们所坚持的科学社会主义的基本原则中，就包括了列宁主义的基本原则。

胡锦涛同志在十七大报告中明确指出：“实践永无止境，创新永无止境”，要“坚持解放思想、实事求是、与时俱进，勇于变革、勇于创新，永不僵化、永不停滞，不为任何风险所惧，不被任何干扰所惑，使中国特色社会主义道路越走越宽广，让当代中国马克思主义放射出更加灿烂的真理光芒。”我们党从来没有经历过像现在这样，在经济全球化日益深入发展的条件下全面领导着社会主义的市场经济。在当前国际国内形势下，我国发展面临的机遇前所未有，面对的挑战也前所未有，前进道路上各种新情况新问题层出不穷。我们不进一步解放思想，就不可能做到实事求是，不断开创伟大事业新局面也就成了一句空话，因此，我们必须坚决破除各种各样、各种形式的“教条主义”和“僵化思想”，从各种“本本主义”中解放出来，坚定不移地继续推进解放思想。

2. 必须毫不动摇地坚持“一个中心，两个基本点”的党的基本路线。

胡锦涛同志在十七大报告中指出：“党的基本路线是党和国家的生命线，是实现科学发展的政治保证”，“要坚持把以经济建设为中心同四项基本原则、改革开放这两个基本点统一于发展中国特色社会主义的伟大实践，任何时候都决不能动摇。”我们要清醒看到，社会主义革命是在帝国主义链条的薄弱环节首先突破并获得成功的，这是社会主义革命不同于其他社会革命的显著不同之点。社会主义国家在一个相当长的发展时期内，不可避免地落后于发达的资本主义国家，这就决定了社会主义国家必须把追赶发达资本主义国家、实现现代化作为自己的战略目标。在相对和平的历史时期，国家要发展，社会要前进，而经济建设始终是国家各项建设的基础、大局和首要任务。邓小平、江泽民和以胡锦涛同志为总书记的党中央一再强调，只要不发生大规模的战争，就必须坚持以经济建设为中心毫不动摇。因此，对于这一根本问题，我们必须“咬定青山”毫不动摇。否则，就要犯历史性错误。

四项基本原则是我们的立国之本，必须毫不动摇地坚持下去。我们的现代化是社会主义的现代化，我们的改革开放是社会主义的改革开放，我们的市场经济是社会主义的市场经济，我们的和谐社会是社会主义的和谐社会。我们的现代化、改革开放、市场经济与和谐社会前面都有“社会主义”这一定语。这四个定语都是定性的。社会主义不仅仅是个理论问题和价值观问题，同时也是在迈向和建立一种新的社会形态，是与一定生产力水平相适应的生产关系，以及以一定生产方式的总和为基础的上层建筑。在四项基本原则中，十分重要的是坚持党的领导和社会主义道路。党的领导属于上层建筑范畴，社会主义道路首先体现在经济基础范畴。按照经济基础决定上层建筑的原理，坚持社会主义初级阶段的基本经济制度——亦即坚持社会主义道路更具根本性，更具有特殊的意义和重要性。马克思指出：“生产者只有在占有生产资料之后才能获得自由。”① 正因为这样，我国的根本大法——《宪法》规定：“中华人民共和国的社会主义经济制度的基础是生产资料公有制，即全民所有制和劳动群众集体所有制”；“国家在社会主义初级阶段，坚持公有制为主体、多种所有制经济共同发展的基本经济制度”。对此，我们要牢牢记住，不能犯“左”的或右的错误。我们党开辟的改革开放之路，是我们的强国之路，必须毫不动摇地坚持下去。搞社会主义现代化建设，决不能固步自封、不思进取，也不能闭关锁国，不能因为西方国家想西化、分化我们，对我们进行思想文化渗透，就关上大门。总之，一个中心和两个基本点是“成套设备”，不可把它们分割开来，必须把它们统一于发展中国特色社会主义的伟大实践。

3. 始终抓住党的建设不放松，不断加强党的先进性建设。

马克思恩格斯认为，无产阶级为实现自己的

---

① 《马克思恩格斯全集》第19卷，第264页。

历史使命必须建立无产阶级政党，并创立了无产阶级的政党学说。列宁在新的历史条件下，把马克思主义的建党学说创造性地运用于俄国，建立了不同第二国际的新型无产阶级政党——布尔什维克党。提出了一系列重要建党思想，极大地丰富和发展了马克思主义建党学说，是无产阶级政党建设的指南，对加强党的执政能力建设和党的先进性建设具有重要意义。

1992年春，邓小平视察南方，发表了具有历史意义的重要谈话。在这个谈话中，邓小平提出了一系列新的思想、观点和论断，其中之一就是他明确指出的："中国要出问题，还是出在共产党内部。""关键是我们共产党内部要搞好，不出事，就可以放心睡大觉。"① 这一重要论断是邓小平理论特别是邓小平党的建设思想的重要组成部分，决不可忽略与轻视。中国要出问题，还是出在共产党内部；关键是我们共产党内部要搞好。这是邓小平深谋远虑地思考中国社会主义的前途命运，深刻总结我党历史上的经验教训，冷静反思国际共产主义运动特别是东欧剧变、苏联解体、苏共垮台的沉痛教训，所得出的一个马克思主义的十分重要的结论。这一科学论断揭示了党的建设的极端重要性及其所要解决的主要矛盾和主要任务，极大地继承、丰富和发展了马克思主义关于党的建设的学说。

我党三代中央领导集体和以胡锦涛同志为总书记的党中央，高度重视党的先进性建设，不断推动中国特色社会主义事业向前发展，取得了举世瞩目的成就。但是，在目前的国际国内形势下，我们面临着长期执政、改革开放、反对西化、分化等前所未有的挑战和前所未有的发展机遇。这就要求我们党必须认真吸取苏东剧变的教训，进一步坚持和加强党的先进性建设，把我们的党建设成为社会主义各项事业的领导核心，对推进我国的改革开放具有重要的指导意义。

4. 要不断推进社会主义民主政治建设。

从本质上说，民主决不仅仅是一种工作方法，更是一种国家形式和形态，是与其国家的统治、专政职能相一致的另一种职能。因此，这种国家形式、形态或职能，从来就不是抽象的、超阶级的或全人类普世的。不断推进党内民主和社会主义民主政治建设，是共产党的阶级性质、宗旨和社会主义制度的本质所决定的。正因如此，十七大报告说："人民民主是社会主义的生命。发展社会主义民主政治是我们党始终不渝的奋斗目标。"

在能否大力发展社会主义民主政治上，苏联党、国家和我们党和国家，都有着深刻的经验教训。马克思恩格斯早在指导国际无产阶级特别是德国社会民主党的活动时，便提出和运用了民主集中制的基本思想。② 列宁在领导俄国革命和党的建设的过程中，继承和发展了这一思想，且是身体力行的典范。如前所说，斯大林是一位坚定的共产主义者，但他的后期的一些错误却发展成为全国性的、长期性的、严重的错误而不能得到及时纠正，有一定的社会历史原因，但与他在后期被一连串的胜利和歌颂冲昏头脑，使他的思想方法部分地但是严重地离开了辩证唯物主义有直接的关系。对这一教训，我们要深深记取。

改革开放以来，我们一直随着整个改革发展进程积极稳妥推进政治体制改革，社会主义民主政治建设取得了重大成果。今后，我们也必须坚定不移地加以推进。没有民主，便没有社会主义。我们在推进我国政治体制改革中，一是必须坚持正确的政治方向。这是不断推进我国社会主义政治制度自我完善和发展的改革，而决不是渐次改变或直接推翻我国社会主义政治制度的所谓"改革"。所以，社会主义民主在任何意义上都不允许同人民民主专政对立起来，都不允许同资产阶级民主混淆起来。二是必须坚持既要积极、又要稳妥的原则。必须随着经济社会发展不断推进，努力与我国人民政治参与的积极性不断提高相适应。不采取积极态度，就无法与我国经济社会的快速发展相适应，就无法解决当今出现的许多新情况、新问题、新矛盾；如果不是采取"摸着石头过河"的态度，而是急躁冒进，不顾客观情况而去急于"闯关"，我们这么大个国家、这么大的党，就可能出乱子，甚至还可能走上邪路。三是要始终坚持党的领导、人民当家作主、依法治国的有机统一。从一定意义上讲，这三者中，坚持党的领导和依法治国，都是为了保障人民当家作主。不坚持党的领导和依法治国，人民当家作主便是一句空话。四是想方设法让人民群众起来人人负责。上个世纪40年代在延安，著名的民主人士黄炎培

---

① 《邓小平文选》第3卷，第380、381页。

② 马克思恩格斯《共产主义者同盟章程》（1847年）、《国际工人协会临时章程》（1864年）、《国际工人协会共同章程》（1871年）。

在谈到共产党执政后如何跳出“其兴也渤焉”、“其亡也忽焉”的历史周期率时，毛泽东回答：“我们已经找到新路……就是民主。只有让人民来监督政府，政府才不敢松懈。只有人人负起责来，才不会人亡政息。”① 只有人人起来负责，发展社会主义民主政治才有最可靠最深厚的基础；国家才能避免走苏共亡党亡国的老路。说到底，这才是社会主义民主政治的真谛，才是建设社会主义民主政治的最可靠的保证。

列宁在《十月革命四周年》纪念文章中还指出：“我们已经开始了这一事业。至于哪一个国家的无产者在什么时候、在什么期间把这一事业进行到底，这个问题并不重要。重要的是，坚冰已经打破，航路已经开通，道路已经指明。”② 让我们沿着十月革命所开辟的道路，把中国特色社会主义事业不断推向前进。

二、关于世界社会主义和左翼思潮是否有所复兴

我们说，世界社会主义和左翼思潮在世界范围内已开始有所复兴，包括了六个方面的含意：

一是我们所说的世界社会主义和左翼思潮开始有所复兴，是相对于苏东剧变之后社会主义和左翼思想在世界范围内跌至最低谷而言的。

二是我们所说的世界社会主义和左翼思潮有所复兴，是指在世界范围内无产阶级、广大劳动人民群众和被压迫民族及其相关政党内部的；不是指资产阶级及其政党内部的。苏东剧变后，西方各主要国家失去了原苏东社会主义国家全面高福利的对立物，为了进一步提高其“国际竞争力”，实质上是为了加大资本的“收益”，正在继续缩减相关社会福利，也就是说，他们在资本主义的框架内继续“右转”，主张高福利的社会民主党也纷纷失去选票。应当特别指出的是，社民党不是我们所说的传统意义上的整个世界和社会中的“左翼”，而是资本主义范围内的“左翼”；此“左翼”非彼“左翼”；社民党的受挫，并不是我们所说的“左翼”受挫。正因为国际垄断资本对世界无产阶级、劳动人民群众和被压迫民族压迫、剥削的日益加深，且范围日益扩大，世界社会主义和左翼思潮开始有所复兴才成为可能并已开始显现。不应把主要资本主义国家的在其资本主义框架内的“右转”和社民党的受挫作为否定世界社会主义和左翼思潮有所复兴的佐证。

三是社会主义有多种模式，拉美等地区兴起的反对以国际垄断资本为主导的浪潮无疑是左翼思潮和左翼力量有所复兴的体现，从一定意义上讲，这至少也是世界社会主义开始有所复兴的同盟军，我们不能过于苛求。总的说，这一轮开始的有所复兴，至少有利于制约霸权主义和单边主义的发展，有利于积极促进世界多极化和推动多种力量的和谐并存，有利于建立公正合理的国际政治新秩序，有利于缓解西方敌对势力对我进行西化分化的压力。这应是一件好事，而不能认为是“糟得很”。对他们的探索我们要全面了解、深入研究，同样也可以借鉴。

四是社会主义和左翼思潮在世界范围内已开始有所复兴，并不是说立即会出现高潮，社会主义和左翼思潮真正中兴还有一段较长甚至很长的路要走。

五是绝不排除世界社会主义其中包括拉美等左翼思潮在今后复兴之路上还可能出现新的曲折，甚至出现新的更大的曲折和低谷。

六是不管有多么大的曲折和反复，世界的最终前途必然是光明和无比灿烂的。

社会主义和左翼思潮在世界范围内开始有所复兴，也已是一个客观存在的事实。有人担心，承认这一事实，可能会影响我们在外交上继续采取“韬光养晦”的战略。我想，一是承认客观事实本身的存在与我采取何种外交战略是两码事；二是我们完全相信党中央会正确处理韬光养晦与有所作为的关系。邓小平同志在提出韬光养晦战略思想的同时，也明确指出：“在国际问题上无所作为不可能，还是要有所作为。”③ 小荷才露尖尖角，形势也发生了极大的变化，我们也绝没有能力去当这个头，但也绝不是完全埋头国内事，一心一意搞好国内经济建设即可。事实上，在经济全球化深入发展的今天，仅仅考虑国内事，国内的经济建设也搞不好。正因如此，胡锦涛同志指出，必须统筹国内与国际两个大局。

三、关于第三世界亦即发展中国家的团结和合作

所谓“第三世界”也称南方国家、第三世界

---

① 金冲及主编：《毛泽东传 1893——1949》中央文献出版社，1996 年，第 719 ~ 20 页。

② 《列宁选集》第 4 卷，人民出版社，1995 年，第 569 页。

③ 《邓小平文选》第 3 卷，第 363 页。

国家或发展中国家，是指相对于个别超级大国和发达的西方工业化国家而言相对不发达的亚非拉这些后独立、后发展的国家。

三个世界划分的战略思想是毛泽东在上个世纪70年代提出来的。1974年2月，他在会见赞比亚总统卡翁达时对此作了明确阐发。毛泽东说："美国、苏联是第一世界。中间派，日本、欧洲、澳大利亚、加拿大，是第二世界。咱们是第三世界。""第三世界人口很多。亚洲除了日本，都是第三世界。整个非洲都是第三世界，拉丁美洲也是第三世界。"① 他认为第三世界亚非拉国家和人民，才是国际上反对帝国主义、殖民主义和霸权主义的基本力量，是我国在国际斗争中应该团结和依靠的主要对象。毛泽东关于"三个世界"划分的理论具有重要的理论意义和实践意义，对于加强中国同"第三世界"国家的团结、友好合作，改变世界政治力量的对比、维护世界的和平，起到不可估量的作用。我认为，三个世界划分的理论到现在依然具有十分重要的意义。2005年10月20日，联合国教科文组织在对由法国和加拿大倡议的《文化多样性公约》进行投票时，154个参与投票的国家和地区中，148票赞成，4票弃权，仅有美国和以色列两个国家投票反对。应该说，这是第三世界与第二世界相互合作共同反对文化单边主义的一个很好的例证。这也从另一个方面充分说明，由毛泽东提出的，邓小平、江泽民和以胡锦涛同志为总书记的党中央坚持的三个世界划分理论的正确性。

邓小平曾高度评价毛泽东同志的这一伟大理论贡献。邓小平指出："作为一个社会主义国家，中国永远属于第三世界，永远不能称霸"。"实现了四个现代化，国民经济发展了"，"如果中国还是社会主义国家，就不能实行霸权主义，仍然属于第三世界。如果那时中国翘起尾巴来了，在世界上称王称霸，指手画脚，那就会把自己开除出第三世界的'界籍'，肯定就不再是社会主义国家了。"② 他还说，要全面加强对第三世界国家的工作，高度重视南南合作，积极推动南北对话，促进共同发展。中国将一如既往，同广大发展中国家在各个方面相互支持，密切配合，共同维护发展中国家的正当权益。他强调："中国现在属于第三世界，将来发展富强起来，仍然属于第三世界"，中国"永远不会欺负别人，永远站在第三世界一边"③。

江泽民指出，加强同第三世界国家的团结合作，是我国对外政策的基本立足点。第三世界国家是反对霸权主义、维护世界和平、推动建立公正合理的国际政治经济新秩序的主力军，是我国在国际事务中的主要依靠力量。与第三世界国家在国际事务中相互同情和支持，是我国巨大的政治优势。

胡锦涛同志也指出，要团结协作，维护发展中国家的共同利益，增强发展中国家在国际事务中的参与权、决策权，为发展中国家经济社会发展争取有利的竞争条件和更多的发展空间。从全局和长远着眼，通过协商和对话，增强理解和信任，深入开展南南合作，推动实现普遍繁荣和共同发展。

实践证明，第三世界的兴起是二战后世界发生的重大事件。作为国际舞台上一支举足轻重的伟大力量，第三世界不仅推动了国际政治关系的深刻变化，发挥了反帝、反殖、反霸的主力军作用，而且深刻地改变着世界的面貌。第三世界也是维护世界持久和平、实现世界经济发展的基本力量。

当前，国际形势正在发生深刻而复杂的变化。和平、发展、合作是当今时代的主旋律。世界多极化和经济全球化的趋势深入发展，科技进步日新月异，区域合作方兴未艾，各国相互依存不断加深，这些都为世界各国带来了难得的发展机遇。同时，全球发展不均衡，南北差距拉大，传统安全威胁和非传统安全威胁相互交织，影响世界和平与发展的不稳定不确定因素增多，广大发展中国家面临着严峻挑战。

在新的国际形势下，加强第三世界国家和人民的团结与合作，体现了维护世界和平与发展的必然要求。

一方面，经济全球化趋势是人类社会生产力发展的一个必然的阶段。目前西方主导的经济全球化，以实现全球少数人利益为目的的资本征服整个世界的现象和过程，给第三世界国家带来极大的消极影响，使第三世界国际地位弱化、国家职能退化、综合国力衰化、贫富两极分化、文化意识西化，进一步扩大了南北差距，激化了第三世界国家与西方的矛盾。第三世界国家必然要求加强团结合作，来共同反对霸权主义，力争建立

① 《毛泽东文集》第8卷，第441~442页。

② 《邓小平文选》第2卷，第112页。

③ 《邓小平文选》第3卷，第56页。

公正、合理的国际政治经济新秩序，维护自身的根本利益，实现国家安全和发展，促进世界的和平与繁荣。

另一方面，当今世界，和平、发展、合作是时代发展的必然要求，已成为不可逆转的时代潮流。第三世界国家反对奴役、压迫，谋求独立、主权和发展的要求，发展民族经济，巩固民族独立的历史任务，坚持独立自主和不结盟的对外政策，反对外来干涉和强权政治，谋求通过和平谈判解决国际争端，积极维护世界和平，推进南北对话，发展南南合作，建立国际政治经济新秩序的主张，完全符合这一时代潮流的历史发展方向，具有历史必然性。

此外，虽然第三世界国家在经济政治等方面的发展过程中也不可避免地存在着一些矛盾和冲突。但从根本上看，第三世界国家在反对霸权主义与强权政治方面的根本利益的一致性并没有改变。第三世界国家在世界政治经济中的弱势地位，建立国际政治经济新秩序的要求仍代表着第三世界国家的共同的利益与追求。因此，三个世界划分的理论不但没有过时，而且随着时代的发展而发展。

第三世界国家面对新的国际形势，要抓住发展机遇，应对各种挑战。一是要参与。第三世界要积极主动参与经济全球化进程，制定相应对策，善于趋利避害，不断发展自己。要积极参与国际经济交流与合作规则的修改与制定。二是要斗争。敢于和善于对现存的不公正不合理的国际经济旧有秩序开展有理、有利、有节的斗争。三是要联合。要团结合作，互相支援，进一步加强在南北对话中的地位，有力地推动公正、合理的国际政治经济新秩序的建立。四是要探讨第三世界发展的理论。理论是指导，这一点很重要。

四、关于加强同各国政党和政治组织的交流合作

十七大报告明确指出："统筹国内国际两个大局，树立世界眼光，加强战略思维"；"我们将继续开展同各国政党和政治组织的交流合作"。这十分重要。

当前，我国的改革开放处在关键时期，经济全球化的深入发展，我们国内的社会利益关系更加复杂，新情况新问题层出不穷。在机遇和挑战并存的国内外条件下，我们党要带领全国各族人民全面建设小康社会，实现继续推进现代化建设、完成祖国统一、维护世界和平与促进共同发展这三大历史任务，必须大力加强我们党的执政能力建设。这是关系中国社会主义事业兴衰成败、关系中华民族前途命运、关系党的生死存亡和国家长治久安的重大战略课题。只有不断解决好这一课题，才能保证我们党在世界形势深刻变化的历史进程中，始终走在时代前列；在应对国内外各种风险和考验的历史进程中，始终成为全国人民的主心骨；在建设中国特色社会主义的历史进程中，始终成为坚强的领导核心。因此，我们必须把党的建设放到广阔的经济全球化的背景下来思考，继续开展同各国政党和政治组织的交流合作。

我的理解，首先是进一步加强与社会主义国家共产党的交流与合作。比如古巴、越南等。古巴廉政建设的经验、越南的改革开放经验等都很值得我们学习。

其次是与其他国家在野的共产党的交流与合作。2007 年 11 月 3 ~ 7 日，来自世界五大洲的 76 个国家的 83 个共产党和工人党，其中有 14 个是执政党，包括中国共产党、越南共产党、古巴共产党、朝鲜劳动党等代表，以及不仅来自发展中国家，而且来自发达国家，尤其是欧洲，几乎所有主要左翼党都派了代表，相聚在原苏联的国土——明斯克和莫斯科，隆重纪念俄国十月社会主义革命 90 周年。各代表团规格很高，其成员大多为党的主要领导人或主管国际联系的书记、议会议员、知名学者、国务活动家和社会活动家等，这不仅对于反对霸权主义和强权政治、坚持中国特色社会主义，对于左翼和社会主义思潮的复兴具有重要意义，而且对于相互交流各国共产党建设的经验也具有重要意义。美国与印度的核合作，有可能在印共（马）和印共（马列）等四个组织的坚决反对下流产。

三是要认真学习、借鉴发展中国家左翼政党的建设和执政经验。发展中国家左翼党的建设和执政经验，包括拉美的，包括一些其他发展中国家政党建设和执政的经验，同样需要交流与学习。

四是加强与发达国家各政党的交流与合作。对西方国家各类执政党的经验教训，其中包括布什这个共和党的某些做法我们也可以结合我们的实际，进行大胆借鉴。

我们在借鉴西方政党的做法时也要十分明确，我们中国共产党，社会主义国家的执政党与西方国家的执政党在党的性质、宗旨、指导思想、群众基础和纲领目标上都有着根本的不同。我们对

这些党的执政技巧和具体办法要大胆借鉴，但是它本身的成体系的东西决不能照抄照搬。如果照搬，我们中国共产党和社会主义中国只有死路一条。对西方执政党的经验，我们要大胆借鉴；但西方的执政党往往是选举党，我们党不仅是执政党，更是领导党，我们这个党与西方执政党有着根本不同。所以，我们在学习借鉴的过程中，就是包括社会主义国家的执政党，或者叫资本主义国家共产党的局部执政，以及发展中国家左翼执政党和西方的执政党。学习借鉴的过程中都不能照抄照搬，都要为我所用，符合我们的国情、党情，都是为加强我们中国共产党的执政能力建设，尤其在个别大国现在大肆推行“颜色革命”的时候，我们更是要在借鉴中注意这个问题。

十七大报告指出：“中华民族是热爱和平的民族，中国始终是维护世界和平的坚定力量。我们坚持把中国人民的利益同各国人民的共同利益结合起来，秉持公道，伸张正义。我们坚持国家不分大小、强弱、贫富一律平等，尊重各国人民自主选择发展道路的权利，不干涉别国内部事务，不把自己的意志强加于人”，“中国反对各种形式的霸权主义和强权政治。”我们党在代表大会上如此庄严申明，表明我们党的正确鲜明的立场，对于在经济全球化、政治多极化中赢得与其他广大国家政党有效的交流合作，进一步推进我们党的建设具有重要意义。当然，我们在国际上，仍需要遵循“韬光养晦”和“决不当头”的战略和策略，但也必须有所作为。关键是要处理好韬光养晦与有所作为的关系，二者之间，决不可偏废。

五、关于当今世界格局和应研究的重点

现在，一些人关注世界经济失衡，对世界政治格局失衡关注不够。1999年，我就在《21世纪初的我国国际环境和国际战略》一文中作了如下判断：世界政治格局已经发生重大失衡，21世纪前二三十年，甚至上半个世纪，整个世界将极不平静，我国急需抓紧进行国际战略问题研究。为什么这么说呢？我当时的主要论据有两点：一是苏联东欧的剧变和华约的解体，使美苏为核心的两大军事政治集团对峙和抗争的两极格局不复存在。当今世界，甚至在今后较长一段时期内，国际上尚未有任何一极军事政治力量能有效遏制美国建立单极世界的图谋。二是广大第三世界愈加贫穷的总趋势在短期内难以改变，各国间协调一致行动、互相声援和支持的凝聚力仍在下降。因此，第三世界这个对美妄图建立单极世界的最有希望、最强有力的制衡牵制力仍在下降。政治失衡所导致的极端的形式有两个：一是强权更加无所顾忌，甚至肆无忌惮；二是弱者为生命计，必然拼死抗争，甚至铤而走险。美国金融家索罗斯在其2000年出版的《开放社会：改革全球资本主义》一书中也已预言：“我认为现在美国的单边主义姿态已经严重威胁到世界的和平和繁荣”，“全球资本主义体系已经造就了一个非常不公正的世界，贫富差距越来越大。这是很危险的，因为一个不能为失败者提供任何希望和援助的体系，很容易被绝望的行动所破坏。”① 话音未落，“9·11”事件发生了。可以回顾、对比一下，与福山等人的“历史终结论”这类对资本主义洋洋得意的赞歌相比，索罗斯的预警似乎显得更加理智和成熟。

这样一种失衡的国际局势，实际上决定了我们中国国际问题学者所应研究的重点。主要应有以下四个方面：

一是强国和大国。所谓强国和大国，首先应是美国。从经济上说，美国经济占世界经济总量的近1/3。从军事上说，2004年美国军费达4550亿美元，占全球军费总开支的47%。但由于美国的核武预算编制在能源部，2004年，美国实际军费达7600亿美元，已超过整个俄罗斯的GDP，占全球军费总开支的70%以上。马克思恩格斯在《德意志意识形态》中曾提出这样的名言：“统治阶级的思想在每一个时代都是占统治地位的思想。”② 美国的意识形态在当今世界同样在全球占据着统治地位。美国无疑是当今人类社会中最大的经济、政治、文化以及科技、军事等实体。按照牛顿力学定律和爱因斯坦广义相对论的观点，物体的质量越大，则引力越大；质量足够大的物体，甚至可以引得连光都可以发生弯曲。物理学由此得出这样一个结论：质量就是方向。人类社会是广义自然界的有机组成。因此，在人类社会中，也处处映见自然界质量就是方向的这种引力现象。在经济全球化进程急速加快的今天，从整体上说，美国这种内诱力和外张力，无疑仍在主

① 〔美〕乔治·索罗斯《开放社会——改革全球资本主义》，商务印书馆，2001年，第10页。

② 《马克思恩格斯选集》第1卷，人民出版社，1995年，第98页。

导着我们这个星球的经济政治的固有秩序。当然也会影响到我国的国际环境和国际战略。因此，我在2005年的一个国际研讨会上提出：“对于中国来说，美国实在太重要了，重要到随时随地都需要关注。”除了研究美国，还应研究在地缘政治和全球范围内具有重要影响的地区和国家，比如俄罗斯、日本、欧盟等国家，它们与美国既有战略竞争，又有战略合作，它们之间的关系如何，在很大程度上影响到世界格局的未来走向。

二是弱国和穷国。所谓弱国、穷国，并不是指单个国家，而应当从整体上来看待。当然，现在的弱国、穷国，常常被冠以“发展中国家”的称谓，对这一称谓，我们也不应完全排斥，但这是西方学界的语言，我们也可以有自己的话语体系，把广大发展中国家称之为第三世界。我坚持认为，毛主席提出的、邓小平同志1971年在联合国大会宣布的“三个世界”划分的理论没有过时：第一世界由过去的两个国家变成了现在的一国独大。第二世界不仅依然存在，而且变化不大；第一世界对第二世界在不少地方常常也是欺压有加，我们与第二世界有不少共同语言。在经济全球化快速发展的新情势下，广大第三世界愈发贫穷。就在撰写这篇自序之时，顺便即看到联合国发表的2006年人类发展报告中说：“人类发展指数排名第一的挪威比排名最后的尼日尔人均富裕程度高40倍，人均预期寿命高一倍”，“全球最富裕的500个人的收入，超过最贫穷的4.16亿人的总收入。”① 有压迫、有剥削，就必然有反抗、有斗争；资本的竞争必然产生垄断，而穷国、穷人的反抗则必然产生联合。只有日益贫穷的第三世界国家联合起来，才能对日渐失衡的国际格局起到平衡的作用。

三是世界社会主义思潮、动态和趋势。跟踪研究的原因不言自明，因为中国目前还是世界上最大的社会主义国家。上世纪90年代以来世界社会主义运动遭受严重挫折，也使世界社会主义力量接受了筛选、考验和锻炼。有些人声称在资本主义和社会主义两大制度的较量中，资本主义取得了胜利，而这一胜利将决定21世纪的世界历史的走向；也有人断言，马克思主义是20世纪最大的“乌托邦”，人类社会的历史已经“定格”、“终结”于资本主义。我们完全承认，世界社会主义运动形势依然严峻，也决不排除将来甚至还可能出现更为严峻的局面，但我们有充分理由作出判断：社会主义思潮、理论、运动和制度，不仅没有“死亡”，反而近几年开始有所复兴。这主要是因为经济全球化和高新科技革命的深入发展带来的必然结果：一方面，它在一定程度上推动了资本主义社会生产力的发展，并在一段时日内，可以使得资本主义社会内部的基本矛盾得到一定程度的缓解；另一方面，随着巨额财富迅疾向少数人、少数国家集中，随着广大人民、广大国家进一步贫困，从而在全球范围内进一步加剧生产社会化和生产资料资本主义私人占有的矛盾。随着这一矛盾的进一步加剧，资本主义生产和消费之间的矛盾，垄断资产阶级与无产阶级和劳动人民之间的矛盾，西方发达国家与广大第三世界国家的矛盾，发达资本主义国家之间的矛盾，全球范围内生态环境的进一步恶化等世界性难题的进一步趋向激化，这就为社会主义在当代的复兴留下了广阔的空间。因此，中国的国际问题研究者，离不开马克思主义的立场、观点、方法，离不开国际资本主义和社会主义相互较量的背景，只有以此为出发点，才能在整体上把握时代的主题和发展趋势，才能真正认清和把握我国在建设中国特色社会主义过程中面临的国际机遇和挑战。

四是中国。作为当今世界上最大的发展中国家，在科技日新月异、硕大地球日益缩变为小小地球村之时，改革开放更是我们必然的正确的选择；但我们中国每年的国内生产总值不过仅及美国的1/10，我们的改革开放与现代化建设仍然有很长的路要走。在构建社会主义和谐社会、全面建设小康社会的征程中，中国的国际问题研究者，还应熟悉国情、了解国情，针对国家现实和长期的发展需要，提供及时的理论和对策研究成果，为坚持和创新中国特色社会主义的国际关系理论、为提供符合中国人民根本利益的国际战略、为我们在新世纪新阶段紧紧抓住难得的发展机遇与正确应对严峻的挑战作出应有的贡献。

战争有不同的性质，分正义与非正义。同样，和平也有不同的性质，分各国都遵循和平共处五项原则基础上的和平与霸权治下的“和平”。由于国家性质的不同，也有性质不同的国家利益；各国都在谋求、维护各自的国家利益和处理与他国之间的关系，因国家性质的不同，其谋求的方式和处理的原则也有本质的不同；霸权主义和强权政治把自己所谓的“国家利益”放置于高于别国

① 《人民日报》2006年11月9日。

主权之上，甚至任意践踏别国主权，而我们所主张的“国家利益”，就是任何国家的“国家利益”都不能高于和平共处五项原则，应是遵循和平共处五项原则前提下的国家利益；正因如是，中国政府也多次宣布，和平共处五项原则是我们所主张构建的和谐世界的基石和前提。党的十七大报告也明确指出：“应该遵循联合国宪章宗旨和原则，恪守国际法和公认的国际关系准则，在国际关系中弘扬民主、和睦、协作、共赢精神”。

六、关于多出研究国际战略的大家与研究者的历史责任感

毋庸讳言，对于当今时代国际其中包括世界社会主义形势的判断见仁见智，如何制定正确的国际战略也是一个异常艰巨而重大的现实课题。从一定意义上讲，波谲云诡，风潇水寒。我们绝不能有任何的教条主义，只有始终坚持解放思想、实事求是、与时俱进，准确把握正在继续变化的国际局势，并事先制订各种恰当的预案，才能在变幻莫测的国际风云中，确保永远立于不败之地。在我们这个丛林法则依然占着主导地位的星球上，国与国之间的交流、合作直至较量，除了取决于各国政治、经济、自然乃至军事等诸条件外，同时也取决于各国的外交思想与策略思想的主观指导与应对。一个国家能否和平的发展，与这个国家的国际战略的正确与否有着极大的关系。刚刚出声的言语甚至正在发生的行为，即被如椽的巨笔书写为不可更改的历史。实际上，有心人甚至不必侧耳细听，便会清晰听得历史老人已经在述说的世界各国应对美国内诱力和外张力的是非功过。我们翘首北望，上个世纪90年代那个大国如大山般的轰然倒塌，不是仍在甚至是更加殷殷地警示着世人吗？

应该说，风云变幻的国际局势和“多彩多姿”的各国及其政要的外交实践，为着孕育和产生新的各类国际关系理论家、战略家提供了难得的机遇和广阔的舞台。美国的国际关系理论家、战略家一个又一个叠相而出，其战略著作一本又一本接踵问世；与美国政要所不同的是，这些理论家和战略家常常是毫不隐晦地把他们所主张的称霸全球的战略宣示世人。我们中华民族是一个长于战略思维的民族；在我们中华民族历史的天空上，曾闪烁着许多璀璨夺目的战略家星辰。在我国又一次面临着难得的发展机遇与严峻挑战的时刻，殷切地期盼有真正的更多的战略大家出山问世。

任何一个哲学社会科学研究工作者，在对重大问题发表看法之前，应该是十分自由的，甚至在一念之间可以决定发表任何直至完全迥然相反的意见。但意见一旦发表，则极不“自由”，则会被有情或无情的历史所记载，更会被社会的实践亦即历史所检验。当然，“覆水”亦可收，这就不仅需要有坚持真理的勇气，更需要有修正错误的气度。这是因为随风摇曳往往很容易，甚至还可能得到“好处”，而坚持真理往往有代价，但勇于否定自己、修正错误则往往是要比坚持真理还要痛苦的事。因此，哲学社会科学研究工作者，不应该有任何的教条主义、经验主义和奴隶主义；应进一步增强社会实践是检验真理的唯一标准意识；应有对国家、对民族、对社会、对历史同时也是对自己高度负责的精神。

（作者为中国社会科学院副院长）

（《世界社会主义跟踪研究报告——且听低谷新潮声（之四）》，社会科学文献出版社，2008）

党的十一届三中全会与中国当代史上的伟大转折

朱佳木

党的十一届三中全会（以下简称三中全会或全会）揭开了改革开放的序幕，开辟了中国特色社会主义道路，实现了建国以来党的历史也是当代中国历史上具有深远意义的伟大转折。对此，人们早已了解，并形成广泛共识。但是，这一转折是怎么实现的，是偶然的还是必然的，性质是什么？在这些问题上，人们的认识就不那么统一了。因此，本文拟通过分析三中全会及此前中央工作会议的主要成果、基本特点、历史背景和伟大意义，对这一转折的由来、必然性和性质等问题，作进一步的探讨。

一、三中全会及此前中央工作会议的成果和特点与转折的由来

要搞清楚三中全会为什么能成为中国当代史上的伟大转折，首先应当搞清楚三中全会及此前中央工作会议的主要成果和基本特点。

1. 关于两个会议的主要成果

三中全会及此前中央工作会议的成果，从当时的全会公报上看，可以大体归纳为六点：第一，决定把全党工作的着重点从1979年起转移到社会主义现代化建设上来；第二，讨论了国际形势和外交工作，同意党和政府的对外政策；第三，讨论并原则通过了关于加快农业发展问题和1979、1980两年国民经济计划的安排；第四，审查和解决了历史上遗留的一大批重大问题，重新评价了一些重要领导人的功过是非；第五，决定在党的生活和国家生活中加强民主，明确了党的唯物主义的思想路线；第六，加强和充实了党中央领导机构，成立了中央纪律检查委员会。

根据十一届三中全会之后一年半里党和国家政治生活出现的新进展，十一届六中全会在《关于建国以来党的若干历史问题的决议》（以下简称《历史决议》）中，又从新的认识高度，将三中全会及此前中央工作会议的主要成果概括成了八条：第一，结束了1976年10月以来党的工作在徘徊中前进的局面，开始全面地认真地纠正“文化大革命”中间及之前的“左”倾错误；第二，坚决批判了“两个凡是”的错误方针，充分肯定了必须完整地、准确地掌握毛泽东思想的科学体系；第三，高度评价了关于真理标准问题的讨论，确定了解放思想、开动脑筋、实事求是、团结一致向前看的指导方针；第四，停止了使用“以阶级斗争为纲”的口号，作出了把工作重点转移到社会主义现代化建设上来的战略决策；第五，提出了注意解决好国民经济重大比例严重失调的要求，制定了关于加快农业发展的决定；第六，着重提出了健全社会主义民主和加强社会主义法制的任务；第七，审查和解决了党的历史上一批重大冤假错案和一些重要领导人的功过是非问题；第八，增选了中央领导机构的成员。在列举这八大成果后，《历史决议》指出：“这些在领导工作中具有重大意义的转变，标志着党重新确立了马克思主义的思想路线、政治路线和组织路线。”①

在十一届三中全会召开30年后的今天，如果要对它的成果再作进一步归纳的话，可以说其中最重要的成果有两个：一是重新确立了党的马克思主义的路线，二是形成了以邓小平为核心的第二代中央领导集体。因为，揭开改革开放序幕、开辟建设中国特色社会主义新道路的关键因素，正是这两大成果。说三中全会实现了当代中国史上的伟大转折，主要根据即在于此。

---

① 《三中全会以来重要文献选编》下，人民出版社，1982年，第821页。

先说党的第二代中央领导集体。邓小平在1989年6月十三届四中全会前夕说过："党的十一届三中全会建立了一个新的领导集体，这就是第二代的领导集体。在这个集体中，实际上可以说我处在一个关键地位。"① 三中全会闭幕时，中央政治局常委一共有6个人，主席是华国锋，副主席是叶剑英、邓小平、李先念、陈云、汪东兴。由于会议否定了"两个凡是"的方针，中央工作的主导权实际已从华国锋转移到了邓小平手中。另外，汪东兴在会议期间作了书面检查，提出了辞职的请求，并在不久后召开的十一届五中全会上被批准辞职。到了十一届六中全会，华国锋又提出请求辞去中央主席和中央军委主席的职务，并得到会议同意。所以，邓小平所讲的三中全会建立的新的中央领导集体，是指也只能是指邓小平、陈云、叶剑英、李先念。对此，邓小平在十三届四中全会之后有更加明确的说明。他指出："从我们党的十一届三中全会以后，开始产生了第二代领导集体，包括我在内，还有陈云同志、李先念同志，还有叶帅。"② 历史证明，三中全会以来，我们党和国家之所以能不断深化改革、扩大开放，之所以能逐步开辟出一条中国特色社会主义道路，关键就在于有这个中央领导集体在政治上和组织上提供坚强的保证。

再说十一届三中全会的路线。对于三中全会的路线，曾经有过各种各样的表述。③ 但无论作哪种表述，意思都差不多，都是指我们党在十一届三中全会和会后所制定并不断丰富的马克思主义的思想路线、政治路线、组织路线。从三中全会公报上看，这条路线的主要内容是：在思想上，完整准确地掌握毛泽东思想的科学体系，在马列主义、毛泽东思想的指导下，解放思想，研究新事物、新问题，坚持实事求是，一切从实际出发；在政治上，把全党工作重点和全国人民的注意力转移到社会主义现代化建设上来，根据新的历史条件和实践经验，对经济体制和经营管理方法着手改革，在自力更生的基础上积极发展同世界各国的经济合作，努力采用世界先进技术和先进设备，同时不放松同极少数反革命分子和刑事犯罪分子的阶级斗争，不削弱无产阶级专政，不允许损害安定团结的政治局面；在组织上，健全党的民主集中制，健全党规党法，严肃党纪，强调党中央和各级党委的集体领导，保障党员在党内对上级领导直至中央常委提出批评意见的权利，党的各级领导干部必须带头严守党纪。对于三中全会的政治路线，当时虽然没有概括为"一个中心、两个基本点"，但从上述内容不难看出，这个基本意思已经有了。特别是三中全会之后，党中央为了正确贯彻解放思想的方针，及时重申坚持四项基本原则，并明确提出实行改革开放的总方针，"一个中心、两个基本点"的意思更加凸显出来。对于三中全会的组织路线，会后也有进一步发展。其中最重要的是，在政治合格的前提下，使干部队伍做到年轻化、知识化、专业化，并使选拔中青年干部的工作制度化。

由此可见，十一届三中全会确定的马克思主义路线，是指在坚持四项基本原则、加强精神文明建设的前提下，通过解放思想、改革开放，促进生产力不断发展，实现社会的全面进步，最大限度地满足人民的物质需要和精神需要，巩固和发展社会主义制度；而不是要搞指导思想的多元化、经济制度的私有化、政治体制的西方化，使中国走资本主义的发展道路，融入世界资本主义体系。正如邓小平反复强调的那样，我们说的解放思想，决不能偏离四项基本原则的轨道，"离开四项基本原则去'解放思想'，实际上是把自己放到党和人民的对立面去了。""离开坚持四项基本原则，就没有根，没有方向，也就谈不上贯彻党的思想路线。"④ "如果不坚持这四项基本原则，纠正极左就会变成'纠正'马列主义，'纠正'社会主义。"⑤ "某些人所谓的改革，应该换个名字，叫作自由化，即资本主义化。他们'改革'的中心是资本主义化。我们讲的改革与他们不同，这个问题还要继续争论的。"⑥ 我们决定实行开放

---

① 《邓小平文选》第3卷，人民出版社，1993年，第309页。

② 《邓小平年谱（1975—1997）》下，中央文献出版社，2004年，第1295页。

③ 可参阅：《三中全会以来重要文献选编》上，人民出版社，1982年，第11、236页；《邓小平文选》第2卷，人民出版社，1994年，第183、193、242、275页；《三中全会以来重要文献选编》下，第821、848页；《十三大以来重要文献选编》上，人民出版社，1991年，第15页。

④ 《邓小平文选》第2卷，人民出版社，1994年，第278、279页。

⑤ 《邓小平文选》第3卷，人民出版社，1993年，第137页。

⑥ 《邓小平文选》第3卷，人民出版社，1993年，第297页。

政策，“同时也要求刹住自由化的风，这是相互关联的问题。”① 历史证明，三中全会以来，我们党和国家之所以能战胜国内国际一个又一个风险的挑战，之所以能在不断深化和扩大改革开放、经济持续飞速发展的情况下始终保持社会的总体稳定，关键就在于有这条马克思主义路线的正确指引。

2. 关于两个会议的基本特点

三中全会及此前的中央工作会议取得了那么重要的成果，是否是事先就计划好了的，是否是有步骤地自然而然地取得的呢？要回答这个问题，只要看看这两个会议在中共党史和中国当代史上不同寻常的显著特点就清楚了。

首先，议题中途发生了违反主持人意愿的改变。

中央工作会议开始前发出的通知和开始时由党中央主席华国锋宣布的议题，都是讨论《关于加快农业发展速度的决定》和《农村人民公社工作条例（试行草案）》，商定1979、1980年国民经济计划安排，学习李先念在国务院务虚会上的讲话；只在进入正式议题前，用两三天时间讨论从1979年1月起把全党工作着重点转移到社会主义现代化建设上来的问题。但是，会议刚进入第三天，党的八大时便是中央副主席而“文化大革命”以来一直是中央委员会一般委员的陈云，率先在小组会上发言，指出实现四个现代化是全党和全国人民的迫切愿望，安定团结也是全党和全国人民关心的事，现在干部、群众对党内是否能安定团结有顾虑。接着，他提出了六个影响大或涉及面广、需要由中央考虑决定的冤假错案和问题，如薄一波等六十一人所谓叛徒集团案，陶铸、王鹤寿的历史遗留问题，彭德怀的骨灰安放问题，天安门事件的平反问题，康生的严重错误问题等。这些问题都是当时最为敏感，也是大家最为关心但又不便于说的问题，因此，他的发言在简报全文刊出后，立即引起强烈反响，起到了扭转会议方向的作用。代表们纷纷表示赞成他的意见，同时加以发挥和补充。华国锋在紧接着召开的第二次全体会议上虽然要求会议由讨论工作重点转移问题转入讨论农业文件，但代表们并没有照他的要求办，而是依旧热烈讨论重大历史遗留问题，并且延伸到了关于真理标准大讨论中出现的不正常情况、对“两个凡是”的提法和中央个别领导同志的意见、对中央和中央宣传领导部门人事调整的建议等重大现实问题。

鉴于会议形势发生的巨大变化，在会议开始不久后出访回国的邓小平，与叶剑英、李先念等中央政治局常委一起，力促华国锋代表中央政治局，在第三次全体会议上对与会代表所提问题一一作了答复，宣布对天安门事件、“二月逆流”、薄一波等六十一人所谓叛徒集团案、彭德怀问题、陶铸问题、杨尚昆问题予以平反，决定撤销有关“反击右倾翻案风”的全部文件，将康生、谢富治的问题交由中央组织部审理，对地方性重大事件问题交由地方自行解决。这次会后，胡乔木在小组发言中又提出，真理标准问题已在一定意义上成为了政治问题，建议华国锋能对这一问题的讨论也作一个结论，以便统一全党思想，澄清国内外各种猜测。于是，华国锋在第四次全体会议（即中央工作会议闭幕会）上，就“两个凡是”的提出作了自我批评，对没有能及时解决在真理标准讨论中的分歧作了解释。

会议对原有议题的突破和取得的进展，使邓小平会前所准备的讲话稿也显得不再适用。会议临近结束时，他针对会议内外出现的新情况，亲自草拟了讲话提纲，提出解放思想是当前一大政治问题，民主是解放思想的重要条件，处理历史遗留问题为的是团结一致向前看，要研究经济建设上的新情况，解决经济管理方法、管理制度改革上的新问题等。这篇题为《解放思想，实事求是，团结一致向前看》的重要讲话，从思想路线的高度对会议作出了深刻总结，为全党指明了改革开放的大方向，受到与会代表的一致拥护，因此，在事实上成为了三中全会的主题报告。

三中全会原定议题是审议通过中央工作会议讨论后提交的关于农业问题的两个文件和1979—1980年的计划安排，选举产生中央纪律检查委员会。但事实上，它除了上述内容外，主要是学习讨论邓小平在中央工作会议上的重要讲话，确认中央工作会议所取得的一系列重要成果，以及增选和增补中央领导机构的成员。

其次，会议持续的时间长，解决的问题数量多、分量重。

中央工作会议于1978年11月10日开始，原定开20多天。三中全会原定与中央工作会议间隔十来天，在12月10日开，会期3天。但由于工作

---

① 《邓小平文选》第3卷，人民出版社，1993年，第124页。

会议讨论十分热烈，不断有新问题提出，使会议结束时间一延再延，实际开了36天。三中全会则紧接在中央工作会议结束2天后召开，会期也比原计划延长了2天。两个会加在一起共有41天，如果把它们合起来看，大体可以分为三个阶段。

第一阶段从11月12日陈云在小组会上发言算起，到11月25日华国锋在第三次全体会议上宣布对一系列重大历史遗留问题的平反决定，共14天，可以看作是发动阶段。其间主要讨论历史遗留问题，也涉及对个别中央领导同志的批评。

第二阶段从11月26日到12月13日的小组讨论，共18天。可以看作是深入阶段，其间主要议论真理标准大讨论中出现的种种不正常情况，对中央个别领导提意见，对中央领导机构和中央宣传领导部门的人事安排提建议。

第三阶段从12月13日下午邓小平在中央工作会议闭幕会上发表重要讲话，到12月15日下午工作会议结束；再从12月17日三中全会召开小组召集人会议到12月22日三中全会闭幕会增选陈云、邓颖超、胡耀邦、王震为中央政治局委员，陈云为政治局常委、中央委员会副主席，增补黄克诚等9人为中央委员，以及通过全会公报，共7天，可以看作是总结阶段。其间主要讨论邓小平在中央工作会议上的重要讲话，酝酿增选、增补中央领导机构成员的名单，同时继续发表前两个阶段没有讲完的意见。

再次，会议气氛生动、活泼、热烈，真正做到了面对面地开展批评与自我批评。

会议开始时，还有扣压简报的事情发生，但当代表提出意见后，情况很快变了，基本做到了代表们畅所欲言，直言不讳；简报有闻必录，印发及时。正因为如此，邓小平的重要讲话在评价中央工作会议时指出："这次会议讨论和解决了许多有关党和国家命运的重大问题。大家敞开思想，畅所欲言，敢于讲心里话，讲实在话。大家能够积极地开展批评，包括对中央工作的批评，把意见摆在桌面上。一些同志也程度不同地进行了自我批评。这些都是党内生活的伟大进步，对于党和人民的事业将起巨大的促进作用。"① 陈云在三中全会闭幕会上的即席讲话中也说："三中全会和此前的中央工作会议开得很成功。大家在马列主义、毛泽东思想的基础上，解放思想，畅所欲言，充分恢复和发扬了党内民主和党的实事求是、群众路线、批评和自我批评的优良作风，认真讨论了党内存在的一些重大问题，增强了团结，真正实现了毛泽东所提倡的又有集中又有民主，又有纪律又有自由，又有统一意志，又有个人心情舒畅、生动活泼的那样一种政治局面……一九五七年以后，由于种种干扰，毛泽东提出的这种心情舒畅、生动活泼的政治局面很多年没有实现。这一次党中央带了个好头，只要大家坚持下去，就有可能在全国实现。"② 他们这些话，高度概括了会议的真实情况。

在中共党史和中国当代史上，同时具有以上三个特点的会议，即便不是绝无仅有，也是极其少有的。正是这些特点，构成了三中全会成为中国当代史上伟大转折的直接原因。它说明，三中全会的胜利并非自然而然取得的，而是与会的大多数高级干部在老一辈无产阶级革命家带动、支持下，充分发扬党内民主和党的实事求是、群众路线、批评与自我批评作风，通过积极的思想斗争争取到的，是来之不易、弥足珍贵的。

二、三中全会及此前中央工作会议的历史背景与转折的必然性

三中全会前的中央工作会议议题，主要不是全会公报所讲的那些内容；会议之前，中央起码是中央主要负责人，并没有打算开成那样一个会；出席会议的代表绝大多数事先也没有想到会议会开出那样一个结果。那么，这是否意味着三中全会实现的伟大转折是偶然的、突发的，是可能发生也可能不发生的呢？应当说，转折发生在1978年11月，发生在三中全会及此前的中央工作会议，带有一定的偶然性。但是，正如恩格斯所说："在表面上是偶然性在起作用的地方，这种偶然性始终是受内部的隐蔽着的规律支配的。"③ 三中全会及此前中央工作会议也是这样。如果把它和"文化大革命"中的一系列事件联系起来，把它放在粉碎"四人帮"后国内国际、党内党外、主观客观的大背景下来分析，就可以看出，这个转折绝不是偶然的、突然的，而是必然的、不以人的意志为转移的，是人心之所向、大势之所趋，或迟或早总要发生的。

---

① 《邓小平文选》第2卷，人民出版社，1994年，第140—141页。

② 《陈云年谱》下卷，中央文献出版社，2000年，第231页。

③ 《马克思恩格斯选集》第3卷，人民出版社，1995年，第247页。

1. 转折的客观条件

自从1976年以华国锋为首的党中央一举粉碎“四人帮”到十一届三中全会召开之前的两年里，我们党和国家在政治上、经济上都取得了一定进展和一些成绩。但同时也产生了一些新问题，严重阻碍了党和国家继续前进的步伐，迫切需要得到解决。

首先，在政治上。那两年揭发、批判、清查江青反革命集团及其帮派体系的运动取得了很大成绩，党和国家组织的整顿冤假错案及平反工作也得到了部分地进行，但是，由于受“左”的错误思想的束缚，作为党中央主要负责人的华国锋不仅未能顺应党心民心，纠正“文化大革命”的错误理论、政策和口号，系统清理在党内已持续很长时间的“左”的指导思想，带领全党全国人民乘胜前进，反而提出并推行“两个凡是”的错误方针，压制1978年开展的对拨乱反正具有重大意义的关于真理标准问题的讨论，一再拖延和阻挠恢复包括邓小平在内的一大批老干部的工作和平反包括天安门事件在内的一大批历史上的冤假错案，并在继续维护旧的个人崇拜的同时制造新的个人崇拜，严重挫伤了广大干部群众在粉碎“四人帮”后焕发出的社会主义积极性，引起党内外同志的广泛不满。因此，要求尽快解决天安门事件平反和“文化大革命”及此前一系列重大历史遗留问题，重新评价党和国家许多领导人的功过是非，肯定实践是检验真理的唯一标准，改正“两个凡是”的错误方针，以及调整各方面社会关系、调动一切积极因素投身四化建设的呼声，变得日益强烈。

其次，在经济上。那两年制止了许多地区工矿企业生产和交通运输的混乱状况，使国民经济开始从瘫痪、半瘫痪的状态中走了出来。但是，华国锋在严重失调的国民经济重大比例关系尚未理顺的情况下，又提出许多不切实际的高指标和根本不可能实现的大口号，使积累与消费的关系进一步失衡，违背了人民要求尽快改善生活的强烈意愿，犯了急于求成、片面追求高速度的急躁冒进错误。他虽然看到了国外技术的进步和中美、中日关系解冻后西方在对华贸易、投资方面出现的新形势，提出要引进国外先进技术设备和举借外债，但是不考虑国内对引进的配套和消化能力，也不考虑还债的能力，片面突出钢铁、石油、化工等重工业部门，追求高速度、高积累、高投资，同样是“左”的急躁冒进思想支配下的表现。这一切都迫切要求在经济工作中认真清理“左”的指导思想，对国民经济进行一次重大比例关系的调整。另外，在农村，人民公社“政社合一”的经营管理体制违反农业生产的客观规律，分配上存在严重的平均主义倾向，极大制约了农民生产积极性的发挥和农业生产力的提高，致使粮食供应长期处于紧张状态，一亿多农民有待解决温饱问题。在城市，一方面，“文化大革命”期间对中学毕业生实行上山下乡的政策，累积约一千多万返城的知识青年有待安排就业，再加上其他新生劳动力的出现，使国家无法单靠国有企事业单位满足就业需求；另一方面，原有的高度集中的计划经济体制和政企不分、所有权经营权不分、统收统支的国有企业经营方式的弊端，也与经济的发展越来越不适应，到了非改变不可的程度。这一切，都在客观上呼唤对经济体制、经营方式、所有制结构进行必要的改革。

2. 转折的主观条件

粉碎“四人帮”后的头两年，在老一辈无产阶级革命家和党内正确力量的努力下，通过部分平反冤假错案，使许多“文化大革命”中被打倒或靠边站的老干部回到了领导岗位；通过真理标准讨论和“两个凡是”的争论，通过按劳分配问题和经济管理体制问题的讨论，使实事求是、理论联系实际、一切从实际出发的原则，以及党内民主和民主集中制的原则得到很大宣传，逐渐形成了有利于克服“两个凡是”的错误、将党的工作重点转移到经济建设上、对国民经济进行调整，以及实行改革开放方针的舆论氛围。这一切，为三中全会的胜利召开做好了充分的组织准备和思想准备。

首先，在组织上。1977年3月中央工作会议前夕，陈云为呼应党中央副主席叶剑英的意见，与王震等几位中央委员相约，在会上提出为天安门事件平反和恢复邓小平工作的问题。他提交书面发言后，会议简报组要求“按照华主席讲话精神”删去所谓“敏感”内容，华国锋也登门做他的工作，均被他拒绝。这篇发言虽然最终未能在简报上刊出，但却产生了很大影响，对中央内部的错误领导形成了巨大压力，加快了邓小平复出的进程。四个月后，在十届三中全会上恢复了邓小平在“反击右倾翻案风”中被撤销的一切职务。与此同时，经过叶剑英、邓小平、李先念和陈云等中央领导人及老一辈革命家的积极争取，一些老同志也陆续恢复了工作。所有这些，都使党中央决策层、领导层内正确与错误两种力量的对比发生了很大变化。正因为如此，陈云那篇改变了中央工作会议议程的发言，才可能取得一呼百应的效果；邓小平在会议期间的运筹帷幄、因势利导，尤其是他在中央工作会议闭幕会上的重要讲话，才可能发挥出巨大作用，从而为三中全会重新确立马克思主义的路线奠定重要基础，使那次会议最终成为开辟中国特色社会主义的起点。

其次，在思想上。邓小平自重新回到中央领导岗位后，便针对“两个凡是”的方针，利用各种场合，提出并大力宣传毛泽东思想的精髓是实事求是、要准确完整地理解毛泽东思想的观点，引发了关于真理标准问题的大讨论。同时，他还积极支持关于按劳分配问题的讨论，相继提出揭批“四人帮”运动要适时结束、要加大地方和企业自主权、要按照经济规律管理经济等主张。1978年夏季召开的国务院务虚会，提出了要加强综合平衡，在国家统一计划下发挥部门、地方、企业的积极性，搞好技术引进，努力扩大出口等一系列具有改革开放思想的观点。正因为有这个铺垫，参加中央工作会议的代表们才会一致拥护党的工作着重点转移的决定，批评“两个凡是”的错误方针，肯定真理标准的大讨论，要求平反各种冤假错案，赞成认真解决国民经济中重大比例失调的问题，同意克服经济管理体制中党政企不分、以党代政、以政代企的现象。另外，由于陈云等老一辈革命家为恢复党的民主集中制所开展的斗争，使以往中央会议简报工作那种压制民主的错误做法越来越不得人心，难以再实行下去。这也是在中央工作会议上，各组讨论情况得以迅速交流、会议获得巨大胜利的一个重要条件。

邓小平在1980年初中央召开的干部会议上曾指出：“粉碎‘四人帮’以后三年的前两年，做了很多工作，没有那两年的准备，三中全会明确地确立我们党的思想路线、政治路线，是不可能的。所以，前两年是为三中全会做了准备。”① 只要了解了三中全会及此前中央工作会议的历史背景，对于邓小平的这一论述就会有更加深切的理解，就会明白那次会议之所以成为当代中国史上的伟大转折，完全是老一辈革命家和党内正确力量的努力与国内外形势变化共同作用的必然结果，是顺理成章、水到渠成、瓜熟蒂落；即使那次会议未能实现这一转折，此后的会议也一定会实现这一转折。

三、三中全会的历史意义与转折的性质

我们说党的十一届三中全会是当代中国史上的伟大转折，是从三中全会开始了党在思想、政治、组织等领域的全面拨乱反正，实现了党的工作重点的转移，揭开了改革开放的序幕，开辟了中国特色的社会主义道路，标志着中国从此进入社会主义事业发展新时期等意义上讲的。看不到转折的这些意义，或者对转折作超出这些意义的解释，都是不符合历史客观实际的。

1. 转折不是党的领导工作一般意义上的转变

自从新中国建立后，我们党曾有过多次工作重点的转移、指导思想的转变、发展战略的转折。其中有的正确反映了当时客观实际情况的变化，有的则被实践证明是脱离实际的；有的转得比较顺利，有的则因为种种原因转得不够顺利，甚至中途出现反复。就拿党的工作重心、中心、重点来说，早在七届二中全会时，毛泽东就非常明确地指出，全国解放后，党的工作重心要由乡村转向城市；要求全党“必须用极大的努力去学会管理城市和建设城市”，眼睛要“向着这个城市的生产事业的恢复和发展”，城市中的其他工作“都要围绕着生产建设这一个中心工作并为这个中心工作服务的”②。建国后，我们接连进行了肃清反革命、土地改革、抗美援朝、“三反”“五反”等运动，但这些都是为着实现工作重心的转移，是工作重心转移所必不可少的前提。在第一个五年计划开始实施、全党工作重心转到经济建设以后，虽然又接连进行了三大改造运动、“大跃进”和人民公社化运动，但这些运动从总体上说，也都是围绕经济建设这个中心而展开的。只是在1962年八届十中全会上重提阶级斗争后，经济建设的中心地位才开始动摇。到了“文化大革命”，这个中心更被“以阶级斗争为纲”所取代。与以往相比，十一届三中全会作出的关于全党工作重点转移的决定无疑带有更根本的性质，实现的党的指导思想的转变和发展战略的转折也无疑比以前深刻得多。究其原因，除了国内国际形势的变化外，主要在于这次转移、转变、转折，是建立在对社会

① 《邓小平文选》第2卷，人民出版社，1994年，第242页。

② 《毛泽东选集》第4卷，人民出版社，1991年，第1427～1428页。

主义社会以下两个新的认识基础之上。

首先，建立在对社会主义社会主要矛盾的新认识上。

在三中全会前的中央工作会议上，大家对中央政治局关于党的工作着重点转移的决定一致拥护，没有提出任何疑问。但是，在对工作重点转移的解释上则是有分歧的。华国锋在开幕时的讲话中说，重点转移是“国内国际形势的需要”，并提出要“在新时期总路线和总任务的指引下”实现重点转移。所谓“新时期的总路线和总任务”，其重要内容之一就是坚持“以阶级斗争为纲”的社会主义历史阶段的基本路线和坚持无产阶级专政下的继续革命。这种解释，受到了与会代表的质疑。例如，胡乔木在会议进入小组讨论后的第二天发言说：把工作重点的转移讲成是形势的需要，这个理由不妥。应该说，无产阶级在夺取政权以后，就要把工作重点转到经济建设上。建国后，我们已开始了这种转移，但是没有坚持住，这次转移是根本性的转移，而不是通常意义上的转移。不能给人一种印象，似乎今天形势需要，就把工作重点转过来，明天不需要了，还可以再转回去。他还指出，并不是任何阶级斗争都是进步的，其是否进步的客观标准，就是看它是否为解放和发展生产力创造条件；经济脱离政治一定会走到邪路上去，政治脱离经济也一定会走到邪路上去。除了发生战争，今后一定要把生产斗争和技术革命作为中心，不能有其他的中心。只要我们正确处理人民内部矛盾和敌我矛盾，国内的阶级斗争也不会威胁社会主义建设的中心地位。这篇发言被简报全文刊出后，得到了大多数与会者的赞同。

邓小平在中央工作会议闭幕会上的重要讲话，对工作重点转移问题作了更为精辟的阐述。他说：政治路线的问题解决了，今后看一个部门领导得好不好，应该主要看劳动生产率提高了多少，利润增加了多少，劳动者的个人收入和集体福利增加了多少。“这就是今后主要的政治。离开这个主要的内容，政治就变成空头政治，就离开了党和人民的最大利益。”① 三中全会公报吸收了邓小平讲话的精神，指出：“毛泽东同志早在建国初期，特别在社会主义改造基本完成以后，就再三指示全党，要把工作中心转到经济方面和技术革命方面来。”“正如毛泽东同志所说，大规模的急风暴雨式的群众阶级斗争已经基本结束，对于社会主义社会的阶级斗争，应该按照严格区别和正确处理两类不同性质的矛盾的方针去解决，按照宪法和法律规定的程序去解决。”② 这里虽然没有明确要停止使用“以阶级斗争为纲”的提法，但这个意思显然已经有了。正因为如此，后来的《历史决议》才指出：三中全会“果断地停止使用‘以阶级斗争为纲’这个不适用于社会主义社会的口号”③。正是这一认识，赋予工作重点转移的命题以更大的科学性、稳定性，使它具有了更强的生命力。

三中全会闭幕后不久，邓小平在理论工作务虚会上的讲话中对社会主义基本矛盾、主要矛盾的理论作了进一步阐发。他指出，毛泽东在《关于正确处理人民内部矛盾的问题》一文中提出生产关系和生产力、上层建筑和经济基础矛盾问题，“从二十多年的实践看来，这个提法比其他的一些提法妥当。至于什么是目前时期的主要矛盾，也就是目前时期全党和全国人民所必须解决的主要问题或中心任务，由于三中全会决定把工作重点转移到社会主义现代化建设方面来，实际上已经解决了。”④ 他还指出：“社会主义社会中的阶级斗争是一个客观存在，不应该缩小，也不应该夸大……社会主义社会目前和今后的阶级斗争，显然不同于过去历史上阶级社会的阶级斗争，这也是客观的事实，我们不能否认，否认了也要犯严重的错误。”⑤ 他的这些论述，更加深入地分析了在社会主义时期沿用“以阶级斗争为纲”口号的错误性，为全党工作重点的转移提供了科学的理论依据。

其次，建立在对社会主义社会管理体制的新认识上。

这里说的管理体制，既包括经济体制，也包括政治体制；既包括国内的经济体制，也包括国内与国外经济联系的体制。新中国成立后实行高度集中的计划经济体制，有在“一穷二白”基础

---

① 《邓小平文选》第2卷，人民出版社，1994年，第150页。

② 《三中全会以来重要文献选编》上，人民出版社，1982年，第3、5页。

③ 《三中全会以来重要文献选编》下，人民出版社，1982年，第821页。

④ 《邓小平文选》第2卷，人民出版社，1994年，第182页。

⑤ 《邓小平文选》第2卷，人民出版社，1994年，第182页。

上加快工业化建设的客观需要，也有对苏联经验的全盘学习和对马克思主义创始人关于未来社会可以自觉按比例发展国民经济思想的不准确理解；有在较短时间里为建立独立完整工业体系和国民经济体系奠定初步基础的丰功伟绩，也有因把经济统得过死而造成效益不高、对市场反应不灵活、人民生活不够丰富多样等种种弊端。在对外经济联系上，由于西方的全面禁运和经济封锁，建国初期只能与苏联和其他社会主义国家进行贸易和经济技术合作；以后与苏联关系破裂，对资本主义国家的贸易开始增加，但总体规模也不大。在政治体制上，建国后长期延续战争年代的做法，实行党的一元化领导，一切权力集中在党委，党委权力又往往集中于几个书记，特别是第一书记，造成党政不分、政企不分；对民主与法制建设不重视，基本处于无法可依的状况。尤其在“文化大革命”期间，“左”的指导思想盛行，经济上越统越死，对外经济联系的门越关越小，民主集中制的原则被严重破坏，连宪法规定的公民权利也得不到保障。粉碎“四人帮”后，开始从经济与政治管理体制的层面上思考过去的问题，提出了一系列新观点、新思想、新理论，逐步澄清了对社会主义的许多不准确的认识。

关于经济体制，邓小平和中央其他领导同志早在三中全会之前就已提出了一些改革和开放的思想。例如，邓小平曾指出：“要实现四个现代化，就要善于学习，大量取得国际上的帮助。要引进国际上的先进技术、先进装备，作为我们发展的起点。”① “引进先进技术设备后，一定要按照国际先进的管理方法、先进的经营方法、先进的定额来管理，也就是按照经济规律管理经济。一句话，就是要革命，不要改良，不要修修补补。”② 又例如，陈云在长期思考计划与市场关系这个经济体制改革核心问题的基础上，于1978年7月三中全会之前国务院务虚会期间，就通过李先念提出了“计划经济与市场经济相结合”的命题。三中全会后，陈云又于1979年3月将自己的思考写成了名为《计划与市场问题》的提纲，其中说：“六十年来，无论苏联或中国的计划工作制度中出现的主要缺点：只有‘有计划按比例’这一条，没有在社会主义制度下还必须有市场调节这一条。”“在今后经济的调整和体制的改革中，实际上计划与市场这两种经济的比例的调整将占很大的比重。不一定计划经济部分愈增加，市场经济部分所占绝对数额就愈缩小，可能是都相应地增加。”③ 后来，他又提出“计划经济为主，市场调节为辅”的命题，并被党的十二大确定为经济体制改革的方针。这虽然不同于党的十四大所确定的社会主义市场经济体制的改革目标，但却对全党摆脱在计划与市场关系上的传统观念、形成新的认识，“对推动改革和发展起了重要作用”；④“对推动全党解放思想、实事求是，进行突破高度集中的计划经济体制的改革，产生过广泛而深刻的影响。”⑤

关于政治体制，邓小平和中央其他领导同志在三中全会前也提出了一些改革的思想。例如，邓小平在1978年10月3日指出：“现在关于民主问题的讨论不够，这个问题很重要，要展开讨论。民主和法制实际上是一件事情。法制确实需要建立和健全，民法、刑法要搞，但都没有搞成。没有法，他就乱搞，确实不行。现在是领导人说的话就叫法，不赞成领导人说的话就叫违法，这种状况不能继续下去了。除了搞刑法、民法、诉讼法以外，还要搞经济立法，如工厂法。要搞立法，总得有个立法机构才行。”⑥ 正因为有这样的认识，三中全会才可能对民主和法制问题进行认真的讨论，全会公报才可能写上：“在过去一个时期内，民主集中制没有真正实行，离开民主讲集中，民主太少，当前这个时期特别需要强调民主，强调民主和集中的辩证统一关系，使党的统一领导和各个生产组织的有效指挥建立在群众路线的基础上……宪法规定的公民权利，必须坚决保障，任何人不得侵犯。为了保障人民民主，必须加强社会主义法制，使民主制度化、法律化，使这种制度和法律具有稳定性、连续性和极大的权威，做到有法可依，有法必依，执法必严，违法必究。从现在起，应当把立法工作摆到全国人民代表大会及其常务委员会的重要议程上来。检察机关和司法机关要保持应有的独立性；要忠实于法律和

---

① 《邓小平文选》第2卷，人民出版社，1994年，第133页。

② 《邓小平文选》第2卷，人民出版社，1994年，第129～130页。

③ 《陈云文选》第3卷，人民出版社，1995年，第244～245页，第247页。

④ 《十四大以来重要文献选编》（上），人民出版社，1996年，第18页。

⑤ 《人民日报》1995年6月14日。

⑥ 《邓小平年谱（1975—1997）》上，中央文献出版社，2004年，第394页。

制度，忠实于人民利益，忠实于事实真相；要保证人民在自己的法律面前人人平等，不允许任何人有超于法律之上的特权。”①

以上对社会主义社会主要矛盾和管理体制问题的新认识，不仅与“文化大革命”时期的认识相对立，而且与“文化大革命”之前的认识也有很大不同。这种认识上的不同之处，使三中全会所实现的转折与以往的转折产生了许多区别。看不到这种变化，混淆它们之间的区别，就难以理解三中全会所开辟的中国特色社会主义“特”在哪里，难以说清楚为什么三中全会是当代中国史上的伟大转折。

2. 转折不是社会主义基本制度与社会性质的转变

现在有一种观点，把三中全会与1911年的辛亥革命相提并论，说它们是中国近代以来两个最伟大的事件；或者把新中国的历史以三中全会断限，说1840年~1949年的中国历史与三中全会前后的两个历史时期并列构成了中国的近代史、现代史和当代史。这种观点从表面上看，似乎在抬高三中全会的历史地位，但由于它无视和抹杀中华人民共和国成立在中国历史上的划时代意义，割裂三中全会前后两个历史时期在社会形态上的内在一致性，因此必然是违背历史实际的主观臆造和对三中全会事实上的贬低。对此，只要看看三中全会及三中全会以来我们党在对待以下两个问题上的态度便清楚了。

首先，在对待社会主义制度不完善的问题上。

我们党早在三中全会上就明确，改革是为了挽救社会主义，使社会主义事业得以继续发展，而不是为了取消社会主义。邓小平在中央工作会议闭幕会上的重要讲话中指出：“如果现在再不实行改革，我们的现代化事业和社会主义事业就会被葬送。”② 全会公报也号召全党、全军、全国各族人民，“为在本世纪内把我国建设成为社会主义的现代化强国而进行新的长征。”③ 会后，邓小平又在理论工作务虚会的讲话中指出：“我们过去对民主宣传得不够，实行得不够，制度上有许多不完善，因此，继续努力发扬民主，是我们全党今后一个长时期的坚定不移的目标。但是我们在宣传民主的时候，一定要把社会主义民主同资产阶级民主、个人主义民主严格地区别开来，一定要把对人民的民主和对敌人的专政结合起来……如果离开四项基本原则，抽象地空谈民主，那就必然会造成极端民主化和无政府主义的严重泛滥，造成安定团结政治局面的彻底破坏，造成四个现代化的彻底失败。”④ 他在1980年初所作《目前的形势和任务》的报告中又说：“现在，特别是在青年当中，有人怀疑社会主义制度，说什么社会主义不如资本主义，这种思想一定要大力纠正。社会主义制度并不等于建设社会主义的具体做法。苏联搞社会主义，从一九一七年十月革命算起，已经六十三年了，但是怎么搞社会主义，它也吹不起牛皮。我们确实还缺乏经验，也许现在我们才认真地探索一条比较好的道路。但不管怎么样，社会主义制度的优越性已经得到了证明，不过还要证明得更多更好更有力。我们一定要、也一定能拿今后的大量事实来证明，社会主义制度优于资本主义制度。”⑤ 可见，无论是三中全会还是三中全会以后，我们党提出和进行的改革，都不是要把中国由社会主义社会改变成另外一种社会，更不是要否定和抛弃社会主义革命的成果，而是要解决社会主义制度中一些不完善的问题，寻找和走出一条更加适合中国国情的社会主义发展道路。

其次，在对待毛泽东晚年错误的问题上。

邓小平在中央工作会议闭幕会上的重要讲话中说：“最近国际国内都很关心我们对毛泽东同志和对文化大革命的评价问题。毛泽东同志在长期革命斗争中立下的伟大功勋是永远不可磨灭的。回想在一九二七年革命失败以后，如果没有毛泽东同志的卓越领导，中国革命有极大的可能到现在还没有胜利，那样，中国各族人民就还处在帝国主义、封建主义、官僚资本主义的反动统治之下，我们党就还在黑暗中苦斗。所以说没有毛主席就没有新中国，这丝毫不是什么夸张。毛泽东思想培育了我们整整一代人。我们在座的同志，可以说都是毛泽东思想教导出来的。没有毛泽东思想，就没有今天的中国共产党，这也丝毫不是

---

① 《三中全会以来重要文献选编》上，人民出版社，1982年，第10~11页。

② 《邓小平文选》第2卷，人民出版社，1994年，第150页。

③ 《三中全会以来重要文献选编》上，人民出版社，1982年，第5页。

④ 《邓小平文选》第2卷，人民出版社，1994年，第176页。

⑤ 《邓小平文选》第2卷，人民出版社，1994年，第250~251页。

什么夸张。毛泽东思想永远是我们全党、全军、全国各族人民的最宝贵的精神财富。我们要完整地准确地理解和掌握毛泽东思想的科学原理，并在新的历史条件下加以发展。当然，毛泽东同志不是没有缺点、错误的，要求一个革命领袖没有缺点、错误，那不是马克思主义。我们要领导和教育全体党员、全军指战员、全国各族人民科学地历史地认识毛泽东同志的伟大功绩。"① 三中全会公报也说："毛泽东同志在长期革命斗争中立下的伟大功勋是不可磨灭的……党中央在理论战线上的崇高任务，就是领导、教育全党和全国人民历史地、科学地认识毛泽东同志的伟大功绩，完整地、准确地掌握毛泽东思想的科学体系，把马列主义、毛泽东思想的普遍原理同社会主义现代化建设的具体实践结合起来，并在新的历史条件下加以发展。"②《历史决议》进一步指出："因为毛泽东同志晚年犯了错误，就企图否认毛泽东思想的科学价值，否认毛泽东思想对我国革命和建设的指导作用，这种态度是完全错误的。对毛泽东同志的言论采取教条主义态度，以为凡是毛泽东同志说过的话都是不可移易的真理，只能照抄照搬，甚至不愿实事求是地承认毛泽东同志晚年犯了错误，并且还企图在新的实践中坚持这些错误，这种态度也是完全错误的。这两种态度都是没有把经过长期历史考验形成为科学理论的毛泽东思想，同毛泽东同志晚年所犯的错误区别开来。"③ 这些都说明，三中全会否定"两个凡是"的方针、解决历史上的重大遗留问题，并不是要否定毛泽东和毛泽东思想，而是为了纠正毛泽东晚年的错误，恢复毛泽东思想的本来面貌，确立毛泽东的历史地位，更好地坚持和发展毛泽东思想。

对于社会主义制度不完善的问题和毛泽东晚年错误的问题，邓小平在世时的观点是始终一贯的，我们党从十一届三中全会起到十七大的观点也是始终一贯的。十七大报告指出：改革开放是党在新的时代条件下带领人民进行的新的伟大革命，目的"就是要推动我国社会主义制度自我完善和发展，赋予社会主义新的生机活力，建设和发展中国特色社会主义"；又指出："改革开放伟大事业，是在以毛泽东同志为核心的党的第一代中央领导集体创立毛泽东思想，带领全党全国各族人民建立新中国、取得社会主义革命和建设伟大成就以及艰辛探索社会主义建设规律取得宝贵经验的基础上进行的。"这再清楚不过地说明，三中全会前后的两个历史时期尽管在一系列方针、政策和制度上有很大区别，但它们的基本社会制度、根本指导思想和远大奋斗目标都是完全一致的。十一届三中全会实现的转折，是在中华人民共和国成立以及新中国头30年建设成就的基础上完成的，是从对什么是社会主义、怎样建设社会主义的问题由不完全清楚到比较清楚的转变，从探索中国自己的建设社会主义的道路到开辟中国特色社会主义道路的转变，是社会主义制度的自我完善和发展，而不是要与三中全会之前已经建立起来的社会主义社会一刀两断，更不是要倒退到1911年开始的资产阶级革命。因此，不能跨过中华人民共和国成立这个使中国由半殖民地半封建社会变为社会主义社会的伟大事件，而把三中全会与辛亥革命扯到一起；也不能把新中国的历史以三中全会为界，划分为中国的现代史和当代史。

以胡锦涛同志为总书记的党中央近来强调，中国共产党的领导，人民当家作主，依法治国基本方略，决定了我国社会主义国家政权的性质，也确立了我国作为社会主义大国长治久安的政治保证。各种敌对势力也明白，想西化、分化中国，首先要取消中国共产党的领导，取消人民当家作主的社会主义国家政权。西方敌对势力虽然不能不承认我国发展取得的巨大成就，但出于他们的政治立场和意识形态偏见，他们从来没有也不会认可我国社会主义政治制度，在他们看来，中国成功发展不仅威胁到他们的战略利益，而且威胁到他们奉为圭臬的资本主义制度模式。只要我们坚持共产党领导、坚持社会主义制度，我国越是发展壮大，他们越是要把西化、分化的矛头对准我们。我们同各种敌对势力之间渗透和反渗透、分裂和反分裂、颠覆和反颠覆的斗争将是长期的、复杂的、尖锐的，我们对此一定要有清醒的认识。我们从我国国情出发，发展中国式民主，推进社会主义政治制度的自我完善和发展，绝不照搬西方政治制度的模式，绝不放弃我国社会主义政治制度的根本。没有中国共产党的坚强领

---

①《邓小平文选》第2卷，人民出版社，1994年，第148～149页。

②《三中全会以来重要文献选编》上，人民出版社，1982年，第12～13页。

③《三中全会以来重要文献选编》下，人民出版社，1982年，第836～837页。

导，没有社会主义制度的有力保障，我们就难以把13亿人民的智慧和力量凝聚起来，就难以应对前进道路上的各种困难和风险，就难以保持国家的安定团结、社会的和谐稳定。我们要擦亮眼睛，坚定不移地沿着中国特色社会主义道路前进，决不被国内外敌对势力各种威胁所吓倒、各种干扰所迷惑。

以胡锦涛同志为总书记的党中央近来还强调，意识形态领域并不平静，各种敌对势力正加紧在意识形态领域对我国进行渗透破坏活动，而且组织越来越严密，方式越来越多样。他们把媒体特别是互联网等现代媒体作为进行意识形态渗透的重要渠道，散布大量有害信息，极力抹黑中国、丑化中国、妖魔化中国。各级党委和政府，特别是主要领导干部，一定要增强政治意识、政权意识、责任意识，增强政治敏锐性和政治鉴别力，把意识形态工作摆上重要议事日程，自觉从政治上观察和处理问题，经常分析意识形态领域的形势，及时发现倾向性、苗头性问题，看好自己的阵地，管好自己的队伍，抓好宣传文化单位领导班子的建设，重视选拔培养意识形态领域的领导干部，确保领导权牢牢掌握在忠诚于党和人民的人手里，确保意识形态安全。我们同各种敌对势力在意识形态领域的斗争，本质上是社会主义价值体系和资本主义价值体系的较量。要把13亿人民团结起来，万众一心推进中国特色社会主义事业，就必须大力推进社会主义核心价值体系建设，在全社会形成共同理想信念、强大精神力量、良好道德风尚，更好地凝魂聚气、强基固本。我们要紧紧抓住树立理想信念这个根本，坚持不懈地用中国特色社会主义理论体系武装全党、教育人民，不断巩固马克思主义在意识形态领域的指导地位，不断巩固全党全国各族人民团结奋斗的共同思想基础，不断提高中华民族的凝聚力、向心力，使全体人民始终保持昂扬向上的精神状态。

明年是中华人民共和国成立60周年，党的十一届三中全会刚巧处在这60年的中间。它是一次拨乱反正的会议，也是一次承上启下、继往开来的会议。它上承的是新中国头30年所建立的社会主义基本制度，所取得的社会主义建设成就，所探索的社会主义建设经验，所形成的自力更生、艰苦奋斗精神；下启的是后30年的中国特色社会主义建设事业及其未来的发展。三中全会和30年来的实践告诉我们，世界形势在变化，国内经济在发展，科学技术在进步，人民需要在增长，不改革不开放，中国是死路一条；同时也告诉我们，中国处于社会主义初级阶段的基本国情将长期存在，西方敌对势力西化、分化中国的战略图谋将长期存在，中国受到发达国家经济科技优势压力的国际环境也将长期存在，改革开放不坚持社会主义方向，中国同样是死路一条。改革开放与四项基本原则的结合是三中全会路线或社会主义初级阶段基本路线中最核心的内容，也是改革开放经验中最核心的部分。我们纪念三中全会召开30周年，就要客观全面地认识它的历史意义和它所实现的历史性转折的性质，实事求是地总结和充分运用改革开放的历史经验，一如既往地把以经济建设为中心、坚持改革开放和坚持四项基本原则统一于中国社会主义现代化建设的全过程，坚定不移地沿着三中全会开辟的道路继续前进。

十一届三中全会是一个里程碑，标志着共和国新的历史时期的开始；是一尊巨鼎，铭刻着我们党的第二代中央领导集体带领全党全国人民进行新长征的业绩；是一把号角，鼓舞着中华民族为实现伟大复兴而奋力地拼搏；是一座灯塔，照耀着中国特色社会主义的巨轮驶向胜利的远方。它和我们党的遵义会议一样，必将永载史册。

（作者为中国社会科学院副院长）

（《当代中国史研究》2008年第5期）

中国马克思主义经济学发展60年：回眸与前瞻

程恩富

美国《新帕尔格雷夫经济学大辞典》给“马克思主义经济学”下的定义是这样的：我们所称马克思主义经济学，是指以卡尔·马克思的著作为方法论和理论基础的后来的那些经济学家的研究成果。这是广义的马克思主义经济学的界定。本文拟在回顾近60年来我国马克思主义经济学演进的基础上，阐述其发展态势，前瞻经济学现代化，以及如何超越马克思经济学与西方经济学。

一、我国马克思主义经济学的演进阶段与若干倾向

新中国60年，我国马克思主义经济学总体上以马克思经济学为理论基础，以中外经济实践为实践源泉，取得了人类经济学说发展史上的重大成果，并对高绩效的中国经济发展作出了巨大的贡献，体现出中华民族伟大的经济智慧，为全世界的经济学发展提供了具有“中国学派”色彩的系统经济理论。然而，马克思主义经济学在具体演进中发展创新与若干不良倾向是并存的。

1. 新建阶段与“仿苏”倾向

这一阶段的历史跨度是从中华人民共和国成立到“文革”前。1949年10月，中国人民取得了新民主主义革命的伟大胜利，建立了新中国。然而由于马克思的《资本论》是以资本主义的生产关系为研究对象，并没有系统的社会主义经济理论，因而中国的社会主义建设缺乏必要的理论指导。但此时苏联已经进行了几十年的社会主义建设的伟大实践，初步勾勒出了社会主义经济的基本框架并且取得了伟大的成就。于是，苏联的社会主义经济模式便成为新中国模仿的对象。

与实践相一致，在经济学上也开始模仿苏联。1952年，斯大林的《苏联社会主义经济问题》中文版出版发行。1959年，苏联科学院组织编写的《政治经济学教科书》中文版出版发行。这两本书的发行对中国理论经济学的发展产生了深远的影响。由于当时的苏联是国际共产主义运动的领袖，且中国的社会主义建设缺乏自己的理论，因而这两本书便被当作中国社会主义理论经济学的“教科书”而被顶礼膜拜。当时，党中央、毛泽东号召全党学习苏联的政治经济学理论。高等院校的政治经济学教材也是以《政治经济学教科书》为基本体系向学生讲授马克思主义经济学。中国的马克思主义经济学完全将西方经济学的合理颗粒拒之门外，而照搬苏联的马克思主义经济学理论。“苏联范式”的经济学是马克思、列宁、斯大林经济思想与苏联经济实践的一种综合，有其相当的科学性，在经济学说史具有划时代的重大意义，但也有一些误点和局限性。

在这一阶段，由于中国的马克思主义经济学主要是照搬苏联的政治经济学，因此，苏联政治经济学的历史局限也就成为中国马克思主义经济学的局限。这些局限性主要表现在：相对忽视生产力的研究；否认价值规律对生产的调节作用；忽视定量分析等。尽管当时的中国经济学具有这些局限性，然而它毕竟指导中国经济顺利实现了由新民主主义革命向社会主义革命的过渡，而且在理论上初步构建了社会主义政治经济学的基本框架和研究方法及基本概念和范畴。所以，从这一层面来讲，在新建阶段中尽管有仿苏倾向，但中国社会主义政治经济学仍然具有积极意义。而且，毛泽东同志的《论十大关系》、《毛泽东读苏联（政治经济学教科书（第三版））的谈话要点》及有关价值规律等论述，陈云同志在1956年9月提出“计划调节为主，市场调节为辅”等观点，以及马寅初的人口理论和孙冶方的价值规律思想等，均标志着我国的社会主义政治经济学开始试

图用自己的理论来指导或影响我国经济实践。60年代上半期，我国陆续编写和出版的《政治经济学（社会主义部分）》教科书，充分体现了“苏联范式”与当时中国特色的混合。其中包括1958年及以后萌生的某些极左思想和政策。

2. “革命”阶段与极左倾向

这一阶段主要是10年“文化大革命”时期。在“文革”时期，我国的经济建设和社会主义经济理论的发展都出现了不少失误。在“四人帮”的干扰下，经济工作受到政治运动的严重冲击，经济理论服务于政治运动的需要。尤其是在“四人帮”授意下搞的《社会主义政治经济学》一书，是以“大批判经济学”的极左面貌出现，将许多有利于发展生产力的做法当作资本主义的“尾巴”而大加批驳，将按劳分配说成是资产阶级产生的土壤，将当时并不存在的经济上的阶级斗争和党内资产阶级作为经济学研究的主题等等。

尽管受到“左”的思想的干扰，但不少马克思主义经济学家并未停止思索与研究。如许涤新在被关押期间，就依据马克思《资本论》体系，构思社会主义生产、流通与分配的总体框架和主线，并形成系统思维。“文革”后不久立即将成熟的思想变成文字，出版了《社会主义生产、流通与分配》力作。

3. 改革阶段与“仿美”倾向

这一阶段是从1979年至今。在这一阶段，开始全面清理社会主义经济理论中“左”的思想，重新用科学的马克思经济学理论指导中国社会主义政治经济学的研究，提出我国社会的主要矛盾是人民日益增长的物质文化需要同落后的社会生产之间的矛盾，因而党和国家的重点必须转移到以经济建设为中心的社会主义现代化建设上来。1982年召开的党的十二大提出必须贯彻计划经济为主、市场调节为辅的原则。1984年召开的十二届三中全会上提出了社会主义经济是有计划的商品经济，而商品经济的充分发展是社会主义经济发展不可逾越的阶段。1992年党的十四大则明确提出建立社会主义市场经济体制。至此，社会主义市场经济体制作为我国经济体制改革的目标而确立下来。丰富的改革发展实践和经济全球化实践为我国马克思主义政治经济学的发展提供了肥沃的土壤和充足的养料。伴随我国经济改革和建设的巨大成就，马克思主义政治经济学的理论变得日益丰富和完善。例如，新的活劳动价值论和剩余价值论、利己利他经济人论、资源需求双约束论、市场国家双重调节论、社会再生产和经济周期论、国际垄断资本主义论、经济全球化双重性质论、世界基本矛盾论等先后提出或发展。又如，社会主义市场经济理论和社会主义初级阶段理论的确立，生产力理论和所有制结构理论的调整，现代企业制度理论和市场体系理论的提出，市场型按劳分配及其他分配理论的发展，经济公平与经济效率理论的拓展，宏观调控理论和对外开放理论的阐发，科学发展经济观的倡导等等。马克思主义政治经济学出现了一个崭新的发展高潮。

在这一阶段，尽管马克思主义政治经济学的发展取得了建国以来最为辉煌的成就，但发展过程中却也暴露了一些问题：譬如，对中外某些现实经济问题缺乏系统的解释力和预见力；缺乏经济学的方法和理论的整合和系统创新，偏好于搬马恩原著或当代西方经济学经典的原话来对中外现实经济问题作出理论分析，而应用中外马克思主义经济学的基本观点来研究和影响现实的经济实践和政策，则相对欠缺。

随着改革开放的深入和西方经济学理论的引进，现代西方经济学在中国的影响日趋增大。经济学界，甚至不少研究马克思主义经济学的论著和自认为是马克思主义的经济学者，由以前对“苏联范式”的盲目崇拜而简单地倒向“美国范式”，但又对以美国为代表的当代西方经济学的“范式危机”并无感觉和认知。

二、改革以来马克思主义经济学理论和政策十大创新

改革以来理论界流传一种论调，说什么马克思主义经济学家一贯思想僵化，反对社会主义改革。近年来，中外真正的马克思主义经济学家联合新老凯恩斯主义者和左翼经济学家等，都在重点批评新自由主义经济学，更是被扣上“极左”、“走回头路”、“反对改革”的帽子，包括深受“三民主义”影响的朗咸平教授（本人已确认这一影响）也被强加这些政治帽子。

我想说明一个事实，即创新的马克思主义经济学家（“新马派”）是我国改革的最早倡导者！由于马克思主义经济学家一贯比较谦虚，反对市场炒作和学术泡沫，而自由市场本是又极易导致学术市场的“假冒伪劣理论商品”的泛滥，因而容易出现一批被中外媒体吹捧成所谓“主流经济学家”、“著名经济学家”等等。其中有些“改革

家”只是社会主义市场取向改革的“同路人”，实质属于资本主义市场取向改革的“改革家”或“改向家”（类似匈牙利的经济学家科尔奈、苏联的经济学家波波夫）。前几年，西方媒体再次发挥“西强我弱”的攻势，又选择了几乎都在西方国家获得学位的“华尔街版的中国十大经济学家”，试图影响我国正在激烈进行的“现代马克思主义经济学与现代西方经济学关系”的争论。值得欣慰的是，广大网民正在猛烈抨击某些所谓“主流经济学家”、“媒体经济学家”，这本质上是广大人民群众自觉地反对资产阶级自由化和新自由主义经济思潮的一种正义行动。

可以列举许多事例证明：现在仍然坚定的马克思主义经济学家是我国改革的最早倡导者。不过，他们往往不是市场塑造的“媒体经济学家”或“主流经济学家”，而是学界较为认同的颇有创新精神的“现代马克思主义经济学家”。现只选举十例如下：刘国光、于祖尧、苏星、卫兴华、杨圣明、张薰华、许涤新和继承者刘思华、田雪原、洪远朋、程恩富。

例一：刘国光是主张缩小指令性计划和市场改革取向理论和体制的最早倡导者和创新者。中国社科院刘国光研究员（曾任副院长，现为特邀顾问、学部主席团成员）是力主社会主义市场改革取向的。在1979年7月一次关于经济体制改革取向问题的座谈会中他明确提出，高度集权的苏联模式仅是社会主义经济体制模式之一，东欧国家偏重分权、偏于分散的市场体制和用经济办法管理经济的模式，也是社会主义经济体制的重要模式之一，我国经济体制改革在选择模式时，“要解放思想，按照实践是检验真理的唯一标准来决定我们的取舍……只要有利于经济的发展和人民生活水平的提高，都是可以采取的，没有什么政治帽子问题，只有适不适合一个国家各个时期的具体历史条件和经济发展条件的问题，也就是适不适合一国国情的问题”，市场机制是实行分权管理体制的重要手段（座谈会中刘国光研究员的发言题目为《对经济体制改革中几个重要问题的看法》，后载于《经济管理》1979年第11期）。随后，在与人合著的《论社会主义经济中计划与市场的关系》一文中，从生产与需求脱节、计划价格脱离实际、供给制资金分配体制的缺陷、企业结构上自给自足倾向的原因等方面，翔实论证了社会主义经济中计划与市场相结合的必然性，并对计划经济条件下如何利用市场的问题和利用市场机制条件下如何加强经济发展的计划性问题，提出了完整、系统的改革举措与政策建议。这一报告受到当时国内经济学界、特别是政府决策部门和中央领导的高度重视，对我国社会主义市场改革取向的抉择产生了重要影响。中国经济体制改革初期的不同意见是激烈的，在80年代初期，刘国光研究员因在改革取向抉择关键时期的这一历史性贡献而受到高层批评，但他没有退却。1984年，刘国光课题组提出《建设有中国特色的经济体制的总体设想》，开始独创性地阐述“双重模式转换”目标，逐步形成经济学的创新理论和政策体系，成为对改革影响最大的马克思主义经济学家。

例二：于祖尧是社会主义市场经济理论和体制的最早倡导者和创新者。1979年4月，在江苏省无锡市举行的全国价值规律理论讨论会，是中共十一届三中全会以来，也是全国解放以来中国经济学界规模最大的一次盛会。非常值得一提的理论突破是，在这次会议上，中国社科院经济研究所于祖尧研究员（曾任所党委书记兼副所长，现为荣誉学部委员）提交《试论社会主义市场经济》一文，是国内最早正式提出“社会主义市场经济”概念和理论的，指出“社会主义既然实行商品制度，那末，社会主义经济在本质上就不能不是一种特殊的市场经济，只不过它的性质和特征同资本主义市场经济有原则的区别。……为了加快实现四个观代化，搞好经济改革，应当怎样正确地对待市场经济，这是我们经济学界需要认真研究的重大课题。”（《经济研究资料》第50期（1979年3月28日，并编入会议文集《社会主义经济中计划与市场的关系》，中国社会科学出版社1980年版）。此后30年来，于祖尧发表了关于建立和完善社会主义市场经济体制的一系列论著，深刻地阐明中国特色社会主义经济理论和政策。可见，现在仍坚定的马克思主义经济学家于祖尧（套用一句流行的话，应当是“于市场”），才真正是我国社会主义市场经济理论的最早倡导者和杰出贡献者。

例三：苏星是社会主义股份制理论和体制的最早倡导者和创新者。1983年7月，中央党校苏星教授（曾任中央党校副校长、《红旗》杂志总编）在《红旗》第14期上发表的《试论工业公司》一文中明确指出：“社会主义社会的物质技术基础也是社会化的大生产。在消灭生产资料的资本主义私有制，建立生产资料公有制以后，依然需要利用股份公司和托拉斯一类的社会化大生产组织形式，利用它们的管理经验，使之为社会主义经济服务。……股份公司一类经济组织，作为社会化生产的组织形式，按理应当更适合于生产资料公有制的性质。因为在生产资料公有制的条件下，企业之间的根本利益是一致的，它们在国家政策的引导下，可以遵循自愿互利的原则，广泛组织公司和其他各种形式的联合体，不存在私有制的限制。当然，社会主义的公司和资本主义的公司在性质上是根本不同的。我们像资本主义的公司和托拉斯学习，主要是学习它们组织社会化大生产，特别是专业化和联合的经验，而不能照抄照搬。”以后，他对所有制和农村改革发展等一些问题，都发表过理论和政策探讨的论著。可见，查阅书面文献，刚去世的著名马克思主义经济学家苏星（套用一句流行的话，应当是“苏股份”）才真正是我国社会主义股份制理论的最早倡导者和杰出贡献者。

例四：卫兴华是社会主义公有制实现形式理论和体制的最早倡导者和创新者。在《江西社会科学》1986年第4期刊发的《关于我国经济体制改革的理论问题》一文中，中国人民大学经济学院卫兴华教授（曾任院学术委员会主任，现任全国《资本论》研究会顾问）提出：“社会主义经济体制似不应仅仅归结为一个管理体制问题。社会主义经济体制，首先包括社会主义经济制度运行和实现的具体形式，如公有制的运行和实现形式，按劳分配的运行和实现形式，以及其他社会主义生产关系的运行和实现形式等。”在同期发表的其他论文中，也强调提出：“发展和完善公有制，就需要完善公有制的实现形式。”他在《经济经纬》2004年第6期发表的《不要混同“公有制形式”和“公有制实现形式”》一文中又进一步指出，“国有经济和集体经济是公有制的存在形式，不是实现形式，股份制的性质取决于入股资本的性质，私有资本组织的股份制，依然是私有制。……也不能认为，股份制成为公有制的主要实现形式，就否定或取代国有经济和集体经济这两种公有制形式。”卫兴华对所有制、分配、经济运行和经济发展等一系列经济现实问题都有研究，对马克思主义经济学许多基本原理均进行过深刻探讨，是“高质高产”的马克思主义理论家。

例五：杨圣明是平等与效率有机结合理论和发展战略的最早倡导者和创新者。1984年1月，中国社科院杨圣明研究员（曾任财贸所所长、现为社科院学术咨询委员会副秘书长、学部委员）在《中国经济发展战略问题研究》一书中明确提出：“寻找出适当的收入差距，既促进经济效率的提高，又有利于社会平等，乃是重要的战略问题。……我国是社会主义国家，既不能放弃平等，也不能失去效率，要兼而有之。过去我们比较重视平等，但在一定程度上轻视效率。今后我们要重视效率，扩大收入差距，但是，决不能忽视平等问题。……我们在相当长的时期内强调效率，扩大收入差距，并不是最终目的。我们要从目前的比较平等开始，经过扩大差距、提高效率的阶段，最终实现真正的社会平等。这种论断，根本不同于50年代库兹涅茨提出的所谓‘倒U字形假说。……与资本主义各国的情况不同，我国已经实现了生产资料社会主义公有制，通过对居民收入的有计划有步骤地调节，能够把效率和平等有机地结合起来，防止社会的两极分化，使我国最终创造出比资本主义更高的劳动效率。”（《杨圣明文集》，上海辞书出版社，2005年，第440～442页）以后，在一些论著中，又进一步阐明和创新公平与效率以及与此相关的劳动价值论和分配论。可见，现在坚定的著名马克思主义经济学家杨圣明，才真正是我国社会主义公平与效率理论的最早提出者和杰出贡献者。

例六：张薰华是土地管理体制改革理论和体制的最早倡导者和创新者。1984年在港澳经济研究会成立大会上，杰出的《资本论》研究专家、复旦大学张薰华教授（曾任经济学系主任，现任全国《资本论》研究会顾问）提交了论文《论社会主义经济中地租的必然性》，从理论到实践阐述了这一思路。论文载于《中国房地产》杂志1984年第8期。1985年初，由于中央对土地管理体制改革的重视，上海市委研究室注意到这篇文章，嘱再写一篇《再论社会主义商品经济中地租的必然性——兼论上海土地使用问题》，载于该室《内部资料》第6期（1985年1月21日印发）。文中一再指出，“土地的有偿使用关系到土地的合理使用和土地的公有权问题。级差地租应该为国家的财源之一，港澳的租地办法可以采用。”接着，《再论》这篇文章又受到中央书记处研究室注意，嘱再补充，标题改为《论社会主义商品经济中地租的必然性》，1985年4月10日载于该室内刊《调查与研究》第5期，发至全国各省市领导机关。这就为中国土地批租制度的建立提供了理论依据。根据以上机理，土地国有化不仅排除了土地私有制，而且排除了土地集体所有制。因为集体单位使用土地带来级差超额利润，也是社会转移来的价值，不是他们劳动创造的价值。同理，国有企业也不应无偿使用土地。无偿划拨土地实质上是将国有土地变为企业土地。1987 年，在深圳参加“城市土地管理体制改革”讨论会上，张薰华教授提交论文《论土地国有化与地租的归属问题》。后来，深圳市政府将该市农村土地全部收归国有。改革以来，张薰华率先发表关于价格改革、保护环境、发展交通等一些现实经济问题的论著，对马克思主义经济理论有重要贡献。

例七：许涤新和刘思华是我国构建生态经济学和生态文明理论的最早倡导者和创新者。1980 年 8 月中国社科院经济研究所许涤新研究员（已故，原所长、中国《资本论》研究会首届会长）在中国社科院农业经济研究所于青海西宁市召开的一次讨论发展畜牧经济的讨论会上，首次提出生态经济问题，指出“要研究我国生态经济问题，逐步建立我国生态经济学”，要把农、林、牧、渔等业的经济问题同生态学结合起来（许涤新《生态经济学探索》后记，上海人民出版社，1985 年版）。同年 9 月 27 日，由许涤新主持，中国社科院经济研究所召开了我国首次生态经济问题座谈会，正式拉开了我国创建生态经济学的序幕，会后《经济研究》于 1980 年第 11 期刊登了这次生态经济问题座谈会记录，并发表了许涤新同志的论文《实现四化与生态经济学》。作为许涤新生态环境经济研究团队的主要学者和继承人刘思华（中南财经政法大学可持续发展研究中心主任、中国生态经济教育委员会会长），1987 年 8 月，在定稿《理论生态经济学若干问题研究》一书时，论证社会主义生产的直接目的是保证人民的全面需要，就深刻地论述了社会主义满足人民生态、物质、精神三类需要的实现过程，也就是三大文明建设过程。他指出：“社会主义制度下，人民群众的全面需要及其满足程度和实现方式，是社会主义物质文明、精神文明、生态文明三大文明建设的根本问题。”（《理论生态经济学若干问题研究》，广西人民出版社，1989 年，第 275 页）。

例八：田雪原是我国计划生育政策及其理论的最早倡导者和创新者。田雪原（中国社会科学院学部委员、曾任中国社会科学院人口与劳动经济研究所所长）等力主为马寅初新人口论翻案，扬弃了人口不断迅速增长是社会主义人口规律教条，明确了我国人口问题属人口压迫生产力即人口过剩性质，不仅推动了人口理论拨乱反正，而且为严格控制人口增长提供了理论支持。1979 年田雪原在“控制人口促进四化”（《天津日报》1979 年 9 月 11 日，参见《田雪原文集（一）》，中国经济出版社，1991 年，第 10 ~ 16 页）一文中，就阐发了我国人口与经济、社会发展存在的严重比例失调：总体人口同生活资料，劳动年龄人口同生产资料，人口同教育、住宅、卫生等公共事业发展的不相适应和比例失调；加快四个现代化必须大力控制人口数量、提高人口质量；控制人口增长除要做好宣传外，还要采取有力措施，提出对只生育一孩者“给予适当的物质奖励，发给一定数量的儿童保健费”，“对生三胎者征收多子女费”，以及在住房、口粮、城镇招工、农村自留地、职工老年退休等方面区别对待，逐步对老年人实行社会保险。其后，提出并进一步论证了控制人口数量与提高人口质量、调整人口结构相结合，当前以数量控制为重点的方针。1980 年初新华社发出以宋健为首的自然科学家与田雪原等社会科学工作者合作所做的百年人口预测电文，该预测结果上报中央政治局，为人口决策提供多种可供选择的方案。1980 年 3 ~ 5 月，中央召开五次人口问题座谈会，田雪原受命起草向中央书记处报告，阐述了大力提倡一对夫妇生育一个孩子是解决目前人口问题的关键、一对夫妇生育一个孩子可能产生的问题和政策建议；同时按照领导要求，在以个人署名（以示负有责任）的报告附件中，阐述了提倡一对夫妇生育一个孩子势在必行、生育一个孩子方案可以搞到 2010 年前后和 2010 年以后生育率应作适当调整的观点。

例九：洪远朋是经济利益核心理论和政策的最早倡导者和创新者。1995 年洪远朋教授（复旦大学经济学院原院长、全国综合性大学《资本论》研究会会长）在《复旦学报》第 3 期发表的《论社会主义市场经济体制下的十大利益关系》一文中指出：“经济利益是经济关系的核心。在社会主义市场经济体制下，至少有十大利益关系。（1）中央与地方的经济利益关系；（2）国家、企业和个人的经济利益关系；（3）地区与地区的经济利益关系；（4）工农之间的经济利益关系；（5）行业与行业的经济利益关系；（6）企业与企业的经济利益关系；（7）个人与个人之间的经济利益关系；（8）脑力劳动与体力劳动的经济利益关系；（9）要素与要素之间的经济利益关系；（10）国内与国外的经济利益关系。正确认识和处理各种经济利益关系，对于加速社会主义市场经济体制的建立，调整各种经济关系，促进社会生产力的发展，具有重要的理论意义和现实意义。”1999年出版的《经济利益关系通论》（复旦大学出版社，1999年）一书中提出，“一切经济学的核心是经济利益”，“一切经济活动的核心是经济利益”，“一切经济关系的核心是经济利益”。他具体指导和主编了包括《经济利益关系通论》在内的一整套经济利益理论与实践丛书，如《综合经济利益论》、《分享利益论》、《开放利益论》、《机会利益论》、《风险利益论》、《保险利益论》和《创业利益论》等。

例十：程恩富是大文化经济学理论和文化经济体制改革和发展的最早倡导者和创新者。1993年，在《文化经济学》（中国经济出版社）一书中，笔者提出：“要以马克思主义经济学为指导，以文学艺术、教育、新闻出版、科技等为主要内容的‘大文化’经济学。它是要研究文化活动中的经济行为——文化生产力和文化生产关系，其研究的目的是要揭示社会主义文化经济的运行及其发展规律，并通过对文化资源、文化供给与需求、文化投资、文化市场、文化商品、文化商品价格、文化消费、文化发展计划、文化劳动生产率、文化劳动报酬、文化经济效益和经济核算及文化经济管理体制等一系列主要范畴的具体分析来实现这一点。”“我国要构建的文化经济管理体制，应当是国家自觉调节和市场调节有机结合的、统一性和灵活性相统一的体制，其总体由文化经济管理的职能分工模式、企业化经营模式和间接调控模式构成。”详细阐明了“文化生产（精神生产）与物质生产的共生互动关系”以及文化大发展的趋势。

从上述现代马克思主义经济学家理论联系实践的创新、甚至是原创中可以表明：中国政治经济学的转型，不是从传统政治经济学转向现代西方经济学，而是在科学扬弃和超越苏联经济学和现代西方经济学的基础上转向现代马克思主义政治经济学，包括现代社会主义市场经济和现代资本主义市场经济的基本理论。就理论经济学来说，世界主流经济学是西方经济学，而马克思主义经济学则是非主流经济学；改革后社会主义中国的主流经济学是现代马克思主义经济学，而现代西方经济学则是非主流经济学。共产党执政的社会主义国家，是不可能将资产阶级执政党奉为主流的经济学作为本国主流经济学的。同现代西方经济学一样，现代马克思主义政治经济学既是学术体系，又是一种理论信仰和意识形态，应当在学术和意识形态两个相关领域都发挥指导作用。如果只赞成马克思主义经济学作为经济意识形态的指导地位，而不赞成它在经济学教学和研究中的学术指导地位，则会架空马克思主义经济学。

三、中国经济学现代化的总体创新原则

改革以来，关于“中国经济学向何处去”，一直是经济理论界热门话题。1994年初，笔者在《21世纪：重建中国经济学》① 一文中曾对中国经济学的发展阶段和前景作了总体判断，后引起连锁反响。近年来，这个话题又被一些学者以如何推进中国经济学的“国际化”、如何推进“现代经济学的本土化”等形式提了出来。在上述问题引导下，目前理论界流行诸如“西方经济学本土化”、“西方经济学中国化”、“中国经济学必须西方化或国际化”、“经济学要与国际接轨”、“西方经济学是现代经济学”、“政治经济学不是学术”、“马克思主义经济学被西方经济学取代是改革方向”、“中国经济学的国际化只有先从组织上让非马克思主义的‘海龟’执掌院校”之类的解答。这是很值得商榷的。

中国马克思主义经济学作为应当科学地揭示当代中国经济运行和发展规律的重要理论，必须适应当代国际经济环境对中国社会主义经济提出的挑战，必须适应中国社会主义初级阶段的经济科学发展的要求，因而，对于中国经济学发展趋势的正确提问，就绝不是如何与现代西方经济学的接轨、使现代西方经济学“本土化”问题。而应当是如何在唯物史观的指导下，推进中国经济学在科学轨道上实现现代化的问题。进一步说，也就是我国的经济学教学和研究如何适应现代社会主义经济全球化和市场经济的科学发展的需要，实现马克思主义经济学在中国的现代化、具体化的问题。

分析如何推进中国经济学现代化这个问题涉及方方面面，就其解决这个问题的基本学术方针和总体创新原则而言，可以扼要地概括为：“马学为体、西学为用、国学为根，世情为鉴、国情为

---

① 参见程恩富：《21世纪：重建中国经济学》，《社会科学报》1994年4月7日。

据，综合创新”① 下面拟阐述对这一基本学术方针和总体创新原则的一些看法。

1. 关于“马学为体”

“马学”是指中外马克思主义知识体系。“体”，在中国古代哲学语言中具有“根本的、内在的”含义。② 强调中国经济学现代化必须坚持“马学为体”，就是要始终坚持马克思主义经济学是中国现代经济学的根本和主导。这就是说，中国经济学的现代化在研究方向上，必须始终毫不动摇地坚持唯物史观的指引，遵循着马克思的理论的道路前进；在内容上，必须毫不动摇地以马克思主义经济学知识体系中的基本范畴、科学原理为主体，面对新的历史条件拓展和创新；在处理中外多元经济思想的关系上，必须毫不动摇地坚持马克思主义经济学的指导地位。

“马学为体”是中国经济学现代化必须强调的根本原则，一旦偏离这一原则，理论创新将难以为继，经济学的现代化将偏离科学化的轨道。必须充分认识，中国经济学的现代化，绝不是一个简单的时空发展概念，而是在时空发展中的不断科学化的过程。只有“马学为体”，才能保证实现中国经济学的现代化创新始终沿着科学的轨道前进。强调“马学为体”，有必要纠正近些年来流行的一些对马克思主义经济学的认识误区：一是把马克思主义经济学视为与西方经济学各种流派相提并论的一种理论流派。二是简单地把马克思主义经济学分割为“革命的经济学”与“建设的经济学”。三是宣扬马克思主义及其经济学只是意识形态非学术。四是认为生产力先进的美欧国家，其经济学也一定是先进的。

在追求经济学科学化的意义上，可以说，越是坚持“马学为体”，就越能促进中国经济学的现代化。而越是偏离“马学为体”，越是追随西方现代经济学，中国经济学越难以实现科学的现代化，而且有可能使中国经济学陷入当代资产阶级经济学“学术殖民地”和“马前卒”的可悲地位。

2. 关于“西学为用”

撇开自然科学，西学是指西方马克思主义以外的社会科学知识体系，这里主要指阐述近现代主流经济思想的西方经济学。就整体看，西方主流经济学仍然保持着当年马克思揭示的资产阶级经济学的非科学的固有特征，如：表面性、片面性、主观性、虚伪性、辩护性和庸俗性，因而从整体上说，现代西方经济学不是科学的经济思想体系。

但是，不能“西学为体”，并不等于不要“西学为用”。我们所说的“西学为用”，当然不是“西学为体”意义上的“为用”，而是在“马学为体”前提下对“西学”借鉴和利用。按照我国古代哲学的“体用”一般含义，“‘体’是最根本的、内在的，‘用’是‘体’的表现和产物”③。用这种“体”“用”一致的思想看“马学”同“西学”，可以看到，两者之“体”存在唯物史观和唯心史观基本思想的根本区别；相应的，两者的“用”或者说表现形式和发生作用的方式也存在一系列差异，例如在理论形式上，西方经济学分为微观经济学和宏观经济经济学两大缺乏内在联系的理论板块；马克思主义政治经济学则从抽象上升到具体，是一个再现一定历史条件下的经济的社会形态的有机理论体系。然而，如果把“马学”与“西学”的“体用”区别绝对化，以为“马学为体”就绝对不能借鉴、利用“西学”，那就陷入了孤立地对待“马学”、“西学”的形而上学误区，在思想方法上就连近代的张之洞都不如了。

我们在坚持“马学”“体用”一致的同时，有必要提出“西学为用”。在西方经济学众多流派中，有的描述了社会分工制度、市场竞争机制对于生产力发展的促进作用，有的承认了资本主义社会失业、危机的不可避免，有的创建了宏观经济运行的总量分析、调控和预测方法，有的揭示出产业发展和经济增长的某些规律，有的对企业管理一般制度作了不同角度的研究，有的形成了经济政策学，凡此种种，或多或少地反映了资本主义市场经济的客观状况。只要我们能够剥离其

---

① 关于“体用”概念，人们往往想到张之洞在1898年《劝学篇》中提出的“中学为体，西学为用”的主张。他所说的“用”，突破前期洋务派所划定的“西方技艺”，即器械与自然科学的范围，包含了“西方政艺”的部分内容，亦即主张在学校、赋税、武备、法律、通商等领域实施某些西方的模式；但是，他的“中学为体”，是要以儒家的“三纲五常”等伦理道德作为立国的不能更改的根本原则，所谓“西学为用”，不过是作为维护中国封建皇权和地主阶级统治的一种手段，从实质内容上看是改良主义的。但是，这并不妨碍我们从语言角度对“体用”概念的使用。我们完全可以赋予“体用”以崭新的现代科学含义。

② 参见《辞海》语词分册（上），上海辞书出版社，第200页。

③ 《辞海》语词分册（上），上海辞书出版社，第200页。

不科学的成分，加以改造和充实，就能提炼出科学的经济思想。在对待“西学”的态度上，马克思在《资本论》中为我们树立了讲科学的榜样。一大批原本是资产阶级经济学的范畴和原理，经过马克思革命性的批判、分析和借鉴，以崭新的含义纳入了马克思主义科学经济学的系统。

这里有必要指出，决不能把“西学为用”与一种流行的倾向混同起来，这种倾向认为，马克思主义经济学没有应用价值，在解决市场的实际经济问题方面只能用“西学”。改革以来，中国马克思主义经济学在应用领域进展受阻，因为一些应用经济学的学科负责人以基本照搬西方应用经济学为“创新”，存在一种“学术惰性”，由此产生只有西方经济学才有应用价值这种错觉。我们必须克服这一“学术惰性”，树立中国特色的学术创新自信和自觉，努力构建或完善马克思主义的现代应用经济学学科体系，如文化经济学、消费经济学、土地经济学、交通经济学、劳动经济学、产业经济学、国际贸易学、经济心理学、经济美学等。为此，也决定了我们应当尤其重视现代西方应用经济学，努力吸收“西学”这方面的有益元素，加快马克思主义的应用经济学的大发展、大繁荣。这样的“西学为用”（毛泽东是提“洋为中用)，是为丰富和发展马克思主义学术及其中国化的“体”服务的，也是中国马克思主义经济学现代化的内在要求。

3. 关于“国学为根”

撇开自然科学，国学是指中国古近代的社会科学知识体系，这里主要指古近代的经济思想。国学为根，就是要在中国经济学现代化过程中，重视自古以来经济思想中反映一般经济规律和中国特殊经济国情的精华。正如毛泽东所强调的“古为今用”，“我们这个民族有数千年的历史，有它的特点，有他的许多珍贵品。”“从孔夫子到孙中山，我们应当给以总结，继承这一份珍贵的遗产。”① 在中国经济学现代化的进程中，这对于形成中国特点、中国气派和中国风格具有不可低估的价值。

在唯物史观看来，中国本土历史上形成各种经济思想，都是一定历史时期经济事实的反映。它们直接、间接甚至扭曲地反映着的，不仅有在相同历史条件下各国普遍存在的经济因素，而且有中国特殊的国情和文化因素，这些特殊性因素属于中国从古到今的“根”或者借用生物学的说法，属于中国经济形态的“基因”。只要中国作为民族国家还存在，这些“基因”就会存在。在中国经济学的现代化的进程中，始终重视中国的特殊国情和历史传统因素，才有助于形成具有中国特色的现代马克思主义经济学。诚然，我们所说的“国学为根”，并不是说可以简单地、不分青红皂白地弘扬“国学”，而是主张剔除其封建性的经济思想糟粕，吸收其体现中国优良传统的、科学性的精华。

历史地看，中国古近代经济思想中，包括许多给当代人诸多启发的科学成分。它们是很了不起的。例如，我们在史书中可以读到“劳则富”②、“节用而爱人，使民以时”③、“治国之道，必先富民”④、“俭节则昌，淫佚（逸）则亡”⑤ 等等，这些经济思想认识到劳动创造财富，富民才能强国，主张爱护劳动力，珍惜劳动时间，崇尚节俭，反对浪费；我国古籍中关于预先规划国家经济活动（如《管子》的“国规”思想)、封山禁猎、封湖禁渔等记载，包含着从全局布局生产力，力求经济持续发展等等，可以说是现代宏观调控、可持续发展思想的先声。这些思想反映了人类社会经济运动的一般要求，具有长远的历史价值。

研究中国古近代知识体系中的经济思想，还有助于增强推进中国经济学现代化的民族自信力，纠正那种一讲经济现代化，就想到西方经济学的自卑乃至盲目崇洋心理。历史展示出我国古近代产生过许多卓越的经济思想，如春秋战国“百家争鸣”时期，产生了《管子》（相传为崇奉管仲的一些学者所作）这样的系统论述经济管理的著作，内容涉及经济哲学思想、经济与政治的关系、财富与劳动的关系，阐释了分配、消费、增长、贸易、财政以及市场、货币、价格等广泛的经济范畴，堪称世界范围内的罕见的经济学辉煌巨著；产生了一批具有深刻思想的大家，如墨翟把“利”归结于物质财富，那时就提出了与西方近代斯密思想相近的“交相利”的思想（彼此相利，利人就是利己)；范蠡提出了可能是全世界最早的经济

---

① 《毛泽东选集》第2卷，人民出版社，1991年，第533～534页。

② 《大戴礼·武王践祚·履屦铭》，胡寄窗：《中国经济思想史简编》，中国社会科学出版社，1981年，第2页。

③ 《论语·学而》，胡寄窗：《中国经济思想史简编》，中国社会科学出版社，1981年，第47页。

④ 《管子·治国》，周伯棣：《中国财政思想史稿》，福建人民出版社，1984年，第2页。

⑤ 《墨子间诂·辞过》，周伯棣：《中国财政思想史稿》，福建人民出版社，1984年，第104页。

循环论①，这些思想都可与西方古希腊色诺芬等思想家对人类的贡献相媲美。就近代具有进步意义的经济思想而言，洪秀全的《天朝田亩制度》和《资政新篇》，反映了农业空想社会主义和工商业资本主义的经济思想和政策主张；康有为在政治上虽然是保皇的改良主义者，但他的《大同书》，是用“国学”语言和智慧来表达社会主义的经济思想和终极经济模式，是具有中国风格的最具想象力的空想社会主义著作，足以名列世界伟大空想社会主义思想家之列，并在一定意义上成为“国学”的集大成者和终极者，成为“马学”的同盟者；体现新生资本主义生产关系发展要求的经济思想也并不单纯是西方的舶来品，以孙中山为代表的、反帝反封建、扶助农工的中国式的民族资本主义思想，以及平均地权和抑制私人大资本的小资产阶级经济思想，也有“马学”和建设国有经济为主导和控制力以及公有制为主体的初级社会主义可溯源、可借鉴之元素。

4. 关于“世情为鉴”和“国情为据”

“马学”、“西学”和“国学”，这三大知识体系的本身都属于思想资料和理论来源的范畴。要真正推进中国经济学的现代化，还必须结合当代国内外新的经济实践，以“世情为鉴”和“国情为据”。

——“世情为鉴”。“世情”有丰富的含义，从经济学的角度指整个世界及各国经济的历史、现状和未来的演化和发展状况。“世情”的真相是中国经济学在现代化进程中把握正确方向的重要借鉴。例如，世界新自由主义主张非调控化的市场原教旨主义、宣扬“私有产权神话”、反对建立国际经济新秩序、主张福利个人化。在美英等发达国家推行下，一度成为全球盛行的经济学思潮。然而，综观近10年左右的这种思潮主导下的经济全球化实践，可以清晰地看到：苏东出现倒退的十年，拉美是失去的十年，日本是爬行的十几年，美欧是缓升的十几年。被联合国认定的49个最不发达的国家（亦称第四世界），并没有通过私有化和发达资本主义国家主导的经济全球化途径富强起来，有的反而更加贫穷。近年来，拉美国家纷纷倾向“社会主义”，这显示出，新自由主义主导全球化阶段正逐步走向衰败，经济全球化终将趋向社会主义主导的阶段。以上述“世情”为鉴，中国现代经济学对美国和世界经济发展的正反两方面经验和新自由主义经济理论和政策应采取分析和甄别的科学态度。

——“国情为据”。构建和完善具有中国特色、中国气派和中国风格的科学现代经济学，只能依据由生产力水平最终决定的社会形态、文化传统、自然环境等复杂因素构成的国情，其中又包含着各种“色层”的省情、市情、县情以及城、乡差别实情。改革开放30年来，广大人民群众最重要的实践就是围绕和努力实现社会主义公有制与市场经济的高效结合。中国经济学有必要总结这方面的成功经验。要充分看到，中国城市已经出现了一批富有实力、活力和竞争力的国有大型和特大型企业及企业集团，中国农村也出现了一批坚持社会主义公有制，在市场经济环境中实现共同致富的典型，如河南的南街村和刘庄、江苏的华西村、长江村等。从它们的实践经验中，可以发现前无古人的市场经济与公有制有效结合的新规律。只有从这些富有创造性的社会主义经济实践经验中吸取营养，才能真正推进中国马克思主义经济学的现代化。

5. 关于“综合创新”

上述理论上的“马学为体”、“西学为用”、“国学为根”，实践上的“世情为鉴”和“国情为据”，它们最终要落实到中国经济学现代化进程中的“综合创新”上。经济学现代化的“综合创新”，要求在综合前人经济思想的基础上，结合现代历史条件下的中外经济实践，科学创新已有的经济理论。没有分析，就不可能综合；没有在不断分析过程中的相应的不断综合，也就不能做到深入的分析和全面的综合。因此，中国经济学现代化进程中的“综合创新”，在结合当代中外实践的基础上，对“马学”、“西学”和“国学”三大知识体系提供的经济材料进行分析与综合的过程。“综合创新”，意味着正确处理三大知识体系之间的相互关系，以及对他们的分析综合与实践检验之间的关系。

中国经济学现代化过程中的这种“综合创新”，乃是追求真理的经济学者在唯物史观指导下发挥主观能动性的过程。也就是说，要以马克思主义科学经济学为根本，以西方非马克思主义经济学知识和合理元素为借用，以古近代的经济思想资料为弄清中国国情特征的历史源头，进行可持续的综合创新和理论超越。中国经济学现代化

① 参阅胡寄窗：《中国经济思想史简编》，中国社会科学出版社，1981年，第27～31页。

的"综合创新"，为的是形成具有中国特色、中国风格和中国气派的中国现代马克思主义经济学。应当从简单引进和模仿外国经济学的自在方式，实现向理论创新的自觉或自为方式的转变。这意味着，要实现两个超越：既在具体化的意义上超越马列经典经济学，又在科学范式的意义上超越当代西方经济学；要体现两种实践：既体现东西方市场经济实践，又体现有中国特色的社会主义实践；要显现两种创新：既要有经济学的某些常规发展，又要有其范式的革命。它将是一种科学反映经济现代性的"后现代经济学"，同时也将是一种"后马克思经济学新综合"，也就是在唯物史观指导下，以世界眼光，坚持"马学"这个根本，在当代国外经济学继续分化和局部综合的基础上，去实现全面系统的科学大综合。其中包括分析和借鉴西方马克思主义经济理论、西方激进经济理论、凯恩斯左翼经济理论、克鲁格曼国际经济理论、发展经济学、比较经济学以及"中心—外围"等发展中国家经济理论；积极汲取当代哲学、伦理学、美学、心理学、法学、政治学、系统学、场态学、生物学、数学等多学科的可用方法。①

四、中国马克思主义经济学现代化的五大态势

新中国60年，特别是改革开放以来，我国有一大批老中青马克思主义经济学家事实上是以上述为原则进行理论研究和政策探讨的，传承和创新工作成效显著。近些年有更大的进展，从而中国马克思主义经济学的现代化呈现出五大科学发展态势。

一是注重对重大现实经济问题进行体现科学发展观的理论和政策探讨。中国马克思主义经济学的现代化必须紧密结合马克思主义中国化理论和中国特色社会主义经济理论体系。经济学家于祖尧、项启源、杨圣明、吴树青、卫兴华、纪宝成、张宇等已发表了许多论著，准确阐发马克思主义中国化的最新理论成果。近来，著名经济学家刘国光依据党的十七大精神，又撰文阐明"发挥国家计划在宏观调控中的导向作用"的意义，指出国家计划同财政政策、货币政策一样，是重要的宏观调控手段，强调市场必须"在国家宏观调控下"起资源配置的基础性作用是非常重要的；阐明"坚持和完善基本经济制度"的意义，提出公有制在社会总资产和经营性资产中占优势比例可能丧失这个问题；阐明我国贫富差距扩大最根本的原因在所有制结构的变化，需要从基本经济制度来最终地阻止向两级分化推进趋势。经济学家杨承训探讨科学发展观与社会主义市场经济的依存机理，认为完善的社会主义市场经济体制为科学发展提供保障，针对市场经济的缺陷，须用科学发展观引领社会主义市场经济健康发展。笔者关于知识产权优势理论和发展战略、转变对内对外经济发展方式、新人口理论和计划生育政策、集体经济和合作经济理论和政策以及养老保障体制调整等观点，促进了科学发展观经济层面的深入探讨。

二是注重对经济学原理的超越性发展。中国马克思主义经济学的现代化必须加强马克思主义经济学的方法、假设、原理的学术创新。现代马克思主义经济学已经强调理论假设和研究方法的现实性、科学性和辩证性，因而具有更大的理论认知功能和社会建设功能。以《中国社会科学》去年发表的两篇论文为例。笔者在《现代马克思主义政治经济学的四大理论假设》一文中，主张在坚持马克思主义政治经济学基本精神与批判现代西方主流经济学假设的基础上，现代马克思主义政治经济学需提出并坚持四大理论假设，即"新的活劳动创造价值假设"、"利己和利他经济人假设"、"资源和需要双约束假设"、"公平与效率互促同向变动假设"；经济学家何干强在《论唯物史观的经济分析范式》一文中，论述思维中应当自觉运用的经济辩证法是客观辩证法在经济领域的特殊形式在头脑中的反映，作为经济分析工具，它包括具有分析功能的马克思主义经济学范畴、原理和形成唯物史观分析路径的辩证法要素这两个方面；与西方经济学分析方法对比，唯物史观经济分析范式具有显著的科学特征和优势。面对近年西方经济理论和制度引发的又一次严重金融和经济危机，刘国光、胡代光、吴易风、丁冰、胡乐明、赵磊和笔者都从操作政策、体制机制和根本制度三个层面分析其成因，发展了马克思恩格斯经济学和列宁经济学关于经济危机和经济周期的基本原理。

三是注重对政治经济学理论的数学表达和分析。中国马克思主义经济学的现代化必须继承《资本论》最先高度重视数学的优良学术传统，并科学借鉴现代西方经济学采用数学的方法。2007年"全国首届现代政治经济学数学分析研讨会"在上海财经大学召开便是一个重要标志。冯金华、

---

① 参见程恩富：《范式革命与常规理论发展——经济学的分化与综合》，《光明日报》2004年1月20日。

马艳、白暴力、丁堡骏、孟捷、余斌、朱奎、朱殊洋等一批知名中青年学者一致认为，现代政治经济学应该继承马克思重视数学分析的优良传统，充分借鉴数学分析的工具，进行马克思主义经济学原理的论证、阐述和发展，以弥补定性分析和规范分析的不足。诚然，现代政治经济学在运用数学分析方法进行理论传承和创新以及弥补现代政治经济学的缺憾时，应当坚持唯物辩证法为总的方法论原则，应当避免数学分析的形式主义和滥用，应当把把数学分析与现代马克思主义政治经济学前提假设和理论基础结合起来，以期实现数学分析与现代政治经济学的有机结合。他们提交的论文和学术界发表的论著还从数学分析的视角，对现代政治经济学的劳动创造价值、价值转形、再生产循环、物质生产优先增长、利润率变动趋势等前沿问题进行了研讨。体现数学分析的《新编现代政治经济学》教材2009年问世。

四是注重用现代政治经济学引领应用经济学创新。中国马克思主义经济学的现代化必须体现在理论经济学和应用经济学的各个学科，而积极运用现代政治经济学的创新理论来指导和引领其他理论经济学、尤其是应用经济学，属于当务之急。2007年、2009年分别召开的第一、二届“全国现代马克思主义政治经济学与应用经济学创新”研讨会便是一个转折性发展态势，中外经济学家已经倡导用发展着的现代政治经济学理论引领应用经济学的创新和发展，充分发挥现代马克思主义理论经济学和应用经济学在学术研究、政策制定、经济管理中的作用；强调要建立和健全政治经济学与应用经济学的互动互促关系，发表更多的学科交叉成果；主张要运用现代政治经济学的方法和理论，在有扬有弃地借鉴现代西方应用经济学的基础上，真正实现学术原创和应用高效。目前，文化经济学、可持续发展经济学、劳动经济学、产业经济学、贸易学、金融学、财政学等，已产生用与时俱进的现代政治经济学观点进行理论创新的一些成果，就是似乎较难做到的会计学，国内外也有一定进展。同时，笔者主编《新编现代政治经济学》等经济学教材已开始追溯经济思想的国学之根，弘扬中华文明。

五是注重与国外马克思主义经济学的互动和借鉴。中国马克思主义经济学的现代化必须与国外当代马克思主义经济学实行“引进来、走出去”的双向交流，因为国外经济学科学的主要学术前沿在马克思主义经济理论研究领域。近年全球学术团体——世界政治经济学学会在上海、日本、北京和法国分别成功举办“经济全球化与现代马克思主义经济学”、“世界劳资关系的现代政治经济学观察”、“马克思主义与可持续发展”、“民族、国家和全球经济政治的民主治理”四届国际论坛，并发表了相关理论的共识宣言。① 从世界20多个主要国家的百位经济学家提交的众多论文来看，具有中国特色的经济学理论已经越来越受到各国学者的高度重视，越南日前也已出版笔者主编的《新编现代政治经济学》教材；同时，我国学者正在选译100本国外马克思主义经济学名著，美国大卫·科茨、日本伊藤诚、法国迪劳内等世界著名马克思主义经济学家的前沿理论，已经被中国学者所关注和借鉴。这种双向学术交流和借鉴是中国马克思主义经济学现代化的重要走势和图像。

参考文献：

1. 程恩富：《当代中国经济理论探索》，上海财经大学出版社，2000年。

2. 程恩富：《经济学现代化及其五大态势》，《高校理论战线》2008年第3期。

3. 程恩富：《改革开放与马克思主义经济学创新》，华南师范大学学报（社会科学版），2009年第1期。

4. 程恩富、何干强：《论推进中国经济学现代化的学术原则——主析“马学”、“西学”与“国学”之关系》，《马克思主义研究》2009年第4期。

（作者为中国社会科学院马克思主义研究院院长）

---

① 2006年4月3日在首届论坛的共识宣言中指出：“新古典经济学已经成为世界上许多国家主流的经济学研究方法，其所主张的经济政策使世界人民付出了巨大的经济代价，并成为解决各种社会经济问题的障碍。马克思主义经济学为分析当代世界经济问题，以及分析资本主义制度和社会主义制度，提供了最好的理论基础。它为不断解决当今世界经济的严重问题打下了基础。同时，它也为社会主义和共产主义在世界范围内最终取代资本主义指明了方向，这正是人类实现其社会经济发展潜力所必需的。我们决心发展马克思主义经济学，并运用它来分析和解决当代人类所面临的社会经济问题。为此，我们要联合世界各国的马克思主义经济学家，并推动我们共同事业的发展。我们将努力扩大现代马克思主义经济学在学术活动、公共政策讨论以及其他领域的影响。”详见《海派经济学》（季刊）2006年总第14辑。

论中国特色社会主义的创新性

侯惠勤

我们今天面临的一个重大任务，就是要用马克思主义中国化的最新成果武装全党，并使之成为全体人民的自觉追求，为此，必须充分阐明中国特色社会主义的创新性。理论之所以能够指导实践、转化为巨大的实践力量，就在于它能够掌握群众、能够说服人，而理论说服人的奥秘就在于其能够不断把握时代的脉动而特有的前瞻性，因而创新决定了一个理论及以之武装的党的命运。正如党的十七大所指出的，思想理论建设是党的根本建设，党的理论创新引领各方面创新。中国共产党最为重大的理论创新就是作出了“马克思主义中国化”和“中国特色社会主义”两大命题，最为重大的理论成果就是形成了毛泽东思想和中国特色社会主义两大马克思主义中国化的理论体系。深刻领会马克思主义中国化的创新成果、尤其是中国特色社会主义的创新性，是进一步用贯彻党的十七大精神统一认识、凝聚人心的关键。

一、马克思主义理论创新的基本特征和根本方法

马克思主义不是一种浪漫主义的批判思潮，更不是后现代式的虚无主义解构，而是在批判旧世界中发现并推进新世界诞生的改变世界理论。马克思主义之所以能够改变世界和创造历史，就在于它始终和一个伟大的阶级——工人阶级及其解放运动血脉相连。任何否认或淡化这一联系的做法，都将导致对于马克思主义的无知。正因为如此，马克思主义的底蕴就是工人阶级的世界观，因而其历史必定与工人阶级之解放（其特征是“人类解放”）历程同在，必定与具体的、历史的实践需要共进，必定是具有意识形态性质的集体话语。这就注定了它无论如何地“形而上”，也不可能将其经验基础完全蒸发；无论如何地回归“生活界”，也不可能成为“个人的独白”。这表明，马克思主义的理论创新既具有一般科学创新的特点（尤其在原创性方面），又具有一般科学创新所不具备的特点。一般科学的创新主要是一种工具性更新，是一种解释框架（“范式”）的变换，因而可以“断裂”、甚至需要“深刻的片面性”。然而作为工人阶级解放的理论形态，它不仅是工具，也是理想信念，不仅有认识论意义，更有处理各种利益关系的历史观和实践论意义。因此在理论形态上，它既有反映具体历史条件和时代特征变化的相对独立的理论体系，同时又是表达无产阶级解放时代要求的统一的思想体系，既有一脉相承的内核及传统，又有与时俱进的应变及创新，传递着不断变化着的时代精神的信息。因此，全部马克思主义理论创新的核心问题，就是一脉相承和与时俱进的关系问题，是理论应实践之需要而产生并发挥指导作用又被实践所不断突破而不断创新的过程，是马克思主义作为整整一个时代的人类文明和先进文化代表的何以可能的解答。

马克思主义的实践性、先进性决定了马克思主义理论创新不可能采取割断历史、片面否定的极端形式，其理论形态不能取“片面的深刻性”，而只能是一脉相承和与时俱进的统一，其基本形式只能是“结合”。把“结合”与创新对立起来，以为“结合”是一种已经过时的方式，提出“从‘结合’到创新”一类的所谓转变，这是片面的。党的十七大报告非常鲜明地提出，中国改革开放近三十年的创新历史，

就是一个不断“结合”的历史，包括“把坚持马克思主义基本原理同推进马克思主义中国化结合起来”、“把坚持社会主义基本制度同发展市场经济结合起来”等十大结合，本质上是科学社会主义的基本原理和中国实际相结合。

诚然，马克思恩格斯在探索新世界观的过程中，在其思想还没有与工人阶级解放运动完全结合时，为了论战的需要，也曾不得已过分强调某一理论观点。为此，恩格斯晚年特别强调理论探索和理论实践的区分，一个指导实践的党，不允许在理论上有任何片面性。他指出：“青年们有时过分看重经济方面，这有一部分是马克思和我应当负责的。我们在反驳我们的论敌时，常常不得不强调被他们否认的主要原则，并且不是始终都有时间、地点和机会来给其他参与相互作用的因素以应有的重视。但是，只要问题一关系到描述某个历史时期，即关系到实际的应用，那情况就不同了，这里就不容许有任何错误了。可惜人们往往以为，只要掌握了主要原理——而且还并不总是掌握得正确，那就算已经充分地理解了新理论并且立刻就能够应用它了。”①理论运用到实际中，就不仅是知识上的创新，更是适应实践创新需要的观念创新，就是理论和实践的结合。

无论是从马克思主义理论创新的视角，还是从马克思主义基本原理的视角，“结合”都是出发点。正如邓小平所指出的：“关于谁来决定国际古典的共产主义的原则中哪些适用于中国。十一年前，中国共产党第七次全国代表大会确定了这样的原则，即马克思列宁主义的普遍真理与中国革命的具体实践相结合，以此来指导我国的革命，指导我国的建设。这个原则是我们党和毛泽东同志根据过去革命中失败和成功的经验总结起来，并在第七、第八两次党代表大会上加以肯定的。当然，这只是一个原则，原则的运用还会遇到许多具体问题。一个国家的问题是多方面的，不论是革命时期还是建设时期，如何使马克思列宁主义与各个时期的具体情况相结合，这是一个需要不断解决的问题。”② 这样，“结合”不仅使我们确立了进行理论取舍的实践标准，而且为我们确立了判断基本原理的理论尺度，从而推动着我们不断地进行理论创新。

这个“结合”说起来简单，实际上学问大得很。概括地说，马克思主义是一种世界历史的高度和眼界，而中国实际则是中国现实历史的具体阶段，由于近代以来的中国发展落后于世界历史的进程，因而两者存在着明显的差距，要结合就要寻找“结合点”。“结合”是一个双向性的“发现”过程，即不断发现马克思主义中的中国性因素和不断发现中国现实历史中的世界性因素。没有真正的解放思想，就没有这样宽阔而精深的眼界；没有真正的实践创新，就不可能在看似无路的地方走出一条新路。正是通过“结合点”把中国与世界、历史与未来统一起来，才使一度严重落伍的中国得以重新进入世界文明发展的大道，大踏步迈向实现其伟大复兴的雄伟历程。

就毛泽东思想的重要组成部分新民主主义理论而言，可以说其中有“四大发现”：第一，发现中国工人阶级，它是中国具体历史阶段的世界性因素，既有各国工人阶级的一般特点，又有其中国特有的性质和组成；第二，发现中国特色的民主革命，它是两大革命类型转换的结合点，虽然革命的性质、任务、动力、对象等仍属于民主革命范畴，但革命的领导力量已是无产阶级及其政党，这就决定了它属于新兴的世界社会主义运动的一部分，其前途是社会主义。第三，发现中国革命的特殊道路，即农村包围城市、武装夺取政权，它既体现了现代历史条件下城市的中心地位，又体现了中国具体历史发展的水平。第四，发现了确保中国革命胜利的“三大法宝”，即党的建设、武装斗争和革命根据地，它既反映了世界无产阶级革命的一般要求，也反映了中国革命实际的特殊要求。这些伟大的创新思想，不仅体现了中国共产党及其领导的中国人民的集体智慧，而且孕育了体现中国历史具体发展阶段要求的民族精神和时代精神。

在毛泽东以后，邓小平面对的历史任务不仅是结束“文革”，拨正中国社会主义航船的航向，而且要面对正在逐渐显露出来的新的时代特征，这就是后来邓小平概括的以和平和发展为主题。“冷战”逐渐淡出历史舞台的中心，经济建设和社会发展正在成为中国最大的政治，

---

①《马克思恩格斯选集》第4卷，人民出版社，1995年，第698页。

②《邓小平文选》第1卷，人民出版社，1994年（第二版），第258页。

也成为不同社会制度竞争的重点。邓小平敏锐地捕捉并深刻地回答了新时代的新挑战，从而开创了中国社会主义以改革开放为鲜明特征的“新时期”。邓小平理论明确回答的时代新课题有：从建设和发展的历史前提的角度，解决立足于中国的基本国情和最大实际问题，提出了“社会主义初级阶段”理论；认识和解决中国现阶段基本矛盾，解决中国社会主义现代化道路问题，制定了“一个中心、两个基本点”的基本路线；认识和遵循现代经济规律，解决中国现阶段经济健康发展和持久活力问题，提出了“社会主义市场经济”理论；总结社会主义实践的经验教训，解决社会主义自我完善和生机活力问题，提出了“改革开放”；应对前进道路上各种新情况新问题、不断开创事业新局面，解决党的思想路线和精神状态问题，恢复了党的实事求是的思想路线。所有这些重大思想，都为“三个代表”重要思想和科学发展观等重大战略思想继承，并结合新的历史条件加以发展。

二、中国特色社会主义和科学社会主义

一般地说，社会主义是前无古人的空前伟大而艰巨的事业，它决定了推进这一事业的理论和实践必然具有无比突出的改革创新性；特殊地说，中国更是在各种客观历史条件几乎不具备的情况下走上社会主义道路的，每走出一步都必然凝聚着艰辛的努力和巨大的创造性，都是“突出重围”“杀出一条血路”。事情很清楚，在中国这样一个国家搞社会主义，不仅在马克思、恩格斯、列宁的本本上找不到现成的答案，在历史和现实中也找不到现成的模式。如果说，中国新民主主义革命道路是在两个学习受挫（一是向西方学习走旧式资本主义民主革命道路受挫，二是简单套用苏俄“十月革命”城市武装起义道路受挫）之后才成功开创的话，那么，中国特色社会主义也是在“以苏为鉴”的长期探索和根本扭转“文革”错误方向的基础上才真正开创的。只有马克思主义基本原理和中国实际相结合的马克思主义，即中国化的马克思主义，只有科学社会主义的基本原则和中国实际相结合的社会主义，即中国特色社会主义，才能把近代以来饱受西方列强侵略、形同“一盘散沙”的中国民众唤醒，把蕴藏在他们中间的历史主动性激发出来，同心同德、艰苦奋斗，开创了中华民族伟大复兴的壮丽历史画卷。

科学社会主义之所以科学，就在于它科学地揭示了特定时代的要求，解决了时代提出的历史性课题。因此，时代问题是个关键，它是我们坚持和发展马克思主义的根本依据。正如马克思恩格斯指出的：“一切划时代的体系的真正的内容都是由于产生这些体系的那个时期的需要而形成起来的。”① 我们今天之所以仍然需要以马克思主义为指导，从根本上说就是因为“它仍然是我们时代的哲学：它是不可超越的，因为产生它的情势还没有被超越。”② 而我们今天之所以要发展马克思主义，说到底也是因为与马克思恩格斯以及列宁在世时相比，历史发生了许多新变化，时代增添了许多新内容，必须与时俱进，跟上潮流，否则将会因落伍而被淡出历史。马克思主义变革所依赖而又所展示的那个时代，用马克思自己的话说，就是“人类解放”的时代，其现实针对性就是资产阶级革命所完成的“政治解放”。在马克思看来，资产阶级革命也讲人的解放，也进行社会变革，也解放生产力，但它只实行了“两大分离”：一是国家和经济活动分离，即经济活动的主体向私人转移，经济活动完全由私人、市民来承担，而国家只作为经济活动的立法者和执法者，充当游戏规则的制定者和裁判员，不再直接参与经营，所以叫市民社会和国家的分离；二是国家和宗教信仰分离，即把宗教信仰变成了纯粹的私人事务，国家不再奉行任何特定的宗教为国教，所以国家在信仰问题上就能够比较宽容，做到平等地对待具有不同信仰的国民。这就基本实现了公民在政治上、法律上的平等，即程序的、形式的平等。这确实是人类历史的重大进步，也是人类文明的优秀成果。但是资产阶级解放最大的局限性就是没有实现真正的平等、实质的平等，它仍然以经济（金钱）等级取代了传统的政治等级，广大的工人农民并没有真正解放，市民社会并没有得到彻底的改造。它说明，资产阶级所能实现的解放只是“政治（国家）”解放，而不是“人类”解放。

---

① 《马克思恩格斯全集》第3卷，人民出版社，1960年，第544页。

② 萨特：《辩证理性批判》（上），安徽文艺出版社，1998年，第28页。

然而，马克思主义区别于空想社会主义之处就在于，它不是从理想出发，首先设定一个价值目标，站在现存社会之外去批判和否定现存社会，而是立足于对现存社会的解剖，弄清其生长的内在机理。马克思主义创始人运用历史唯物主义进行剖析的原则有二：一是着眼于“必然性”而不是以往的批判者们所热衷的“偶然性”，确立内在否定的原则，就是说，关注资本主义必然形成的那些因素的历史界限，一旦超出这一界限，“肯定”就转化为“否定”，正是这一原则导致马克思发现：“社会的物质生产力发展到一定阶段，便同它们一直在其中运动的现存生产关系（这只是生产关系的法律用语）发生矛盾。于是这些关系便由生产力的发展形式变成生产力的桎梏。那时社会革命的时代就到来了。”① 同样，“无论哪一个社会形态，在它所能容纳的全部生产力发挥出来以前，是决不会灭亡的”②；二是着眼于“生活的逻辑”而不是哲学家们所迷恋的“概念自身的逻辑”，确立实践优先的原则，就是说，从资本主义痼疾的“症候”入手揭示其现实矛盾，从“批判旧世界中发现新世界”，正是这一原则导致马克思发现，工人阶级的解放是人类解放的政治形式，消灭贫困化和消除异化是未来社会的基本走向。因此，“人类解放”并不是一个“应然”，而是一种历史的必然。可以说，对于工人阶级历史作用的科学阐发，奠定了马克思主义作为科学世界观的地位。

马克思恩格斯对于现代无产者的分析，既有经验基础，又不驻足于现象，而是一种历史辩证法的透视。从经验事实看，最具有意义的事实有三：一是工人阶级是随着大工业及资本主义世界市场的扩张而形成发展的，是体现新生产力的新生阶级；二是工人阶级是人类历史上第一个有文化的劳动者阶级，这意味着它可能形成阶级意识，摆脱对于统治阶级的思想依附，由自在阶级成为自为的阶级；三是工人阶级经历了异化劳动的严酷磨练，不仅是灾难深重的社会群体，也是坚忍不拔、纪律严明的可组织力量。鉴于以上事实，可以断言现代无产者是一个有前途、有作为的阶级。然而，马克思还从无产阶级身上看到了社会的未来走向，揭示了无产阶级存在本身的“隐喻”（或“秘密”）。因此，他针对鲍威尔等关于无产阶级从其“现状”看是毫无创造性的、挣扎在死亡线上的“群氓”的指责时强调指出：“问题不在于某个无产者甚至整个无产阶级把什么看做自己的目的，问题在于究竟什么是无产阶级，无产阶级由于其本身的存在必然在历史上有些什么作为。”③ 马克思后来在对工人阶级进一步的科学认识中，从中主要阐发了现代社会的两大趋势：其一，私有制社会解体和阶级消亡的趋势。在马克思看来，大量与生产资料失去直接联系、只能通过“自由”出卖自己劳动力才能形成现实的生产力的无产者存在这一事实表明，无产阶级其实“在社会上已经不算是一个阶级，它已经不被承认是一个阶级，它已经成为现今社会的一切阶级、民族等等的解体的表现。”④ 因此，无产阶级的“无”不仅仅是经验意义上的一无所有，更是历史趋势意义上的非私有或社会占有，它表明劳动者对于生产资料的重新占有“只有通过联合才能实现”，而“随着联合起来的个人对全部生产力的占有，私有制也就终结了。”⑤ 因此，它不仅是先进生产力的代表，同时又是新型社会的创造者。其二，人的自由全面发展和个人自主活动新类型显现的趋势。在马克思看来，从根本上说，个人的自主活动类型取决于其同生产资料的结合方式，因而生产力的发展、交往方式的更替和个人自主活动类型的变化大体上是一致的。非独立的个人、抽象的个人和联合起来的个人，其实就是人的依赖关系（前资本主义）、物的依赖关系（资本主义）和“建立在个人全面发展”及共同占有“共同的社会生产能力”为基础的个性自由（共产主义）这三大历史形态中的个人自主活动类型。⑥ 这就是说，任何类型的个人自主活动都不是自然的结果，而是历史的产物。无产阶级在传递新社会必将来临的信息的同时，

---

① 《马克思恩格斯选集》第 2 卷，人民出版社，1995 年，第 32 页。

② 《马克思恩格斯选集》第 2 卷，人民出版社，1995 年，第 33 页。

③ 《马克思恩格斯全集》第 2 卷，人民出版社，1957 年，第 45 页。

④ 《马克思恩格斯选集》第 1 卷，人民出版社，1995 年，第 91 页。

⑤ 《马克思恩格斯选集》第 1 卷，第 129 ~ 130 页。

⑥ 《马克思恩格斯全集》第 46 卷（上），人民出版社，1979 年，第 104 页。

必然传递着关于人的解放的新信息，这就是每一个人的自由全面发展。正是通过对于无产阶级的科学分析，马克思才得以把事实和价值、历史和逻辑、现实和理想等统一起来，并通过实践观的变革而完成了历史观乃至世界观的变革。

正是从其阶级立场和世界观根据上说，马克思主义是一脉相承的科学思想体系。因此，不能人为地制造传统与当代、古典与新潮的对立。就理论的时代背景、实践主旨、世界观和方法论而言，马克思无疑地属于当代，当今世界正在不断的“进入”马克思的时代，坚持马克思主义责无旁贷；而从历史总比任何理论来得更为丰富、复杂，实践总不能为任何理论所完全穷尽、总会不断地突破理论的界限的角度看，唯有不断的理论创新才能保持理论的活力和先进性，发展马克思主义天经地义。中国特色社会主义就是适应历史的曲折发展而对科学社会主义的不断创新。

社会主义在资本主义的外围首先发展起来，这和马克思等人关于未来社会主义革命的设想是不一致的。虽然历史地来看，当时具体的国际国内环境具备了发生社会主义革命的条件，社会主义革命在资本主义最薄弱的链条上发生是有其客观历史根据的，认为社会主义是“早产儿”、甚至是“历史的怪胎”的观点是根本错误的。列宁的帝国主义理论为科学回答这一问题奠定了基础。但是，由于社会主义革命在资本主义最薄弱的链条上首先发生，就使得革命取得胜利后的国家要面对三个“绕不开”和三大挑战。

从三个“绕不开”来看，一是和资本主义长期共存的问题。因为革命首先是在资本主义相对薄弱甚至很薄弱的外围地区爆发，对于资本主义的核心地区不能产生根本动摇，不能产生“多米诺骨牌”式的连锁反映。这表明，不可能通过一系列不间断的暴力革命来推翻资本主义，社会主义必须要长期与资本主义共存，并努力在建设的环境中实现竞争，积累力量以超越资本主义，这必然是一个相当漫长的历史过程。二是市场经济绕不开，两种社会制度要长期共存，必须进行经济交往。由于社会主义在很长一段时间内经济上比资本主义落后，不可能主导世界经济发展，因而必须进入资本主义主导的世界市场，才能获得发展的空间，搞市场经济就绕不开。三是社会主义国家的改革开放绕不开。从发展的角度看，在相对落后的区域搞社会主义，自我封闭没有出路。而要进入资本主义主导的世界市场，没有别的方式，只有通过与国际惯例和通行规则接轨，打开国门搞社会主义，这就必须改革开放。

从三大挑战来看，一是社会主义的多样性和国际性关系问题。社会主义革命发生在社会历史文化背景差异极大的国家，不可能沿用统一的模式，必须走符合本国国情的道路。“我们党的十一届三中全会的基本精神是解放思想，独立思考，从自己的实际出发来制定政策。因为在中国建设社会主义这样的事，马克思的本本上找不出来，列宁的本本上也找不出来，每个国家都有自己的情况，各自的经历也不同，所以要独立思考。”① 社会主义要特色化，马克思主义要民族化，能否成功解决这一课题，决定了马克思主义的命运。但是另一方面，社会主义本质上是一种国际性、世界性事业。之所以只有社会主义能够救中国，就因为只有社会主义才能超越和代替资本主义，就在于只有社会主义才代表了人类文明的未来走向，代表了世界历史的发展方向。如果把社会主义作为纯粹民族的事业，不仅丧失了走在当代人类文明潮流前列的资格，根本无法有效抵御西方“西化”、“分化”我国的图谋，而且由于迷失了历史的方向，根本无法处理后发展国家在现代化过程中所面临的极其复杂的矛盾，其民族复兴的理想必然归于失败。因此，中国特色社会主义必须两面作战：既反对用社会主义的国际性抹杀“中国特色”，又反对用现实社会主义的多样性、民族特色抹杀“社会主义”，而必须把两者有机结合起来。

二是向资本主义学习和批判抵制资本主义的关系问题。我们将长期处于社会主义初级阶段，是低水平的社会主义，必须善于向世界上一切国家包括资本主义在内的国家学习，而如何在这一过程中不被“西化”、“分化”，则是社会主义面临的又一大挑战。“我们要有计划、有选择地引进资本主义国家的先进技术和其他对我们有益的东西，但是我们决不学习和引进

---

①《邓小平文选》第3卷，人民出版社，1993年，第260页。

资本主义制度，决不学习和引进各种丑恶颓废的东西。”① 这就是说，我们要善于利用资本主义来发展壮大社会主义，而决不是引进资本主义来瓦解社会主义。从中国改革开放30年的实践经验看，要做到这点，一方面要以我为主，渐进式改革，有序地扩大开放，另一方面必须坚守社会主义的“底线”。

我们必须坚守的三大“底线”是：（1）基本价值不认同。我们学习资本主义，主要是在工具理性层面，一般不涉及价值理性层面，尤其是核心价值方面。我们必须在改革开放的全过程，不断建设和完善社会主义核心价值体系，弘扬“为人民服务”和艰苦奋斗的精神，批判抵制资产阶级核心价值观及其生活方式，反对拜金主义、享乐主义和极端个人主义。（2）基本制度不照搬。中国的改革开放，本质上是社会主义制度的自我完善，因此在这一过程中，我们决不照搬资本主义制度，而是不断沿着毛泽东等老一辈无产阶级革命家奠定的社会主义基本制度继续前进。经过30年改革开放的实践，我们已经大体上完成了中国特色社会主义的制度构建，这就是马克思主义为指导的主流意识形态，以四大制度（即人民代表大会制度、共产党领导的多党合作制、民族区域自治制度、基层群众自治制度）为基础的政治制度，以公有制为主体、多种经济成分共同发展的基本经济制度等。（3）基本道路不重复。中国共产党人对于发展问题有一个基本的判断，即中国的发展和民族的伟大复兴离不开现代化，但是，资本主义现代化不仅代价巨大、发展迟缓、痛苦和灾难深重，而且会导致民族分裂、国家衰亡，因而行不通。我们坚持社会主义现代化，就是要避免西方走过的那种通过制造社会严重阶级对立、激化社会矛盾、牺牲社会和谐的发展道路，避免西方走过的那种片面追求经济效益、扭曲人性、牺牲环境和人的全面发展的发展模式，落实科学发展、促进社会和谐。

三是共产主义理想科学性和激励性的关系问题。由于现实社会主义的发展程度远低于发达资本主义，因而它与马克思在《哥达纲领批判》中的设想不同，并不直接就成为共产主义的初级阶段，而是一个相对独立、相当漫长的历史阶段，需要十几代人甚至几十代人的努力，才能为实现共产主义奠定基础。我们过去长期存在的一个错误，就是产生了共产主义的急躁情绪，总是过高地估计了社会主义的现实发展阶段。改革开放30年后，党的十七大关于“我国仍然处在并将长期处在社会主义初级阶段”的判断，使得我们对于共产主义的实现有了更为科学的认识。

但是，对于共产主义的科学把握并不能自然转化为理想信念上的坚定，相反，共产主义实现的长期性客观上冲淡了其作为理想的现实激励作用。一个经过几代人的努力就可能实现的理想的激励意义，显然要大于一个需要十几代、甚至是几十代人的奋斗才得以实现的理想。这样，我们在需要不断克服急躁情绪的同时，又面临着如何坚定共产主义理想信念的考验。因此，我们必须结合新的历史条件，充分阐发共产主义理想信念的现实基础和价值依据，共产主义的最终实现不过是这一现实基础的历史展开和必然结果。改革开放30年的历史证明，中国特色社会主义是发展中国、发展社会主义、发展马克思主义并最终走向共产主义的唯一正确道路，努力培育中国特色社会主义共同理想是在整个社会主义初级阶段坚定共产主义理想信念最为重要的基础工作。

三、中国特色社会主义和此前的社会主义实践探索

许多国家在建设社会主义上遭受重创，甚至亡党亡国，归根到底就是没能正视历史条件的变化，创造性地应对时代的新课题，而中国特色社会主义道路则是在不断地回应时代的挑战中，科学地总结“十月革命”以来社会主义的历史经验的基础上，通过富有创造性的实践而开拓的。中国特色社会主义本质上是在马克思主义的指导下，在不断地科学把握国际形势和时代特征的变化中，结合中国的实际，走自己的路。这条道路的实质就是从原先马克思所设想的通过中心引导的社会主义实现方式，转向外围突破式的社会主义实践；这条道路的基本轨迹就是从照搬“苏联模式”到走出“中国特色”。可见，只有真正弄懂中国特色社会主义与传统社会主义的关系，才能真正高举这面当代中国进步发展的旗帜。这里主要涉及对于两

① 《邓小平文选》第2卷，人民出版社，1994年（第二版）第168页。

大历史探索（即“苏联模式”和毛泽东的社会主义道路）的正确把握，核心问题是举什么旗、走什么路。

首先摆在我们面前的一个尖锐问题是，结束“文革”以后，中国存不存在一个“向何处去”的道路选择问题，如果存在，又是从什么意义上去加以界定的。无论是在当时还是在今天，都存在着两种偏向：一是根本否定文革前的十七年，把改革开放视为另起炉灶、改弦更张，实际上是向资本主义回归；二是满足于十七年的成就，把拨乱反正视为简单地回到“十七年”，看不到必须探索一条没有任何现成答案的新路。这里的要害是不能抽象地评价十七年。从历史的观点看，十七年的成就是主要的，它所奠定的政治前提和制度基础是我们一切探索的出发点；从发展的观点看，十七年的探索并没有真正解决“以苏为戒”、走自己的路这样一个中国社会主义发展的道路问题。如果孤立地抓住前者，就会否定改革开放、固守老路；而如果孤立地抓住后者，就会割断历史、走上邪路。实际上，我们这里所说的道路选择，主要是由于出现新情况、面临新形势而发生的如何面对未来的挑战，这是原有道路的修偏，不是植根于历史选择错误的道路纠偏。因此，不承认改革开放对于当代中国的决定性、革命性意义，就会走已被今天实践证明是走不通的僵化封闭的老路；而不承认十七年探索所奠定的社会主义基础，就会走已被历史证明是走不通的资本主义化的邪路。两者都是在根本道路问题上的迷失。我国的历史发展表明，道路的选择不仅发生在革命时期，也贯穿于发展时期的每一重大关头。从党的指导思想看，坚持中国特色社会主义道路和坚持改革开放是同义语，没有社会主义的改革开放和没有改革开放的社会主义都是死路一条。面对发展新阶段的种种矛盾，只有坚持社会主义的发展道路和改革方向才能解决。

进一步看，对于“文革”前十七年评价的分歧，又源于如何看待这期间所发生的“左”的错误。中共中央关于建国以来党的若干重大历史问题的决议作出这样的判断，一是“左”的错误在这期间不占主导地位，二是有些错误是在社会主义探索过程中难以完全避免的。这后一种情况，就与时代新特征的显现相关，因为任何认识都不可能超越时代条件的限制。邓小平在谈论毛泽东错误及回顾中苏论战的历史有许多发人深省的话，他指出：“‘文化大革命’前的十七年，基本上是做得对的，但是有曲折，有错误。责任不只是毛泽东同志个人的，我们这些人也有责任。我们要实事求是地总结历史的经验教训。”① 为什么大家都会犯同样的错误（当然责任不一样）？小平思考的结论是：“多年来，存在一个对马克思主义、社会主义的理解问题。从一九五七年第一次莫斯科会谈，到六十年代前半期，中苏两党展开了激烈的争论。我算是那场争论的当事人之一，扮演了不是无足轻重的角色。经过二十多年的实践，回过头来看，双方都讲了许多空话。马克思去世以后一百多年，究竟发生了什么变化，在变化的条件下，如何认识和发展马克思主义，没有搞清楚。”② 要不讲空话、不僵化教条、不脱离实际，首先要准确跟踪时代主题和世界格局的重大变化，并据此调整自己的认识和行动，前提是变化了的历史条件已经出现。这就是说，中国的改革开放之所以发生在1978年，不仅由于“文革”的错误促成了人心思发展、人心思改革开放的局面，而且当时具备了从时代特征变化的高度重新认识社会主义的客观条件。说到底，改革开放是在这样一个重大的历史关口作出的重大抉择：我国当时面对的历史任务不仅是结束“文革”内乱，从“以阶级斗争为纲”转向以经济建设为中心，而且要面对正在逐渐显露出来的时代新特征，即邓小平后来概括的以和平和发展为主题的特征，从世界历史的大趋势上思考社会主义的命运和出路。这表明，邓小平关于“什么是社会主义、如何建设社会主义”课题的提出，不仅建立在对于“文革”这一全局性失误的思考上，同时还建立在科学地总结“十月革命”以来社会主义的历史经验的基础上，核心问题是举什么旗、走什么路。今天我们可以很清楚地看到，当小平提出和平与发展正在成为时代的主题时，意味着必须对十月革命以来社会主义实践的战略思路作根本性调整。

“十月革命”是回应战争与和平、战争与革

---

① 《邓小平文选》第2卷，人民出版社，1994年，第380页。

② 《邓小平文选》第3卷，人民出版社，1993年，第291～292页。

命的时代主题的重大创新成果。它开创了从资本主义最薄弱点打开缺口的“一国首先胜利”式的社会主义革命道路，并成为一系列社会主义国家相继诞生的主要方式。在自由资本主义时代，社会主义的希望只能在“资本主义发达民族的同时行动”，此即“共同胜利”式的世界社会主义变革。虽然马克思也有过俄国可能通过其“农村公社”制度的变革跨越资本主义的“卡夫丁峡谷”的设想，但这一设想的实现无疑是有条件的，即有效抵御资本主义入侵，从而解除公社被解体的危险。① 事实证明，俄国村社没能抵挡住资本主义的侵蚀，到19世纪末，俄国已不可遏制地走向了资本主义。这样，跨越“卡夫丁峡谷”的问题，就变成了在资本主义世界范围内的革命变革问题。东方社会在自身发展中所出现的一些新社会因素要得以释放，也有赖于发达资本主义国家的社会主义转向。世界社会主义变革在资本主义发达地区“同时胜利”的引导格局没有改变。

当历史进入20世纪以后，资本主义完成了向帝国主义的转变，其重要特征之一是“把世界领土瓜分完毕”②。在资本主义一统天下中形成了无产阶级和资产阶级两大阶级、帝国主义宗主国和殖民地、半殖民地两大民族的基本矛盾。于是，出现了帝国主义世界链条的“薄弱点”和“焦点”，出现了“先进的亚洲和落后的欧洲”历史新特点，无产阶级革命已经从“预备”进入了“可能”。列宁正是据此捕捉到了时代特征的新变化，作出了“帝国主义和无产阶级革命”时代的新概括，提出了“社会主义革命可能在一国首先获得成功”的新结论，并干成了十月社会主义革命。此后几十年，这种从资本主义最薄弱点打开缺口的“一国首先胜利”，成为社会主义革命的主要形式，由此掀起了波澜壮阔的社会主义运动高潮，从根本上改变了世界的面貌。

但是，这种“一国首先胜利”的社会主义变革方式，其所回应的时代主题是革命与战争，其所关注的焦点是社会制度和生产关系的变革，其所促成的目标是尽快用社会主义取代资本主义。因此，尽管先后建立的各社会主义国家也抓建设，也大力发展生产力，但其根本目的是通过自身的建设成就，促成资本主义核心地区的“革命危机”，从根本上扭转由资本主义主导的世界局面。简言之，这是以推动世界革命为最高追求的社会主义发展道路，其立足点不是始终以经济建设为中心，把本国的事情办好，而是以切断与资本主义的联系、相对封闭的方式促成资本主义的总崩溃。在这样一种世界大背景下，即使没有“左”的思潮泛滥，也很难真正突破战争与和平的总格局、总思路，“文革”不过是把这一思路推向了极致。这样的道路要走得通，前提是资本主义在不断地被切断了与原殖民地半殖民地的剥削关系后，已无力再进行自我调整。

然而当代资本主义进一步演变的新特征，恰恰在于其减少了对于外围地区进行硬性资本输出的依赖，而主要通过科技创新上的支配、金融和信息以及话语权的垄断、国际游戏规则的操纵等软控制，维护资本的活力。这样，通过资本主义外围的政治独立以致随后经济独立的方式，已不可能直接导致资本主义的总危机，根本动摇资本主义的全球统治。这就是说，由于“二战”后资本主义的新变化，其在经济科技上的优势地位并未丧失，社会主义取代资本主义的主战场已从政治转向经济、从革命转向发展，相应地，时代特征也就从革命与战争转向和平与发展。如果继续固守自我封闭的老路，社会主义将丧失发展空间和生机活力，而结合新的时代特征和历史条件，把和平与发展作为主题，正是中国特色社会主义理论体系的生长点和创新源泉。一系列新情况、新问题要求我们首先有个观念上的转变，概括起来就是需要从满足于社会主义的抽象优越性中回到现实，把立足点从引导世界历史潮流转到把中国自己的事情做好，认真思考在与资本主义的长期共存中，如何利用资本主义来发展社会主义，真正把解放和发展生产力摆在第一位，探索符合中国国情的社会主义发展道路。

---

① 《马克思恩格斯全集》第35卷，人民出版社，1971年，第160页。

② 列宁指出：“如果必须给帝国主义下一个尽量简短的定义，那就应当说，帝国主义是资本主义的垄断阶段。这样的定义能包括最主要之点，因为一方面，金融资本就是和工业家垄断同盟的资本融合起来的少数垄断性的最大银行的银行资本；另一方面，瓜分世界，就是由无阻碍地向未被任何一个资本主义大国占据的地区推行的殖民政策，过渡到垄断地占有已经瓜分完了的世界领土的殖民政策。”（《列宁选集》第2卷，人民出版社，1995年，第649页）

新道路的探索理所当然地把改革开放提到了关键点上，因为只有实行改革开放、不再走封闭式的社会主义发展道路，才能真正发展生产力。“要发展生产力，就要实行改革和开放的政策。不改革不行，不开放不行。过去二十多年的封闭状况必须改变。我们实行改革开放政策，大家意见都是一致的，这一点要归‘功’于十年‘文化大革命’，这个灾难的教训太深刻了。”① 邓小平还针对一些同志的担心，强调改革开放中出现的问题有办法克服，而不改革开放则没有出路，“历史经验教训说明，不开放不行。开放伤害不了我们。我们的同志就是怕引来坏的东西，最担心的是会不会变成资本主义。恐怕我们有些老同志有这个担心。搞了一辈子社会主义、共产主义，忽然钻出个资本主义来，这个受不了，怕。影响不了的，影响不了的。肯定会带来一些消极因素，要意识到这一点，但不难克服，有办法克服。你不开放，再来个闭关自守，五十年要接近经济发达国家水平，肯定不可能。”② 邓小平从一开始就说得很清楚，怕社会主义走邪路而不开放，就不可能发展社会主义；而意识不到开放可能带来的消极因素（最根本的就是“西化”、“分化”的后果）并加以克服，就不是我们所说的改革开放。正是坚持了社会主义方向的改革开放，我们经过30年的努力，才成功开拓了中国特色社会主义道路。

因此，中国的改革开放，从一开始就是一条崭新的社会主义发展道路。它虽然是在毛泽东等中共第一代领导集体开拓的社会主义制度基础上新探索，却不是原先道路的简单重复，更不是照搬任何现成社会主义模式。至于对资本主义的学习借鉴，对于我们而言，从来就不是从道路和发展方向上的意义说的。这就是邓小平所说的决不走“回头路”（即不回到任何以往的社会主义实践方式上）和决不走“邪路”（即不照搬西方、搞“全盘西化”）的实质。这样，中国特色社会主义道路的开拓过程，就必然是不断地排除“左”和右的错误干扰的过程。从习惯和感情偏好上说，党内容易认同老路，因此“左”始终是干扰改革开放的一大障碍；但是，由于西方在当代世界的优势地位和西化、分化我国的图谋始终存在，力图把改革开放引向资本主义化的倾向也就始终存在。因此，邓小平指出：“解放思想，也是既要反‘左’，又要反右。三中全会提出解放思想，是针对‘两个凡是’的，重点是纠正‘左’的错误。后来又出现右的倾向，那当然也要纠正。……黄克诚同志讲，有‘左’就反‘左’，有右就反右。我赞成他的意见。对‘左’对右，都要做具体分析。”③ 今天讲坚持改革开放、继续解放思想，同样也要既反“左”，又反右，同样要做具体分析。今天和小平提出解放思想时相比，“左”和右的表现都更具典型性。“左”的思潮直接指向了邓小平理论和三个代表思想，右的思潮则直接指向了共产党的领导，即所谓的“一党专制”。恩格斯曾说过“两极相通”，历史一再印证了这点。“左”和右都惊人地一致把以改革开放为特征的中国特色社会主义视为搞资本主义，都极其相似地割裂马列主义、毛泽东思想和中国特色社会主义理论体系。

毛泽东思想作为马克思主义中国化的第一大理论成果，其理论体系已经成熟完善，其历史地位得到了公认。邓小平的下述评价代表了全党全国人民的共识：“没有毛主席就没有新中国，这丝毫不是什么夸张。……没有毛泽东思想，就没有今天的中国共产党，这也丝毫不是什么夸张。毛泽东思想永远是我们全党、全军、全国各族人民的最宝贵的精神财富。”④ 就其思想内容而言，毛泽东思想包括两大板块：一是新民主主义理论，二是关于社会主义建设规律的探索。前者的科学性、创新性早已举世公认，后者的历史功绩和科学价值从一开始就得到以邓小平为核心的第二代中央领导集体的正确评价，并日益为全党所认同。正如党的十七大所指出的：“我们要永远铭记，改革开放伟大事业，是在以毛泽东同志为核心的党的第一代领导集体创立毛泽东思想，带领全党全国各族人民建立新中国、取得社会主义革命和建设伟大成就以及艰辛探索社会主义建设规律取得宝贵经验的基础上进行的。新民主主义革命的胜利，

---

①《邓小平文选》，第3卷，人民出版社，1993年，第265页。

②《邓小平文选》第3卷，人民出版社，1993年，90页。

③《邓小平文选》第2卷，人民出版社，1994年，第329页。

④《邓小平文选》第2卷，人民出版社，1994年，第148～149。

社会主义基本制度的建立，为当代中国一切发展进步奠定了根本政治前提和制度基础。”

但是，任何理论体系都有其回应特定时代特征的特定主题，不能把它无法真正面对的主题加在其中，以夸大其理论成就，或者借口其缺少相应的思想内容而贬低其理论贡献，这都不是实事求是。一个理论的成就及其界限都源于特定的历史条件。毛泽东所面对的时代特征主要还是战争与和平、战争与革命。尽管在他晚年已经敏锐地看到时代特征的重大变化，并作出了“三个世界”的划分，但他还是没有从根本上认识到时代的主题已经从战争与和平转向了和平与发展。正如我们不能苛求马克思回答他生前无法看到的历史课题一样，我们也不能苛求毛泽东回答时代还没有真正提到实践中心的课题。实际上，在当时的世界大背景下，即使没有“左”的思潮泛滥，也很难真正突破战争与和平的总格局、总思路。结合新的时代特征和历史条件，把和平与发展作为主题，正是中国特色社会主义理论体系的生长点和创新源泉。

毫无疑义，最早提出“以苏为鉴”、开始独立探索中国社会主义建设道路并取得宝贵经验的是毛泽东，但是，从时代主题、国情判断、基本道路及发展大思路等等看，建设具有中国特色社会主义这一重大课题并没有得到解决。正如邓小平指出的：“坦率地说，我们过去照搬苏联搞社会主义的模式，带来很多问题。我们很早就发现了，但没有解决好。我们现在要解决好这个问题，我们要建设的是具有中国自己特色的社会主义。”①

为什么很早发现而没有解决好？这不仅因为苏联是世界上第一个社会主义国家，中国革命是“以俄为师”的产物，因而很自然地会产生一种“路径依赖”，更重要的是新的时代特征没有充分显现，无法从总体上突破两个阶级、两条道路、两大阵营对垒的世界革命图式。这样，党的工作重点就无法真正转移到以经济建设为中心，党的执政基础就无法真正建立在以发展为执政兴国的第一要义上，党的思想基础就无法真正达到解放思想、求真务实，而什么是社会主义、如何建设社会主义，建设一个什么样的党、如何建设党这些重大问题就始终不是很清楚。因此，必须要从马克思主义基本原理同当代中国实践和时代特征相结合的角度，从对于人类社会发展规律、社会主义建设规律以及共产党执政规律新认识、新发展的高度，才能真正深刻把握中国特色社会主义理论体系，确实是从邓小平理论才真正开创的。而“左”和右的错误思潮之所以发生了共同的误判，就在于它们都以某种现成模式（“苏联模式”或“瑞典模式”）为参照系来评判中国特色社会主义。

中国特色社会主义本质上是在马克思主义的指导下，走自己的路。这条道路的实质就是从原先马克思所设想的通过中心引导的社会主义实现方式，转向外围突破式的社会主义实践；这条道路的基本轨迹就是从照搬“苏联模式”到走出“中国特色”。可见，只有真正弄懂中国特色社会主义的创新性，才能真正高举这面当代中国进步发展的旗帜。

（作者为中国社会科学院马克思主义研究院党委书记、副院长）

（《马克思主义论坛》（第四辑）山东人民出版社，2008 年 12 月）

① 《邓小平文选》第 3 卷，人民出版社，1993 年，第 260～261 页。

第　三　编

中国特色社会主义的
新进展

一、政　治

改革开放三十年大事记

1978 年

12 月 18 日 ~22 日　中国共产党第十一届中央委员会第三次全体会议举行。全会作出把全党工作的着重点转移到社会主义现代化建设上来和实行改革开放的决策。邓小平在此前召开的中央工作会议闭幕会上作了《解放思想，实事求是，团结一致向前看》的总结讲话。

12 月　安徽凤阳小岗村 18 户农民代表秘密签订契约，决定将集体耕地承包到户，搞大包干。

1979 年

1 月 1 日　全国人大常委会发表《告台湾同胞书》。

同日　中国同美国正式建立外交关系。

1 月 4 日　中共十一届三中全会选举产生的中央纪律检查委员会召开第一次全体会议。陈云发表重要讲话，提出了中央纪委的基本任务。

1 月 18 日 ~4 月 3 日　党的理论工作务虚会举行。3 月 30 日，邓小平在会上发表《坚持四项基本原则》的讲话。

4 月 5 日 ~28 日　中共中央召开工作会议。会议决定从 1979 年起，用 3 年时间对国民经济实行"调整、改革、整顿、提高"的方针。

6 月 15 日 ~7 月 2 日　全国政协五届二次会议举行。邓小平致开幕词。

6 月 18 日 ~7 月 1 日　五届全国人大二次会议举行。会议通过了《关于修正〈中华人民共和国宪法〉若干规定的决定》，通过了《中华人民共和国刑法》、《中华人民共和国刑事诉讼法》和《中华人民共和国中外合资经营企业法》等 7 个法律。

7 月 15 日　中共中央、国务院批转广东省委、福建省委关于对外经济活动实行特殊政策和灵活措施的报告，决定在深圳、珠海、汕头和厦门试办特区。1980 年 5 月 16 日，中共中央、国务院批转《广东、福建两省会议纪要》，正式将"特区"定名为"经济特区"。

9 月 29 日　庆祝中华人民共和国成立 30 周年大会举行。叶剑英在会上发表重要讲话，总结了社会主义革命和社会主义建设的基本经验。

10 月 19 日　邓小平在全国政协、中共中央统战部宴请出席各民主党派和全国工商联代表大会代表的宴会上讲话指出，统一战线已经发展成为全体社会主义劳动者、拥护社会主义的爱国者和拥护祖国统一的爱国者的最广泛的联盟。

1980 年

2 月 23 日 ~29 日　中共十一届五中全会举行。全会决定成立中央书记处；通过了《关于党内政治生活的若干准则》；决定为刘少奇平反；建议全国人大修改宪法第 45 条，取消关于公民"有运用大鸣、大放、大辩论、大字报的权利"的规定。

8 月 18 日　邓小平在中共中央政治局扩大会议上作《党和国家领导制度的改革》的讲话。

9 月 2 日　国务院批转国家经委《关于扩大企业自主权试点工作情况和今后意见的报告》。

11 月 20 日　最高人民法院特别法庭开庭公审林彪、江青两个反革命集团主犯。

12 月 16 日 ~25 日　中共中央召开工作会议，确定在经济上实行进一步调整，政治上实行进一步安定的方针。

1981 年

6 月 27 日 ~29 日　中共十一届六中全会举行。全会通过《关于建国以来党的若干历史问题的决议》。

9 月 30 日　叶剑英向新华社记者发表谈话，阐明关于台湾回归祖国、实现祖国和平统一的 9 条方针。

10月17日　中共中央、国务院发出《关于广开门路，搞活经济，解决城镇就业问题的若干决定》。《决定》提出，在社会主义公有制经济占优势的根本前提下，实行多种经济形式和多种经营方式长期并存，是我党的一项战略决策。

1982年

1月1日　中共中央批转《全国农村工作会议纪要》。《纪要》指出，目前农村实行的各种责任制，都是社会主义集体经济的生产责任制。

2月20日　中共中央作出《关于建立老干部退休制度的决定》。

4月13日　中共中央、国务院作出《关于打击经济领域中严重犯罪活动的决定》。

9月1日~11日　中国共产党第十二次全国代表大会举行。邓小平在致开幕词时提出，把马克思主义的普遍真理同我国的具体实际结合起来，走自己的道路，建设有中国特色的社会主义。胡耀邦代表第十一届中央委员会作《全面开创社会主义现代化建设的新局面》的报告。大会确定，分两步走，在20世纪末实现工农业年总产值翻两番的目标。大会决定设立中共中央顾问委员会。12日~13日，中共十二届一中全会举行。全会选举胡耀邦、叶剑英、邓小平、赵紫阳、李先念、陈云为中央政治局常委，胡耀邦为中央委员会总书记，决定邓小平为中央军事委员会主席，批准邓小平为中央顾问委员会主任、陈云为中央纪律检查委员会书记。

11月26日~12月10日　五届全国人大五次会议举行。会议通过了修改后的《宪法》，规定：加强人民代表大会制度，扩大全国人大常委会的职权；恢复设立国家主席；国家设立中央军委；国务院实行总理负责制；加强地方政权建设，县级以上地方各级人大设立常委会；改变农村人民公社"政社合一"的体制，设立乡政府；国家领导人连续任职不得超过两届。

1983年

1月2日　中共中央发出《关于印发〈当前农村经济政策的若干问题〉的通知》。

4月5日　中国人民武装警察部队总部在北京成立。

6月4日~22日　全国政协六届一次会议举行。会议选举邓颖超为全国政协主席。

6月6日~21日　六届全国人大一次会议举行。会议选举李先念为国家主席，彭真为全国人大常委会委员长，邓小平为国家中央军委主席，决定赵紫阳为国务院总理。

6月26日　邓小平在会见美国新泽西州西东大学教授杨力宇时提出实现大陆和台湾和平统一的6条方针。

7月1日　《邓小平文选（1975—1982年）》出版。

8月25日　中共中央发出《关于严厉打击刑事犯罪活动的决定》。

10月11日~12日　中共十二届二中全会举行。全会通过《中共中央关于整党的决定》。

10月12日　中共中央、国务院发出《关于实行政社分开、建立乡政府的通知》，要求在1984年底以前大体上完成建立乡政府的工作。

1984年

1月1日　中共中央发出《关于1984年农村工作的通知》，提出延长土地承包期一般应在15年以上。

3月1日　中共中央、国务院转发农牧渔业部《关于开创社队企业新局面的报告》，同意将社队企业改称乡镇企业。

5月4日　中共中央批转沿海部分城市座谈会会议纪要，决定进一步开放14个沿海港口城市。

5月10日　国务院发出《关于进一步扩大国营工业企业自主权的暂行规定》。《规定》扩大了国营工业企业10个方面的自主权。

5月15日~31日　六届全国人大二次会议举行。会议通过了《中华人民共和国民族区域自治法》。

7月28日~8月12日　中国体育代表团参加在美国洛杉矶举行的第23届奥运会，共获15枚金牌，实现了中国在奥运会金牌榜上"零"的突破。

9月26日　中英两国政府在北京草签关于香港问题的联合声明及三个附件。声明确认：中国政府于1997年7月1日对香港恢复行使主权。12月19日，中英关于香港问题的联合声明在北京正式签署。

10月1日　首都举行庆祝建国35周年的阅兵仪式和群众游行。邓小平检阅受阅部队。

10月20日　中共十二届三中全会举行。全会通过《中共中央关于经济体制改革的决定》。

1985年

1月1日　中共中央、国务院发出《关于进一步活跃农村经济的十项政策》，决定改革农产品统派购制度，从1985年起实行合同定购和市场收购。

2月18日　中共中央、国务院批转《长江、珠江三角洲和闽南厦漳泉三角地区座谈会纪要》，决定在长江三角洲、珠江三角洲和厦漳泉三角地区开辟沿海经济开放区。

3月13日　中共中央发出《关于科学技术体制改革的决定》。

5月23日~6月6日　中央军委扩大会议召开，讨论军队精简整编、体制改革等问题。6月4日，邓小平在会上讲话指出，中国人民解放军的员额减少100万。

5月27日　中共中央发出《关于教育体制改革的决定》。

6月1日　国务院批转国家物价局《关于价格改革出台情况及稳定物价措施的报告》。

9月18日~23日　中国共产党全国代表会议举行。会议通过《中共中央关于制定国民经济和社会发展第七个五年计划的建议》。24日，中共十二届五中全会举行。全会按照进一步实现中央领导成员新老交替和年轻化的原则，对中央政治局和中央书记处成员进行了调整。

11月26日　宝山钢铁总厂一期工程投产。这是我国"六五"期间最重要的一个建设项目。

1986年

1月8日　我国第二大汽车工业基地——第二汽车制造厂建成投产。

2月1日　我国用"长征3号"运载火箭成功发射一颗实用通信广播卫星。20日，卫星定点成功。这标志着我国已全面掌握运载火箭技术，卫星通信由试验阶段进入实用阶段。

3月25日~4月12日　六届全国人大四次会议举行。会议批准国务院制定的我国国民经济和社会发展"七五"计划；通过《中华人民共和国民法通则》、《中华人民共和国义务教育法》、《中华人民共和国外资企业法》。

7月12日　国务院发布《国营企业实行劳动合同制暂行规定》、《国营企业招用工人暂行规定》、《国营企业辞退违纪职工暂行规定》和《国营企业职工待业保险暂行规定》，从10月1日起施行。

9月28日　中共十二届六中全会举行。全会通过《中共中央关于社会主义精神文明建设指导方针的决议》。

11月18日　中共中央、国务院转发《高技术研究发展计划纲要》。这个计划又称"八六三"计划。

12月2日　六届全国人大常委会第18次会议通过《中华人民共和国企业破产法（试行）》。

12月5日　国务院作出《关于深化企业改革增强企业活力的若干规定》，提出全民所有制小型企业可积极试行租赁、承包经营。全民所有制大中型企业要实行多种形式的经营责任制。各地可以选择少数有条件的全民所有制大中型企业进行股份制试点。

1987年

3月26日　中葡两国政府草签关于澳门问题的联合声明。声明确认，中华人民共和国政府将于1999年12月20日对澳门恢复行使主权。4月13日，两国政府总理在北京正式签署这一联合声明。

10月25日~11月1日　中国共产党第十三次全国代表大会举行。赵紫阳代表第十二届中央委员会作《沿着有中国特色的社会主义道路前进》的报告。报告阐述了社会主义初级阶段理论，提出了党在社会主义初级阶段的"一个中心、两个基本点"的基本路线，制定了到21世纪中叶分三步走、实现现代化的发展战略。大会通过了《关于党章部分条文修正案的决议》。11月2日，中共十三届一中全会举行。全会选举赵紫阳、李鹏、乔石、胡启立、姚依林为中央政治局常委，赵紫阳为中央委员会总书记，决定邓小平为中央军事委员会主席，批准陈云为中央顾问委员会主任、乔石为中央纪律检查委员会书记。

1988年

3月18日　国务院发出《关于进一步扩大沿海经济开放区范围的通知》，决定新划入沿海开放区140个市、县，包括杭州、南京、沈阳3个省会城市。

3月24日~4月10日　全国政协七届一次会议举行。会议选举李先念为全国政协主席。

3月25日~4月13日　七届全国人大一次会议举行。会议通过的宪法修正案将"国家允许私营经济在法律规定的范围内存在和发展，私营经济是社会主义公有制经济的补充。国家保护私营经济的合法的权利和利益，对私营经济实行引导、监督和管理"以及"土地的使用权可以依照法律的规定转让"等规定载入宪法。会议通过了《全民所有制工业企业法》、《中外合作经营企业法》等；决定设立海南省、建立海南岛经济特区。会议选举杨尚昆为国家主席，万里为全国人大常委会委员长，邓小平为中华人民共和国中央军事委员会主席，决定李鹏为国务院总理。

9月7日　我国用“长征4号”运载火箭成功发射一颗试验性气象卫星“风云一号”。这是我国自行研制和发射的第一颗极地轨道气象卫星。

9月14日～27日　我国自行研制的导弹核潜艇在东海海域进行水下发射运载火箭试验并取得成功。

9月26日～30日　中共十三届三中全会举行。全会确定，明后两年改革和建设的重点突出地放到治理经济环境和整顿经济秩序上来。全会原则通过《关于价格、工资改革的初步方案》。

10月16日　我国第一座高能加速器——北京正负电子对撞机对撞成功。

1989年

4月26日　《人民日报》发表社论《必须旗帜鲜明地反对动乱》。

5月16日　邓小平会见来访的苏联最高苏维埃主席团主席、苏共中央总书记戈尔巴乔夫，宣布中苏关系实现正常化。

6月9日　邓小平接见首都戒严部队军以上干部。他在谈到1989年春夏之交在北京发生的政治风波时指出，这场风波迟早要来，这是国际的大气候和中国自己的小气候所决定了的。要坚定不移地执行党的十一届三中全会以来制定的一系列路线、方针、政策，要认真总结经验，对的要继续坚持，失误的要纠正，不足的要加点劲。

6月23日～24日　中共十三届四中全会举行。全会通过《关于赵紫阳同志在反党反社会主义的动乱中所犯错误的报告》，选举江泽民为中央委员会总书记。24日，江泽民在会上讲话提出，在对待十一届三中全会以来的路线和基本政策这个最基本的问题上，要明确两句话：一句是坚定不移，毫不动摇；一句是全面执行，一以贯之。

9月29日　首都举行庆祝建国40周年大会。江泽民在会上发表重要讲话，全面阐述邓小平同志关于建设有中国特色的社会主义的理论的指导意义。

11月6日～9日　中共十三届五中全会举行。全会通过了《中共中央关于进一步治理整顿和深化改革的决定》，同意邓小平辞去中共中央军事委员会主席职务，决定江泽民任中共中央军事委员会主席。

12月30日　中共中央发出《关于坚持和完善中国共产党领导的多党合作和政治协商制度的意见》。

1990年

3月9日～12日　中共十三届六中全会举行。全会通过《中共中央关于加强党同人民群众联系的决定》。

3月20日～4月4日　七届全国人大三次会议举行。会议通过《关于设立香港特别行政区的决定》、《关于〈中华人民共和国香港特别行政区基本法〉的决定》等。会议选举江泽民为中华人民共和国中央军事委员会主席。

4月18日　李鹏在上海宣布，中共中央、国务院同意上海市加快浦东地区的开发，在浦东实行经济技术开发区和某些经济特区的政策。

7月14日　中共中央发出《关于加强统一战线工作的通知》。

9月22日～10月7日　第11届亚洲运动会在北京举行。中国体育代表团获183枚金牌、107枚银牌、51枚铜牌，金牌数列榜首。

11月26日　经国务院授权、由中国人民银行批准，上海证券交易所正式成立。这是新中国成立以来在中国大陆开业的第一家证券交易所。

12月1日　江泽民在全军军事工作会议上提出“政治合格、军事过硬、作风优良、纪律严明、保障有力”的军队建设总要求。

12月5日　国务院作出《关于进一步加强环境保护工作的决定》。强调改善生产环境与生态环境、防治污染和其他公害，是我国的一项基本国策。

12月25日～30日　中共十三届七中全会举行。全会通过《中共中央关于制定国民经济和社会发展十年规划和“八五”计划的建议》。1991年4月9日，七届全国人大四次会议通过《国民经济和社会发展十年规划和“八五”计划纲要》。

1991年

3月6日　国务院发出《关于批准国家高新技术产业开发区和有关政策规定的通知》，决定继1988年批准北京市新技术产业开发试验区之后，再批准21个高新技术产业开发区为国家高新技术产业开发区。

6月26日　国务院作出《关于企业职工养老保险制度改革的决定》。1997年7月16日，国务院作出《关于建立统一的企业职工基本养老保险制度的决定》。

7月1日　中共中央举行庆祝中国共产党成立70周年大会。江泽民在会上发表重要讲话，阐述了有中国特色社会主义的经济、政治、文化的内容，提出了当代中国共产党人的庄严使命。

9月23日～27日　中共中央召开中央工作会议，决定采取12条措施，为搞好国营大中型企业创造良好的外部条件。

10月18日　扬子30万吨乙烯工程通过国家验收。这是新中国成立以来一次性建设规模最大的石油化工工程。

11月25日～29日　中共十三届八中全会举行。全会通过《中共中央关于进一步加强农业和农村工作的决定》。

11月27日　长江葛洲坝水利枢纽第二期工程通过国家正式验收。

12月15日　我国大陆第一座核电站——秦山核电站并网发电。这是我国第一座自行设计、自行建造的30万千瓦的核电站。

1992年

1月18日～2月21日　邓小平视察南方并发表重要谈话。科学总结了十一届三中全会以来党的基本实践和基本经验，明确回答了多年来困扰和束缚人们思想的许多重大认识问题。

3月20日～4月3日　七届全国人大五次会议举行。会议通过了关于兴建长江三峡工程的决议。1994年12月14日，长江三峡工程正式开工。

3月　国务院批准海南省开发建设洋浦经济开发区。

5月16日　中共中央政治局会议通过《中共中央关于加快改革，扩大开放，力争经济更好更快地上一个新台阶的意见》。

6月16日　中共中央、国务院发出《关于加快发展第三产业的决定》。

6月30日　国务院常务会议通过《全民所有制工业企业转换经营机制条例》。

9月5日　中共中央、国务院发出《关于加强对固定资产投资和信贷规模进行宏观调控的通知》，针对固定资产投资增加较猛，银行货币、信贷投放增长过快等情况，提出了有关调控措施。

10月12日～18日　中国共产党第十四次全国代表大会在北京举行。江泽民代表第十三届中央委员会作《加快改革开放和现代化建设步伐，夺取有中国特色社会主义事业的更大胜利》的报告。报告总结了十一届三中全会以来14年的实践经验，决定抓住机遇，加快发展；确定我国经济体制改革的目标是建立社会主义市场经济体制；提出用邓小平同志建设有中国特色社会主义理论武装全党。大会通过《中国共产党章程（修正案）》，将建设有中国特色社会主义的理论和党的基本路线写进党章。19日，中共十四届一中全会举行。全会选举江泽民、李鹏、乔石、李瑞环、朱镕基、刘华清、胡锦涛为中央政治局常委，江泽民为中央委员会总书记，决定江泽民为中央军事委员会主席，批准尉健行为中央纪律检查委员会书记。

1993年

1月13日～19日　中央军委扩大会议制定新时期积极防御的军事战略方针，要求把军事斗争准备的基点放在打赢现代技术特别是高技术条件下的局部战争上。

3月5日～7日　中共十四届二中全会举行。全会通过《关于调整“八五”计划若干指标的建议》。

3月14日～27日　全国政协八届一次会议举行。会议选举李瑞环为全国政协主席。

3月15日～31日　八届全国人大一次会议举行。会议通过的《中华人民共和国宪法修正案》肯定我国正处于社会主义初级阶段；国家的根本任务是集中力量进行社会主义现代化建设；国家实行社会主义市场经济。会议通过《关于设立中华人民共和国澳门特别行政区的决定》、《关于〈中华人民共和国澳门特别行政区基本法〉的决定》等。会议选举江泽民为国家主席、中华人民共和国中央军事委员会主席，荣毅仁为国家副主席，乔石为全国人大常委会委员长，决定李鹏为国务院总理。

4月27日～29日　海峡两岸关系协会会长汪道涵和台湾海峡交流基金会董事长辜振甫在新加坡举行会谈并签订《汪辜会谈共同协议》等四项协议。

6月24日　中共中央、国务院印发《关于当前经济情况和加强宏观调控的意见》。

11月2日　《邓小平文选》第三卷出版。中共中央作出《关于学习〈邓小平文选〉第三卷的决定》。同日，江泽民在学习《邓小平文选》第三卷报告会上发表重要讲话。

11月5日　中共中央、国务院印发《关于当前农业和农村经济发展的若干政策措施》提出，在原定的耕地承包期到期之后，再延长30年不变。

11月11日～14日　中共十四届三中全会举行。全会通过《中共中央关于建立社会主义市场经济体制若干问题的决定》。

12 月 15 日　国务院作出《关于实行分税制财政管理体制的决定》。

12 月 25 日　国务院作出《关于金融体制改革的决定》。

12 月 26 日　毛泽东诞辰 100 周年纪念大会举行。江泽民在会上发表重要讲话，高度评价毛泽东思想的重要地位和指导意义。

1994 年

1 月 11 日　国务院作出《关于进一步深化对外贸易体制改革的决定》。

2 月 1 日　我国引进外国资金、先进设备和技术建设的大型核电站——广东大亚湾核电站一号机组投入商业运行。

2 月 28 日 ~3 月 3 日　国务院召开全国扶贫开发工作会议，部署实施“国家八七扶贫攻坚计划”。

3 月 8 日 ~19 日　全国政协八届二次会议举行。会议通过的《中国人民政治协商会议章程（修正案）》把参政议政列入政协的主要职能。

3 月 25 日　国务院常务会议通过《中国 21 世纪议程》，确定实施可持续发展战略。

9 月 25 日 ~28 日　中共十四届四中全会举行。全会通过了《关于加强党的建设几个重大问题的决定》。9 月 28 日，江泽民在闭幕会上讲话，系统阐述了正确处理改革、发展、稳定等社会主义现代化建设中的十二个重大关系。

10 月 25 日　国务院发出《关于在若干城市试行国有企业破产有关问题的通知》。

11 月 2 日　《邓小平文选》第一、二卷经过增补和修订出版第二版。

1995 年

1 月 30 日　江泽民在中共中央台湾工作办公室等单位举办的新春茶话会上就现阶段发展两岸关系推进祖国和平统一进程的若干重要问题，提出八项主张。

3 月 25 日　国务院决定修改职工工作时间。自 5 月 1 日起，职工每周工作 40 小时。

5 月 6 日　中共中央、国务院作出《关于加速科学技术进步的决定》，确定实施科教兴国战略。

9 月 4 日 ~15 日　联合国第四次世界妇女大会在北京举行。会议通过《北京宣言》和《行动纲领》。

9 月 25 日 ~28 日　中共十四届五中全会举行。全会通过的《中共中央关于制定国民经济和社会发展“九五”计划和 2010 年远景目标的建议》提出，实行经济体制从传统的计划经济体制向社会主义市场经济体制转变，经济增长方式从粗放型向集约型转变这两个具有全局意义的根本性转变。

11 月 16 日　京九铁路全线铺通。1996 年 9 月 1 日全线开通运营。

1996 年

7 月 19 日 ~8 月 4 日　中国体育代表团在美国亚特兰大举行的第 26 届奥运会上获得 16 枚金牌、22 枚银牌和 12 枚铜牌，金牌数和奖牌总数均列第 4 位。

8 月 3 日　国务院作出《关于环境保护若干问题的决定》。

10 月 7 日 ~10 日　中共十四届六中全会举行。全会通过了《中共中央关于加强社会主义精神文明建设若干重要问题的建议》。

11 月 21 日 ~24 日　中共中央、国务院召开的经济工作会议认为，经过近 3 年的努力，以治理通货膨胀为首要任务的宏观调控基本上达到预期目的。

12 月 30 日　中共中央、国务院作出《关于切实做好减轻农民负担工作的决定》。

1997 年

2 月 19 日　邓小平逝世。

3 月 18 日　南昆铁路全线铺通。标志着我国修筑铁路和建设桥梁隧道的科学技术水平已进入世界先进行列。

6 月 19 日　由国防科技大学计算机研究所研制的“银河—3”百亿次巨型计算机系统，通过国家技术鉴定。

6 月 30 日午夜 ~7 月 1 日凌晨　中英两国政府香港政权交接仪式在香港举行。

9 月 12 日 ~18 日　中国共产党第十五次全国代表大会举行。江泽民代表第十四届中央委员会作《高举邓小平理论伟大旗帜，把建设有中国特色社会主义事业全面推向二十一世纪》的报告。报告着重阐述了邓小平理论的历史地位和指导意义；提出党在社会主义初级阶段的基本纲领；强调依法治国，建设社会主义法治国家。大会通过关于《中国共产党章程修正案》的决议，把邓小平理论确立为党的指导思想并载入党章。19 日，中共十五届一中全会举行。全会选举江泽民、李鹏、朱镕基、李瑞环、胡锦涛、尉健行、李岚清为中央政治局常委，江泽民为中央委员会总书记，决定江泽民为中央军事委员会主席，批准尉健行为中央纪律检查委员会书记。

10月28日　黄河小浪底水利枢纽工程成功实现截流。

11月8日　长江三峡水利枢纽工程成功实现大江截流。

11月17日~19日　中共中央、国务院召开全国金融工作会议，要求力争用3年左右时间大体建立与社会主义市场经济发展相适应的金融机构体系、金融市场体系和金融调控监管体系。

1998年

2月25日~26日　中共十五届二中全会举行。全会通过了《国务院机构改革方案》。

3月3日~14日　全国政协九届一次会议举行。会议选举李瑞环为全国政协主席。

3月5日~19日　九届全国人大一次会议举行。会议选举江泽民为国家主席、国家中央军委主席，李鹏为全国人大常委会委员长，胡锦涛为国家副主席，决定朱镕基为国务院总理。

4月3日　中央军委决定，组建中国人民解放军总装备部。

5月10日　国务院作出《关于进一步深化粮食流通体制改革的决定》。

6月9日　中共中央、国务院发出《关于切实做好国有企业下岗职工基本生活保障和再就业工作的通知》。

6月15日~17日　全国城镇住房制度改革与住宅建设工作会议宣布，从下半年开始，全国城镇停止住房实物分配，实行住房分配货币化。

6月24日　中共中央发出《关于在全党深入学习邓小平理论的通知》。

6月中旬~9月上旬　我国南方特别是长江流域及北方的嫩江、松花江流域出现历史上罕见的特大洪灾。全党全军全国人民团结奋战，取得了抗洪抢险斗争的全面胜利。

7月28日　中央纪委、中央政法委召开贯彻中央关于军队、武警部队和政法机关不再从事经商活动决定的电视电话会议。

10月12日~14日　中共十五届三中全会举行。全会通过《中共中央关于农业和农村工作若干重大问题的决定》。

11月21日　中共中央发出《关于在县级以上党政领导班子、领导干部中深入开展以“讲学习、讲政治、讲正气”为主要内容的党性党风教育的意见》。

12月14日　国务院作出《关于建立城镇职工基本医疗保险制度的决定》。

12月18日　党的十一届三中全会召开20周年纪念大会举行。江泽民在会上发表重要讲话，高度评价十一届三中全会的伟大历史意义，全面阐述20年来我国在建设有中国特色社会主义事业中取得的巨大成就和主要经验。

1999年

6月13日　中共中央、国务院作出《关于深化教育改革全面推进素质教育的决定》。

7月19日　中共中央发出《关于共产党员不准修炼“法轮大法”的通知》。

8月20日　中共中央、国务院作出《关于加强技术创新，发展高科技，实现产业化的决定》。

9月19日~22日　中共十五届四中全会举行。全会通过《中共中央关于国有企业改革和发展若干重大问题的决定》。

10月1日　首都各界庆祝中华人民共和国成立50周年大会在天安门广场举行。江泽民检阅受阅部队。

11月15日~17日　中央经济工作会议提出，要继续扩大国内需求，调整经济结构，着手实施西部大开发战略，搞好社会保障体系建设。

11月20日　我国第一艘载人航天试验飞船神舟号发射成功。

12月19日午夜~20日凌晨　中葡两国政府举行澳门政权交接仪式。

2000年

2月25日　江泽民在广东考察党建工作，提出“三个代表”重要思想。

3月2日　中共中央、国务院发出《关于进行农村税费改革试点工作的通知》。

6月13日　中共中央、国务院发出《关于促进小城镇健康发展的若干意见》。

10月9日~11日　中共十五届五中全会举行。全会通过《中共中央关于制定国民经济和社会发展第十个五年计划的建议》。

10月26日　国务院发出《关于实施西部大开发若干政策措施的通知》。

11月8日　贵州省洪家渡水电站、引子渡水电站、乌江渡水电站扩机工程同时开工建设。这标志着我国西电东送工程全面启动。

11月30日　中共中央办公厅发出《关于在农村开展“三个代表”重要思想学习教育活动的意见》。

2001年

2月19日　中共中央、国务院举行国家科学技术奖励大会。自2000年起设立国家最高科学技术奖。

6月13日　国务院印发《中国农村扶贫开发纲要（2001～2010年）》。

6月15日　上海合作组织成员国元首会议在上海举行。中、俄、哈、吉、塔、乌6国元首共同签署《上海合作组织成立宣言》，宣告上海合作组织诞生。

6月29日　青藏铁路开工典礼在青海格尔木和西藏拉萨同时举行。2006年7月1日，铁路全线建成通车。

7月1日　中共中央举行庆祝中国共产党成立80周年大会。江泽民在会上发表重要讲话，系统总结党80年来的奋斗业绩和基本经验，全面阐述“三个代表”重要思想的科学内涵。

7月13日　在莫斯科举行的国际奥委会第112次全体会议上，北京获得2008年第29届奥运会主办权。

9月24日～26日　中共十五届六中全会举行。全会通过《中共中央关于加强和改进党的作风建设的决定》。

11月10日　在卡塔尔首都多哈举行的世界贸易组织第四届部长级会议通过中国加入世界贸易组织的决定。12月11日，中国正式成为世贸组织成员。

2002年

1月10日　国务院西部开发办公室召开退耕还林工作电视电话会议，确定在过去两年试点工作的基础上，全面启动退耕还林工程。4月11日，国务院发出《关于进一步完善退耕还林政策措施的若干意见》。12月14日，国务院发布《退耕还林条例》。

1月20日　中共中央、国务院作出《关于加强宗教工作的决定》。

7月4日　西气东输工程开工典礼举行。该工程西起新疆轮南，东至上海，途经10个省区市，全长约4000公里。

11月8日～14日　中国共产党第十六次全国代表大会举行。江泽民代表第十五届中央委员会作《全面建设小康社会，开创中国特色社会主义事业新局面》的报告。报告总结过去五年的工作和十三年的基本经验，阐述全面贯彻“三个代表”重要思想的根本要求，提出全面建设小康社会的奋斗目标。大会通过关于《中国共产党章程（修正案）》的决议，把“三个代表”重要思想同马克思列宁主义、毛泽东思想、邓小平理论一道确立为党必须长期坚持的指导思想。15日，中共十六届一中全会举行。全会选举胡锦涛、吴邦国、温家宝、贾庆林、曾庆红、黄菊、吴官正、李长春、罗干为中央政治局常委，胡锦涛为中央委员会总书记，决定江泽民为中央军事委员会主席，批准吴官正为中央纪律检查委员会书记。

12月3日　在摩纳哥蒙特卡洛举行的国际展览局第132次成员国大会上，上海获得2010年世界博览会的举办权。

12月27日　南水北调工程开工典礼在北京人民大会堂和江苏省、山东省施工现场同时举行。

2003年

1月16日　中共中央、国务院发出《关于做好农业和农村工作的意见》。

2月24日～26日　中共十六届二中全会举行。全会审议通过《关于深化行政管理体制和机构改革的意见》。

3月3日～14日　全国政协十届一次会议举行。会议选举贾庆林为全国政协主席。

3月5日～18日　十届全国人大一次会议举行。会议选举胡锦涛为国家主席，江泽民为国家中央军委主席，吴邦国为全国人大常委会委员长，曾庆红为国家副主席，决定温家宝为国务院总理。

3月27日　国务院发出《关于全面推进农村税费改革试点工作的意见》。

6月15日　中共中央发出《关于在全党兴起学习贯彻“三个代表”重要思想新高潮的通知》。

6月25日　中共中央、国务院作出《关于加快林业发展的决定》。

6月27日～28日　全国文化体制改革试点工作会议举行。

7月28日　胡锦涛在全国防治非典工作会议上发表重要讲话，全面总结防治非典工作，提出要更好地坚持全面发展、协调发展、可持续发展的发展观。

10月5日　中共中央、国务院发出《关于实施东北地区等老工业基地振兴战略的若干意见》。

10月11日～14日　中共十六届三中全会举行。全会通过的《中共中央关于完善社会主义市场经济体制若干问题的决定》提出，坚持以人为本，树立全面、协调、可持续的发展观。胡锦涛在会上发表重要讲话，强调树立和落实科学发展观。

10月15日～16日　神舟五号载人飞船成功

升空并安全着陆。中国成为世界上第三个独立掌握载人航天技术的国家。

11月6日　龙滩水电站工程实现大江截流。2007年5月27日，龙滩水电站一号机组提前试运行。

12月31日　中共中央、国务院发出《关于促进农民增加收入若干政策的意见》。

2004年

1月5日　中共中央发出《关于进一步繁荣发展哲学社会科学的意见》。

1月9日　国务院作出《关于进一步加强安全生产工作的决定》。

3月22日　国务院印发《全面推进依法行政实施纲要》。

4月27日～28日　中央实施马克思主义理论研究和建设工程工作会议举行。

8月13日～29日　中国体育代表团在希腊雅典举行的第28届奥运会上获得32枚金牌、17枚银牌、14枚铜牌，金牌数列第2位、奖牌总数列第3位，实现历史性突破。

8月22日　邓小平同志诞辰100周年纪念大会举行。胡锦涛在会上发表重要讲话，全面阐述邓小平理论和“三个代表”重要思想的指导意义。

9月1日　国务院作出《关于进一步加强食品安全工作的决定》。

9月16日～19日　中共十六届四中全会举行。全会通过《中共中央关于加强党的执政能力建设的决定》，决定胡锦涛为中央军事委员会主席。

11月7日　中共中央发出《关于在全党开展以实践“三个代表”重要思想为主要内容的保持共产党员先进性教育活动的意见》。

11月8日　中共中央办公厅、国务院办公厅发出《关于进一步加强互联网管理工作的意见》。

12月30日　西气东输工程全线建成并正式运营。

12月31日　中共中央、国务院发出《关于进一步加强农村工作提高农业综合生产能力若干政策的意见》。

2005年

1月3日　中共中央印发《建立健全教育、制度、监督并重的惩治和预防腐败体系实施纲要》。

1月5日～6日　中共中央召开保持共产党员先进性教育活动工作会议。

3月4日　胡锦涛在参加全国政协十届三次会议民革、台盟、台联界委员联组讨论时提出新形势下发展两岸关系的四点意见。

3月5日～14日　十届全国人大三次会议举行。会议选举胡锦涛为中华人民共和国中央军事委员会主席。会议通过《中华人民共和国反分裂国家法》。

4月17日　国务院印发《国家突发公共事件总体应急预案》。

4月29日　胡锦涛在北京与中国国民党主席连战举行正式会谈。会后双方共同发布“两岸和平发展共同愿景”。5月12日，胡锦涛与亲民党主席宋楚瑜举行正式会谈。7月12日，胡锦涛会见新党主席郁慕明率领的大陆访问团。

7月21日　经国务院批准，我国开始实行以市场供求为基础、参考一篮子货币进行调节、有管理的浮动汇率制度。

10月8日～11日　中共十六届五中全会举行。全会通过《中共中央关于制定国民经济和社会发展第十一个五年规划的建议》。

10月12日～17日　神舟六号载人飞船成功发射并顺利着陆。这是我国首次真正意义上有人参与的空间飞行试验。

12月23日　中共中央、国务院发出《关于深化文化体制改革的若干意见》。

12月29日　十届全国人大常委会第19次会议决定：一届全国人大常委会第96次会议于1958年6月3日通过的《中华人民共和国农业税条例》自2006年1月1日起废止。

12月31日　中共中央、国务院发出《关于推进社会主义新农村建设的若干意见》。

2006年

1月26日　中共中央、国务院作出《关于实施科技规划纲要、增强自主创新能力的决定》。

1月31日　国务院发出《关于解决农民工问题的若干意见》。

2月13日　国务院发出《关于加快振兴装备制造业的若干意见》。

4月15日　中共中央、国务院发出《关于促进中部地区崛起的若干意见》。

5月3日　中共中央作出《关于进一步加强人民法院、人民检察院工作的决定》。

5月20日　三峡大坝全线建成。大坝全长2309米，达到海拔185米设计高程。

5月26日　国务院发出《关于推进天津滨海新区开发开放有关问题的意见》。

6月30日　庆祝中国共产党成立85周年暨总结保持共产党员先进性教育活动大会举行。胡锦涛在会上发表重要讲话，系统阐述加强党的执政能力建设和先进性建设的思想。

7月1日　青藏铁路全线建成通车。铁路全长1956公里，最高点海拔5072米，是世界上海拔最高、线路最长的高原铁路。

8月10日　《江泽民文选》出版发行。13日，中共中央作出《关于学习〈江泽民文选〉的决定》。15日，胡锦涛在学习《江泽民文选》报告会上发表重要讲话，对全党学习《江泽民文选》提出明确要求。

8月27日　十届全国人大常委会第23次会议通过《中华人民共和国各级人民代表大会常务委员会监督法》。

8月31日　国务院发出《关于加强土地调控有关问题的通知》。

10月8日～11日　中共十六届六中全会举行。全会通过《中共中央关于构建社会主义和谐社会若干重大问题的决定》。

11月4日～5日　中非合作论坛北京峰会举行。

12月14日～15日　首次中美战略经济对话在北京举行。

12月31日　中共中央、国务院发出《关于积极发展现代农业扎实推进社会主义新农村建设的若干意见》。

2007年

1月13日　中央军委发出《“十一五”期间推进军队后勤保障和其他保障社会化的意见》。

3月5日～16日　十届全国人大五次会议举行。会议通过《中华人民共和国物权法》和《中华人民共和国企业所得税法》。

3月19日　国务院发出《关于加快发展服务业的若干意见》。

3月31日　国务院办公厅发出《关于进一步加强药品安全监管工作的通知》。

5月3日　中国石油天然气集团公司宣布：在渤海湾滩海地区发现储量规模10亿吨的冀东南堡油田。

6月3日　国务院印发《中国应对气候变化国家方案》。

6月7日　经国务院同意，国家发展和改革委员会发出《关于批准重庆市和成都市设立全国统筹城乡综合配套改革试验区的通知》。

6月29日　十届全国人大常委会第28次会议通过《中华人民共和国劳动合同法》。

7月10日　国务院印发《关于开展城镇居民基本医疗保险试点的指导意见》。

7月11日　国务院发出《关于在全国建立农村最低生活保障制度的通知》。

7月26日　中共中央政治局召开会议，分析研究当前经济形势和经济工作，强调要坚持把遏制经济增长由偏快转为过热作为当前宏观调控的首要任务。

8月1日　庆祝中国人民解放军建军80周年暨全军英雄模范代表大会举行。胡锦涛在会上发表重要讲话，深刻总结我军建设和发展的基本经验，提出新世纪新阶段军队历史使命。

8月7日　国务院发出《关于解决城市低收入家庭住房困难的若干意见》。

8月30日　十届全国人大常委会第29次会议通过《中华人民共和国反垄断法》和《中华人民共和国就业促进法》。

10月15日～21日　中国共产党第十七次全国代表大会举行。胡锦涛代表第十六届中央委员会作《高举中国特色社会主义伟大旗帜，为夺取全面建设小康社会新胜利而奋斗》的报告。报告总结过去5年的工作和改革开放以来的宝贵经验；强调要坚定不移地高举中国特色社会主义伟大旗帜，坚持中国特色社会主义道路和中国特色社会主义理论体系；全面阐述科学发展观的科学内涵、精神实质和根本要求；提出实现全面建设小康社会奋斗目标的新要求。大会通过关于《中国共产党章程（修正案）》的决议，一致同意将科学发展观写入党章。22日，中共十七届一中全会举行。全会选举胡锦涛、吴邦国、温家宝、贾庆林、李长春、习近平、李克强、贺国强、周永康为中央政治局常委，胡锦涛为中央委员会总书记，决定胡锦涛为中央军事委员会主席，批准贺国强为中央纪律检查委员会书记。

10月24日　中国第一颗绕月探测卫星——嫦娥一号发射成功并进入预定地球轨道。

12月31日　中共中央、国务院发出《关于切实加强农业基础建设进一步促进农业发展农民增收的若干意见》。

2008年

年初　中国南方部分地区遭遇严重低温雨雪冰冻灾害。全党全军全国各族人民团结奋斗，取得了抗灾斗争的胜利。

2月25日～27日　中共十七届二中全会举行。全会审议通过《关于深化行政管理体制改革的意见》和《国务院机构改革方案》。

3月3日～14日　全国政协十一届一次会议举行。会议选举贾庆林为全国政协主席。

3月5日～18日　十一届全国人大一次会议举行。会议选举胡锦涛为国家主席、国家中央军委主席，吴邦国为全国人大常委会委员长，习近平为国家副主席；决定温家宝为国务院总理。

5月12日　四川汶川发生特大地震。在党中央、国务院和中央军委坚强领导下，我国迅速开展了历史上救援速度最快、动员范围最广、投入力量最大的抗震救灾斗争，夺取了抗震救灾斗争的重大胜利。

6月8日　中共中央、国务院发出《关于全面推进集体林权制度改革的意见》。

8月8日～9月17日　北京奥运会、残奥会成功举办。中国体育代表团在奥运会上获得51枚金牌、21枚银牌、28枚铜牌，位居金牌榜第1位；在残奥会上获得89枚金牌、70枚银牌、52枚铜牌，位居金牌榜和奖牌榜第1位。

9月19日　全党深入学习实践科学发展观活动动员大会暨省部级主要领导干部专题研讨班开班式举行。中共中央决定，从2008年9月开始，用一年半左右时间，在全党分批开展深入学习实践科学发展观活动。

9月25日～28日　神舟七号载人航天飞行获得圆满成功。我国航天员首次实施空间出舱活动。

10月9日～12日　中共十七届三中全会举行。会议通过《中共中央关于推进农村改革发展若干重大问题的决定》。

11月5日　国务院常务会议决定，当前实行积极的财政政策和适度宽松的货币政策，确定了进一步扩大内需促进经济平稳较快增长的十项措施。

11月15日　胡锦涛出席在美国首都华盛顿举行的二十国集团领导人金融市场和世界经济峰会并发表重要讲话。

12月8日～10日　中央经济工作会议在北京举行。会议指出：受国际金融危机快速蔓延和世界经济增长明显减速的影响，加上我国经济生活中尚未解决的深层次矛盾和问题，目前我国经济运行中的困难增加，经济下行压力加大，企业经营困难增多，保持农业稳定发展、农民持续增收难度加大，金融领域潜在风险增加。必须把保持经济平稳较快发展作为2009年经济工作的首要任务。要着力在保增长上下功夫，把扩大内需作为保增长的根本途径，把加快发展方式转变和结构调整作为保增长的主攻方向，把深化重点领域和关键环节改革、提高对外开放水平作为保增长的强大动力，把改善民生作为保增长的出发点和落脚点。

12月18日　纪念党的十一届三中全会召开30周年大会举行。胡锦涛在会上发表重要讲话，高度评价十一届三中全会在我们党和国家发展历史上的重要地位和伟大意义，深刻总结30年来改革开放和社会主义现代化建设取得的伟大成就和宝贵经验，明确指出继续推进改革开放伟大事业的前进方向。

（《人民日报》2009年1月24日）

改革开放是决定当代中国命运的关键抉择

——纪念改革开放30周年之一

本报评论员

从1978年12月党的十一届三中全会至今，我国的改革开放事业整整经历了30个年头。作为一个特殊的“历史单元”，改革开放30年正为世界关注。在全球经济的低潮之中，人们争相评论“中国模式”，探究“社会主义市场经济”的活力和“中国特色社会主义”的影响，并用新的眼光打量这不同寻常的30年。

这30年，一个占世界人口1/5的发展中大国，经济从一度濒于崩溃的边缘发展到总量跃至世界第四，人民生活从温饱不足发展到总体小康，中国人民的命运发生了深刻变化；这30年，社会主义中国在波澜壮阔的变革中，探寻出一条生气勃勃的现代化道路，为世界提供了一个新型社会形态社会制度的发展模式。这30年，中国共产党坚定不移地引领这场新的伟大革命，并将几代人矢志追求的现代化梦想和民族复兴进程不断向前推进。

这是改革开放造就的时代奇迹，30年间，中国人民的面貌、社会主义中国的面貌、中国共产党的面貌发生了历史性变化。这一切，无不源于邓小平同志为核心的党的第二代领导集体做出的历史性决策，无不源于30年前的那个决定当代中国命运的关键抉择。

上个世纪70年代末，我们党和国家处于十字路口：要么是按照“两个凡是”的思想路线走下去，在僵化的体制内束缚任何创新和探索，其结果是人民难以摆脱匮乏的物质文化生活，国家难以追赶世界现代化浪潮，社会主义难以获得发展的生机与活力。要么是按照“解放思想、实事求是”的思想路线，打破对本本教条的迷信和崇拜，突破观念和体制的重围，“杀出一条血路”，其结果是摸索出一条中国特色社会主义的发展道路，使中国人民得以摆脱贫困，走向富裕；摆脱封闭，走向开放；摆脱落后，走向进步。我们党、我们国家、我们人民毅然选择了后者，将命运牢牢掌握在自己的手里。由此而来的中国巨变已经被世界所公认，为历史所记载。

历史不能假设，但历史总有规律可循，可以让我们以事实为根据，以常识为基点，用无数“如果”，探寻事物发展的各种可能性。1978 年的世界是怎样的世界？当时，世界上第一个试管婴儿已经在英国出生，美国、日本等发达资本主义国家在经济发展步入第二个“黄金时代”后，正掀起新科技革命的浪潮，韩国、新加坡基本实现了经济起飞，而中国依然在贫困落后中徘徊。如果没有改革开放，如果不发展经济，如果不改善人民生活，如果不奋起直追，只能是死路一条。在当代中国命运攸关的关键时刻，改革开放既是摆脱我们党和国家当时所处的严重困境，摆脱高度集中的计划经济体制的长期束缚，摆脱闭关自守的封闭状态，实现从困境中重新奋起的唯一选择，又是赶上新一轮科技浪潮，在坚持独立自主的前提下，汇入世界文明潮流的必然选择。

30 年风雷激荡的伟大实践雄辩地证明，这场历史上从未有过的大改革大开放，极大地调动了亿万人民的积极性，使我国成功实现了从高度集中的计划经济体制到充满活力的社会主义市场经济体制、从封闭半封闭到全方位开放的伟大历史转折。它让一个面向现代化、面向世界、面向未来的社会主义中国巍然屹立在世界东方，也让世界将一个国家 30 年的沧桑巨变，载入人类文明的光辉史册。

（《人民日报》2008 年 12 月 1 日）

改革开放的方向和道路是完全正确的
——纪念改革开放 30 周年之二

本报评论员

一个国家的发展，只有从世界和时代的坐标上去认识，才能准确把握；一个社会的变革，只有源于人民群众的共同呼声，才有生机活力。

把历史的时针拨回到 1978 年，我们看到，当时法国戴高乐机场一小时起落 60 架飞机，而北京首都国际机场一小时才起落两架。如今，北京首都机场拥有世界上最大的单体航站楼，每小时可起降飞机超过 124 架，无论是容量还是先进性都可与世界一流机场媲美。

从 1978 年到 2008 年，改革开放造就的“中国奇迹”中，“国门”的变迁只是一个缩影。30 年，中国实现了发达国家上百年才完成的同样程度的工业化、城市化和社会转型。30 年，中国经济保持年均近 10% 的持续高速增长，步入中等收入国家行列。30 年，中国农村贫困人口从两亿五千多万减少到两千多万。据世界银行统计，过去 25 年来全球脱贫所取得的成就中，约 67% 的成就应归功于中国。中国的发展，不仅使中国人民稳定地走上了富裕安康的广阔道路，而且为世界经济发展和人类文明进步作出了重大贡献。

伟大的成就来自伟大的创举。正是改革开放，推动中国突破思想藩篱，砥砺创新勇气，创造性地建立了社会主义市场经济体制，极大地调动了亿万群众的积极性，激发了一个古老民族的生机与活力。把坚持社会主义基本制度同发展市场经济结合起来，把推动经济基础变革同推动上层建筑改革结合起来，把坚持独立自主同参与经济全球化结合起来，30 年来，我们破除了不适合现代化发展要求的体制机制，建立了独具中国特色的现代国家发展模式，确立以人为本，推动科学发展……人民群众迸发出排山倒海的创造伟力，真切地感受到了自己的幸福，看到了民族的希望。这场党在新的时代条件下带领人民进行的新的伟大革命，深刻地改变了中国的命运，开辟了中国特色社会主义道路，形成了中国特色社会主义理论体系。

发展是当代中国的主题，改革开放是当代中国的主旋律。发展是解决中国一切问题的“总钥匙”，改革开放是推动各项事业发展的根本动力。30 年来，我们之所以能够在国际风云变幻中站稳脚跟，之所以能够经受一次又一次严峻考验，之所以能够战胜各种困难和风险，使现代化航船破浪前进，就在于我们始终坚持改革开放的正确方向和道路，解放思想，实事求是，与时俱进，使我们的各项政策符合党心民心、顺应时代潮流，为中国社会的发展进步奠定了坚实的物质基础，凝聚起强大的精神力量。

邓小平同志曾经说过，发展起来了的问题不比不发展起来的时候少。改革开放作为一场广泛而深刻的社会变革，不可能一帆风顺，也不可能一蹴而就。只要我们看看过去，比比现在，摆摆事，算算账，用联系和发展的眼光来看待这30年的历史进程，我们就能够清楚地看到，不改革问题更多，不发展困难更大。不能因发展中出现的一些新的问题和矛盾而否定发展，不能因为改革开放的长期性和艰巨性而否定改革开放。30年的伟大实践充分证明，改革开放成就巨大，彪炳史册。正如党的十七大报告指出的：我国改革开放的“方向和道路是完全正确的，成效和功绩不容否定，停顿和倒退没有出路”。

2008年，在历史与未来的交汇处，改革开放大潮又起。我们将坚定不移地推进改革开放的伟大事业，30年巨变远不是结束，改革开放永无止境。

（《人民日报》2008年12月3日）

坚持改革开放不动摇，不能走回头路

——纪念改革开放30周年之三

本报评论员

30年前，在历史的十字路口，我国面临着十年内乱带来的严重局面：社会动荡、经济凋敝、科技落后、人民贫困。我们党清醒地认识到，要摆脱困境，必须把工作重点转到以经济建设为中心上来，实行改革开放，解放和发展生产力。

这是中国共产党人在新的时代条件下的伟大觉醒。回首30年历程，一条极其重要的经验，就是无论遇到什么样的困难和风险，无论遇到什么样的干扰和考验，我们始终坚持改革开放不动摇。

为什么坚持改革开放不动摇？因为它符合人民群众的共同愿望。在谈到改革开放的动因时，邓小平说，“多少年来我们吃了一个大亏，社会主义改造基本完成了，还是‘以阶级斗争为纲’，忽视发展生产力。”截至1978年，工人的月平均工资只有四五十元，农村的大多数地区仍处于贫困状态。中国人民深刻反思：贫穷不是社会主义，社会主义要消灭贫穷。

为什么坚持改革开放不动摇？因为它是发展社会主义的必由之路。改革开放的根本目的，就是要在各方面形成与社会主义初级阶段基本国情相适应的比较成熟的制度，使生产关系适应生产力的发展，使上层建筑适应经济基础的发展。只有摆脱高度集中的计划经济体制束缚，摆脱闭关自守的封闭状态，增强综合国力，改善人民生活，社会主义才有生机活力，也才能坚持和发展社会主义。

为什么坚持改革开放不动摇？因为它是党的先进性的内在要求。我们从历史教训中认识到本本主义、思想僵化，党的生机就要停止。我们党必须以巨大的勇气和魄力，开辟社会主义现代化建设的道路。

在历史长河中，30年只是瞬间。但这30年中华大地发生的大变革大发展，对于国家发展道路的探索，对于中国经济社会发展奇迹的造就，对于中华民族的伟大复兴，都具有里程碑意义。拥护改革开放，支持改革开放，参与改革开放，坚持改革开放，这是人民的选择，也是历史的结论。

改革开放是一个不断探索的历史过程。快速发展的经济会导致诸如环境、资源压力，深刻变革会引发一些道德、公平等问题。从眼前看，我国30年走过人家上百年走过的路程，各种问题和矛盾往往会比较集中地凸现出来。从历史看，在一个拥有十几亿人口、生产力落后的大国，推进现代化事业，其难度和艰辛也必定非比寻常。越是在这样的情况下，我们越要珍惜改革开放的探索和成就，越要坚定不移地坚持改革开放，而不能走回头路。

走回头路，意味着僵化，意味着停滞，意味着“折腾”。人们从30年亲身经历中认识到，走回头路国家强大不起来。当我们沉浸在北京奥运会成功的巨大喜悦中时，不能忘记30年前人们曾感叹：不改革开放，我们与世界的差距会越来越大。走回头路民族兴旺不起来。当我们为民族尊严和国际地位的提升感到自豪的时候，我们不能忘记30年前的忧虑：不改革开放，总有一天会被开除球籍。走回头路人民富裕不起来。我们都还记得30年前买布要券，吃粮凭票的物质匮乏年代，而今天人民生活实现由温饱到小康的历史性跨越。

改革开放写下了中国历史上最壮丽的史诗——中华民族大踏步赶上了时代前进潮流，社会主义中国巍然屹立在世界东方，我们党昂首阔步走在了时代前列。

坚持改革开放不动摇，奏响这个当代中国的主旋律，人们有理由瞩望更加美好幸福的未来。

（《人民日报》2008年12月4日）

坚持社会主义市场经济的改革方向

——纪念改革开放30周年之四

本报评论员

在社会主义条件下发展市场经济，是前无古人的伟大创举。从高度集中的计划经济成功转向充满活力的社会主义市场经济，是改革开放30年来取得的最重要成就。站在新的历史起点上，继续推进改革开放，必须毫不动摇地坚持社会主义市场经济的改革方向。

新中国成立后，我们实行高度集中的计划经济体制。在当时的历史条件下，这一体制对发展经济、加快推进工业化发挥过重要作用。然而，由于存在排斥市场调节、利益导向这一内在缺陷，计划经济体制的弊端日益凸现，严重束缚了生产力的发展。从计划经济为主、市场调节为辅，到有计划的商品经济，再到社会主义市场经济，我们在认识上一次次突破，实践中一步步深入。把市场经济写在社会主义的旗帜上，是中国特色社会主义的鲜明特点，也体现了中国改革开放向前迈进的历史逻辑。

改革开放30年，变化巨大，成就巨大。变化和成就，都源于经济体制之变。市场体系培育了，政府职能转变了，管理体制改革了，中国的粮食及农副产品在不知不觉中告别了短缺，钢铁产量稳居世界第一，纺织品生产出口也成为世界第一。国有经济的比重降低了，但公有制经济的实力和控制力却不断增强。这就是社会主义市场经济的力量。在社会主义市场经济条件下，社会经济成分、组织形式、就业方式、分配方式日益多样化，人们的工作、生活和利益实现方式，有了更多的选择。社会活跃了，亿万农民走出了乡村；市场丰富了，各种经济成分百舸争流；体制灵活了，人民群众创造活力迸发涌动。

判断改革成功不成功，方向正确不正确，要靠实践来回答。我们看到，在国家的宏观调控下，发挥市场对资源配置的基础性作用，通过价格杠杆和竞争机制，引导人们的利益实现，从而调节社会生产，激发了广大企业的活力，调动了人民群众的积极性和创造性，极大地解放了生产力，为中国的发展带来了蓬勃生机。

市场不是万能的，市场经济也有其弱点。实践也使我们更加深刻地认识到，社会主义市场经济，“社会主义”这四个字不是可有可无，而是画龙点睛。所谓“点睛”就是点明我们市场经济的性质。我们的创造性和特色也就体现在这里。我国的市场经济体制，同社会主义基本经济制度紧紧相连，离不开社会主义的方向，离不开国家的宏观调控。正是把社会主义制度的优越性与市场经济的活力相结合，我国经济才经受住了多次风浪的严峻考验，保持多年快速平稳发展。当前，面对全球金融危机冲击，党中央、国务院果断出拳，扩大内需，促进增长，又一次体现了宏观调控驾驭复杂局面的能力，体现了社会主义基本经济制度的威力。

随着改革的深化，一些深层次矛盾开始显现。社会主义市场经济体制初步建立，但影响发展的体制机制依然存在。要解决发展中出现的问题，根本出路在于贯彻落实科学发展观，进一步完善社会主义市场经济体制，推进各方面体制改革创新。

建立社会主义市场经济体制，是一场深刻的社会变革。展望未来，在完善基本经济制度，健全市场体系，深化财税、金融体制改革，完善宏观调控体系等重要领域和关键环节，仍将面临一场场攻坚战。沿着社会主义市场经济体制的改革方向坚定前行，已经创造30年发展奇迹的中国，必将迎来更加美好的明天。

（《人民日报》2008年12月5日）

解决前进中的问题归根到底靠改革开放

——纪念改革开放三十周年之五

本报评论员

改革开放30年，发生在中华大地的沧桑巨变，深刻改变了一个古老民族的命运。经济发展，社会进步，人民生活改善，国家综合实力增强，改革开放所取得的巨大成就有目共睹。

这场深刻的变革，因为利益调整的层次较深、力度较大、涉及面较广，在加快推进工业化、城镇化步伐和改革攻坚的过程中，也出现了一些深层次的矛盾和问题。对30年改革开放，只看到矛盾和问题，对辉煌成就视而不见，是一种偏见；只讲成绩经验，忽视存在的矛盾和问题，也会失之片面。

正视改革发展中出现的问题很重要，如何看待和解决这些问题更重要。当前的不少矛盾和问题，在改革开放前是未曾显现的，是随着经济社会发展逐步凸现出来的。比如，在人民生活水平普遍提高的同时，收入差距、地区差距、城乡差距有拉大的趋势；在经济迅速发展的同时，教育、医疗等社会公共事业发展相对滞后，出现了上学难、看病贵的问题，一些地方就业压力增大；在社会主义民主法制建设不断加强的同时，一些消极腐败现象滋生蔓延，等等。

这些问题的具体成因非常复杂，有的是认识不到位、措施不配套造成的，有的是设计不周到、操作不规范造成的，还有的是在改革和发展过程中难以避免的问题。总体上看，这些问题与经济社会发展阶段、发展水平有关，与改革开放无先例可循、无经验可鉴有关，而不是因为改革开放的方向出了问题。恰恰相反，这些问题相当程度上是改革不到位、不完善，对外开放水平不高造成的，说到底是发展中的问题、成长中的烦恼。

对这些问题，我们既不能视而不见，也不能敷衍塞责。单纯通过抓经济发展来解决，只能触及问题的局部或表面；回避体制和机制就事论事，也无法从根本上来解决。正是因为清醒地看到了这些，我们党在坚持社会主义市场经济改革方向不动摇的同时，鲜明提出要提高改革决策的科学性，努力使改革决策兼顾到各方面利益、照顾到各方面关切，反复强调增强改革措施的协调性，统筹好经济体制改革和其他方面的体制改革，统筹好改革涉及的各项工作。这些年来，从免除农业税到全面实施义务教育“两免一补”，从推进新农村合作医疗保险制度到落实城乡居民最低生活保障，从频出重拳严惩腐败到推进惩治和预防腐败体系建设……现实中出现的问题，正在通过深化改革逐步解决。这也充分说明，解决前进中的问题归根到底靠改革开放。

改革开放不仅是现代化的必由之路，也是解决前进中矛盾和问题的根本途径。在我国改革发展进入关键时期的重要时刻，国际金融危机愈演愈烈，我国经济平衡较快发展受到严峻挑战。在这种形势下处理一系列复杂的历史和现实问题，更需要我们进一步增强改革的紧迫感和使命感。通过深化改革扩大开放，进一步解放和发展社会生产力，使关系经济社会发展全局的重大体制改革取得突破性进展，进一步完善落实科学发展观的体制机制，解决人民群众最关心、最直接、最现实的利益问题，真正做到发展成果由人民共享。

只有改革开放才能发展中国。30年前，为了摆脱困境，重新奋起，我们毅然开启了改革开放的伟大进程，由此创造了举世瞩目的中国奇迹。今天，我们唯有继续把改革开放推向前进，才能不断解决前进中的问题。这是30年实践的宝贵经验，也是我们开辟更为广阔发展前景的必然选择。

（《人民日报》2008年12月8日）

只有改革开放才能发展中国特色社会主义

——纪念改革开放三十周年之六

本报评论员

中国改革开放30年，对世界的吸引力之一，就是这30年改革的成败，关系到一个新型社会形态社会制度的兴衰。这30年，横跨了两个不同寻常的世纪——刚刚过去的20世纪，恰是社会主义从无到有，从弱到强，从轰轰烈烈到遭受挫折，又焕发生机的世纪。我们正在经历的这个世纪，又正是资本主义制度在不断发生的危机中自我审视，社会主义重新引起世界瞩目的世纪。

“社会主义是20世纪的产物，也必将终结于20世纪”，西方曾有人如此断言。然而，社会主义没有终结，而是以更加旺盛的活力呈现于世界的东方。两个世纪的质疑和回答，30年改革开放的探索与实践，社会主义在中国进一步焕发出蓬勃生机，中国特色社会主义展现出美好的发展前景——中国力量厚积薄发，中国元素日益凸显，中国道路吸引世界目光。

“所谓‘社会主义社会’，不是一种一成不变的东西，而应当和任何其他社会制度一样，把它看成是经常变化和改革的社会”。30年风雷激荡，我们对恩格斯这句话有了更深刻的体会。社会主义的生命力体现在不断适应生产力发展要求，不断改革、不断探索和不断发展的能力上。在改革开放的伟大进程中，中国共产党实现了工作重心的转移，创造性地冲破了束缚生产力发展的体制性障碍，开辟了中国特色社会主义道路，中国人民的面貌、社会主义中国的面貌、中国共产党的面貌发生了历史性变化。30年未曾停歇的伟大变革，让社会主义在一个十几亿人口的大国不断完善和发展，显示出强大的生命力、创造力和感召力。

中国特色社会主义发轫于改革开放，改革开放成为中国特色社会主义最鲜明的特征。十一届三中全会以来，我们对社会主义的认识更加符合中国实际，更加符合人民愿望，更加顺应历史潮流。30年来，我国的改革开放，创造性地把坚持社会主义基本制度同发展市场经济结合起来，把坚持独立自主同参与经济全球化结合起来，赋予社会主义鲜明的中国特色。30年来，我国的改革开放，将建设物质文明、精神文明，拓展到经济建设、政治建设、文化建设、社会建设四位一体，形成了社会主义现代化建设的总体布局。30年不断推进的改革开放，让中国特色社会主义的目标、特征、布局逐步清晰，日益成熟。

改革是体制演进的方式，改革也是制度生存的方式。社会主义制度本身就是在不断改革、探索中前进的。中国特色社会主义，论时间只有短短30年的实践，论基础要面对人口多底子薄的考验，论环境要迎接国内外复杂多变的挑战，还需要在实践中不断解放思想、实事求是、与时俱进。在改革开放中形成的中国特色社会主义，只有通过改革开放不断推向前进，才能获得具有强大生命力的制度基础，才能保证社会主义的永不僵化、永不停滞。

作为一种崭新的社会制度，社会主义自诞生以来，几经飞跃发展，几经曲折坎坷，在跌宕起伏中走过近一个世纪的历程。社会主义中国30年波澜壮阔的伟大实践，谱写了这段历程中最为激荡人心的雄浑乐章，不仅让这一社会制度在中华大地展现出新的生机活力，也让一个五千年文明古国大踏步赶上时代前进的潮流。发展永无止境，改革也永无止境。坚持改革开放，进一步推进改革开放，中华民族必将在中国特色社会主义的道路上再造辉煌，社会主义必将在中华民族复兴的进程中再造辉煌。

（《人民日报》2008年12月9日）

中国民主增量发展

本报记者　裴智勇

对话嘉宾：**俞可平**（中共中央编译局副局长、北京大学中国政府创新研究中心主任）

基层民主、党内民主、协商民主、社会民主、人民民主……

顺应时代潮流，回应人民呼声，30年改革开放，中国共产党领导亿万人民开辟了中国特色社会主义政治发展道路。人民民主是社会主义的生命，发展社会主义民主政治是我们党始终不渝的奋斗目标。党的十七大进一步指明了中国民主政治前进的方向。

改革开放30年之际，记者专访知名政治学者、中央编译局副局长俞可平，请他对中国民主政治建设作简要回顾和展望。

两条腿走路：民主存量可观

民主是个大概念，但民主是个好东西，老百姓能真切感受到

中国民主进步，必须放到中国历史长河看，放到中国政治发展进程中看

记者：近来，杭州地铁工地塌陷事故、甘肃陇南的群体性事件都第一时间在媒体上报道出来。可不可以这样说，普通公民从身边可感受民主的发展？

俞可平：是的，民主是个大概念，三言两语，很难说清楚。但民主是个好东西，老百姓能真切感受到。这些事故、事件的披露，表明我们在信息公开方面的进步。2007年，国务院发布了政府信息公开条例，推行政务公开，提高政治透明度。信息公开就是民主政治的重要方面。

记者：30年来，中国经济发展取得了巨大成就。但也有人认为，中国的民主发展与经济发展不相匹配，存在“一条腿短、一条腿长”的情况。

俞可平：这是一种偏见和误解。一些人习惯按照西方多党制、全民普选和三权分立的标准，来衡量改革时期中国的政治发展，认为中国的改革主要是经济体制的改革，政治体制基本没有变化。

中国的改革开放，是一个包括社会的经济生活、政治生活和文化生活在内的整体性社会变迁过程。我们一直是两条腿走路，从总体上说，政治体制是与市场经济的发展相适应的。如果没有民主政治的发展，就不会有经济的长足发展。政治体制对于经济发展的作用，在中国要比在西方国家大得多。

不能简单用西方的标准来衡量中国。有些东西，在西方人看来，觉得很普通，没有什么了不起的。但是，中国民主进步，必须放到中国历史长河看，放到中国政治发展进程中看。例如，建设法治国家，从法制到法治，中国走了几千年。中国几千年封建社会，哪里见过民告官？现在不但有，而且有法律制度的保护。虽然中国法治不完善，但是目标定下来，朝着那个方向走，这就是重大突破。

记者：您提出增量民主，民主进一步发展的基础，就是存量。您认为中国民主观念和制度方面，有哪些重要的存量？

俞可平：所谓存量，就是已经取得的政治民主的成就和经验。30年来，中国民主发展积累了可观的存量。中国民主政治发展主要内容可归结为六个方面：人民代表大会、政治协商、党内民主、基层民主、法制建设和政府改革。这些民主实践，给我们在观念和制度层面留下了财富。

在思想观念上，改革开放以来最大的理论创新，就是中国特色社会主义理论体系。就影响民主政治进程而言，主要有八个新观念：以人为本、人权、私有财产、法治、公民社会、和谐社会、政治文明和全球化。

制度和实践的进步，可以简要概括为七个方面：党和国家适度分离；公民社会出现；依法治国，初步建立比较完备的法律体系；扩大直接选举和地方自治的范围；推行政务公开，提高政治透明度；建立服务政府，改善公共服务质量；实行听证制度和协商制度，推进决策民主化。

公民参与：民主核心问题

只有通过公民参与，民主政治才能真正运转起来

电视辩论、网络论坛、手机短信……公民参与新形式正在出现

记者：最近，重庆处理出租车停运风波，中共中央政治局委员、重庆市委书记薄熙来出面与出租车司机、市民代表座谈。这是不是扩大公民参与？

俞可平：当然是。公民参与是公民试图影响公共政策和公共生活的一切活动。政府官员在制定政策时，主动听取公众意见，是公民参与的一种方式。

民主的价值和意义，只有通过公民参与才能真正实现。公民参与是民主政治的核心问题之一，只有通过公民参与，民主政治才能真正运转起来。可以说，没有公民参与，就没有民主政治。公民参与是实现公民权利的基本途径，可以有效防止公共权力的滥用，可以使公共政策更加科学和民主，能够促进社会生活的和谐与安定。公民参与本身就是公民的价值和美德。

记者：公民参与是人民当家作主的重要途径。这些年，我们为扩大公民参与做了哪些事情？

俞可平：扩大公民参与，中国在三个方面进步明显：第一，改革和完善选举制度，进一步扩大公民的选举权和被选举权。例如，全面推行村民委员会的直接选举，扩大领导干部公推直选的范围。第二，推行重大政策的公示和听证制度。国务院带头，对一些事关国计民生的重大决策，都采用了听证制度，广泛听取利益相关者和专家学者的意见。例如，北京市的烟花燃放政策，由完全禁放改为适度限放，就是在广泛听取市民意见的基础上做出的。第三，政府就重大事情与人民群众进行协商对话。比如，浙江温岭的“民主恳谈会”，地方政府就一些重大问题召开公民座谈会，主动听取群众的意见。

记者：中国网民有2.53亿。一方面，网民积极在网上发言；另一方面，越来越多的领导干部上网来交流，这是中国政坛一种新气象。这是否意味着公民参与有了新途径？如何看待这种现象？

俞可平：公民参与有许多种不同的形式，随着科学技术的发展，参与的形式也在不断增加。在信息和网络技术日益发达的今天，一些新的公民参与形式正在出现，如电视辩论、网络论坛、手机短信等。政府官员与公民进行对话交流有了新途径。在社会政治生活中，新兴的公民参与渠道正变得日益重要。

记者：如何进一步扩大公民参与？

俞可平：要注意处理好公民参与中的问题，一个是公民缺少参与热情，一个是公民有很高的参与热情和参与需求，但缺乏通畅的合法参与途径。要使公民参与有利于维护公民的权利，有利于维持政治稳定，有利于促进社会和谐，一方面要拓宽参与的渠道，另一方面则要规范参与的行为。

上下互动：基层民主和党内民主

在一个有着长期中央集权传统的大国推行民主，上下结合才是正确的道路

没有党内的民主，中国民主政治建设是一句空话

记者：有人认为，中国民主是由上至下推行的。只有先从高层搞民主，才能健全民主。

俞可平：近代以来，维新变法、辛亥革命，中国不止一次地尝试所谓自上而下的“民主政治”，其教训值得认真思考。在一个有着长期中央集权传统的大国推行民主，上下结合才是正确的道路。必须上下互动，由下而上与由上而下同时进行。

基层民主与党内民主，是现阶段推进中国民主政治的两大重点和突破口。基层民主直接关系

到广大人民群众的切身政治权利，是全部民主政治的基础。党内民主是权力核心层的民主。通过发展基层民主，使民主逐渐向上推进；通过发展党内民主，使民主从权力核心向全社会推进。这是并行不悖的两条路线。

记者：说到基层民主，国外强调自治。我们的村民自治也取得了很大成就。

俞可平：是的，1998年，我国通过村委会组织法。农村逐步实行村民自治，国家权力机关不再直接管理农民事务，村干部完全由村民自由选举产生。据不完全统计，全国农村居民平均参选率在80%以上。2007年底，建立了61.3万个村委会。中国13亿人口，8亿是农民。这个制度相当了不起。

记者：2008年3月，南京市16名市管副职干部通过电视演讲答辩，竞争4个正局职位。说到党内民主，老百姓对干部选拔任用过程比较关注。

俞可平：差额选举是党内民主的重要标志之一，走过了不平凡的20年。1987年，差额选举首次进入十三大，并载入《中国共产党章程》。十七大，中央委员、候补委员和中纪委委员都采用差额预选办法选举产生候选人名单。近些年，差额选举，在地方干部选拔中越来越受到关注。

中国共产党拥有7000多万党员，聚集了广大的社会精英。没有党内的民主，中国民主政治建设是一句空话。我们通常说民主有四个环节：民主选举、民主决策、民主监督和民主管理。30年来，党内民主在上述四个方面都有不少创新和突破，例如，逐步推行党代会常任制、党委重大事项的票决制、领导干部的公推公选和竞争上岗、农村党支部书记的“两票制”选举、纪检巡视制、党务公开制度、党员领导干部问责制，等等。

民主增长：要突破不要突变

罗马不可能一夜建成，中国的民主发展将是一种“增量式”发展

中国民主政治将沿着三条路线稳步向前推进

记者：在民主发展的方式和路径上，我们有哪些经验值得肯定？

俞可平：这方面的经验，同样是30年民主存量的一部分，值得总结。改革开放之初，邓小平同志就提出了“必须使民主制度化、法律化”的论断，把民主建设纳入法治轨道。这些年，我们搞改革，“老人老办法，新人新办法”，也是个好经验。

记者：现实生活中，人们对民主的期望值很高，有人期待民主政治一蹴而就。

俞可平：罗马不可能一夜建成。基于对民主发展模式的认识，我提出了增量民主的概念。中国的民主发展将是一种“增量式”发展。中国的民主改革将以存量为基础，即以已经取得的政治民主的成就和经验为前提。发展民主政治的速度和力度，要与既定的社会经济体制和经济发展水平相一致。

中国的民主政治将在渐进发展中有所突破，它不能离开先前的历史轨道，不可能发生整体的突变性改革，但在某些领域将不时会有一些突破性的发展。

记者：“增量民主”这个提法颇受大家关注，您有更具体的设想吗？

俞可平：以一个学者对政策的判断，在可见的将来，中国民主政治将沿着三条路线稳步向前推进。

第一，以党内民主带动社会民主。中国共产党是中国唯一的执政党，通过扩大党内民主，推动全社会民主，是推进中国民主的现实道路。

第二，逐渐由基层民主向高层民主推进。一些重大的改革将通过基层试验，逐步向上推进。

第三，由较少的竞争到更多的竞争。

记者：在这个过程中，西方的民主发展对我们有什么借鉴意义？

俞可平：民主具有普遍性和特殊性。美国国土面积和我国差不多，人口是我们的零头，文化传统不一样，国情不一样，民主的模式也不一样。

中国民主政治是坚持党的领导、人民当家作主和依法治国的有机统一。但我们不排斥人类共同的文明成果，包括西方国家在政治文明方面的优秀成果。事实上，我们很注重吸收国外的民主经验。民主就是个外来词汇。这些年，像行政部门的“一站式”服务、听证会、论证会等，都是从西方学来的。

（《人民日报》2008年12月3日）

改革开放以来我国多党合作理论和政策的创新与发展（纪念改革开放30周年）

杜青林

编者的话

站在新的历史起点上，进一步深化改革开放，建设社会主义核心价值体系，引导广大干部群众

为开创中国特色社会主义事业新局面而共同奋斗，要求我们深入回答好一些重大问题。比如，为什么必须坚持马克思主义在意识形态领域的指导地位，而不能搞指导思想的多元化；为什么只有社会主义才能救中国，只有中国特色社会主义才能发展中国，而不能搞民主社会主义和资本主义；为什么必须坚持人民代表大会制度，而不能搞"三权分立"；为什么必须坚持中国共产党领导的多党合作和政治协商制度，而不能搞西方的多党制；为什么必须坚持公有制为主体、多种所有制经济共同发展的基本经济制度，而不能搞私有化和"纯而又纯"的公有制；为什么必须坚持改革开放不动摇，而不能回到老路子上去。在纪念改革开放30周年之际，回顾改革开放以来波澜壮阔的历史进程和举世瞩目的伟大成就，有助于我们更为深刻地认识这些重大问题。今天刊登的杜青林同志的文章，回顾了改革开放以来我国多党合作理论和政策的创新与发展，回答了为什么必须坚持中国共产党领导的多党合作和政治协商制度的问题。

中国共产党领导的多党合作和政治协商制度，是我国的一项基本政治制度，是具有中国特色的社会主义政党制度。这一制度是以毛泽东同志为代表的中国共产党人带领中国人民在反帝反封建、寻求民族独立和人民解放的斗争中，同各民主党派和无党派人士共同创立的，具有历史的必然性和伟大的独创性。改革开放以来，中国共产党在带领全国人民推进中国特色社会主义伟大事业的过程中，同各民主党派和无党派人士团结合作，着眼于推进社会主义政治文明建设、坚持走中国特色社会主义政治发展道路，及时总结我国多党合作的实践经验，创造性地提出了许多新理论、新思想，制定了一系列符合实际的新政策，使多党合作制度不断巩固、发展和完善，展现出巨大优越性。

以邓小平同志为核心的中共第二代中央领导集体对多党合作理论和政策的拨乱反正

1978年12月，中共中央召开了具有深远历史意义的十一届三中全会，开创了我国社会主义建设事业新局面。统一战线和多党合作是我国社会主义事业的重要组成部分。邓小平同志系统总结新中国成立后多党合作的经验教训，着眼于社会主义现代化建设和祖国统一的大局，以巨大的理论勇气和政治智慧在统一战线和多党合作事业上拨乱反正，开创了多党合作的新境界，我国多党合作事业由此迈上新征程。

以邓小平同志为核心的中共第二代中央领导集体提出了许多新理论、新思想，制定了一系列符合实际的政策措施。一是关于民主党派的性质。强调民主党派不再是代表民族资产阶级、城市小资产阶级及其知识分子的阶级联盟，而是"各自所联系的一部分社会主义劳动者和一部分拥护社会主义的爱国者的政治联盟"。这一性质准确反映了新时期民主党派的社会基础和成员构成特点，解决了新的历史条件下民主党派存在和发展的根本问题。二是关于多党合作制度的定位。把多党合作制度作为我国政治制度的组成部分，认为这是我国政治制度的一个特点和优点，从而使多党合作制度随着我国政治制度的发展而完善。三是关于中国共产党同民主党派关系的基本方针。把毛泽东同志提出的中国共产党同民主党派"长期共存、互相监督"的方针进一步发展为"长期共存、互相监督、肝胆相照、荣辱与共"十六字方针，作为处理中国共产党同民主党派关系的基本原则，极大地深化了中国共产党同民主党派团结合作的内涵。四是关于人民政协的性质和任务。指出人民政协是巩固和扩大我国爱国统一战线的重要组织，是我国政治体制中发扬社会主义民主的重要形式，要为社会主义现代化建设、实现祖国完全统一和反对霸权主义、维护世界和平发挥应有的作用。五是关于民主党派自身建设。支持民主党派在组织发展上确定"三个为主"（以经过协商确定的重点分工为主、以大中城市为主、以中上层人士为主）方针，实现领导班子成员新老合作，一批中年骨干进入各级领导班子，为民主党派的发展打下了坚实基础。六是关于加强和改善中国共产党对民主党派工作的领导。要求中共各级党委对民主党派在政治上、工作上充分信任，把民主党派工作列入议事日程，加强同民主党派各方面代表人物的联系。

以江泽民同志为核心的中共第三代中央领导集体对多党合作理论和政策的创新与突破

中共十三届四中全会后，以江泽民同志为核心的中共第三代中央领导集体深刻总结苏东剧变和国内政治风波的教训，制定颁发《中共中央关于坚持和完善中国共产党领导的多党合作和政治协商制度的意见》，提出一系列新思想、新理论，制定一系列新政策，系统回答了新的历史条件下为什么要坚持多党合作制度以及如何坚持和完善多党合作制度等重大理论和现实问题，我国多党合作制度进一步巩固，多党合作事业继续沿着健康的轨道前进。

以江泽民同志为核心的中共第三代中央领导集体对多党合作理论和政策的创新与突破主要体现在：一是明确我国各民主党派是“致力于社会主义事业的参政党”，参政的基本点是参加国家政权，参与国家大政方针和国家领导人选的协商，参与国家事务的管理，参与国家方针政策、法律法规的制定执行。“参政党”概念准确界定了各民主党派的地位，为民主党派发挥参政党作用提供了理论支撑。二是把我国多党合作制度载入宪法，纳入社会主义初级阶段的基本纲领。1993 年 3 月全国人大八届一次会议通过宪法修正案，强调“中国共产党领导的多党合作和政治协商制度将长期存在和发展”；1997 年 10 月中共十五大将多党合作制度纳入党的基本纲领，从而为坚持、发展和完善多党合作制度提供了可靠保证。三是提出我国政治制度和政党制度的衡量标准：最根本的是要从中国的国情出发，从中国革命、建设和改革实践的效果着眼，看能否促进社会生产力的持续发展和社会全面进步，能否实现和发展人民民主以及增强党和国家的活力、保持和发挥社会主义制度的特点与优势，能否保持国家政局的稳定和社会的安定团结，能否实现和维护最广大人民的根本利益。这一衡量标准，为科学认识和把握我国多党合作制度的合理性和优越性、客观认识世界其他国家的政党制度、抵制西方国家多党制和议会制的影响提供了基本依据。四是明确了民主党派进步性与广泛性的内涵：进步性集中体现为各民主党派同中国共产党通力合作，共同致力于建设中国特色社会主义事业；广泛性体现在各民主党派成员来自不同的社会阶层和群体，涵盖教育界、文化界、经济界、科技界、医卫界等不同方面，成员的思想观念、价值取向、利益要求也呈现某种程度的多样性。这一科学阐述，为在实践中准确把握民主党派的性质和特点、加强民主党派自身建设提供了理论依据。五是明确了人民政协的政治协商、民主监督、参政议政三项基本职能。这对于推动人民政协工作的发展、促进民主党派在人民政协中履行职能有重大的指导作用。六是制定了进一步发挥民主党派成员在人民代表大会、政府和司法机关、人民政协中发挥参政议政和民主监督作用的一系列政策措施，使民主党派在国家政治生活中履行参政党职能步入规范化、制度化轨道。

以胡锦涛同志为总书记的中共中央对多党合作理论和政策的丰富与发展

进入新世纪新阶段，国际国内形势发生了深刻变化。以胡锦涛同志为总书记的中共中央继往开来、与时俱进，积极应对复杂的国际形势对我国的挑战，深入总结改革开放以来尤其是中共十三届四中全会以来我国多党合作的理论成果和成功经验，先后制定颁发了《中共中央关于进一步加强中国共产党领导的多党合作和政治协商制度建设的意见》、《中共中央关于加强人民政协工作的意见》和《中共中央关于巩固和壮大新世纪新阶段统一战线的意见》，开创了多党合作制度化建设的新阶段。

以胡锦涛同志为总书记的中共中央提出的新的理论观点和政策主张主要体现在：一是把多党合作制度作为社会主义政治文明的重要成果，提出发展社会主义民主政治、建设社会主义政治文明，一个重要方面就是坚持和完善中国共产党领导的多党合作和政治协商制度，从而把对多党合作制度的认识推向新高度。二是提出必须坚持走中国特色社会主义政治发展道路，坚持和完善多党合作制度。中国特色社会主义政治发展道路的提出，为推进民主党派政治交接、加强多党合作制度建设指明了方向。三是提出巩固和发展社会主义政党关系，实现我国政党关系长期和谐。社会主义和谐政党关系的提出，对于构建社会主义和谐社会、发展社会主义民主政治、坚持和完善多党合作政治格局等具有重大意义。四是进一步丰富和发展了民主党派性质的内涵，提出各民主党派是各自所联系的一部分社会主义劳动者、社会主义事业建设者和拥护社会主义的爱国者的政治联盟，从而为民主党派不断发展并为建设中国特色社会主义事业贡献力量奠定了基础。五是丰富和完善了多党合作的重要政治准则：坚持以马克思列宁主义、毛泽东思想、邓小平理论和“三个代表”重要思想为指导，坚持中国共产党的领导，坚持社会主义初级阶段的基本路线、基本纲领和基本经验，坚持长期共存、互相监督、肝胆相照、荣辱与共的基本方针，保持宽松稳定、团结和谐的政治环境。中国共产党和各民主党派都必须以宪法为根本活动准则，负有维护宪法尊严、保证宪法实施的职责。这就为坚持和完善多党合作制度提供了坚实的政治基础。六是丰富和发展了人民政协理论，把选举民主和协商民主作为中国特色社会主义民主的两种形式，在实践中相互结合。同时，对人民政协履行政治协商、民主监督、参政议政职能的原则、内容、形式等作了具体规定，从而把人民政协理论以及人民政协履行职能推进到一个新阶段。七是提出执政党建设与参政党建设互相促进，明确了参政党建设的目标和原则，强调以思想建设为核心、以组织建设为基础、以制度建设为保障全面加强参政党自身建设。八是就进一步加强和改善中国共产党的领导提出了明确要求，强调中共各级党委要善于通过广泛深入的协商和讨论，使党的主张成为各民主党派的共识；充分发扬社会主义民主，支持民主党派独立自主地处理内部事务。九是提出要保证民主党派成员和无党派人士在各级人大代表中占有适当比例，政府相关工作部门、各级法院和检察院选配相应的民主党派成员，保证民主党派成员在人民政协中占有较大比例，使民主党派充分有效地履行参政党职能。同时，对政治协商、参政议政、民主监督的内容、形式和程序等作出具体规定，使多党合作和政治协商在制度化、程序化、规范化方面迈出了新步伐。

改革开放30年来，我国多党合作在经历了拨乱反正之后，理论不断创新、发展和完善，各项政策措施日臻完备，成为中国特色社会主义理论体系的有机组成部分。在中国共产党新时期多党合作理论指导下，民主党派广大成员和无党派人士把促进发展作为团结奋斗的第一要务，紧紧围绕中心、服务大局，为推进社会主义经济、政治、文化、社会以及生态建设积极建言献策、建功立业，推动我国多党合作事业稳步健康向前发展，呈现出越来越光明灿烂的前途。

（作者为全国政协副主席、中央统战部部长）

（《人民日报》2008年12月8日）

人民政协，改革开放三十年

全国政协副主席　郑万通

30年来，人民政协在拨乱反正，巩固发展安定团结的政治局面；推进改革开放，建立健全社会主义市场经济体制；发扬社会主义民主，健全社会主义法制；坚持和完善中国共产党领导的多党合作和政治协商制度，发展和壮大爱国统一战线；促进祖国统一，开展对外交往方面都发挥了重要作用，作出了宝贵的贡献。

1978年12月，中国共产党召开了具有伟大历史意义的十一届三中全会。这次会议作出重大战略决策，把全党全国工作的重心转移到社会主义现代化建设上来，开启了改革开放的伟大航程，也开启了统一战线和人民政协事业发展的新时期。三十年来，人民政协在拨乱反正，巩固发展安定团结的政治局面；推进改革开放，建立健全社会主义市场经济体制；发扬社会主义民主，健全社会主义法制；坚持和完善中国共产党领导的多党合作和政治协商制度，发展和壮大爱国统一战线；促进祖国统一，开展对外交往方面都发挥了重要作用，作出了宝贵的贡献。人民政协事业与我国伟大的改革开放实践一道前进。正是由于改革开放才使人民政协事业得以恢复并获得新生，正是由于改革开放才使人民政协发展富有蓬勃朝气和旺盛活力，正是由于改革开放才给人民政协工作开辟了广阔舞台和绚丽的发展前景。

看人民政协三十年的发展变化，首先要看国家三十年的发展变化，把三十年来人民政协的发展变化与国家的发展变化紧密地连在一起，在探索中国特色社会主义道路伟大实践的进程中去认识、总结和把握人民政协的成绩、经验和规律。

形势和任务发生根本变化

坚持把促进发展作为履职第一要务

坚持把增进团结作为工作重要使命

坚持把开拓创新作为发展力量源泉

十一届三中全会后，随着党和国家工作重点的转移，人民政协面临的形势和任务也发生了根本变化。根据邓小平在政协第五届全国委员会第二次会议上的重要讲话精神，新时期统一战线和人民政协的任务就是要调动一切积极因素，努力化消极因素为积极因素，团结一切可以团结的力量，同心同德，群策群力，维护和发展安定团结的政治局面，为把我国建设成为现代化的社会主义强国而奋斗。

（一）坚持把促进发展作为人民政协履行职能的第一要务。人民政协只有围绕国家发展的大目标，立足国家发展的大格局，才能有所作为、多作贡献。改革开放以来，人民政协坚持以经济建设为中心，自觉服务于国家改革发展稳定的大局，围绕发展谋划工作，紧贴发展开展工作，把各党派团体、各族各界人士的积极性、创造性充分调动起来，把各方面的智慧、力量最大限度地凝聚起来，共同致力于推进经济持续快速协调发展和社会全面进步；选择经济社会发展中具有综合性、全局性、前瞻性的重大课题，深入调查研究，积极建言献策，为促进党和政府重大决策的科学化、民主化提供了智力支持；运用包容各界、联系广泛的有利条件，关注社会不同阶层、不同群体的愿望和要求，积极反映社情民意，协助党和政府解决好教育、就业、医疗等事关民生的突出问题，协调关系、化解矛盾、扩大共识，为国家的改革发展创造良好的社会环境。

（二）坚持把增进团结作为人民政协工作的重要使命。人民政协三十年最突出的进展是增进团结。人民政协提出了“大团结、大统一、囊括一切代表人物”的方针，努力扩大团结面，增强包容性，形成了各党派团体和各族各界人士广泛团结、共同奋斗的良好格局。（1）把“热爱中华人民共和国、拥护中国共产党的领导、拥护社会主义事业、共同致力于中华民族的伟大复兴”明确为人民政协的政治基础。（2）适应社会阶层结构的新变化，把“社会主义事业的建设者”纳入统一战线范围，使新时期爱国统一战线发展成为全体社会主义劳动者、社会主义事业的建设者、拥护社会主义的爱国者和拥护祖国统一的爱国者的最广泛的联盟。（3）在党派团体的基础上调整和增加了界别，三十年来，全国政协在界别设置上逐步增加了文学艺术界、科学技术界、社会科学界、体育界、经济界、特邀香港人士、特邀澳门人士等，并对一些界别的名称进行了适当调整。

（三）坚持把开拓创新作为人民政协发展的力量源泉。人民政协三十年发展最显著的特征就是开拓创新。

（1）组织规模逐步扩大。1982年修订的政协章程规定，省、自治区、直辖市，自治州、设区的市、县、自治县、不设区的市，凡有条件的地方都可以设地方委员会，政协组织开始出现大发展的趋势。截至2006年底，省、市、区、县政协组织数量共3160个。委员数量方面，第一届全国委员会委员180位，十一届全国政协委员2237位。目前各级政协委员总数达61.5万人。机构设置方面，全国政协目前设有九个专门委员会，人员大大增加，成为政协开展经常性工作的基础力量。

（2）制度建设取得重要进展。中共中央颁发的《关于加强人民政协工作的意见》等多个重要文件，为人民政协的制度建设提供了政策依据。人民政协四次修改政协章程，进一步明确了人民政协的性质、职能、主题、地位、作用、委员的权利和义务，规定了履行职能的相关程序、形式和机制，并制定《政协全国委员会关于政治协商、民主监督、参政议政的规定》、全体会议工作规则、常务委员会工作规则、主席会议工作规则、专门委员会通则等多项规章制度，使人民政协工作迈上了制度化、规范化、程序化轨道。

（3）理论研究积极推进。改革开放以来，人民政协不断总结研究人民政协实践中的新问题、新经验，充分借鉴统战理论、政党理论和民主政治理论等方面的研究成果，在人民政协理论研究方面取得重要进展。以修改《中国人民政治协商会议章程》、举办纪念邓小平诞辰100周年暨邓小平关于人民政协理论研讨会、庆祝人民政协成立50周年和55周年、学习贯彻《中共中央关于加强人民政协工作的意见》等活动为契机，初步构建了人民政协理论的思想体系和基本框架，人民政协理论研究队伍逐步形成。

（4）经常性工作不断创新。根据人民政协工作面临的新形势、新要求，积极探索政协提案、委员视察、专题调研、反映社情民意信息、新闻宣传、文史资料等经常性工作的特点和规律，特别是八届全国政协把参政议政确定为人民政协的重要职能后，政协的经常性工作的形式、内容、领域和手段等更加多样、丰富、活跃。

拓展社会主义民主的广度和深度

在宪法中载入人民政协的性质和作用

明确人民政协在国家政治体制中的重要地位和作用

协商民主成为我国发挥社会主义民主两种重要形式之一

人民政协的民主监督被纳入社会主义监督体系

新中国成立以来，特别是改革开放以来，我们党逐步探索出了一条符合中国国情、富有中国特色的社会主义政治发展道路。随着社会主义民主政治的不断发展和我国政治体制改革的不断深入，人民政协在扩大人民民主，保证人民当家做主方面的任务越来越重、作用越来越大。

（一）在宪法中载入人民政协的性质和作用。把人民政协载入宪法是实行依法治国的应有之义和必然要求。由于邓小平的高度重视和大力支持，人民政协的性质和作用在1982年第一次被庄严载入了宪法。宪法明确规定：“中国人民政治协商会议是有广泛代表性的统一战线组织，过去发挥了重要的历史作用，今后在国家政治生活、社会生活和对外友好活动中，在进行社会主义现代化建设、维护国家的统一和团结的斗争中，将进一步发挥它的重要作用。”宪法的这一规定使人民政协履行职能、开展工作第一次上升为国家意志，这是我国社会主义民主法治建设的重要成果。在此基础上，1993 年 3 月的八届全国人大一次会议，把“中国共产党领导的多党合作和政治协商制度将长期存在和发展”写入了宪法，作为实现共产党领导的多党合作和政治协商的重要机构，宪法的这一表述为人民政协的发展提供了很大的法律空间。

（二）明确人民政协在国家政治体制中的重要地位和作用。1980 年邓小平在全国政协五届三次会议的开幕词中指出：“人民政协是在共产党领导下实现各党派和无党派人士团结合作的重要组织，也是我们政治体制中发扬社会主义民主、实行互相监督的重要形式，它在我国各族人民中享有很高的威信。”江泽民曾指出，人民政协在我国政治生活中具有不可替代的作用，它同人大、政府互为补充，相辅相成。在我们这个幅员辽阔、人口众多的多民族、多党派的社会主义国家里，关系国计民生的重大问题，要通过人民政协进行协商，广泛听取各民主党派、各人民团体以及各族各界代表人士的意见，由人民代表大会行使国家权力进行决策，由人民政府执行实施。以胡锦涛同志为总书记的中共中央进一步明确提出，人民政协的政治协商是中国共产党领导的多党合作的重要体现，是党和国家实行科学民主决策的重要环节，是党提高执政能力的重要途径。要把政治协商纳入决策程序，就国家和地方的重要问题在决策之前和决策执行过程中进行协商。近些年来，政协全体会议期间中央领导与委员共商国是的活动，以及不断规范的专题议政性常委会议和专题协商会，都生动地体现了重要问题在决策之间和决策执行过程中在人民政协进行协商的精神。

（三）人民政协的协商民主成为我国发挥社会主义民主的两种重要形式之一。2006 年《中共中央关于加强人民政协工作的意见》指出：“人民通过选举、投票行使权利和人民内部各方面在重大决策之前进行充分协商，尽可能就共同性问题取得一致意见，是我国社会主义民主的两种重要形式。”这个论断提出后，引起社会各界对协商民主的高度关注。2007 年《中国的政党制度》白皮书第一次正式提出了“选举民主和协商民主”的概念。两种民主形式以及两种民主概念的提出，是近年来我国民主政治理论和实践方面的重大创新。人民政协这种民主形式融协商、监督、合作、参与于一体，极大地丰富了我国社会主义民主的内涵，体现了我国社会主义民主的实质和精要，为真正从各个层次、各个领域扩大公民有序政治参与提供了保障，从而极大地拓展了社会主义民主的广度和深度。

（四）人民政协的民主监督被纳入社会主义监督体系。1982 年全国政协五届五次会议把民主监督载入政协章程，正式确立为人民政协的一项主要职能。2004 年章程修改明确规定了民主监督的内涵。2004 年十六届四中全会从加强党的执政能力建设的高度，把“支持和保证政协依照章程开展民主监督”纳入社会主义监督体系。《中共中央关于加强人民政协工作的意见》进一步明确了人民政协的民主监督的性质：社会主义监督体系的重要组成部分，是在坚持四项基本原则的基础上通过提出意见、批评、建议的方式进行的政治监督。人民政协的民主监督寓于政治协商、参政议政之中。政协的民主监督与党内的纪律监督、人大的权力监督、政府的行政监督以及包括新闻媒体在内的社会监督有机结合起来，形成了具有中国特色的权力运行的制约和监督体制。

我国基本政治制度的重要载体

加强和改善党的领导，强化党在多党合作政治格局的领导地位

充分发挥民主党派和无党派人士作用，巩固多党政治联盟

突出政协组织构成上的界别特点，扩大公民有序政治参与

中国共产党领导的多党合作和政治协商制度是我国的一项基本政治制度。作为共产党领导的多党合作和政治协商的重要政治形式和组织形式，人民政协成为体现我国基本政治制度的重要载体。

（一）加强和改善党对人民政协的领导，强化党在多党合作政治格局的领导地位。党对人民政协的领导是政治领导，即政治原则、政治方向和重大方针政策的领导。新时期党对人民政协的领导主要体现在中共中央的一系列纲领性文件和中央领导的一些纲领性讲话当中。其中，邓小平在全国政协五届二次会议上的讲话，江泽民在庆祝人民政协成立 50 周年大会上的讲话，胡锦涛在庆祝人民政协成立 55 周年大会上的讲话等，都集中论述人民政协在新时期新阶段的重大方针政策；《中共中央关于坚持和完善中国共产党领导的多党合作和政治协商制度的意见》（1989 年）、《中共中央关于加强统一战线工作的决定》（2000 年）、

《中共中央关于进一步加强中国共产党领导的多党合作和政治协商制度建设的意见》（2005年）、《中共中央关于巩固和壮大新世纪新阶段统一战线的意见》（2006年）等，提出了一系列关于人民政协发展的重大理论观点和重要工作部署，特别是《中共中央关于加强人民政协工作的意见》是人民政协事业发展的里程碑，对人民政协事业的发展以及社会主义民主政治建设有着全局性、根本性、关键性的意义。

（1）将毛泽东提出的中国共产党同各民主党派实行的“长期共存、互相监督”的八字方针发展成为“长期共存、互相监督、肝胆相照、荣辱与共”的十六字方针。

（2）将马克思列宁主义、毛泽东思想、邓小平理论和“三个代表”重要思想明确为人民政协的指导思想。

（3）各级党委按照总揽全局、协调各方的原则，支持人民政协依照章程履行职能。把政协工作纳入党委的总体工作部署和重要议事日程，普遍建立健全了党委定期研究政协工作、主要领导同志分工联系政协工作、主要领导同志参加政协重要会议和活动、政协主席列席党政有关重要会议等制度，经常听取政协党组的工作汇报，及时研究并统筹解决人民政协工作中的重大问题。

（4）充分发挥中共政协党组在政协组织中的领导核心作用，充分发挥政协组织中共产党员的先锋模范作用，推动参加人民政协的各民主党派、人民团体和各族各界人士自觉接受党的领导，使党的主张成为各民主党派、人民团体和社会各族各界人士的广泛共识。

（二）充分发挥民主党派和无党派人士的作用，巩固多党政治联盟。在我国的政治体制中，人民政协是我国唯一有全部合法政党参加的，并可以以本党派名义在其中活动的政治组织。中国共产党和各民主党派在政协这个政治组织中，坚持“长期共存、互相监督、肝胆相照、荣辱与共”的方针，发扬平等协商、民主议事的优良传统和作风，共商国是，互相监督。（1）尊重和保障各民主党派在政协全体会议、常委会议、常委专题座谈会、专题协商会议等各种会议上以本党派名义发表意见的权利，充分运用主席会议、秘书长会议通报情况、听取意见，研究确定在政协重大活动中加强协作的重要事项；（2）尊重和保障各民主党派和无党派人士开展视察、提出提案、举报、反映社情民意以及参与调查活动的权利；（3）在组织上保障民主党派成员和无党派人士在政协委员、常务委员和政协领导成员中占有较大比例。正是由于民主党派的作用在人民政协这个政治舞台上得到充分发挥，使执政党与参政党建设相互协调、相互促进，共同推动社会主义多党合作事业的蓬勃发展。

（三）突出政协组织构成上的界别特点，扩大公民有序政治参与。由界别组成是人民政协的显著特色。人民政协的34个界别中除了中国共产党、8个民主党派和无党派人士之外，还包括共青团、全国总工会、全国妇联以及经济界、宗教界、民族界等众多其他界别。改革开放以来，人民政协把完善界别设置、突出界别优势、发挥界别作用作为人民政协加强自身建设的重要内容进行了积极探索，在界别联组讨论、界别联谊、界别发言、界别视察、界别调研以及开展界别协商等方面积累不少经验，取得很好成效，对扩大社会各界群众开展有序政治参与发挥了重要作用。

（《人民日报》2008年12月10日）

民主党派打造党内监督机制

本报记者　叶晓楠

中国致公党中央监督委员会日前成立，至此，民革、民盟、民建、民进、农工党、致公党、九三学社、台盟等8个民主党派全部成立了中央监督委员会，并通过了各自的党内监督条例，这标志着中国民主党派的内部监督机制建设迈出新步伐。

建立中央监督委员会

各民主党派制定党内监督条例、成立中央监督委员会的动议已有一年时间。在2007年底先后召开的换届大会上，各民主党派纷纷修改了章程，其中重要一项是把建立健全党内监督机制写入章程。之后，各党派都开始着手推进制定监督条例的工作。

经过一年努力，各党派制定并在2008年12月相继举行的全会上通过了各自的监督条例草案，成立了以该党派常务副主席为主任的中央监督委员会。

按照各党派的监督条例规定，各民主党派中央监督委员会的组成人员一般由主席会议提名，中央委员会全会决定。每届任期与中央委员会相同。中央监督委员会设主任1名、副主任1名、委员若干，规模一般在7至11人左右。主任一般由党派中央常务副主席兼任，副主任由专职副主席兼任，其他成员在同时担任政府和基层工作的中央委员中提名。

所有民主党派的监督条例都提到，草案的制定依据是该党派的章程，目的是为了加强内部监督、发扬民主、严肃纪律、维护团结、加强自身建设。

监督突出参政党特色

中国农工民主党中央组织部部长肖燕军介绍说，各民主党派在制定内部监督条例时，对《中国共产党党内监督条例（试行）》和《中国共产党纪律处分条例》均有所借鉴，但是更突出了民主党派特色——参政党特色，这决定了内部监督的重点不同。

“与中国共产党作为执政党的内部监督不同，民主党派是参政党，除了廉政建设的内容外，内部监督的重点更多地放在监督党派成员特别是各级领导班子成员遵守多党合作政治准则，履行党派职能，贯彻执行组织决议、决定和工作部署的情况，贯彻执行民主集中制和各项制度的情况。此外，条例还特别规定了建立谈心会制度，与中共的民主生活会不同，谈心会更加注重交流沟通，更符合民主党派特色。”肖燕军说。

中国民主建国会中央组织部部长李世杰表示，根据本次民主党派通过的监督条例，监督对象包括党员个人和党的组织，重点是各级领导班子及其主要负责人，内容上着重于发扬内部民主，贯彻民主集中制，防止个人说了算，监督方针是教育与监督并举、重在预防。

一些党派的监督条例还对各级领导班子带头执行民主集中制，制定、完善并严格执行议事规则，保证决策科学、民主等履职职责作出了比较具体的要求和规定。

“民主党派集纳了许多社会名流，他们平时比较忙，一些人参加党派活动的时间和精力相对会被分散，有时会影响到他们参政议政等履职情况。同时，党派成员中也有出现违反章程的情况。因此，党派内部建立一个监督制度可以更好地监督党员履行职责。”李世杰说。

加强自身建设的全新尝试

日前，全国人大常委会副委员长、中国民主促进会中央主席严隽琪在出席民进第一届中央监督委员会第一次会议时说，建立健全内部监督机制是民进加强自身建设的一项全新尝试，是探索建立民进各级领导班子建设长效机制的客观需要。

事实上，在近年举行的历次各民主党派的全会上，组织建设一直是重要课题。而此次内部监督条例的出台和监督委员会的成立，更是意味着民主党派在加强自身建设特别是领导班子建设、完善各项规章制度上迈出了新的一步。

肖燕军举例说，内部监督条例大都以相当篇幅提到廉洁自律方面的监督。过去，对民主党派党员而言，除了国家法律外，来自党内的只有党章的约束，后来有了国家公务员条例和领导干部选拔任用工作条例等的约束，现在民主党派内部监督条例的出台无疑使来自党派的约束加强了。过去，民主党派没有专职的部门来对党员进行监督，现在则有监督委员会专门进行监督，这是组织建设一个不断完善的过程。

下一步将探讨细则制定

中国民主建国会构建其内部监督体系，在民主党派中属于最早的一批。2007年10月，民建中央就明确提出了关于加强内部监督工作的意见，出台了有关文件。“这方面，与民建中央主席陈昌智曾任监察部副部长有关，他对监督体制建设非常有研究，也有丰富的实践经验，民建得益于此。”李世杰说。

一年多来，民建中央就条例草案广泛征求意见，到各省进行调研，听取各地会员对于这个条例的意见和建议，不断进行修改，数易其稿，使条例比较有基础。此次全会之后，民建中央监督委员会召开了第一次全体会议，不仅成立了中央监督委员会办公室，还通过了中央监督委员会的工作规则。

李世杰告诉记者，此次通过的内部监督条例作出了原则性规定，制定细则已纳入中央监督委员会今年的工作计划。

比如，民建中央建立了监督委员会，省一级的组织要不要设立相关监督机构？这方面会考虑先在条件成熟的省份试点，再探索全面铺开和稳步发展的问题。

对于违反条例规定的领导干部，应给予何种惩罚措施？细则将会制定具体规定，分门别类以求做到有法可依。

再比如过去一些信访工作，今后可能会将其中涉及违反条例的内容并入中央监督委员会的工作中。

总之，建立内部监督机制对各民主党派来讲都是一个全新的课题，对于这个新探索，各党派都表现谨慎，他们表示要积极探索规律，要开好步、把好度、出经验。各党派的领导人在全会上纷纷表态，在条例试行的过程中，党派中央要加强对中央监督委员会的领导和支持，领导班子要带头接受监督。

（《人民日报》2009年1月12日）

始终保持惩治腐败的强劲势头（党的纪律检查工作辉煌30年）
——三十年来纪检监察机关查办违纪违法案件回顾

本报记者　姜　洁

物必自腐，而后虫生。党的十一届三中全会以来，在党中央、国务院的坚强领导下，各级纪检监察机关始终保持惩治腐败的强劲势头，不断加强和完善信访举报、案件审理、案件管理等工作，为维护改革发展稳定大局、全面推进小康社会建设发挥了积极作用。

坚决惩处腐败分子，以实际行动取信于民

改革开放以来，党中央对纪检监察机关惩治腐败高度重视。党的历次全国代表大会都提出要求，中央领导同志作出了许多重要指示。在改革开放初期，针对一些地区和部门出现的严重经济犯罪问题，邓小平同志鲜明地指出："要整好我们的党，实现我们的战略目标，不惩治腐败，特别是党内的高层的腐败现象，确实有失败的危险。"党的十三届四中全会以后，江泽民同志深刻指出："腐败现象是侵入党和国家健康肌体的病毒。如果我们掉以轻心，任其泛滥，就会葬送我们的党，葬送我们的人民政权，葬送我们的社会主义现代化大业。"党的十六大以来，胡锦涛同志多次强调，要始终保持惩治腐败的强劲势头，依照党纪国法，坚决查处各类违纪违法案件，坚决惩处腐败分子，以我们的实际行动取信于民。

在党中央、国务院的坚强领导下，各级纪检监察机关严肃查办违纪违法案件，取得了显著成绩，严肃查处了成克杰、胡长清、王怀忠、陈良宇等一批违纪违法案件，震慑了腐败分子。

案件监督管理工作在实践中不断规范、深入。2007年9月，经中央编办批准，中央纪委监察部设立了案件监督管理室。2008年4月，在山西省太原市召开了全国纪检监察案件监督管理工作会议，规范了线索管理、组织协调、监督检查、督促办理、统计分析五项职能。北京等15个省（区、市）纪委实行了同级党委管理的干部的案件线索统一管理。各级案件管理部门认真做好同级党委反腐败协调小组办公室的日常工作，加强与司法机关、行政执法部门的协调配合，形成惩治腐败的合力。

拓宽信访渠道，把好"纪律检查工作的第一道门槛"

纪检信访举报工作是党和国家人民信访工作的重要组成部分，是纪检业务工作的第一道程序，是党的纪律检查机关联系群众的桥梁和纽带、了解民意的重要渠道、发现腐败线索的重要来源，也是展现纪检机关形象的"窗口"。中央书记处书记、中央纪委副书记何勇同志曾形象地将其比喻为"纪律检查工作的第一道门槛"。

30年来，中央纪委历次信访举报工作会议都强调畅通、拓宽信访举报渠道。纪委重建初期，纪检机关就建立了信访室。各级纪委信访举报部门通过认真处理来信、热情接待来访、努力解决信访问题来保障渠道的畅通。2008年6月26日，各级纪委开通了全国统一举报电话"12388"，进一步方便群众反映问题。2005年7月15日，中央纪委开通举报网站，并积极部署、指导各地开通网上举报。目前，全国已有19个省（区、市）、100多个地级市、200多个县建立了举报网站。

各级纪委信访举报部门紧紧围绕查办案件工作重点，准确捕捉案件线索，为查办大要案作出了重要贡献。仅1998年以来，就提供案件线索268.7万件，其中转立案查处93.7万件。各级纪委查处的违纪违法案件大多数来自信访举报，有的省级纪委查处的案件92%是信访举报部门提供的线索。全国和当地许多有影响的大案要案，信访举报部门都以不同形式向有关部门及时提供过案件线索。如2000年1月19日，中央纪委信访室接到一匿名举报电话，反映辽宁省沈阳市原市长慕绥新为其前妻买好次日赴美机票。信访室迅速将这一情况向委领导报告，有关部门当即采取措施，保证了慕案的查处。

创新审理方式，保障案件质量和党员合法权利

1979年1月在京举行的中央纪委第一次全体会议明确设立中央纪委案件审理室后，中央纪委和各级纪委案件审理机构陆续设立。作为纪检工作的重要组成部分、调查处理违纪案件的必经程序和重要环节，案件审理工作30年来在保障纪检机关办案工作质量和维护党员权利等多方面发挥了重要作用。

为了更好地履行审理职责，自恢复组建之初，各级纪委案件审理部门就积极地探索、研究、总结案件审理工作的一些好经验、好做法，如实行案件归口审理，案审工作岗位责任制，乡镇成立审理小组等。近年来，为贯彻落实党务公开、保障党内民主，部分地方试行了“庭审式公开审理”、“审理助辩”等多种做法，全国实行和推广了“乡案县协审”，中央纪委案件审理室也在广泛调研和总结地方经验的基础上，在室内实行内部“抗辩”制度。实践证明，审理方式的改革创新，提高了纪检监察机关查办案件的质量，保障了党员和行政监察对象的合法权益，受到了各方面的充分肯定。1993年纪检监察机关合署以后，各级案件审理部门认真履行案件审理职责，严肃执行党纪政纪，审结各类违纪案件共210万余件。

党的十七大以来，为进一步畅通申诉案件受理渠道、解决实践中存在的党纪申诉案件纠错难等方面的问题，实现“审复分离”、“首诉必办”，中央纪委案件审理室在不断总结经验的基础上，对申诉复查工作中存在的机构设置和机制体制等问题，进行了深入研究。目前，由中央纪委监察部案件审理室牵头，正在紧张有序地进行申诉复查工作条例的起草工作。

（《人民日报》2008年12月2日）

一切为了群众的利益
——30年来纪检监察机关纠正损害群众利益不正之风工作回顾

本报记者　姜　洁

纠风工作事关人民群众切身利益。改革开放以来，各级纪检监察机关在党中央、国务院和各级党委、政府的坚强领导下，坚持以人为本，不断改进和创新工作方式，加大工作力度，着力解决损害人民群众切身利益的突出问题，为促进社会和谐稳定做出了重要贡献。

计划经济时代，商品供应紧缺，办事需要审批，社会上存在着“走后门”现象，老百姓把这种托关系、“走后门”叫做不正之风。一些部门和行业以职、以权、以业谋私，吃拿卡要，“门难进、脸难看、话难听、事难办”现象存在，这些不正之风损害了部门和行业的声誉，影响到党和政府在人民群众中的形象和威信，党中央、国务院下决心要“集中精力，下大力量，解决这个问题”。

1990年3月，党的十三届六中全会作出的《中共中央关于加强党同人民群众联系的决定》明确提出要“坚决刹住行业不正之风”。1990年8月23日，国务院召开“加强廉政建设，纠正行业不正之风”电话会议，纠风工作在全国普遍展开。纠风工作自1990年在全国统一开展以来，大体可划分为全面刹风整纪、集中开展专项治理、标本兼治纠建并举和改革创新注重预防四个阶段。

以自查自纠为主，全面刹风整纪

1990年下半年至1993年上半年为全面刹风整纪阶段。1990年国务院“8·23”电话会议后，全国上下普遍行动起来，全面开展刹风整纪。各级领导同志，包括很多省（区、市）党委、政府主要负责同志，中央国家机关有关部门主要领导亲自动员部署，直接抓纠风工作。各地区各部门结合实际，确定整顿和纠正的重点单位、重点部位和重点问题，制定了阶段目标和要求。如原邮电部1991年在北京市以治理装机难为突破口，迅速推向各省会城市，当年全国新增市内电话120多万户，是新中国成立以后最多的一年，使利用安装电话搞“吃拿卡要”的不正之风受到遏制。原能源部大力整顿农电管理和供电中的不正之风，解决农村电价高、农民用电难的问题，仅1991年一年就减轻农民不合理电费负担13亿元。

这一阶段纠风工作的主要特点是以自查自纠为主，全面刹风整纪。全国各行各业对群众反映突出的不正之风进行普遍整治，刹风整纪的面比较广，但是，全国范围的纠风重点还不突出。

纠风专项治理取得阶段性成效

1993年开始，纠风工作进入集中开展专项治理阶段。1993年2月25日，国务院批转的国务院纠风办《关于1993年纠正部门和行业不正之风工作要点的报告》明确提出，纠风工作要以集中开展专项治理为重点。当年8月召开的中央纪委二次全会，把纠风工作纳入反腐败斗争的总体部署，作为反腐败三项任务之一，在全国范围统一部署，集中力量对乱收费和用公款变相出国（境）旅游开展专项治理。尤其是1994年9月28日中共十四届四中全会通过的《中共中央关于加强党的建设几个重大问题的决定》，把纠正行业不正之风作为党的建设的重要内容提了出来。1993年12月底，全国共累计取消乱收费项目4631项，减少乱收费70多亿元。制止不符合规定的出国团组1608批、11259人，节约出国费用人民币16981万元，美元329万元。随后，全国大规模开展了纠风专项治理。如：1994年开展“三清一刹”（即：清理乱收费、用公款变相出国（境）旅游、党政机关及其工作人员利用职权无偿占用企业的钱物、狠刹部门和行业突出的不正之风），1995年狠刹公路“三乱”、中小学乱收费、向农民乱收费及各种摊派三股不正之风，1996开始清理预算外资金和“小金库”工作。

这一阶段，全国先后开展了10多个纠风专项治理，并取得了阶段性成效，得到了群众的普遍认可。专项治理从此成为了纠风工作的最重要手段之一。

从侧重纠风到“纠”、“建”并举

1997年以后，纠风工作逐步加大了标本兼治、纠建并举的力度。1997年10月，根据党的十五大关于反腐败斗争要坚持“标本兼治、综合治理”的方针，经中央批准，结合纠风工作实际，国务院纠风办第一次明确提出了“标本兼治、纠建并举”和加强行风建设、创建文明行业活动的要求。这标志着纠风工作在不放松刹风整纪和大力开展纠风专项治理的同时，从过去的侧重于“纠”发展到“纠”、“建”并举，从过去的侧重于治标发展到在不放松治标的同时，逐步加大治本力度。这一工作思路的转变，体现在工作措施上，就是在全国普遍开展了行业树新风活动和民主评议行风活动及“政风行风热线”的逐步推广。

1997年以来，国务院纠风办多次下发有关抓好文明窗口示范单位和积极开展创建文明行业活动的通知，与中央文明办先后推出两批共419个创建文明行业活动示范点，带动和促进了创建文明行业活动的深入开展。从1997年开始，民主评议行风活动在全国普遍开展，进一步加强了行业作风建设，有力地促进了部门和行业作风建设。

这一阶段，纠风工作的领导体制、工作机制和格局逐渐形成，任务、措施、手段和抓法有了进一步的转变和提高。在继续开展减轻农民负担、减轻企业负担、治理公路“三乱”、治理中小学乱收费、清理党政机关无偿占用企业钱物、治理公费出国（境）旅游工作的同时，又在全国统一选题立项，开展了纠正医药购销中不正之风，清理违规制售、购买和使用代币券（卡）不正之风等新的专项治理工作。

形成“纠正、建设、监督、改革”的新路子

2002年，党的十六大以来，纠风工作进入一个新的时期，并逐步形成了一条“纠正、建设、监督、改革”相互结合、相互促进的纠风工作路子。

2004年1月召开的中央纪委第三次全会对纠风工作提出了新的更高的要求。首先是将过去长期沿用的“纠正部门和行业不正之风”的提法改为“切实纠正损害群众利益的不正之风”；二是将过去对部门和行业提出任务改为对各级党委和政府的要求，使纠风工作的责任主体更加明确和拓展；三是在工作任务的部署上，把解决群众反映的突出问题作为反腐倡廉工作的重点，增加了坚决纠正征用土地中侵害农民利益以及拖欠、克扣农民工工资等问题。2005年1月召开的中央纪委第五次全会，在部署工作时，第一次把损害群众利益的不正之风摆在工作任务的首位。这些提法和摆位上的变化，是中央党风廉政建设和反腐败工作思路的重大调整，纠风工作的力度明显加大。

这一阶段，治理公路“三乱”、治理教育乱收费、纠正医药购销和医疗服务中不正之风、加强农民负担监管等工作力度进一步加大，取得了明显成效，长期存在的行路难、上学难、看病贵、农民负担重等问题得到缓解。此外，在全国还统一开展了整顿统一着装，治理党政部门报刊散滥和利用职权发行，清理和规范评比达标表彰活动，清理“特权车”、“人情车”和纠正违规减免车辆通行费，以及控制和规范各种名目的节庆活动等工作。民主评议政风行风工作继续深入推进。各地评议涉及部门和行业60多个，乡镇基层站所的参评率达到80%以上，直接参与评议的群众达2000多万人，国务院纠风办制发了《关于进一步深化民主评议政风行风工作的指导意见》，民主评议政风行风工作逐步规范化、制度化。所有的省（区、市）和94%以上的市（地）以及部分县（市）都开通了政风行风热线，国务院纠风办以及部分省份还开通了纠风工作网站。

2008年，第十七届中央纪委第二次全会强调要把坚持严肃查处大案要案与切实解决损害群众切身利益的问题相结合，同时将确保价格监管政策的落实，加强对社保基金、住房公积金和扶贫、救灾专项资金的监管，纠正公共服务行业中损害群众消费权益的不正之风，以及规范行业协会和市场中介组织服务、收费行为等工作作为新的纠风专项治理任务在全国统一部署开展。目前，这些新的专项治理工作基本上都成立了相应的协调会议，制发了专项实施意见，正稳步开展。2008年5月，中共中央印发的《建立健全惩治和预防腐败体系2008—2012年工作规划》，又将纠风工作作为加强党的反腐倡廉建设的六大任务之一进行重点部署，纠风工作地位更加突出。

（《人民日报》2008年12月16日）

我国行政管理体制改革进程的回顾

中央机构编制委员会办公室

改革开放以来，为保障和促进社会主义现代化建设事业发展，我国的行政管理体制改革不断推进，走过了很不寻常的30年。党的十七届二中全会站在新的历史起点上，提出到2020年建立起比较完善的中国特色社会主义行政管理体制的总体目标。在改革开放30周年之际，认真回顾行政管理体制改革的历程，对于我们坚定改革信心，继续深化改革，为推动科学发展提供体制机制保障，具有重大意义。

一、行政管理体制改革在改革开放事业总体布局中不断推进

党的十七大指出，改革开放是决定当代中国命运的关键抉择。我们所以能取得今天的辉煌成就，靠的是改革开放。30年来，全面改革和对外开放的进程乘风破浪、势不可挡，使我国成功实现了从高度集中的计划经济到充满活力的社会主义市场经济、从封闭半封闭到全方位对外开放的伟大历史转折。

改革开放不仅极大推动了社会生产力发展和各项事业全面进步，也有力促进了社会主义制度的自我完善和发展。社会主义经济制度、政治制度的进步和成熟，是通过不断深化经济体制改革和政治体制改革来实现的。行政管理体制改革处于经济体制改革和政治体制改革的接合部，既与经济体制改革相互联系、相互促进，又是政治体制改革的重要内容，是合理配置党的执政资源的基础性工作，是上层建筑适应经济基础的必然要求，贯穿我国改革开放和社会主义现代化建设的全过程。

这30年的行政管理体制改革，是与经济体制改革密切结合进行的。十一届三中全会以后，我国经济体制改革“摸着石头过河”，逐步确立了社会主义市场经济体制目标。在计划经济条件下，政府对经济社会事务实行全方位管理，政府职能覆盖社会生活各个方面；而在市场经济条件下，市场在资源配置中发挥基础性作用，政府不再干预微观经济运行，要把主要精力放到创造良好的市场发展环境上来。行政管理体制改革正是随着计划经济向社会主义市场经济的转型，与经济体制改革同步进行部署和实施的。经过30年改革，“经济调节、市场监管、社会管理、公共服务”这四项职能，成为市场经济条件下对政府职能的全新界定，政府组织结构和管理方式也作了大幅调整。实践表明，行政管理体制改革与经济体制改革协调推进，相得益彰，促进了社会主义市场经济体制的建立和完善。

这30年的行政管理体制改革，是作为政治体制改革的重要环节展开的。邓小平同志曾深刻指出，我们提出改革时，就包括政治体制改革；不改革政治体制，就不能保证经济体制改革的成果，就会阻碍生产力发展，阻碍现代化的实现。在政治体制改革进程中，行政管理体制改革始终是一个关键环节和重要切入点。30年来，我们着力推动政府职能转变，理顺职责关系，优化组织结构，提高行政效能，各级政府的职责重点逐步清晰，决策、执行、监督职能逐步做到既相互制约又相互协调。行政管理体制改革还带动了其他方面的体制改革。比如，党委、政府和人大、政协的职责关系和机构设置逐步做到统筹协调，人大和政协各专门委员会逐步健全，职能进一步发挥；司法体制改革不断深化，政法人员编制逐步充实，司法机关维护社会稳定的职责得到加强；工会、共青团、妇联、残联等群众团体的职能和机构逐步规范，有力发挥了桥梁纽带作用等。通过改革，人民参与管理国家事务的渠道更加畅通，基本权益得到更大保障。所有这些改革措施和成果，都体现了政治体制改革的要求，促进了政治体制改革目标的实现。

这30年的行政管理体制改革，是作为合理配置党的执政资源的重要手段展开的。改革开放以来，我们党从一个受到外部封锁和实行计划经济条件下领导国家建设的党，转变为一个在对外开放和发展社会主义市场经济条件下领导国家建设的党。党的执政理念和执政方式的变化，必然要求党的执政资源配置作出重大调整和改进。比如，十一届三中全会以后我国实现了由“以阶级斗争为纲”到以经济建设为中心的历史转折，党的执政资源就要更多地转移到为经济建设服务上来；

十六大以来强调统筹经济社会发展、城乡发展和区域发展等，党的执政资源配置就要更多地向社会管理和公共服务领域、农村、中西部地区倾斜。机构编制资源是党的执政资源的一部分，行政管理体制改革是合理配置机构编制资源的基本途径。必须通过改革，科学合理地配置职能、设置机构、配备编制、构建体制，降低行政成本，提高行政效率，从而使党的执政资源发挥出更大的效用。

总起来说，这些年来我们根据改革开放事业总体布局，不断深化对行政管理体制改革规律的认识，取得一系列重大理论成果，走出了一条中国特色社会主义行政管理体制改革道路。改革开放以来党的历次全国代表大会政治报告，邓小平同志《党和国家领导制度的改革》、《机构改革是一场革命》，江泽民同志《政府机构改革的目标和原则》，胡锦涛同志《在中央政治局第二十七次集体学习时的讲话》等重要文献，都对行政管理体制改革作出了深刻阐述，丰富了中国特色社会主义理论体系的内涵。各时期、各层级、各地区在行政管理体制改革方面的创新实践，成为党带领人民开辟中国特色社会主义道路的有机组成部分。

二、行政管理体制改革有力促进了经济社会发展和政府自身建设

这30年的行政管理体制改革，是适应不同历史阶段的经济社会发展要求，全方位、渐进式展开的。改革的内涵十分丰富，范围十分广泛。既包括集中进行的历次机构改革，又包括财政、金融、投资、科技、教育、文化、卫生等行业和领域的单项改革；既包括职能和机构的调整，又包括运行机制和管理方式的创新；既包括行政机构改革，又包括事业单位改革；既包括政府内部的体制改革，又包括政府与党委、人大、政协、司法、群团等方面的协同配套改革。

其中，从1982年到2008年，先后集中进行了六次较大规模的机构改革。1982年机构改革，适应工作中心向经济建设转移的需要，着力改变机构臃肿、层次繁多、人浮于事等状况，明确行政、事业、企业的界限，精干领导班子和干部队伍。1988年机构改革，首次提出转变职能这个关键，裁减专业管理部门和综合部门内设专业机构，减少专业部门对企业的干预，提高政府宏观调控能力。1993年机构改革，适应市场经济要求，进一步改革计划、投资、财政、金融管理体制，撤并了一些专业经济部门和职能交叉的机构，将一部分专业经济部门转化为经济或服务实体，将综合经济部门的工作重点转到宏观调控上来。1998年机构改革，是改革开放以来力度最大的一次改革，在转变职能方面迈出更大步伐，实行政府机关与所办经济实体以及直接管理企业的脱钩，同时大幅度裁并国务院组成部门，精简人员编制。2003年机构改革，着重对国有资产管理、宏观调控、金融监管、流通管理、食品安全和安全生产监管、人口与计划生育等方面的体制进行了调整。

党的十六大以来，我们党深刻把握国际国内大势和我国发展的阶段性特征，提出科学发展观等重大战略思想。现行的行政管理体制基本适应经济社会发展需要，但与推动科学发展的要求相比，还存在一些不相适应的方面。党的十七大要求加快推进行政管理体制改革。十七届二中全会通过的《关于深化行政管理体制改革的意见》，对行政管理体制改革的指导思想、基本原则、总体目标和主要任务作出重大部署。这是党的历史上第一份系统阐述行政管理体制改革的中央全会文件，是今后较长一个时期深化行政管理体制改革的纲领性文献。

根据十七大和十七届二中全会部署，2008年国务院机构改革，从促进经济社会又好又快发展出发，统筹兼顾，在一些关键领域迈出重要步伐。改革突出了三个重点：一是加强和改善宏观调控，促进科学发展；二是着眼于保障和改善民生，加强社会管理和公共服务；三是积极探索职能有机统一的大部门体制。

这次改革着力推动政府职能转变。按照政企分开、政资分开、政事分开、政府与市场中介组织分开的要求，已取消、下放、转移了国务院部门的60多项职能。同时，按照把政府该管的事切实管好的要求，加强了宏观调控、能源管理、环境保护以及住房、社会保障、安全生产等涉及群众切身利益、关系国计民生的社会管理和公共服务职责。这次改革还着力理顺部门职责关系。按照一件事情原则上由一个部门负责的要求，进一步明确部门职责分工，已集中解决了宏观调控、环境资源、涉外经贸、市场监管、文化卫生等领域70多项职责交叉和关系不顺问题。这次改革还着力强化部门责任，在赋予部门职权的同时，已明确了各部门的200多项责任，力求做到有权必有责、权责对等。

国务院机构改革完成阶段性任务后，中央又通过《关于地方政府机构改革的意见》，提出地方政府机构改革的主要任务是转变政府职能，理顺职责关系，明确和强化责任，调整优化组织结构，规范机构设置，完善管理体制等。中央要求把维护人民群众的根本利益作为改革的出发点和落脚点，着力解决制约地方经济社会发展的突出矛盾，着力解决人民群众最关心、最直接、最现实的利益问题。当前地方政府机构改革正在积极有序推进。

经过30年持续不懈的努力，行政管理体制改革取得明显成效。改革开放以来我国社会大局总体稳定，各项事业全面发展，人民生活实现总体小康，与我们不断推进行政管理体制改革和政府自身建设，不断优化执政资源配置是分不开的。从政府建设角度看，改革的成效主要体现在以下几方面。

（一）政府管理理念发生重大变化。与改革开放以前相比，政府的角色定位和基本理念适应时代潮流取得显著进步。一是确立了责任政府的理念。各级政府及部门的责任逐步得到明确和强化，一切权力来自人民、必须对人民负责的意识逐步深入人心。二是确立了服务政府的理念。各级政府及部门逐步实现了从“管字当头”到“服务至上”的转变，能否为人民群众提供更多更好的公共服务，成为衡量政府工作成效的重要标准。三是确立了法治政府的理念。市场经济就是法治经济、政府及其工作人员必须尊重与维护法律权威、在宪法和法律范围内活动的意识逐步形成。

（二）政府职能转变取得实质性进展。经过改革，政府职能逐步与社会主义市场经济发展要求相适应，逐步与人民群众不断增长的公共服务需求相适应。一是政府、市场、企业三者的关系逐渐理顺。政企分开基本实现，企业成为自负盈亏、自主发展的独立市场主体。政府调控市场、市场引导企业的模式逐步形成，市场在资源配置中的基础性作用得到发挥，以间接手段为主的政府宏观调控体系逐步完善。二是社会管理和公共服务职能不断加强。着力维护社会稳定和促进社会和谐，社会利益协调机制、矛盾疏导机制和突发事件应急机制等逐步建立；着力发展社会事业和解决民生问题，义务教育、公共卫生和社会保障体系建设等迈出重要步伐。三是社会组织在经济社会事务中的作用逐步增强。在推动政府职能转变的同时，积极培育社会力量，各类社会组织蓬勃发展，初步实现了由单纯依靠政府管理向政府与社会协同治理的转型。

（三）政府组织机构得到调整优化。经过改革，与计划经济体制相适应的以计划为龙头、综合部门管理专业部门、专业部门直接管企业的机构框架彻底改变。与市场经济体制相适应的以宏观调控部门、行业管理部门、市场监管部门、社会管理和公共服务部门为主的机构框架初步建立。特别是十六大以来，适应政府全面正确履行职能的需要，着重调整和加强了宏观调控、金融监管、应急管理、安全生产、能源规划、资源环境、公共卫生、社会保障等领域的管理体制和机构设置。

（四）各级政府和各部门之间的职责关系逐步理顺。中央和地方事权划分趋于合理，中央和地方的积极性得到更好发挥。不同层级政府经济社会事务的管理责权逐步得以合理界定，各级政府在职能配置上“上下一般粗”的状况得到改善。政府各部门之间的职责关系进一步清晰，一些重要领域的部门职责交叉事项逐步划清，部门间协调配合机制逐步建立。特别是行政执法职责体系逐步理顺，多头执法、多层执法、执法扰民等突出问题逐步得到解决。

（五）政府的制度建设和能力建设得到加强。政府运行机制和管理方式不断创新，制度化建设持续推进，行政效能明显提高。一是科学民主决策机制建设迈出重要步伐，公众参与、专家论证和政府决策相结合的决策机制逐步建立。二是政务公开不断推进，机制日趋健全，范围不断扩大，保障了人民群众的知情权、参与权、监督权。三是政府应急管理体系初步建立，形成了分级响应、属地管理、信息共享、分工协作的应急体系。四是行政监督和问责力度不断加强，包括外部监督、层级监督和监察、审计等专门监督的行政监督体系初步形成，行政问责制在重大事故处置中发挥了重要作用。五是公务员制度进一步完善。人事管理和干部制度改革日益深化，干部队伍革命化、年轻化、知识化、专业化的目标逐步实现。

三、行政管理体制改革积累了一些重要经验和启示

行政管理体制改革的丰富实践，为我们提供了很多宝贵的经验和启示。认真总结这些经验和启示，有助于我们加深对改革基本规律的认识，牢牢把握正确的改革方向。

（一）始终坚持党的领导，服从和服务于经济社会发展全局。行政管理体制改革和历次机构改革都是在党的领导下进行的。改革的方向和各项重大措施都是按照中央关于经济社会发展的重大决策和战略部署确定的，同时充分保证和发挥了党和政府在改革发展稳定中的主导作用。同时，行政管理体制始终服从和服务于经济社会发展全局，始终与经济体制改革以及其他各方面的改革相协调，为完善社会主义市场经济体制，发展社会主义民主政治，建设社会主义先进文化，构建社会主义和谐社会提供体制机制保障。

（二）始终坚持以转变政府职能为核心。政府职能规定着政府管理的基本方向和主要内容，推动职能转变一直是我国行政管理体制和机构改革的一条主线。从1982年机构改革开始，中央就提出要转变政府的经济管理职能。1988年机构改革明确提出转变职能的要求，以后一直把转变职能作为深化行政管理体制和机构改革的核心。特别是党的十六大以来，按照科学发展观的要求，突出强调政府要全面正确履行职能，更加注重社会管理和公共服务，转变职能在新的发展阶段有了新的丰富内涵。

（三）始终坚持积极稳妥、循序渐进。行政管理体制改革涉及方方面面利益格局的调整，必须综合考虑社会各方面的需求和各种制约因素，把改革的力度、发展的速度与各方面的承受程度统一起来，处理好改革发展稳定的关系。改革进程中始终采取积极稳妥的方针，先易后难，由浅入深，梯次推进，逐步到位。改革方向明确和条件成熟的先行一步，不追求整体同步推进。特别是历次机构改革涉及机构精简和人员分流时，通过多种渠道和办法，妥善安置分流人员，避免引发社会不稳定因素。

（四）始终坚持发挥中央和地方两个积极性，分类指导，因地制宜。我国幅员辽阔，人口众多，各地情况差别很大，地区间发展很不平衡。改革既要树立中央的权威，加强领导，统一部署，又要照顾各地的特殊性，充分调动和发挥地方的主动性和创造性，允许各地在遵循统一的改革原则和方针的同时，在改革的内容和方法上不拘一格，积极探索。对地方在改革创新中一些好的做法和经验，及时总结，逐步推广。

（五）始终坚持从中国国情出发，同时注重学习和借鉴国外有益经验。一个国家的行政管理体制，受其历史背景、文化传统和政治制度等多方面的影响。因此，改革既要立足我国基本国情，认识和把握我们所处的历史发展阶段和面临的突出问题，制定切合我国实际的改革方案和措施；又要坚持走开放道路，充分吸收其他国家行政改革的新鲜经验，使我国行政管理体制改革跟上世界发展趋势。

（六）始终坚持与时俱进，大胆创新。行政管理体制不仅是对现有权力格局和利益关系的调整，而且是一场深刻的思想革命和观念变革，创新是行政管理体制改革的灵魂。回首以往的改革，都是在改革目标上不断明确，在改革方式上不断改进，在改革领域上不断拓宽，在改革程度上不断加深，从而不断取得新的突破。

回首过去，展望未来，行政管理体制改革日益成为全面深化改革和提高对外开放水平的关键，对全面推进中国特色社会主义伟大事业和党的建设新的伟大工程具有至关重要的意义。现在改革已进入关键时期，越来越触及到各种深层次体制性障碍，越来越牵涉到各方面利益格局调整，继续深化改革的阻力和难度空前加大。同时，我们改革的动力是强大的，改革的思路是正确的，改革的外部条件是具备的，继续深化改革面临着难得的战略机遇。我们要以党和人民的利益为最高利益，毫不动摇地坚持改革方向，无所畏惧地承担起继续深化改革的历史责任。加快推进重要领域和关键环节的改革步伐，着力构建充满活力、富有效率、更加开放、有利于科学发展的体制机制，为发展中国特色社会主义提供强大动力。

（《人民日报》2008年12月18日）

服务大局　奋发有为（经典中国　辉煌30年）

——改革开放三十年领导班子和干部队伍建设综述

本报记者　董宏君

改革开放30年来，各级党委以提高素质、优化结构、改进作风和增强团结为重点，积极推进干部人事制度改革，全面加强领导班子和干部队伍建设，为建设中国特色社会主义伟大事业提供了坚强有力的组织保证和人才支持。

与时俱进、开拓创新，领导班子和干部队伍建设谱写新篇章

改革开放30年来领导班子和干部队伍建设的历史，是一部解放思想、改革创新的发展史，是一部党的组织路线始终服从和服务党的政治路线的发展史。

——从党的十一届三中全会到十三届四中全会，领导班子和干部队伍建设适应伟大历史转折的要求，在拨乱反正、改革开放中开启了蓬勃发展的新时期。

在这一时期，全国大规模平反纠正冤假错案，一大批无辜遭受株连的干部和群众得到解脱，大量的党内矛盾和人民内部矛盾得到妥善解决。同时，落实党的干部政策和知识分子政策，新中国成立前参加革命、在“文革”中“靠边站”的老干部重新走上工作岗位。

在平反冤假错案和纯洁干部队伍的同时，中央高度重视培养接班人问题。从党的十二大到十三届四中全会，中央把贯彻落实干部队伍“四化”方针，实现干部队伍整体性新老合作与交替，加强“第三梯队”建设作为战略任务提到全党面前。伴随机构改革的实施，一大批政治素质好、文化程度高、有专业知识的年轻干部走上各级领导岗位，各级领导班子结构发生了很大变化，活力大大增强。1984 年，按照“管少、管好、管活”的原则，下放干部管理权限，调整干部管理范围，实行下管一级的干部管理体制。党的十三大提出实行国家公务员制度，建立机关、企业、事业单位各具特色的管理制度。

——从党的十三届四中全会到党的十六大，领导班子和干部队伍建设坚持围绕中心、服务大局，在经受各种风浪考验、推动社会主义市场经济发展中开创了改革创新、全面进步的新局面。

党的十四大提出用邓小平建设有中国特色社会主义理论武装全党的战略任务。1997 年 9 月，党的十五大把邓小平理论确立为党的指导思想，全党迅速兴起学习邓小平理论新高潮。1998 年 11 月至 2000 年底，在县级以上党政领导班子和领导干部中开展以“讲学习、讲政治、讲正气”为主要内容的党性党风学习教育活动。2000 年 11 月至 2002 年 6 月在农村基层干部中深入开展“三个代表”重要思想学习教育活动。通过这几次学习教育活动，广大干部进一步提高了马克思主义的政治水平和理论素养。

这一时期的干部人事制度改革取得重要进展。相继颁布出台的《国家公务员暂行条例》、《党政领导干部选拔任用工作暂行条例》、《深化干部人事制度改革纲要》、《党政领导干部选拔任用工作条例》等，为党政领导干部选拔任用提供了基本规章。

——党的十六大以来，领导班子和干部队伍建设紧紧围绕提高党的执政能力和保持党的先进性，在不断改革创新、推动科学发展中迈向新的高度。

全党兴起深入学习贯彻“三个代表”重要思想新高潮活动。党的十六届四中全会通过《关于加强党的执政能力建设的决定》，要求建设一支善于治国理政的高素质干部队伍。积极推进干部教育工作，大规模培训干部，大幅度提高干部素质。在全党分三批开展以实践“三个代表”重要思想为主要内容的保持共产党员先进性教育活动。党的十七大强调要继续解放思想，以改革创新精神全面推进党的建设新的伟大工程，着力建设高素质领导班子和干部队伍。

经过 2006 年、2007 年的换届和调整，省、市、县、乡党委领导班子职数均比上届减少，基本实现了中央关于精简领导班子职数的目标要求，促进了常委会集体领导作用的发挥；党政交叉任职比上届有所增加，为减少党政领导班子成员分工重叠，加强党委对经济社会重大事务的领导和协调创造了有利条件。

2008 年 2 月，全国组织工作会议强调大力加强领导班子和领导干部队伍建设。按照中央要求，各级党委把贯彻落实科学发展观的实际成效作为考核班子、干部实绩的根本标准和评价班子、干部的基本依据，努力形成正确的用人导向。在此基础上，中央组织部研究建立促进科学发展的领导班子和领导干部考核评价机制，组织开展试点。

这一时期，干部制度建设取得丰硕成果：中共中央颁布《中国共产党党内监督条例（试行）》、《公务员法》施行、中共中央颁布《干部教育培训工作条例（试行）》、中央集中出台《公开选拔党政领导干部工作暂行规定》和《党政领导干部职务任期暂行规定》等法规性文件，初步形成了中国特色的干部人事管理法律制度体系。

朝气蓬勃、奋发有为，领导班子和干部队伍建设成就斐然

——各级领导班子思想上政治上更加成熟和坚强。我们党历来重视领导班子的思想政治建设，每次领导班子换届后，都及时把领导班子建设的重点转到思想政治建设上来。中组部多次召开领导班子思想政治建设座谈会。各级领导班子着力加强党内生活制度和领导班子工作制度建设，坚持民主集中制，提高民主生活会质量，政治意识、大局意识和责任意识明显增强。

——干部队伍素质大幅度提高。通过坚持不懈地用中国特色社会主义理论体系培训干部，让干部在实践中经受锻炼和考验，广大干部思想政治素质不断提高，建设中国特色社会主义理想信念不断坚定，领导和推动科学发展的能力显著增强，以人为本、为人民群众服务的理念不断强化。截至2007年底，全国机关干部中，具有大专以上文化程度的占干部总数的87.5%，比1978年提高了78.2个百分点。

——领导班子和干部队伍结构日趋合理。全国机关干部老中青结合的梯次结构已经形成，干部队伍分布趋于合理，女干部、少数民族干部和非中共党员干部队伍建设成绩显著。截至2007年底，全国机关干部688.9万人，事业单位管理人员和专业技术人员2313.2万人，企业管理人员和专业技术人员941.9万人。

——干部交流力度不断加大。各地普遍对纪检机关、组织部门、人民法院、人民检察院和公安部门的主要负责人实行异地交流。积极推进干部交流，有计划地选派干部援藏、援疆，到西部地区、革命老区、老工业基地和重点工程挂职锻炼，选派西部地区和其他少数民族地区干部到中央、国家机关和经济相对发达地区挂职锻炼。

——干部人事制度改革不断深化。民主、公开、竞争、择优贯穿干部工作全过程，民主推荐、民主测评成为干部选拔任用的基础环节，体现科学发展观和正确政绩观要求的干部考核评价体系初步建立并日趋完善，全委会票决制、干部考察预告制、任前公示制、任职试用期制和任职回避制普遍推行，党政领导干部职务任期制开始实行，公开选拔和竞争上岗成为干部选拔任用的重要方式。公务员录用实行“凡进必考”。干部教育、干部监督等制度不断完善。

——干部分类管理体制在实践中逐步完善。公务员法进一步规范了公务员进、管、出各环节的管理，中国特色公务员管理制度初步建立。建立完善以聘用制为基础的事业单位用人制度，实现事业单位人事管理由身份管理向岗位管理转变。健全适合企业特点的领导人员选拔任用、激励、监督机制。

——干部队伍作风建设不断加强。各级领导班子和领导干部的思想作风、学风、工作作风、领导作风和生活作风有明显改善。同时，各级党组织坚持标本兼治、综合治理、惩防并举、注重预防的方针，扎实推进惩治和预防腐败体系建设，取得明显成效。

改革开放30年来，我们党在领导班子和干部队伍建设中积累了许多宝贵经验：必须把领导班子和干部队伍建设同党的中心任务结合起来；必须坚持正确的用人原则和标准，树立正确的用人导向；必须坚持改革创新，使领导班子和干部队伍始终保持生机与活力；必须始终注意培养选拔优秀年轻干部，使党的事业后继有人。

改革开放的伟大时代培养造就了一大批优秀干部，事实证明，我们的各级领导班子是政治坚定、奋发有为、群众信任、善于领导科学发展和促进社会和谐的坚强领导集体，我们的干部是一支值得党和人民充分信赖，不畏艰险、敢于战斗、敢于胜利的过硬队伍。

（《人民日报》2008年12月22日）

紧紧团结在党的旗帜下

——改革开放三十年党的基层组织建设和党员队伍建设综述

本报记者　董宏君

改革开放30年来，我们党高度重视、全面加强基层组织建设和党员队伍建设。党的基层组织不断发展壮大，在推动发展、服务群众、凝聚人心、促进和谐的各项工作中充分发挥战斗堡垒作用，显示出强大的创造力、凝聚力和战斗力。党员队伍结构更趋合理，能力素质不断提高，充满生机与活力。

党的基层组织建设和党员队伍建设阔步前进

——从党的十一届三中全会到十三届四中全会，随着党和国家工作重心转移，党的基层组织在拨乱反正中恢复健全、在整顿建设中得到加强，党员队伍建设逐步规范。

1979年召开的全国组织工作座谈会和1980年召开的十一届五中全会，明确了新时期党的组织路线并对加强和改善党的领导作出全面部署，党的基层组织建设从恢复整顿组织、健全党的生活和加强党员队伍建设入手，逐步走上健康发展轨道。

党的十一届五中全会后，中组部会同中宣部下发关于加强党员教育、健全党的组织生活的意见，以《关于党内政治生活的若干准则》等为基本教材对党员进行轮训。党的十二大对基层组织建设提出明确要求，修订通过的新党章恢复了有关党员义务和权利的规定，提出基层党组织必须担负起八项任务。根据中央关于整党的决定，各地开展全面整党。大多数基层党组织恢复“三会一课”等组织生活制度，民主集中制不断健全。

党的十三大以后，各地基层党组织贯彻从严治党方针，进行妥善处置不合格党员工作，逐步建立和实行了民主评议党员制度。

——从党的十三届四中全会到十六大，适应社会主义市场经济体制的建立和发展，党的基层组织建设实现整体推进、全面提高，党员队伍不断壮大。

党的十四届四中全会专门作出《关于加强党的建设几个重大问题的决定》，明确提出了基层党组织建设四条指导方针。各级党组织认真贯彻中央要求，从不同领域实际出发，巩固和加强数以百万计的党的基层组织。

在农村基层组织建设方面，1990 年 8 月，中央有关部门召开全国村级组织建设工作座谈会，确立了以党支部为核心的村级组织配套建设的工作格局。从 1994 年开始，连续开展了两轮农村基层党组织整顿建设工作。2000 年底到 2002 年，在农村开展了“三个代表”重要思想学习教育活动。通过学习教育活动，农村基层干部受到了教育，农民群众得到了实惠。

在国企党建方面，党的十三届七中全会明确在国有企业内部“进一步发挥党组织的政治核心作用，坚持和完善厂长负责制，全心全意依靠工人阶级”的“三句话”指导方针。1997 年，中央下发关于进一步加强和改进国有企业党的建设工作的通知。党的十五届四中全会对企业党的工作进一步作出部署。各级党组织把加强和改进企业党建工作与推进建立现代企业制度紧密结合起来，在企业改革发展中发挥党组织的政治核心作用。

在街道社区党建方面，1996 年中组部下发关于加强街道党的建设工作的意见，先后三次召开会议对街道、社区党的建设工作提出明确要求，城市街道、社区党建工作迈出新步伐。

在非公企业和高校党建方面，2000 年 9 月，中组部下发关于在个体和私营等非公有制经济组织中加强党的建设工作的意见，指导各地不断增强党组织在非公有制企业中的凝聚力和影响力。机关、学校、科研院所党的建设工作得到进一步的改进和加强。从 1990 年开始，中组部等部门每年召开一次全国高等学校党的建设工作会议，持续推进高校党建工作。

在党员队伍建设方面，1990 年，中央颁发《中国共产党发展党员工作细则（试行）》，进一步规范发展党员工作。1994 年，中央制定下发《关于加强和改进党员教育工作的若干意见》。先后开展了农村社会主义思想教育，学习邓小平理论、学习党章，县级以上领导班子和领导干部以“讲学习、讲政治、讲正气”为主要内容的党性党风教育等活动，党员队伍建设得到进一步加强。

——党的十六大以来，适应中国特色社会主义事业新的实践和发展，党的基层组织建设和党员队伍建设以执政能力建设和先进性建设为主线，不断开创新局面。

2005 年 1 月至 2006 年 6 月，全党开展以实践“三个代表”重要思想为主要内容的保持共产党员先进性教育活动，取得重要实践成果、理论成果、制度成果。中央下发关于保持共产党员先进性的四个长效机制文件，推动各级党组织不断从思想、组织、作风和制度建设等方面加强党的基层组织建设和党员队伍建设。2008 年 9 月，中央部署开展深入学习实践科学发展观活动，力争实现提高思想认识、解决突出问题、创新体制机制、促进科学发展的目标。

党中央提出加强党的执政能力建设、建设社会主义新农村、构建社会主义和谐社会、深入贯彻落实科学发展观等一系列重大战略思想后，各级党组织以改革创新精神扎实推进基层党组织建设：围绕建设社会主义新农村，深化农村党的建设“三级联创”活动，推进农村党员干部现代远程教育；推进完善国有企业“双向进入、交叉任职”的领导体制；构建城市社区党建工作新格局；加强流动党员教育管理，构建城乡一体党员动态管理机制；开展在新的社会阶层中发展党员工作……2004 年中央修订颁布《中国共产党党员权利保障条例》，为党员正确行使民主权利提供了有力的制度保障。

党的十七大以来，各级党组织全面推进基层党的建设工作。部署开展了选聘高校毕业生到村任职工作，加大在新经济组织和新社会组织中组建党组织和有效发挥党组织作用工作力度，加大城乡基层党组织互帮互助力度，探索党内基层民主的多种实现形式，基层党组织领导班子成员“公推直选”等探索和创新日益活跃。汶川特大地震发生以后，全国开展了交纳“特殊党费”活动，有力地支援了抗震救灾和灾后重建工作。

基层党组织的战斗堡垒作用和党员的先锋模范作用充分显现

改革开放以来，全国 5600 万名党员参加了学习邓小平理论和学习党章活动，1500 多万名农村党员干部参加“三个代表”重要思想学习教育活动，350多万个基层党组织、近7000万名党员参加保持共产党员先进性教育活动。最近，中央部署在全党开展深入学习实践科学发展观活动，这必将进一步提高广大党员干部走科学发展道路的自觉性。

——党的基层组织体系不断健全。各级党组织积极探索“村村联建”“村企联建”“村居联建”、按地域组建、依托行业协会（专业协会）组建、把党组织建在产业链（项目、楼宇）上以及在外出务工经商党员集中的地方建立流动党组织等多种形式，健全党的基层组织体系。至2007年底，全国共有366万多个基层党组织，比1978年底增加155万个。2006年以来，中央和地方投入资金近120亿元，全国新建村级组织活动场所15.6万个，街道社区等基层党组织的工作条件也不断得到改善。全国还建成农村党员干部现代远程教育终端接收站点40.5万个。

——党的基层组织的服务功能不断强化。各级党组织创新活动载体，组织实施了“三级联创”“凝聚力工程”“强基固本工程”，开展“创先争优”、党员责任区、党员承诺制、党员志愿者、党员设岗定责等活动。

——基层党组织工作力量不断加强。基层党组织领导班子和干部队伍的培养、选拔和管理方式不断创新。普遍采用“两推一选”的办法选举产生村党组织书记，推行村党组织书记和村委会主任“一肩挑”以及村“两委”成员交叉任职，选派机关年轻干部、高校毕业生到农村、社区任职，一大批德才兼备、实绩突出、群众公认的优秀人才被充实到领导岗位。

——党员队伍的能力素质不断提高。30年来，共发展党员5500多万名。到2007年底，全国党员总数达到7415万，比1978年底增加了3717万，增长一倍多。党员的分布更加广泛，年龄、文化结构得到明显改善，能力素质进一步提高。

同时，中央及有关部门就发展党员工作、党的基层组织选举、党员权利保障、高校党的基层组织工作、党和国家机关党的基层组织工作、农村党的基层组织工作等，颁布了一系列条例，农村、国有企业、城市社区以及新经济组织、新社会组织等各个领域党的基层组织建设和党员教育、管理、监督、服务等制度逐步完备。

30年来，广大基层党组织和党员发挥了战斗堡垒作用和先锋模范作用，特别是在抗洪救灾、抗击非典、抗御雨雪冰冻灾害、抗震救灾等突发性重大灾害和北京奥运会等重大事件面前，基层党组织和党员以实际行动彰显党的先进性，赢得了人民群众广泛赞誉。

30年党的基层组织建设和党员队伍建设的改革创新与探索实践告诉我们，越是国际形势风云变幻，越是改革发展任务艰巨，越要重视抓基层、打基础，健全分布广泛、完善严密、坚强有力的基层组织体系，把广大党员紧紧团结在党的旗帜下，把人民群众紧紧凝聚到党组织周围，为实现党的奋斗目标提供坚强组织保证。

（《人民日报》2008年12月23日）

改革开放以来反腐倡廉理论的发展与创新（纪念改革开放30周年）

北京市邓小平理论和“三个代表”重要思想研究中心

改革开放30年来，我们党在领导反腐倡廉建设的伟大实践中，紧紧围绕在改革开放和发展社会主义市场经济条件下“为什么反腐倡廉、怎样反腐倡廉”的问题，总结新鲜经验，进行理论概括，形成了中国特色反腐倡廉理论，丰富了中国特色社会主义理论体系。

创造性提出反腐倡廉理论

党的十一届三中全会开启了改革开放历史新时期。以邓小平同志为核心的党的第二代中央领导集体，清醒认识到在改革开放条件下可能出现腐败易发多发的严峻形势，作出了“执政党的党风问题是有关党的生死存亡的问题”的重要论断，把反腐倡廉的问题郑重地提到全党面前。这一时期，党中央作出一系列反腐倡廉的重大决策和部署。一是恢复重建党的纪律检查机构，加强党内监督工作。二是认真纠正群众反映强烈的不正之风。三是开展以打击严重经济犯罪活动为重点的专项斗争。四是用3年时间对党的作风和组织进行全面整顿。经过努力，我们党开辟了在不搞群众运动的情况下健康有序地开展反腐倡廉的新途径。

在新的实践中，邓小平同志运用马克思主义的立场、观点、方法，科学分析新时期党风廉政建设和反腐败斗争的地位、作用、特点和任务，阐明了党内消极腐败现象滋生蔓延的根源，提出了反腐败的方针、原则、途径和基本方法，形成了邓小平反腐倡廉理论。其要点是：执政党的党风问题关系党和国家的生死存亡；坚持“两手抓、两手都要硬”的方针，一手抓改革开放，一手抓惩治腐败，整个改革开放过程都要反对腐败；坚持和发扬党的优良作风，保持艰苦奋斗的传统，才能抗得住腐败；坚持不懈地纠正各种不正之风，坚决制止和取缔严重危害社会的腐败现象；反腐败不搞群众运动，但必须紧紧依靠群众；党风廉政建设和反腐败要以领导干部为重点，领导干部尤其是高级领导干部要做全党的表率；反腐败要靠教育，更要靠法制；坚持从严治党，严肃纪律，在法律和纪律面前人人平等，对违纪违法案件，不管涉及到谁，都要一查到底；党要接受监督，要加强党内监督，要有专门机构进行铁面无私的监督检查；只有社会主义才能消除腐败，我们党和国家有能力逐步克服并最终消除腐败；等等。这些重要思想，为开辟中国特色反腐倡廉道路奠定了重要的理论基础。

反腐倡廉理论发展进入新阶段

党的十三届四中全会以后，以江泽民同志为核心的党的第三代中央领导集体，从保持政权稳定和发展社会主义市场经济的高度，大力开展党风廉政建设和反腐败斗争。一是建立健全“党委统一领导，党政齐抓共管，纪委组织协调，部门各负其责，依靠群众的支持和参与”的反腐败领导体制和工作机制。二是提出加强领导干部廉洁自律、严肃查办违纪违法案件、认真纠正部门和行业不正之风三项工作格局。三是开始注重从改革体制、机制、制度着手，加大从源头上预防和治理腐败的工作力度，积极推行行政审批、财政管理和干部人事制度改革，反腐败斗争逐步从侧重遏制转到标本兼治、加大治本力度的轨道上来。

在理论上，以江泽民同志为核心的党的第三代中央领导集体，高举邓小平理论伟大旗帜，对党风廉政建设和反腐败斗争提出了一系列新观点、新论断。其要点是：贯彻“三个代表”重要思想，紧紧围绕发展这个党执政兴国的第一要务开展党风廉政建设和反腐败斗争；治国必先治党，治党务必从严，坚持党要管党、从严治党的方针首先要治理好领导班子和领导干部；坚决反对和防止腐败是全党一项重大的政治任务，不解决好反腐倡廉的问题，改革发展稳定就没有坚强的政治保证，党和政府就会严重脱离群众，就有亡党亡国的危险；必须严格执行党的政治纪律、组织纪律、经济工作纪律和群众工作纪律，加强党的作风建设的核心是保持党同人民群众的血肉联系；坚持领导干部廉洁自律、查办违纪违法案件、纠正部门和行业不正之风三项工作一起抓，建立并完善思想道德和党纪国法两道防线；要把防治腐败作为系统工程来抓，坚持标本兼治、综合治理；反腐败，教育是基础，法制是保证，监督是关键；通过深化改革，不断铲除腐败现象滋生蔓延的土壤；加强教育、发展民主、健全法制、强化监督、创新体制，把反腐败寓于各项改革和重要政策措施之中，从源头上预防和解决腐败问题；坚持和完善反腐败领导体制和工作机制，认真落实党风廉政建设责任制，形成党风廉政建设和反腐败的整体合力；继承和发扬党风廉政建设的好传统、好作风，推动纪律检查工作在解决提高党的领导水平和执政水平、增强拒腐防变和抵御风险能力这两大历史性课题中发挥更加积极的作用；等等。这些重要思想，有力地指导和推动了党风廉政建设和反腐败斗争。

反腐倡廉理论全面发展

新世纪以来，我国改革发展进入关键阶段。以胡锦涛同志为总书记的党中央，针对党的建设和反腐倡廉工作面临的新形势，带领全党在坚决惩治腐败的同时，进一步加大预防腐败工作力度。一是确立了标本兼治、综合治理、惩防并举、注重预防的反腐倡廉战略方针，惩治腐败与预防腐败的关系更加明确。二是提出建立健全与社会主义市场经济体制相适应的惩治和预防腐败体系的目标，反腐倡廉工作更加系统化。三是提出把反腐倡廉融入经济建设、政治建设、文化建设、社会建设和党的建设之中，拓展从源头上防治腐败工作领域，防治腐败的实现途径更加多样化。

在理论上，以胡锦涛同志为总书记的党中央，坚持和发展邓小平理论和“三个代表”重要思想，提出了一系列重要观点：党越是长期执政，反腐倡廉的任务越艰巨，越要坚定不移地反对腐败；一定要从中国特色社会主义事业兴衰成败、党的生死存亡和国家长治久安的战略高度，进一步认识做好反腐倡廉工作的极端重要性，把反腐倡廉建设放在更加突出的位置；坚决惩治腐败是我们党执政能力的重要体现，有效预防腐败更是我们党执政能力的重要标志，在坚决惩治腐败的同时要更加注重治本、更加注重预防、更加注重制度建设；坚定不移地贯彻落实标本兼治、综合治理、惩防并举、注重预防的反腐倡廉方针，抓紧完善惩治和预防腐败体系，把反腐倡廉工作融入经济建设、政治建设、文化建设、社会建设和党的建设之中，拓展从源头上防治腐败工作领域；把推动贯彻落实科学发展观作为党风廉政建设的重要内容，积极履行监督检查职责，维护党的纪律；把解决损害群众利益的突出问题作为党风政风建设的工作重点，严肃查处损害群众利益的突出问题；加大预防腐败的工作力度，决不是要放松惩治腐败的工作，惩治腐败不仅不能放松，而且要继续抓得紧而又紧；必须以改革统揽预防腐败的各项工作，通过深化改革、创新体制，从源头上预防和解决腐败问题；党内民主是党的生命，是保持党的生机和活力的关键，也是搞好党风廉政建设和反腐败工作的根本途径；加强对权力运行的监督制约，保证把人民赋予的权力用来为人民服务；大力推进党的执政能力建设和先进性建设，做到为民、务实、清廉；等等。这些重要思想，使全党反腐倡廉的方向更加明确、信心进一步增强，有效地推动了反腐倡廉建设向纵深发展。

形成中国特色反腐倡廉理论体系

在反腐倡廉建设的领导力量方面，坚持中国共产党的领导。中国共产党的领导是国家各项事业取得胜利的政治保证，也是反腐倡廉建设的根本保证。反腐倡廉是关系党和国家盛衰兴亡的一项重大政治任务和社会系统工程。只有以马克思主义科学理论武装起来的、以全心全意为人民服务为宗旨的中国共产党而没有别的政治力量，能够承担起领导反腐倡廉建设的历史重任。

在反腐倡廉建设的指导思想方面，以发展着的马克思主义指导反腐倡廉新的实践。中国特色社会主义理论体系是马克思主义中国化最新成果，是党和国家各项工作包括反腐倡廉建设不断推进的思想基础和政治基石。坚持以发展着的马克思主义指导反腐倡廉建设，就要运用中国特色社会主义理论体系，科学判断形势，深刻总结经验，准确把握规律，制定正确的反腐倡廉方针政策和决策部署；适应改革开放和发展社会主义市场经济的时代要求，围绕党和国家中心工作开展反腐倡廉；应对不断发展变化的国内外环境，解决党在长期执政条件下拒腐防变的历史性课题，完成加强党的执政能力建设和先进性建设的重大战略任务。

在反腐倡廉建设的战略目标方面，建立健全惩治和预防腐败体系。建立国家反腐败体系，系统治理和解决腐败问题，是当今世界各国的通常做法和共同经验。我国惩治和预防腐败体系的特点是：动员全党全社会力量，在加大惩治腐败力度的前提下，着重在思想教育、制度建设、强化监督上下功夫，努力铲除滋生腐败的土壤和条件。

在反腐倡廉建设的领导体制和工作机制方面，坚持党委统一领导、党政齐抓共管、纪委组织协调、部门各负其责、依靠群众的支持和参与。这一领导体制和工作机制是加强党的领导、发挥党的政治优势、形成反腐倡廉整体合力的有效机制，是反腐倡廉建设的组织保证。要严格实行党风廉政建设责任制。各级党委和政府对职责范围内的党风廉政建设负有领导责任。各级领导干部要带头执行责任制，严于律己，以身作则，自觉接受监督。各级纪委要加强监督检查，严格责任追究，促进各地各部门认真抓好反腐倡廉工作。

在反腐倡廉建设的依靠力量方面，坚持群众路线，发展党内民主和人民民主。人民群众是反腐倡廉建设的主力军。在新的历史条件下，发动人民群众有序参与反腐倡廉建设的基本途径是发展民主。必须推进党务公开，拓宽党内民主监督的渠道。坚持和完善政务公开、厂务公开、村务公开制度，建立健全群众举报、民主评议等制度，保障人民群众的知情权、参与权、表达权、监督权，发挥人民群众的监督作用，防范可能发生的腐败问题。

（执笔：邵景均）

（《人民日报》2009年1月9日）

为社会主义新农村建设提供保障
——党的十七大以来加强农村党风廉政建设工作综述

本报记者　姜　洁

党的十七大以来，各地区、各部门在党中央、国务院的坚强领导下，围绕农村改革发展大局，采取有力措施，扎实深入推进农村党风廉政建设工作，取得了明显成效，为促进农村经济社会又好又快发展提供了重要保证。

农村党风廉政建设领导体制和工作机制逐步完善

2006年10月，《关于加强农村基层党风廉政建设的意见》（中办发〔2006〕32号）以中办、国办名义正式印发，这是中央对农村党风廉政建设工作第一次作出全面系统的部署。中央纪委、监察部认真履行职责，切实抓好农村党风廉政建设工作。

为加强组织协调，整合工作力量，中央纪委牵头建立了由中央组织部、民政部、财政部、农业部等11个部委参加的中央农村基层党风廉政建设工作联席会议制度，至今已连续召开六次联席会议。民政部、农业部、国土资源部、国家林业局分别成立由部局领导亲自牵头、有关业务司局参加的农村基层党风廉政建设工作领导机构。各省区市党委、政府和有关职能部门对农村党风廉政建设工作高度重视，摆上重要议事日程。31个省（区、市）和大部分市、县都建立了有关部门负责同志参加的工作协调机构。一些地方纪委还设立了农村党风廉政建设专门工作机构。河南省在省市县三级纪委设立农村基层党风廉政建设室，其中18个省辖市纪委已全部设立，158个县（市、区）纪委已有148个设立，占总数的93.7%。山西省在省及部分市县纪委，吉林省在部分市县纪委也设立了农村基层党风廉政建设室。浙江省在全省1515个乡镇（街道）全部配备专职纪检干部，为加强农村党风廉政建设工作提供了良好的组织基础。

农村党风廉政建设制度不断健全

各地区各部门按照建立健全惩治和预防腐败体系的要求，抓住重点领域和关键环节，逐步建立完善相关制度，初步形成了农村党风廉政建设制度体系。

规范农村基层干部行为。北京、天津、黑龙江、山东、广东、广西、四川等省（区、市）有针对性地制定适用于乡镇、村党员干部和基层站所工作人员的廉洁自律具体规定，有的还提出相应的配套办法和措施。

加强农村集体“三资”管理。全国62%的村推行村级会计委托代理服务制，一些地方还把代理服务延伸到集体资金、资产和资源管理方面，17个省（区、市）出台了农村集体资产管理条例，部分地方还实行资产处置公开竞价和招标投标制度。江苏常熟、黑龙江肇东、河南孟州等地还研制开发了农村集体“三资”管理软件，将科技手段引入农村集体“三资”管理之中。

加强对农村基层干部监督。述职述廉、廉政谈话、诫勉谈话等制度普遍延伸到乡镇和村，民主评议村干部和村民询问质询活动逐步推开。河南濮阳等地建立了农村基层党风廉政建设责任追究和考核评价体系。江苏姜堰着力构建“市级巡查、镇级督导、村级述评、群众监督”的四级监督体系。

加强民主管理。一些地方制定完善村民代表会议或村民会议议事规则等，保障农民群众的知情权、参与权、监督权。浙江省在全省整合监督资源和力量，建立村务监督委员会。乡镇政务公开、村务公开在规范中不断前进，全国98%的村实行了财务公开制度，比较规范的村超过70%，1400多个县（市、区）编制村务公开目录。

着力解决农民反映强烈的突出问题

各地区各部门从农民群众最关心、最直接、最现实的利益问题入手，着力解决损害农民群众利益的突出问题。

深入开展对农村义务教育、农民建房、用电用水等收费项目的专项治理，2007年，全国减轻农民负担28亿元，2300多人因乱收费、乱罚款和集资摊派受到责任追究；农业部对42个农民负担较重、问题较多的县（市）组织集中治理，共减轻农民各项负担3.45亿元，退还农民款项1.6亿元，有效控制了农民负担的增加。2008年上半年，在全国各级工商部门开展的“保春耕”专项行动中，共检查各类农资市场2.6万家（次），检查农资经营户39.1万户（次），查处农资违法案件2.6万件，受理农资投诉1.2万件，为农民挽回经济损失2.3亿元。

建立健全农民群众利益协调、诉求表达、矛盾调处和权益保障机制，搭建与农民群众直接交流和为民服务平台。山东莒县推行便民服务“直通车”工程，实现为民服务零距离。辽宁锦州开展访民查廉千村行，听取农民群众的意见和建议。2007年11月至2008年10月，各级纪检监察机关共查处农村基层干部违纪违法案件29500件，查处违纪违法的农村基层干部30629名（含县处级734名），挽回经济损失4.18亿元。

强化监督贯彻落实中央农村政策

各地区各部门坚持把履行监督职责放在突出位置，积极探索有效方式方法，保障了中央农村政策的贯彻落实。2007年，财政部组织开展“财政支农资金管理年活动”，全国1900多个县（区、市）实行了农民直补资金“一卡（折）通”；中央纪委、监察部、农业部、国土资源部、民政部、中央农办、国家信访局等七部门联合开展农村土地突出问题专项治理，共解决土地承包问题1.9万件；纠正违法调整承包地村组5241个，纠正收回承包地问题4868件，涉及土地面积593万亩；纠正强迫流转承包地问题7408件，涉及土地面积31万亩。

2008年以来，各地组织开展了强农惠农政策落实情况专项检查，其中，江西省在专项检查中，共查出各类违纪违规资金7.97亿元，整改到位资金7.18亿元。民政部会同有关部门组成联合工作组，对受汶川地震影响较重的四川、云南灾后重建有关资金使用情况进行了检查。

农村党风廉政建设长效机制逐步建立

各地区各部门不断解放思想，大胆创新，研究新情况、解决新问题、总结新经验、探索新办法。12个省（区、市）全面实行集体林权制度改革，全国完成承包的林地约8.78亿亩，占集体林业用地的34.5%。

积极探索村集体经济的有效实现形式。湖北省推进城中村、城郊村集体资产产权制度改革。山西省结合实际，不断深化乡村煤矿经营管理体制改革，建立了针对矿产资源型农村资源开采的补偿机制和"以工补农"、"以煤哺农"的具体办法。不少地方建立了村干部工资待遇、基本医疗、养老保障、表彰奖励等制度。湖南华容实行报酬保发、养老保障、医疗保险、监管保廉"四保"机制，激发村干部干事的内在动力。

积极创新农村基层纪检体制和工作机制。黑龙江省在全省推行了农村纪检体制"分片派驻、统一管理"改革，县（市、区）纪委共组建派驻中心乡（镇）纪检机构260个。江西、海南省在村党组织建立纪检小组，协助村党组织对各项村务工作实施监督。

（《人民日报》2009年1月5日）

丰富"一国两制"方针
务实推进两岸关系

——访全国人大常委会香港基本法委员会副主任梁爱诗

本报记者　武少民

"胡锦涛总书记的重要讲话务实、诚恳、充满善意，充分照顾到台湾同胞的感受，展现了包容与关心，有利于两岸增进交流和政治互信。"在全国人大常委会发表《告台湾同胞书》30周年之际，前香港特区政府律政司司长、全国人大常委会香港基本法委员会副主任梁爱诗3日在香港接受了中央驻港媒体的联合采访。

诚恳务实推进两岸关系发展

梁爱诗说，胡锦涛总书记讲话中提出的在一个中国原则下，增进两岸政治互信、共同发展经济、加强两岸交流、协商涉外事务、结束敌对状态、达成和平协议等内容，延续了大陆自发表《告台湾同胞书》以来的对台方针政策，释放出明确、清晰的善意。

梁爱诗表示，胡锦涛总书记的讲话中特别提到了结束两岸敌对状态。在这方面，大陆不仅讲了，也切实去做了，比如大陆推出了许多有利于台湾经济发展、有利于两岸经贸交流的政策措施。现在，两岸在安全方面的协商也可望渐渐提上日程，这都展示了大陆推进两岸关系发展的诚意。

"胡锦涛总书记的重要讲话非常积极、务实、宽松，给台湾执政者及台湾人民很大的空间去发展两岸关系。相信台湾同胞能领略到其中的真诚。"梁爱诗说。

在"一国两制"方针下开创两岸关系新局

梁爱诗表示，"一国两制"方针显示了中国人的智慧以及对和谐社会的诉求。"一国两制"方针不但解决了历史遗留问题，还给了港澳更大发展空间。"一国两制"方针在港澳的成功实践，是全世界公认的，对两岸关系发展具有启示性意义。在"一国"的大前提下，"两制"很灵活、很宽松，香港和澳门的制度也有差别。

她说，台湾同胞有什么担心、希望，以及特别的要求，完全可以在"一国"的前提下与大陆放开谈。胡锦涛总书记在讲话中特别提到协商涉外事务，充分展示了大陆的善意，为台湾提供了很好的发展机会。香港的国际交往经验，如参加世界卫生组织等，都可以与台湾分享。

梁爱诗表示，"一国两制"方针的内涵在实践中不断丰富、发展、创新，比如签署《内地与香港关于建立更紧密经贸关系的安排》等。在未来两岸关系发展中，"一国两制"方针也将不断丰富和发展。在"一国两制"方针实践上，香港走出第一步，许多困难是过去从未遇到的，这些经验都可以在交流交往中提供给台湾同胞，以便今后做得更好、设计得更好。

加强港台交流携手应对金融危机

梁爱诗说，面对两岸关系的积极变化，今后应当加强港台交流，密切经贸文化往来，一方面可以让台湾更好地了解"一国两制"的落实情况，另一方面可以携手共同发展，应对金融危机带来的影响。

她认为，在全球经济一体化的今天，竞争越来越激烈，港台都需要寻找新的出路。台湾可以充分利用香港金融中心、股票交易中心的地位来吸引国际市场的资金。此外，香港法制健全，市场管理规范，台湾也可以来港投资，香港也可以到台湾去投资。

梁爱诗表示，当前席卷全球的金融危机冲击面很广，需要大家加强合作，共同探索如何应对。港台地缘相近，文化相同，在合作上更加便利。她说，目前香港贸易发展局已在台北设立了办事处，相信只要彼此加强合作，就会有更多新的发展机会，未来港台关系也会更加密切。

（《人民日报》2009 年 1 月 4 日）

巨灾，让我们倾听历史前进的脚步

［本刊编者按］“5.12“大地震已过月余，然而，山崩地陷之惨烈，生灵湮没之悲怆仍存心底。但更撼人心魄的，是废墟之上的生命呐喊和八方支援的坚韧勇毅。抗灾、救人、重建，灾难折射出人性的光芒，见证着社会的成长。

多难兴邦。巨灾面前，中国领导人的镇定果决与亲民情怀感染着每一个国人，而中国人民万众一心的抗震救灾行动也震撼和感动着整个世界。

巨大的历史灾难，必会以历史进步作为补偿。地震，重建了我们的精神家园；地震，让中国和世界同时经历着前所未有的洗礼……

灾难中挺立伟大的中国

任仲平

（一）2008 年 5 月 12 日 14 时 28 分。北纬 31 度，东经 103.4 度。山崩地陷，江河呜咽。

这一刻，即成国殇。

8.0 级强烈地震，短短 80 秒，数百万生命被推到生死边缘。这是新中国成立以来破坏性最强、涉及范围最大的一次地震。这场 21 世纪发生的毁坏性灾害震惊了世界，全球的目光投向中国……

“任何困难都难不倒英雄的中国人民！”

数十天前，汶川震动中国；数十天来，中国感动世界。

气壮山河的生命大救援，迸发出世所罕见的中国速度、中国力量、中国精神，将这段日日夜夜标注成共和国历史进程中的一个新起点。

“万众一心，众志成城，迎难而上，百折不挠”。在以人为本的时代旗帜下，正在迎来改革开放 30 周年的中国，渴望实现奥运百年梦想的中国，在这场突如其来的“大考”面前，以一种特殊的方式呈现自己。

汶川作证：我们这个民族，经得起颠簸。

（二）数十个昼夜，汶川作证，中国速度赢得赞誉。

人民生命高于一切！在第一时间，党中央、国务院果断决策，紧急号令。震后不到 1 小时，胡锦涛总书记的重要指示随电波传遍全国；震后不到两小时，温家宝总理飞赴灾区。中共中央政治局常委会连夜召开，全面部署抗震救灾工作。抗震救灾总指挥部迅速成立，指挥机构高效运转。主题只有一个：“第一位是救人！”“一线希望，百倍努力！”

人民生命高于一切！在第一时间，解放军、武警、公安快速反应。震后 13 分钟，全军启动应急机制。在第一时间，受灾地区省委、省政府部署救灾，各级干部奔赴现场指挥。在第一时间，国家减灾委、中国地震局、民政部等启动应急预案，派遣救援队伍，调拨救灾物资。在第一时间、中国红十字会、中华慈善总会等发出紧急呼吁，号召全社会伸出援手。

时间就是生命。在这场生死竞速中，“第一时间”成为最有力的号令，最引人关注的新闻，最能够体现动员能力和应急能力的指标。数十个日日夜夜，一个个急促的时间刻度，清晰地记录下一个政党一个政府对生命的尊重、对人民的责任。

（三）数十个昼夜，汶川作证，中国力量令人惊叹。

灾情重，蜀道难，救援急。全军和武警部队 11 万精锐 20 余个专业兵种雷霆挺进，短短几天全部到位。逢山开路，遇水架桥，一支支工程部队短短几天打通生命线，电网、通信全面修复。近 400 支专业救援队，4.5 万医务人员源源不断赶赴一线，覆盖到每一个受灾村庄。灾区各级党组织站起来，冲上去，共产党员这个名字再一次叫响。

空中、铁路、公路、水路立体运输，国家战略储备紧急筹措，各种救援力量迅速集结，数百万吨食品、药品、帐篷、机械驰援灾区。国务院决定，中央财政今年先安排 700 亿元建立灾后重建基金。另外，社会捐助超过 400 亿元。

“一切为了灾区，全力支援灾区”。全国一盘棋，有力、有序、有效。这场举国参与的生命大营救，是对社会主义中国强大组织动员能力、强大物质保障条件的集中检阅。数十个日日夜夜，世界看到：灾难有多大，中国有多强。

（四）数十个昼夜，汶川作作证，中国精神感天动地。

日继之夜，生继之死，生死关头呈现温暖深沉的人性光辉。父母张开双臂为孩子撑起生命的天空，老师用血肉之躯为学生肩起死亡的闸门……灾难来临的瞬间，多少人将生的希望让给别人；生与死的边缘，多少人将死的选择留给自己。当母亲给怀里的孩子留下临终短信“亲爱的宝贝，如果你能活着，一定要记住我爱你”，当年幼的孩子在废墟下吟唱“幸福和快乐是结局”，当痛失亲人的县长从废墟中爬起冲向救灾一线……我们读懂了什么叫人间大爱，什么叫尊严勇气，什么叫凝聚挺立。

强忍悲痛，守望相助，中华大地奔涌空前规摸的爱心热流。成都数百“的哥”冒着余震赶往都江堰抢救伤员；南京拾荒老人把零钱换成百元钞票塞进募捐箱；许许多多城市，献血长龙将血站“挤爆”；一笔笔“特殊党费”，表达着7300万党员的忠诚；全国宣传文化系统《爱的奉献》募捐现场，短短4小时募集15亿元；各式衣着各方口音，近20万志愿者奔向灾区；大江南北长城内外，全国各族人民伸出援手……“我们都是汶川人！”成为震撼神州的强音，国际舆论纷纷赞叹中国民众“井喷式”热忱。

血脉相通骨肉相连，全球华人结成空前亲密的生命整体。香港特区搜救队、台湾红十字会搜救队赶赴灾区，港澳台同胞、海外华侨华人遥寄哀思、慷慨解囊。重洋隔不断手足情，关山挡不住中华心。同呼吸，共命运，心连心，在世界各个角落，义赈义演、捐款捐物……“我们都是中华民族一分子”的共同心声，又一次道出这个民族历尽磨难而弥坚的生命宣言。

中华民族在大难面前的表现令世界动容。美国媒体载文指出：在这场举国上下的民族行动中，世界看到中国人民百折不挠，再铸民族之魂。俄新社则赞誉：“一个能够出动十万救援人员的国家，一个企业和私人捐款达到数十亿的国家，一个因争相献血、自愿抢救伤员而造成交通堵塞的国家，永远不会被打垮。”

（五）数十个昼夜，汶川作证，中国的透明度世界瞩目。

这次抗震救灾，从第一刻起，就在前所未有的公开透明中进行。

地震发生不到半小时，震情得到了公开报道。几小时内，国家和地方数次召开新闻发布会披露最新震情统计数据，地震伤亡人数在互联网上实时更新。相关地方政府迅速通过手机短信发出上百万条安民信息。国务院新闻办公室、受灾地区政府的发布会天天举行。及时准确公开透明的信邑传播，安定了人心，稳定了局面，凝聚了力量。

在这场信息传播中新闻工作者刷新着中国传媒对重大事件的报道模式。电视、广播、报纸、刊物、网络、手机，所有的传媒一起开动，全程进行“实况直播”。大幅照片，前沿报道，在线访谈，生死文字，全面真实地传达了最近的现场、最近的感动。新闻工作者成为又一支抗震救灾先遣队，开放、客观的报道，在传递真相的同时，展现着一个文明社会的公信与责任。

（六）大地震带来了大灾难，但这过去的日夜也让我们看到，突如其来的自然灾难，未必不是一个国家成长的特殊历练，未必不是一个民族生命力的强烈激发。困难是阻挡弱者的高山，也是冶炼勇者的熔炉，更是砥砺强者的砺石。挫折让中国更加团结，磨难让中国走向进步。

回望数十个昼夜，许多意味深长的“第一次”令人感怀。

5月19日至21日，全国哀悼日。五千年中国文明史，第一次，普通百姓可享国哀。新中国近60年，第一次，国旗为自然灾害中罹难同胞而降。

“国之兴也，视民如伤”。一个以人为本的政府，履行最庄严的承诺，一个把人的生命摆到最高位置的社会，刻下迈向现代文明的标记。当国旗缓缓垂下，人的尊严冉冉升起，一个国家的品格抬升到新的高度。

汶川大地震，作为受灾国的新中国第一次向国际救援队敞开大门。

爱，没有了疆界，生命，超越了种族。废墟之上一幕幕感人场景，展示了跨越国界的人性和亲隋，是人类命运相连、同舟共济的见证，也是中国人民战胜自然灾害的精神支撑。

中国感谢世界。中国人民将铭记这危难时刻的温暖援助，铭记国际社会的深情话语“整个世界都是你们坚强的后盾”，并把它化作自强不息的动力，为世界和平与发展贡献力量。

（七）“中国原来是这样！”数十天来，人们都在感叹。

衡量一个现代国家文明程度的重要标志，就是看它在大灾大难面前的国家意志、社会价值和公民精神。那些灾难面前一个个“第一时间”，一个个“中国纪录”，不仅是政府危机处理能力的展示，更是进步的中国对人民生命的尊重，是发展的中国人文精神的提升，是开放的中国走向世界的见证，是一个历经磨难的民族文明力量的升华。

抗震救灾让中华民族空前凝聚，也让世界重新认识中国。普通网友留言：“汶川，挺住！中国，加油！”海外华人寄语：“我为有这样的祖国而骄傲！”外国媒体评价：这场地震让世界看到一个有爱心的中国，一个有竞争力的中国，一个真实可敬的中国。

（八）回首数十个昼夜，抗震救灾这场伟大战役催生的一切，必将成为珍贵的国民记忆，写进共和国文明进步的历史。

——我们看到了一个以人为本的执政党。

生命权是最大的人权。抗震救灾数十个昼夜，写下中国人权辉煌纪录。及时通畅的信息披露，举国动员的生死营救，生命至上的国家信念，以人为本的制度创新……始终支撑着大地震中的大爱大智大勇，阐释着中国共产党人生命至上、人民为先的政治伦理，彰显着一个执政党的成熟与坚定。

——我们看到了一个自信开放的大国形象。

公开透明、全程监督、阳光赈灾，充分保障了人民的知情权、表达权、参与权、监督权，推动了中国社会的文明进步。中国离不开世界。开放，体现社会主义中国对国际人道主义的认同，表达13亿人口的发展中大国融入国际大家庭的信心。

——我们看到了民族精神的丰富升华。

“天下兴亡，匹夫有责”，中国传统文化迸发出凝聚力；“团结、奉献、互助、友爱”，现代志愿精神拓展着新内涵；“众志成城、和衷共济”，因千万个平民英雄的真情故事而鲜活；“坚守岗位、干好本职”，为爱国主义增添着理性的厚度。以爱国主义为核心的民族精神注入了崭新的时代元素。

——我们看到了公民意识的蓬勃生长。

公民意识的培育是民主政治的必由之路。抗震救灾筑就公民精神的里程碑：民间爱心涌动，志愿大军汇集，社会资源与政府资源良性互动。灾难中无数普通人用朴素的行动，诠释着主体意识和责任担当。美国一家周刊这样评价，“这里的人民不仅懂得如何哀悼，而且懂得如何给予，中国的‘公民精神’并未缺失”。

——我们看到了社会主义核心价值的集中展现。

集中力量办大事、一方有难八方支援、军民鱼水情、民族一家亲……抗震救灾让我们重新品读这样一些字眼，再次看到社会主义国家和人民的价值取向，深切体会到社会主义制度的优越性。在利益诉求日趋多元的今天，社会主义价值理念找到了生长壮大的空间。

（九）抚定思绪，回望汶川。

面对数万同胞的骤然逝去，汶川依然是亿万国人血脉同搏、泪水涌动之所在。但数十个昼夜的坚守拼搏，13亿人民的同

风共雨，更蕴藉着中华民族向死而生的期待，书写着共和国浴火重生的希望。

美国媒体感慨，“在8级地震的废墟上站起来的中国，是那么令人惊讶的现代、灵活、开放”。

毫无疑问，灾难之中，国家政治文明的演进，民族内在精神的重塑，公民责任意识的增强，必将让“以人为本”的理念深植于国家的肌体。它会升华为一种文化力量，也会激发出一种制度动力，成为推动中国社会进步的底气所在，成为中华民族迈向未来的“软实力”所在。

（十）汶川大地震，还让人们从更广阔的视野认识中国。

这是一次发生在信息时代的大灾难，也是一场展开于改革开放30年后的大救援。它让全体中国人又一次深刻领悟到“发展是硬道理”、“不改革死路一条”。

汶川大地震，唤起人们对当年唐山大地震的痛苦记忆。两次灾难相隔32年，其间，正好经历了30年的改革开放。表面看来，这一次，是突如其来的危机，改变了中国社会的信息传播方式、应急管理方式、灾难救助方式。仔细思之，这一切改变，莫不有着鲜明的时代背景，莫不系着深刻的社会变革。可以说，这次抗震救灾中呈现的新理念、新实践、新突破，正是对于30年改革开放的一次特殊检阅。

没有30年一心一意谋发展成就的综合国力，就没有这次抗震救灾中强大的技术保障和丰厚的物质支持；没有30年全面推进的体制改革和制度创新，就没有今天协调联动的应急救援体系和现代高效的国家管理能力。

而信息的公开透明、公民精神的成长壮大，更是深深刻下30年民主法治建设、政治文明进步的烙印。

一位网友留言：“这一次，我们悲恸而不苦

痛，哀伤而不绝望，关切而不惊慌，焦急而不失信心。因为，国家的进步已经成为佑民的天。”

灾难面前，我们比任何时候都更清楚地看到，30年的改革开放，不仅增强了中国抗击灾难的物质基础，更深刻改变了社会主义中国的整体形象和中国人民的精神面貌，显示了中国特色社会主义的伟大力量。

西班牙报纸写道：“在任何一场灾难中，都未曾见过中国这样的举国动员能力、勇往直前的决心和强大的团结互助精神。毋庸置疑，这个民族表现的精神与力量将使它在前进的道路上坚不可摧。”

（十一）再过几十天，我们将迎来第29届北京奥运会。

奥运盛会，百年梦想。然而，悲欣交集的2008考验着我们。挫折面前，中华民族表现出的坚强自信，让世界感叹：中国人以高分通过了意外的“考试”。历经百年的现代奥林匹克精神，也因此得以升华——

当火炬手高擎圣火举起手臂为灾区人民加油，当火炬传递沿途无数群众在募捐箱前表达爱心，“更快、更高、更强”的奥林匹克精神，与超越苦难、自强不息的中国品格找到了结合点。

当胡锦涛主席紧握俄罗斯救援队员的手，当温家宝总理拥抱美国志愿者，当中国灾区居民为日本救援队送去方便面，当联合国秘书长潘基文站在汶川废墟上感叹中国人民是充满力量、勇敢无畏、坚韧不拔、富有自助和合作精神的伟大人民，“和平、友谊、进步”的奥林匹克精神，以一种凝重的方式闪现光辉。

新加坡报纸评论：“四川大地震给中国人带来巨大悲痛，但抗震救灾的快捷、有序、开放和深沉的人道精神，却给世界留下深刻印象。北京奥运会所期待的展示现代中国形象的目标，已经在抗震救灾中得到一定程度的实现。”

冰雪阻断归途，我们没有放弃，圣火遭遇阻挠，我们团结反击；今天当地震撕裂大地，我们以同样的声音告诉世界：坎坷和磨难，只会激发我们更加出色地办好奥运会，只会推动我们更加积极地融入地球村，一同兑现诺言，一同承担责任，一同分享荣光。

（十二）余震还在继续，大地仍在痉挛。这是一场艰苦卓绝的持久战。

抗震救灾已经取得重大阶段性胜利。但随着工作重心的逐步转移，形势依然严峻，任务十分艰巨。受灾群众的安置牵动人心，堰塞湖的安全令人担忧，疾控防疫尤为紧迫，恢复重建异常繁重……打胜抗震救灾这场硬仗，需要真情更需要实干。

中国没有停步。中央国家机关行政经费支出减少5%，用于抗震救灾。各个部门继续同心协力，给予灾区急需。全国人民一如既往，奉献爱心与力量。支援灾区，每个人每个岗位都是主角；重建家园，灾区人民艰苦奋斗自立自强。

万众一心，共克时艰，一手抓抗震救灾工作，一手抓经济社会发展，中国人民一定能够赢得抗震救灾的全面胜利。

（十三）汶川5月，满目伤情。但垅间的小麦已在收割，6月的新绿就在眼前。

5月19日，全国哀悼日第一天，地震重灾区北川中学师生齐唱国歌重新开学。

这是顽强生命的礼赞，也是不屈中国的象征。

恩格斯说过，“没有哪一次巨大的历史灾难，不是以历史的进步为补偿的”。也许我们无法回避灾难，但我们可以选择如何面对灾难，是生者的勇气将人类无数次劫难，砌入文明演进的长河。

从治河而兴的黄河文明，到浴血重生的近代中国；从32年前的唐山大地震，到1998年抗洪抢险；从2003年抗击非典，到今年年初迎战冰雪，正是一次次灾难忧患的严峻考验，砥砺着中华民族的伟大精神，推动着中国社会在挫折中奋进，在逆境中前行。

“一方有难，八方支援；自力更生，艰苦奋斗”。大巴山深处，在灾区考察工作的胡锦涛总书记在简易防震棚小黑板上给孩子们写下16个大字。

从灾难中汲取信心，从灾难中汲取力量，对于历经磨难的中华民族，汶川大地震是一个悲壮的过去，更是一个伟大的开始。

希望与中国同在！

（《新华月报》2008年7月号）

二、经　济

平稳快速的主旋律

统一思想　坚定信心
——一论认真学习贯彻中央经济工作会议精神

本报评论员

极不寻常的2008年就要过去了。在全球金融危机的寒冬中，2009年我国经济发展面临严重困难，也蕴涵着重大机遇。

刚刚结束的中央经济工作会议，深刻分析了当前国际国内经济形势，明确提出了明年经济工作的总体要求和重点任务。党中央、国务院审时度势的清醒判断、高瞻远瞩的战略部署，既坚定了我们对保持经济平稳较快发展的信心，也激励着我们从逆境中把握难得的机遇。这对于统一全党认识，坚定信心，振奋精神，凝聚全国力量，继续坚定不移地推进社会主义现代化建设，具有重大意义。

毫无疑问，在复杂严峻的世界经济形势下，我们正面临前所未有的困难和考验。但是，再大的外部危机都是暂时的，重要的是我们自己必须凝聚力量、迎难而上。应对困难和挑战，关键是上下同心，协调行动，形成合力。做到这一点，统一思想、坚定信心是前提。各级党委和政府必须全面贯彻党的十七大和十七届三中全会精神，坚决落实中央经济工作会议精神，把思想和行动统一到科学发展观的要求上来，统一到中央对国内外经济形势的分析判断上来，统一到中央决策部署上来，以思想认识的高度一致，保证行动和工作的高度协调，保增长、扩内需、调结构，推动经济社会又好又快发展。

“事不避难，知难不难”。统一思想、坚定信心，最重要的是要在困难和风险中准确判断形势，在挑战和考验中清醒把握方向，增强忧患意识，充分认识国际经济环境的严峻性和复杂性；增强机遇意识，善于从变化中捕捉发展机遇，在逆境里培育有利因素。

越是在这个时候，我们越要既看到眼前，更看到长远。世界经济增长格局会有所变化，但经济全球化深入发展的大趋势不会改变；政府维护市场正常运行的职责会有所强化，但市场在资源配置中的基础性作用不会改变。我们必须坚持社会主义市场经济的方向，坚持对外开放的基本国策，不为任何风险所惧，不为任何干扰所惑，坚定不移地推进改革开放和社会主义现代化建设。

越是在这个时候，我们越要既看到挑战，更看到机遇。金融危机导致外部需求大量减少，客观上为我们扩大内需和调整结构提供了巨大的倒逼机制压力，只要我们切实实践科学发展理念，增强主动性和紧迫感，加快发展方式转变和结构调整，就能够进一步推动经济社会全面协调可持续发展，在日益激烈的国际竞争中形成新的优势。

发展要看大趋势，形势要看基本面。我国经济发展的基本面并没有改变，中国发展的重要战略机遇期依然存在。有改革开放30年形成的强大经济实力和综合国力，有社会主义制度集中力量办大事的优越性，有中华民族不畏艰险自强不息的英雄气概和强大凝聚力，我们就有信心有勇气、有决心有实力，在困难中奋起，在逆境中前行。

在不平凡的2008年，我们之所以能在罕见的挑战和风险面前取得巨大成就，是党中央、国务院总揽全局、坚强领导的结果，是各地区各部门密切配合、协力行动的结果，是全党全军全国各族人民众志成城、共克时艰的结果。这充分说明，一个民族只有戮力同心，才能凝聚起超越困难的勇气；一个社会只有形成共识，才能迸发出推动发展的合力。

迎接充满挑战的2009年，只要依靠和发挥全党全社会的智慧和力量，积极应对挑战，努力克服困难；只要确保党中央的政策措施不折不扣落实到位，确保党和国家大政方针得到全面贯彻，全国一盘棋、上下一股劲，我们就一定能变压力为动力，化挑战为机遇，牢牢把握发展主动权。

30年前的这个时候，面对困境，中国拉开了改革开放的大幕，我们党带领人民以万众一心的奋斗取得了当代中国举世瞩目的成就。30年后的今天，在新的历史方位，困难和挑战仍在，信心和勇气依旧。当年，我们冲破重重阻力，实现了我们党和国家工作中心的转移，造就了中国30年快速发展的奇迹。今天，时代需要我们在挑战中奋起，以经济增长方式的转变推动社会发展方式的变革，为中国的未来和民族的复兴奠定更为坚实的基础。历史的契机又一次等待我们把握，统一思想，坚定信心，开拓进取，我们就一定能续写现代化建设的崭新篇章。

（《人民日报》2008年12月12日）

把保持经济平稳较快发展作为首要任务
——二论认真学习贯彻中央经济工作会议精神

本报评论员

中央经济工作会议提出，贯彻落实明年经济工作的总体要求，必须把保持经济平稳较快发展作为明年经济工作的首要任务。这是中央审时度势，把握经济运行全局作出的重要决策，体现了科学发展观的要求，体现了人民群众的愿望。把思想和行动统一到科学发展观的要求上来，统一到中央对国内外经济形势的分析判断上来，统一到中央决策部署上来，就要一心一意谋发展，迎难而上促发展。

2008年是不同寻常的一年，挑战接踵而至，冲击前所未有。特别是国际金融危机严重影响我国经济发展。党中央、国务院沉着应对，及时果断调整宏观经济政策，各地区各部门密切配合，全国人民同心同德，推动经济继续平稳较快发展。虽然困难重重，我国经济依然呈现增长较快、价格回稳、结构优化、民生改善的良好局面。

今年的成绩来之不易，明年的经济环境将十分严峻。从国际情况看，国际金融危机并未见底，对实体经济的影响正在进一步加深，明年我国发展的外部经济环境更加趋紧。从国内情况看，近几个月来，经济下行压力加大，企业经营困难增多，保持农业稳定发展、农民持续增收难度加大，金融领域潜在风险增加。经济增长下滑，已成为当前我国经济运行的突出问题。

扭转经济增长下滑，保持经济平稳较快发展，对于明年经济工作全局至关重要。科学发展观第一要义是发展。越是在经济发展遇到较大困难时，越是要坚定不移地贯彻发展是硬道理的战略思想。我国是一个有13亿人口的发展中大国，要实现各方面发展目标，就必须保持一定的发展速度。在当前世界经济增长明显放缓的背景下，保持较快的发展速度有利于增强信心、稳定预期，有利于扩大就业、增加居民收入、保持社会稳定，也是对世界的贡献。保持经济平稳较快发展，我们也应充满信心。尽管形势严峻，但我国经济发展的基本面和长期趋势没有改变，只要我们充分发挥自身优势，加快解决突出问题，就完全有条件变压力为动力，继续推动经济社会又好又快发展。

我们所谋求的发展，是讲究质量和效益的发展，是以人为本、全面可持续的发展。这就要求我们更加自觉地深入贯彻落实科学发展观，加快发展方式转变，把实现保增长的目标建立在提高质量、优化结构、增加效益、降低消耗、保护环境的基础之上。

机遇与挑战并存，责任与压力相伴。能否保持经济平稳较快发展，是对我们驾驭复杂局面能力的重大考验，也是对党执政能力的重大考验。各地区、各部门要深入学习贯彻中央经济工作会议精神，认真落实党中央的各项决策部署，增加主动性和紧迫感，采取切实有效措施，努力实现明年经济增长预期目标。

（《人民日报》2008年12月15日）

把扩大内需作为保增长的根本途径
——三论认真学习贯彻中央经济工作会议精神

本报评论员

把扩大内需作为保增长的根本途径，是中央经济工作会议作出的一项重要部署。当前，有效应对国际金融危机，保持明年经济平稳较快增长，最紧要的就是立足扩大内需，积极扩大内需，扎扎实实办好我们自己的事情。

目前，国际金融危机持续蔓延，世界经济增长明显减速，国际市场需求疲软，严重影响许多国家经济增长。作为全球经济的一部分，我国经济不可避免受到冲击。外需不振，出口下滑，会减弱我国经济增长的动力。面对外需萎缩的新变化，进一步扩大内需尤为必要和迫切，也是应对国际金融危机冲击，保持经济平稳较快发展最有效的手段。我们必须采取更强有力的措施，拓展自身需求，在本轮国际经济结构调整中，加快形成主要依靠内需拉动经济增长的格局，切实增强抵御外部风险的能力。党中央已经出台了一系列扩大内需、促进增长的政策措施，各地区各部门要争分夺秒，狠抓落实，一抓到底，抓出成效。

扩大内需既是战胜当前困难、保持经济平稳较快增长的有力抓手，又是我国经济发展的长期战略方针。虽然国际金融危机带来严峻挑战，但我国仍处于重要战略机遇期，城镇化、工业化加速发展，国内市场广阔，发展机会多，回旋余地大，需求潜力尤其是农村市场需求巨大。30年改革开放打下了良好的物质、技术和体制基础，国民储蓄率高，金融体系总体稳健，资金供给较充裕，宏观政策调整空间较大。只要坚定信心，措施得当，抓紧落实，扩大内需必将大有作为。

我们面临的保增长任务繁重艰巨，保增长的关键是解决市场需求不足，要着力调整内需外需结构、投资消费比例，一方面努力保持对外贸易稳定增长，适当扩大投资规模，切实优化投资结构，一方面积极扩大消费尤其是居民消费需求，把扩大消费与调整收入分配格局，发展服务业、扩大就业结合起来，解除群众后顾之忧，让人们“有钱可花，有钱敢花”，切实增强消费对经济增长的拉动作用。同时，通过扩大最终消费需求，带动中间需求，有效吸收和消化国内产能，形成新优势，提高竞争力，增强发展的协调性和可持续性。

扩大内需归根到底要靠激发企业和群众的积极性、主动性、创造性。要坚持社会主义市场经济改革方向，抓住时机推出更多有利于发展的改革措施，以深化改革消除制约扩大社会需求的体制性机制性障碍，通过政府这只“看得见的手”与市场这只“看不见的手”相互促进来扩大内需，发挥好市场在资源配置中的基础性作用，不断增强发展的活力和动力，推动经济社会又好又快发展。

（《人民日报》2008年12月23日）

把加快发展方式转变和结构调整作为保增长的主攻方向

——四论认真学习贯彻中央经济工作会议精神

本报评论员

中央经济工作会议提出，把加快发展方式转变和结构调整作为保增长的主攻方向。这是深入贯彻落实科学发展观、推动我国经济社会又好又快发展的迫切要求，也是战胜国际金融危机冲击、实现经济平稳较快增长的有效途径。

经济发展方式粗放，特别是经济结构不合理，是我国经济发展诸多矛盾和问题的主要症结。今年以来，在困难很多的情况下，我国经济保持了持续较快发展的势头，经济结构也出现了积极的变化，高耗能行业增幅回落，高技术产业增长加快，东中西部发展协调性增强。但是，我们也要清醒地看到，产业结构不合理，内需和外需不均衡，消费和投资比例不协调，城乡、区域发展不平衡，经济发展方式粗放的格局还没有根本改变，依然制约着经济的长期持续发展。

把加快发展方式转变和结构调整作为保增长的主攻方向，必须处理好保增长、扩内需与调结构的关系。应对国际金融危机冲击，保持经济平稳较快增长的任务十分繁重，但加快发展方式转变、推进经济结构战略性调整的大方向不能动摇。我国已经形成巨大生产能力，一些行业存在产能过剩。绝不能因为加大力度保增长，就忽视质量和效益，放松发展方式转变和经济结构调整。要把实现保增长的目标建立在提高质量、优化结构、增加效益、降低消耗、保护环境的基础上，按照产业结构优化升级和优胜劣汰的要求，着重缓解和消除发展的瓶颈制约，切实淘汰落后生产能力，加快产品更新换代，增强自主创新能力和产业竞争力，努力创建新的经济增长点和新的竞争优势，这样才能有效克服国际金融危机的影响，才能实现可持续发展。

把加快发展方式转变和结构调整作为保增长的主攻方向，就要加大收入分配结构、产业结构、城乡结构和地区结构调整力度。要以提高居民收入水平和扩大最终消费需求为重点，调整国民收入分配格局；要以提高自主创新能力和增强三次产业协调性为重点，优化产业结构；要以推进城镇化和城乡经济社会发展一体化为重点，改善城乡结构；要以缩小区域发展差距和优化生产力布局为重点，调整地区结构。

我们谋求的发展，是又好又快的发展，是以人为本、全面协调可持续的发展。各地区、各部门一定要按照科学发展观的要求，转变发展观念，调整发展思路，从大局出发，立足当前，着眼长远，在促进经济平稳较快增长的同时，加快发展方式转变，推进经济结构调整，既要渡难关，又要上水平，不断增强我国经济社会可持续发展能力。

（《人民日报》2008年12月24日）

把深化改革扩大开放作为保增长的强大动力
——五论认真学习贯彻中央经济工作会议精神

本报评论员

中央经济工作会议提出，把深化重点领域和关键环节改革、提高对外开放水平作为保增长的强大动力。中国30年改革开放的伟大历程证明，只有改革开放才能发展中国，发展中国特色社会主义。站在新的历史起点上，我们要继续推进改革开放，为经济社会发展注入新的动力与活力。

应对国际金融危机冲击，保持经济平稳较快发展，就要消除影响发展的体制机制障碍。经过30年改革开放，我国已经从高度集中的计划经济转向社会主义市场经济，社会生产力获得了极大发展，但是长期形成的结构性矛盾和粗放型增长方式尚未根本改变，影响发展的体制机制障碍依然存在，完善社会主义市场经济体制的任务十分繁重。坚持社会主义市场经济的改革方向，抓住时机推出有利于实现保增长、扩内需、调结构的改革措施，是提振市场信心的最好办法。只有坚持改革，才能更加充分地调动各类市场主体的积极性，才能更大程度地发挥市场在资源配置中的基础作用，才能更加科学有效地实行宏观调控，才能为经济平稳较快发展提供可靠的体制机制保证。

深化改革，抓住时机最关键。我国经济总量已跃居世界第四，积累了雄厚的财力物力，抵御风险能力显著增强，正处于工业化、城镇化进程中，经济社会发展潜力巨大。这是我们深化改革的基础，更是推进改革的底气所在。要不失时机地加大重点领域和关键环节的改革力度，继续推进价格、财税、金融、投资、行政管理体制和国有企业等方面的改革，啃下有碍经济发展的“硬骨头”。同时，改革也要统筹兼顾，合理把握力度和节奏，处理好改革发展稳定的关系，通过改革促进发展、改善民生、保持稳定。

面对当前严峻的国际经济环境和国际市场收缩、贸易保护主义抬头的不利局面，我们更要扩大对外开放，统筹国内国际两个大局，把发挥自身优势与充分利用外部条件结合起来，转变对外经济发展方式，走以质取胜、集约化、多元化的发展路子，积极应对激烈的国际竞争，在国际分工调整中拓展开放的广度和深度，在对外开放中不断增强我国经济的国际竞争力和抗风险能力，提高开放型经济水平，努力保持出口稳定增长，提高利用外资质量，积极稳妥地推促企业对外投资合作。

我们过去取得的成就靠改革开放，今后的发展仍然要靠改革开放。越是困难时候，越要坚持改革开放这一基本国策，进一步解放思想，深化改革开放，破解发展难题，激发发展活力，在改革中实现自我完善，在开放中提高应对能力。

（《人民日报》2008年12月25日）

把改善民生作为保增长的出发点和落脚点
——六论认真学习贯彻中央经济工作会议精神

本报评论员

中央经济工作会议提出，把改善民生作为保增长的出发点和落脚点。这体现了科学发展观的要求，反映了广大人民群众的愿望。把改善民生作为出发点和落脚点，既能使人民群众在保增长中得到实惠，又有利于实现保增长的目标。

以人为本是科学发展观的核心。发展依靠人民，发展为了人民。经过30年改革开放，我国综合国力大大提高，人民生活明显改善，但是，仍有不少民生问题需要解决。今年南方部分地区的冰冻雨雪灾害和四川汶川特大地震，给人民生命财产造成重大损失，灾后重建十分紧迫。这次国际金融危机又给我国经济带来严重冲击，经济出现下滑，部分企业困难，财政增收减缓，就业压力增大。这些都会给群众生活造成不利影响，增加改善民生的压力。越是困难时候，越要高度关注民生。把改善民生作为保增长的出发点和落脚点，是贯彻落实科学发展观的迫切要求，是社会主义生产目的的具体体现，也是扩内需保增长的有效途径。把改善民生作为出发点和落脚点，就是把改善人民生活作为保增长的根本目的，就是让人民群众在保增长中得到更多实惠。应对国际金融危机冲击，当务之急是扩大内需。扩大内需不仅要扩大投资，也要扩大消费。进一步改善民生，将明显促进消费的扩大，带动经济增长。

中央高度重视改善民生，近年来出台了多项政策措施造福百姓。这次扩大内需促进增长，把改善民生放在了突出位置。4万亿元投资中，有一半多的投资涉及民生方面；具体安排提高城乡居民收入，特别是提高农民和城乡低收入群体的收入。中央经济工作会议对改善民生又作出一系列部署。各地区、各部门要坚决贯彻中央的决策部署，实实在在做好各项改善民生的工作，让人民群众共享保增长的成果，促进经济平稳较快发展。

要下大气力解决涉及群众利益的难点热点问题。明年的就业形势将非常严峻，必须实施更加积极的就业政策，全方位促进就业增长。支持劳动密集型产业和中小企业发展，吸纳更多就业。加强大学毕业生就业指导和服务。鼓励具备条件的返乡农民工进行创业，积极创造条件安排好其他农民工就地就近就业。加快完善城乡社会保障体系，解决群众后顾之忧。保障城乡困难家庭基本生活。加快灾后重建，安排好灾区群众过冬生活。提高教育和医疗服务水平，完善公共文化服务体系。切实加强食品药品质量安全和生产安全工作。

今年即将过去，元旦、春节将至。灾区群众怎么样？困难群众怎么样？人民群众有哪些困难急需解决？各级领导干部一定要带着对人民群众的深厚感情，到群众中去，调查研究，解决问题，把中央改善民生的政策落到实处，把党的温暖送进千家万户。

（《人民日报》2008年12月26日）

2008年中国经济大盘点
（经济聚焦）

本报记者　朱剑红

2008年，中国经济在困难中保持了9%的增长，对世界经济增长的贡献超过20%。

第四季度，GDP增速虽然急转直下，但是，12月份，货币信贷、消费、投资、出口、工业生产等方面，开始显露一些积极的变化……

在经历了几次历史罕见的特大自然灾害以及美国金融危机带来的世界经济衰退的考验，对2008年的中国国民经济，究竟应该给出怎样的总体评价？

怎样评价全年经济总体表现

首次在国务院新闻办的新闻发布会上亮相的国家统计局局长马建堂善解人意，不仅带来了详细的统计数据，也奉上了他对2008年国民经济16字的总体评价：增长较快、价格回稳、结构优化、民生改善。

一看增长较快。初步核算，2008年GDP比上年增长9%。虽然纵向看，比2007年13%的增速回落了4个百分点，但与世界各国横向比，9%的增速仍然是一个比较高的速度。根据国际货币基金组织的最新估计，2008年世界经济增速平均为3.7%。据马建堂介绍，有人曾经做过计算，2008年中国经济在困难中保持了9%的增长，对世界经济增长的贡献超过20%。

二看价格回稳。2月份，物价上涨演绎出一个高峰，CPI当月涨幅达到8.7%。中国政府先后采取了一系列增加供给、调控需求、搞活流通、对中低收入者增加补贴的措施。随着这些措施的到位，用了半年左右的时间，通货膨胀率就从8.7%控制到了5%以内，12月降到了1.2%。

三看结构优化。在国民经济实现较快增长的同时，第一产业特别是农业有了很好的发展。2008年我国粮食总产和单产双双创历史最高水平，粮食达到10570亿斤。“在这样困难的时候，能做到粮食的大丰收，更加证明了，中国人自己可以养活自己，这也是对世界的最大贡献。”身为经济学博士的马建堂，对前些年一些外国经济学家挑起的“谁来养活中国”的争论记忆犹新。除了产业结构，区域结构也在优化，去年中部、西部地区的投资和工业增长速度都快于东部。

2008年节能减排也取得了积极进展。从万元

GDP能耗看，2008年同比下降了4.21%。去年前三季度，二氧化硫的排放量下降了4.2%，化学需氧量排放量下降了2.7%。这些数据都意味着中国经济在克服困难、平稳增长的同时，资源节约型、环境友好型社会的建设也取得了积极进展。

四看民生改善。2008年，全年城镇居民人均可支配收入增长14.5%，实际增长8.4%；农村居民人均纯收入名义增长15%，实际增长8%。在经济形势这样严峻的条件下，保持这样的增长是不容易的。同时，社会保障力度在加大，2008年基本养老、基本医疗、失业、工伤、生育保险等五种保险基金的总收入13808亿元，增长27.7%。全国企业退休人员的基本养老金水平、最低工资水平都在提高。

怎样解释四季度的急转直下

2008年GDP的增速，从一季度的10.6%、二季度的10.1%、三季度的9%，到四季度的6.8%，变化有些急剧。特别是年底的工业、发电量等，都出现急速下滑。如何解释经济增长在四季度的急转直下？它预示着怎样的发展趋势？

据权威部门的专家分析，四季度的变化除了世界金融危机的冲击，以及经济周期调整等中长期因素外，还有一些短期因素。经济短期内快速下调，首先与市场预期的变化和企业库存调整有关。另外，重化工业发展阶段具有加速上行或加速下行的特征。

在12月份的数据出来后，国家统计局的分析认为，其中也开始显露一些积极的变化。

货币信贷的积极变化。12月份广义货币供应量同比增幅在连续6个月回落之后强劲反弹到17.8%；狭义货币供应量终止了连续7个月的回落态势；12月当月金融机构新增人民币各项贷款7718亿元，同比多增7233亿元。这3个数据意味着适度宽松的货币政策正在开始显现积极的效果。

消费增长出现加快迹象。12月份以社会消费品零售总额为代表的消费，实际增长在加快，部分商品销售有所回升，包括汽车、服装、化妆品，乘用车销量达到64.4万辆，创月度销量之最。

投资也出现了一些好的势头。2008年全年全社会固定资产投资同比增长25.5%，比上年加快了0.7个百分点。环球金融服务集团近日发布了中国投资者情绪指数，2008年第四季度，中国投资者情绪指数从三季度的88上升到四季度的103。

进出口也开始出现一些积极变化的苗头。进出口的陡降趋势在12月份得到初步遏制，这意味着出口政策开始显现成效。

工业生产也有一些积极的变化。12月份的工业生产的速度比11月份加快了0.3个百分点，尽管加快幅度不大，但这是一个很重要的变化。12月份，国家统计局统计的39个大行业，其中有16个行业的增加值增速比11月份有所加快。12月份当月工业产销率98.7%，比11月份产销率提高了1.7个百分点，这意味着12月份企业的库存在加快调整。从原材料价格看，钢材、煤炭、有色金属和化工类产品价格不仅开始稳住，而且开始有些回升。

“尽管这些积极的变化是苗头性还是趋势性，还需要认真观察，但是，这些积极的变化，很有可能就是寒冬中的丝丝暖意，很有可能就是黎明前的点点霞光，也很有可能就是燎原之火形成前的星星火种。”马建堂说。

严冬里的信心从何而来

在一个寒冷的经济季度和自然季节，讨论信心是非常自然的一件事情。面对大起大落的数据，面对尚未见底的国际金融危机的影响，国家统计局局长对中国经济的信心是否还一如既往？

在国新办的发布会上，马建堂对记者的此类提问几次给出坚定的回答。“我国经济发展确实遇到了严峻的挑战，确实碰到了不少的困难。但是，这些困难都是暂时的困难，一时的困难。就像今天我们一出门碰到这样一个寒冷的早晨，它不会永远都是这样的。我可以负责任地告诉朋友们，我对2009年的中国经济、对未来的中国经济充满信心。”

信心来自哪里？第一来自中国经济保持平稳较快发展的总体格局没有变，并没有因为突如其来的金融危机而打破和消除。第二来自推动中国经济持续较快发展的深层因素没有变。改革开放以来，推动中国经济持续快速增长的重要力量是城镇化、工业化，是中国人民渴望过上好日子的强大的需求，这些需求仍然会推动中国经济未来的强劲发展。第三来自中国经济保持平稳较快发展的基本条件没有变。改革开放30年的伟大进步，使中国的供给能力在不断增强。中国产业体系比较完整，中国有七八亿的劳动力，有20多万亿元的居民储蓄，基础设施在不断改进。庞大的需求和强有力的、日趋完善的供给结合在一起，结果就是中国经济的持续增长。

对2009年中国经济的信心，还来自于对中央的宏观调控能力以及宏观调控政策有信心。为了应对金融危机，党中央、国务院迅速、及时、有力地采取了一揽子的宏观调控政策，有扩大需求、增加投资的十项措施，也有调整结构、振兴产业的十个规划，还有为国民经济长期发展打后劲、打基础的十几个科技创新的专项。随着这些政策的逐步落实到位，中国经济肯定会走出目前的困难。

（《人民日报》2009年1月23日）

盘点2008，中国经济五大亮点

本报记者　朱剑红

回顾2008，在这个极不寻常、极不平凡的年度里，中国经济仍有可圈可点的五大亮点：前三季度国内生产总值按可比价格计算，同比增长了9.9%；控制通货膨胀取得明显成效；粮食连续5年增产；结构调整和节能减排取得积极进展；经济运行质量继续提高。

1 国民经济平稳较快增长

2008年，中国经济的最大成就是：面对复杂多变的国际经济环境、突如其来的特大自然灾害，党中央、国务院带领全国人民克服重重困难，既夺取了抗灾救灾的重大胜利，又保持了国民经济平稳较快增长，经济运行总体态势良好。前三季度GDP9.9%的增速，不仅在世界经济一片衰退的情景中独树一帜，而且也略高于中国改革开放以来9.8%的年平均增速。这一速度是在经济规模较大的基础上实现的，更显得可贵。

2 粮食全年产量超万亿斤

“手中有粮，心中不慌”，今年我国粮食连续5年增产，全年产量超过1万亿斤，创历史最高水平。这是继2004年以来，连续第五个丰收年，也是改革开放以来，我国粮食首次实现连续五年增产增收。近20年来，我国粮食生产一直在丰收与歉收之间波动，从2004年以来，党中央不断加大“三农”工作的力度，我国农业基础不断得到巩固和加强，农业综合生产能力得到不断提高，粮食生产得到恢复、稳定和发展。粮食连年丰收，增强了人们对我国经济社会“又好又快”发展的信心，为国家应对特大自然灾害和国际农产品市场剧烈波动提供了重要支撑，也为保持经济平稳较快发展和抑制物价过快上涨奠定了坚实基础。

3 控制通货膨胀成效明显

今年经济的第三大亮点是控制通货膨胀取得明显成效。始于去年的物价大幅上涨在今年创出新高水平，居民消费价格涨幅在2月份达到8.7%的高点。面对近年来少有的通胀压力，党中央、国务院在2007年的中央经济工作会议上，就把“防止价格由结构性上涨演变为明显通货膨胀”，作为今年宏观调控的主要任务之一，并及时采取了发展生产、保障供应、加强监管、提高社会保障标准等一系列措施。持续一年多的宏观调控措施今年逐渐显现效果，自5月份以来，CPI已经连续7个月回落，11月同比涨幅已回落到2.4%。

4 结构调整节能减排扎实推进

结构调整和节能减排取得积极进展。

在农业生产获得好收成的同时，工业结构有所改善。前三季度高耗能行业生产同比增长13.2%，比上年同期回落6.4个百分点，高技术制造业增加值增长16.5%，比全部规模以上工业增速高1.3个百分点。

今年节能减排工作扎实推进，政府加大了实施重点工程和生态环境保护的力度，强化了经济政策的激励作用，实施了节能减排目标责任的评价考核。在一系列政策措施的共同作用下，节能减排工作取得积极进展，前三季度GDP能耗下降了3.46%。

5 经济运行质量继续提高

今年以来，在各方的努力下，我国经济运行质量继续提高。

1～8月份，规模以上工业企业实现利润增长19.4%。前三季度农村居民人均现金收入实际同比增长11%，城镇居民人均可支配收入实际同比增长7.5%。

宏观调控在改善中增效

袁　元

基本面未改变坚定了信心，应对各种困难局面的准备有信心

7月25日召开的中共中央政治局会议对当前经济形势作出判断：国际经济不利因素和严重自然灾害没有改变我国经济发展的基本面，国民经济继续朝着宏观调控预期方向发展。但会议也指出，当前国际环境中不确定不稳定因素增多，国内经济运行中的一些矛盾也比较突出，保持经济平稳较快发展面临的挑战和困难增大。

进入2008年以来，中国经济社会发展经受了严峻的重大挑战和考验，遇到了CPI居高不下、出口增速下滑、企业陷入困境、资本市场低迷等诸多难题，而在世界经济增速放缓、全球通货膨胀压力加大、国际金融市场动荡加剧的背景下，宏调政策是进是退？中国经济将如何保持平稳快速的增长步伐？

为了决策这些宏观经济运行中出现的难题，7月初短短6天内，国务院总理温家宝、国家副主席习近平、国务院副总理李克强、国务院副总理王岐山等4位中央领导相继出动，分别带队奔赴苏、沪、粤、浙、鲁等五个经济发达的外贸型省份，深入企业考察调研。与此同时，商务部、银监会、国家税务总局等部委也纷纷出动调研。

“此次调研地域之广、时间之密、高层人物之多，自建国以来实属罕见。”权威人士认为，“中央高层通过大量一线调研，评估国内外风险和不确定因素，为下一步宏观经济调控政策谋篇布局。”

经济运行稳中有艰

分析上半年经济运行数据，国务院发展研究中心研究员张立群说，“经济社会发展总体形势较好。”在他看来，今年以来中国经济社会发展经受了极为严峻的重大挑战和考验，宏观经济仍沿着宏观调控的预期方向运行。

经济增速在高位适度回落，有效缓解了总量矛盾，利于抑制物价上涨、推动结构调整和发展方式转变以及减少资源消耗和污染排放。国家发改委宏观经济研究院常修泽教授说，“这正是我们所期盼的，符合保持国民经济在较长时期内平稳较快发展的客观要求。”

“在世界其他主要经济体经济普遍不景气的情况下，我们的社会经济发展能保持较好形势，各方面工作还出现了新进展，来之不易。”中央党校经济学部教授韩保江告诉《瞭望》新闻周刊，“这是总揽全局、科学决策的结果，也再次证明决策层出台的一系列宏观调控政策及时、准确、有效，说明我国经济发展具有强劲的内在动力和活力。”

对此，多位接受《瞭望》新闻周刊采访的研究者都表示认同，从上半年数据可以看出，投资、消费、出口三大需求更趋均衡，经济发展协调性有所增强，发展质量和效益也进一步提高。

从数据来看，上半年全社会固定资产投资和社会消费品零售总额分别增长26.3%和21.4%，投资与消费增幅的差距由过去几年一直在10个百分点以上缩小为4.9百分点。出口、进口分别增长21.9%和30.6%，顺差990亿美元，同比下降132亿美元。特别是“两高”行业生产和出口放缓的同时，高技术产业和机械工业分别增长17.6%和21.6%，均高于规模以上工业16.3%的增长水平。

但同时，权威人士也指出，“当前国际环境中的不确定性和风险因素仍很多，次贷危机对世界经济的负面影响还在发展。美国经济有可能经历一个较长的低速调整阶段，欧盟、日本经济的内需动力较弱，一些周边国家经济也面临较大困难，全球性通货膨胀压力仍在加大，国际金融市场风险还在不断暴露。总的看，我国发展的外部需求可能会继续减弱，对出口、就业和经济增长的不利影响将会进一步显现。

张立群说，“下半年面临的大事多、难事多、不确定因素多，经济运行中的一些矛盾也较为突出。”

价格上涨压力仍在不断加大。6月份CPI上涨7.1%，涨幅连续2个月回落，上半年平均上涨7.9%，其中食品价格上涨拉动6.6个百分点。结构性上涨特征仍然明显，下半年，尽管影响CPI上涨翘尾因素有所减弱，但是新涨价因素较多。

一方面是输入型通货膨胀影响加深。来自权威部门的统计显示，上半年由于国际市场价格上涨，我国进口原油、成品油、铁矿石、大豆、食用植物油等9种产品，就多付汇548亿美元。目前，国际市场粮食等农产品价格仍在高位运行，原油价格可能继续冲高，进口铁矿石价格再度攀升，这都会进一步推升国内价格。

另一方面，成本推动压力持续加大。原料、燃料、动力购进价格上涨逐月加快，上半年上涨11.1%，其中6月高达13.5%。土地、资金、用工、环保等方面的成本也在较快上涨，加上近期调整成品油、电力价格也会相应带来一些影响，下游产品价格还可能继续上涨。此外，灾后重建会集中增加对钢材、水泥等物资的需求，加上运输条件的制约，相关产品价格上涨压力也会较大。

“而在国内外价格上涨较快的情况下，各方对物价上涨预期明显增强，再加上对初级产品需求较旺，这都增加了价格调控的难度。”张立群说。

影响农业稳定发展和农民增收的制约因素仍然较多。重大自然灾害使部分地区农业基础设施严重损坏，汛期大江大河发生大洪水的可能性加大，病虫害呈偏重趋势，重大动物疫情风险仍存，种粮比较效益低的问题仍然突出，特别是今年农资价格大幅上涨，增加粮食生产成本，农民种粮积极性受到影响。

上半年农业生产资料价格上涨20.7%，涨幅较一季度高出3.2个百分点。由于煤炭、硫磺等化肥生产原料价格目前仍在继续攀升，进口钾肥价格大幅上涨，遏制农资价格上涨任务艰巨。

金融领域存在一些需要高度关注的问题。受国际金融市场动荡，本外币利差较大和人民币升值预期仍较强等因素驱动，外汇资金异常流入增多，不仅加剧流动性过剩矛盾，也不排除未来可能出现集中流出冲击经济的风险。同时，股市大幅度下挫也需引起关注，上证指数比年初已经下跌了45%左右，投资者信心不足，股市融资等功能减弱，部分企业资金链条趋紧。

部分行业和企业生产经营困难。受外部环境趋紧、成本提升等多种因素影响，一些劳动密集型行业特别是产品以出口为主的中小企业生产经营困难加大，效益分化明显。今年前5个月，纺织、家具、橡胶行业利润增幅分别回落18.4、16.5和47个百分点，亏损企业亏损额同比分别增长32.5%、78.1%和52.7%。企业效益下降，自有资金不足，加上缺少多元化融资渠道，部分中小企业流动资金紧张。

能源资源制约经济发展矛盾仍然突出。由于国际油价、国际煤价仍在上涨，国内成品油、电力价格矛盾突出。炼油、发电企业亏损较多，生产积极性受到影响，而小煤矿整顿、自然灾害等因素也使一部分煤炭、电力生产能力暂时无法发挥。目前，一些地区电力缺口仍较大。

稳定政策适时微调

中共中央政治局会议要求，把保持经济平稳较快发展、控制物价过快上涨，作为宏观调控的首要任务，把抑制通货膨胀放在突出的位置。继续加强和改善宏观调控，保持宏观经济政策的连续性和稳定性，着力解决经济运行中的突出矛盾和问题，增强宏观调控的预见性、针对性、灵活性，把握好调控重点、节奏、力度；深化改革开放，着力推进结构调整和发展方式转变，提高经济发展质量和效益，切实加强节能减排和生态环境保护；更加注重改善民生，努力促进经济社会又好又快发展。

对此，张立群分析说，当前的宏观调控既要稳定经济发展，着力解决经济、社会中的突出矛盾和问题，防止经济出现大的起落，又要着力将物价控制在可以承受的范围内。

在常修泽看来，当前的形势比较复杂，一方面通货膨胀压力仍然较大，另一方面目前经济中隐含的不确定性因素，有可能出现增长减速。“这种情况如果发生，调控难度将会更大。因此，当前需保持经济增长的稳定，要防止通胀、防止过热，也要防‘冷’。”

“下半年的重点工作首先就锁定在保持经济平稳较快发展上。”权威人士告诉本刊记者，在优化结构的前提下，要保持合理投资规模。同时，增强消费对经济增长的拉动，并促进房地产稳定健康发展，继续落实已经出台的调控政策，规范房地产秩序，稳定预期。执行好供地、税收、信贷等政策，增加廉租房、经济适用房、普通商品房供应。加强煤电油气运综合协调。

全国人大财经委也建议，为防止经济出现大幅下滑，可以发挥财政政策稳定消费需求的作用，建议进一步提高个人所得税起征点，降低储蓄存款利息税税率，增加居民实际收入。

着力抑制价格过快上涨，处在突出位置。有关人士认为，将通过扩大市场供给、强化流通体系建设、加强市场价格和收费监管等措施把物价控制在可承受范围内，并将努力保证低收入群体基本生活水平不降低。

为了实现经济走稳、抑制物价的目标，下半年应通过微调把握好从紧货币政策的重点、力度和节奏。

要继续控制流动性过快增长。综合运用多种货币政策工具，调节市场流动性，继续完善人民币汇率形成机制，保持人民币汇率基本稳定。

统筹考虑社会融资规模。合理把握人民币贷款投放进度，改进信贷管理方式，进一步扩大企业（公司）债规模。

着力优化信贷结构。积极引导商业银行根据国家政策导向和银行信贷原则，增加对“三农”、中小企业自主创新等贷款，加大对有订单、有信誉企业的信贷支持，严格控制对“两高”项目的信贷投放。

强化跨境资本流动监管。加强部门间协调配合，严格外汇资金流入和结汇监管，落实好出口收结汇联网核查办法，改进外商投资企业外汇管理，做好防范外汇资金大规模流出的应急预案。

促进股市稳定、健康发展。建立公平透明规范的市场秩序，加强市场基础性制度建设，健全上市公司合理回报投资者的利润分配机制，采取综合措施平衡股市供求关系，防止限售股解禁后的集中出售冲击市场，同时将加强监管。

采访中，研究者认为在当前背景下，财政政

策将更加“有所作为”。

“财政政策将向更加积极的方面转变。”张立群分析说，从上半年的情况看，CPI已经出现走稳趋势，而生产资料价格仍居高位，这虽然不会直接影响居民生活，但是，如果企业难以承受的话，压力将进一步向消费者传导，应通过减税增支措施，改善企业的经营环境，有针对性地引导产业结构调整升级，促进经济发展方式转变。因此，下半年的财政支出将更加积极。

处理好六大关系

采访中，权威人士认为，当前的中国经济面临着错综复杂的形势，要使经济在宏观调控的预定轨道上平稳较快运行，还需处理好六大关系。

处理好保持经济平稳较快发展与控制通货膨胀之间的关系，把握经济增长与抑制通货膨胀之间的平衡点。常修泽分析认为，2003～2006年中国经济呈现出“高增长、低通胀”的态势，2007年则表现为“高增长、中通胀”，今年有可能是“高增长、高通胀”。目前最需要防范“低增长，高通胀”情况出现。因此，要在增长率10%～10.5%与通胀率6.5%～7%之间实现均衡。

处理好当前与长远的关系。在巩固发展宏观调控成果的同时，努力解决制约经济长期发展的深层次问题。当前能源、资源供求紧张在很大程度上由发展方式粗放、经济增长大量消耗资源、能源的状况没有根本改变造成的，不合理的需求使本来已偏紧的能源资源矛盾更加突出。这不仅影响到当前经济的平稳运行，而且加大了完成节能减排目标任务的难度，影响经济社会的可持续发展。急需解决经济发展中的“痼疾”，消除运行中的短板。

处理好总量与结构之间的关系。进一步缓解总量矛盾，切实增强结构调整的自觉性、主动性和紧迫感。我国经济可能出现周期性调整和经济结构性调整两个因素“叠加”的现象，这使得宏观调控难度加大。当前应该在总量上稳住需求继续下降的态势，同时充分利用此时推进结构调整、加大体制改革力度的有利时机。

处理好内需与外需之间的关系。一方面要扩大内需，尤其是把消费作为推动发展的长期战略方针和基本立足点，另一方面也要充分利用两个市场、两种资源，促进对外贸易平稳较快增长。目前，存在的问题在于社会财富增长很快，但分配格局仍有不合理之处。也就是说，虽然居民收入的绝对值增长明显，但居民、政府、企业收入占GDP的比重不一样。居民占比下降，政府、企业占比增加。

比如，1996年，居民收入占GDP比重为69.3%，而2003年则下降了4.5个百分点，为64.8%。再如，在社会总储蓄中，上世纪90年代居民平均占比为50.4%，政府是13.6%，企业占36%；到2006年，居民只占社会总储蓄的38.5%，下降了11.9个百分点。对此，要扩大消费，就需要增加居民收入，并进一步完善社会保障体系。

处理好全局与局部的关系。维护宏观调控的权威性，有针对性地解决各地区、各领域的实际问题。此次中央高层集体调研就传递出将因地制宜地把握调控力度和节奏的明显信号。

处理好发展和改革关系。一方面，保持经济平稳较快发展，为改革提供良好的环境条件；另一方面进一步深化改革，为科学发展提供体制、机制保障。“一把钥匙开一把锁”，发展中的障碍有很多正是来自制度性障碍，需要用改革的方式加以解决。比如就企业来说，一方面要通过市场竞争来推动企业升级，另一方面也要通过深化改革，为企业创造更加公平的市场环境和政策环境。

“面对当前的复杂形势要有‘三个跳出’。”常修泽告诉本刊记者，要跳出中国看国际，跳出短期看中期，跳出经济看技术革命，“风物长宜放眼量，应从更宽阔的视野上把握与调控中国经济。”

（《瞭望》新闻周刊2008年第30期）

危机中求机遇化压力为动力
——2008年工业经济发展回眸

本报记者　郭丽君

全球性金融危机对我国经济发展带来压力，感受最直接的就是工业企业。危机面前，在党中央、国务院的正确领导下，各行业、各地区、各部门同舟共济，努力克服世界金融危机和重大自然灾害的不利影响，2008年工业经济继续保持了平稳较快发展。

正如专家所指出的，目前我国经济总体形势是好的，这有赖于改革开放以来我国工业经济不断发展壮大，为经济发展打下了牢固基础、增添了强劲动力。尽管此次危机来势凶猛、影响深远，只要积极应对，扬长避短，发挥优势，就一定能够继续保持工业经济的平稳发展。

抓住机遇，加快工业结构升级换代

“工业发展对国民经济全局影响很大。工业如果大起大落，肯定会导致国民经济大起大落。”工业和信息化部副部长苗圩认为，“我国工业在国民经济中的比重为44%。工业能否又好又快发展，决定着国民经济能否又好又快发展；工业能否转变发展方式，决定着国民经济能否转变发展方式。”

我国工业化正处在加速发展的新阶段，改革开放30年来，我国工业实现了跨越式发展，在30年时间内完成了发达国家上百年的工业化发展历程，建立起相对完善的产业体系，成为全球制造业大国，许多工业产品产量都已位居世界前列。

2008年的一些数字可以帮我们看得更清楚：虽然经济增速呈回落态势，但前三季度国内生产总值增速仍达9.9%，这个速度高于改革开放以来9.8%的年均增速；控制通货膨胀取得明显成效，今年从2月份8.7%的高峰值回落到5%以下，只用了半年时间，表明控制通货膨胀确实取得了明显成效；国际收支平衡状况良好，1-10月出口额达到12023亿美元，增长21.9%，依然保持了较快增长。

以上情况充分说明，今年以来我国经济发展的基本态势没有发生改变。

更值得注意的是，生产资料价格涨幅开始从高位回落。9月份，流通环节生产资料价格比上月下降2.4%，已连续2个月环比下降。8月份以来，由于需求减速，煤炭供求形势趋于宽松，市场价格由上半年的快速上涨转为逐步回落，港口和电力企业存煤增加。发电量增速减缓，供电紧张状况逐步缓解。这为国家采取扩大内需提供了有利支撑。

危机中往往蕴藏着机遇。不少专家分析，这次国际金融危机对我国经济的影响是不利的，但同时也是我们转变经济发展方式、调整工业结构的好机会。工业结构过“重”一直是节能减排工作的难点之一，国际金融危机却为产业结构由重变轻提供了机会。工业和信息化部运行监测局最新数据显示，2008年10月，轻、重工业增加值分别增长10.3%和7.3%，这是自2002年6月以来首次出现重工业增速低于轻工业，重工业回落速度明显快于轻工业意味着能源消耗的减少、重工业比例的减少和产业结构的变轻。

“和10年前亚洲金融危机相比，此次经济刺激计划最大的不同在于‘调结构’。”国家发改委宏观经济研究院对外经济研究所所长张燕生表示，“经过多年的发展之后，我国结构调整已经进入一个转折时期。”外需下降一定程度上会影响中国经济的增速，但13亿人口的国内市场前景广阔，尤其是拥有8亿人口的农村市场潜力无限。我国正值城镇化、工业化的加速期，发展机会多，回旋余地大，推动经济增长由主要依靠投资、出口拉动转向依靠消费、投资、出口协调拉动。加上目前不断出台的各项扩大内需的政策，可以说，只要按照科学发展的道路坚持走下去，我国工业新一轮、新层次的增长必将开始。

坚持技术创新，走中国特色新型工业化道路

2008年，“两高一资”（高污染、高能耗和资源密集型的行业）产品的生产增速回落，六大高耗能行业生产同比回落5.6个百分点。而高新技术产业增长17.6%，增速加快，同比加快0.5个百分点，经济增长的绿色含量在增加。上半年，中央企业通过优化结构，积极采用环保节能技术，推动能源消耗水平不断下降。仅国家电网一家企业，通过推广热泵、蓄能和绿色照明等措施，就节电6.1亿千瓦时，节约标准煤220万吨，减少二氧化硫排放5.4万吨。

2008年，也是国家发改委推进高技术产业化工作10周年。10年来，我国坚持走企业技术创新之路，高技术产业国际地位明显提升。国家发改委公布的数据显示，今年1-6月，我国高技术产业共实现业务收入约3.1万亿元，同比增长约20%。其中高技术制造业增加值累计增长17.6%，高于全国规模以上工业增加值16.3%的速度。在对外出口方面，我国高新技术产品表现突出。今年1-6月，高新技术产品出口达1958亿美元，实现同比增长21.7%，占全国出口总额的29.4%。

据了解，今年以来，为了优化对外贸易结构、促进企业产业升级，财政部出台了一系列政策措施，继续支持企业增强自主创新能力，推动机电和高新技术产业升级和结构调整。同时，积极引导中小企业转变增长方式。今年中央财政用于支持中小企业发展的资金规模将达到35亿元，比上年增长20.3%。

此次国际金融危机，也使国内企业更看清了创新的重要性。“市场换技术往往换不来关键技术和核心技术”，沿海一些没有核心技术和自主知识产权的企业受危机冲击最先倒闭的教训，使我国企业界的有识之士认识到，促使企业转而注意加快技术创新步伐，通过挖掘企业技术潜能开拓新的市场，是未来我们企业争得发展先机的关键。工业和信息化部部长李毅中表示，推进信息化与工业化融合，必须选准切入点：比如，工业研发设计的信息化，有助于促进工业产品的更新换代；工业生产过程的自动化，有助于提高效率，降低成本；企业和行业管理的信息化，可以促进企业资源优化和产业链的合理化；产品流通和市场的信息化，有助于建立工业现代流通体系等。

（《光明日报》2008 年 12 月 10 日）

三十年国企三大转变

本报记者　王　政　原国锋

国有企业是国民经济的重要基础，也是社会主义制度的根本保障。国企改革是经济体制改革的中心环节，能否成功关系国家命运，关系整个经济体制改革成败。

政企不分、政资不分、多头管理，社会负担重，历史包袱多、企业冗员严重……这些长期制约国有企业发展的困难，是国企改革必须解决的历史性难题。

放权让利、利改税、两权分离，抓大放小、股份制改造、减员增效，有进有退、优化布局……30 年来，国企改革冲破了一道又一道难关不断深入，国企发展迈上了一个又一个台阶，步伐坚定有力。

从政府机关的附属生产单位，转变为真正的市场竞争主体；从两权分离前提下的放权让利，转向产权改革下的现代企业制度建设；从单个企业的改革，转向整个国有经济的战略性调整和重组……30 年艰辛的探索改革，30 年不懈的攻坚创新，国有资产管理体制日臻完善，国有经济控制力和竞争力空前提高。

从政府行政机构的附属物
转变为独立的市场竞争主体

关键词：

放权让利　两权分离

利改税　承包责任制

深圳蛇口工业区的同志至今还记得“四分钱奖金风波”。1979 年，工业区一家码头施工企业规定，每个工人完成当天定额后，每超额一车可得 4 分钱奖励。

“4 分钱”激发了人们的干劲，让每人每天的装车量翻了近两番。不过，却引起了一场巨大的争议，不久便被上级部门以“不许滥发奖金”勒令停止了。后来，事情惊动了总书记，定额超产奖才得以恢复。

“四分钱奖金风波”只是改革开放初期国有企业处境的一个缩影。

时任重庆钢铁公司党委书记的潘青山说：“当时的企业不仅在生产经营上没有任何自主权，就连建个厕所都要经过几次大讨论，最后还是没建成。”计划统一下达，资金统贷统还，物资统一调配，产品统收统销，就业统包统揽，盈亏都由国家负责……这就是当时国营企业的经营状况。

干多干少一个样、干好干坏一个样，“一杯茶、一份报纸就能过一天”……这是当时大多数国企职工的真实写照。

1978 年 12 月 18 日召开的党的十一届三中全会，明确提出要让企业有更多的经营管理自主权。在此之前，1978 年 10 月，重庆钢铁公司、四川省宁江机床厂等 6 家企业已率先进行了“扩大企业自主权”的试点。潘青山回忆说，当时试点的内容是：企业完成规定的经济技术指标，可从计划利润中最多留成 5%，还可以从超额利润中留成 20%。

正是这些今天看来“小儿科”的改革，突破了高度集中统一的传统国有企业管理模式，激发了企业的创造力。

沿着“简政放权、减税让利”的改革思路，从 1978 年至 1992 年，我国先后采取了扩大企业自主权试点、推行经济责任制、两步“利改税”、承包经营责任制、资产经营责任制、租赁制、股份制试点等改革措施。

1979 年 5 月 25 日，国家经委等 6 个单位联合发文，确定首都钢铁公司等 8 家大型国企进行扩大企业自主权试点改革。

两个月后，国务院印发了《关于扩大国营工业企业经营管理自主权的若干规定》等 5 个文件，以放权让利为重点的国有企业改革在全国拉开序幕。

首钢退休职工陈生志回忆说，1981 年，首钢又实行了“利润包干”，即在保证完成当年 2.7 亿元利润上缴的前提下，超额的利润由首钢按一定比例自主分配使用。当年，首钢的利润达到了 3.1649 亿元。

1984 年 3 月 24 日，福建省 55 位国有骨干企业的厂长经理在《福建日报》上发出《请给我们松绑》的呼吁，要求把权力落实到基层企业，《人民日报》进行了全文转载。1984年5月10日，国务院发布了《关于进一步扩大国营工业企业自主权的暂行规定》，明确了企业拥有更大的生产经营自主权。

1984年10月，党的十二届三中全会作出了关于经济体制改革的决定，确认社会主义经济是计划的商品经济。按照发展社会主义有计划的商品经济的要求，决定提出今后应全面推进以增强企业活力，特别是增强国有大中型企业活力为中心的改革。十二届三中全会明确了国有企业改革的目标：要使企业真正成为自主经营、自负盈亏的社会主义商品生产者和经营者，具有自我改造和自我发展能力，成为具有一定权利和义务的法人。按照这一目标，国有企业改革转向实行“两权分离”，即国家的所有权与企业的经营权分离。

“两权分离”的提出，让国有企业朝着真正的市场竞争主体迈出了关键一步。正是在1984年，一个崭新的名词——承包制，开始走入国人的视野。

这年的3月28日，石家庄造纸厂门前突然出现一份《向领导班子表决心》的“大字报”：“我请求承包造纸厂！承包后，实现利润翻番！工人工资翻番，达不到目标，甘愿受法律制裁。”

“大字报”的作者是该厂46岁的业务科长马胜利。在他承包的第一年，石家庄造纸厂就盈利140万元。承包4年，利润增长21.94倍。马胜利也因此被称为“企业承包第一人”。

1986年12月，国务院提出，要推行多种形式的经营承包责任制，给经营者以充分的经营自主权。1987年，大中型企业普遍推行企业承包经营责任制。到1987年底，全国预算内企业的承包面达78%，大中型企业达80%。1990年，第二轮承包在全国范围内展开。

在这一时期，我国涌现了关广梅、步鑫生、张瑞敏、柳传志、倪润峰等一批国企改革风云人物，也造就了海尔、长虹、联想等一批国有企业典型。

1992年7月，国务院颁布了《全民所有制工业企业转换经营机制条例》。《条例》明确了企业拥有14项经营自主权和自负盈亏的责任。转换企业经营机制、把国营大中型企业推向市场，成为我国企业改革发展的一个重要转折。

从两权分离下的放权让利
转向现代企业制度建设

关键词：

抓大放小　攻坚脱困

股份制改造 减员增效

20世纪90年代，通过发展个体私营经济、试办经济特区、全方位对外开放，我国已经初步形成了各种所有制经济的有效竞争，合资企业、乡镇企业、私营企业得到了快速发展。刚刚被推向市场的国有企业，在激烈的市场竞争中越来越力不从心。

实行承包经营责任制，虽然通过合同形式界定了国家与企业之间的责、权、利关系，在保证国家利益的前提下，有效调动了企业经营者的积极性，促进了国有企业的发展。但是，这一制度安排尚未真正触及国有企业的产权关系，没有改变国有企业所有制内部所有者相对虚置的根本弊端。

随着承包制的全面推行，承包指标确定的随意性、承包人行为短期化等问题逐步显现。加之国有企业历史包袱多、企业冗员严重等历史问题，在1992年之后的10年里，国有企业在市场竞争中遭遇了前所未有的困境。

在最困难的1998年，2/3以上国有企业亏损，全国国有企业加起来的利润才213.7亿元。国企改革也因此被称作“最难啃的骨头”。

提起当时的困境，一汽的老职工们深有感触。作为汽车工业的元老企业，一汽曾是我国大型国有企业和计划经济的典范，大工业的工厂规模、大批量的生产方式、大一统的工作秩序不知羡煞了多少企业。当时的一汽拥有医院、中小学校、托儿所、幼儿园、公安局等。有人曾形象地比喻说：“一汽除了没有火葬场，什么都有。”拖着沉重的包袱，“共和国长子”在发展的道路上步履蹒跚。宝钢集团董事长徐乐江对当时国企的困难也深有体会：“1993年，宝钢人均钢产量200吨，而国际水平是600吨，沉重的人员负担，制约着劳动生产率的提高。”

沉重的社会负担、庞大的冗员、僵化的机制、落后的生产设备……国有企业不仅自身缺乏良性发展的机制，低下的效率使其在市场上甚至没有能力与乡镇企业竞争。

寻找一种更加深刻的制度变革，成为国企改革的时代要求。

1993年11月，党的十四届三中全会通过的《关于建立社会主义市场经济体制若干问题的决定》，指出国有企业改革的方向是建立现代企业制度。

从1994年开始，按照“产权清晰、权责明确、政企分开、管理科学”的要求，现代企业制度试点在100家企业推进。企业大门上惹眼的“招牌”，“××厂”、“××总厂”逐步被“××有限责任公司”、“××股份有限公司”所取代；企业领导班子里出现了“董事”、“董事长”、“董事局主席”、“监事”等新名词。

变化的不仅仅是名称，更重要的是内涵——通过建立现代企业制度，不仅让国有企业真正成为自主经营、自负盈亏的市场主体，更探索出一条公有制与市场经济有机结合的具体途径。到2000年，国有大中型骨干企业80%以上初步建立起现代企业制度。

1998年1月23日，在上海浦东的一座炼钢炉前，12万锭落后棉纱锭被回炉报废。由此开始，包括压锭在内的一系列脱困措施陆续付诸实施。国有企业改革脱困3年攻坚正式拉开帷幕。

技改贴息、政策性关闭破产、债转股、再就业工程……一系列政策措施的推出，减轻了企业负担，推动了企业技术进步和产业升级。

兼并破产、减员增效、下岗分流、分离企业办社会、技改、公司制改造……以推进建立现代企业制度试点为切入点，国有大中型企业得以凤凰涅槃，浴火重生。

抓大放小、战略性改组、调整所有制结构，探索公有制多样化的实现形式……通过实行改组、联合、兼并、租赁、股份合作制等一系列措施，一大批国有中小企业浴火重生。

自1999年底，国有企业3年改革与脱困出现转折性变化。2000年，国有及国有控股工业实现利润可达2300亿元左右，比1997年增长了1.85倍；14个行业除个别行业外都能够全行业盈利；31个省区市有望全部做到继续增盈或整体扭亏；6599户大中型亏损企业减少70%左右……国有企业整体扭亏为盈，为国有企业持续快速健康发展打下良好基础。

从单个国有企业的改革
转向国有经济的布局调整

关键词：

有进有退　优化布局

整体搞活国有经济

“30年间，国有经济的布局结构出现重大变化，国有资本逐步向关系国家安全和国民经济命脉的重要行业和关键领域集中。这是做强国有企业、提升国有经济控制力和影响力的必然要求。”国资委副主任邵宁在接受记者采访时说。

改革开放以前，国有经济可谓“遍地开花”。1978年，国有工业企业资产总额占全部工业企业资产总额的92%。改革开放以后，个体、私营经济分布领域不断拓宽，外资企业逐步进入。上世纪90年代中期以来，中央提出“有进有退”、“从整体上搞活国有经济”的战略思想，国有经济布局结构调整开始提速。

2003年国务院国有资产监督管理委员会成立，第一次在政府机构设置上实现了政府社会公共管理职能与所有者职能的分离，明确了国有资产出资人代表，确定了“国家所有、分级代表”，“权力、义务和责任相统一，管资产和管人、管事相结合”的国有资产监管新体制。

随着国有资产监管体制的逐步完善，国有企业改革不断深化，国有经济布局结构得到优化，国有经济的活力、控制力、影响力进一步增强。

1997年，国有企业25.4万户，到2007年减少到11.5万户，年均减少1.4万户。企业户数减少，但国有经济总量扩大，综合实力增强。1997年全国国有企业资产总额13.9万亿元，到2007年增长到35.5万亿元，年均增长9.8%。

目前，半数以上的国有重点企业进行了股份制改革，一批国有企业改制后在境内外上市，国有中小企业改革改制面超过90%，中央企业下属子企业大部分实施了公司制股份制改革。

重要的是，国有经济布局结构不断优化。截至2007年底，有99家（次）中央企业进行了49次重组，企业户数从196家减少到149家，全国共有1299家国有大中型企业实施主辅分离辅业改制。布局的优化为科技创新资源向重点企业集中提供了条件。三峡工程、青藏铁路、奥运场馆建设等重大项目建设凝聚了国有企业技术创新成果，“神舟”系列载人航天、嫦娥一号绕月探测和“歼十飞机”工程等更成为自主创新、集成创新的典范。

“实践也证明，国有经济与其他所有制经济的发展互为依存、互为促进，国有经济的战略性调整和重组使得‘经济生态’和‘竞争环境’越来越有利于整个国民经济的发展。在广东、江苏、浙江等民营经济走在全国前列的省份，国有经济的发展同样出色。”邵宁说。

广东国有企业户数、资产总额、主营业务收入以及实现利润都排在全国前三位；江苏国有企业户数、主营业务收入和实现利润均居全国第五位，资产总额居全国第四位；浙江国有企业户数、资产总额、主营业务收入、实现利润都是全国第六。

国有经济能否发挥好主导作用，必须放在当今经济全球化的大背景下考虑。拥有了一大批具备国际竞争力的大企业，才能在国际竞争中有话语权。

2007年，中央企业资产总额超过千亿元的有43家，销售收入超过千亿元的有26家，利润超过百亿元的有19家。这些企业在国际市场竞争中都有不凡的表现。20世纪全球十大建筑之一的香港新机场、世界最高钢筋混凝土建筑俄罗斯联邦大厦等一批高难度、标志性建筑“作品”上，镌刻着中国企业的名字：中交集团、中冶集团、中国中铁、中国铁建……在美国《财富》杂志公布的2008年世界500强中，我国内地国有或国有控股企业达到了26家，其中不乏处于完全竞争性领域的企业，如中远集团、中国五矿、中国建筑等。

30年艰辛的探索改革，30年不懈的攻坚创新。肩负着发展重任，承载着民族梦想，国有经济一定能继续创造出新的辉煌，中国企业一定会跻身于世界强手之林。

（《人民日报》2008年12月15日）

中国企业改革大事记

1978

十一届三中全会召开，吹响经济体制改革的进军号

1979

首钢等八家国企进行扩大企业自主权试验

上海出现第一家民营企业“上海工商办爱国建设公司”和第一则广告

1980

《国营工业企业利润留成试行办法》发布

1981

改革开放后第一次宏观调控开始

1982

中央作出《关于国营工业企业进行全面整顿的决定》

1983

国务院批转《关于国营企业利改税试行办法》

1984

福建55位厂长的呼吁书《请给我们“松绑”》刊发

国务院颁发《关于进一步扩大国营工业企业自主权的暂行规定》

上海飞乐发行第一只股票

1985

《企业破产法》草案通过试行

1986

乡镇企业崛起，“五分天下有其一”

1987

石家庄造纸厂厂长马胜利成为改革典型，被称为“企业承包第一人”

1988

全国人大通过宪法修正案，“私营经济”的提法第一次出现

1989

国营企业遭遇“三角债”困扰

1990

沪市、深市开市

1991

山东诸城市探索国企产权试验，通过股份制、股份合作制等形式将国营或集体企业出售给个人

1992

国务院发布《全民所有制工业企业转换经营机制条例》

1993

深圳宝安集团股权收购上海延中，被称为股市“第一收购战”

1994

《公司法》正式颁布

1995

第一家互联网公司瀛海威成立

1996

国家经贸委宣布“抓大放小”

1997

亚洲金融危机爆发，一大批著名私营企业发生危机

1998

国企改革转入国有经济布局调整加速阶段

1999

中共十五届四中全会通过《中共中央关于国有企业改革和发展若干重大问题的决定》

2000

中国电信、中国联通、中国石油等先后在纽约或香港上市

国家扶持能源、电信等垄断行业国企，支持重组

2001

吉利获得民营汽车牌照

2002

中国开始成为“世界制造工厂”

2003

国务院国有资产监督管理委员会成立

2004

联想收购 IBM PC 业务

2005

百度美国纳斯达克上市

2006

凯雷收购徐工引发外资并购是否威胁经济安全的争论

2007

娃哈哈与达能爆发“离婚官司”，引发对保护民族品牌的讨论

2008

工业和信息化部成立

（《人民日报》2008 年 12 月 15 日）

开启新的 30 年

新农村周刊编辑组

30 年农村改革波澜壮阔，绘就一幅幅壮美的画卷。

你看，希望的田野上，麦苗吐绿，“铁牛”欢奔，映衬着农民的笑脸；再看，广袤的农村，新房林立，通达的道路串起一个个秀美的村庄；你听，多少农民发自内心地赞叹，党的政策说到了咱们的心坎……

农村改革 30 年，蓦然回首，上了台阶。传统农业正加速向现代农业转变，亿万农民洗脚上田进了工厂、进了城镇，我国农民年人均纯收入从 134 元增加到 4140 多元，贫困人口从 2.5 亿减少到 1479 万。30 年发展，我们告别“短缺”，成功解决了 13 亿人的吃饭问题，米袋子满，菜篮子丰，农产品市场琳琅满目，全社会都在分享农村改革发展的丰硕成果。农业对经济的支撑从来没有像今天这样稳固，亿万农民的心情从来没有像今天这样舒畅，农村社会从来没有像今天这样和谐。

镜头拉到 1978 年，在那个冬天，小岗村 18 位农民毅然按下鲜红的指印；党的十一届三中全会指引了农村改革的航向……改革，在乡村大地萌动。

从 1982 年至 1986 年，中央连续发出 5 个关于农村发展的一号文件，废除了人民公社，确立以家庭承包经营为基础、统分结合的双层经营体制，奠定了党的改革开放政策的基石。希望的田野上留下了农村改革的坚实脚印。

“不吃大锅饭，磨盘不推自己转”，包产到户，极大调动了亿万农民的积极性，极大解放了农村生产力。山乡大地焕发了青春，大地丰收了，农民的眉头舒展了，农村的面貌靓起来了。

“多予少取放活”，是中央在农村改革实践中不断强化的措施，实践证明，这也是我们破解“三农”问题最切实有效的法宝。千方百计减轻农民负担，农村税费改革，以乡镇机构改革、县乡财政管理体制改革、县乡教育体制改革为核心的农村综合改革，粮食流通体制改革，农村金融改革……踏着时代的脚步，农村改革不断深入，支持和保护农业的政策体系不断完善，农村生产力得到进一步调动、保护和发展。村民自治的成功实践，使广大农民实现了民主选举、民主决策、民主管理、民主监督，开创了农村基层民主政治的新局面。

党的十六大以来，希望的田野迎来了“反哺”的春天。从 2004 年起，党中央连续 5 年下发指导农业和农村工作的一号文件，出台一系列具有里程碑意义的强农惠农政策。统筹城乡发展，“工业反哺农业、城市支持农村”，“多予少取放活”的方针得到更集中的体现：开直接补贴种粮农民之先河，实行针对农民的各项补贴，结束了 2600 多年“皇粮国税”的历史，逐步建立起稳定的反哺农业的投入机制；九年制免费义务教育在农村普及；农民梦寐以求的养老、救济、医疗保障也迈开大步；农村基础设施建设突飞猛进，更多农村人口喝上了放心水，电灯亮了、电话通了、电视频道多了……

奋力改革 30 年，新时期统筹城乡发展的巨轮破冰起航，9 亿农民正在全面小康的道路上意气风发。然而，农村发展又面临新的机遇和挑战，农村改革向纵深推进有优势也有很多困难。当前农业农村发展仍处于艰难而关键的爬坡时期，农业基础仍然薄弱，农村发展仍然滞后，农民增收仍然困难。几经实践，几番探索，农村改革发展思路更加清晰。党的十七届三中全会决议强调，坚持实行工业反哺农业、城市支持农村和“多予少取放活”的方针，顺应亿万农民过上美好生活

的新期待，明确了未来“三农”工作的目标任务。

站在农村改革30年的新起点登高远眺，更多企盼。以人为本，科学发展的理念深入人心，社会主义新农村建设稳步推进，城乡一体化发展加快步伐。丰收之年话丰收，发展之际谋发展，我们收获了一个盆满钵满的30年，我们更加有信心开启一个新的壮丽的30年，创造农民更加幸福的生活，描绘农村更加美好的画卷。

（《人民日报》2008年12月14日）

农村改革发展30年大事记

1978

年底，安徽省凤阳县小岗村18户农民秘密签订契约，决定将集体耕地承包到户，搞大包干。12月，十一届三中全会作出了把全党工作的着重点转移到社会主义现代化建设上来的战略决策，全会还制定了加强农业的措施。

1979

1月初，《中共中央关于加快农业发展若干问题的决定（草案）》提出家庭副业和集市贸易是社会主义经济的必要补充部分，中央首次明确肯定自留地、家庭副业和集市贸易。3月，国务院首次提高冻结了20多年的农副产品价格。7月初，《关于发展社队企业若干问题的规定（草案）》下发试行，对当时的社队企业大发展开了绿灯。

1982

1月1日，改革开放以来的第一个关于“三农”问题一号文件——《全国农村工作会议纪要》发出，指出农村实行的各种责任制，都是社会主义集体经济的生产责任制，要长期不变。

1983

1月初，第二个“三农”问题一号文件《当前农村经济政策的若干问题》从理论上肯定了家庭联产承包责任制，农村家庭联产承包责任制在全国全面推广。10月，农村开始实行政社（人民公社）分开，撤社建乡的农村基层管理体制改革。

1984

1月1日，中共中央发出第三个“三农”问题一号文件《关于1984年农村工作的通知》，提出要巩固和完善联产承包责任制，迅速把主要精力转到抓好商品生产上来。3月，社队企业改称乡镇企业，乡镇企业开始走上“异军突起”的快速发展之路。

1985

1月初，第四个“三农”问题一号文件《关于进一步活跃农村经济的十项政策》决定取消农副产品统购派购制度，我国农村开始了以改革农产品统购派购制度、调整产业结构为主要内容的第二步改革。

1986

1月初，中共中央、国务院发出的第五个“三农”问题一号文件《关于1986年农村工作的部署》指出，我国农村已开始走上有计划发展商品经济的轨道。

1987

1月22日，中共中央发出《把农村改革引向深入》的通知。到当年9月中旬，我国已在10个省、自治区建立起14个规模不等、项目不同的农村改革试验区。

1990

2月12日，农业部公布《农民股份合作企业暂行规定》及附件《农民股份合作示范章程》，6月《中华人民共和国乡村集体所有制企业条例》发布，这两个法规为乡镇企业的发展提供了法律保障。

1993

3月，八届全国人大一次会议通过宪法修正案，肯定家庭联产承包为主的责任制是社会主义劳动群众集体所有制经济。11月，中共中央、国务院决定在原定的耕地承包期到期之后，再延长30年不变。

1994

3月，《国家八七扶贫攻坚计划》公布，扶贫开发进入攻坚阶段。

1998

10月，党的十五届三中全会通过的《中共中央关于农业和农村工作若干重大问题的决定》强调，以家庭承包经营为基础、统分结合的经营制度必须长期坚持。

2000

中共中央、国务院作出在农村实行税费改革的重大决策，并在安徽实行试点。农村税费改革是继实行家庭承包经营以来的又一重大改革。

2003

10月，以温家宝总理为重庆农村妇女熊德明追讨工钱为标志，全国掀起农民工工资清欠风暴。

2004

2月初，时隔18年之后，中共中央国务院再一次发出“三农”问题一号文件，要求稳定、完善和强化各项支农政策，力争实现农民收入较快增长。

2005

1月底，中共中央国务院发出第七个关于“三农”问题的一号文件，要求坚持“多予、少取、放活”的方针，提高农业综合生产能力。10月，党的十六届五中全会吹响了建设新农村的号角，提出按照“生产发展、生活宽裕、乡风文明、村容整洁、管理民主”的要求，建设社会主义新农村。

2006

《中华人民共和国农业税条例》自1月1日起废止，9亿农民彻底告别延续了2600年的“皇粮国税”。2月17日，中国农民又告别农业特产税和屠宰税。

1月底，国务院专门发出《关于解决农民工问题的若干意见》，指出要建立保障农民工合法权益的政策体系和执法监督机制，建立惠及农民工的城乡公共服务体制。

2月21日，第八个“三农”问题一号文件，提出要真正实行工业反哺农业、城市支持农村的方针，推进社会主义新农村建设。

9月初，国务院决定全面推进以乡镇机构、农村义务教育、县乡财政管理体制等三项改革为主要内容的农村综合改革。

2007

1月底，第九个“三农”问题一号文件，提出把发展现代农业作为新农村建设的着力点。7月，国务院发出在全国建立农村最低生活保障制度的通知，要求将符合条件的农村贫困人口全部纳入保障范围。

2008

1月底，第十个“三农”问题一号文件发布，文件指出，要按照形成城乡经济社会发展一体化新格局的要求，突出加强农业基础建设，扎实推进新农村建设。

7月14日，中共中央国务院发布关于全面推进集体林权制度改革的意见，决定在集体林地所有权不变的前提下，将林地经营权和林木所有权承包到户，承包期为70年，期满可以续包。山乡大地“山有其主、主有其权、权有其责、责有其利”，实现了“山定权、树定根、人定心”。

10月，党的十七届三中全会胜利召开，中共中央发布关于推进农村改革发展若干重大问题的决定，明确提出了新形势下推进农村改革发展的指导思想、目标任务、重大原则，并提出要赋予农民更加充分而有保障的土地承包经营权，现有土地承包关系要保持稳定并长久不变，9亿农民吃上“定心丸”。

（《人民日报》2008年12月14日）

讲述农村30年

编者按：30年的改革发展，给乡土中国带来了巨大而深刻的变化。回顾30年，农村改革一步一个脚印，不断向纵深迈进。站在新的历史起点，面对难得的好形势，对于农村发展的光辉未来，我们充满信心。值此欢庆改革开放30周年之际，我们约请农村改革的亲历者、参与者、见证者，为我们讲述中国乡村30年的变化。温故知新，我们从改革的实践中汲取营养，在未来的征程上，增添锐意创新的力量。

讲述人：

陈锡文（中央农村工作领导小组办公室主任）

何　康（农业部原部长）

季　音（人民日报原农村部主任）

姚力文（人民日报原农村部主任）

鲁冠球（万向集团董事局主席）

王乐义（山东寿光三元朱村党支部书记）

严俊昌（安徽省小岗村大包干带头人）

杨　启（黑龙江省绥化市北林区农民）

张自明（河南省封丘县尹岗乡东杨庄农民）

段汝军（云南省宾川县社会保险局局长）

（《人民日报》2008年12月14日）

从温饱不足到总体小康——生活水平步步高

编者：在这个物质供给丰富的年代，饥饿的感觉已经成为一种遥远的记忆。伴随着农村改革的不断前行，农民的负担不断减轻，农民的收入不断增长，生活条件不断改善。在东部乡村，“万元户”都已经成为时代的记忆。

2007年全国农民人均纯收入达到4140元，创1997年以来的年度最大增幅，2008年还将增长6%。从这个意义上说，中国农民的家庭收入已总体越过了“万元”线，这个了不起的进步标志着中国农村正经历着从温饱型到小康型的转变。但是如何可持续地增加农民收入，仍然是有待解决的突出问题。全面建设小康社会，最艰巨、最繁重的任务在农村。统筹城乡发展，最基础、最重要的在于增加农民收入。我们衷心希望农民兄弟的腰包能越来越鼓，农民兄弟的生活水平越来越高。

王乐义：1978 年，我被大家伙选为党支部书记。那会儿，村里穷得叮当响。当时清点了一下家底，全村 4 个小队两辆破车，10 头牲口瘦骨嶙峋，大都不能拉套。固定资产仅有 9000 元，公共积累 2800 元，还不够现在一家的全年总收入。

第二年，我到山东农业大学请教授，学习种果树技术。埠岭地种上果树，仅这一项，全村人均多收了 300 元。到 1986 年，村里好的家庭一年收入达到五六千元。分到埠岭地的村民都没想到，埠岭地比好地收入还高。说服村干部建上 17 个大棚，当年每个大棚平均纯收入 2.7 万元，村里呼啦啦冒出了 17 个双万元户。

蔬菜大棚在村里迅速普及，全村在银行存款达到 128 万元。2007 年，蔬菜大棚总收入达到 3860 万元，人均 10700 元。村委会决定，到 2015 年，争取人均超过 2 万元，提前 5 年全面实现小康。

我一直讲，一个村富了不算富，全国的农民兄弟从蔬菜上得到实惠，才是奋斗目标。从今年开始，三元朱村计划用 3 年时间，在全国建设 100 家“乐义”现代化农业示范园区。产品按照标准化生产，让城市居民吃上放心菜，同时带动当地农民共同致富。

鲁冠球：1983 年春节刚过，我就和乡政府签订了厂长个人风险承包合同。当时，厂长承包制在全国刚刚开始试点，“风险承包”更是开了三项先例。

承包以后，我开始大刀阔斧地进行改革，内部建立承包责任制，实行超奖减赔多劳多得的分配制度；花钱选送 44 名高中生到大专院校定向培养，并首开乡镇企业出钱录用大学毕业生的先例。结果，承包第一年效益就出来了，我个人可以拿 87000 元的奖金，在当时这是一个天文数字。

于是有人向上递了一份材料，说这样做“发财的发财，发呆的发呆”，要两极分化了。上面派来了调查组，全县也议论纷纷。幸好，真理标准的讨论已经使人们思想解放，县领导一锤定音：“搞承包没有错！”

最终我没有拿这笔钱，直到今天，还有人问我为什么不拿。其实，我搞承包主要是为了争得经营自主权，我知道，只有把钱留在企业，才能凝聚人心，才有利于企业的长期发展。但是，不可否认，这背后确实有不敢拿的心理，虽然有许多上级领导让我拿，但我清楚，社会未必认可，这是当时的现实，之后企业的蓬勃发展也证明了我选择的正确。

从解放生产力到发展生产力——家庭承包经营为农民松绑

编者：1978 年，18 个鲜红的手印拉开了农村改革的大幕，以家庭承包经营为核心的制度变革让古老的土地焕发出青春，中国的农民从此开始了一段刻骨铭心的温暖记忆。

从家庭联产承包责任制到农产品流通体制改革，从农村税费改革到集体林权制度改革，从乡镇企业的兴起到工业化、城镇化步伐大大加快，我国农村改革以社会主义市场经济取代了计划经济，建立了适应社会主义市场经济要求的农村经济体制框架，基本形成了按市场需求配置农业资源、按供求决定农产品价格和农村生产要素自由流动的市场机制，农民享有生产经营自主权。这一根本性改革大大解放和发展了农村生产力。

姚力文：1977 年底，我到了安徽。最强烈感受就是当时农民真的非常苦，农民的生产情绪也非常低落。有一个顺口溜：上工的时候人等人，下工的时候人赶人。看谁跑得快。种地的人，因为吃不饱，干多干少一个样。犁地时，犁到地头上那个角的时候就圆圆地过来了，因为角那个地方比较硬，把方地种成圆地了。这种现象当时不只出现在安徽，在全国各地都很普遍。

第二个强烈的印象，就是当时安徽省委很重视农村工作。经过深入调研，省委出台了一份文件《关于当前农村经济政策几个问题的规定》，人们称为“六条”。“六条”一和群众见面，立即产生了轰动效应。干部群众把宣传贯彻“六条”看成是一件大喜事，欢欣鼓舞，奔走相告。许多地方在传达文件时，通知一户只来一人，但全家老小都来了。“六条”的深入贯彻，极大地调动了广大农民群众的积极性。在此基础上，1978 年底，小岗村 18 户农民搞起了“大包干”，正式揭开了中国农村改革的序幕。

严俊昌：1978年前，我们小岗村民吃不饱、穿不暖、住不安稳，那时候小岗是出了名的“吃粮靠返销、用钱靠救济、生产靠贷款”的“三靠村”，人均收入还不足20元。

1978年冬天的一个夜晚，我们18户农民聚在严立华家，在“包产到户”契约上按下了手印。随后，连夜将生产队的土地、耕牛、农具等按人头分到各家各户，率先搞起了“大包干”。我们真没想到，这份“生死契约”成了中国农村改革的第一份宣言。实行“大包干”的第一年，小岗就发生了巨大的变化。全村粮食总产13.3万斤，相当于1955年到1970年粮食产量总和；油料总产3.5万斤，相当于过去20年产量总和；人均收入400元，是上年的18倍。

姚力文：大包干后，又把圆地种回了方地。过去3个人干的活，现在只需要一个人干了。农村生产力发展达到了一个新高度，农村进入了一个新阶段，农村更安定了。到1984年，联产承包责任制在全国普及推行。农民吃饱了，国家手中有粮，心中不慌了。

陈锡文：农村改革已经取得的最重要成果之一，就是在农村普遍实行了以家庭承包经营为基础，统分结合的双层经营体制。农村基本经营制度是党在农村政策的基石，必须毫不动摇地坚持。农业的劳动对象是有生命的动植物，除了必须遵循经济规律外，还必须遵循自然规律。只有农业的直接生产者同时也是经营决策者、他的劳动付出与最终产品直接挂钩的情况下，才能实现生产者对整个生产过程的全面负责。农业实行家庭经营，是农业本身的特性决定的。

纵观古今中外的农业，家庭经营既是一种历史性现象，也是一种世界性现象。我国实行家庭承包经营30年来的成就有目共睹。只有坚持以这一制度为基础，才能赋予农户充分的经营自主权，才能充分调动广大农民的生产积极性。在这个基础上，引导农民发展多种形式的经济合作与联合，不断完善农业的市场体系、社会化服务体系和国家对农业的支持保护体系，才能在家庭经营的基础上逐步实现农业现代化。

稳定和完善农村基本经营制度，还要稳定农民预期，保持农村土地承包关系的稳定并长久不变。土地的一个基本特点，就是如果经营者合理使用、悉心照料、增加投入，就能实现永续利用并提高生产能力。一旦采取掠夺式经营，地力就迅速下降，甚至成为荒漠。实行家庭承包经营，就必须给承包者以长期的稳定。十七届三中全会提出“现有土地承包关系要保持稳定并长久不变”，就是顺应自然规律和社会规律，实现农民的期盼，让农民倍加珍惜土地，不断提高地力。

同时要规范农村土地承包经营权的流转。国家的法律和党的政策历来允许农村土地承包经营权流转。十七届三中全会进一步明确了土地承包经营权流转必须遵循“依法自愿有偿”的原则，并明确规定：土地承包经营权流转，不得改变土地集体所有性质，不得改变土地用途，不得损害农民土地承包权益。

从乡土到城镇——农民工群体改变中国社会结构

编者：社会流动性增强，是中国改革开放30年最为显著的特征之一。随着农业和农村经济结构的调整、工业化的推进和城镇化的发展，全国已有超过1/3的农村劳动力转移到非农产业。

从最初转移到乡镇企业就业，到进城打工，中国农民可以自主地选择自己的生存方式。国家在逐步取消农民进城就业的限制性规定，降低进城就业的门槛，加快建立城乡统一的劳动力市场，形成城乡劳动者平等就业的制度。特别是明确了要推进户籍改革，为农民的身份转变创造了条件。如今，《农民工之歌》走上春晚，农民工代表首次亮相全国人民代表大会……亿万农民正在“城乡一体化”的道路上昂首向前。

何康：上世纪80年代，改革先从农村开始了，家庭联产承包责任制极大地解放了农村的劳动力，产生了人往哪里去，要改善生活，钱从哪里来等问题，农民在原有的大队企业基础上，发展了乡镇企业。把农民固定在一亩三分地上，就是用足了力量也很难改变农村的经济面貌，通过发展乡镇企业把农民从第一产业转移出来，这是一种伟大创造。

我曾经陪同德国的农业部长一起到农村去参观，他看了农村的生产，参观一些乡镇企业。他把乡镇企业称为我国农村发展的“秘密武器”，上可以给国家增加税收，下可以增加就业，中间可以让农民富裕起来。

1978年，乡镇企业开始起步发展，1987年乡镇企业产值首次超过农业产值。进入21世纪，乡镇企业成为我们解决“三农”问题的重要载体。它促进了农村各种资源的优化配置，改革了农村的产业结构和就业结构，能够统筹城乡产业发展，通过以工补农来富裕农民、农村。到2007年，全国乡镇企业就业职工已超过1.5亿人。

张自明：俺生在1955年，兄弟姊妹多，小时候出了正月就要饭，断断续续上学上到初中没毕业。1979年，俺从村里的大喇叭里听了个词：改革开放。俺借了几十块钱，买了点灭鼠原药，坐火车来到了驻马店市西平县，摆了个小摊，正式当起了卖老鼠药的。没多久，工商就来要俺出示“三级证明”（县、公社、村三级开的证明信），俺没有啊，就把俺的老鼠药没收了。当地群众给俺支了个招，让俺到县城的街巷里卖。没想到，只10天俺赚了300多元，当时一个国家工作人员的月工资只有几十元钱！当年，俺就成了万元户！

1982年，收音机里报道农民外出承揽工程的事，俺动了心思。在家学了点技术就跑到广西柳州，发现当地水电厂多，铁制闸门锈得厉害，防腐却没人做。俺从开封找了个懂防腐的师傅，带上村里的20多个年轻人在柳州开始了防腐“事业”。一年时间，俺们就把柳州大小水电厂的闸门刷了个遍。俺一下从万元户变成了十万元户，跟俺一起从村里出来的年轻人，每人每月也有300多元的收入。这下可把大伙高兴坏了。

1991年，俺琢磨着搞五金设备能赚大钱，就凑了些钱在家办了个搞五金起重的小企业。现在，村里的企业已经发展到了12家，年产值超2亿元，村里近一半的劳动力在家门口就可以就业。

这两年，俺又听了个新词：科学发展观，往后俺要把多元化经营、企业文化、环境保护等渗透到自已的经营中。眼下的金融危机，确实让人很有压力，但也许又是一次创业机会呢。在经过缜密的调查和市场分析后，俺决定再建一座规模更大、更现代化的大工厂！农村市场大，俺村里就还有不少人没富起来，俺这30年来多亏了党的好政策。只要沿着党和政府给咱规划好的阳光大道走下去，眼前这点风雨算啥！

季音：无论革命，还是建设，农民都作出了巨大贡献。我参加过解放战争，亲眼目睹了战士在前面冲，农民在后面用手推车运粮支持。社会主义建设过程中，为了支持城市建设，广大农民作出了巨大的牺牲，但是直到现在农民还在为城乡二元结构作出牺牲。我家原来请了一个安徽保姆，丈夫也在外地打工。为了照顾孩子，她花了不少钱，把孩子带到北京上小学，到了孩子小学毕业，想让他在北京继续念中学，就是不行，她只好结束自己的打工生活，带着孩子回到老家。城乡孩子在享受教育资源方面是不平等的，在很多方面，城里人和乡下人的待遇是不同的。

这几年，国家非常重视“三农”问题，城乡差距逐步缩小，但要根本解决城乡二元结构问题，还需要一个过程，需要通过发展生产力来慢慢解决，现在沿海经济发达地区在缩小城乡差距、实现公共服务均等化方面取得了很大的进展。

从传统农业到现代农业——正在告别面朝黄土背朝天

编者：面朝黄土背朝天，落后的农业生产方式让国人长期在饥饿和温饱的边缘徘徊。规模化、机械化、产业化……随着生产经营方式的改变和市场化改革的逐步完善，随着农业合作社、农业协会、农户+公司+基地等生产模式的创造，农业社会化服务体系不断健全，农业科技得到普及，我国农业逐步走上了现代化发展之路。30年后的今天，农业综合生产能力大为提高，粮食总产连创新高，农产品供给日益丰富，农业出现难得的好形势。

季音：上世纪60年代以来很长时间里，普通百姓很难吃到鱼。当时社员家庭养鱼，被指斥为“搞资本主义”。生产队的集体鱼塘，“吃大锅饭”，管理不善，不可能给市场提供多少商品鱼。随着农村改革的深入，农村生产力得到了逐步解放，农产品供应日趋丰富。改革开放之前农产品数量都成问题，买东西都要凭票，现在种植结构调整了，生产机械化了，量的问题已经得到很好的解决。

王乐义：解决农产品供应不充足，我们从调整种植结构开始。1978年，土地承包到户，可村里有3个埠岭，占地300亩，种啥啥不长，谁都不想要。村委会决定统一购买树苗，来一个东岭苹果西岭桃，南岭山楂带葡萄。我操起自家“三件宝”：铁锨、推车、破棉袄，和群众一起苦战半个月，3个埠岭终于绿了。

当时，寿光已经有了盖塑料薄膜的蔬菜大棚。但是，一入冬就要生炉子，种一季菜要5吨煤，生产成本高，收益不大。怎么能让大棚不烧煤，冬天多出黄瓜、西红柿？通过出去学习，适应寿光的自然条件，对大棚做了5项改进。听说单靠太阳晒就能晒出菜了，村里人都不相信。我就动员村委成员带头示范，当年定下17个大棚。1989

年8月13日第一批大棚开建，10月18日播种，12月24日黄瓜上市，三元朱村的大棚菜，填补了北方蔬菜冬季上市的空白。

第二年，村委会让党员干部分成小组，包片到户，手把手地教农民。村里大棚一下发展到181亩，平均1户1亩多。有了党的好政策，三元朱人有了发展的底气，开始了一场菜篮子革命。

杨启：现在黑龙江种地都实现机械化了，可当年谁敢想啊。1980年，我们村开始实行家庭联产承包，我家分到了36亩地。一头牛、一部架子车，种地是纯手工，遭老罪了。1985年春，我拿出几年的积蓄一万多元，从绥化农机公司开回了一辆“沈阳”牌农用小三轮，迈开了农业机械化的第一步。后来，外出务工的农民越来越多，我就张家一垧、李家两垧地把闲散地都包了过来。到上世纪后期，家里的地已达到10多垧，收入也越来越殷实。

1999年，我不顾家人反对，拿出了全部积累，外加亲友借款和抬款，凑齐近60万元建起了一家米业加工厂。我认准了只有搞精加工才能延长产业链，增加效益。看着收过来的米，杂七杂八，我明白必须从源头的品种抓起。

2002年，双启水稻研究所挂牌成立，我当上了所长。我是良种良法一起推，提高水稻的单产能力和品质。现在我的生产基地成为推广应用两段式育秧筛选、大棚钵体育苗超稀植栽培、水稻新品种筛选等先进生产技术的示范基地，周边农户有事没事就来溜达。

今年，我集中土地60垧，明年预计能达到100垧。米业加工厂年加工量已达到一万吨，其中优质米达到一多半。家中那台小三轮也早发展成为10余台插秧机、收割机、旋耕机等机械组成的编队。今年，政府在北林区投资建设现代农业水田示范区，区里补贴价值400万元的20多台大型农机设备，扶持我建立了农机合作社。

陈锡文：十七届三中全会提出了“家庭经营要向采用先进科技和生产手段的方向转变”、“统一经营要向发展农户联合与合作，形成多元化、多层次、多形式经营服务体系的方向转变”的要求。这要求农户遵循发展现代农业的规律，不断提高集约化水平，提高农业的发展质量和效益，但这需要在国家给予扶持和社会提供服务的背景下才能实现。根据社会主义市场经济的规律，打破认为只有本集体经济组织提供的服务才是统一经营的认识局限，拓展农业统一经营的发展空间。无论是本集体经济组织、政府的经济技术服务机构，还是农民新型合作组织、农业社会化服务组织、农业产业化经营中的龙头企业等，都要为承包户提供生产技术服务，帮助农民解决那些一家一户办不了、办不好、办起来不经济的难题。

季音：规模化、机械化的发展让这些年农产品的供应丰富了，但也出现了农产品质量安全问题，我觉得这是前进中的问题，是市场经济由不成熟到成熟转型过程中出现的，要重视，但别害怕。解决这个问题，要靠行政力量推动，但主要还是要靠市场教育来调节。

从无着落到有保障——公共财政的阳光温暖乡村

编者：我国农村改革的出发点，就是始终尊重农民的创造和农民的意愿，保障农民的物质利益，尊重他们民主的权利，让他们从改革发展中得到实惠。

十六大，中央确立了统筹城乡发展的方略，在国家各项强农惠农政策的支持下，伴随着农村经济的发展，大力发展农村公共事业，统筹城乡公共资源分配，不断促进农村社会全面进步，已成为各界共识。“上学难”、“看病难”等问题逐步得到解决，贫困人口逐年减少，农村低保为农民兄弟织起一张保障网。如今，“学有所教、劳有所得、病有所医、老有所养、住有所居”，成为展现在广大农民面前新的蓝图。

段汝军：我们县地处边疆省份，经济发展虽然不及沿海地区，但这些年农村社会保障方面的变化也是多得说不完。变化最大的就是有了新型农村合作医疗。实行新农合之前，就怕得大病进医院，一旦病人进了医院，何止是一头猪白养！整天盘算着该找谁借钱，欠下的债多少年都还不清。

我们县从2003年开始推行新农合，当时工作真难做！老百姓看不到好处，一个子儿都不愿掏，一些人心里还犯合计：要是家里一年下来没人得病，交上去的钱可就打水漂啦！村干部磨破嘴皮子，拿县里的金甸村来说，当年参加新农合的人才七成多。

今年新农合的标准提高了：村民出20元，政府补80元。开始时村干部特别犯难，这多出的10块钱怎么收！结果，村民的积极性一蹿多高，金甸村一天就把钱收齐了。农民说：以前对新农合是“没见过猪跑”，现在都“吃到猪肉了”，这钱为啥不交？参加了新农合，只要农村人进医院生孩子，就给你补助400元，这样的好事哪里找！这两年农民的参合率都在95%以上，对特困户实在交不起的，政府财政兜底。

农村最低生活保障也给农民带来实实在在的好处。丧失劳动能力、家里生活困难的村民，以前靠村集体“三提五统”供养的五保户等，每月都能拿到40元的低保金。从今年起，金甸村80岁以上的老人每年都能享受到120元的补助，100岁以上的老人每月补助100元，70岁以上的老党员也会每月补助20元……

现在最让我头痛的，是农村的养老保险问题。我们县有34万人，只有26人享受农村养老保险，最高的每月300元，最低的每月只有2块7，还不够一顿饭钱！过去农村是养儿防老，如今实行计划生育的人都老龄化了，养老保险迫在眉睫。真希望国家能有明确的政策和资金的支持，让农民也能老有所养、老有所乐。

从闭塞落后到文明便利——城乡一体新风貌

编者：茅草房、黄土路，“晴天一身土，雨天一身泥”，曾是我国很多地区乡村面貌的真实写照。行路难、吃水难、用电难等难题给农民兄弟的生活带来很多困扰，也给农村经济社会的发展带来很大制约。农村改革不仅增加了农民收入，改善了农民生活，也给乡村面貌带来了巨大变化。通电、通水、通路，用上清洁能源，房屋统一规划，房前屋后种花种草，村容越来越整洁，“农家乐”遍地开花。如今，农村人进城并不新鲜，城里人下乡成了时尚。

王乐义：站在三元朱村的大街上，放眼南望，一排排整齐的连体别墅映入眼帘。道路两旁，冬青、侧柏，给人以生机勃勃的感觉。改革之初，村里盖的都是土坯房，后来村民有了钱，砖瓦房、楼房渐渐多起来。现在，全村统一盖起两层别墅，每户居住面积平均300多平方米。家家都有太阳能，家用照明村里全包。村委会新买了净水设备，自来水经过净化，顺着水龙头流到各家，就变成了直饮水。

严俊昌：作为中国农村改革第一村，原来的平房都变成了楼房，变化显而易见。我们建起了大包干纪念馆，依托这个纪念馆发展特色旅游业。纪念馆建成开放后，至今已接待游客5万多人，实现门票收入100多万元。现在的小岗村已从一个纯农业村，走上了工业、现代农业、旅游业、服务业综合发展之路。

鲁冠球：1984年3月的一天，北京中汽总公司打来电话说一位叫多伊尔的美国客商要到我们厂来考察。这个消息对于我来说是喜忧参半，喜的是我们乡镇企业的产品正苦于没有外销门路的时候他们找上门了。忧的是那时在钱塘江边立着一块牌子，上面写着：外国人止步。

经过多方努力，我们和他开始了20多年的合作。在这个过程中，伴随着农村经济的发展，我们企业的面貌也日新月异了。

2002年4月11日，第一个来万向考察的多伊尔先生又带着夫人、女儿以及他自己公司的一批客户来到万向。在集团的展厅里，他指着当年的厂房照片感慨地说，20年前，我就在这样的厂房里认识了中国的企业，认准了鲁冠球和万向人。20年来，我一直在为当年的选择骄傲，当然，更为我的老朋友骄傲。今天，我们看好中国，认定万向，故地重游，同样是为了寻求合作的机会，这已经不是我一个人的选择，而是更多人的共识了。

（《人民日报》2008年12月14日）

中国铁路30年辉煌发展的回顾与思考

宁　滨

百年铁路，铁路百年。2008年是我国改革开放30周年，也是孙中山先生在《实业计划》中提出10年建设10万英里铁路宏伟蓝图90周年；2009年是在詹天佑先生主持下，真正意义上完全由中国人自主筹资、勘测、设计、施工建造的京张铁路全线通车100周年。在这个特别的时刻，回顾中国铁路30年辉煌发展，总结中国铁路发展宝贵经验，展望中国铁路未来发展前景具有重要意义。

改革开放30年来，在党中央正确领导下，经过历任铁道部领导精心规划和指挥，历经数代铁路建设者共同努力，特别是实施跨越式发展战略以及“建设又好又快和谐铁路”之后，中国铁路取得了举世瞩目的成就，形成了完整的科技创新、人才培养、设计施工、工业制造体系。2007年底，全国铁路营业里程达7.8万公里；旅客发送量13.6亿人次，货物发送量31.4亿吨，总换算周转量31013.31亿吨公里，以占世界铁路6%的营业里程完成了世界铁路四分之一的工作量，运输效率世界第一；青藏铁路建设技术和运营管理达到世界先进水平；既有线提速技术、重载运输技术跻身世界先进行列；机车车辆装备现代化取得重大突破；以时速达350公里的京津和速度目标值更高的京沪为代表的高速铁路建设、运营管理技术达世界最高水平。

今年11月，在面临全球性金融海啸的背景下，国务院将“加快铁路、公路和机场等重大基础设施建设”作为下一步扩大内需、促进经济增长的重要措施，批复了铁路在“十一五”期间2万亿的投资计划。这是继1997年亚洲金融危机之后，国家再次制定的大规模建设交通设施的经济刺激措施。我国铁路又一次担当起在危机中拉动内需、带动关联产业发展和促进经济增长的历史重任，成为实现国家宏观经济战略可资运用的平台与载体，同时铁路也获得了大规模发展的历史机遇。

我国铁路如何才能又好又快地持续发展？通过对我国铁路高速、科学、持续发展的历程进行思考与探索，回顾历史、总结经验、发现规律，使我们能够从容地面向未来。作为中国第一所铁路高等学府，北京交通大学见证和参与了铁路100年、特别是近30年的辉煌发展，深刻感受到中国铁路在改革开放30年大潮中勇立潮头、开拓创新的精神，其创造出的“立足国情、发挥体制优势、注重科技创新和人才培养”等宝贵经验，既使铁路在国家综合交通运输体系中发挥了骨干作用，又奠定了中国铁路未来可持续发展之路。

立足国情　高速发展

我国铁路以国家战略需求为基础确定发展方向，以建设世界一流铁路为目标明确发展定位，以国家整体利益为重优化配置运力资源，以人为本精心组织运输生产，铁路建设得到了高速发展。

立足国家发展战略。合理的铁路网布局是铁路系统支撑国民经济高效运行和健康发展的保证，现有铁路路网布局充分体现了铁路服务于国家发展大局的思路。2004年批复和最近调整的《中长期铁路网规划》，在空间布局上除主要繁忙干线通道建设外，更体现了对西部大开发、中部崛起、东北振兴、边疆开发、老区发展、国防建设和对外开放战略的支持，适应了国民经济和社会发展的需要。

立足我国产业布局和结构优化。由于我国自然资源主要分布在北部和西部地区，而加工工业主要集中在东部和南部地区，形成了西部、北部资源向东部、南部流动，东部、南部的工业产品向西部、北部输送的货运格局。面对大跨度长距离的货物运输格局，我国铁路建成了与之适应的低成本铁路大通道。

立足我国能源战略与可持续发展战略。我国人均资源占有率较低，大力发展铁路是节省资源消耗的必然选择。完成单位换算周转量占用的土地，公路是铁路的20多倍。铁路在环境保护、安全运行、可靠性等方面也具有巨大优势。铁路作为节能环保的运输工具对于我国建设资源节约型社会提供了有力支持。

立足重点运输。全国煤炭运输量的75%、矿石的66%、钢铁的62%、粮食的56%由铁路完成，铁路运力的90%用于上述国家重点物资运输，对国民经济健康稳定发展起到了重要作用。在各类自然灾害发生时，铁路也责无旁贷地肩负起物资、人员运输的重任，在春节、“十一”等节假日期间，铁路更成为大众出行的优先选择。

立足城市化发展、满足出行需要。城镇化进程加快呼唤铁路提供可靠的运力支持。到2020年，全国城镇人口比例将达到60%左右，将有4亿多农业人口转移到城镇。而且，随着我国人均收入水平的提高，人们的出行开始由“走得了”向“走得好”转换。为此，铁路的快速发展满足了人们多种不同品质的出行需要。

体制优势　加快发展

制度能够产生效率、制度能够促进经济增长，是新制度经济学的重要发现。我国社会制度的优越性和经济体制的改革在为铁路发展提供保障的同时，促进了铁路生产力的释放，提高了生产效率，加快了铁路现代化发展。

社会主义制度保障了铁路的发展。我国铁路产业体现出强烈的公益性、社会性、军事性和政治性等特征，所以统一调度指挥、半军事化的体制仍持续发挥着巨大作用。以社会效益为主的铁路，单纯依靠市场机制，是无法修建和运营的。以2006年7月1日全线通车的青藏铁路为例，作为目前世界上海拔最高、穿越冻土里程最长的高原铁路，其修建技术难度极大、投资巨大、社会效益远远大于经济效益，只有依靠社会主义国家“集中力量办大事”的制度优势，才能使国人百年梦寐的“雪域天路”得以贯通。

经济体制改革加快了铁路的发展。1978 年开始的经济体制改革带来了我国经济的腾飞。从 1978 年到 2007 年，我国国内生产总值由 3645 亿元增长到 24.95 万亿元，年均实际增长 9.8%，是同期世界经济年均增长率的 3 倍多。经济的快速增长和人民生活水平的大幅提高，必然从质和量两个方面对运输提出更高要求。2003 年我国人均 GDP 达到 1000 美元，标志着经济发展已由工业化初期向中期过渡，为适应社会经济发展的需要，铁路建成了速度快、密度高、能力大的客货运输服务体系。

管理体制改革激发了铁路的生产活力。在改革开放大背景下，铁路管理体制也进行着不懈的改革探索，逐步建立了适合我国国情路情的铁路管理制度。从 1998 年开始，铁路实施主辅分离改革，将铁路物资、通信、设计、施工企业等移交国资委及所属企业管理，将高校、医院、中小学、幼儿园等从主业分离，初步实现了分离政府职能、分离企业办社会职能和改制三大目标，达到了精干运输主业和拓宽辅业发展空间的“双赢”效果，提高了运输主业的竞争力。2004 年，根据《国务院关于投资体制改革的决定》的要求，铁道部确立了“政府主导、多元化投资、市场化运作”的铁路投融资改革总体思路，先后与 31 个省、市、自治区政府签订了共同加快铁路建设的战略合作协议。2005 年 7 月，铁道部颁布《关于鼓励支持和引导非公有制经济参与铁路建设经营的实施意见》。到 2008 年 7 月，共组建 70 余个合资铁路公司，总投资额达 1.22 万亿元，形成了中央、地方和企业合力推进铁路建设的良好局面。2005 年铁道部成功撤销了铁路分局，实行铁路局直接管理站段的体制改革，铁路由四级管理变为三级管理，减少了运力配置的中间层次，打通了原分局间分界口限制，整合了运输调度指挥系统，提高了管理效率，释放了运输生产力。与此同时，对全路车站、机务、工务和电务段等生产力布局也进行全面调整，站段数量由 1491 个减少到 627 个，改善了铁路运力资源的配置效率，解决了长期存在的运力资源分散问题。

自主创新　科学发展

胡锦涛总书记指出：自主创新能力是国家竞争力的核心，是实现建设创新型国家目标的根本途径。铁路正是依靠科技进步，坚持自主创新，实现了运输效率和效益的大幅增长，为国民经济持续快速发展作出了应有贡献。

准确的战略定位。铁道部坚持以科学发展观和构建社会主义和谐社会战略思想为指导，按照建设创新型国家的战略部署，以提高铁路自主创新能力为目标，以掌握先进装备核心技术为重点，构建了以铁道部为主导、以企业为主体，面向铁路运输和铁路建设主战场，产学研相结合的铁路技术创新体系和保障机制，坚定不移地走中国特色铁路自主创新之路。

合理的科技布局。铁道部从行业科技创新需求出发，有计划地投资、构建了一批国家级创新平台，建设了一批行业创新基地。例如，针对铁路发展的工程需求，铁道部门整合相关资源，构建了“高速列车系统集成国家工程实验室”（中国南车、北车股份有限公司）、“高速铁路系统试验国家工程实验室”（中国铁道科学研究院）、“高速铁路建造技术国家工程实验室”（中南大学），“轨道交通运行控制系统国家工程研究中心”（北京交通大学）等技术平台；针对铁路发展的理论需求，支持了“轨道交通控制与安全国家重点实验室（北京交通大学）”、“牵引动力国家重点实验室（西南交通大学）”等原始创新平台；结合“中国高速列车自主创新联合行动计划”、“最高试验速度 400km/h 高速检测列车关键技术研究与装备研制”等重大研究专题，广泛吸纳了包括清华大学、浙江大学、北京交通大学、西南交通大学、中国科学院等在内的国内最优良的科技资源。这种极具前瞻性的科技布局，为行业自主创新提供了有力的平台保障。

科学的创新方式。创新分为原始创新、集成创新、引进消化吸收再创新三种方式。国内外的经验表明，完全依赖原始创新的不确定性强、创新成本高，完全依赖引进则无法形成自主创新能力，核心技术上受制于人。基于此，铁道部瞄准世界一流水平，坚持原始创新、集成创新和引进消化吸收再创新三种创新方式的有机结合，使铁路技术水平短期内大幅度跃升。

稳定的科技投入。铁路部门长期注重科技投入对行业发展的促进作用，从制度上保障稳定的科技投入。“十一五”期间，把科技投入作为预算保障的重点，每年安排的科研与试验资金不低于铁路运输收入的 0.5%，仅 2008 年铁道部直接投入的科研经费达数亿元。另外，铁道部要求科技投入增幅要高于铁路运输收入增幅，以确保科技投入的稳定增长。而且，多年来形成了一种以国家和地方政府支持为主，吸引企业、社会投入的多元化、多渠道的体系。

正是有了准确的定位、合理的布局、科学的方式和稳定的投入，才使得铁路系统在青藏铁路、重载运输、客运专线建设、既有线提速等关键领域，先后攻克了青藏铁路“高寒缺氧、多年冻土、生态脆弱”、GSM－R通信系统和新型机车综合无线通信设备、2万吨重载组合列车、300－350公里时速的高速动车组技术、CTC调度集中系统、CTCS系列列车速度控制系统，高速道岔、路基沉降控制技术等关键技术难题，掌握了具有世界一流水平的先进技术，产生了大量自主创新成果，为引领世界铁路技术的发展奠定了坚实基础。铁路在加快技术创新的过程中，还大力扶持国内重点企业，使一大批国内骨干企业在较短时间内完成了工业化改造和技术升级，带动和促进了相关产业技术创新和发展，为振兴民族工业作出了重大贡献。

人才战略　持续发展

我国铁路取得的高速发展和巨大成就，更依赖于铁路多年来有计划、有目的的人才强路战略造就的一大批高素质人才队伍。

根据发展需求制定人才培养战略。铁道部通过对全路人才资源进行全面系统的调查、分析和预测，根据铁路人才资源的宏观布局、层次结构、发展模式和素质要求，明确了人才培养的指导思想、总体目标、工作重点、实施步骤和主要措施，制定出符合铁路现代发展要求的人才培养规划和实施方案。

促进铁路人才结构的良性转化。铁路人才结构改善包括两方面，一是存量结构改善，二是增量结构改善。通过继续教育、转岗培训、强化职业技能，推动人才转型和人才素质的不断提升。铁道部最先有组织、有计划地选送了大批管理干部、技术精英和一线职工赴国外进修、考察和学习；依托清华大学等国内一流院校联合培养专职高水平管理人员。在铁道部支持下，北京交通大学除工程硕士、詹天佑班、茅以升班、“3＋1”等各种铁路特色学历教育外，还举办了铁路大提速及客运专线通信信号、运输调度、动车组、牵引供电等多种培训班，编写了数十种现代铁路新技术方面的精品教材，培养了大批铁路建设急需人才。行业科研院所、国家级科研平台也成为培养铁路高级技术人才的助推器，成为铁路创新能力建设与人才培养的重要基地。在人才管理方面，不断完善人才考核标准和评价依据，努力建立健全激励机制，坚持管理创新、建立有助于人才脱颖而出的用人选人机制，挖掘人才潜力、激发人才活力，做到人尽其才。

构建铁路人才吸引集聚的高地。面向铁路高新技术领域和世界科技发展前沿，加强运输规划、物流管理、信息化建设、高速铁路技术、重载铁路技术、融资管理等各方面人才与智力的引进。制定相关人才引进政策与用人机制，推进国内外铁路人才交流，形成了吸引凝聚人才的良好环境。组建铁路相关专业的高校资深教授、学者、专家、出国留学人员和高级技术管理人才信息库，成为铁路高级咨询智囊团，使铁路成为人才吸引聚集人才的高地。

中国铁路30年的辉煌展示了“立足国情、体制优势、科技创新和人才培养”的宝贵经验，也为未来可持续发展奠定了基础。

（《光明日报》2008年12月30日）

30年：重大工程惠及民生

本报记者　张　蕾

改革开放30年来，包括奥运工程、三峡工程、青藏铁路

南水北调等在内的一系列国家重大工程，在给社会带来巨大经济效益的同时，也给人民的生活带来了日新月异的变化。今天，领略这些大工程的风采，寻觅这些大工程的建设轨迹，品味这些大工程留下的丰富遗产，一种对祖国欣欣向荣的自豪感和对未来美好生活的憧憬就会油然而生。

奥运工程：是物质遗产，更是精神享受

2001年北京申奥的关键时期，在去商场买东西时，邓亚萍被售货员一眼认出。售货员恳切地说：“你要努力工作，多拉选票，让奥运会在中国办。”为什么一个普通的售货员会这样期盼北京奥运会呢？邓亚萍感到很纳闷。“北京要是办奥运会，我家马上就能拆迁了！”

后来，邓亚萍在自己的博士论文中写道：普通老百姓比任何人都更需要机遇来改变和提高生活质量，而奥运会就是这样的机会。

七年过去了，事实表明，奥运工程带给老百姓的实惠远远超出了组织者的想像。根据北京市政府公布的数字，在筹备奥运会期间，北京市与奥运相关的投资中，有270亿元直接用于场馆建设和奥运会自身运作，而相关的城市基础设施和环境改造投资则达到2800亿元——这说明，北京奥运会筹办过程中直接惠及老百姓的投资是奥运会本身投资的10倍还多。

在“绿色奥运、科技奥运和人文奥运”三大理念的指导下，奥林匹克森林公园、数字奥运村、新建和改造的公共服务设施、大型的文化建筑相继落成，首都机场3号航站楼、北京南站、地铁5号线等一批交通基础设施相继建成并投入使用，不仅全方位地满足了奥运会的需求，也为北京居民乃至八方来客带来了长远服务。

2008年5月1日免费开放的九大郊野公园贯穿于第一道绿化隔离地区，将北京东部9个乡相连，总面积达6648亩。家住王四营乡古塔公园的刘玉兰老人以前很少出门，自从郊野公园来到家门口后，老人每天都要在里面小跑一圈。她说：“这里不光风景好，空气也好，即使来走走，都觉得格外舒畅。”

如今，漫步在北京街头，人们会发现空气更清新了，街道更宽阔了，城市变得更美了——北京奥运会不仅让全世界感到满意，也让普通的老百姓实实在在受益。

三峡工程：“开发性移民”带来新机遇

1992年4月3日，全国人大通过了建设三峡工程的决议。三峡工程采取“一次开发、一次建成、分期蓄水、连续移民”的建设方式，水库淹没区有600多平方公里，涉及重庆市和湖北省的20个区县，有两座城市和11个县城、114个集镇、1500多个工矿企业要搬迁。三峡工程一上马，许多国内外专家就预言：这项工程面临的最大难题也许不是工程技术，而是百万移民。

为此，党中央、国务院果断决策，三峡移民实施“开发性移民”，即“在移民中发展，在发展中移民”，确保移民“搬得出、稳得住、逐步能致富”。

张德礼是一个小老板，他认为，自己的财富与三峡移民工程密不可分。1996年，他租了一间30多平方米的铺面，在奉节老城开了一家广告装饰公司。“当时的生意不是很多，一个月最多也就挣到1000元钱。”2003年，在三峡移民大潮中，张德礼全家搬到了奉节新城。小有积蓄的他买下了一间大房子作为商铺。几年间，生意范围没有变化，收入却明显增加了——“至少是过去的10倍。”“奉节老县城，人口几十万；新县城建成后，面积比老县城大了几倍，人口也多达百万，自然会增加不少商机。”张德礼这样解释自己的致富原因。

其实，这种机遇，不只被张德礼抓住。张德礼的老邻居当时搬迁到浙江省。第二年，他就回到奉节新城开了一家家具厂，利用家乡一种名为“沉香木”的木材打造家具，然后再运到浙江销售。依靠着“第一故乡”的资源和“第二故乡”的商机，张德礼的老邻居也过上了移民前不曾想到的红火日子。

2008年，三峡水利工程蓄水达到175米，4期移民也近尾声。15年来，中国政府投入巨资建设库区、安置移民，而老百姓也确实感受到三峡蓄水带来的实实在在的变化。

青藏铁路：通往幸福的“金光大道”

如果说三峡工程大大改善了相关地区的人文社会环境，南水北调工程为沿线地区的经济发展带来了新机遇，那么青藏铁路建成通车时，藏族同胞同样充满了期待。

千百年来，由于自然原因，“人背畜驮”的原始交通方式极大限制了西藏地区的对外联系和社会经济发展。当地人民渴望发展，最强烈的愿望之一就是改变这种落后的交通状况。如今，这个梦想实现了——青藏铁路犹如一条蜿蜒的“钢铁巨龙”，突破了自古以来困扰藏族同胞与外界交流的交通难题。

安多是青藏铁路沿线的一个大站。10年前，这里还是一个冷清的高原小乡镇，只有为数不多的政府办公机构和必不可少的公共服务设施；青藏铁路通车后的短短两年里，安多就发生了巨大变化：盖了许多楼房，越来越多的藏族同胞投资建起商店、宾馆、饭店和加工厂。

“铁路商机”带动了西藏特色产业的发展，并成为当地农牧民的“摇钱树”。一些农牧民采集冬虫夏草、松茸、蘑菇等本地特产卖给游客，而西藏本地生产的矿泉水、啤酒、藏鸡蛋等高原绿色产品，也“乘坐”火车进入了北京、上海、广州等地的市场。“以前只知道种地，现在都想吃‘铁路饭’。”拉萨市乃琼镇色玛村村委会主任尼玛说。今年春天，色玛村的村民集资90万元创建了“政通物流股份有限公司”，有30户家庭购买了货运汽车跑起了买卖。

游客的增多、消费需求的增长，也带动离铁路较远的日喀则、山南、林芝等地农牧民办起藏猪、藏鸡养殖场，还开了不少藏餐馆、土特产品和民族手工艺品商店。“从前想都不敢想，有朝一日自己也能成为小老板。”日子过好了，藏区农牧民的喜悦之情溢于言表。

“那是一条神奇的天路，带我们走进人间天堂。青稞酒酥油茶会更加香甜，幸福的歌声传遍四方……”越来越多的藏族同胞唱着这首《天路》，沿着“金光大道”奔向幸福的明天！

（《光明日报》2008年12月22日）

三、文　化

改革开放三十年中国文化的发展

蔡　武

30年来文化建设的重要历程

30年来，中国文化事业以解放思想为动力，与时俱进，开拓进取，走出了一条中国特色社会主义文化的发展道路。

党的十一届三中全会开启历史新时代。十一届三中全会后，大胆解放思想，积极投身拨乱反正，文化领域万马齐喑的沉闷局面迅速改变。

第四次文代会迎来文化蓬勃发展的春天。邓小平同志在第四次文代会上所作的《祝辞》中提出我国新时期文学艺术的任务，进一步解决了文艺与人民、文艺与生活的关系，以及党如何领导文艺等一系列重大根本问题。为改革开放30年中国文化发展确立了科学的理论基础和行动指南，开启了一个全新的文化时代，全社会文化创造热情空前高涨，涌现出一大批优秀的作家、艺术家和具有鲜明时代特色的文化精品杰作，文化园地展现出一派勃勃生机。

社会主义市场经济体制催生了文化市场和文化产业发展的新格局。党的十五届五中全会第一次提出文化产业的概念。党的十六大报告明确把文化事业与文化产业加以区分。从此，文化事业和文化产业在中国文化发展进程中如车之两轮、鸟之双翼，开创了文化建设新格局。

“三个代表”重要思想全面提升文化建设的地位和作用。以江泽民同志为核心的第三代中央领导集体，根据时代发展的要求提出“三个代表”重要思想，将先进文化建设上升到立党之本、执政之基的高度来认识，对于提升文化建设在国民经济和社会发展整体布局中的地位起到了极大的作用，为进一步繁荣发展社会主义先进文化奠定了坚实的理论基础。

科学发展观引领文化进入大发展大繁荣的历史新阶段。党的十六大以来，我们党确立了以人为本的科学发展观，确立了全面建设小康社会进程中经济、政治、文化、社会建设四位一体的战略布局，使文化建设踏上科学发展、和谐发展之路。党的十七大进一步发出“推动文化大发展大繁荣”、“兴起社会主义文化建设新高潮”的时代号召，中国文化建设步入了历史新起点。

改革创新贯穿30年文化建设的历史进程。伴随着改革开放的深入和社会主义市场经济的深化，文化发展中的一系列体制性、结构性矛盾日益突出，进一步解放思想、推进文化体制改革，成为文化发展道路上的新课题。30年间党中央、国务院多次对深化文化体制改革做出部署，文化体制改革由点到面不断深化，取得了显著成效。

30年来文化建设的主要成就

改革开放的30年，是我国历史上近代以来文化发展最稳定、成果最丰富的时期之一。

（一）文艺创作日益繁荣。30年间，我国文艺各个门类百花竞放、异彩纷呈，文艺创作更加积极活跃，文艺氛围更加融洽和谐，文艺队伍更加意气风发。重在建设、锐意创新成为文化发展主潮。精心组织筹划中国艺术节、中国京剧艺术节、全国美展等文化活动，设置“文华大奖”等重大艺术奖项，实施国家舞台艺术精品工程，对艺术创作产生积极明显的引导作用。传统艺术在继承、弘扬与创新中薪火相传。扶持全国重点京剧院团，实施中国京剧音配像工程，实施昆曲艺术抢救、保护工程，开展了一系列卓有成效的工作。藏剧、白剧、彝剧、苗剧、壮剧、阜新蒙古剧、满族新城戏等少数民族戏曲剧种，也都得到政府大力扶持。

（二）公共文化服务体系初具规模。30 年来，社会文化工作理念逐步深化，公共文化服务职能得到凸显，人民群众的文化权益保障问题日益受到关注，以基本阵地、基本队伍、基本内容、基本活动方式为重点，以重大文化工程为抓手，公共文化服务体系建设扎实推进。覆盖城乡的公共文化服务网络初步形成，服务能力得到提高。以国家大剧院、国家博物馆为代表的一大批标志性骨干文化设施在大中城市建成使用的同时，加大对农村地区、西部地区、少数民族地区文化基础设施建设的扶持力度。“十五”期间基本实现“县县有图书馆文化馆”目标，“十一五”规划提出到 2010 年基本实现“乡乡有综合文化站”的建设目标。目前，全国共有县以上公共图书馆 2799 个，文化馆 3217 个，博物馆 1722 个，文化站 37384 个，社区、村文化室 137665 个。实施重大文化工程，带动社会文化工作的开展。全国文化信息资源共享工程，运用现代科学技术，实现优秀文化信息资源在全国范围内共建共享，数字资源量已达到 68TB，在丰富广大人民群众特别是经济欠发达地区群众的精神文化生活、缩小城乡之间文化发展上的差距等方面发挥了重要作用。送书下乡、流动舞台车、古籍保护、中华再造善本等重要工程达到了预期目标。

（三）文化市场和文化产业蓬勃发展。30 年来，我国文化市场以“一手抓繁荣，一手抓管理”的方针为指引，基本形成了由娱乐市场、演出市场、音像市场、电影市场、网络文化市场、艺术品市场等组成的统一、开放、竞争、有序的文化市场体系，初步建立起以综合行政执法、社会监督、行业自律、技术监控为主要内容的文化市场监管体系。到 2007 年底，全国文化系统登记注册的文艺表演团体达 4512 个，艺术表演场所 2070 个，演出经纪机构 1024 个，文化娱乐场所 82174 家，艺术品经营机构 1112 家，音像制品批发零售出租机构 87137 家，网吧 13 万多家，其他文化经营单位 11783 家。文化市场形成多样化、多层次、多渠道的文化产品供给新格局和传播快、覆盖广、容量大的文化产品流通新网络。各类资本发展文化产业的积极性日益高涨，大量资本和人力资源涌入文化产业领域，一个以公有制为主体、多种所有制共同发展的文化产业新格局正在逐步形成。演艺、音像、艺术品等传统文化产业较快增长，网络、游戏、动漫、流媒体等新兴文化产业迅速崛起，一批有较强实力、竞争力、影响力和自主创新能力的大型文化企业和企业集团脱颖而出，一批具有民族特色、自主知识产权和原创性的知名文化品牌应运而生。截至 2007 年底，我国经营性文化产业机构已达 27.2 万家。文化产业日益成为市场经济条件下繁荣社会主义文化、满足人民群众精神文化需求的重要途径，文化产业对国民经济增长的贡献不断上升。2006 年，我国文化产业实现增加值 5123 亿元，占 GDP 比重 2.45%，对 GDP 增长的贡献率为 3.41%，拉动 GDP 增长 0.36 个百分点，年增长速度达到 17.1%，高于同期国内生产总值、同期第三产业年增长速度。一批有实力的文化企业积极走向世界，开拓国际市场。据商务部统计，2007 年我国文化产品和服务进出口贸易总额为 166.4 亿美元，其中核心文化产品进出口贸易总额达到 129.2 亿美元，比 2006 年增长 26.6%，是 2001 年的 3.7 倍；文化服务进出口贸易总额为 37.2 亿美元，比 2006 年增长 39.9%，是 2001 年的 6.1 倍，我国文化产品进出口不平衡的局面有所改观。

（四）文化遗产保护成效显著。党和政府高度重视文化遗产保护和抢救工作。国务院自 2006 年起设立“文化遗产日”，文化遗产保护宣传深入人心，保护文化遗产的意识逐渐增强，成为全社会的文化自觉。国家分别于 1981 年和 2007 年开展了第二次和第三次大规模文物普查，国务院先后公布 5 批全国重点文物保护单位，公布国家历史文化名城共 109 座，中国历史文化名镇名村共 157 处。西藏布达拉宫、故宫等历史建筑的保护和修缮工程、三峡大坝、青藏铁路等国家重点工程的考古发掘与保护、四川汶川大地震后文物保护等工作取得显著成效。博物馆体系日臻完善，1978 年底全国文物系统博物馆只有 349 个，截至 2007 年末，全国文物系统有博物馆 1722 个，增长了近 5 倍。各部门、各系统、各行业和民间兴办的博物馆也取得了长足进步，目前全国博物馆总数已超过 2400 个，初步形成了门类丰富、特色鲜明的博物馆发展新格局。自 1987 年中国的第一批 6 项遗产进入《世界遗产名录》以来，我国已拥有世界遗产37处。民间文物收藏快速发展，收藏的规模、范围、品质和社会影响都达到了前所未有的高度，文物市场逐步走上健康快速发展的轨道。

随着文化遗产保护观念的逐步深入，我国非物质文化遗产保护工作进入了一个新的阶段。非物质文化遗产保护机制逐步建立，国务院已公布两批国家级非物质文化遗产名录项目1028项。国家、省、市、县四级非物质文化遗产保护名录体系已经初步建立。公布了两批国家级非物质文化遗产项目代表性传承人共777名。先后设立了福建省闽南文化生态保护实验区、徽州文化生态保护实验区、青海省热贡文化生态保护实验区和羌族文化生态保护实验区。昆曲艺术、古琴艺术、新疆维吾尔木卡姆艺术以及与蒙古国联合申报的蒙古族长调民歌已被列入联合国教科文组织“人类口头和非物质遗产代表作”名录。

（五）中外文化交流日益活跃。文化外交已经成为我国继经济、政治外交之后的第三大支柱，成为国家整体外交战略的一个重要组成部分。目前，我国同世界上160多个国家和地区保持着良好的文化交流关系，先后与145个国家签订政府间文化合作协定和近800个年度文化交流执行计划，全方位的对外文化交流的新格局已经形成。对外文化交流渠道逐渐拓宽。实施品牌战略，从深度和广度上拓展活动的影响力，“春节品牌”、“相约北京”、“亚洲艺术节”、“中国上海国际艺术节”等已成为在世界上广泛传播中华文化的重要载体。

（六）文化体制改革不断深化。30年来，文化体制改革从局部到整体，从机制调整到体制创新，不断探索，不断推进，不断深化。党的十六大以后，文化体制改革以“区别对待、分类指导，循序渐进、逐步推开”的方针为指导，不断向面上扩大，向纵深拓展。积极探索艺术院团改革的有效途径，探索多种资源整合的形式，实现优势互补，发挥存量资源的效用，使艺术资源的配置和院团的布局结构得到优化。按照“成熟一个转一个”的要求，完成了一批艺术院团的转企改制工作。积极塑造市场主体，一批经营性文化事业单位实现转企改制。

（七）文化建设的保障体系更加完善。30年来，国家出台了一系列促进文化建设的政策，加大财政文化投入、开征文化事业建设费、引导文化公益捐赠、支持社会力量兴办文化事业、扩大市场准入等，使长期困扰文化建设的投入不足、资金短缺等难题得到一定程度的缓解。十六大以来，国家财政对文化事业的投入达到了历史最高水平。文化事业费逐年增加，全国文化事业经费累计达到580.82亿元，年均增长22.5%。在全国文化事业费增加的基础上，中央和省级财政设立了专项扶持资金，加大对农村地区，特别是老、少、边、穷地区文化建设的扶持力度。文化政策进一步完善，文化法规进一步健全，文化法律框架体系初步形成。2006年国家首次颁布了文化发展专项规划——《国家“十一五”时期文化发展规划纲要》。国家制定并修订了《文物保护法》、《著作权法》，国务院制定文化行政法规十余部，文化部发布部门规章45件，为文化的健康发展提供了根本保障。

30年来文化建设的基本经验

（一）必须围绕大局，充分认识文化的地位和作用，不断提高文化自觉意识。

（二）必须高举中国特色社会主义伟大旗帜，坚持先进文化的前进方向。

（三）必须坚持以人为本，满足人民日益增长的精神文化需求，保障人民基本文化权益。

（四）必须坚持重在建设，以发展繁荣文化为主题，以构建公共文化服务体系为抓手，为人民奉献更多更好的精神食粮。

（五）必须坚持三个“两手抓”的发展思路，转变文化发展方式，推动文化全面协调健康发展。

（六）必须解放思想，坚持改革创新和科技进步，破除制约文化发展的体制性障碍，解放和发展生产力，为文化发展提供强大动力。

（七）必须尊重知识、尊重劳动、尊重创造、尊重人才，遵循文化发展规律，努力实现文化的理想发展、和谐发展。

（八）必须坚持积极吸引民营资本和海外资本参与文化建设，形成公有制为主体、多种所有制共同发展的文化产业格局和以民族文化为主体、吸收外来有益文化的文化对外开放格局。

（九）必须提升国家文化软实力，实施文化“走出去”战略，增强中华文化国际影响力。

改革开放30年，是广大文化工作者解放思想、与时俱进、开拓进取的30年，是中华文化伟大复兴的30年，是中国文化事业繁荣发展的30年。当前，我们正站在历史新的起点上，要在改革开放30年快速发展之后继续保持蓬勃发展的势头，实现中华民族的伟大复兴，任重而道远。

（《人民日报》2008年12月4日）

彰显时代精神　服务人民大众

——2008年中国文化建设回眸

本报记者　谌强

对亿万中国人来说，2008年是经历辉煌与艰难、成功与曲折、快乐和伤痛的一年，也是回顾历史、总结历史和创造历史并深受国际社会瞩目的一年。文化建设在这一年里，同政治建设、经济建设和社会建设一起成长，并且记载、抒发和讴歌了亿万中国人为民族奋进、国家强盛和社会进步而发自心底的豪迈和深情，成为铭记一个时代的文化记忆。文化产业、文化事业和文化体制改革也在这一年得到了新的发展和提升。

参与奥运、扩大交流，演绎展示中国文化

2008年，是中国的奥运年。中国文化对奥运会人文精神的演绎展示，在北京奥运会开幕式上赢得了全世界的惊叹和赞美。中国文化的瑰丽画卷在国家体育场“鸟巢”里，在全球通过电视观看奥运盛会开幕式的、超过40亿不同民族和国家的观众注视下，一次又一次自信而从容地徐徐展开，击缶、古琴、造纸、笔砚、书法、印刷、国画、太极、论语……通过精彩绝伦的艺术创造和生动演绎，向全世界展现了中华民族精神和文明古国的文化恢弘气象，让观众领略到和平发展的当代中国自信、坚韧、和平、包容、友善、负责的大国风范。

新年特稿

为迎接北京奥运盛会而举行的北京奥运重大文化活动，境内部分由近170台全国优秀舞台剧（节）目展演和62项专业艺术展览构成，通过国家舞台艺术精品工程精品剧目展演、非物质文化遗产优秀剧种展演、国家艺术院团优秀剧（节）目展演、群众演艺和少儿演艺优秀剧（节）目展演、奥运主题剧目展演、“中国交响乐之春”、“京昆情韵”戏曲展演、“梦幻之旅”杂技展演、民族风情歌舞展演等九大板块的展演，生动展现了我国舞台艺术创作演出的最新风貌，其参演剧目数量之多、质量之高、范围之广，是新中国成立以来舞台艺术最为集中的一次精彩展示；专业艺术展览形式多样，内容丰富，包括我国古代文物精品展示、民族民间艺术品展示、故宫典藏历代绘画精品展览、我国近现代艺术大师精品展览等，向世界生动展示了我国丰富多彩的民族文化传统和创新、发展的丰硕成果。这些优秀舞台剧（节）目和艺术展览在展现奥运人文精神的同时，也成为2008年最为耀眼的中华文化风景线。

北京奥运会重大文化活动作为与奥运会、残奥会同时举行的奥运文化盛会，成为我国迄今为止举办的规模最大、时间最长、艺术水平最高的国际文化交流盛会。在长达三个月的时间里，来自世界五大洲80多个国家和地区的近万名艺术家汇聚北京，举行了200余项精彩纷呈的文化活动，包括歌剧、话剧、舞剧、音乐会、歌舞晚会、杂技、文化展览等，充分反映出世界文化的多样性和奥林匹克精神的参与性、包容性，为营造“人文奥运”的良好氛围、烘托祥和喜庆的奥运节日气氛发挥了重要作用。

在令人关注的奥运年中，中外文化交流也成为中国文化建设的一个亮点。在来自五大洲80多个国家和地区的近万名艺术家参加北京奥运文化活动演出之外，由文化部、国家广播电影电视总局、新闻出版总署、广东省人民政府联合主办的“2008非洲文化聚焦”大型中非文化交流活动在深圳举行，集中展示了非洲及我国有关非洲的演出、展览、出版、影视等，举行了文化官员之间、艺术家之间、文化领域专家之间的文化交流项目，来自非洲6个国家的艺术团、3个国家的展览、12个国家的文化官员、8个国家的博物馆专家、5个国家的画家、13个国家驻华使馆的20位代表，以及在河北吴桥学习中国杂技的非洲学员等25个非洲国家的140多位文化官员、艺术家、专家学者出席了此次活动。

反映生活、服务大众，推动公共文化服务

在辉煌、成功和欢乐的时刻，亿万中国人也不能忘怀在这一年里经历的灾害、伤痛和磨难。年初南方冰雪、5·12汶川大地震，成为当代中国难忘的苦难记忆，但中国文学历史久远的诗歌传统，却在这些艰难时刻成为人们鼓舞斗志、传递关怀、表达真情的精神土地。一批批诗人和作家深入冰雪、地震灾区，参与抗灾救灾，感悟生活，写下了感人至深的诗歌、报告文学等作品，与新闻界一起总结、提炼了抗震救灾精神。尤其是在汶川大地震发生后，在网络中、在电视里、在报刊上、在手机短信的传递中，无数普通民众以诗歌特有的方式，表达了对精神世界和人间真情的叩问和关注。中国作家协会《诗刊》出版了抗击冰雪特刊，由中宣部出版局组织策划、人民文学出版社编选的诗集《有爱相伴——致2008·汶川》在汶川大地震14天后便与读者见面，成为令人感到温暖的2008年中国文学现象。

2008年，也是国家大剧院正式揭幕运营的第一年。这个我国最高的国家艺术殿堂一年来创造的辉煌，也是我国舞台艺术成就和大众文化生活的一个缩影。一年来，国家大剧院精心策划了开幕国际演出季、奥运演出季、秋季演出季等，演出近千场，观众近百万，包括众多国际艺术大师在内的中外200余家艺术院团和单位演出了歌剧、芭蕾舞、戏剧、交响乐音乐会等众多精品剧目和节目；同时，国家大剧院还相继举办了800多场艺术教育普及活动，其中艺术教育演出330场，约32万人参与活动，享受到一流的艺术教育和艺术体验。这充分体现了国家大剧院崇尚高雅艺术、坚持主流文化、推动教育普及的艺术追求，受到众多艺术爱好者的高度赞赏。

2008年起，全国文化文物系统博物馆、纪念馆启动向社会免费开放，受到各地群众的热烈欢迎，不少地方曾一度出现了博物馆、美术馆“爆棚”的火热景象。与此同时，公共文化服务不断创新服务方式和手段，全国文化信息资源共享工程国家中心在冰雪和地震灾害发生后，及时整合数字资源送往灾区，并帮助灾区建设基层服务点，还在奥运会期间举行了“文化艺术奥运行”图片展，服务各地基层，深受广大民众的欢迎。

从2007年底开始建立文化生态保护实验区以来，我国非物质文化遗产保护进入整体活态保护的新阶段。一年来，继福建省闽南文化生态保护实验区建立之后，徽州文化生态保护实验区、青海省热贡文化生态保护实验区和羌族文化生态保护实验区相继建立。非物质遗产保护法作为国家未来五年内审议的项目，被列入前不久出台的第十一届全国人大常委会立法规划。

记录历史、讴歌时代，纪念改革开放30周年

2008年正值中国改革开放30周年，中国文化建设既是这30年的见证者、受益者，也是记录者和讴歌者。

歌声，在2008年成为对一个时代的回望和讴歌。许多时代的记忆和情感，都已凝结在这30年中诞生和传唱的一首首优美动人的歌曲中。中央电视台为庆祝改革开放30年制作的特别节目《歌声飘过30年》百首金曲演唱会，成为歌声中的回忆。从《祝酒歌》的喜悦到《吐鲁番的葡萄熟了》的深情，从《在希望的田野上》的憧憬到《我爱你中国》的自豪，从《我的中国心》的眷恋到《让世界充满爱》的期盼，从《春天的故事》的赞美到《长城长》的奔放，从《同一首歌》的梦想到《为祖国干杯》的祝福，亿万观众在优美动人的歌声中走过改革开放30年，走过2008年。

30年农村巨变，30年农民生活水平大为改善。在文化部举办的“纪念改革开放30周年——首届全国农民文艺会演”中，来自全国各地的2500多名农民文艺骨干、民间艺人举行了140场演出，用文艺形式表达新农民对改革开放的赞美与讴歌。在前不久举行的首届中国农民歌会中，“农民唱、唱农民、唱农村”成为农民歌会的最大特色，体现了当代农民求富、求知、求美、求乐的追求和向往。

（《光明日报》2009年1月6日）

坚持以科学发展观为统领 努力开创文艺工作和文联工作新局面

胡振民

2008年工作的回顾和总结

2008年，对我们党和国家来说，是极不寻常、极不平凡的一年。一年来，在党中央的坚强领导和中宣部的有力指导下，中国文联及各团体会员深入贯彻落实科学发展观，团结动员广大文艺工作者，埋头苦干、锐意进取，圆满完成了八届三次全委会确定的各项任务。

一、精心组织开展了一系列有声势有特色有影响的主题文艺活动

围绕纪念改革开放30周年，举办“改革开放颂”系列演出、舞蹈精品演出、全国美术作品展览、全军书法作品展览、相声百年展、优秀电视剧歌曲推选、金鸡百花奖获奖影片进校园、摄影金像奖作者作品回顾展、记忆30年全国摄影大展、唱响30年中国音乐盛典，召开纪念改革开放30年戏剧优秀剧目研讨会、中国曲艺高峰论坛，组织“放眼企业看巨变”千名文艺工作者专题采风等一系列文艺活动，社会反响热烈。

围绕北京奥运会、残奥会，组织百余名艺术家发出《致世界各国艺术家的一封公开信》，举办第3届北京国际美术双年展、第8届国际书法交流大展、杂技金奖节目展演、中国民族民间工艺制作与展示、中国农民艺术展等系列活动。

围绕庆祝建党87周年、建军81周年和圆满完成神州七号载人航天飞行任务等，举办大型文艺演唱会、“飞天壮歌”纪实摄影展等文艺活动。通过上述工作，热情讴歌改革开放和现代化建设的辉煌成就，大力弘扬奥运精神，彰显了人文奥运理念，充分展现了当代中国社会进步、蓬勃发展的良好形象和崭新面貌。

二、精心组织一系列抗击低温雨雪冰冻灾害、汶川特大地震灾害的文艺赈灾活动

踊跃开展各种义演、义卖等募捐活动。雨雪冰冻灾害发生后，中国曲协率先发起以“爱心化冰雪、真情暖人间”为主题的全国曲艺界抗冰雪赈灾大义演，众多知名曲艺家积极参加，募集善款近1600万元。中国文联所属各文艺家协会和地方文联纷纷开展各种形式的赈灾义捐、义演、义卖活动，共筹集善款近亿元。汶川特大地震灾害发生后，中国文联第一时间向四川省委省政府发去慰问电并捐助100万元，及时下发《关于组织动员广大文艺工作者积极投身抗震救灾工作的通知》，组织近200位知名艺术家发出《众志成城抗震救灾——致全国文艺工作者的倡议书》。率先发起并参与主办“爱的奉献——2008宣传文化系统抗震救灾大型募捐活动”，现场募集捐款15亿多元，活动规模之大、参与面之广、募集善款之多，均为历史之最，在国内外引起强烈反响，受到胡锦涛总书记等中央领导同志的高度赞扬。

积极组织采访创作和慰问活动。雨雪冰冻灾害发生后，根据中央领导同志指示精神，中国文联及时发出《关于组织动员文艺工作者深入灾区体验生活创作反映抗灾救灾题材文艺作品的通知》，组织5支文艺小分队奔赴湖南郴州、安徽庐江、广西资源、贵州开阳、江西九江等重灾区开展慰问演出活动。汶川特大地震发生后，按照中宣部的统一部署，中国文联迅速组织抗震救灾采访创作小分队深入灾区第一线；进入恢复重建阶段后，组织2支“心连心”慰问艺术团小分队赴陕西宝鸡和汉中灾区进行慰问演出。中国舞协组织抗震救灾艺术心理救助活动，中国民协组织专家开展紧急保护羌族文化遗产活动，得到温家宝总理的高度赞扬。

大力宣传抗灾救灾中的英雄壮举和感人事迹。中国文联举办“抗震救灾全国摄影美术书法特展”，汇聚抗震救灾第一线摄影家的200余幅作品和160余位当代著名书画家的精品力作，生动展现了全党全军全国各族人民撼天动地、气壮山河的英雄气概；成功举办“奉献青春、重建家园——新生代歌手大型赈灾演唱会”，表达了优秀青年文艺工作者对灾区人民的深情厚谊。中国剧协组织创作了大型话剧《坚守》并在全国各地巡演，反映抗震救灾感人壮举、歌颂人间大爱。中国文联及各团体会员所属报刊出版单位，积极配合抗震救灾斗争，进行了及时充分的报道，出版了一大批优秀出版物，并向灾区捐献一批报刊图书。通过上述工作，充分体现了广大文艺工作者和文联组织在自然灾害肆虐的紧要关头与人民群众心连心、同呼吸、共命运的真挚情怀，有力配合了党中央、国务院抗灾救灾的决策部署，极大鼓舞了广大灾区群众万众一心、众志成城、战胜灾害、重建家园的信心和勇气。

三、广泛开展面向基层、服务群众的惠民文化活动

在2008年元旦春节期间继续开展“送欢乐、下基层”活动。中国文联会同各文艺家协会和产业文联共派出107支文艺团队，组织2000多位知名文艺家和文艺工作者，深入到18个省区市的40个地、县、乡（镇）开展活动。各地文联也按照中国文联的统一部署，开展了形式多样的“送欢乐、下基层”活动，据不完全统计，共计467场次。

精心打造百花系列知名品牌。成功举办“百花迎春——中国文学艺术界2008年春节大联欢”，在中央台播出后，收视率和收视份额双双创出新高，社会知名度不断扩大；举办“百花芬芳——昆曲春季演出季”等百花系列活动，为普通群众提供了一批高品质、低价位的“文化大餐”。

积极弘扬中华优秀传统文化。传统节日成为国家法定节假日后，会同有关部门成功举办“我们的节日”——清明节、端午节、中秋节大型主题文化系列活动。

深入开展“聚焦新农村、文艺为农民”系列文艺活动。积极实施新农村少儿舞蹈美育、民间文化遗产抢救、书法进万家、小康电视节目等工程，举办建设社会主义新农村艺术作品展览展演，组织“三农”题材文艺作品研讨，培训农民文艺骨干。通过上述工作，进一步丰富了人民群众的精神文化生活，增进了文艺工作者与人民群众的血肉联系，得到中央领导同志的充分肯定，受到新闻媒体和社会各界广泛的好评。

四、切实加强舆情信息、理论评论和评奖办节工作

切实加强文艺舆情信息和调研工作。深入开展重大课题的调查研究，撰写了“推动社会主义文化大发展大繁荣”、“中国文联组织开展‘送欢乐、下基层'大型文化惠民活动”等一批有分量、有价值、对工作有指导作用的调研报告，得到上级机关和领导同志的充分肯定。

切实加强文艺理论评论和新闻宣传工作。召开了“纪念毛泽东同志《在延安文艺座谈会上的讲话》发表66周年暨全国文艺评论工作座谈会”，发出《关于加强和改进文艺评论，推动文艺大发展大繁荣的倡议书》。还多次举办各艺术门类的理论研讨会，研究文艺思潮，引导健康评论。制定了《中国文联新闻宣传工作管理办法》，加强与中央新闻主管部门和新闻媒体的沟通与协作，新闻宣传工作的整体质量和水平明显提高。

认真改进文艺评奖办节工作。召开中国文联文艺评奖工作座谈会，总结全国性文艺新闻出版评奖整改以来的工作经验，分析存在的问题，研究制定《中国文联全国性文艺评奖管理办法》，进一步规范评奖程序。成功举办了一系列具有权威性的专项评奖艺术节和比赛，评出了一批思想性、艺术性、观赏性俱佳，深受群众喜爱的优秀作品，推出了一大批优秀人才。

五、发挥对外民间文化交流的优势，积极参与国际文化交流与合作

成功举办一系列国际文化艺术展演展示活动。在美国纽约联合国总部举办“同一个世界——中国画家彩绘联合国大家庭”艺术大展，在日本举办“今日中国”艺术周，在俄罗斯举办“从莫斯科到北京——第29届奥运会摄影展”。举办第31届世界戏剧节、第15届中韩日戏剧节、第23届中日电影制作研讨会、第8届中国（武汉）国际杂技艺术节理论研讨会、第2届中国东盟电视合作峰会、全球化格局中戏剧发展国际学术研讨会、欧盟电影周、平遥国际摄影大展等活动。

积极开展中外文艺家互访交流活动，加强与国际艺术组织的联系。据不完全统计，今年累计开展对外民间文化交流项目144个、2109人次，举办和参加的艺术展览14项、演出项目21个，承办和出席国际会议22个，举办和参加的各类艺术节23个。目前，中国文联及各文艺家协会加入的国际艺术组织13个，在6个组织中拥有执委以上席位，今年中国剧协争得国际剧协执委会、常委会成员席位，中国舞协在中断多年后重新返回国际舞蹈理事会。

加大两岸四地文化交流与合作力度。邀请港澳美术界和电影界艺术家代表参加中国美协第七次全国代表大会和中国影协第八次全国代表大会，共商中国美术、电影事业发展大计。成功举办梅花奖艺术团香港行、海峡两岸首届合唱节、第3届海峡摄影艺术节、中华情——美术书法展览澳门行等活动。

六、切实加强文联机关的思想建设、组织建设、作风建设、制度建设和后勤建设

认真开展深入学习实践科学发展观活动，目前已顺利完成学习调研和分析检查阶段的各项任务。

努力加强各级领导班子和干部队伍建设。圆满完成中国美协、中国影协换届工作。积极调整充实各级领导班子，干部队伍的年龄结构、知识结构发生了可喜变化，整体素质得到提高。

扎实推进事业单位改革和后勤建设。完成了中国文联所属36家报刊、出版单位的清产核资，制定《中国文联出版业总体改革方案》及转企改制、资产重组具体办法。中国艺术家之家正在抓紧后期装修改造，有望在中国文联成立60周年时投入使用。中国文联宾馆的装修改造基本完成，职工居住条件得到较大改善。

加大服务文艺工作者力度，积极探索服务体制外文艺工作者的途径和办法，多办好事、实事。

2009年的工作安排

根据中央的部署和要求，2009年中国文联要着力做好以下8个方面的重点工作。

一、紧紧围绕深入学习实践科学发展观，坚持不懈地用马克思主义中国化最新成果武装头脑、指导工作，努力增强贯彻落实科学发展观的自觉性和坚定性。

深入学习实践科学发展观，是在新的历史起点上推动文艺工作和文联工作创新发展的必然要求。2009年，中国文联及各团体会员要继续围绕“推动文艺繁荣、服务科学发展、促进社会和谐”，按照党员干部受教育、科学发展上水平、人民群众得实惠这个总要求，善始善终地搞好学习实践活动。

要切实增强学习实践活动的针对性和实效性，把科学发展观的要求转化为推动文艺繁荣的正确思路，转化为服务科学发展的实际能力，转化为促进社会和谐的具体措施，更加坚定、自觉地用科学发展观统领新形势下的文艺工作和文联工作。

二、紧紧围绕纪念新中国和中国文联成立60周年，精心组织主题文艺活动，充分展示新中国和中国文联的奋斗历程、辉煌成就和美好前景。

2009年，中国文联及各团体会员要按照中央的统一部署，围绕纪念新中国成立60周年，精心组织专题文艺展演、展映、展览、展示活动，以丰富多彩的文艺形式，充分展示60年来中国人民的面貌、社会主义中国的面貌、中国共产党的面貌发生的历史性变化，唱响共产党好、社会主义好、人民群众好、伟大祖国好的主旋律。

要围绕纪念中国文联暨中国剧协、中国影协、中国音协、中国美协、中国曲协、中国舞协以及有关省区市文联成立60周年，提前谋划、早作准备，重点办好纪念大会、工作经验交流会、理论研讨、文艺演出、图书出版和“我与文联”征文等活动，充分展示文艺界大团结大繁荣大发展的生动局面，充分展示广大文艺工作者奋发有为、昂扬向上的精神风貌，大力营造喜庆、团结、繁荣的浓厚氛围。各地文联也要围绕这两个重大纪念活动，开展好主题文艺活动。

三、紧紧围绕人民群众对文化建设的新期待，深入扎实开展面向基层、服务群众的惠民文化活动，努力保障人民群众的基本文化权益。

2009年，中国文联及各团体会员要精心组织好元旦春节期间的“送欢乐、下基层”惠民文化活动，办好“百花迎春——中国文学艺术界大联欢”，营造欢乐祥和文明的节日氛围。要继续开展高品质、低价位、服务普通百姓的“百花芬芳”系列活动，进一步丰富基层群众的精神文化生活。要继续开展以“聚焦新农村、文艺为农民”为主题的系列活动，重点办好新农村少儿舞蹈美育工程、第3届农村小康电视节目工程、首届中国农民艺术节等，扶持建立农村文艺活动示范基地，引导文艺工作者创作生产更多反映新农村建设的优秀文艺作品。要继续开展梅花奖艺术团“送戏下基层”、曲艺家“送欢笑”、“美术家、书法家进万家”、传统节日系列文化活动、文艺进社区进校园等活动，大力倡导“百花回报沃土、艺术奉献人民”的良好风尚。各地文联都要坚持从当地的实际情况出发，采取多种形式组织广大文艺工作者深入生活、服务群众，积极指导和推动群众性文艺活动。

四、紧紧围绕党和国家“大外交”、“大外宣”的总体部署，积极主动地推进对外民间文化交流与合作，努力扩大中华文化的国际影响。

开展对外民间文化交流与合作，是我国文化外交和外宣工作的重要组成部分，是提升国家文化软实力、树立国家良好形象的重要途径。2009年，中国文联及各全国性文艺家协会要继续办好“今日中国”艺术周、“艺术之旅”等重大对外文化交流活动，面向国外主流社会、高端人士和政府官员，充分展示当代中国艺术发展的最新成果，着力打造成对外文化交流的重要品牌。要组织好第29届世界魔术大会、梅花奖艺术团美国行、当代中国美术精品世界行、中国书法环球行，办好第13届国际摄影艺术展、上海合作组织电视高峰论坛、第9届中日韩电视制作者论坛、第4届中俄电视论坛、第3届中日韩非物质文化遗产保护论坛、第2届中国—东盟电视论坛、第3届中国—东盟当代舞蹈国际研讨会、第20届中日自作诗书展、第6届国际马戏论坛等活动，努力提高中国艺术在国际上的影响力。要加大与港澳台地区的文化交流力度，办好海峡两岸暨港澳地区艺术论坛和庆祝澳门回归10周年系列文艺活动，不断强化中华文化同根同源的意识和感情。各地文联也要根据实际情况，积极开展具有地方特色的对外文化交流活动。

五、紧紧围绕坚持文艺的正确导向，切实改进理论评论和评奖办节工作，努力推出一批优秀文艺作品。

2009年，中国文联及各团体会员要切实加强对事关文艺工作和文联工作全局性、战略性、前瞻性问题的研究，力争形成有参考价值和借鉴意义的调研报告。要举全国文联系统之力，启动编写《文联工作概论》。要召开全国文联文艺舆情信息工作会议，密切关注社会文艺动态和文艺理论领域的形势，建立文艺舆情汇集和分析机制。办好纪念中国文联成立60周年理论研讨会、第7届中国文联文艺理论评奖、2009年当代文艺论坛等活动，继续办好中国文联及各文艺家协会所属报刊的文艺理论评论栏目，加强各文艺家协会理论评论和学术委员会建设，充分发挥特约研究员队伍、特约评论员队伍的作用。

要认真落实《中国文联文艺评奖管理办法》，切实办好第3届中国戏剧奖、第27届中国电影金鸡奖、第7届中国音乐金钟奖、第1届中国美术奖、第7届中国舞蹈荷花奖、第9届中国民间文艺山花奖、第8届中国摄影金像奖、第3届中国书法兰亭奖、第8届中国杂技金菊奖；研究加强对中国文联和各文艺家协会举办的各类艺术节的管理，办好第11届中国戏剧节、第18届中国金鸡百花电影节、第3届中国舞蹈节、第8届中国摄影艺术节、第8届中国民间艺术节，做好“全国优秀少儿歌曲”的推广工作，办好第5届“小荷风采”全国少儿舞蹈展演、全国流行歌曲创作大赛等，推出一批思想性与艺术性相统一、反映人民主体地位和人民群众喜闻乐见的精品力作。要充分发挥中国文学艺术基金会的作用，按照基金会章程和资金使用管理办法，重点扶持优秀文艺作品的创作和生产。各地文联也要加强改进理论评论和评奖办节工作。通过上述努力，切实发挥文艺理论评论和评奖办节的导向作用，努力推出一批正确表现历史、反映现实、体现时代，以弘扬社会主义价值观为主旋律的优秀作品。

六、紧紧围绕造就老中青相结合的文艺大军，切实加强文艺队伍建设，努力培养一批德艺双馨的文艺大家和领军人物。

2009年，中国文联及各团体会员要办好第4届中国文联中青年文艺评论家高级研修班，加大培训优秀文艺骨干的力度。要高度重视培养和发现文艺界先进典型，积极宣传和学习他们的崇高思想和优秀品质，弘扬德艺双馨精神，引导广大文艺工作者认真履行人类灵魂工程师的神圣职责。要把新的文化组织和自由职业者纳入工作范围，加强与不同体制下文艺工作者的联系，积极探索对体制外文艺从业人员的培训和业务指导的有效方式，把他们团结和凝聚到党的文艺事业中来。要积极倡导艺术民主和学术民主，营造尊重劳动、尊重知识、尊重人才、尊重创造的良好氛围，为文艺人才的迅速成长和脱颖而出创造条件。要积极关心文艺工作者特别是知名老艺术家的工作与生活，继续推进京剧“晚霞”、“彩霞”工程、“艺坛大家”音像工程，组织好文艺名人从艺、诞辰纪念活动，努力为他们办好事办实事，发挥他们在文艺界的带动作用。要积极推介优秀人才和他们的优秀作品，更好地发挥示范作用。各地文联也要做好相应的工作。通过上述努力，用事业造就人才，用目标凝聚人才，用机制激励人才，把各类人才团结在党的周围，凝聚到繁荣发展社会主义文艺事业中来。

七、紧紧围绕推动文化内容形式、体制机制、传播手段的创新，积极探索行业服务、行业管理、行业自律和维权工作的有效途径，努力找准方位、履行职能、发挥作用。

2009年，中国文联及各团体会员要积极探索新办法，在服务文艺工作者的过程中加强管理、引导自律。要努力探索联系服务各方面各领域文艺工作者的新途径，及时了解他们的工作生活情况，真实反映他们的诉求。要加大维权工作力度，努力建设一支作风过硬、业务专精、甘于奉献的维权队伍，维护好广大文艺工作者的合法权益。要认真总结新时期特别是近年来加强行业服务、行业管理、行业自律的成功做法，借鉴其他人民团体在这方面的有益经验，努力探索新形势下做好文艺工作和文联工作的新方式新手段。要认真贯彻中央文化体制改革工作会议精神，坚持“积极稳妥、统筹兼顾、两级管理、循序渐进、重点突破、分步实施”的原则，在充分尊重各文艺家协会自主性的前提下，有条不紊地推进文联出版业的转企改制、资产重组，采取灵活的资本运作措施，实现中国文联出版业的快速发展和职工收入的稳步提高。各地文联也要在探索文联工作新机制新手段方面迈出新步伐，提供新经验。通过上述努力，不断完善文联的体制和运行机制，适应文艺工作和文联工作在物质基础、社会环境、传播渠道等方面的新变化，进一步找准方位、履行职能、发挥作用。

八、紧紧围绕办好各方面各领域文艺工作者的“温馨和谐之家”，全面加强文联自身建设，努力为开创文艺工作和文联工作新局面提供保障。

2009年，中国文联及各团体会员要继续加强领导班子建设，牢固树立注重品行、崇尚实干、重视基层、鼓励创新、群众公认的用人导向，坚持“德才兼备、以德为先”的用人原则，真正把那些政治上靠得住、工作上有本事、群众信得过、作风过得硬的干部选拔到各级领导岗位上来。要继续加强干部队伍建设，做好各种骨干力量的理论和业务培训工作，努力提高文联干部职工特别是领导干部的业务素质；扎实推进干部人事制度改革，加强人才信息库建设，有计划有步骤地实施干部交流和轮岗，大力提拔那些被实践证明优秀、发展潜力较大的年轻干部；对离退休干部要做到政治上多关心、思想上多沟通、生活上多照顾。要继续加强基层党组织建设，坚持抓基层、打基础，坚持教育管理服务并重。要做好中国音协的换届选举工作。抓紧做好中国文艺家之家的改造装修和搬迁工作。要进一步加强和改进机关服务工作，增强服务能力，提高服务水平。各地文联也要结合实际，切实加强自身建设。通过上述努力，不断提高做好新形势下文艺工作和文联工作的能力和水平，增强广大文艺工作者对文联组织的向心力和认同感，真正把文联建成各方面各领域文艺工作者的“温馨和谐之家”。

（《光明日报》2009年1月16日）

与民族休戚相关　与人民呼吸与共
——2008年度中国报告文学概观

李朝全

2008年，注定在中国历史上、在中华民族心灵史上，写下浓墨重彩的一页：从年初的南方雨雪冰冻，到5·12汶川大地震，从临汾溃坝到三鹿奶粉三聚氰胺事件，从股市跳水到全球金融危机……这一年，我们也迎来了百年等一回的北京奥运会，迎来了中国人的首次太空漫步，迎来了改革开放30周年……

我们的报告文学作家始终都与民族休戚相关，与人民血肉相连，呼吸与共。在所有重大事件发生现场，在现实社会生活的方方面面，我们都能清晰地看到报告文学作家的身影，都能读到鲜活感人的报告文学作品。这，正是报告文学最可贵的品质之一，即“在场”和“参与”。实践一再雄辩地证明：报告文学是最食人间烟火的，是最贴近大地行走的，是人民立场鲜明最具有人民性的文学。

在创作题材和主题方面，时政报告一枝独秀

报告文学是关注现实人生的文学。如果说往年的报告文学创作时政、历史、传记、社会焦点等题材数驾齐驱各有千秋的话，2008年，时政报告则是一枝独秀，时事报告文学和政治报告文学作品接连大量涌现，成为本年度报告文学创作最壮丽的一道风景。时事政治，关系着民族的发展和人民的生存，报告文学对时政如此地关注和青睐其实正是关注国计民生，关注民间疾苦，正好体现了其参与现实社会生活的鲜明品格。

1. 描写改革开放题材作品大作迭出，以文学方式率先书写波澜壮阔的中国改革开放史，出现了一些比较厚重的作品。

今年适值改革开放30周年之际，众多报告文学作家纷纷创作反映改革开放伟大历史进程的作品。其中，吕雷、赵洪耗时五年完成的《国运——南方记事》（人民文学出版社6月出版）一书，描述广东地区百年历史风云特别是近30年来在艰难中不断前行的改革进程，塑造了邓小平、谢非、任仲夷、厉有为、梁广大等一系列的改革英雄，烛照整部中国改革史。何建明《台州农民革命风暴》（作家出版社10月出版）溯本清源，首次提出台州农民是先于安徽小岗村开始农村改革的论断，描写台州农民在改革开放前后所掀起的这场革命风暴。他的另一部长篇报告文学《破天荒》（作家出版社8月出版）则记述了中国对外开放第一个重要事件——海洋石油开发，生动形象地记录了这一重大决策过程和对外开放决策给中国带来的巨大变化。傅加华《深圳记忆》（《报告文学》3期）则是一篇专注于深圳地区改革史的作品。罗长江《神话与绝唱：张家界》（中国青年出版社）描绘了张家界人在改革开放大潮中勇于探索与实践的生动场景，真实记录了张家界这座城市的成长历程。这些作品，以文学的笔触描写中国改革开放史，为共和国留下一份生动真实的历史资料和文学记录，也为时代留下一段沉甸甸的民族心灵史和精神成长史。

有些改革题材作品则重在写人，如李春雷《木棉花开》（《广州文艺》4期，广东人民出版社10月出版单行本，题名《木棉花开——任仲夷在广东》）其实是一篇有关广东改革先驱任仲夷的传略，笔墨简约生动。涂俏《改革现场：袁庚的1978~1984》（《中国作家·纪实》2期）则以深圳改革闯将袁庚为主角，通过刻画一个具有代表性的改革者以反映历史原貌。

政论体报告是表现改革主题的重要文学样式。张胜友《珠江，东方的觉醒》（《人民文学》10期，五洲传播出版社7月出版）和《东莞：城市传奇》（《光明日报》10月25日）以激情澎湃、高度概括的方式，分别扫描珠江三角洲地区改革风云际会和东莞这座城市凤凰涅槃式的传奇变革历程，文字洗练抒情，充溢着理想主义色彩，无疑是献给改革开放时代的壮歌与礼赞。

2. 庆祝中国奥运年，充分展现人文奥运、绿色奥运和科技奥运以及青春中国的风采。

延续2007年出现的如孙大光《中国申奥亲历记》、曾哲《党建筑》等一些作品呼应北京奥运的主题，本年度出现了不少奥运题材或体育主题的作品，内容新颖，受到读者欢迎。孙晶岩《五环旗下的中国》（人民文学出版社7月出版）是一部关于北京奥运这一盛典的全景式记录。《新华月报》编写、人民出版社分别于5月和9月出版的《北京奥运圣火境外传递纪实》、《我和你：北京奥运17天》则分别对奥运圣火传递经过和北京奥运会过程作了如实的全记录，堪称一份珍贵翔实的历史档案。原北京奥申委副秘书长张清在《青年作家》8期上发表《中国两次申奥亲历记》，也是以自己的亲历亲为，叙述了中国体育的发展历程和两次申奥的艰难曲折。《何振梁申奥日记》（人民出版社7月出版），以主持者和参与者的身份，披露了许多鲜为人知的申奥实情，字里行间洋溢着浓烈的爱国情怀。描写同一主题的还有黄克俭发表于《时代文学》7期的《中国申奥之旅大纪实》等。

体育题材作品较受好评的还有马寅的《我爱女排》（云南人民出版社7月出版），讲述5年多来中国女排的光辉战绩和经历的坎坷挫折，张扬珍视荣誉、不屈不挠、拼搏奉献的女排精神。

3. 汶川大地震是国家和民族的一场浩劫，也是人类的一次大灾难，在国家不幸、人民遭难之时，报告文学没有缺席。

许多作家在地震发生后的第一时间奔赴救灾现场，见证灾难，体悟民瘼，撰写了一大批生动感人的作品，给读者留下了深刻印象。在图书出版方面，全国各地出版社积极参与抗震救灾主题图书的策划、编写和出版，形成了改革开放30年来中国出版史上罕见的一道出版景观。各类相关作品总数据统计在800种以上。这些作品，多半是纪实文学。其中，一部分是新闻记者、媒体等采写的通讯、特写、报道汇编等，如新华出版社5～6月推出的《中国汶川抗震救灾纪实》及续集和《新华社记者抗震救灾亲历记》，凤凰卫视出版中心编著的《汶川十日》（湖南文艺出版社6月出版）；一部分是各地宣传部门、军队系统组织采写、编辑出版的抗震救灾纪实，如总政宣传部紧急集结50多位军旅作家，在地震发生后一个月时间内完成采写编辑出版的《惊天动地战汶川》（解放军出版社6月出版），范凌主编、反映武警水电官兵堰塞湖排险曲折过程的《决战唐家山》（解放军出版社8月出版），中共重庆市委宣传部组织编写的《时间之殇：5·12汶川大地震图文报告》（西南师范大学出版社6月出版），《中国教师报》编辑的《教师感动中国——汶川大地震英雄教师事迹选》（华东师范大学出版社7月出版）等；还有一部分则是作家独立采访创作的，如赵瑜、李杜描写山西人民全力救援四川灾区动人事迹的《晋人援蜀记》（山西教育出版社10月出版，《中国作家·纪实》11期）。

各种文学期刊、报纸副刊等几无例外地大量刊发抗震救灾或与之相关主题的文学作品，《文艺报》《南方周末》《中国作家·纪实》《北京文学》等还出版了不少专版和专刊，集束式地推出一批报告文学，佳作频现，史所罕见。如朱玉《天堂上的花朵——汶川大地震，那些刻骨铭心的生命记忆》（《北京文学·精彩阅读》8～9期）、何建明《撤离死城——北川纪事》（《中国作家·小说》7期）、江宛柳《英雄唐家山》（《当代》5期）、张蜀梅《生死八天》（《花城》4期）、李春雷《夜宿棚花村》（《中国作家·纪实》7期）、李青松《大地震：卧龙人和熊猫》（《报告文学》7期）等。

4. 2008年1、2月间发生在南方部分省区的雨雪冰冻灾害是国家面临的另一场严峻考验。报告文学同样“在场”。

徐剑《冰冷血热》（中国电力出版社5月出版）突出展现了在大灾面前全社会同心协力、互帮互助、共渡难关的精神风貌。衣向东《生命通道——巅峰决战广州春运》（《啄木鸟》4期）注目冰灾严重影响下任务艰巨困难重重的春运。国家电网公司编辑的《冰雪战歌——国家电网公司抗冰抢险文学作品集》（中国电力出版社3月出版）反映了电力战线抗冰的全景。中共贵州省委宣传部编辑了《抗凝斗冰众志成城——贵州省抗凝冻英雄谱》（贵州人民出版社3月出版）一书。广东作协组织作家赶赴受灾一线采访，于7月推出了由伊始、温远辉等人合著的《冰点燃烧》（花城出版社）。

除了时政报告外，其他题材和主题的报告文学也出现了一些值得称道的作品。历史纪实方面，张正隆《枪杆子1949》（人民出版社9月出版）切取历史的一个小小断面，以文学形式叙史，视角新颖，叙事生动而饶有趣味。为纪念知青上山下乡40周年，贾宏图撰写了《我们的故事》（作家出版社1月出版），朱晓军发表了《留守在北大荒的知青》（《北京文学·精彩阅读》11期），倾情讲述一代人的如歌往事。蔡桂林《国家大道——中国高速公路建设发展纪实》（河北大学出版社6月出版）运用散文笔法，全面记录了中国高速公路建设发展宏伟壮美的历程，具有较强的文学性和可读性。

焦点热点问题方面，对日本问题深有研究的胡平推出《情报日本》（东方出版中心5月出版），提出日本以情报立国这样一个全新论断，指出情报工作在日本现代发展史上至关重要的作用。哲夫《执政能力——一个县委书记的故事》聚焦山西某县在应对突发性群体事件中的运筹帷幄妥善化解，提出了善于执政、和谐执政事关党的生死命脉。范香果《中国村官——农村基层组织选举备忘录》（《啄木鸟》1期）关注我国基层政权建设，揭示其存在的种种困境和问题，具备较强的现实针对性。反腐法制题材方面，朱晓军续写打假医生陈晓兰感人事迹的《一个医生的救赎》（《当代》5期），徐江善《药监大鳄——郑筱萸腐败案始末》（《中国作家·纪实》2期）、泽津《一个罪恶灵魂的人性挣扎——全国A级逃犯张显光人性探秘》（《北京文学·精彩阅读》3期）是值得关注的篇什。还有一些作品聚焦网络犯罪和网瘾毒害，关注社会新鲜事物、教育就业医疗养老等社会核心话题，如刘明银《战网魔》（《中国作家·纪实》6期）、丁一鹤《"网络暴力第一案"真相调查》（《啄木鸟》7期）、魏诚《中国农民工生存状况调查》（《时代文学》3期）、祁建《2007，见证中国养老工程》（《报告文学》4期）、吕辉《都市"拼客"：爱"拼"才会赢》（《报告文学》2期）等。

描写小人物，关注普通人现实生存状态，成为一种自觉追求

1. 平凡的人给我们最多的感动

《晋人援蜀记》塑造了一群感人至深的普通山西人：在国家大难面前，他们毫不犹豫地伸出援手，不顾安危，投入援蜀行动。在他们的身上，我们读到了一个伟大民族长盛不衰的精神文化支撑和高贵品质。徐坤《三声长哨与147条性命》（《文艺报》5月27日）讲述了一所平时防灾训练有素的学校在地震来临时成功挽救师生性命的故事，短小精悍。李鑫金《女儿啊，妈妈来世再爱你》（《报告文学》7期）描写舍己为人、无私无畏女警察蒋敏的英雄事迹。郝敬堂《好汉歌》（《报告文学》4期）记述了曾身受地震之害的唐山人倾尽全力支援冰冻灾区的无私行动。李朝全《少年英雄》（安徽少年儿童出版社9月出版）深情讲述了20名汶川大地震抗震救灾英雄少年的故事，对这些做出了连大人都难以做到的大智大勇大义大爱之举的小英雄们给予了热情的赞美。

2. 注重表现小人物身上闪耀的爱的真挚与执著、生命的坚韧和人性的光辉

李西闽《幸存者》（《收获》5期）讲述了自己被困于地震废墟下70多个小时等待救援和被救的苦难而漫长的经历，生命之顽强，意志之刚毅，尽显笔底，令人震撼。谢映红、闫星华《有一种生死叫坚强》（《中国作家·纪实》7期）描述了被困废墟下73小时的龚天秀，在亲历挚爱丈夫在身边死去等灾难之后，依旧坚持下去直至艰难获救的全过程。肖春飞《背亡妻回家：一个中国农民的爱情》（《新华每日电讯》6月17日）叙写了一个普通农民对死者的尊重和对爱情的信守。

李鸣生《废墟上的儿童节》（《中国作家·纪实》7期）是迄今少见的一篇反思地震灾难的优秀报告文学。作者满含深情地描写了都江堰新建小学326名遇难学生的800多名家长在学校废墟上为亡童们过一个异样的儿童节的情景。这篇反思意味浓烈的短篇佳作，敲打着每个人的良心与良知。

3. 一大批感动中国人物，真实鲜活地弘扬了民族精神的力量和魅力

最美笑容女孩、微笑宝贝、可乐男孩、史上最牛校长、最美教师……一大批普通人在地震中成为了英雄成为了明星。他们或亡或存，或健全或残疾，却都一样具备感天动地的人格魅力和崇高精神。这些小人物，在一系列的报告文学作品中得到了描写和表现。因为他们的事迹悲壮感人，他们的形象光彩照人，因此描写他们的作品同样生动形象，真实动人。譬如，英雄教师谭千秋，英雄机长邱光华，英雄少年宋雪、王彬等等。

综观2008年度报告文学，可以清晰地看到其鲜明的特征，即担当、在场、参与和反思。报告文学始终自觉践行着对社会责任的担当，热情参与社会现实生活，参与时代变革的伟大实践，并以文学的方式及时地予以呼应和表现。因此，报告文学注定是一种活着的文学，一种朝气蓬勃前行中的艺术。

（《光明日报》2009年1月9日）

民间文艺　卅年盛景

白庚胜

改革开放三十年，我国民间文艺始终坚持"百花齐放"、"推陈出新"的原则，在党和国家的大力扶持下，沿着毛泽东同志《在延安文艺座谈会上的讲话》指引的方向，以及新中国成立以来所开创的道路前进，成为新时期文艺百花园中最娇艳的花朵。

这一时期，我国民间文艺的繁荣是全面的、变革是深刻的。它们既表现在其创作、保护、传承、交流力度之前所未有与质量的提高突飞猛进，同时也彰显于其队伍、阵地、理论、产事业建设的空前活跃、卓有成效。其中，最值得大书特书的是文化部先后发起的"全国民间文艺十套集成"普查编纂工作与"国家口头与非物质文化遗产保

护”工作，以及中国民间文艺家协会组织实施的“中国民间文化遗产保护工程”。

“全国民间文艺十套集成”普查编纂工作于1984年起由周巍峙同志挂帅进行，历时二十余载，集中了全国民间文艺界的主要力量参与实施，实现了我国历史上对民间文艺遗产首次较全面的大盘点，为中华文化史积累了300多卷有关民间舞蹈、音乐、乐器、戏剧、曲艺、故事、歌谣、谚语等的省别集成。中国民间文艺家协会主持的“中国民间文化遗产抢救工程”于2002年正式启动，它是“十套集成”理念及工作的延续、继承、发展、深化。这是因为它补齐了“十套集成”所阙如的民间美术、民间长诗、民间史诗，并将“民间故事”细化为县卷本“中国民间故事全书”出版。这些使“民间文艺”更加名符其实。这项工程还将保护对象从“民间文艺”扩及至“民间文化”，使工作空间及视野更广阔，使工作内容更丰富，其成果总量达到17个系列10000余册。“国家口头与非物质文化遗产保护工作”是文化部于2004年发起的一个文化工程。在它已组织实施的40多个专项调查研究、已公布的两批1028个国家级名录、已分两批命名的777位杰出传承人、已申报成功的多项人类口头与非物质文化遗产（中国）中就有不少属于民间文艺类。

如果说“全国民间文艺十套集成”工作所体现的是社会转型初期的民间文艺觉醒，那么“中国民间文化遗产抢救工程”及“国家口头与非物质文化遗产保护”工作所表现出的则是全球化背景下的全民族文化自觉。它们是民间文艺、乃至民间文化界解放思想、改革开放的丰硕成果。

正是在这三个工程的驱动下，三十年来，我国的民间文艺盛况空前；在创作方面，民间文艺的口头创作、手工创作、网络创作、舞台及影视再创作植根于民间生产生活中，佳作、新人迭出，不但壮大了民间文艺本身，而且还为音乐、舞蹈、美术、文学等专业文艺创作提供了不竭的素材、题材、符号；在保护方面，除了传统的采风问俗、收集文本等传统的学术保护，申报遗产名录、建立保护区、制定法律条令、开发有关产品与项目等国际保护、国家保护、生产保护、生活保护、法律保护、教育保护、产业保护等已全面介入到民间文艺保护之中，并有高科技与市场力量发挥重要作用；在传承方面，一改往昔民间文艺大都作区域性、甚至村落与家庭内传承的陈规，不但其作品、作者扩大了传承范围，而且其创作技艺等也从村镇走向都市、从乡野走进教室讲台，实现了媒体、学校、产业、学术等多种传承的有机结合；在交流方面，如今的民间文艺正通过有关艺术节、博览会、评奖、汇演、学术会议、旅游等形式传播到五湖四海、甚至全球。如每两年一届的中国民间艺术节、中国民间工艺博览会、中国民间文艺“山花奖”评奖，以及众多的地方性、民族性、专题性民间文艺活动，不仅拉动了地方社会、经济、文化建设，也为增强国家文化软实力、强化两岸三地及海外华人的民族认同、实施“文化走出去”战略、促进世界和平作出了独特的贡献。

从1978年至今，我国民间文艺体制更加详备、组织更加缜密，不但进一步充实完善了从中央到省、市、县级的民间文艺家协会系统，而且在其下分别建立起了大量的专业委员会、研究会、研究中心、保护基地、传承基地、民间文艺之乡、博物馆等。据不完全统计，目前分散在全国各地的各级民间文艺家协会会员已多达20余万人。他们是我国民间文艺繁荣发展的有生力量；就阵地而言，今天的民间文艺比以往任何时候都更得到现代传媒的青睐，它们及其艺术家一直处于众多电视、电台、网络、报刊的关注之中。另外，56家专门性报刊在每年全国性排行榜中始终位列前茅，如《故事会》每期的发行量高达420万份，成为“双效”俱佳的传媒典型。这与三中全会前全国仅有《民间文学》等数家民间文艺刊物形成强烈对比；在教育方面，我国在“文革”结束前仅有北大、北师大等中文系设立有民间文学教研室，仅有中央工艺美院、中央美院、北舞院、中音院等设立有关民间艺术教研室。而今，我国几乎所有文科院校都设立有民间文学（民俗学）教学机构，几乎所有艺术院校都设立有关民间艺术教学机构，不少还建立起了有关研究中心、研究所、数据库、资料室，编写出版了大量的相关教材，初步建立起了从本科到硕士、博士、博士后的民间文艺教育体制，为民间文艺培养优秀人才提供了可靠保证。

民间文艺研究始终是我国民间文艺事业的理论支撑。三十年来，在钟敬文、马学良、贾芝、毛星等先生的引领下，我国的民间文艺研究从小到大、由弱到强，至今已经建立起一支强大的学术队伍，成立了一批实力雄厚的研究机构，开展了一系列总体或分体研究，召开了大量的国内或国际学术研讨会，实施了众多的学术工程，推出了《中国民间文学概论》、《中国民间美术》、《中国民间文学史》等重大学术成果及每年数以千计的论文、论著。仅就民间文学而言，它已从一般性总体概论进入到微观研究阶段，分别建立起了歌谣学、故事学、传说学、史诗学、叙事长诗学、谚语学、类型学等分支学科，有关比较研究、描写研究、母题研究、历史研究、审美研究、功能研究都取得了令人瞩目的成就，一个新型的具有中国特色的民间文艺学正在形成之中。

回顾我国民间文艺学在三十年间所取得的辉煌成就，我们更加深切感到思想解放、改革开放是强国之路、富民之路，也是包括民间文艺在内的社会主义文艺发展进步的必由之路。思想一解放，那些不适合我国民间文艺国情的观念、教条、理论就被荡涤一新；对内一改革，那些阻碍民间文艺生命力的体制、机制、方式就发生变化；对外一开放，中外民间文艺及其理论、方法的交流、借鉴、互动、共享就成为可能。于今，党的十七大又为我国民间文艺的发展进步指明了前进的方向。只要坚持科学发展观，把马克思主义文艺理论运用到我国民间文艺建设的具体实际之中，我国民间文艺界就必能继承五四以来的民间文艺工作优良传统，为建设中华民族共有精神家园、并掀起社会主义文化建设新高潮创造新辉煌。

（《光明日报》2009年1月9日）

改革风劲吹　繁荣花盛开
——2008年我国电影业改革发展综述

新华社记者　白瀛

随着电影行业体制机制改革的不断深入，中国电影的发展活力进一步被激发，电影事业全面发展，电影产业持续繁荣。2008年，中国故事片产量达到406部，步入世界电影生产大国行列；全年电影综合效益达到84.33亿元，创下历史新高；电影数字化取得突破性进展，农村电影公益性放映惠及亿万农民群众。

这一切，彰显出2008年中国电影行业改革发展的喜人成绩。

推进转企改制重塑市场主体

2008年，国有电影制片单位积极推进转企改制，按照现代企业制度要求重塑新型市场主体。2008年6月，珠江电影制片公司和广东省电影公司组建的珠江电影集团在广州挂牌。9月，在峨眉电影制片厂基础上组建的峨眉电影集团在成都挂牌。截至2008年底，我国38家国有电影制片单位中已有18家完成转企改制。同时，积极鼓励和引导社会资本参与摄制电影，目前全国民营制片公司近300家。

随着电影投资和制片主体的市场化、多元化，我国电影创作持续6年数量攀升。2008年故事片产量达到406部，同时，全年生产动画片16部、纪录片16部、科教片39部，电视电影107部，涌现出《梅兰芳》《超强台风》《一个人的奥林匹克》《农民工》《筑梦2008》等一大批优秀国产影片。

深化院线改革搞活市场流通

随着电影院线制改革的深入推进，行业内外各类资本纷纷看好电影市场，院线改革的发展模式日趋成熟。2008年，城市影院建设如火如荼，全国院线公司新增影院118家，总数达到1545家，同比增长8.27%；新增银幕数570块，平均每天新诞生1.56块银幕，全国银幕总数达到4097块，比去年增长16.16%。到2008年底，全国共有拥有国产片、进口片全国发行权的公司两家，拥有国产片、进口片电影院线发行放映权的院线公司34家，城市数字电影院线19家，农村数字电影院线158家，初步形成了覆盖全国主流市场、二级市场和农村市场的梯次发行放映网络，构成了适合不同阶层观众欣赏的、比较合理的电影市场结构。

据统计，2008年我国电影票房（不含农村市场）达到43.41亿元，同比增长10.14亿元，增幅达30.48%。特别是去年12月份全国票房超过5亿元，被称为“井喷式”增长，加上国产电影的海外销售收入25.28亿元和全国各电影频道播放电影的广告收入15.64亿元，全年电影综合效益达到84.33亿元。尤为可喜的是国产影片的市场占有率大幅提高，超过总票房的60%，连续6年超过进口影片。其中，《赤壁》《非诚勿扰》《梅兰芳》《画皮》《长江七号》《功夫之王》《大灌篮》《投名状》等8部影片均创造了票房过亿的优异成绩。

调整行政职能理顺管理体制

为进一步理顺地方电影行政管理体制，中宣部、中编办、文化部、广电总局于2008年11月20日联合下发《关于进一步理顺地方电影管理体制的通知》，正式启动全国电影行政管理职能调整划转工作，计划3个月内完成。

调整划转的具体内容包括：将地方各级文化主管部门承担的电影发行放映管理、市场准入、农村和社区等电影公共服务、农村电影放映工程的实施、指导基层电影队伍建设、电影专项资金的收缴和管理等职责，统一归口划入地方各级负责广电行政管理的部门；将省级文化主管部门承担电影发行放映的市场监管职责统一归口划入省级负责广电行政管理工作的部门；将地方各级文化主管部门所属的各国有电影企事业单位成建制统一划转到地方各级负责广电行政管理工作的部门；将地方各级文化主管部门与电影工作相关的机构编制、经费、设施、设备等统一划转到地方各级负责广电行政管理工作的部门，将形成权责一致、分工合理、执行顺畅、监督有力的电影行政管理体制。

加快电影科技发展创新公益放映机制

随着数字化、网络化、信息化的进程，数字技术在电影领域得到了广泛应用。2008 年，电影制作业数字化发展取得重大突破，总投资近 20 亿元的“国家中影数字制作基地”圆满落成并正式投入使用，作为“亚洲之最、世界一流”的基地，具有年生产制作 80 部电影故事片、200 部电视电影、500 集电视剧的能力，从而结束了中国大片到海外加工的局面。2008 年电影频道节目中心还拍摄了供电视播映的数字电影 107 部。电影数字化放映和数字电影院线建设也迈出历史性的步伐，目前与国际接轨的城市 2K 数字电影银幕已达 700 块，居世界第二位。1.3K 数字电影开始起步，已达 36 块银幕。农村 0.8K 数字电影放映已经普遍推广，流动银幕已达 13496 块。电影档案影片数字化修复工程扎实推进，已陆续完成 1600 多部故事片的数字化转换和修护。

农村电影放映工程纳入国家公共文化服务体系建设整体规划，各地按照中央确定的“市场运作、企业经营、政府购买、群众受惠”的新思路，在数字化放映、院线制股份制改革、政府补贴机制、电子商务经营和信息化管理等体制机制上大胆创新，探索出一条符合我国国情的农村电影发展道路。目前，农村数字电影院线公司已组建 158 家，数字电影流动放映队已组建 13328 个，放映点覆盖全国 27 万多个行政村。2008 年，农村共放映影片约 715 万场次，其中数字电影放映 213 万场，农村观众达 16 亿多人次。

（《光明日报》2009 年 1 月 24 日）

异军突起结硕果
（纪念改革开放 30 周年特选作品）
——中国电视剧 30 年创作成就略论

仲呈祥

一门“显学”

中国文艺发展的历史证明：一个时代，往往因其独具的时代条件会产生出彪领那个时代整个文艺创作潮流的一种主要文艺形式。新时期改革开放以来，中国文艺出现了持续繁荣发展的喜人局面。以“天安门诗歌”、《伤痕》、《哥德巴赫猜想》等开篇的文学，以《丹心谱》《于无声处》为代表的话剧都曾在社会上产生过轰动效应，一度成为人们关注的主要文艺形式。但是，伴随着现代科学技术尤其是电子传媒技术的迅猛发展，从上世纪 90 年代到新世纪，真正彪领整个中国文艺创作潮流的主要文艺形式，当数电视剧。论数量，这门在中国诞生于半个世纪前的新兴艺术已由改革开放初的年产不过百集翻了百倍，发展到如今的万余集；论质量，其优秀作品所达到的历史品位和美学品位，已从某个侧面标志着当今艺术审美的最新水平。从上世纪 80 年代的《新闻启示录》到 90 年代初的《渴望》《围城》，再到本世纪以来的《亮剑》《金婚》，一部在电视台一套黄金时间播出的优秀电视剧，可以赢得数以亿计的观众。电视剧已成为当今中国大众的一份文化主食。中国已经名副其实地成为世界上的电视剧生产和消费大国。因此，在当代中国，称覆盖面最广、影响力最大、观众最多的电视剧艺术是一门“显学”，诚不为过。

既为“显学”，则同时说明在满足人民群众日益增长的文化需求和全民族精神文明建设中责任重大，使命光荣。尤其是在计划经济已向市场经济转型的时代条件下，信息传播由主要靠文字印刷到大量被视听影像所取代，传统经典美学的审美自律的形而上学范式也转向日常生活审美化的新型社会行为学范式，一句话，与时俱进地将艺术鉴赏和美育深入到普通人民群众的生存活动中去，电视剧艺术这门当代“显学”，起着别的文艺形式难以替代的至关紧要的作用。

两条经验

30 年来，在中国化的马克思主义文艺理论指引下，中国的电视剧创作取得了迅猛、健康、持续发展，积累了丰富的经验。其中，有两条极具

“中国特色”的经验，弥足珍贵。

一是实现创作题材资源的最佳配置。在社会主义市场经济背景下，物质生产要强调资源配置，精神生产同样要实现资源的最佳配置。电视剧作为一种进入亿万寻常百姓家的极具民间性和群众性的家庭艺术，理应遵循文化化人，艺术养心，重在引领，贵在自觉的原则，以提升人的精神素质、促进人的自由而全面发展为本，精心选择题材、开掘题材内蕴、实现题材资源的最佳配置。近30年电视剧发展历史的最具闪光点，即那些具有“史”的位置和价值的具有较高历史品位和美学品位的作品，无一不是自觉实现题材资源最佳配置结出的硕果。譬如，曾先后在辽宁刮起过的以《努尔哈赤》《雪野》为代表作品的“东北风”、在江苏刮起的以《严凤英》《秋白之死》为代表作品的“东南风”、在上海刮起的以《上海一家人》《儿女情长》为代表作品的“海派风”、在北京刮起的以《渴望》《四世同堂》为代表作品的“京派风”、在四川刮起的以《死水微澜》《淘金记》为代表作品的“巴蜀风”、在山西刮起的以《好人燕居谦》《有这样一个民警》为代表作品的“纪实风”、在广东刮起的以《外来妹》《情满珠江》为代表作品的“南国风”……所有这些，都高扬了地方文化资源优势，实现了具有鲜明地方特色的创作题材资源的最佳配置。再如，被誉为占了央视黄金时间播出的重点电视剧的半壁江山的军旅题材和重大革命历史题材电视剧，在实现题材资源的最佳配置上尤其值得称道。从《突出重围》到《DA师》，再到《激情燃烧的岁月》和《亮剑》，对题材资源的高度珍视集中体现在不断有新鲜的思想发现和审美发现，因而作品问世后总能别开生面地给观众以新的思想启迪和审美享受。至于重大革命历史题材电视剧从《开国领袖毛泽东》到《长征》，再到《延安颂》和《周恩来在重庆》，无一不是集中了专家学者们的新鲜思维成果，最理想地开掘题材本身蕴含的历史资源、文化资源和精神资源，从而深化作品的主题，提升作品的历史品位和美学品位。

二是实现创作生产力诸因素的优化组合。电视剧是门综合艺术，是集体创作的结晶。作品是人创作的，人的素养和水平决定着作品的质量。30年中国电视剧创作实践反复证明：经受住历史和人民检验的能够彪炳史册的电视剧作品，无不是自觉实现了创作生产力诸因素的优化组合的。文学界、电影界、电视剧界、话剧界、戏曲界，以及史学界、美学界、人文科学界方方面面一流人才的强强联合，为作品取得思想、艺术的一流水准奠定了坚实的基础。比如电视剧《闯关东》就是有着“闯关东”家史的编剧高满堂与张建民、李幼斌以及一批优秀的主创人员强强联合、精心创作的结果。

强调实现题材资源的最佳配置与创作生产力诸因素的优化组合这两条最具“中国特色”的电视剧创作新鲜经验，说穿了，就是要强调要以学习和实践科学发展观来指导中国特色的电视剧创作，以确保电视剧能够坚持以人为本，全面、协调、可持续地发展繁荣。

三大突破

一是美学观上的突破。回首50年前，电视剧尊奉的美学，基本上是话剧美学。新时期相当长一段时期，电视剧创作的美学营养主要来自电影。为了探寻和拓展这门新兴艺术的电视剧语言形态的审美表现能力，一批勇于借鉴和创新的年轻导演如潘小扬、杨阳等，曾一度向电影《小花》、《苦恼人的笑》等吸取形式美学营养；之后，又一批着意塑造新人形象的电视剧导演如张绍林、陈胜利等，曾一度向电影界引进的西方巴赞、克拉考尔的纪实美学和长镜头理论吸取营养；再后来，更多的电视剧导演注重从电影《黄土地》、《红高粱》中吸取造型美学营养……应当说，无论是话剧美学营养还是电影美学营养，对于新兴的电视剧艺术日渐走向成熟，都功不可没。但是，电视剧作为从文字想象到视听复现的一门“显学”，要完成传统经典美学从狭隘小圈子突围到人民大众的审美鉴赏活动中去启迪心智，就必须吸纳、整合诸般美学的营养而完善电视剧学科自身独立的美学体系。自上世纪90年代初《渴望》《围城》问世起，一大批具有讲究故事性、连续性和人物形象塑造的美学品格的优秀电视剧相继出现，为电视剧学科建设和电视剧美学建构提供了丰富的研究对象。

二是历史观上的突破。首先，电视剧审美地把握世界时既突破了简单地“从属于政治”，又突破了简单地“从属于经济”，防止以政治方式或利润方式取代审美方式去把握世界，坚持电视剧创作以独立的审美方式去反映历史与现实。这样，既防止电视剧创作简单地图解政治，公式化、概念化，又防止电视剧创作“唯收视率是听”，一味追逐利润，媚俗化、庸俗化。其次，电视剧创作在如何对待审美反映对象时，注重既突破单一的政治学社会学维度，又突破单一的历史维度或人文维度，还突破单一的美学维度，而是力求从整体上全面辩证地把握审美反映对象，以宏阔开放的视野突破狭隘片面的眼界，对人与事都能做到是其所是，非其所非，客观公正，史中觅诗。从《雍正王朝》到《大明王朝：1566》，也是历史题材创作的有益尝试。再次，电视剧创作在坚持以民为本、反映民生、表现民情上不断突破，勇于创新。从《我爱我家》到《家有儿女》，从《牵手》到《空镜子》，从《亲情树》到《香樟树》，一大批“三贴近”的作品，赢得了人民群众的喜爱。

三是哲学观上的突破。钱学森先生有句名言：艺术审美的最高境界是哲学。电视剧审美的最高境界是哲学，电视剧创新也根源于哲学层面思维方式的创新。30年来中国电视剧创作持续繁荣的哲学缘由，便是在思维方式上不断摒弃那种简单的二元对立、非此即彼的单向思维——从一度流行的“题材决定论”极端走向抹煞主旋律的“题材无差别论”极端；从过去盛行的“高大全”式伪浪漫主义极端走向“好人不好、坏人不坏”的“非英雄主义”极端；从过去一概排斥表现帝王将相、才子佳人的极端走向违背唯物史观、一味讴歌帝王将相、才子佳人的极端；从过去混淆历史思维与艺术思维界限的极端走向解构历史、消费历史的极端；忽左忽右，忽东忽西，盖源于“形而上学猖獗”，辩证思维缺失。我们倡导“文化自觉”意识，深刻体现了中华优秀文化在继承创新、中外交融上的辩证和谐思维传统，这也正是30年来电视剧创作持续繁荣所坚守的哲理正道。

异军突起结硕果。愿中国电视剧继承发展改革开放以来积累的丰富经验，乘胜前进，不断创造新的辉煌。

（《人民日报》2008年12月11日）

2008：中国电影“丰收”年

故事片年产量达406部市场占有率连续6年超进口影片

平均日增1.56个新型放映厅 票房收入连续6年增长20%以上

本报北京1月9日电　（记者向兵）随着2008年年底《梅兰芳》、《赤壁》、《非诚勿扰》等一部部国产大片热闹登场，中国电影新年伊始喜报频传：2008年国产电影生产数量、票房收入、综合收益等，在连续数年高增长后，再次刷新历史纪录。

记者从国家广电总局电影局获悉，影片数量增长，质量提高，促使全国电影票房收入连续6年保持20%以上的增长率，2008年票房达43.41亿元，较2007年增长30.48%。尤为可喜的是，2008年国产影片的市场占有率大幅提高，超过总票房的60%，连续6年超过进口影片。加上国产影片海外销售收入25.28亿元和各电影频道播放电影的广告收入，全年电影综合效益达到84.33亿元，比2007年增长25.38%，再写新纪录。到2008年底，全国院线公司新增影院118家，总数达1545家，比2007年增长8.27%；新增银幕570块，平均每天新诞生1.56个新型放映厅，比2007年增长16.16%。

记者从国家广电总局电影局获悉，2008年故事片产量达到406部，再次创下历史新高。其中，现实题材影片占80%以上，农村、少儿题材影片比前一年同比增长20%以上。经过持续6年的创作数量攀升，中国电影已经步入世界电影生产大国行列。2008年的电影创作，不仅注重弘扬社会主义核心价值体系、服务国家宣传大局，同时将提高影片的艺术质量与市场竞争力摆在更加突出位置。如《一个人的奥林匹克》、《买买提的2008》、《加油中国》、《筑梦2008》等影片，生动表现了中国人民对北京奥运会的殷切期待和全力支持。为纪念改革开放30周年，电影界推出的《中国1978》、《超强台风》、《愚公移山》、《农民工》、《永远是春天》等佳作，从不同角度歌颂了改革开放的时代精神。面对南方冰雪灾害和汶川特大地震，电影人创作拍摄了《人民至上》、《5·12汶川不相信眼泪》、《前方后方》、《冰雪同行》等影片，展现了中国人民坚强不屈、众志成城的时代风骨。同时，《梅兰芳》、《赤壁》、《非诚勿扰》、《画皮》、《叶问》、《长江七号》等国产大片，积极探索“三性统一”的创作道路，力求形式和内容的协调，产生了“既叫座，又叫好”的艺术效果。

在金融危机席卷全球的不利环境下，中国电影市场逆势上扬、一片飘红，彰显出产业化发展带来的巨大生机和活力。

（《人民日报》2009年1月10日）

让春光留驻在多彩的银幕上（纪念改革开放30周年特选作品）

——纪念改革开放30周年优秀影片述评

颖　艺

改革开放30年来，中国社会经历了日新月异的变化，电影艺术繁荣发展，电影人才不断涌现，体制机制深入变革，技术水准持续更新，电影市场不断开拓，为满足人民群众精神文化需求、增强民族凝聚力、促进社会文明进步做出了突出贡献。为了表达全国各族人民对改革开放的深厚情感，电影工作者以饱满的热情、昂扬的斗志和创新的视点，精心策划、潜心创作拍摄了一批以纪念改革开放30年为主题的优秀影片，近期已在全国上映，为歌颂改革开放30年的伟大成就奉献了一片赤诚之心。

在这批纪念改革开放30年的优秀影片中，由深圳市委宣传部和中央新闻纪录电影制片厂联合摄制的大型文献纪录电影《中国·1978》，以1978年中国政治变革为大背景，突出反映了这一转折给每个中国人在情绪和精神面貌上的变化，从不同角度讲述了改革开放30年来的种种进步，诠释了邓小平理论的正确性和重要性。该片充分利用中央新影所拥有的珍贵、翔实、权威的历史影像资料，对1978年所发生的伟大历史转折进行了全景式展现，揭示了邓小平等党和国家领导人在历史发展的重要关头对中国未来的思考、抉择，反映了普通人民群众在1978年那样一个特殊年代里的喜怒哀乐和生活、情感变迁。影片既有宏大叙事，又有细节刻画，以今天的视角回望1978年这个中国改革开放的元年，从这一年所发生的故事里寻找30年前历史新时期的源头，唤起集体记忆，共同感受中国历史上的伟大转折，对当前正在全党进行的深入学习实践科学发展观活动，对于帮助人们更好地认识改革开放的历史意义具有非常积极的作用。

由安徽省文化厅、阜阳市委宣传部、九州同映国产数字电影院线有限公司、安徽省泰洋文化传播有限公司、北京真实焦点影视文化传播有限公司联合摄制的故事片《农民工》是我国首部深入表现农民工发展史的影片。影片素材全部取自真人、真事，风格真实质朴，情节感人至深，通过主人公大成在城市中的奋斗历程，深刻反映了农民工为我国现代化建设作出的特殊贡献，深入探讨了他们的人生观与价值观，赞美了他们身上所体现出来的吃苦耐劳、坚韧顽强、诚信正直的可贵品质。在影片的先期试映中，广大农民工兄弟赞扬影片抒发了亿万农民工的心声。同时，国家广电总局推出了“为广大农民工送电影10万场”活动，将在历时半年的时间里，重点在安徽、四川、河南、重庆4个农民工主要输出地和北京、长三角、珠三角等农民工主要工作地，以胶片放映和数字放映的形式，向广大农民工兄弟免费放映10万场电影《农民工》，预计观众总人次将达到5000万。

由北京八吉祥影视策划咨询有限公司、太原钢铁集团有限公司、电影频道节目中心联合出品的电影新作《愚公移山》讲述的是1983年，太钢退休老工人李双良治理污染痼疾——太钢堆积了近40年的废渣山的故事。10年过去了，曾经的废渣场变成了美丽的花园，李双良的事迹广为流传。影片打破以往同类题材概念化、呆板化的模式，从剧本编写、拍摄技巧、演员表演等多个方面进行了大胆的艺术创新与尝试。影片采用线性叙述与片段间插的方式，通过生活中的一个个感人片断，深入挖掘人物内心世界的丰富情感与崇高品质，充分展现出中国人民与时俱进、开拓创新的时代风采。

由北京龙儿影视文化公司摄制出品的《永远是春天》也是一部歌颂英模的现实主义作品。影片取材于胡锦涛总书记“保持共产党员先进性教育活动”联系点——山东寿光三元朱村发生的真实故事，浓缩了中国改革开放30年广大农村天翻地覆的变化，展现了社会主义新农村实践科学发展观，促进农村经济改革与可持续发展的图景。影片主人公原型王乐义从一个癌症病人成为蔬菜种植领域领军人物，其本身就具有丰富的故事性与传奇性。作品通过塑造主人公永乐以及梁书记、母亲等极具个性的艺术形象，用独特的电影语言、生动的故事、真实的细节、真诚的态度对生命进行礼赞，展示了一种值得普通人崇敬与效仿的理想人生境界。影片表现手法细腻，情绪温暖，情节感人，不仅有着更为深刻的思想内涵，在艺术性的追求与创新上也有独到之处，不仅给人精神鼓舞，还给人以艺术审美的享受。

龙江电影制片厂摄制出品的《腊月雪》反映了当年北大荒知青的情感经历，和以往以展现知青生活的同类题材影片相比，《腊月雪》没有去表现当年知青在上山下乡过程中所经受的巨大磨难与人性摧残，而是从一个知青和一个农村女孩的爱情为出发点，着力描写善良人性和真挚情感，通过剧中人物的命运变迁与生活历程，来表现普通人对幸福生活的理解与守望。也许在他们的眼中，所谓的幸福就是和相爱的人共度一生，共同建设、维护一个和睦美满的家庭，这种看似朴素的观念却道出了人生的真谛。

此外，这批纪念改革开放30周年的优秀影片中，还有关注当代农民精神文化思想和农村精神文明建设等现实问题的《新生万喜》，有反映农民工和他们的子女在城市中坚守理想、顽强生活的《我坚强的小船》，有表现老济南市井风情、描绘普通人日常生活画面的《小胡同大尊严》，有以上海武警总队为原型，讲述“80后”武警战士为国家、为人民忠诚守卫的《霓虹灯下新哨兵》，有回顾当年安徽凤阳小岗村农民率先实行家庭联产承包责任制、迈出农村改革第一步的《十八个手印》等。

这批优秀影片的陆续上映，不仅会使全国观众欣赏和领略到最新国产影片的艺术成就与魅力，同时，还能使广大观众通过观看影片共同感受改革开放30年来，我国社会经济各方面取得的巨大进步，深刻体会改革开放战略决策的正确性，树立更加坚定的信心，在科学发展观的指引下，为全面建设小康社会、构建和谐社会做出新的积极贡献。

（《人民日报》2008年12月25日）

现实与历史的深层谛视
——2008年散文阅读印象

古　耜

如果把中国当代散文比作一条滔滔汩汩的江流，那么，它在21世纪的文学疆域里，似乎已经告别了昔日曾有的喧哗与躁动，变得一派雍容大度，波澜不惊。然而，到了2008年，它突然“惊涛拍岸，卷起千堆雪”，呈现出奇崛而亮丽的艺术景观，以致两岸的行人禁不住停下匆促的步履，以热情的目光传递出若干欣赏、赞许或感叹。

刚刚过去的2008年，中国大地上堪称祸福更替，悲喜交集。所谓“福”和“喜”，大抵是百年一遇，普照人心，如迎接北京奥运会和残奥会，纪念改革开放三十周年；而所谓“祸”与“悲”，则属于猝不及防，石破天惊，如年初南方罕见的冰雪肆虐，5·12汶川大地震等。这样一种大起大落、大喜大恸的国家氛围，或许会让普通人感到情绪转换的不适应，然而，它却必然诱发作家巨大的表达欲望和创作热情。这时，散文由于自身特有的自由、真切与便捷，无形中成为作家首选的文学样式，于是，散文领域出现了大量的、紧密联系着年度国家大事和中心话语的作品。毋庸讳言，由于时间的过于匆忙或表达的失之粗率，这类作品中的很大一部分停留于肤浅的事件追述和焦灼的情感宣泄，分明缺乏足够的心灵深度与文学含量；然而，同样不容忽视的是，它们当中的优秀篇章毕竟凭着创作主体敏锐的省察意识、深邃的感知能力和高超的语言技巧，在拥抱生活和切近时代的过程中，表现出了审美与审智的强大优势。

譬如，冯小娟的《亲历大地震的人们》（《美文》第7期）、叶广芩的《震中访旧》（《人民文学》第7期）、吴克敬的《砖作的墓碑》（《海燕》第8期）、阿贝尔的《零度偏下》（《红豆第11期》），都是采之抗震救灾第一线的作品。与大量的同类文字相比，这些作品不仅立意奇特，视线独异，相当准确地抓住了灾难之中极具社会意蕴和人性内涵的种种事件与人物；而且构思精妙，文笔生动，最大限度地传递出灾难现场那既令人伤痛，又让人感奋的情景与氛围，因此，它们呈现出为历史“写真”和“定格”的价值。张抗抗的《我是公民》（《随笔》第4期）透过社会各界自发的、大规模的地震救援活动，阐发着国人久违的但又是可贵的公民意识；雷抒雁的《生命的承诺》（《人民文学》第8期）由川地植树的记忆，引发出面对灾难“一定要活着”的呼唤和祈祝，都不啻于特定语境下心灵的鼓点。在这类作品中，有两篇思路相近的文字引人瞩目，即毕星星的《一个人的地震记忆》（《随笔》第5期）和雷达的《唐山——汶川：联想与沉思》（《中华读书报》7月2日）。这两篇作品都由汶川地震写到了唐山地震，其中前者通过两次地震全然不同的救灾情景，揭示了历史的发展和社会的进步，特别是反思了当年救灾过程中因极左思潮所导致的种种失误，让人浮想联翩。后者也比较了两次地震和两番救灾，但它探索与思考的重点分明指向了灾难与心灵，即如何将国人面对灾难所迸发出的良知与大爱，转化为民族永久的精神财富。这无疑是一个更为严肃和复杂的问题，因而也更具有发人深省的力量。肖复兴的《我们为什么需要一个奥运会》（《中华读书报》8月6日）和李木生的《回味北京奥运》（《海燕》第11期），均属奥运散文里的上品。它们或指陈奥运赛事的真谛所在，或发掘奥运赛场的精神内涵，其殊途同归的一点，则是为奥运的人文宝库增添了重量。纪念改革开放三十年是一个不容易写深写透写生动的话题。而在这方面，同样不乏好作品。如王十月的《小民安家》（《作品》第9期）通过父亲盖房“我”安家的曲折经历，不仅呈现了改革开放给两代人带来的命运转机和生活变化，而且传递出两代人在这种转机与变化中所遇到的种种迷惘与困惑，这时，一种艺术的“复调”足以让读者五味杂陈，感慨万端。柳萌的《这个春天没有乡愁》（《海燕》第4期）讲述了三十年前“我”结束改造，返回北京的一段经历。其过程和细节原本承载着历史的跫音，而由那过程和细节弥散出的苦尽甘来的心绪和百废待兴的气氛，更是无形中把人们拉回到那个生机盎然的春天，进而体味到改革开放的势在必然。还有陈启文的《从北京到北京的距离》（《北京文学》第8期）、田中禾的《1978：历史的瞬间》（《随笔》第4期）、阿成的《衣前衣后三十年》（《文艺报》12月6日）等，均立足于不同的角度，历数着改革开放给中华民族和中国社会带来的生机与活力，以此强化了笔下篇章的历史意味。显然，上述各类作品除了有效地丰富着散文园林之外，还在提示我们，只要不违背心灵的真实和艺术的规律，近距离地观照主流生活，同样可以写出质文俱佳的好作品。

或许是受大的社会氛围和环境气息的影响，2008年度整个散文创作的现实品格和公共意识明显强化。不少作家从应有的责任感和使命感出发，运用自己独特的生活资源和审美眼光，捧出了富有历史厚度和思想强度的散文佳作。在这方面，韩少功值得特别称道。他的《笛鸣香港》（《新华文摘》第24期）围绕国际大都市香港荡开笔墨，既解剖着它由逼仄的空间所衍生的文化性格，又回味着它因漂泊的历史所孕育的精神特征，更揭示了这一切在回归后发生的悄然变化，其体察现代社会的意义，早已超越了香港本身。《漫长的假期》（《钟山》第6期）讲述了作家“文革”之中与书相关的诸多经历，那一个个荒诞背景下的读书故事，分明是对现代人的严肃诘问：在远离动荡，日趋康乐的今天，你果真不再需要一个充实的内心？张梦阳的《论“大跃进”思维》（《随笔》第3期）就五十年前的大跃进运动展开了更深层次的探照，不仅从思维方式的层面指出了其病症所在，而且告诫人们要警惕这种思维方式在今天改头换面，变相而行，其盛世直言，令人惊悚。袁鹰写胡耀邦的《活在人心便永生》（《随笔》第5期），江子写方志敏的《玉一样的山，玉一样的人》（《红豆》第11期），以及梁衡的《二死其身的忠臣彭德怀》《周恩来让座》（《海燕》第3期），都将艺术瞳孔集中于老一辈无产阶级革命家。作为表现对象，这些革命家是我们所熟悉的，但作家却立足于新的时代高度，用新的眼光和新的材料，从他们身上发掘出了新的精神元素，如胡耀邦的敢为人先，方志敏的纯洁浪漫，彭德怀的唯国唯民，周恩来的大仁大公，这无疑都在丰富着一个时代的精神资源。应当承认，诸如此类的作品代表着年度散文的高端成就，因为对于散文而言，思想性永远是它最为重要和最为本质的标识。

与以上散文创作的“宏大叙事”相呼应，一批作家与作品自觉将姿态放低，让目光下移，努力向社会底层发掘精神的光点与道义的矿富。梁晓声的《那里是精神病院》（《海燕》第10期）写了作家亲眼看到的几位精神病患者的日常生活，他们于不经意间流露的“慈爱”与“斯文”，竟让人倍感人性的温暖与美好，同时反省自身的人性高度。江少宾的《我的幸福是一种罪过》（《福建文学》第4期）、《他乡》（《红豆》第11期）等，放出新闻工作者的目光，来打量普通劳动群众的边缘化生存，其中那份艰难与窘迫，麻木与无奈，以及作家浸入叙事的那种深切的悲悯和由衷的自责，都产生着直抵肺腑与灵魂的力量。在这类创作中，一些拥有底层生活经验的青年作家拥有绝对的优势，出自他们笔下的作品，如塞壬的《转身》（《人民文学》第1期）、《务虚者手记》（《百花洲》第6期），夏榆的《稻粱菽麦黍稷》（《人民文学》第9期）、王十月的《总有微光照亮》（《文学界》第3期）等等，均以刻骨铭心的感受，零距离地讲述着“我”在其中的打工经历或生活见闻，讲述着一个个亦悲亦喜的故事或若明若暗的场景，它们无形中交织成现代漂泊者特有的精神诉求，同时也折映出社会转型期底层民众的命运轨迹和心路历程。这种真实到近乎原生态的写作，给当代散文注入的民间活力与滋养，是不容忽视的。

2008年度的散文创作以切近时代、直面现实为突出特征，但却不曾因此就忽视和冷落了对历史的关注与追询，事实上，历史文化散文仍有不俗的表现和可喜的创获。在这一维度上，反响较好的作品至少有：南帆的《宫巷沈记》（《人民文学》第8期）、王充闾的《断念》（《人民文学》第4期）、余秋雨的《丛林边的那一家》（《美文》第1期）、彭程的《故乡人物》（《海燕》第2期）、李元洛的《千秋草堂》（《文学界》第6期），以及朱增泉的古代将领系列、王芸的荆楚历史系列、钱红莉的古画阅读系列等等。这些作品自然各有各的优长，但也折射出一些有价值的共同追求，这就是：在尊重史实的基础上，强化个体生命的参与和语言审美的创新，从而用文学激活历史，丰富历史。显然，这是历史文化散文的进步。

当然，在2008年里，还有一些更接近散文常态的作品值得重视。如陈忠实的《生命里的书缘》（《新华文摘》第22期）、史铁生的《我的轮椅》（《收获》第2期）、张立勤的《沙发沙发，大巴大巴》（《海燕》第3期），以及鲍尔吉·原野、周晓枫、祝勇、张大威等实力作家的一些新作，都因为浓缩了丰邃而独特的人生经验，且保持着良好的艺术表达，所以显得卓尔不群。倘若从新人的角度观察，在皖南太平湖畔默默写作的女作家项立敏，起点较高，势头可喜。她以“一个人的湖”为总标题的系列散文，沉静而柔润，澄澈而亮丽，充盈着人与自然之间的和谐之美，且不乏轻盈的哲思与顿悟，坚持和发展下去，或许会成为现代人消除浮躁的心灵风景。我们期待着。

（《光明日报》2009年1月23日）

观念 创作 思路

——中国话剧30年回望

刘彦君

伴随着中国社会时空压缩式的快速发展，话剧艺术也在30年的岁月中不断调整自身，折射并敦促着社会思想和文化意识的更新。无论是在观念形态、创作面貌，还是在经营思路上，都划出了具有独特亮色的运行曲线，日渐迸发出生机与活力。

观念解放

观念的更新是改革开放时代送给话剧艺术的最大礼物。解禁、宽松、开放、自由……从二元对峙到多元并列；从“不破不立”，到不破也立；从“非此即彼”，到亦此亦彼；从阵线分明，到你中有我，我中有你。其间思维方式的转变是巨大的，转变的过程也十分清晰。

上世纪80年代的中国话剧和其他文艺一样，是以思想解放运动为标志的。与整个社会改革的进程相联系，思想上的启蒙主义、美学上的多样化探索，成为中国话剧在70年代末到80年代末的两面旗帜。

最初的启蒙作品如《于无声处》、《报春花》、《权与法》、《西安事变》、《陈毅市长》等，说真话，抒真情，突显了那个特殊时期的历史特征，酝酿并促动了时代的反思，充分展示了话剧的公共性效应。尽管它们仍不可避免地涂有传统思维方式的残余色彩，但毕竟标志着一个新开端的到来。不久之后，话剧开始了由历史反思到艺术反思的过程。西方现代戏剧成为中国话剧更新艺术观念的重要借鉴对象。它们引导着中国话剧纷纷从“现实主义”艺术思想中走出，进行着表现、抽象和象征等各类艺术形式和艺术取向的探索。《中国梦》、《绝对信号》、《车站》、《野人》、《一个死者对生者的访问》、《挂在墙上的老B》等实验性新作一时间琳琅满目。

形式探索作为30年话剧创作中的一个重要现象，对于中国话剧发展的贡献是历史性的。它们挥舞着怀疑和批判的旗帜，把我国话剧创作从教条化的“反映”模式中解放出来，凸现了世界的真实和丰满。同时，它们的探索丰富了舞台语汇的方法和技巧，使话剧重新焕发了青春，奠定了多样化发展的可能性和广阔的创作前景。

90年代，特别是新世纪以来，话剧一直朝着多元化的方向迈进。表现范围不断扩大，各艺术主张、流派之间的边界日渐模糊、融合、消失，类型之间，或是类型内部出现了大规模的整合、渗透与变异现象。一种你中有我，我中有你的普遍样态正在考验着话剧作品的原有框范和定义。可以说，这种历史性的巨变正是话剧观念革新的逻辑推进。或者说，正是观念变化构成了新时期30年中国话剧发展的灵魂。

创作繁荣

从单一到多样，从贫乏到丰饶，也许可以概括中国话剧创作在30年间的走向。无论是新创，改编，还是复排；无论是主旋律、大众化，还是小众型；也无论是大剧场、小剧场，还是广场等实景演出。主流意识形态的召唤，大众文化思潮的裹挟，国际语境的包围，使话剧创作一步步地形成了多元共生形态的生存格局。

以《桑树坪纪事》和《狗儿爷涅槃》为标志

的农村题材创作，代表着80年代话剧创作的高端水平。它们或在生存与繁衍等生命基础被愚昧、贫穷剥夺和践踏的情境中呼唤改革，或者在农民对于土地深切眷恋的情感中预示历史潮流的不可阻挡。其艺术贡献，在于它们放弃了话剧创作对于农民形象“仰视”和“俯视”的角度，采取了一种平视的、充满理解的叙事角度和认识角度，从而为农民形象塑造提供了新的阐释空间。

90年代的话剧创作在市场化的大潮中开始了大众化转型。其目光投向了身边正在勃发的都市，这与80年代形成了明显的差异。《同船过渡》、《留守女士》、《OK股票》、《离婚了就别再来找我》、《爱你不容易》等作品就是这种转型的产物。而新的生存方式、思维方式和行为方式也在这些剧作展示的邻里纠纷、夫妻不和、情感困惑的琐屑中浮出了水面。平易而平常的生活感受，世俗化、日常生活化的细节描写，为话剧创作带来了眼光、趣味、风格方面的重大变化。

军旅作品始终是话剧创作的重要内容。从《天边有一簇圣火》，到《女兵连来了个男家属》，从《虎踞钟山》到《绿荫里的红塑料桶》，从《“厄尔尼诺”报告》，到《桃花谣》》，再到《我在天堂等你》等剧作，其中的个性、创造性和超越性都走在前列。其视野没有单纯地局限于部队生活，而是反映了广阔的社会生活对军人生活方式和价值观念的冲击，从而弘扬了军人的奉献和牺牲精神。

《商鞅》、《沧海争流》、《德龄与慈禧》、《马蹄声碎》等作品可以说是30年历史题材话剧的代表作。这几部作品或以磅礴的气势带领我们走进信仰的仪式，或在改革大潮的汹涌中淘制永恒的生命标本；或以纵横交错的多重视角开掘人的心理和情感交锋；或在东西方文化对照的坐标中进行历史想象和现实书写。它们不仅满足了人们对于历史的好奇心理，也在与历史的对话中寻找到了某种现实的灵感和启示。

思路转换

经营理念与经营思路的转换或者说萌发，是市场逻辑和消费优先的原则赋予话剧艺术的新使命。在这种责任意识的引领下，话剧创作的组织、生产、运作方式较之以前有了巨大的调整，一些新的思路不断涌现出来。

改革之前，我国话剧生产组织是不需要经营的。艺术产品的输出是在配给制下实现的，演出的票房以团体票、包场和免费看戏的形式解决，院团间的竞争主要集中在评奖和晋京汇演上，从不涉及经营方面的内容。因此，剧团未能养成经营理念，不设置经营机构，也无法将艺术创作与市场和观众需求结合起来。

而随着我国以市场经济为主导的现代化发展模式和彻底开放的社会调整格局的确立，新的艺术生产方式呼唤着与它相适应的组织、运作机制。于是，企业化的经营模式被引进话剧生产中，它要求把过去以配合形势为中心的创作观念，改变成以市场为中心，以满足观众需求为目的的创作模式，它要求生产者将从前的创作程序倒置，不是先创作出产品来再去寻找市场和观众，而是先了解市场和观众需求后再进行生产。

独立制作人应运而生。制作人的优势就在于项目集成的运作模式。他们没有庞大的组织包袱，能够较大比例占有通用性资产，从而灵活地实现多种艺术生产组合。他们熟知各种商业合同条款和有关法律条文，熟悉各个剧场、传媒及管理机构，按市场规律办事，强调效率，严格控制成本，统筹艺术生产和营销的全过程，因而总是率先获得成功。

小剧场戏剧的经营成为90年代话剧热点。其制作成本低廉、简便，排演周期短，切入生活“短、平、快”等特点，被一些制作人紧紧抓住，并以此为基点，建立起从创作到剧场，再从剧场到观众的完整商业链条。据了解，小剧场戏剧经营者的下一个目标是进行横向的联合与运作，把国内其他一些城市的小剧场联合起来，发展成类似电影发行领域的院线制，做到优质剧目相互引进，从而吸引更多的观众走进剧院。

以贺岁为号召的话剧在近些年里追踪着年节的步履匆匆而至。这种针对市场、针对观众消费需求的举措，不仅是那些需要自负盈亏的制作人的个体行为，而且成为一些国营话剧院团的选择。这些作品严格遵守文化市场的游戏规则，多采用喜剧风格，并充分整合明星效应和现代流行元素，在一定程度上弥补了目前戏剧货架上娱乐性品种严重短缺的状况。

在上世纪70、80年代曾经成功挽救过日本戏剧危机的“亲子剧场”模式，于21世纪在中国各大城市悄然兴起。这种演出形式不仅是在艺术创作领域的全新探索，也是戏剧演出经营理念的全新尝试。其票价便宜、演出方式活泼、互动性强等特点，不仅广受孩子和家长喜欢，而且为我国话剧和儿童剧的发展带来一派光明。

从封闭到开放，从单一到丰富，从“等、靠、要”到自己闯市场。可以说，中国话剧在解放观念、繁荣创作、转换思路方面的每一个变化，都连接着这个时代的进步。因而，中国话剧30年的意义，不仅在于它与时代的共舞，更在于它对过去与未来的沟通。

（《光明日报》2009年1月23日）

亲历与见证中国文艺30年

改革开放30年，也是中国文艺积累与发展的30年。文艺作为生活的提炼与反映，敏感地把握时代思潮和生活的进程，忠实地再现了社会的发展，成为历史的记录。在此，本报文艺部5位资深编辑从亲历和见证的角度，用心、用眼、用笔，记录了中国文学、戏曲、影视、美术、音乐的锦绣年华，梳理和评析了文艺发展的历程，努力保存30年来关于文艺的珍贵记忆。

——编　者

文学

无边光景时时新

本报记者　王必胜

过往30年，文学者，煌煌然，灿灿然，虽也不乏恨铁之憾。回顾与展望，也让人欣慰。文学之路，风雨兼程30年，文学园地，莺飞草长，万紫千红。

遥想当年，新时期肇始，乘思想解放之大势，得改革开放风气之先，文艺复苏，群情激昂，宿将新秀，摩拳擦掌，观念碰撞，一吐为快。就有了真情文字，性情华章。锦绣之作，大小由之，无边光景，蔚为大观。回忆历史，悼念故人；褒扬世事，展现宏图。各有倾吐，竞相表达。我们看到，散文者，长歌当哭，十里长安街上，不尽思念泪；诗歌者，小草言志，吟唱思念之情，恸民族之悲怀；小说者，举控诉伤痕之旗，反思教育缺失。报告文学，描绘民族精英风采，抒发现代化的热切之期；杂文，锻思想之燔火，扫保守之陈规。文学题旨丰富，视野宏阔，新人辈出，尽得风流。几代作家，笔意纵横。写改革者，有乔厂长之奋进高歌；反思当代历史，有大墙下追求自由的不屈抗争，或有对中华文明深入的开掘与钻探。抒写青春，有知青人生坎坷命运的探究。现实历史，个体群象，洋洋大观。新时期之初，文学顺势而为，千帆竞发，共襄胜景。

及至，上世纪90年代风云际会，市场经济渐进展开，文化多元多样，全球化的经济浪潮和商品经济方兴未艾。经济之变，文学敏感。虽不似改革开放前十年风光，所谓各领风骚没几天之说，不无道理。随着商品文化、都市文化的渐进强势，文学虽也自持，仍坚守人文理想大旗，却也难以独善其身。文学应变于大势，受欢迎的是各类励志的、青春的、情感思辨的篇章，甚至也有痞子式搞笑的流行。快餐性、流俗化与浅显的影视文化，大行其道。文学欲前行而趔趄，但变法在所难免。一时间，如何从本土文化中寻找养料，或者，文化的原创性，文学的民间立场、民族性、现代精神等，成为迫切话题。现代性与大众化，雅与俗，严肃与通俗，崇高与庸俗，解构与重构等等，成为困扰于文学的多方支点。好在，多元化孕育了多样性。文学的人文精神，文学的神圣性，成为共识。这时期，历史小说，改革文学，先锋文学，现代派，古典主义，以及众多的探索性文本，有如山花烂漫。使命与责任感的驱使，文学家们不倦地努力着。较为流行的是，描绘底层人生的写实主义，眼睛向下，视点下沉，壮大着这一时期文学主题。打工文学，新写实、创业者形象，等等，丰富了文学为画廊，成就了文学的万千气象。在散文随笔中整体性地展示历史文化，坚守人文精神，比如，田野笔记式的大文化散文走俏，历史小说的繁盛，文化反思的普遍，成就了文学的文化品位。

在人们期待中，新世纪来临。“世界是平的”，地球村，让文化的全球化成为可能。当代中国文学，并不封闭自己，在借鉴与学习中，完善着各种各样的探索和试验。悬疑的走俏，精怪的流行，网络的兴起，青春文化的仍然强势等等，无不丰富了时下的文学风景。现实生活的巨变，见证人的角色意识，当代中国文学，思想性较之以前更为突出。现实的诸多困扰，物质性追求与精神性坚守，比如，人与自然，物质的发展与人的现代化焦虑，商品化与人文精神，工业化与本土性，人与自然的共生共存，国家意识与个性发展等等，成为文学反映生活所必须面对的。于是，一些长篇小说、一些长篇散文的主题，或者开掘人与自然关系，或者探索工业文明中人本主义。现代化的每一历史进程，必然推进文学内容的丰富和文学精神的变法，这也是时代期望于文学的。

与时代同行，与生活同步，30年文学经历了一个长河奔流的过程。作为精神性产品，文学的风光与否，并不在于读者的多少，或者文学的发展，不应当只是时尚的因子。但，现时的科技进步，文学如何利用现代技术壮大自己，强其筋骨，尤显得重要。如今，就网络文学一端，已把平面和纸质的阅读当成过去和历史了。而还有刚刚起步的手机文学，更是把这种单向度平面的文学，提升了一个新的境地。挑战与机会并存。面对新的变革，文学自身如何呢？如何既有个体的灿烂，又有整体的辉煌呢？

戏剧

未来的生活仍有戏

本报记者　刘玉琴

戏剧曾经像一张厚厚的帷幕，无论岁月粗糙的手怎么摩挲，都柔韧无比，不改芬芳。戏剧又变得像一块薄薄的绢纱了，如今芳香依旧，却叫人不敢轻易触摸，生怕一不小心从指缝间悄然滑落，不知飘向何处。

戏剧曾经在观众中很流行，而今繁华不再。往日，听戏演戏是许多人心中最华丽的梦想，今日，这梦想只能在心中收藏。30载，戏剧河东河西，演尽兴衰更迭，尝遍“世态炎凉”，从万人竞相争看到离大众视线渐行渐远，戏剧的前世今生令人无限感怀。但戏剧有数千年传奇，精神魂魄不会轻易消散，戏剧在今天依然顽强生长，绵延不绝的影响始终让人温暖和振奋——“昨夜的星辰”光华灿然。

30年前，戏剧舞台零星飞雨，几无声息，只有京剧一枝独秀，凌空高蹈。上世纪70年代，许多人曾经步行十余里、几十里，从乡村到城市，去看现代京剧《红灯记》、《沙家浜》；也曾经追着放映队，站在乡村的堤坝上连看几遍豫剧电影《朝阳沟》。此情此景许多人至今记忆犹新。那时，这是一种极为普遍的现象：戏少，文化活动少，只有观众巨多，人们的文化渴求不知归依何处。

改革开放之后，中国迎来波澜壮阔的伟大时代。社会变化天翻地覆，文艺舞台百花盛开，姹紫嫣红。戏剧调演、展演、汇演、观摩比赛，“花样繁多”，有的时间长达一个月、二个月甚至一年，伴随着社会生活的云蒸霞蔚，戏剧风卷云舒，气象万千，新作之多，观众之多，业者之多，超出想象。戏剧的激昂旋律，慷慨之志，带给人巨大的心灵震撼与理性思考。

80年代后期以来，中国的社会发展突飞猛进。但外来文化的进入和文化选择的日益多样，导致观众群体迅速分化，戏剧绚丽之后走入低迷。戏剧与观众从相互依偎走向若即若离，逐渐由大众红人变成小众艺术。戏剧从舞台中央踅向边缘一隅。

此时，戏剧显得落寞而无奈。由于在农耕文明的土壤上生长，当支撑其成长的生态环境发生了巨变时，曾经是城市或乡村夜晚生活背景音的戏曲，终敌不过全球化、工业化、城市化的汹涌浪潮，只能落寞地后退。随着戏剧的门庭冷落，戏剧危机、消亡之声渐起。

但戏剧一直活着，并奋力前行。即便“危机四伏”之时——亦即社会变革走向社会转型之际，一大批戏剧作品，如越剧《五女拜寿》，京剧《徐九经升官记》、《曹操与杨修》，川剧《变脸》，话剧《狗儿爷涅槃》、《桑树坪纪事》、《同船过渡》、《商鞅》等等，带着回归戏剧本体而又求新求变的新鲜水滴，融进时代，顺应了观众的审美需求，直到今天还为无数观众耳熟能详。戏剧不但探索了艺术样式的新路径，而且点亮了主流价值观的新长卷。

90年代后期至进入21世纪，伴随着经济建设高潮的到来，文艺进入繁荣发展的最好时期。90年代笔者进入人民日报开始报道“戏曲”。10多年间，时常出入剧场，常傍佳人妆台。戏剧的生旦净丑、虚拟写意，乃至繁华与绝响，尤其是观念和实践的飞速变化让人由衷感慨：从高台教化到挖掘内涵，从赠票为主到卖票为主；从政府张罗到商业运作；从重视获奖到盯紧市场。仿佛只是转念之间，戏剧在市场化和多元化发展的道路上另辟蹊径，花开别样。

这一时期，社会与时代对戏剧提出新的需求，文艺体制机制大力革新，戏剧重新充满生机活力，一系列作品流光溢彩，美不胜收，京剧《骆驼祥子》，豫剧《程婴救孤》，梨园戏《董生与李氏》，川剧《金子》，话剧《父亲》、《黄土谣》、《郭双印连他乡党》等，延续了形式探索、舞台创新的戏剧传统，并高扬起思想性、艺术性、观赏性三性统一的衡量标准大旗，在舞台的完美呈现与完整表意上，将传统文化与当代艺术、观众审美口味适时对接。新世纪的戏剧，影响大大延伸，并在其他的艺术形式里不断生长。

戏剧人的追求没有停步，戏剧人的心态也逐渐归于平静：观众萎缩、由大众艺术变为小众艺术是时代的必然，不必哀叹。面临文化选择多样的当下，戏剧观众的分流正折射出社会的巨大丰富和进步。戏剧人终于丢开“艺术老大”情结，开始重新集结、苦心经营。

戏剧是否会消失，疑问一直会有，但未来的日子里，戏剧将与生活同在，生活是戏剧的河流。水袖、圆场只是戏曲的程式，信仰、道德才逼近戏曲的核心。不论时光如何斗转星移，随着锣鼓丝弦的咿呀声起，走进戏里，真善美的力量就会直抵人心。美轮美奂、博大精深的戏剧，延续着民族文化的精神基因，折射出民族艺术的绝妙风采。戏剧的精魂当千年不变。戏剧的魅力岁月不改。

电影

杜丘远去的身影

本报记者　向　兵

一灯如豆，四面如堵。半导体收音机的音量很小还伴有“滋滋”的杂音，但那里面讲述的日本警察杜丘的故事深深地吸引着我，我的心跟着被追捕的杜丘一起逃亡、奔突……

那是30年前的一个冬夜，四川东部山区一个公社一间堆放杂物的小屋里。当时我作为县工作队的文书，白天应付着工作队“阶级斗争要天天讲”的杂务，晚上则躲进这间小黑屋，点上煤油灯，翻开《高考自学丛书》开始又一夜通宵达旦的苦学。高考就在半年后，而数学、古代汉语、历史、地理诸多课程我必须全部自学完成。没有老师指点，没有同伴交流，更谈不上模拟测验，半年后是否能考上，心里完全没有底。无望、无助，夜夜苦读，孤独且枯燥之极，时时都想一股脑儿将那些书本、作业统统扔掉，重新回到原来的生活中。就在那个冬夜，收音机里传来了《追捕》的电影录音，蒙冤受屈在劫难逃的杜丘，不甘命运的摆布，不屈不挠，奋力抗争，终于战胜厄运，赢回了尊严。在那个冬夜，杜丘的故事犹如一剂强心针，使得我几乎要崩溃的心志顿时亢奋起来。那一晚，那间狭窄的小屋已装不下一颗青春焕然的心，我不由得来到黑黢黢的田野上望着深邃的夜空，心里高喊着——“杜丘，杜丘！”

看上电影《追捕》，那是一年多以后在大学里的事了。当“啦——呀——啦……”的歌声响起，高仓健在银幕上演绎那个已铭刻在我心里的故事时，我的眼角不止一次涌出了热泪。自然，我和那时的不少人一样，成了高仓健的“粉丝”。高仓健，因此也成了上个世纪80年代无数中国男男女女心中难忘的记忆。高仓健走红中国的那个年代，真是全国电影院难得一见的黄金时代，《巴山夜雨》、《天云山传奇》、《小花》、《小街》、《沙鸥》、《邻居》、《芙蓉镇》、《牧马人》、《少林寺》……不仅每一部国产新片上映，都成为人们街谈巷议的热闹话题；而每有国外影片上映，影院前更是人头攒动。其时，中国久闭的大门刚刚向西方打开一条小缝，日本电影捷足先登，《望乡》、《砂器》、《人证》、《金环蚀》等接踵而至出现在中国银幕上。随后，《国家利益》、《一个警察局长的自白》、《虎口脱险》等一部部法国、意大利影片进入中国。这都是这些国家十几年积淀下的优秀作品，它们一时间集中出现在中国观众面前，让人们在眼花缭乱中眼界大开。80年代中期，随着《金色池塘》、《克莱默夫妇》等影片的上映，美国电影成了中国银幕上的新风景。虽然中国人早已知道好莱坞是世界电影之都，但当时能在影院看到的美国当代电影却寥寥无几。想方设法找关系、托路子去看一场放映美国片的“内部电影”，成了不少人生活中津津乐道的事。80年代，北京、上海、广州几个城市特许办过几次美国、法国等电影展，观众控制得很严，门票难求，不亚于看奥运比赛。

90年代中期，经过十多年改革开放洗礼的中国观众，已不甘于仍然是世界影坛的“二等公民”。1994年11月12日，美国新片《亡命天涯》第一次以进口分账发行的形式进入中国，中国观众第一回和世界同步看到了最新的国外大片，观众欢呼雀跃。由此，国外片商觊觎已久的中国电影市场，也打开了紧闭的大门。从此，《真实的谎言》、《龙卷风》、《危险游戏》、《勇敢的心》、《狮子王》、《变形金刚》等与全球同时上映的国外大片，纷至沓来。它们炫目的视觉奇观，使得国产电影的表现手法、视听效果和科技含量都相形见绌，国产电影的市场空间日趋萎缩，让人忧心忡忡。

然而，10多年过去了，从当初“狼来了”的惊呼到如今的与“狼”共舞；从当初的万人空巷到现在的波澜不惊，在市场竞争的激流中，国产电影学习借鉴，搏击风浪，锤炼筋骨，终于以昂然的身姿挺立于潮头。到2008年，已经连续6年，国产影片夺得当年电影市场的单片票房冠军，并且国产影片的票房收入占到了全年市场份额的50%－60%。这在好莱坞雄霸天下的世界影坛，也算是一道耀眼的风景。

30年过去了，山乡小屋的那个冬夜依然历历在目，但杜丘的身影早已经远去，成了模糊的记忆。

美术
穿过丛林　立于莽原

本报记者　邵建武

记得1982年，北京展览馆门前，为了参观《法国250年藏画展》不断伸展的购票队伍。

记得1985年，美国波普艺术家《罗伯特·劳生柏作品国际巡回展》在北京展出，与当时中国各地涌现的新兴青年艺术集群及其作品展览相呼应，掀起“85新潮”。

记得1989年，《中国现代艺术展》的开枪事件和《中国美术报》的停刊启事。

记得1992年，巨幅宣传画《小平同志在深圳》树立在深圳红岭路口广场。

记得1996年，傅抱石作品《丽人行》以1078万元成交，中国艺术品市场价突破千万元大关。

记得2000年，中国美术馆内，对于美术界有些姗姗来迟的《达利绘画原作展》依然让人目瞪口呆。

记得2003年，非典后的中国文物与艺术品拍卖的“井喷”与近几年中国当代艺术拍卖的“过山车”。

记得2007年，西方艺术品以专场拍卖形式进入中国、登陆北京。

记得北漂的艺术家们如何从泔水横流的圆明园画家村迁往工作室林立的宋庄画家村和画廊比肩的798艺术园区。

记得如临大敌的北京第一场中国文物与艺术品拍卖会，也记得拍卖成交如何单件过千万、单场过亿元、年度过百亿。

还记得在欧美街头给游人画肖像的中国艺术家因为害怕警察而四处逃窜的尴尬，还记得接受采访的欧洲艺术策展人开场时的傲慢，还记得参观外国博物馆内陈设中国被掠文物的悲凉，还记得在西方一些大博物馆参观时取到中文导游册的兴奋，还记得目睹大批文物与艺术品通过市场回流的欣喜，还记得一些重要文物被追索回国时的豪迈……

说来，从事美术采编已经20余年了，回头一看，有一种穿过丛林、立于莽原的感觉。

中国自古开放，四通八达的丝绸之路致使中国美术主干挺立、色泽斑斓，商周的青铜器皿、汉唐的石雕壁画、宋元的绢本名窑、明清的文人水墨……无一不是招云揽月、雄视天下之作。到了清末民初，国运乖舛，民生凋敝，独裁霸道，偏执极端，美术天地可谓一片死寂。20世纪上半叶的现代艺术“狂飙突进”，因为战火四起、民不聊生而只是浅尝辄止，只是昙花一现。新中国成立后的十七年有了民族艺术的休养生息与苏俄艺术的引进，两棵大树毕竟招呼不来春天。“文革”十年虽然给世界艺坛留下了一抹独特的“红色”，却是血淋淋下的一份惨淡虚无。中国美术，只是在这30年才平台隆起，四面出击。

党的十一届三中全会以后，国门甫开，国人敞怀，久违了的世界整体地展现眼前，除了我们有所了解的西方古典艺术，除了我们曾经照搬的苏俄巡回画派，从现代艺术之父塞尚的作品开始，到西方当下艺术状态，一百余年来西方世界流行的所有艺术形式几乎都在中国艺术舞台上登场……西方现代艺术的蜂拥而至与良莠不分，说明了中国人精神空间的空洞。西方现代艺术的蜂拥而至与良莠不分，说明了中国艺术语言的相对贫乏。西方现代艺术的蜂拥而至与良莠不分，说明了中国艺术家的饥不择食。毕竟，中华民族是一个富有创造力的民族，中国艺术家自不甘在西方艺术身后亦步亦趋。对西方现代艺术的模仿依然存在，但是，激越的情绪平缓以后，是对本民族精神家园的回归与当代中国社会生活的开掘，中国当代艺术自有其推动中国社会思想展开的力量与功绩。学院派艺术、新古典主义、写实主义等身负绘画民族化重任，依旧沉稳地向前探索。中国成为了世界艺术领域架上绘画、传统雕塑、传统三版（木版、石版、铜版）的重镇。由“五四”新文化运动发轫的中国画现代化，以千舟竞发的态势，综合了传统、中融西、西融中各派，色泽斑斓，姿态摇曳，可谓盛世华章。中国艺术品市场先画廊、后拍卖与博览会，相互竞争，相互砥砺，蔚为大观。北京与香港业成掎角之势，成为了全球中国文物与艺术品的交流中心。

八面来风，四方进发，中国美术浓墨重彩，笔力恣肆，云生水起，蓊郁勃兴。行走于中国艺术之原野，山重水复，花木掩映，虽不豁然，却是开朗十分。

音乐

音乐流淌　岁月留痕

本报记者　陈　原

翻阅30年来的人民日报文艺版，也是在翻阅30年来的中国音乐发展史。每篇文字，评论、介绍、词曲、报道，无不留下了音乐行进的轨迹，当然也记录了岁月的脚步；每一段岁月议论的音乐主题，同时也是历史时代的鲜明折射。

我在一篇篇文章的署名中看见了贺绿汀、李焕之、晨耕这几个熟悉的名字，想起了他们生前的音容。贺绿汀，中国音乐的大师级人物，改革开放以来每次音乐发展的紧要关头，都在人民日报发出有力的声音，支持音乐探索，鼓励前行的勇气，即便晚年不能动笔的情形下仍以口述的方式表达自己观点；李焕之，冼星海的得意弟子，从延安走来的作曲家，当人们争执“新潮乐派”和流行音乐的时候，始终以多元发展的观念，期望音乐界多扶植、少定论，一次次肯定年轻一代的创造性和社会文化的广泛需求；晨耕，也是从抗战烽火中走出的音乐家，《长征组歌》的作者之一，不但发表文章推进音乐创作的思想解放，还经常以中国音协负责人的身份联络人民日报，一起筹办文化活动，推选新人新作，呵护艺术的创新。

“新潮乐派”、流行音乐、摇滚乐、西北风等等，这些今天看起来再普通再正常不过的艺术门类和探索流派，在上个世纪80年代曾屡遭非议，一时间步履蹒跚。在关键时刻，人民日报及时刊登一篇篇文章，以各类形式评介、探讨音乐作品及其作者，表明了“新潮乐派”、流行音乐、摇滚乐、西北风对社会文化发展带来的作用和价值。文章的作者，今天已经成为音乐界和教育界的重量级人物；文章所评论的作曲家和演唱家，今天也已成为我国文化生活的中坚力量，影响远及世界舞台。

推广交响乐、音乐剧、歌剧，是人民日报文艺版30年来的重要内容。国内外的作品、人物、乐团、音乐节，在这里几乎都留下了深深的印记，争论、交锋尽管不时显现，但积极扶植和科学发展是音乐人和报纸编辑的最终目的。闻名国际乐坛的北京国际音乐节，十一届取得的成就在这里可谓一步一个脚印，分外清晰；中国爱乐乐团，文艺体制改革最重要的成果，每年在这里都有专文介绍，从艰难草创到现在的名扬世界，让我们深切感受到改革开放的时代步伐。

从率先在全国举办歌曲、歌手的评选，到最早创办音乐排行榜，人民日报的这些举动表现出30年来音乐发展与社会环境的互动关系。舆论的支持和参与，音乐的社会作用得以强烈呈现；音乐进入媒体，报章的文化意义更为生动明显。

“人民日报记者来了没有?”李德伦生前在新闻发布会上多次这样问。“希望人民日报予以支持!”现任中国音协常务副主席徐沛东也经常这样讲。音乐界几代艺术家对人民日报的寄托和厚爱令人难以忘怀。记得在人民日报刊载文章《崔健的歌为什么受欢迎》和《一无所有》词曲的当天，崔健的父亲深夜打来电话，哽咽地说：感谢党报，我们从此放心了！他的这番话也表达出人民日报在读者心目中长期的地位。

回首30年，感慨不已。历史进步飞快，人的思维变化迅速，观念更迭不断，常常昨是今非、今是昨非。尽管历史已经过去，但是，人是有记忆的，我们不能失去我们的记忆，保存记忆也是为了面对未来。

（《人民日报》2008年12月12日）

改革开放与戏剧复兴

廖　奔　刘彦君

改革开放30年的中国日新月异、蒸蒸日上，社会改革和社会转型深刻而有力地进行，社会结构的各个方面，经济、政治、文化都已经发生并仍在继续发生翻天覆地的变化，社会的政治环境和观念环境渐进而平稳地走向宽松和谐。社会的巨大改观，一方面促进了文艺的发展变化，文艺转型正在发生；另一方面又为文艺繁荣提供了日益丰厚的基础，新型土壤正在生成。中国戏剧也适应着这种变化的环境，在激烈社会变革的促迫下，在多元文艺思潮的刺激下，伴随着迷惘与阵痛，经历了深刻的蜕变与转型，日渐迸发出生机与活力，舞台面貌显现出蓬勃的气象，创作也在主流价值观的召唤下日益取得举世瞩目的成就。回观新时期戏剧轨迹，我们清晰地看到一条闪光的划痕，它预示着一种崭新的前景。

1978年，中国迈入一个新的历史时期。深化了的时代审美需求呼唤着戏剧的本体发展和舞台面貌多样化的出现。戏剧在酝酿一场新时期的伟大突破。呼唤中的观念突破包括创作观的回归人性与舞台空间的突破，一时之间，戏剧舞台上新的作品层出不穷、琳琅满目。

反映在话剧舞台上，是一个激荡昂扬的探索时代的到来。话剧开始用新颖的时空切割方法、换场的灵动形式、象征性的表现手法等舞台手段，打破旧有范式，引来舞台变革的大潮。一时之间新颖作品琳琅满目，《绝对信号》、《车站》、《对十五桩离婚案的剖析》、《街上流行红裙子》、《一个死者对生者的访问》、《红房间、白房间、黑房间》、《屋外有热流》、《魔方》、《山祭》等等，推起了戏剧发展的波涌，并出现刘锦云《狗儿爷涅槃》这样穿透历史时空和人的精神层面的力作。著名导演黄佐临所长期倡导的“写意戏剧”露出端倪，其最佳体现一是他本人导演的《中国梦》，一是徐晓钟导演的《桑树坪纪事》。同时，继承曹禺、老舍传统的写实剧仍然在延续，如《黑色的石头》、《天下第一楼》都运用传统手法取得成功。

反映在戏曲舞台上，是创作积极性的极度高涨，很快便出现了姹紫嫣红的局面。改编传统戏如豫剧《唐知县审诰命》、莆仙戏《状元与乞丐》，新编古代戏如越剧《五女拜寿》、京剧《徐九经升官记》，近现代内容戏如湖南花鼓戏《八品官》、商洛花鼓戏《六斤县长》，都获得了轰动的舞台效果。一些古老剧种焕发出青春创造力，例如福建的莆仙戏和梨园戏、四川的川剧，推出众多具有时代思考力的剧目，顺利实现了古老传统的现代转换，如《新亭泪》、《秋风辞》、《巴山秀才》、《变脸》等，它们共同迈动着戏曲的时代步伐。而下列一批剧目的创作观念与舞台形式引起了人们的极大兴趣：壮剧《泥马泪》、川剧《四川好人》、湘剧《山鬼》、川剧《田姐与庄周》、淮剧《洪荒大裂变》。经过一个时段的过渡以后，舞台成熟感增强，成功的作品就被大气地推出了，例如上海京剧院的《曹操与杨修》、北京京剧院的《甲申祭》，都给人以比较完美的舞台形式感。

90年代的戏剧，呈现出观念冲决藩篱之后的创作自由。戏剧舞台上显得手法灵活多变、面貌色彩斑斓，加之舞台技术特别是灯光的长足进步，让人感到眼花缭乱、目不暇接，戏剧舞台呈现的是多元共存的局面。这其中，许多现代舞台科技手段被日渐大胆而巧妙地运用，一些新颖的构思得到了现代观众的认可甚至欢呼，其结果是增强了戏剧舞台的现代感，而舞台形式也在这种经验积淀中逐渐发生变化，在注重于剧场性的同时，一边继续延伸探索的趋势，一边开始对写实手法的回归。

话剧创作的舞台探索热潮势头不减，现代派戏剧因素注入舞台引起的表达方式变革，催生了一批意蕴含量和形式含量更为繁复深广的剧目，引起注目的作品有《天边有一簇圣火》、《同船过渡》、《商鞅》、《地质师》、《岁月风景》、《秦淮人家》《“厄尔尼诺”报告》、《父亲》、《虎踞钟山》、《沧海争流》、《兰州人家》等，过士行的《鸟人》、《鱼人》、《棋人》三部曲和《坏话一条街》以其独特个性受到关注，而《生死场》、《我在天堂等你》、《爱尔纳·突击》等剧目则以全新的面貌出现于舞台。一些小剧场戏剧一直保持了探索的先锋性，不断引起人们的关注，并且培养起一代年轻观众，《非常麻将》、《偶人记》、《切·格瓦拉》、《霸王别姬》等一批“新异”作品领受了观众的品味。可以看到，风格多样化的舞台面貌，将定型为话剧的时代特色。

舞台技术装置的新型发展和突破旧程式的尝试，逐渐将戏曲推向一个既沉雄醇厚、又瑰丽多姿的阶段。京剧一批成功剧目如《狸猫换太子》、《风雨同仁堂》、《骆驼祥子》、《瘦马御使》、《宰相刘罗锅》、《贞观盛世》的出现，标志着这一古老的舞台艺术正在焕发出新的青春光焰。一些充满现代活力的较年轻剧种，如越剧、黄梅戏、采茶戏等，利用自身轻捷灵动、发展能力强的优长，充分调动歌舞魅力，充分吸收现代声、光、舞台装置的成果，将舞台美发挥到极致，以其青春亮丽的倩姿越来越引起世人的瞩目，同时从其唱腔与流行音乐靠近的特点出发，因势利导地发展出现代音乐剧，显示出极大的前景可能性，推出了采茶戏《山歌情》、《榨油坊风情》，山歌剧《山稔果》，荆州花鼓戏《原野情仇》，越剧《孔乙己》，黄梅戏《徽州女人》、《和氏璧》，昆明花灯剧《小河淌水》，梅州山歌剧《等郎妹》等引人注目的作品。其他如淮剧《金龙与蜉蝣》，川剧《山杠爷》、《变脸》、《金子》，闽剧《贬官记》，吕剧《苦菜花》，眉户戏《迟开的玫瑰》，评剧《贫嘴张大民的幸福生活》，粤剧《驼哥的旗》，甬剧《典妻》等，都获得相当成功。地方戏曲以充满生机的态势，骄傲而自信地迈向新的世纪。

进入21世纪以后，随着社会经济文化的进程，文艺发展和戏剧发展进入了建国以来的最好运行时期。经历了体制机制变革的阵痛之后，新型戏剧运作模式正在露形，社会对戏剧的新的需求使其重新充满了生命活力。戏剧的舞台艺术综合能力得到极大提高与加强，在内容与形式的统一上、在舞台的完满程度与完整表意上、在对舞台空间的最大发掘与利用上，都达到了一个前所未有的高度。

戏剧创作生机勃勃，创作思维活跃，新的作品不断涌现，其内容涵盖面宽、包罗广泛，从直接反映社会改革的现实题材到展示民族优秀精神传统的历史题材，从革命历史题材到儿童题材，都有杰构佳作出现。表现改革阵痛与工人阶级博大担载精神的话剧《矸子山》、《平头百姓》，体现农村艰苦创业观念更新的话剧《农民》、《郭双印连他乡党》、《黄土谣》，都十分引人注目。深入揭示人性与民族性的作品如梨园戏《董生与李氏》、豫剧《程婴救孤》、昆剧《公孙子都》，探讨传统人格与历史走向关系的作品如话剧《立秋》，都把笔触伸向了人的深层心理层次。随着反腐败斗争声势的加强，也出现不少提供历史殷鉴的好作品，如颂扬古代官吏廉洁自律精神的京剧《廉吏于成龙》、彰显官吏正直人格的京剧《大儒还乡》等。带有浓郁实验性与先锋性的话剧《秀才与刽子手》、《霸王歌行》的成功实践，拓宽了民族化写意话剧的道路。

戏剧形式和风格多样、百花齐放，一个多元化戏剧观念支配下五彩缤纷的舞台局面已经出现，而创造完美的舞台艺术品则成为一致的时代性追求。人们对于戏剧传统与积累的重视，使得戏剧日益引起社会的关注，中华戏剧在世界上的影响力日渐扩大。由此，新世纪的戏剧实践，既体现出深刻的时代裂变，又回荡着历史的回声。这一切，在共同召唤着戏剧的复兴，人们期待着……

（《人民日报》2008年12月4日）

歌剧30年：探索与跋涉

歌剧，代表着音乐文化的最高水平，也折射出文化底蕴的厚重程度。中国歌剧，曾经拥有一批影响深远的作品，唱腔家喻户晓，剧情耳熟能详，强烈吸引了几代观众。

改革开放30年来，我国的歌剧创作和演出也曾呈现出繁荣的局面，歌剧佳作不断，歌剧表演人才辈出，在歌剧制作机制上也进行了有益探索，在国际文化交流中为祖国赢得了荣誉。

今天，中国歌剧又处在一个发展关键时刻，回顾过去，思考当下，有益于我们开创中国歌剧的灿烂未来。本期我们特别邀请音乐界的评论家居其宏、作曲家温德青、歌唱家金曼共同探讨中国歌剧的过去、今天和未来。

——编　者

过去　在时代舞台上纵情歌唱

居其宏：

思想解放 重建歌剧的独特魅力

中国歌剧80余年的历史，曾出现过两次歌剧高潮，当年“万口传唱《北风吹》，处处皆闻《洪湖水》，哪个不知《刘三姐》，谁家不哼《红梅赞》”的盛况至今仍令许多人记忆犹新。

从1978年到上个世纪80年代初，我国歌剧界谈论最多的是两个关键词：一为“思想解放”，二为“观念更新”，其目的是让人们从极左文艺思潮和种种僵化模式中解放出来，以自由无羁的创作心态重建歌剧的独特魅力。

这一时期的歌剧创作实践，在思想解放大潮中呈现出复苏的势头。1979年前后在国内各地上演了《星光啊星光》、《壮丽的婚礼》、《启明星》、《护花神》等，虽对以往的歌剧观念有所突破，但整体艺术魅力还远不及《草原之歌》、《洪湖赤卫队》和《江姐》。

整个80年代是我国歌剧观念变革和歌剧艺术探索和整体崛起的黄金时代。各种新的文艺思潮、戏剧观念和作曲技法也在歌剧界强势登陆并对创作实践产生了潜移默化的影响，形形色色的歌剧实验悄然进行。“无场次”、“淡化情节”、“淡化人物”、“中性舞台”、“意识流”、“大写意”等现代戏剧观念和手法都在歌剧创作中轮番登场。

80年代中期，中国歌剧创作开始出现两极分化、雅俗分流的征兆——一部分剧目向欧洲严肃大歌剧看齐，创作中国的严肃歌剧；一部分剧目向欧美音乐剧看齐，走通俗化之路，创作中国的音乐剧。原来在这雅俗两极之间广大开阔地中生存状态比较活跃的喜歌剧、轻歌剧、歌舞剧、民族歌剧，开始调整自己的坐标，纷纷向雅俗两极靠拢并在两者之间的开阔地带寻求自身独立生存的空间。

中央歌剧院、中国歌剧舞剧院、辽宁歌剧院、哈尔滨歌剧院、上海歌剧院等歌剧重镇，纷纷推出《伤逝》、《大野芳菲》、《仰天长啸》，《原野》、《马可·波罗》、《归去来》、《从前有座山》、《徐福》、《阿里郎》等。其中，金湘的《原野》、施光南的《伤逝》、刘振球的《从前有座山》，代表着当时的最高水平。

繁荣活跃　确立中国歌剧创作主体面貌

自1992年我国改革开放大业进一步深化，到新世纪最初8年，我国歌剧音乐剧创作迎来了新时期以来第二个繁荣活跃期，在市场经济条件下寻求自身生存发展之道便是其显著特点。

严肃歌剧创作依然保持旺盛势头，并牢牢占据新时期我国歌剧创作的主流地位。其间涌现出不少质量上乘的作品，如《屈原》、《张骞》、新版《巫山神女》、《霸王别姬》等，而辽宁歌剧院创作演出的《苍原》无疑是其中的佼佼者。

这一时期，新潮作曲家创作的探索性歌剧纷纷在国内上演。郭文景的《狂人日记》及《诗人李白》、谭盾的《茶》以及一些旅居欧美的华人作曲家的歌剧作品如《命若琴弦》、《赌命》等等，也因其各自不同的艺术格调和美学追求而引起国内同行的兴趣和争议。

多元并存　不同艺术观念各展所长

市场经济条件下观众审美意识的发展变化，使民族歌剧的生存环境日趋严峻，总政歌剧团在此条件下连续推出《党的女儿》及《野火春风斗古城》并获较大成功，实属不易。各地歌剧院团为自身的生存发展计，纷纷创作通俗的轻歌剧、喜歌剧、小剧场歌剧、乡村歌剧或音乐会歌剧，则在走向市场方面进行了艰辛探索。

新时期我国歌剧创作的一个重大收获，便是持有不同艺术观念的艺术家各展所长、各逞其技，使歌剧创作呈现出题材多元、体裁多元、风格多元的繁荣景观。

诞生于上个世纪80年代的歌剧《原野》，其剧本创作、剧诗创作和音乐创作，在“歌剧思维”的统摄下，追求戏剧性和音乐性的严密整合、高度统一和同步展开，强烈的戏剧冲突、鲜明的人物性格、严整的音乐戏剧性构思、各种歌剧音乐形式和手段的成熟运用，构成了此剧动人心魄的艺术魅力。创作于90年代的歌剧《苍原》，在营造音乐戏剧综合美的许多方面可与《原野》相媲美，堪称新时期我国严肃歌剧创作的双璧。

在剧本创作方面，老一辈剧作家阎肃活力依然，带领一批中青年剧作家向世人奉献出他在新时期的代表作《党的女儿》和《野火春风斗古城》；而万方的《原野》及冯柏铭、黄约若的《苍原》，则把新时期歌剧文学创作推向了一个新高度。

作曲家金湘及其代表作《原野》，徐占海及其代表作《苍原》、《归去来》，刘振球及其歌剧《从前有座山》、《巫山神女》，王祖皆、张卓娅及其歌剧《党的女儿》、《野火春风斗古城》，均不同程度地展现了他们对歌剧的音乐艺术规律的认识深度和驾驭水平。

崛起于改革开放初期的作曲家郭文景、谭盾等人，到了上个世纪90年代之后，不但在欧美歌剧舞台上烙下了东方神韵和中华文化的深深印记，也把他们对探索性歌剧的最新思考成果呈现在国内同行面前，成为中国歌剧作曲家中连接传统与现代、东方与西方的前卫使者。

今天　创作演出还缺什么

温德青：

作为“音乐之王”的歌剧，最能代表一个国家的文化水准，对比正在蓬勃兴起的科技、经济和体育的国际地位，我们的歌剧文化水准目前还很低。无论是专家还是老百姓，无论是中国人还是外国人，对我们目前的歌剧创演都不算满意。

首先，经济保障和支持远远不够。有关部门应该把歌剧作为重点保护对象，以固定财政拨款为主，以企业和基金会的赞助以及票房收入为辅。

另外，在当前环境下，许多地方团体还不具备演出大型歌剧的能力，与其成为一个二流的大歌剧团还不如集中人才与经费，成为一个一流的室内歌剧团。随着时代潮流的演变，如今，室内歌剧也已经成为国际当代歌剧的一个重要品种。

中国的剧院与歌剧演出单位常常分家，造成“生产与销售”脱钩，演出剧团又出力又赔钱，剧院却坐享其成。不少歌剧演出单位还不能真正实行艺术总监制和歌剧季，每年的艺术活动缺少规划，听众事先也不知道一年将有几个剧目上演，买不了年票，失去最佳宣传时机。

在我们这里，一个几百人的大剧院每年大概最多只可演2到3部歌剧，而国外剧院平均是8部，每部歌剧演出8到12场。例如，瑞士日内瓦歌剧院下属有合唱团、现代芭蕾舞团、舞美部、演出部，乐队与罗曼丝交响乐团联姻，主演外请名角，排练就在自己的剧场进行。70%的是年票，半年前已出售，学生与退休老人优惠近半，总体票价比中国的便宜。欧洲歌剧院情况也大体如此。

我国当代作曲家，技术不扎实不全面，音乐语言也陈旧，这是造成歌剧次品与平庸之作过多的主要原因之一。歌剧创作要求作曲家除了才能之外还要有坚实的、全面的作曲技术，对国内外、过去与今天的歌剧音乐都有深入的了解与体会，对戏剧性和大型作品的结构也要有充分的感悟与控制能力。

未来 期待中国流派

金 曼：

改革开放30年来，中国歌剧创作演出尽管取得了不小的成就，但是，直至今天，“中国歌剧”的概念也只是相对存在。在世界艺术园林中，我们可以说已经存有中国文学、中国美术、中国电影、中国杂技……在世界音乐宝库中，已有意大利、德国、法国、俄罗斯的歌剧……但还不能说也有“中国歌剧”了。这里所讲的“中国歌剧”，是指具有鲜明中国特色，拥有相当数量的经典作品和杰出表演艺术家，产生了较大国际影响的艺术门类。

“中国歌剧”的基本特征是：中国人的创作、中国的音乐、中国的故事、中国的语言。但这还远远不够，“中国歌剧”还应拥有更为丰富的内涵。“中国歌剧”必须具有独特的品格和气质，能够准确演绎中国人的生活与情感，体现中国的文化精神，拥有中国音乐灵魂；是可以用中文唱响世界，能充分展现中国气派的歌剧；是能够为世界所接受，真正成为世界音乐文化的一部分，成为人类共享的歌剧。

学派、流派可大可小，规模和影响也有强有弱。歌剧在意大利诞生之后，百年内便在国内形成了佛罗伦萨派、威尼斯派、罗马派等歌剧流派；百年后在世界上又有了意大利歌剧、德国歌剧、法国歌剧、俄罗斯歌剧等派别。以发展的眼光看，除了中国歌剧流派外，我们还应当鼓励形成各类歌剧派别，如地域派别；也可以由作曲家而形成派别，以歌剧表演艺术家形成派别。中国歌剧能不能走上世界歌剧舞台的中央，不仅关系到“中国歌剧”概念的能否确立，也将标志中国歌剧的发展是否上升到一个新阶段。因为，“中国歌剧”是一个必须放置在世界范围里才能成立的概念，而不仅仅是一个国家或一个民族的偏于一隅的剧种概念。

（《人民日报》2008年12月5日）

我们走在大路上

——关于改革开放30年文学的思考

陈建功

改革开放30年来，我国文学界呈现出队伍大团结、创作大繁荣、事业大发展的可喜局面。站在新的历史起点上，以科学发展观为指导，总结30年中国文学发展的基本特征和成功经验，发现问题、寻找差距，推动工作，书写文学事业的新篇章，是对改革开放30年最好的纪念。

总结30年中国文学发展，我体会至少有以下基本特征：

一、改革开放的30年，党加强和改善了对文艺的领导，清除了“左”的影响，排除了右的干扰，为社会主义文学的繁荣发展开拓了广阔的道路。新中国成立后的17年，社会主义文艺的成果是巨大的，产生了很多优秀作品，至今仍被认为是“红色经典”，在广大读者中享有盛誉。但不可否认，在以“阶级斗争为纲”的年代，“左”祸不绝，文艺界受害尤深。随着党的十一届三中全会的召开，“解放思想、实事求是、团结一致向前看”的思想政治路线的确立，中国迎来了社会主义建设的新时期。党在总结历史经验的基础上，拨乱反正，推动了文艺思想不断解放，由此，中国文学也开始挣脱“左”的枷锁，告别了“文艺从属于政治”，开始了文艺“为人民服务，为社会主义”服务的新阶段，开创了中国特色社会主义文学的广阔道路。上个世纪70年代末80年代初文学创作和理论、评论如井喷式的繁荣，即由此而发。文学要担当社会使命，就要擎起时代精神的火炬，吹响人民奋进的号角，要在人民创造历史的伟大实践中进行艺术的创造，在社会的进步中追求艺术的进步，肩负起“人类灵魂工程师”的责任。当然，这种使命和责任，并不是要求文学服务于临时的政治任务，也不是要求“写中心、演中心、唱中心”，更不应对作家写什么、怎么写“横加干涉”。文学承担的，是民族精神的唤醒与弘扬、民族情感的滋养与凝聚、民族审美的培育与提升，文学甚至还要为人民享受健康的娱乐提供精神产品。可以说，作为中国特色社会主义理论的重要组成部分，党在中国特色社会主义文艺理论方面的建树以及领导文艺正确实践，“二为”方向的确立以及一系列文艺方针政策的实施，是文学界的思想得以解放，文学的路子越走越宽的根本保证。

二、改革开放的30年，中国文学找回了作家作为创作主体的地位，告别了“无我”、“非我”的时代，使文学以鲜明的个性，呈现了自身的魅力，使社会主义文学百花园呈现异彩纷呈的格局。在“左”的路线猖獗的时代，作家不敢讲真话，不敢呈现自己对生活的独特发现和独立见解，作家的艺术理想，更是为所谓的“三突出”所桎梏。

乃至巴金先生在“文革”结束后多次发出“讲真话”的呼吁。是思想解放运动使中国作家找回了作为创作主体地位。随着改革开放的深入和社会生活的进步，中国人民越来越拥有思想的空间和个性的天地，也为中国作家创作个性的凸现和艺术个性的展示，提供了广泛的基础。可以说，这30年，是作家找回“自我”，呈现“自我”的30年，又是作家们不断拓展着“自我”的境界，把“小我”融入家国情怀和民族忧欢，融入人民创造历史的热潮和民族复兴的洪流的30年。由“无我”、“非我”到“自我”，由“自我”、“小我”到“大我”，文学的创作主体终于找到了自己的艺术定位与历史定位，这就是30年来中国文学创作个性凸现，文学格局厚重雄浑的奥秘所在。

三、改革开放的30年，是中国文学找回久违的创新精神，焕发出巨大想象力的30年。对“美文”的追求，创新文体的尝试，已经蔚然成风，社会对艺术的创新和艺术的多元化格局予以极大的激励，为文学的发展提供了广阔的创造空间。在思想禁锢、艺术僵化的时代，哪怕是微小的艺术尝试都被视为异端。文体的创新与实验是天方夜谭。作家们对江青“十年磨一戏”时代那种动辄上纲上线的“横加干涉”记忆犹新，创新力和想象力受到极大的压抑。30年来，我们可以清晰地看到无论是小说还是诗歌，无论是散文还是报告文学，作家们在艺术创新的道路上由如履薄冰到纵横驰骋的身影。当然，中国文学30年不断创新的历程，又是中国作家们不断加深对创新的理解，逐步走向艺术的自为境界的历程。作家们逐渐体会到，所谓创新，不是盲目的“为新而新”的“作秀”，不是完全可以置生活的本质和真实于不顾的“天马行空”，而是通过贴近生活、贴近实际、贴近群众，通过对传统文化的继承和外来文化的借鉴，调动艺术的想象和才情，开辟内容和形式和谐统一的艺术境界。

四、改革开放的30年，是中国文学找回了放眼世界、洋为中用、兼容并包、大胆吸纳世界先进文化的勇气的30年，又是我们继承传统、古为今用，找回了中华文化自信的30年。在“左”的影响下，我国文学界曾经笼罩在所谓“革命文化”的“沙文主义”氛围中，对世界先进文化的借鉴和对中国传统文化的继承成为讳莫如深的话题。是改革开放的新时期，推开了中国面向世界的窗口，也推开了文学界面对世界的大门。我国文学界在面对世界的同时，又不断面对自己的渊源和根基，也逐渐地找回了拥有中国文化传统的自信和古为今用的自觉。应该承认，30年的借鉴与继承之路，也经历了最初的惶恐彷徨，遭遇了手足无措的考验。许多作家最终在实践中逐步廓清了“全盘西化”论的影响和艺术教条主义的思路，走出了惶恐和彷徨，越发注重中国的国情和现实，注重中国人民的生活特色和审美习惯，把继承和借鉴都化作了自己的血肉，最终走上融会时代精神和民族精神的正确道路。

五、改革开放的30年，是中国文学界以“精神文明重在建设”为原则，采取“民主、团结、鼓劲、繁荣”的方针，服务作家，动员文学大军浩荡向前的30年。有别于“以阶级斗争为纲”时代的大批判开路，“重在建设”，就是决不搞“大批判”，不搞“残酷斗争无情打击”。文学工作以多出人才，多出作品，以创作的繁荣来满足人民日益增长的精神文化需求为中心。重在建设，这并不是减弱、甚至取消是非的判断，而是通过健康说理的文艺批评，造就百家争鸣局面，促成思想的活跃和融合。作为党联系作家的桥梁和纽带，中国作家协会正是在这样一个基本原则指导下，提出了“民主、团结、鼓劲、繁荣”的方针，向着建设服务型和谐作协的方向而努力。“重在建设”，是当今我国文学界形成队伍大团结、文学大繁荣、事业大发展良好局面的根本原因。

六、改革开放的30年，是中国经济、社会高速发展，为文学的发展提供了经济的、科技的强劲支持，推动文学“与时俱进”，面对新挑战的30年。随着经济的发展和科技的进步，各种高新传媒的发展对过去一直以纸媒为主的文学提出了挑战，也为文学的“与时俱进”提供了机遇。30年来，文学在影视剧本方面成果卓著，据不完全统计，在获得金鸡奖百花奖金鹰奖等优秀电影作品中，由文学作品改编的，占有83%以上。近年来，网络文学来势如潮，超强的覆盖力、无门槛的发表、和网民的互动性等等特点，成为了一种最具生气又亟待引导的文学样式。手机文学的崛起同样令人惊诧，上载的手机小说，竟有长达200万字一部的作品且拥有读者。这些，都为文学找到了新的载体，也为文学的发展带来了新的活力。

七、改革开放的30年，是文化需求日渐多元化的30年，这使文学在提升民族的情感品位和满足人民的娱乐需求等不同的向度上呈现了不同的姿态，预示着未来中国文学将呈现更加缤纷多彩的前景。随着经济社会的发展，人们的文化欣赏趣味日趋多元，文化消费群体形成分野。为了满足人民不同的文化需求，大众文化和文化产业兴起，文化公司、出版集团纷纷登场，演出了文化产业大发展的壮景。与此同时，文化事业也得到了政府的大力扶持。未来的中国文学，高雅文化和大众文化竞相发展，文化产业和文化事业相得益彰。我们将继续保持和弘扬改革开放30年来所积累的精神和艺术成果，也将在影视、网络等新兴媒体上有所作为；将坚守思想的独特与艺术的追求，也将面对大众文化趋势，在满足人们健康的娱乐需求上有所建树。

30年中国文学发展的基本经验是：加强和改善党对文学工作的领导，坚定不移地贯彻党的文艺方针政策，是30年文学繁荣发展的根本保证。坚持贴近实际、贴近生活、贴近群众，是30年文学发展繁荣的基本途径。加强作家队伍建设，是繁荣发展社会主义文学事业的关键环节。坚持与时俱进、开拓创新，是30年文学发展的主要推动力。坚持科学健康说理的文学批评，是30年文学发展繁荣的重要条件。坚持处理好文学普及与提高的关系，是30年文学发展繁荣的重要原则。

应该承认，从社会发展的整体要求来看，用科学发展观来衡量，我国文学事业，仍然存在着一些不适应时代发展要求的地方。比如我们应如何以更具实效的方式，推动作家队伍的思想建设？如何采取更为贴切的方式，使作家融入时代生活，撷取丰富的生活资源和情感资源？如何应对高雅文学和大众文学发展的不平衡？如何加速建设网络阵地，为文学拓展更广阔的舞台？等等。时代的发展永远向文学提出新的命题，我坚信，以改革开放30年文学发展的经验，只要我们坚持正确的创作道路，贯彻科学发展观，团结广大作家共同努力，与时俱进，开拓创新，一定能不断推进社会主义文学事业大发展大繁荣，为实现中华民族的伟大复兴作出应有贡献！

（《人民日报》2008年12月18日）

兴衰　蜕变　坚守

——改革开放30年中国工艺美术发展简述

本报记者　徐红梅

在历史的长河中，中国工艺美术犹如一叶轻舟，时而身型矫健，涉险过滩；时而柳笛一曲，双桨漫举……

新中国成立后，这叶轻舟壮大为一艘大船，走向大海，远航天涯，熠熠华彩博得无边喝彩声。

“文革”十年，这艘大船不仅被推入一湾死水之中，满船珍宝被识为“封建”糟粕，弃之不惜。

这30年，双挑“东山再起”与“发扬光大”两张大帆的中国工艺美术大船经过沉思，经过阵痛，再次扬帆出海，破浪向前。

兴衰：在历史与现实之间

新中国成立初期，中国工艺美术经过国家的扶持和调整，走出了战火焚烧后零落不堪的状态，一批具有典型示范意义的工艺美术生产合作社组织陆续建立，不少已经停产或濒于灭绝的工艺美术品类以新的面貌、内容与题材恢复生产，生产手段从手工制作转向机械化或半机械化生产，视野逐渐拓展，推出了许多内销工艺品和少数民族地区的实用工艺品。同时，以中央工艺美术学院为代表的现代工艺美术教育体系的建立，使中国工艺美术事业蓬勃发展。

“文革”的民族浩劫打破了蓬勃兴起的大好局面，工艺美术的保护和发展遭遇了空前严重的破坏：工艺美术被斥为“封建糟粕”或“复古倒退”的迷信品而禁止生产，大量所谓“帝王将相、才子佳人”题材的工艺美术精品被砸烂销毁，工艺美术院校和研究机构被迫解散，创作设计队伍的素质大大减弱，创作题材趋向单一，“文革”色彩浓重……工艺美术失去了整体正常发展的土壤和环境。

改革开放重新赋予工艺美术行业活力，使它以前所未有的速度恢复和发展起来。上世纪70年代末至80年代，工艺美术品出口量大幅增长。仅1981年一年，工艺美术出口创汇便达到了15.1亿美元，占当年轻工业系统总出口换汇的30%。在保持原有特色、立足国际市场的同时，工艺美术产业还积极开拓国内市场和旅游商品市场，民间手工艺制作渐趋活跃。资料显示，1983年，全国工艺美术品内销产值达到23.96亿元，比1952年的6573万元增长了35倍。

90年代中期以来，随着公有制企业改革步伐的不断加快，工艺美术企业开始改制转型。面对日益激烈的市场竞争，以手工生产为主的工艺美术生产企业，特别是国有、集体企业绝大多数难以为继，一些集体企业甚至国有工艺美术企业改制成为了民营企业，有的甚至破产倒闭。七八十年代北京市的知名企业和创汇大户北京工艺美术厂就是一例。工艺美术步入了历史的转折时期。

蜕变：在传统与现代之间

世纪之交，无论是工艺美术行业，还是工艺美术技艺自身的保护和发展，都面临蜕变和再生的考验。

造成这种艰难局面的原因，依然要首先归结于“文革”那场劫难。

历史是一幅延绵不断的长卷。“文革”十年浩劫造成的文化断层、人才断层，是中国社会文化发展中难以弥补的缺口，以至于到了今天，这种传统文化和精神上的缺失还在弥补之中，为之所必须付出的代价也愈加凸显。

文化的断层，使西方工业文明的进入对于工艺美术的冲击和改变变得如此容易：工艺美术以前所未有的速度与现实生活脱离、大众和青年学子审美趣味普遍向西式化偏移、人们对于工艺美术品价值的认知变得片面而单一……工艺美术一时间似乎无所适从，举步维艰。

衰败和新生往往并存。改革的大潮让工艺美术行业在阵痛之中，迎来了市场经济体制下的新生。1997年，国务院颁布《传统工艺美术保护条例》，随后，北京、上海、江苏、广东、河北、浙江、安徽、四川、重庆等省市先后制定或颁布了相应的地方工艺美术保护条例或办法，为保护我国工艺美术品类、技艺提供了法律依据，促进了行业的进一步发展。一批新型民营、个体企业逐步成长起来，成为行业主体，国内市场需求更加强劲，形成了新中国成立以来工艺美术生产的新格局。

工艺美术行业开始在实践中探索与国内外市场对接的新方式。深圳等地从文化产业的角度开拓出更为广阔的国内外市场；南方一些城市，政府为手工艺人划出展示、经营的专区；一些工艺美术大师走向创业，传统手工作坊悄然兴起；博览会成为谋求发展的新平台；理论界对于工艺美术历史沿革、发展规律的研究日渐完备……工艺美术的地域性日益得到重视，原有的手工技艺特性得到调动，工艺美术赖以生存的环境进一步改善。

陶艺、漆艺和编织等一些工艺美术品类，也逐渐在传统习俗与现代生活中进行着艺术形式的蜕变：蕴含于工巧的物性之美得到进一步的开发，工艺美术原有的装饰性和审美价值被极大地强化和纯化，创作空间进一步拓展，增强了自身的适应性。编织等一些工艺运用现代科技解决了传统材料易退色、易腐蚀等问题，在文化传承和产业发展两个方面均取得了良好的效果。

坚守：在文化与技艺之间

步入新世纪，在全球文化一体化趋势的危机中，逐渐回归传统的工艺美术从一种新的角度为人重提，其文化价值和手工技艺的传承得到了社会更为广泛的关注。2006年，51项民间美术和89项传统手工技艺被国务院列入第一批国家级非物质文化遗产名录。工艺美术的新时代已然来临。

在2008年11月10日中国嘉德秋季拍卖会首次推出的“国石国艺”专场上，一件当代中国工艺美术大师的作品“桃花源记寿山田黄石章”一举突破300万元大关，以313.6万人民币拔得该场头筹。全场91%的成交比例、109件拍品1596万元人民币的总成交额，为现当代工艺美术品市场带来一抹喜庆之色。

在此之前，玉器、剔红器、掐丝珐琅、瓷器等一些工艺美术品在拍卖市场中行情一直看涨，价格连年上翻，其中不乏当代工艺美术大师的新作。一些前些年备受冷落的工艺美术技艺和作品重新走入人们的视野，工艺美术品日渐显示出其艺术魅力和不可估量的市场潜力。

然而，在庞大繁荣的市场面前，在地方性传统工艺美术保护条例不断出台的今天，工艺美术的生存现状依然不容乐观。品类生产的地域性特征式微、工艺水平的走低、仿制工艺和仿制品泛滥、原料稀缺、秘技外流……特别是人才流失、断档的问题依然严重，成为制约工艺美术长足发展的瓶颈。

据北京工艺美术行业协会统计，北京传统工艺美术流传下来的有近60个品类，目前已经失传或濒临失传的品类多达43个，现有的120多位工艺美术大师培养着近300名徒弟，他们抢救的技艺涉及30多个品类。国家自1979年至2006年分别进行的五届中国工艺美术大师评审工作，虽然对于人才的保护起到了积极的促进作用，但对于品类繁多的工艺美术来说，师徒相承的特点和年轻学徒知难而退的趋势依然使人才培养困难重重，尤为重要的是，原有的工艺美术学校和高校由于各种原因大多数已不再从事专业的工艺美术的招生和教学，人才培养缺失了重要的一环。

回顾历史、反思现状、展望未来，只有坚守在传统文化的根基之上，只有手工技艺中活的精神在岁月的流转中永生，只有保护和发展并重，一直游走在经济与文化、传统与现代、手工作坊与工业生产之间的中国工艺美术，才不会变为“温室花朵”或“复制的古董”，方能经岁愈长，华彩愈盛。

（《人民日报》2008年12月14日）

高举旗帜 改革创新推动 中国特色社会主义新闻出版业大发展
——纪念改革开放30周年

柳斌杰

与改革开放同行、与时代发展同步，我国新闻出版业为推进改革开放和现代化建设作出了积极贡献，自身建设也取得重大成就。

一、坚持解放思想、改革开放，我国新闻出版业实现了健康快速可持续发展，新闻出版工作围绕中心稳步推进，呈现出繁荣开放、积极向上的良好态势

30年来，在中国特色社会主义理论指引下，新闻出版战线不仅率先解放思想，宣传党的创新理论和改革开放的一系列方针政策，为社会主义现代化建设事业提供强大的舆论支持和精神动力，而且不断深化自身改革，以开拓创新的精神，推进了思想观念、发展方式、体制机制、政府职能和传播方式的转变，使我国新闻出版制度在改革中完善，新闻出版产业在开放中发展，新闻出版工作在创新中前进，开创了中国特色社会主义新闻出版业发展的新局面。

（一）始终坚持正确的政治方向和舆论导向，为改革开放和现代化建设创造了良好的舆论环境。30年来，新闻出版业旗帜鲜明地坚持主流意识形态，在马克思主义经典著作、中国化的马克思主义著作及其研究性著作、普及读物的出版工作方面做了大量工作，先后出版了《马克思恩格斯全集》（中文第二版）、《列宁全集》（中文第二版）、《毛泽东选集》（第二版）、《邓小平文选》、《江泽民文选》等马克思主义重要著作；出版了《邓小平建设有中国特色社会主义论述专题摘编》、《江泽民论有中国特色社会主义》（专题摘编）以及江泽民、胡锦涛同志重要著作的单行本；出版了《邓小平理论学习纲要》、《“三个代表”重要思想学习纲要》、《科学发展观学习读本》等阐释和宣传马克思主义及其中国化理论成果的重要著作；及时组织出版了一批学习贯彻邓小平理论、“三个代表”重要思想、科学发展观的系列出版物。围绕毛泽东、邓小平等诞辰纪念活动和建党、建国、建军、长征、抗战等一系列重大节庆纪念活动，出版了一大批精品力作，为中国特色社会主义理论体系的形成做出了特殊贡献。

（二）不断深化新闻出版领域体制改革，解放了新闻出版生产力。30年来，适应社会主义计划经济体制向社会主义市场经济体制转变，新闻出版业进行了拨乱反正、恢复重建、“三放一联”和应对加入世界贸易组织的集团化建设等几个阶段的改革探索。特别是党的十六大提出，适应社会主义市场经济发展的要求，根据社会主义精神文明建设的特点和规律，大力推进文化体制改革以来，新闻出版领域改革力度加大，成效显著，取得了突破性进展。

（三）坚持为人民群众提供丰富多彩的精神文化产品。30年来，新闻出版业把发展作为第一要务，把满足人民群众的精神文化需求作为工作目标。与1977年相比，我国出版传媒市场发生了历史性变化，出版由“书荒”变成“书海”，传媒由单一变成多样，基本满足了人民群众多样性的精神文化需求。经过30年来的不断发展，我国出版传媒产业规模不断扩大，实力不断增强，出版传媒产业总产值直逼万亿，已经成为国民经济的重要组成部分，在促进文化积累和传承，推动经济和社会发展方面起到了重要的不可替代的作用。

（四）建设新闻出版公共服务体系，切实保障人民群众的基本文化权益。30年来，党和政府根据国民经济的总体规划和新闻出版业发展实际，对新闻出版业实行了一系列财税优惠政策，建立“宣传文化发展专项资金”，支持义务教育教材出版发行、实行科技教育文化“三下乡”，扶持少数民族地区新闻出版事业等，为人民群众直接服务。一个以政府为主导，以公共财政为支撑，以公益性出版单位为骨干，以新闻出版公共服务重大工程项目为载体，全面覆盖各类人群、各个领域的新闻出版公共服务体系已逐步形成，根本上缓解了人民群众看报难、读书难和农村文化产品少的问题。

（五）新闻出版行政管理不断创新，基本建立了适应社会主义市场经济体制需要的新闻出版行政管理体制。30年来，在党中央、国务院的正确领导和各地党委、政府的关心支持下，新闻出版行政管理体制改革取得重大突破。社会主义新闻出版、版权法律体系初步建立。历经3次机构改革，实现新闻出版总署机构升级，监管和执法权威增强，逐步明确了新闻出版宏观调控、依法行政、公共服务和市场监管的职能定位。按照建立法治政府、服务政府、责任政府、廉洁政府的要求，总署率先实施“四分开”，使所属企业脱钩转企改制，转变了职能，在中央机关第一个实现了审批事项“集中办理”，使权力在阳光下运行。全系统推进以“四大准入”为基础的市场监管体系建设，借助技术手段完善管理平台，走上了科学管理之路。深化行政审批制度改革，出台服务基层、有利发展的举措，累计清理法规100多项，取消和下放了30多项行政许可事项。

（六）大力开展科技创新，为新闻出版业的发展提供强大的技术支撑。30年来，我们不仅告别了“铅与火”的出版时代，而且还迎来了以数字网络出版、数字印刷为主体的新型出版业态高速发展的新阶段，数字化成为我国新闻出版业传播技术变革的重要标志。我们通过制定科技规划和重点科技项目实施，鼓励和支持企业在数字网络出版、印刷技术和新闻出版电子商务等方面进行自主研发，拓展了新的发展空间。我们着手实施“国家知识资源数据库”、“国家数字复合出版系统”、“国家动漫振兴工程”等国家重点工程，推动新闻出版业实现从传统方式向现代多种媒体共同发展的方向转变。

（七）“走出去”战略成效初显，新闻出版业在开放中获得更大的发展机遇。30年来，中国新闻出版业逐步扩大对内对外开放，学会在世界出版大格局中发现商机、开拓市场，扩大中华文化的影响力。1986年第一届北京国际图书博览会的举办，标志着中国出版业向世界敞开大门。近几年，我们每年参与40多个国家或地区的书展、书市，宣传、展示和推介中国出版物，在法兰克福、巴黎、纽约和莫斯科等一些大型书展上，中国出版物成为最大的亮点之一。加入世界贸易组织后，我们兑现承诺，书报刊分销市场已经向世界开放，在出版、印刷、发行等各个环节，不断加大引进外资的力度。利用“两个资源、两个市场”，拓展发展空间，成为基本共识，以民族文化为主体，吸收外来有益文化，推动中华文化走向世界的新闻出版业开放格局正在形成。

（八）人才队伍和党的建设不断加强，为新闻出版业全面协调可持续发展提供了组织保障。30年来，新闻出版人才队伍不断壮大，整体素质明显提高。我们相继提出“人才兴业”战略、培训规划和实施方案，实施了“跨世纪出版人才工程”和素质工程、领军人才工程、高技能人才工程建设，通过坚持不懈的教育培训，建立了布局合理、层次完整的人才培养网络。30年来，各级新闻出版行政机关紧密联系党的基本路线和中心任务，以及不同时期党对新闻出版工作的新要求，切实推进党的建设。着力用马克思主义中国化的最新理论成果武装广大党员，按照中央要求，认真开展“三讲”教育、先进性教育、作风建设专题教育和科学发展观学习实践等活动，提高了新闻出版行业从业人员的理想信念和职业道德。

新闻出版战线广大干部职工在开创中国特色社会主义新闻出版业发展之路的进程中，深深地体会到：必须始终高举旗帜，坚持社会主义先进文化的前进方向；必须始终坚持围绕中心、在党和国家大局中发挥作用；必须始终坚持服务人民，实现和维护好人民群众基本文化权益；必须始终坚持改革创新，不断解放新闻出版生产力；必须始终坚持依法行政，不断提高科学管理的水平；行政、市场、技术、思想政治工作等多种手段进行管理的能力，推进新闻出版管理工作的科学化、规范化和法制化；必须始终坚持扩大开放，积极参与国际竞争；必须始终坚持党的领导，不断加强新闻出版行业党的建设工作。

这些宝贵经验，继承和发展了新闻出版工作的优良传统，反映了新闻出版工作的内在规律，体现了马克思主义中国化最新理论成果对新闻出版工作的基本要求，对于做好当前和今后一个时期的新闻出版工作具有重要的指导意义，必须始终不渝地坚持下去，并在实践中不断加以丰富和发展。

二、深入贯彻科学发展观，在新的起点上推动中国特色社会主义新闻出版业大发展大繁荣

深入贯彻落实党的十七大精神，在新的历史起点上推动新闻出版业科学发展，我们必须认真学习贯彻党的十七大和十七届三中全会精神，高举中国特色社会主义伟大旗帜，以邓小平理论和“三个代表”重要思想为指导，深入贯彻落实科学发展观，以解放思想、开拓创新为突破口，以营造良好的舆论环境、满足人民群众对精神文化生活的热切愿望为出发点和落脚点，树立新的文化发展观，以强而有力的措施，深化改革、加快发展、优化服务、强化管理，进一步推动中国特色社会主义新闻出版业大发展大繁荣，为夺取全面建设小康社会新胜利、开创中国特色社会主义事业新局面作出新的贡献。

当前及今后一个时期，要着力抓好以下几方面工作：

第一，深入贯彻落实科学发展观，在时代的高起点上开创新闻出版工作新局面。

胡锦涛总书记对宣传思想文化工作提出了“高举旗帜、围绕大局、服务人民、改革创新”的总要求，这是新闻出版系统必须遵循的工作方针。要不断增强政治意识，以中国特色社会主义理论为指导，以社会主义核心价值观的树立为重点，始终坚持社会主义先进文化的前进方向。要不断增强大局意识，一切工作都要放在大局中思考，把新闻出版业的发展置于党和国家的工作大局之中。按照党、政府和人民的需要来推动发展方式、体制机制和内容形式的转变。要牢固树立服务意识，高度关注新闻出版服务人民、满足人民需要的各项要求，依据人民的需要确定我们的具体方针政策，及时解决关系人民群众切身文化利益的热点问题，促进党和国家新闻出版惠民政策措施的贯彻落实。要不断增强发展意识，按照科学发展观的要求，把促进、服务、保障和推动科学发展作为首要职责，以新闻出版事业不断繁荣、出版传媒产业整体实力的进一步壮大作为改革创新的首要任务，促进经济文化社会又好又快发展。要不断增强忧患意识，准确判断突发事件，紧密关注经济社会运行中存在的矛盾和风险对新闻出版业发展可能造成的隐患和影响，未雨绸缪，把握趋势，提高化解风险的能力。要不断增强责任意识，提高政府的行政能力，进一步推动新闻出版法规制度的完善和政务公开，落实责任追究制和问责机制，建立健全方便基层、便利群众的政府公共服务体系，使政府在开创新局面中发挥更大作用。

第二，继续推动“三大转变”，在时代的高起点上解放和发展新闻出版生产力。

一是要切实转变增长方式。要充分利用传媒领域高新技术，改造传统出版业，构建新的发展平台，努力打造主流媒体在多元传播格局中的优势地位。要通过大力培育新闻出版新业态，发展产业群、产业带、产业园区，重点建设一批游戏开发、数字出版、版权产业、出版网络等创意产业示范园区和基地，以规模、实力、质量、效益决胜市场，提升竞争力，形成新的增长点。

二是要改革创新体制机制。按照中央确定的改革路线图和时间表，在两年内完成中央党政部门在京出版社、高校出版社以及所有地方的出版集团、出版单位的转企改制任务，一部分还要完成股份制改造任务，在转制、脱钩之后进一步推动产业集中和企业重组，组建中国出版的旗舰。加快推进党报、党刊等公益性事业单位改革，实现经营、编辑业务分开，建立新的运行机制，建设服务社会和人民的新闻出版公共服务主体。要充分发挥市场的基础性作用，推动资源、技术、人才在全国范围内有效流动，加快培育统一、开放、竞争、有序、健康、繁荣的现代出版物市场。要进一步扩大新闻出版领域投融资渠道，增强新闻出版企业的整体实力和市场竞争力。要以改革创新精神努力构建新闻出版业繁荣发展的动力机制、舆论引导机制、宏观调控与市场调节机制和保障服务机制，为新闻出版业科学发展提供保证。

三是要坚持转变政府职能。要通过转变职能、理顺关系、优化结构、提高效能，不断推动新闻出版行政机关由权力型、审批型政府向责任型、法治型、服务型政府转变，履行好宏观调控、依法行政、公共服务和市场监管的职能。要明确工作着力点，努力创新管理方式，强化公共服务和市场这两个薄弱环节，在加强新兴领域监管上下功夫；要加强分类指导，实现协调推进，努力实现新闻出版监管方式由单一向科学转变，由突击治理向日常监管转变，由传统模式向现代化手段转变。

第三，全面实施“五大工程”，在时代的高起点上探索和拓宽新闻出版公共服务的新领域。

让人民共享出版发展成果，是构建新闻出版公共服务体系的本质要求。力争到2010年底，全国建成农家书屋20万家，到2015年基本覆盖全国所有行政村和社区，惠及9亿人口，从根本上解决农民群众“买书难、借书难、看书难”的问题。要认真组织重点出版工程。精心组织具有文化传承功能的重点工程及其他重大工程的建设；要全力组织实施代表历史和时代标志的重大节庆等主题出版工程；用好管好国家出版基金，组织生产精品力作，丰富民族文化宝库。要全力抓好少数民族文字出版工程。研究制定发展规划，建设民文出版基地，扩大民族文字出版规模，继续组织实施新闻出版“东风工程”，加强对西藏、新疆、青海等少数民族地区的文化产品供应，提高民族文字出版能力。

第四，大力实施“五大战略”，在时代的高起点上促进新闻出版业全面协调可持续发展。

一是要抓好精品战略。精品就是竞争力，新

闻出版的各个产品门类都要突出精品战略，从选题规划、产品制造、产品推广到政策扶持、激励机制上都要突出精品意识，鼓励策划和出版更多反映人民主流文化和现实生活、群众喜闻乐见的优秀精神文化产品。要大力倡导原创意识，形成尊重创造、敢于创新的良好氛围，组织一大批精品力作和思想性艺术性可读性俱佳的优秀出版物。大力实施"品牌工程"，精心维护好业已形成的、品牌优良的名社名报名刊名网和名牌出版物，精心经营和管理好品牌，发挥品牌效应，扩大品牌的影响力和示范带动作用。

二是要抓好集团化战略。以资产为纽带的企业集团化是调整结构、实现新闻出版业集约化发展的主要途径。要进一步转变观念，按中央的要求，三五年内要培育出几家双超百亿，即资产超过百亿、销售超过百亿的大型骨干出版传媒集团公司。要通过体制创新和政策跟进，加快企业兼并重组的进度，打破地区行业限制，培育大型出版企业集团，使大集团成为市场主体和战略投资者，在左右国内市场和参与国际竞争中发挥更大作用。

三是要抓好科技兴业战略。目前，网络等新型媒介正在成为新闻出版业的新生力量，已经引起业内实质性的变化和重视。要通过引导、推进和政策上的扶持，推动数字出版、网络出版、数字印刷跨越式发展，在全球数字传播格局中争取一席之地。要加强数字出版基地、版权示范基地建设，提高自主创新能力，争取掌握数字出版领域的自主知识产权和核心技术，实现产业升级的目标。

四是要抓好人才战略。要坚持以人为本，以人的发展保证产业发展。以领导班子建设为重点，以提高新闻出版队伍素质和整体能力为核心，按照中央"四个一批"人才培养工程的工作部署和新闻出版人才建设纲要，在新闻出版领域培养一批既懂经营又懂出版业务、能够进行跨媒体经营的复合型、外向型人才，造就一批名作者、名编辑、名记者和闻名全球的技术专家和出版商，打造一支政治过硬、业务精通、作风优良、廉洁自律、文明和谐的新闻出版干部队伍。

五是要抓好"走出去"战略。要切实落实新闻出版对外合作和出口政策，建立健全企业、产品"走出去"工作机制，推动我国新闻出版业同国外新闻出版业全方位的合作与交流。要瞄准周边地区、国际汉文化圈和西方主流出版市场，以推广产品为重点，大力推动出版物走出去、版权走出去、出版服务走出去和资本走出去，努力使我国文化产品在国际市场上的份额有一个明显的提升。要善于利用国际渠道和国际名牌企业，多渠道输出中国出版产品。要开动脑筋，推动机制创新，继续扩大中国新闻出版的国际影响，把全面树立我国良好的国际形象当作历史的责任。

（《人民日报》2008 年 12 月 27 日）

四、社　　会

全面加强法制建设 努力促进科学发展

——2008 年国务院法制工作综述

本报记者　吴　兢　黄庆畅

2008 年是我国发展进程中很不寻常、很不平凡的一年。一年来，我们接连经历了一系列难以预料、历史罕见的重大挑战和考验。在党中央、国务院的坚强领导下，全国各族人民万众一心，迎难而上。国务院的法制工作也在应对严峻挑战中奋勇前行，为促进科学发展提供有力的法制保障，使法治政府建设取得了新的显著成效。

一、越是工作重要，越是事情紧急，越是矛盾突出，越要坚持依法办事

在这些重大挑战和严峻考验来临之际，国务院毅然选择以法治应对，不断完善应急法制，依法应对危机，依法解决复杂问题。“没有哪一次巨大的历史灾难，不是以历史的进步为补偿的”。国务院坚持依法应对挑战的努力创新了中国特色社会主义法制理论，极大提升了政府依法行政的能力和水平，并为推动科学发展、促进社会和谐奠定了坚实的基础。

——全方位、多层级、宽领域的应急法律体系、应急预案体系在抗击低温雨雪冰冻灾害中发挥重要作用。面对年初南方发生的低温雨雪冰冻灾害，从国务院到20多个省、自治区、直辖市人民政府，紧紧依靠以《突发事件应对法》为核心的应急法律体系和以《国家突发公共事件总体应急预案》为核心的全国应急预案体系，积极落实救灾措施，维护灾区交通、治安秩序，组织恢复电力、通信等市政基础设施，开展受灾群众生活救助，努力将人民群众生命财产损失降到了最低程度。

——及时制定《汶川地震灾后恢复重建条例》，为灾区灾后恢复重建提供有力的法制保障。5·12汶川特大地震发生后，党中央、国务院带领全国人民开展了气壮山河的抗震救灾斗争。为了保证灾后恢复重建工作依法有力有序有效地进行，温家宝总理亲自提出要抓紧制定《汶川地震灾后恢复重建条例》，并对条例的主要内容做出明确指示。条例深刻体现了科学发展观的思想，是灾后恢复重建的路线图，集中体现了党和政府的执政理念、执政能力和坚持依法执政的决心。

——法治守护奥运，让世界见证一个开放、民主、文明、进步的中国。为了保证北京奥运会和残奥会的顺利召开，中国政府始终以积极、负责任的态度加强奥运法制建设，完善了中国知识产权法制体系，制定了《奥林匹克标志保护条例》、《北京奥运会及其筹备期间外国记者在华采访规定》等一系列行政法规和规章。整个奥运会的筹办、组织、举办过程中，严格遵守国家的法律法规规章和国际惯例，履行承诺的国际义务，为“绿色奥运、科技奥运、人文奥运”提供法治保障。奥运会成功举办后，国务院又及时制定《外国常驻新闻机构和外国记者采访条例》，实现了奥运后外国记者采访制度与奥运期间的“无缝对接”，有力地促进了国际交往和信息传播。

——及时出台《乳品质量安全监督管理条例》，维护人民群众生命健康安全。三鹿牌婴幼儿奶粉事件发生后，党中央、国务院高度重视，果断决策部署，各地方、各部门迅速处置。国务院办公厅于9月18日发布《国务院办公厅关于废止食品质量免检制度的通知》，宣布废止有关食品免检制度的规定。为了进一步完善乳品从牧场到餐桌全过程的质量安全管理，严格落实执法责任，国务院迅即制定《乳品质量安全监督管理条例》，并于10月9日正式公布实施。

——加大行政问责力度，努力建设责任政府。权责统一是依法行政的基本要求，法治政府必须是责任政府。新一届国务院制定的《国务院工作规则》明确提出：“国务院及各部门要推行行政问责制度”。2008年被一些媒体称为“问责年”，政府对一系列事故、事件的责任人做出了处理。温家宝总理指出，绝不能以损害人民生命健康来换取企业发展和经济增长，要强化行政问责制，出了问题必须严格追究领导责任。“让权力敬畏，让人民安心”，问责范围逐步明确，问责程序逐步规范，问责方式逐步向法治化转变，社会公众参与问责的积极性逐步增强，各级领导干部的责任意识大大加强，作风有了明显转变，反映了我国法治政府建设向更深层次推进。

二、科学立法、民主立法，政府立法工作为促进科学发展提供有力法制保障

2008年，国务院紧紧围绕深入贯彻落实科学发展观，为保障经济社会全面协调可持续发展提供有力的法制保障。全年共向全国人大常委会提交法律议案8件，制定行政法规27件。

——在加强和改善宏观调控、促进经济平稳快速发展方面，制定了《证券公司监督管理条例》、《证券公司风险处置条例》、《价格违法行为行政处罚规定》、《中华人民共和国外汇管理条例》、《中华人民共和国个人所得税法实施条例》等行政法规；尤其是为积极应对国际金融危机影响，及时修订《中华人民共和国增值税暂行条例》、《中华人民共和国消费税暂行条例》和《中华人民共和国营业税暂行条例》，为我国增值税转型、促进企业发展提供有力的制度支持。

——在促进农业发展和农民增收方面，向全国人大常委会提交了《中华人民共和国农村土地承包经营纠纷仲裁法（草案）》的议案，修订了《生猪屠宰管理条例》、《草原防火条例》、《森林防火条例》、《畜禽遗传资源进出境和对外合作研究利用审批办法》等行政法规，为从新起点出发推动农村改革发展提供了制度支持。

——在全面加强社会建设、切实保障和改善民生方面，向全国人大常委会提交了《中华人民共和国残疾人保障法（修订草案）》、《中华人民共和国消防法（修订草案）》的议案，尤其是在总结汶川地震应急救援和恢复重建经验的基础上，提交了《中华人民共和国防震减灾法（修订草案）》的议案。为了进一步完善劳动合同制度，保护劳动者合法权益，促进企业持续发展，制定了《中华人民共和国劳动合同法实施条例》。

——在加大节能减排和环境保护力度方面，推动公共机构节约能源，提高公共机构能源利用效率，制定《公共机构节能条例》；加强民用建筑节能管理，提高能源利用效率，制定《民用建筑节能条例》。为了科学有效实施土地调查，制定《土地调查条例》。为了继承民族优秀文化遗产，制定《历史文化名城名镇名村保护条例》。

——在大力推进改革开放、深化体制改革方面，向全国人大常委会提交了《中华人民共和国保险法（修订草案）》、《中华人民共和国统计法（修订草案）》、《中华人民共和国邮政法（修订草案）》、《中华人民共和国专利法修正案（草案）》的议案。为了保证《反垄断法》的正确实施，制定《国务院关于经营者集中申报标准的规定》。为了推动实施“走出去”、“引进来”战略，制定《对外承包工程管理条例》，并对《外商投资电信企业管理规定》做出修订。

2008年国务院立法工作机制也发生了重大变化。按照党的十七大“制定与群众利益密切相关的法律法规和公共政策原则上要公开听取意见”的要求，国务院在立法工作中进一步提高公众参与立法的程度，除涉及国家秘密、国家安全等的外，行政法规草案全部公开征求意见。截至目前，公布了彩票管理条例、教育督导条例等22部事关人民群众切身利益的重要行政法规草案，得到社会各界的普遍关注和热情参与。据统计，仅劳动合同法实施条例草案，就收到群众意见8.2万条。科学立法、民主立法制度不断完善，立法透明度不断提高，吸取了社会各方面智慧，完善了人民群众的利益表达机制，将和谐理念、和谐目标、和谐要求进一步融入到立法中。

三、坚持依法行政，加强政府自身建设

——制定新的《国务院工作规则》，将“坚持依法行政”作为新一届政府工作的准则之一。新一届国务院制定公布的《国务院工作规则》提出要“努力建设服务政府、责任政府、法治政府和廉洁政府”，并明确规定了“实行科学民主决策，坚持依法行政，推进政务公开，健全监督制度，加强廉政建设”五项准则。从中人们可以清晰了解到新一届中央人民政府的施政理念，深切感受到中央人民政府加强自身建设、建设人民满意政府的执着追求和不懈努力。

——发布《国务院关于加强市县政府依法行政的决定》，夯实建设法治政府的基础。市县政府是我国政权体系的基础，市县政府能否切实做到依法行政，很大程度上决定着法治政府建设的整体进程。今年6月，国务院发布了《国务院关于加强市县政府依法行政的决定》，对大力推进市县政府依法行政工作做出明确部署和安排。《决定》下发后，各地方采取召开工作会议、制定实施方案、培训骨干人员等多种形式落实《决定》精神。《决定》的发布和实施，必将对市县政府依法行政发挥重要的促进作用。

——认真贯彻实施《政府信息公开条例》，积极推进政务公开。2008年5月1日起施行的《政府信息公开条例》标志着我国政府信息公开工作走上了法制化轨道。为了保证条例的正确实施，国务院办公厅专门印发了《国务院办公厅关于施行〈政府信息公开条例〉若干问题的意见》。条例实施以来，政府信息公开的工作机制不断完善，制度体系逐步健全，公开载体更加丰富，电子政务积极推行。政府信息公开工作开局良好，已经成为各级政府施政的一项基本制度。

四、加强政府层级监督，确保行政机关正确行使职权

——加强法规规章备案审查工作和规范性文件备案监督工作体制机制建设。依法加强备案审查工作，既是对抽象行政行为进行有效监督的需要，也是推进依法行政，促进社会和谐的需要。2008年国务院共收到备案登记的地方性法规374件、地方政府规章581件、部门规章152件，经审查对存在问题的44件进行了不同方式的处理，有力维护了社会主义法制统一和政令畅通。

——进一步完善行政复议体制、机制，发挥行政复议制度在化解行政争议、维护人民群众合法权益、加强政府层级监督等方面的作用。认真受理行政复议案件，进行行政复议委员会试点，研究行政复议人员资格制度。2008年，国务院共收到行政复议申请866件，比2007年增加23%。2008年上半年，全国共收到行政复议申请32362件，平均审结率近90%，超过80%的行政复议案件能够基本实现“案结事了”。通过行政复议，使一大批复杂的行政争议在基层得以及时化解，密切了政府与人民群众的关系，行政复议已经成为化解行政争议的重要渠道。

——完善行政执法责任制，深入推进行政执法体制改革与创新。严格行政执法是行政机关维护国家利益和公共秩序，维护公民、法人和其他组织合法权益，为科学发展创造良好的法治环境的根本保障。2008 年，各地区加大了市县两级政府工作部门行政执法责任体系建设力度，抓住评议考核这个关键，认真开展责任追究工作，据不完全统计，全国主要行政执法部门共追究行政执法责任约 8 万人次。此外，20 个省级人民政府制发了规范行政处罚自由裁量权、建立行政处罚基准制度的通知，进一步提高了政府的执行力和公信力。

五、全面进行法律、行政法规和规章清理，维护社会主义法制统一

——行政法规清理圆满结束，现行行政法规体系更加适应经济社会发展的需要。自 2007 年开始对现行行政法规进行全面清理，对列入清理范围的 655 件行政法规进行逐件清理。2008 年 1 月 15 日，温家宝总理签署第 516 号国务院令公布了《国务院关于废止部分行政法规的决定》，废止 49 件行政法规，宣布失效 43 件行政法规。这是新中国成立以来最大规模的一次行政法规清理，是国务院为更好地适应加快建设法治政府、全面推进依法行政的要求，采取的重大举措。

——规章清理顺利完成，各地方各部门制度建设质量进一步提高。根据国务院的统一部署，各省、自治区、直辖市和较大的市人民政府、国务院各部门对现行规章进行了全面清理，2008 年已全部完成。列入清理范围的 12695 部规章中，共废止 1977 部，宣布失效 196 部，修改 395 部，进一步提高了国务院部门和省、市两级政府的制度建设质量，为建立健全立、改、废相结合的法规规章清理工作长效机制进行了有益探索。

——按照全国人大常委会要求，认真进行法律清理。为了解决现行法律规定中存在的明显不适应、不协调等问题，全国人大常委会决定对现行法律进行一次集中梳理。2008 年 8 月至 11 月，国务院法制办按照全国人大常委会的部署和要求，组织国务院 47 个部门对 202 部法律进行全面清理，重点查找法律规定已经明显不适应经济社会发展需要、法律之间规定不尽一致或不够衔接以及操作性不强等问题。经过对现行法律规定的认真研究和分析，共向全国人大常委会法工委提出清理意见和建议 1529 条。

六、加强政府法制理论研究，为政府法制工作更好地为科学发展服务提供强大理论支持

——全面总结改革开放 30 年来政府法制建设的经验，不断探索新形势下推进依法行政的思路和措施，为新的历史阶段法治政府建设做好理论准备。2008 年 7 月，经国务院批准，召开“深入贯彻落实科学发展观与加快法治政府建设理论研讨会”，组织专家学者、国务院部门和地方政府法制机构的实际工作者，从理论和实践的结合上，对改革开放 30 年来我国依法行政的经验进行全面总结，分析现阶段依法行政工作存在的问题，深入研究今后一个时期贯彻落实《全面推进依法行政实施纲要》、加快建设法治政府的总体思路，围绕深入贯彻科学发展观对建设法治政府提出的新任务新要求做了深入研究探索。理论研讨会的成功召开，进一步创新和发展了政府法制建设的理论，必将对下一阶段的依法行政工作产生积极影响。

——以搞好学习实践活动为契机，全面提升政府法制工作的水平。学习实践科学发展观活动开展以来，国务院法制办紧紧围绕党中央的工作部署，以“全面提升政府法制工作水平，更好地为科学发展服务”为实践载体，充分认识搞好学习实践活动的重大意义，着力解决政府法制工作中存在的不符合、不适应科学发展观要求的突出问题，努力提出全面提升政府法制工作水平、更好地为科学发展服务的新思路新举措。

不平凡的 2008 年即将过去。回首过去，我们心潮澎湃；展望未来，我们充满信心，让我们在党中央、国务院的坚强领导下，顺应时代的法治呼唤，乘势而上，把我们的事业不断推向前进！

（《人民日报》2008 年 12 月 26 日）

为党分忧 为民解难

——改革开放 30 年信访工作成就综述

本报记者　李忠辉

30 年风雨，30 年辉煌。伴随改革开放的脚步，我国信访工作书写了“为党分忧、为民解难”的光辉篇章。

今年 6 月，胡锦涛总书记等中央领导同志批示，号召学习辽宁省辽中县信访局原局长潘作良同志“为党分忧、为民解难”的崇高精神和“奋力拼搏、苦干实干”的优良作风。这是党中央对改革开放30年来信访工作忠实履行“为党分忧、为民解难”神圣使命的最高褒奖！

党中央国务院高度重视新时期信访工作，各地各部门认真贯彻落实，全面推动信访工作适应新形势新任务的要求

邓小平、江泽民、胡锦涛等中央领导同志在改革开放的不同时期，对信访工作先后做出一系列重要指示和批示，特别是党的十六大以来，中央领导同志对信访工作的批示指示多达700余件（次），党中央、国务院多次专题研究信访工作，为新时期信访工作指明前进方向。

由于受“十年动乱”冲击，改革开放之初的信访工作从指导思想到工作机构、制度，都难以满足现实需要。根据当时的形势和任务，1978年9月和1982年2月，中央先后召开第二次和第三次全国信访工作会议，要求各地各部门进一步抓紧落实党的政策，解决历史遗留问题，做好善后工作。

随着改革开放不断推进，出现了许多新情况新问题。1989年11月，中共中央办公厅、国务院办公厅印发《关于加强信访工作的通知》，明确了新形势下信访工作的指导思想、工作任务和原则方法。1995年10月，中央召开第四次全国信访工作会议，提出加强和改进信访工作的措施，强调信访工作必须服从服务于全党全国工作大局，在正确处理改革发展稳定三者关系中发挥应有的作用。

跨进新世纪，社会上长期积累的深层次矛盾和问题开始显现，并大量通过信访渠道反映出来，人民内部矛盾进入凸显期。中央审时度势，先后召开第五次和第六次全国信访工作会议，明确了“信访形势怎么看、信访工作怎么干”的问题，确立了以中国特色社会主义理论为指导，以服务党和国家工作大局为中心，以维护群众合法权益、及时反映社情民意、促进社会和谐稳定为目标，实现信访工作新格局、新秩序、新机制和制度化、规范化、法制化的总体工作思路；明确了信访工作是党和政府的一项重要工作，是构建社会主义和谐社会的基础性工作，是为人民群众排忧解难的工作，是党的群众工作的重要组成部分；明确了“属地管理、分级负责”、“谁主管、谁负责”的信访工作原则，形成了统一领导、部门协调，统筹兼顾、标本兼治，各负其责、齐抓共管的信访工作新格局。

各地各部门深入贯彻落实中央的决策部署，把信访工作作为一项严肃的政治任务摆上了更加突出的位置。广大信访干部坚持从解决群众最关心、最直接、最现实的利益问题入手，全力解决问题、化解矛盾。经过不懈努力，逐步扭转了信访总量从上世纪90年代初以来持续12年上升的势头，推动了信访形势的持续好转，为经济社会发展创造了良好环境。

信访工作渠道不断拓展，为维护群众合法权益、促进社会和谐稳定作出特殊贡献

改革开放之初，群众信访渠道比较单一，信访工作处于被动接访、办理来信的层面。随着群众信访诉求的增多和内容日趋多元，各地各部门大力拓展信访渠道，全面依法规范信访秩序。

——各地各部门普遍公布了信访工作机构的通信办法、接待时间和地点，改善接待场所和接待条件，对群众来访坚持文明接待，对群众来信认真负责办理。

——坚持领导干部阅批群众来信、接待群众来访，积极开展开门接访、联合接访、下访约访等，使群众诉求得到及时反映和有效处理。

——完善党政领导干部、党代会代表、人大代表、政协委员联系群众制度。大力推广“市长专线”、“绿色邮政”等做法，建成全国信访信息系统，推行“网上信访”，构建高效便捷的反映民意、受理民诉、疏解民困的新渠道、新平台。

——大力规范有权处理信访问题责任部门的工作行为，通过健全和完善科学规范的接谈、受理、交（转）办、解决、回复群众信访事项的工作规则，用制度确保信访事项及时进入程序，得到及时妥善处理。

——进一步规范信访人的行为，教育和引导信访群众以理性合法的方式表达个人诉求，进一步强化信访人的法制意识。

30年来，各级信访部门不断完善工作机制，落实信访工作责任，加大督查督办力度，充分发挥综合协调作用，着力推动“事要解决”，进一步密切了党和政府同人民群众的血肉联系。

——主动排查解决信访苗头。近年来，国家信访局按照中央要求，周密部署，主动出击，使一大批信访苗头和隐患化解在初始状态。

——集中解决信访突出问题。改革开放之初，中央成立中央机关处理上访问题领导小组，各地各部门也成立相应组织，加强对信访工作的领导。全国先后抽调20多万名干部，深入基层落实党的政策，积极稳妥地解决历史遗留问题。近年来，各地各部门针对信访突出问题，整合执政资源，集中时间和精力成批集中解决，大大减少了信访“存量”。

——督办解决长期积累的信访问题。2005年以来，国家信访局机关连续4年组织实施“百千万工程”，筛选出近5万件重要信访事项进行交办督办，办结率达90%以上。认真组织开展县委书记大接访、中央和国家机关干部下访督导活动，解决了大量问题。

——协调解决疑难复杂问题。对跨地区、跨行业、跨部门的疑难复杂信访事项，各级信访部门积极协调各方力量，采取综合调度、会诊会办等方式，压实责任，强化措施，督办解决。

——及时就地解决初信初访问题。各地普遍实行首问、首办责任制，坚持在第一时间、第一地点把问题解决到位，矛盾化解到位。

——专项治理重信重访。近年来，国家信访局出台措施，积极推动重复信访专项治理行动。全国县以上信访部门解决了大量重复信访事项，为整个信访形势持续好转奠定了坚实基础。

信访工作机构、设施不断完善，队伍建设不断强化，制度化、规范化、法制化的信访工作助力国家科学发展

起初，信访工作还仅仅是党委、政府的“秘书型”工作，信访部门也还仅仅是党委、政府的“秘书型”机构。随着新形势新任务对信访工作不断提出新的要求，各级党委、政府进一步加强了对信访工作的组织领导，信访工作机构不断健全、干部队伍不断加强、工作职能不断拓展，信访部门的职能实现了由“秘书型”向“职能型”的根本性转变，成为党和政府工作不可或缺的重要部门。

——信访工作机构进一步健全。1977年，中央办公厅信访局成立；1980年，国务院办公厅信访局成立。1986年，中央办公厅信访局、国务院办公厅信访局合并，成立中央办公厅国务院办公厅信访局。2000年，在中央办公厅国务院办公厅信访局基础上组建成立国家信访局。各地各部门的信访工作机构也得到全面加强，全国省级信访部门绝大多数成为正局级机构并增加了内设机构，设置更加合理，职能更加强化，推动问题解决的能力不断提高。

——信访工作基础设施进一步完善。各地各部门普遍加大对信访工作的投入，加强基础设施建设，改善办公条件，大力加强群众来访接待场所建设，有的建起了明亮宽敞的来访接待大厅，有的建起了温馨人文的“群众之家”。

——信访干部队伍建设进一步加强。各地各部门把信访部门作为培养锻炼干部的重要基地，注重在工作一线锻炼干部、发现干部、培养干部。国家信访局党组以“工作一流、群众满意”为目标，先后在全国信访系统开展了“创建活动”和“学习建设活动”。广大信访干部在信访工作实践中磨练意志、拓展思路、增长才干，涌现出以吴天祥、张云泉、潘作良等同志为代表的一大批优秀信访干部，他们以自己的实际行动彰显了信访工作者的风采。

30年来，各级党委、政府不断推进信访工作制度化、规范化和法制化建设。1982年4月，中共中央办公厅、国务院办公厅印发《党政机关信访工作暂行条例（草案）》。1995年10月，国务院颁布我国第一部信访工作行政法规——《信访条例》，标志着信访工作迈入法制化、规范化轨道。2005年1月，国务院修订并颁布新的《信访条例》。随后，国家信访局制定下发办理群众来信、接待群众来访、督查督办等方面的工作规则，各地也相继制定与之配套的法规和制度，绝大多数省份颁布实施了信访工作法规；60多个中央和国家机关或单位修订出台了信访工作办法、规则，形成了比较完整的信访工作法规制度体系，为扭转当时信访工作被动局面、依法处理信访问题发挥了重要作用。2007年3月，中共中央、国务院下发《关于进一步加强新时期信访工作的意见》，实现了在更高层面对信访工作的指导，成为信访工作发展史上具有里程碑意义的重要文献。2008年7月，中央纪委下发《关于违反信访工作纪律适用〈中国共产党纪律处分条例〉若干问题的解释》。监察部、人力资源和社会保障部、国家信访局联合下发《关于违反信访工作纪律处分暂行规定》，从制度层面强化了信访工作责任。这是新中国成立以来第一次就信访工作责任追究作出专门规定。

国家信访局总结30年信访工作实践经验，最弥足珍贵的启示是：深入贯彻落实科学发展观是做好新时期信访工作的客观要求，是从源头上解决信访问题发生的迫切需要。

——必须进一步理清信访工作科学发展的正确思路，解决好信访工作的定位、体制、机制和法制问题，在信访工作发展什么、怎样发展等重大问题上积极探索并不断取得新的进展。

——必须讲政治、顾大局，始终与党中央保持高度一致，切实把思想和行动统一到中央关于信访工作的一系列决策部署上来。

——必须努力推动各级党委、政府真正把信访工作摆上重要议事日程，经常研究解决信访工作中的重大问题，协调有关方面共同做好信访工作，不断健全完善信访工作责任制，推动形成各负其责、齐抓共管的信访工作新格局。

——必须牢固树立中心意识和大局观念，在围绕中心、服务大局中找准位置、发挥作用、创造业绩。

——必须始终坚持以切实维护群众合法权益为核心，着力推进“事要解决”。

——必须始终坚持改革创新，勇于正视矛盾、敢于攻坚克难。

——必须始终坚持完善制度、健全法制。

——必须始终坚持高标准严要求，锲而不舍地抓班子带队伍。

30年改革开放波澜壮阔，30年信访工作风雨兼程。肩负“为党分忧、为民解难”重要使命的信访工作，必将承载新的光荣与梦想，在新的征程上续写辉煌。

（《人民日报》2008年12月26日）

聚四海英才 创时代伟业
——改革开放30年海外人才引进工作综述

新华社记者 李亚杰 谭 浩

1978年末的一天，纽约机场大厅灯火辉煌，几十名西方记者打着镁光灯追逐报导一群特殊的来客。这52位身着统一黑色大衣的年轻学者，就是中国重新开启国门之后，第一批派往海外的留学人员。

这一历史性的开端，源于邓小平同志半年前作出的一次重要指示，“留学生的数量要增大”，“要成千成万地派”，“要千方百计加快步伐”。对于刚刚改革开放的中国来说，派出留学生无疑重新打开了中国了解世界的一个窗口，为学习和吸收国外先进科学技术、经营管理经验开辟了重要渠道。从1978年到2007年，我国各类出国留学人员总数达121.2万人，遍布世界五大洲100多个国家和地区。

“留学热”和“回国潮”

30年来，党和政府始终坚持“支持留学、鼓励回国、来去自由”的方针，按照“拓宽留学渠道、吸引人才回国、支持创新创业、鼓励为国服务”的要求，鼓励留学人员回国工作或以适当方式为祖国服务。伴随着改革开放和社会主义现代化建设波澜壮阔的历史进程，神州大地先是出现了一波又一波的“留学热”，接着又出现一浪接一浪的“回国潮”。

“留学热”和“回国潮”的交汇，始自1992年。

1992年，中国的思想解放和改革发展跨越新的历史高度。邓小平说：“希望所有出国学习的人回来……告诉他们，要做出贡献，还是回国好。”上海在全国率先发布《鼓励出国留学人员来上海工作的若干规定》，制定了留学回国人员工作、生活等方面的优惠政策。1994年，我国第一家留学人员创业园——金陵海外学子科技工业园在南京诞生。到1997年，香港回归，党的十五大召开，中国展现出改革发展的蓬勃生机和民族复兴的灿烂前景，汹涌的留学人员回国潮开始掀起。2000年，美国《纽约时报》一篇长篇报道说，随着中国大陆经济快速发展，一个新的“人才回流”时代业已开始。从1978年到1989年，留学回国的只有2万多人。到了2007年底，留学回国人数已达32万人。从2万到32万，“细流”成为浪潮。

完善政策，拓宽渠道

为了吸引大批留学人才，党和政府不断完善引才政策，拓展引才渠道，加大引才力度。原人事部、教育部、科技部、公安部等部门先后制定出台了近40个覆盖面广、针对性强、相互配套的政策文件。《关于鼓励海外留学人员以多种形式为国服务的若干意见》，提出了海外人才为国服务的7种主要方式及7条配套的保障措施；《关于进一步加强引进海外优秀留学人才工作的若干意见》，提出依托“211工程”和“985工程”等国家科技、教育资助项目引进海外优秀人才；《关于建立海外高层次人才回国工作绿色通道的意见》，在科研工作条件、知识产权保护、配偶和子女安排等方面，提出了25条政策措施；《外国人在中国永久居留审批管理办法》，建立了中国“绿卡”制度，简化出入境和居留手续；《留学人员回国工作“十一五”规划》，提出实施留学人才“集聚计划”、“创业计划”、“智力报国计划”……同时，各地各部门积极创建留学人员创业基地和服务机构，留学人员回国服务网络遍布全国。

2003年，全国人才工作会议和党中央、国务院

《关于进一步加强人才工作的决定》，提出把引进海外高层次人才作为实施人才强国战略的重大举措。中央组织部会同十几个部委成立中央人才工作协调小组，按照党管人才原则，统筹政策、统筹资源、统筹力量，形成人才引进工作的强大合力。

筑巢引凤，广揽英才

各地各部门围绕国家经济社会发展战略，依托重点科研和工程项目，制定实施了一系列人才引进和培养计划，大力引进海外优秀人才。

1994年，中国科学院启动“百人计划”，率先以每人资助200万元的大手笔引进人才，迄今已引进高层次优秀人才1239人，推动了国内科研机构核心人才队伍的“代际转移”。1998年，教育部启动“长江学者奖励计划”，100多所高校聘任了1300多名“长江学者”，近90%的受聘者为“海归”，有力提升了中国高校的教学及科研水平。中国科协的“海智计划”、团中央的“海外学人回国创业周”、中国广州留学人员智力交流会、浙江留学人员经贸洽谈会、欧美同学会“21世纪中国”系列研讨会等等，为广大留学人员回国工作和为国服务搭建了平台。

北京打造“中国硅谷”中关村科技园区，现已吸引8000多名“海归”创建了2200多家高新技术企业，年产值达300多亿元。上海实施“万名海外留学人才集聚工程”，现已引进海外留学人才2万多名，创办企业近4000家，注册资金达5亿美元以上。江苏实施“万名海外人才引进计划”，计划用五年时间引进万名以上海外高层次人才，每年引进创新创业人才100人以上，具有世界领先水平的科学家和科技领军人才10人以上。无锡实施“530计划”，计划五年内引进300名留学归国的领军型创业人才，实际已经引进2500名。

立业报国，星光闪耀

广大留学回国人员作为我国十分宝贵的人才资源，在现代化建设各项事业中发挥了重要作用。据统计，77%的教育部直属高校校长、84%的中国科学院院士、75%的中国工程院院士、80%的国家863计划首席科学家、62%的博士生导师和71%的国家级教学研究基地（中心）主任，都有过出国留学或海外工作经历。

近年来，一批又一批海外高层次人才竞相回国。他们中有诺贝尔物理奖获得者杨振宁、数学大师林家翘、经济学家钱颖一、生物学家饶毅、数学家田刚、“图灵奖”获得者姚期智、生命科学领域科学家施一公等科技创新领军人才，为中国创造了许多世界一流的科研成果。还有一批科技创业领军人才，为中国创办了许多高新技术企业。邓中翰博士在参加了新中国成立50周年盛大典礼后，满怀激情回国创业，打造出“星光中国芯”；施正荣博士在无锡市创办尚德公司，短短几年就造就了一个新能源产业的财富神话。UT斯达康、亚信、百度、新浪、搜狐、协程、e龙、盛大等，许多“海归”创办的企业在海外上市，在创造财富、创新技术等方面取得了显著成就。“海归”已经成为加快自主创新、缩短我国与世界先进技术差距的一支重要生力军。

“千人计划”，新的篇章

2008年12月，中央办公厅转发《中央人才工作协调小组关于实施海外高层次人才引进计划的意见》，要求各地各部门解放思想，抓住机遇，大力引进海外高层次人才。中央层面重点实施“千人计划”，从2008年开始，用5到10年，在国家重点创新项目、重点学科和重点实验室、中央企业和国有商业金融机构、以高新技术产业开发区为主的各类园区等，引进并有重点地支持一批能够突破关键技术、发展高新产业、带动新兴学科的战略科学家和领军人才回国（来华）创新创业。中央组织部会同有关部门制定了一系列配套的政策措施，包括准入政策、优待政策、重用政策、来去自由的政策等。召开了海外高层次人才引进工作会议，对在中央、国家有关部门、地方分层次实施海外高层次人才引进计划作出全面部署。

海外人才引进工作翻开了新的篇章。伴随着国家富强、民族复兴的伟大历史进程，我们即将迎来海外留学人才回归祖国创新创业的澎湃大潮。

（《光明日报》2008年12月21日）

我国互联网普及率
首超全球平均水平

本报记者　赵亚辉

1月13日下午，中国互联网络信息中心（CNNIC）在北京发布了《第二十三次中国互联网络发展状况统计报告》。报告显示，截至2008年底，我国互联网普及率以22.6%的比例首次超过21.9%的全球平均水平。同时，我国网民数达到2.98亿，宽带网民数达到2.7亿，国家CN域名数达1357.2万，三项指标继续稳居世界排名第一，显示出中国互联网的规模价值正在日益放大。

同时，随着3G时代的到来，无线互联网将呈现爆发式的增长趋势。而在网络求职、网络购物等实用型互联网应用率大幅增长的同时，网络音乐、网络视频等娱乐型应用的使用率则呈现下行趋势，我国互联网正经历着由娱乐化应用向价值应用时代的转变。

2.7亿网民使用宽带互联网　网络商业价值不断膨胀

CNNIC报告显示，我国网民规模已经接近3亿，较2007年增长41.9%，互联网普及率达到22.6%，略高于全球平均水平（21.9%）。这是继2008年6月中国网民规模超过美国，一举成为全球第一之后，中国的互联网普及再次实现飞跃，赶上并超过了全球平均水平。与此同时，调查显示，过去半年来，90.6%的中国网民使用过宽带接入互联网，也就是说，2.7亿中国网民使用了宽带访问互联网，较2007年增长1个多亿。

报告认为，2008年我国电信网的通信能力快速提升，带动了我国宽带互联网的发展，但我国宽带上网的速度仍落后于世界上其他互联网发达国家。

网民规模的快速增长，也推动中国互联网网络价值倍增。

作为我国国家域名，CN域名注册量较2007年增长50.8%，CN域名下的网站增幅更达到了120.3%，CN域名已广泛应用在金融、汽车等行业，有力带动了中国互联网基础应用的快速发展。

手机上网用户超1亿　3G将带动爆发式增长

中国无线互联网的增幅也相当惊人。CNNIC报告调查数据显示，随着运营商的重视和手机硬件成本的不断降低，2008年使用手机上网的网民较2007年翻了一番还多，达到1.17亿。手机上网已逐渐成为一种主流的网络接入方式，并悄然流行起来。

随着我国3G牌照的发放，预计未来几年无线互联网将迎来爆发式的增长，一些新的经济模式和增长点也将孕育而生，无线互联网更深层次的应用将在3G时代逐渐凸显出来。

博客用户超过1.6亿人　重大事件刺激表达欲望

2008年我国互联网博客用户规模持续快速发展，截至去年12月底，在中国2.98亿网民中，拥有博客的网民比例为54.3%，达到1.62亿人。

报告显示，在用户规模增长的同时，中国博客的活跃度有所提高，半年内更新过博客的比重较2007年底提高了11.7%。

中国互联网络信息中心互联网发展研究部分析师赵慧斌介绍，近一年来，周正龙华南虎照事件、南方雪灾、汶川大地震、奥运圣火传递活动等重大事件极大地刺激了博客作者的表达欲望，促进了博客用户和网络中博客内容的急速增长。

西部地区网民数增长最快　城乡差距有望逐步缩小

互联网的普及度很大程度上取决于城乡发展的均衡性。CNNIC的统计数据显示，截至2008年底，我国农村网民规模达到8460万，较2007年增长3190万，增长率超过60%，增速远远超过城镇。农村网民规模的大幅提升，显示城乡差距有望逐步缩小。

同时报告显示，在我国的各个省份中，西部地区网民数增长最快。其中增长率在60%以上的8个省份中，6个在西部，包括青海、云南、贵州等3个增长最快的省份，显示出我国互联网正迈向全面协调发展。

（《人民日报》2009年1月14日）

理顺体制完善职能　健全法规创新体系
——质检事业由小变大发挥重要作用

本报记者　左　娅

从食品质量到产品质量，从计量、标准化到出入境检验检疫，从认证认可到特种设备安全监察……质检工作涉及百姓切身利益，关乎经济社会发展重大问题。

30年来，我国积极推行以质取胜战略，质检事业由小变大，在改革开放和现代化建设中发挥了重要作用。截至去年底，全国累计77394人获得质量工程师资格，97074人考取计量检定员证。全国共有230505家企业和组织通过ISO9001质量管理体系认证，32640家企业和组织通过ISO14001环境管理体系认证，全国138万个质量管理小组共创造经济效益380亿元。

理顺质检体制　完善质检职能

权责明确，才能实现有序高效管理。30年来，党中央、国务院不断加强质量管理工作，理顺质检体制，完善质检职能。

1978年，国务院成立国家计量总局和国家标准总局。与此同时，国家进出口商品检验总局、卫生检疫局、动植物检疫局和国家经委质量局相继成立。

1988年，国务院将国家标准局、国家计量局、国家经委质量局合并，组建国家技术监督局，初步形成标准化、计量、质量三位一体的质量行政管理体制，建立起综合管理与行政执法相结合的质量监管制度。

1998年，国务院实行进出口商品检验、卫生检疫、动植物检疫“三检合一”，组建成立了国家出入境检验检疫局。同时，将国家技术监督局改名为国家质量技术监督局，并增加锅炉压力容器安全监察等职能，进一步加强综合管理和行政执法职能。

2001年4月，党中央、国务院将国家质量技术监督局与国家出入境检验检疫局合并，组建国家质量监督检验检疫总局，并成立国家认证认可监督管理委员会和国家标准化管理委员会。质检事业迈入全面发展的新时期。

健全法律法规　强化质量监管

在不断理顺质检管理体制的同时，质检的相关法律法规、制度和体系也不断完善，已初步建立了有中国特色的质检工作体系。

目前，我国已初步形成了以《产品质量法》、《标准化法》、《计量法》、《进出口商检法》等法律为基础，以《认证认可条例》、《关于加强食品等产品安全监督管理的特别规定》等行政法规为补充，以一大批部门规章和地方性法规为配套的质量法律体系，逐步走上依法治质的轨道。

我国逐步建立并完善了生产许可、强制认证、注册备案、监督抽查、缺陷召回等产品质量监管制度；建立了企业质量档案和产品质量诚信体系；加强了出入境检验检疫，妥善实施技术性贸易措施，确保进出我国市场的产品质量安全。

我国基本形成了以国家质检中心和重点实验室为龙头，省市级检测机构为骨干，县级检测机构为基础的全国产品质量安全检验检测体系。截至2007年，全国共有产品检测实验室24700个，检测能力和水平能够满足全过程实施质量安全检测的需要。

促进经济发展　维护食品安全

改革开放使我国经济社会发生了翻天覆地的变化，这对质检工作、特别是质量管理工作提出了更高的要求。质检人积极迎接挑战，为经济社会又好又快发展做出重要贡献。

促进我国质量总体水平的提高，我国逐步走上质量和速度、结构、效益相统一的科学发展之路；促进对外经济贸易健康发展，质检部门有力地维护了我国经济安全和国家利益；维护食品、国门安全，质检部门在防控非典、禽流感、口蹄疫等重大疫病疫情中，发挥了重要作用。

（《人民日报》2008年12月25日）

夯实基础保平安

——2008年社会治安综合治理综述

本报记者　裴智勇

夺取抗击冰雪灾害和抗震救灾斗争的伟大胜利，成功举办北京奥运会、残奥会，妥善处置拉萨“3·14”严重暴力犯罪事件……今年以来，办大事解难事，面对挑战和复杂局面，在各级党委政府坚强领导下，综治部门充分发挥职能作用，夯实基层基础，为维护良好的治安秩序和社会大局稳定做出了突出贡献。

开展“两个排查”社会治安防控能力进一步提升

工作要走“先手棋”，把矛盾解决在萌芽状态。年初，中央综治委作出部署，3月~9月在全国范围内开展“排查化解矛盾纠纷和排查整治治安混乱地区及突出治安问题”活动。

通过“两个排查”活动，各地排查出矛盾纠纷156.8187万件，已成功化解150.9774万件；排查治安混乱地区23429个，扭转治安面貌21763个；排查治安突出问题44556个，解决42031个。

从解决民生、维护稳定的高度，各地各部门突出工作重点出台举措。党政领导干部大接访，变群众上访为干部下访，努力做到对社会矛盾、民间纠纷和突出治安问题早发现、早控制、早解决，实现了群体性事件下降、信访总量下降、“民转刑”案件下降、刑事和治安案件得到有效控制的目标。

各地各部门通过排查整治，依法严厉打击和严密防范杀人、绑架、爆炸等严重暴力犯罪和盗窃、抢夺、抢劫等侵财性违法犯罪，维护了广大群众生命财产安全和生产生活秩序，净化了社会环境；加强对重点场所（部位）的管理控制，大力推进和落实人防、物防和技防措施，进一步提升了社会治安防控体系建设水平，增强了群众安全感。

重点地区维稳　社会管理水平进一步提高

突发事件，快速反应，取得工作主动权。

拉萨“3·14”事件发生后，中央综治办组织有关省、区就加强西藏及其他藏区综治工作进行了调研，并下发了《关于进一步加强西藏及其他藏区社会治安综合治理工作的意见》。西藏及其他藏区综治部门认真落实文件要求，以平安寺庙创建为抓手，深入群众，做好群众的教育引导工作，增强了广大群众对分裂活动的识别和抵制能力。加强了信息情报工作，对各类纠纷特别是涉及民族宗教事务的矛盾纠纷进行了细致的摸排和认真的化解。加大了对特殊群体的帮教扶助和社会管理工作力度，有效解决了各种不稳定因素，为西藏及其他藏区社会和生活秩序迅速恢复发挥了积极作用。

四川等地发生地震灾害后，中央综治委及时下发了《关于充分发挥社会治安综合治理作用，全力做好抗震救灾和恢复重建工作的通知》，要求灾区尽快恢复和重建基层综治工作网络和群防群治力量，全力做好灾区群众安置、恢复生产、灾后重建工作。灾区综治部门在集中安置区广泛开展了平安棚户、平安棚区、平安寝室等创建活动，组织了安置区治安专项整治工作，及早发现和消除了各种影响社会稳定的苗头和隐患，落实以灾民为重点的社会服务管理各项措施，为抗震救灾工作的深入开展营造了良好的环境。

确保平安奥运　300多万平安志愿者参与

在全方位开放的条件下举办两个奥运会，这是中国历史上最大规模的安保任务——准备时间最长、防控范围最广、参与人员最多、国际关注度最高，中国经历了一场前所未有的安保考验。

打一场平安奥运的人民战争。中央综治委围绕奥运安全保卫工作，对矛盾纠纷排查、社会管理、治安防范、突发事件的处置等作出全面部署。在各级党委、政府的领导下，各地综治部门组织协调，公安、武警等有关部门密切配合，充分依靠和动员广大人民群众支持参与。各地广泛发动党团员、民兵、平安志愿者等参与社会治安综合治理和平安建设，进一步发展壮大群防群治力量。

各地建立综治工作服务管理站（点）10万多个，政府财政支持的群防群治队伍达到130多万人。北京奥运会、残奥会举办期间，全国各地约有300多万平安志愿者在社会治安一线开展治安管理和服务工作，在社会面控制、重点场所安全保卫、维稳信息收集、平安奥运宣传等方面做了大量卓有成效的工作，形成了全时空、全方位覆盖的综治工作网络，为实现平安奥运目标创建了良好的外部环境。

基层平安创建　部门齐抓共管亮点纷呈

一年来，中央综治委各成员单位围绕社会服务管理重点，解决实际问题，推动各项基层基础工作取得了新进展。

通过召开专门工作现场会、座谈会等，深化了学校及周边治安综合治理，有力地维护了各级各类学校及周边治安秩序的稳定。研究解决了石油天然气和“三电”基础设施安全保护工作管理体制问题。

对刑释解教人员开展调查摸底，做到心中有数。对在新形势下坚持并发展“枫桥经验”提出了明确要求，努力推动“两个排查”工作更加经常化、制度化、规范化。

以平安铁路示范路段创建活动为抓手，重点推动铁路沿线治安整治、青藏铁路护路联防、奥运平安铁路通道建设等，全国60%铁路干线实现了国家和省级平安路段创建目标。认真做好全国社会治安综合治理工作先进集体、先进工作者、优秀市（地）和平安建设先进县（市、区）评选工作。把评先创优活动作为推动工作的过程，并对全国31个省、自治区、直辖市及新疆生产建设兵团的社会治安综合治理工作进行检查督导，把先进的评判权交给广大人民群众。通过评先创优活动，各地各部门广泛深入地开展平安地区、平安系统、平安单位、平安医院、平安景区、平安家庭等形式多样的创建活动，提高了基层平安创建的水平和质量。

（《人民日报》2008年12月18日）

服务发展　保障民生

尹蔚民

改革开放30年来，我国人力资源和社会保障事业不断开拓进取、改革创新，取得了显著成就，基本建立了适应社会主义市场经济体制要求的人力资源和社会保障制度体系框架，对于保障和改善民生、维护改革发展稳定大局发挥了重要作用。

不断探索适合国情的就业体制，城乡就业局势保持稳定。我国是一个人口大国，更是一个劳动力大国。党和政府历来高度重视解决就业问题。一是基本建立市场导向的就业体制和机制。实现了由政府“统包统配”的就业制度向劳动者自主择业、市场调节就业、政府促进就业的转变。就业渠道趋于多元化，就业形式日益灵活多样，市场在人力资源配置中发挥了基础性作用。二是制定实施积极的就业政策。以税费减免、小额贷款、就业援助等为主要内容的中国特色的积极就业政策有效实施，促进了各类群体特别是就业困难人员的就业。同时，政府促进就业的职能不断强化，2003年以来，将城镇新增就业和控制城镇登记失业率纳入国家宏观调控的重要指标，形成了财政投入增加、部门相互配合、上下统一行动的长效机制。三是就业规模不断扩大，就业结构不断优化。1978～2007年，全国从业人员数从40152万人增加到76990万人，年均增加1200多万人；三次产业就业人员比重由70.5∶17.3∶12.2转变为40.8∶26.8∶32.4，第三产业年均增加近700万人，成为扩大就业的重要渠道。城镇登记失业率长期稳定在较低水平，就业局势总体平稳。四是面向城乡劳动者的公共就业服务体系基本建立。

实现“企业保障”向社会保障的重大转变，中国特色社会保障体系框架基本建立。社会保障是现代国家一项基本的社会经济制度，是社会安定的重要保证。30年来，我国坚持从基本国情出发，推动社会保障事业取得长足发展。一是社会保障制度体系框架基本形成，初步完成了制度转型。在城镇，包括养老、医疗、失业、工伤和生育保险在内的社会保险制度基本建立，最低生活保障制度全面实施；在农村，最低生活保障制度和新型农村合作医疗制度全面推进，养老保险制度正在积极探索。新的社会保障运行机制基本建立，实现了从“企业保障”向社会保障、从国家单一责任向国家、企业、个人三方责任共担、从单一层次向多层次保障体系的重大转变，还针对养老保险等制度创造性地建立了“统账结合”的制度模式，并通过开展“做实”养老保险个人账户试点。二是社会保险覆盖范围不断扩大，待遇水平稳步提高，越来越多人民群众享受到了改革发展成果。截至2007年底，基本养老、基本医疗、失业、工伤和生育保险参保人数分别达到20137万人、22311万人、11645万人、12173万人和7775万人。五项社会保险基金总收入从1998年的1623亿元增加到2007年的10812亿元，年均增长23.5%；总支出从1998年的1637亿元增加到2007年的7888亿元，年均增长19.1%。三是社会保险经办管理服务体系基本建立，减轻了用人单位的社会事务负担。全国已建立7400多个社会保险经办服务机构，在城市街道、乡镇普遍建立劳动保障事务所。全国72%的企业退休人员已纳入街道社区管理服务。

深化人事制度改革，中国特色公务员制度基本形成。适应经济体制改革不断深化的需要，30年来，我国的人事制度改革和公务员制度建设取得了显著成效。一是基本建立分类管理的人事管理体制。逐步建立了以推行聘用制度、岗位管理制度为重点的事业单位人事管理新机制和符合企业特点的现代企业人事制度。二是中国特色公务员制度基本形成。颁布实施《公务员法》，将公务员管理纳入了法制化轨道。三是军转干部安置制度不断完善。安置方式从单一的计划分配转变到实行计划分配与自主择业相结合，初步形成了中国特色的军队转业干部安置工作体制。

完善劳动收入分配制度，合理有序的收入分配格局初步建立。收入分配是民生之源。30年来，我国劳动收入分配制度改革始终坚持按劳分配与按生产要素分配相结合，坚持与经济体制改革和经济社会发展阶段相适应。一是基本确立符合机关、事业单位和企业不同特点的工资收入分配制度。建立了职务与级别相结合的公务员工资制度和事业单位岗位绩效工资制度，激励机制不断完善。企业工资分配制度不断向市场化推进，建立了以岗位工资为主的灵活多样的基本工资制度，逐步形成了根据岗位和个人贡献确定工资的分配机制。二是职工工资水平不断提高。2007年，我国城镇单位在岗职工平均工资为24932元，是1978年的40.5倍，年均增长13.6%。三是初步形成工资分级分类管理体制和宏观调控体系。

实施人才强国战略，人才队伍建设取得重大进展。人才是强国之本，国家的竞争力说到底取决于人才的竞争力。30年来，始终坚持党管人才的原则，坚持尊重劳动、尊重知识、尊重人才、尊重创造的方针，坚持人尽其才、才尽其用，大力培养和引进经济社会发展需要的各类人才。一是形成了一支规模庞大的专业技术人才队伍。截至2006年底，我国国有企事业单位专业技术人才达到2700多万人，以袁隆平、吴文俊、王选、黄昆等为代表的一批高级专家群体，成为我国科技进步和经济社会发展的栋梁。二是技能劳动者队伍不断发展壮大。截至2007年底，全国技能劳动者总量为9890万人，占全国城镇从业人员的33.7%。技能人才评价体系初步形成，8000万人次取得了不同等级的职业资格证书。三是引进国外智力工作取得积极进展。境外来华工作专家从改革开放初期每年几百人次增长到2007年的48万人次。

加大劳动者权益保障力度，劳动关系总体保持稳定。30年来，我国始终坚持劳动关系双方自主协调和政府依法调整相结合，坚持促进用人单位发展与维护劳动者合法权益相统一，在加强劳动者权益保障、稳定劳动关系方面取得了显著成就。一是劳动关系法制建设取得重大进展。以《劳动法》为基础，以《劳动合同法》、《就业促进法》、《劳动争议调解仲裁法》等法律为骨干，以《职工带薪年休假条例》、《劳动保障监察条例》等法规相配套，我国规范和调整劳动关系的法律体系基本形成，劳动关系的建立、运行和调整进入法制化轨道。二是劳动关系双方自主协商、社会三方协调、政府依法调整的劳动关系格局基本形成。在企业层面，建立了集体协商机制，形成了劳动关系双方自主协商机制；在社会层面，中央、省和城市三级都建立了由政府部门、工会和企业联合会组成的协调劳动关系三方机制；在政府层面，各级政府普遍建立了劳动争议仲裁和劳动保障监察执法机构及队伍，全方位保障劳动者合法权益。三是劳动合同和集体合同制度覆盖范围逐步扩大。截至2007年底，全国规模以上企业劳动合同签订率达到90.7%；经劳动保障部门审核当期有效集体合同50.2万份，覆盖职工6457万人。四是劳动争议仲裁和劳动监察工作不断加强。1987~2007年，共立案受理劳动争议案件达254万件，涉及劳动者665万人。1998~2007年，共检查用人单位1107万户，查处各类违法案件278万件，责令用人单位为8997万名劳动者补签了劳动合同，补发劳动者被克扣或无故拖欠的工资等待遇317亿元，补缴各项社会保险费401亿元。五是农民工权益保护力度不断加大。2003年以来，针对拖欠农民工工资的突出问题，开展解决拖欠农民工工资问题专项行动，全国共清理拖欠农民工工资440多亿元。

人力资源和社会保障领域所取得的宝贵经验必须在今后的工作中继续坚持并不断发扬光大。同时，我们也清醒地看到，当前和今后一个时期，我国人力资源社会保障工作改革发展的任务依然十分艰巨。人力资源社会保障部门将深入贯彻落实科学发展观，牢固树立以人为本的理念，以更大的热情、更多的智慧和更加扎实的工作，努力推动人力资源社会保障事业实现科学发展，为全面建设小康社会和构建社会主义和谐社会做出新的更大的贡献。

（《人民日报》2008年12月21日）

中国人权取得历史性进步
——国务院新闻办公室主任王晨答《人权》杂志记者问

新华社北京12月9日电　在《世界人权宣言》发表60周年之际，国务院新闻办公室主任王晨就人权问题接受了《人权》杂志专访，积极评价《世界人权宣言》的地位和作用，阐述中国人权发展的成就和观点，展望中国和世界人权发展的前景。

王晨首先对《世界人权宣言》作了积极的评价，他说，1948年12月10日联合国大会通过的《世界人权宣言》（以下简称《宣言》）是联合国通过的第一个关于人权问题的专门性文件，是人类在总结两次世界大战的历史教训、吸取和融会东西方文化精神的基础上产生的第一个真正具有世界性的人权宣言。60年来，《宣言》在唤醒世界人民对人权理想的追求，指导和推动国际人权理论与实践的发展方面，发挥了十分重要的作用，至今仍然对世界人权事业的发展具有重要的指导意义。

他指出，《宣言》在历史上第一次提出了普遍性的“人权”概念，将人权的主体确认为无差别的人，将经济、社会、文化权利与公民、政治权利并列为人权的两个不可分割的组成部分，突破了西方狭隘的传统人权观念，丰富和发展了人权的内涵。

他说，《宣言》鼓舞了殖民地、附属国人民争取国家独立和民族解放的伟大运动，为摧毁统治人类数世纪之久的殖民体系，促进世界和平、人权与正义事业作出了不可磨灭的贡献。

他说，《宣言》对人权理念的传播和世界人权法制建设产生了深远的影响。在《宣言》的影响下，联合国相继通过了《经济、社会、文化权利国际公约》、《公民权利和政治权利国际公约》等数十个国际人权文书，各大洲也通过了不少区域性人权文书，世界绝大多数国家的宪法或相关法律都以不同的方式载入了尊重和保护人权的内容。

在谈到中国改革开放30年来在人权方面的变化时，王晨说，改革开放以来，中国各个方面都发生了历史性的变化，其中最深刻的变化是人的变化、观念的变化，是人的生活水平和尊严、价值的提升。30年来，中国共产党和中国政府始终坚持改革开放，推动经济社会全面发展，将人权的普遍性同中国的具体国情相结合，在促进和保护人权方面做出了不懈努力，走出了一条中国特色的人权发展道路，使中国人权事业与中国政治、经济、社会和文化事业得到了同步、协调发展。可以毫不夸张地说，中国人权事业已经取得了历史性进步，中国人权状况正处于历史上最好时期。

王晨从五个方面列举了中国人权取得的成就：

一是尊重和保障人权受到前所未有的重视，已成为中国共产党和中国政府治国理政的一项重要原则。改革开放以来，中国人权领域的一个突出进展是，突破了将人权视为资产阶级口号的“左”的思想束缚，确立了人权观念在中国社会政治生活中的重要地位。特别是中共十六大以来，以胡锦涛同志为总书记的党中央提出了以人为本的科学发展观和构建社会主义和谐社会的重大战略思想，将尊重和保障人权作为其中的重要内容。2004年以来，“尊重和保障人权”先后载入《宪法》、国家“十一五”发展规划纲要和《中国共产党章程》。这说明，促进人权事业发展已成为国家建设和社会发展的重要主题，成为中国共产党和中国政府治国安邦的一项重要原则，对人权问题前所未有的重视，为中国在人权理论与实践的发展提供了有力的政治和法律保障。

二是人民的生存权和发展权得到前所未有的保障。改革开放30年来，中国经济、社会发展突飞猛进，年均增长速度超过9%，13亿中国人的生活水平得到了大幅提高，实现了从贫困到温饱和从温饱到小康的两次历史性跨越。截至2007年底，人均国内生产总值由1978年的379元人民币增长到18700元人民币，增长了近50倍；城镇居民可支配收入由343元增加到13786元，农村居民可支配收入由134元增加到4140元，约分别增长了39倍和30倍；人均住房面积，城镇居民由6.7平方米上升到27平方米，农村居民由8.1平方米上升到30.7平方米。城乡居民恩格尔系数分别由56.6%和67.71%下降为36.3%和43.1%，交通通讯、文教娱乐、医疗保健、家庭服务、旅游观光等发展型、享受型消费比重不断提高。贫困人口由1978年的2.5亿减少到2007年的1479万。人均预期寿命由1978年的68岁提高到目前的73岁，达到中等发达国家水平。

三是公民权利和政治权利得到切实保障。改革开放以来，中国实行依法治国，建设法治国家，民主政治建设不断加强，公民的个人权利和政治权利在民主与法制的轨道上得到了不断扩大和有效保障。目前，我国现行有效的法律已达229件，国务院现行有效的行政法规约600件、地方性法规7000余件，一个以宪法为核心的中国特色社会主义法律体系基本形成，社会生活各个方面基本实现了有法可依，公民的各项权利有了坚强的法律保障。与此同时，中国积极稳妥地推进政治体制改革，不断扩大公民的有序政治参与，强化政务公开，加强对权力的监督与制约，公民的民主权利依法得到保障。特别是在农村实行了以民主选举、民主决策、民主管理、民主监督为基本内容的基层民主，使亿万农民获得了直接选举权利。

四是经济、社会、文化权利不断改善。改革开放以来，国家通过各种措施，着力解决就业和再就业问题，加紧建立社会保障制度，加大对教育、科技、文化、卫生等社会事业的支持力度，努力将公民的经济、社会、文化活动权利落到实处。2006年，全国取消了农业税和农业特产税，结束了延续2600多年农民种田交税的历史。目前，中国已基本普及九年义务教育、基本扫除青壮年文盲（简称“两基”），“两基”人口已达99%，跻身于义务教育水平较高国家行列。从1978年到2007年，全国普通高等教育在校生由86.7万人增加到1885万人，增长了近21倍。公共文化服务机构和设施大幅增加，覆盖城乡的公共文化服务体系初步形成，人民的文化生活日益丰富多彩。2002年国家推行新型农村合作医疗制度以来，已有7.3亿农民参加了新型农村合作医疗，参合率达85.7%，大大改善了人民健康水平。

五是人权领域的对外交流与合作不断拓展。改革开放以来，中国充分尊重《联合国宪章》的宗旨和原则，积极参与联合国人权领域的工作和国际人权法律文书的制定，为丰富国际人权概念的内涵，促进国际人权实践的发展作出了自己的贡献。中国积极批准、加入有关人权国际公约，迄今已先后参加了25项国际人权公约，并采取有效措施履行公约义务，及时提交履约情况报告，接受联合国条约机构审议。中国一贯主张在平等和相互尊重的基础上，通过开展对话、合作与交流，促进国际人权事业的健康发展，迄今已与世界各国进行了70多次人权对话和交流，增进了与世界各国的相互了解，为共谋共促彼此的人权发展作出了积极的努力。

关于国务院新闻办公室在促进人权方面的工作，王晨介绍说，国务院新闻办公室成立于1991年，其职责概括起来就是：向世界说明中国，让世界了解中国。向世界说明中国，不仅包括说明中国的内外方针政策、中国的历史文化和政治、经济、社会发展的情况，还包括就国外误解多、偏见深、指责多的一些重大问题说明事实真相和我们的立场观点，积极做解疑释惑和增进了解的工作，为中国的和平发展创造一个良好的国际舆论环境。其中，人权问题就是外界对中国了解比较少、误解比较多的一个重要问题。对外说明中国人权的真实情况和看法，是国务院新闻办成立伊始就承担起来的一项十分重要的工作。近20年来，国务院新闻办在人权方面主要做了以下工作：

一是积极向世界阐明中国的人权主张和实践，介绍中国政府和人民为促进人权所作出的不懈努力和取得的进展，努力增进国际社会对中国人权实际情况的了解。20世纪80年代末90年代初，一些国际敌对势力基于意识形态和社会制度等原因，掀起反华浪潮，将“人权攻势”的矛头直指中国。为向世界说明中国真实的人权状况，阐明中国在人权问题上的基本立场和政策，国务院新闻办于1991年11月1日发表了中国第一份人权白皮书——《中国的人权状况》。此后，先后发表了7个介绍中国人权总体情况的白皮书，并就国际上比较关注的民主政治、罪犯改造、妇女儿童、人口和计划生育、扶贫、劳动和社会保障、民族宗教、法治建设等与人权密切相关的问题发表了30多个专题白皮书和数十篇重要文章。这些白皮书和文章比较全面、系统地展示了中国人权事业发展的现状，总结了中国人权事业发展的基本经验，完整权威地向国际社会阐明了中国政府在人权问题上的基本观点，对于国际社会全面正确地了解中国人权的真实情况，驳斥国际敌对势力的歪曲指责，澄清国外对中国人权的误解，发挥了重要作用。国际舆论给予了积极的评价，普遍认为，中国政府以白皮书形式就人权问题主动介绍情况，“增强了政府的开放性与透明度”，“增进了国际社会对中国人权状况的了解，让国际社会看到了中国人权的进步，了解了中国政府为促进人权事业所做的努力”。

二是用事实批驳美国国务院《国别人权报告》对中国人权状况的不实指责，维护中国的国家主权和民族尊严。20世纪90年代以来，美国国务院配合一些西方国家在联合国人权委员会搞反华提案，每年发表年度《国别人权报告》，对中国人权进行歪曲责难。从1994年开始，国务院新闻办先后发表了10多篇有分量的评论文章，列举事实对美国国务院年度《国别人权报告》的攻击予以驳斥和澄清，揭露美国利用人权反华反共和推行霸权主义的实质，在国际上产生强烈反响。2000年至今，国务院新闻办还针对美国国务院《国别人权报告》的歪曲指责，连续8年发表《美国的人权纪录》，以大量的数据和事实系统揭露美国的人权劣迹及其在人权问题上的双重标准，在世界上引起广泛共鸣。一些国外媒体认为这些文章“像一把利刃，直指美国痛处”。一些发展中国家认为，中国关于美国的人权报告说出了广大发展中国家想说的话。有的发展中国家媒体呼吁执政当局“不要沉默，应向中国学习，对美国《国别人权报告》做出回应，捍卫民族尊严”。

三是通过举办展览等形式，生动形象地展示中国人权的发展状况，展示中国独特的人权发展道路。比如，2006年11月国务院新闻办与中国人权研究会联合在北京民族文化宫举办“中国人权展”；2007年7月至10月国务院新闻办与中国人权研究会联合分别在印度、尼泊尔、奥地利、意大利、埃及、乌兹别克斯坦等六国举办“镜头中的当代中国人生活”图片展；今年北京奥运会期间，国务院新闻办在北京民族文化宫举办“镜头中的中国人生活”主题展等。特别是“中国人权展”，是世界上第一个综合性的人权展览。该展览共展出图片700多幅，相关实物250多件，人权图书1000多册，图表24幅，并配有场景模型、影视展播、电子台历、电子白皮书、网络互动、触摸屏答问、民间艺术现场表演等多种富有现场感和互动性的展示形式，将“人权”这个抽象的概念形象化、具体化，艺术地再现了中国人民争取、维护和发展人权所走过的光辉历程和取得的伟大成就，系统展示了中国的人权保障制度和相关的政策法规，多层次、多视角、多方面地反映了中国人权建设的状况及其进展，为国内外观众客观、全面了解中国人权提供了一个重要的信息平台。许多外国媒体称，“举办人权展览反映了中国的进步与开放”，对于增进国际社会“对中国人权的了解十分有益”。

四是积极开展人权知识的普及教育，提高国内干部群众对人权问题的认识，努力促进中国人权事业的全面发展。这些年来，国务院新闻办通过在中央人民广播电台开办为期几个月的人权知识讲座、在《人民日报》刊发为期1年的系列人权知识百题解答、在《光明日报》举办“人权知识竞赛”，以及通过组织编写出版《人权知识干部读本》并纳入全国干部学习培训系列教材、举办干部人权知识培训班等多种形式，开展了一系列内容丰富的人权知识普及宣传教育活动，不仅提高了干部群众对人权问题的认识，而且增强了干部群众尊重和维护人权的自觉性，扩大了维护和保障人权的社会基础。同时，国务院新闻办还积极推动并牵头组织制定《国家人权行动计划》，致力于全面、有序地促进中国人权事业的发展。这是中国第一次制定《国家人权行动计划》，对未来两年中国人权事业的发展作出规划，是中国政府贯彻落实“尊重和保障人权”的宪法原则和以人为本的科学发展观的重要举措。这个计划内容十分广泛，将涉及完善政府职能，扩大民主，加强法治，改善民生，保护妇女、儿童、少数民族的特殊权利，提高全社会的人权意识等与人权相关的各个方面。通过全面系统地制定、落实促进和保障人权的工作目标和措施，必将进一步改善中国的人权状况，推动中国人权事业的进步。

在谈到中国人权事业的发展前景时，王晨指出，人权是一个不断发展的过程。中国是一个拥有13亿人口的发展中国家，受自然、历史、文化和经济社会发展水平的影响和制约，中国的人权发展还存在许多问题和困难，人权状况还有很多不尽如人意之处。例如，政治、经济体制尚不够完善，民主法制尚不够健全，各级政府依法行政和尊重人权的意识有待加强，经济社会发展不平衡，城乡之间、区域之间、贫富之间差距拉大的势头尚未从根本上得到遏制，就业、社会保障、收入分配、教育、医疗、住房、安全生产等方面存在的困难和问题相当突出，这些都影响到广大人民群众的切身利益和权利。继续加大力度促进和保障人权，仍然是中国政府和人民的一项长期而艰巨的任务。

他说，虽然还面临这样那样的困难和问题，但我对中国人权事业的发展前景充满信心。首先，中国已将促进人权列为国家发展的重要议事日程。中共十七大报告通篇贯穿着以人为本、改善民生、扩大民主、保障人权的内容，强调要“尊重和保障人权，依法保证全体社会成员平等参与、平等发展的权利”。报告明确提出要健全民主制度，丰富民主形式，拓宽民主渠道，“保障人民的知情权、参与权、表达权、监督权”；要加快推进以改善民生为重点的社会建设，“促进社会公平正义，努力使全体人民学有所教、劳有所得、病有所医、老有所养、住有所居”。国家“十一五”发展规划纲要从指导思想和原则、发展目标到各项具体政策措施，充分体现了以人为本、推动科学发展、促进社会和谐的要求。这为中国人权事业的全面发展确立了明确的方向。其次，经过改革开放30年，中国在人权方面已经走出了一条适合自身国情的发展道路。这条道路的特点是坚持以人为本，以稳定为前提，以改革为动力，以发展为关键，以法治为保障，促进公民、政治权利与经济、社会、文化权利全面协调发展。只要顺着这条道路走下去，中国的人权事业必将会随着现代化事业的发展而不断发展进步。

王晨表示坚信，只要我们坚定不移地贯彻尊重和保障人权的宪法原则，坚定不移地推进民主政治建设和法治建设，我们的社会就一定会更加和谐，人民的生活一定会更加美好，人民享有的人权必将更加充分。

关于当今国际人权领域的形势，王晨分析指出，当前国际人权领域形势呈现出两个突出的特点，一是国际社会对人权问题的重视程度前所未有，人权已成为国际交流与合作的重要主题。冷战结束后，人权问题在国际关系和国际政治中日益凸显。特别是随着经济全球化、社会生活信息化的快速发展，国与国之间相互依存和合作增强，进一步强化了人权问题的重要性，世界各国对人权问题日益重视，共识也逐渐增多。2006年3月，联合国大会通过决议，设立人权理事会作为联合国大会的附属机构，取代经社理事会下属机构人权委员会，标志着人权第一次与安全、发展并列被确立为联合国的“三大支柱”。近年来，各国纷纷按照联合国的要求设立国家人权委员会等国家人权机构，将促进和保护人权摆到更加重要的位置。二是国际人权领域主张对话、反对对抗成为普遍呼声，利用人权制造对抗越来越不得人心。这些都代表了国际人权领域进步与发展的潮流。

另一方面，不容忽视的是，世界人权的发展

仍存在一些不和谐因素，面临着严峻的挑战。如，由于新的国际政治经济秩序仍未建立，世界经济发展极不平衡，南北差距继续拉大，发展中国家人民的生存权和发展权面临严峻威胁；一些国家和地区集团将人权政治化、意识形态化，实行双重标准，打着“人权”旗号否定他国主权，推行霸权主义和强权政治，严重破坏了人权领域国际合作的气氛，阻碍了世界人权事业的健康发展。

他强调，世界人权事业的健康发展，首先必须正视当今世界面临的突出问题，维护各国人民的生存权和发展权。当前，武装冲突等传统安全问题依然存在，恐怖主义、大规模杀伤性武器扩散、环境污染等非传统安全威胁更加突出，严重危害着成千上万的无辜生命。南北差距、贫富差距进一步拉大，占世界人口不足20%的发达国家，控制的全球财富却超过85%，而占世界人口80%以上的发展中国家，享有世界财富不到15%。发展中国家有10多亿人食不果腹，忍受着贫困、饥饿、疾病的煎熬，他们的生存和尊严受到严重威胁。只有铲除这些对人权严重危害和破坏的因素，各国人民的权利才有可能得到充分实现。

其次，必须将人权的普遍性原则与各国的国情有机地结合起来。一切国家的一切人，都应享有自由和平等的权利。这是人类的普遍追求和共同理想。但受经济发展水平、文化传统、社会制度等各种因素的影响，人们对人权有着不同的理解和要求，面临和需要优先解决的人权问题也不尽相同。在承认人权普遍性原则的前提下，各国政府和人民有权根据自己的国情，采取不同的政策措施和方法步骤，探索适合本国国情的人权发展模式和道路。人权发展模式的多样化，既充分展示了文明的多样性和各国人民的聪明才智，又丰富和发展了世界的人权理论与实践。尊重人权发展模式多样性，既是对各国国情和各国人民智慧与创造性的尊重，是对多元文明和各国人民多元生活方式的尊重，也是促进世界人权发展的重要前提。

最后，必须加强对话、交流与合作，反对对抗和强权。人权在本质上是属于一国主权范围内的问题。《联合国宪章》明确规定各国必须遵循主权平等和不干涉在本质上属于任何国家国内管辖之事项等原则。在促进人权方面，各国只有在平等与相互尊重的基础上开展建设性的对话、交流与合作，增进了解，消除误解，扩大共识，减少分歧，互相学习，互相借鉴，互相帮助，才能实现共同进步和发展。对话与合作不仅有利于推动各国人权进步，也有利于促进世界人权事业的和谐健康发展。在人权问题上，推行霸权主义和强权政治是行不通的，它不仅无助于促进世界人权事业，反而会毒化国际关系，损害世界人权事业的健康发展。

（《人民日报》2008年12月12日）

爱心温暖人间（经典中国辉煌30年）

——记蓬勃发展的我国慈善事业

本报记者　潘　跃

福建省泉州市的王钦辉，因家境困难，手拿大学录取通知书却无钱上学。福建匹克集团的许景南与泉州慈善总会筹备成立的匹克慈善基金为这个孩子圆了大学梦。

像王钦辉一样，千千万万困难群体在慈善组织的帮助下，渡过难关，享受人间温暖。改革开放30年来，我国慈善事业发展迅猛，成就斐然。

发展慈善事业列入国家规划

党的十六届四中全会强调要“健全社会保险、社会救助、社会福利和慈善事业相衔接的社会保障体系”，“慈善事业”第一次写进执政党的重要文献。2005年3月，国务院将“支持慈善事业发展”第一次写入政府工作报告；2006年政府工作报告、2007年政府工作报告、“十一五”规划等也提出了鼓励开展社会慈善的要求。党和政府的重视，为我国慈善事业的发展指明了前进方向，注入了强劲动力。

民政部门承担起管理、指导慈善事业发展的职责。2005年11月，民政部在首届中华慈善大会上发布了《中国慈善事业发展指导纲要（2006—2010年）》，首次明确了我国慈善事业发展的目标、原则和措施，为推动慈善事业全面协调发展奠定了基础。

慈善法律法规是发展慈善事业的制度保障。截至2008年10月底，全国人大及常务委员会颁布的《中华人民共和国红十字会法》、《中华人民共和国公益事业捐赠法》等6部法律中涉及到慈善相关内容。在国务院制定的行政法规中，《中华人民共和国企业所得税法实施条例》等7部行政法规中对慈善组织作出了明确规定。国务院各部门共出台《救灾捐赠管理办法》等14部与慈善相关部门规章、270余件相关规范性文件。

国家还通过税收减免促进慈善事业的发展，鼓励慈善组织对所拥有资产进行保值增值，并对用于慈善公益性活动和项目的增值部分免征所得税。2008年1月1日起实行的新《企业所得税法》将企业捐赠免税额度由原来的3%提高到12%，进一步激发了企业捐赠的积极性。

社会广泛关注，人民积极参与

随着我国社会经济的发展，人民生活水平的不断提高，慈善事业日益受到社会各界广泛关注，而且吸引广大群众积极参与，成为社会保障体系的重要有益补充。

慈善在我国社会发展进程中扮演着越来越重要的角色，尤其在1998年抗洪、2005年援助印度洋海啸灾区、2008年抵御南方低温雨雪冰冻灾害和抗击汶川特大地震灾害过程中，慈善的身影无处不在，发挥了重要作用。

大量活动和项目帮助困难民众

在改革开放30年里，我国慈善事业在发展中壮大，在温暖中成长。

——以基金会、慈善会和红十字会为主体的慈善组织迅速壮大。截至2007年底，国内共有基金会1340家，慈善会874家，县级以上红十字会3260家。全国基金会资产总额近300亿元。在华国际慈善组织、港澳台地区慈善组织数量也稳步增长。

——国内慈善组织开展了大量慈善活动，取得了显著的社会效益。据统计，2007年，全国慈善组织开展各类项目和活动共计1.1万余项，主要项目资金支出共计129.8亿元。

——在慈善组织开展的各类项目中，逐步形成了200多个特色鲜明、具有广泛社会影响力的品牌项目。如“希望工程”、“春蕾计划”、小额信贷项目、“幸福工程——救助贫困母亲行动”等。

——慈善捐助款物数额显著增长。自《纲要》公布以后，全国慈善捐赠款物规模从每年不足80亿元，攀升至近1000亿元。汶川大地震发生后，截至11月25日，全国募集款物总额高达762亿元。

——志愿服务迅猛发展，公众参与程度不断提高。据不完全统计，全国参与过各类志愿服务的人数约有6000多万，其中注册志愿者有4500多万人。

（《人民日报》2008年12月5日）

历史蕴含价值　光荣成就未来

——纪念改革开放30周年暨人民保险事业创建59周年

吴　焰

中国人保成立于1949年10月20日，是与新中国同生共长、见证并参与我国社会主义建设和改革开放伟大事业的大型国有保险公司。改革开放30年来，中国人保勇担“改革先锋队”和“行业排头兵”的历史使命，秉持“人民保险，造福人民”的理念，在实现自身不断成长壮大的同时，为我国经济社会发展做出了重要贡献，并在改革发展实践中获取了宝贵经验。

中国人保建司59年和改革开放30年来的发展历程回顾

中国人保59年的发展足迹，印证了新中国保险事业由弱到强、一步步走向辉煌的发展史。以改革开放为界，中国人保的发展分为前后两个时期：

（一）建国初——改革开放前（1949～1978）

1949年8月，陈云同志在上海主持召开全国财经工作会议，做出了建立国营保险公司的决定。9月召开全国保险工作会议，薄一波同志（时任中财委副主任）亲笔致函中国人民银行南汉宸行长：“中央同意搞保险公司”。1949年10月20日，中国人民保险公司在北京成立，宣告了新中国第一家国家保险机构的诞生。1949到1959年十年间，中国人保保费收入总计16亿元，支付赔款3亿多元，不仅数以万计的受灾户得到补偿，而且为经济恢复时期的年轻共和国积累了10多亿元资金。“文革”期间，中国人保机构不断萎缩，我国保险事业陷入发展的低谷。

（二）改革开放——今天（1978～2008）

党的十一届三中全会之后，我国进入改革开放和以经济建设为中心的新时期，中国人保重新焕发了勃勃生机，在中国大地上铺展开了保险事业大发展的壮阔画卷。

1979年底，国务院决定中国人民保险公司恢复开办中断22年之久的国内保险业务。1980年至1995年，中国人保累计支付赔款973亿元（不含人身险给付），与100多个国家和地区的保险公司、再保险公司及保险经纪公司建立了业务联系，发挥着我国保险业对外交往的主渠道作用。

1998年，根据国务院决定，原中保集团撤销，由中保财产保险有限公司继承人保品牌，更名为中国人民保险公司。1996年至2000年，中国人保作为国有大公司的主力军作用进一步发挥、公司得以进一步发展，这期间，公司为社会提供保险保障达27万亿元，累计支付赔款451亿元。

2007年，以党的十七大精神为指引，中国人保深入贯彻科学发展观，认真落实全面建设小康社会和构建社会主义和谐社会的新要求，将中国人保的改革发展全面推向深入，集团公司党委鲜明地提出了新的发展战略：以巩固和加快发展传统主业为立业之本，以超常规发展人身保险业务为振兴之策，以开拓资产管理、资本运作等新领域为跨越之道，奋发图强，开拓创新，力求在“十一五”期间实现新的创业和跨越式发展，为把中国人保建设成为国际一流的大型现代金融保险集团奠定坚实基础。以这一战略目标为导向，中国人保坚定不移地实施“改革重组、整合创新”的工作方针，大力弘扬“以人为本，和谐奋进”的企业文化，积极推进集团化建设，有效促进业务发展，取得了前所未有的成绩。

2007年，中国人保承担保险责任金额总计53.5万亿元，是当年国内生产总值的2.2倍。2008年6月底，公司总资产1907亿元，同比增加514亿元，增长37%；管理的总资产3243亿元，同比增加1464亿元，增长82%。2008年1至6月，公司保费收入864亿元，同比增长68%，跃居行业第二位。中国人保财产险主业板块的市场优势地位继续得以巩固，人身险业务板块成长性居于业内最快最强地位；资产管理和资本运作不断取得新的突破。

改革开放30年来，中国人保充分发挥保险业“经济助推器”和“社会稳定器”作用，为我国经济社会发展作出了重要贡献

改革开放30年来，中国人保以服务社会经济发展为己任，将公司发展与国家兴旺、社会进步和人民福祉紧密相联，为促进改革、保障经济、稳定社会、造福人民作出了积极贡献。

一是倾力保驾经济发展，有力支持国家建设。改革开放以来，伴随着国民经济的快速发展，中国人保有效发挥保险保障各项职能，保障范围从火箭卫星、海上油田、奥运工程等国家重大项目，到工矿企业、交通运输、农业生产、对外贸易等经济社会重要领域，再到关系百姓的人身保障、机动车辆、“菜篮子”“米袋子”工程等，覆盖和渗透到国民经济的各个领域。

三十年里，中国人保承保了三峡工程、青藏铁路、大亚湾核电站，以及西电东送、西气东输、南水北调等一系列国家重大建设项目，先后为东方红二号、亚星一号、风云一号等36个航天项目提供保险保障服务，为“长征”系列运载火箭打入国际市场提供了有力的保险支持。中国人保作为2008年北京奥运会保险合作伙伴和2010年上海世博会全球唯一保险合作伙伴，为奥运会和世博会提供全面风险保障服务。2001年以来，中国人保累计赔款支出2700亿元，为经济社会的稳定运行和持续健康快速发展做出了积极贡献。

二是大力发展农村保险，为最广大人民群众提供保险保障。中国人保1982年恢复开办农村保险业务，在缺乏政策支持的情况下，面对尚不成熟的市场环境和赔付率居高不下的经营状况，在大多数保险公司选择停办农村保险的情况下，坚持探索我国农村保险的发展道路和发展模式，积累了宝贵的运营经验和基础数据。截至2008年6月底，中国人保承保农作物面积突破1.6亿亩，承保生猪5429万头，农村保险保费收入28亿元，是2006年全行业的3.3倍，累计承担种、养两业风险责任近700亿元；在浙江、福建等地区开展政策性农房保险，为2500万农户提供保障，风险责任金额高达3300亿元，被评选为浙江省人民群众最满意的20件实事之一。

三是勇于承担社会责任，积极应对重大自然灾害和安全事故的发生。改革开放以来，中国人保在自然灾害和安全事故面前，坚持“人民利益高于一切”，勇于承担社会责任，有效发挥了保险的防灾减灾、灾害救助、经济补偿和稳定社会职能，有力支持了灾后重建和生产恢复。据统计，2001年至2006年，仅自然灾害一项，中国人保就支付了近250亿元赔款。2008年，在历史罕见的雨雪冰冻灾害和特大地震灾害中，中国人保在第一时间行动，全力投入抗灾救灾和灾后理赔工作。截至2008年7月底，中国人保在今年两次重大灾害中已累计支付赔款32.2亿元，向灾区捐款7000多万元，切实发挥了保险的经济补偿功能，较好地履行了社会责任。

四是着力推进改革创新，不断探索具有中国特色的保险金融业发展之路。中国人保在我国国有保险企业的改革开放进程中扮演着开路先锋的角色，为我国保险市场培育、保险人才培养、保险技术升级作出了历史性的贡献。中国人保在国

有金融机构中，率先完成重组改制和海外上市，建立了现代企业制度和较为完善公司治理结构，为深化金融保险业改革积累了宝贵经验；中国人保先后引入美国国际集团、慕尼黑再保险集团等国际一流金融企业作为战略投资者，引进近百名海外高级管理人才和专业人才，与全球近200家保险、再保险公司建立了业务合作关系，在国有金融机构扩大对外合作方面走在前列；中国人保积极探索并推进综合经营，已经形成了包括保险、资产管理、证券、基金、信托、期货在内的相对完整的金融产业链，集团整体重组改制和上市计划已经启动，正在具有中国特色的保险金融业发展道路上奋力前行。

改革开放带给我们的几点启示

启示之一：解放思想，更新观念，深入贯彻落实科学发展观，是实现又好又快发展的重要前提。中国人保深入理解科学发展观重要内涵，并与自身改革发展实践很好地相结合，就是要牢牢把握历史性的发展机遇，以改革创新的精神、求真务实的态度，一心一意谋发展；就是要把“以人为本”作为内心的理念和情感并转化为工作实践中的具体行动；就是要不断提高科学决策水平、内部经营管理水平和业务创利能力，确保全面协调可持续发展；就是要充分发挥自身优势，提高资源配置和使用效能，实现发展速度、质量、效益的相互统一。

启示之二：深化改革，扩大开放，不断改进和完善发展模式，是实现又好又快发展的基本途径。三十年来的发展实践告诉我们，只有坚持市场化方向，坚定不移地推进体制机制改革，学习借鉴一切先进的经营管理经验，切实转变粗放的发展模式，自觉保护行业发展的生态环境，才能够发挥社会主义市场经济体制优势，不断提高企业的整体实力。

启示之三：自主创新，强化技能，不断形成企业的竞争优势，是实现又好又快发展的关键要素。创新是改革开放的灵魂与核心，唯有不断创新，才能开创一条符合我国国情，具有中国特色的保险业科学发展道路，这也是中国人保取得每一项成绩的关键所在。同时，只有继续坚持自主创新，不断培育在承保、理赔、产品、精算、信息技术、风险管理、资金运用及资本运作等现代金融保险业核心领域的制胜技能，才能在今后的发展道路上不断实现新的跨越。

启示之四：服务民生，构建和谐，积极承担社会责任，是实现又好又快发展的价值取向。几十年来的实践使我们体会到，人民保险必须牢记为人民服务的宗旨，这是中国人保作为企业公民存在的价值所在，只有始终把人民利益放在首位，积极承担企业社会责任，努力成为优秀的企业公民，不断为人民群众的福祉做出更大贡献，才能够真正赢得广大人民群众的信赖，从而塑造卓越的民族品牌形象，实现企业和社会的良性互动与和谐发展。

启示之五：坚持党的领导，加强党的建设，发挥企业党组织的政治核心作用，是实现又好又快发展的根本保证。长期以来，中国人保始终紧紧围绕企业的改革发展，不断提高党委谋全局、把方向、议大事、管班子的能力，注重发挥党员领导干部的带头作用，大力加强基层党组织和党员队伍建设，谋发展之策，聚发展之力，求发展之效。

人民保险事业的发展历程和改革开放30年来的实践，从一个侧面体现了我们党与时俱进、永葆青春活力的优良传统和作风，也在一定程度上反映出了中国特色社会主义制度给我国经济社会发展注入的强大活力。我们坚信，在党的十七大精神指引下，在改革开放30年巨大成就的激励下，只要我们坚定不移地贯彻落实科学发展观，中国人保就一定能够实现新的创业和跨越式发展，为继续把改革开放伟大事业推向前进，为夺取全面建设小康社会新胜利、实现中华民族伟大复兴做出新的贡献。

（《光明日报》2008年12月31日）

寸土寸金惜毫纤

——我国土地使用制度改革30年历程综述

本报记者　于猛　夏珺

在30年改革开放历程中，我国打破靠计划和行政指令配置土地，土地资源无偿、无期限、无流动使用的旧体制，创建了主要靠市场配置土地，土地有偿、有期限、有流动的新体制，土地得到了节约集约利用，寸土真正成了寸金，并初步形成了土地市场的基本制度和政府调控体系。

启用经济杠杆：从“三无”到“三有”——土地使用权由无偿、无期限、无流动向有偿、有期限、有流动转变

30年前，高度集中的计划经济体制束缚着土地资源的合理配置和利用，农村土地由集体统一经营，国有土地按计划配置，实行行政划拨，土地资源处于一种无偿、无期限、无流动使用的状态。

在这种体制下，多占少用、好地劣用、占而不用等现象十分突出，土地资源浪费极大。1985年以前，我国耕地每年净减少最高达1500多万亩。国家从土地上得不到收益，城市建设缺乏稳定的资金来源，导致经济发展越快，城市建设欠账越多，财政越困难。

改革首先冲破的是土地无偿、无期限、无流动使用的禁区。1979年7月五届全国人大二次会议审议通过和颁布施行的《中华人民共和国中外合资经营企业法》规定，可以出租批租土地给外商使用。1982年，深圳特区开始按城市土地的不同等级向其使用者收取不同标准的使用费；1986年下半年，特区率先进行土地使用权有偿、有期出让和转让试点。

引入竞争机制：从深圳“惊天第一拍”到全面推行经营性用地和工业用地“招拍挂”

1987年12月1日，深圳市首次公开拍卖土地使用权，一宗面积为8588平方米的土地被一家房地产公司以525万元的价格竞得使用权。这被后人称为中国历史上土地拍卖的“惊天第一拍”，开创了用市场配置土地资源和土地使用权有偿转让的先河。

在土地使用制度改革的第二个10年里，有偿有期限用地的制度在全国范围内得到推行，土地市场在培育和规范中获得初步发展，但在土地出让市场中仍存在诸多弊端：协议出让方式被滥用，相当一部分协议出让土地形同行政划拨，土地价格受到扭曲；一些地方政府对土地的供应方式有很大的随意性，国有土地资产大量流失；一些地方为招商引资，工业用地出让中长期存在着低地价乃至“零地价”。

2001年国务院《关于加强国有土地资产管理的通知》和2002年国土资源部的《招标拍卖挂牌出让国有土地使用权规定》提出，严格实行国有土地有偿使用制度，对经营性土地协议出让“叫停”，明确商业、旅游、娱乐和商品住宅用地等经营性用地使用权出让必须采用“招拍挂”方式。《通知》同时提出，工业用地也要创造条件逐步实行“招拍挂”出让。2004年出台的《国务院关于深化改革严格土地管理的决定》有针对性地指出：“禁止非法压低地价招商”，同时要求加快工业用地进入市场化配置。2006年出台的《国务院关于加强土地调控有关问题的通知》，则完全把工业用地纳入了市场竞争的范围，要求“工业用地必须采用招标拍卖挂牌方式出让，其出让价格不得低于公布的最低价标准”。

向纵深推进：逐步扩大各类公共社会事业用地有偿使用范围，构建城乡统一的建设用地市场

当前，我国土地制度改革继续向纵深推进，但国有土地供应仍存在“双轨制”，即政府划拨和有偿出让两种方式并存，协议出让制度与“招拍挂”出让制度并行。

划拨用地占土地供应总面积的比重，1992年为97.2%，2006年仍高达21.49%。用地量非常大的交通、能源、水利等基础设施，城市基础设施以及各类公共社会事业用地，仍然采取划拨方式供地。实际上，其中不少用地已难以严格界定为公益性用地。这部分土地不实行有偿使用，既不符合市场配置资源的要求，也不利于节约集约用地。

扩大国有土地有偿使用制度的覆盖面势在必行。2008年1月，《国务院关于促进节约集约用地的通知》明确提出，今后对国家机关办公和交通、能源、水利等基础设施、城市基础设施以及各类社会事业用地要积极探索实行有偿使用。

此外，城乡二元经济结构导致国有建设用地和集体建设用地同为建设用地却不同权不同价。构建城乡统一的建设用地市场呼之欲出。党的十七届三中全会审议通过的《中共中央关于推进农村改革发展若干重大问题的决定》中提出，一方面，要“改革征地制度，严格界定公益性和经营性建设用地，逐步缩小征地范围，完善征地补偿机制。依法征收农村集体土地，按照同地同价原则及时足额给农村集体组织和农民合理补偿，解决好被征地农民就业、住房、社会保障”。另一方面，“逐步建立城乡统一的建设用地市场，对依法取得的农村集体经营性建设用地，必须通过统一有形的土地市场、以公开规范的方式转让土地使用权，在符合规划的前提下与国有土地享有平等权益”。

可以预见，随着国有土地的市场配置力度的扩大，城乡土地市场的统一，不仅将进一步发挥市场机制，大幅减少政府征收和直接供应的土地，也将大幅提高农民财产性收入和提高农村财力。

（《人民日报》2008年12月24日）

五、军　事

2008年中国的国防

中华人民共和国国务院新闻办公室

2009年1月·北京

前　言

2008年在新中国发展进程中是很不寻常、很不平凡的一年。一年来，中国战胜了四川汶川特大地震灾害，成功举办了北京奥运会、残奥会，迎来了改革开放30周年……

当代中国与世界的关系发生了历史性变化。中国经济已经成为世界经济的重要组成部分，中国已经成为国际体系的重要成员，中国的前途命运日益紧密地同世界的前途命运联系在一起。中国发展离不开世界，世界繁荣稳定也离不开中国。

在新的历史起点上，中国坚定不移地走和平发展道路，坚定不移地推进改革开放和社会主义现代化建设，坚定不移地奉行独立自主的和平外交政策和防御性的国防政策，致力于与各国一道推动建设持久和平、共同繁荣的和谐世界。

中国坚持把科学发展观作为国防和军队建设的重要指导方针，主动适应世界军事发展新趋势，以维护国家主权、安全、发展利益为根本出发点，以改革创新为根本动力，在更高的起点上推进国防和军队现代化。

一、安全形势

进入新世纪以来，世界处于大变革大调整大变化之中。和平与发展仍然是时代主题，求和平、谋发展、促合作已经成为不可阻挡的时代潮流，但全球性挑战日益增多，新的安全威胁因素不断出现。

经济全球化和世界多极化深入发展。全球工业化、信息化进程加快，经济合作方兴未艾，各国经济的相互依存、互联互动进一步增强。国际战略力量消长变化加快，大国之间合作与借重上升、竞争与制衡继续发展，新兴发展中大国群体性崛起，国际体系孕育着深刻调整。维护和平、制约战争的因素持续增长，各国在安全领域的共同利益增多、合作意愿增强，世界性的全面大规模战争在较长一段时间内可以避免。

世界和平与发展面临诸多难题和挑战。围绕战略资源、战略要地和战略主导权的争夺加剧，霸权主义和强权政治依然存在，地区动荡扩散，热点问题增多，局部冲突和战争此起彼伏。发端于美国的金融危机影响加深，世界经济发展中的能源、粮食等问题严峻，深层次矛盾凸显，经济风险的联动性、系统性、全球性特点明显。恐怖主义、环境灾难、气候变化、严重疫病、跨国犯罪、海盗等问题日益突出。

军事安全因素对国际关系的影响上升。在综合国力竞争和科学技术发展的推动下，国际军事竞争更加激烈，世界军事变革进入新的发展阶段。一些大国调整安全战略和军事战略，加大国防投入，加快军队转型，发展先进军事技术和武器装备，战略核力量、军事航天、反导系统、全球及战场侦察监视成为强军重点。一些发展中国家也积极谋求拥有先进武器装备，提升军力发展水平。各国更加重视以军事手段配合外交斗争，一些地区局部军备竞赛升温，国际军控和防扩散体制面临重大挑战。

亚太地区安全形势总体稳定。地区经济充满活力，区域、次区域经济和安全合作保持发展势头，通过对话以和平方式处理分歧和热点问题仍是各国普遍政策取向。上海合作组织成员国签署长期睦邻友好合作条约，安全、经济等领域的务实合作取得进展。东盟签署《东盟宪章》，一体化进程迈出新步伐。中国与东盟合作、东盟与中日韩合作成就显著，东亚峰会、南盟合作继续发展。

朝鲜半岛核问题六方会谈取得阶段性成果，东北亚地区局势趋向缓和。

亚太地区安全仍存在较多不确定因素。世界经济剧烈波动，冲击地区经济发展。一些国家处于经济社会转型期，政局持续动荡。民族和宗教矛盾、领土和海洋权益争端依然突出，地区热点错综复杂。美国保持对亚太地区的战略关注和投入，强化军事同盟，调整军事部署，增强军事能力。恐怖主义、分裂主义、极端主义势力猖獗，重大自然灾害等非传统安全问题频发。地区国家间政治互信有待增强，地区多边安全合作有待深化，协调应对地区安全威胁的能力有待提高。

中国的安全环境继续有所改善。中国现代化建设的成就举世瞩目，综合国力大幅提升，人民生活水平不断提高，社会保持安定团结，维护国家安全的能力进一步增强。“台独”分裂势力谋求“台湾法理独立”的图谋遭到挫败，台海局势发生重大积极变化，两岸双方在“九二共识”共同政治基础上恢复协商并取得进展，两岸关系得到改善和发展。中国同发达国家的关系稳定发展，同周边国家的睦邻友好全面加强，同发展中国家的传统友谊不断深化，在多边事务中积极发挥建设性作用，国际地位和国际影响力显著提高。

中国仍面临长期、复杂、多元的安全威胁与挑战。生存安全与发展安全、传统安全威胁与非传统安全威胁、国内安全问题与国际安全问题交织互动。中国面对发达国家在经济科技军事等方面占优势的态势，面对外部的战略防范和牵制，面对分裂势力和敌对势力的干扰破坏。中国处于经济社会转型期，维护社会稳定面临诸多新情况新问题。“台独”、“东突”、“藏独”等分裂势力威胁国家统一和安全。恐怖主义、自然灾害、经济安全、信息安全等非传统安全问题的危害上升。外部安全环境中的不稳定不确定因素，对国家安全和发展的影响增大。美国违反中美三个联合公报原则，继续向台湾出售武器，严重损害中美关系和台海地区和平稳定。

面对前所未有的机遇和挑战，中国高举和平、发展、合作的旗帜，坚持走和平发展道路，奉行互利共赢的开放战略，推动建设持久和平、共同繁荣的和谐世界；坚持贯彻落实科学发展观，实现发展与安全的统一，统筹兼顾传统安全与非传统安全问题，加强国家战略能力建设，完善国家应急管理体系；坚持互信、互利、平等、协作的新安全观，主张用和平方式解决国际争端和热点问题，推进同各国的安全对话与合作，反对扩大军事同盟，反对侵略扩张。不管现在还是将来，不管发展到什么程度，中国都永远不称霸，不搞军事扩张。

二、国防政策

中国奉行防御性的国防政策。中国把捍卫国家主权、安全、领土完整，保障国家发展利益和保护人民利益放在高于一切的位置，努力建设与国家安全和发展利益相适应的巩固国防和强大军队，在全面建设小康社会进程中实现富国和强军的统一。

新世纪新阶段中国国防政策的基本内容是：维护国家安全统一，保障国家发展利益；实现国防和军队建设全面协调可持续发展；加强以信息化为主要标志的军队质量建设；贯彻积极防御的军事战略方针；坚持自卫防御的核战略；营造有利于国家和平发展的安全环境。

根据国家安全需求和经济社会发展水平，中国实施国防和军队现代化建设“三步走”的发展战略，有计划有步骤地推进国防和军队现代化建设。这一战略构想主要包括：

——推进国防和军队信息化。以信息化为国防和军队现代化的发展方向，立足国情军情，积极推进中国特色军事变革，科学制定国防和军队建设战略规划、军兵种发展战略，2010年前打下坚实基础，2020年前基本实现机械化并使信息化建设取得重大进展，21世纪中叶基本实现国防和军队现代化的目标。

——统筹经济建设和国防建设。坚持经济建设和国防建设协调发展的方针，统筹国家资源，兼顾富国和强军，使国防和军队发展战略与国家发展战略相适应。将国防建设有机融入经济社会发展之中，形成经济建设和国防建设协调发展的科学机制，为实现国防和军队现代化提供丰厚的资源和持续发展的动力。国防建设要兼顾经济社会发展需要，坚持军民兼容互利，提高和平时期国防资源的社会利用效益。

——深化国防和军队改革。调整改革军队体制编制和政策制度，逐步推进军队组织形态的现代化，争取到2020年形成一整套既有中国特色又符合现代军队建设规律的科学的组织模式、制度安排和运作方式。调整改革国防科技工业体制和武器装备采购体制，提高武器装备研制的自主创新能力和质量效益。建立和完善军民结合、寓军于民的武器装备科研生产体系、军队人才培养体系和军队保障体系。建立和完善集中统一、结构合理、反应迅速、权威高效的国防动员体系。

——走跨越式发展的道路。坚持以机械化为基础，以信息化为主导，加快机械化和信息化复合发展。坚持科技强军，发展高新技术武器装备，实施人才战略工程，开展信息化条件下军事训练，全面建设现代后勤，切实转变战斗力生成模式。坚持突出重点，分清主次，有所为有所不为，在最关键的领域努力实现跨越式发展。坚持勤俭建军，注重科学管理，使有限的国防资源发挥出最大效益。

中国实行积极防御的军事战略，在战略上坚持防御、自卫和后发制人的原则。适应世界军事发展的新趋势，依据国家安全和发展战略的要求，中国制定了新时期积极防御的军事战略方针。

这一方针立足打赢信息化条件下的局部战争。综合考虑当代战争形态演进和国家面临的主要安全威胁，着眼最复杂最困难的情况做好防卫作战准备。适应现代战争体系对抗的要求，以一体化联合作战为基本作战形式，充分发挥诸军兵种作战优长，坚持攻防结合，注重运用灵活机动的战略战术，趋利避害，扬长击短。健全联合作战指挥体制、联合训练体制和联合保障体制，优化力量结构，完善部队编成，加快建立适应打赢信息化条件下局部战争的作战力量体系。

这一方针注重遏制危机和战争。坚持军事斗争与政治、外交、经济、文化、法律等各领域的斗争密切配合，积极营造有利的安全环境，主动预防、化解危机，慑止冲突和战争的爆发。严守自卫立场，慎重使用武力，有效控制战局，努力降低战争风险和代价。建立精干高效的威慑力量，灵活运用威慑方式。中国始终奉行不首先使用核武器的政策，坚持自卫防御的核战略，不与任何国家进行核军备竞赛。

这一方针着力提高军队应对多种安全威胁、完成多样化军事任务的能力。着眼全面履行新世纪新阶段军队历史使命，以增强打赢信息化条件下局部战争的能力为核心，提高维护海洋、太空、电磁空间安全和遂行反恐维稳、应急救援、国际维和任务的能力。把非战争军事行动作为国家军事力量运用的重要方式，科学筹划和实施非战争军事行动能力建设。参与国际安全合作，开展多种形式的军事交流，推动建立军事互信机制。

这一方针坚持和发展人民战争的战略思想。始终依靠人民建设国防、建设军队，实行精干的常备军和强大的后备力量相结合，增强国家战争潜力和国防实力。健全统一高效的国防动员机制，加强经济、科技、信息和交通动员，提高后备力量建设质量。创新人民战争的内容和形式，探索人民群众参战支前的新途径，发展信息化条件下人民战争的战略战术。服从国家建设大局，支持地方经济社会发展，巩固军政军民团结。

三、人民解放军的改革发展

伴随中国改革开放30年伟大历史进程，人民解放军坚持以现代化建设为中心，不断改革创新，全面加强革命化、现代化、正规化建设，为捍卫国家主权、安全、领土完整和维护世界和平作出了重要贡献。近年来，人民解放军加快中国特色军事变革，协调推进军事、政治、后勤、装备等各领域的建设，努力实现又好又快发展。

改革发展30年

20世纪70年代末至80年代，人民解放军走上中国特色精兵之路。依据和平与发展成为时代主题的科学判断，实现军队建设指导思想的战略性转变，即由准备“早打、大打、打核战争”转到和平时期建设的轨道上来，在服从和服务于国家建设大局的前提下，有计划有步骤地推进现代化建设。确立建设强大的现代化正规化革命军队的总目标，开创有中国特色的精兵之路。军队进行重大调整改革，裁减员额100万，朝着精兵、合成、高效的方向迈出重要一步。

进入90年代，人民解放军积极推进中国特色军事变革。确立以打赢现代技术特别是高技术条件下局部战争为基点的新时期积极防御军事战略方针，实施科技强军战略，制定国防和军队现代化“三步走”的发展战略，推进国防建设与经济建设协调发展。把中国特色军事变革作为军队现代化发展的必由之路，提出建设信息化军队、打赢信息化战争的战略目标。军队以军事斗争准备为牵引，加快武器装备发展，加强军兵种和应急机动作战部队建设，优化体制编制，裁减员额70万，防卫作战能力显著提升。

新世纪新阶段，人民解放军在新的历史起点上开创现代化建设新局面。坚持把科学发展观作为国防和军队建设的重要指导方针，贯彻统筹经济建设和国防建设、实现富国和强军统一的战略思想，全面履行新的历史使命，增强应对多种安全威胁、完成多样化军事任务的能力。军队加快机械化和信息化复合发展，积极开展信息化条件下军事训练，推进军事理论、军事技术、军事组织和军事管理创新，不断提高打赢信息化条件下局部战争的核心军事能力和实施非战争军事行动的能力。

推进军事训练转变

人民解放军坚持把军事训练作为推进部队全面建设、提高部队战斗力的基本途径，改革训练内容、方法、管理和保障，科学构建信息化条件下军事训练体系。

拓宽军事训练领域。加强信息化条件下战略战役指挥训练和部队训练，举行跨区域检验性对抗演练，进行整建制夜间训练，开展后勤、装备保障综合演练。重视加强反恐、维稳、处突、维和、抢险救灾等非战争军事行动训练。

深化训练改革。构建信息化条件下军事训练内容体系，编修新一代《军事训练与考核大纲》，推广训练改革的创新成果。加强军兵种联合训练，强化作战要素训练，突出指挥协同训练和战法研究，改进区域协作训练。完善基地训练，发展模拟训练，推开网络训练，开展对抗训练。改革军事训练考评机制，从难从严训练，实施军事训练全过程全要素精细管理。

开展复杂电磁环境下训练。普及电磁频谱、战场电磁环境等基础知识，学习掌握信息战特别是电子战等基本理论。突出信息化武器装备和指挥信息系统操作使用训练，进行合同战术训练基地信息化改造，重视开展复杂电磁环境下演练。

加强思想政治建设

人民解放军坚持把思想政治建设摆在军队各项建设的首位，推动思想政治建设创新发展，保证党对军队的绝对领导，保证军队建设的科学发展和官兵的全面发展，保证军队战斗力的提高和有效履行历史使命。

2007年1月，总政治部发布《中国人民解放军思想政治教育大纲（试行）》，明确规定人民解放军的思想政治教育是中国共产党在军队中进行的理论武装和思想引导工作，科学规范了全军各类部队和人员的思想政治教育，加强了思想政治教育法规制度建设。大纲规定，执行军政训练比例为7∶3和8∶2的部队，年度教育时间分别为54个和42个学习教育日。全军坚持用中国特色社会主义理论体系武装官兵，深入开展历史使命、理想信念、战斗精神和社会主义荣辱观教育，大力弘扬听党指挥、服务人民、英勇善战的优良传统。军队思想政治教育遵循坚持科学理论指导、贯彻以人为本要求、围绕中心服务大局、一切着眼实际效果、注重实践活动培育、积极推进创新发展等六项原则，灵活运用和创新发展教育形式方法，完善广播、电视、网络教学设施，建好军史馆、文化活动中心、“指导员之家”、学习室和连队俱乐部、荣誉室。

2008年4月，中央军委批准、四总部联合发布《中国人民解放军军人委员会工作条例》，为新形势下军队基层的政治民主、经济民主、军事民主建设提供了制度保证。军人委员会是军队基层单位实行三大民主、保障军人行使民主权利和开展群众性活动的组织，有对本单位战备训练、教育管理、后勤保障、武器装备管理等工作的建议权，对士官选取和晋级、优秀士兵考学和保送入学、技术兵选拔培养、表彰奖励等涉及官兵切身利益事项提出人选的推荐权，对官兵履行职责、遵纪守法的监督权，对单位集体利益、官兵正当权益的维护权。军人委员会在党支部（基层党委）领导和本单位首长指导下开展工作，一般由5～7人组成，委员经军人大会以无记名投票方式差额选举产生。

提高后勤保障效益

人民解放军积极推进后勤保障体制一体化、保障方式社会化、保障手段信息化和后勤管理科学化，全面建设现代后勤。2007年12月，中央军委发布《全面建设现代后勤纲要》，明确了现代后勤建设发展的方针原则和目标任务。

深化后勤各项改革。稳步推进大联勤改革，2007年4月，在济南战区正式实行以三军后勤保障一体化为核心的大联勤体制。加快军队后勤保障社会化，推进驻大中城市作战部队商业服务和营房保障社会化，推进通用物资储备、基建工程建设、后勤装备生产和后勤技术服务等方面的社会化。完善预算编制改革，推行预算项目库制度，加强对重大项目投资的论证评估，总结推广资产管理与预算管理相结合、行政消耗性开支管理等经验做法，逐步推广公务卡支付结算。扩大集中采购范围和招标采购比例，集中采购向非作战部队拓展。

提高后勤保障水平。较大幅度提高部队教育训练、政治工作、卫生事业、水电取暖、营房维修等经费标准，提高飞行、航海、航天等专业岗位津贴标准，调整基层军官岗位津贴和士兵职务津贴标准，提高军人伤亡保险保障水平。连续提高部队伙食费标准。建立小散远直单位综合补助经费标准。2007年8月起，全军部队陆续换发07

式系列军服。

规范后勤管理。加快标准化建设步伐，大力推进维持性经费和统筹配发实物标准化供应，对建设性供应保障进行规范管理，逐步构建集供应、消耗、管理于一体的后勤保障标准制度体系。强化财经管理，按预算办事、按标准花钱、按财力搞建设。加强饮水、食品、医疗、药品和油料、运输、危险品安全管理，健全完善军队突发公共卫生事件应急防控机制，规范军车运行秩序，组织开展在职军以上干部住房专项清理，严格军队住房管理和空余房地产租赁，完善非现役公勤人员聘用管理制度。2007 年 1 月，中央军委发布新修订的《中国人民解放军审计条例》。深入开展能源资源节约活动，积极推行节约型保障方式和消费方式，搞好军事区域生态环境保护，启动军队草原保护建设、沿海军事设施风沙防治试点工程和驻环渤海地区部队单位污染治理。

强化装备综合保障

人民解放军落实三军一体、联合作战和体系建设、综合集成的要求，完善和优化武器装备体系，不断提高装备综合保障水平。

加紧构建中国特色现代化武器装备体系。坚持自力更生、自主创新，优先发展适应一体化联合作战需要的信息化武器装备，有重点有选择地改造升级现有装备。初步形成快速机动、立体突击的陆军装备体系，海空一体、适应近海防卫作战的海军装备体系，空地一体、攻防兼备的空军装备体系，核常一体、射程衔接的第二炮兵地地导弹装备体系，综合集成、一体化发展的电子信息装备体系。

提升装备管理水平和新装备维修保障能力。深化装备科学化、制度化、经常化管理，推行装备管理责任制，提高武器装备完好率、在航率。突出抓好装备维修保障能力建设，装备维修保障技术和手段由基本适应一、二代装备，逐步向适应二、三代装备转变，大部分主要装备已基本形成大修及应急支援保障能力。加强装备保障力量建设，初步建成以建制力量为主、预备役力量为辅、后备力量为补充的装备保障力量体系。组织装备承制单位开展技术保障力量动员演练，探索了军民一体化保障路子。

调整改革装备采购体制。近两年来，进一步扩大武器装备竞争性采购、集中采购、一体化采购的范围。按照计划制定、合同履行、合同监督和合同审计相对分离、相互制衡的要求，调整完善装备采购组织体系，开展驻厂军事代表制度改革。

推进信息化建设

人民解放军积极应对世界新军事变革挑战，在军队建设各个领域广泛应用信息技术、开发利用信息资源，努力走信息主导、复合发展、自主创新、推动转型的中国特色军队信息化建设道路。

人民解放军的信息化建设，开始于 20 世纪 70 年代的指挥自动化建设，现已从分领域建设为主转为跨领域综合集成为主，总体上正处于信息化全面发展的起始阶段。当前，人民解放军以一体化为发展方向，坚持重点突破与全面建设结合、技术创新与体制改革结合、新研新建与改造挖潜结合，强化综合集成，加大信息资源开发利用力度，逐步形成和提高基于信息系统的体系作战能力。

以指挥信息系统为重点的军事信息系统建设取得成效。2006 年军事综合信息网开通运行，信息基础设施更加完善，基础信息保障能力和信息安全保障水平得到提高。一体化联合作战指挥控制系统建设取得进展，战场信息支援保障能力显著增强。信息化训练手段有了较大发展，测绘导航、气象水文和空间环境保障体系进一步优化，一批后勤、装备保障信息系统研制成功并装备部队，全军院校“数字校园”建设全面展开。

主战武器系统信息化水平逐步提高。着眼提升主战武器系统的快速感知、目标定位、敌我识别和精确打击能力，对部分在役坦克、火炮、舰船和飞机进行了信息化改造，一批信息化水平较高的新型作战平台研发成功，精确制导弹药的比例和规模不断扩大。

信息化支撑环境得到改善。初步建立信息化领导、管理和咨询工作体系，信息化建设的集中统一领导得到加强。信息化理论探索和重大现实问题研究不断深化，制定了军队信息化建设中长期规划和指导性意见，修订完善了技术规范，适应信息化发展需要的院校教育和人才队伍建设得到加强。

加快人才培养

人民解放军继续推进人才战略工程，完善人才培训体系，突出联合作战指挥人才和高层次专业技术人才培养，努力造就大批高素质新型军事人才。

2008 年 4 月，中央军委印发《关于加强和改进军队干部培训工作的意见》，明确提出健全完善以逐级培训为主体、岗位培训为补充、培训与使用相一致的全程全员培训体系，形成院校教育与部队训练衔接、军事教育与依托国民教育并举、国内培养与国外培训结合的格局。

加强联合作战指挥人才培养。采取送学培养、在职学习、交流任职、轮岗锻炼等多种形式，加大联合作战指挥人才培养力度。把联合作战教学贯穿于人才培养全过程，合理区分各级各类院校教学任务，实施院校与部队联教联训，构建院校培训与部队实践并重的联合作战指挥人才培养体系。开展“军队院校重点建设工程”，重点建设项目取得阶段性成果。

做好军队生长干部选拔培养工作。2007 年 10 月，中央军委批准、四总部联合发布《中国人民解放军院校招生工作条例》，系统规范了军队院校招收普通高中毕业生和士兵学员工作。2007 年底，国家教育部和总政治部联合召开会议，专题研究依托普通高等教育培养军队干部问题。目前，全国开展国防生培养工作的普通高校已达 117 所。军队在全国遴选近 1000 所省市重点普通中学，建立国防生源基地。

营造人才培养的良好环境。建立健全人才奖励激励机制，重奖优秀指挥军官和参谋人才、杰出专业技术人才及科技创新群体。2007 年以来，共投入 7 亿元专项补助经费，用于军队人才培训。2007 年 7 月，中央军委发布《军队吸引保留高层次专业技术人才的规定》，采取有效措施重点吸引保留科技领军人才、学科拔尖人才和技术专家人才。2008 年 3 月，《中国人民解放军指挥军官考核评价纲要》、《中国人民解放军指挥军官考核评价实施办法》和《中国人民解放军指挥军官考核评价标准（试行）》印发施行，标志着体现科学发展要求的指挥军官考评体系初步形成。

坚持依法治军

人民解放军坚持把依法治军作为正规化建设的基本要求，注重科学立法、严格执法，不断提高正规化水平。

改革开放 30 年来，军事立法体制逐步完善，军事立法工作取得显著成效。1988 年中央军委成立法制机构，各总部、军兵种、军区确定负责法制工作的部门。1997 年公布《中华人民共和国国防法》，明确中央军委根据宪法和法律，制定军事法规。2000 年公布的《中华人民共和国立法法》，进一步明确了中央军委以及各总部、军兵种、军区的立法权限。截至 2008 年 12 月，全国人大及其常委会制定国防和武装力量建设方面的法律及有关法律问题的决定 15 件，国务院、中央军委联合制定的军事行政法规 94 件，中央军委制定的军事法规 215 件，各总部、军兵种、军区和武警部队制定的军事规章（含规范性文件）3000 多件。2007 年 6 月，全国人大常委会批准《中华人民共和国和俄罗斯联邦关于举行联合军事演习期间其部队临时处于对方领土的地位的协定》。2008 年 12 月，全国人大常委会批准《上海合作组织成员国关于举行联合军事演习的协定》。

人民解放军坚持依法治军、从严治军，完善依法决策、依法指导的工作机制，努力实现军事、政治、后勤和装备建设的制度化和规范化。实施科学管理，严格执行条令条例，把作风纪律建设贯穿于部队经常性教育和管理之中，通过严格训练和日常养成，培养部队严整的军容、严明的纪律和过硬的作风。

人民解放军把普法教育作为加强部队全面建设的重要工作。注重普及法律知识，增强普法教育的主动性、针对性和实效性。担负 2008 年北京奥运会、残奥会安全保卫任务的单位，组织官兵学习相关法律法规，增强依法处置突发事件的意识和能力。担负国际维和任务的部队和海军出访舰艇编队，组织官兵学习《联合国宪章》、《联合国海洋法公约》等法律知识。2007 年 11 月，中国政府设立国际人道法国家委员会，军队有关部门在国家委员会的组织协调下，认真做好国际人道法在中国军队的传播和实施工作。

四、陆军

陆军是人民解放军的基础，是主要在陆地遂行作战任务的军种，由步兵、装甲兵、炮兵、防空兵、航空兵、工程兵、通信兵、防化兵、电子对抗兵等兵种和各种专业勤务部队组成。

发展历程

人民解放军建立于 1927 年 8 月 1 日，建立之初仅由陆军组成。陆军长期以步兵为主，土地革命战争时期有了少量的骑兵、炮兵、工程兵和通信兵，解放战争时期建立了坦克兵和防化兵。20 世纪 50 年代，成立了炮兵、装甲兵、工程兵和防化兵等兵种领导机关。80 年代以来，陆军结构发生重大变化，增设了陆军航空兵、电子对抗兵等兵种，并于 1985 年组建陆军集团军。经过 81 年建设，陆军已由单一兵种发展成为诸兵种合成的现代陆军，成为既能独立遂行作战任务又能与海军、空军和第二炮兵实施联合作战的强大军种。

体制编制

陆军目前未设立独立的领导机关，领导机关职能由四总部代行，七大军区直接领导所属陆军部队。陆军部队包括机动作战部队、警卫警备部队、边海防部队和预备役部队等，实行集团军、师（旅）、团、营、连、排、班体制。集团军由师、旅编成，隶属于军区，为基本战役军团。师由团编成，隶属于集团军，为基本战术兵团。旅由营编成，隶属于集团军，为战术兵团。团由营编成，通常隶属于师，为基本战术部队。营由连编成，通常隶属于团或旅，为高级战术分队。连由排编成，为基本战术分队。陆军机动作战部队包括18个集团军和部分独立合成作战师（旅）。

部队建设

近年来，陆军按照机动作战、立体攻防的战略要求，逐步推进由区域防卫型向全域机动型转变。合理压缩规模，改革体制编制，逐步推进部队编成向小型化、模块化、多能化方向发展。加快发展陆军航空兵、轻型机械化部队和信息对抗部队，重点加强战役战术导弹、地空导弹部队和特种作战部队建设，不断提高空地一体、远程机动、快速突击和特种作战能力。

陆军兵种建设有了长足发展。装甲兵加强信息系统与武器平台一体化建设，逐步换装新型主战坦克，发展重型、两栖、轻型等机械化部队，装甲机械化师旅在合成作战师旅中的比例进一步提高。炮兵陆续列装远程多管火箭炮、大口径自行加榴炮等一批先进武器装备和新型弹药，发展三级作战指挥系统，初步构建起全程精确火力打击体系。防空兵陆续装备一批性能先进的野战防空导弹、新型雷达和情报指挥系统，逐步建立完善侦察预警、指挥控制、信息对抗与火力拦截一体的对空作战体系。工程兵加速构建专业化与多能化相结合、平时与战时相结合的工程保障力量体系，形成了较强的全程伴随保障、快速破障、综合防护、反恐排爆和抢险救灾能力。防化兵加速发展新型防护力量，初步建立起一体化的核化生预警侦察监测、防护指挥和防护力量体系。

陆军航空兵是陆军主战兵种之一，实行总部、战区和集团军三级管理体制。近年来，陆军航空兵加速推进由运输型、辅助型向合成型、主战型的陆军空中突击力量方向转变，全面加强火力突击、机降作战、空中机动和空中勤务支援等能力训练，积极参加反恐维稳、封边控边、抢险救灾和联合军演等行动，努力建设一支规模适度、结构合理、装备精良、功能齐全的陆航力量。

陆军边海防部队是保卫国家主权和领土完整、维护边境沿海地区安全稳定的骨干力量，通过总部、军区、省军区实施领导。近年来，边海防部队按照陆海并重、科技强边、重点建设、协调发展的原则，坚持以战备执勤为中心，全面加强侦察监视、指挥控制、快速反应和自卫作战能力建设，不断强化边境沿海地区重要方向和敏感地段、水道、海域防卫警戒，适时组织加强边境管控、应急处突和抢险救灾等行动，与邻国广泛开展边防交往与合作，积极稳妥地处置边境沿海事务，为维护边海防安宁稳定，促进边境沿海地区改革开放和经济社会发展作出重要贡献。

五、海军

海军是人民解放军的战略军种，是海上作战行动的主体力量，担负着保卫国家海上方向安全、领海主权和维护海洋权益等任务。海军主要由潜艇部队、水面舰艇部队、航空兵、陆战队、岸防部队等兵种组成。

发展历程

海军成立于1949年4月23日。1949年～1955年，先后组建水面舰艇部队、岸防兵、航空兵、潜艇部队和陆战队，确立了建设一支轻型海上作战力量的目标。1955年至1960年，先后组建了东海、南海和北海舰队。20世纪50年代至70年代，海军的主要任务是在近岸海域实施防御作战。80年代以来，海军实现了向近海防御的战略转变。进入新世纪，海军着眼信息化条件下海上局部战争的特点规律，全面提高近海综合作战能力、战略威慑与反击能力，逐步发展远海合作与应对非传统安全威胁能力，推动海军建设整体转型。经过近60年建设，海军已初步发展成为一支多兵种合成、具有核常双重作战手段的现代海上作战力量。

体制编制

海军平时实行作战指挥与建设管理合一的领导体制，由海军机关、舰队、试验基地、院校、装备研究院等构成。海军下辖北海、东海、南海三个舰队。北海舰队机关位于山东青岛，东海舰队机关位于浙江宁波，南海舰队机关位于广东湛江。舰队下辖舰队航空兵、保障基地、舰艇支队、水警区、航空兵师和陆战旅等部队。海军编有海军指挥学院、海军工程大学、海军航空工程学院、海军大连舰艇学院、海军潜艇学院、海军兵种指挥学院、海军飞行学院、海军蚌埠士官学校等8

所院校。

海军潜艇部队装备战略导弹核潜艇、攻击核潜艇和常规动力潜艇，编有潜艇基地、潜艇支队。水面舰艇部队主要装备驱逐舰、护卫舰、导弹艇、扫雷舰、登陆舰和勤务舰船等，编有驱逐舰、快艇、登陆舰、作战支援舰支队和水警区。航空兵部队主要装备歼击机、歼轰机、轰炸机、侦察机、巡逻机和直升机等，编有航空兵师。陆战队主要由陆战兵、两栖装甲兵、炮兵、工程兵和两栖侦察兵等构成，编有陆战旅。岸防部队主要由岸舰导弹、高射炮兵、海岸炮兵等组成，编有岸导团、高炮团等。

部队建设

海军按照近海防御战略的要求，坚持把信息化作为现代化建设的发展方向和战略重点，努力建设一支强大的海军。深化训练内容和组训方式改革创新，突出海上一体化联合作战训练，增强在近海遂行海上战役的综合作战能力和核反击能力。科学组织战役训练、战术训练、专业技术训练和共同科目训练，重点抓好信息化条件下联合作战要素集成训练，探索复杂电磁环境下的训练方法。重视开展非战争军事行动训练，积极参加双边、多边联合演练。

发展新型武器装备，优化装备结构。建造新型国产潜艇、驱逐舰、护卫舰和飞机，初步形成以第二代装备为主体、第三代装备为骨干的武器装备体系。潜艇部队具备水下反舰、反潜、布雷和一定的核反击能力。水面舰艇部队形成了以新型导弹驱逐舰、护卫舰为代表的水面打击力量，具备海上侦察、反舰、反潜、防空、布雷等作战能力。航空兵部队形成了以对海攻击飞机为代表的空中打击力量，具备侦察、反舰、反潜、防空作战能力。陆战队形成了以两栖装甲车为代表的两栖作战力量，具备两栖作战能力。岸防部队形成了以新型岸舰导弹为代表的岸防力量，具备海岸防御作战能力。

优化后勤保障体系，提高海上综合保障能力。以增强后勤综合保障能力为牵引，初步构建以岸基为基础、海上为重点、岸海一体的后勤保障体系。加强舰艇基地、停泊补给点、码头和机场建设，基本形成与武器装备发展相协调、与战时保障任务相适应的岸基保障体系。陆续装备新型大型综合补给舰、卫生舰船和救护直升机，成功研发多型海上保障装备和多项关键技术，海上保障力量现代化水平明显提高。

提高海军官兵能力素质，培养合格军事人才。实行生长指挥军官学历教育合训、任职教育分流的人才培养模式，健全军官任职培训体系。突出海军职业特色，重视实践能力培养。围绕提高军官任职能力，完善院校人才培养方案，实施有针对性的教学计划。扩大士官培训规模，培养技术复杂岗位的中高级士官。

六、空军

空军是人民解放军的战略军种，是空中作战行动的主体力量，担负着保卫国家领空安全和领土主权、保持全国空防稳定等任务。空军主要由航空兵、地面防空兵、空降兵、通信兵、雷达兵、电子对抗兵、技术侦察兵、防化兵等兵种组成。

发展历程

空军成立于 1949 年 11 月 11 日。1949 年～1953 年，陆续成立军委空军、军区空军领导机关，组建歼击、轰炸、强击、侦察、运输航空兵、空降兵部队和一批院校，并组成中国人民志愿军空军参加抗美援朝作战。1957 年空军和防空军合并，实行空防合一体制。20 世纪 60 年代～70 年代，确立重点发展防空力量的指导思想，逐步发展成为一支国土防空型的空军。90 年代以来，空军进入快速发展时期，陆续列装了第三代作战飞机、第三代地空导弹以及一批较先进的信息化武器装备，加强了以战略理论为核心的军事理论建设，确立了攻防兼备的战略思想，空军开始由国土防空型向攻防兼备型转变。经过近 60 年建设，空军已初步发展成为一支多兵种组成的战略军种，具备了较强的防空和空中进攻作战能力，一定的远程精确打击和战略投送能力。

体制编制

空军平时实行作战指挥与建设管理合一的领导体制，由空军机关、军区空军、军（师）级指挥所、师（旅）、团构成。空军下辖沈阳、北京、兰州、济南、南京、广州、成都 7 个军区空军和 1 个空降兵军，以及各类院校、科研试验机构等。军区空军下辖航空兵师，地空导弹师（旅、团），高炮旅（团），雷达旅（团），电子对抗旅（团、营），以及其他专业勤务部队，在重要方向和重点地区，设有军级或师级指挥所。空军编有空军指挥学院、空军工程大学、空军航空大学、空军雷达学院、桂林空军学院、徐州空军学院、空军大连士官学校等院校，以及 7 所飞行学院。

航空兵师通常按团、大队、中队体制编成，主要机种为歼击、强击、歼击轰炸、轰炸、运输、侦察、作战支援等。航空兵师下辖航空兵团和驻地场站。航空兵团是基本战术单位。地空导弹部队以营为基本火力单位，通常按师、团、营或旅(团)、营体制编成。高射炮兵以连为基本火力单位，通常按旅（团)、营、连体制编成。空降兵按军、师、团、营、连体制编成。

部队建设

空军适应信息化作战要求，加快实现由国土防空型向攻防兼备型转变，提高侦察预警、空中打击、防空反导和战略投送能力，努力建设一支现代化的战略空军。

紧密结合军事斗争准备和空军转型建设发展实践，探索与新一代武器装备发展相适应的训练体制和组训方式。突出复杂环境下的技战术训练、多兵机种合同训练和联合训练，开展针对性、对抗性训练，加大基地化、模拟化、网络化训练比重。优化飞行院校、训练基地、作战部队三级飞行员训练体制，加强航空兵部队空战、对地攻击和联合训练。深化院校教育改革创新，加强学科体系建设，创新教学内容、方法和手段。强化在职在岗培训，2008 年 7 月创办空军军事职业大学，探索院校教育、部队训练和军事职业教育三位一体的人才培养新模式。

按照攻防兼备的战略要求，发展新型战斗机、防空反导武器、指挥自动化系统等装备。陆续装备一批较先进的信息化装备和空空、空地精确制导弹药，改进现役装备电子信息系统，完善情报预警、指挥控制和通信基础网络。基本形成以第三代飞机和地空导弹为骨干，以第二代改进型飞机和地空导弹为补充的主战武器装备体系。

坚持以提高能力素质为核心，走高新人才带动、重点突破、整体提高的人才发展道路。统筹规划指挥、参谋、飞行和技术保障等各类人才队伍建设，培养了一批信息化素质较高的骨干人才，形成了以复合型指挥军官、尖子飞行员和科技领军人才、技术专家为代表的高素质新型人才群体。

注重后勤和装备保障体系建设，提高综合保障能力。完善空军机场、阵地保障设施，加强空防工程抢建、机场排弹抢修、航空卫生保障等后勤力量，研制配备第二代专用后勤装备，构建专用物资储备供应网络，逐步展开多机种保障基地建设。深化装备保障模式改革，完善弹药器材供应、修理保障和技术支援等保障网布局，推进保障装备小型化、通用化、野战化。

七、第二炮兵

第二炮兵是中央军委直接掌握使用的战略部队，是中国实施战略威慑的核心力量，主要担负遏制他国对中国使用核武器、遂行核反击和常规导弹精确打击任务。

第二炮兵遵守国家不首先使用核武器政策，贯彻自卫防御核战略，严格执行中央军委命令，以保证国家免受外来核攻击为基本使命。第二炮兵所属导弹核武器，平时不瞄准任何国家；在国家受到核威胁时，核导弹部队将提升戒备状态，做好核反击准备，慑止敌人对中国使用核武器；在国家遭受核袭击时，使用导弹核武器，独立或联合其他军种核力量，对敌实施坚决反击。第二炮兵常规导弹部队主要担负对敌战略战役重要目标实施中远程精确打击任务。

发展历程

创建第二炮兵，是新中国为应对核威胁、打破核垄断、维护国家安全，被迫作出的历史性选择。中国于 1956 年开始发展战略导弹武器，1957 年组建战略导弹科研、训练和教学机构，1959 年组建第一支地地导弹部队，1966 年 7 月 1 日正式成立第二炮兵。20 世纪 70 年代后期，第二炮兵确立建设中国特色的精干有效战略导弹部队的目标。90 年代，第二炮兵组建常规导弹部队，进入了核与常规导弹力量协调发展的新阶段。进入 21 世纪，第二炮兵努力推进信息化建设跨越式发展。经过 40 多年发展，第二炮兵已建设成为一支精干有效、核常兼备的战略力量，具备陆基战略核反击能力和常规导弹精确打击能力。

体制编制

第二炮兵作战指挥权高度集中，实行中央军委、第二炮兵、导弹基地、导弹旅的指挥体制，部队行动必须极端严格、极端准确地按照中央军委的命令执行。

第二炮兵由核导弹部队、常规导弹部队、保障部队、院校、科研机构和机关等组成。导弹部队编有导弹基地、导弹旅和发射营，保障部队编有侦察情报、通信、测绘、气象、电子对抗、工程、后勤和装备等技术专业保障部队，院校编有指挥学院、工程学院和士官学校，科研机构编有装备和工程研究院所。

部队建设

第二炮兵按照精干有效的原则，适应军事科技发展趋势，提高武器装备信息化水平，确保安全性和可靠性，增强防护、快反、突防、毁伤和精确打击能力。经过几十年的建设，现已形成核常兼备、固液并存、射程衔接、战斗部种类配套的武器装备体系，装备各种型号的核导弹和常规导弹。

第二炮兵注重战备配套建设，优化作战力量结构，完善适应信息化战争的导弹作战体系，核导弹部队与常规导弹部队保持适度的戒备状态，扎实推进战场体系建设，广泛应用现代化的机械装备和施工手段，各项工程合格率均达到100%。改革创新后勤建设，建立野战保障综合数据库和后勤物资信息化管理平台，完善作战阵地人员生存保障系统，后勤实战化综合保障能力明显提高。严格执行核安全控制制度、涉核人员资质认证制度，采取可靠技术手段，强化核武器储存、运输和训练等环节的安全管理，完善核事故应急处理机制和手段，采取特殊安全措施杜绝非授权发射和事故发射，确保核武器的绝对安全。

第二炮兵坚持以专业技术为基础，以干部骨干为重点，以合成配套为中心，以提高整体作战能力为标准，积极开展专业训练、合成训练和作战演练。专业训练主要进行导弹基础理论、专业理论学习和武器装备操作技能训练，合成训练主要进行作战编成内各要素全程序协同训练，作战演练主要组织导弹旅和保障部队在近似实战条件下的综合性训练和演习。部队训练实行等级评定制度，关键岗位人员实行岗位资格认证制度。深入开展基地化、模拟化、网络化、实战化训练，探索复杂电磁环境下训练和导弹基地集成训练特点规律，研发新一代网络化模拟训练系统，“信息化蓝军”和作战实验室建设取得重要进展。

第二炮兵把人才建设放在优先发展的战略地位，实施“神剑人才培养工程”，建立三级“技术尖子人才队伍”，形成了以工程院院士、导弹专家、指挥军官和操作技术骨干为主体的人才队伍。

八、人民武装警察部队

武警部队是中国武装力量的组成部分，属于国务院编制序列，由国务院、中央军委双重领导。武警部队由内卫部队和警种部队组成，公安边防、消防、警卫部队列入武警序列。国家赋予武警部队的根本职能是，维护国家安全和社会稳定，保障人民群众安居乐业。

经常性执勤

经常性执勤是武警部队为完成国内安全保卫任务而实施的各类勤务工作，主要由内卫部队担任。基本任务是：防范各种侵害和破坏活动，保卫警卫对象、警卫目标和国际性、全国性重要会议及大型文体活动现场的安全；保卫重要机场、电台和国家经济、国防建设等重要部门的机密要害单位或要害部位的安全；保护重要桥梁和隧道的安全；确保监狱、看守所的安全；维护国家规定的大中城市或特定地区的社会治安。经常性执勤分为固定执勤和临时执勤。固定执勤任务通常由公安部下达，临时执勤任务通常由地方党委、政府或公安机关下达。

武警部队每天有26万余人轮流执勤。近年来，武警部队坚持正规执勤、从严治勤、科技强勤，加强执勤设施建设，大力治理执勤隐患，实现了执勤管理全员、全程、全时可视化。强化执勤组织，严密执勤部署，落实执勤制度，周密组织重大临时勤务，有效提高执勤质量和目标安全系数。平均每年制止侵害警卫目标事件数十起，制止在押人犯逃跑事件数百起，组织重大临时勤务数千起，配合有关部门保证了国际、国内重要会议和大型活动的安全。各部队还积极参加社会治安综合治理，2007年以来，协助公安机关抓获各类犯罪嫌疑人2800余人。

应对公共突发事件

应对公共突发事件，是武警部队处理和慑止突然发生、危及公共安全的紧急事件的行动。应对公共突发事件主要由武警机动部队担任，包括处置社会安全事件、自然灾害事件、事故灾难事件、公共卫生事件等。具体任务是：控制事发地区，检查可疑人员的证件、车辆、物品等，保卫重要目标，驱散非法聚集的人群，解救人质和被闹事人群围困的人员，制止违法犯罪行为，捕歼犯罪分子，进行抢险救灾等。

武警部队是国家处置公共突发事件的骨干和突击力量。武警部队遂行应对公共突发事件任务，由中共中央、国务院、中央军委或地方党委、政府及公安机关赋予，并在中共中央、国务院、中央军委或地方党委、政府及公安机关的统一领导和指挥下行动。

武警部队平时充分准备，建立各级处突指挥中心，完善处突信息系统，科学配置力量，做好通信、军需、运输等保障。受领任务后快速到位，采取军事威慑、宣传疏导、依法打击的手段，坚持慎用武力、慎用强制措施、慎用警械和武器，依法打击极少数犯罪分子，高效稳妥地依法对骚乱及暴乱事件、群体性治安事件、群体性械斗事件、暴力恐怖事件进行处置。两年来，武警部队参与处置“3·14”拉萨严重暴力事件、捕歼“东突”恐怖分子、事故救援、大规模群体性事件及各类突发事件，有力地维护了人民群众的根本利益，维护了驻地的社会稳定，维护了国家法律的尊严。

国际反恐合作

中国高度重视国际反恐合作，现已参加11个国际反恐怖条约。武警部队是国家反恐怖的重要力量。

加强国际反恐怖磋商和交流。根据国际反恐怖条约协定，先后组团到法国、德国、西班牙、意大利、澳大利亚、以色列、巴西、古巴、南非、俄罗斯、巴基斯坦等30多个国家进行双边或多边反恐怖交流，接待了俄罗斯、罗马尼亚、法国、意大利、匈牙利、南非、埃及、澳大利亚、白俄罗斯等17个国家的代表团来访。

派员出国培训和援外助训。先后组团或派员到法国、以色列、匈牙利、新加坡、马来西亚、泰国等十多个国家参加特勤业务培训，参加或观摩各类比赛，进行反恐怖专业技术交流等。先后派遣教练组赴罗马尼亚、阿塞拜疆等国家执教或助训。

举行联合反恐演习。2007年9月，武警部队与俄罗斯内卫部队，以“特种部队解救人质及捣毁恐怖组织团伙行动”为课题，首次举行“合作—2007”联合反恐演习。

维护边境沿海地区社会治安与口岸出入境秩序

列入武警部队序列的公安边防部队，是国家部署在沿边沿海地区和口岸的一支武装执法力量。其主要职责是：边境沿海地区治安管理；口岸和边境通道的边防检查和监护；毗邻香港、澳门一线地区的巡逻警戒；防范、打击沿边沿海地区偷渡、走私、贩毒等违法犯罪。

公安边防部队在各省（自治区、直辖市）设立公安边防总队30个（北京未设），在边境和沿海地区（市、州、盟）设公安边防支队110个，在沿海地区设海警支队20个。在开放口岸设现役边防检查站207个，在边境沿海地区县（市、旗）设公安边防大队310个，在沿边沿海地区乡（镇、苏木）设边防派出所1691个，在边境主要通道、要道设边境检查站46个，在边境地区的重点地段、方向部署机动队113个。

近年来，公安边防部队全面实行爱民固边战略，加强群防群治组织，健全矛盾纠纷和群体性事件排查调处机制，整治突出治安问题，开展创建爱民固边模范村活动，实施关爱困难儿童工程，有力促进沿边沿海地区和谐稳定。在边防检查站深入开展提高边检服务水平工作，创造了安全、快捷的出入境通关环境。

会同有关部门，在边境沿海地区严厉打击偷渡、贩毒、走私等犯罪，进行打黑除恶等专项行动。2007年以来，共查获偷渡人员4400人，缴获毒品3806千克，缉私案值6.2亿元，破获刑事案件19205起，查处治安案件60063起。

公安海警部队建立健全海上执法机构，充实执法人员，完善执法制度，改善船艇装备，共破获海上刑事案件41起，实施海上抢险救助115起，救助遇险人员238人。

九、国防后备力量建设

中国紧紧依靠人民办国防，按照平时能应急、战时能应战的要求，提高国防后备力量建设质量。

预备役部队建设

预备役部队是以现役军人为骨干、预备役官兵为基础，按照军队统一的体制编制组成的武装力量，实行军队与地方党委、政府双重领导制度。

预备役部队组建于1983年。1986年8月，预备役部队正式列入人民解放军建制序列。1995年5月，全国人大常委会审议通过《中华人民共和国预备役军官法》。1996年4月，中央军委为预备役军官评授军衔。1997年3月公布的《中华人民共和国国防法》，从法律上明确规定中国的武装力量由中国人民解放军现役部队和预备役部队、中国人民武装警察部队、民兵组成。

经过25年的建设与发展，预备役部队已成为由陆军、海军、空军和第二炮兵预备役部（分）队组成的重要后备力量。陆军预备役部队，主要由步兵、炮兵、高射炮兵、反坦克炮兵、坦克兵、工程兵、防化兵、通信兵、海防兵等兵种、专业兵组成。海军预备役部队，主要由侦察、扫雷布雷、雷达观通等专业兵组成。空军预备役部队，主要由地空导弹兵、雷达兵等专业兵组成。第二炮兵预备役部队，主要由导弹专用保障和特种装备维修专业兵组成。

预备役部队根据军队建制实行统一的编制，编有预备役师、旅、团，并建有相应的领导机关。主要按地域进行编组，以省建师、以地（州、市）建旅（团）或跨地（州、市）建师（旅）、跨县（市、区）建团。

近年来，预备役部队在组织建设、军事训练

等方面迈出了新的步伐。逐步扩大选编范围，改进编组方法，积极探索行业对口编组、跨区域编组、联片编组等多种编组模式；坚持按纲施训、依法治训，建立正规的训练秩序；落实《预备役部队军事训练与考核大纲》规定，年度训练任务按编制人数的三分之一安排，预备役官兵每年训练30天，训练内容根据战时可能承担的任务和兵员素质确定。预备役部队加快由数量规模型向质量效能型、由直接参战型向支援保障型转变，努力实现与现役部队建设紧密结合、优势互补、相互促进、协调发展。

民兵建设

在国务院、中央军委统一领导下，民兵工作实行地方党委、政府和军事系统的双重领导。全国的民兵工作，由总参谋部主管。军区按照上级赋予的任务，负责本区域民兵工作。省军区、军分区和县（市、区）人民武装部是本地区的军事领导指挥机关，负责本区域的民兵工作。乡（镇）、街道和企事业单位设立的基层人民武装部，负责民兵工作的具体组织与实施。地方各级党委和人民政府，对民兵工作实行统一计划和部署。

近年来，民兵建设坚持改革创新，调整规模结构，改善武器装备，突出质量建设。优化组织结构，加强支援保障部队作战力量和应急处突力量建设。调整民兵组织布局，工作重心逐步由农村向城镇、交通沿线和重点地区转移。提高科技含量，注重在新兴企业和高科技行业建立民兵组织。加大武器装备建设投入，按照成系统配套、成建制配备的原则，为主要方向和重点地区配发新型高炮和便携式防空导弹等一批新式民兵防空装备，加强应急维稳装备建设，对部分武器进行技术升级改造。“十一五”期间，全国基干民兵规模将由1000万人减少到800万人。

2007年5月，总参谋部发布新一代《民兵军事训练与考核大纲》。新大纲增加了海军、空军、第二炮兵数十个门类、百余种民兵专业训练的内容，标志着传统的单一军种民兵专业训练向诸军兵种民兵专业训练转变。民兵军事训练按照整合资源、聚合优势，分层组训、跨区联训的思路，构建了省军区为骨干、军分区为主体、人武部为基础、基层武装部为补充的四级组训体制。改进训练手段，深化科技练兵，逐步实现基地化、模拟化、网络化训练。突出了专业分队快速动员、与现役部队协同、复杂电磁环境下作战等课目的训练，组织开展应急救援训练，提高民兵遂行作战任务、参加抢险救灾、处置突发事件和维护社会稳定的能力。

十、武装力量与人民

中国的武装力量属于人民。参加国家建设和参加抢险救灾，是宪法和法律赋予武装力量的重要任务。拥军优属、拥政爱民，是加强国防和军队建设的政治基础。

参加抢险救灾

人民解放军、人民武装警察部队和民兵是抢险救灾的突击力量。担负的主要任务是：解救、转移或者疏散受困人员；保护重要目标安全；抢救、运送重要物资；参加道路（桥梁、隧道）抢修、海上搜救、核生化救援、疫情控制、医疗救护等专业抢险；排除或者控制其他危重险情、灾情。必要时，协助地方政府开展灾后重建等工作。近年来，人民解放军组建了19支抗洪抢险专业应急部队。

2005年6月，国务院、中央军委公布《军队参加抢险救灾条例》。依据条例，国务院组织的抢险救灾需要军队参加的，由国务院有关主管部门向总参谋部提出；县级以上人民政府组织的抢险救灾需要军队参加的，由县级以上人民政府通过当地同级军事机关提出。在险情、灾情紧急的情况下，地方人民政府可直接向驻军部队提出救助请求，驻军部队按规定立即实施救助并向上级报告；驻军部队发现险情、灾情时也应立即实施救助并向上级报告。军队参加地方抢险救灾在人民政府的统一领导下进行，具体任务由抢险救灾指挥机构赋予，部队行动由军队负责指挥。2006年11月，中央军委批准颁发《军队处置突发事件总体应急预案》。

近两年，军队和武警部队共计出动兵力60万人次，各型车辆（机械）63万台次、飞机和直升机6500余架次，组织民兵预备役人员139万人次，参加抗洪、抗震、抗冰雪、抗台风和灭火等救灾行动130余次，抢救转移群众1000万人次。

2008年1月，南方部分地区出现严重低温雨雪冰冻灾害。军队和武警部队共投入22.4万人，民兵预备役人员103.6万人，派出军用运输机和直升机226架次，主要担负疏通交通干线、救助受灾群众、恢复电力线路等急难险重任务。

2008年5月12日，四川汶川发生里氏8.0级特大地震。军队和武警部队共出动兵力14.6万人，动员民兵预备役人员7.5万人，动用各型飞机和直升机4700余架次，车辆53.3万台次，救出生还者

3338人，转移受困群众140万人，运送和空运空投救灾物资157.4万吨。派出210支医疗队、心理救援队和卫生防疫队，巡诊医治受伤群众136.7万人。救灾部队严格执行群众纪律，将从废墟中清理出来的数亿元现金和大量贵重物品详细登记造册，如数移交物主或当地政府有关部门。

参加奥运安保和支援奥运筹办

根据北京奥运会组委会的请求，军队和武警部队积极参加奥运安保，支援奥运筹办，为成功举办北京奥运会、残奥会作出了贡献。

在奥运安保工作中，军队主要担负北京市及京外赛区的空中安全，濒海赛区及周边赛区的海上安全，参加处置核生化恐怖袭击和爆炸等恐怖事件，提供情报支援，组织抢险救援、医学救援和直升机运输，加强奥运会期间边境的管理和控制等任务。军队共出动4.6万人，动用98架飞机、60架直升机、63艘舰船以及部分地空导弹、雷达和防化工程保障装备等。武警部队主要担负火炬接力传递保卫，比赛场馆、要人住地、涉奥机场警戒守卫，开闭幕式现场、重要外宾在华活动以及重大热点赛事活动警卫，与奥运密切相关的水、电、气、油、通信枢纽等重要民生目标以及京津冀人工消（减）雨地面火箭发射阵地守卫，配合公安机关担负各赛区周边、环京要道设卡堵截和赛区社会面武装巡逻，比赛场馆安全检查，反恐、反劫机、处置突发事件等任务。武警共投入8.5万官兵参加奥运安保，妥善处置各类有碍目标安全的情况近300起，查控禁带物品9000余件，限带物品14万余件。

在支援奥运筹办工作中，军队和武警部队组织1.4万余名专业和群众演员，参加奥运会、残奥会开幕式、闭幕式大型文艺表演和仪式演奏。组织6900余名专业志愿者，担负交通保障、颁奖升旗、医疗救护、场馆服务等84个项目支援任务。驻京部队还先后出动官兵67万人次，参加首都机场航空走廊、国家奥林匹克森林公园等36个奥运重点工程建设。

参加和支援国家建设

在中央和地方各级人民政府的统一部署下，军队和武警部队积极参加和支援国家各项建设事业。两年来，共投入劳动日1400余万个，出动机械车辆100万台次。

援建基础设施和生态建设工程。支援能源、交通、水电、通信等重点工程建设200余项，参加黄河中上游、北京天津风沙源等生态环境建设170余项，完成荒山、荒地、荒滩造林300万亩，航空护林2400万亩。

参加新农村建设。支援农田水利和乡村基础设施建设，维修、新建贫困地区乡村公路2100余条，农村水电、人畜饮水、小流域治理等小型工程建设9万余个。巩固和新建扶贫点2.5万个，帮助8万余户群众脱贫。

支持科技教育文化卫生事业发展。帮助培养各类人才近1万名，兴办科技示范点240个。援建中小学200余所，帮助24万名贫困学生完成学业。与贫困地区470所县、乡医院建立长期帮扶协作关系，派出医疗队1.3万个，为群众义务治病4100万人次。

支持少数民族地区经济社会发展。帮助新建扩建机场3个、电站5座、水利设施12处，修复公路900余公里，打井300余眼，修建小水窖、小电站、安装太阳能和电视差转设备6000余个。

支持国防和军队现代化建设

各级政府重视从科技、信息、人才、教育、文化等方面，为军队现代化建设提供支持。地方政府会同驻军普遍建立议军会、“双拥”工作联席会、军政座谈会等制度，帮助部队解决军事训练、基础设施建设、军人权益维护等方面的困难。部队执行训练演习、抢险救灾等重大任务时，地方政府和人民群众克服一切困难，为部队集结、机动、救援等提供保障。各地广泛开展科技、智力和文化拥军活动，建立科技拥军基地2000余个，帮助培训各类人员10万人次，向部队捐赠图书2000万册。各级政府做好接收安置复转军人、随军家属和军队离退休干部、无军籍职员和优抚对象抚恤优待工作。两年来，制定出台全国和地方性政策法规500余项，接收安置转业干部10余万人、退役士兵50余万人、军队离退休干部和无军籍职员6万余人。

十一、国防科技工业

中国加快国防科技工业改革创新，推进军工企业战略性结构调整、专业化重组，提高武器装备研制的自主创新能力，努力构建军民结合、寓军于民的国防科技工业新体系。

推进体制机制创新

根据武器装备建设和社会主义市场经济发展需要，中国不断改革国防科技工业管理体制。按照十一届全国人大一次会议通过的《国务院机构改革方案》，不再保留中华人民共和国国防科学技术工业委员会，组建国家国防科技工业局。

2007年，国务院批准《深化国防科技工业投资体制改革的若干意见》，明确提出建立政府调控有效、社会资本参与、中介服务规范、监督管理有力、军民良性互动的新型投资体制，开放性国防科技工业发展格局逐步形成。国防科技工业投资领域进一步扩大，投资结构进一步优化。投资方式由直接投资为主，转向直接投资、资本金注入、投资补助等多种方式并用。

中国加速推进军工企业体制机制转变，初步建立小核心、大协作、寓军于民的国防科技工业新体系。促进战略性结构调整，精干军工主体，国防科技工业结构性矛盾逐步从根本上得到解决。稳步推进军工企业股份制改造，积极探索产权结构多元化改革，重点扶持符合条件的优势企业整体改制上市，鼓励专业化重组和产学研结合。加强对军工企业改制上市工作的规范和监管，完善相关法律法规制度。

完善武器装备科研生产体系

建立健全武器装备科研生产许可制度。依据2005年5月公布的《武器装备科研生产许可实施办法》，国防科技工业开始实行分类管理的武器装备科研生产许可制度，在保持国家对武器装备科研生产控制力的同时，允许非公有制经济进入武器装备科研生产领域，参与研制与生产任务竞争。2008年3月，国务院、中央军委公布《武器装备科研生产许可管理条例》，使这项制度更加完善。

加强武器装备基础能力建设。提高武器装备设计开发的信息化水平，增强产品设计的数字化、模块化、通用化和可靠性。建成数字仿真、半实物仿真和一批重要的高水平试验验证设施，提高了设计水平和研制成功率。增强总装集成能力，一批骨干企业实现了装配、试验、测试一体化和系统综合集成。大幅提升核心制造能力，重点解决复杂件加工、精密制造、特种焊接等工艺技术问题。建成一批面向全行业服务的大型基础试验设施，建设了质量可靠性检测、元器件老化筛选等一批专业化检测、试验中心，改善了计量、标准等军工技术基础保障条件。通过基础能力建设，武器装备供给能力实现了跨越式发展。

强化国防科技工业创新体系建设。以政府为主导，通过政策、投资等手段营造创新环境，引导创新活动。以军工科研院所和企业为骨干，以基础性科研机构和高等院校为生力军，发挥产学研联合优势，增强国防科技工业的自主创新能力。以国家科技重大专项、国防科研和武器装备研制重大工程为平台，发现、培养、使用和凝聚优秀人才，进一步强化国防科技工业创新发展的人才基础。

加强对外合作

国防科技工业按照互利共赢、共同发展的原则开展对外合作。重视与发达国家的军工技术交流与合作，学习借鉴国外的先进技术和管理经验。加强与发展中国家的互利合作，根据合作国的实际情况和具体需求，在多个重大合作项目上进行联合研制、联合生产。依据有利于提高接受国的正当自卫能力，不损害有关地区和世界的和平、安全和稳定，不干涉接受国的内政等原则，开展军品出口。

国防科技工业积极开展军民结合高技术产业的对外合作，大力开发高技术、高附加值的民品。航天产品国际市场开拓取得重大突破，卫星实现整星出口零的突破，同巴西合作的资源卫星项目为两国国民经济建设发挥了重要作用。航空对外合作的水平和质量大幅提高，民用飞机的国际市场开发工作取得新进展。民用船舶的出口产品实现系列化和批量化，国际市场占有率进一步提高。

十二、国防经费

中国政府依据国防经费的增长应当与国防需求和国民经济发展水平相适应的原则，合理确定国防经费的规模，走投入较少、效益较高的国防和军队现代化建设道路。

改革开放30年来，中国坚持国防建设服从和服务于经济建设大局，坚持国防建设与经济建设协调发展，国防投入始终保持合理适度的规模。从1978年到1987年，随着国家工作重点转移到经济建设上来，国防建设处于低投入和维持性状态。国防费年平均增长3.5%，同期GDP按当年价格计算年平均增长14.1%，国家财政支出年平均增长10.4%，国防费占GDP和国家财政支出的比重，分别从1978年的4.6%和14.96%下降到1987年的1.74%和9.27%。从1988年到1997年，为弥补国防基础建设的不足和维护国家安全统一的需要，中国在经济不断增长的基础上，逐步加大国防投入。国防费年平均增长14.5%，同期GDP按当年价格计算年平均增长20.7%，国家财政支出年平均增长15.1%，国防费占GDP和国家财政支出的比重继续下降。从1998年到2007年，为维护国家安全和发展利益，适应中国特色军事变革的需要，中国在经济快速增长的基础上，继续保持国防费的稳步增长。国防费年平均增长15.9%，同期GDP按当年价格计算年平均增长12.5%，国家财政支出年平均增长18.4%。国防费占GDP的比重虽有所上升，但占国家财政支出的比重总体上仍呈下降趋势。

2006年和2007年，中国国内生产总值分别为211923亿元人民币和257306亿元人民币。国家财政支出为40422.73亿元人民币和49781.35亿元人民币，分别比上年增长19.1%和23.2%。2006年和2007年，中国年度国防费为2979.38亿元人民币和3554.91亿元人民币，分别比上年增长20.4%和19.3%。两年来，中国年度国防费占同期国内生产总值和国家财政支出的比重大体相当，2006年分别为1.41%和7.37%，2007年分别为1.38%和7.14%。从国防费的人员生活费、训练维持费和装备费三项主要构成来看，2/3的国防费用于军队生活、训练等维持性开支。2007年，国防费用于保障现役部队、预备役部队和民兵的支出，分别为3434.39亿元人民币、36.93亿元人民币和83.59亿元人民币。2008年，中国国防费年度预算为4177.69亿元人民币。

近两年增长的国防费主要用于：（一）改善官兵待遇。适应国家公务员收入和城乡居民生活水平提高，调整军队有关津贴补贴标准，保证军人生活水平同步提高。（二）应对物价上涨需要。针对食品、建材、燃油等价格上涨影响，相应提高伙食费和与官兵生活密切相关的经费标准，增加军队教育训练和油料购置投入，改善边海防部队、边远艰苦地区和基层部队工作生活条件。（三）推进军事变革。加大信息化建设投入，适当增加装备及其配套设施建设经费，提高信息化条件下防卫能力。

中国国防费总额、军人人均数额，仍低于世界一些主要大国的水平。2007年，中国年度国防费相当于美国的7.51%、英国的62.43%。军人人均数额是美国的4.49%，日本的11.3%，英国的5.31%，法国的15.76%，德国的14.33%。从国家国防负担的相对比例看，中国国防费仅占国内生产总值的1.38%，而美国占4.5%，英国占2.7%，法国占1.92%。

中国政府已建立国防费报告和公布制度。1978年以来，中国政府每年向全国人大提交财政预算报告，并对外公布年度国防费预算总额。从1981年和1992年起，《中国经济年鉴》和《中国财政年鉴》开始公开国防费相关数据。从1995年开始，以政府白皮书形式公布国防费构成及主要用途。

十三、国际安全合作

中国坚持在和平共处五项原则的基础上同所有国家发展友好关系，增进政治互信，开展安全合作，维护共同安全。

地区安全合作

中国政府积极参加上海合作组织框架下的多边合作。2007年8月比什凯克峰会上，上海合作组织成员国缔结《长期睦邻友好合作条约》，为安全合作奠定坚实的政治法律基础，标志着成员国政治互信进入了新的阶段。两年来，成员国签署《关于举行联合军事演习的协定》、《国防部合作协定》、《政府间合作打击非法贩运武器、弹药和爆炸物品的协定》，完成《反恐专业人员培训协定》等法律文件的制定工作，并启动信息安全等新领域的合作，制订《保障国际信息安全行动计划》。成员国总检察长、最高法院院长、国防部长、执法安全部门领导人定期举行会晤，深化了司法、国防、执法安全领域的合作。

中国高度重视东盟地区论坛（ARF）的作用。在2007年8月举行的第十四届论坛外长会上，中方强调新安全观是建立在亚太地区多样性和共同利益基础上的安全观念和安全模式，符合亚太和平、发展、进步、繁荣的内在规律和要求。两年来，中国与印尼和泰国分别主办了论坛海上安全圆桌会议和禁毒研讨会。由中国倡导并起草的“ARF救灾合作指导原则”经第十四届论坛外长会通过，成为论坛第一份指导救灾合作的框架性文件。

中国与东盟、东盟与中日韩的非传统安全领域合作深入发展。2007年1月和11月，中国在中国与东盟、东盟与中日韩领导人会议上，提出一系列加强非传统安全领域合作的倡议，强调开展机制化防务合作和军事交流的重要性。2008年3月，主办首次中国与东盟高级防务学者对话。6月，主办第二届东盟与中日韩武装部队国际救灾研讨会。

参加联合国维和行动

中国作为联合国安理会常任理事国，一贯支持并积极参与符合《联合国宪章》精神的维和行动。人民解放军自1990年以来共参加18项联合国维和行动，累计派出维和官兵11063人次，有8名维和官兵在执行任务中牺牲。截至2008年11月底，中国有1949名维和官兵在联合国9个维和任务区和联合国维和部执行任务。其中，军事观察员和参谋军官88人；赴联合国刚果（金）特派团工兵分队175人，医疗分队43人；赴联合国利比里亚特派团工兵分队275人，运输分队240人，医疗分队43人；赴联合国苏丹特派团工兵分队275人，运输分队100人，医疗分队60人；赴联合国驻黎巴嫩临时部队工兵分队275人，医疗分队60人；赴非盟/联合国达尔富尔混合行动工兵分队315人。2000年以来，中国向7个任务区派遣维和警察1379人次。目前，中国有208名维和警察在利比里亚、科索沃、海地、苏丹和东帝汶执行维和任务。

对外军事交流与合作

人民解放军贯彻国家对外政策，发展不结盟、不对抗、不针对第三方的对外军事关系，开展多种形式的军事交流与合作，努力营造互信协作的军事安全环境。

形成开放、务实、活跃的军事外交新局面。中国已与150多个国家建立军事关系，在109个国家设立武官处，有98个国家在中国设立武官处。近两年，人民解放军高级军事代表团出访40多个国家，有60多个国家的国防部长、总参谋长来访。中俄两军深化战略互信，高层互访频繁，两国国防部长率先通过直通电话联络，多层次、多领域务实合作继续深入发展。中美军事关系逐步发展，正式开通中美国防部直通电话，首次举行两军士官交流，就查找朝鲜战争前后美军失踪人员下落正式启动军事档案合作。中日防务关系取得进展，举行第七、八次防务安全磋商，实现首次舰艇互访，就建立海上联络机制进行首次专家组磋商。中国与东盟、印度、巴基斯坦等周边国家防务交流得到新的拓展，与印度开启了防务安全磋商。中国与欧洲国家防务部门和军队沟通渠道保持畅通，与发展中国家的军事合作得到加强。

积极开展多边或双边联合演习和训练。2007年以来，共与20多个国家举行了20余次联合军事演习或综合演练。2007年8月，在上海合作组织框架内，中国、俄罗斯、哈萨克斯坦、吉尔吉斯斯坦、塔吉克斯坦、乌兹别克斯坦6个国家，在中国新疆和俄罗斯车里雅宾斯克共同举行了以打击恐怖主义、分裂主义、极端主义为课题的联合反恐军事演习，这是人民解放军第一次在境外参加的较大规模的陆空联合演习。2007年7月和2008年7月，在中国广州和泰国清迈分别举行了中泰陆军特种作战反恐联合训练。2007年12月和2008年12月，在中国昆明和印度贝尔高姆地区分别举行了中印陆军反恐联合训练。两年来，中国与俄罗斯、英国、法国、美国、巴基斯坦、印度、南非等14个国家海军举行了双边海上联合演练。中国还与有关国家举行了多种科目、多种形式的多边海上联合演练。2007年3月，在阿拉伯海与巴基斯坦等7个国家共同举行“和平—07”海上联合演练。5月，在新加坡附近海域与新加坡等8个国家共同举行西太平洋海军论坛多边海上联合演习。10月，在塔斯曼海域与澳大利亚、新西兰举行三边海上联合搜救演习。

开展人才培养合作与交流。扩大军事留学生派遣数量，两年来向30多个国家派出军事留学生900余名。20所军队院校分别与美国、俄罗斯、日本、巴基斯坦等20多个国家的相应院校建立和保持了校际对口交流关系。共接纳130多个国家的4000余名军事人员到中国军队院校学习。

为进一步促进军事交流与合作、增强军事互信，2008年5月，中国国防部正式建立新闻发言人制度。新成立的国防部新闻事务局，采取定期或不定期举行发布会、书面发布等方式，发布军队的重要新闻。

十四、军控与裁军

中国政府重视并支持国际军控、裁军和防扩散努力，采取切实措施严格履行相关国际义务，致力于与国际社会一道，在遵守《联合国宪章》的宗旨和原则以及其他公认的国际关系准则、维护国际战略稳定和增进各国共同安全的基础上，巩固和加强现有国际军控、裁军和防扩散体系。

核裁军

中国主张所有核武器国家明确承诺全面、彻底销毁核武器，并承诺停止研发新型核武器，降低核武器在国家安全政策中的作用。两个拥有最大核武库的国家对核裁军负有特殊、优先责任，应认真履行已达成的有关协议，并以可核查、不可逆的方式进一步大幅度削减其核武库，为其他核武器国家参与核裁军进程创造必要条件。

中国支持《全面禁止核试验条约》早日生效，并将继续恪守“暂停试”承诺。中国支持条约组织筹委会为条约生效所作的筹备工作，积极参与国际监测系统的建设。

中国恪守在任何时候、任何情况下不首先使用核武器和无条件不对无核武器国家和无核武器区使用或威胁使用核武器的承诺，呼吁其他核武器国家也作出同样承诺并缔结相关国际法律文书。中国签署了所有已开放签署的无核武器区条约相关议定书，已与东盟就《东南亚无核武器区条约》议定书有关问题达成一致，并欢迎中亚五国签署《中亚无核武器区条约》。

中国重视日内瓦裁军谈判会议的作用，支持达成全面平衡的工作计划，以尽早就“禁止生产用于核武器或其他核爆炸装置裂变材料条约”、防止外空军备竞赛、核裁军、向无核武器国家提供安全保证等问题开展实质性工作。

中国认为，全球导弹防御计划将损害战略平衡与稳定，不利于国际和地区安全，并对核裁军进程产生消极影响。中国对此表示高度关注。

禁止生物、化学武器

中国严格履行《禁止生物武器公约》义务，支持旨在加强公约有效性的多边努力，以积极务实的态度参加公约缔约国年会和专家组会议。中国建立了较完备的履约法律体系，设立了国家履约联络点，按时向公约履约支持机构提交公约建立信任措施宣布资料，加强生物安全和疫情监控工作，积极开展国际交流与合作。

中国认真履行《禁止化学武器公约》各项义务，建立了从中央到地方的各级履约机构，按时、完整地提交各类年度宣布、新发现日本遗弃在华化学武器的后续宣布及年度国家防护方案，接待了禁化武组织对中国进行的170余次现场视察。继1998年中国防化研究院分析化学实验室成为禁化武组织首批指定实验室之后，2007年，军事医学科学院毒物分析实验室成为禁化武组织指定实验室。2008年5月，中国与禁化武组织在北京联合举办防护与援助培训班。为推动处理日本遗弃在华化武进程，中国协助日本进行了100余次现场调查，回收日本遗弃化武4万余件。中国敦促日本切实履行公约义务，尽早启动实质性销毁工作。

防扩散

中国坚决反对大规模杀伤性武器及其运载工具扩散，积极参与国际防扩散努力。中国主张，防扩散应标本兼治，综合处理。国际社会应致力于构建一个稳定、合作与互信的全球和地区安全环境，切实维护和加强国际防扩散体系的权威性和有效性，摒弃双重标准。应坚持通过对话和谈判处理有关分歧，并妥善处理防扩散与和平利用科学技术之间的关系，既确保各国和平利用的权利，又有效防止扩散。

中国参加了防扩散领域所有的国际条约和相关国际组织，高度重视《不扩散核武器条约》、《禁止生物武器公约》和《禁止化学武器公约》在防止大规模杀伤性武器扩散方面发挥的重要作用。中国支持联合国在防扩散领域发挥应有的作用，认真执行安理会相关决议。

中国致力于实现朝鲜半岛无核化，坚定推动朝鲜半岛核问题六方会谈进程，推动六方会谈于2007年2月和10月分别通过《落实共同声明起步行动》共同文件和《落实共同声明第二阶段行动》共同文件。

中国主张通过政治和外交途径和平解决伊朗核问题。中国多次参加伊朗核问题六国机制外长和政治总司长会议，并于2008年4月在上海主办伊朗核问题六国政治总司长会议。中国还积极参与国际原子能机构和联合国安理会审议伊朗核问题的进程，发挥了建设性作用。

中国高度重视防扩散出口管制工作，已建立起一套涵盖核、生物、化学、导弹及相关两用物项和技术的完备的出口管制法规体系，并根据承担的国际义务和出口管制工作的需要，不断对有关法规进行更新。2006年11月，修订了《中华人民共和国核出口管制条例》。2007年1月，修订了《中华人民共和国核两用品及相关技术出口管制条例》。7月，修订了《核两用品及相关技术出口管制清单》。中国不断采取措施，加强防扩散出口管制执法。

中国重视并积极开展防扩散和出口管制领域的国际交流与合作，与10余个国家和欧盟建立了军控和防扩散磋商机制，与北约开展了防扩散对话，与“澳大利亚集团”、“瓦森纳安排”等多国出口管制机制保持着对话与交流。

中国支持“打击核恐怖主义全球倡议”的目标和原则，是“倡议”创始伙伴国，参加了历次伙伴国会议。2007年12月，中国与美国在“倡议”框架下在北京联合举办了放射性材料搜寻研讨会。

防止外空武器化和外空军备竞赛

中国政府一贯主张和平利用外空，反对外空武器化和外空军备竞赛。现有关于外空的国际法律文书不足以有效防止外空武器化。国际社会应谈判缔结一项新的国际法律文书，弥补现有外空法律体系的漏洞。

2008年2月，中国与俄罗斯共同向日内瓦裁军谈判会议提交了“防止在外空放置武器、对外空物体使用或威胁使用武力条约”草案，希望尽快就这一草案开展实质性讨论，并早日谈判缔结。

常规武器军控

中国认真履行《特定常规武器公约》及其附加议定书各项义务，采取切实措施确保现役杀伤人员地雷达到经修订的《地雷议定书》有关技术要求，积极参与集束弹药问题政府专家组谈判工作，继续开展公约所附《战争遗留爆炸物议定书》批约筹备工作。中国继续积极参与国际人道主义扫雷援助，两年来分别为安哥拉、莫桑比克、乍得、布隆迪、几内亚比绍以及苏丹北南方培训扫雷技术人员，并无偿向上述国家和埃及捐赠扫雷器材，向秘鲁、厄瓜多尔、埃塞俄比亚提供地雷行动资金。

中国积极参与打击轻小武器非法贸易的国际努力，认真落实联合国轻小武器《行动纲领》与《识别和追查非法轻小武器国际文书》，制订实施了轻小武器标志细则。中国派专家参加了联合国“武器贸易条约”问题政府专家组工作。

军费透明和常规武器转让登记

中国一贯重视军事透明度问题，在提高军事透明度、增进与世界各国军事互信方面作出了不懈努力。中国自2007年起开始参加联合国军费透明制度，向联合国提交上一财政年度的军事开支基本数据。

中国对联合国常规武器登记册的建立和发展作出了重要贡献。登记册建立后，中国每年向登记册提供七大类常规武器的进出口情况。由于个别国家自1996年起向登记册提供其向台湾出售武器的情况，违背了联大有关决议的精神及登记册的宗旨和原则，曾迫使中方暂停登记。鉴于有关国家已停止上述做法，中国从2007年起恢复向登记册提供七大类常规武器的进出口情况。

（《人民日报》2009年1月21日）

军事训练向信息化条件下转变迈出坚实步伐

胡君华　刘逢安

金秋时节，塞外一场跨战区陆空对抗硝烟尚未散尽，渤海湾跨海域三军联合演习又拉开战幕，戈壁大漠数个基地导弹正蓄势待发……全军和武警部队在不同地域展开的一场场例行性演习，掀开我军军事训练向信息化条件下转变的热潮，它从一个侧面显示出我军改革开放30年来军事训练所取得的新成就。

总参军训和兵种部部长陈照海少将告诉记者，改革开放30年来，我军军事训练始终紧跟党的军事指导理论创新步伐，紧跟军事战略方针转变，坚定不移地走科技强军、科技兴训之路，不断地推进军事训练向信息化条件下转变，全军和武警部队应对多种安全威胁、完成多样化军事任务能力显著提高。

信息化条件下军事训练体系日臻完善，加速推动我军战斗力生成模式转变。30年来，我军不断深化军事训练改革，先后4次编修颁发训练大纲，规范各军兵种、各层次的训练内容；大力开展基地训练、模拟训练、网络训练和对抗训练、集成训练，促进部队战斗力持续高效增长；建成布局合理、规模适当、功能完备的训练基地体系，构建横跨诸军兵种、纵贯战略战役战术的新一代模拟训练系统，联通三军军事训练信息网络，实现军事训练由传统练兵向科技练兵飞跃。

坚持开展多种形式练兵活动，官兵综合能力素质大幅提升。30年来，我军始终把军事训练着眼点放在提高官兵综合能力素质上，采取岗位练兵、交叉代职、院校培养、出国留学等形式，加强军事人才队伍建设。如今，高学历军官已经成为我军干部队伍的主体，一批军事学博士、硕士走上作战部队军师旅团主要领导岗位，涌现出一大批神枪手、神炮手、技术能手和“四会”教练员、优等指挥员，官兵岗位任职能力显著增强。

着眼使命和作战任务需要训练，部队实战能力得到提升。我军坚持把提高部队履行使命任务能力作为军事训练根本目的，大力开展实战化针对性训练。新装备训练成绩扎实有效，成系统成建制快速形成作战能力；战法研练成效明显，在作战运筹、组织指挥、作战协同等方面取得一批重要成果；诸军兵种联合训练迈出坚实步伐，总部和各军区、军兵种组织一系列联合实兵对抗演习，部队一体化联合作战能力不断增强。

30年来，我军始终坚持把军事训练摆在战略位置，通过大抓军事训练，推动部队全面建设。随着信息技术广泛运用，军事训练发挥对未来战争“预实践”作用，模拟逼真战场环境，科学设计未来作战行动，训练场逐步成为“第一战场”，军事理论、军事技术、军事组织、军事管理创新成果在训练实践中有机结合，有力地推动军事训练向信息化条件下转变。

（《解放军报》2008年10月3日）

各级党组织能力建设和先进性建设成效显著

赛宗宝

改革开放30年特别是进入新世纪新阶段以来，全军和武警部队各级党组织紧紧围绕部队中心任务，着力抓好党组织能力建设，持续开展保持共产党员先进性教育活动，各级党组织的能力建设和先进性建设成效显著。

党的十七大后，总部专门发出文件，明确了以改革创新精神加强军队党的建设的指导思想、总体要求和基本任务，首次明确提出“反腐倡廉建设”这个科学概念，并把它与党的思想建设、组织建设、作风建设、制度建设并列，进一步丰富了党的建设总体布局的内涵。今年9月下旬，全军召开大单位党委书记座谈会，集中研究深入学习贯彻党的十七大精神，以改革创新精神推进军队党的建设，全面部署深入学习实践科学发展观活动。

近5年来，军委、总部依托国防科技大学举办师团职以上领导干部高科技知识集训班50多期，依托国防大学举办战略战役、信息作战、军事训练、教育管理等研究班30多期。总部和各大单位每年还安排一批团以上领导干部到机关、部队、院校跨军兵种交流任职。目前，全军大军区级领导班子成员中交流任职的占56.1%，作战部队军级领导班子成员中经过高科技知识培训的占46.9%，交流任职的占65.6%。被师以上单位树为训练尖子、技术能手、科技标兵的人员中党员占85%，被授予荣誉称号和立功的人员中党员占87%。

党内制度建设步伐明显加快。十六大以来，军委、总部制定下发了《军队党委工作条例》、《军队党支部工作条例》和《关于提高各级党委贯彻落实科学发展观能力的措施》等40多部法规性文件，使军队党的建设步入法规化制度化轨道。

（《解放军报》2008年10月14日）

我军向精兵合成高效迈进

徐双喜　蔡鹏程

动如疾风闪电，打如雷霆万钧。广州军区某机械化步兵师日前参加了一场信息化条件下的对抗演习，全新的作战模式、现代化的武器装备、高素质的参演官兵，引起观摩演习的各级领导赞叹。这支由传统步兵到摩托化步兵、再到机械化步兵转型的精锐之旅，正是改革开放30年来，我军走中国特色精兵之路的一个缩影。

总参有关部门负责人告诉记者，毫不动摇坚持中国特色精兵之路，建设一支强大的革命化现代化正规化军队，是我军质量建军的根本目标。30年来，我军通过体制编制调整，先后3次裁军，裁减员额达170万之多，不仅缩小了数量规模，更重要的是理顺了关系、优化了结构，使军队更加适应未来信息化战争要求。我军在精兵的道路上羽化升华，朝着规模适度、结构合理、机构精干、指挥灵便、战斗力强的目标不断迈出新步伐。

体制编制结构更加优化。从军改编为集团军，到首次实行军旅营体制，陆军部队在加强合成化和小型化、轻型化、多样化方面取得重大进展；海军、空军、第二炮兵占军队总员额的比例逐步提高；士官、文职人员成为军队建设的新生力量。

指挥管理体制更加高效。适应现代战争要求，调整战略布局，精干军以上领导机关；建立健全联合作战指挥体制，新增联合作战指挥机构；成立总装备部，建立新的武器装备管理体系。

新型作战力量渐成主角。调整部队编组，淘汰落后装备，设立新型作战机构，构建新型作战力量体系，陆军航空兵、电子对抗部队、轻型机械化步兵、新型战斗机群、新型舰艇编队、新型战略导弹部队等新型作战力量逐渐成为演兵场上的主角。

（《解放军报》2008年10月17日）

全军思想政治教育主动性针对性实效性明显增强

辛士红

最近一段时间，参加支援北京奥运会、残奥会和参加四川抗震救灾的部队相继召开总结表彰会，部队上下在总结中的一个共同感受是，及时有效的思想政治教育为完成重大任务提供了强大精神动力。

改革开放30年来，人民军队始终抓住思想政治教育这个中心环节，大力加强思想政治建设。思想政治教育在适应改革开放和市场经济的挑战中不断创新，主动性、针对性、实效性明显增强。

30年来，理论武装如一条红线贯穿始终。全军和武警部队坚持以邓小平理论和“三个代表”

重要思想为指导，深入贯彻落实科学发展观，用马克思主义中国化的最新成果武装官兵，用科学的理论回答解决思想认识问题，保持了部队思想政治教育的先进性。在继承优良传统的同时，坚持解放思想，与时俱进，教育内容、形式和手段不断创新。在教材建设上，全军新一轮思想政治教育教材建设基本完成，改变了过去一本教材“包打天下”的状况。在教育手段上，幻灯、电视、多媒体、视频系统等相继引入教育实践。全军政工网自2005年10月开通以来，已联通全军90%的建制师旅、70%的建制连队，日访问量达300多万页次。心理教育疏导和法律服务咨询走进军营。争当“四会”优秀政治教员活动蓬勃开展。设立了思想政治教育补助经费，加强了政治教育基本设施建设。目前，旅团以下部队基本上做到了教育有场所、上课有桌椅、学习有书报、教学有设备、活动有经费。

思想政治教育坚持围绕中心服务大局，紧贴中国特色军事变革和军事斗争准备实践，发挥了服务保证作用。从训练场、演习场到完成急难险重任务的现场，思想政治教育灵活多样，创造了“火线政工”、“水线政工”、“援奥政工”等一系列经验和做法。在编制体制调整、军队停止经商活动等重大考验中，思想政治教育及时跟进，确保官兵自觉服从改革大局。

（《解放军报》2008年10月20日）

我军建成新型军事人才培养体系

胡春华　邹维荣

伴随改革开放的浪潮，我军院校建设以更加开放的姿态、更加开阔的思路，谋创新求发展，逐步建立起“体系结构更加科学、资源配置更加合理、军事特色更加鲜明”的新型军事人才培养体系，走出一条可持续发展之路。

培养新型军事人才，必须以适应时代发展需要、体现军队建设要求的科学培训体系为支撑。30年来，我军围绕提高办学效益、提升办学水平，通过合并、精简、改建等方式，对院校教育进行了大幅度调整改革。在数量上，从原来的117所军校，逐步过渡到67所，与军队的整体规模相适应；在职能上，建立和完善以岗位任职教育为主体、岗位任职教育与生长干部学历教育相对分离的新型院校体系，实现了院校体系结构的根本转型。

新型军事人才培养体系的建立带来可喜变化。从“八五”期间以中专为主，“九五”期间以大专为主，到“十五”初期以本科为主，再到2003年基本实现本科化，我军生长干部培养实现了历史性跨越，从根本上改变了我军指挥干部队伍文化水平偏低的状况。同时，随着院校职能重新定位，以排、团、军三级为重点的逐级培训得以实现，“先训后用、不训不用、训用一致”成为我军干部培训使用的一项基本原则。通过不懈努力，我军新型军事人才方阵雏形显现，在本科学历干部逐年增多的基础上，出现了博士军长、博士飞行师长和博士舰长，大批新型指挥人才、参谋人才、科技人才担当重任。

良好的办学条件是新型军事人才培养体系健康发展的物质基础。30年间，从军委、总部到各大单位逐年加大投入，教学训练设施得到明显改善。从黑板、粉笔到多媒体，从教学设施到生活设施，特别是一批国家和军队重点实验室建成并投入使用，为培养新型军事人才创造了有利条件。

（《解放军报》2008年10月22日）

衣食住行折射我军后勤保障新跨越

张晓祺　刘明学

新式军服下发三军将士，一日三餐电脑营养配餐，新概念营房拔地而起，国防公路直通边关哨卡……从雪域高原到东海前哨，从白山黑水到南海之滨，改革开放30年全军官兵衣食住行发生的巨大变化，折射出我军后勤保障实现历史性跨越。

“三餐粗食少油水，军营一片干打垒，走南闯北全靠腿。”这是30年前不少部队吃、住、行的真实写照。今天当我们蓦然回首，看到的是一个个发生在军营的喜人变化。

今天的共和国将士，在不同季节、不同场合穿着“三军协调、品种齐全、系列配套”的新式军装，以更加威武文明的形象呈现在世人面前，一改30年前训练、值勤、受阅都穿一身军装的景况。到东南西北看看，高原边防战士穿上“电热背心”，南方部队有了防潮被褥，北方部队用上防寒棉垫，更为官兵生活带来贴心关怀。

30年前，不少部队的“当家菜”是白菜、萝卜、土豆“老三样”。如今，官兵每餐肉、蛋、鱼轮流“更新”，每人每天“早餐一个鸡蛋、半斤牛奶，午晚餐有水果”。被官兵誉为“电子营养师”的《军人食谱系统》，可通过调剂食谱使官兵吃得更科学。据总后勤部有关部门介绍，改革开放以来，全军伙食费标准先后提高了23次，一类区一类灶由0.47元增至15元。

“春天沙满屋，夏天雨打被，冬天寒风吹……”上世纪80年代前，边防官兵住的基本是土坯房。而今，“生态营区”遍布三军部队，一栋栋新营房实现从单一住用到训练、指挥、控制、通信、网络系统集成的跨越，成为多功能综合性营房；生态化设计展现出“营在园中、路在树中、房在花中”的和谐意境；外墙保温、防水坡屋面、太阳能集热，使营房更加环保节能。

改革开放30年，我军积极构建军民一体、平战结合的“大军交”保障体系，人背马驮运输物资的情景已经成为历史，单一的陆地保障方式被铁路、公路、水上、空中构成的立体投送网络所替代，火车、飞机、轮船、汽车构成现代化后勤保障的钢铁洪流。万里边防交通状况发生质的飞跃，平展的公路穿越冰峰雪岭，直通边防哨所。官兵衣食住行的变化，只是我军全面建设现代后勤的一个缩影。改革开放30年，我军后勤建设立足打赢未来战争，在保障体制、保障方式、保障手段、管理模式等方面均取得历史性突破，逐步建立起一套现代化军队后勤指挥保障体系，综合保障能力不断实现新跃升。

（《解放军报》2008年10月24日）

我军干部队伍整体素质大幅跃升

周奔

10月中旬，《关于深入推进联合作战指挥人才培养的措施》、《联合作战指挥人才核心素质能力培养模型（试行）》等4个政策性文件颁布实施。这是军委总部根据胡主席重要指示和军委决策部署，加强联合作战指挥人才培养采取的新举措。

改革开放30年来，我军干部队伍建设坚持以中国特色社会主义理论体系为指导，紧紧围绕完成我军使命任务培养新型军事人才，为建设信息化军队、打赢信息化战争提供了坚实的组织基础和人才支持。

领导干部队伍结构得到明显改善。通过公开、平等、竞争、择优的干部选拔机制，一大批德才兼备、信息化素养高、联合作战指挥能力强的年轻优秀人才走上领导岗位。目前，一些50岁出头的大军区级干部、45岁左右的军级干部、40岁左右的师级干部进入各级领导班子。作战部队军级以上领导干部，具有大学文化程度的达到82%，具有出国留学经历的占10%。

干部队伍整体素质大幅跃升。我军积极构建以逐级培训为主体、岗位培训为补充、培训与使用相一致的全员培训体系，大力依托社会资源培养人才，充分吸纳社会优秀人才，采取优惠政策吸引保留人才，形成了院校教育与部队教育衔接、军队教育与依托国民教育并举、国内教育与国外培养结合、学历教育与短期培训互补的人才建设格局。目前，全军干部中具有本科以上学历的达到66%。

干部政策制度创新扎实推进。多年来，我军围绕考评选拔任用、干部培训、吸引保留人才、工资福利、退役安置等工作，积极构建信息化条件下的干部政策制度体系。随着考核与考试相结合选拔领导干部办法、军队吸引保留高层次专业技术人才规定等政策规定相继出台，我军干部队伍科学化法制化规范化建设水平进一步提高。目前，干部政策制度调整改革正扎实推进，逐步构建起具有我军特色，科学高效、规范有序的政策制度体系。

（《解放军报》2008年10月27日）

用党的创新理论建连育人 我军基层建设呈现又好又快发展势头

张涛　李兵正

10月17日，济南军区某坦克训练基地党委公布了《专家型士官培养方案（草案）》。基地领导介绍说，这个方案是根据四总部刚下发的《关于进一步加强士官队伍建设的意见》精神制定的。这一举措使基地士官人才队伍建设有了制度保证。

根据变化了的实际，及时跟进政策指导，从根本上解决影响基层建设的突出问题，是改革开放以来军委、总部抓基层的突出特点。30年来，军委、总部适应新的形势任务要求，不断完善基层建设政策法规，各部队则严格依法指导和开展工作，在提高抓基层质量上下功夫，基层建设呈现出与时俱进、协调发展、全面进步的势头。2008年，广大官兵在抗击雨雪冰冻灾害、抗震救灾、重大演习、支援奥运等重大任务中的出色表现，充分展示了人民军队加强基层建设的丰硕成果。

用党的创新理论建连育人的思想在基层官兵头脑中深深扎根。各部队在抓基层实践中，积累并形成了许多很好的经验和做法，涌现出一批用党的创新理论建连育人的先进典型，推动了基层建设的发展。

以人为本思想深入人心。越来越多的连队吃上了营养自助餐；心理医生走进了连队；部队局域网上开设“首长信箱”、“连队论坛”，战士们可以建言献策，也可以就考学、选取士官等敏感事务公开评议；远程医疗会诊系统把全军各级医院连在了一起，偏远地区的患病官兵因此能得到专家诊断。

制度创新步伐明显加快。四总部为加大协调解决基层问题的力度，分别建立了抓基层工作协调机制，突出解决小散远直单位的困难，为各级领导机关以深厚感情解决基层重难点问题带了好头。全军团以上领导机关普遍建立和完善形势分析、挂钩帮带、蹲点代职、下连当兵、检查讲评等抓基层工作制度，进一步规范了抓基层秩序。

抓基层的作风更加务实。减少会议、文电和工作组，在与基层官兵“五同”中增强服务意识。在为基层办实事解难题上，各级领导机关都做到了明确责任、完成时限，对基层提出的问题有条件的立即解决，一时解决不了的立项解决，需要多个部门多个层次解决的协调解决。

（《解放军报》2008年10月29日）

六、外　交

开拓中国特色政党外交新局面
——改革开放30年党的对外工作成绩斐然

新华社记者　谭晶晶

30年前，中国共产党在解放思想、实事求是思想路线指引下，开启了改革开放的伟大航程。30年来，党的对外工作在中央领导集体的直接领导和亲自参与下，与时俱进，蓬勃发展，开创了中国特色的政党外交新局面，为推进改革开放、服务国家总体外交作出积极贡献。

中共中央对外联络部部长王家瑞表示，截至目前，中国共产党已与世界上160多个国家和地区的520多个政党与政治组织保持着不同形式的友好交往及联系，形成了全方位、多渠道、宽领域、深层次的对外交往格局。党的对外工作已成为展示中国共产党国际形象的重要平台和国际社会了解中国及中国共产党的重要窗口。

中国共产党树国际新形象

30年来，中国共产党的自身建设始终与改革开放同步，党的创造力、凝聚力和战斗力不断提升，时代性、先进性、开放性不断增强。改革开放令中国的面貌发生了历史性变化，中国共产党的国际形象也因之焕然一新。

中国共产党在国际舞台展现的是“一心一意谋发展，聚精会神搞建设”的执政党形象；善于理论创新、与时俱进的现代政党形象；以人为本的亲民政党形象；开明开放、和平民主的政党形象以及新型马克思主义政党形象。

改革开放以来，随着全党工作中心的转移，党的对外工作在指导思想、基本原则、交往方式上也进行了调整和补充。本着为改革开放和社会主义现代化建设服务、为党的自身建设服务的工作宗旨，中国共产党逐步与世界各国各类政党建立了新型党际关系，不断丰富和深化了党际交往内容。

进入新世纪，以经济发展为中心的综合国力较量成为国际竞争的主要内容。作为最大的发展中国家的执政党，中国共产党始终把发展作为党执政兴国的第一要务。30年来，中国经济总量跃居世界第四。

一个面向现代化、面向世界、面向未来的社会主义中国屹立于世界的东方，一个“一心一意谋发展，聚精会神搞建设”的执政党形象，日益清晰而具体地展示在世人面前。

在理论创新方面，中国共产党根据改革开放不同阶段的现实要求，打破思想禁锢，开启了一波又一波的思想解放进程，创立了邓小平理论，形成了“三个代表”重要思想和科学发展观，为改革开放注入了持久而强劲的动力。

面对改革开放进程中积累的城乡差距、社会保障、资源环境等问题，以胡锦涛同志为总书记的中共中央不断丰富和发展马克思主义以人为本的思想内涵，提出构建社会主义和谐社会，赋予“以人为本”思想新的内涵，继承和发展了为人民服务的宗旨，实现了执政理念的重大飞跃。

新理念铸就了新形象。这些新理念向世界生动诠释了中国共产党立党为公、执政为民和“权为民所用、情为民所系、利为民所谋”的以人为本形象，得到国际社会高度评价。

伴随着改革开放的深入进行，中国共产党以更加成熟自信的姿态融入国际社会，开明开放的形象替代了封闭保守的印象。中国共产党致力于和平发展，倡导构建和谐世界，得到了国际社会的积极回应和理解尊重，其开明开放、和平民主的形象越来越被国际社会接受。

中国特色的政党外交

党的对外工作是党的事业重要组成部分，是国家总体外交的重要战线，也是国家软实力建设的重要阵地。中国共产党的对外工作始终把维护国家利益和促进国家关系发展作为根本出发点和落脚点。

在科学发展观和总体外交战略思想的指导下，政党外交注重发挥优势、体现特色、突出重点、讲求实效，突出高层次交往、预防性外交、前瞻性调研、基础性工作的特点，充分发挥做社会主义国家、做未建交国、做人的工作的优势，进一步深化了与各国各类政党的友好交流和合作，结交了一批“知华”、“友华”的政党政要，实现了与日、俄、印、澳等一些大国大党交往的机制化，拓展了与政党国际组织的联系和交往。

据王家瑞介绍，中国特色政党外交有三个基本特征：第一，既坚持马克思主义党际关系理论的基本原则，又紧密联系党和国家的具体实际。第二，它是中国特色政党外交，是中国共产党积极顺应时代潮流，与时俱进，开拓进取的产物。第三，它是历代中央领导集体不懈探索、长期实践的结晶。

中国特色政党外交思想总结了国际共运史和中国共产党对外交往史的经验教训，是马克思主义党际关系理论在当今时代和当代中国的具体运用与发展。它与和平共处五项原则和其他普遍公认的国际关系准则相一致，既有广泛的国际基础，也有鲜明的中国特色，体现了中国共产党对外交往对象的开放性、交往原则的平等性、交往内涵的务实性和交往形式的灵活性，奠定了新时期中国特色政党外交的理论基础，也得到了外国政党的广泛认同和支持。

30年来，政党外交始终注意把握时代发展的脉搏，紧紧围绕党和国家的中心任务开展工作，不仅着力于维护国家利益、促进国家关系发展，而且注重交流治党治国经验、树立党的良好国际形象；不仅深入研究外交战略、安全战略等重大课题，为中央决策提供有益参考，而且系统研究外国执政党的执政理念、执政体制、执政方式和执政规律，深刻总结国外政党兴衰成败的经验教训，为提高我们党的执政能力、巩固党的执政地位提供智力支持。

作为中国特色政党外交的核心和主体，邓小平、江泽民、胡锦涛等中央领导同志在党际交往的重大问题上直接领导，亲自参与。邓小平同志不仅在总结历史的基础上提出了新型党际关系思想，而且亲自指导我们党恢复了与一些国家共产党的关系。江泽民同志提出了党的对外工作跨世纪发展的指导方针，为政党外交的发展指明了方向。胡锦涛同志充分肯定党的对外工作既是“党的事业不可或缺的重要方面”，也是“我国总体外交的一个重要组成部分”，“对于促进国家关系的建立、巩固和发展，对于推进改革开放和社会主义现代化建设，具有不可替代的重要作用”。他多次率党的代表团出访，会见到访的外国政党代表团，集中展现了新一届中央领导集体求真务实，开拓创新，致力于和平与发展、推动区域交流与合作的良好形象。

开创党际交往新局面

当今世界正在发生广泛而深刻的变化，新世纪新阶段的政党外交工作面临诸多新形势、新情况、新挑战。王家瑞表示，党的对外工作将坚持以人为本、外交为民的宗旨，紧紧围绕发展这个党执政兴国的第一要务，主动为社会主义现代化建设和党的自身建设提供智力支持。同时，将进一步深化对中国特色政党外交规律的研究和把握，不断提高党的对外交往能力，积极树立中国共产党良好的国际形象，推动国家关系全面、稳定、健康发展。

“我们要按照党的十七大的重大战略部署，自觉把党的对外工作置于国内外两个大局的互动中去谋划，进一步加强与总体外交不同部门之间的协调配合，进一步深化对总体外交全局性、战略性、前瞻性重大问题的系统研究和整体筹划，把工作的出发点和着力点放在促进党和国家的工作全局上，努力为维护和用好重要战略机遇期，为推动国家关系全面、稳定、健康发展做出新贡献。”王家瑞说。

当前，全党全国各族人民正在为全面建设小康社会、加快推进社会主义现代化而团结奋斗。王家瑞说，政党外交要紧紧围绕发展这个党执政兴国的第一要务，不断丰富政党外交中的经济、文化含量，坚持政治、经济、文化因素相结合，维护国家主权、安全、发展利益相统一，主动为中国特色社会主义经济、政治、文化、社会建设及党的自身建设提供智力支持，切实履行好党中央的参谋助手职责。

系统总结党的对外工作的历史经验，不断深化对中国特色政党外交的规律性认识，把实践经验提升到理论高度，努力探索新形势下开展政党外交的新机制、新途径、新方法，是党的对外工作在新的起点上继续前进的必由之路。

王家瑞表示，党的对外工作将更加自觉、更加主动地以科学发展观为指导，以改革创新的精神状态、思想作风和工作方法，全面加强和改进政党外交工作，同心同德、齐心协力、求真务实、锐意进取，努力开创中国特色政党外交新局面。

（《人民日报》2009年1月9日）

中国与世界关系的历史性变化

——写在改革开放30周年之际

国纪平

中国的发展表明，她不只是被动地接受外部世界的影响，而是在积极借鉴、学习人类文明先进成果的同时，也为世界物质文明、政治文明、精神文明的宝库不断贡献出自己的力量与财富。

1979年1月，邓小平访问美国。在华盛顿，中美两国实现了历史性的握手。新加坡总理李光耀看到这个消息后，十分感慨地说：“中国的大门再也不会关闭了。”

1999年11月6日，江泽民与时任美国总统克林顿举行了一次电话会谈。两天后，美国贸易代表巴尔舍夫斯基飞抵北京，与中国重开入世谈判，两年后中国正式加入世界贸易组织。一年多后，在华盛顿的一次研讨会上，巴尔舍夫斯基和另一位前美国贸易代表卡拉希尔斯认为，“全球贸易和投资方式中出现的一个最大变化就是中国经济的兴起，这是100多年来世界经贸格局的最大变化。中国正在改变亚洲的面貌，推动全球经济增长，并且有可能改变世界范围内国际政治影响力的现状。”

2008年11月，也是在华盛顿。中国国家主席胡锦涛出席了20国集团峰会，与各国首脑共商全球金融体系改革的大计。就在这次峰会前不久，法国前总统希拉克说：“无论是金融危机、气候变化还是能源资源等全球性问题，没有中国参与都无从谈起。”

30年过去了，中国某个乡村发生的事情成为世界媒体的报道焦点，地球某地的中国人成为全球新闻中的主角，似乎已经显得平常。当我们将目光回溯到中国融入世界现代化潮流的起点，并用心去触摸这30年的变迁时，我们尤为深切地体会到，当代中国同世界的关系已经发生了历史性的变化，中国与世界的前途命运更紧密地联系在了一起。

一个伟大的转折已经完成，中国与世界彼此相互影响的时代已经开启。

成长——中国与世界的关系发生了什么变化？

30年前，美国《华尔街日报》的一位名叫罗伊斯特的记者来到广州。他在报道中这样写道：“中国实行看来是有点不同的马克思主义。中国共产党领导人对学习马克思、列宁和毛泽东思想谈得很多，但是他们不让这种想法盲目地支配他们的行动。他们给我的深刻印象是，他们是完全讲求实际的。”作为一个长期关注中国的西方记者，罗伊斯特可谓敏锐地捕捉到了一个伟大时代即将开始的征兆。

差不多在那个时候，邓小平讲了这样一段话：“中国在历史上对世界有过贡献，但是长期停滞，发展很慢。现在是我们向世界先进国家学习的时候了……关起门来，固步自封，夜郎自大，是发达不起来的。”

不开放不行。在经历了数百年闭关自守的苦难和饱尝了落后挨打的屈辱之后，中国这艘航船再一次升起了驶向世界的风帆。

历史上的伟大变化往往是从一些不那么起眼的事情开始的。上世纪80年代初，“中国制造”开始出现在西方国家商场里大甩卖的货架上；成千上万的年轻学子揣着屈指可数的几张美钞，开始了他们在海外的“洋插队”；而在北京、上海等大都市的街头，常常会出现围观外国人的人群……

2007年，一位美国记者以自己的亲身经历写出了一本新书——《没有“中国制造”的一年》，书中说，“没有中国产品的生活一团糟”。这一年，中国的GDP总量上升到了世界的第四位，仅次于美国、日本和德国。

同样是这一年，中国经济总量占世界经济的份额已经提高到了6%，而1978年只有1.8%；到2006年，中国经济对世界经济的贡献率已上升到14.5%，仅次于美国（22.8%）居第二位；中国对国际贸易增长的贡献率也超过了12%。改革开放30年，中国经济已经成为世界经济的重要组成部分。

新中国成立以来，中国始终作为一个大国屹立于世界民族之林。但在政治、经济、安全等诸多领域，中国真正融入国际社会，却始于改革开放。走过30年的历程，中国已经在当今国际事务中发挥着重要建设性作用。

从加入世界贸易组织到成功举办奥运会，从参加联合国维和行动到推进朝核问题六方会谈，从加强东盟与中日韩（10+3）的合作到构建上海合作组织，从减免发展中国家债务到设立中非发展基金，从中俄、中越边界谈判的进展到提出睦邻、安邻、富邻的合作政策，从1997年亚洲金融危机后坚持人民币不贬值到与全球携手应对眼前的金融危机，中国在国际事务中表现得越来越积极，一个负责任大国的形象跃然而起。

30年来，中国与主要大国的关系走向稳定，与发展中国家的友好合作日趋成熟；同中国建有外交关系的国家已经达到了171个；在包括联合国在内的130多个政府间国际组织中，中国已经成为重要一员。

当今世界，没有哪个跨国公司能够忽略中国，没有哪个研究外交、政治和经济的学者能够小看中国，也没有哪个重大国际问题的解决能够离开中国的参与。世界越来越多地把中国的发展视为全球事务的一部分。在与世界的互动中，中国迅速地发展着自身，这种互动影响着中国的决策和未来发展方向，影响着全球政治、经济格局的演变，也为世界提供了新的发展机遇。

机遇——中国与世界的关系为什么会发生变化？

历史的经验告诉我们，大国崛起的关键在于能否准确判断大势，及时、有力地抓住机遇。改革开放30年，中国成功地走向了世界，在融入世界的过程中不断发展壮大，这首先要归功于中国领导人敏锐准确而富有远见的战略眼光。

1978～1979年，邓小平出访多国，细心捕捉着时代变化的脉搏，深入思考着中国改革开放的宏伟方略。从上世纪80年代初开始，邓小平逐步完成对时代特征认识的转变，他反复强调和平与发展是当今世界的两大主题。他说：“在较长时间内不发生大规模的世界战争是有可能的，维护世界和平是有希望的。”这一转变不仅准确地把握了全球格局正在出现的深刻变化，也为中国的发展抓住了历史性的机遇。

30年来，尽管世界格局在走向多极化的过程中不断呈现出错综复杂、风云变幻的局面，但中国领导人高瞻远瞩，始终不渝地坚持以经济建设为中心，坚持走和平发展的道路，使中国步履稳健、坚定不移地走向世界，融入经济全球化的历史进程之中。中国在为经济全球化作出贡献的同时，也从中获取了巨大的增长动力。

是思想解放的浪潮冲开了中国通向世界的大门，是思想解放的动力推动着中国更加自信地走向世界。30年前，大门初开，我们小心翼翼而又充满疑虑地寻找着与外部世界交流的方式。可口可乐要在某地建厂，因遭遇抵制只好转到别地；牛仔裤的出现也引起了一场激烈的争议……我们迈出了开放的第一步，这一步引发的是接连不断的观念变革。

开放让我们看到了差距，也让我们在差距中找到了方向；开放带给我们的不仅仅是对过去那些观念的反思、突破，更有对中国发展道路的明确认识。

在开放的过程中，中国开始学会用世界的眼光思考自己的发展，并以一系列合作共赢的实际举动逐渐打消了各方的猜疑与忧虑，创造了对自身发展更有利的国际环境。中国用自己的真诚，塑造了一个发展中大国的和平形象。

30年来，中国充分利用世界和平发展带来的机遇发展了自己，又以自身的发展更好地维护了世界和平，促进了共同发展。中国的发展离不开世界，世界的繁荣稳定也离不开中国。

碰撞——中国与世界关系的变化引发了什么？

世界开始议论中国的崛起，甚至把一些原本与中国基本无缘的"桂冠"放在了她的头顶。中国走向世界舞台的中心，注定了中国与世界，特别是与西方世界的关系要发生深刻的变化。随着合作范围的扩大，互动力度的增强，碰撞与摩擦也必然增多。

中国的迅速发展让外部世界产生了很多疑问：为什么中国经济会突飞猛进？为什么"中国制造"会那么便宜？中国会不会把全球的石油用光？中国有朝一日会不会在经济实力上超过美国……这当中有好奇、羡慕，也夹杂着不少猜疑、不安，甚至恐惧。

没有哪位西方经济学家准确预测到了中国的持续高速发展，也很少有人想到中国会如此大胆地推进改革开放，能够依靠自身的力量解决如此繁多而复杂的难题。

改革开放开始的1978年，中国人均GDP不足100美元，邓小平提出了到20世纪末人均GDP达到1000美元，美国《时代》杂志质疑说："他们几乎不可能按期实现，甚至不可能实现。"25年之后，中国的人均GDP超过了1000美元。"没有人能准确估计中国的发展，所有的估计几乎总是低估。"美国的"中国通"兰普顿先生感慨地说。

在中国的飞速发展中，世界有人在描述中国时使用了形形色色的概念——"威胁"、"崩溃"，甚至"战争"；有的西方国家对中国还采用了多种手段——经济制裁、停止军售、防范加遏制，还有不时挥舞的人权大棒。中国在发展中与世界的摩擦变得更加频繁而具体，美国的制造业会担心被中国人抢走了饭碗，欧洲的偏僻小镇丢失了井盖也会归咎为中国对钢铁的"巨大胃口"。

30年来，中国在适应世界对自己的心态变化的同时，也在学会如何与世界打交道。在涉及国家主权的大是大非的问题上，我们敢于斗争、善于应对，打破了西方国家的种种制裁，遏制了反华浪潮，赢得了尊重。摩擦与碰撞历练了中国人，中国不断加深着对外部世界的认识，变得更加成熟、更加自信。

在一个接一个的"威胁论"、"崩溃论"相继破产后，世界也越来越多地体会到了中国发展的不同。从四川大地震的抗震救灾，世界看到了13亿中国人民的凝聚力；从北京奥运会，世界体会到了13亿中国人民对和平发展的不懈追求；从中国对全球金融危机的应对，世界感受到了13亿中国人民的责任感和这种责任感给全球经济走出危机带来的信心。不止一个西方学者说过，我们无法再用现有的理论来解释中国的发展，必须重新认识中国的发展道路对世界的意义。

突破——中国与世界关系的变化将产生什么影响？

各国关注中国的变化，也是在关注世界的未来。

历史表明，一个大国的崛起必然会对现有格局带来重大影响，极少有西方大国不靠殖民掠夺，不靠战争而崛起。西方对中国的担忧，最根本的原因就是由此而产生的对中国发展道路的不确定感。

也许30年的时间还不够长，但这30年来中国的成长足迹已经向世界表明，和平发展是中国发展道路最突出的特点，和平发展也是中国与历史上几乎所有大国崛起途径的本质区别。作为世界上人口最多、经济持续高速发展的国家，中国提出建设持久和平、共同繁荣的和谐世界的理念，有着非同寻常的现实意义和深远的历史意义。

和平发展不只是中国追求的目标，更是中国发展的具体实践。

和平发展意味着中国的发展不会威胁任何人。中国决不做损人利己、以邻为壑的事情。中国反对各种形式的霸权主义和强权政治，永远不称霸，永远不搞扩张。

和平发展意味着中国的发展不会妨碍任何人。在处理对外关系时，中国采取了相互尊重、平等对话、友好协商、互谅互让的方式，有效地化解了摩擦和纠纷；中国从长远考虑，积极推动多边或双边协商机制的建立。中国坚持的基本原则是，顺应时代潮流和各国人民的意愿，因势利导，积极推动建立公正合理的国际政治经济新秩序。

和平发展意味着中国的发展不会给别人添麻烦。中国依靠自身的力量和改革来解决发展过程中出现的矛盾和问题，坚持以人为本、全面协调可持续的科学发展观，对外建设和谐世界，对内构建和谐社会。作为一个拥有世界1/5人口的大国，中国的问题就是世界的问题，中国解决好自己的问题，受益的将是整个世界。

和平发展是中国的根本利益所在，是长期的基本国策，绝不会动摇。我们正在和将要做的事情，是对旧有的历史观念、发展观念的勇敢突破，更是适应新时代、应对新挑战的伟大创新。

以往的历史表明，中国更多的是被动地承受着来自外部世界的撞击，并在撞击中觉醒，在撞击中探索强国之路。21世纪的到来是个伟大的转折点，中国的发展表明，她不只是被动地接受外部世界的影响，而是在积极借鉴、学习人类文明先进成果的同时，也为世界物质文明、政治文明、精神文明的宝库不断贡献出自己的力量与财富。

走过30年开放路程的中国人深深懂得，世界对中国发展道路的理解和认同将是一个复杂而长期的过程。在实现现代化的过程中，会遇到很多新问题、新摩擦甚至新冲突。这将是21世纪几代中国人所面临的严峻考验。机遇前所未有，挑战也前所未有。我们坚信，只要坚持和平发展，我们就一定能够赢得更多的理解与信任，为世界的持久和平、共同繁荣做出更大贡献。

20多年前，中国改革开放的总设计师邓小平提出了一个伟大的设想，到本世纪中期，中国将成为中等发达程度的国家。30年改革开放的伟大成就让我们欢欣鼓舞，美好的未来更让我们充满期盼。到那个时候，回望中国与世界携手走过的这段不平凡的历程，每一位中国人都会感到由衷的自豪：中国又一次在人类文明发展史上书写了伟大的篇章。

（《人民日报》2008年12月22日）

二〇〇八，中国拥抱世界

2008年是不平凡的一年，对于中国来说更是如此。

罕见的冰冻雨雪灾害、四川汶川特大地震、气度恢弘的北京奥运会、庞大的刺激经济计划……

在接踵而至的大灾面前，中国人挺直脊梁，坚韧不屈；在光耀人类文明的舞台上，中国人情真意切，开放包容；在震惊世界的金融危机中，中国人果断行动，勇于负责。

同情、支持、敬重、赞叹、期待、怀疑、不安、歪曲、挑衅……2008年，中国受到世界前所未有的关注；2008年，中国和世界在高强度互动中进一步融合；2008年，中国与外部世界的相互认知进一步深化。

真情感动世界

“2008年，中国让世界感动。”这是美国宾夕法尼亚州州立大学学者丹尼斯·西蒙的看法。中国在一系列重大事件中，经受住严峻考验，展现了自强不息的民族精神。

俄罗斯救援队的小伙子忘不了四川地震灾区人们坚强不屈的眼神；日夜进行搜救工作的日本救援队员忘不了中国小姑娘送来的巧克力；在灾区连日用饼干充饥的意大利女记者忘不了，一位中国妇女在食品极度紧张的情况下，为她做了一碗热腾腾的面条；全球各地关注北京奥运会的人们忘不了，地震中的小英雄豪迈地挥动着五星红旗在北京奥运会开幕式上同中国运动员一起入场，地震中失去左腿的中国“芭蕾女孩”在北京残奥会开幕式上翩翩起舞、飞扬梦想……

中国人民也忘不了，150多个国家的政府和民间机构以及10多个国际和地区组织向中国地震灾区提供各种援助；远在西半球的秘鲁，专为中国人民蒙受的灾难而设立全国哀悼日。能用9种语言同外宾交流的北京“金牌的哥”董仕成日前接受本报记者采访时，还在感念委托他向四川地震灾区捐献200元人民币的一位英国驻华使馆人员……

巨大的灾难面前，世界为中国的坚韧和悲壮而动容，中国为世界各国的友爱之情而感动，人道主义的伟大精神光耀寰宇。

展示博大胸怀

“2008年，全世界都在以一种钦佩的目光看待中国。”曾任联合国高官的美国哥伦比亚大学兼职教授斯卡·科裴拉对本报记者说，“北京奥运会全方位展示了中国的历史文化、建设成就、科技实力、外交理念和国际影响，中国关于人类和谐、和平与繁荣的未来梦想，更是令人印象深刻。”

两个奥运，同样精彩，不仅圆了中国人的百年梦想，也是中国对外交往史上的一座丰碑。北京奥运会开幕前夕，中国国家主席胡锦涛接受来自世界各大洲25家外国媒体联合采访时，明确指出“北京奥运会属于中国人民，更属于世界各国人民”，展示了中国的开放胸怀。

2008年夏天，北京奥运会让我们沉浸在“我和你，心连心，永远一家人”的优美歌声之中，让我们看到“谢谢你，中国”的条幅在奥运赛场飘扬，让我们听到五洲宾朋对北京奥运会的由衷赞许。美国总统布什说："我认为奥运会为人们提供了到中国并观察中国的机会，同时也使中国人看到了世界，有机会同世界各地的人们进行交流。"

北京奥运会实现了历史上最广泛的电视、广播信号和数字信号覆盖，极大地增进了世界对中国的了解。

在遥远的阿根廷，一位名叫古斯塔沃的司机正渴望着"到中国走一走看一看，更好地认识伟大的中国和友善的中国人民"。他说，"中国离我们越来越近了，中国的一切都深深地吸引着我"。

美国45岁的社区学校教师芭芭拉对本报记者说："今年通过北京奥运会看到中国的新面貌，而且美国和中国的关系也越来越紧密了。"她渴望到中国去教书。

在印度，许多人、特别是年轻人，已经开始选择到中国旅游和留学。印度尼赫鲁大学辛格教授认为，印度人对中国的好奇与好感在2008年明显增强，印度中产阶级更青睐中国商品。印度德里大学查克拉巴蒂教授表示，大部分印度商人和年轻人不仅希望印度和中国发展友好合作关系，还希望效仿中国的发展模式。印度的一些知识分子认为，印度应该与中国建立更紧密的关系并共同致力于建设一个多极世界。

查克拉巴蒂教授说，亚洲之大可以容得下中国和印度的同时崛起，这两个国家的崛起有利于亚洲和平与稳定。辛格教授则表示，中国已经成为世界潮流的引领者，中国更需要扮演世界规则的制定者。

北京奥运会，让世界看到了一个开放包容的中国，看到了一个成就卓著充满生机的中国，也让世界更加密切地关注中国。

北京奥运会结束后，胡锦涛主席启程出访。他在韩国发表题为《深化互利合作　共创美好未来》的重要讲话，向世界宣示了中国在北京奥运会后继续坚持改革开放的立场，受到广泛关注。"中国过去30年的发展靠的是改革开放，中国未来的发展也必须靠改革开放"，胡锦涛主席掷地有声的话语，让世人看到了中国政府把握未来方向的坚定信念。

优化外部环境

2008年，中国迎来改革开放30周年。

随着国力的增强和改革开放的进一步深入，中国与世界走得更近。法国前总统希拉克说："从多极化角度来看，今天的世界格局已经发生了改变。无论是金融危机、气候变化还是能源资源等全球性问题，没有中国参与都无从谈起。"

2008年，在亮点频现的多边外交、首脑外交和热点外交舞台上，人们看到中国与世界各国合作进一步增多，理解进一步加深，中国外交充满机遇。

中国同大国的政治互信与务实合作进一步增强，与周边和发展中国家团结合作不断巩固和深化，在全球性和重大热点问题上发挥着重要建设性作用，国际地位和影响进一步提高。中国通过重大多边活动积极开展金融外交，参与应对金融危机的国际、地区合作。中国的有关主张和倡议，既维护了本国经济金融安全，又推进了国际社会的务实合作。中国社会科学院研究员王逸舟认为，2008年，中国的形象和地位赢得了更多的国际尊重。

2008年是中国积极开展多边外交的一年。

中国领导人活跃在八国集团同发展中国家领导人对话会、上海合作组织元首理事会会议、二十国集团领导人金融市场和世界经济峰会、亚太经合组织领导人非正式会议等多边场合，阐述中国立场，发出中国声音，倡导"和谐世界"理念，促成各方达成重要共识。

在多边舞台上，中国作为联合国安理会常任理事国，继续在全球重大问题上发挥积极作用，展示了一个负责任的大国形象。在朝核、伊核、达尔富尔等地区热点问题上，中国所发挥的建设性作用得到国际社会的广泛认可。在能源和粮食安全、气候变化、国际金融等问题上，提出了按照自身的实际能力承担国际义务等主张，体现了广大发展中国家的利益，得到国际社会广泛赞同。

今年在北京举行的第七届亚欧首脑会议，是继北京奥运会之后中国迎来的又一个外交盛事。作好东道主，在家门口搭建全方位外交的舞台，大力开展多层次多领域的公共外交。中国在协调立场，推动共识方面发挥了重要和积极的作用，为推进亚欧新型伙伴关系，促进不同文明之间的对话作出了贡献。

2008年是中国开展大国外交取得丰硕成果的一年。

中美两国领导人在双边与多边范围多次会晤，推动了两国建设性合作与对话向深入的方向发展。在中美战略经济对话、战略对话等机制框架下，双方就双边关系中全局性、长期性问题加强沟通。中国现代国际关系研究院研究员傅梦孜说，中美即将迎来正式建立外交关系30周年，两国关系平稳发展符合两国根本利益，也有利于世界的和平与稳定。

中俄关系先后在边界和能源等重大问题上取得了新进展。梅德韦杰夫出任俄罗斯总统后，将中国作为独联体之外的首选出访国家。中俄两国领导人继续保持一年中多次会晤的传统。中国社会科学院俄罗斯东欧中亚研究所所长邢广程认为，中俄关系在2008年得到全面发展和推进，两国进一步夯实了战略协作伙伴关系的基础。

令人欣喜的是，胡锦涛主席今年对日本成功进行了“暖春之旅”，中日两国隆重纪念中日和平友好条约缔结30周年。中国现代国际关系研究院研究员杨伯江认为，中国国家元首时隔10年对日本进行的国事访问，标志着两国关系重上正轨，开创了中日战略互惠关系新局面。

2008年是中国继续深化与周边国家和发展中国家传统友好，开展务实合作的一年。

大湄公河次区域经济合作组织在老挝召开第三次领导人会议，中国倡导的泛北部湾经济合作也正式起动。中日韩领导人会议通过《三国伙伴关系联合声明》，将三国领导人单独举行会议机制化。中非关系进一步发展，政治互信不断提升，经贸合作实现快速增长。中拉关系在速度、广度、深度上都处于历史最好时期，中国政府首次发表了《中国对拉丁美洲和加勒比政策文件》，胡锦涛主席访问拉美时又从战略高度全面阐述中方关于构筑新时期中拉全面合作伙伴关系的重要主张。中国现代国际关系研究院拉美研究室研究员吴洪英表示，胡锦涛主席今年对拉美三国的访问是中拉关系历史上的一件大事，标志着中拉关系进入一个崭新的历史时期。

中国在变幻莫测的国际舞台上也面对严峻挑战。比如，欧盟个别国家在涉藏问题上歪曲事实，给中欧关系蒙上了阴影。法国总统萨科齐不久前不顾中方强烈反对，执意会见达赖喇嘛，严重伤害了中国人民的感情。中国社会科学院欧洲所所长周弘认为，在欧盟成员国中，既有反华的势力，也存在对华友好的力量。所有这些力量都在欧盟复杂的机构中发生作用，使得中欧关系不仅具有重要性和战略性，而且具有复杂性和多面性。

改革开放不仅增强了中国的综合国力，也使中国和世界各国的利益交融更加深入。中国维护自身利益的手段越来越多，有信心也有能力营造稳定、合作的外部环境。

推动多边合作

“2008年，世界认识了一个古老而又年轻的中国，中国也更清楚了自己在世界的位置与责任。”中国现代国际关系研究院研究员刘军红如是说。他认为，外界对中国认同感的增强在于中国的飞速发展，更在于中国对世界的责任意识与经济社会发展同步俱增。

2008年北京奥运会是中国和平发展进程中的一个重大标志。充分肯定中国发展成就的同时，人们也越来越多地听到要求中国承担更多国际责任的声音，一些发展中国家也希望看到中国在国际事务中发挥更大的作用。中国始终保持清醒的头脑，实事求是地界定自己的国际定位。

作为最大的发展中国家，中国以自身的稳定和发展为世界经济作出了贡献，并正以积极的姿态参与国际合作。这点在世界范围内得到越来越多的承认。

今年7月，胡锦涛主席在八国集团同发展中国家领导人对话会上，高屋建瓴地提出建设可持续发展的世界经济体系、包容有序的国际金融体系、公正合理的国际贸易体系、公平有效的全球发展体系的重要主张。这是中国首次在国际上全面系统地提出有关世界经济体系建设的主张，充分体现出中国积极推动经济全球化朝互利共赢方向发展的努力，也显示中国对全球发展事业的重大责任感和对国际经济秩序的战略思考。

今年9月，人们在全球金融危机深化蔓延的形势下，听到了中国铿锵有力的声音：“信心比黄金和货币更重要。”

在北京举行的第七届亚欧首脑会议原定的议题当中，并没有金融危机这一项。会议前夕，各国能否就合作应对危机达成政治共识、中国在其中如何发挥作用，备受外界关注。中国领导人敏锐地抓住这一动向，因时制宜，顺势而为，果断决定将国际经济金融形势调整为会议主要议题。中国领导人利用会议多个场合，全面阐述了中国在国际金融危机问题上的立场和主张，推动各方就合作应对危机深入探讨，使应对金融危机问题的讨论成为会议的突出亮点。

在此之后，中国果断出台一系列刺激经济的措施，中国领导人又在多个国际会议上积极同各国领导人就金融议题交换看法，促进合作，进一步赢得了国际社会的广泛赞誉。

王逸舟指出，2008 年的中国外交再次证明，中国力量确属当代国际关系中的一支增长着的建设性力量。当代中国力量的生成，主要来自过去一段时期极富活力的改革开放进程，其间包含了领导人的高度智慧和人民群众的创造性劳动。30 年间，中国在社会政治稳定的基础上，保持了年均近 10% 的经济发展速度，从而成为全球最大的新兴市场和最活跃的增长因素。

时至年末，中国政府决定派海军舰艇赴亚丁湾、索马里海域实施护航，显示了中国在保卫本国海上航运安全和维护世界正常航运秩序的决心。国际社会由此进一步看到中国维护世界和平与发展的负责任形象。

2008 年，迎来改革开放 30 周年的中国更加自信地融入世界，并发挥着更加积极的建设性作用。世界有理由看好中国力量的前景，中国人自己也有信心脚踏实地增强这种力量。“奔跑着的中国旋风”给世界带来欣喜，也带来新的希望。

本报记者吴绮敏、李锋、韦冬泽撰文

本报记者席来旺、任彦、雷达、管克江、陈晓航、刘刚参与采写

（《人民日报》2008 年 12 月 22 日）

跨越太平洋的合作共赢

不寻常的会场　1月12日至13日，中国人民外交学会和美国威尔逊中心基辛格中美关系研究所共同举办纪念中美建交30周年研讨会，会场大屏幕上频频出现两国领导人历史性握手的一个个瞬间。

不寻常的嘉宾　见证、参与、推动中美友好合作关系发展历程的人士，讲述不凡经历，畅言内心感受，探讨双边关系曲折经历的经验和教训。

不寻常的意义　今昔对比，中美关系的意义和影响已经远远超出了双边范畴；放眼明天，与会者对未来 30 年的两国关系充满了乐观的期盼。

追忆难忘起点　缅怀先辈

唐家璇（中国前国务委员）：上世纪 70 年代初，毛泽东主席、周恩来总理及美方领导人深刻洞察国际形势变化，以政治家的远见卓识重启了中美交往大门。之后，中美间的往来逐步增加。

1979 年 1 月 1 日，中美正式建交。27 天后，中国改革开放的总设计师邓小平先生踏上太平洋彼岸，对美国进行了成功访问，两国关系揭开了新的篇章。中美建交是 20 世纪的重大历史事件，不仅对中美关系，而且对整个国际格局产生了十分深远的影响。

卡特（美国前总统）：作为一个种花生的佐治亚州农民，我曾看到基辛格和尼克松来到中国，和周恩来共同发表了上海公报……出任美国总统之前，我就已经决定要和布热津斯基博士一起，和中国领导人进行磋商、谈判，以实现双边关系正常化。

我们和邓小平建立了很好的伙伴关系。双方一直在秘密进行谈判，直到我和邓小平同时宣布我们谈判取得成功。随后我邀请他访问美国，没想到两周之后他就真的来了。至今我还记得当时美国人民的热情，一种自发的感情。这次访问是我个人生活的一个重大转折，也是中国人民和美国人民生活的一个重大转折，我们共同为美好的生活做出了贡献。我感谢中国人民，感谢你们让我能够在 30 年前贡献自己微薄的力量，使这样一个历史性的进程成为可能。世界上没有比美中关系更为重要的外交关系，美中关系使两国和世界各地的人民受益。

布热津斯基（美国前总统国家安全事务助理）：我们应当感谢美中关系正常化，正常化的关键在于两位领导人：卡特和邓小平。1978 年，他们共同做出判断——美中关系正常化有利于双方的战略利益。卡特指示我，要把美国的决心传达给邓小平。

邓小平给人印象深刻，他思维敏捷，具有战略眼光，很有魅力。他不乏幽默，在白宫进行磋商时，我们提出希望实现人员的自由流动，他靠在椅子上说，如果 1000 万中国人来美国，你们能接受吗？引得我们都大笑起来。

雪伦·伍德科克（美国首任驻华大使伍德科克的遗孀）：我们不能忘记开启美中关系这一进程的人所作的努力，他们的努力使我们能够不断前进，并以公平的方式解决分歧。请大家跟我一起感谢做出突出贡献的人们，感谢那些为两国关系打下基础的人们，感谢所有致力于不断改善美中关系的人们。我今天来到这里，代表我的丈夫，我们感到非常自豪。

评述卅年历程　感慨万千

钱其琛（中国前副总理）：在困难情况下，中美两国最高领导人高瞻远瞩，着眼两国人民的长远根本利益，着眼地区与世界和平、稳定与繁荣，共同引导两国关系走出了困局，重新回到了健康发展的正确方向。30年来，在双方共同努力下，中美关系这条航船在风雨中乘风破浪，不断前进。历史的经验证明，中美两个大国关系保持健康、稳定发展，不仅符合中美两国人民的根本利益，同时也有利于亚太地区和世界的和平与发展。

唐家璇：中美关系跨世纪发展的10年，是不平凡的10年。虽然发生过“炸馆”事件和“撞机”事件，但在双方的共同努力下，两国关系沿着建设性合作的轨道不断前进，取得了一个又一个丰硕的成果。

春华秋实。30年来中美关系的巨大成就，凝聚了中美两国领导人的心血和两国各界人士的辛勤努力，我们应倍加珍惜这一来之不易的良好局面。

李道豫（中国前驻美国大使）：当年，尼克松总统访华时对毛泽东主席说过：“我们在一起可以改变世界。”30年的历史已经充分证明了这句话的正确性。中美两个大国、两个伟大的民族和平共处、共同努力，可以成为世界进步、安全和繁荣的重要力量源泉。毫无疑问，相互尊重、内涵丰富、沟通顺畅、健康稳定的中美建设性合作关系将对世界的稳定、和平与繁荣起到重要而积极的作用。

张文朴（中国人民外交学会前副会长）：30年弹指一挥间，中美建设性合作关系的发展举世瞩目，它体现出鲜明的特色：首先，中美关系虽历经波折，但总体保持不断发展势头，双方高层交往日益密切，目前已建立起包括战略经济对话和战略对话在内的多个对话和磋商机制，拓宽了协调与沟通的渠道。

其次，两国在经济上联系日益紧密，形成了你中有我、我中有你的格局。

第三，中美关系早已超越了双边范畴，双方在解决地区热点问题、反恐防扩、应对气候变化等方面进行着富有成果的合作。

基辛格（美国前国务卿）：大家想一想，当年美国总统访问一个不认识的国家的首都，这多么令人震惊。我们从彼此不了解，发展到今天，是一个了不起的进程。无论哪届政府，他们都相信能够创造历史。

国际形势不断变化，我想我们一开始就保持了很好的势头。大家可以发现，国际事务的重心从大西洋转到了太平洋，又移向印度洋。我们需要建立跨太平洋的联系，否则世界将会分裂成区域裂块。

原先国际政治的前提是以欧洲为中心的，但是人们现在更多关注亚洲的崛起以及中国将要扮演的角色。席卷全球的金融危机，大大影响了各国的发展，也根本改变了世界经济体系的前提。以前，大家都认为经济虽然是全球化，但是自己监管自己的，与政治无关。而现在，经济直接影响到各民族国家的利益，各民族国家除了合作别无选择。

所以，全球必须建立新体系，将经济与政治更加有效地结合起来。美中两国现在面临的很多问题都是全球问题，而两国关系正处在新的阶段，也就是从需要安全的阶段，演化到全面合作的阶段。

对比今昔巨变　已成伙伴

李肇星（中国人民外交学会名誉会长）：30年前，中美分属两个敌对阵营；如今，两国已成为建设性合作伙伴，拥有60多个对话机制、30多个政府间合作协议。

30年前，两国人民相互隔绝；如今，两国缔结友好省州35对、姊妹城市145对，每天有5000多人往来于太平洋上空，到2010年每周往来于两国的国际航班将达到249次。

30年前，邓小平问：“中国能否派5000名留学生到美国学习？”卡特答：“可以派10万！”30年来，中国赴美留学生总数已达40万人。

30年前，中美年贸易额只有不到25亿美元，而2008年1月至11月，中美双边贸易额已达3078.2亿美元，彼此成为第二大贸易伙伴。30年前，中美金融交往是零；如今两国利益交织。面对百年不遇的金融危机，中美也成了需要相互关照的好邻居。以至于一位美国学者创造了“中美国”（Chimerica）一词，表明两国已你中有我，我中有你。

我们隆重纪念中美建交30周年，意义在于让两国关系在今后的岁月里发展得更平稳、更健康，能更多造福两国人民和世界和平发展事业。

斯考克罗夫特（美国前总统国家安全事务助理）：从美国的角度来说，美中关系正常化无疑是美国最重大的外交成就之一。两国建交30年来，不管是民主党还是共和党，保守派还是自由派，尽管在上台时可能对美中关系发展给出了不同的定义，但是在离任时，都最终回到了扩大与深化美中关系发展这一主题上，因为这一主题符合美国的利益。

面对新的起点　放眼明天

基辛格：世界在改变，美中关系在改变，但是两国关系一直是世界发展中重要的稳定性力量。未来的30年，它更加会成为一种创造性的力量，重塑世界格局。

奥巴马应当尽早去中国访问，但我们不应当以美国总统是否尽快成行来判断两国关系的好坏。国际经济秩序需要重建，但如果美中两国在重建方向上意见相左，改革将不可能成功。当今世界风诡云谲，许多问题比以往任何时候都更加难以捉摸、更加复杂，需要更加广泛的合作才能得到解决，也更加需要美中两国的通力合作。历史的机缘将成为开启两国关系新时代的新起点。

布热津斯基：需要认识到的是，两国关系对世界的福祉肩负责任。我们需要中国直接参加与伊朗的对话，我们认为中国对印巴会更有效地促和。中国应该积极参与巴以冲突的解决。我们要扩大共识应对气候变化的威胁。共同扩大联合国维和的后备力量。共同实行一个全球性的倡议实现无核化。我们两国领导人要定期会面讨论全球问题。文明之间的和解，得到奥巴马总统的认同，因为他是支持和解的人。文明间的和解，也会得到胡锦涛主席的欢迎，因为他倡导和谐世界理念，这个任务值得两国共同去完成，美中两国都具有巨大的潜力来塑造我们共同的未来。当前的金融危机使得世界各国都趋向于制定“防御性”更强的政策从而保护本国利益。但是从长远来看，这种做法并不是最有建设性的。美中关系中存在贸易摩擦等分歧，但是奥巴马知道21世纪两国最重要的是合作。

洛德（美国前驻华大使）：美国应该向中国更加开放，把中国看作一个参与性的伙伴，而不是掠夺者。美中今后在贸易、人权和台湾问题上存在未知的变数。如果是利益而不是共同的价值观将我们联系在一起，未来将是看不见的天花板。美中今后将在三个层面上进行对话，经济、外交和军事。经济方面，保尔森开创了一个好的开始。外交方面常务副国务卿与中国可以在南亚、中东、恐怖主义和海盗等问题上进行沟通，即使达不成协议也可以加强相互了解。军事上双方加强彼此战略的了解，如核战略、太空战略等。奥巴马面临许多挑战性的议题，他已经做好准备打破总统任职初期美中关系不稳定的怪圈。只要听听奥巴马就美中关系作出的表态，看看他任命的主要外交官员，就可以发现，他的对华政策将保持延续性。

芮效俭（美国前驻华大使）：我们用比美国人所熟悉的长远眼光更加长远的目光来看待美中关系。当经济和金融危机在今年全面席卷美国的时候，美国经济和金融当局的官员，不仅在保尔森这个级别，而且在下面的各个级别，都和他们在中国的对等官员建立了迄今为止最好的工作关系。奥巴马任内将加强与中国在各领域的合作。

我们还应该加强教育界的合作，如美国的大学在中国开设分支或建立合作机构。过去的30年，已经取得了一些进展。同样，中国的教育也要走向美国，这样做可以帮助美国人了解中国的历史、文化和语言。我们应当加强战略对话和战略经济对话，通过更加频繁的领导人接触，建立领导人个人间的友谊。

赵启正（全国政协外委会主任）：在加强两国政府外交的同时，随着中美两国人民民间往来的大幅增长，公共外交也有广泛的新空间，民众间的相互了解，特别是两国精英间的相互了解，能够扩大和加固两国关系的基础。在纪念中美建交30周年之际，我们有理由确认，今天中美关系处在了一个新的历史起点上。让我们抛弃并不是真实存在的中美不友好的“理由”，让我们发现更多的中美应当互信和友好的理由，并继续为此努力。

何亚非（中国外交部副部长）：我们希望并相信，美国新一届政府有足够的战略眼光和政治智慧，继承并超越美两党历届政府对华政策的优秀遗产，与中方共同努力，增进了解，扩大合作，妥处分歧，把中美关系推上新的水平。双方要认清发展中美关系的战略意义，牢牢把握两国建设性合作的大方向。双方要不断加深对话与了解，努力增进互信。双方要以发展和宽广的眼光，积极培育两国新的合作增长点。双方要妥善处理分歧和敏感问题，减少两国关系的摩擦点。双方要大力鼓励两国各界交流，夯实中美关系的社会基础。

中国有句俗语：事在人为。中美关系过去30年的丰硕成果，是中美双方共同努力的结果。展望未来，只要我们有明确的目标，有坚定的决心，有务实的行动，相信中美关系就会有更加美好的前景。让我们携起手来，共同开创中美更加健康稳定发展的未来30年！

（《人民日报》2009年1月16日）

七、科　技

从科学的春天到自主创新时代

本报记者　金振蓉

回望30年，从“科学技术是第一生产力”到“尊重劳动，尊重知识，尊重人才，尊重创造”，从“科教兴国”战略到建设创新型国家，党和政府在建设中国特色社会主义伟大事业中，始终把人才工作放在十分突出的地位，如今，在全社会尊重知识、尊重人才已经蔚然成风，人才辈出，有力支撑经济社会各项事业健康发展，成为我们这个时代最重要的特征之一。

科学春天里的故事

1978年的科学大会，不仅在中国科技史上具有里程碑意义，对于今天五六十岁的这一代知识分子来说，那也是个让他们刻骨铭心的新的人生起点。

在诗人郭沫若“这是人民的春天，这是科学的春天，让我们张开双臂，热烈地拥抱这个春天吧”的深情呼唤声中，那些劫后余生的科学家们，热情澎湃，喜泪长流。荒废的时光无法倒流，然而科技报国的激情却被点燃。

在全国科学大会上，邓小平同志深刻阐述了“科学技术是生产力”，“知识分子是工人阶级自己的一部分”等一系列意义重大且影响深远的论点，一举荡涤了笼罩在知识分子头上的阴霾。他说：“要把‘文化大革命’时的‘老九’提到第一，科学技术是第一生产力嘛，知识分子是工人阶级的一部分嘛。”小平同志用马克思主义的观点分析知识分子是脑力劳动者，把知识分子作为工人阶级的一部分，明确赋予知识分子以主人翁地位，使广大知识分子迅速焕发出巨大的创新激情与活力，开创了中国科技事业新的春天。

在教育领域，随着中断11年后高考制度的恢复，一批批优秀年轻人跨进高校大门，为30年改革开放和现代化建设事业奠定了坚实的人才基础。正如一位亲历者在回忆时所感慨：恢复高考为国家插上了智慧的翅膀，朝着民族复兴的方向飞得更高、飞得更远！

在科技战线，1986年，四位著名科学家联名给邓小平写信，提出为了抢占世界高科技的制高点，我国应尽快制定发展高科技计划。他们的建议得到了党中央的高度重视，在很短的时间内，一个面向21世纪高科技发展战略计划即“863计划”诞生了。此后，面向基础研究的“973计划”、面向新型实用技术的“星火计划”、面向高科技产业化的“火炬计划”等相继推出，我国在科技战线全面出击，全线开花，为改革开放30年经济社会的发展提供了有力的科技支撑。

走进新世纪

进入新世纪以后，知识经济初露端倪，国际社会进入了以信息技术为主要标志的高科技时代。随之而来的是国家之间围绕优秀人才的争夺战日趋激烈。各国认识到，在全球化的各种生产要素更加自由流动的背景下，一国可以用关税、非关税壁垒等手段保护本国的产品，控制生产要素跨国界的流动，但唯一无法控制流动的是人才。

面对人才竞争的严峻局面，以江泽民同志为核心的第三代党中央领导集体，作出了“人才资源是第一资源”的科学论断，阐明人才是生产力中最具决定性的力量。他指出：“我们国家，国力的强弱，经济发展后劲的大小，越来越取决于劳动者的素质，取决于知识分子的数量和质量”，鲜明指出知识分子是“人类科学文化知识的重要继承者和传播者”，是“先进生产力的开拓者”，是“美好精神产品的重要创作者”，党的十六大进一步提出“尊重劳动、尊重知识、尊重人才、尊重创造”的方针，强调“实施科教兴国战略，关键是人才”。

针对人才竞争的新格局，我国出台了一系列鼓励人才发挥才能的政策。2001 年中央印发了《关于加强专业技术人才队伍建设的若干意见》，进一步建立完善了有利于优秀人才脱颖而出、人尽其才的政策措施。在党和政府的关怀和各项政策的感召下，广大科技工作者的创造热情空前迸发，科技事业呈现出欣欣向荣的景象。

迈向新征程

党的十七大，党和国家建设中国特色社会主义事业迈上了新征程，我国人才工作也实现了新突破。

改革开放 30 周年·特稿

十七大报告更加凸显了“科技进步和创新的关键是人才”这一根本理念。十七大通过的新党章，首次把人才强国战略写入其中。这一重大决定是党中央高瞻远瞩、审时度势，站在全局和战略的高度，全面推进开创中国特色社会主义新局面作出的历史性抉择，凸显了人才强国战略在实现科学发展中的基础地位和关键作用。

近年来，胡锦涛总书记多次强调人才的重要性。人们记得，总书记在两院院士大会上发表讲话指出：“国家核心竞争力越来越表现为对智力资源和智慧成果的培育、配置、调控能力，表现为对知识产权的拥有、运用能力。在当代世界科技发展的澎湃大潮中，可以说，谁把握了这些新特点新趋势，紧紧抓住追赶和跨越的机遇，不断增强科技实力特别是自主创新能力，谁就能在综合国力竞争中占据更有利的战略地位。”

人们记得，在庆祝神舟七号载人航天飞行圆满成功的大会上，胡锦涛总书记强调：“人才是事业发展最可宝贵的财富”，“谁能够源源不断地培养、吸引、凝聚创新型人才，谁就能够掌握实现发展目标的第一资源”。在国际的科技竞争中，胡锦涛总书记十分重视发挥知识分子的作用，他指出：“古往今来的科技创新实践都表明，创新型科技人才是新知识的创造者、新技术的发明者、新学科的创建者，是科技新突破、发展新途径的引领者和开拓者，是国家发展的宝贵战略资源。”“我们必须坚持人才资源是第一资源的战略思想，把培养造就创新型科技人才作为建设创新型国家的战略举措，加紧建设一支宏大的创新型科技人才队伍。”

在科学发展观指导下，全社会“以人为本”观念正不断深入人心，“尊重劳动，尊重知识，尊重人才，尊重创造”正在成为全社会的自觉选择，实施人才强国战略正在产生出巨大效应。

目前，我国已建立起世界上最大的人才资源库。截至 2006 年，我国已有两院院士 1402 人，有突出贡献中青年专家 5206 人，享受政府特殊津贴专家 15.4 万人，百千万人才工程国家级人选总数 3307 人。目前，我国科技人力资源总量约为 3500 万人，居世界第 1 位，其中大学本科及以上学历者约为 1450 万人。2006 年我国研究开发人员总量为 142 万人，仅次于美国，居世界第 2 位。以袁隆平、吴文俊等为代表的一批高级专家群体，成为我国科技进步和经济社会发展的栋梁。

近年来，我国出台了一系列人才政策，2005 年，国家制定了《国家中长期科学和技术发展规划纲要》，对中国未来 15 年科学技术发展作出全面规划。国家不断加大对科技投入的力度，2007 年达到 3664 亿元，创历史新高。2006 年，中央制定的《关于贯彻落实“十一五”规划纲要，加强人才队伍建设的实施意见》，对吸引留学和海外高层次创新人才和创新团队工作作出了具体部署。2007 年，国家 16 个部委联合印发《关于建立海外高层次人才回国工作“绿色通道”的意见》。

从改革开放之初的追赶、跟踪国际先进科技，到今天的跨越式发展，再到一些领域实现自主创新，我国科技事业经过 30 年努力，极大地缩小了与国际先进水平的差距，我国的综合实力实现整体提升。从“神舟”系列飞船遨游太空，到“嫦娥一号”探月成功，从人类基因组计划到杂交水稻、高性能计算机，从青藏铁路、三峡工程到南水北调、西电东送，在经济社会的方方面面，知识和人才的作用得到凸现，尊重知识，尊重人才，使全社会迸发出无穷活力。

当前，全球范围内，各国都已注意到，创新正不断成为引领经济实现跨越式发展的动力，在这样的背景下，以胡锦涛为总书记的党中央，作出了建设创新型国家的战略部署。这是一项宏伟的事业，30 年的实践使我们相信，有党中央的坚强领导，有 13 亿人民的共同努力，我国一定能够早日建成创新型国家，中华民族一定会迎来腾飞之日。

（《光明日报》2008 年 12 月 18 日）

科技哲学30年

段伟文

中国的科技哲学可上溯至20世纪初从西方引入的有关逻辑、科学方法和科学文化的讨论，学科建制化的科技哲学则由自然辩证法研究发展而来，经过至少50余年的探索，已经形成了自然哲学、科学哲学、技术哲学、科学技术与社会研究、科技史、科技文化、科技伦理、科技传播、生态哲学、信息哲学、工程哲学、产业哲学等子学科群，从而在内涵上拓展为关于科技的哲学与人文社会科学研究。自20世纪70年代末中国的改革开放和现代化进程为科技哲学的兴起带来了巨大的契机。随着其问题域的不断拓展，科技哲学日益扮演起联结科技与人文不可或缺的桥梁角色，这不仅昭示了新一轮学科内整合和专业定位的必要，还对其学术品质与思想深度提出了更高的要求。

百科全书式学派的复兴

科技哲学在中国的独特性在于其与自然辩证法的渊源。在1956年制定的科学发展远景规划中，将当时苏联的自然科学哲学问题研究命名为自然辩证法，后成立中科院自然辩证法组，并试图以此促成自然科学家和哲学社会科学家的联盟。相关规划草案指出："在哲学和自然科学之间存在着这样一门学科，正像在哲学和社会科学之间存在着一门历史唯物主义一样。这门学科，我们暂定名为'自然辩证法'，因为它是直接继承着恩格斯在《自然辩证法》一书中曾经进行过的研究"。改革开放以后，从自然辩证法发展而来的科技哲学始终保留了"处于自然科学和哲学社会科学的边缘与交叉地带"这一百科全书式学派的基本特征。

改革开放后，作为学科基础的现代自然科学的哲学问题研究首先得到了复兴。相关的研究主要体现为：其一，为学科建设做准备。数、理、化、天、地、生、医、心理等领域的哲学问题研究全面启动。其二，对各门具体现代科学中的哲学问题展开争论。对自然科学的哲学争论早期主要集中在非标准分析、现代宇宙学、相对论、量子力学、物质层次结构等领域，起初沿袭了以既有哲学概念、范畴和规律作为分析工具的评价方式，但不久参与者开始倡导，应以实践作为真理标准来消解概念类推式的论证模式。其三，推进哲学的知识化和科学化。除了大爆炸宇宙理论、夸克模型等知识被纳入哲学教材作为自然演化和物质存在形式的新发展和新例证外，系统论、信息论、控制论、耗散结构论、协同学、突变论、超循环理论、自组织理论、混沌理论等系统科学（包括非线性科学）成为自然科学乃至社会科学的哲学问题研究的热点。

自然科学的哲学争论深化了学界对科学与哲学关系的理解。相关讨论表明：在宇宙的有限与无限问题中，哲学上抽象的宇宙及其有限与无限和宇宙学中观察的宇宙及其有限与无限实为相互平行的观念，人择原理与其说是凸显认知的主体性不如说是主体对其认知有限性的自省；在物质的可分性问题中，夸克禁闭现象对不可分的支持固然值得一辩，但更应认识到，如果可分的概念本身不明确，作为形而上学信念或本体论约定的可分与不可分既不能证实也不能证伪；在量子测量等涉及现代物理学的认识主体性问题中，鉴于科学实验现象中主体与客体的纠缠，作为自在之物的客观性对主体实际上没有意义；如此等等。这些结论表明，科学与哲学在严格的逻辑关系上是相互平行的，两者的相互作用应该是隐喻层面的相互启示，不应简单地以一方框定另一方。

与此同时，科学方法论和科学思想史研究空前活跃。鉴于科学的理性精神和实证方法，来自科学的实例为真理标准大讨论提供了有力的证据，科学方法论的研究因此备受关注。追赶的热情促使研究者选择性地聚焦于科学发展所呈现的整体化趋势，作为方法论的系统论、控制论和信息论由此成为研究热点，决策、规划、管理的方法论研究也开始启动，成为日后软科学和管理科学的先声。爱因斯坦、玻尔、马赫、彭加勒、海森伯、薛定谔、玻姆等著名科学家的科学观和哲学思想研究全面展开。在对科学革命及其"激动人心的年代"的迟到的辨析中，作为现代科学、哲学与文明基础的新的经验论、唯理论和批判理性主义的思想源头得到重新评价。其中，《爱因斯坦文集》的全部出版标志着对哲人科学家的思想研究步入学术化阶段，有关马赫和彭加勒的研究则使科学思想研究从刻板印象转向理性客观的文本分析。

经过一段新陈代谢与专业化积淀之后，科学与哲学和一般哲学范畴的纠结趋于淡化，自然科学哲学问题研究逐渐超越传统争论，转而从学理上推进"科学化的哲学"。一方面由自然科学哲学问题衍生出的数学对象、暴涨宇宙论、智能、生态价值等问题得到深入探讨，另一方面，有关熵、混沌、分形、自组织演化等涉及系统性、复杂性和非线性科学的哲学问题成为研究热点，涨落、超循环、非平衡、非决定论和非还原论等科学与哲学观得到了系统阐发，并试图以此勾勒出“新科学革命”、“新自然观”和“第二种科学”的基本形相。随着科学哲学、自然哲学等新范式的出现和高级科普的引进，自然科学哲学问题的哲学性和专业性进一步提升，转向作为其应有之义的“科学中的哲学”，并拓展至科学技术中的哲学问题。近年来，研究者进一步聚焦时间、空间、信息、因果性、模态、附生性、涉身性、逾层凌域、自组织方法论等更具体的概念和方法，对时间与空间的概念、还原论与整体论、生成论与构成论、计算与实在、复杂性与非决定论、认知与身体等问题展开了深入研究，量子力学哲学、生物学哲学、认知科学哲学、空间哲学、生态哲学、信息哲学、计算哲学等领域因此呈现出复兴或兴起的态势。

科学哲学的引进和定位

因受罗素与杜威的影响，20世纪初最先引入中国的科学哲学思想以实证主义和实用主义为主调。20世纪中叶前后，金岳霖、洪谦和江天骥等人曾做过较系统的科学哲学研究或评价工作，此后基本中断。时隔30年再次引入科学哲学时，其主导范式已从逻辑经验主义经历史主义学派走向后实证主义。这一差距激发了研究者以前所未有的热情投入到对科学哲学各流派代表人物的著述的译介之中，一度在知识界掀起“科学哲学热”。

科学哲学的再次引入成为进一步进行观念调适的切入点。邱仁宗在《科学方法和科学动力学——现代科学哲学概述》（1982）的《跋》中引用经典观点指出，对科学哲学的评价要坚持实践标准，用科学实际去检验，而不能以我们所理解的一些原则为标准。舒炜光在集体著作《当代西方科学哲学述评》的绪论中将众多科学哲学家的思想看作正在编织中而无完工之日的思想流动网，并指出不论是一个哲学家还是一个哲学派别的哲学思想，都不是一个孤立的封闭的圆圈，都会与别的哲学思想圆圈相交。正是由于科学哲学以科学实践为评价标准，加上比传统思想更具思想杂交优势，自然就成了新时期哲学发展和观念调适的突破口。批判理性主义和历史主义在此之后的传播中再次展露锋芒。波普尔的知识论和证伪主义使人们认识到，知识是进化的产物，它既是客观的也是猜测性、有限的和可错的；库恩的不可通约性的思想让人们看到了范式间的平行关系和范式转换的整体性与历史性。这些作为新观念的旧思想触发了知识界对科学理性和进步的选择与反思。

科学哲学可大致分为一般的科学哲学问题（如科学划界、科学说明等）和具体科学的哲学问题（如数学哲学、物理学哲学等，与传统的自然科学哲学问题领域类似）两个相互关联的方面，并与科学史和当代科学思想密不可分。近30年来，中国的科学哲学将一般的科学哲学与既有的自然科学哲学问题相结合，成为科技哲学领域最先发展起来的研究范式，并在相当长的时期担当了科技哲学领域拓展的孵化器。自1979年以来已经召开了13届的全国科学哲学会议的主题包括：波普尔的科学哲学、库恩的科学哲学、科学发现、科学理论的评价、科学分界、理论结构问题、说明问题、物理学哲学、科学实在论与反实在论、科学与价值、反伪科学、社会科学哲学、科学前沿的哲学伦理问题、自然哲学、后现代与科学哲学、科学技术中的哲学问题、科学知识社会学、物理学百年革命与科学哲学、科学方法论、认知科学哲学、科技伦理等。这些主题大致勾勒了科学哲学乃至科技哲学的问题域。

经过多年的学术积累和交流，科学哲学研究开始从学派述评转入问题导向的研究。继一些以问题而非学派为主线的科学哲学通论性专著出版之后，科学实在论等方面的专论亦流行坊间。对科学实在论与反实在论等问题的讨论促进了概念澄清和理论构建，反过来又激起更多质疑。例如，由量子力学对基于物质实体的经典实在观的冲击而引申出的关系实在论主张实在是关系的，关系的实在性在于其普遍性和客观性，关系在一定意义上先于关系者。相关的讨论使关系实在论至少在本体论和认识论层面得到辨析，一方面是本体论或存有论层面的关系对实体的消解，另一方面是认识论层面以主体间性重建客观性获得的反实在论或非实在论立场，其理路固然昭示了对独断本体论的突越和引入透视主义认识论之可能，但这两个层面能否融贯与会通、其与基于认识论旨趣的科学实在论的关系等成为难以回避的问题。

在科学哲学问题的讨论中，科学与哲学的相干性和科学哲学的合法性得到进一步反思。首先，科学与哲学可能出现相互启发的相干情形，但本质上各有其自主性。与发现的语境与辩护的语境之分野类似，科学发现（如量子力学）与哲学结论（如某种实在论或方法论）之间不存在必然的逻辑联系，同一科学发现可以有不同的哲学结论，新科学发现对某个哲学结论的倾向性并不一定昭示其反论被逻辑地否证。同样地，科学方法论与“反对方法”亦可并行不悖。一些科学方法论的思考者敏锐地意识到，应在两极之间保持必要张力，并提出了互补方法论。

其次，科学哲学的学科合法性在于它是“关于科学的哲学”。科学哲学与其说是科学指南毋宁说是哲学试验，其问题域多处于科学尚不能对其基本概念和理论架构给出满意或自洽解释的边缘地带。有关“科学化的哲学”和“关于科学的哲学”的深入辨析使我们认识到，虽然具有“伟大传统”的科学哲学因无法提供其所承诺的“科学的世界概念”而难以自诩“科学化的哲学”，却依然可定位为“关于科学的哲学”而确立其合法性。这种定位既便于界定一般的科学哲学，又能兼容作为“科学中的哲学”的具体科学的哲学问题（或自然科学的哲学问题），令两者成为科学哲学的有机组成部分。在科学与哲学均高度专业化的情况下，这种定位相当艰难，但又十分必要。从亚里士多德到康德以来的哲学都是在与当时的科学的交融与对话中发展起来的，著名科学家霍金对当代哲学家不能跟上科学进步，而将哲学归结为语言分析甚觉遗憾，并将这种对伟大哲学传统的背离斥为堕落，作为哲学学科的科学哲学更不可避免地要与具体的科学中的哲学问题相结合。

面向科技时代的哲学考量

“科学技术是第一生产力”的论断，使科学形象从反映自然规律的科学延伸至“作为直接生产力”的科学和作为市场经济最活跃的内生变量的科技。以此为契机，主流话语中科学的实际意涵拓展为科技，对自然和科学的哲学思考随之转换为面向科技时代的哲学考量，紧扣时代主题的科技哲学因此在自然哲学、科学哲学、技术哲学、科技与社会研究、科学思想与文化、科技伦理等领域获得全方位的发展。

自然哲学主要涉及三个层面：基于科技进展的新自然图景和自然观、由生态环境问题引发的对人与自然关系的反思与重建，以及对科技时代人与自然的存在状况的哲学沉思，这些讨论受到生态学、怀特海的过程哲学、大卫·格里芬的后现代科学、海德格尔的存在主义等思想的影响。新自然图景和新自然观多立足量子力学、系统科学、复杂性科学、生命科学、认知科学和计算机科学等领域的新趋势，试图对自然及其演化做出自洽的描述，并为认识自然与社会提供方法论启示，如计算主义、虚拟认识论等。金吾伦、董光璧等人在反思还原论和分析重构论的基础上提出的生成论和整体生成论是其中具有典型性的探索。对人与自然关系的反思与重建促使学界从人工自然与天然自然的分野出发，探讨可持续发展、环境问题比较研究（如中日）、绿色科技创新等现实问题，并对人类中心主义和非人类中心主义等生态哲学与生态伦理问题展开对话。其中，有关建设性的后现代生态科技观的研究在探析科技造成环境问题的原因后指出，为了解决环境问题，科技发展应在本体论层面从自然的祛魅走向自然的返魅，在认识论层面从天然自然走向大自然系统，在方法论层面从自然的简单化走向复杂化，以伦理引导技术创新，并承认科学认识的有限性和科技解决环境问题的限度。对科技时代人与自然的存在状况的哲学沉思则试图从存在论意义上重建自然的概念，主张沿着海德格尔后期的思想，重视时间性发现和博物学传统，打破由世界作为图像和人作为主体所带来的自然的图像化和人类支配自然的观念，以此寻求人类、生命和宇宙的根本与源头，回归自然作为本性和本原的哲学意味，复兴牛顿以来中断的自然哲学传统。

自20世纪90年代以来，在国际科学哲学中正统论题的核心地位受到挑战的情况下，国内科学哲学研究一方面受到后实证主义及与之相关的科学知识社会学、后哲学文化、女性主义等后现代性思潮的影响，另一方面也开始关注到自然化科学哲学、实验哲学、新实用主义与新经验主义的科学哲学、解释学与现象学的科学哲学等思想流派。通过对科学实在论与反实在论、“科学大战”等问题和事件的探讨与反思，学界开始超越逻辑经验主义和后实证主义，提出了“走向实践优位的科学哲学”和“走向语境论的科学哲学”等研究纲领。前者把科学活动看成是人类文化和社会实践的一种特有形式，在对科学理性的理解上，主张放弃理论理性和实践理性的分野，突破传统的科学哲学有关通过对世界的表征而获得普遍性知识的立场，转而强调实验对研究对象的介入和知识的地方性，使科学哲学从“理论优位”走向“实践优位”。后者试图在科学哲学的语言学、解释学和修辞学三大转向的基础上，走向语境论的科学哲学，并结合语用、修辞、隐喻研究为科学实在论与科学理性辩护，进而将其运用于科学实在论、量子力学哲学、数学哲学等领域。

技术哲学领域的研究至少可以追溯到20世纪80年代初陈昌曙等人关于工程技术方法论和技术论的研究。此后除了在技术创新等应用研究中不断拓展，更由技术价值论、社会批判理论、技术社会学和技术的形而上学等人文视角的探讨而引向深入，几年来出现了研究旨趣的经验论转向和研究背景的后现代技术转向，研究视角亦日渐多元，在技术与伦理、技术与文化、技术与工程和技术哲学思想史等领域均有所发展。其理路主要有解释学、现象学与存在主义的技术哲学、技术批判、工具实在论、社会建构论、风险与反思现代性理论、后结构主义（如知识权力结构、仿真理论）、后人类主义（如赛博格和人类增强）等，思想资源涉及自北美（如伊德、芬伯格、温纳、哈拉维等）、法国（拉图尔、埃吕尔、鲍德里亚等）、德国（海德格尔、哈贝马斯、胡塞尔、尤纳斯等）和中国传统思想（庄子等）。相关研究聚焦于技术的本质、科学与技术的划界、技术的价值、技术伦理、技术与风险和技术的发展规律等问题。其中，有关技术的价值负荷或负载的讨论表明，技术并非价值中立，为了克服技术风险使其造福人类，应该充分揭示技术的价值因素，并使伦理制约成为技术的内在维度。

科学技术与社会研究是关于科学、技术的社会运行机制以及科学、技术与社会的相互关系的跨学科与交叉学科研究。该领域的研究可大致分为三类。第一类探讨适应科学发展和技术进步的社会结构。第二类探讨科技革命和高新科技对社会发展趋势的影响。第三类是案例研究和建构论的微观经验研究。

在科技思想史、科技文化以及科技伦理方面，引人注目的问题有：（1）中国古代科技思想史和人物思想、“李约瑟问题”、西学东渐与科学文化传播、科玄论战与科学主义、中国近现代科技体制演变等；（2）科学思想史研究超越辉格解释和“真实的历史”，并将历史文化语境引入相关研究之中，让科学丰富的内涵以非教科书的方式得以呈现，特别是在女性主义科学史、中世纪科学、近代科学的形而上学基础、科学革命、科学与宗教等问题上展现了全新的阐释空间；（3）有关科学精神与人文精神的讨论、科技与人文的对话以及科学主义与反科学主义的争论，使科学、伪科学、反科学、非科学、民间科学、中医方面的问题等得到深入探讨，并在科学精神与人文精神的统一、科学与人文的必要张力、科学划界标准的多元化问题上达成了一定的共识，还提出了“类科学”、“科学文化的第三极”等新思路；（4）科学文化和科学传播领域关于科学有限性的讨论使科学知识的多元性、可错性和对文化背景的依赖得到初步的探讨，公众科学、东西方科学范式比较、科学乌托邦和反乌托邦等研究也因此展开；（5）在科技伦理方面，在生命伦理、信息网络伦理、高技术伦理、科技伦理理论、科学不端行为等领域取得了一定成果，并影响到公共卫生和科研诚信建设等政策层面，在对科技伦理何以可能等问题进行讨论之后，科技哲学界的交叉学科优势与应用伦理学界的研究形成了互补，目前正在形成以科学研究伦理、技术伦理和工程伦理为主体的科技伦理体系。

走向多元拓展与深度省思

回顾30年来的发展，科技哲学在不断拓展和分化中已经成为一个分支庞杂的学科群，其专业谱系从哲学一直延伸到政策、传播等领域，基本形成了“关于科技的哲学”和“关于科技的研究”两大类研究旨趣。前者主要包括自然哲学、科学哲学、技术哲学、科学思想史、人文与理论导向的科学研究和科学与技术研究（由科学知识社会学、技术建构论等发展而来）、科技文化、科技伦理等，后者包括科学技术与社会研究或社会科学与应用导向的科学研究和科学与技术研究、科技传播、科技管理与政策等。前者属科技哲学应有之义，而后者之所以在社会科学和管理科学日益专业化的情况下还有巨大的发展空间，是由于对科技与社会的互动中出现的很多新问题的研究往往需要科技和科技观方面的背景，使科技哲学独有的跨学科优势得以显现。

这两方面都是对时代需要的不同层面的回应，最近兴起的工程哲学和产业哲学表明，两者的并存实际上给学科拓展留下了弹性空间。工程哲学是在哲学界与工程界的共同推动下兴起的，它主张关注工程实践，研究工程理念、决策、设计与实施中的哲学、伦理和社会学问题，目前正在展开工程哲学、工程社会学、工程创新、工程伦理等方面的研究。产业哲学的倡导者主张科学技术哲学研究有必要延伸为关于科学、技术、工程、产业的四元论体系，认为应该关注产业活动的哲学问题，研究产业所体现的人的本质力量、产业的价值增值等问题。鉴于这一态势，一些学者提出以“科学技术学”或“科学技术论”整合两类研究。另一些并不完全反对这种建议的学者则主张，在这种二元结构下首先应该将科技哲学作为哲学学科来建设。这两种建议其实都表达了一个思想，即尚需对科技哲学未来走向作深度的反省，以此集合新的学科凝聚力。

首先，不论是“关于科技的哲学”还是“关于科技的研究”，其所涉及的领域应该在专业化和规范化方面得到提升。以科学哲学为例，一般的科学哲学和具体科学中的哲学问题在国际哲学界都是严格专业化的，并已经形成了一套专门的概念、论证方式、研究群体、出版刊物和论述场域，不了解其历史、语言、技术、方法和当下的主题，就不可能做出能与国际学界对话的研究。在这类成熟的领域中，各种理论建构和新研究范式的提出必须建立在系统的引进消化之上，对因果性、还原论与整体论等具体的问题展开课题式研究，而不一定要急于构建普适性的研究纲领，近年来《北京大学科技哲学丛书》、《科学哲学基本著作丛书》、《山西大学科技哲学译丛》，以及《哲人石》和《开放人文》等所做的译介是富有建设性的。

其次，在遵循各个专门研究范式的规范的基础上，应该综合已有的视角、方法和思想资源，对当代科技的哲学基础进行整合性的研究。这首先涉及研究传统的互动和学科内的整合。对此，学界已经展开解释学与现象学的科技哲学研究，旨在推动分析传统与解释学和现象学传统、科学哲学与技术哲学的互补整合。这种整合性考察有助于对词与物、语义与语用、理论与操作、概念与工具、理性与效用、实验室与生活世界、普适规律与地方性知识之间的互动进行描述和分析，进而揭示当代科技日益呈现出的技术化科学等整体特质，惟其如此，才能重启对科学的形而上学沉思，从存有论、认识论乃至价值论层面追问科学的哲学基础，反思科技时代人的存在。

其三，应致力于构建一种体现哲学的批判性和反思性的科技观。在未来的50年里，中国将全面进入科技时代，不论是个人生活还是社会发展势必越来越复杂地与科技相纠缠，如何恰当地看待科学技术在整个社会生活和文化中的地位，是科技哲学必须不断有所回应的问题。如果说科技哲学对科技的理性态度、实证精神和实际效用的阐发曾经促使科技成为思想解放与社会变革的首要力量，那么在迈过这一步之后，科技哲学下一步的重要任务之一应是运用科学精神本身反观科技在现时代的价值和人与科技的关系，“让科学的光芒照亮自己”。迄今为止，科技的优越性和影响力是毋庸置疑的，我们相信它是成功地理解世界和有效地解决问题的最好方式；但也要看到，科学技术远未穷尽对世界的理解，没有也不可能解决所有的问题，其所解决的问题不一定是最重要的，同时其固有的不确定性令其对世界的改变有时伴随巨大的风险。这一方面需要更多建设性的思考，另一方面则应将科技视为诸多文化形式的一种加以反思，建立起科技与其他文化的对话和专家与公众的对话。恰如科学活动论所主张的那样，科技是一种人类活动，反思科技是为 纪念改革开放30年——学科发展综述了更加接近人的价值和目标。

（《光明日报》2008年11月25日）

中科院三十年：中国现代科技发展的集中写照

白春礼

30年前召开的党的十一届三中全会，作出了把党和国家的工作中心转移到经济建设上来、实行改革开放的历史性决策，全面开启了我国改革开放的历史新时期。在同年的全国科学大会上，邓小平同志发表了重要讲话，中国科学院乃至整个中国科技界迎来了科学的春天。

改革开放30年来，党和国家始终高度重视并充分发挥科学技术在推动经济社会发展中的重要作用，始终高度重视并充分发挥广大科技工作者在发展中国特色社会主义、实现中华民族伟大复兴中的重要作用，强调只有把科学技术摆在国家发展的战略地位，才能赢得发展的主动权，才能实现社会主义现代化。党和国家紧紧围绕发展这个党执政兴国的第一要务，牢牢抓住科学技术这个第一生产力，坚持人才资源是第一资源，坚持发挥社会主义制度能够集中力量办大事的政治优势，深入研究并准确把握当代科技发展规律和科技人才成长规律，实施科教兴国战略、人才强国战略和可持续发展战略，制定了一系列方针政策，作出了一系列工作部署，推动了我国科技事业加快发展。

30年的经验启示

30年的历程昭示我们，解放思想是发展中国特色社会主义的法宝。解放思想，实事求是，与时俱进，是改革开放经验的精髓。中科院受中央委托负责全国科学大会的筹备工作、率先恢复了正常的科研秩序、以“一院两种运行机制”创办了我国第一家高新技术企业——联想集团、建立了我国第一个研究生院——中国科技大学研究生院（后改为中科院研究生院）、实施了知识创新工程、倡导了创新文化建设等等，所有这些，既是解放思想的成果，又是解放思想的动力，是以解放了的思想推动发展的生动体现。在改革开放的新征程上，我们必须始终坚持以解放思想为引领，不断研究新情况，解决新问题，树立新理念，完善新机制，开创新局面。

30年的历程昭示我们，发展是解决前进中一切问题的关键。发展是硬道理。30年来，中科院始终秉持“科技是第一生产力”，以提高创新能力为主线，明确创新目标，优化科技布局，夯实发展基础，不断追求基础性、战略性、前瞻性的创新贡献。在基础研究、战略高技术与经济社会可持续发展相关研究方面，取得了一大批重大的创新成果。在改革开放的新征程上，我们必须始终抓好发展这个第一要务，创新发展模式，提升发展水平，进一步为科学发展提供知识基础和科技支撑。

30年的历程昭示我们，体制创新是发展的不竭动力。创新是人类进步的引擎，是改革开放的灵魂。30年来，中科院坚持破除旧思想、旧机制。推出了一系列的改革举措，先后实施了拨款制度的改革、在全国率先建设了开放实验室、率先恢复了学术委员会和科技人员技术职称晋升制度、探索建立了面向全国的科学基金、实行了研究所所长负责制、创立了首席科学家负责制、启动了跨世纪人才工程——“百人计划”、进行了研究所的分类定位、确立了全员合同聘用制等等。正是由于在体制创新上先行一步，中科院的发展才赢得了先发优势。在改革开放的新征程上，我们必须始终突出体制机制创新这一重点，进一步适应社会主义市场经济环境、进一步探索符合科技创新规律和我院发展要求的体制机制，为院所的发展注入持久动力。

30年的历程昭示我们，以人为本是一切工作的根本出发点和落脚点。全心全意为人民服务是我们党的根本宗旨，民生需求是推动前沿科技发展的基本动力。30年来，中科院坚持“创新为民、科教兴国”的创新价值观，大力发展前沿科技，为满足不断增长和变化的民生需求作出了重要贡献。30年来，中科院坚持以激发科研人员的创新活力为出发点，尊重和发挥群众的首创精神，用创新视野吸引和凝聚人才，在创新实践中识别和造就人才。1978年，各研究所恢复了研究生的招生和培养工作；1987年，实行了优秀青年科技人才晋升职称的特批制度；1994年，率先出台了“百人计划”，到2008年底，已经累计支持1569人。在改革开放的新征程上，我们必须始终坚持以人为本，让改革开放的成果惠及全体人民。

30年的历程昭示我们，党的领导是改革开放的根本保障。改革开放是在党的领导下，对社会主义制度进行自我完善的历史过程。实践告诉我们，社会主义制度能够集中力量办大事是我们国家的显著政治优势，是我们战胜艰难险阻、创造历史伟业的强大制度保证。30年来，中科院始终坚持和充分发挥这一显著的政治优势，最大限度地凝聚全院的智慧和力量，为重大科技成果的产出提供了强有力的组织保障。在改革开放的新征程上，我们必须始终坚持以改革创新发展的精神加强党的建设，保持党的先进性，提高党的执政能力，共同创造中科院事业发展的新辉煌。

30年成就来之不易。抚今追昔，饮水思源，我们沉甸甸地感到，这其中承载着几代人的心愿，凝聚着多少人的心血。

我们要永远铭记历届中央领导集体的亲切关怀。每当中科院改革创新发展的重要时刻，党中央总是给我们以亲切关怀和坚强领导，为我们廓清思路，指引航向，提供动力。我国改革开放的总设计师邓小平同志，在中科院建院30周年茶话会上指出：“党和国家的各级领导要为科学工作（包括教育工作）者创造尽可能好的条件。”江泽民同志两次为中科院题词：“努力把中国科学院建设成为具有国际先进水平的科学研究基地、培养造就高级科技人才的基地和促进我国高技术产业发展的基地”，“攀登科学技术高峰，为我国经济发展、国防建设和社会进步，作出基础性、战略性、前瞻性的创新贡献”。胡锦涛总书记在视察中科院时提出：“要把中国科学院建成一流的成果、一流的效益、一流的管理、一流的人才的中科院。”

我们要永远铭记来自各方面的大力支持。中科院的发展离不开中央各部委的大力支持，离不开全国各省、区、市的大力支持，离不开全国人民的大力支持。

我们要永远铭记中科院广大科研人员的拼搏

奉献。人民群众是创造历史的真正英雄，是推动改革开放的主力军。30年来，在改革开放的大潮中，中科院老、中、青几代科研人员牢固树立以科教兴国为己任，以创新为民为宗旨的科技价值观，继承科学民主爱国奉献传统，弘扬唯实求真协力创新院风，在为国家发展、民族振兴和全人类福祉作出贡献的过程中实现了自身的价值和理想。

未来发展的基本遵循

回顾30年的光辉历程，我们倍受鼓舞；展望未来，我们信心百倍；立足当前，我们深感重任在肩。我们要看到，在提高自主创新能力、建设创新型国家的道路上，还有许多艰难险阻需要我们去克服；在"对经济社会发展全局和人类文明进步有重大意义的原始性重大创新成果"方面，还有许多"成长中的烦恼"需要我们去解决；在以科技创新支持科学发展、支持产业结构调整、经济增长方式转变和民生改善的过程中，人民群众还有许多热切的期盼需要我们去实现；新形势下中科院改革创新发展的复杂性和艰巨性，还有许多深层次矛盾需要我们去攻坚。

提高自主创新能力，建设创新型国家，是时代的要求，历史的使命。我们要以科学发展观为统领，以改革开放30年来所取得的巨大成就为新的起点，在服务于国家经济社会发展全局的过程中不断提高中科院各项工作的水平。

必须努力实现中科院科技创新能力的跨越。切实抓好国家中长期科技发展规划的落实，并继续前瞻。建立有效机制，要从国家全局和长远利益出发，自上而下和自下而上相结合，充分调动各方面的积极性，发挥社会主义制度优势，集中力量办大事，坚持民主科学决策，坚持公平、公正、公开、开放的竞争合作机制，突出重点，统筹兼顾，协调中科院最有创新能力的团队组合承担相关科技任务，确保国家目标的高质量完成。充分发挥专家的作用，适时调整和优化规划布局与重点任务。坚持一手抓重点跨越，一手抓协调发展。在我院确定的战略重点和重要方向上，集中力量，率先突破，实现重点跨越，进而带动重点领域整体跨越。在保证重点的基础上，进一步统筹协调和优化学科布局和区域布局，合理配置科技创新资源，充分发挥研究所对我院整体和长远发展的基础性作用，形成支撑中科院乃至全国持续发展的科技布局。

必须大力培养和凝聚创新人才。坚持科技创新以人为本，坚持德才兼备、以德为先，结合科技创新实践，培养造就科技领军人才，加大引进高层次科技人才和海外智力的力度。坚持以人为本，高度重视人才潜力的发挥和青年人才培养，调整完善各类青年人才培养计划，加大已有计划中对青年人才的支持力度；构建人才公平竞争、协力创新的发展环境，形成人才有序流转机制，为创新创业人才提供发展空间。建立科学公正的人才评价机制，树立正确的价值导向；大力推进教育创新，实现科研教育协调发展；坚持育人为先、科教结合、寓教于研、鼓励创新的人才教育理念，发挥中科院结合科技创新培养人才的优势和优良的科学文化传统；坚持并完善具有我院特色的两段式培养模式，加强与国内外研究型大学、研究机构、企业在联合培养研究生方面的合作。

必须营造诚信合作、和谐奋进的创新文化氛围。在全社会大力弘扬科学精神，端正科学理念，倡导科学方法，大力提倡敢于创新、敢为人先的精神。引导中科院广大科技人员牢固树立献身科学、求索真理、爱国奉献、创新为民的价值理念，树立在为国家发展作出贡献中实现人生理想的高尚价值观，进一步增强追求卓越、自主创新的自信心和勇气，创新开拓、求真务实。努力营造和谐奋进的创新氛围，倡导严肃认真的学术批评，鼓励协力创新的团队精神，建立竞争向上的发展理念。加强科学传播工作，提升全社会对我院科技创新工作的理解、参与、支持，提高全民科学素养。

（《人民日报》2008年12月30日）

科技之星闪耀中国

1月9日，获得2008年度国家科学技术奖的科技工作者走上科技最高领奖台，接受党中央国务院的隆重表彰。

"成功的花，人们只惊慕她现时的明艳！然而当初她的芽儿，浸透了奋斗的泪泉，洒遍了牺牲的血雨。"科技创新是一项崇高而艰辛的事业，任何一项科研成果，都离不开心系祖国、自觉奉献的爱国精神，离不开求真务实、勇于创新的科学精神，离不开不畏艰险、百折不回的探索精神，离不开团结协作、淡泊名利的团队精神。今天我们推出这组报道，介绍6位获奖者的感人事迹，以飨读者。

——编　者

2008年度国家最高科学技术奖获得者　王忠诚

大爱系苍生

本报记者　薛　原

人物小传

王忠诚，1925年12月生于山东烟台，1950年毕业于北京大学医学院，中国工程院院士。现任北京市神经外科研究所所长、北京天坛医院名誉院长、中国医学科学院神经科学研究所所长。

王忠诚是我国神经外科的开拓者之一。50多年来，他为建立发展我国神经外科事业做出了许多创新性贡献。

王忠诚的学生们对他有一个共同的印象，"老爷子话少，说一句是一句。"

84岁的王忠诚，寡言少语一辈子，硬是在一片"荒漠"上建起了中国神经外科的大厦。他是这座大厦的奠基人，也是这座大厦的泥瓦工，还是这座大厦的守护者。

当王忠诚站在国家科学技术奖励的巅峰，淡然的神情中，心愿依旧执着："怎样把我们的医院、我们的学院办好，办成世界一流的科学基地，培养更多的青年人为病人服务。这就是我衷心想做的事情。"

从内疚到不后悔

从一名普通的外科医生成为一名神经外科专家，源于王忠诚59年前出生入死的抗美援朝经历。当年，战地医生王忠诚眼睁睁看着大量脑外伤的志愿军战士因得不到专业救护而牺牲，心中充满了内疚感。"当时我就想，有朝一日如果有机会，我要学神经外科。"

1952年，卫生部在天津举办神经外科进修班，王忠诚由此开始了求索之路。和那个时代创造的很多奇迹一样，他是用身体的代价换来第一次突破。从1954年开始，整整7年，在缺乏基本防护措施的条件下，王忠诚积累起2500份病例资料，编写了我国第一部《脑血管造影术》，使手术检查的危险性由2%降至2‰，成为全国神经外科疾病诊断的主要方法。这些珍贵的一手资料，是王忠诚被放射线直接照射的情况下取得的。"当然知道（放射线）危害性，但豁出去了，一定要把这个事情搞成功。"

如今，一个神经外科大夫只要15分钟就可以完成一次脑血管造影检查。当年的筚路蓝缕，如今的驾轻就熟，这是王忠诚最感欣慰之处，"我不后悔（身体的代价）。"

学生张俊廷记得王忠诚跟他说过的三句话。第一句："有些神经外科的领域还没有开发，很多疾病困扰着病人。"第二句："如果是在没有开发的领域中钻研，你把病人救活了，使更多的病人受益，你的成功就是最大的。"第三句："你一定要以病人为中心，不能为了钻研技术而影响病人的死活。"

这三句话，也是王忠诚毕生所求。

"医学禁区"里的奇迹

人类已可以上天下海，却对自己的大脑仍不能一穷究竟。要探索未知的领域，勇气、能力、创新意识，这些要素缺一不可，王忠诚集于一身。他领导着中国神经外科，就像一艘破冰船，闯入死亡之海，唱出生命之歌。

脑干，生命中枢，充满了重要神经核团，曾经的医学禁区，长了肿瘤不能动，动了不死即残。1995年11月，王忠诚在悉尼召开的国际神经外科大会上所作的《脑干肿瘤250例》学术报告，震惊了国际同行。

他是世界上做神经外科手术唯一超过万例的医生，被誉为"万颅之魂"；他率先在国内开展并推广颅脑显微手术，极大提高了疑难脑病的疗效；他1985年成功切除的直径9厘米的巨大动脉瘤至今为世界罕见……

在医学理论和临床技术方面，王忠诚将中国神经外科整体水平带入世界先进行列。2001年，他荣获世界神经外科学会联合会授予的"最高荣誉奖"。

"您成功有什么要素，是比别人更聪明还是更刻苦？""我觉得我比别人反应都慢。"王忠诚的回答有些出乎意料。

他的学生吴中学说："其实老师是对与事业无关的事情反应不过来。他把神经外科事业看得比生命还重要，把病人看得比自己还重要。"

2008年度国家最高科学技术奖获得者　徐光宪

创造"中国冲击"

本报记者　蒋建科

人物小传

徐光宪，1920年11月出生于浙江绍兴。1980年被增选为中国科学院学部委员，他创建了北京大学稀土化学研究中心和稀土材料化学及应用国家重点实验室。

徐光宪将国家重大需求和学科发展前沿紧密结合，在稀土分离理论及其应用、稀土理论和配位化学、核燃料化学等方面做出了重要的科学贡献。

邓小平同志曾说过："中东有石油，中国有稀土，中国的稀土资源占世界已知储量的80%，其地位可与中东的石油相比，具有极其重要的战略意义，一定要把稀土的事情办好，把我国的稀土优势发挥出来。"

著名化学家、北京大学化学学院教授徐光宪院士，便是这样一位致力于我国稀土科学研究事业的科学家。采用徐院士科研成果生产的单一高纯稀土大量出口，使国际价格下降了30%～40%。现在，中国生产的单一高纯度稀土已占世界产量的80%以上。中国终于实现了稀土资源大国向稀土生产大国、稀土出口大国的转变。徐院士在这个领域取得的辉煌成就被外国同行称为"中国冲击"。

把国家需求作为最高追求

1951年，怀着报效祖国的理想，徐光宪偕夫人高小霞几经周折，终于从美国回到北大任教。

1972年，北大化学系接受了一项紧急任务——分离镨钕，纯度要求很高。徐光宪接下了这份任务——这已是徐光宪第四次改变研究方向了。

这是一项"前无古人"的尝试。镨、钕都属于稀土元素，它们的化学性质极为相似，尤其是15种镧系元素，犹如15个孪生兄弟一样，化学性质几乎一致，要将它们一一分离十分困难，而镨钕的分离又是难中之难。

徐光宪打了一个又一个"漂亮仗"——他建立自主创新的串级萃取理论，推导出100多个公式，并成功设计出了整套工艺流程，实现了稀土的回流串级萃取。他率先办起"全国串级萃取讲习班"，使新的理论和方法广泛用于实际生产，大大提高了中国稀土工业的竞争力。他还和同行们创建了"稀土萃取分离工艺一步放大"技术，使原本繁难的稀土生产工艺"傻瓜化"，可以免除费时费力的"摇漏斗"小试、中试等步骤，直接放大到实际生产……

在当时，一般萃取体系的镨钕分离系数只能达到1.4～1.5。徐光宪从改进稀土萃取分离工艺入手，使镨钕分离系数打破了当时的世界纪录，达到了相当高的4。一排排看似貌不惊人的萃取箱像流水线一样连接起来，你只需要在这边放入原料，在"流水线"的另一端的不同出口，就会源源不断地输出各种高纯度的稀土元素。原来那种耗时长、产量低、分离系数低、无法连续生产的生产工艺被彻底抛弃了。

视培养人才为人生乐事

在徐光宪院士60多年的科学研究生涯中，已发表期刊论文560余篇，论文被他人正面引用2200余次。作为一名化学教育家，他撰写了《物质结构》和《量子化学》等许多重要教材。其中《物质结构》自1959年出版以来，已经修订再版印刷了20余万册，迄今依然是化学领域重要的教学参考书，教育和培养了我国几代化学工作者。该书1988年荣获全国高等学校优秀教材特等奖，是化学领域唯一获此殊荣的教材。

几十年来，徐院士不仅培养了近百名博士生和硕士生，还为我国稀土产业界培养了大批工程技术人员。现在北大稀土国家重点实验室工作的学生中就有中国科学院院士3人、长江学者特聘教授3人。

谈起自己的学术成就，徐光宪院士总是说："我的工作都是团队集体的工作，我只是其中的一名代表而已。他们早已青出于蓝而胜于蓝，工作能力和成就大大超过我了。这是我最大的安慰和自豪。"

吴生富　自主创新展示中国力量

本报记者　薛　原

【心语】没有万吨水压机，就没有现代化工业。一重人有这个志气，我们就是得给国家"扛活"。

【成果】15000吨锻造水压机是目前世界上最大、性能最先进的自由锻造水压机，其技术和装机水平是一个国家综合实力的标志之一。

"万吨水压机是什么？打个比方，就是打铁的锤子。现代工业零部件越做越大，小锤子打不动，就发明了水压机。"中国第一重型机械集团公司（一重）总经理吴生富对记者说。

"咱们的15000吨水压机，就是全世界最大的锤子。"

2002年春节刚过，一重用了40多年的12500吨水压机断了一根立柱。国外一听说这事，水压机立即涨价。

吴生富说："上世纪50年代我们都能自己造出水压机，现在还要买？自己做！"原来的老设计不合适，要创新；国外的核心技术不给看，也要创新。

四载寒暑，2006 年 12 月 31 日，“大块头”一次试车成功。中央领导发来贺电，“这是我国重大装备制造业的里程碑。”

这个庞然大物矗立在黑龙江齐齐哈尔一重厂房里，全世界都感到了它的力量。英国谢菲尔德锻造公司总裁来了，跟吴生富商量：“我们也要做一个，要不你给报个价。”日本制钢、韩国斗山重工纷纷前来交流。“我 1988 年进厂，从设计员干到总经理，找到了事业发展的最好舞台。”江苏人吴生富乡音无改，但偶尔冒出的东北话还是打上了这片黑土地的烙印。“虽然一重地处偏僻，但在这里，往前跨一步就是国际水平。我们不辱使命，非常自豪。”

（国家科技进步一等奖）

樊代明　开辟胃癌防治新途径

王　坤

【心语】医疗科研的道路，就是饱经艰苦，寻找走出地狱的路。谁最能吃苦，谁最能坚持，谁就能最后走出去。

【成果】樊代明带领的攻关团队在胃癌研究及预防领域取得重大突破，首次提出的胃癌序贯预防策略，有效降低了胃癌的发生率和死亡率。

我国每年新发胃癌患者达40 万，有30 万人被夺去生命。胃癌早期疗效好，但诊断率不足 10%；晚期胃癌虽然容易诊断，但却难以救治，5 年生存率不足 10%。如何从源头上预防胃癌并实现早期诊断，成为一道世界难题。

第四军医大学西京医院消化病团队在中国工程院院士、第四军医大学校长樊代明的带领下，经过 18 年艰苦攻关，完成了《胃癌恶性表型相关分子群的发现及其序贯预防策略的建立和应用》这一重大创新成果，制定了胃癌“三级四步”序贯预防策略，为人类战胜胃癌开辟了新的途径。

1989 年初，樊代明率领团队向“胃癌恶性表型相关分子群及预防策略”发起冲击。在 863 计划、973 计划、国家自然科学基金以及香港 RGC 基金的资助下，他们与香港大学联合，从胃癌病因预防、化学预防、早期预警及耐药机理等 4 个方面进行深入研究。

樊代明带领他的团队，一干就是 18 年，研究成果在国际上创下 5 个第一，成为国内外 5 个诊治共识的制定依据，在 3 个胃癌高发区进行应用，在全国近 2 万名医务工作者中得到普及，提高了胃癌防治水平，产生了巨大的社会效益。

2013 年，中国将举办亚太地区消化病大会暨世界胃肠病大会。届时，樊代明将担任大会主席，再次向世人展示中国医学工作者的风采。

（国家科技进步一等奖）

翟延举　玉米单产创纪录

赵世芸

【心语】育种就是我的爱好。我就这么个爱好，还不把它做好？

【成果】翟延举研制的玉米新品种“金海 5 号”及相配套栽培技术，丰富了我国的玉米种质资源，缓解了超高产夏玉米遗传基础脆弱、种质资源单一的问题。

“我现在正忙，去北京再说吧!”电话那头干脆的声音，马上让人联想到“女强人”。她就是“金海 5 号”玉米杂交种的培育者——山东省莱州市金海作物研究所所长翟延举。

2004 年，经国家权威部门审定，由翟延举主持培育的“金海 5 号”以亩产 1146. 74 千克的高产量打破了“掖单 13 号”保持 15 年的全国夏玉米单产最高纪录。翟延举这个普普通通的农家女，凭借自己超凡的意志和不懈的坚持创造了奇迹。

玉米新品种培育，只有 1/10 万的成功机会。为了能得到第一手资料，无论是烈日当头还是大雨滂沱，她都坚守在田间实验、观察。

“所长是个急脾气，工作起来不要命!”这是身边的工作人员对翟延举的评价。在“金海 5 号”的攻坚阶段，翟延举就像一只不知疲倦的燕子一般，穿梭于南北之间，背着种子挤火车，起早贪黑做实验。1999 年 12 月底，她因积劳成疾栽倒在试验田里，不得不放下工作回济南住院治疗。但每年的 1、2 月份是玉米授粉的关键时期，翟延举在医院呆了半个多月，就匆匆赶回海南。

多年的汗水浇灌，终于培育出“金海 5 号”。目前，“金海 5 号”推广面积近 1800 万亩，获得经济效益 8. 1 亿元，预计还将产生 14 亿元以上的经济效益。

（国家科技进步二等奖）

赵林源　自学成就“密封大王”

本报记者　赵永新

【心语】当工人可以没文凭，但不能没技术。

【成果】赵林源在密封技术上取得突破，对全厂75套进口设备进行国产化改造，建立实施现代化的管理模式，保障了装置的正常安全运转，为企业节约成本2500多万元。

在2008年度国家科学技术奖的数百名获奖者中，有两名工人。其中一位是被誉为“密封大王”的中石油东北炼化工程公司抚顺工建第三分公司的密封班班长赵林源。

在炼油化工装置中，80%以上为机械密封，70%的安全事故由密封件泄漏引发。上世纪80年代，抚顺石化公司引进大量进口设备，密封维修、改造成为当务之急。1983年8月，在钳工段表现出色的赵林源被调到密封班。

当时，密封件跑冒滴漏频繁，不管什么时候出问题都得马上检修，有一年赵林源光夜班就加了145个。“当工人可以没文凭，但不能没技术。”经过无数次失败，他终于自己设计、制造出不同材质、型号的密封件，先后对全厂75套洋设备进行国产化改造，经他改造的P501泵机械密封，创造了6年更换一次的世界纪录。

1994年赵林源当上密封班班长后，又逐步建立起国内一流的密封管理制度，做到了“四个一”：一目了然、一清二楚、一尘不染、一步到位。1996年，42岁的赵林源开始学习电脑，现在能熟练地用软件制作三维图、研发密封班组管理软件……

“我理论知识不太牢，还有待提高。”荣誉面前，赵林源还是觉得“不踏实”，“如果我能再托生一次，一定要上大学！”

（国家科技进步二等奖）

（《人民日报》2009年1月10日）

科技发展步入重要跃升期——我国科技人力资源已达四千万，位居全球第一

本报记者　廖文根

科技兴则国兴，科技强则国强。

从“神七”航天员太空漫步，到新支线客机翱翔蓝天；从曙光5000A跻身世界超级计算机前十，到北京正负电子对撞机重大改造工程完工……刚刚过去的2008年，全世界都感受到中国科技铿锵的脚步。翻开30年的壮丽画卷，科技创新的色彩愈加鲜艳和醒目。

改革开放30年来，我国科技实力显著提升，与国际先进水平差距缩小，部分领域进入世界前列，为全面建设小康社会和社会主义现代化建设做出了突出的贡献。

科技发展稳步跃升　持续发展后劲十足

30年时间，中国科技跃上了一级级阶梯：中国已经形成了比较完整的科学研究和技术开发体系，建立了较为完备的学科领域，在科技政策环境、科技人力资源、科技成果的应用和产业化发展等各个方面都跃上了一个大台阶。与此同时，随着科技体制改革取得重大进展，科研院所、高校和企业的创新活力空前激发，我国的科技发展正步入一个重要跃升期。

“最重的科技实力在于人才”。今天，我国科技人力资源已达4000万，位居全球第一，中国已成为名副其实的科技人力资源大国，而其中45岁以下中青年科研人员占研究队伍总人数的近八成，宏大的科技人才队伍正成为推动中国又好又快发展的强大动力。

基础研究瞄准前沿　产业技术可圈可点

我国在基础研究和前沿技术创新方面紧跟世界发展脉搏，创造了载人航天、超级杂交水稻、高性能计算机、超大规模集成电路、第三代移动通信国际标准以及先进国防武器装备等一批令人振奋的重大成果，为支撑科技发展奠定了坚实的基础。

在基础研究重要阵地——国家实验室和国家重点实验室等科研基地建设方面，中国已经达到同类国际实验室装备水平，形成了较完备的科技基础条件体系，部分领域达到或接近世界先进水平。而我国已建成的覆盖全国的信息通信基础网络，其网络规模、网络技术均居世界前列。

三峡工程、西电东送、西气东输、青藏铁路……当一个个重大工程从梦想变成现实时，中国产业技术创新实力为世界所瞩目，而这些成就的取得，得益于我国基础工业、加工制造业以及新兴产业技术创新能力的大幅度提高和一批重大关键技术的相继攻克。改革开放30年来，我国产业技术创新成果可圈可点：在能源领域，石油勘探、

大型水电设备等新能源的开发利用取得重要进展，为调整能源结构和保障能源安全奠定了基础；在矿产资源领域，突破了一批制约我国资源重点勘探领域的技术瓶颈，提高了采选冶综合回收率和资源综合利用率……

情系“三农”硕果累累 服务民生前景广阔

2001年，凭借在水稻育种方面的突出贡献，“杂交水稻之父”袁隆平成为中国国家最高科学技术奖首批获得者。杂交水稻是中国创造，更是中国骄傲。正是依靠水稻育种的历史性突破，“谁来养活中国”话题不再令人头痛。如今，超级杂交稻正成为我国水稻选育新的主攻方向，并已取得突破性进展。

而中国在转基因作物研究上的成果同样令人振奋。从上个世纪80年代中期，我国开始转基因作物研究。90年代中期，随着转基因抗虫棉的研制成功，我国一举打破国外技术垄断，成为第二个自主研发并拥有抗虫转基因技术专利的国家。如今，国产抗虫棉已经占抗虫棉种植面积的90%以上。

今天，我国科技进步对农业的贡献率显著提高，一大批农林动植物新品种、优质高效种养殖技术、农业资源高效利用与环境保护技术、农业防灾减灾技术等的应用，使我国农业生产效益大幅度提高，为保障国家粮食安全、食物安全和可持续发展，为增加农民收入做出了重要贡献。科技，正日益成为破解“三农”问题的重要抓手。

今天，现代科技的阳光已经照亮人们生活的每一个角落：正是有了人口控制与优生优育的技术进步，人口再生产才实现了从“高出生、高死亡、高增长”向“低出生、低死亡、低增长”的历史性转变；正是依赖现代卫生技术的高速进展，人们健康安全才有了可靠保障……“科技以人为本”，而服务民生的科技正日益焕发出强劲生命力。

（《人民日报》2009年1月9日）

中国工程院院长徐匡迪——创新是发展的不竭动力

本报记者 廖文根

“这30年中国发生的历史性巨变，可以说是人类社会上一段壮丽的篇章。”谈起改革开放30年的感受，中国工程院院长徐匡迪说，“占人类1/4的人口摆脱贫困、解决温饱、走向小康，能实现这一伟大成就，我认为最关键一点不是墨守教条，不是墨守成规，不是按照‘本本’上的要求来办，而是根据中国的实际，既学习国外又不照搬国外，走中国特色社会主义道路。”

“在科学技术发展上也一样，既要学习国外先进的东西，又不能完全照搬国外，要创造出具有中国特色、能够解决中国实际问题的科学和技术成果，这样才能够为我们的持续发展提供动力。”徐匡迪说，创新是我们民族和国家发展的不竭动力，30年来，从老百姓日常的消费品到杂交水稻、青藏铁路和三峡工程，无一不是中国科技人员不断创新完成的。其中有的是原始创新，比如青藏铁路，在这样高的海拔建造铁路，外国人没有干过，全是我们自己设计、施工的；有的是集成创新，比如说三峡水利枢纽大坝的土木工程部分，全部是中国自己完成的，电机有一部分从国外引进，一部分自己制造；有的是消化吸收再创新，比如中国家用电器，不但在中国，还在全世界占领了市场，固定电话交换机，我们有自主知识产权，而且有国际竞争力。

徐匡迪说：“中国现在是世界上造桥最多的国家。改革开放30年来，光在长江上就建了60多座桥，设计新颖、桥面高、跨度大，苏通大桥是世界第一斜拉桥。最近在杭州湾建成了38公里长的跨海大桥，在上海东海造了东海大桥，通到深水港33公里，这些都是世界级的工程。前不久世界桥梁会议上，外国人惊呆了，不理解中国怎么能造出这么多桥，一个比一个更宏伟。中国现在能做、敢做，既有物质力量的支撑，更有思想解放的活力，工程技术人员敢于向世界级的工程技术难题挑战。”

徐匡迪认为：“中国只有世界上9%的农业用地，养活了世界上22%的人口，这是很难的事情。首先是靠党的方针政策，改革开放以后，调整农村经济政策，把农民积极性调动起来，同样重要的是依靠科学技术，使同样的土地增加成倍的产量。像袁隆平院士搞的三系杂交水稻，亩产量增加一两倍，小麦、玉米的新品种也不断培育出来。”

“在30年前，中国的工程技术大致落后国际先进水平30年左右，人家已经提着四喇叭收录机的时候，中国才开始生产小型单卡机。现在，国外的消费型工业产品流行不到5年，中国也能制造出来，差距正在缩短”。不过，徐匡迪认为，我们也应该看到，中国现在虽是世界上第三大制造业国家，但在产品的定位上，基本上还是属于中低档和追赶式发展，没能引领发展。要建设成世界中等发达国家的水平，没有自主的知识产权和技术是不行的。

“建设创新型国家，就是要逐步从跟随、学习型发展转向自主知识创新，建立自己的制造业体系和知识产权体系”，徐匡迪说。

（《人民日报》2008年12月4日）

科技支撑发展 创新引领未来
——改革开放30年我国农业科技发展的成就与启示

中国农业科学院

改革开放30年来，我国农业科技事业取得了突出成就，为保障国家粮食安全、实现农业和农村经济持续稳定发展作出了重要贡献。

主要成就

30年来，我国农业科技实现了跨越式发展，进入发展中国家前列，对农业增长的贡献率由27%提高到48%。

动植物遗传资源和育种技术研究方面。建成国家作物种质资源库和32个多年生作物种质资源圃。培育推广作物新品种、新组合2000余个，使主要作物品种在全国范围更新3~4次，每次更新增产10%~20%，抗性和品质得到改进。利用我国特有遗传资源，培育出一批代表我国领先水平的畜禽新品种。

种植和养殖技术研究方面。建立小麦指标化栽培技术体系、水稻叶龄模式栽培技术体系，创新与小麦、玉米等优良品种相配套的超高产理论模型。地膜覆盖技术、科学施肥和节水灌溉技术取得突破并大面积推广，增产效果显著。研究推广良种良法配套、畜禽和水产集约化饲养技术，畜禽鱼蛋的生产能力显著提高。

重大动植物疫病防治研究方面。查清30多种重大病虫害的发生、流行与迁飞规律，提出中短期预测预报技术。研发高效、低毒、低残留农药150多种和新型喷雾技术，使作物重大病虫害得到有效控制。利用生物防治方法防治多种农林害虫取得明显成效。研制60多种动物疫病疫苗，使口蹄疫等畜禽疫病得到有效控制，消灭了牛肺疫。主要水产品病害机理、快速诊断和防治技术研究取得重要突破。

中低产田治理与区域农业综合发展研究方面。陆续对我国部分地区的大面积中低产田综合治理进行科技攻关，提出区域农业发展模式，建立主要作物高产、优质、高效的栽培技术体系，促进了粮食增产。提出适应不同类型地区的以粮食为先导、农牧结合、农林牧渔业综合发展模式并推广应用，取得重大经济社会效益和生态效益。

农业机械化和设施农业技术研究方面。推广应用农机智能化、机电一体化等技术成果。完善并拓展主要作物的全程机械化技术，解决了一批生产上的技术难题。设施农业技术快速发展，对“菜篮子”产品供应发挥了巨大作用。

生物技术等高新技术研究方面。实现杂交水稻、转基因抗虫棉等重大核心技术的突破。创建航天育种技术体系，培育出一批水稻、小麦等新品种、新品系。家畜胚胎移植与分割、性别鉴定等技术广泛应用，试管牛、试管羊等获得成功。利用细胞核移植和转基因技术，获得一批优质水产新品种。

农业科学基础研究和理论研究方面。小麦物种间远缘杂交、光温敏核不育水稻等的发现与利用，实现了作物育种理论的创新与突破。构建水稻、小麦等主要作物的核心和微核心种质，筛选出一批珍贵的优异种质资源，克隆一批重要基因。开展陆地棉基因组测序、黄瓜基因组计划和马铃薯基因组测序，发现数万个基因。

农业资源调查和宏观战略研究方面。通过在全国范围内的调研，对农业自然资源的数量、质量、时空分布及其变化规律作了科学评价。研究并提出了中国食物与营养发展战略、中国农业科技发展战略等。

深刻启示

坚持科学技术是第一生产力。邓小平同志提出的“科学技术是第一生产力”的重要论断和党中央、国务院颁布的一系列指导性文件，为我国农业科技快速健康发展提供了坚实的思想保证和政策支持。农业科技界合力攻关，实现了科技先行、科技引领、科技支撑。实践证明，依靠科技进步发展农业，是解决我国主要农产品有效供给、促进农民增收等问题的重要途径。

坚持农业科技自主创新。我国农业科技界始终坚持立足国情，围绕关键技术与共性技术，取得一大批农业科技自主创新成果，为解决不同时期的重大农业问题发挥了关键性作用。实践证明，农业科技坚持立足国情、自主创新，是发挥科技支撑我国农业持续稳定发展作用的必然选择。

坚持科技与生产紧密结合。我国农业科技始终围绕农业生产急需解决的重点问题，加强关键领域和核心技术的研发和集成，促进多渠道、多形式的产学研、农科教相结合。实践证明，农业科技与生产实际相结合，是提高农业科技成果的转化推广效率、促进传统农业向现代农业转变的基本要求。

坚持科技体制机制的改革创新。通过改革，基本形成"开放、流动、竞争、协作"的科研运行机制，造就了一支专业水平过硬、综合素质较高的农业科研队伍，有力地推动了现代农业科研院所的建设与发展。实践证明，体制机制的改革创新是促进农业科技事业进步、推动农业科技跨越式发展的动力源泉。

新的任务

加强农业科技自主创新。围绕现代农业发展需求，加强作物科学、畜牧兽医科学等九大学科群建设，大力推动农业科技原始创新、集成创新和引进消化吸收再创新，争取在种质资源收集挖掘利用与动植物新品种培育、农产品高效生产与质量安全等领域实现突破和创新，带动全国农业科技及农业产业的跨越式发展。

加快农业科技成果转化应用。围绕农业农村经济发展需求，加快成果培育与推广；加强与地方尤其是重点农产品主产区的科技合作，促进区域农业发展；进一步创新体制机制，把科技成果产业化抓实抓好、做大做强；因地制宜，开展直接面向农民、基层推广单位、农业企业的科技推广服务工作等。

加快自主创新团队建设。围绕国家重点科研任务和学科建设，集聚和培养一批战略科学家、学术领军人物和创新骨干力量，形成一批具有攻坚能力和较高水平的创新团队，打造一支具有国际竞争力的创新队伍。

加强科研条件平台建设。围绕中国农业科学院发展目标，建设一批国际一流的重大科学设施和重点实验室，完善种质资源库圃、科学实验基地和野外观测台站，建设一批国际一流的农业科学数据库，形成完善的网络科技环境，为全国农业科技工作者打造高水平的科技创新平台。

深入推动农业科技交流与合作。巩固和拓展国际交流与合作渠道，加强与国际农业科研机构和国外农业大国、农业科技强国的科技合作。充分发挥中央级综合性农业科研机构的优势，积极开展全国农业科研大联合大协作，整体提升我国农业科技创新能力。

（《人民日报》2009年1月16日）

中国诞生百万亿次超级计算机
——成为第二个拥有此能力的国家

本报北京1月6日电　（记者赵婀娜）记者今天获悉：在近日公布的全球超级计算机500强排行榜中，安装了微软 Windows HPC Server 2008 操作系统的我国超级计算机曙光5000A，以每秒233.47万亿次浮点运算的系统理论峰值和每秒180.6万亿次浮点运算的实测 Linpack 峰值，跻身世界十强。我国成为除美国外第二个可以研发生产百万亿次超级计算机的国家。

中科院计算机所高性能计算机研究中心主任赵晓芳介绍，这台落户在上海超级计算中心的超级计算机，有效地兼顾到了应用性和易用性。

【超强计算】

超级计算机算一天，相当于家用电脑算33年

"形象地说，百万亿次计算机计算一天，家用的PC机大概要算33年。"上海超级计算中心高性能计算技术总监姚继峰这样介绍。从曙光1号，到曙光1000、2000、3000、4000，再到今天的曙光5000A，从峰值速度的每秒25亿次，提升到每秒200亿次，再到如今的百万亿次，我国高性能计算机的历史在不断改写。

历史的改写，源于曙光和微软的强强联手。2007年11月，微软与曙光高性能计算领域展开全面合作。2008年7月，微软 Windows HPC 2008 系统在曙光天津产业基地进行的32节点测试中，运算效率达到84%，迈开了向世界超级计算机排名榜冲击的第一步。2008年10月28日，Linpack 值定格——180.6万亿次，中国高性能计算的历史就此进入新纪元。

【优势互补】

高性能与易用性合作双赢

"微软和曙光的合作，会大大推动中国高性能计算机的普及。微软产品的易用性和舒适的界面感受会给用户一个很好的入门契机。"赵晓芳介绍。

据了解，在中国的高性能计算市场中，操作系统的稳定性、易用性是用户取舍产品的重要因素。同时，作为软件及操作系统最优运行的重要因素，成熟完善的硬件平台以及针对行业应用对

系统不同层面的优化与整合，也在用户的应用中扮演着关键角色。微软公司全球副总裁张亚勤表示，“Windows是一个很广泛使用的平台，我们希望通过这样的努力，能把曙光的服务器硬件带到全球市场。”

曙光信息产业有限公司副总裁聂华说，“双方的合作进一步加速了国内服务器领域的技术发展，提高了微软在中国高性能计算领域的影响力，同时也加快了中国高性能计算机产品的应用和普及。”

【发展趋势】

看不到它的存在，却能带来前所未有的便利

“计算机的发展正如图书馆的发展历史一样。由于读者的需求，图书馆从一所发展到多所，但当多所图书馆出现后，由于没有一套完整的检索系统可以享受到所有资源，读者便再次有了需要一家超大规模图书馆的要求。”赵晓芳介绍说，在从集中走向分布式之后，目前全世界计算机的发展趋势再次从分布走向集中。高性能计算机从为某一个或某几个科学家完成一个特定的任务服务，到今天几乎所有人生活的背后都有它相应的支持。

“高性能计算机是一个重要的战略装备，可以为我们攻克各个领域的顶尖课题创造基础和条件。”聂华介绍说，“它可以为飞船上天、气象研究、药物研制、水稻基因的测序提供支持。”姚继峰补充说，“甚至是飞机驾驶员的排班表和尿不湿的研发，高性能计算机均可以将大量的数据变为有用的信息。”

“高性能计算做到极致的时候就是消失：大家看不到它，但它却无处不在，给生活带来前所未有的便利，就像我们现在用电一样。这是我们追求的目标。”赵晓芳说。

（《人民日报》2009年1月7日）

八、教　育

以科学发展观统领高校哲学社会科学繁荣发展
——在改革开放与理论创新暨“历史新起点”系列丛书编写专题理论研讨会上的发言摘要

教育部副部长李卫红：开创高校哲学社会科学工作新局面

在纪念改革开放30周年之际，回顾30年来我国高校哲学社会科学事业的发展历程，总结高校哲学社会科学繁荣发展的成绩和经验，探讨高校哲学社会科学对推动改革开放伟大事业的理论贡献，非常有意义。繁荣发展哲学社会科学事关党和国家事业发展的全局。我们要以科学发展观为指导，努力开创高校哲学社会科学工作新局面。

新中国成立以来，特别是改革开放30年来，在党中央的高度重视和正确领导下，经过40多万高校哲学社会科学工作者的共同努力，高校哲学社会科学工作取得了显著成绩，在党和国家全局工作中、在教育改革发展中发挥了重要作用。从整体上讲，高校哲学社会科学的实力大大增强，团队攻关、整体作战的观念和能力大大增强，研究解决重大理论和现实问题的能力明显提高，参与国际对话的能力与范围大为拓展。目前，高校已成为繁荣发展哲学社会科学的主力军，为发展社会主义先进文化，推进党的理论创新作出了重要贡献。特别是近年来，高校哲学社会科学工作者既教书育人又潜心治学，积极参与马克思主义理论研究和建设工程，努力构建以当代中国马克思主义为指导、具有中国特色、中国风格、中国气派的哲学社会科学学科体系和教材体系，为丰富和发展中国化马克思主义作出了重要贡献。

从现在起到2020年，是我国社会主义现代化建设的战略机遇期，也是实现全面建设小康社会奋斗目标的关键时期。在这个时期，中国特色社会主义理论体系为高校哲学社会科学的繁荣发展提供了科学的思想指导和强大的思想武器，中国特色社会主义伟大实践为高校哲学社会科学的繁荣发展提供了坚实基础和广阔空间，中华民族的灿烂文明为高校哲学社会科学的繁荣发展提供了丰厚营养，中国对外开放为高校哲学社会科学的繁荣发展拓展了国际视野。高校哲学社会科学面临千载难逢的发展机遇。

回顾改革开放30年来高校哲学社会科学事业的发展历程，我们看到，一方面高校哲学社会科学空前发展，成绩巨大；另一方面，高校哲学社会科学的发展现状与我国经济社会快速发展的要求相比，与哲学社会科学所承担的时代责任相比还有不适应，需要我们从党和国家事业发展的全局高度，增强责任感和使命感，不断改革创新，转变高校哲学社会科学发展理念和模式，努力实现从数量增长向质量提升的转变。

全面贯彻落实科学发展观，要求更加自觉地推动哲学社会科学的繁荣发展。当前，教育部正在中央的领导下抓紧研究制订《国家中长期教育改革和发展规划纲要》。高校哲学社会科学是我国高等教育事业的重要组成部分，在研究制订《国家中长期教育改革和发展规划纲要》的过程中，要认真谋划高校哲学社会科学的发展问题。要根据全面建设小康社会的紧迫需求，对高校哲学社会科学做出总体部署，统筹当前和长远，把握高校哲学社会科学发展的战略重点，确定若干重点领域，抓住一批重大课题，实施若干重大专项，新增一批哲学社会科学创新基地，培育一批创新团队，全面提升高校哲学社会科学研究的质量和水平，为国家经济建设和社会发展更为全面、更为有效地服务。

中国人民大学党委书记程天权：科学发展观是马克思主义中国化的理论丰碑

科学发展观是对新形势下社会主义建设经验和我们党治国理政经验作出的新概括，其理论贡献主要表现在：

一是丰富和发展了马克思主义发展思想。科学发展观坚持辩证唯物主义和历史唯物主义的基本原理，用一系列新思想、新观点、新论断，深化了对社会主义发展规律的认识，进一步回答了什么是发展、为什么发展、怎样发展的重大问题，赋予马克思主义关于发展的理论以新的时代内涵和实践要求，是与时俱进的马克思主义发展观。科学发展观强调坚持以人为本，是对唯物史观关于历史主体思想的运用和阐发；强调全面协调发展，是对唯物史观关于社会结构和社会系统理论的运用和阐发；强调可持续发展，是对唯物史观关于人、社会对自然界的依赖性和社会历史连续性理论的运用和阐发。

二是丰富和发展了党的思想路线。科学发展观强调求真务实，为党的思想路线充实了新内容。坚持求真务实，就是坚持党的思想路线。求真务实的过程，就是解放思想、实事求是、与时俱进的过程。科学发展观就是我们党在继续推进中国特色社会主义建设发展的新征途上坚持求真务实精神取得的重大理论创新成果。

三是丰富和发展了中国特色社会主义发展道路的理论。科学发展观的提出，表明我们党对中国特色社会主义发展道路认识的深化，主要体现在全面发展、协调发展、可持续发展、和谐发展、和平发展等方面。

四是丰富和发展了中国特色社会主义执政党建设理论。科学发展观要求提高党的执政能力，首先要提高党领导发展的能力，包括贯彻科学发展观的能力、驾驭全局的能力、处理利益关系的能力和务实创新的能力。把提高领导发展的能力与党的建设结合起来，以提高能力促发展，以推动发展促进提高能力，既明确了党的建设的目标，又保证了经济社会发展的正确方向，为党的建设增添了新内容。

武汉大学校长顾海良：中国特色社会主义理论体系的新视域

中国特色社会主义理论体系是继毛泽东思想之后马克思主义中国化的第二次历史性飞跃。对中国特色社会主义理论体系历史地位的评价，要着重把握的是以下几点：一是从理论体系的思想渊源上，着重把握中国特色社会主义理论体系坚持和发展了马克思列宁主义、毛泽东思想，与马克思列宁主义、毛泽东思想是一脉相承的思想体系；二是从理论体系创立主体上，着重把握中国特色社会主义理论体系凝结了几代中国共产党人带领人民不懈探索实践的智慧和心血；三是从理论体系的地位上，着重把握中国特色社会主义理论体系是马克思主义中国化最新成果，是党最可宝贵的政治和精神财富；四是从理论体系的指导意义上，着重把握中国特色社会主义理论体系是全国各族人民团结奋斗的共同思想基础；五是从理论体系的品质上，着重把握中国特色社会主义理论体系是不断发展的开放的理论体系。

对中国特色社会主义理论体系历史地位的认识，不仅有利于我们全面把握马克思主义中国化的最新成果的深刻内涵和精神实质，而且也有利于我们在新的历史条件下推进这一科学理论的新发展。站在新的历史起点，在改革开放的新的进程中，在中国特色社会主义道路的新的探索中，不断推进中国特色社会主义理论体系的发展和创新是至关重要的。

第一，要始终正确把握时代主题和历史脉搏，在密切结合当代中国社会和世界发展新情况和新特点的过程中，解放思想、实事求是、与时俱进、求真务实，不断推进中国特色社会主义理论体系的发展和创新。

第二，要始终坚持马克思主义学风，大力弘扬理论联系实际的优良学风，在尊重群众、尊重实践的基础上，不断推进中国特色社会主义理论体系的拓展和丰富。

第三，要始终坚持中国共产党的根本宗旨，牢固树立马克思主义群众观，在实现最广大人民群众的根本利益的过程中，不断推进中国特色社会主义理论体系的实践和落实。

第四，要高度重视马克思主义与中国本土优秀文化的密切结合，努力探索具有“中国特色、中国风格、中国气派”的理论表达方式和表现形式，不断推进中国特色社会主义理论体系的宣传和普及。

教育部高等学校社会科学发展研究中心主任冯刚：大学生思想政治教育的创新发展

改革开放以来，大学生思想政治教育积累了十分宝贵的经验。

坚持用党的创新理论武装头脑。30年来，我国大学生思想政治教育的创新发展表明，只有做到以党的创新理论来武装头脑，才能够产生强大的思想征服力和凝聚力。以传播党的路线、方针、政策为基本任务的大学生思想政治教育，依赖于党的创新理论。大学生思想政治教育的活跃和富有成效，与党的创新理论鲜活、生动、富有科学性密切相关。在新的历史起点，大学生思想政治教育仍须紧紧围绕党的创新理论展开，深入理解和把握党的创新理论，真正以党的创新理论来武装，借助创新理论的魅力促进自身作用的最大发挥。

坚持继承和发扬优良传统。大学生思想政治教育的创新发展表明，只有在继承以往思想政治工作的优良传统基础上的创新，才能将优秀的传统发扬光大，也才能获得创新发展不竭的力量源泉。在新的历史时期，继续开拓创新，发挥更大的作用，仍须继承和发扬思想政治工作的优良传统。

坚持开拓创新。我国大学生思想政治教育的创新发展表明，大学生思想政治教育只有勇于创新，不断开拓，坚持以更富时代性的思想内涵和精神灌注于教育实践，才能够做到与时俱进，魅力永恒，活力永续。创新是民族之魂。对于大学生思想政治教育来说，创新更显重要。时代在进步，社会在发展，人们的价值观在变化，要求思想政治教育以创新求发展，以创新求实效，以适应新时期新阶段全面建设小康社会的新要求。

坚持扎根社会实践。我国大学生思想政治教育的创新发展表明，大学生思想政治教育只要扎根于鲜活的社会实践，与广大学生的生活、情感、心灵、思想息息相通，就能产生强大的思想引导力。实践之树长青。实践能够使思想政治教育鲜活、生动，增强吸引力和影响力。到学生中去，到实践中去，思想政治教育才会发挥作用，产生效果。在新的历史时期，大学生思想政治教育须与受教育者息息相关，找到共鸣点和突破口，发现新情况、新问题，及时释疑解惑，使思想政治教育之树同样长青。

中央财经大学党委书记邱东：深化经济体制改革促进经济持续健康发展

在新的历史时期，我们要毫不动摇地坚持改革开放，在重要领域和关键环节有所突破，以改革促发展：

加快推进依法行政，科学界定政府职能，优化社会管理，强化公共服务，完善宏观调控，加强市场监管，增强宏观调控的科学性、预见性和有效性，提高政府决策的科学化、民主化水平和公开透明度。

继续加快国有大型企业股份制改革步伐，继续完善国有资产监管制度，完善国有资本经营预算制度。消除制约非公有制经济发展的体制性障碍，创造公平竞争、规范有序的市场环境，形成促进各种所有制经济平等竞争、相互促进的新格局。

深化财税体制改革，合理划分政府间事权和支出责任，形成统一规范透明的财政转移支付制度。深化金融体制改革，健全金融服务体系，发展各类金融市场，形成高效、多层次和开放的金融市场。进一步改革投融资体制，规范政府核准制，真正确立企业的投资主体地位。

加快建立统一开放竞争有序的现代市场体系，进一步打破行政性垄断和地区封锁。优化资本市场结构，改革土地供给制度，消除限制劳动力自由流动的体制性障碍，积极稳妥地推进资源性产品价格改革，加快发展技术市场。

以改善民生和促进社会公平正义为目标，深化社会事业体制改革。建立公共教育资源向农村及中西部地区倾斜的体制机制，建立符合国情的医疗卫生体制，健全各种生产要素按贡献参与分配的制度，加快建立覆盖城乡全体居民的社会保障体系。

健全政府投入、以工补农、以城带乡的体制机制，加快农村基础设施建设，建立保障农民工合法权益的政策体系和执法监督机制，建立健全农村社会保障制度，统筹安排和稳妥推进土地征用制度、农村金融体制和集体林权制度改革。

健全开放型经济体系，完善汇率机制和国际收支平衡机制，加强对外资的引导，调整和优化进出口结构，完善对外贸易和投资的管理体制及政策体系，防范国际经济风险，维护国家经济安全。

华东师范大学原副校长叶澜：充分认识基础教育改革的艰巨性与复杂性

基础教育当代变革的艰巨性与复杂性愈来愈大，主要体现在两个方面：

第一，基础教育作为社会公共事业，涉及社会、政治、经济、文化以及教育系统本身等方面，基础教育问题不是单纯的学校教育问题，更是一种广泛的社会问题，需要整个社会的支持与合作。在当代中国的教育变革中，教育与社会的关系是共变中的系统与环境的双向关系。在这种情况下，社会和教育都面临着内部变革向双向适应变革需要的努力，这就需要：一方面，社会和教育双方在经费、环境、教育价值取向与利益配置等，形成共识与合力，共同解决与面对；另一方面，教育制度中各级各类学校不仅在整体结构上要作出适应社会发展需要和纠正内在偏差的调整或重组，而且相互之间需要一致性和贯通性，形成相互支持和参照的内在有机关系。

第二，基础教育作为培养新生代的人类实践，在当代面临新的挑战。目前，建立和完善终身教育体系在我国已经成为一种国家责任，我们有必要在一个新的参照系之下，重新思考基础教育的培养目标。具体应包括：

培育基础性学力。基础教育应更多地着力于唤醒学生的学习需求，培育积极的学习态度，促使学生从被动的受教育者向主动学习、自主选择的学习主体转换；致力于提高学生的多维、多向学习能力；着力培养学生选择、重组、创造性转换信息的能力。

唤醒生命自觉。当代和未来一段时期内，我国新生代将处于一个异常复杂多变的时代生境中，个体必须具有清晰的自我意识，具有在变革中把握自己命运的生命自觉，才能清醒地选择发展方向，合理地设计发展道路，成为变革的参与者、促进者甚至引领者。

提升生存智慧。当代社会不断增加的复杂性和不确定性，对每一个人的生存智慧提出了要求。在充满变化的社会中，人如何才能活得精彩、健康和有质量，如何才能“有智慧地生存”。教育要使人在未来充满挑战的时代中“学会生存”，积极培育人的生存智慧。

清华大学党委副书记韩景阳：高校党建30年的宝贵经验

回顾30年高校党的建设，以下几方面经验至关重要：

坚持社会主义办学方向，全面贯彻党的教育方针。高校党建经验证明，必须全面贯彻党的教育方针，坚持培养德智体美全面发展的社会主义建设者和接班人。

以改革创新的精神，推动高等教育事业的发展。改革开放以来，学校工作转到以教学科研为中心，党的工作也围绕学校的中心工作展开。教师成为学校教育教学工作的主体，党委尊重并充分发挥知识分子的作用，使高校的发展呈现出勃勃生机。

把育人作为高校的根本任务，努力培养社会主义建设者和接班人。30年来，高校党组织领导学校为培养高素质人才做出了积极的努力：一是提高教育教学质量，努力改善办学条件；二是克服各种困难，为更多的青年提供接受高等教育的机会；三是不断加强和改进大学生思想政治教育，引导学生树立正确的世界观、人生观、价值观。

按照社会主义政治家、教育家的要求，建设高素质的领导班子和干部队伍。30年来，高校党委不断强化领导班子建设，抓思想政治建设，用科学理论武装头脑；培养领导班子的战略性眼光和前瞻性思维；以改革创新的精神，突破阻碍学校发展的思维定势、利益格局和体制机制；要求领导干部增强服务意识，努力为师生员工办实事；班子坚持民主集中制的原则，充分发扬民主，加强协调配合。

发挥党的思想政治工作优势，凝聚力量，共同奋斗。30年来，高校党委不断加强和改进思想政治工作，用马克思主义的基本理论武装广大师生员工的头脑，同时，进行学校优良传统和校风教育，增强学校的凝聚力和向心力，使其更具针对性、更有实效性。

坚持不懈地加强党的自身建设，永葆党的先进性。高校党委在组织建设中，把院系党委建设，特别是基层党支部建设作为工作的着力点，增强基层党支部的工作活力。

北京大学党委常务副书记吴志攀：建设社会主义法治国家的历史性突破

中国法制建设三十年的成果，主要体现在三个层面：第一，中国政治生活的法治化；第二，中国市场经济运行的法制化；第三，中国老百姓社会生活、家庭生活的法律化。这三个变化，标志着我们在建设社会主义法治国家的进程中取得了历史性突破。

1980年审判“四人帮”，是我国政治生活法治化的开端。此后，我国修改了《宪法》，制定了《行政法》、《行政诉讼法》和《立法法》等，严格规范了国家权力的运行范围和方式，从而大大提高了政治决策的制度化、科学化水平，促进了政府职能的转变，也推动了社会主义政治文明的建设。此外，香港、澳门两个特别行政区基本法的制定，对“一国两制”的顺利实施作出了具体的制度化安排，这两个基本法在世界法制史上是了不起的创举，在中国特色法治体系中也占有极其重要的地位。

改革开放以来，在经济体制改革的过程中，法制建设也在同步发展。我们公认，市场经济也是法制经济，没有完善的法制，市场经济就没办法正常运转。1978年起，我们就在规范民营企业、中外合资企业、外资企业的市场行为方面进行了大量立法，推动了这些企业的发展。在1986年制定了《民法通则》，1988年制定了《国有工业企业法》，1995年制定了《公司法》、《商业银行法》、《中国人民银行法》、《票据法》和《保险法》等，1998年制定了《证券法》，修改了《合同法》，以及《商标法》、《广告法》、《专利法》等，这些法律形成了比较完整的体系，不仅维护了市场经济的秩序，而且确认了经济改革的制度成果，也推动了改革的深化。最典型的例子就是我国的现代金融业，在很短的时间内实现了从无到有，从小到大的发展，这个过程离不开金融法体系的建立健全。

30年来，随着现代化、城市化的进程，传统的社会生活、家庭生活模式也发生了变化，居民收入有了很大提高，个人的财产也逐年增多。在这种情况下，我国立法机关修改或制定了《婚姻法》、《继承法》和《物权法》等，这些法律也适应了新的情况。

总的来说，我国已经基本建立起了中国特色的社会主义法律体系，这也为实现社会主义法治国家的目标奠定了良好的基础。

中国政法大学党委书记石亚军：30年政治改革与建设的成效

改革开放30年来，中国的政治改革与建设取得了显著的成效。

邓小平理论、“三个代表”重要思想和科学发展观对我国的政治改革与建设提出了明确的指导思想和发展方向。“以人为本”、“和谐社会”、“一国两制”、“以法治国”、“服务型政府”等理念的形成、发展与完善，为党的建设、国家建设和政府建设确立了清晰的目标。

30年来，通过人大代表选举制度的改革和立法制度的加强，进一步完善了人民代表大会制度；通过不断调整和改进中国共产党与各民主党派的政治关系完善了多党合作和政治协商制度；通过六次政府机构改革增强了政府管理与经济体制改革和建立社会主义市场经济体系的适应性。在政府管理手段方面，开展了政府绩效评估、政府电子政务等政府建设工程，地方政府创新了许多行之有效的管理模式与方法。

改革开放以来，党的执政能力不断提升。1991年应对苏联东欧剧变，1997年抗击亚洲金融危机，2003年处理“非典”疫情，2008年奋战南方雪灾、举国救助四川汶川大地震并进行灾后重建、抵御全球金融风暴，无不彰显着党的执政能力极大提升和政府管理能力的不断增强。中国共产党具有了统御全局的战略决策能力、超强的应对重大社会危机的应急能力、化解重大国际危机的政治能力和解决社会深层矛盾的综合能力，无愧为改革开放的坚强领导核心。

30年来，政治局面保持了持续稳定。党和政府及时有效地化解、消除不安定因素，正确处理改革发展与稳定的关系，保持政治发展的有序性和稳定性。“中国不能乱”、“聚精会神搞建设，一心一意谋发展”已成为举国上下的政治共识。

国际地位得到空前提升。中国在国际事务中的影响越来越大。由中国主导或参与建立的国际新机制、国际新组织正在发挥越来越重要的作用；在联合国框架内，中国作为一个负责任的大国承担了相应的责任与义务，表现出了一个大国应有的风范。

中国人民大学校长助理、出版社社长贺耀敏：集中反映我国高校哲学社会科学丰硕成果

理论创新是改革开放的核心，也是我们民族蓬勃奋进的精神脊梁，更是马克思主义与时俱进的精神品质。回顾和总结改革开放以来我国高校哲学社会科学所取得的发展和进步，最重要就是要深刻领会和把握理论创新这个灵魂。站在历史新起点，促进高校哲学社会科学的全面繁荣，尤其要重视和提倡解放思想、理论创新。由教育部社科中心组织国内高校知名专家学者编写的“历史新起点”丛书，便是集中反映了我国高校哲学社会科学丰硕成果的精品力作。

这套丛书具有以下特色：一是理论性，即致力于以历史的眼光梳理改革开放30年来一些重大理论问题的形成，避免单纯的历史性、资料性的回顾，突出改革开放历史进程中高校哲学社会科学工作者的理论思考和一些重大理论探索的发展脉络；二是针对性，即以高校马克思主义理论课师生为读者对象，提炼马克思主义理论教育中的理论难点、热点问题；三是前瞻性，即从大力推进理论创新，不断赋予当代中国马克思主义鲜明的实践特色、民族特色、时代特色的高度，对高校师生所关心的重大理论问题和现实问题进行深入的分析和展望；四是历史感，即以历史新的起点为坐标，从一个更高的角度、更广的视域，回答了当代中国遇到的历史问题、时代问题。

中国人民大学出版社力争认真做好“历史新起点”丛书的出版工作，为改革开放30周年和新中国成立60周年献上一份厚礼，相信此套丛书必将能够经得起社会的考验和读者的认可！

编者按为回顾和总结30年来我国高校哲学社会科学繁荣发展的成绩和经验，反映高校哲学社会科学对推动改革开放伟大事业的理论贡献，在“历史新起点”重大课题研究及系列丛书编写取得阶段性成果的基础上，进一步推进课题研究工作、提升丛书编写质量，教育部高等学校社会科学发展研究中心11月25日在北京举办“改革开放与理论创新暨‘历史新起点’系列丛书编写专题理论研讨会”。教育部副部长李卫红，北京大学、清华大学、中国人民大学、北京师范大学、武汉大学、四川大学、西南大学、中央财经大学、中国政法大学、南开大学、北京化工大学、湖南大学、西南政法大学、华东师范大学等高校的专家学者出席了研讨会。这里，刊发部分与会同志的发言摘要。

（《光明日报》2008年11月28日）

立足长远　科学规划　促进学术繁荣
——“2003～2007年高校哲学社会科学繁荣计划”成就巡礼

哲学社会科学作为“车之一轮、鸟之一翼”，与自然科学有着同等重要的地位。新世纪以来，党和政府在重视发展科技的同时，高度重视哲学社会科学的发展问题。2003年，《中共中央关于进一步繁荣发展哲学社会科学的意见》开启了哲学社会科学新的春天，教育部抢抓机遇，乘势而上，制定了《关于进一步发展繁荣哲学社会科学若干意见》，启动实施了“2003～2007年高校哲学社会科学繁荣计划”（简称“繁荣计划”）。五年一弹指，“繁荣”计划在教育部党组的高度重视和直接领导下，通过制度化的政策保障和不断加大的经费支持，以及各高校、各部门的积极参与和热情配合，取得了显著成效，涌现了一大批无愧于时代的、高水平的研究成果，设立了一套较为规范完善的科研项目资助体系，建立了一批堪称“国家队”的研究基地，造就了一支相当规模、较高水平的教学科研队伍，搭建了一个现代化的信息平台和科研服务平台，营造了一个良好的学术氛围和学术风气。“繁荣计划”不仅有力地推动了哲学社会科学整体的蓬勃发展，而且带动了各个高校及地方哲学社会科学教学与研究的丰收，正所谓“遥看一处攒云树，近入千家散花竹”。春华秋实，令人心醉。

回应时代、咨政育人——重大课题攻关项目成果丰硕

马克思说：“问题就是公开的、无畏的、左右一切个人的时代声音。问题就是时代的口号，是它表现自己精神状态的最实际的呼声。”紧扣时代的脉搏对重大问题展开研究，是哲学社会科学取得成就、实现创新的最重要途径之一。通过设立重大课题，加强对全局性、前瞻性、战略性问题的研究，是“繁荣计划”的重要指导思想，也是重要举措之一。2003年，哲学社会科学重大课题攻关项目启动，至2007年共批准立项195项，已评审结项36项。产出了一批有分量的学术成果，引领了哲学社会科学研究，为党和国家有关部门的决策咨询提供了有力的智力支持。

——马克思主义研究获得重大进展，为马克思主义研究和建设工程作出了重要贡献。从2003年开始，先后设立了“‘三个代表’重要思想研究”、“马克思主义基础理论若干重大问题研究”、“马克思主义中国化研究”、“当代国外马克思主义思潮研究”、“马克思主义创新体系研究”、“构建社会主义和谐社会研究”、“党的执政能力建设研究”、“党的先进性教育研究”、“马克思主义整体性研究”、“马克思主义一级学科体系建构与建设研究”、“以马克思主义为指导的具有中国特色的哲学社会科学学科体系和教材体系研究”等课题，推动了理论创新，推进了马克思主义中国化研究，对马克思主义学科体系和教材体系建设发挥了重要作用。如武汉大学陶德麟教授主持的“马克思主义中国化研究”自立项以来已出版学术著作3部，发表论文53篇，对推进马克思主义理论研究产生了积极影响。南开大学刘景泉教授主持的“马克思主义学科体系建设研究”中的阶段性成果——《关于加强马克思主义理论学科体系建设研究的几点思考》一文被中央马克思主义理论研究和建设工程协调小组办公室全文编入第224期《参考资料》，报送中央领导同志参阅。四本高校思想政治理论课教材的首席专家都主持或参与了相关重大项目的研究，促进了教材的编写。

——基础理论研究成果显著，有力地促进了文化的大繁荣大发展。一批关于传承中华文明、促进先进文化建设的重大课题成果产生了重要的学术影响和社会影响，比如“儒藏编纂与研究”、“中国公民人文素质现状调查与对策研究”、“当代中国人精神生活调查研究”、“弘扬与培育民族精神研究”，等等。华中科技大学杨叔子教授主持的“弘扬与培育民族精神研究”课题组，组织编写了湖北省中小学教材《中华民族民族精神教育读本》，为中小学校全面深入开展弘扬与培育民族精神教育起到了示范作用。北京师范大学王宁教授主持“中华大字符集创建工程”，其重要成果“规范汉字字符集”填补了我国“规范汉字”研究的空白，为国家更新和完善汉字规范提供了重要参考。中国人民大学方立天教授主持“宗教与社会主义社会相适应”课题，其代表性成果——《论中国化马克思主义宗教观》得到相关领导同志的积极肯定。中国人民大学王利明教授主持“中国民法典体系和重大疑难问题研究”，发表了一系列成果，引起了立法部门和理论界的广泛关注，《物权法》、《物业管理条例》、《人身损害赔偿司法解释》、《房屋登记办法》等法律法规吸纳了其中的大量内容，此外，不少内容被翻译为德文、英文等语种，扩大了国际影响。

——应用研究面向重大现实问题，为党和政府的决策发挥了思想库和智囊团作用。2006年5月26日，在中共中央政治局第三十一次集体学习时，“知识产权制度变革与发展研究”的首席专家中南财经大学吴汉东教授，就国际知识产权保护和我国知识产权保护的法律和制度建设进行了专题讲解。国家知识产权战略制定小组委托吴汉东教授起草了《国家知识产权战略纲要》（专家建议稿）。以吉林大学宋冬林教授为首席专家的“东北老工业基地资源型城市发展接续产业问题研究”课题组，完成《关于实施“打包改制”带动东北地方国有企业制度创新走出困境的建议》一文，得到了中央及多个部委领导的重视，国家开发银行依据“打包改制”的思路，与吉林省人民政府签订了《加快吉林老工业基地振兴开发行金融合作协议》。中国人民大学曾湘泉教授主持的“全面建设小康社会进程中的我国就业发展战略”课题组向多个部委提交了多份研究报告，其中有关就业和失业测量体系设计思路和政策建议已被国家统计局吸收和采纳。“公共服务性政府构建研究”课题的首席专家南开大学朱光磊教授，2006年两次受到国务院有关领导约请，就“目前在进一步转变政府职能过程中面临的主要任务和对策”、“政府机构设置、编制和行政区划改革等问题”汇报研究成果。北京师范大学“处境不利儿童心理发展状况与教育对策研究”课题组调查访问了北京、辽宁、河南等地的3000余名儿童，提交的论文和报告产生了较高的学术和社会影响。

创新制度、科学引导——科研项目资助和管理体系日臻完善

良好的制度是成就事业的重要保障。科研项目的资助体系和管理体系不仅是科研项目能得到良好实施的重要保证，还有着重要的评价功能和引导作用。“繁荣计划”实施以来，教育部不断加大经费投入和科研项目资助力度，加强和改进项目管理，不断完善项目资助体系和管理体系，有力推动了高校哲学社会科学研究迈上一个新台阶。

——设立重大项目和后期资助项目，项目资助体系更加科学合理。“繁荣计划”实施以来，先后设立了重大课题攻关项目、后期资助项目。这样，教育部社科研究项目中既有前期资助，又有后期资助；既有重大项目，又有一般项目，形成了由重大攻关项目、重点研究基地重大项目、一般项目和后期资助项目构成的项目资助体系。项目资助体系更加科学、合理、完善。

——各类项目目标明确、层次分明，基础研究和应用研究相互补充、协调发展。一般项目由高校教师根据自身的学术兴趣和研究方向，自设课题，自由申报；重点研究基地重大项目，由基地根据自身的科研发展规划进行设计，面向全国公开招标，鼓励科研人员以基地为平台，组织团队合作、联合攻关；重大课题攻关项目，以全面建设小康社会中的重大理论和现实问题为主攻方向，为党和国家以及地方的发展战略服务；后期资助项目，鼓励广大高校教师潜心研究、厚积薄发，加强基础研究。由此，科研项目资助体系从总体上覆盖了不同职称、不同年龄、不同研究水平、不同学科的高校文科科研人员，真正体现以人为本、科学发展的要求。

——项目评审立项制度不断完善。建立和完善了同行专家评审制度、匿名评审制度、评审回避制度、评审专家信誉保证制度、评审结果公示制度和信息反馈制度，避免非学术因素的影响，确保评审的公平、公正、公开和质量，得到了高校和学术界充分肯定。

——加强和改进项目管理。先后制订颁布了《项目管理办法》、《成果鉴定和结项办法》等一系列文件，实行项目合同制管理和责任人负责制、项目中检制度、项目结项评审制度、奖惩制度，通过严格管理、严把出口关，大大提高了社科项目的研究质量。

融合优势、汇聚智慧——人文社会科学重点研究基地建设成效显著

如何能融合不同高校哲学社会科学研究上的优势、汇聚不同高校学者的智慧来发挥集成优势、促进哲学社会科学研究的大发展，是教育部长期思考的问题，而人文社会科学重点研究基地可谓其实现该理念的重要探索之一。人文社会科学重点研究基地建设是集科学研究、人才培养和社会服务于一体的高水平综合创新平台，是哲学社会科学研究的“国家队”，也是“繁荣计划”重点支持的建设项目。自1999年基地建设启动以来，共设立了151个重点研究基地（其中教育部重点基地135个，省部共建重点基地16个），分布在全国66所高校，几乎覆盖了人文社会科学研究的所有重要领域。

——制度创新激发活力。重点研究基地实行实体性建设，与院系平行，独立运行。实行专兼职研究人员合同聘用制、驻所研究制、重大课题面向全国招投标制等制度创新，汇聚了一批高水平专兼职研究队伍，将个体、分散的科研力量集合为团队、综合的力量，推动了高校科研组织形式由分散走向整合，由封闭走向开放，由固定走向流动，促进了文科研究从传统组织形式向现代组织形式的转变，极大提高了哲学社会科学的创新能力和服务能力。

——标志性成果硕果累累。据统计，151个重点研究基地以不到全国高校文科10%的研究力量，取得了占全国高校近1/3的研究成果，承担了国家社科基金近50%的重大项目和教育部哲学社会科学80%以上的重大攻关项目，产生了一大批精品力作，如：百卷本《台湾文献汇刊》、28卷本《南京大屠杀史料集》、大型编年体工具书《清史编年》、大型系列文献丛书《中国藏西夏文献》等等。

——人才培养成效显著。重点研究基地将科学研究与人才培养紧密结合，通过带领研究生参与课题研究、参加教材编写和社会调查等科研活动，培养了一批具有创新能力和实践能力的高层次专门人才，累计培养博士及博士后近万名，在入选的78篇人文社科类“全国百篇优秀博士学位论文”中，由重点研究基地指导的占68%。同时，重点研究基地还为社会各界提供了10多万人次以知识更新为主要内容的培训。

——服务社会贡献突出。重点研究基地积极为国家经济建设和社会发展服务，五年来，向党和各级政府以及企事业单位提交各类研究咨询报告3万余份，其中被省部级以上部门采纳一千余份，得到中央领导同志批示和肯定的逾百件。“中国公司治理指数”、“义乌·中国小商品指数”等对行业发展和评价产生了重要影响。北京大学中国经济研究中心、中国人民大学民商事法律科学研究中心、南开大学APEC研究中心、厦门大学台湾研究中心等一批重点研究基地与全国人大以及商务部、外交部、司法部等部委建立了经常性合作关系。十多个法学重点研究基地为依法治国提供了大量研究成果，为《物权法》、《反分裂国家法》、《刑事诉讼法》等一系列重大法律的制定做出了重要贡献。十多个国际问题研究基地为我国外交政策的制定与实施提供了大量有价值的报告，充分发挥了思想库和智囊团的作用。

——学术交流空前活跃。五年来，重点研究基地先后举办各种国际学术会议500余场，与国外300多所高校建立起了良好合作关系，其中世界排名前200名的高校占80%，从国外聘请了上百名兼职研究人员，在研究生联合培养、项目合作研究等方面，均取得重要进展。重点研究基地已经成为展示中国高校科研实力的重要平台和国外学术界了解中国学术研究的重要窗口。

——示范辐射作用凸现。目前全国已有24个省区市参照重点研究基地模式，建立了406个省级重点研究基地，许多高校建立了校级重点研究基地。初步形成一个由“985”哲学社会科学创新基地、教育部人文社会科学重点研究基地、省属人文社会科学重点研究基地和校级人文社会科学研究基地构成的哲学社会科学研究“金字塔”型科研创新体系。

造就人才、培育团队——人才队伍建设初见成效

胡锦涛同志指出，“我们要始终把培养造就高素质人才作为根本大计，努力建设宏大的创新型人才队伍。人才是事业发展最可宝贵的财富。世界范围的综合国力竞争，归根到底是人才特别是创新型人才的竞争。社会主义现代化事业的不断发展和创新，归根到底有赖于各方面创新型人才的创造性思维和创造性活动。”哲学社会科学的繁荣发展也不例外，关键在于教学科研队伍的壮大和发展。“繁荣计划”本着人力资源是第一资源的思想，积极实施高校哲学社会科学人才战略，努力创造有利于创新人才成长的良好环境，取得了积极成效。截至2006年底，高校哲学社会科学教学和研究人员达到364063人，具有高级职称的教师129411人，其中，教授36138人，副教授93273人，分别占总人数的9.92%和25.62%；队伍整体素质明显提高，其中，具有博士学位的26455人，具有硕士学位的99934人，分别占总人数的6.29%和24.72%。

——加大了高端人才支持力度。2004年，教育部启动实施“高层次创造性人才计划”，进一步加大了对高校哲学社会科学领域高层次人才的培养支持力度。“长江学者奖励计划”把哲学社会科学纳入实施范围，四年来共支持学校聘任哲学社会科学领域长江学者特聘教授61位、讲座教授59位。“新世纪优秀人才支持计划”资助哲学社会科学学术带头人797名。同时，鼓励高校从实际出发设立哲学社会科学资深教授岗位，并给予与院士相应的待遇。

——加强了青年后备人才的培养。“高层次创造性人才计划”中专门设立了青年骨干教师培养计划，“高等学校青年骨干教师国内访问学者项目”是其中重要的组成部分，四年来，共有1478名文科教师作为访问学者进入国内高水平大学优势学科进行研修。同时，各高校也加大了对青年人才的支持和培育力度。

——开展了教学科研骨干研修。2005年以来，中组部、中宣部、中央党校、教育部、解放军总政治部成功举办了22期马克思主义理论和党的路线方针政策研修班，培训学员2300多人；各地在中央有关部门办班的示范推动下，共举办研修班200余期，培训学员2万多人。通过研修，广大哲学社会科学工作者进一步深化了对党的十七大精神的领会和把握，深化了对中国特色社会主义理论体系的领会和把握，深化了对科学发展观的领会和把握；进一步增强了坚持和巩固马克思主义在意识形态领域指导地位的认识；进一步增强了坚持德育为先、教书育人，做好哲学社会科学教学科研工作和大学生思想政治工作的使命感和责任感。

——推进了研究团队建设。一是依托各类科研项目，特别是重大攻关项目，在出重大成果的过程中打造高水平学术研究团队。二是依托重点研究基地，形成了一支学历高、职称高的专兼职研究队伍，建成了老中青相结合的高层次研究团队，成为留住和吸引人才的重要平台。如山西大学科学技术哲学研究中心努力建设高层次的科研创新团队，形成了以首席专家为学科核心、以创新团队为学科基础、以重点研究基地为学科依托的三位一体发展模式；中山大学历史人类学研究中心的学科带头人和主要学术骨干，经过近20年共同的学术研究实践，已经形成有共同志趣且能相互契合的“华南研究”学术共同体；中国人民大学中国财政金融政策研究中心在财政学、税收学、宏观金融学、微观金融学建立了老中青合理搭配的学术团队，在两个国家级重点学科的发展中起着重要的支撑作用。

网络平台、数字世界——基础设施和信息化建设成绩凸显

哲学社会科学要得到繁荣发展，文理交融是题中应有之义，而充分利用网络手段、数字技术等现代科技来发展哲学社会科学，可谓文理美妙结合的重要方式之一。加强哲学社会科学基础设施和信息化建设，是推动哲学社会科学繁荣发展的重要举措。几年来，高校哲学社会科学的网络管理平台建设、文献基础数据库建设、学术期刊建设和学术网络建设得到了长足发展，提升了中国高校哲学社会科学研究的信息化水平，为高校哲学社会科学的繁荣发展提供了有力支持。

——2003 年 7 月，“中国高校人文社科信息网”（WWW. SINOSS. COM）正式开通，该网是全国高校人文社会科学研究的专业性门户网站。经过几年的建设，目前已建立了面向全国高校的科研信息交流平台、重要研究成果展示平台、高水平学术论文发布平台。

——2004 年，中国高校人文社会科学文献中心（CASHL）启动运行并提供服务。几年来，有计划、有系统地引进国外人文社会科学重要期刊 8000 多种，外文图书近百万种，电子期刊 900 多种，电子图书近 40 万种。目前，高校人文社会科学文献中心（CASHL）已初步建成由全国中心、区域中心、学科重点中心组成的一个文献网络，受惠用户达 30 多万，为全国高校哲学社会科学教学和科研提供了高水平的文献保障。

——1998 年，南京大学中国社会科学评价中心启动“中文社会科学引文索引”（CSSCI）研制计划。“繁荣计划”给予了大力支持，并加强规范、科学指导。目前，CSSCI 数据库（1998 - 2007 年）已收录来源文献 72 万余篇，引文文献 490 余万篇。该中心可根据多种检索途径进行发文信息或被引信息分析统计，并支持文本信息下载。经过 10 年的努力，CSSCI 已打造成为功能强大、评价权威、影响广泛的文献检索精品工程，得到了学界的高度评价。

——2003 年，高校哲学社会科学名刊工程启动。《北京大学学报（哲学社会科学版）》、《中国人民大学学报》、《复旦学报（社会科学版）》、《北京师范大学学报（社会科学版）》等 19 个学报先后入选名刊工程建设；《求是学刊》的“文化哲学研究”等 16 个期刊栏目入选名栏建设。经过四年多的建设，教育部资助金额和学校配套经费累计已超 1000 万元。名刊工程通过设立科学的评审标准、完善的评审程序、权威的专家评审队伍，对高校学报整体质量的提高起到了积极示范引导作用。

文以载道、行为世范——学术规范和学风建设取得重要进展

健全的学术规范和良好的学风是哲学社会科学研究事业健康、文明发展的标志，也是其繁荣发展的基础和前提。尽管高校的哲学社会科学者总体上有着淳正的学风，但由于社会转型带来的一些不良风气如浮躁、急功近利等也进入高校，少数学者在研究工作中也存在片面追求数量、粗制滥造，弄虚作假甚至剽窃等种种学术失范和学风问题。如果没有严格规范和正确引导，这些不良行为将损害学术研究环境，影响学术声誉，挫伤广大研究者的积极性和创造性，危及哲学社会科学的健康发展。为此，2004 年 8 月教育部发布《高等学校哲学社会科学研究学术规范（试行）》，明确规定了学术基本规范、学术引文规范，学术研究规范、成果发表规范和学术批评规范。2006 年 5 月 10 日，教育部印发《关于树立社会主义荣辱观进一步加强学术道德建设的意见》，有力地促进了高校学术道德和学风建设。以孟二冬、方永刚同志为典范，深入开展“八荣八耻”社会主义荣辱观教育活动，引导高校教师加强自身修养，树立高尚品德，讲求诚信，忠于真理，严谨治学，文以载道，行为世范，不断增强学识魅力和人格魅力。2006 年 5 月 23 日，教育部成立学风建设委员会，负责全国高校哲学社会科学学术道德、学术规范和学术风气建设的指导和咨询。教育部学术规范和学风建设走上了制度化轨道。

“繁荣计划”实施五年多以来，始终坚持以马克思主义为指导，坚持“二为”方向和“双百”方针；始终坚持科学研究与学科建设、教学工作、人才培养有机结合；始终坚持以人为本，把人才队伍建设放在突出位置；始终坚持以重大理论与现实问题为研究导向，当好党和人民事业的思想库和智囊团；始终坚持科研体制创新，建立现代科研组织形式，团队作战、协同攻关；始终坚持对哲学社会科学的科学规划，充分发挥重大计划的带动效应和辐射效应。正是坚持了正确的目标方向和工作方针，高校哲学社会科学事业发展实现了大发展、大提高，呈现出一派欣欣向荣的景象，为推进马克思主义中国化，服务党和政府决策，弘扬民族文化、培育民族精神，培养社会主义建设者和接班人作出了重要贡献，为下一步繁荣发展奠定了坚实基础。

“潮平两岸阔，风正一帆悬”。如今，第二期“高校哲学社会科学繁荣计划”即将启动，我国高校哲学社会科学的研究事业一定会在过去成就的基础上，共祖国成长，与时代辉煌。

（《光明日报》2008 年 12 月 22 日）

党旗，飘扬在知识高地

——改革开放以来全国高校党建发展纪实

本报记者　倪光辉

高校育人，党建是魂。

1978 年 4 月，邓小平在全国教育工作会议上指出：“学校应该永远把坚定正确的政治方向放在第一位”。1980 年 12 月中央工作会议明确强调，“要加强各级学校的政治教育、形势教育、思想教育，包括人生观教育、道德教育”。

30 年来，全国高校把党建工作渗入到育人过程，培养出一批批建设中国特色社会主义事业需要的合格人才。据《中国教育统计年鉴》最新数据：截至 2007 年底，全国大学生党员总数已近 234.5 万，占大学生总人数的 8.26%。

鲜红的党旗，一直在知识的高地迎风飘扬。

党管人才　夯实基层党组织基础

“我志愿加入中国共产党……”在鲜红的党旗下，从海外归国的长江学者特聘教授严秀平庄严宣誓，成为南开大学又一名高学历、高职称的新党员。南开大学党委书记薛进文说：“高学历、高职称者不仅在学术上是青年学子奋斗的目标，他们的人生观、价值观也直接或间接地影响青年学生，更重要的是他们本身就是大学和社会的中坚力量。”

作为党的基层组织的重要组成部分，高校党组织近年来以党的执政能力建设和先进性建设为主线，坚持把党管人才落实到人才集聚和团队建设上来，将党的建设与学校教学相结合，全面推进高校党的建设工作。从 2007 年 4 月开始，武汉大学的每位校领导要定期联系 10 名专家学者，征询他们的意见和建议；华中科技大学党委书记参与思想政治课备课，校长登台讲授第一课，极大激发了学生进行自我修养的热情；北京航空航天大学通过实施“蓝天计划”，吸引和培养了大批优秀拔尖人才，学校现有一级重点学科责任教授中 95.6% 是党员……

学校自上而下开展党的建设，也带动了学生入党热潮，“低年级有党员、高年级有党支部”的目标基本实现。

创新理论　完善思想政治教育长效机制

“原以为思想政治理论课很闷、很枯燥，没想到教材编得这么有意思。”中国传媒大学新闻学院 2006 年级学生林一晨表示。在中国传媒大学，越来越多的青年学生对党课越来越感兴趣。

自 2006 年秋季开始，思想政治理论课 4 门新教材（《马克思主义基本原理概论》、《毛泽东思想、邓小平理论和“三个代表”重要思想概论》、《中国近现代史纲要》、《思想道德修养与法律基础》）陆续在全国各高校投入使用，受到了广大高校师生的欢迎。

党的十六大以来，以胡锦涛为总书记的党中央，从战略和全局的高度，对加强和改进大学生思想政治教育尤其是对高校思想政治课程体系的第四次调整和改革做出了新的部署。2004 年 10 月，中共中央、国务院颁发《关于进一步加强和改进大学生思想政治教育的意见》，指出要让“两课”成为加强和改进大学生思想政治的主要渠道，使马克思主义中国化最新成果“进教材、进课堂、进学生头脑”。

许多高校不断完善思想政治教育的长效机制：北京大学进一步健全由党委书记担任组长的“两课”教学研究指导小组，把“两课”改革实施方案纳入“985”计划和“211”工程中，从资金、人力和科研条件等各方面提供有力的保障和支持；南开大学建立了党员教育联席会议制度，将党员教育列入重要议事日程，形成权责清晰的党员教育责任制。

丰富形式　党课教育无处不在

“学好本领、增长才干是我们爱国的理想体现，有了真才实学，才能更好地为国家富强、民族复兴出一份力。”今年以来，河南理工大学许多师生们的手机上都收到了来自学校各院系及各单位的短信。学校结合“五一”放假期间师生活动分散的情况，将党课阵地转移到网络上，利用短信方式向师生们及时传达理性爱国的有关精神。

近年来，学校规模扩大、分校区的建立、学生人数增多、就业形势严峻等新形势对学生党建提出新课题，全国高校不断优化大学生思想政治教育的渠道和途径，构建了较为完整的大学生思想政治教育综合育人网络体系，形成党课教育无处不在的局面。北京理工大学开展时事论坛，让学生“讲师”走上讲台；北京科技大学将思想政治课以“3+1”模式推出，理论教学占学时总数3/4，实践环节占学时总数1/4，调动了学生的主动性和积极性，深化了思想政治理论课的教学效果；在西北师范大学，以学生党员为骨干组成的“三农问题研究社”，连续三年深入到甘肃省14个县市，开展以关注农民工待遇和留守儿童教育等问题为主要内容的社会实践。

据连续进行了16年的教育部高校学生思想政治状况滚动调查显示：坚信“中国共产党是中国特色社会主义事业的领导核心”的学生比例稳中有升，近两年达89%。

（《人民日报》2008年12月21日）

教育部大力推进中小学教师培训

焦师文

近年来教育部加大教师培训工作力度，通过建立培训制度，加强教师培训规划指导，创新培训模式，国家级教师培训项目示范引领，推动了全国中小学教师培训工作的广泛开展，教师队伍素质不断提高。

——加大投入，积极创新，发挥国家级培训项目的示范引领作用。近年来，教育部组织实施了一系列教师培训国家级示范项目，受到了各地教育行政部门和广大中小学教师的热烈欢迎：2006年的“暑期新课程国家级远程培训”，采用网络培训方式，对全国49个县的5万名农村教师进行了新课程网络培训；2007年暑期，组织实施了援助西藏、新疆教师培训和西部农村教师国家级远程培训计划，培训了西部地区近16万名骨干教师和农村一线教师；2007年11月，组织实施“万名中小学班主任国家级远程培训”，组织全国100个县的1万名一线班主任进行专题培训；2008年采取对口支援、送培到省、远程培训、集中培训等多种方式，以中西部农村教师为主，组织实施了“中小学教师国家级培训计划”，培训中小学教师30多万名。

——实施教师网联计划，共建共享，构建开放高效教师培训体系。2003年9月，教育部启动实施了全国教师教育网络联盟计划，取得了积极成效。截至2008年10月，网联成员师范专业远程学历教育学生累计达100多万人，教师非学历远程培训每年达100多万人次。网联成员单位累计开发学历教育网络课程3000多门，非学历培训网络课程1万多门，有力地促进了中小学教师培训工作的开展和培训质量的提高。

深度关注

——建立培训制度，加强教师培训规划和指导。1999年，教育部颁布《中小学教师继续教育规定》，建立中小学教师每五年一个周期，接受不低于240学时的继续教育制度。1999～2003年，教育部启动实施“中小学教师继续教育工程”，全国共计培训100万名骨干教师。2004年9月，教育部启动实施了以农村教师为重点，以“新理念、新课程、新技术和师德教育”为主要内容的2003～2007年中小学教师全员培训计划，对全国1000多万中小学教师进行了不低于240学时的全员培训。截至2007年底，全国800多万中小学教师接受了新课程培训。另外，教育部还注重加强同国际项目的合作，截至2008年10月，通过“教育部－微软‘携手助学’”项目和“英特尔未来教育”项目，123万中小学教师接受了信息技术培训。

——关注农村教师，大力加强农村中小学教师培训。北京市自2004年开始启动实施“绿色耕耘——京郊骨干教师培训与发展行动计划”，每年投入经费5000万元以上，4年间免费培训了2万余名农村义务教师。浙江省2005～2007年连续三年每年安排专项资金2000万元，全省共计投入3.9亿元，完成了21万人，86万课次的农村教师全员培训任务，1000名省级农村骨干教师和10000名市级骨干教师的培训工作。湖北省从2005年起实施“农村教师素质提高工程”，省财政每年安排2000万元专款，组织2万名农村乡镇中小学教师、校长到武汉高校免费集中培训，计划5年培训10万人。山东省2008年启动实施“农村中小学教师素质提高工程”，省财政拨出专项资金1000万元，采用集中培训与分散研修相结合的方式，用5年时间培训5000名农村初中小学骨干教师。贵州省实施“农村教师素质提升工程”，2008～2012年每年划拨250万元，对全省50个国家贫困开发工作重点县的农村骨干进行培训，努力为农村学校构建校本研修团队。

——突出骨干教师培训，发挥骨干教师的引领和辐射作用。海南省于2004年启动实施“255工程”，由省财政拨给经费，每年从全省选派优秀校长和骨干教师各50名，赴国家培训基地，高等院校或教育先进省市名校跟班培训学习。安徽省通过全员练兵、全员竞赛，组织实施了“四个五”骨干教师队伍建设工程，选拔出以农村教师为主体的50000名县级教学能手、5000名市级教坛新星、500名省级教坛新星和50名省级教育名师培养对象。新疆启动实施了“中小学中青年骨干教师培训工程”，由自治区财政每年拨付专项资金216万元，6年总计拨付1296万元支持培训工程的实施。

——创新培训模式，培训的针对性和实效性进一步增强。新疆充分利用新疆广播电视大学直播课堂视频系统、新疆教育电视台卫星频道、新疆远程教育网等开展新课程，实施各级各类教师培训。上海、北京、山东等省市积极推进校本培训的制度化建设，探索和创新培训模式，带动校本培训工作。河北、山西、海南、四川等省近年来组织开展了师范院校“顶岗实习，置换培训”工作，组织师范学生到农村学校顶岗支教实习，被置换出来的教师集中起来参加培训。广东省在试点取得成功经验的基础上，出台了2008~2012年师范生实习支教和置换培训的规划与具体要求，进一步明确和规范了该培训模式。

（《光明日报》2008年12月3日）

温故知新　面向未来

受访人：中国教育学会会长　顾明远

采访人：本报主任记者　宋晓梦

记者：我国实行改革开放30年来，各行各业取得的巨大成就，与教育事业为之输送了大批人才密切相关。胡锦涛总书记在纪念党的十一届三中全会召开30周年大会上的讲话中说，我国“高等教育总规模、大中小学在校生数量位居世界第一，办学质量不断提高”。从这个意义上讲，这一时期国家的发展繁荣，教育事业功不可没。

顾明远：应该说，30年来教育事业也和其他领域一样发生了深刻的转变。我国已从一个人口大国变成一个人力资源大国，即由一个教育十分落后的国家，变成有2亿5千万人在各级各类学校学习的教育大国。

记者：您认为教育的深刻转变发生在哪些方面？

顾明远：可以用四方面来概括：即教育观念的转变、教育事业的发展、教育制度的创新、教育科研的繁荣。

记者：对教育性质的认识确实发生了根本变化。在极“左”思想占主导的年代，教育一直被视为阶级斗争的工具。

顾明远：所以那些年政治运动大多从教育领域开始。知识不被重视，知识分子被视为改造对象。“文革”以后，邓小平同志主持中央工作，1977年他在一次座谈会上说：“我们要实现现代化，关键是科学技术要能上去。发展科学技术，不抓教育不行。”他提出了“科学技术是生产力”、“知识分子是工人阶级的一部分”，这两个观点改变了中国的教育，也改变了中国社会。

1995年中共中央、国务院提出了“科教兴国”的战略，党的十七大报告把教育放在“加快推进以改善民生为重点的社会建设”的框架中，并提出“优先发展教育，建设人力资源强国”的目标。从“教育是阶级斗争的工具”到“科教兴国”、“教育先行”战略，这种教育观念的转变是30年来教育领域最大的成绩，它指导着我国教育事业的发展和深入的改革。

记者：您认为30年中教育事业的空前发展有哪几个标志性成就？

顾明远：短短30年我们就在全国范围内实现了九年义务教育的普及，基本扫除了文盲，这在许多先进国家都是差不多用上百年的时间才完成的。我国是一个发展中国家，在农村人口占70%的情况下，又是在人口高峰期实现了这“两基”，这一历史的贡献得到世界的肯定！

高等教育实现了历史性跨越，进入了大众化阶段，毛入学率从1980年的2%到2007年达到23%。世界一流大学和重点学科建设取得了重大进展。

研究生教育有了很大发展。特别是学位制度，是改革开放以后才建立起来的。1980年全国只有研究生18800多人，2006年达到110多万人，为国家培养了大批高层次人才。

职业教育也有了很大发展，2005年全国中等职业教育在校生接近1600万，占高中阶段在校生约40%。高等职业教育在校生近1000万人。远程教育在普及优质教育资源和职业培训等方面起了重要作用，是30年来我国教育发展的重要内容。

改革开放30年来，我国人均受教育年限1980年为5.33年，2005年达到8.5年。我国已经由一个人口大国转变到人力资源大国，今后的任务是要建立人力资源强国，为建设我国全面小康的和谐社会，为世界的文明进步做出贡献。

记者：教育的快速发展，使“有学上”的问题得到了解决，但解决“有学上”之后的“上好学”问题该如何解决？

顾明远：从基础教育来讲，当前首要解决两大问题：一是教育公平问题，二是素质教育问题。

要解决教育公平问题，首先要考虑对弱势群体的政策倾斜。因为弱势群体长期处于不利的环境中，如果没有政策倾斜，优先发展，他们永远跟不上一般水平。但是弱势群体主要在农村，教育优先发展如何在农村落实就遇到制度性障碍。我国城乡二元结构的格局尚未打破，农村教育投入与城市有很大差距。新的《义务教育法》规定义务教育实行免费以后，较大地减轻了农民子女上学的负担。但农村教育仍存在许多困难。特别是农村教师，编制缺、水平差、待遇低、不稳定，严重地制约着农村教育的发展。

农民工子女在城市上学虽然部分得到解决，但并未彻底解决。不仅农民工子女学校与城市的学校还有差距，而且义务教育毕业后报考高中的问题也未能解决，他们还要回到原籍去上高中，这其中的制度问题需要理顺。

教育公平问题在城市主要表现在择校，应该通过改造薄弱学校来解决。硬件水平容易提高，教师队伍的建设却不是立即生效的。优质教师资源的合理配置也存在制度性障碍。

记者：当前素质教育的突破口何在？

顾明远：主要是教育价值观和人才观的问题。教育的本质既然是促进人的发展，就应该根据学生条件施以不同的教育。人的天赋是有差异的，社会对人才的需求也是多元化的，只要有社会责任心，勤奋努力，为社会做出贡献的都是人才，但人们往往把人才和天才混淆起来，认为政治家、科学家、艺术家等等才是人才，从事平凡工作的就不是人才。另外中国的传统文化把子女当作自己的私有财产，把子女能否上大学、上什么大学看作家长的面子，因此不顾孩子的具体条件拼命逼迫孩子读书，以便光宗耀祖。这些看法也在影响现实。

大家都说教育竞争是社会竞争的反映，但学校做法不当也会加剧这种竞争。例如有的地方学校要向教育局交升学指标责任书，最后是加重学生的压力。

30年来我们把主要精力放在学校建设上，使儿童青少年有学上；今后的主要精力必须放在教师队伍的全面建设上，不只提高教师的学历，更要提高教师的专业水平，即教书育人的能力。

记者：“教育科研”的概念以前很少有人提及，现已普遍成为大、中、小学提高教育教学质量的重要手段。这个变化确实让人印象深刻。

顾明远：改革开放以前，我国没有多少教育研究，一本教育学唱独角戏。经过六个五年计划，涌现了大批科研成果，创建了许多新兴学科，各地建立了教育科研机构，成长起一支科研队伍，为建立有中国特色的教育理论体系打下了基础。30年来我国教育科研呈现出以下几个特点：

首先，教育科研走出了书斋，结合我国教育改革和发展中的重大问题开展理论研究，为国家的教育决策服务，为学校提高教育质量服务。第二，教育科研走入了群众。改革开放以前教育科研队伍很小，只有几所师范院校的教育学科教师从事业余的研究。30年来各地都建立了教育科研机构和科研队伍。特别可喜的是广大一线教师也把科研作为自我成长，提高教育质量的主要途径。第三，教育科研走向世界。30年来我们大量引进借鉴世界教育的新理念、新经验，参加各种国际教育组织的活动；在国内组织了多次国际教育会议；科研人员的交往、留学生的互换、学术资源的交流更是日益频繁。不仅使我们了解世界，也让世界了解我们。

记者：您认为教育制度的改革创新尤其是教育的法制建设是30年来教育深刻转变的重要方面之一，今后在制度设计层面和执行层面还应做哪些努力？

顾明远：说这个方面深刻变化是因为许多重要的教育法律和制度是在这一时期建立的。例如《中华人民共和国教育法》、《中华人民共和国义务教育法》、《教师法》、《高等教育法》等等，还在基础教育方面建立了教育督导制度，校长负责制度、教师聘任制度、职工代表大会制度等，高等教育方面建立招生考试制度、收费制度、学生就业的双向选择制度、教师聘任制度、后勤社会化制度等。

制度建设既要重视设计层面，也要重视执行层面。体现在制度不完善方面的问题，要认真设计；制度已经有了，就要认真执行。

顾明远，男，1929年生，曾任小学教师、中

学教师、中学校长、大学教授，北师大研究生院院长、教育管理学院院长、北师大副校长；2000年起任中国教育学会会长。发表论文300余篇，著有《我的教育探索》、《教育：传统与变革》、《中国教育的文化基础》等10余部著作。

采访手记：在纪念改革开放30周年的日子里，年近八旬的顾明远先生格外忙碌。大学、教育学术团体、教育部门等单位，纷纷邀请顾先生前往演讲。我们的对话，就是在顾老高速运转的生活节奏中，见缝插针，分几次完成的。令人敬佩的是，时间的紧张，并未妨碍顾老对这段教育史做出清晰的梳理，准确的概括，深刻的反思，中肯的评价。所有这些，都为中国教育的未来，贡献出一位教育家的思想和智慧。

（《光明日报》2008年12月23日）

再造“金字塔”
——高等教育“211工程”建设取得明显成效

本报记者　李玉兰

“我的大学是‘211工程’院校。”北京理工大学人文社会科学学院大四学生李冬伟在求职过程中以这样的开头向面试官介绍自己。“211工程”这个词，十几年前提起来，多数人并不知道，现在，已经成为社会认识一所大学的第一个关键词。创建世界一流大学的目标和多年来的建设实践，“211工程”在人们心目中已成为构筑中国高等教育“金字塔”工程。

科教兴国的基础工程

“211工程”正式启动于1995年。当时，全球化和知识经济的浪潮正在推动综合国力竞争时代的到来，而我国的大部分高校还处于“黑板+粉笔”的教学时代。教学手段和教学方法传统、现代教育技术和文献资源建设滞后，这样的状况使高校不能适应时代对培养创新人才和承担国家重大科研项目的要求。国务院决定：面向21世纪、重点建设100所左右高等学校和一批重点学科的建设工程。走“重点建设、带动整体发展”之路，以提高整个高等教育水平。

1995年11月，国务院批准下发了《“211工程”总体建设规划》，北京大学、河北工业大学、内蒙古大学等99所高校开始立项进行建设。经过“十五”期间的增加，目前，全国共有“211工程”学校107所，分布在27个省（自治区、直辖市）。

作为我国“科教兴国”战略的重大举措之一，“211工程”是新中国成立以来国家在高等教育领域所进行的规模最大、层次最高的重点建设工程，也是“九五”、“十五”期间教育领域唯一的国家重点建设工程。国家对“211工程”的投入力度也前所未有。以苏州大学为例，“十五”期间，苏州大学“211工程”建设项目资金到位30040万元，其中中央专项资金2700万元，地方政府配套10000万元，学校自筹资金17340万元。资金主要用于重点学科建设及装备、公共服务体系建设和师资队伍建设。

高等教育发展的带头工程

我国二代居民身份证物理防伪视读技术是苏州大学“211工程”标志性成果“微米结构激光图像光刻系统、器件与材料研制”系列研究成果的应用之一，达到国际先进水平。据苏州大学校长钱培德介绍，苏州大学共有10项“211工程”标志性成果，包括光学设计与制造技术、组合数学的研究、家蚕天然彩色茧品种选育及产品开发研究等多个方面。

“煤炭资源绿色开采理论”则是中国矿业大学的“211工程”标志性成果之一，该理论显著地推动了我国煤炭行业的技术变革，被国际行业技术界誉为“中国专家在绿色开采技术方面的创新性发展”。目前我国煤炭行业已经形成基于该理论的绿色开采技术体系。

北京理工大学相关负责人介绍：“‘211工程’立项以来，北京理工大学新增本科专业17个，学科专业布局得到优化调整。学校多媒体教学座位数达到16300个，初步建成数字化网络化教学校园。新的教学实验中心大大提高研究生公共基础实验教学的条件。”北京理工大学的发展体现了“211工程”在高等教育学科建设方面所取得的重大成效：部分学科接近或者达到国际先进水平，构筑了一批高水平的学科基地。

创建世界一流大学的催化工程

国务院学位委员会办公室提供的一份图表显示，2005年，我国28所1986年之前就设置研究生院的“211工程”学校和国际公认的世界高水平大学群体美国大学联盟（AUU）科研总经费相比，AUU是“211工程”学校的6.2倍，此外，SCI论文发表篇数和被引用次数分别是3.6倍和6.2倍。而在1995年，这三个数据分别是23.4倍、15.1倍和57.1倍。

“211 工程”重点建设学校、特别是一批以建成世界一流大学为目标的学校整体实力迅速提高，与世界一流大学的差距在不断缩小，这也意味着我国高等教育的发展水平进入新的阶段。“211 工程”有力地推动了我国高等教育管理体制、投入机制以及教育教学思想的改革，成为创建世界一流大学的催化剂。

目前，“211 工程”三期建设，即“十一五”期间的建设已经开始，中央投入专项资金 100 亿元。据国务院学位委员会办公室主任杨玉良介绍，三期工程将重点投入创新人才的培养和师资队伍建设。相比一期、二期注重各学校承担科研能力、硬件水平等方面的提高，三期强调如何塑造一个更好的人才培养环境。

（《光明日报》2008 年 12 月 25 日）

九、医疗卫生

医院改革 30 年三大步

本报记者 范又

《深化医药卫生体制改革指导意见（征求意见稿）》公布之后，引起社会各界高度关注与热议。细读其中有关医疗机构改革的部分，不难发现，不少条目是既往改革探索的深化与完善。例如：公立医院公益性质和社会责任的定位，坚持以病人为中心优化服务流程，建立完善医院法人管理体制，实行医药收支分开管理等等。可以说以往的改革为将要进行的改革奠定了基础。那么改革开放以来我国的医疗卫生机构有过哪些重要的改革实践？曾任卫生部副部长的中国医院协会会长曹荣桂，在接受记者采访时作了如下回顾。

回望 30 年

1978 年底，党的十一届三中全会做出了改革开放的伟大决策，中国医院改革大船也随之启航，回顾中国医院改革 30 年的进程，大致可以分为三个阶段：

第一阶段，拨乱反正，提高服务效能（1979 ~ 1996）。

这一阶段，医院进行了多方面的改革尝试：

1979 年 ~ 1983 年间，首先是针对当时普遍存在的“独家办，大锅饭，一刀切，不核算”，医院越办越穷，医院环境和秩序脏、乱、差，看病难、住院难、手术难的问题，开始了以经济管理为重点的整顿和改革。基本上解决了药品管理的混乱现象；整顿健全了医院收费制度；建立了定额管理制度，提高了工作效率和设备使用率。

1983 年 ~ 1987 年，医院改革由点到面、由浅到深、由单项到综合，实行了承包经营责任制、院长负责制、干部职工聘任合同制、人才流动制度、开设家庭病床、专家挂牌门诊、建立医疗协作联合体、医院后勤服务社会化等多项改革。

1989 年 ~ 1996 年，一些医院试行“一院两制”或一院多制”的经营模式和分配方式；有的医院进行了院内集资的尝试，有的利用外资，引进先进的技术；股份制医院、民营医院开始出现。实行了社会统筹与个人医疗账户相结合的医疗保险模式试点和医药费用“总量控制，结构调整”的改革。

第二阶段，创新机制，完善配套措施（1996 ~ 2005）。

医院改革紧紧围绕“用比较低廉的费用提供比较优质的医疗服务，努力满足群众基本医疗服务需要，促进医药卫生事业健康发展”的目标，采取一系列措施，努力提高服务质量、改善服务态度和控制医疗费用。新型合作医疗制度开始建立，社区卫生服务在改革中起步，在探索中发展，在实践中完善。一些大、中城市开始建立社区卫生服务网络。这段时间，我国先后出台了《执业医师法》、《医疗事故处理条例》、《中外合资、合作医疗机构管理暂行办法》、《医疗美容服务管理办法》等法律、法规和规章，加快了医疗行业管理法制化进程。

第三阶段，明确方向，深化体制改革（2006~2008）。

2006年年初，国务院颁布《关于发展城市社区卫生服务的指导意见》，提出要坚持社区卫生服务的公益性质，注重卫生服务的公平、效率和可及性，坚持政府主导，鼓励社会参与。2006年10月11日，党的十六届六中全会明确提出要“坚持公共医疗卫生的公益性质，建设覆盖城乡居民的基本卫生保健制度，为群众提供安全、有效、方便和价廉的公共卫生和基本医疗服务。建立国家基本药物制度，整顿药品生产和流通秩序，保证群众基本用药。”新的医改方案开始孕育，医院改革融入城乡医药卫生体制整体改革之中。

盘点五项成就

对此前的医院改革，社会各界评说不一，甚至有“改革基本不成功”的说法。曹荣桂认为，对历时30年的医院改革，不能简单地以“成功”或“不成功”来评价。应当看到医院改革30年取得了多方面的成就，并为下一步的改革打下基础，这些成就主要是：

一、医院办院方针、原则、目标和指导思想日益明确。

2007年10月，胡锦涛总书记在党的十七大报告中对中国特色社会主义卫生发展道路做出了明确表述。卫生部党组书记、副部长高强同志在2008年卫生工作会议的总结讲话中，对中国特色社会主义卫生发展道路作了具体的解释，即坚持卫生事业为人民健康服务，为人的全面发展服务，为经济社会发展服务；坚持公共医疗卫生的公益性质；坚持预防为主、以农村为重点、中西医并重的方针；实行政事分开、管办分开、医药分开和营利性与非营利性分开；强化政府责任和投入，完善国民健康政策；建立基本医疗卫生制度，建设覆盖城乡居民的公共卫生服务体系、医疗服务体系、医疗保障体系、药品供应保障体系；为群众提供安全、有效、方便、价廉的医疗卫生服务，实现人人享有基本医疗卫生服务。这也为医院的改革与发展指明了方向。

二、对医院公益性质的认识日益深刻。

随着改革的逐步深入，尤其是近几年来，公立医院的公益性质日益受到重视，医院基本建立了强调社会效益，注重社会责任，同时也不忽视经济效益的经营思想。经过30年的改革，医院管理的视角不再局限于医疗机构内部，已从单纯考虑医院自身的发展转变为更加关注人民群众的整体利益。在医院服务功能上，从不太重视预防保健的单纯医疗救治，转变为重视预防保健，重视医院感染管理，重视支援农村和基层，重视扶贫、支农、救灾，医院越来越注重履行其社会责任。

三、医院整体素质和服务水平显著提升。

经过30年的改革，我国医院医务人员素质、医疗技术水平、医院管理水平、硬件设施条件以及服务能力均有显著提升。经济发达地区的城市大型医院医疗科技水平和设施条件已经接近或达到发达国家水平，中西部地区和基层医院的医疗条件也有了显著改善。经过医院分级管理、医院管理年活动，我国医院的医疗服务质量持续改善，患者安全得到广大医院管理人员和医务工作者的充分重视。医院服务形式，从过去单一的医疗服务，发展为提供医疗服务、康复服务、家庭服务、社区服务、社会服务、心理服务等多种形式的服务。据统计，我国人均期望寿命已从1981年的67.8岁提升到2005年的73.0岁；婴儿死亡率从1981年的37.6‰下降到2007年的15.3‰；孕产妇死亡率从1991年80.0/10万下降到2007年的36.6/10万。中国人民健康水平已经达到发展中国家的较高水平，这其中，医院改革功不可没。

四、医院管理体制和激励机制日益完善。

医院由卫生行政部门的附属机构转变为自主运营的独立法人，医院领导管理体制从过去医院党政不分的领导体制，转变为院长负责制，即院长作为医院法人全面负责医院行政管理的组织管理体制，使院长基本上能做到在经营管理上有职有责有权，有的医院已经开始尝试规范的医院法人治理。同时医院从过去单一的全民或集体所有制，拓展为中外合资合作、股份制、股份合作制、个体私有制等多种所有制形式。医院的运营效率大幅提升，更适合我国社会主义初级阶段的实际国情。医院的人事制度，已从“铁饭碗”、“铁交椅”转变为多种形式的聘任制和聘用制，医院和员工之间，实现了一定程度的双向选择。多数医院实行了绩效考核，实行岗位管理，引进竞争机制，医院的分配制度从干多干少、干好干坏一个样，不重视责、权、利的平均主义“大锅饭”状况，转变为实行多种形式责任制和激励措施，医院员工的工作积极性、主动性普遍提升。

五、医院经营意识日益增强。

医院的经营管理，从不认识市场，不重视经营，不顾及成本，等、靠、要的计划经济管理体制模式，转变为注重市场，注重经营，注重成本的市场经济管理体制模式。在重视医院的服务、技术和质量的同时，充分重视医院的经营、核算和效益，认识到医院必须遵循市场发展规律和经济规律，加强经营管理的重要性；重视医疗市场的调查和开发，采取有效措施，适应市场需求，提升医院服务效能，使医院逐步适应市场经济的变化和发展，为医院在社会主义市场经济体制下健康发展打下了良好的基础。

不可否认，中国医院改革与其他领域的改革一样，在取得成就、积累经验的同时，仍面临一系列问题和挑战。我们有充分的理由相信，在党的十七大精神指引下，广大医院管理工作者和医务人员一定能够坚持实践科学发展观，立足我国国情，结合本地、本院实际，锐意进取，开拓创新，不断深化医院改革，探索出切合中国实际的医院发展道路，为实现人人享有基本医疗卫生服务的目标和全面建设小康社会作出新的贡献。

（《光明日报》2008 年 12 月 29 日）

新医改方案聚焦

10 月 14 日，《关于深化医药卫生体制改革的意见（征求意见稿）》全文公布，向社会公开征求意见。历经两年多时间的“长跑”，医改意见为13亿人看病就医描绘了一幅怎样的蓝图？透露了我国医药卫生发展的哪些“新”动向？就人们关注的这些问题，记者采访了曾参与《征求意见稿》讨论、起草的专家及业内人士。

新医改公开哪些利好来？

周婷玉　王茜　顾瑞珍　吴晶　赵超

政府主导：维护百姓健康政府责无旁贷

［医改意见］《征求意见稿》指出，要坚持政府主导，强化政府在基本医疗卫生制度中的责任，加强政府在制度、规划、筹资、服务、监管等方面的职责，维护公共医疗卫生的公益性，促进公平公正。同时明确要强化政府责任和投入，不断提高全民健康水平，促进社会和谐。

［新闻背景］上世纪 80 年代，我国曾一度对卫生医疗机构实行放权、让利、搞活，实行鼓励创收和自我发展的政策，以增加医疗服务供给，缓解“看病难、住院难、手术难”等突出矛盾。

但随之出现的是，政府投入不足，医疗机构趋利明显，医药费用迅速上涨，老百姓负担加重。据了解，我国卫生总费用由 1980 年的 143.2 亿元猛增到 2006 年的 9843.3 亿元，增长了 68 倍，同期政府和社会投入由 78.8% 下降到 50.7%，个人支出由 21.2% 增加到 49.3%。

［专家解读］国务院发展研究中心社会发展研究部部长葛延风：强化政府责任是《征求意见稿》中一个明确的方向。政府很好地肩负起规划的责任，医疗资源的布局就会更合理；政府投入责任不断强化，群众的医疗负担就会逐步降低。

倾向基层：完善医疗服务体系农村和社区是重点

［医改意见］《征求意见稿》提出，将建立农村三级医疗卫生服务网络，积极推进农村医疗卫生基础设施和能力建设，大力改善农村医疗卫生条件，提高医疗卫生服务质量。《征求意见稿》同时提出，完善以社区卫生服务为基础的新型城市医疗卫生服务体系。

［新闻背景］一些基层医院几天等一个病人，而病人在城市大医院却是几天也排不上号。大医院门庭若市，社区医院则门可罗雀。

医疗资源分布的不平衡，导致“看病难”突出。据了解，全国 80% 的医疗资源集中在大城市，其中 30% 又集中在大医院。农民缺医少药的状况还没有真正改变，不少群众长途跋涉，异地就医，增加了就医困难，也加大了经济负担。

［专家解读］中国中医科学院广安门医院肿瘤科主任林洪生：大力发展农村医疗服务体系和城市社区医疗服务体系，不仅是平衡卫生资源的分布，更重要的是有利于缓解老百姓“看病难”之苦。如果基层医疗机构、二级医院、三级医院都能明确分工，各司其职，一些多发病常见病在基层就能解决，老百姓就不用进大医院了。

但她同时表示，农村和基层卫生机构不仅要以方便、廉价吸引老百姓，保证服务质量、提升服务能力和水平更为关键。

全民覆盖：多层次的医疗保障体系覆盖城乡居民

［医改意见］《征求意见稿》指出，要加快建立和完善以基本医疗保障为主体，其他多种医疗保险和商业健康保险为补充，覆盖城乡居民的多层次医疗保障体系。城镇职工基本医疗保险、城

镇居民基本医疗保险、新型农村合作医疗和城乡医疗救助共同组成基本医疗保障体系，分别覆盖城镇就业人口、城镇非就业人口、农村人口和城乡困难人群。

［新闻背景］我国44.8%的城镇人口和79.1%的农村人口没有任何医疗保障，绝大多数居民靠自费看病，承受着生理、心理和经济三重负担。2003年，中国农民的年人均收入为2622元，而平均一次住院要花去2236元。

因没有医疗保障，城乡低收入人群常常会因为经济负担过重而放弃住院。调查发现，城乡低收入人群应住院而未住院的比例达到41%。

2003年开始，国家组织在全国农村建立新型农村合作医疗制度，目前已覆盖全国农村地区90%以上的人口。与此同时，城镇居民基本医疗保险试点也已在200多个城市推开。城乡医疗救助制度也基本建立。

［专家解读］清华大学经济管理学院经济系主任白重恩：《征求意见稿》中最重要的内容之一就是健全医疗保障体系，并且也已经着手在做了。"这点确实抓住了问题的症结。因为医疗费用高，往往是一个人生病全家都被拖垮，如果有比较好的医疗保障体系，'看病贵'就能有所缓解。这项制度是在看病就医方面给老百姓吃了一颗'定心丸'。"

他说，新农合制度、城镇职工医疗保险、城镇居民医疗保险，这三者为实现医疗保障的全民覆盖奠定了基础。实现"全覆盖"关键还要逐步提高保障水平，更加有效地发挥功能。

均等化：城乡居民均享受公共卫生服务

［医改意见］《征求意见稿》明确政府在提供公共卫生和基本医疗服务中的主导地位。公共卫生服务主要通过政府筹资，向城乡居民均等化提供。健全城乡公共卫生服务体系，向城乡居民提供疾病防控、计划免疫、妇幼保健、健康教育等基本公共卫生服务。

［新闻背景］一段时间来，我国卫生工作中的"重医轻防"、"重城轻乡"等弊端明显，我国基层公共卫生机构功能弱化，县级以下公共卫生机构只有1/3能够维持正常运转，另有1/3甚至瘫痪。2003年的"非典"暴露出我国公共卫生体系存在的严重缺陷。

［专家解读］葛延风：基本公共卫生服务的均等化，这意味着我国居民将不受年龄、地域、职业等限制，均能享受到同等的公共卫生服务。健全公共卫生服务体系，是实现"重治疗"向"重预防"转变的前提，坚持预防为主，是提高全民健康水平、提高卫生投入绩效的最重要手段。

公益性：为公立医院改革标定航向

［医改意见］《征求意见稿》提出，推进公立医院管理体制改革。从有利于强化公立医院公益性和政府有效监管出发，积极探索政事分开、管办分开的多种实现形式。同时明确，公立医院要遵循公益性质和社会效益原则，坚持以病人为中心，优化服务流程，规范用药检查和医疗行为，深化运行机制改革。

［新闻背景］公立医院是我国医疗机构的主体，但面临着经费不足、自谋生路的压力。据了解，目前政府每年投入约占公立医院经费的15%，其余部分都得靠挣钱自筹。

医院为了生存和发展，必然出现一些"趋利"行为，"公益性"弱化。一些公立医院中，药品收入占到了总收入的半壁江山。大处方、大检查等现象屡见不鲜。而且医院的趋利动机也在一定程度上导致了医患关系的紧张。

［专家解读］葛延风：坚持公立医院的"公益性"原则是《征求意见稿》一个明确的方向。"如果医院只想着赚钱、盈利，群众'看病贵'问题就难以解决。"

他同时指出，由于公立医院的改革比较复杂，《征求意见稿》中提出了一个稳妥的做法，那就是近期先开展试点，然后通过实践、在总结经验的基础上找到符合国情的方案。

林洪生：作为一名医务人员，我支持公立医院坚持"公益性"。如果公立医院不用费心去自筹经费，医务人员就会有更多的精力投入到治疗病人、提高业务，也就会更多考虑患者的利益，医患关系也将得到缓解。

建立基本药物制度：减轻群众药费负担

［医改意见］《征求意见稿》中提出，建立国家基本药物制度。基本药物由国家实行招标定点生产或集中采购，直接配送，减少中间环节，在合理确定生产环节利润水平的基础上统一制定零售价，确保基本药物的生产供应，保障群众基本用药。

［新闻背景］成本只有几十元钱的药品，经过定价、销售等环节后，到患者手里可以高达几百元。近年来，药价虚高成为群众反映最强烈的问题之一。尽管多次降价，但老百姓感觉并不明显。据了解，2007年，在医药纠风专项治理工作中全

国分3批降低了726个品种药品价格，降价金额达100亿元。

［专家解读］林洪生：生产环节的混乱无序和使用环节的不规范是导致药价虚高的重要原因。

建立国家基本药物制度，实行招标定点生产或集中采购，这将规范药品的生产，保障基本药物的供应，同时还将减少药品流通的中间环节，有利于挤掉药价中的水分。

同时，还要逐步改革以药补医的机制，切断医生、医院与药品销售商之间的利益链条，以降低老百姓的药费负担。

（《新华每日电讯》2008年10月15日）

医改地方意见

与其囿于义理之争，不若眼光向下看看各地人们脚踏实地的探求。其成败得失，是对新医改方案所提出的最好意见：在公立医院资源呈显性稀缺的情势下，如何积极降低民营医院的准入门槛；将医院的药房统一托管到政府的手中，如此“医药分离”果真能堵住其间的利益黑洞吗？凡此种种，无不勾勒出新医改方案的可能和不可能。

旺旺医院：艰难的生存

言咏

湖南旺旺医院的门诊大厅给人秩序井然的感觉：高高挑起的中庭让空间显得很开阔，角落里是鲜艳的儿童游乐场和简易的咖啡吧。这里看不到公立医院里惯常使用的塑料椅子，取而代之的是可以让病人随时躺下的软面长凳。

走上二楼，与化验室咫尺之隔处就有一个卫生间，墙上向着化验室开出一个小窗口，免去患者端着检体奔波送检之苦。这种方便患者的布局随处可见：在消化中心各科室的附近安排胃镜肠镜检查室，在骨科、心肺中心的附近安排放射科。

借助一个花费了300万美元开发的管理系统，医生在患者挂号后即可以看到其基本信息，如果是复诊，还能查询以往的病历记录。开完处方之后，系统立刻算出总费用并显示在屏幕上，病人不用再去大厅排队划价。

这家医院坐落在长沙芙蓉区区政府气派的大楼对面，外墙上的“旺仔娃娃”标识流露出医院的民间基因，它的投资者是以生产仙贝和雪米饼而广为人知的台湾旺旺集团。

在医院几乎各个朝向的外墙上，都醒目地挂着庆祝其成为省市医保定点医疗机构的巨大横幅。能获得全面医保资质的民营医院凤毛麟角，而在一个承诺“全民皆保”的时代里，这成为它们能否生存下去的关键因素。

旺旺医院2005年成立，是中国第一家合资民营的大型综合医院，之前外来资本和社会资本所进入的，大都是妇幼、眼科等专科领域。

私生子的尴尬位置

2001年9月11日，台湾旺旺集团申请兴办合资医院，它当时的中方合作者占30%，旺旺占70%的股份。这是政策规定外资持股的上限。

2001年是一个好时机。这一年年底中国正式加入WTO，它需要兑现曾经所做出的开放承诺。

审批进行得很顺利，次年4月2日，旺旺拿到批复。李永国对这个日子记忆犹新，因为政策规定当年4月以前获得批复的合资医院，购买医疗设备可以有机会免税。两天之差让旺旺医院损失颇大，“这些设备有两个多亿啊”，李永国说。

旺旺和湖南渊源颇深。它1994年在湖南建立其在大陆的第一家工厂，14年以来，在当地培育了良好的人脉资源和政商关系。现在旺旺集团每年回馈给湖南的税收，仍然在一个亿左右。

2005年12月31日，湖南旺旺医院宣布正式对外营业。从申请到开业，旺旺集团一直低调行事，开业那天只举行了一个小型发布会。

在低调获得出生证后，李永国比喻自己的医院就像是父亲突然从外面带回来的私生子，它的生存环境不舒畅。

为了避开政府把控更严的领域，旺旺医院申请的是营利性医院，这让它承担了比公立医院沉重得多的税赋和成本：水电费不是比照公共事业，而是按餐饮、歌舞厅等服务行业征收；对于医院这种前十年都可能赔钱的行业来说，3年免税期的优惠只是聊胜于无；今年汶川地震，旺旺医院收诊了51位灾民，但政府发放的补贴需要上税；三鹿问题奶粉筛查，每人次至少需要花费66元，政府补贴30元，这个收入也得上税。旺旺医院现在正在跟政府沟通血的问题，从血站拿回的血，政府规定不能加价，但医院要交营利事业税，所以是输一袋血赔一次本。

虽然政府给了民营医院自主定价的权力，但实际上，这种权力形同虚设。旺旺医院最初希望药品供应商去掉回扣部分，以更低价格卖药给他们，他们再按国家最高限价卖给患者，这样利润空间大一些。但这个操作模式遇到了两个困境，一个是和物价局的矛盾，物价局希望旺旺医院采取药品加价15%的销售方式；另一方面则是越来越难买到低成本的药。当供应商和其他医院形成了价格利益联盟时，谁愿意低价卖给旺旺，从而暴露自己和其他利益相关方呢？

幸运的是，旺旺医院比较顺利地取得了各种医保资格，这是他们坚持使用就诊实名制的一次歪打正着。但医保中也有一些不公正待遇。比如，一些县级医院转病人上来，转到湘雅能报40%，转到旺旺只给报25%，或者完全不能报销。这种歧视对待的出现有时是出于县医院对旺旺的不了解，有时则因为地方保护。像长沙县，自己兴建了一家县医院，因为怕患者流失而一直不与旺旺签医保协议。

人才的缺乏

湘雅医学院在长沙难以撼动的地位，让旺旺医院在招贤纳士方面尤显艰难。

据说旺旺医院成立之初，湘雅系统内曾有不成文的规定，如果系内医生往旺旺发展，其在湘雅服务的家属全部都要离职。

开业两年多以来，旺旺医院真正从湘雅系任上招来的专家教授很少。李永国说，从湘雅系来旺旺的医生有两类，一类是退休返聘，一类是在湘雅干得不是很愉快的人。

"其实，只要修改一条法律就能把被公立医院垄断的医生资源释放出来"。李永国说，他一直很诟病《职业医师法》中把医生固死在一家医院，外出行医就是走穴的规定。"我们说务工，经商，行医，不走出去怎么能成为好医生呢？其实医生应该是公共财产、社会资产。"

李永国自己曾经在湘雅二医院干了二十多年，官至副院长。他离开湘雅二医院时很决然，尽管如今说起这家医院他仍然怀有深厚的感情。李永国表示，公立医院能够给予一个医生的声望，当下新生的民营医院很难做到。他自己已经在公立医院积累和收获了名声，所以放弃公职对他来说几乎没有名利上的损失，但对于更年轻的医生，这却是不得不仔细权衡的因素。

经过两年多的成长，旺旺医院现在每个工作日接诊的门诊病人人数已经达到1000人，住院病人稍少，每日200人左右，而建院时规划床位是507张。住院病人少和民众对民营医院的信用度有关，在那些赞叹旺旺医院优质硬件设施、优质服务水平的市民中，大部分仍持"小病来旺旺，大病去湘雅"的态度。近年来福建"莆田系"性病游医的欺诈和暴利行为，让民众对民营医院普遍缺乏信任。

"鲶鱼效应"能来吗？

上个世纪70年代，台湾的医疗环境和今天的大陆类似，公立医院占据了80%的市场，医生索取红包、医患关系紧张等问题严重。台塑集团兴办长庚医院，以优质的服务参与竞争，导致公立医院不得不进行改革。如今台湾的医疗环境和30年前刚好相反，民营医院占据了市场份额的80%，公立医院占20%。

随着湖南旺旺、南京明基、厦门长庚等一批有可能与公立医院短兵相接的民营医院的出现，人们开始期待，鲶鱼效应会来吗？

湖南旺旺医院的执行长郑文宪说，他们的出现已经给当地医疗环境带来了影响。自从他们宣布筹建，湘雅系的三大医院及长沙的公立医院都纷纷翻新院楼，改善就医环境。

谈到大陆能从台湾经验中取得的借鉴，郑文宪认为，让公立医院起死回生最好的方法是引入竞争。"但政府要保证基本的公平，现在的情况是，欢迎你来竞争，同时又在你面前摆了好多门槛，除非你一开始就是一个巨人，否则根本踏不过去，反而他们还在那边醉生梦死呢。"

"政府根本就不用担心民营，它只要用心去评鉴民营有没有好好做就行了。民营比公营更怕出事，旺旺医院出了事，整个旺旺集团都会被拖垮，所以我们爱惜羽毛，更怕出事，压力比公立医院更大。"郑文宪说。

李永国乐观地坚信，民营医院是政府迟早总会放开的领域。随着医疗卫生需求的增长，政府的财力已经无法把所有的都掌握手中。它必须集中力量抓紧公共卫生，抓紧临床医疗中的基本医疗，临床医疗中的非基本部分将会放松，让社会资本替它来管理运作。

芜湖模式：医药真分得开？

"招标在即，药品供应商排起长队，为什么没有人来找我？因为我们的医药分离三权分立——我只是整个制度中执行层面的一环，找我也没用。"安徽省芜湖市医疗机构药品管理中心（下称"药管中心"）主任苏元元得意地跟记者说。

10个多月前正式挂牌成立的芜湖药管中心，是国内首家由政府全额拨款的药品管理机构，芜湖市8家市属公立医院药剂科的药房和工作人员，全部划转至该中心名下。芜湖这 8 家公立医院从此没有了药房，药品生意全部归政府打理，政府试图通过此项“医药分离”改革，改变公立医院弊端重重的药品供应链，业内称其为“芜湖模式”。

分家

苏元元表示：“医院占用药款资金是出于经营困难，而医生接受商业贿赂是由于收入水平过低造成的，这些问题的根源就在于政府投入不足。”政府的投入只占医院收入的 6% - 8%，这仅仅够医院支付离退休人员的工资。

提出政府主导医药分离改革设想的中共芜湖市市委书记陈树隆认为，要有效解决药品购销领域存在的种种问题，就必须将药品生意从医院中剥离出来。

原芜湖市第二人民医院药剂科的小宋，向记者讲述着一夜之间换了东家的经历：“药房盘点结束后，2008 年 1 月 1 日起，我就不再是二院的人了，所有人事关系、工资关系都调到了药管中心，虽然还在原来的办公室，工作内容也还是以统计院方药品需求为主，但科室已经改名为‘药品调配中心’了。”药品调配中心管理三个下属单位：门诊药房、病区药房和药库。

通过如此改革，药房和人员都是政府的人，药品的收入也要上交药管中心。据苏元元介绍，各药品调配中心以每周结算的方式将药品收入上交，药管局再上交到市财政局、卫生厅。市财政采取收支两条线，每年通过考核，将药品收入以财政补贴的形式部分下放到医院。由此，医院与药品收支完全分离。

以药养医几十年，部分医院药品收入甚至占到整个经营收入的 50% 以上，一旦离开药，医院怎么办？

苏元元算了一笔账：芜湖 8 家医院年用药总价为 2 亿元，按照医院零售利润 15% 的规定计算，医院正常的药品收入应该在 3000 万元，再加上各种形式的赞助费、推广费等，大概在 4000 万元左右。据此测算，芜湖市政府在医药分家后，计划每年对医院投入 5000 万元作为基础设施建设费用，连续五年不变，2008 年的财政补贴已经全部到位。另外，政府在保证原来财政补贴不变的前提下，协调市社保局，将 8 家医院现有离退休职工全部划归社保，以此减轻医院负担。针对全市 8 家医院欠药商 7000 万 ~ 8000 万元药款的状况，政府为医院提供 2500 万元无偿借款。药房剥离后，医院失去了原流动资金资源，为此政府协调医保局，将医保后付制改为每月按照去年发生金额预付 80%。此外，市政府还协调省物价局，将市级医院医疗服务价格调高至省级标准。

芜湖市卫生局局长韩肃表示，政府通过加大投入和给予相关政策，使医院在此改革中所得大于所失，也使药商的利益得以保障，并统一降低药价 5%，截至目前已经让利患者 800 万元。

但前来就治的患者对这 5% 却不领情，“百十来块的药，降几块钱，没感觉。”在芜湖中医院取药的杨阿姨说。

三权分立

药管中心在机构设置上体现决策、执行、监管“三权分立”的原则，决策层由陈树隆亲自担纲任管理委员会一把手，执行层则由药管中心以及 8 家医院的院长组成，监察局、卫生局、药监局和市纪委则组成监委会进行监督。

苏元元认为，以前药品的购销以及使用权都集中于医院院长一身，缺乏有效的监管机制。药管中心的三权分立制度，能有效的防止腐败。

但三权分立制度并不被所有人看好，反对者指出，三权分立的体系设置中，监管方依然是内部监察部门，并没有中立的第三方监管机制，难以取信于民。有一种可能是，从各家医院的分散腐败转变为政府部门的集中腐败。

9 月 26 日，安徽芜湖市招标采购交易中心网站登出公告：受芜湖市医疗机构药品管理中心委托，对芜湖市参加医药分开的 8 家医疗机构药品采购项目进行集中采购。招标中心代理处负责人高守华说，“这次招标引起了全国药商的广泛关注。”

苏元元认为此次采购项目备受瞩目出于两个原因，一是芜湖现在由从前分散的 8 个医院变成一个统一的 2 亿元的大盘子；另一方面药管中心开出了非常具有吸引力的条件：两个月回款。“政府是有信用保证的，目前在国内还没有哪家医院能真正做到这样的回款条件。所以我们希望能够再降低药价 20%！”

药管中心更看重药商的规模，例如 2 亿元的盘子仅设置两家配送企业，招标公告中规定企业注册资金 500 万元以上、净资产 500 万元以上、连续经营 3 年以上等。“必须保证充足的仓储和配送能力，”苏元元说，“我们希望有实力的企业承担重任，排除一些不规范的小企业，从而达到行业洗牌净化市场的目的。”

然而业内人士表示，排除小企业有政府垄断资源之嫌，而垄断和集权，正是腐败滋生的温床。

跨国药企经销人员小耿告诉记者，芜湖模式对他们这样大型的外企几乎没有任何影响，“因为大企业的政府公关一向做得很好，以前要每个医院去跑，现在直接跟一个部门谈就可以了，只需要继续公关。”而小企业和区域性的大代理商也就是俗称的“大包”会受到比较大的影响，“他们没有地方资源，政府公关要从头做起需要很雄厚的实力，他们做不成。”

当记者询问招投标流程是否具有中立的第三方监管机制时，高守华拒绝回答这个问题。

真的分开?

芜湖模式探索了10个月，医与药是否真正分开了?

小吴是芜湖一家大型医药公司的医药代表。他的日常工作就是穿梭于各大医院，向医生们推销药品，解释每开出一剂处方医生可以拿到多少回扣或者提成。每到月底，拿到药房医生的统方数据后，小吴还要将相关酬劳安全送到开处方的医生手上。

芜湖药管中心成立后，小吴依旧忙碌，继续着他以往的工作。“虽然药房不归医院了，但这对医生没有什么很大的影响，”他说，“医生只要像以前一样开处方，我们还是要给回扣的。”

“没有感觉到影响，”芜湖市第二医院肿瘤科王医生说，“我们只负责开药方，至于谁管药房和我们有什么关系?”王认为，其收入结构并没有什么变化。

对此，苏元元表示，“我们在推进医药分离的改革中，没有采用‘休克疗法’，而是‘平稳过渡，顺利启动’，医院原来临床所用药品品种和进货渠道仍维持不变”。这就意味着小吴的工作仍在继续。

反对者认为，在“药厂－药商－医生－药房－患者”这条利益链上，通过医生处方，成本几块钱的药到了患者手里就变成了几十块甚至上百块，这也是药品链条中最受诟病的一环。而芜湖模式，改革的只是药房的所有者，并未触及此关键一环。

但由于药品收入已经与医院无关，医院方面开始调整医疗服务费与药费的比例。“假如医保卡里有4000元，如果药费用了3000元，医疗服务费就只有1000元，”小吴分析说，“以前药费归医院，所以无所谓，现在药费是政府的，药费用的越多医院医疗费的收入就会相应减少，所以现在大部分医院都规定药费所占比例不能超过医疗费的占比。”因此，现在医院方面严格要求医生必须尽量使用价格较低的药品。

“以前医院院长管处方都是假管，现在可是真管了!”做了20多年医院院长的苏元元对此深有体会，“通过对处方的管理，过于昂贵的药品逐渐被淘汰出局，直接惠及拿药的百姓，具有长期导向作用。”（丁杨）

社区医院傍“大”：北京的“共同体”实验

在北京北大人民医院门诊楼三层一个房间内，五位身着白大褂的医生紧盯电脑屏幕，并不时地敲打着键盘。

刘丽红是一名软件工程师，同时也是这个房间的负责人。她介绍说，电脑连接着展览路、德胜两家社区卫生服务中心，和北大人民医院一道，三者组成了一个名为“医疗卫生服务共同体”（简称“共同体”）的试验。

准确地说，这是个科研项目，但正是这个为期两年的项目，探索出三级医院和社区卫生服务机构双向转诊的另一种模式。在这个课题即将完结之时，决策层也谋求在更大范围将它推广。

“小”傍“大”

一位患者介绍说，为了上午能在北大人民医院看上病，往往得早上五六点钟排队挂号，有一次看病总共动员五六个人，分别在医院的挂号处、医务室等不同地方排队。

这是中国看病难的一个佐证。由于医疗资源配置不合理，社区医疗发展相对滞后，致使大量患者流入大医院，大医院人满为患，超负荷运转，同时出现了“大教授看小病”、看病难等一系列问题。

在一部分人看来，如果“共同体”的做法推广开来，患者“下沉”到社区就医，这种状况或许会有所改观。

刘丽红介绍说，患者在上述两个社区卫生服务中心就医，只要符合转诊条件，服务中心的医生就可以在网上预约北大人民医院的相关科室。而在另一端的北大人民医院的协管中心接到信息后，便会及时处理，安排就诊时间。

和平常不同的是，患者只需拿着预约单，来到人民医院一楼大厅接待处，便有护士全程陪同就医，无需漫长的排队等候。在患者来到前，电子病历实际上已经传到医生手上，在检查后，这些诊治情况和治疗方案又会及时传回社区服务中心。

此外，患者还可以在人民医院看病，到社区去拿药。由于北京市社区卫生服务机构实行了药品“零差率”销售，药品价格远远低于各大医院，对于很多患者来说，这又省了一笔不小的费用。

这项名为“医疗服务共同体”的试验，源于2007年1月北京市科委的一个科研课题，它旨在整合现有医疗资源，通过数字化信息系统实现了资源共享和双向转诊，从而缓解看病难、看病贵等问题。9月25日，该项目正式启动。

据了解，“共同体”试验的直接推动者是北大人民医院院长王杉。在接受媒体采访时王杉曾表示，建立医疗卫生服务共同体的目的是整合医疗资源，实现优势互补，让不同的医疗机构回归其本位，发挥各自的功能和作用。

也就是说，大型三级医院主要承担疑难急重症的诊治和科研等工作，社区卫生服务机构承担常见病、慢性病治疗，坚持预防、医疗、妇幼保健、康复、健康教育、计划生育指导“六位一体”的功能定位。分析人士认为，这样的机制能提高社区首诊率，社区卫生服务机构“门可罗雀”的现状也会有所改变。

双向转诊新路径？

其实早在“共同体”成立之前，大医院与社区卫生服务机构就有了“结对子”、“手拉手”的关系。

从2007年4月1日起，北京市全面启动了全市二、三级医院对口支援社区卫生服务工作。据了解，北大医院对口支援德胜社区卫生服务中心，北大人民医院对口支援展览路社区卫生服务中心。

由于有了这层特殊的关系，“共同体”筹备之初，曾打算只在人民医院和展览路社区服务机构间进行，但后来西城区政府认为，仅有一个中心，试验结果如何很难判断，于是增加了距离人民医院较近的德胜社区卫生服务中心，这便有了目前的“1+2”模式。

分析人士认为，“共同体”和对口支援有一个共同的特点，即都以双向转诊为主要内容。为此有人认为，“共同体”是对对口支援举措的完善、补充，也有人认为这是另一种不同的路径，是新探索。

在以前的合作中，由于大医院和社区卫生服务中心属于不同体制，前者自负盈亏，要通过收入来养活医院职工，因而追求经济利益最大化，而后者收入和经费均由政府投入，在两种不同体制下进行双向转诊，往往存在不少问题。

一位长期从事社区卫生工作的人士介绍说，对于从社区转诊的病人，这些大医院可能会有所选择，例如转来的100个病人，可能只有50个有科研价值或者住院能产生费用，这对医院是有好处的，而那剩下的50个人就没有这样的价值，医院可能就会不愿意接收这样的转诊。

同时按照对口支援方案，没有按时完成规定的每年下社区服务15天任务的人员，当年不能晋升职称，年度考核为不合格，因而各大医院均会派出医生到社区“蹲点”，进行会诊等工作。

上述人士介绍说，社区真正需要的是常见病、慢性病方面的医生，但往往他们担负着繁重的科研教学、临床工作，或者有大量的学术交流活动，一般不能按时并长期在岗，“只能是今天来半天，明天就不来，然后大后天又来半天。”

在这种情况下，医生对社区卫生服务机构的水平、能力了解甚少，甚至能开什么药都不了解，但是经过15天磨合期后，刚刚有所熟悉，“结果呢，他又到点了，要走了”。

另一个更为重要的问题是，双向转诊时存在“上转容易，下转难”的窘境。

德胜社区卫生服务中心主任助理张跃红告诉本报，从一年的运行来看，“共同体”是很有优势的，能真正起到双向转诊的作用。以前是能转上去，但是就得不到转下来的病历指导。现在实行网上转诊，把病历传到人民医院去，人民医院在诊断后能把病历传回中心，有利于社区医生对病人进一步观察，做到对个人健康全程管理。

据了解，张跃红所在的德胜社区服务中心病历转回率达100%，同时该中心还为12万常住人口建立了电子“健康档案”。

多赢的结果

据了解，目前“共同体”已经覆盖23万居民，一年间，居民通过社区门诊预约北大人民医院医生200多次。不过，这在人民医院总门诊量中所占比重，可谓微乎其微。

分析人士认为，从短期来看，这是三级医院赔本赚吆喝的买卖。人民医院对于转诊上来的病人实行免挂号费，同时病人可以在三级医院就医然后到社区买药，对于医院来说，又少了一笔可观的收入。不过从长远来看，并非如此。

由于社区管辖人口较多，同时社区卫生服务机构承担了大量公共卫生服务任务，圈住了一个社区服务机构就等于圈住了一大批人群。分析人士认为，“共同体”下的合作是多方共赢的。

刘丽红认为，“共同体”是基于信息技术平台支撑下建立的，它依赖网络的通畅性，如果网速不稳定，它的运行就会受到限制。要推广“共同体”的做法，则有很多问题需要考虑，例如选择公网还是选择专线，如果是后者，通畅性能得到保障，但成本较高。

此外，由于该试验目前还是一个科研项目，运转所需的软硬件费用均来自课题经费，而一旦大面积推广，挂号费是不是免除？运转中产生的费用如何分担？目前专门为社区预留的医疗资源是否够用？这一系列问题都会出现。

据了解，北京西城区已经有意推广这一经验，同时各社区服务中心也表现出较高的热情。至于大医院愿不愿意做，“关键看医院领导感不感兴趣”。

北大人民医院医务处处长赵越告诉本报，医疗服务共同体最终将发展“×+×”模式，即多家大医院对多家社区卫生服务机构。在赵越看来，如果有政策推动，它的发展会更快些。（翁仕友）

（《新华月报》2008 年第 23 期）

风雨十年：医药分合启示录

柴会群

一起十年前的改革，似乎又要“从头再来”。1998 年，原卫生部药政局分出，与原国家医药管理总局合并成国家药品监督管理局，从而开启中国在卫生与药品（医械）监管层面的“医、药分家”时代。十年后，在数起医院内药品不良事件和郑筱萸腐败案之后，国家药监局再次回归卫生部。医药十年分合，经历风雨无数，折射出中国医药监督体制的难言之痛。

升部遇阻

尽管坊间早有流传，但并入卫生部的消息确认后，对于不少药监人而言仍显突然。

3 月 11 日下午，十一届全国人大一次会第四次全体会议上，国务委员兼国务院秘书长华建敏对国务院机构改革方案作了说明，指出国家食品药品监督管理局改由卫生部管理，理顺食品药品监管体制。

2006 年以来，尽管出了郑筱萸（原国家药监局局长）案，但国务院有关领导仍多次强调食品药品工作的重要性，并总体肯定药监系统这些年的工作。而药监局去年也在积极“刮骨疗毒”，出台多项廉政措施，不遗余力肃清郑筱萸案影响。

国家药监局自 1998 年成立以后，“升部”就一直是局长郑筱萸的一大目标。2003 年将食品部分监管职能并进，更名为现在的“国家食品药品监督管理局”，更是强劲昭示出郑筱萸的“升部愿望”。

然而，大部制方案证明，这只是药监人的一个愿望。

事实上，在华建敏正式宣布前五天，列席全国人大开幕式的国家药监局局长邵明立在接受记者采访时就表示，赞同药监局合并入卫生部的卫生大部制改革设想。

一位有心人士注意到，早在去年 12 月 26 日，新华社就曾报道，卫生部部长陈竺就城乡医疗卫生体制改革和加强食品药品监管问题向全国人大常委会汇报工作。而按我国医药管理体制，2001 年药品管理法颁布实施以后，药品便由国家药监局专管，相关汇报理应由位列国务院直属局的药监局新局长邵明立来作。

“回头看来，这或许是药监局并入卫生部的最早信号。”该人士说。

由卫生部管理之后，国家药监局将与同样由卫生部管理的国家中医药管理局地位平等。按“部管局”有关规定，国家局在工作中需要请示国务院时，应由卫生部向国务院呈文。有药监人士认为，“药监部门地位的下降已经是不争的事实。”

分久必合？

南开大学宋华琳博士近年来一直关注和研究中国药品监督制度。不过，他至今仍然无法完全明白，十年前成立国家药监局究竟是出于何种原因。

流行的说法是，成立国家药监局是为了学习美国 FDA，突出药监部门的独立性，加强对药品质量安全的监督。然而十年后，当药监局改由卫生部管理后，学习美国却成为相反的理由——FDA 并非完全独立，它实位于美国卫生与人类服务部之下。

宋华琳介绍，1998 年前，中国药品监管一直存有两个体系，一是原卫生部下属的药政局（处），一个是归原国家经贸委管理的国家医药管理总局（及各地方局）。前者主要负责药品审批和医院用药的监管，后者则主要管理企业生产经营。前者与医院关系密切，后者则被视为企业利益的代言人。“两个系统之间的矛盾冲突一直存在”。

一位原医药系统人士对此予以证实。他透露，卫生与医药的矛盾主要体现在注册审批上。1998年之前，药品的审批权在卫生部药政局手中，地方各卫生厅局也有一定的审批权。企业如果研发生产新药，通常是先将材料报给原医药局，再由后者报给卫生部（厅）。两个婆婆同时存在，医药企业为此叫苦连天。

“当时的情况是，卫生部门想越过医药局直接给企业批药，医药部门则想把审批权从卫生部药政局那拿过来。两个部门天天打架。”

国家药监局成立之前，一个不可忽视的背景是：当时国内药品领域已经是乱象丛生，路边一个平房内就可生产药品，药品的购销更像是菜市场批发。为此国务院办公厅曾于1994年和1996年发文整顿。当时医院的市场化改革也在加快，在“回扣”风的刺激下，假药劣药也开始进入医院，医院的安全用药形势日益严峻。由于卫生部门与医院的“父子”关系，靠其属下的药政部门监管已越发显得力不从心。

香港中文大学刘鹏的博士论文题目即为“中国药监史”。在他看来，当年药监局成立的一个重要原因是：在药品管理过程中，卫生和医药两个部门都感觉到因为体制不顺的诸多问题，都想借FDA模式将管理权统揽到自己手中。

医药博弈

新成立的国家药监局，由原国家医药管理总局局长郑筱萸任局长，原卫生部药政局局长邵明立则成为第一副局长，原国家中医药管理局（由卫生部管理）副局长任德全亦任副局长。办公地址则为原国家医药管理总局大楼。

就结果而言，原国家医药局似乎主导了这次中国药监史上的最大变革。在新成立的国家药监局120个编制中，原国家医药总局占了80个，原卫生部药政局有30多个，另有不到10人来自原中医药管理局。

“各方对此似乎都不满意。医药局尽管占了大部分编制，却因为原医药局有100人分流而不满；原卫生部药政局尽管大部分人都过来了，却觉得自己是外来人；中医药局的人则认为自己完全被边缘化。”上述人士说，“现在看来，当年药监局一成立就面临先天不足，原来就有矛盾的人撮合在一起，工作难开展。”

新药监系统似乎“生不逢时”——1998年恰逢新中国成立以来动作最大的一次机构改革，各部门纷纷裁人，为减轻分流压力，均对新成立的药监编制虎视眈眈。

据悉，在新的药监系统中，省以下采取垂直管理模式，而主导者同样是各省原医药局。来自卫生系统的王力（化名）曾担任黑龙江省某县药监局副局长。据他介绍，当时不少县的医药局已经改革，变成了医药公司。结果因为要成立药监局，原来职工们“一步登天”，成了公务员。“甚至一些下岗多年的人也进了药监局”。

然而随着郑筱萸案的发生，形势则发生了根本变化。事实上，据国家药监局一位资深人士透露，郑筱萸案能够顺利查处，与国家药监局内原卫生系统干部的举报揭发密不可分。

郑本人落马后，全国药监系统开始整顿，不少卫生系统的干部被充实进来。以国家局为例，药品司司长、器械司司长、新闻发言人等多数重要岗位均来自卫生系统。办公室8名司级（含副司级）干部中，据说有6人来自于卫生部。

管不了医院

国家药监局的成立，标志着我国“医药分家”时代的开启。自此之后，卫生部专管医院和医生，药监局则负责药品和医疗器械。中国的药品和医械的监管，第一次从体制层面脱离卫生系统。以后的事实证明，这种体制亦深深影响到中国的医改进程。

据称，药监局成立之初，时任总理朱镕基曾将新任卫生部部长张文康和药监局局长郑筱萸叫到一起，对张文康说，“医出了问题我拿你是问”，然后又对郑筱萸说，“药出了问题我拿你是问”。

结果五年之后，张文康因为SARS瞒报问题去职；八年之后，郑筱萸腐败案案发，其本人被判死刑，成为新中国历史上第一位被判死刑的国务院直属部门首脑。

尽管随着国家药监局的成立，“医”和“药”从体制上实现了分家。但不争的事实是，这种分家从一开始就不彻底。

这一点在“医院制剂”问题上体现得尤其明显。

所谓医院制剂，是指市场上没有的、由医院研发、生产流通的一种特殊药品，只允许在本医院使用，不能上市流通。药监局成立后，医院制剂面临一个异常尴尬的处境：一方面，它是药品，理应由药监管；另一方面，它在医院内研发、生产、使用，不进入市场，又似属卫生管。

据知情人士透露，国家药监局成立伊始，曾打算将医院制剂的监管权纳入。不过在当时卫生部主要领导的极力争取下，国务院主管领导最终同意保留医院制剂，并交由卫生和药监一起管。这使得我国2001年颁布实施的药品法中，专门就医院制剂设一章节，以区别于国字号药品。

按药品法规定，医院制剂由省级卫生部门审核，由药监部门批准。即“审的不批，批的不审”。据业内人士透露，在实际操作中，以卫生部门的审核为主，药监部的批准多为形式。然而问题是，医药分家之后，由于卫生部曾有的药政职能被并到药监局，卫生部门事实上已经没有药品方面的监管岗位和专职人员。

很少有人知道，近年来我国除了由国家药监局审批的数万种国字号新药之外，另外还诞生了数万种由地方卫生和药监部门共同审批的医院制剂，由于医院制剂的价格制定缺乏市场参考，价格大都不菲，成为医院隐性利润的重要来源。

“国家药监总局成立十年来，其实并没能完全把药全管起来。”国家药监局一位资深人士说。

审批乱象

国家药监局成立后，药品审批权成为其权力和利益的源头。企业生产一种新药需向其交纳数万元的审批费。在郑筱萸当政期间，这项事关国家生命安全的权力近乎滥用。

据一位国家药监局内部人士透露，药品的审批一度出现这种情况：某企业的申请资料刚刚交上，马上被国家局的人复印多份高价卖给其他企业，然后再等到其他企业递交类似的申请资料后一起批准。有的企业要想拿到批文，竟需到国家药监局个别领导家中去取。

审批乱象却并非始于郑筱萸。国家药监局成立之前，除了卫生部药政局可以批药，各省级卫生厅（局）也有审批权。由于标准不一，即便是同一种药品，在质量上也相差很大。药品审批的各自为政现象，成为当时医药界的最大弊病。

为了统一标准，国家药监局将审批权统一上收，结束了药品审批乱象，这便是著名的“地标转国标”。据悉，当时需要重新审批的药品多达15万种。其中有不少是卫生药政部门赶在药监局成立前“抓紧”审批的。

由于换发文号工作量太大，郑筱萸曾签发了187号和582号两个文件，降低药品审核标准。文件中甚至出现了这样的语句：企业申报时提供的有关材料可为复印件，由省级药监部门重点审核其原生产批件和原始档案，专项小组仅对上报的资料进行形式审核，并对原始档案进行抽查核对。

“一句‘形式审核’，让国家药监局的法定监督职责也变成了‘形式’。”

在将药品审批权上收之后，地方药监局的权力和利益大为缩水。不知是否为了“安抚”，国家局允许省级药监局审批三类以下的医疗器械。这使得医疗器械的监管比药品更为薄弱。有药品厂家看准这一机会，把原本在国家药监局难以注册的新药在地方省局以医疗器械的形式注册。

上海“打假医生”陈晓兰，十年来促使有关部门取缔9种问题医疗器械，正是处在这一背景之下。值得一提的是，这些昂贵的、经过合法注册的医械产品，有的甚至是在家庭作坊中生产。

陈晓兰后来知道，医疗器械领域最重要的一部法规《医疗器械监督管理条例》，是国家药监局成立后在短短七天内制定的，其主要起草者，正是国家药监局医疗器械司原司长郝和平——2006年药监反腐风暴中第一个落马者。而这部法规的出台，意味着产品质量法对医疗器械已经起不到约束作用。相应地，质监部门也退出了医疗器械的监管。

一药两制

3月8日，中国食品药品监督信息网上，出现一篇题为“市场化路线大败局”的热帖，作者“种瓜得豆”疑为药监内部人士。在他看来，医药合并意味着我国的药品市场化路线的失败。

这篇文章分析：在权力划分上，药监过小而卫生过大，药监对药品质量安全控制的权利不完整不充分，对卫生部门不具破坏力和推动力，对卫生体制发挥不了四两拨千斤的作用。

尽管药品管理法规定，药品监督管理部门依法对药品的研制、审批、生产、经营、使用进行全面监督。可由于历史原因，国家药监局成立十年以来，对于药品流通占70%以上、药品使用中最重要的环节——医院，却始终缺乏有效监督。由于很难监管到医院，药监局一度被业内人士戏称为“药店局”。

陈晓兰举报的所有问题都发生在医院里，她发现药监部门对药品和医疗器械使用的监管只能到“说明书”为止。“进了医院之后怎么用，药监（部门）说是医院的事，他们不管。”

卫生部门似乎也乐得配合。比如《上海市医疗机构管理办法》中有这样一条：公安、工商、规划、计划、物价等行政管理部门应当按照各自职责，协同卫生行政部门做好医疗执业活动的监督管理工作。细心人可以发现，最重要的部门药监恰恰漏掉了。

“药监部门不敢进，卫生部门既没人懂又无法定执法权。医院成了假药和假医疗器械的安全港。”陈晓兰说。

国家药监局近年在压力下发出多个医疗器械的相关文件，不过并没有起到作用——它们只能通过药监部门发到企业里，却到不了医院。以“氦氖激光血管内治疗仪”为例，国家药监局早在2004年5月就发了文。可是该产品在医院真正停止使用，却是在2005年3月16日卫生部发出整顿“血疗”的紧急通知之后。

L是某市药监局政策法规处处长，在他看来，药品的监管应该比做一条河流，理论上应该是全程监管。可是我国现状是，药监部门只能管到30%上游和中游，占70%的下游管不了，但要承担全流域的责任。

“综观药监十年，对药监部门的动作卫生部门我自岿然不动。药监处处受制于卫生，最终不断收缩战线，埋头于药品生产和药品零售领域，基本无法有效介入医疗机构环节的药品监管。”“种瓜得豆”在帖子中写道。

监管悖论

2006年发生的齐二药（广州中山大学附属三院十多位患者使用齐齐哈尔第二制药公司的假药而死亡）事件，让药监系统的公信力深受打击，亦被认为是郑筱萸落马的一大原因。然而L处长却透露，对于药监系统而言，齐二药事件的结果让人哭笑不得：事件发生时，国家药监局刚建立起药品不良反应上报制度，要求医院在发生不良反应时上报药监部门。从某种意义上说，这也是成立多年的药监第一次真正介入医疗机构的监管。而齐二药事件也正是国家药监局率先对外披露。“本来药监局是用来向中央请功的。”L说，“没想到经过媒体放大，舆论反而将矛头对准了药监局。”

L处长认为，药监系统从一成立时起，就不得不面对这样的悖论：查处问题同时也是暴露问题的过程，工作做得越多越扎实，问题暴露得也越多越明显。

就在各种药品不良事件让药监系统深感被动之际，刚刚经历了哈尔滨天价医疗费事件的卫生系统却全身而退。

在齐二药问题上，卫生系统普遍认为医院不应该承担责任。卫生部新闻发言人毛群安曾经在新闻发布会上为中山大学附属三院鸣冤。认为医院按规定通报了药品不良反应，如果为此承担相关责任，那么势必会对这一制度造成影响。“负责任的医院不应承担不负责任的企业的责任”。

然而一位药监人士对此质疑：“齐二药之事，除了查药厂造假，怎么就没人查一查，假药是如何流进医院的?”中山三院用的药无疑都是通过药品招标进入的，而始于上世纪90年代初期的药品招标制度，一直都是由卫生部门操办。

药监系统成立之后，医院用药安全便面临新的考验。据陈晓兰介绍，以前医院里有一个重要岗位：临床药师。他们是负责医生用药的专业人员，不仅懂医学和药学，还非常熟悉药物的剂量、配伍以及相互作用。其主要职责是监督医生处方的合理用药和安全用药。

临床药师除了可以在用药安全上把关，还可以监督医生乱开回扣药现象。“医药分家以前，临床药师时常会把医生们开出有问题的处方退回去，对医生而言这也是颇没脸面的事情。”陈晓兰说。

然而药监局成立后，医院开始执行由卫生部门制定的执业医师制度，而药店开始实施药监部门制定的执业药师制度。夹在中间的临床药师却在医院失去了位置。“这给用药安全和诊疗安全埋下了极大隐患。”陈晓兰说，“现在药房往往积极配合医生多开药，以前屡见不鲜的因违规用药而退处方的情况没有了。”

与此同时，发生医院里的不良事件则渐渐上升，并成为医疗事故和医患纠纷的重要导火索。“许多病人就是这样不明不白地死在了医院，死了之后还没法打官司，因为最后往往找不到一个责任人。所以才会出现那么多‘医闹’。”

来自卫生部的数字表明，全国由于医患纠纷引发的冲击医院等恶性事件，2002年有五千多起，2004年上升到八千多起，2006年则将近一万起。

“十年来，我反映的所有问题，都发生在医疗机构内，都与医疗服务安全直接有关。我以我十年的经历证明，医、药分家其实分掉的是卫生和药监等主管部门的责任，带来的是不受约束的权力。”陈晓兰说。（该报记者马昌博对本文亦有贡献）

（《新华月报》2008年5月号）

医改：强化政府责任

[演讲者小传]

李玲，北京大学中国经济研究中心教授、副主任。在2006年10月23日第16届中共中央政治局进行的第35次集体学习上，曾就国外医疗卫生体制和我国医疗卫生事业发展进行讲解，是国家医改九套方案之一的北大版方案的主要撰稿人之一。

■ 克林顿就是靠一套“医疗卫生改革方案”打败了老布什

首先，我们讨论一下为什么现在健康和医疗卫生在全球范围内都是极其重要的政治和经济的焦点。不仅国内热，国际上也很热，而且已经热了一段时间了。

最经典的案例，就是上个世纪90年代初的美国总统大选。大家知道是克林顿和老布什之间的竞争。当时老布什的声望非常高。第一，冷战结束了。美国在这个国际上独一无二的霸主地位，布什的贡献是非常大的；第二，第一次海湾战争刚刚结束，那是战争史上的一个奇迹，美国大获全胜。那时的克林顿，是阿肯色这么一个小州的州长，那个州主要的经济支柱是养鸡场，可以说是名不见经传。谁也没有想到他能赢。

克林顿最后为什么赢了？他就是提出了医疗卫生改革。他提出要在美国建立全民健保制度。美国当时医疗卫生费用非常高，花了GDP的近13%，而且还有4000万人———也就是近20%的人群没有任何医疗保险，另外就是企业界对医疗保险的费用也是负担不起。因此无论是老百姓还是企业界，呼唤医疗卫生改革的声音很高。克林顿正好迎合了民众的这个需求，竞选成功。

同样，在其他国家，每次竞选，医疗卫生都是一个热点话题。我们国家，近年来医疗卫生是越来越热，胡锦涛、温家宝等都做过批示，就是要切实解决老百姓看病难、看病贵的问题，我们民众的抱怨越来越厉害。央视资讯做的调查，九成公众不满意十年来的医疗体制的变化，主要的抱怨是贵，就是太贵了，然后是难。

为什么医疗卫生成为一个全球关注的一个焦点呢？我们总结一下，就是医疗卫生的支出快速增长，即越来越贵———不光是在中国，全球范围内都贵，费用增长非常快。第二个就是每个人用于医疗卫生部分的收入是不断地在增长，就是每个人掏越来越多的钱去支付医疗卫生的费用。花了那么多钱以后，是不是每个人得到满足了呢？没有。医疗卫生的可及性是不足的，即使像美国这个全球医疗卫生费用最高的国家，它还有20%的人没有任何医疗保险。所以不仅仅是中国医疗服务的可及性不足，国外也一样。

我们国家全国卫生总费用占GDP的比例，也是一个增长的态势，目前我们是在5.6%左右。中国人均卫生总费用进入上个世纪90年代以后，增长非常快。谁在买单呢？最大的买单者是个人，是居民，政府的投入是比较低的，只有16%，而相对应的美国政府在医疗卫生上的投入是46%。我们再看看医疗费用占个人收入的比重，1985年不到2.5%，1995年为3.1%，2003年为7.31%。农村也基本上是一个相类似的趋势。所以无论是总的费用，还是每个人支出的费用，都是在不断地上升。

中国经济创造了世界奇迹，经济在飞速发展，人们生活水平在提高，但是在看病的问题上，它实际上是越来越难的。卫生部的全国卫生服务调查，每五年做一次，1993年、1998年、2003年。从数据上可以看到，随着经济的发展，越来越多的老百姓看不起病，住不起院，到2003年我们近50%的老百姓因为经济原因不能去看病，而30%的老百姓因为经济原因不能住院。还有就是看病难的问题。也是卫生部的调查数据，仅北京市，因为卫生服务差而没有就诊的人次从1998年到2003年也是大幅上升。

■ 赤脚医生是中国医疗制度的一个创举

为什么医疗卫生会成为全球的热门话题？我们都共同面临一个问题是什么呢？生命是无价的，而资源是有限的。如何使有限的资源得到最有效的利用，这是我们需要研究的。那么怎么来做有效的配置呢？

我们可以先看看我们曾经走过的道路，就是中国的经验。可能大家不知道，中国的医疗卫生曾经创造过辉煌的历史，我们曾经用不到2%的世界卫生总费用解决了近1/4世界人口的基本医疗问题，1949年的时候，中国的人均预期寿命只有35岁，到1978年的时候就上升为68岁，而且婴儿的死亡率也是大幅度下降，这曾经是我们医疗卫生的一个奇迹。

这个奇迹是怎么得到的呢？新中国成立以后，政府就非常重视医疗卫生和人民的健康，在全国范围内开展爱国卫生运动。我想没有哪个国家把爱国和卫生连在一起，它把卫生上升到发展战略的高度。毛泽东题词，“动员起来，讲究卫生，减少疾病，提高健康水平。”当然，当时的背景是中国人曾经被称为“东亚病夫”，于是如何迅速地改变当时人民的健康情况，是中央的一个大政方针。

那么它的资源是如何配置的呢？政府将医疗卫生工作的重点是放在预防和消除传染病等基本公共卫生服务方面。所以资源是配置在公共卫生，而且以预防为主，中西医结合，把医疗卫生的重点放到农村去。

于是，在1949年以后，中国政府就逐步建立了一个低水平、广覆盖的全民医疗保障体系。在城镇，它是以公费医疗和劳保医疗为主，医院由政府和企业去办。在农村，推广的是以集体经济为基础的农村合作医疗，而由赤脚医生给农民提供基本医疗服务。

这个体制的设立非常具有可持续性。为什么？它控制了成本，是一个低成本运行的体制。比如在城镇，医院是由政府和企业来举办，以医养药，就是靠政府补贴药厂，把药价控制得非常低；医院也是政府办的，医疗服务的价格非常低，这样老百姓就能够享受非常低廉的医疗服务。农村也是，农村赤脚医生，这是中国的一个创举，它保证了医疗服务的提供者以最低廉的成本为农民提供服务。赤脚医生他就是农民：有病人的时候他才提供服务，没有病人，他就是在田里干活，而且是拿工分制的。就没有比这更廉价的体制了。另外赤脚医生用的主要是中医和中药，一把草药一根针。这也是中国的一个创举。

现在很多发展中国家还在学中国的赤脚医生制度。当然我们现在也在重新推行新型合作医疗，但是我想我们可能要特别注意的就是我们曾经的合作医疗制度，它的精髓是互助医疗，关键点是赤脚医生。

看一看我们取得的成绩。刚才讲了，新中国建国的时候，国人人均预期寿命只有35岁，到1978年就上升为68岁。发达国家当时的人口预期寿命也就是这个水平，所以当时中国在医疗方面确实是取得了非常好的成果。

■ 各国实践都证明，在医疗卫生领域，市场是失灵的

我们曾经有过非常成功的医疗服务体制，大家可能就要问，怎么我们现在会变得问题这么多呢？过去这个体制为什么会演化到现在这么一个人人都抱怨、谁都不满意的体制呢？

其实我们看到的现象是看病难，看病贵，包括医患关系非常的紧张。但是其实这个原因啊、根源啊，还是我们的发展理念有问题。

首先我们医疗卫生发展的方向不明确。从经济学的理论，或者各国实践实际上都证明，在医疗卫生领域，市场是失灵的，政府有着无可推卸的责任要承担老百姓的基本医疗服务。

改革开放以后，在医疗领域，我们过分地相信了市场，认为市场配置资源是非常有效率的。但是市场配置资源要有效率，它是在一定的假设的前提下，它需要一个比较完善的市场。而医疗卫生领域是一个不完全的市场，或者说是一个失灵的市场，所以我们现在看到的很多问题，很多的报道都是在指责说是市场造成的，其实市场的作用是有局限性的，如果你把这个市场失灵的领域盲目地推向市场，那么肯定就会出现我们现在看到的资源配置的不合理。

资源如何配置得不合理呢？我们知道，市场配置资源的过程是由利益来驱动的，也就是说，利益最大化是供给者的目标，而效用最大化是需求者的最大目标。那什么利润最高呢？公共卫生是没有利润的，预防是没有利润的，而高精尖的手术，利润比较高。

于是，大家可以看到，在市场配置资源的前提下，我们拥有越来越多的高科技设备和仪器，医生也越来越愿意给你动手术，而不愿意做基本的医疗服务。

现在一谈看病贵，大家就会说，哎呀，主要是政府垄断嘛，竞争不够，所以导致价格贵。在激烈的竞争下，我们的电器产品不是已经进入微利时代了吗？只要放开竞争、放开市场，将来我们看病贵的问题就会解决。

是不是能解决呢？从美国的经验和国外的经验来看，这是解决不了的。因为医疗服务的市场是信息高度不对称的市场，也就是说病人他对他能得到什么服务、他该享受什么服务，他是不知道的，他没有能力来鉴别什么样的服务是好的，什么样的服务是他需要的，是不是得到了他合适的服务。比如同样一个开心脏的手术，这个医院一千块，那个医院五百块，他肯定去找一千块，他一辈子就开一次心脏手术，他不会为了这个省钱，便宜的他去了还不放心。现在病人为什么会给医生送红包？他其实就是想表示我付的价高于了市场，高于你们现在的价，你应该给我提供好一点的服务。在这种病人选择的竞争形态里面，国际规律是竞争越激烈，价格越高，确实质量也会越好，但是这会导致很多人看不起病。

我们目前的医疗服务技术，高精尖的技术和设备，实际上是超过了我们现在的经济发展水平，这是导致看病贵的原因之一。

在目前这么一个扭曲的体制下，大家抱怨看病贵，其实医疗服务从全球来看它都是贵的，那么关键是贵得合不合理，对不对？比如说你去看一个病，医生动不动就给你开几百块钱甚至上千元的药，而那些药可能不是你需要的；或者动不动就让你做高科技的检查，检查完的结果是让你很开心———你没病，但是检查前你还得捏着一把汗，也就是很多检查是不需要的。这样就使得我们非常有限的资源配置一定走向利润高的领域。中国现在在医疗卫生方面的总费用占 GDP 的比例是5.6% 左右，但是我们现在覆盖的人群不到20%，就是说真正来用这个资源的人是非常少的，效率是非常低的。

■ 药费高：药品、器材收费由市场定价，医疗服务按项目收费

怎么来改变这些问题？

我想第一个还是政府的发展观的问题，就是邓小平讲的发展是硬道理，其实他的“发展是硬道理”是指社会经济全面的发展，而在具体执行的过程中，这个“发展是硬道理”就慢慢地变成了经济发展是硬道理，而又浓缩到 GDP 为指标的度量标准，这使得在涉及医疗卫生教育等等领域，政府的投入大大下降。政府的投入下降以后，让医院到市场上去找钱———就是说过去政府基本上是全额投入，医生他是不用考虑挣钱的。改革开放以后呢，逐步逐步地把医生、医院都推向市场，他们得自己创收。目前政府给医院的投资不到医院营运成本的10%，基本上在七到八个百分点左右。而且，为了保证老百姓能看得起病，政府还把医疗服务的价格给控制住了。

现在，比如你到北京最好的协和医院住一天院，一个晚上的病床费只有 24 元，这是非常低的，24 元你在北京现在能住什么样的旅店？大概澡堂都不止 24 元。那么医院怎么生存？政府给了政策，第一个政策就是药品的批零差价的留用政策，是允许医院把药品的进价提高 15%，然后留下来补医，也就是以药来补医的政策。

这个政策一给，大家就可以看到我们目前开大药方，开贵的药，发改委降了 17 次药价了，越降越贵，为什么？医生没有开便宜药的积极性啊。开便宜药，一块钱的药，15%，我才挣一毛五；100 块钱的药，我挣 15 块。所以一种药，只要它便宜了，它就从市场上走掉了，就没有人再开它了，它就没有人用了。这就使得我们医疗服务的价格实际上是虚高的。

再一个政策就是器材收费成本定价，尤其是一些高科技的检查治疗设备，昂贵的材料，它都是由市场定价。所谓市场定价就是高价。我们的医药支出为什么贵？其实你打开你的医疗服务费用的单子一看，医生的服务是很便宜的，但是药贵、检查贵、器材贵。所以，如何来改变我们这个扭曲的偿付机制才是真正的控制费用的关键。

第三，就是我们现在医疗服务的支付方式也是非常不科学的，它是按服务项目收费，就说我给你提供一项服务，我就收一次费用。医生和医院在挣钱这个激励机制下，当然是给你多提供服务，就有很多叫做诱导需求的问题，服务提供得越多，他能得到的利润和收入也就越高。这些都是需要改革的。

■ 建议我国采取政府主导型的医疗体制

怎样改革？有各种可选择的方案。目前在国际上主要是两种体制，一种是由政府来主导的医疗服务体制，比如英国、加拿大；还有一种就是以美国为代表的由市场来主导的医疗服务体制。我个人建议中国应该采取的是政府主导型的医疗体制。

我们应该认识到，改革发展的最终目的是为了人民的健康和幸福，而不应该不惜代价发展经济，损害我们的健康，损害我们的环境。健康是最重要的生产力，医疗卫生不仅是消费，它也是对国家健康财富的投资。

中国的优势就是人口多，当然了，大概也是劣势。但是我想对于服务行业，对于医疗服务行业，人多并不是坏事，因为人多你的受众多，你服务的人群多，就有经济规模。

所以我想我们下一步应该做的就是如何利用大国优势创造出中国特色的医疗服务体制，照搬目前世界上现有的模式，大概都不适合我们中国。因为我们国家的现状是经济发展水平还很低，我们必须要创造出一套价廉物美的体制，才能解决我们 13 亿人口的医疗服务问题。

现场答问

问：如果按照您所说的建议，由政府来配置公共卫生方面的资源，天价医药费还会出现吗？

答：还是会出现，为什么呢？就是政府来主导，并不是政府就重新走大包大揽的道路。我想政府主导的是提供基本医疗服务，就是包括药、器材，在我政府提供的单子里面都是以国产化为主，价廉物美，效用确实很好的。如果你不满意这个基本的，你完全可以由市场来作为补充。也许就像哈尔滨天价医院的患者，他确实有钱，在市场上他确实可以花这么多钱去买服务，当然这个服务应该是货真价实的。另一方面，医疗服务确实是一个无底洞，尤其到了生命的最后阶段，服务费用会是非常高的。

问：针对三级医疗卫生体系资源分配不公的问题，我们有什么一些比较好的解决的方法？

答：改革这20多年，农村的公共品提供是欠债太多，无论是医疗还是教育、文化，各方面我们做得很不足。现在国家倡导新农村建设，我觉得这可能是改善农村公共品提供的契机。

农民现在最大的问题确实是看病的问题，你刚才提到这个三级医疗网络，不同的地方可能有不同的模式。比如说比较发达的地区，江浙一带，或者是广东地区，也许它就不需要三级了，也许就是一个乡村医生，直接就到县一级，因为它交通比较发达，在乡村医生这一级能够提供基本的，最基础的医疗服务，然后疑难病症就直接可以到县级的医院。在经济比较发达的地区，其实市场可以更多地来配置基本医疗服务资源，政府更多的投入应该是公共卫生，也就是疾病的预防，公共卫生的教育，健康的教育。

而在比较贫困的地区，我想政府就应该责无旁贷地把这个责任承担起来，包括一些交通不发达的地区，它可能还是需要三级网络，乡镇卫生院起着枢纽作用。一种模式是乡医，到乡镇卫生院，到县级医院；还有一种模式，如果可能的话就是在人口比较聚集的地方，由乡镇卫生院派驻乡医。

总而言之，我觉得我们一定要探索一条低成本的医疗服务体制，依靠目前的医疗服务体制，新农村合作医疗实际上提供的是一种保险，这种保险在现有的医疗服务体制里面确实不具备可持续性。我们应该找到一条能够给农民提供基本医疗服务的方式，再加上新农村合作医疗这个保险的方式，两种结合起来会逐步地解决农民看病。

问：在目前，医院已经受益很大了，它们改革的动力在哪里？

答：我想现在确实有一些医院是既得利益者，但是我想他们现在其实也是受害者。大家可能看到，医院受到的责难是越来越多，医患关系从来没像今天这么紧张。随着国家监管的加强，他们的既得利益会越来越少，他也会有积极性来改革。

如何能够创造出新的改革模式？国家现在正在试点，其实在这个试点的过程中，可以总结出一些可以推广的经验，农村合作医疗其实就是农民自己创造出来的模式，政府及时地把它总结起来推广了。我想，我们是可以找出适合中国特色的医疗服务体制的。

问：对于中国目前正在进行的医疗体制改革，您最大的期盼是什么？

答：最大的期盼，我觉得国家应该在一个最高的层次上制定发展战略，也就是健康强国的战略。

问：您是不是有信心，有一天所有的中国人都能看得起病？如果有的话，这一天我们还得等多久？

答：我很有信心，我觉得我们曾经有过，为什么不能再有？这个我想不太久吧。

问：不太久，那这个日子我们是以天来计算，以年来计算，还是以十年为单位来计算？

答：我想，以年计算可能比较现实一点。

（《新华月报》2008年2月号）

十、体　　育

本报体育部和中国体育报联合评出：

2008年国内国际十大体育新闻

国内十大体育新闻

1. 8月8日～24日，北京成功举办第二十九届夏季奥运会，中国代表团首次登顶奥运金牌榜。中国在射箭、帆板、蹦床、拳击、男子击剑、女子体操团体等项目上取得历史性突破。

2. 9月6日～17日，北京成功举办2008年残奥会，履行了“两个奥运，同样精彩”的庄严承诺。

3. 9月29日，北京奥运会、残奥会总结表彰大会隆重举行，胡锦涛总书记发表重要讲话，提出进一步推动我国由体育大国向体育强国迈进。

4. 12月17日，国家体育总局发布《2007年中国城乡居民参加体育锻炼现状调查公报》。结果显示，2007年全国有3.4亿城乡居民参加过体育锻炼，“经常参加体育锻炼”的人数比例为282%。

5. 北京奥运会火炬传递实现奥运火炬首次全球传递。5月8日，奥运火炬首次在世界最高峰珠穆朗玛峰峰顶点燃。

6. 3月9日，刘翔在巴伦西亚世界室内田径锦标赛男子60米栏决赛中以7秒46的佳绩称雄，成为中国田径史上首位室内世锦赛男子冠军。8月18日，刘翔因伤退出北京奥运会男子110米栏比赛。

7. 中国男足全线失利。6月，国家队在南非世界杯预选赛亚洲区20强赛小组垫底；8月，国奥队在北京奥运小组赛未出线；10月，U16国少队在亚少赛小组赛出局；11月，U19国青队在亚青赛止步八强。

8. 3月2日，第四十九届世乒赛团体赛在广州举行，中国队第十六次夺得世乒赛男团冠军、第十七次夺得世乒赛女团冠军。

9. 体彩事业乘奥运东风推出“顶呱刮”即开型彩票等，体彩销量创历史新高，本年度中国体彩销售超440亿元，市场份额稳定在43%。

10. 6月17日，参加2008“穿越东方”越野拉力赛的中国车手徐浪不幸遇难。

国际十大体育新闻

1. 第二十九届夏季奥运会和2008年残奥会在中国北京成功举行。北京奥运会上，共有204个国家和地区代表团参加，创历届之最，奖牌分布更广。中国代表团以51金首次登顶奥运金牌榜，此前连续三届名列榜首的美国代表团以36金退至第二，俄罗斯代表团以23金位居第三。

2. 美国游泳选手菲尔普斯在北京奥运会上一举获得8枚金牌，改写7项世界纪录。菲尔普斯以14金成为奥运历史上获得金牌最多的选手。

3. 牙买加田径选手博尔特在北京奥运会上连夺男子100米、200米和4×100米接力金牌，并以惊人成绩打破3项世界纪录。

4. 全球金融危机对国际体育的影响逐步显现。强生公司退出国际奥委会TOP合作伙伴计划；本田车队退出F1、铃木车队退出WRC后，著名的斯巴鲁车队也宣布退出WRC，一系列退出相伴一系列体育赛事、体育赞助被取消。

5. 北京奥运会上，蒙古男子柔道、巴拿马男子跳远、巴林男子中长跑等分别取得该国奥运史上的首枚金牌。

6. 6月30日，西班牙队在2008年欧洲足球锦标赛决赛中以1:0战胜德国队，44年后再次登上欧洲足坛之巅。

7. 8月18日，纳达尔取代费德勒，成为世界男子职业网坛排名头号选手。本年度，纳达尔在法网男单比赛中实现“四连冠”，并相继夺得温布尔登公开赛和北京奥运会男单冠军。

8. 7月27日，第九十五届环法自行车大赛在巴黎落幕，西班牙车手萨斯特雷首度成为环法赛总冠军。但本届环法大赛仍未能摆脱禁药丑闻，德国ARD电视台也因此退出本届环法转播。

9. 11月3日，英国车手汉密尔顿夺得2008赛季F1车手总冠军，也成为F1历史上最年轻的车手总冠军。法拉利车队以172分获得本年度车队总冠军。

10. 6月18日，凯尔特人队在NBA总决赛上以总比分4：2击败湖人队，夺得2007～2008赛季NBA总冠军及球队历史上的第十七个总冠军。

（《人民日报》2008年12月26日）

举国五十载 中国体育体制改不改，怎么改？

马昌博　柳天伟　漆菲

中国正沉浸在北京奥运会的成功之中，其中最引人瞩目的收获，则是中国代表团取得的51块金牌以及中国金牌数历史性跃居首位的表现。

国家体育总局局长刘鹏在8月24日的新闻发布会上，表扬了中国体育代表团的成绩。而官方在总结此次中国体育代表团的惊艳表现时，普遍提及我国独特的体育体制。力举8金1银的中国举重队成为最好的例子，国家体育总局举摔柔中心主任马文广表示，其优势之一源于“举国体制”，即“从小学到中学，从县里到地市到省，一直到国家队”，进行人才的选拔和培养。

如何评价中国这次在奥运会上取得的成功？这种成功会带来什么样的影响？而公众在一届无与伦比的奥运会之后，并未一味沉浸于喜悦，思考的声音似乎更加配得上成功：巅峰之后，中国体育体制的走向是否会有变化？将如何变化？

本报记者为此专访三位专家：北京奥组委执行委员、中国奥委会前秘书长魏纪中；华南师范大学体育科学学院教授、国家体育总局“深化体育行政管理体制改革研究”重点项目负责人卢元镇；国家体育总局学术技术带头人、北京体育大学教授熊晓正。

奥运成功正是改革时机

奥运会本身在短期内是不可重复的，这次之后在很长时间之内，不会给我们第二次改革机会。这次大获全胜，不为成绩遮望眼，深化改革上层楼，在好的基础上进行改革才是有远见的。

记者：为什么学界普遍认为2008年奥运后是一个改革的节点和时机？

卢元镇：我们之前推迟改革很大程度上是因为要筹备奥运会，从1993年就开始申请奥运会，到现在举办完十多年的时间，这段时间只能寻求短期、高效，动用政府力量的办法。

这次从国人对刘翔、杜丽的宽容可以看出中国老百姓的心态越来越成熟，说明老百姓从对金牌的民族精神的追求转向了对文化享受的追求，这也给了中国改革一个很好的心态机遇。老百姓的心态更脚踏实地，希望体育更好地为每个人服务。从这个意义上讲是个时机。

从大的改革机遇上，包括今年初进行的大部制为代表的行政体制改革，在这个大背景下，滞后的体育体制自然也需要改革。

熊晓正：一定程度上讲，筹办2008年奥运会对于体育界改革的深化是有一定影响的，而为了保证备战期间的稳定，稳定是个大局，这一点无论是体育界还是社会各界都能理解和体谅。改革毕竟是利益的调整，容易引起波动，如果没有一个稳定和安定的环境，那么筹备奥运会就比较难。而这次大获全胜，不为成绩遮望眼，深化改革上层楼，在好的基础上进行改革才是有远见的。

记者：但是这次我们奥运会拿了很多金牌，为什么还要改革？

卢元镇：首先中国体育体制不是没有问题，比如说足球就一直没解决好，是个老大难问题。另外中国学生体质持续二十多年一直在下降，这是个大问题，我们不能一俊遮百丑，用金牌数给遮掩了。另外，很多运动员退役之后没有出路，而且后备力量的培养难以为继，倒金字塔的问题，体育资源高度垄断，可持续发展的状态是缺乏的，不能老看现在。

我们整个民族体质对金牌的支撑力很差，更多的运动项目都是靠技巧，体操、乒乓球、跳水等等，而真正反映我们民族体质的项目比较差。从这方面讲要看到存在的问题。

这次刘翔的退赛就很能说明问题，13 亿人都在关心这块金牌，如果我们的金牌都是这种“一人系天下”的情况的话，那么是岌岌可危的。另外就是体育产业上，如果不改革，那么外国资本就可能把你吃掉。

记者：这次奥运会如此成功，是否会对改革的必要性带来不同声音？

卢元镇：这次奥运的成功肯定凸显了“举国体制”好的地方，但是我们不管外界评价好与不好，我认为改是大方向，早改比晚改好，小改比大改好，主动改比被动改好。

记者：现行体育体制除了有利方面外，是否也有可改善之处？

熊晓正：现在整体上存在的问题一个是结构性问题，一个是项目发展不平衡，一个是地区发展不平衡，这样三个问题不解决会对我国整体体育事业的发展产生严重影响。

过去发展竞技体育，我们只看到取得的社会效益、政治效益，没有把它作为一个产业来发展。体育局应该抽身出来，站在高处管宏观。而现在主要是在管理竞技体育事业，考虑的也主要是金牌。

在后备人才培养上，我们把业余体校训练好的学生运动员召入，但把他们的时间主要花在训练上，而忽略了学习。

而农村孩子过去比较想通过体育之路改变自己的身份，但现在城乡一体化后，没有更多人愿意走专业化道路，过去那套专业化体制肯定会面临很多的矛盾。包括运动员的再就业问题都是专业体制带来的。国家采取很多措施来解决，但那只是治标不治本，同时也只解决冠军级的优秀运动员。要解决还是应该采用学校化的方式，体教结合的方式。

如果这个问题能解决，在青少年阶段既保证他的业务训练，又保证他的义务教育，对学校，对运动员比赛都有好处，运动员后备力量的培养才能从根本上解决问题。

卢元镇：现在竞技体育的功能搞得很单一，就是金牌，其实奥林匹克始终在强调对青年的教育，是一种文化，但是我们把它做得太单一了，绝大多数青少年都被排斥在竞技体育之外。

另外我们后备力量的培养问题比较严重，比如很多项目靠国家队来培养后备力量，成为倒金字塔结构，包括体操在内，这些项目的群众基础在哪？另外，有些项目可以选拔出尖子来培养，像跳水和射击。但是一些运动项目，明显地要有国民的体质作为基础，田径、三大球类以及消耗体能较大的自行车类，没有国民的体质做铺垫是得不到的。

竞技体育这样走下去，会越走越窄。运动员不能老是增加政府的负担，而且政府作为运动员成绩的投资者，也是风险的承担者。如果中国足协是个纯粹的民间团体，爱输什么样是什么样，但是它拿着政府的钱。所谓成也政府，败也政府。

改革：政界和学界要寻找共识

在过去的很多年里，学界和政界基本处于一个相互指责的态势，前者认为后者改革力度不大，而后者认为前者过于理想化，不切实际。

事实上，包括学者内部，争论也不断。而政界另外一个很实在的担心是，改革如果造成中国金牌数量的大幅下滑，则是一个无法接受的灾难。

卢元镇现在要做的，就是沟通学界和政界，做出一个大家都可以接受的方案。

记者：这次奥运会取得了很好的成绩，那么奥运之后，关于体育改革，现在各界的看法是一种什么状态？

魏纪中：现在很多基层已经出现了很多试点，可以说这就是最实际的行动。我们不能轻易说一个制度好不好，现在很多学者常常提“休克疗法”，除非时间能证明，但目前看到他们很多提出的方法常常太理想主义，虽然理想主义并不是说不能达到目标，但要知道，任何改革等到看成果的那天是要花很长时间的。

虽然“举国体制”不能说是最完美的制度，但目前确实是最符合中国国情的，要把它放在一个适当的位置上，不断地改革。

只有让群众本身有自觉性了，才能让这项事业有效。不像过去，什么运动会都是政府组织起来的，往往让人不情愿。政府是要提升这样的自觉性，给群众提供必要的条件，而不是“自上而下”，号召“全民运动”。这届奥运会若真正提高公民的体育意识，让大家的体育需求增加，才真是成功。

卢元镇：学界和政界都承认要创新，但是对改革的目标，改革的途径，改什么，怎么改，在哪一代人完成改革，这些问题都没有解决。

另外学界和政界明显有认识上的不同。我希望能实现政界和学界的沟通，找到一个双方都能接受的方案。

当然，改革的力度、发展的速度和社会的认可度是要统一的。起码现在是已经拿到了51块金牌，如果改革之后的4年，跟俄罗斯一样突然掉到二十余块，出现第二次“兵败汉城”的话，民众就不管你是否在改革的阵痛期了。当年一位体育总局的领导说我不能做历史的罪人，所谓不能做历史的罪人就是担心，如果改革导致金牌上不去，怎么交代？

记者：关于“举国体制”本身的概念范围问题，是否也有不同的看法？

魏纪中：首先“举国”并不是说倾国家之力，不能让大家什么也不干就为了体育。你看教育都没有一个举国的称谓，体育怎么能这么说呢？所以这个“国”指的是体育界内。是内部选拔出优秀的运动员，由国家拨款来培训。

卢元镇：“举国”到底在什么范围？或许这基本是集中体育系统的力量，而其他部门，比如教育部门就很不关心。另外，体育系统内，地方体育局和总局的想法也不一致。比如在本届奥运会上，地方省局更关心的是自己省的运动员拿到的金牌数量，因为这将带入下届全运会。

记者：我看到怎么对待竞技体育和群众体育的性质，似乎也有争论？

卢元镇：有观点认为应当把竞技体育当成公共产品，而把大众体育推向市场，这样竞技体育全盘由政府埋单就有了依据，有关方面也曾把这个意思传达给中央，但是上面没有同意。

记者：在这方面体育总局和财政部门是否也有不同的看法？

卢元镇：1995年订《全民健身计划纲要》第5稿时，我是参与者，开会讨论初稿的时候有一条说“中央与地方财政要随着国民经济水平的提高，按适当比例增加群众体育的投资”。

结果与会的财政部的一位司长说，全民健身计划非常好，开始关注群众体育了，但是这条要删掉，因为我们给你们批的财政预算里含有群众体育开支了，只是没用到群众体育上。修改后的第11稿说，“中央与地方财政要随着国民经济水平的提高，逐步增加对体育事业的投入。体育部门要改善资金支出结构，逐步增加群众体育事业在预算中的支出比重。”意思是政府先把体育的蛋糕做大，然后我再给群众多切一点，财政部还是不同意。最后定稿只留了后半句话：“体育部门要改善资金支出结构，逐步增加群众体育事业在预算中的支出比重。”

记者：改革是否要削弱体育行政部门？

卢元镇：我认为不应该削弱体育行政部门，体育本来就属于弱势部门。应该用更好的办法去改善和加强它，以更加适应市场经济体制。但必须区分哪些是管体育，哪些是办体育，政府不能错位，也不能缺位。

“坚持举国制，探讨新内涵”

在2008年初的全国体育局长会议上，国家体育总局局长刘鹏说，在当前和今后一段时期内既要毫不动摇地坚持举国体制，同时“又要根据新情况、新问题、新环境不断完善，赋予其市场经济条件下的新内涵”。

但是关于“新内涵”应该包括什么，正是现在要亟需解决的问题。

记者：你现在正在做的研究是哪些方面的？

卢元镇：我正在研究的问题是，一个发展中国家、一个体育并不好的大国为什么能拿51枚金牌，占世界第一位。可以肯定的是我们的体制中有一些“绝招”，是别人学不了和实施不了的。

而这些“绝招”哪些是必须保留的，哪些是要改革的，是要弄清楚的。比如政府在体制中的地位，我们的体制中政府是主导的，效率高，花钱的事情可以由政府埋单，在一些需要投入大量经费的项目上拿到金牌，这是好事，问题是如何持续发展。而另一面则是由此产生的代价怎么办，怎么持续？

另外我们的体制是比如运动员从幼儿园开始练体操，小学中学可以不念，甚至可以越过义务教育法，这是别的国家做不到的，以后是否可以一直这么做下去？类似这些问题都可以讨论，然后权衡，哪些东西可以保留下来，哪些必须改。

记者：作为课题负责人，你对体育行政体制改革的基本观点是什么？

卢元镇：我的初步意见大致是：第一，体育改革必须与经济政治改革同步，不能再拖中国改革大局的后腿。

第二，要保护体育资源，不能因为改革而牺牲掉体育资源。1998年的改革中，县级及县级以下基本上把体委撤了，分并到文化局、教育局或卫生局等部门，最后导致体育失去了空间。体育与其他行业不同的是政府既在管体育又在办体育，体育局既是体育的行政部门又是事业单位，如果把行政部门一撤，操作部门也没了。所以中国体育需要发展一批体育的产业单位、社团单位、中介单位，这些组织发展起来之后，逐渐把政府的一些做体育办体育的职能分解给他们。

记者：体育改革的方向和目标是什么？

卢元镇：我们所说的体育体制包括很多层次和类别，按照层次有行政管理体制、运动项目管理体制，横向来说有竞技体育体制、群众体育体制，学校体育体制。其中改革的关键点是竞技体育体制，它在中国占有统治地位，一切都服从这个竞技体育的体制，其竞赛体制、训练体制、管理体制是最坚硬和投入资源最多的，这个领域不改其他都是空话。

记者：你对体育体制改革的研究前景做什么打算？

卢元镇：我从1980年代以来就一直研究中国的体育体制，奥运之后，我认为体育改革是一定要推动下去的。当然，做体制研究，提出一些意见，不是要拆台，把它搞垮。

这种研究的出发点和体现的人文精神应该是希望它更好，而不是说一定要骂，轰几个人下台，不是对这个事业造成毁灭性的打击。

记者：如何看待体育行政部门未来的走向？

卢元镇：包括这次大部制改革时专家们也有各种建议，比如体育总局并到文化部、教育部，甚至跟共青团中央并到一起等等，这都要取决于中央政府的决策。体育总局和地方体育局的内部结构和功能也一定要改，早改比晚改好，主动改比被动改好。

熊晓正：我认为今后改革的方向会分解其中的一些职能，比如健康问题就给卫生部，今年全国政协会议，我们体育组的委员就是和卫生部在一起，有人就猜想是不是有些职能要放过去。

从深圳的实践上看，原来要建个健身中心，要体育局审批，现在在深圳可以直接去工商局申请。把体育局作为行业指导机构，而不是去管理市场。

（《南方周末》2008年8月28日）

北京2008：一届无与伦比的奥运会

刘水明　王　恬　辛本健

梦萦百年，斯夜成真

当奥林匹克圣火点燃“鸟巢”主火炬，东西方文明以至整个世界实现了一次伟大的拥抱

1万多名运动员不断超越自己，超越纪录，使北京成为全球的“快乐制造中心”

世界看到了体育的奇迹，看到了北京的微笑，读懂了中国的“和”字成功举办北京奥运会，标着着中国进入了一个新的时代，标志着奥运会进入了一个新的时代，也标志着中国与世界的交往进入了一个新的时代

这是中国的奥运，这是世界的奥运！

2008年8月8日~24日，第二十九届奥林匹克运动会圣火在中国北京熊熊燃烧，一个个向着更快、更高、更强目标奋进的身影在跃动，一幕幕弘扬和平、友谊、进步的感人场景在涌现。

中国做到了，“世界给中国一个机会，中国还世界一个惊喜”！世界微笑了，北京是各国体育健儿佳绩频出的福地，北京是五大洲四大洋来宾尽情同欢的乐园！

“北京欢迎你，有梦想谁都了不起，有勇气就会有奇迹”

“北京欢迎你！”奥运会开幕前，这首早已传唱于北京大街小巷的奥运歌曲道出了北京的喜悦与热情！

梦萦百年，斯夜成真。8月8日晚8时，流光溢彩的古都北京在国家体育场“鸟巢”向全世界奉献了一场恢弘浪漫的奥运会开幕式：五千年的文明瑰宝从历史深处款款走来，向世界展示中华民族的风骨与智慧；30年改革开放的辉煌成就在电光声影中喷涌而出，向世界彰显现代中国的蓬勃与进取。当奥林匹克圣火点燃“鸟巢”主火炬，东西方文明以至整个世界实现了一次伟大的拥抱！

全球45亿观众见证了迄今为止奥运史上规模最大的一次聚会：204个国家和地区奥委会派出了代表团，1万多名运动员在五环旗下欢聚一堂，80多位外国政要出席开幕式。布什是第一个在任期内出席他国举办的奥运会的美国总统，他认为，北京奥运会是“一个告诉中国人民我们尊重你们的传统、尊重你们的历史的

机会”。福田康夫是20年来第一位到国外观看奥运会的日本首相，他祝福北京奥运会“成为载入史册的和平盛会”。澳大利亚总理陆克文将北京奥运会称作是“中国融入世界的一个重大事件”，越南国家主席阮明哲认为北京奥运会是“奥运会历史上一个新的里程碑”……

绚丽璀璨的夜空，美轮美奂的演出，磅礴悠扬的奥林匹克北京乐章征服了所有观众。世界许多媒体毫不吝啬地用尽赞美之辞来描绘这场“仲夏夜之梦”，法国《费加罗报》写道：“这是一个属于中国的夜晚，温柔如梦境一般。一个富有中国特色的、盛大的开幕式，整场表演游走于艺术与科技、历史与未来之间，时间在此刻凝固，这是欢庆的时刻，这是奥运会的时刻！”美国体育节目解说员科斯塔斯感叹：“北京奥运会开幕式超越了所有最高级形容词。”新加坡《联合早报》则在《光彩照人的北京之夜》中体察深邃：“由此上溯一百年，世世代代中国人所怀抱的理想，所寄托的希望，所深藏的骄傲，所受到的委屈，所强忍的屈辱，都在这璀璨之夜，完全和舒畅地得以释放。”埃及《金字塔报》形容“新的中国从‘鸟巢’腾飞”，“北京奥运会架起了世人渴望加深了解中国的桥梁，提升了中国的地位、作用和影响力”。美国《时代》周刊写道：“北京奥运会令人屏息的壮观开幕宣示着中国重新回到世界舞台的中心。”

体育盛宴开始了！1万多名运动员不断超越自己，超越纪录，使北京成为全球的“快乐制造中心”，各国民众为不断诞生的奇迹和突破欢呼雀跃，一些国家领导人也亲临现场观赛。在北京奥运会两大标志性建筑里，人们惊喜到几乎疯狂：“鸟巢”内，牙买加“飞人”博尔特接连创下100米和200米跑的新世界纪录，他游刃有余的冲刺和轻松愉悦的心态，将体育的力量与快乐演绎到极致；“水立方”里，世界纪录成为“易碎品”，24项（次）游泳世界纪录被刷新，美国“飞鱼”菲尔普斯连夺八金，成为奥运史上赢得金牌数最多的运动员。有人慨叹：“今年8月可能是人类有史以来狂欢最多的一个单月。”

在许多国家，北京奥运会电视节目的收视率都创下历史新高，人们为运动员的精湛技艺喝彩，为运动员的永不放弃动容，为本国代表团的突破骄傲。中国代表团共赢得51枚金牌，夺取金牌总数第一，中国人民振奋不已；印度参与奥运会已88年，神枪手宾德拉终于在北京射落该国个人项目首金，举国欢腾；新加坡女子乒乓球队勇夺团体银牌，打破新加坡48年的奥运“奖牌荒”，被惊喜的新加坡人誉为“金牌姑娘”；曾身患白血病的荷兰选手范德韦登获得马拉松游泳金牌，令世界感动；突尼斯的迈卢利获得男子自由泳金牌，为该国时隔40年后再夺一金，并成为北京奥运会上第一名获得金牌的阿拉伯选手。奖牌榜上，不断有国家实现金牌或奖牌的“零突破”，奖牌分布的分散化预示着一个前所未有的“平等时代”的来临。

“我家大门常打开，开放怀抱等你；拥抱过就有了默契，你会爱上这里”

奥运会，不仅仅是体育竞赛的盛会，更是民间交流的盛会、文化沟通的平台。现代奥林匹克运动诞生100多年来，奥运会已经成为世界上影响最广大深远的体育、文化节日，不同国度、不同民族、不同文化的人们在四年一度的盛会上公平竞技、倾情交流，友谊因此诞生，了解因此加深。

来自世界各地的1万多名运动员是奥运会的主角，也是最深切感受到北京热情拥抱的人。先进的体育设施，舒适的奥运村，便利的交通，细致的工作人员，微笑的志愿者，这一切都让运动员以一种轻松愉悦的心情迎接大赛。“北京奥运村是奥运史上最美、最舒适的奥运村”，运动员们把这种感受传向四面八方。国际奥委会奥运会执行主任费利对奥运村、场馆、交通和志愿者赞不绝口，认为北京奥组委工作出色。

在比赛现场，中国观众不仅为中国运动员“加油”，也为外国运动员送上喝彩和鼓励。在“鸟巢”内，俄罗斯“撑杆跳女皇”伊辛巴耶娃创造了她的第二十四个世界纪录后，向为她加油的观众高呼“我爱你们”；女子七项全能比赛结束后，30多名参赛选手集体向热情的观众表示感谢，法新社评论说“这在奥运史上是罕见的”。亚洲选手在北京尤其有一种“主场感觉”，受到中国观众喜爱的日本“蛙王”北岛康介就向媒体吐露了类似心声。德国《每日新闻报》干脆给中国观众“颁发”了一枚“价值连城的场外金牌”。

随着比赛的进行，加拿大《温哥华太阳报》注意到，北京奥运会之前蔓延的危言耸听的谣言一个接一个地破灭了，“话题和担忧也随之烟消云散”。马拉松世界纪录保持者、埃塞俄比亚长跑名将格布雷西拉西耶亲身感受到北京的空气之后，公开表示后悔退出北京奥运会马拉松比赛。

在北京，3万多名各国记者和40多万名各国游客走街串巷，品味中国的文化和美食，与北京人一起分享奥运激情。佐宁塞恩在美国《新闻周刊》网站上撰文说，“到北京旅游的西方狂欢者”发现北京“实际上真的很有趣”，酒吧里人满为患，“奥运之家”里也能享受乐趣，奥运会令这个城市沸腾了。

微笑、真诚和热情是北京给各国记者和游客留下的最深刻的印象之一。微笑无处不在，马来西亚《星报》说，微笑是中国人热情、亲切和好客的天性流露，也是自信的表现；真诚溢于言表，加拿大CBC公司说，北京人无论老少，几乎都会用英语真诚地向外国游客说一声“北京欢迎你”；热情温暖人心，韩国人柳京淑在《国民日报》上倾吐对一位曾热忱帮助她的北京郊区少女的思念；乌干达《新视野报》说微笑和热情使非洲人在这个遥远的东方国度一点也不感觉遥远。

北京奥运会带给中国和世界最深远的意义，或许是让一个真实的中国和一个真实的世界面对面。地球村不大却也不小，不同国家的人们更多地是借助媒体传播和口口相传来了解彼此，北京奥运会则为中国和世界提供了一个前所未有的亲密接触的机会。真实或虚妄，每个人会用自己的眼睛找到自己的答案。英国《卫报》记者布尔说，“抱持开放的心态从未像现在这般重要”，“我对北京的想法落伍至极”，“现代中国正向世界展示自己，我们必须接受亲身经历的现实，而不是固守别人灌输给我们的昔日中国的概念，或是抱持我们一厢情愿的想法”。英国《泰晤士报》记者巴恩斯则注意到“汗流满面的”青年志愿者“发自内心地微笑”，“这些年轻人正是中国普通民众的一个缩影：愉快地生活，自豪地面对世界”。瑞典国家电视台纪录片《鸟巢》展现了一个集历史积淀与高速发展于一身的北京形象，认为中国几千年的历史能够延续至今，最重要的原因之一是它具备接受创新的勇气。

奥运会只有短短的16天，但这场交流的盛会在世界人民心中播下的友谊种子将会生根发芽，让彼此多一份理解，多一份默契，多一份牵念。

“迎接另一个晨曦，带来全新空气；气息改变情味不变，茶香飘满情谊”

16天的北京奥运会，世界看到了体育的奇迹，也看到了北京的微笑，更重要的是，世界还读懂了中国的“和”字。

开幕式上，897块活字印刷字盘变换出三种不同字体的“和”字，引起世人的注目。“和”是古老的中国哲学，“和”是卓越的中国智慧，“和”是和平，“和”是和谐。

和平，历来是现代奥林匹克精神的要义，而奥运会的源起也是由于厌恶战争，转而以运动场上的和平竞争来激发人们的豪迈之情。奥运会不以取胜为唯一目标，更以参与为精髓。现代奥林匹克之父顾拜旦写道：“啊，体育，你就是和平！你在各民族间建立愉快的联系。和平和友谊在有节制、有组织、有技艺的体力较量中产生。全世界的青年，通过你学会互相尊重与学习。不同民族特有的素质，成为高尚而和平竞争的动力。”体育是把全世界团结在一起的力量。在北京奥运会开幕式上，当坚持光荣与梦想的伊拉克、阿富汗运动员走入场内时，他们收获到格外热烈的掌声，因为他们的到来使珍视和平、奋进不已的奥运精神尤显珍贵。

和平，历来中华民族所珍视。美国哈佛大学著名学者杜维明在解读“和”字时说，中国崇尚和平，与中国的“和”哲学有很大关系，中国文化能够源远流长也与“和”有很大关系。以色列总统佩雷斯这样诠释中华民族对和平的坚持：“中国一直以‘丝绸’而非‘钢铁’来发展对外关系。”可以说，中国改革开放30年所取得的成就，也是中国坚持把握和平与发展的时代主题的成果。中国国家主席胡锦涛在奥运会开幕前夕接受外国记者采访时说，奥运会是和平与友谊的盛会，北京奥运会将向世界展示中国人民热爱和平的形象和决心。事实证明，北京奥运会做到了这一点。

“和”，历来意味着和谐，是中国传统文化中的辩证思想和政治智慧。当今世界，不同文明交相辉映，却也有争端争锋的一面，和谐理念体现了人类的美好追求。胡锦涛主席在北京奥运会欢迎宴会上指出，世界从来没有像今天这样需要相互理解、相互包容、相互合作，北京奥运会是中国也是世界的机会，各国人民应该通过参与奥运会，增强友谊、跨越分歧，推动建设持久和平、共同繁荣的和谐世界。奥运会是不同文明的交流与展示，国际奥委会推崇的“包容”概念正与中国的和谐世界理念相契合。不同文明之间互相尊重、互补互济，世界才能变得和谐。

一位日本政治家在看完开幕式后对中国记者说，“我没有想到中国人在这个上升时代表现出来的却是这样温和，似乎证明了中国的一句古话：四海之内皆兄弟也”，“中国是一个真正的大国，我感受到了”。马来西亚《东方日报》载文说，“和”字就是要告诉全世界人民，中国强大了，但中国追求的是和谐、共同发展与共同分享。

2008年，对于中国来说是很不寻常的一年，突如其来的地震大灾难没能压垮中国人民，伟大的抗震救灾精神使中国人更加齐心协力，成功地举办了北京奥运会这一中国对外交往史上的空前盛会。走过30年改革开放历程的中国，通过奥运会，将变得更加开放。中国13亿人的拥抱，也使北京奥运会成为奥运会历史上的里程碑，国际奥委会主席罗格在开幕式致辞中意味深长地说道：“北京，你是今天的主人，也是通往明天的大门。感谢你！”

北京奥运会已经落下帷幕，国际奥委会终身名誉主席萨马兰奇表示，“这是有史以来最好的一届奥运会，所有的中国人民都积极地参与了进来”。成功举办北京奥运会，标志着中国进入了一个新的时代，标志着奥运会进入了一个新的时代，也标志着中国与世界的交往进入了一个新的时代。如果说瑰丽的开幕式呈现了一个历史悠久、繁荣现代和向往和平的中国，那么微笑的中国人则呈现了一个自信、善意和宽容的中国。在这21世纪的“晨曦”，人类需要的是和平与和谐的“全新空气”，中国愿与各国携手，在奥林匹克精神的指引下，共创一个“飘满情谊”的欢乐世界！

（《新华月报》2008年9月号）

北京奥运会——中国告诉世界

李柯勇　唐　璐
李诗佳　谭晶晶

曾经让西方人感到陌生、神秘、遥远的古老中国，通过北京奥运会与世界拉近了距离。

北京奥运会给中国提供了这样一个机会。数十万境外游客和近3万名记者云集中国，除了看比赛，也有意无意地观察、品味、理解着中国的社会、经济、政治、文化。

短短17天，尽管远不能看透一个有着五千年历史的东方大国，却无疑令很多人改变印象。这是中国的机会，也是世界的机会。

开放

开放，已成为北京奥运会的第一关键词。

新闻采访对所有境外媒体开放、互联网畅通快捷、国防部在军营里举行中外记者招待会等，这仅仅是诸多开放措施的一部分。

奥运会期间召开了各种新闻发布会。面对西方记者尖锐甚至是挑剔的提问，发言人从来都是态度开明，耐心作答，不说“无可奉告”，也不讳言我们这个发展中国家存在的问题和不足。

起初，一些记者对此表示“惊讶”，后来则习以为常。事实上，中国一直在开放，奥运会只是让世人更多地参与到这种开放中来。正如德国外交政策学会研究所主任埃伯哈德·桑德施奈德所言：“中国不需要任何奥运会来开放自己，这个国家在自己开放。”北京奥运会只是让世界上更多的人有机会看到中国的开放，亲身感受到中国的开放。

一个耐人寻味的细节是，现在不少外国记者已经学会了哼唱《北京欢迎你》：“我家大门常打开，开放怀抱等你……”

文明

《世界新闻报》特约作者麦克尔·佩恩说，对欧美人来说，中国历史以及历史上的成就，他们所知甚少。《功夫熊猫》《卧虎藏龙》，加上一些零星的介绍材料，就是很多外国人“中国印象”的全部。这样的心理基础，可以部分解释奥运会开幕式何以引来世界性的惊叹。

“全世界怀着敬畏之情观看着美轮美奂的北京奥运会开幕式。我们看到一幅中国卷轴缓缓摊开，上面展现了古代文明的伟大标志，”一位欧洲观众在《日本时报》上这样写道。

令世界观众震撼的，不仅是开幕式高超的表现手法，更是丰富的中国传统文化元素：飞天、唱腔、水墨卷轴、郑和船队、四大发明、民间艺术……自然，50分钟的演出无法展现五千年文明的全部精华，但至少为世界打开了一扇观赏中国的窗子，激起了更多人对中国文化的兴趣。

从“中国印”到“福娃”，从奥运村民间工艺展示到篮球场间武术表演，从主新闻中心的书法壁画到主火炬上的“祥云”纹饰，奥运会上“中国元素”无处不在，外国游客在一点一滴地感受着中国文化的魅力。

中国的现代文明同样让人印象深刻。佩恩说：“中国人参与主创的‘鸟巢’是世界上最壮观、最美丽的体育场，这些将改变以往人们心目中‘中国没有创意，只是一个低成本产品生产国’的偏见。”

美国弗吉尼亚州地方官员里尔原来以为中国人都不会笑，他从 NBC 的电视节目中发现，北京秀水街的营业员居然英语那么流利，还能跟主持人开玩笑逗趣，这让他大吃一惊！

“彻底颠覆了我对中国原有的概念和印象，”英国观众安迪·霍伊尔这样形容北京奥运会，“我必须说，中国的正确形象应当是：文化和历史的底蕴极为厚实，国力相当殷实，科技日益发达，百姓的心态平和而健康。”

不少人开始试图深入解读既古老又现代的中国文明。西班牙《先锋报》说：“我们感受到了中国对其传统历史角色的回归。没有对外侵略的历史和拥有谨慎智慧的特点，正是我们面对的这个躁动的世界所需要的。”

包容

奥运会开幕前，少数西方媒体曾经猜测，受狂热民族主义驱使，中国人可能会在北京奥运会上表现出狭隘、排外的一面。

而随着奥运会进程的展开，人们逐渐看到了这样的报道——《华盛顿邮报》说：“无论中国队是输是赢，中国观众都为运动员的表现而热烈欢呼，没有流露出任何狭隘的民族主义情绪。”

德国《柏林晨邮报》说：“自从各项比赛持续进行、德国运动员也经常登上最高领奖台以来，中国展示出了越来越友好的面孔——也对我们。”

这一切，都点明了中国人成熟自信的心态——包容。十几天来，中国民众的观赛表现已经赢得了广泛赞誉。这不是一句“文明礼仪”所能概括的，它体现了中国人宽广的胸怀。

中国人向来以自己的文化能够海纳百川为自豪，这在奥运会上表现得尤为明显。开幕式上，很多代表团运动员入场，都得到了 9 万多名观众的鼓掌。而曾一度被取消参赛资格的伊拉克队员入场时，欢呼的热烈程度仅次于东道主中国队。面对此情此景，美国《时代》周刊感慨道：“奥运会也许是由国家组成的，但奥运精神超越了民族主义。”

新加坡《联合早报》一篇文章分析：“今年上半年面对西方的批评，中国始终如一的稳重态度也获得国际社会正面回应。作为一个大国，中国表现出了很强的包容心，在风波中没有和对方针锋相对，而是立足在奥运会上呈现一个真实的自己。”

守信

“到北京之前总是听媒体报道北京的空气污染很严重，现在看来这的确是夸大其词了，我和孩子们没觉得有什么不适，”带着两个孩子来看奥运会的美国波士顿市民博尔利说，他会和孩子们尽情享受在北京的时光，因为北京好玩的地方非常多。

空气质量，一直是国际社会对北京奥运会最关注的问题之一。2001 年 1 月，北京向国际奥委会递交申办报告时承诺，到 2008 年，北京将为运动员提供一个清洁的环境。事实证明，这一承诺已经出色地兑现了。

“过去七年，北京在机动车不断增长等环境压力下，不但没有使污染物增加，而且还使环境得到了明显改善，世界上没有其他城市敢于这样尝试。北京不但尝试了，而且还做到了，”6 日，联合国副秘书长兼环境规划署执行主任阿齐姆·施泰纳在参观北京绿色公交、环境监测中心后，表达了上述敬佩之情。

还有场馆建设、安全保卫、交通保障、住宿接待、新闻开放，每项承诺都得到了不折不扣的落实。用挪威国际奥委会委员盖哈德·海博格对德新社记者的话说，北京的表现“样样事情几乎都很完美”。

重“践诺”，是中国自古以来推崇的优秀品德之一；而“诚信”，则是现代市场经济一个重要游戏规则。北京奥运会把这一品德细化到每一项具体工作中。

不同的人看的是不同的侧面。日本奥运代表团团长福田富昭对北京奥运会的组织运营工作赞不绝口。他说：“十分出色！无论是场馆设施还是比赛的运营都十分到位。奥运门票的出售和疏散散场观众等都十分有序。”

“在北京有绝对的安全感。”来观看奥运会

的拉尔夫是德国柏林一位派出所长，他说：“作为一名警察，看到如此大规模的赛事、大规模的游客、大规模的工作，各方面却仍能运行得这么良好，真是我没想到的，叫人吃惊！”

而立陶宛总理格迪米纳斯·基尔基拉斯则认为，北京奥运会的出色组织工作真正体现了奥林匹克精神：“无论是‘硬件’还是‘软件’，北京奥运会都为以后的奥运会举办城市树立了一个高水平的典范。”

活力

中国高居奥运金牌榜榜首，令全世界刮目相看。多家西方媒体感叹：我们知道中国的体育实力有长足进步，但没料到进步如此神速。中国向世界展现的不仅是体育实力，更是这个东方古国的青春活力，而中国的活力无处不在。

一些中国人已经司空见惯的事物，首次来中国的人们却觉得如此新鲜。英国《经济学家》描述道：“当游客们降落在北京未来派风格的机场时，当他们成群结队地步入雄伟壮观的新体育场时，许多人都会屏住呼吸，惊异于中国现代化的速度之快与规模之大。”

《印度教徒报》则一语双关地道出对北京奥运会和中国整体发展的评价：“中国可以展现它的有纪念意义的现代化进程和从‘东亚病夫’到经济强国的蜕变。”

最能展现中国活力的当然是中国人，几乎所有国际媒体都注意到了中国民众对奥运会的非凡热情。最让《纽约时报》记者印象深刻的，是在“鸟巢”工作的87岁的志愿者孙芳春，这位老人说：“中国人等了七年，我非常乐于为国家做些事情。”

奥运志愿者最能反映出当代中国的风貌。日本《产经新闻》报道：“北京的青年志愿者亲切而不卑不亢，他们对国家前途明显充满了希望，他们让人感到青春的跃动，真是了不起啊！”

百年前，梁启超为“老大中国”的保守和僵化痛心不已。而今，他梦想的活泼开朗、意气风发的“少年中国”正在变成现实。

和谐

前来出席奥运会开幕式的以色列总统佩雷斯告诉新华社记者，北京给他留下最深印象的是人们脸上开心的笑容：“人们微笑，是因为他们的内心感受到了微笑的理由。”佩雷斯说到这里时，自己也笑了。

很多外国记者也写到了中国人的笑容。在他们看来，这是一个人幸福、满足的最直观表现，他们纷纷从自己的视角解读着中国人的生活和想法。

西班牙《国家报》说：“为什么奥运会成为许多中国人欢庆的理由，因为国家很稳定，并且越来越富强。”

所有这些都指向一个中国关键词——和谐。奥运会期间，外国游客一直都在见证、体验着一种和谐氛围。中国观众的掌声中、中外运动员赛后热情的拥抱、志愿者无微不至的服务，处处体现着和谐之风。

《奥林匹克宪章》声明，其宗旨是“使体育运动为人的和谐发展服务，以促进建立一个维护人的尊严的、和平的社会”。美联社一篇文章称赞，开幕式上，李宁、姚明和来自地震灾区的9岁男孩林浩，恰好是奥林匹克精神的最生动体现。

和谐更体现在中国与世界的相处中。很多人在品味开幕式上摆出的那个巨大的“和”字，佩雷斯说：“我无法确切地知道有多少人在观看，但全世界人民都感受到了这样一个不带有仇恨、战争和冲突的盛事。奥运会是全世界的大团结，它超越了种族、国度和宗教。”

团结、友谊、进步的奥林匹克旗帜一直高扬在赛场上空。俄罗斯选手帕杰林娜与格鲁吉亚选手妮诺拥吻的情节，被中国媒体和公众一再谈起。《柏林晨邮报》评论说：“中国和世界各国客人之间日益增多的交流也给我们带来了希望。”

一项最新民调显示，74%的美国人认为，北京奥运会成功地表达了“促进世界和平的宗旨”。

埃及著名专栏作家马莱克《金字塔报》上发表文章，称赞北京奥运会充分体现了中国和谐发展、世界和谐共处的理念，而“同一个世界，同一个梦想”的和谐理念彰显了中国文化的包容力、生命力和延续性，也指引了一条世界和平共处的光辉大道。

自信

刘翔退赛，亿万网民表示理解；中国金牌领先，国人呼吁“冷静看待”。“胜不骄、败不馁”的态度，彰显了一个大国的自信。

改革开放30年来，中国人的心态日趋成熟、理性、从容。竞技场上的胜负固然扣人心弦，但人们已经不把体育成绩与国家荣誉简单画等号。中国运动员拿第一固然可喜，博尔特破百米世界纪录同样值得庆贺。有人赢了固然要鼓掌，选手失利更应当鼓励，拍拍他肩膀说："没什么，从头再来嘛！"

日本《产经新闻》发表评论员文章说，"当今中国，具有盛唐之势"。文章称，在全球化时代，体育也已跨越国界，中国不仅大胆引进"洋教头"，更能坦然面对走出国门的"海外兵团"。中国在奥运会上的成绩，是对中国社会不断开放、国民心态日益成熟的奖赏。

"什么是大国？大国不只是GDP和国土面积多少，更包括大国心态、大国精神和大国风范。正是这种自信，不仅让之前所谓的'抵制奥运会'失声，也令外国政要改变了原先对中国的看法。"《联合早报》如是说。

自信源自底气，而中国人的底气是对国家实力、生活改善和发展态势的把握。美国知名调查机构皮尤中心最近一项民意调查发现，80%中国人对于国内事情进展方式和经济状况感到满意，位列24个被调查国家之首。

进取

中国在奥运会期间形成的良好做法和习惯能否长期持续下去？是国际社会关心的问题。而俄新社政治观察家安德烈·基斯利亚科夫提醒人们："收获如此多金牌催生出的进取心不会仅仅表现在体育领域。"

越来越多的人呼吁用变化而非僵死的眼光来看待中国。美国颇有影响力的专栏作家纪思道在《纽约时报》发表文章说："今天，中国体育的崛起让我们感到眩晕，明天，中国还将在艺术、商业、科技和教育方面留下同样超越我们的足迹。"

越来越多的人呼吁用全面而非片面的眼光来看待中国。《芝加哥论坛报》批评那种将中国置于显微镜下观察的做法："要全面评价中国，就需要看到中国生存状态和历史的全景，如果一心想着奥运主办国的不足之处，也许很难完整地看待中国。"

这是一片古老神奇的土地，这是一片充满生机的土地。来到北京的人们，见证了中国正在经历前所未有的伟大变革。在变革过程中，这样那样的问题在所难免，但一个更重要的事实是——中国在进步。

国际足联主席约瑟夫·布拉特在观看比赛后说："中国是一个伟大的国家，中华民族是一个伟大的民族。中国无论在文化、经济和政治领域，还是在成功地举办奥运会方面，都显示了一个有着13亿人口的大国所蕴藏的无穷力量！"

（《体育报》2008年8月26日）

从北京奥运会看

中国体育的收获和走向

北京奥运会已落下帷幕，中国代表团以51枚金牌荣登奥运金牌榜首位，打破了奥运金牌榜传统格局。此外，中国奥运健儿们在帆船等多个项目上实现突破，收获巨大。

竞技体育的丰收为中国体育带来的除了荣耀，还有什么？在中国体育发展史上，北京奥运会是一个怎样的"坐标"？在标志性的北京奥运会之后，中国体育将走向何方？

丰收和歉收

尽管有家门口作战的天时地利人和之优势，中国体育健儿51枚金牌的成就也并非一步登天。

1988年一场意外的"兵败汉城"震动全国后，引发了"全民健身计划"和"奥运争光计划"的出台，其中后者以发展竞技体育为主要目标。在过去十几年中，这个计划的作用以及举国体制的优势是显而易见的。中国的奥运金牌数从1992年巴塞罗那奥运会持续第四到悉尼跃入金牌榜前三，从雅典第二再到北京的第一，一届一个台阶，增长性和延续性非常明显。

在奥运史上，东道主往往有超过正常水平十枚左右的金牌入账。中国金牌数从雅典的32枚到北京的51枚，涨幅虽然偏高，也并非特例。

从宏观而论，中国登顶打破了长期以来美俄（美苏）争雄的奥运金牌传统格局。并且，中国代表团在帆船帆板、射箭、赛艇、拳击、蹦床项目上首获奥运金牌，在网球、击剑、曲棍球等项目上也取得重要突破和进展。奥运会表明，中国在奥运项目中的夺金面扩大，夺金点增多，整体厚度和底蕴增强，体现了中国已经是一个竞技体育大国。

对年轻人的使用在本届奥运会上体现得十分明显。体操的邹凯、游泳的刘子歌、射击的庞伟、柔道的王娇……这些为中国代表团带来惊喜的小将，都是首次参加奥运会的新秀，说明中国体育后备力量充足。在选拔机制上，各运动队以成绩说话，大胆起用新人，同以往的“综合评定”有了不同和进步。

在此次人数庞大的中国代表团中，外籍教练共28人，来自16个国家，涉及17个大项。其中男子击剑、女子曲棍球等项目上的突破，正是在请进外教后实现的，反映了中国进一步同国际接轨，学习和利用国际先进经验的趋势。

遗憾的是，中国金牌虽丰，但成色不足。具有传统优势的跳水、射击、举重、体操、乒乓球、羽毛球的六个项目，为中国带来了约四分之三的金牌。而在田径和游泳这两个金牌数合计达到81枚的基础大项上，中国的收获甚至不如上届雅典，仅靠刘子歌收获一金，严重歉收。

在最能体现职业化底蕴的足球领域，中国足球队尤其是男足败得让人心寒，让较早前提出的“男进四、女争牌”的目标成了一个尴尬的回忆。作为中国最早推行职业化改革的体育项目，中国足球十几年来的“成果”却令人忧虑，值得深刻反思。

巨星缺失也是本届中国军团的一个缺憾，上届还有一个刘翔，本届冠军虽多，却难寻领军人物，像博尔特和菲尔普斯这样的超级巨星更是难以想象。

如从奖牌总数来看，中国收获100枚，与美国相比仍有10枚的差距。而且，许多国家的奖牌是金、银、铜数量呈金字塔形排列，即铜牌最多，金牌最少，而中国的奖牌分布则成倒金字塔形排列，说明中国在有些项目上的夺金能力已经被挖掘到极限，个别项目只有单兵夺金能力。

金牌跃升得益于举国体制

中国能够在奥运金牌榜上迅速攀升，得益于举国体制，也钻了苏联解体后留下的“空子”。

一般认为奥运项目可分为三类。一是足球、篮球和网球这样高度职业化和商业化的项目。二是田径和游泳这类基础性项目，属半业余性质，但由于受到关注而商业价值不断攀升。三是射箭、举重、跳水、乒乓球和体操这类项目，在大部分国家的商业价值都不高，选手基本上都是专业甚至业余选手。

苏联解体后，俄罗斯抛弃了苏联那种集中全国资源的计划体制和发展模式，因此在奥运会的第三类运动项目上留下了巨大真空，中国的举国体制恰恰弥补了这个真空，这也是为何中国的金牌会集中在举重等项目上的重要原因之一。而在这些项目上，中国运动员都是领国家工资的“职业”选手，而他们的大部分对手在训练之外都得自谋生计，有优势也就不足为奇了。

举国体制能集一国之人力、财力、物力，确实能够在较短时间内提升竞技实力，这一模式在许多希望争夺更多奥运奖牌、金牌的国家得到了借用。1996年英国在亚特兰大奥运会上仅获一金，举国哗然，政府由此开始加大投入。伦敦申奥成功后，为实现英国队在伦敦奥运会金牌榜跻身前四的“终极目标”，英国政府承诺在2012年之前的6年中，政府将投入约10亿英镑用于备战奥运。

英国体育总会对所有项目进行逐项评估，按照夺牌前景来分配这些资金，这和中国的“奥运争光计划”有异曲同工之妙，也是英国在本届奥运会跃居金牌榜第四位的根本原因。

但是，在中国奥运金牌数不断刷新纪录时，也得正视中国体育存在的问题和不足。中国人均占有体育场地低，学生体质状况呈逐年下降趋势，很多竞赛项目的后备力量不足。

美国体操女队华裔主教练乔良在谈到中、美两种体制的区别时说，美国从事体操运动的人有大量业余娱乐性人口，而中国则大部分都是专业和高水平运动员。他用最直观的语言深刻表述了中国的竞技体育和群众体育脱节的问题。

专家指出，中国体育人才库存在结构性缺陷。最显著的表现是其人才梯队不是金字塔形的，而是直上直下的。比如，中国横扫天下的跳水、体操、举重等，在中国并没有雄厚的群众基础，主要依赖专业培养体系，其后备人才之少与竞技水平之高不成比例。

奥运之后该如何？

北京奥运会之后，中国体育是否会出现战略调整呢？不少专家认为，变化是一定的，但不是“突变”。

北京奥运会之前，国家体育总局一位专家曾说：“1964年日本集举国之力举办了东京奥运会，之后随着日本进入后工业社会，体育发展也进入休闲和全民体育阶段。韩国在汉城奥运会后的体育战略也有类似变化。一般来说，都会转向更重视体育的全面发展。”但他认为竞技体育仍然要花大力气抓，“中国仍需要参加国际大赛，人民群众依然希望看到中国体育健儿为国争光。现有体制的存在依然具有现实意义。”

北京体育大学副校长钟秉枢也指出，体育体制和战略调整是渐进式的。他说，《2001—2010年体育改革与发展纲要》已经提出中国体育未来发展要走社会化、产业化、市场化、职业化道路，“事实上，在进入2000年后已经慢慢在变化。比如国家体育总局，由原来的司局对运动项目管理过渡到项目管理中心管理。”

许多人将“美国模式”视为成功的典范。他们既有以联赛为依托的职业体育，如NBA和职棒大联盟，奥运会上的梦八队正是NBA精英；也有以学校为依托的高水平学校体育，如游泳、田径，一人勇夺八金而留名奥运史的菲尔普斯就是地道的密歇根大学学生；还有以私人俱乐部为依托的社区体育，如美国体操队名将约翰逊和柳金都是学生，从私人俱乐部练到了世界最高舞台。但“美国模式”也不是谁都可以仿造成功的，必须要具备良好的基础和较长时间的完善。

那么中国体育将走上什么道路呢？

有一些专家认为，可能会出现四种趋势。首先，政府管理为主过渡到社会和企业更多参与，但政府也会加强引导和协调。第二，单项协会职能得到更大发挥和加强，赋予它们更多职能和要求。第三，在高水平训练中重视科学训练和运动员文化教育。第四，随着场馆设施等条件改善，以单项体育为载体的学校、社区和俱乐部体育会得到飞速发展。

钟秉枢特别指出，“体教结合”有助于解决中国竞技体育模式中存在的问题，但本身也存在一些问题需要解决。他说：“高校为了在校际比赛中出成绩，显然希望引入的是高水平的现役运动员，而非退役运动员。退役运动员即使进入大学学习，由于长期跟文化课脱节，许多运动员只能‘混’一张文凭，就业时也难以胜任该文凭涉及领域内的工作。”

他认为，“体教结合”涉及运动员就业问题，也连带着能否吸引更多的家长送孩子练体育，因此事关重大。他说，要解决就业问题还是要落实“体教结合”，即运动员的文化教育和职业培训必须和运动生涯同步完成，而不是在退役后才开始。“这样，他们才可能在退役后就具备自主择业的能力。”

然而，“体教结合”的口号喊了多年，落实情况并不理想。钟秉枢认为，落实的关键是从制度上确保运动员减少训练时间，增加学习时间。“道理很简单。如果按照现在运动队每天的训练量，他们不可能有时间和精力再去学习文化课。这个情况大多数专家和教练员都明白，但是没有人敢提。因为这是有风险的，万一训练时间减少了，比赛成绩不理想，后果谁来承担?”他认为要从制度上予以保证，像美国大学生体育协会就规定，运动队一周训练时间不得超过20小时，否则就取消该队参赛资格。

钟秉枢还指出：“如果不从制度上落实‘少练多学’，即使以后运动队真正融入教育系统内部，高校运动队也会变成现在的体工队。”

（《体育报》2008年8月28日）

与北京奥运同行的中国群众体育

盛志国

一、积极践行人文奥运理念，广泛推进体育生活化进程，蓬勃开展的全民健身活动为北京奥运的成功举办营造了浓郁的健身氛围

北京申奥的成功以及7年筹办的过程，激发了广大群众的健身热情。各级体育行政管理部门努力满足人民群众的健身需求，充分发挥社会各界、各种体育社团组织开展全民健身活动的积极性。群众体育坚持业余自愿、因地制宜、科学文明的原则，促进健身活动的经常化、社会化、科学化和多样化，创造出许多群众喜闻乐见、灵活多样的活动内容和形式。全民健身坚持以开展基层活动和群众身边的活动为主，注重群众参与的广泛性和面向群众的服务性。

以社区为重点的城市体育活动不断发展，居民参加各种晨晚练点和其他体育场所的锻炼活动日趋活跃，居民委员会、街道办事处和基层体育协会等社区组织在开展健身宣传、进行体育培训、组织健身活动中发挥了重要作用。在有关部委开展的“四进社区”活动中，“体育进社区”成为特色鲜明、深受欢迎的主要内容之一。一些地区已经形成“家庭健身活动、晨晚练点健身活动、社区单位体育赛事、社区体育单项赛事、社区综合运动会”五位一体的健身活动格局，形成了良好的社区健身氛围。

以乡镇为重点的农村体育活动作为社会主义新农村精神文明建设的重要内容，注重与生产劳动、文化活动结合，利用传统节日和农闲季节，广泛开展农民群众喜闻乐见、以民族民间传统体育为主要内容的健身活动。以场地设施建设、健身指导和普及健身知识为主要内容的“体育三下乡”活动在全国普遍开展，各地还结合农村实际，创造性地组织农民群众开展体育健身、竞赛和交流活动，增强了农民群众的体育健身意识，推动了农村体育的发展。

以青少年为重点的学校体育和校外体育活动逐渐丰富。各级体育部门与教育部门密切配合，共同开展青少年课外体育活动和课余运动训练工作，开展《国家体育锻炼标准》达标活动和《学生体质健康标准》测试活动。2007年中共中央、国务院《关于加强青少年体育增强青少年体质的意见》下发后，各级体育与教育等有关部门立即提出贯彻落实措施，组织开展“青少年学生阳光体育运动”和各种竞赛活动，对促进青少年学生体质健康水平的提高发挥了积极作用。此外，各级各类体育传统项目学校、业余体育学校和青少年体育俱乐部充分发挥自身优势，创造性地组织开展丰富多彩的青少年体育活动，有效地促进了学校体育与社会体育、竞技体育的结合。

全国各地组织开展的大型全民健身活动，对提高全民体育健身意识起到了良好的示范引导作用。持续开展的“全民健身周活动”自申奥成功以来，更是成为各地开展健身活动的重要形式。2007年，为进一步扩大活动周的活动内涵、规模和影响，国家体育总局把“全民健身活动周”拓展为“全民健身活动月”，倡导各地和社会各界在6月份广泛组织开展群众喜爱的健身活动，公共体育健身场地和设施在“健身月”期间优惠或免费向大众开放，以吸引更多的群众参与体育健身。此外，各级体育行政部门普遍结合区域特点，充分利用元旦、春节、“五一”、“十一”等节假日，组织举办形式多样的体育健身活动。

7年来，国家体育总局成功组织举办了两届全国体育大会，进一步满足了群众健身展示和非奥运动项目发展的需求。与此同时，积极配合国家有关部门，在组织举办全国农民运动会、全国少数民族运动会、全国残疾人运动会、全国大（中）学生运动会过程中，注重项目设置和竞赛组织方式的创新，更加突出群众性和健身性，参赛规模逐步扩大，有力推动了全民健身活动的开展。

为促进我国全民健身事业均衡发展，使国家推行全民健身计划的成果惠及更多群众，近年来，国家体育总局加强与有关部门的配合，陆续组织开展了以青少年为重点的“五个亿万人群”健身活动——亿万青少年儿童健身活动、亿万农民健身活动、亿万职工健身活动、亿万老年人健身活动、亿万妇女健身活动。“五个亿万人群”健身活动的规模影响和社会效果，对促进人们更加自觉地参加体育锻炼，不断创新各类人群健身活动的内容和形式，整体推进我国全民健身活动的开展发挥了积极作用。

为紧紧抓住举办奥运对推动群众体育发展的重大机遇，2006年，国家体育总局提出了“全民健身与奥运同行”的工作主题。这一主题具有深厚的文化内涵和鲜明的时代特色，充分体现了“重在参与”的奥林匹克精神，体现了我国发展体育事业的根本目的和任务，丰富了“人文奥运”理念，成为奥运举办史上群众体育与竞技体育交相辉映的亮点。围绕这一主题，各级体育部门结合当地群众的健身实际，精心组织策划了贯穿整个奥运周期的全民健身活动，仅国家体育总局在2007、2008年就推出了近150项大型群体活动，这些活动从新春元旦到年终岁末，贯穿全年，中华大地处处掀起全民健身迎奥运的热潮，有效地增强了人民群众的体育健身意识，使人民群众在迎奥运的过程中，受到了强身健体之益、健康文明的生活方式之益。

二、在科学发展观引领下，更加关注经济欠发达地区和农村体育的发展，全民健身场地设施建设惠及广大群众

7年来，我国各级体育行政部门始终将群众健身的场地设施的建设、管理和使用作为实施全民健身计划的重要保障，国家体育总局充分发挥体育彩票公益金资助建设的引导作用，地方各级政府大力支持，多形式、多渠道筹集资金，把建设群众健身场地设施作为“执政为民”的“实事”工程，纳入当地经济社会发展规划，使这一时期体育场地设施建设的数量和质量都取得了显著进步，初步形成了覆盖城乡、形式多样、亲民便民的全民健身场地设施服务体系。

“农民体育健身工程”是国家体育总局为积极配合社会主义新农村建设，促进我国群众体育事业的协调发展，从2006年开始推出的农村体育场地建设模式。它是一项通过在农村兴建公共体育场地设施（以一片混凝土篮球场和两张乒乓球台为基本配置），推动农村文化体育生活发展的工程。2007年，总局与发改委、财政部联合下发了《“十一五”农民体育健身工程建设规划》，提出在5年内投资30亿元，完成10万个行政村的农民健身场地设施建设，使全国1/6的行政村都建有公共体育场地设施，惠及约1.5亿农民。至今，中央和地方总投入资金超过26亿元，全国将建成87000个农民体育健身工程，使长期落后的农村体育设施逐步得到改善。

近年来，中国的街头巷尾开始出现一种简单易建、美观实用、方便群众锻炼的成套健身器材，这种集科学性、健身性和趣味性于一体的器材很快成为老少皆宜、家喻户晓的健身方式，这就是由体育总局倡导建设的、如今已广为人知的“全民健身路径”。截止2007年，总局累计投入体育彩票公益金5.9亿元，在全国建设了11批“全民健身路径工程”，建设路径工程9497条。其中近7年投入4.6亿元，建设7400多条。与此同时，地方各级政府和有关部门也投入大量资金，在当地建设“全民健身路径”。目前全国各地“全民健身路径工程”建设资金总投入近30亿元，建设“全民健身路径”30000多条，全国公共体育场地面积因此增加近2000万平方米。为适应群众的健身需求，“全民健身路径”器材的品类不断有所发展，篮球、乒乓球等专项路径受到了广大青少年的欢迎，社区公共运动场试点建设成为一些地方社区健身场地建设新形式，“全民健身路径”工程按照“普惠”的目标，正在不断丰富器材的健身功能，为群众健身提供更加科学、实惠的条件。

从申奥成功开始，国家体育总局以体育彩票公益金为引导资金，扶持并鼓励建设或利用空闲场地改建以综合性室内场地设施为主的“全民健身活动中心”。这类健身场馆主要修建在人口密集、交通便利、群众健身需求高的大、中城市。截至去年底，国家体育总局共投入资金1.54亿，在全国援建了106个“全民健身活动中心”。这些“中心”建设坚持多功能，体现公益性，面向大众，服务百姓，深受群众欢迎，代表了城市广大群众的健身需求和发展方向。

同样是从申奥成功那年开始，国家体育总局积极响应和贯彻中央实施西部大开发和支持贫困地区加快发展的重大决策，每年分期分批在“老、少、边、穷”等经济欠发达地区和矿产资源枯竭、下岗职工较多地区以及受自然灾害影响严重的地区援建经济实用的公共体育设施，该项工程意在雪中送炭。“雪炭工程”坚持“从实际出发、因地制宜、以人为本、小型多样、经济实用、服务群众”的原则，重点援建县（区）级公共体育设施。目前体育总局已投入近4亿元，在经济欠发达地区和西部地区援建公共体育设施项目258个，惠及26个省（区、市）。“雪炭工程”推动了西部以及其他经济欠发达地区全民健身事业的发展，对扶持和引导贫困地区发展体育事业、缩小地区差距、拓宽体育可持续发展之路起到了重要作用。

申奥成功的第二年，体育总局在全国启动了全民健身活动基地建设，引导各地利用山川、江河湖海、沙漠、森林、绿地等自然资源和城市广场、园林等公共场地建设以健身功能为主的多功能场地，探索体育设施与自然资源和广场园林相结合的新模式。目前，全国共命名资助了20个有影响的全民健身活动基地。与此类似还有青少年户外体育活动营地，它是为广大青少年学生提供的走向户外、亲近大自然、更好的进行体育锻炼的户外场地设施，目前已创建全国青少年户外体育活动营地32个。这些做法体现了大体育观的思路，对整合区域体育资源，促进体育旅游、体育休闲发展起到了积极作用。

提高我国现有公共体育设施使用效率，扩大公共体育场馆向公众开放范围，是较快缓解健身场地短缺矛盾的有效措施。近三年，体育总局和教育部采取多项措施引导学校体育场馆向公众开放，全国已经确定了29个省、市的499所学校为开放试点学校。试点学校影响和带动了一大批学校积极推进学校场馆向社会开放进程。一些部门、行业所属的各类体育场馆也不同程度实现了对社会开放，为整合体育资源、缓解公共体育设施缺乏的矛盾起到了促进作用。

在体育场地设施建设资金来源上，在坚持政府投入主渠道的同时，积极探索多种途径，引导和鼓励社会资金投资建设体育健身场地设施，初步形成了多元化的投资格局，弥补了单靠国家投资建设体育设施的不足。目前，由社会投资兴办的健身休闲场所已经成为健身休闲业发展的主要力量，与公共体育设施互为补充，满足不同消费群体、开展不同运动项目的健身活动场所正在兴起，一些全国连锁式的健身场所，已经初步形成品牌效益。

三、倡导社会参与，整合各方资源，群众体育组织和队伍建设不断加强，初步形成了覆盖全国的全民健身组织网络体系

7 年来，为全民健身服务的组织建设不断加强，已初步形成了政府领导、依托社会、覆盖面广、具有中国特色的全民健身组织网络和队伍体系。

为了更好地实施《全民健身计划纲要》，各省（区、市）都成立了由政府领导挂帅，政府有关部门和群众团体负责人组成的全民健身工作委员会或领导小组，在领导实施全民健身计划中发挥了重要作用。随着体制改革的不断深化，体育社会化的程度不断提高，逐步形成了社会化的群众体育组织网络。各级体育行政部门转化职能、管办分离、普遍成立了从事群众体育工作的事业单位，如社会体育指导中心、全民健身活动中心等。同时，全国和各省、（区、市）相继建立的一批运动项目管理中心，履行该运动项目普及与提高的职能，组织开展各运动项目相关的宣传培训和普及推广工作。

体育社会团体不断增加，已经形成了从中央到地方各级体育社团的层次结构，基本覆盖了全国城乡广大地区。目前，中华全国体育总会有单位会员 154 个，其中全国性单项体育协会 60 个、省（区、市）体育总会 37 个、全国性行业和人群体协 27 个、其他体育组织 30 个。此外，在许多机关、企事业单位内部，还活跃着一些开展群众体育活动的基层社团组织。各类体育社会团体充分发挥自身的优势资源，在组织实施全民健身计划和开展群众体育活动中发挥了重要作用。

遍布城乡社区的体育指导站和活动点，是群众体育健身活动的基本阵地。7 年来，全国城市和乡镇共建有体育指导站近 21 万个。在发挥城乡街道居民委员会、村民委员会等自治组织和其他一些基层文化体育组织开展社区体育作用的同时，体育总局注重开展社区体育健身俱乐部创建工作，加强社区体育的基层组织建设，4 年间共依托社区创建国家级社区体育健身俱乐部 237 个。

在各级各类群众性体育组织中，体育传统项目学校和青少年体育俱乐部是重要的组织形式。目前，全国共有四级传统校 1.2 万余所，经常参加体育传统项目活动的学生达到 5000 万人左右。体育传统项目学校在推行全民健身计划中发挥了积极作用，成为我国青少年体育工作的一大品牌。为向广大青少年提供更多的健身活动场所，体育总局积极开展青少年体育俱乐部创建工作，近几年在全国依托各级学校、体校、体育场馆、拥有固定场馆的单项运动协会和社区共创建青少年俱乐部 2379 所，每年有众多青少年参加青少年体育俱乐部开展的各类活动。

在加强各类群众体育组织机构建设的同时，注重全民健身工作队伍的建设。社会体育指导员是伴随全民健身计划的推行而发展起来的一支重要的群众体育工作队伍，目前，全国具有技术等级称号的社会体育指导员近 45 万人，其中国家级 2000 人，一级近 4 万人，二级近 15 万人，三级 25 万人。他们大多活跃在基层健身站点，为组织开展活动，指导群众科学健身发挥了积极作用。在经营性体育健身场所中从事全民健身服务的从业人员，是全民健身专门化工作队伍中不可缺少的重要力量。申奥成功的当年，国家劳动和社会保障部制定颁布了《社会体育指导员国家职业标准》，目前，职业社会体育指导员鉴定工作有序开展，随着体育产业和体育市场的蓬勃发展，体育经营场所的从业人员大幅增加。

四、全民健身的政策法规不断完善，科研服务逐步深化，为群众体育增添了可持续发展动力

申奥成功以来，全民健身法规体系建设不断完善。2002 年，中共中央、国务院下发《关于进一步加强和改进新时期体育工作的意见》，明确提出“大力推进全民健身计划，构建多元化体育服务体系”的任务要求，并提出要继续实施《全民健身计划纲要》，开展全民健身活动，增强人民体质，体育工作一定要把提高全民族的身体素质摆在突出位置。

近年来，国家体育总局注重群众体育法规建设，在全民健身基本制度建设方面，体育法和《全民健身计划纲要》明确规定了国家实施体育锻炼标准、体质监测、体质测定和社会体育指导员等制度。对现有《国家体育锻炼标准施行办法》进一步完善，先后制定了《军人体育锻炼标准》和《公安民警体育锻炼达标标准》，教育部和国家体育总局联合制定了《学生体质健康标准》，国家体育总局等8个部委联合发布了《普通人群体育锻炼标准》。为建立国民体质测定与监测制度，在开展各种国民体质检测与监测工作的同时，国家体育总局会同有关部委联合发布了《国民体质监测工作规定》和《国民体质测定标准施行办法》，这使得无论是国民对个体体质情况的了解，还是国家系统掌握国民的体质状况，都有了明确的制度保障。在全民健身物质条件保障方面，体育法和《全民健身计划纲要》对体育资金、体育物资、体育场地设施等内容有着非常明确的规定。在促进农村体育事业发展方面，发布了《农村体育工作暂行规定》，强调要将农村体育纳入当地经济与社会发展整体规划，纳入精神文明建设与小康建设的内容。7年来，国家及地方政府、体育部门出台了一系列群众体育的法规政策，据统计，目前全国已经有超过一半的省、市制定和颁布了《全民健身条例》，由国家体育总局牵头起草的全国性《全民健身条例》也已经提交国务院法制办，以待颁布实施。

伴随着全民健身事业的发展，适应事业发展需要的科学研究和科技服务也越来越得到重视，这其中最重要的是近年来开展的群众体育现状调查和国民体质监测工作。国家体育总局分别于2001年和2008年组织有关科研队伍，实施了两次全国群众体育现状调查与研究工作。

全民健身计划与奥林匹克精神所倡导的“重在参与”理念具有很强的契合性。北京奥运会后，广大人民群众对奥林匹克精神的理解必将更加深刻，体育健身的意识也必定会更加自觉。因此，作为国家主管全民健身的行政职能部门，我们要抓住全面建小康、改善民生的时代要求和历史机遇，进一步落实科学发展观，深化政府体育公共服务职能，努力满足人民群众的健身需求，完善群众体育工作机制，拓宽工作渠道，转变发展观念，创新发展模式，提高发展质量，不断推进群众体育的发展，为提高全民族身体素质和生活质量，为体育事业在构建和谐社会中做出更大贡献而努力。

（《体育文化导刊》2008年第11期）

我国学校体育教学改革三十年历史回顾

赵玉梅　曹守和

改革开放以来我国学校体育教学改革发展的历程可以分成以下几个阶段：

一、拨乱反正，思想观念与管理制度的重建阶段（1978～1985年）

“文化大革命”的十年浩劫，学校体育教学遭受了严重破坏。《体育教学大纲》被视为“修正主义的货色”，正常的教学秩序被打乱，体育教学工作无章可循。因此，“文革”过后的重要问题是思想上的拨乱反正和管理制度的重建。

1978年4月，邓小平在全国教育工作会议上，重申了国家的“德育、智育、体育几方面都得到发展”的教育方针，也确立了学校体育的地位。同年4月17日，教育部、国家体委、卫生部联合印发了《关于加强学校体育、卫生工作的通知》。《通知》指出：各级教育行政部门和学校要像抓德育、智育那样抓好体育、卫生工作；中、小学每周两课时的体育课和初中生理卫生课要认真上好；高等学校要按教学计划的安排上好体育课。这些都为学校体育教学改革铺平了道路。

1979年5月15～22日，由教育部、国家体委、卫生部、共青团中央联合在江苏扬州召开了建国以来规模最大的一次全国体育卫生工作经验交流会。这次会议是“文化大革命”后，学校体育工作在思想认识、组织领导、教学研究、实施管理等多方面拨乱反正的重要会议，会议研究解决了我国学校体育工作拨乱反正、恢复发展的几个重大问题：一是重新确立了学校体育卫生工作的重要地位，为学校体育卫生工作的进一步发展奠定了基础；二是加强了学校体育卫生工作的组织领导和队伍建设；三是加强了学校体育卫生工作的制度建设。扬州会议使学校体育在改革开放初期有了良好发展的开端。

此后，国家教育和体育行政部门逐步建立

了有关规章制度，学校体育管理开始走向法制化、规范化。如1979年10月，教育部与国家体委发布了《中小学体育工作暂行规定》。这是新中国成立以来有关学校体育工作第一个专门的法规制度；为便于开展学术交流，促进学校体育科研水平的提高，1981年成立了中国体育科学学会学校体育分会，1981年创办专业学术杂志《学校体育》，1982年编写了我国第一本《学校体育学》教材；1982年9月教育部和国家体委等部门颁发了新修订的《国家体育锻炼标准》。

为总结扬州会议以来学校体育卫生工作所取得的成绩和存在的主要问题，部署以后的工作，教育部在西安召开了全国学校体育卫生工作会议。会议对如何开创学校体育卫生工作新局面进行了部署：一是确立了学校体育卫生工作“以增强体质为主、以普及为主、以坚持经常锻炼为主、以预防保健为主”的“四个为主”的指导思想；二是抓好体育卫生工作《暂行规定》的贯彻落实和检查验收；三是掌握学生的体质、健康状况；四是研究制定各级学校毕业生体育合格标准；五是进行体育课程设置和教材改革的研究试点；六是抓好体育师资和卫生人员队伍建设。这次会议进一步促进了学校体育教学的改革与发展。

二、追求实效，教学方案与教学模式的探索阶段（1986～1999年）

随着学校体育改革的不断深入，体育课教学的理论研究和实践探索日益活跃。特别是体育教学大纲的几次修订、学生体育教材的多方编写、两类课程整体教学的改革试验和多种教学模式的改革探索，构成了这一时期体育课教学改革的主要内容。

根据《义务教育法》及国家教委制定的九年义务教育教学计划的精神，1987年7月开始编写九年义务教育中小学体育教学大纲。在调查研究、广泛征求意见和较大面积试验的基础上，国家教委于1992年11月颁发了《九年义务教育全日制小学体育教学大纲》（试用）和《九年义务教育初级中学体育教学大纲》（试用）。这个大纲是新中国成立后的第一个九年义务教育中小学体育教学大纲。它继承了建国以来中小学体育教学大纲的优良传统，吸收了改革开放以来国内外体育教学实践中的经验和体育理论研究的成果，建立了比较完整的体育教学目标、理论与实践相结合的教学内容，以及加强基础知识和发展能力的新的体育课程体系，促进了体育教学改革的深入发展，为建设具有中国特色的体育课程体系打下了初步基础。

1996年1月17日，为了适应我国的课程改革和课程建设，进一步推进体育课程和教学的改革，促进中小学生的体育锻炼，原国家教委下发了实验《“体育两类课程整体教学改革”的方案》的通知。《方案》在《九年制义务教育全日制小学、初级中学课程计划（试行）》和《全日制普通高级中学课程计划（讨论稿）》中，课程设置发生了较大变化，即将以往的单一的学科类课程体系改变为学科类课程与活动类课程相结合的新的课程体系，这既是我国课程研究和改革的成果，也反映了我国课程理论的新的发展，其目的是使理论知识的传授、实践技能的培养和体能的发展更好地结合起来，以保证学生德、智、体全面发展。在新的课程设置中，体育课程也由原来的单一的体育课教学变为学科类课程体育与活动类课程体育相结合的新的课程体系。

《方案》是适应当前我国课程整体改革的一项新的举措，是贯彻《中国教育改革和发展纲要》、实施《学校体育工作条例》、深化学校体育改革的具体步骤之一。《方案》力求解决和纠正教学实践中长期争议的“以技术、技能传播为主”与“以增强体质为主”的矛盾和偏颇，使两者在新的课程体系中得到统一；《方案》试图对单一课程体系中教材分类的原则进行重新认识，实现“以运动技术项目为主的分类方式”向“以两类课程体育的不同性质和要求为依据的分类方式”的转变；《方案》试图实现体育教学和终身体育的接轨，使体育课程能最大限度地适应社会经济发展对体育的需求；《方案》有利于创立新型的体育教学模式，为深化体育教学改革开创新的领域。

与以往体育课程只把体育课教学列入课程范围、课外体育活动被视为“体育课的延伸和发展”的看法不同，《方案》是以整体的观点，将课内、课外教学活动统一于课程范围，并将具有两类不同性质和特点的体育课程有机结合起来的新的课程思想，其目的是更有效地达到全面发展学生的身心、培养学生的能力。这一思想在教学中是要求把知识的学习、技术的掌握、技能的形成与意志品质的培养、心理需求的满足、情感的体验相协调，以提高教学效果和质量。

在教育行政部门的推动下，一些地区和学校进行了两类课程教学改革的实验，积累了一些经验。但国内教育界和体育界对活动类课程在学术上仍存在不同的见解，在实践中，活动类课程有学科化倾向，违背了两类课程教学改革的初衷，不利推广。

此外，扬州学校体育工作会议，开启了学校体育思想多元化发展的新局面，各种国外的体育教学思想与体育教学模式，如结构教学法、快乐体育、成功体育等等，开始广泛流传。进入90年代，广大体育教师依据各种体育教学思想，结合当时的学校体育改革和面临的体育教学实际，对各种有特色的教学模式进行思考、构思、试验和总结，从而又涌现了“小群体学习法”、以发展运动能力为主的教学模式，目标教学模式，自学自练自评的教学模式，情景教学模式等许多新的体育教学模式。

三、实施新课改，教学理念与教学方式的更新阶段（1999年以来）

1999年6月，中共中央国务院颁发了《关于全面推进素质教育的决定》，素质教育成为教育的主旋律。2001年6月，国务院颁发了《国务院关于基础教育改革与发展的决定》，进一步明确了“加快构建符合素质教育的要求的基础教育课程体系”的任务。我国新一轮基础教育课程改革在世纪之交得以启动。

新一轮的基础教育课程改革，直接促使了体育课程的深化改革。为落实《基础教育课程改革纲要（试行）》的基本精神，教育部基础教育司牵头组织人力研制了中小学各门课程的课程标准或指导纲要。《全日制义务教育普通小学体育（1～6年级）体育与健康（7～12年级）课程标准（实验稿）》（以下简称新《课标》）也在这样的背景下问世了。

新《课标》与以前的体育教学大纲不仅在体例上有明显区别，在理念和思路上区别更为明显。新《课标》的设计理念是：突出强调要尊重教师和学生对教学内容的选择性，注重教学评价的多样性，使课程有利于激发学生的运动兴趣，养成坚持体育锻炼的习惯，形成勇敢顽强和坚韧不拔的意志品质，促进学生在身体、心理和社会适应能力等方面健康、和谐地发展，从而为提高国民的整体健康水平发挥重要作用。

新《课标》形成以后，在全国范围内广泛地征求了意见，并从2001年秋季开始，在全国38个国家级实验区开始试行新《课标》的实验；2002年秋季实验范围进一步扩大到全国近500个县（区）；到2003年9月，实验规模扩大到1642个县（区）；2004年秋季，高中体育与健康课程改革实验也开始在广东、海南、山东和宁夏四省开始进行；从2005年开始，中小学（包括高中）各起始年级都普遍实行了新《课标》。

就目前看来，由于各地对新课改的准备不是很充分，对体育课程改革的内容和方式还存在一些不同意见，因而在实践中难免暴露一些问题。不过，体育课程改革的基本方向是和大的社会环境相适应的，那种追求学生身体全面健康和突出学生在体育教学中的主体性，强调学习过程和学生体育兴趣、学习经验、情感、行为、态度的价值的思想，正在改变着我国学校体育教学的面貌。

总之，经过对改革开放以来学校体育教学改革发展的历史回顾，我国学校体育教学在上个世纪形成了许多优良的教学传统，如讲究严密的课堂组织，追求适度的运动负荷和练习密度，重视教学的计划性和系统性，掌握运动技能与发展体能相结合，重视运动技能和运动能力的考核，重视培养学生的思想道德和进行意志品质的磨炼教育等等，对此应在新课改中予以继承和发扬。

参考文献：

1. 李晋裕，等:《学校体育史》，海南出版社，2003

2. 伍绍祖，等:《中华人民共和国体育史》，1999

3. 潘绍伟，等:《学校体育学》，高等教育出版社，2005

4. 毛振明，等:《解读中国体育课程与教学改革》，北京体育大学出版社，2006

（《体育文化导刊》2008年第3期）

第　四　编

中国特色社会主义建设在地区的探索与实践

一、省、自治区、直辖市

（一）中国特色社会主义在民族地区的光辉实践

——庆祝宁夏回族自治区成立50周年

中共宁夏回族自治区委员会

宁夏回族自治区人民政府

1958年10月25日，宁夏回族自治区成立，掀开了宁夏发展的历史新篇章。50年来，宁夏回族自治区沐浴着党的民族政策的灿烂阳光，承载着各族人民群众的共同愿望，沿着中国特色社会主义道路奋勇前进，发生了翻天覆地的变化。自治区成立以来的50年，是宁夏经济、政治、文化和社会事业全面发展进步的50年，是宁夏各族人民共同团结奋斗、共同繁荣发展的50年。宁夏50年发展的实践，是我国民族区域自治制度的光辉实践，是国家西部大开发战略的光辉实践，是深入贯彻落实科学发展观的光辉实践，归根到底，是中国特色社会主义在民族地区的光辉实践。

一、始终坚持党的领导，团结带领全区各族人民，走出了一条符合民族地区实际的发展路子

宁夏回族自治区成立50年来的光辉实践雄辩地证明，实现民族地区的繁荣发展和团结稳定，必须坚持中国共产党的领导，坚定不移地走中国特色社会主义道路。

自治区成立以来的50年，是坚持党的领导的50年。宁夏回族自治区50年建设和改革的历程，是在党中央的坚强领导下进行的，50年经济社会发展取得的辉煌成就，是在党中央的坚强领导下取得的。以毛泽东、邓小平、江泽民为核心的党的三代中央领导集体和以胡锦涛同志为总书记的党中央，对宁夏各族人民和宁夏各项事业发展倾注了大量心血。50年来，党中央、国务院在干部人才培养、基础设施建设、财政转移支付等各方面对宁夏给予了大力支持，对宁夏的改革发展起到了决定性作用。自治区历届党委十分重视加强和改善党对民族地区、民族工作的领导，始终与党中央保持高度一致，坚决贯彻中央的决策部署，维护中央权威，确保政令畅通。宁夏50年的历史和实践充分证明，没有党中央的坚强领导，就没有宁夏回族自治区的建立，就没有宁夏各族人民的幸福安康，就没有宁夏今天的繁荣发展。

自治区成立以来的50年，是不断拓宽和完善发展思路的50年。50年来，自治区历届党委、政府从宁夏实际出发，不断深化对区情的认识，在不同发展阶段提出了不同的工作思路，制定了切实可行的政策措施，促进了经济社会的快速发展。党的十六大以来，自治区党委、政府作出了加快推进“三化一新”（工业化、城市化、信息化和新农村建设），深入实施“五大战略”（工业强区、中心城市带动、科教兴宁、人才强区和项目带动战略），着力建设“两大基地”（宁东能源化工和新材料基地）的战略部署。2007年6月，自治区第十次党代会作出了全面贯彻落实科学发展观，奋力开创宁夏跨越式发展新局面的战略部署。这些不断完善的发展思路，对不同时期宁夏的经济社会发展起到了重要指导作用。

自治区成立以来的50年，是解放思想、与时俱进的50年。自治区党委、政府把解放思想作为改革取得新突破、事业实现新发展的重要保障，引导干部群众把中央精神和宁夏实际结合起来，在解放思想中统一思想，在开阔眼界中拓宽思路，在改革创新中破解难题，推动了干部群众思想的解放。特别是近几年来，我们大力倡导跨越式发展和全面、协调、可持续发展的新观念，大力倡导大市场、大开放的新观念，大力倡导高起点、高标准、高水平、创大业的新观念，大力倡导环境就是竞争力的新观念，大力倡导依法治区、依法行政的新观念，以思想的解放、观念的更新，促进经济发展和社会进步。各级干部在解放思想中想大事、议大事、谋大事、干大事，各族群众在转变观念中思发展、找出路、谋致富、奔小康，全区上下形成了“小省区也能办大事”、“跳出宁夏看宁夏”等新理念和加快发展、科学发展的浓厚氛围。

二、始终坚持狠抓第一要务不放松，经济建设取得巨大成就

自治区历届党委、政府立足宁夏实际，团结带领全区各族人民，坚持以经济建设为中心，聚精会神搞建设，一心一意谋发展，经过50年特别是近30年的艰苦奋斗，全区经济发展取得了辉煌成就。2007年，宁夏地区生产总值达到889亿元，连续9年保持两位数增长，扣除价格因素，分别比1957年、1978年增长84.5倍、13.3倍；财政总收入达到144亿元，分别比1957年、1978年增长393倍、46倍。

突出特色，发挥优势，产业发展初具规模。自治区成立时，全区经济发展既缺乏优势产业支撑，又缺乏骨干企业带动。针对这种情况，自治区党委、政府充分挖掘宁夏自身潜力，积极推进资源优势向经济优势转变，初步形成了具有宁夏民族特色和区域竞争力的产业体系。进入新世纪，特别是党的十六大以来，我们坚持走新型工业化道路，大力推进企业自主创新，加大企业技术改造，优化工业结构，全区产业结构实现了由农业主导型向工业主导型的转变。2007年，全区第二产业增加值达到420.3亿元，分别是1957年、1978年的1910倍、63.6倍。坚持因地制宜、分类指导，在引黄灌区大力发展现代高效农业、中部干旱带大力发展旱作节水农业、南部山区大力发展绿色生态农业，重点培育和发展区域性特色优势产业。2007年，全区第一产业增加值达到97.9亿元，分别是1957年、1978年的54倍、32倍。坚持改造商品流通、交通运输等传统服务业，大力发展金融保险、物流配送等现代服务业，积极发展旅游、文化、信息等新型服务业。2007年全区第三产业增加值达到316亿元，分别是1957年、1978年的564倍、94.6倍。加快创新型宁夏建设，开展科技特派员和全民创业行动。“十五”末，宁夏科技进步环境由5年前的全国第26位提高到第19位，科技进步对经济发展的贡献率达到39%。

夯实基础，改善环境，发展后劲大大增强。基础建设落后，生态环境脆弱，是长期制约宁夏经济发展的瓶颈。自治区历届党委、政府着眼于宁夏的长远发展，注重做好打基础、管长远、增后劲的工作，在国家的大力支持下，建成了一批事关全局和长远发展的重大基础设施和生态建设项目。2007年全区固定资产投资达到621.8亿元，分别是1957年、1978年的4145.3倍、131.7倍。在全国率先以省为单位实施节水型社会建设。实施退耕还林、退牧还草、三北防护林等重点生态工程，目前全区已有3000多万亩草原植被得到有效恢复，生态环境进入了“整体遏制、局部好转”的新阶段。重视防沙治沙工作，累计治理沙化土地46.7万公顷，沙化面积由上世纪70年代的165万公顷减少到118.3万公顷。

突出重点，统筹发展，城乡面貌焕然一新。自治区成立时，宁夏城镇非农业人口仅有7.02万人，除银川市外，其他市、县的城市建成区面积都不足10平方公里。50年来特别是十六大以来，宁夏坚持城市化同工业化、市场化、信息化、国际化相结合，按照适度超前、合理布局、重点突出、梯次推进的方针，大力实施区域中心城市带动战略，突出做大银川市，积极发展地区性中等城市，合理发展县城，择优培养重点中心镇，走大中小城市和小城镇协调发展的城市化道路。全区城镇人口达到260.93万人，城市建成区面积达到323.69平方公里，城市化率达到45%。坚持以城带乡，统筹发展，增强城市的聚集、辐射和带动功能，加快县域经济和非公有制经济发展，稳步推进社会主义新农村建设，促进形成城乡经济发展一体化新格局。

深化改革，创新机制，发展活力不断激发。改革开放30年来，我区始终坚持社会主义市场经济改革方向，在一些重要领域和关键环节取得了实质性突破。农村税费改革全面完成，比国家要求提前一年取消了农业税；加快国有企业改革，积极推进大中型国有企业改组改造，提高产业集中度和竞争力；金融、财税、投资、价格等领域改革全面推进；加大县乡财政体制改革；深化粮食流通体制改革，建立了全区统一管理的粮食调控体系。积极推进行政管理体制改革，大力推进撤乡并镇，乡镇数量由314个合并为188个。发展开放型经济，主动承接国际和东部地区产业转移，积极构筑面向周边城市、面向全国和面向国际大开放的新格局。

三、始终坚持民族区域自治制度，进一步巩固和发展平等团结互助和谐的社会主义民族关系

50年来，自治区历届党委、政府全面贯彻党的民族政策和宗教工作基本方针，坚持“共同团结奋斗、共同繁荣发展”，有力地促进了民族和睦、宗教和顺、社会和谐。

民族区域自治制度全面落实。全面贯彻执行《中华人民共和国民族区域自治法》，用足、用活、用好国家赋予民族地区的自主权和各项优惠政策，有力促进了经济发展和社会进步。积极适应改革开放和科学发展的新要求，不断完善民族区域自治法的配套法规体系，制定了一系列地方性民族区域政策法规。近年来，全区各级人大共制定和颁布了149个地方性法规，出台了一系列涉及政治、经济、文化、教育等各个方面的政策措施，促进了民族地区各项事业持续健康快速发展。

少数民族干部队伍不断壮大。把培养、选拔和使用少数民族干部作为一项管根本、管长远的大事来抓，选派少数民族干部到中央国家机关和经济发达地区挂职锻炼或在各类培训机构进行培训，选拔应届优秀高校少数民族毕业生到乡镇、村和街道、社区工作，选派少数民族年轻干部担任农村党支部书记或农村指导员。目前，少数民族干部达到3.8万多人，占干部总数的比例达到20%以上，一大批少数民族干部成为各级党政机关和企事业单位的骨干，有的走上了各级领导岗位。

民族团结进步事业蓬勃发展。高度重视党的民族理论和政策的宣传教育，坚持每年9月开展“民族团结进步月”活动，大力表彰民族团结进步先进典型，坚持民族团结进步内容进学校、进教材、进课堂，“三个离不开”（汉族离不开少数民族，少数民族离不开汉族，各少数民族之间也相互离不开）的思想不断深入人心，全区各民族互相尊重、互相学习、互相帮助，和睦相处、和衷共济、和谐发展，始终同呼吸、共命运、心连心。

宗教领域长期保持稳定。从宁夏实际出发，全面贯彻党的宗教工作基本方针，提出了处理宗教问题的政策和原则，确保宗教活动在法律法规和政策允许的范围内正常有序地进行。坚决抵御境外宗教渗透活动，对非法宗教活动依法及时果断处置。积极做好宗教上层人士和信教群众的思想政治工作，努力促进各宗教、各教派之间和教派内部的团结，发挥宗教在促进经济社会发展中的作用。着眼于建设一支政治上靠得住、学识上有造诣、品德上能服众的宗教教职人员队伍，维护了宗教领域的长期稳定。

四、始终坚持社会主义先进文化前进方向，极大丰富了民族地区人民的文化精神生活

50年来，自治区历届党委、政府大力发展社会主义先进文化，积极建设和谐文化，继承和弘扬民族文化，使全区各族人民的文化生活更加丰富多彩、精神风貌更加昂扬向上。

坚持不懈地开展党的基本理论、基本路线、基本纲领和基本经验教育，用马克思主义中国化最新成果武装党员干部、教育人民群众，科学发展、共建和谐的观念深入人心。

坚持不懈地加强社会主义精神文明建设，组织开展一系列精神文明创建活动，总结推广了一批先进典型，推出了一批国家级文明村镇、文明行业和文明单位，营造了良好的社会风尚。

坚持不懈地繁荣和发展文化事业，发扬“小省区要办大文化”的精神，推出了一批优秀作品，开展群众性文化活动，丰富了各族人民的文化生活。

积极开展农村文化公共服务体系建设，实施广播电视村村通工程、文化信息资源共享工程和非物质文化遗产保护工程，广播、电视覆盖率分别达到91.4%、93.5%。

加强文化基础设施建设，宁夏博物馆、图书馆、广电中心、会展中心、文化艺术中心等一批文化重点项目在自治区50周年大庆前相继建成并投入使用。

五、始终坚持人民群众的利益高于一切，有力促进了人的全面发展和社会的和谐进步

50年来，自治区历届党委、政府始终坚持实现好、发展好、维护好人民群众的根本利益，高度重视社会建设，着力保障和改善民生，有效地推动了全区经济社会协调发展。

把教育摆到优先发展的战略地位，努力办好人民满意的教育。经过50年的发展，宁夏已建立起具有区域特征和民族特色、比较完整的现代国民教育体系。到2006年，全区以县为单位提前一年全面实现了“两基”目标。加快发展职业教育，初步形成了覆盖全区的职业教育体系。稳步发展高等教育，建设了宁夏大学等13所高等学院。大力发展民族教育，全区已建成回民中小学368所，各级各类学校少数民族在校生达到50多万人。

坚持以人为本，努力解决人民群众最关心、最直接、最现实的利益问题。着力提高城乡居民收入水平。从1978年到2007年，全区城镇居民人均可支配收入由346元增加到10859元，农民人均纯收入由116元增加到3181元。切实做好就业再就业工作，全区城镇登记失业率控制在4.5%以内。不断完善社会保障体系，实施农村最低生活保障制度，扩大农村低保范围，城市居民最低生活保障对象做到了应保尽保。加强城乡公共卫生和医疗服务体系建设，实现新型农村合作医疗和村卫生室标准化建设全覆盖。实施安居工程，有33749户农民和14000多户居民迁入新居。

把扶贫开发作为改善民生的重要内容，全力开展扶贫攻坚。引导贫困地区群众大力发展劳务产业，增加劳务收入。实施"少生快富"工程，贫困地区人口快速增长的势头明显缓解。对居住在自然条件极端恶劣、资源极其贫乏地方的贫困群众实行有计划、有组织、分阶段的移民搬迁，从根本上解决这部分群众的长远发展问题。经过努力，全区扶贫开发工作取得历史性突破，1999年提前一年实现了以县为单元整体解决温饱的目标，全区绝对贫困人口从2000年的52.7万人减少到2007年的5万人，山区8县农民人均纯收入由2000年的987.3元增加到2007年的2214.9元。

50年的光辉实践创造和积累了许多宝贵经验。我们深深体会到，要把宁夏的工作做好，必须高举中国特色社会主义伟大旗帜，深入贯彻落实科学发展观，把党的理论创新成果贯彻到民族地区改革开放和现代化建设的全过程；必须坚持解放思想、改革创新，把中央精神和宁夏实际结合起来，努力走出一条体现中央精神、符合民族地区实际的发展路子；必须切实抓住发展这个党执政兴国的第一要务，坚持用发展的办法解决前进中的问题，努力实现民族地区经济社会又好又快发展；必须坚持立党为公、执政为民，始终保持同人民群众的密切联系，着力改善民生，促进社会和谐，维护公平正义，努力实现好、维护好、发展好民族地区各族人民的根本利益；必须坚持和完善民族区域自治制度，认真贯彻党的民族政策和宗教工作基本方针，促进各民族共同团结奋斗、共同繁荣发展，不断巩固和发展社会主义新型民族关系；必须全面推进党的建设新的伟大工程，提高各级领导干部领导科学发展的能力，为民族地区改革开放和现代化建设提供坚强保证。

50年的团结奋斗，50年的光辉历程，充分展示了中国特色社会主义在民族地区成功实践的伟大成就。我们相信，有党中央的坚强领导，有全区各族人民的团结奋斗，我们一定能早日实现宁夏跨越式发展的目标，一定能夺取宁夏全面建设小康社会的新胜利，一定能建设一个经济繁荣、环境优美、民族团结、社会和谐、人民富裕的新宁夏。

（《求是杂志》2008.18）

（二）改革开放是发展中国特色社会主义的必由之路

——海南经济特区20年的成功实践

中共海南省委宣传部、求是杂志社
政治编辑部联合调研组

胡锦涛总书记在党的十七大报告中总结和回顾我国改革开放30年伟大历程时指出，改革开放是决定当代中国命运的关键抉择，是发展中国特色社会主义、实现中华民族伟大复兴的必由之路。海南建省办经济特区20年的实践，充分证明了这一论断的正确性。2008年4月7日至9日，胡锦涛总书记在海南考察工作时深有感触地说，海南建省办经济特区20年来，经济社会发展取得了引人瞩目的成就，城乡面貌发生了深刻变化。实践充分证明，中央关于海南建省办经济特区的决策是完全正确的。海南经济特区20年的发展史，就是一部在中国特色社会主义旗帜指引下，坚持解放思想、改革开放，坚定不移地走中国特色社会主义道路的历史。

一、建省办经济特区，海南成为我国改革开放大局中的重要棋子

海南省位于我国最南端，是我国陆地面积最小、海洋面积最大，也是唯一的热带海岛省份。海南光热资源丰富，雨量充沛，是我国热带经济作物、冬季瓜菜和良种繁育的主要生产基地。海南矿产资源丰富，海域油气资源储量巨大，居我国各海区之首。海南生态环境优良，素有天然大氧吧、生态大花园、健康岛的美誉，是公认的最宜居地之一。

历史上的海南岛长期孤处南海，开发较晚，经济社会比较落后。新中国成立后，经过几十年的艰苦奋斗，海南岛发生了翻天覆地的变化，经济社会发展取得了很大成就。但由于其地处国防前线，加上受当时特殊政治环境和经济体制的束缚，使这颗南海最璀璨的明珠长期未能闪烁出应有的光彩。

党的十一届三中全会吹响了我国改革开放的号角。1980年，深圳、珠海、汕头、厦门相继设立经济特区；1984 年，党中央、国务院决定进一步开放大连、天津、广州等 14 个沿海港口城市。全国改革开放风起云涌，形势喜人逼人。海南人民期盼沐浴改革开放的春风，搭上办经济特区的快车，改变海南经济社会发展长期落后的被动局面。

海南具有重要的战略地位、独特的资源、相对独立的地理区位，特别有利于实行更加开放的政策；利用海南特有的区位优势和资源优势，进行更大范围、更高层次的改革开放试验，可以为全国改革开放提供十分有价值的经验。因此，海南在改革开放大潮中的命运广受世人关注。从一定意义上说，如果相对落后的海南通过改革开放迅速发展起来，必将对全国改革开放和现代化建设产生更强的示范效应。

如何把海南的命运与我国改革开放大业联系起来，把海南办成我国最大的经济特区，使之成为中国改革开放全局中的一颗重要棋子，这是中国改革开放总设计师邓小平同志一直在思考、运筹的问题。1984 年元月，邓小平同志视察广州，肯定办特区的路子走对了；同年 2 月 24 日，他在北京邀请几位中央领导同志座谈时，强调要开发海南岛，并坚定地说，如果能把海南岛的经济发展起来，那就是很大的胜利。1987 年 6 月 12 日，邓小平同志在接见南斯拉夫客人时明确提出：要搞一个“更大的特区”，这就是海南经济特区。

1988 年 4 月 13 日，七届全国人大一次会议正式批准海南建省办经济特区。自此，海南成为全国最年轻的省份和最大的经济特区，肩负起改革开放试验田和开创大特区事业的庄严使命。今天，在纪念海南建省办特区 20 年的日子里，回顾历史，海南人民可以自豪地说，他们没有辜负邓小平同志的殷切期望，没有辜负党中央、国务院和全国人民的厚望。经过 20 年的开发建设，海南经济社会取得了长足发展，城乡面貌发生显著变化，人民生活水平大幅度提高，走出了一条经济发展、生活富裕、生态良好的可持续发展道路，这颗南海明珠从来没有像今天这样闪烁出如此夺目的光彩。

二、与我国改革开放同呼吸共命运，海南经济特区 20 年改革开放取得历史性成就

作为全国唯一的省级经济特区，海南的探索者必须勇于回答时代提出的新课题。虽然在改革开放进程中，海南不断取得阶段性成果和历史性进步，但要在一个经济社会相对落后的边陲岛屿开创改革开放大业，必须不断解放思想，特别是要进一步冲破有碍经济社会发展的固有观念的束缚，敢想、敢闯、敢为天下先。

1988 年 9 月，海南省第一次党代会提出，要大力发展生产力，开创海南特区建设的新局面。这次党代会有两个亮点特别引人注目：一是提出要实行更加开放的经济政策，重点研究和制定有利于境外人员、外汇、货物进出自由的各项具体政策；二是明确提出发展市场经济的改革目标，并把这个目标写进党代会报告。这在全国尚属首次，充分显示出海南经济特区排头兵的风范和气魄。从此，海南展开了一系列在全国率先改革开放的试验。海南经济特区第一轮开发建设浪潮，使其成为上世纪 80 年代末至 90 年代初中国改革开放和现代化建设的一大亮点。

1992 年，海南经济特区抓住邓小平同志南方重要谈话发表和党的十四大召开带来的机遇，创造了海南开发建设史上前所未有的高潮。1992、1993 两年，经济增长速度高达 40.2% 和 20.9%，人均 GDP 第一次超过全国平均水平，实现了第一步发展目标。

但是，海南的改革发展并不是一帆风顺的，在实现第一轮蓬勃发展后不久，即面临着严峻的挑战。由于全国全方位开放格局的形成和国家对特区政策的调整，海南经济特区的政策优势迅速弱化，尤其是房地产泡沫的出现，导致经济发展在一段时间内跌入低谷。

面对出现的曲折，在沉重的反思中，海南人没有选择退缩，而是坚定继续改革开放的决心。在认真总结经验教训、分析形势、统一思想的基础上，省委提出了深化改革、加快建立社会主义市场经济体制、优化产业结构的发展新思路。按照这样的思路，海南率先进行了企业审批制度改革、社会保障制度改革、产权制度改革、公路规费管理制度改革等重大改革，并提出“一省两地”（即把海南建成新兴工业省、热带高效农业基地和热带海岛度假旅游胜地）的重大产业发展战略，初步形成了符合海南实际的经济发展之路。

低潮中的跋涉沉重而艰难，除却浮华后的探索一步一个脚印。就在人们认为海南经济特区优势正在逐渐失去的时候，海南人深化改革开放的探索取得了重大进展：在全国提前建立起社会主义市场经济体制基本框架，创造了海南经济特区的体制优势；产业结构调整取得明显成效，热带高效农业和旅游业成为支柱产业，新型工业、热带高效农业、热带海岛旅游业“三足鼎立”的产业发展新格局初露端倪，经济建设从恢复性增长向稳健发展转变。1998年，海南省委、省政府进一步完善、积极实施“一省两地”产业发展战略，并在全国首次提出和实施生态省建设战略；2000年，海南农村开始了以“优化生态环境、发展生态经济、培育生态文化”为主题的文明生态村创建试验。经过几年努力，海南的经济发展实现了恢复性增长向稳健发展的转变，初步构建起具有海南特色的产业结构，一批重点工业项目相继建成投产，处置积压房地产工作取得重大进展。当新世纪的曙光来临时，海南的经济社会发展在新的起点上焕发出勃勃生机。

进入21世纪，面对重要的战略机遇期和全国各地竞相发展的形势，海南广大干部群众以更加饱满的激情，推动着特区的改革开放事业。2001年博鳌亚洲论坛设立，打开了海南在更高层次上对外开放的窗口；2003年以来，省委在“一省两地”发展战略基础上，提出并实施了一系列新的经济发展战略；实施“大企业进入、大项目带动”战略，新型工业成为拉动经济增长的主要动力，一批技术资金密集型产业崛起，拉动海南经济发展驶上快车道，生产总值连续几年以两位数增长。

在经济建设取得突出成就的同时，海南政治建设、文化建设和社会建设同步发展，成绩显著。大力推进民主政治建设，人民群众政治参与的热情和能力不断提高；依法治省稳步推进，依法行政和公正司法水平逐渐提高，干部群众的法制意识大大增强；平安海南建设扎实推进，社会稳定，人民群众安居乐业；宣传思想工作营造了良好的舆论氛围，文化体制改革扎实推进，群众性精神文明创建活动日益深入，城乡人民的文化生活更加丰富多彩；社会事业加快发展，城乡居民生活质量明显提高。

在改革开放的历史进程中，海南各级党委的执政能力建设和先进性建设不断得到加强和改进，各级党组织的凝聚力、战斗力不断提高。邓小平理论、“三个代表”重要思想和科学发展观等一系列重大战略思想深入人心，转化为各级党委、政府的自觉行动和政策措施。各级领导班子和干部队伍建设得到加强，教育、制度、监督并重的惩治和预防腐败体系建设顺利推进，农村基层党风廉政建设成效显著。

在20年改革发展中，海南经济特区努力发挥作为改革开放和现代化建设“窗口”、“排头兵”、“试验田”的作用，取得了大量宝贵经验，特别是在全国创造了多个“率先”：率先试行社会主义市场经济体制；率先进行省级机构改革试验；率先实行省直管市县的管理体制；率先推行燃油附加费改革，实现“一脚油门走到底”；率先实行企业注册登记制度改革；率先实施医疗保险制度综合改革；率先实施国有资产委托运营改革；率先实行粮食和生产资料价格市场化改革；率先取消农业税和农业特产税。

新一届海南省委牢记胡锦涛总书记提出的“突出经济特区的‘特’字，努力构建具有海南特色的经济结构和更具活力的体制机制”的要求，牢记温家宝总理把海南建设成为“绿色之岛、开放之岛、文明之岛、和谐之岛”的期望，在推进改革开放上不断取得新突破：成立洋浦保税港区，树起海南改革开放进程中的又一个里程碑；积极筹建海南国际旅游岛，努力推动海南旅游业的转型升级和现代服务业的发展；农垦改革取得重大进展，将成为海南新的增长极；深化省直管市县行政管理体制改革，赋予市县更大的经济社会管理权限，增强县域发展活力；加快文化体制改革，一批文化企业集团初显生机活力；金融改革频出亮点，无抵押小额信贷模式首次在海南试点，农村信用社小额信贷试点项目全面推开，全国首个妇女联保贷款试点在琼海启动；2007年，西环铁路全线通车、东环铁路开工建设……海南经济社会发展取得的成就和展现的生机，为国内外所瞩目。在深化改革开放的探索中，海南确立了推动科学发展、促进社会和谐的新目标。

三、海南经济特区取得历史性成就的宝贵经验

海南经济特区之所以能够取得令人瞩目的成就，根本原因，就在于始终高举中国特色社会主义伟大旗帜，坚定不移地坚持改革开放，坚定不移地走中国特色社会主义道路，坚定不移地走科学发展、社会和谐之路。

海南省委始终坚持教育广大干部群众要充分认识到：在特区高举中国特色社会主义旗帜，是为了更好地保证改革开放的正确方向；在特区加大改革开放力度，是为了更好地开拓中国特色社会主义事业的新局面。建省办特区20年来，不论是处在经济蓬勃发展期，还是暂时处于低谷期，省委都要求干部群众认识到，特区的改革开放事业既不可能一帆风顺，也不可能一蹴而就；不能因发展顺利而骄傲自满、停步不前，更不能因一时的挫折而丧失信心、放弃改革，在任何情况下，都要坚定不移地把海南的改革开放事业推向前进。2007年，在省第五次党代会上，省委按照胡锦涛总书记的指示精神，响亮地提出了重塑特区意识、重振特区精神、再创特区辉煌的口号。就是要在体制创新上有新突破，在对外开放上有新举措，在艰苦创业上有新作为，在抢抓机遇上有新成效。换言之，就是要依托海南特殊的区位、环境和资源等各种优势，以体制创新、对外开放、艰苦创业和抢抓机遇的特别之为，立特区之位，努力开创海南经济特区发展的新局面。这一口号的提出，极大地鼓舞了广大干部群众在新的历史条件下把改革开放事业全面推向前进的信心和决心。

广大干部群众对于如何走出一条适合海南实际的科学发展、社会和谐道路，有着自己切身的感悟。

一是必须从本地实际出发，敢于探索，敢于在“特”字上做文章。20年来，海南的干部群众一直在寻求“特”，创造“特”，突破“特”，发挥“特”，保持“特”，发展“特”，进而不断调整、完善发展思路，不断认识、实践，再认识、再实践，终于形成了一个科学的、完整的、经过实践检验适合海南实际的发展战略体系。

二是始终注意保护生态，把保护生态当作可持续发展的重中之重。生态省建设和文明生态村建设，构建了整个海南生态文明建设的基本框架。

三是始终关注民生，特别是关注农村的发展。党的十六大以来，省委、省政府着力建立解决民生问题的长效机制，省第五次党代会将此概括为“改善民生、发展民主、保障民安、凝聚民心”，系统规划了海南未来发展的科学道路和宏伟蓝图。

在党的十七大精神指引下，在改革开放30年和建省办特区20年来巨大成就的激励下，海南迎来了大发展大繁荣的历史机遇。当前，广大干部群众正深入学习贯彻胡锦涛总书记在海南考察工作时的重要讲话精神，决心按照继续解放思想、坚持改革开放、推动科学发展、促进社会和谐的总体要求，从新的历史起点出发，进一步创新思路、凝聚力量、突出特色、增创优势，在全面建设小康社会的征途上迈出更大步伐、取得更大成绩。

（调研组成员：周文彰　夏伟东　常光民　李星良　郭志民　杨绍华　罗素英）

（《求是杂志》2008.9）

（三）在改革开放的历史进程中率先发展科学发展

——中国特色社会主义在江苏的成功实践

中共江苏省委宣传部　求是杂志社
国际编辑部联合调研组

江苏，地处黄海之滨、长江三角洲与黄淮平原的交汇处，扬子江横穿东西，大运河纵贯南北。这是一方江海汇通、四季锦绣的水土。恢宏的时空中，古代文化与现代文明在这里交相辉映；灵秀与豪放兼蓄的人民在这里生息劳作、奋斗进取。30年改革开放的卓越历程，弹指一挥间，江苏人民谱写了气壮山河的崭新篇章：地区生产总值、财政总收入、进出口总额分别累计增长近30倍、80倍、800倍；城市化率达53.2%；城乡居民人均收入分别增长近55倍和40倍，收入差距保持全国各省区最低水平。江苏以全国1%的国土面积，创造了超过全国10%的生产总值和税收收入，为国家的发展全局作出了重大贡献。实践证明，江苏改革开放30年来快速发展的巨大成就，是中国特色社会主义在江苏区域性实践取得的丰硕成果。

率先发展是中央对江苏的准确定位和殷切期待，反映了江苏区域发展的历史条件和客观优势

江苏的发展比别人快，碰到的问题也比别人早，因此，争先创优、攻坚克难，始终是江苏改革发展不变的主题。

率先，是中央对江苏发展的明确定位，寄托着中央几代领导人的强国之梦和坚定决心。上世纪80年代初，邓小平同志以苏州经济社会发展状况为参照，描绘了“翻两番、建设小康社会”的宏伟蓝图，提出了“两个大局”战略思想，要求东部地区先行一步、走快一点。1992年，他在视察南方返京途中，谆谆嘱托“江苏应该发展得比全国平均速度快”。“率先发展”成为党中央对江苏的殷殷期待。2003年全国“两会”期间，胡锦涛、江泽民同志参加江苏代表团审议时，都明确要求江苏努力实现率先全面建成小康社会、率先基本实现现代化的目标，为全国的发展作出更大贡献。

率先，也是江苏区域发展的必然要求，代表了全省人民的共同意愿和责任担当。历史和现实条件决定了江苏要在改革开放大潮中勇立潮头，争先崛起。“率先”的发展定位，又使江苏始终面对这样一种挑战：实践中无前例可援，必须大胆探索和创新。江苏30年来的改革发展，正是在自我加压中抢抓机遇，在攻坚克难中破浪前进。

“大发展，小困难；小发展，大困难；不发展，最困难。”江苏人的这三句口头禅，道出了紧扣发展主题不动摇的实践真谛。江苏始终立足省情实际，以坚定的意志扭住经济建设这个中心，以创新的思路抓好发展第一要务，先后抓住了发展乡镇企业、浦东开发开放、壮大民营经济以及贯彻落实科学发展观、推进又好又快发展等多次大的机遇，实现了经济社会发展的跨越式提升。

江苏在全国率先制定了省级四大类18条25项全面小康综合指标体系，引导全省各地努力建设不含水分、人民群众得实惠、老百姓认可的全面小康。至2007年底，有19个指标提前实现，苏南地区总体上达到省定全面小康指标，昆山率先达标的经验得到中央有关部门的充分肯定。

从乡镇企业异军突起，到国有、外资、民营三足鼎立，见证了江苏人艰辛探索的足迹

上世纪80年代乡镇企业异军突起，是江苏改革发展进程中值得浓墨重彩大书特书的一笔。苏南的无锡（县）、江阴、常熟、张家港、武进，人称“五虎县”的农民，创造性地组织起来，不断解放思想、创新发展模式、调整经济结构，迈出了改革开放的关键一步，走出了一条立足本土艰苦创业、以增量发展促存量改革的独特道路。

苏南乡镇企业“面向市场”、“集体经济”、“加工工业”三为主的发展形态，加上乡镇政府的直接介入运作，形成了地域特征鲜明的“苏南模式”，完成了工业化的城乡布局和由农业大省向工业大省跨越的早期积累，开创了中国特色农村工业化、城镇化、现代化的新路。随着社会主义市场经济深入发展，这一模式逐渐显现出政企不分、产权不明的弊端。江苏基层干部群众勇于超越自我，着力转变政府职能，在产权制度改革基础上大力推动“苏南模式”转型，促进所有制结构、产业结构、企业结构、城乡结构和社会发展模式多元化，形成引人瞩目的“新苏南现象”。

国有经济为江苏发展奠定了重要的物质基础，成为江苏经济结构的重要板块。上世纪90年代，江苏以建立现代企业制度为重点，加快国企改革步伐；党的十六大以后，进一步深化国有资产管理体制改革，完善法人治理结构，推行股权多元化，引导国有资本向优势产业、优质企业集聚。十多年来，江苏国有企业在深化改革中焕发了生机活力。至2007年底，全省国有及国有控股工业企业只占全省独立核算工业企业总数的2.45%，但上缴国家的税金占30.6%。

江苏还抓住国际产业转移的历史机遇，大胆引进和借鉴国外先进技术与管理经验，以外向型经济为跨越发展支点，以苏州工业园区、南京高新技术开发区、昆山经济开发区、张家港保税区等为代表的一批经济技术开发区迅速崛起。新世纪新阶段，又及时调整策略，变招商引资为选资与引“智”相结合，着力引进龙头型、基地型和现代、新型、节能环保产业项目，并不失时机地加快“走出去”步伐，鼓励开展境外投资、跨国经营和海外上市融资，积极发展国际服务外包，提升国际经济合作的水平和层次，增强参与全球产业分工的竞争力。

与此同时，江苏进一步解放思想，把加速民营经济特别是本土民营企业发展作为新的增长点，提出“思想上放心放胆，政策上放宽放活，工作上放手放开”，大力营造有利于民营经济加速发展的最佳环境，民营经济成为江苏经济的一大主力。2007年私营企业超过68万户，注册资本超过1.2万亿元，112家民营企业跻身全国民营企业500强，营业额超百亿元的民营企业达25家。

三个文明协调发展，城乡一体、“四沿”并进，展开了一幅全面小康的美好画卷

江苏干部常说：“论外向型经济我们比不上广东，论民营经济我们比不上浙东，论规模经济我们比不上胶东。”知己知彼，江苏人的优势在于统筹兼顾、保持发展的全面性和协调性。于是，才有了坚持两个文明一起抓而闻名全国的张家港，才有了走集体经济和共同富裕道路、数十年红旗不倒的华西村，才有了用古典园林技巧布局现代经济版图、用双面绣绝活对接东西方文明的苏州人，才有了以“莫文隋”、江海志愿者群体、“爱心邮路”等为代表的精神文明“南通现象”。推进社会的全面进步和人的全面发展，是中国特色社会主义的基本特征和价值追求。

打破城乡二元结构是江苏在发展中着力破解的第一道难题。上世纪80年代开始，江苏各地农村通过发展乡镇企业、建设小城镇等举措，提升农村工业化、城镇化水平，以工补农、发展农村社会事业，逐步缩小城乡差距。党的十六届五中全会提出建设社会主义新农村，江苏按照以工业化致富农民、以城市化带动农村、以产业化提升农业的思路，实施新农村建设“十大工程”，从发展规划、经济发展、劳动力就业、社会保障、基础设施和公共服务管理六个方面，全面推进城乡一体化，促进先进生产要素向农村流动、基础设施向农村延伸、公共服务向农村覆盖、现代文明向农村传播。全省实现村村通，客运班车通达率提高到96.5%，农村自来水普及率达96.9%，60%以上农村劳动力转向非农产业，重点帮扶的1011个经济薄弱村面貌发生显著变化。

区域发展不平衡是长期困扰江苏发展的另一难题。江苏提出“积极提高苏南，加快发展苏北”的方针，按照先富带动、帮助后富的原则，不断加大对苏北的支持力度。近5年，苏南出现可喜的新变化，成为全国百强县最集中、城乡收入差距最小、社会治安最好、科技教育最发达的地区。苏北、苏中工业化进程加快，省级对苏北的各项投入达1565亿元，苏北承接500万元以上产业转移项目9729个，总投资3644亿元；近两年苏北、苏中一些主要经济指标增幅超过全省甚至苏南平均水平，其中工业增加值增幅分别高于全省2.7和3.4个百分点，地方一般预算收入增幅分别高于全省6.7和2.3个百分点。苏北腹地宿迁市地区生产总值、全社会固定资产投资和一般预算收入等5项主要经济指标增速连续两年位居全省第一。

把加强政府自身建设和重塑文化软实力作为确保经济社会持续稳定健康发展的战略举措。一方面，把转变政府职能作为全面深化改革的重点，在更高层次上重理政府与市场、企业的关系，推进服务型政府建设，提升行政效能，改革干部选拔任用方式，强化激励约束机制，着力建设眼界宽、思路宽、胸襟宽的“三宽型”干部队伍。另一方面，在融汇张家港精神、昆山精神、华西精神等精神内核的基础上，提出弘扬创业创新创优的“三创”精神，使之成为新时期江苏社会实践的主流和精神文化的核心，进一步激发全省上下励精图治创事业的勇气、开拓创新闯新路的锐气、敢于超越争一流的志气，为经济社会的长远发展凝聚了不竭动力。

江苏连续多年开展“万人评议机关”活动，推进党务公开和廉政建设，转变机关作风，使党员干部精神面貌焕然一新，领导核心作用、战斗堡垒作用、先锋模范作用进一步得到发挥。在支援四川等地抗震救灾工作中，全省累计派往灾区救援人员12966人，组织生产调运帐篷30.6万顶，建成活动板房2.8万套，捐款捐物加“特殊党费”42.9亿元。确立13个省辖市和7个经济实力较强县（市），对口支援绵竹20个乡镇灾后重建。

富民优先、改善民生，使改革发展成果普惠于民，提升了江苏人的幸福感和满意度

苏南的常州，经济的规模和总量在全省不算最大、发展速度不算最快，但近5年共投入156亿元财政资金用于改善民生，创造了独具特色的慈善劝募模式，修建了全省第一条公交优先快速车道，房价增幅大大低于全省平均水平，功能实用的社区医院大大缓解了人民群众看病难看病贵的困扰。保障民生、改善民生、发展民生，是发展中国特色社会主义的根本目的，中国特色社会主义在江苏的实践，就是要彰显以人为本、执政为民的价值理念。

坚持富民优先方针。实行创业富民、就业惠民、社保安民，通过支持创业增加经营性收入，依靠扩大就业增加工资性收入，积极创造条件增加财产性收入，合理调整收入分配格局，逐步使全省城乡居民收入水平与经济发展水平相适应。近5年来，城镇居民人均可支配收入和农民人均纯收入分别增长1倍和64.2%；农民收入连续4年保持两位数增长，城镇居民收入由全国第7位上升到第5位；企业职工最低工资标准连续5年提高，企业退休人员基本养老金人均水平5年增长58%。在全国率先实现了城乡“低保”全覆盖。全省新型农村合作医疗覆盖率目前已达95%，农民大病费用报销“封顶线”普遍提高到3万元，苏南一些县市达到了8万元以上。

坚持把人民群众特别是困难群众切身利益攸关的“热点难点”，作为各级党委、政府工作的着力点。全省以助困、助学、助老、助残为重点，每年办好一批改善民生的实事，努力解决群众的实际困难。省财政安排的“四助”支出，2002～2007年增长了89.5倍。全省城乡实现了真正意义上的免费义务教育；积极提供惠民医疗服务，全省设立惠民医院107家、惠民医疗站点923家，近两年为困难群众减免医疗服务费用两亿多元；在县城以上全面建立了廉租房制度，累计兴建经济适用房2200万平方米。

坚持加大社会建设投入力度，加快推进基本公共服务均等化。2007年全省科教文卫体支出达739.38亿元，其中省级财政支出218.08亿元，增长38.9%。义务教育巩固率达98.6%，基本普及高中阶段教育，高等教育毛入学率达37%，在校大学生和职校生数均居全国第一；城市社区卫生服务中心覆盖率达95%，城镇居民在社区就医比例达38%；174家公共博物馆、纪念馆和重点爱国主义教育基地免费开放，数量之多、范围之广全国领先；基本建立县、乡、村三级农村文化服务体系，实现宽带村村通，有线电视入户率达58%；74%的街道、73%的乡镇、100%的行政村建成了体育活动中心或健身场所；人民群众对社会治安满意率连续3年位居全国第一。

坚定不移走又好又快发展之路，推进经济发展与生态环境良性互动

省委、省政府坚决贯彻胡锦涛总书记对江苏推进科学发展的一系列指示精神，把落实环保优先、建设绿色江苏作为新的民心工程，摆到前所未有的突出位置，坚持好字优先、又好又快的发展导向，以经济结构战略性调整为关键环节，以自主创新为主要驱动力，以节能减排为倒逼机制，以创新政策措施为有力保障，重力推进经济发展方式的转变。环境质量综合指数纳入全面小康考核硬指标，实行一票否决。

把太湖治理作为环保工作的重中之重。制订了《太湖水污染治理方案》，坚持科学规划、远近结合、标本兼治，采取控源、截污、引流、清淤、修复等综合整治措施，实行铁腕治污、科学治太，以最严格的环境保护制度，力争“江南明珠”尽快重现碧波美景。关闭小化工企业2713家，其中太湖流域1894家；主要污染物排放明显下降，化学需氧量和二氧化硫排放量分别比上年削减4.87%和7.96%，连续两年超额完成国家规定的年度减排任务。2007年，太湖应急治理初见成效，基本实现“防止蓝藻再次大规模暴发、确保居民饮用水安全”的目标。

调优调高调轻产业结构，减轻苏南地区土地产业承载密度和生态压力。进一步优化全省区域产业布局，推进江海联动、南北互动区域产业发展新格局的形成；实行先进制造业和现代服务业“双轮驱动”，发展高技术、高效益、低污染、低消耗的“两高两低”产业；大力提高产业集中度，促进产业集聚、企业集群发展。南京软件、苏州电子信息、泰州生物医药、南通造船等区域特色产业基地初具规模，全省百亿元以上的大企业（集团）由2002年的13家增加到目前的82家。

将科教兴省、人才强省作为推进科学发展的主体战略。以重点产业为依托、应用研发为重点、高素质人才为支撑，着力提高自主创新能力，加快投资拉动向创新驱动转变、资源依赖向科技依托转变、江苏制造向江苏创造转变。2007年，全省科技研发投入增长25%，其中企业研发投入占80%；专利申请和授权量分别比上年增长66.9%和64.2%，其中发明专利申请量增长62%；省科技成果转化专项资金提高到10亿元，累计实施项目300个，引导社会总投入390亿元；省财政拿出1亿元资金，资助引进海内外高层次创新创业人才108名。沙钢集团沈文荣、尚德公司施正荣、南瑞继保公司沈国荣等领军人物，成为科技创新创业的典范。形成了阳光精纺呢绒、波司登羽绒服等一批“中国世界名牌产品”，“中国名牌产品”累计达153个，占全国总数的11.5%。

抚今追昔，饮水思源。在改革开放30周年之际，省委书记梁保华要求全省干部群众抓住学习实践科学发展观试点活动的难得机遇，清醒认识存在的差距和不足，清醒认识面临的挑战和难题，清醒认识发展的阶段变化和特征，清醒认识江苏在中国和世界发展大格局中的方位与水平，大力推进思想解放，增强贯彻落实科学发展观的自觉性坚定性。江苏干部群众决心继续深化改革、扩大开放，加快构建充满活力、富有效率、有利于科学发展的体制机制，当好改革开放的排头兵，在科学发展的道路上迈出更加坚实的步伐，把江苏的明天建设得更加美好！

（调研组成员：夏伟东　孙学玉　王安琪　牛京辉　蒋宏宾　王建润）

（《求是杂志》2008.16）

（四）全面振兴　再创辉煌

——辽宁老工业基地在改革开放中重振雄风的调查与思考

中共辽宁省委宣传部、求是杂志社经济编辑部联合调查组

辽宁是国家重要的工业基地，早在上世纪50年代就承担了国家156个重大建设项目中的24项，居全国各省区市之首。这一时期辽宁的发电量占全国的27%，钢产量占60%，组合机床产量占30%，为我国建立独立完整的工业体系作出了突出贡献。辽宁创造了诸多全国第一：第一架喷气式飞机、第一艘万吨巨轮、第一台组合机床、第一辆内燃机等，同时还有大量机械装备和原材料类产品源源不断地平价调拨支援其他省份，因此被誉为“共和国装备部”。从1952年到1993年分税制之前的40年间，国家对辽宁投入1000亿元资金，辽宁上缴国家3000亿元财税。但是，在从计

划经济体制向市场经济体制转轨过程中，辽宁曾一度陷入困境。近年来，随着党和国家振兴老工业基地战略的实施，辽宁人民重新踏上了充满希望的全面振兴之路。

抓住机遇，在改革开放中重新奋起

改革开放30年，是辽宁人民不断解放思想、深化改革开放的30年，是战胜困难、闯出独具特色的发展振兴之路的30年。

着力创新发展思路，经济发展渐入佳境。20世纪80年代末期，由于多年积累的体制性、结构性矛盾集中显露，辽宁老工业基地遇到了前所未有的困难，国有企业在低速低效中艰难运行，1990年经济增长速度仅为0.9%，社会发展也在低谷中徘徊。2003年10月，党中央、国务院提出并实施振兴东北地区等老工业基地战略，辽宁人民振奋精神，迎难而上，锐意创新发展理念，加快转变经济发展方式，老工业基地经济社会发展逐步摆脱困境。近3年来，全省地区生产总值已连续保持12%以上的增长速度，地方财政一般预算收入增速保持在20%以上。全省经济整体运行质量达到改革开放以来最好水平，实现了质量和效益的同步增长。2007年，辽宁实现了地区生产总值超万亿、地方财政收入超千亿，主要经济指标增速首次超过东部地区平均水平。

大力推进国企改革，国有经济整体素质和竞争力大幅提升。改革开放以来，辽宁积极采取扩大企业自主权、试行厂长经理负责制、实行承包经营等多种形式和措施，努力探索国有经济的改革振兴之路。1997年，党中央、国务院提出“三年改革与脱困”的重大战略举措后，辽宁积极深化国企改革，努力建立现代企业制度，1999年10月国有企业整体扭亏。目前，地方国有大型工业企业股份制改造面达90%，国有大型非工业企业改制面达81%，中小企业改制任务基本完成。通过改革改组改造，一批重大项目建设取得突破，国有经济整体实力明显增强。2007年，国有及国有控股工业企业实现利润增长45.5%，国有企业成为支撑振兴的骨干力量。事实表明，辽宁已经找到了一条在市场经济条件下发展壮大国有企业的有效途径。

统筹城乡稳步发展，新农村建设成就喜人。党的十六大以来，辽宁坚持以农业为基础、以城镇化为支撑，扎扎实实推进新农村建设。大力发展生态农业、绿色农业、高技术农业等现代农业，农业基础地位不断巩固。全省粮食产量由1987年的223亿斤增加到2007年的367亿斤，达到历史最高水平。县域经济长足发展，农民收入持续增长。2007年，44个县（市）生产总值、地方财政一般预算收入增幅均明显高于全省平均水平，农民人均纯收入达4773元。农业科技推广体系不断健全，乡镇机构、农村义务教育和县乡财政管理体制的改革稳步推进。全省农村470多万人饮水困难和安全问题得到解决，190万农村贫困人口稳定脱贫。

不断扩大对外开放，沿海经济带开发建设初具规模。改革开放以来，尤其是中央实施振兴老工业基地战略以来，辽宁省委、省政府紧紧抓住东北振兴和沿海开放双重机遇，积极推进“五点一线”沿海经济带建设，对外开放不断向高水平、宽领域、全方位纵深发展。目前，辽南“五点一线”地区注册项目437个，累计投资总额1265亿元，推动了沿海和临港产业快速形成。大连东北亚国际航运中心建设取得重要突破，大连大窑湾保税港区成为我国第二个封关运作的保税港区。辽东半岛沿海经济区和辽西沿海经济区竞相发展，中部城市群建设步伐加快，阜新、抚顺、本溪、盘锦等资源型城市经济转型加速推进，开始形成沿海与腹地优势互补、互为支撑、良性互动的全面开放新格局。

大力推进民生工程，让振兴成果惠及千家万户。近年来，辽宁稳步推进民生工程建设，使老工业基地振兴成果惠及广大人民群众。从2005年起，辽宁大力实施城市棚户区改造工程，到2007年已建起了2400万平方米新楼房，42万户、143万人喜迁新居。2008年实施城市低收入家庭住房工程。辽宁在全国率先建立了零就业家庭援助长效机制，18万户零就业家庭至少1人就业。2007年基本解决了179万并轨职工再就业的遗留问题，累计实现城镇劳动力就业570万人次，转移农村劳动力260万人。城镇登记失业率由2002年的6.5%降至2007年的4.4%，稳定就业率提高到70%。逐步健全和完善城乡困难群体救助体系，重点解决困难群众的子女入学、大病救治、冬季取暖等实际问题。新型农村合作医疗制度、城镇职工基本医疗保险制度、社会保障体系不断完善。

总结经验，为全面振兴增添智慧和力量

经过30年的改革开放，辽宁老工业基地已初步成为结构合理、功能完善、特色鲜明、竞争力强的新型产业基地，成为国民经济新的重要增长极。总结好过去的经验，从中找出规律性的东西，有利于增强自觉性、减少盲目性，为开创老工业基地新局面增添智慧、凝聚力量。

党中央、国务院的亲切关怀和坚强领导，是老工业基地发展振兴的根本保证。邓小平、江泽民和胡锦涛等领导同志十分关注辽宁发展，多次亲临视察，为老工业基地发展谋思路、指方向。2001年，国务院决定首先在辽宁进行完善城镇社会保障体系试点；同年12月，国务院确定阜新市为全国第一个资源型城市经济转型试点市。党的十六大之后，党中央、国务院决定实施振兴东北地区等老工业基地战略。随后，又出台了一系列扶持政策和举措，特别是2007年8月，国务院正式批准《东北地区振兴规划》，进一步明确了东北振兴的基本目标与重大举措，为老工业基地的振兴指明了方向，提供了保障。

坚持解放思想不动摇，是老工业基地发展振兴的思想基础。在发展振兴的每一个重要关头，辽宁都坚持把解放思想作为推动经济社会发展的突破口，相继组织了“高举旗帜、解放思想”等一系列思想教育活动；开展了“东北大振兴、辽宁怎么办”的大讨论，帮助干部群众破除“等、靠、要”的陈旧观念，牢固树立起主要靠改革开放、市场机制和自力更生加快振兴的新理念，强化发展是解决一切矛盾和问题的关键的思想认识。广大干部群众的市场意识、竞争意识、创新意识、发展意识显著增强。特别是近年来，随着对省情认识的深化，辽宁人民在思想上不断有新解放、理论上不断有新提高、实践上不断有新创造。

坚持体制创新不停步，是实现老工业基地发展振兴的强大动力。多年来，辽宁努力改变计划经济时期所形成的那种政府“大包大揽”的管理模式，坚持以市场为导向，以企业为主体，着力推进政府职能转变和企业制度创新。正是劳动力、资本、土地、技术、信息等要素市场的不断发展和体制机制的不断创新，激发了辽宁经济的发展活力，为辽宁的国有企业走出困境、重振雄风提供了良好的市场环境和体制条件。这些年来，辽宁毫不动摇地改革、发展和壮大国有经济，毫不动摇地鼓励、支持、引导非公有制经济发展，实施中小企业成长工程。加快发展的非公有制经济，是推动辽宁全面振兴的新的生力军。

坚持产业结构调整升级不放松，是实现老工业基地发展振兴的重要途径。经过多年打造和培育，全省形成了“一个中心、两大基地、三项产业”的发展新格局，即建设大连东北亚国际航运中心，培育现代装备制造业和重要原材料工业基地，加快发展高新技术产业、农产品加工业和现代服务业。沈西工业走廊、大连“两区一带”装备制造业聚集区渐成规模，装备制造业已成为全省第一支柱产业；大连软件产业形成了明显的特色和优势，无论是服务外包、自主创新还是发展模式、政策环境等，都走在全国前列。

坚持和谐发展不懈怠，是实现老工业基地振兴的根本目的所在。省委、省政府始终遵循和谐发展的理念，通过实施就业再就业扶持政策、建立完善的社会保障体系、治理采煤沉陷区、大规模改造城市集中连片棚户区、救助城乡困难群体等民心工程，极大改善了人民群众基本生产生活条件，还清了许多历史欠账，人民群众实实在在地享受到了改革发展成果。

展望未来，在科学发展中再创辉煌

推进辽宁老工业基地在更高起点上实现全面振兴和新跨越，提前实现全面建设小康社会目标，必须以科学发展观统领经济社会发展全局，更加自觉地走可持续发展的道路。

坚持以深化改革、扩大开放为主线。体制性障碍多、进入市场经济慢，曾是老工业基地一度出现困难的根本症结所在。推动振兴大业一定要以改革为核心，以协调推进重要领域和关键环节的改革为突破口，形成助推全面振兴的强大爆发力。要继续积极深化行政管理体制改革，推进财政、税收、金融、投资体制等改革，努力形成多种所有制经济平等竞争、互相促进、共同发展的良好局面。与此同时，要继续推动并全面深化对内对外开放，支持企业在更大范围、更广领域、更高层次上参与国际经济技术合作与竞争，以大开放促进大改革、带动大发展。

坚持以不断提高自主创新能力为根本。实现老工业基地的全面振兴，重点是发展现代装备制造业和高加工度的原材料工业。要以发展高新技术产业为先导，优化产业组织结构。要用现代经营方式和信息技术改造提升传统服务业，大力发展现代服务业。实施品牌战略，注重产品和服务档次的升级换代。要把科技创新作为引领老工业基地振兴的关键环节，采取措施，抓实抓好。

坚持以优化经济社会发展环境为基础。要在改善基础设施等硬环境的基础上，大力营造廉洁高效的政务环境、公正透明的法制环境、公平守信的市场环境和干事创业的人才环境。进一步转变政府职能，切实把政府工作重点转到公共管理、社会服务和营造良好发展环境上来；进一步落实依法治省方针，严格执法，公正司法，依靠法律和制度保障社会公平正义；进一步加强“诚信辽宁”建设，整顿市场经济秩序，不断完善统一开放、公平竞争的市场环境。

坚持以实现科学发展为目标。对于刚刚走上振兴之路的辽宁来说，必须以科学发展的理念推动振兴大业，努力实现经济与社会全面协调可持续的良性发展。要坚持优先发展教育，促进实施人才强省战略，努力建设一支数量充足、素质较高、作风端正、奉献进取、结构合理的人才队伍，为辽宁全面振兴提供丰富的人力资源。要加强环境治理保护，全面推进“生态辽宁”建设。要全面推进和谐辽宁建设，不断完善各项民主制度，既要保持社会安定有序，又要激发创造活力。

（课题组成员：常卫国　刘玉辉　赵辉　刘伟才　李明曙　顾保国　黄文川）

（《求是杂志》2008. 23）

（五）走可持续发展道路，建设和谐交通环境

——兼论天津市城市交通发展战略实践

城市社会经济的发展必然带来交通量的增加，而交通量的增加必然会导致交通与环境问题。如何协调城市发展与环境保护的关系，实现城市的可持续发展，已成为当今世界各国城市规划与管理，特别是交通规划与建设的重要内容。

20世纪以来，作为人口逾千万的特大城市，天津市的社会经济水平与人口数量快速增长，交通机动化水平不断提高，城市化率不断增长。面对现代化城市交通发展的需求，天津市借鉴国内外城市交通发展的经验与教训，与时俱进地调整城市交通系统战略目标，不断提高城市交通规划与建设的理论、方法和实践水平，追求可持续的交通发展目标。本文结合天津市城市交通规划与建设发展，就如何实现可持续发展目标，建设资源节约型、环境友好型的和谐交通进行交流与探讨。

一、天津市城市交通环境基本状况

天津市地处环渤海经济带中部，是中国北方经济中心，拥有年吞吐量超2亿吨的枢纽港天津港，是一座国际化港口城市。天津市现有人口超过1000万，其中城镇常住人口超过700万，市域面积接近1.2万平方公里，全市由“城市主副中心—新城—中心镇——般建制镇”构成四级城镇体系。其中，中心城区、滨海新区核心区是城市主副中心，中心城区面积300多平方公里，集中了全市包括交通在内的大部分公共设施，也是人口和城镇建设最密集的地区；滨海新区核心区包括塘沽城区、天津经济技术开发区、天津港和天津港保税区，是港口经济和高新产业等外向型经济的主要载体，对外交通需求巨大。城市主副中心是城市交通矛盾的焦点，也是城市交通规划与建设的重点。

近年来，随着城市社会经济的发展，交通需求增加非常迅猛，机动车总数已由1993年的20.3万辆猛增到2006年的140万辆，其中私人小汽车达40万辆以上，而交通供给远远落后于需求。在天津市民的出行结构中，自行车出行占出行总量的50%以上，公共交通发展相对滞后，公共汽车是最主要的公交方式。随着城市社会经济的不断发展，天津城市交通暴露出交通拥挤、效率低下、环境污染严重等一系列问题，突出表现在：1. 随着以小汽车为主的机动化发展，城市交通拥堵日益严重，特别是中心城区的经济活力和效率不断下降；2. 随着私家车快速进入家庭，私人交通占据了大量的道路、能源等交通资源，交通的社会公平性受到影响，城市公共交通呈停滞状态，步行、自行车等弱势交通个体的出行状况日益恶化；3. 道路交通基础设施建设与土地、能源等不可再生资源日益减少之间的矛盾突出，迫切需要协调城市交通发展与历史文化、生态环境保护之间的关系；4. 滨海新区开放开发需要解决区域交通一体化和港城交通矛盾等问题。

二、天津市可持续交通发展战略选择

面对工业化、城市化和机动化发展趋势，天津市的交通发展经历了交通适应经济社会需要、交通与社会经济发展协调和交通引导社会经济发展三个阶段，从经验与教训中逐步确立了可持续发展的理念。从综合交通规划的理念与实践经验来看，天津市城市交通发展围绕城市交通系统和社会、经济、生态的宏观关系，综合协调土地利用、资源分配、生态环境保护、交通需求管理与城市交通的关系，不断实践可持续发展的理念，实现自然—经济—社会复合系统的持续、稳定、健康发展，突出体现了“绿色交通、以人为本、集约化发展、协调发展”四大交通发展理念。

（一）绿色交通理念

绿色交通是一个新的理念，也是一个实践目标。绿色交通是指为降低交通拥挤、减少污染、促进社会公平、节省建设维护费用而发展低污染的有利于城市环境多元化的城市交通工具，以完成社会经济活动的协调交通运输系统。在具体规划中，我们主要从以下几个方面引入和贯彻绿色交通理念：

1. 以资源环境承载力为相对终极规模，进行科学预测

科学的预测和分析是保障交通可持续发展、实现绿色交通的重要前提之一，应将绿色交通理念贯彻实施到城市交通预测分析中。在城市交通规划中，以大量翔实的现状综合交通调查资料为基础。采用科学合理的交通模型，对交通量及交通发展进行预测；在后续的路网供求分析中，综合考虑路网交通承载能力、环境承载能力，以及土地利用的制约，确定城市路网的合理配置及规模。

2. 提倡绿色交通方式，引导自行车发展

自行车交通是天津市城市交通的特色，目前，全市自行车数量超过500万辆，出行比例近50%。在居民出行方式发生结构性变化的重要时期，自行车交通处于发展的十字路口，如何引导其科学发展，促进其与公共交通的转化或结合，是实现城市绿色交通的关键。目前，自行车在天津市客运交通系统中占据着主导地位，某种程度上降低了城市整体的出行效率。但是，自行车是既节省能源又不污染环境的清洁、健康的出行工具，对建设可持续发展的交通环境非常重要。天津市在自行车交通发展中的主要策略是：在长距离的交通性主干道上弱化自行车交通，将其分流出去；在主要服务于某一区域内部的支路系统上提倡自行车交通；在与公共交通的衔接上，围绕轨道交通枢纽和公交场站，重视完善“骑——乘——骑”系统。自行车与公共交通分工合作，发挥组合效应，将是天津市倡导绿色交通的理想方式。

3. 重视绿色廊道规划与设计

在城市交通规划与设计中，在道路外围设置一定宽度的绿化用地，作为远期道路红线拓宽用地；其他道路采用由道路外围往路中扩展的建设措施，即双向道路宽度按远期红线宽度修建，中间保留较宽的分隔带，作为远期道路拓宽用地；在中心城市外环道路设置100米宽的绿色廊道，既可作为城市道路绿化带，也是城市规模控制和区域隔离的重要设施。另一方面，美化道路设施、种植景观植物、推行人性化服务、规划交通宁静区等，都是绿色交通发展理念的体现。

（二）以人为本理念

可持续发展理念的核心是公平和均衡，其中公平发展理念包括各类群体应得到均等的发展机会和均等的服务。目前，中国大部分城市中自行车交通和公共交通占有绝对的出行比例，小汽车出行的比例一般低于20%，却占据了超过70%的道路资源。这种资源分配的倒挂反映了传统规划和决策理念中“以车为本”的错误思路，妨碍了社会资源的公平配置，违背了社会公平性原则。因此，天津市城市交通规划与设计非常重视公平原则和“以人为本”理念，主要表现在三个方面：

1. 打破旧有的交通道路资源分配状况

主动进行道路资源的重新分配，具体表现在建立城市公交专用道路系统，特别是结合城市快速路建设，发展快速公交（BRT）系统。在快速道路规划设计中设置公交专用道，保障公共交通路权，改变过去快速道路主要被小汽车占有的状况，通过改善道路资源使用结构改善公共交通。

2. 大力发展公共交通

一方面，构筑与城市布局结构相协调的城市轨道交通系统，另一方面，通过改善公交线网结构优化公交网络，提高公交线网的覆盖率和整体效益，在完善公交线网的基础上，合理划分公交线路层次，明确服务功能。按照客流的需求特征及公交线路在线网中的功能作用，将常规公交线划分为5个层次，即快速线路、骨干线路、基本线路、喂给线路、辐射线路。此外，为体现公交服务功能的多元化，特别设置了购物线路、学校线路、大型居民区与开发区之间的高峰线路、景点观光为主的观光旅游线路等特殊线路，满足居民多种交通目的需求。

3. 交通功能综合设计

在交通规划与设计中注重交通设施综合功能设计，具体表现为在城市快速路建设中，建立道路工程、快速公交、智能交通、绿化景观和综合服务系统五大系统工程。其中，快速公交系统使快速路的功能得到充分延伸，服务对象从使用小汽车的出行者扩大到使用公交出行的普通居民。智能交通系统是以信息通信技术将人、车、路三者紧密协调，和谐统一。生态景观系统形成四季常青的生态景观效果，构建生态环境优美的快速路交通空间。综合服务系统是体现以人为本、服

务优先的重要设施，沿线规划设置不同规模和类型的服务区，提供停车、加油、检修、餐饮、住宿、健身、商品零售等服务。

（三）集约化发展理念

土地利用是交通发生的源头，一方面，城市土地的开发和布局是否合理将直接影响城市的交通发展；另一方面，作为不可再生资源，集约化土地利用，协调用地开发与交通也是解决城市交通问题，实现可持续健康发展的重要方面。

1. 积极发展线性交通方式，促进城乡统筹发展

随着天津市总体规划确定的11个新城和30个中心镇的规划和建设，必然在中心城区与各类组团之间产生新的交通需求。为避免在城乡交通发展中出现小汽车交通带来的“面式交通”发展模式，引起低密度蔓延式的粗放式发展，天津市总体规划确定了沿中心城市轨道交通线网向市郊周边延伸的轨道交通系统，通过“线性交通”模式延伸了未来城市居民出行空间距离，集约土地利用，避免中心区无限制“摊大饼”式的蔓延。

2. 发挥交通综合廊道规划，促进土地集约利用

无论是城市总体规划还是综合交通规划，都按照综合廊道统一规划、集中布设的原则，结合道路用地、绿化用地和地下市政管网将道路交通、市政综合管廊、电力设施等规划用地综合协调考虑，促进土地集约利用，提高社会资源承载力和可持续发展水平。

（四）协调发展理念

强调协调发展理念，注重交通与自然、交通与经济社会的和谐健康发展是可持续发展的重要要求。天津市作为近代历史文化名城和现代港口新兴城市，按照可持续发展战略，在协调交通发展与社会经济文化方面，主要做了以下工作：

1. 保护历史文化，调整城市建设发展战略重点

近年来，城市建设的重点从市区向远郊地区转移，以缓解市区中心地区特别是旧城地区土地、人口和交通的压力，是对加强历史文化名城保护工作具有长远意义的关键措施。在海河开发改造中，加强对历史街区交通环境的治理，从保护旧城风貌出发，对旧城道路红线的宽度和走向进行深入研究与规划，结合道路调整和改建，加快市区特别是旧城区水、电、气、热等市政公用设施的建设。

2. 完善一港多区布局，缓解集疏港交通矛盾

作为国际港口城市，港口是滨海新区发展的核心战略资源。长期以来，港与城平行发展，缺乏有效分隔，在有限的空间里争夺资源，港城交通矛盾十分突出。根据新的滨海新区交通发展战略，对港口局部用地与城市用地的功能进行调整，使二者有效分离，以减少相互之间的影响。通过东疆保税港和临港产业区港区的建设完善“一港多区”布局，缓解集疏港交通过于集中的矛盾。

3. 建设区域一体化交通系统，促进区域协调发展

结合滨海新区开放开发的国家战略，滨海新区综合交通特别强调区域协调发展战略，将区域对外交通规划与国家交通网络规划结合，与北京、河北、西部等周边区域交通规划结合，发挥交通先导作用强化区域交通一体化和内外交通枢纽建设，贯彻和落实滨海新区地区带动区域经济发展的国家发展战略。

（《城市》2008.3）

（六）农村专业合作组织发展面临的问题与对策

——山东为例

李慎恒

一、发展农村专业合作组织的意义

1. 发展农村专业合作组织是解决当前农村难点问题的切入点。当前农村工作存在结构调整和农民增收方面的困难。解决这些问题，必须从市场出发，通过专业合作组织引导和组织农民进入市场。农民可以集聚资金、技术、信息等资源，扩大生产规模，促进农业的专业化、规模化、标准化、机械化生产经营，也可以联合起来从事农产品加工业，提高农产品的附加值，还可以联合起来从事农用生产资料的购买、农业机械的租赁、农产品的贮藏和销售以及农业技术信息服务等第三产业。农村专业合作组织的发展，不仅会促进第一产业的发展，还会促进农村第二、第三产业的发展，从而促使农村产业结构优化，增加农民收入，全面繁荣农村经济。

2. 发展农村专业合作组织是实现农业产业化经营的桥梁和纽带。农业产业化的最终目的是通过农业生产各参与方的合作，延长农业产业链，实现农业的一体化经营，增加农产品附加值，提

高农业的比较效益。农村专业合作组织在引导和组织农民参与农业产业化经营方面具有独特的优势。

3. 发展农村专业合作组织能够有效地解决分散农户面临的问题。农民通过组建专业合作组织参与农业产业化经营，主要有两种方式。一种是“龙头企业（或其他经济组织）+合作组织+农户”。在这种方式中，龙头企业可以通过合作组织规范和约束农户的行为，获得更加稳定的原料来源，降低交易成本；农户则可以通过合作组织提高自己在与龙头企业交易时的谈判地位，在价格形成、利润分配等问题上获得更多的发言权。这种方式，既可以充分利用龙头企业的资金、技术、管理和信息等方面的优势，又可以较好地反映农民的利益要求，实现企业发展和农民致富的“双赢”。另一种是“合作组织+企业+农户”。在这种方式中，合作组织成为兴办农产品加工等企业的主体，合作组织自己兴办的企业与农户成为真正的利益共同体。农民通过合作组织开展加工、销售等经营活动，可以最大限度地享受到农产品加工和销售环节的利润。

4. 发展农村专业合作组织有利于提高农民素质。农村专业合作组织的基本原则和精神，就是强调人与人的合作与互助。合作组织的宗旨是为其成员服务，成员相互之间合作经营、和睦相处、团结友爱、平等诚信。加入专业合作组织的农户，不仅在经济上受益，而且有一种归属感，其民主意识、合作意识、学习意识、监督意识和守法意识得到增强。由于具有较强的经济基础、组织功能和凝聚力量，农村专业合作组织在促进农村社会事业发展、改善乡风民俗、建立和睦邻里关系、形成文明的生活方式等方面发挥着越来越重要的作用。同时，由于农村专业合作组织为农民提供许多生产经营方面的服务，对于推动基层政府转变职能、改进工作作风也具有很大的作用。

二、山东省农村专业合作组织的发展现状

农村专业合作经济组织是近年来为适应农业产业化经营和市场经济的要求，由广大农民在家庭承包经营基础上自愿兴办的新型合作组织，是新时期农村经营体制的组织创新和制度创新。在市场经济发达的欧美和日本等国家，农村专业合作经济组织的发展已有100多年的历史，对农业的发展发挥了不可替代的作用。山东省农村专业合作组织的发展大体上开始于20世纪80年代末90年代初，与我国农村商品经济由小规模向较大规模转变的历史过程相一致。据山东省农业厅统计，到2006年底，全省已建立各类农村专业合作组织1.2万个。全省合作组织分为农民领办、农技服务部门领办、企业带动、专业协会和股份合作5大类型；遍布蔬菜、瓜果、农机、水产、林果、肉、蛋、奶、食用菌和储运10个产业；合作内容涉及种、养、加、销、技术服务和综合服务6大领域；拥有成员830万人，辐射带动农户1000余万户。以合作组织为载体，2006年共代销农产品3000万吨，代购农用物资200万吨。至2006年底，全省合作组织资产总值达到约10亿元，年内总收入达到120亿元，组织成员通过合作经济增收37亿元，人均增收450余元。同比测算，同业农户之间，加入合作组织的农户比其他农户收入高出10%～15%，促农增收作用明显。

山东省农村专业合作组织的发展尽管取得了长足进步，但存在的许多问题依然不容忽视。一是农村专业合作组织的覆盖面有限。与全省农民的实际需要相比，现有的农村专业合作组织显然规模不足。从现阶段的情况来看，通过“龙头企业+农户”、“协会+农户”、“专业市场+农户”等组织形式带动的农户只占全省农户总数的25%，全省农户中加入农村专业合作组织的只有10%左右。这与发达国家80%以上的农民都加入了各种协会（合作组织）的规模相比，显然还有待发展。二是产业间发展不平衡。经过这些年的发展，全省农村专业合作组织已经覆盖了农村中的种植业、养殖业、加工业、运输业等行业，但发展不平衡的现象十分突出。从产业分布来看，目前以放开经营的、利润高的、市场风险大的行业居多，具体而言主要分布在蔬菜、水果、养蜂、家禽、生猪、养蚕等商品化程度较高的产业，而在粮、棉等大宗农产品产业分布较少。三是横向扩张较快，纵向伸展明显偏慢。在全省现有的农村专业合作组织中，绝大多数仍然处在县一级和乡镇一级，有的甚至处在村一级，缺乏省级以上完整的纵向体系。四是虽然政府的重视程度高，但相应的管理和支持明显滞后。近几年，各级政府出台了一些相关的政策措施，明确了农村专业合作组织的性质、成员资格、主要职能和运行原则。相比之下，对于如何管理农村专业合作组织，对农村专业合作组织在经营当中应给予什么支持等具体问题缺乏切实可行的操作办法。

三、发展农村专业合作组织的障碍分析

1. 农村专业合作组织发展的外部环境障碍分

析。第一，缺乏政策的支持。在我国现行体制下，土地、资本、劳动力、技术等各类生产要素市场的发育受到来自各种政策的制约，因而，在一定程度上限制了生产要素的自由组合，客观上不利于各类合作经济组织独立自主地发育成长。与农民生产密切相关的粮、棉等大宗农产品长期保留着相当程度的部门垄断，这就排除了农民合作经济组织合法涉足这些产品购销环节的可能。作为发育于农村，成员主体是农民，又处于发展初级阶段的农村合作经济组织更需要政府在相关政策上给予扶持与优惠，但恰恰是在财政、信贷、税收等政策方面，政府的供给不足。

第二，行政干预过多。与一般营利性企业相比，农村合作经济组织不能完全适应和依赖市场机制的作用，因而天然具有寻求政府扶持的倾向性。但是，在适当和必要的政策支持之外，如何避免过多的行政干预则是处理好农民合作经济组织与政府关系的一个焦点问题。尤其是部分依靠行政手段成立的合作经济组织，地方政府对于怎样把农民引导组织起来，参与进去，办成真正的农民做主的合作组织，办法不多，甚至使得一些合作组织实际成为政府和部门的附属物，成为这些部门有效行使其职责的组织手段。在对农村合作经济组织的管理上，农业、民政、工商、科协等各部门互相之间缺乏协调，多头参与，组织收取和摊派各种费用，使农村合作经济组织苦不堪言。

第三，人文环境欠佳。农村合作经济组织的发展是市场经济的产物，但是其发展和农民的民主意识的发展、参与热情的调动、人文精神的培植和市民社会的发育有密切的关系。我国漫长的自给自足的自然经济使农民形成了一种以农耕为基础的封闭、守旧、安于现状的小农意识。改革后家庭经营制度的确立又养成了农民分散经营的习惯。而且农民普遍受教育层次较低，没有接触过现代企业管理理论，谈不上有管理合作经济组织的经验。

2. 农村专业合作组织发展的内部环境障碍分析。第一，相关章程和制度不完善。规范的章程是农村新型合作经济组织发展的基本条件，章程应该明确发展目标，载明组织名称、住所、业务范围、宗旨与原则、成员权利与义务、股权设置及数额、盈亏处理、机构组成和职责、民主议事规则、合并与终止程序、修改章程程序等事物。农村合作经济组织必须严格按章程行事。由于我国农村合作经济组织的自发性以及农民自身的社会意识、文化程度的局限，现有的组织有完善的章程和合理的制度规范的很少。即使有的合作组织有章程，但也流于形式，实践中基本不按章程和制度行事。

第二，产权制度不明晰。产权制度是农民合作经济组织规范化建设的核心，是其内部治理结构的关键组成部分。但是当前并没有建立起社员（或成员、会员）所有的产权制度。特别是在政府或相关部门牵头兴办的农村专业合作经济组织中，存在产权不清的问题，社员的主体地位缺乏真正保证。其他形式的组织中，创办者与农民在产权关系上也未能结成利益共同体。模糊的产权制度将成为农民合作经济组织可持续发展的障碍，使农村专业合作经济组织最终解体或蜕变为私人企业。

第三，民主管理机制不健全。民主管理是合作经济的基本原则。但我国农村合作经济组织所产生的特殊环境，使合作组织的最高和最终决策权往往集中在创办者和少数“能人”那里，社员大会多流于形式，会员只有知情权而没有参与权和表决权，而专事监督职能的监事会则成为摆设，甚至有的根本就不设置。

第四，利益分配机制不合理。在农村合作经济组织中，普遍实行了按股分红、按交易量分配以及按股分红与按交易额返还相结合的三种分配模式。我国农村合作经济组织内部在进行利润分配时，按照交易额进行分配的利润偏少，资本报酬偏高，而且不注重公共积累的提取，不利于长远发展。另外，很多合作组织的财务会计制度不健全，利益分配时没有可靠的依据，随意性较大，组织成员也没有能力查账。

四、发展农村专业合作组织的对策

1. 加强引导，规范运作。山东省农村专业合作组织的发展尚处在起步阶段，农民群众的合作意识还不强，需要进行积极的引导和指导。不论是专业合作社还是专业协会，都应逐步建立和完善运行机制。为此，应在以下三方面强化和努力：（1）建立自我完善和自我发展机制，处理好服务与盈利的关系；（2）建立利益分配机制，做到风险共担，利益共沾；（3）建立科学民主的管理机制，完善规章制度，明确会员的权利、义务和议事规则，真正做到“民办、民营、民管、民享”。

2. 以特色产业为基础，专业大户为骨干，逐步形成规模经营。发展农村专业合作组织，必须围绕农业特色主导产业，依托农业生产经营专业大户，把同一专业经营分散、规模细小的农户组织起来，按照区域化布局、规模化生产的现代农业经营理念，逐步开展农业专业化生产、标准化管理、集约化经营、品牌化销售，实现千家万户的小生产与千变万化的大市场的对接。

3. 以提供产销服务为宗旨，增加成员收入为目标，增强专业合作组织的凝聚力和发展活力。农村专业合作组织要为成员开展业务培训、提供经济信息、供应农用物资、指导生产技术，解决单家独户办不了、社区合作组织统不了、国家管理部门包不了的事情。农村专业合作组织要以品牌开路，在省内外建立、拓展销售网络，有条件的可开设特色农产品专卖店。专业合作组织要加强同各级农业网和农科热线及相关科技部门的联系，及时为成员提供市场需求和生产技术信息，解决生产中遇到的技术难题。

4. 加强政策扶持和政府服务，优化农村专业合作组织的发展环境。各级农业主管部门及相关职能部门应加强调研，帮助农村专业合作组织解决发展中遇到的各种困难。特别是在发展初期，更要多关心、多扶持，使其在发展中规范，在规范中发展。要帮助农村专业合作组织完善运作机制、注册产品商标、提供市场信息、辅导标准化生产，要在资金、组织等方面为专业合作组织参加各类农产品展销、推介活动提供支持和方便。

5. 努力改善农民专业合作经济组织的经费状况。经费不足是制约农民专业合作经济组织发展的主要因素之一。在山东省的调查中发现，农民专业技术协会（或研究会等）大都是由具有责任心、公德心的技术能人牵头成立，很多协会连会费都收不上来，在很多情况下都是牵头人掏腰包为会员办事，如外出考察品种、学习技术、参加培训等。从山东的实践看，解决农民专业合作经济组织的经费问题，可以从以下几方面着手：(1) 会员的会费，必须规定农民专业合作经济组织的成员有交纳会费的义务，但会费不能太高，不能增加会员的负担。(2) 根据责、权、利一致的原则，享受协会服务的会员（或非会员）必须支付一定的费用。(3) 农业行政主管部门要求农民专业合作经济组织承担落实某项政策的具体任务的，要给予相应的物质（如技术设备等）支持或资金支持。(4) 对于从事一定经营活动，确有还贷能力的农民专业合作经济组织，银行要为其解决贷款问题。可以借鉴北京的经验，乡镇政府以财政收入的一部分设立基金，为农民专业合作经济组织的贷款提供担保，从而解决贷款担保问题。(5)“减负”也是“增收”的重要措施之一，要免收农民专业合作经济组织的登记、检查等费用，禁止向农民专业合作经济组织进行任何类型的摊派（如强行订购报刊等）和“吃、拿、卡、要”行为。

（《经济问题》2008 年第 4 期）

（七）经济发展对基本养老保险的影响
——基于四川省的实证分析

何加明　杨英强

一、四川省经济发展态势

1. 经济发展现状。四川省经济从 2000 年开始进入快速平稳增长时期。GDP 总量从 2000 年的 3928.20 亿元增加到 2006 年的 8637.8 亿元，GDP 增速平均达到 19.9%。2005 年按国家审定的常住平均人口计算的人均 GDP 达 9060 元，比上年增加 1165 元。若按 2005 年年末人民币兑美元汇率 1∶8.0722 美元折算，人均 GDP 达到 1122 美元。

2. 经济发展趋势。对 2006～2020 年四川省经济的发展进行预测属于长期预测。本文运用 Matlab 软件，根据时间序列分析法，预测未来 5 年及 15 年四川省国民经济发展趋势。

通过预测，到 2010 年四川省 GDP 达到 11736.2 亿元，2020 年 16073.1 亿元，人均达到 19566.6 元，是 2006 年的 2.16 倍。

二、经济发展对四川省基本养老保险的影响分析

（1）理论分析。经济对养老保险的影响，主要是通过国民收入、财政税收、资本市场和消费传导效应来实现的。

（2）实证分析。根据前面的理论分析，基本养老保险受经济的影响主要通过四个经济因素作用，也产生了四大效应。关于四大经济因素的实证分析，我们主要用多元回归分析法，运用向前逐步回归，找到在实践中目前研究是哪些因素在起决定性作用。为了便于分析和查找数据，本文用人均可支配收入（Earning）、工资总额（Wage）作为收入效应指标，税收总额（Tax）作为税收效应指标，用沪深股市总值占 GDP 比重（Capital）作为资本市场效应指标，用食品支出（Food）作为消费效应指标。养老金（Pension）用养老金当期节余表示。

上述统计说明：

1. 不论是长期还是短期，四川省的基本养老金增长与可支配收入和工资收入呈正相关关系，且工资收入对养老金的贡献率比可支配收入更大。

2. 四川省基本养老金与税收呈正相关关系，且税收效应大于可支配收入效应，但小于工资效应。这说明了随着政府财政收入的增加，各级政府对基本养老金的转移支付力度加大，财政的支出结构得到了较大改变，对养老金平衡起到了很大的作用。

3. 资本市场对养老金增长率贡献为 0.19984，比较偏大，但四川省基本养老金与资本市场呈正相关关系的基本结论还是成立的。

4. 实证研究也证明，经济消费效应对基本养老金来说是负效应。随着食品支出的进一步减少，人们的恩格尔系数进一步降低，人们的预期寿命延长，老年人口越多，基金的支出就会越多。

不论是理论研究还是实证分析，经济对基本养老保险的影响是比较深刻的。尽管短期看，可能存在经济与基本养老金不完全一致的现象，但从长期趋势来看，受经济等多种因素影响，基本养老金与经济发展水平呈正相关关系应该基本成立，基本养老保险应该与经济发展水平相适应。

三、四川省经济与基本养老保险的适应性研究

党的十六大明确提出“建立健全与经济发展水平相适应的社会保障体系”，2004 年的《宪法修正案》中，国家又将“建立健全与经济发展水平相适应的社会保障体系”写进宪法，作为构建社会主义和谐社会的重要内容。其核心要义是指社会保障制度不能落后于经济发展水平，否则社会保障制度发挥不了应有的作用。但也不能超越经济发展水平，超越社会各方面的承受能力，只能与经济发展水平相适应。作为社会保障体系的重要组成部分，基本养老保险的发展同样也必须与当地当时的经济发展水平相适应。改革开放 30 年来，四川省经济得到了较快发展，不论是 GDP 总量，还是人均 GDP 都有了大幅提高，财政、税收、消费以及可支配收入也提高较多。应该说，四川人民已经享受到了经济改革发展带来的成果。但基本养老保险制度是否就与经济发展水平相适应呢？

为了便于比较，我们取 GDP 总量、人均 GDP、财政收入、人均工资与养老金替代率等指标来说明。

1. 四川省历年养老金待遇与经济发展水平比较

1998 年全省 GDP 总量为 3474.09 亿元，2005 年达到了 7385.11 亿元，平均每年以 16% 以上的速度增长（没有扣除物价上涨因素，下同）。1998 年全省工资总额为 392.74 亿元，占当年 GDP 的比重为 11.3%；到 2005 年工资总额为 773.35 亿元，占 GDP 比重为 10.47%，平均增长率为 13.8%。相应地 1998 年全省养老金待遇为 4428 元/年，2005 年为 7236 元/年，平均每年仅以 9% 的速度增长，只有 GDP 增长率的 56%，工资增长率的 65%。

四川省 GDP 增长速度一直较高，为了克服经济过热现象，2004 年国家实施“双稳定”政策，加大宏观调控力度，增速有所减缓，2005 年的增长率为 14.75%。工资增长率与 GDP 增长率趋势比较吻合，也一直是上升态势，2005 年和 GDP 的增长率几乎一样。而四川省养老金待遇除 1999 年和 2002 年增幅较大外，其余年份都很低，特别是近几年养老金待遇更是严重低于工资增长率和 GDP 增长率。2005 年的增长率只有 4.8%。因此，从历史纵向数据可以看出，四川省养老金水平滞后于经济发展水平。

2. 四川省工资水平、养老金待遇与全国水平比较

1998 年，四川省平均工资 5939 元/年，在全国 31 个省（自治区、直辖市）中排在 16 位，以后每年基本上都在第 15～17 位之间徘徊，相应的养老金待遇却一直排在全国第 25～28 位。与兄弟省份比较，2005 年人均 GDP 与四川省比较接近的有陕西、江西、西藏、广西、安徽、云南、甘肃和贵州等省（自治区），养老金待遇只有江西省排在四川省（第 26 位）之后，其余均排在前面。全省人均养老金待遇每月只有 608 元，比同处西部的云南（第 13 位）、贵州（第 22 位）两省，分别少 81 元和 35 元。

四川省 GDP 总量比较靠前，由于人口基数大，人均 GDP 比较靠后。同时工资水平和消费水平比较一致，但养老金待遇未能与工资水平同步，对刺激消费起的作用也非常有限。四川省养老金待遇在全国处于落后地位，与经济发展水平和工资水平不相适应。

3. 养老金待遇与国际标准水平比较

养老金替代率是国际劳工组织限定评价各国

社会保障待遇标准的重要指标。早在1952年，国际劳工组织就通过了《社会保障最低标准公约》，其中规定养老金的最低支付水平为退休前收入的40%～45%，后来又提高到55%。目前实行养老保险制度的160多个国家中，替代率低于40%的只有海地1个国家（33%），在40%～60%之间的有34个国家，其余均在60%以上。我国的基本养老保险制度改革目标替代率定在60%。四川省基本养老保险在1998年制度改革初期比较高，平均替代率达到了74.6%，以后逐年下降，到2005年只有45.7%。除了基本养老保险外，四川省大部分地区和企业还没有建立多层次的养老保险体系，养老保险第二支柱和第三支柱缺失，基本养老保险替代率基本上就是养老保险替代率。如此偏低的替代率既大幅低于制度的目标，又低于国际公约规定的最低标准。可以说，从国际标准看，四川省的基本养老保险也滞后于经济发展水平。

综上所述，经济对基本养老金产生了深刻影响，经济对基本养老保险的发展起到了较大的促进作用。但从近期看，经济发展对四川省基本养老保险的影响在减弱，基本养老金没有完全享受到经济发展带来的成果。根据实证分析，主要还是经济的收入效应和税收效应力度不够。因此，应加大工资结构改革，把隐形收入等非工资收入纳入正式工资体系，并加大劳动保障监管力度，杜绝少保、漏报基数和人数的行为，力争做到应保尽保、应缴尽缴。同时应加大政府对社会保障转移支付力度。

四、对策分析

通过以上分析，经济对养老保险的影响是深刻的，因此要从经济角度考虑养老保险长效发展。具体措施如下：

1. 进一步加大四川省经济建设力度，夯实养老保险基金的经济基础。大力发展经济，继续深化“工业强省”战略，增强经济实力。为建立完善、和谐、可持续发展基本养老保险奠定坚实的物质基础，提高基本养老金支付能力。为适应经济形势的发展，分享经济发展的成果，应逐步提高四川省养老保险待遇水平，提高退休人员的生活质量。

2. 加强收入分配制度改革，扩大基本养老保险基金源。现阶段四川省面临着GDP总量高，但人均可支配收入并没有与经济总量同步增长的局面，也就是所谓的“国富民不富”现象。由于劳动力供给远远大于劳动力需求，在市场供求关系的过度竞争下，劳动力价格非常低廉，有的甚至连维持劳动力的再生产都比较困难。总体上看，资本处于强势地位，劳动力处于弱势。因此，在收入分配政策方面，政府出台的政策应当倾向于有利于保护劳动者，保护劳动力价格。同时，在再分配方面，也要注重公平和效益的关系，有效调节过高收入，逐步扩大中等收入，提高低收入者水平。不论是根据需求层次理论还是实际现状分析，只有老百姓实际收入增加了，他们才有能力参加基本养老保险。

3. 切实转变政府职能，加快建立和完善公共财政制度。党的十六届六中全会明确指出、十七大则进一步强调政府的两项重要职责（公共服务和社会管理），而要承担好这两项职责，一个重要前提就是必须建立公共财政。因此，政府的财政应按照公开透明的原则进行预算，把财政资金投向“市场失灵”或市场不愿做的领域，如教育、卫生、文化、就业再就业服务、社会保障、生态环境、公共基础设施、社会治安等公共服务方面。否则权力寻租由此产生，“看得见的脚就会踩住看不见的手”。只有建立了公共财政，政府财政转移支付制度才会更加规范合理，转移支付力度才会更大，对基本养老保险等社会保障制度的支持才会更有力。

4. 深化资本市场改革，提高基本养老保险基金的增值潜力。资本市场基本养老保险基金的影响，不仅表现在养老保险基金上，而且还表现在养老金的支付上。深化资本市场改革，一是要将资本市场的基本制度安排由筹资功能转换到投资功能上，扩大资本市场规模，提升资本市场效率。二是鼓励资本市场主题创新，丰富投资品种，增强资本市场深度。三是强化上市公司的治理结构，增加强制性的信息披露机制，提高上市公司质量，更好地保护投资者。四是调整资本市场融资结构，大力发展债券市场。

5. 建立和完善基本养老保险基金的风险控制体系，有效化解基金的投资风险。基金投资必然面临着各种风险，既有不可规避的系统风险，也有可以通过投资组合加以规避的非系统风险。因此需要设计一整套关于基本养老保险（特别是个人账户）投资的风险控制体系，主要应包括风险约束机制、风险监督机制、风险分散机制和风险补偿机制。

（《经济体制改革》2008年第2期）

（八）在统筹上用力

——山东省社会保障体系建设调查

韩金峰

近年来，山东省坚持以科学发展观为统领，着力社会保障体系建设，突出重点，加大投入，努力在扩大保障范围、提高保障水平、增强保障能力、健全保障机制上下功夫，取得了比较明显的成效。

一是以非公有制经济组织从业人员、城镇个体工商户和灵活就业人员为重点，进一步扩大社会保险覆盖面。山东省加大扩面征缴力度，推进非公有制经济组织从业人员、城镇个体工商户和灵活就业人员参保缴费；积极稳妥地开展农村社会养老保险工作；组织风险较大的建筑、矿山、化工等行业企业的农民工参加医疗保险和工伤保险。截至2006年底，全省城镇基本养老、医疗、失业、工伤、生育保险的人数分别达到1106.5万、995.9万、789.7万、647.3万、488.8万。其中，农民工参加医疗、工伤保险的人数分别达到147.8万和136.9万。社会保险基金收入大幅增长，基金支撑能力逐步增强。近几年，全省社会保险覆盖人数每年递增6%，基金收入每年递增20%左右。2006年，五项社会保险基金总收入达573亿元。

二是以确保养老金按时足额发放为重点，进一步完善基本养老保险制度。截至2006年底，山东省统筹范围内的企业离退休人员达到200多万，并且以每年约10万的速度增长。1998年实行“两个确保”以来，全省累计征收养老保险费1573亿元，发放基本养老金1289亿元，连续10年做到企业离退休人员养老金按时足额发放，保障了200多万企业离退休人员的基本生活。建立了养老金省级调剂制度，对养老保险基金收不抵支的市给予调剂，2001年以来累计下拨省级养老调剂金28.3亿元。建立了养老金正常调整机制，坚持每年为企业离退休人员调整待遇，并重点向退休早、待遇低的人员倾斜，养老金水平从494元提高到987.1元。改革养老金计发办法，统一了城镇个体工商户和灵活就业人员参保缴费政策，积极发展企业年金，建立起了多层次的养老保障体系。

三是以保障生活与促进就业为重点，进一步发挥失业保险的作用。随着山东省国有企业改革和结构调整力度的加大，每年向社会释放失业人员40万左右。山东自2006年被列为全国扩大失业保险金支出范围试点省份以来，积极探索将失业保险基金使用范围扩大到公共实训基地建设，免费为失业人员提供培训。对实行主辅分离、辅业改制分流安置富余人员，以及裁员企业和关闭破产企业，从失业保险中拿出专项资金，实行转岗再就业培训补贴，鼓励企业主辅分离、辅业改制分流安置富余人员。山东省将失业调控作为宏观调控的主要目标，规定企业一次性裁员不能超过一定比例，鼓励企业多分流、少失业，有效地避免了失业人员规模、时间过于集中，维护了社会稳定。

四是以解决人民群众就医难为重点，进一步深化医疗保险制度改革。山东省坚持城镇职工基本医疗保险、城镇居民基本医疗保险和新型农村合作医疗制度“三抓并举，同步推进”的方针，全省参保职工达到1060万人。针对城镇中小学生、少年儿童、家庭无业人员等城镇居民缺乏基本医疗保障的突出问题，实施了以大病统筹为主的城镇居民医疗保险试点，参保人员达60多万，现正在全省逐步推开。自2003年山东开展新农合制度试点以来，已覆盖6646.41万农民，参合农民总数5987.15万，占农村人口的90.1%，为参合农民补偿医药费26.91亿元。以往各级财政对每位参合农民的补助仅为10元，2007年这一标准提高到40元以上，加上个人缴纳的部分，所有县（市、区）参合农民人均筹资标准都在50元以上，最高的地区达到100元。多数试点县年度内最多可为农民报销两万元医药费，有的地方达到5万元。

五是以建立失地农民基本生活保障制度为重点，稳妥推进农村养老保险工作。山东省城市化率已达到46%以上，据测算，山东城市化率每提高一个百分点，将产生10万失地农民。为此，山东省采取“政府出一块，村集体补一块，个人缴一块”的办法，多渠道筹集保障资金，并明确了政府的责任，提出了即征即保的原则。注重搞好与现行的农村和城镇基本养老保险制度的衔接，将进城务工和在规模以上乡镇企业就业的失地农民，纳入城镇养老保险，全省已有60多万农民参加了失地农民养老保险。扩大农村社会养老保险的覆盖范围，加大财政对参保农民的补贴，探索建立了个人缴费、集体补助、政府补贴相结合的筹资机制。目前，全省农村养老保险参保人数达到1064万。

六是以城乡低收入家庭为重点，进一步完善社会救助体系。山东省根据经济发展水平及时调整保障标准，对城乡困难群体实现了动态管理下的应保尽保，初步建成了以城乡低保、农村五保、灾民救助、城乡医疗救助等为主要内容的社会救助体系。2006年，山东全省支出保障金6亿多元，保障62万人，人均补助83元；农村低保建立了财政分级保障机制，保障人数达120万；农村五保对象集中供养率达60%以上。建立了自然灾害应急救援机制，2006年全省投入救灾救济资金2.66亿元，救助受灾群众280多万人。

健全完善社会保障体系，是一项带有根本性的制度建设，也是一项开拓创新性的重大改革任务。在实践中我们体会到，必须从保障劳动者合法权益、推进改革和发展、维护社会稳定的角度出发，进一步加大工作力度，努力使社会保障制度更加完善、政策更加配套、管理更加规范、运行更加稳健。

坚持三个原则，把握社会保障发展方向。一是坚持社会保障标准与生产力发展水平相适应，既尽力而为，让人民群众分享经济社会发展成果，又量力而行，充分考虑经济社会发展的承受能力。二是坚持从城乡差别和区域差别的实际出发，着眼于建立多层次的社会保障体系，以满足不同水平的社会保障需求。三是坚持由近及远、循序渐进、保持政策的连续性，要注意把握改革政策出台的时机，注意保持有关政策的相对稳定和衔接配套，注意采取平稳可行和符合国情国力的过渡措施，避免社会矛盾的发生。

推进四个转变，强化社会保障意识。一是适应经济社会协调发展的要求，推进社会保障由以城市和企业职工为主向城乡全体劳动者转变。二是适应社会主义经济制度和就业形式多样化的要求，推进社会保障由以公有制经济为主向多种所有制转变。三是适应统筹城乡经济协调发展的要求，推进社会保障由以城镇为主向城乡统筹转变。四是适应建立现代企业制度的要求，推进社会保障由以单位管理为主向由社会机构提供管理和服务转变。

完善三个机制，健全社会保障制度。一是建立完善稳定可靠多元的社会保障资金筹措机制，加大社会保险费征缴力度，通过利益导向鼓励参保缴费，强化基金管理和监督检查，建立社会保障基金随财政收入增长而增长的机制。二是建立完善社会保障基金统筹调剂机制，将养老、失业保险金的下拨与上解挂钩，与扩面征缴情况挂钩，对基金困难的地方，省、市财政每年安排一定规模的调剂金予以支持。三是建立完善社会保险、社会救助、社会福利和慈善事业相衔接的机制，及时落实参保人员的各项社会保险待遇，积极发展慈善事业，鼓励社会团体、民间组织和优势企业对慈善机构进行捐助，积极鼓励社会力量采取定点挂钩、定向捐赠、结对认养等方式，参与集中供养。

强化两项措施，夯实社会保障基础。一是加强社会保障法制化建设，将社会保障体系建设纳入规范化、法制化轨道；严肃查处不参加社会保险、不为职工缴纳社会保险费的单位。二是加强社会保障信息化建设，建立起覆盖广泛的社会保障信息管理系统，将社会保障资金的缴纳、记录、核算、支付、查询服务等全部纳入计算机管理系统，实现对所有服务对象跟踪一生、记录一生、保障一生、服务一生的目标。

（《求是杂志》2008.6）

二、地区（市）

（一）探索中国特色社会主义道路的成功实践

——浦东开发开放的经验与启示

中共上海市委宣传部、求是杂志社
文化编辑部联合调研组

1990年4月18日，党中央、国务院从我国改革开放全局出发，审时度势，作出开发开放上海浦东的重大决策。短短18年间，上海浦东已从阡陌农田到高楼林立、从冷僻乡间到繁荣市区、从默默无闻到世界瞩目的“东方明珠”，经济社会快速发展，城市功能日益完善，人民生活水平不断提高，一个外向型、多功能、现代化的新城区在浦江东岸崛起，被誉为“中国改革开放的象征，上海现代化建设的缩影”。

立足国家战略，实现跨越式发展

浦东新区由上海市原三区二县的全部或部分区域组成，面积570平方公里，包括6个功能区域、23个街道、镇，常住人口305万。浦东开发开放是邓小平同志和党中央着眼于我国改革开放的社会主义现代化建设全局作出的一项战略决策，它先后经历了形态开发（1990—1995年）、功能提升（1996—2005年）、综改推进（2005年至今）三个阶段，实现了跨越式发展。

经济总量实现超常规增长。浦东生产总值从1990年的60亿元上升到2007年的2750亿元，年均增长18.2%，财政总收入比1990年增加了77倍。经济总量占上海全市的比重由1990年的1/12上升到2007年的近1/4。浦东以上海1/6的人口、1/11的土地面积，创造了近1/4的GDP和工业总产值、1/2的外贸进出口总额和1/3的外资引进总额，中资银行存贷款总额约占全市的1/3。

发展质量实现跨越式提升。产业结构不断优化，从开发开放之初上海重要的农副产品供应基地发展成为以现代服务业和高新技术产业为主导的现代产业体系，一、二、三产业增加值比重由1990年的3.7∶76.2∶20.1调整为0.2∶47.5∶52.3。城市功能不断提升，陆家嘴金融贸易区、外高桥保税区、金桥出口加工区、张江高科技园区等四个国家级开发区已经成为上海建设“四个中心”的重要功能载体。社会事业快速发展，投入以年均40%的速度增长，新建了一大批教育、医疗卫生、文化体育设施，基本建立了覆盖城乡的社会保障体系。生态环境日趋良好，绿化覆盖率达37%，人均绿化面积24平方米，空气质量优良率达到91%。

开发能量得到深层次体现。通过开发开放浦东，上海经济连续16年保持两位数增长，城市面貌发生了巨大变化，城市功能实现了由工业基地向多功能经济中心城市的转型，正向着建设国际经济、金融、贸易、航运中心和社会主义现代化国际大都市的宏伟目标迈进。通过开发开放浦东，带动了长三角和长江流域经济的飞跃发展，形成了推动中国经济快速发展的重要增长极。浦东的“窗口”、“舞台”角色越来越明显，“示范”、“带动”功能日益增强。

现代化新城区开发建设的创造性实践

对于浦东的开发开放，党中央一直高度重视和关心，党的十四大、十五大、十六大、十七大都对浦东开发开放提出了目标方向。邓小平同志曾指出：“浦东开发晚了，是件坏事，但也是件好事。可以搞得好一点，搞得现代化一点，起点可以高一点。”江泽民同志强调：“浦东开发开放是从整个国家经济发展战略出发提出来的，一定要集中力量把浦东开发这件大事办好，不断使浦东开发开放工作跃上新高度。”胡锦涛同志要求：“继续搞好浦东开发开放，加快体制创新，提高外向型经济层次，在更高的起点上实现快速发展。”可以说，“高起点”既是党中央对浦东开发开放提出的要求，也是上海市委、市政府为浦东开发开放确立的发展思路。

坚持规划先行，初步形成“一轴三带六区”的城市发展总体布局。上海市委、市政府按照高标准、系统化的规划原则，指导高起点的浦东开发。浦东的城市规划布局，跳出了“摊大饼”式的城市发展模式，创造性地提出了“功能分区、多心组团”的规划理念，按照功能定位进行城市形态和产业规划。围绕发展金融、贸易、科技创新等功能，最早规划建立了陆家嘴金融贸易区、外高桥保税区、金桥出口加工区、张江高科技园区四个特色鲜明、功能各异的开发区；其后规划建设了浦东国际机场，成为重要的交通、物流枢纽；三林地区规划布局了2010年上海世博会主体场馆，成为浦东会展旅游业发展的重要地区。按照这一总体规划，浦东已基本形成了“一轴（从上海虹桥机场到浦东国际机场的上海城市发展轴）、三带（沿黄浦江发展带、中部发展带、滨江临海发展带）、六区（陆家嘴、张江、金桥、外高桥、三林世博和川沙（机场）六个功能区域）”的城市发展总体布局。

坚持有所为、有所不为，初步形成以现代服务业和高技术产业为主的产业结构。围绕建设经济、金融、贸易、航运“四个中心”的目标，上海市委、市政府坚持“有所为、有所不为”，在浦东开发开放中集聚世界经济的精华，推行金融贸易先行、高新技术产业先行的产业发展方针，精心挑选外资项目，大力培育和引进具有国际竞争力的产业和大企业。浦东引进的1万多家外资企业中，绝大多数制造业的技术水平属于国际先进水平，其中世界500强企业有225家在浦东投资了404个项目，使浦东越过“三来一补”的初级加工阶段，直接发展先进制造业和高新技术产业。

坚持以改革促发展，初步形成要素比较齐全、功能比较完善的市场经济体系。上海市委、市政府在推进浦东开发中坚持以资本、土地、劳动力、技术等生产要素的市场化配置为突破口，探索建立了较为完善的要素市场体系。成立了开发公司，政府通过“资金空转、土地实转”的方式把土地注入开发公司，开发公司则利用土地资本筹集资金，按照政府的统一规划要求进行开发区的形态和功能建设，由此开创了以企业为主体推进浦东开发建设的全新模式。率先建立了上海证券交易所、期货交易所、钻石交易所等金融要素市场，集聚了500多家中外资金融机构，初步形成了包括银行、保险、证券、期货、信托、基金等在内的较为完善的金融市场体系。探索成立了上海联合产权交易所，为国有资产有序流动、促进科技与资本对接、外资和跨国并购进入等提供了重要的平台。

坚持经济与社会协调发展，初步形成生产发展、生活富裕、生态良好的可持续发展格局。浦东开发之前绝大部分是农村地区，社会事业基础比较薄弱。面对开发开放以后城市化加快推进、人口大量导入的情况，市委、市政府在积极推动浦东经济快速发展的同时，支持浦东社会事业和文化建设。新建扩建了一大批教育、医疗、卫生、文化、体育设施；大力推进社会事业管理体制改革，实行城乡基础教育、医疗卫生、社会保障管理体制并轨，推进社会事业管办分离；大力建设公共文化服务体系，市民步行15分钟文化圈建设取得重大进展，平均每天有社区（小区）广场文化演出，每月有近百场不同层次的群众性文艺展演；大力进行环境治理，绿地总量是开发之初的25倍，人均公共绿地面积是开发之初的45倍，先后荣获“国家园林城区”、“国家环保模范城区”等称号。

坚持体制创新不停步，初步形成新型管理体制。上海市委、市政府采取新区、新事、新办法，积极鼓励浦东进行体制创新，支持浦东“东事东办”、“特事特办”，为浦东先行先试提供了有力保障。浦东开发之初，市委、市政府专门成立了浦东开发领导小组，研究解决重大问题。浦东进行了体制探索，按照“党政合署、政企分离、强化综合部门、实行大系统管理”的原则设置政府机构，机构减少了2/3，人员减少了1/3，把传统体制下4—5个部门的职能综合到一个部门，变原来部门之间的协调关系为部门内部的工作关系，提高了管理运作效率。

浦东开发开放的经验启示

通过调研我们感到，上海浦东开发开放在中国改革开放从南到北、从东到西、从点到面的全方位推进中起到了枢纽作用。它是我国对外开放的窗口和重要标志，是我国深化改革和建立社会主义市场经济体制的试验田，是我国经济结构调整和现代化建设的先行区，是我国东部沿海成功推进开发开放的生动典型。浦东开发开放取得的辉煌成就，给予我们诸多思考与启示：

启示之一：解放思想是推动开发开放的一大法宝。浦东开发开放的战略决策是解放思想的产物，浦东开发开放的成功实践也是解放思想的生动体现。党中央、国务院在国内政治风波和国际苏东剧变的严峻考验面前，毅然决然地作出了开发浦东的战略决策，把上海推向改革开放的最前沿，进而形成了我国改革开放的全面布局，充分体现了解放思想的政治勇气。上海市委、市政府始终坚持把中央的决策部署和总体要求化为创造性实践，在学习借鉴国内外先进经验的基础上，积极推进浦东开发开放，努力做到起点更高、后来居上。浦东开发开放的实践证明，解放思想永无止境，只有不断解放思想，才能突破发展瓶颈，不断实现新跨越。

启示之二：科学发展观是指导开发开放的根本指针。浦东开发开放的实践证明，在新的更高起点上实现快速发展，必须更加自觉地深入贯彻落实科学发展观，在发展定位上充分体现科学发展观的根本要求，体现国家战略和上海城市发展目标的有机结合，体现连续性、稳定性、开拓性的有机统一；在发展目标上更加注重经济增长的质量、效益和水平，更加注重经济、社会、生态三大效益相统一，不断增强发展后劲；在发展方式上更加注重通过体制创新、科技创新，获得发展新动力；在发展模式上更加注重经济与社会、城区与郊区协调发展，更加注重人与社会和谐融合，实现可持续发展。

启示之三：共建共享是推进开发开放的动力源泉。浦东开发开放的实践证明，开发开放的成功既得益于广纳贤才、群策群力，让人民群众支持、参与开发建设，又体现在人民群众共享开发建设成果，正是这种共建共享机制，成为浦东开发开放不断走向成功的动力源泉。18年来，浦东共培养、引进各类人才46万多人，年均增长17.7%，形成了让人才来得了、留得住、用得上、干得好的用人机制，营造了“鼓励成功、宽容失败”、“选择浦东、选择成功”的创新创业环境。在经济社会快速发展的同时，浦东人民的生活水平也不断提高，2007年浦东城乡居民人均可支配收入达到24273元和12246元，分别比1990年增长了14.9倍和8.2倍，城镇居民人均住房使用面积达到23平方米，比1990年增加近1倍。“宁要浦西一张床，不要浦东一间房”已成为历史。

启示之四：一流党建是带动一流开发的根本保证。1993年上海浦东新区党工委成立伊始，就明确提出“一流党建促一流开发”的指导思想，坚持围绕发展抓党建，抓好党建促发展，在实践中逐步形成了“三凝聚”、“三服务”、“三覆盖”的党建工作创新思路：以凝聚党员、凝聚群众、凝聚社会为目标，以党的上级组织为基层服务、党的基层组织为党员服务、党的各级组织和党员都为群众服务为载体，以组织覆盖、工作覆盖、制度覆盖为保障，做到开发建设到哪里，党的工作就开展到哪里。在党建中，浦东把廉政制度建设摆在首要位置，强调“廉政也是投资环境”，设置了三条“高压线”（不准擅自向有关部门开口子、写条子、打招呼；不准利用职权为亲属好友谋取不正当利益；不准在工程发包中利用职权捞取好处）、两道“防火墙”（任何开发公司负责人不准擅自决定公司的资金拆借，不准擅自以公司名义为他人做资金担保），加强干部作风养成教育，从而保证了经济社会的健康有序发展。

（执笔：陈高宏　刘世军　李幼林　周溯源　李文阁　闫玉清）

（《求是杂志》2008.18）

（二）统筹兼顾：城乡共同繁荣的科学道路

——成都调查

倪鹏飞

成都地处西部，发展水平接近全国中等。辖区内，发达的城区、相对落后的郊县、绝对贫困的山区同时并存。近年来，成都市认真贯彻落实科学发展观，以调整城乡关系为主线，开始了统筹兼顾的实践探索。到2007年，全市实现地区生产总值超过3324.4亿元，按可比价格比2002年增长91.2%；地方财政收入716.8亿元，同口径比2002年增长705%；全市万元地区生产总值能耗比2003年下降11.3%；一元化户口登记率达到100%，社会保障城乡全覆盖基本实现；城乡居民收入大幅提升，收入差距远低于全国的平均水平。2007年6月，成都与重庆一起正式被国家确定为全国统筹城乡综合配套改革试验区。最近，通过实地调研，我们总结出四条基本经验。

统筹城乡发展规划，制定城乡一体的总体战略。针对过去存在的城乡分割、重城轻乡的问题，成都市委、市政府运用统筹兼顾的方法，制定了综合发展规划。

一方面，综合规划，统一协调。从2003年起，成都在全国率先探索建成城乡规划体系，制定了到2020年的城乡发展总体规划，提出“城乡统筹、四位一体”，实现“中西部地区创业环境最优、人居环境最佳、综合竞争力最强的现代特大中心城市”的目标。通过“一体化、一盘棋”安排，第一次对全市1.24万平方公里内的中心城区、14个县（市、区）、220多个乡镇和2200多个村庄做了统一规划，同时制定了城乡一体的土地利用规划、产业发展与布局规划、各类经济社会专项规划。

另一方面，明确分工，争取互利共赢。他们将整个辖区分为中心城区、县城及重点镇和农村三大类型区域，优化中心城区的环境，提高竞争力，推动城区反哺农村，带动农村发展。发展县城和重点镇，提高承载力，加快产业、要素和人口的聚集，缓解农村人地矛盾，疏解中心区的拥挤。大力发展特色农业，提高农村自生能力，组织实施“帮扶工程”，突出“造血”功能培养。实施农村环境建设工程，采取有效措施整治和改善农村环境。一体化是资源最佳配置的前提，专业化是区域合作共赢的基础。成都通过统筹发展规划，兼顾一体与分工，兼得规模化与专业化两利。

兼顾城乡实际情况，选择“三个集中”的发展策略。针对人口多土地少、资源分布不均、生态环境恶化、资源浪费严重等问题，成都选择“三个集中”的方法发展产业、建设载体。

一是积极引导产业集中发展，走新型工业化道路。从2003年开始，成都逐步将原来规模小、布局散的116个工业开发区调整、归并为21个工业集中发展区。目前，21个工业集中发展区已初具规模，2007年入驻规模以上企业1449个，集中度达63.5%，实现了工业的有序、健康发展。

二是梯度引导农民向城镇集中，走新型城镇化道路。自2003年以来，成都市对重点规划区内的建设用地，按照城市居住小区标准统一规划建设新式农民社区，通过多种形式梯度引导农民向城镇集中。到2007年底，五年新建农民居住区和农村新型社区2249.1万平方米，37.8万农民入住重点镇和社区。

三是稳步引导土地向规模经营集中，走农业产业化道路。坚持“依法、自愿、有偿、规范”的原则，通过土地经营权的流转和土地整理，使土地逐步向资本足、技术强、巧经营、善管理的种植专业大户集中，五年共流转农用地235.6万亩，实施规模经营的土地每亩增收600元，2007年农民人均纯收入达5400元，比2002年增长59.9%。

统筹城乡综合改革，构建城乡一体的制度体系。一是建立城乡一体的市场体系。2004年，成都率先在全国提出实行一元化户籍制度，将全市户籍人口统一登记为居民户口；2006年又出台政策，消除了农民向城镇转移的“门户”限制。在“新居工程”中，采取土地整理、宅基地置换的办法租用集体土地；在工业用地中，允许集体土地采取作价入股、联营的方式将农村集体土地量化为股份，农村土地实现了资源向资本的转变，并加速自由流转。深化投融资体制改革，通过市场化途径，最大化集聚信贷资金、撬动社会资金，引导各种资源共同投入城乡建设。相继成立了小城镇投资有限公司和现代农业投资发展有限公司，已获得来自6家金融机构共119亿元的资金支持。

二是构建规范化的公共管理体系。成都市先后对农业、水利、交通等30多个部门的行政管理体制进行改革。从2004年8月起，共进行了7次行政审批（许可）事项大清理，削减了全市各部门68%的审批（许可）事项。同时在市、县（区）、镇（街道）、村（社区）建立了四级政务（便民）服务中心，同时制定首问负责制、限时办结制、服务承诺制、过错追究制等一系列严格的制度，大大提高了为市民提供全方位服务的效率和质量。

三是建立城乡均等的社会服务制度。积极推进县乡财政管理体制改革，完善和规范财政转移支付办法，建立城乡一体的公共财政体制框架。五年来，全市财政对“三农”的投入达254亿元，率先在西部实现了县县通高速路、村村通水泥（沥青）路、村村通电话。在农民集中居住区，水、电、气、道路、电视、电话、网络等基础设施建设也相继建成。同时，初步建立起城乡均衡的社会保障、教育、卫生制度体系，农民的就业、社保、上学、医疗等公共服务已逐步到位。

凝聚城乡干部群众的力量，确保统筹兼顾的贯彻落实。统筹城乡发展是一场涉及思想观念转变、体制机制改革、利益关系调整的创新实践，在战略和政策确定之后，把广大干部群众中蕴藏的力量调动起来、凝聚起来，以确保落实，就成为关键。

一是发扬民主。2003年以来，成都市大力推进基层民主政治建设，积极稳妥推进干部选任方式改革，全面推行党务、政务、村（居）务公开。截至目前，全市先后在74个乡镇开展了党委书记公推直选试点，86.4%的社区、93.5%的村党组织书记实行了公推直选。基层民主政治建设强化了广大群众的主人翁地位，从而调动了他们参与城乡统筹的积极性。

二是真抓实干。在城乡统筹工作开始之初，成都市委、市政府面临着来自方方面面的阻力。一些人对“城乡一体化”的概念表示质疑，一些干部、群众也存在着一定的畏难或抵触情绪。针对这些情况，成都市委、市政府坚持用事实说话，不退缩、不争论、不作表面文章，带领广大干部群众坚定不移、锲而不舍地实干下去，从而使城乡统筹实验，工作上越来越有成效，认识上越来越有信心，做法上越来越受群众欢迎。

三是从严治政。结合规范化服务型政府建设和基层民主政治建设，在城乡统筹推进过程中，成都市委、市政府创新并严格内部管理制度，坚持从严治政、赏罚严明，一批工作得力的干部被提拔和奖励，一些工作不力的干部受到不同程度的惩罚和批评，从而在全市上下形成了真抓实干的风气和竞相发展的氛围，确保了城乡统筹工作的扎实推进。

城乡统筹是一个复杂的系统工程。应当说，成都的改革仍然处于初步探索阶段，有许多难题有待破解，但是坚冰已经打破，前景已见光明。有了科学发展观的指导，有了“全国统筹城乡综合配套改革试验区”的难得机遇，成都市未来的工作将会取得新的更大的成效。

（《求是杂志》2008.6）

（三）大连市以“北三市”为重点，统筹城乡发展

孙 爽 曲世民

“十五”以来，大连市作为东北老工业基地的中心城市之一，全面贯彻落实科学发展观，以率先实现老工业基地全面振兴为目标，规划空间布局，转变增长方式，优化产业结构，着力促进统筹区域协调发展。

从2001年开始，大连坚持推进以瓦房店、普兰店和庄河三市为主体的“北三市”开发战略，出台了一系列扶持北三市全面发展的优惠政策，布局了一批重大交通、电力、引水等基础设施和农业、教育、卫生等公共设施建设，形成了沿沈大、丹大高速公路和永青路等交通干线的产业带以及环黄渤海岸线的临港临海工业区。坚持统筹解决“北三市”经济落后区域发展问题，对贯穿“北三市”东西大通道的永青路沿线20个乡镇开发实施优惠政策和资金扶持，有力地把县域经济纳入到全面建设大连老工业基地的快车道上来。

2007年，大连“北三市”地区生产总值与2000年相比增长1.74倍，财政收入增长3倍，固定资产投资增长10.9倍，农民年人均纯收入增长1.3倍。同年，在全国县域经济基本竞争力评价中，瓦房店市从2003年的第68位跃居第36位；庄河市从2002年的第87位跃居第67位。

坚持实施“北三市”开发战略，虽然明显地壮大了县域经济，但城乡二元结构问题依然比较突出。“北三市”是大连农村居民主要集聚区域。大连现有乡村人口287.4万人，北三市约占74.5%。由此可见，大连地区的“三农”问题等一系列区域协调发展中的矛盾相对集中在“北三市”。因此，逐步建立以北三市为主的城乡统一的产权、金融、福利保障和教育等一系列制度，是大连实现统筹城乡发展的“着力点”。北三市开发战略的工作重心要逐步由重视经济发展转向重视社会保障，以加快农村综合改革、推进城乡一体化为重点统筹城乡发展。

一、深化征地制度改革

首先，应严格执行土地利用总体规划和年度计划，充分征求被征地农民对补偿安置的意见，做到在征地补偿费用足额到位后才能征用土地，公开征地程序、补偿安置费用标准及使用管理情况。其次，应完善征地制度，健全对被征地农民的合理补偿机制。在出台《大连征地补偿费分配使用监管办法》、《大连市集体土地房屋和其他地上附着物补偿暂行办法》的基础上，积极推进征地区片综合地价实施，合理提高征地补偿标准，切实维护农民的合法利益。另外，要加强失地农民社会保障体系建设，积极开展失地农民安置途径的调研和试点工作，总结推广成功经验，协助劳动和社会保障部门制定失地农民社会养老保障办法，为农民提供长期可靠的基本生活保障。

二、改善农村金融服务

一是积极鼓励金融机构发展涉农业务，在权限、税收、费用等方面予以优先考虑，适时开办农业综合开发、农村基本建设和技术改造、扶贫开发贷款等金融业务，把农村基础设施建设、农

业产业化等纳入支持范围。在防范风险的前提下，重点支持农业经济组织、龙头企业和农业产业化经营等新型发展模式。二是农村信用社要按照现代企业制度的要求，建立产权明晰的组织架构，真正把农村区域和人口作为服务主要对象，有针对性地开发金融品种。三是完善农村信用担保体系，由地方政府、金融机构共同出资，建立支农贷款担保基金，对部分小额农贷项目提供担保；建立专门为“三农”服务的贷款担保中介机构，为支农贷款提供担保服务。四是成立专业性农业保险组织。由政府出面组建以农民为主要服务对象的农业保险组织，构建覆盖农村区域的专业性农业保险体系。风险补偿基金由政府和农户共同出资设立，合理消化农业风险，减少金融机构贷款损失。五是加大农村金融基础设施建设投入，提升农村金融电子化、票据化程度；丰富农村金融业务和品种，为农业产业化龙头企业提供票据贴现、项目融资、科研贷款、订单贷款等融资便利服务；根据农产品生产周期和农户资产情况，合理设定还款周期和抵押政策，做大农户小额信贷业务；对符合贷款条件的种养大户、产业化组织、私营经济组织，通过农户贷款证、联保贷款、评优授信等方式提供资金支持。

三、发展农村教育事业

进一步促进城乡教育均衡发展，促使更多的优质教育资源向农村合理配置。一是按照方便学生上学、不增加学生经济负担、保证教育质量的原则，进一步调整优化中小学校布局，改善办学条件，提高办学质量。二是着力普及和巩固农村九年义务教育，建立健全农村义务教育经费保障制度，不折不扣地落实免除农村义务教育阶段的学杂费、为农村贫困家庭学生免费提供教科书、补助寄宿生生活经费等政策，重点解决好农村低保家庭子女、生活困难的单亲家庭子女、因病因灾造成临时困难家庭子女上学问题。三是逐步实行以县（市）区为单位的中小学教师聘任、派出和轮换制度，解决农村新教师来源渠道不畅的问题，并以此提高农村中小学教师素质。四是每年在财政支出中增列专项，改善农村普通高中教育资源条件。五是继续扩大面向农村的中等职业教育，扩大招生规模，有序转移农村剩余劳动力，积极探索新时期农村技术培训新模式，努力培养“有文化、懂技术、会经营”的高素质新型农民。

四、加强医疗卫生保障

一是加大对新型农村合作医疗工作的推进力度，加强农村公共卫生服务体系和农村医疗救助制度建设，尽快建立以大病统筹为主的农民医疗互助共济制度，建立健全疾病预防体系。二是制定相关政策和制度，把现有的区市县医院与乡镇卫生院纳入到一个完整的人员循环系统中，让系统内优秀的医护人员在固定的时间段内，为各级医疗机构轮流工作，打破城乡、所有制等界限，建立城乡一体化的医疗卫生体制，改变城乡医院两级分化的状况。三是推进农村卫生体制改革，巩固和完善新型农村合作医疗制度，对参加新型农村合作医疗农民年人均补助要逐步增加。进一步扩大覆盖面，提高本地区的筹资水平。健全合作医疗管理和经办机构，落实人员编制和工作经费。建立信息化的监管措施，加强对定点医疗机构的监管，确保基金的安全运行和定点医疗机构的规范运作。及时调整补偿方案，将资金使用率提高到80%以上，使参合农民最大限度地得到实惠。四是努力完成乡镇卫生院上划县管的工作，推动乡镇卫生院持续、良性运转，扩大城市医院支援北三市部分乡镇卫生院的规模，继续实施“城市医生支援农村卫生工程”。开展健康教育社区行和健康教育乡村行活动。

五、建立就业保障体系

逐步实现城乡劳动力就业市场的一体化。一是对户籍制度进行改革，逐步以居住地登记制度或身份证管理制度替代户籍管理制度。鼓励并允许有稳定职业和居住条件的农民进城落户。二是允许外出打工、经商的农民依法有偿转让、转租、入股抵押土地承包权。三是切实把进城农民的职业培训、子女教育、劳动保障、社会保障和其他公共服务，纳入正常的财政预算。四是对现行的一些政策措施进行清理，公开废止歧视性的就业政策、法规等。建立公开、公正、平等的就业新秩序，清除农民进城的各种障碍，降低农民进城的“门槛”，疏通农民进城的渠道。

（《宏观经济管理》2008 年第 7 期）

（四）搞好厂务公开，加强企事业单位民主政治建设

——大庆市厂务公开工作实践的总结和认识

杨晶韬

党的十七大报告强调指出，“人民民主是社会主义的生命。”“人民当家作主是社会主义民主

政治的本质和核心。”“全心全意依靠工人阶级，完善以职工代表大会为基本形式的企事业单位民主管理制度，推进厂务公开，支持职工参与管理，维护职工合法权益。”明确了中国特色社会主义基层民主政治建设的基本内容，揭示了厂务公开的意义，为进一步深化厂务公开工作指明了方向，提出了要求。

学习和贯彻党的十七大报告精神，总结和认识我市厂务公开工作，增强工作的自觉性和主动精神，不断加强企事业单位民主政治建设，是当前的重要工作和经济社会不断发展的必然需要。

一、推行厂务公开，在市场经济的建设中稳步前进

厂务公开是实行基层民主政治建设的制度机制，也是发展社会主义市场经济，加强政治文明建设的必然要求。1998 年，中央领导胡锦涛、尉健行和吴邦国同志就先后对此作过 8 次批示。2002 年 6 月 3 日，中共中央办公厅和国务院办公厅发出《关于在国有企业、集体企业及其控股企业深入实行厂务公开制度的通知》（中办发［2002］13 号文件，以下简称《通知》)，2004 年 10 月 1 日，《黑龙江省企业事业单位公开管理条例》（以下简称“条例”）颁布实施，“条例”指出：公开管理，是指企业、事业单位将重要决策、生产经营管理的重大事项、涉及职工切身利益的领导班子建设及廉政建设的事项等向职工公开，并接受职工监督的活动。

我市的厂务公开从 1998 年底开始，大体经历了组织发动、整体推进和深化发展三个阶段。到目前，全市 11214 个企事业单位中，有 4260 个已实行了公开管理。其中，公有制企业 3574 家已经实行厂务公开的 2856 家，达 80% 以上（国有企业 2467 家，实行厂务公开的 2202 家，达 90%）；事业单位 1523 个，实行厂务公开的 993 个，达 75% 以上；非公有制企业 5839 家，实行厂务公开的 411 家（简单公开)，达 7%。实行厂务公开的各企事业单位遵照、执行“条例”，以职工代表大会为基本载体，积极运用报、箱、栏、电（网络、闭路电视）等各种方式方法，公开单位内部的重大事项和关系职工切身利益的热点问题、改革发展的难点问题等事项，加强了基层民主政治建设，落实了党的“依靠”方针，强化了党的基层组织建设和党风廉政建设，促进了和谐发展，有力地推动了全市的经济发展和社会进步。

在几年的工作中，我市的厂务公开形成了四个基本特点。

1. 坚持党的领导，建立健全各级组织机构，形成了一级抓一级、层层负责的工作机制。几年来，市委和市政府领导高度重视厂务公开。一直都保持着由一位副书记、纪委书记主管和两名以上副市级领导在协调小组中工作，使厂务公开贴近市委中心工作，服务工作大局，有力地保障了工作实效。市纪委、市委组织部、市监察局、市经委、市劳动和社会保障局、市总工会和市工商联各单位的主要领导担任成员单位负责人，按照《通知》精神和“条例”的要求，根据各自工作实际，密切配合，积极工作，保证了全市工作的正常进行。全市五区四县和大的企业、行业全部成立了有党政工领导专门负责的协调工作机构。在县（区）形成了主要领导负责，协调小组指导，主管部门督促，基层（企业）具体落实的工作格局。形成了一级抓一级，层层抓落实的工作局面。做到了党委把关，协调小组组织实施，监督小组监督反馈的基本规程。全市的厂务公开始终在党的领导下和国家法制范围内进行，保证了工作的健康发展。

2. 坚持厂务公开与经济建设和改革发展稳定相结合的方向。推动了经济体制改革和现代企业制度的建设完善。一是在经济体制改革中实行厂务公开，保障改革的顺利进行。华能公司新华发电公司坚持实行职代会制度，将厂情厂事运用多种媒介方式进行全方位多层次的及时公开，凡属企业重大事项必须经过职工代表大会或职工代表团（组）长联席会议讨论通过，否则不予实施，职工当家作主的权利得到真正落实。二是在建立现代企业制度的进程中实行厂务公开，促进企业的健康发展。百货大楼在运行现代企业制度中推行厂务公开，将公开管理和企业的经营管理结合起来，把改革的具体措施及管理要求同步公开，实现了服务社会化、管理公开化、监督立体化、效益最大化。

3. 坚持实事求是，依法办事的原则，一切从推动企业发展的实际出发，增强了企业的管理水平和经济效益。全市的厂务公开目的明确，重心在下（企业)，依法办事，实效突出。长途客运集团，认真贯彻实施“条例”，加强企业全面建设。在认真执行制度的基础上，组织厂务公开小组成员、工会和监事会人员及职工代表，对全公司的财务原始凭证进行不定期抽查，监督管理实效，堵塞工作漏洞，提高了管理水平，企业效益逐年增长。2004年收入5007.4万元，2005年收入5528万元，2006年收入6199.7万元。

4. 坚持实践第一、与时俱进的理念，从客观实际出发丰富和创新工作。全市工作坚持实践第一的观点，不强求一律，注意在实际工作中不断充实发展。加强调查研究，掌握第一手资料，确定阶段目标，完成工作部署。同时，通过调研发现和解决问题，运用《大庆厂务公开信息》进行通报，总结工作经验，宣传先进典型，使工作常搞常新。2004年以来，先后有大庆石油化工总厂、油田公司第五采油厂和中国华能大庆新华发电公司被表彰为全国厂务公开先进单位，有百货大楼等9个单位和17名个人先后被评为省先进，工作保持在全省前列。

二、实行厂务公开，在经济社会的变化中积极实践

2004年10月，“条例”颁布实施。为深入开展厂务公开工作提供了法律依据，确定了工作规范。

1. 大力宣传贯彻“条例”。2004年10月配合“条例”颁布实施，开展了全市《学习宣传贯彻“条例”知识竞赛》活动，强化宣传效果，把决赛实况搬上大庆电视台并在全市播放了3次，使“条例”的宣传覆盖面和传播速度都达到了最佳程度，在全社会引起了积极反响。工人日报11月26日报道称为全国首家。

2. 抓典型示范，促进工作规范发展。认真总结采油五厂实行IS09000国际质量认证体系于厂务公开的工作之中的工作方法和全市10个先进企事业单位典型，作为全市的工作样板进行宣传，增强了示范作用，促进了“条例”的贯彻落实。2005年1月全省工会厂务公开民主管理工作会议，我市成为全省的典型。

3. 抓基础建设，巩固成果推动实践。保证厂务公开工作持续成效，认真搞好基础建设，整理编辑了《大庆市厂务公开》综合工作文集。将1998至2003年的文字资料（共50万字）编印成册，固化成果。同时，积极培训职工代表。外聘专家，举行百人以上讲座3场。将讲座录像制成光盘发给基层单位，有效地提高了职工代表的素质和参与能力，夯实了基础，增强了基层职代会实效。

4. 抓组织建设，发挥整体协调作用。注重工作的机制完整和整体协调。几年来成员单位几经变化，都始终保持了工作机制的完整和协调。各成员单位思想上重视，工作上配合，各自结合工作实际有所侧重地开展工作，做到了情况互相通报，活动共同组织，文件共同执行，行动共同动作，成效共同享有。坚持每年一次的调研检查，分区包片、尽职尽责，较好地推进了“条例”的全面落实。

5. 抓文化建设，用现实生活检验工作效果。“条例”在企事业单位中实施，成效要经受职工群众的检验。2005年全市开展了《生活的脚步》专题文艺征文活动。前后近百天，征集稿件120多篇，推荐12篇在《黑龙江工人报》发表，精选60篇文章编印400册在全市和全省工会系统内发放，展示了工作的效果和水平。探索了用文艺手段从文化建设层位深化工作的新途径，尝试了在人文角度上用现实生活的人和事检验工作的新方法。激发了职工参与公开管理的热情，提高了政治民主生活质量。

通过以上工作，全市各企事业单位干部职工不断统一思想、提高认识，增强了法律意识和责任观念，规范公开范围和操作程序，加大了工作力度和深度。全市的厂务公开有了新的突破和整体的提升。工作取得了一定的成效。

一是厂务公开保障了党的“依靠”方针落实，促进了全市的政治文明建设。厂务公开的主要载体是职代会。全市国有企业90%以上，事业单位75%以上坚持实行职代会制度。依法选举职工代表，一线职工代表的比例达到了65%以上。职代会提案基本能够得到落实（落实不了的也能得到答复和解释），提高了涉及职工切身利益问题的透明度，落实了职工群众的知情权、参与权、表达权和监督权，强化了基层政治民主秩序。基层民主政治建设得以巩固扩大，全市的政治文明建设健康发展，增进了社会和谐。

二是厂务公开提高了企业管理水平，增强了经济效益。公开管理完善了企业的管理机制，提高了企业的管理水平和效能，同时也切实巩固了职工的主人翁地位，调动了职工参与管理，投身改革和建设的积极性，促进了经济效益的提高。合资企业肇融亚纺公司，坚持厂务公开，实行民主管理，人心稳，管理顺，效益增，企业规模由最初的5000锭发展到15000锭。据统计，2006年全市通过职代会提案提出合理化建议22900多条，提高经济效益3913万多元，有力地推动了全市经济建设。

三是厂务公开推动了党风廉政建设，强化了

党的基层组织。厂务公开将党内监督与群众监督和舆论监督有机结合起来，关口前移，源头治理，成为党的基层组织建设和党风廉政建设的有效载体。全市党风廉政建设和基层组织建设得到了进一步加强。2005 年，全市有 2097 家企事业单位召开各级各类职代会 2262 次，累计评议各级干部 5037 人次，奖励提拔 298 人，惩撤 22 人。同时，涌现出省级先进党组织 2 个，市级“五个好”企业党组织 45 个，为二次创业，实现全市经济社会的可持续发展，发挥了组织保障作用。

四是厂务公开加快了现代企业建设步伐，推动了现代经济机制的发展。厂务公开是现代企业法人治理体制的内在要求，也是企业内部制约机制和监督活动的基本实践。全市 868 个公司制改制企业，建立董事会 868 个，监事会 853 个，有 217 名职工董事和 456 名职工监事依法开展工作，丰富了全市的现代经济成分，加快了经济社会的发展进程。

五是厂务公开增强了职工的主人翁意识，促进了职工队伍整体素质的提高。厂务公开明确了职工的主体位置，广大职工把有知识、懂技术和会管理作为实现人生价值和提高经济收入的根本途径。全市近 30 万职工中有 10 万多人参加读书自学活动，职工队伍的整体素质明显提高，改革发展深入人心、争优创效蔚然成风。2006 年全市完成国内生产总值 1620.3 亿元，同比增长 10.5%，完成工业增加值 1352.0 亿元，同比增长 9.6%，有力地保障了全市各项经济任务的顺利完成。

六是厂务公开推动了社会进步，公共事业和非公有制企业的管理水平进一步提高。全市事业单位实行职代会制度的达 75% 以上，实行社会公示的达 80% 以上，公开管理和公示承诺相结合，公平服务，公正办事，增强了公共事务的透明度和城市发展文明水平，职工群众的满意度普遍提高，依法维权的意识和能力明显增强。厂务公开协调稳定了劳动关系，减少和化解了劳资矛盾及劳动纠纷。2007 年有 14 家单位被评为劳动关系和谐企业与工业园区标兵单位、7 家单位被评为劳动关系和谐企业与工业园区先进单位，促进了社会的和谐稳定。

三、深化厂务公开，在经济社会的发展中认识不足

随着经济社会的快速发展，厂务公开工作面临着新的课题和考验。特别是 2006 年以来，我市厂务公开的工作形势发生了重大变化，出现了一些新的情况和问题。主要是：

（一）经济社会迅速发展，厂务公开情况变化

随着我市非公有经济的迅速成长和中直大企业的建制转移，市属职工队伍和不同性质企业的比例发生了重大变化，工作出现了新的情况。

一是职工队伍人员结构变动，使厂务公开在整体上出现了新格局。2005 年全市职工 45.7 万人，2006 年全市职工（市属会员）22.4 万人，非公有制企业职工 77291 人。在现有的 1463 个基层工会委员会（涵盖法人单位 4950 个）中，公有制企业 159 个，事业单位 567 个，非公有制企业 547 个；可见企事业单位的比重和职工人员的比例重心已经由国有企业向非公企业和事业单位转移，厂务公开的整体工作自然向非公企业和事业单位倾斜，突破了公有制企业为主，新建企业和事业单位为延伸的局面。

二是市属不同性质企业的比例变化，使厂务公开在内容上出现了新重点。2005 年全市非公有制企业 3759 个，2006 年全市非公有制企业 5839 个。目前，全市公有制企业工会 159 个，非公有制企业工会 547 个。两种不同性质企业比例的快速变化，使厂务公开的内容也出现了由内部管理、基层组织建设（公有制企业）为主，到建立和谐稳定的劳动关系、维护职工和企业（非公企业）的利益双赢为多的转变。

三是组织管理情况的变化，使厂务公开在方式上出现了新要求。我市非公有制企业发展迅速，其特点是规模小、数量多（5839 个）、类别广、分布散，现有的 547 个基层工会和 87 个联合工会涵盖法人单位 1414 家，工会对非公企业的覆盖率较低，职代会建设缺少支撑；以劳动合同要素和经济、社保福利为内容的简单公开是非公企业公开的基本内容（要求），方式也由职代会为主向职工大会或民主协商加公示的办法简化；区域性和行业的工会联合会正在发育，区域和行业（联合）职代会的工作刚刚起步；同时市属企业（公有制）工会受双重领导的单位数量增多（如华能集团新华发电公司工会，大商集团的百货大楼工会和让胡路商场工会等），纵向管理的强化和公开管理的机制融合等等，都对公开工作的方式方法提出了更新的要求。

（二）全市的工作不平衡，深入实施难度较大

1. 工作不平衡，水平参差不齐。厂务公开虽已普遍开展，但各单位的公开层次和公开内容参差不齐。半公开和事后公开甚至不公开的情况依

然存在，职代会成效不高，公开的形式不够稳固，距离职工的要求差距较大，对改制改革的实际有所脱离等问题没有得到较好解决，工作机制不完善，操作不规范，具体内容不深入是一些单位的明显痼疾。

2. 思想认识徘徊，工作出现停滞。厂务公开涉及的面广事多，政策性强，职工敏感度高，不同的企业具有不一样的状况。在较好的企业中有松懈思想和厌战情绪。认为该做的已经做了，能办的也已经办了，再搞也是这样了，没啥搞头了。在工作一般的企业中对公开缺乏信心。个别企业的管理者把公开与管理对立起来，认为只有效益才是硬道理，公开作用不大，麻烦不少；怕公开影响管理和效益，满足于公开的一般状况，工作徘徊。在较差的企业有畏难情绪。改制企业认为有股东会和董事会就行了，职工（代表）大会多此一举；危困企业觉得经营难度大，经济效益差，公开麻烦多，解决不了多大问题，消极守旧的思想较多。凡此种种都对深入开展工作造成了思想上的阻碍。

3. 工作机制不强，管理有形无力。厂务公开是系统工程，在管理上需要有多方面的协调和配合，才能取得好的效果。目前我市工作机制的管理中尚存在着一些职责不清，工作不到位的情况。特别是在县（区）级的工作机构中，部分成员单位没有进入工作状态，作用没有很好发挥。合力不够强，缺少相应的责任考核，工作经费匮乏，是县（区）级工作机构的普遍问题。尤其是工作经费，县（区）级的工作机构自工作开展以来一直没有明确落实，厂务公开的办公室大都设在工会，在县（区）工会经费开支困难的情况下，厂务公开工作难免不受到影响，制约了县（区）级工作机构的活力，容易造成工作乏力，有名无实的虚像。

（三）职代会建设有缺位，与经济社会发展不够适应

1. 法规建设滞后，实际工作的运作不够规范。厂务公开是制度机制，要取得切实的效果必须有完善配套的制度保障。目前我们虽然遵循“条例”开展工作，但在职代会实务中仍然是按原来的《全民所有制工业企业职工代表大会条例》原则实行。虽然《黑龙江省企业事业单位职工代表大会条例》已经颁布实施，但各单位具体的实施办法（意见或细则）仍然需要结合实际地进一步完善。学习先进的管理方式将公开管理与企业管理融为一体的探索还缺少成果等等，都是深化工作的实际问题。

2. 职工代表培训较少，对职代会的质量和效果有所影响。厂务公开的主要载体是职代会，职代会的成效大小取决于职工代表。近年来，全市有近20%左右的基层职代会内容空泛，脱离实际，其主要原因就是职工代表的素质和能力不能适应发展的需要。全市有20%的职代会不能及时换届，换届也基本不换职工代表；有近80%的职工代表缺少定期的学习和培训，直接影响了职代会的质量和效果。

3. 非公企业职代会建设落后，与非公企业的发展水平不相适应。非公企业职代会是建立巩固劳动关系，维护劳企双方利益，推动和谐社会发展的重要形式。非公企业职代会依赖于非公企业的工会。全市5839个非公企业，而基层工会只有547个（涵盖法人单位1414个），可见，非公企业的工会组织建设与非公企业的发展速度存在着一定的差距，职代会建设相对滞后。

四、搞好厂务公开，在新时期的实践中努力工作

党的十七大谱写了建设中国特色社会主义的新篇章。在新时期、新情况、新的发展要求下，落实科学发展观，坚持不懈地搞好厂务公开，是加强企事业单位民主政治建设的重要工作。

（一）用科学发展观统领厂务公开，要坚持全面性

用正确的方法看待和认识厂务公开，深入调查研究，坚持实事求是和一切从实际出发的思想原则，全面系统地分析情况，深刻准确地认识工作，及时有效地把握特点和规律是做好全市工作的总要求。当前，要结合全市经济建设的大局，借助《黑龙江省企业事业单位职工代表大会条例》颁布实施的时机，集中解决好非公企业组建工会和区域职代会建设的问题，核心是依法建立协调稳定的劳动关系，维护职工合法权益，创建和谐企业，建设和谐社会。具体的措施是要尽快制定出台全市的指导性办法或意见，组织宣传和检查调研，清除死角，增强活面，推动厂务公开工作全面深入发展。

（二）用科学发展观指导厂务公开，要注重协调性

一是搞好工作系统机制协调。首先要强化组织机构建设，根据实际情况将有关单位补充为成员单位；其次要加强成员单位的工作联系，建立

制度，通报情况，研究工作；再次要建立工作上下联系（工作联系点）制度。建设协调有序，充满活力的工作秩序。二是单位搞好协调。各单位要结合实际，依法实施《黑龙江省企业事业单位公开管理条例》和《黑龙江省企业事业单位职工代表大会条例》，建立制度，明确职责，纳入日程，融入整体管理工作。加强职代会建设，培训职工代表，突出职代会实效。

（三）用科学发展观实践厂务公开，要体现持续性

厂务公开是具体的实践，必须要有具体的体现形式。要充分运用丰富的活动形式推动厂务公开工作持续发展，经常结合新的情况和内容改进工作，创新工作方式和方法，不断增强和提高厂务公开的实际效果和工作水平。当前，要集中搞好两个条例的宣传和贯彻，要运用适当方式宣传群众，培训干部，尽快将两个条例宣传下去，实施起来。企事业单位要根据实际情况建立切实有效的公开机制，并坚持制度化和经常化，不断实现职工的知情权、参与权、表达权和监督权，切实搞好企事业单位的民主政治建设。

厂务公开是现代文明在经济社会发展中的必然反映和客观要求。我市的厂务公开工作已经具有了一定的基础并取得了相应的成效，为我们建设基层民主政治，提升企业管理基准，推动经济社会和谐发展建立了基本的途径，只要我们坚定信念，坚持方向，坚持不懈的努力工作，我市厂务公开和经济社会就能又好又快地发展。

（《大庆社会科学》2008年6月）

（五）农业保险的可持续发展之路
——来自淮安的实践

祖忠阳　张军　胡建国

淮安农业保险起步较早，2003年水灾后，在江苏省委省政府、江苏保监局的支持下，淮安市政府对农业保险确定了“政策性保险，商业化运作”的模式。并于2004年11月5日与具备条件的中华保险公司正式签定了“联办共保协议”。对水稻、三麦、养鱼、农民团体意外伤害险等四个险种在所辖六个县（区）的10个乡（镇）进行试点。经过2005年和2006年的试点后，2007年在全市所有乡（镇）全面推开。

三年多来，淮安市的农业保险已经显示出群众能接受、政府能承受、保险公司可操作等特点，并初步产生了“四个有利于”的积极效果，即有利于稳定农业生产，有利于提高农民的救灾能力，有利于社会主义新农村建设，有利于对商业性保险公司的利益维护。

创新做法

当初，淮安市开办农业保险可以说开了全省乃至全国之先河。制定何种模式，采用什么做法，均无先例可循，只能通过自身来大胆探索，勇于创新。农业的高风险损失率和农民的低经济承受力，决定了淮安的农业保险很难作为商业保险来经营，只能考虑政府在政策和财政上给以支持的政策性保险。于是，一个新的农业保险模式在淮安诞生，这模式后来被称为“淮安模式”，并被省内外一些地方所采用。它的主要创新之处：

一是制定了“丰年积累、平年结余、大灾调剂、稳步发展”的经营原则和建立“农业保险发展基金”的基金积累原则。后者把当年实收的农险保费及利息、历年经营的结余资金纳入基金专户存储，实行封闭运行、单独立账、独立核算，并接受财政、审计等部门的监督与检查。平时，发展基金通过经营在保持收支基本平衡的基础上实现逐年积累，以备大灾之用。

二是实行了“政策性保险、商业化运作”的联办共保、风险共担模式。即以当年实收的保费在提取15%的管理费用和支付当年赔款后，中华保险公司与县（区）政府按3∶7分成，分别纳入基金专户存储。因灾理赔所需资金，首先从当年保费收入中列支，不足部分动用历年积累的农业保险发展基金；基金不足赔付时，由中华保险公司与县（区）政府按3∶7比例承担。从2008年水稻保险起，国家对保险公司与政府的分成和赔付比例调整为4∶6。

三是按照保障农民灾后恢复生产、实行初始成本保险的原则，采取了“低保额、低保费”的方式。即对三麦、水稻的保险，每亩参保保费分5元、10元、15元三档，农民只需选择交纳其40%，即2元、4元或6元，剩余的由中央、省、县（区）财政按比例补贴。在保险范围内因灾害造成绝收（减产70%以上）的，参保农民即可相应得到100元、200元或者300元的保险赔款。从2008年水稻保险起，省里统一了起赔标准和投保档次，中央财政增加了10%的保费补贴，使农民自交的保费比例由40%降为30%。

四是实行了公正有效的理赔方法。由保险公司牵头进行理赔工作，组织农业技术人员组成理赔定损小组。对受灾情况进行查勘定损，并统一标准、公开程序、张榜公布，实行阳光操作，接受社会监督。具体操作时按照《理赔七步工作法》进行，即农户申报、村组核报、乡（镇）初审、县（区）查勘、市里抽查、结果告示，赔偿兑付。理赔中不惜赔，不滥赔，做到公开公正。

五是建立农业保险领导机制。开办农业保险虽然是国家继取消农业税、实施粮食直补后又一项新的惠农政策，但仍需要得到广大农民的理解、支持和参与，需要一个过程。为能尽快促进农业保险的发展速度，市、县（区）两级政府成立了“促进农业保险发展委员会”。各级政府又通过高频率、广视角、多层次的宣传发动，让农村广大干群了解农业保险，以提高其保险意识。

初步成效

试点第一年的2005年，小麦参保面就达到83%，水稻参保面达到79%，均已超过预期目标。2006年与上年大体相同。2007年农业保险全面推开后，全市小麦参保面为82.6%，水稻参保面提高到86%。2008年的小麦参保面达到90%，水稻参保面87.7%。

截至目前，三麦、水稻两个险种三年来共收取农民自交的保费1821万元。获得中央、省、县（区）政府财政补贴共计2604万元，向30多万农户赔付2951万元，除去管理费用，积累农业保险发展基金1100万元，从而实现了“将政府灾后补助资金前移为灾前保险补贴”的目标。其中，2007年收取农民1566万元的保费，向农民支付灾赔款2561万元的，农民在整体上的获赔收益已经大于他们的保费支出，从而真正做到了让种田农民“花小钱、防大灾、得大益。”

“政策性保险，商业化运作”的农业保险“淮安模式”得到了各级政府部门和有关领导的充分肯定。国务院政策研究室、国家发改委、财政部、农业部、保监会、中华保险总公司领导多次来淮调研指导；湖北、广东、陕西以及省内一些地方组团来淮考察。国家保监会主席吴定富在江苏省保险工作会议上提出：要认真总结淮安农业保险试点经验，扩大农业保险试点品种和覆盖区域。前省长梁宝华专门批示：要总结淮安农业保险的经验，进一步完善政策，在全省扩大试点。2007年7月25日在淮安召开的全省农业保险试点工作座谈会上，省委常委、常务副省长赵克志号召在全省范围推广淮安经验。

制约因素及对策建议

从淮安目前的农业保险情况来看，已经具备了可持续发展的基本条件：其一，属于世贸组织允许的“绿箱政策”；其二，中央和省政府不断出台相关政策加以完善，地方政府也日益重视；其三，已逐渐被广大农民所认识和接受，参与度越来越高。同时，我们也清楚地看到，淮安的农业保险工作目前还存在“认识不高开展难、面广量大收费难、地块不清查勘难、作物受灾定损难”等问题。此外，还有几个涉及到政策方面的问题也在影响着农业保险的可持续发展：

一是实行适度强制的原则应对现行的参保问题。我国现在虽然对农业保险实行的是自愿参与原则，但在实际操作中，不少地方从农业保险的普惠性与“大数法则”考虑，已经对水稻、小麦等主要项目采取了半强制性做法。而有的政府文件中一方面强调投保自愿，同时又要求参保率要达到一定百分比的矛盾性，也支持了基层政府的这种做法。对此，建议明确实行适度强制的原则：一方面，对少数关系到国计民生的重要农保项目如水稻、小麦等，采取强制投保的做法，而对其他的农保项目，则由农民自己决定是否投保。另一方面，确定某种保险档次实行强制统一投保，高于这种档次的部分，农民可自愿选择投保。如果能这样，对稳定农业生产、保证粮食安全、有效解决农业保险中的逆向选择和道德风险问题等都具有重要作用。现在，已有越来越多的农民认识到了农业保险的惠农性并乐意接受，这就为实行适度强制原则提供了可能。

二是整合支农资金应对农民自缴保费的收取问题。淮安农业保险从试点到现在，难度最大的是收取农民保费。由于现行的自愿投保原则，主观上农民可以参加也可以不参加，客观上受村组统一投保的要求，有些不情愿又不得不参加的人，就在保费缴纳时消极拖延甚至干脆不缴。一些村组集体或干部在部分保费难以收取又迫于完成任务的压力时，就只得垫付。这样的后果，一是垫付保费的受灾农田在获得赔款时会产生受益不清的矛盾，二是这种做法也难以长期为继。对此，建议用整合支农资金的方式从支农资金中列出（或明确其中一块作为农民的应缴保费）来解决。目前国家对农民每亩农田的粮食直补、良种补贴和农资综合补贴等支农资金已有一百多元，而农民应缴的每亩保费（水稻和小麦）还不到其十分之一，比例很小。况且国务院已经明确“将农业保险作为支农方式的创新，纳入农业支持保护体系。”可以说是为这种解决方式提供了政策依据。如果能这样，将会大大减少农业保险的运作成本和工作难度。

三是参照保费补贴，构建农业巨灾风险基金和再保险体系。三年来，淮安在小麦、水稻两个险种上共获得农民自缴保费和各级政府资金补贴共计4425万元，向30多万农户赔付2951万元，除去管理费用，形成发展基金积累1100万元，可以说是收支相抵后略有节余。这三年是没有明显灾害的正常年份。为防巨灾发生，按照省政府要求，淮安已开始建立市、县（区）两级政府巨灾风险准备金。其数额以2007年的保费总额计算，市级一年不到800万元，其中50%还要由县（区）从当年保费中提取，各县（区）则共计在200万元到400万元之间。这样的结果，一是发生巨灾时很可能赔付不足；二是县（区）财政负担过重，巨灾风险准备金难以及时安排到位。对此，建议参照保费补贴的做法，建立起包括中央财政补贴在内的巨灾风险基金体系和再保险体系。这样既可增加其数额。又可减轻地方财政的负担。

对于农业保险，农民有需求，政府和保险公司有热情，真正实现它的可持续发展，我们任重而道远。

（《江苏农村经济》2008年第11期）

（六）中山市农村土地制度改革的实践与探索

中山市位于珠江三角洲中南部，珠江口西岸，面积1800平方公里，下辖18个镇、5个街道办事处和1个国家级火炬高技术产业开发区，常住人口251万（户籍人口145万人），农业人口99.97万人，农业用地68.45万亩。2007年实现地区生产总值1210.7亿元，增长14.7%；工业总产值3585.9亿元，增长16.5%；农业总产值56.2亿元，增长3.5%；农民人均纯收入10001元，增长11%，连续六年超过两位数增幅。

改革开放以来，中山市抓住机遇，实现了从计划经济向市场经济、农业社会向工业社会、封闭式发展变化向开放式发展的跨越。在三农工作方面，中山市大力推进农村各项改革，特别是在农村集体土地经营使用制度方面，打破自实行家庭联产承包责任制以来集体土地农户均分承包的格局，形成了多种使用形式共存的局面，在此基础上，全面推进并完成了农村股份合作制改革，成为促进中山市农业增效、农民增收、农村发展的制度保障。

中山市农村集体土地经营使用制度改革的轨迹

中山市在解放初期的农地制度由旧社会的“土地私人所有、农民租田经营”改革成为“农民私人占有、农民个体经营”。这次改革的核心是把地主的土地平均分配给无地或少地的农民。地主被打倒，农民第一次拥有了自己的土地，因此农业变成了小农经济。紧接着集中于1958年进行了第二次土改，通过土地合作社制度，土地由农民私有过渡到了集体所有，实行了土地“农民集体所有、农民集体经营”制度。上世纪八十年代前期，开始了第三次土地制度改革，这次改革把持续25年的“集体所有、统一经营”的土地制度改革为集体所有、家庭联产承包责任制。其做法是按户承包、按人分地，特点是将集体土地的所有权与经营使用权分离，以家庭为基本的生产经营单位。中山市农村集体土地经营使用制度改革伴随家庭联产承包责任制的发展经历了三个阶段。

第一阶段（1982～1992年）：家庭联产承包责任制在全市实施及落实第一轮土地承包阶段。土地均分承包经营制度建立后不久，逐步被转让承包、招标投包等方式代替，这个阶段最终实现了土地所有权和经营权的分离。1982年，中山市全面实行了家庭联产承包责任制，建立土地在集体所有前提下，农户均分承包经营的使用制度。这种土地使用形式作为农村双层经营体制的主要特征，牵动了农村经济的迅猛发展。然而，从上世纪80年代中期开始，随着农村二、三产业的发展，这种土地使用方式开始受到挑战，先是转让承包、招标投包，继而是两田制、反承包制和使用权入股经营等方式逐步介入，促成了中山市农村土地承包形式向多元化发展，打破了全市土地均分承包单一模式的经营格局，在稳定承包权和有偿转让的基础上，形成了均分承包制、两田制、投包制、反承包制、土地股份合作制等多种形式共存的局面。实行均分制之后，这种土地使用方式调动了农民的生产积极性，但另一方面它对一些生产项目也带来了一些负面影响。如：古镇镇曹一村，有农业用地3400亩，人均0.78亩，而且近六成是鱼塘水面。1979 年底开始实行均分制，只好采用几户人家承包一口鱼塘，农户轮流耕作；或塘基地与鱼塘分开承包。这种方式使耕作农户间矛盾增多；一些农户出现生产短期行为，只重生产，不重地力培育，造成基崩、塘浅，产量上不去。1985 年底，该村在落实延长土地承包期工作中，认真总结过去几年土地均分到户的经验和教训，在充分发动群众，广泛听取意见的基础上，大胆打破“均分制”，承认土地的价值，承认合作经济组织成员对集体利益的平均占用权，用土地经营收益的分配取代土地实物形态的平均分配，实行“公开投标承包，投包款返还农户”的做法，探索出一条合理使用土地和土地逐步向种养能手集中的道路。1988 年，小榄镇北区村在曹一村的做法上又有新发展，全村 8 个经济社打破均田制，打破经济社界限，土地由经济联合社统一发包，以塘带基，基塘连片，公开投包，价高者得。投包收入除必要的集体提留外，其余按人口返还给农户。北区的做法很快在全市基塘地区铺开并最终推广至全市。至目前，中山市 34 万亩鱼塘基本上采用这种承包方式。

第二阶段（1993～1999 年）：普遍落实了第一轮土地承包 15 年不变的政策，其间经过了“两田制”和土地股份合作制的进一步推广，同时强调土地合同的承包方和发包方应严格履行合同规定的权利和义务。这一阶段逐步实现了土地有序、规范流转，并在全市范围内建立和健全了农村土地经营收益分配制度。

中山市自从落实家庭联产承包责任制以来，打破了土地均分承包唯一模式的经营格局，在稳定农民承包权和有偿转让的基础上搞活土地使用权，形成土地多种承包方式共存的局面。但是，随着中山市工业化的快速发展，经济结构发生了巨大变化，农村劳动力向二三产业大规模转移，农业生产结构不断地优化调整，农民家庭经营向多元化经济发展，家庭收入非农比重增加，农民依赖耕地程度减弱。因此，必须顺应变化形势进一步完善土地经营制度。在这一阶段中，主要是对两田制的完善和全面建立健全土地经营收益分配制度。

“两田”是指把土地分为口粮田和责任田，前者作为农民生存之用，按人口平均分配，一般 0.3－0.5 亩，只负担农业税（普遍不用负担任何税费）；后者划成片，引入效益原则和竞争机制，采取公开招标的形式向农民发包，农民根据自身能力自主决定承包面积，责任田除向国家交纳农业税，向集体交承包费，并负担政府规定的订购任务。“两田制”是非农产业快速发展的客观要求。这样，对那些有谋生门路，不愿承包土地的农民可以只承包口粮田；对那些种养能手，则可以扩大规模，提高经营效率，有效地促进了劳动力与耕地的组合与配置。“两田制”的实行，发挥了土地社会保障功能，搞活了土地经营制度，同时通过土地使用权的市场化流转，优化了资源配置，提高了农民收益。中山市从 1985 年开始，在张家边、沙溪等镇区先后实行由农户自报领田并逐步完善至“两田制”。至 1992 年底，实行“两田制”的共有 320 个经济社，涉及农户 23710 户，耕地 14 万亩，分别占当时全市经济社、农户、农业用地的 11.2%、10.9% 和 13.4%。由于某些地方违背中央关于规模经营必须完全尊重农民的意愿和对农民的收费总和不得超过其总收入的 5% 的政策，通过组织、舆论工具，甚至动用专政手段，强制推行“两田制”，造成了极为严重的后果。在 1997 年，中办发 16 号文件明确要提出“认真整顿两田制”和“不要再搞两田制”等土地政策。中山市对照 16 号文件“少数经济发达地区，农民自愿将部分责任田的使用权有偿转让或交给集体实行适度规模经营，应当允许，但必须明确农户在自愿、有偿的基础之上，不得搞强迫命令和平调”的精神，全面开展完善工作。至 1997 年底，实行“两田制”的共有 788 个经济社，涉及农户 61265 户，耕地 30 万亩，分别占当时全市经济社、农户、农业用地的 26.6%、27.29% 和 32.7%。许多镇区通过实施“两田制”促进了农村经济结构的调整，提高了农民的收入。

围绕稳定和完善农村土地经营制度问题，中山市明确提出了要通过理顺集体土地的收益关系，保障农民对集体土地的承包权益，从而较好地实施土地承包经营“明确所有权、稳定承包权，搞活使用权，强化管理权”的工作方针，及时出台了《关于建立健全中山市农村土地经营收益分配制度的意见》（中府【1998】69 号），明确提出要建立土地经营收入分配制度，就是凡搞活土地使用权的农村集体经济组织应把土地经营收入（主要是发包收入），按照农民土地承包权份额返还农民分配，返还给农民的分配部分，应占土地经营收益的八成以上。通过保障农民对土地的收益权，从而为土地承包权与经营权相分离创造了条件，促进了土地使用权在自愿有偿的基础上合理流转，促进了土地向经营能手集中，提高农业经营效益；

另一方面，我们通过完善土地转包（让）审批制度和合同管理，进一步规范土地流转程序，有效地促进了土地使用权依法、有序地流转。一些村组在保障农民承包权和收益权的基础上，进一步调整承包形式，发展土地适度规模经营；越来越多从事非农产业的农户也逐步让出土地经营权，安心务工经商或外出打工。据2001年底的统计，全市已退出土地经营的农户已有58710户，占全市农户数的25.5%，其中古镇镇、沙溪镇、小榄镇分别是60%、58.5%和50.6%。如古镇镇通过全面建立健全"三返还"制度，加快了农民向非农产业的转移，促进了土地向种养能手集中，60%的农户退出土地经营，83%的耕地实行完全投包，形成了以专业户为主体的花卉苗木、蔬菜、优质水产，面积近3万亩的生产基地。

第三阶段（2000年至今）：落实第二轮土地承包阶段和推进农村股份合作制改革阶段。这一阶段全面落实了中央土地承包30年的政策，并在此基础上开展以土地资本化为特征的股份合作制改革。第二轮土地承包的主要内容是在第一轮土地承包到期后，土地承包再延长30年。中山市从1999年7月起正式铺开农村土地延长承包期工作。全市1999年底第一轮土地承包到期的325个村、2663个村民小组、80.4万亩农业用地。到2000年3月止，有320个村、2621个村小组的延长土地承包期工作基本完成，并按要求发放土地承包经营权证书和签订土地承包合同。

中山市围绕第一轮承包期满之后，如何稳定和完善农村土地经营制度问题，各镇区党委、政府和职能部门都做了大量调查研究，通过召开座谈会、汇报会、研究会等，深入学习领会中央有关土地延包的方针政策，把握精神实质，明确工作思路。由于中山市农村社会经济发展的不平衡性和多样性，每个镇（区）、村、组都要根据自身实际情况制订实施方案，这是整个延包工作的核心。制订的方案既要符合政策要求，又要体现村情民意；既要遵循原则，又要有地区适应性。为此，各地在制订延包方案中重视抓好"三性"：一是政策性。能够全面落实政策规定，不违背国家政策法律；二是科学性。能够适应本地村、组人口、耕地、经济发展状况，适应群众对土地承包经营方式的要求，适应村、组今后发展规划，力求使方案建立在科学的基础上。三是民主性。制订方案坚持走群众路线，坚持经过广大干部群众充分讨论，延包形式、承包方式、具体问题处理等由农民依法选择，方案经村民代表大会2/3以上代表同意（须户主签字）方能确定。

在延包工作中，全市认真落实"三项硬指标"，严格坚持"三大原则"。三项硬指标：一是坚决落实30年的延包期；二是村预留机动地不得超过总耕地的5%；三是颁发土地承包经营权证到每个农户。三大原则：一是坚持确保农民具有土地承包权的原则。二是坚持土地承包权与经营权可分离的原则。农民既可以自己直接从事土地的承包生产经营，实现承包权与经营权两权合一，又可以通过份额的量化，保留土地承包权，将经营权让给他人，实行两权分离。三是坚持自愿有偿搞活土地使用权的原则。土地使用权的流转，必须在农民自愿有偿的基础上依法进行，不允许集体强行收回土地重新发包，同时，农民将土地交回集体经营，所得收益须按照农户的土地承包权份额实施返还分配。

在完成土地延包工作后，中山市分析了改革开放以来农村集体经济体制存在的问题，特别是产权关系和利益分配关系，土地、劳动力等生产要素的流转和配置问题严重落后农村经济的发展，于2001年9月在小榄镇开展农村股份合作制改革试点工作。在此基础上，2002年出台《关于加快农村股份合作制改革的意见》（中委［2002］5号）和《关于推行农村股份合作制改革的实施办法（试行）》（中府【2002】54号），全面铺开农村股份合作制改革工作。改革的主要内容是将集体土地与集体经营性资产一起折股量化到农民个人，明确每个股东的股份，经营收益按股分红。这次股份合作制改革最大的突破就是股权固化。即实行股份生不增、死不减，允许个人股份继承和经同意后在本合作组织内流动。通过资产折股、股份配置、固化股权、按股分红、建立起股东代表大会等方法建立农村股份合作经济组织。至2006年底，全市24个镇区基本完成农村股份合作制改革任务，完成改革任务的村（居）、组占应开展改革村（居）、组的95.4%、90.5%。股份合作制改革完成后，明晰了农村资产产权，推动了农业农村经济战略调整和农业现代化建设，加快了农村劳动力的转移，促进了农村经济的发展和农民收入的增加，加快了中山市农村经济社会的转型和"三农"问题的解决，为中山市社会主义新农村建设注入了新的活力。

主要取得成效

中山市农村集体土地经营制度改革从打破土

地均分制到全面推进股份合作制，农业和农村经济发展出现的新形势，为解决新矛盾新问题，为推动农业和农村的不断发展起到了重要作用。

（一）促进了现代农业的发展

标准化，专业化，规模化和企业化是现代农业基本特征。实行土地均分制，狭小的经营规模是难于发育成为现代化农业。而土地使用制度的改革，为现代农业发展创造了条件。表现在：一是促进了农业产业结构和产品结构的优化。目前，中山市已建成了外西北片的花卉苗木产业区、横门口民三联围片的香蕉产业区、环五桂山片的脆肉龙眼与荔枝产业区、北半部的冬瓜与粉葛产业区、中部的水生蔬莱产业区、内西北片的水产产业区等六大优势产业区。二是促进农业适度规模经营的发展。2006 年，全市土地适度规模经营达到 17.2 万亩，占全市耕地面积的 30%。三是促进农业产业化经营发展步伐。全市已有市级以上农业龙头企业 29 家（其中国家级 1 家，省级 4 家），已办有横栏三沙花卉协会、民众香蕉协会等 28 个农民专业合作经济组织，农业、农民生产组织化程度不断提高。四是提高了土地产出率。由于土地经营制度能及时适应新形势，作出符合实际发展需要的完善和调整，保持了土地产出率在二三产业迅猛发展的同时能保持持续上升的势头。1992 年，全市农业用地亩均产值为 1200 元，2007 年，全市农业用地亩均产值为 8210 元，增长了 5.8 倍多。1992 年以来，农业用地面积虽然减少了近三分之一，但是农业总产值却增长了 2 倍。

（二）促进了农村集体经济的发展

通过改革，理顺了农村集体资产的管理，完善了村组集体经济的组织形式，提高了科学决策和民主管理的水平，从而促进集体经济的发展。2006 年全市村级集体经济总收入 15.18 亿元，村均 635 万元。以小榄镇为例，2001 年 12 月完成股份制改革后，经过 5 年的经济发展，2006 年全镇村级集体经济纯收入 53921 万元，比 2001 年的 34035 万元增长 58%；股东分红 26953 万元，人均分配 3673 元。

（三）加快了农业富裕劳动力向二三产业转移

目前，我国实施家庭承包经营体制，农户耕作的土地多则三五亩，少则一亩几分地，应当说，解决温饱没问题，但期望农民走向小康、走向富裕是不可能的。因此，通过改革农村土地经营制度，股份合作制改革和农村养老、医疗保障等体系的建立，使更多的农民宜工则工，宜农则农，或不再依赖土地，不再依赖农业，让农民安心转移、乐意转移。2003 年至今中山市已实现 7 万多农村劳动力的转移就业。目前，中山市农村劳动力中七成多已转移向非农就业，农户收入中八成多来自非农产业。

（四）提高了农业产业化经营水平

农业产业化经营是农业现代化的必由之路，也是提高农民综合生产能力的重要方式。要推进中山市农业产业化经营，在分散的家庭承包责任制的体制下是难以实现的，而必须经过股份合作制改革，把土地以股份形式集中起来，连片公开向社会召投标发包，让那些有资金、懂技术、善管理的人进入农业种养、加工、流通领域，实现生产单位规模化。股份合作制建立后，中山市横栏镇、板芙镇和民众镇等推广土地“反承包”经营模式，仅 2004 年就集中土地 10336 亩，投入农业基础设施建设资金 1584 万元，建成现代高效农业小区，将小区的土地经营权适度分割转包给种养技术较高的专业户，提高农业现代化、规模化、产业化水平，每年实现土地增值 640.37 万元和增加村级集体收入 178.1 万元。2004 年底，板芙镇广福村采取“反承包”方式，由村里以每亩 600 元的价格承包了荣丰围连片鱼塘、禾田约 80 公顷，按现代化农业的标准对土地进行规划、整治后，以每亩 1000 元左右的价格发包给了种养大户承包。仅此一项每年就为村组两级集体增加了 40 多万元的收入。广福村通过创新土地经营机制，改变了过去家庭联产承包责任制下土地经营方式的局限性，资源得到了有效的重新组合配置。据统计，广福村村民小组的集体经营性收入已经从 2001 年的 300 多万元增加到 2005 年的超千万元，全村有 6 个小组的人均分配收入超过了 2000 元。

（五）维护了农村社会稳定和谐

农村土地经营制度的改革创新从体制上最大限度地维护了农村集体经济组织及其成员的利益，使农民应有的财产收益权真正以股份形式固化下来，农民在享受股权中放心了；通过几年来的股份分红，农民在得到实惠中开心了；近年来中山市大力实施农村基本养老保险、城乡居民基本医疗保险等农村社会保障政策，农民在得到保障中定心了，从而促进了全市农村社会的稳定和谐，群众对改革的满意率达到 98% 以上。

（六）推动了农村社会管理体制的转变

农村土地经营制度改革是深化农村其他改革的基础性工程，中山市以股份合作制改革为契机，逐步实施村级统一核算、推动村改居、村级社会事务与经济事务分离等工作，初步实现农村社会向城市社会、城市管理体制的转变。

推进农村土地制度改革的几点体会

一是坚持家庭承包经营制度。家庭承包经营制度作为典型的农地制度创新，其制度框架是土地集体所有，平均分配，采取农户家庭经营的形式。就其本质而言，只是农村土地经营方式的变革，并不触动农地集体所有的制度根基。其显著特点是实现土地所有权和使用权的分离。以家庭承包经营为基础，统分结合的双层经营体制，它不仅适应传统农业，也适应现代农业，必须长期坚持。目前，家庭承包制度仍表现出强大的生命力，坚持家庭承包经营是进行农村土地使用权流转的前提条件。因此，中山市在改善土地承包方式中，无论是均分承包、农户领包、招标投包、反承包以及股份合作制，土地经营仍以农户家庭承包为主基础。

二是坚持"依法、自愿、有偿"原则。土地流转是农村经济发展的必然趋势，也是进行农村土地适度规模经营的需要。镇、村组织可以对农户承包土地的流转进行协调和服务，但不能强迫命令，不能强制推行。否则，会伤害农民利益与农地承包权的稳定。农村土地流转必须执行国家法规政策，在农户自愿的基础上进行，坚持和尊重农户的主体地位。因此，不论采用哪种流转方式，都应该尊重农民的选择和意愿，并且要依法签订合同。同时，农村土地流转必须遵循价值规律，坚持有偿转让，对自愿将土地使用权交回集体另行发包的，明确原承包农民对集体土地的承包权利，保证其不变的收益权。

三是坚持因地制宜，分类指导循序渐进地推进土地经营制度的变革。改革开放以来，中山市农村经济发展进入了快车道，但是，由于地缘上的差异，在城镇中心与农村，经济作物区、民田区和沙田区之间，经济发展水平很不平衡。因此，在推进土地经营制度的调整和完善上采取区别对待的方式。对于二三产业发达，劳动力转移就业充分的地区则积极推进改革；对于二三产业欠发达，劳动力转移就业不充分的地区，则采取逐步引导的方法。强调以市场为主导，注重因地制宜、积极引导，不搞一哄而起或搞一刀切，妥善处理好农民和集体的利益关系，政府在倡导过程中坚持与发展现代农业相结合，以增加农民收入为目标的指导方针。

四是农村土地制度改革要适应农村经济社会发展大趋势。根据中山市的实践，股份合作制是农村集体土地经营制度一种相对较优的选择，是目前乃至今后一段时期内可以采用的较好的土地经营制度模式。土地股份合作制以股份制和合作制为基本形式，实行"三权分离"，即集体拥有土地所有权，农民拥有对土地的承包权和股权，土地实际经营者拥有土地使用权。在"三权分离"基础上，土地实物形态与价值形态相分离，股权分散化与土地资源配置的社会化相统一，采取按劳分配与按生产要素分配相结合的分配方式，实行股东代表大会、董事会、监事会的管理制度。这种新型的土地制度模式既借鉴了土地合作制的历史经验，又引入了现代企业制度的经营机制，符合市场经济发展的趋势和要求。中山市改革的实践证明，农村股份合作制是新形势下农村集体经济的最好表现形式，它能够完善农村所有制结构和集体经济的经营方式，协调农村生产力和生产关系之间的关系，理顺农村各项利益矛盾，对促进经济发展和社会稳定具有重大作用，是深化农村其他改革的基础性工程，也是促进农村经济社会发展转型的有效机制。

（《广东经济》2008.6）

（七）南京、无锡、宿迁医改模式比较

欧阳婉毅

胡锦涛总书记在十七大报告中明确指出，"实现政事分开、管办分开、医药分开、营利性与非营利性分开，强化政府责任与投入，完善国民健康政策，鼓励社会参与，建设覆盖城乡居民的公共卫生体系、医疗服务体系、医疗保障体系、药品供应保障体系，为群众提供安全、有效、方便、价廉的医疗卫生服务。"这是党中央对医疗卫生体制改革发出的最明确最具体的指示。

一、南京、无锡、宿迁医改简述

1. 南京医改

最近几年南京医改一直被中央高层和各方高度关注。在以往的医疗改革中，医院药品的管理，大多采取招投标模式，这对于医院原先各自为政的自主采购而言，是一种进步。但是由于其环节过多、价格不一、进价过高、供货不畅、监管失控等弊端逐步暴露出来，亟待改变。2003 年南京

推出的一种创新机制“药房托管”，正是为了解决这一问题。药房托管的关键措施是政府部门、医院、医药企业综合各方面的意见，制定了《南京市药房托管用药基本目录》。实施药房托管的医院，医生的处方只能够出自该目录，这就避免了高价药、回扣药进入医院。可以说，药房托管的实质是在某种程度上解决了医患之间的信息不对称问题，规范了医生处方权。

进入2008年，南京在医改路上不断前进。南京市9家三级医院开始正式实施“政府主导、集中托管、统一收支、全程监管”的药品集中托管。这意味着，南京医改尤其是作为“南京模式”核心的“药房托管”改革，已经进入了最紧要的攻坚阶段。

2. 无锡医改

管办分离、政事分开，是党的十六大确立的政府职能转换的一个基本内容，也是我国卫生事业“十一五”规划纲要明确的一个基本原则。为了更好地为市民提供优质的医疗服务，无锡主动采取相应的医改措施。

2001年，无锡在全国第一个推出了“托管制”，对医院下放了经营管理权、经济分配权和人事用工权，卫生局不再对医院经营进行具体管理。无锡在“托管制”实行一段时间后，在此基础上进一步进行医疗机构管理体制改革的尝试。2005年10月1日，无锡市医院管理中心正式成立，实现医院“管办分离”，将过去政府卫生行政部门的医院管理权剥离出来，专职从事医院资产管理与运作的事业单位，是全市医院的“总院长”；政府的医疗管理职能则主要是依法进行行业监督管理，实现真正意义上的“管办分离”。其核心是转变政府职能，将卫生局原来既“管医院”又“办医院”的职能一分为二，将办医院的职能交给无锡市医院管理中心。也就是让政府职能回归到正确位置，并以此来促进医改的各个方面。这种管办分离的模式，在江苏省是第一例。推行“管办分离”是探索医疗管理体改革新途径的一种尝试，对无锡而言是在“托管制”改革基础上的深化与完善，对全国医疗卫生体制改革而言，也可以起到试点和探索作用。

3. 宿迁医改

宿迁是个经济并不发达人口多财政穷的落后地区，而且宿迁相对于南京、无锡存在财政支付能力弱，卫生资源薄弱，医疗条件差等问题。但是宿迁是全国第一个打破“管办不分”局面的地区。2000年至2003年底，宿迁对全市124所乡镇卫生院和10所县级以上医院进行了产权制度改革，把单一的公立医院改造为合伙制、股份制、独资等多种医疗主体，医疗机构民营化，政府除了行使宏观医政和公共卫生管理职能及举办公共卫生机构外，基本上从直接办医中退出。宿迁医改的主要措施有以下方面：一是通过公立医院改制，使医院一方面可以通过体制机制创新，调动管理者和医护人员的积极性；另一方面也可以减轻医院的负担（主要是离退休职工和冗员），更好地参与市场竞争。二是通过鼓励创办更多的民营医院和引入新的医疗资源，增加供给，引入竞争，提升医疗服务水平，解决老百姓看病难问题；通过扩大医保特别是广大农村医保范围，严格价格监管，加强医德医风建设，缓解老百姓看病贵的压力。三是政府通过放松医疗市场的进入标准，引入外来资本和人才，解决医疗资源的投入不足问题。开放准入的竞争环境，加上必要的“裁判”监管，医院服务的品质和技术水平得以提升，服务项目得以增加，费用得到控制。四是通过管办分离，使政府不再直接管理医院，可以集中精力搞好公共卫生和宏观管理，回归自己本来的角色，推动大卫生事业发展。宿迁医改被称为“市场化改革力度最大”的医疗改革。2008年全国两会期间，宿迁市长缪瑞林在北京对媒体公开表示，宿迁将继续建立社区卫生服务站（村卫生室）基本药物制度以及实行单病种限价管理，通过这些切实措施逐步缩小当前在医药卫生资源配置、服务利用等方面存在的比较明显的城乡之间、地区之间和不同群体之间的差距。

二、三地医改模式比较

南京、江苏、宿迁同属于江苏省，但是由于其经济发展差异、医疗机构及其主管部门所处的环境和面临的问题不同，卫生资源和发展状况也存在差异，因而在改革的动机、动力、强度以及方式上大为不同，“模式”和路径选择也不同。

1. 改革的动机

分析这三个城市的医改，可以说都是当地党委政府发起和推动的，属于自上而下的强制性变迁。但是其改革的动机却有所不同。

（1）南京。据有关人士透露，南京市推出药房托管有着特殊的政策背景：发起部门不是医院的主管单位卫生局，也不是医药公司的主管单位药监局，而是南京市纪委。其初衷是为了“继续深化卫生行业专项整治，遏制收送回扣、红包、开单提成、乱收费等医药购销和医疗服务中的不正之风”。而真正的“力推者”是南京市市委副书记、纪检委书记陈绍泽。南京的医改无论从外部环境、内部动因来说，还是主管部门的改革动力、医院自身的积极性来说，都与宿迁、无锡不同。南京选择的是一种对现体制改变最少，对各方利益分配格局调整最小，对社会震荡相对最轻的“药房托管”医改道路，试图解决中心城市“看病贵”和优质资源被滥用问题，巩固地区医疗中心地位。

（2）无锡。无锡医改和南京一样也是主动地寻求更好的医疗卫生服务水平的改革路子。无锡的经济发展水平在江苏是处于最前列的，但无锡卫生事业的发展却与经济水平和城市地位极不相称。无锡主要要解决的是人民群众日益提高的对更好医疗卫生服务水平的需求与优质医疗资源不足的矛盾，其推出的“管办分离”是解决“看大病难”问题。

（3）宿迁。三地的经济和社会基本条件不同是关键性因素。在此方面，宿迁和南京、无锡相比差距比较大。而经济因素，成为宿迁医改的重要背景。宿迁市的市场化改革模式的初始是为了解决“看病难”问题，也就是医疗的供给数量不足的问题和促进公共卫生发展。

2. 改革后的情况

评价改革是否有成效，要了解“药房托管”后药价是否降低，医院与药品的经济联系是否切断，群众负担是否减轻，以及医务人员的反应等。

（1）看病难、看病贵问题是评判此项改革成效的最直观标准。第一，南京：药品价格有所降低，但是药价虚高、看病贵问题没有根本解决。南京推行的“药房托管”只是起到缓解老百姓“看病难、看病贵”的问题，并没有从根本上解决药价虚高问题。从药房托管的模式来看，它并不具备降低药价的内生性功能——医院和医药公司都需要毛利空间大的药品，从实际运行情况来看，在南京医药托管的药房中，目前总体药价确实降低了5%－10%，但这其中包括南京市政府强制要求降低3%－5%（通过处方直接打折和赠送代金券强制实现），同时，还有另外两个原因：2008年国家已经经过了两次大的药品降价及大规模的打击商业贿赂。所以，药价下降中有多大比例是因为药房托管带来的，无法评估。现在的托管基本是按照销售额的40%以上交给医院，这样，托管双方都希望将销售额做大。医药公司必须保持高于此比例的利润，才可以维持，所以药价不会太低。而且，政府部门主要是考察药费是否降低，参考的指标是‘药占比’，就是药费占全部就医费用的比例。既要降低‘药占比’，又要做大销售额，怎么办？只好让患者多做其他的化验、检查。为了这个目的，有的医院还派专人监督临床医生，督促他们给病人开化验单、检查报告。”看病的费用依然没能降下来。第二，无锡：看病难、看病贵的问题得到逐步缓解还未根本解决。无锡医改在于寻求更好，改革的初衷主要是解决市民看大病难的问题。无锡“管办分离”，砍断了卫生局与市属医院之间的利益链条，有利于公平竞争，从根子上为百姓创造一个健康的就医环境。2006年上半年，也就是“管办分离”推行一年多后，市属医院人均门诊费用同比下降5.23%，人均住院费用实现零增长；该市社区卫生服务以街道为单位覆盖率已达100%，农村普及率也达87.2%，全市卫生服务体系健全率达到94.9%。这些数据说明，“管办分离”不仅使医院国有资产效益得到了提升，而且使看病难、看病贵的问题得到逐步缓解。但是，无锡“管办分离”改革前，财政拨款全部交给卫生局，60%以上分配到公立医院，公共卫生事业经费不到40%，现在，政府改变拨款结构，60%给卫生局搞公共卫生，40%给医管中心，按各医院申报项目拨款。公立医院拿到的政府投入反而少了，这部分投入只占总成本的不到20%。除了技术进步因素以外，因医院补偿机制不健全、医疗保障水平不高、医疗配置不合理、药价虚高严重等综合因素导致的看病难、看病贵问题并没有得到根本解决。第三，宿迁：有效地缓解了看病难问题，药品价格稍有下降。宿迁急切要改变的是当地医疗服务落后、医疗资源匮乏的状况。宿迁市场化医改是历史的进步。它最大的贡献就是鼓励社会资本进入医疗服务领域，医院数量和医疗卫生总资产迅速扩张，有效增加了医疗资源供给，有力缓解了看病难问题。对于宿迁医改是否促使医疗价格下降，各方至今一直在争论。对此，中国经济体制改革研究会有关研究人员通过实地调研，访问政策制定者、执行者和受众者，得出调研报告。调研报告给出了结论：价格总体稳中有降。医疗机构改制后，为适应市场竞争，普遍采取降低收费水平、提高服务质量的措施吸引病人。有不少医院单病种限价收费。如单纯的阑尾炎手术，由过去的1500元以上降到800元左右。再如，2005年与1999年比较，人均门诊费用市、县级医院由75.49元略增到82.08元；乡级医院由37.62元降低到36.8元。

（2）腐败管住了？医院与药品的经济联系是否切断？第一，南京：规范了医生行为，遏制了药品回扣，推进了廉政建设。药房托管的关键措施是政府部门、医院、医药企业综合各方面的意见，制定了《南京市药房托管用药基本目录》。实施药房托管的医院，医生的处方只能够出自该目录，这就避免了高价药、回扣药进入医院。可以说，药房托管的实质是在某种程度上解决了医患之间的信息不对称问题，规范了医生处方权。由于药品采购权和药房管理权由托管方负责，医院进药环节减少，渠道唯一，价格低廉，切断了药品“利益链”。过去那种医药代表满院转的现象消失了，净化了医疗环境，消除了药品回扣滋生的土壤，促进了医院医德医风的好转。第二，无锡：无锡市降低药价的方式，是逐步在全市推广社区卫生服务机构实行药品零差价销售制度，对药品销售中规定的15%差价部分由政府通过财政投入方式给予补偿。无锡市通过招标方式选定2－3家药品公司，负责药品的统一配供。这样减少中间流通环节以及流通环节中存在的不正之风。把药品中的虚高价格降下来。第三，宿迁：宿迁建立起合理的人才激励机制，医生收入得到保障，“红包”现象大大减少，但是医院的“红包”和“回扣”现象以其他方式表现出来。私立医院的内部治理机制灵活，股东以利润为主要目标，固然会通过提高医生待遇激励医生，并约束医生个人收取红包的行为。但是要害在于医院作为一个整体，其赢利的动机并未改变，反而得到了加强——建立在股份制基础上的医院，假如不以利润最大化为目标就无法生存。所以，虽然消灭了医生个人收红包、收回扣的问题，但是这部分利益并没有回到患者手里，而是集中到了医院股东的手里。只是红包从地下转到了地上，从医生收红包变成了股东分红。

3. 改革后存在的问题

（1）南京。目前存在的问题是：第一，药房托管主要针对一、二级医院，而作为医疗体系塔尖的三级医院推行药房托管，如何实现院方和托管方利益的均衡，仍然有不小的困难。第二，药房托管挤压了医药代表的利益和医生的回扣，这一部分有望转移给患者，但是，医院仍然从药品销售中提取相当的分成比例，这表面药房托管并没有解决以药养医的问题。

（2）无锡。无锡市实行管办分离，成立医管中心，医管中心的职能是“承担举办市属国有医院的职能，代表市政府履行国有资产出资人职责”。这是很明确地表明，公立医院必须由政府来办。医管中心的职责是保障国有医疗资产的保值与增值，但另一方面医疗服务又具有明显的公益性，如何在两者间实现均衡，是无锡市下一步医改需要解决的问题。或者说，在大型公立医院的改革中，虽然明显增加了医疗服务的效率，但是并没有明确地降低价格。

（3）宿迁。宿迁医改带来的变化是巨大的，宿迁医疗事业的发展和给老百姓带来的实惠也是实实在在的。但宿迁的医改远不是完美的，它刚刚起步，仍在探索发展之中。宿迁医改后仍存在的问题：一是由于地方财力不足，政府对公共卫生的投入虽然增长较快，但总量仍然不多，这主要是发展基础薄弱所致；二是农村和城市社区等基层医疗机构薄弱，卫技人员缺乏；三是“以药养医”现象仍然存在，它通过市场化改革，很大程度上缓解了“看病难”问题，但“看病贵”问题并未根本解决。

三、结论

不管卫生体制怎么改，最终要看它能否以及在多大程度上解决看病难看病贵。这是评判改革成功与否的根本标准。经过一段时间的运行，三种医改模式的成效是值得肯定的。但是无论是宿迁市的“市场化改革”、无锡市的“管办分离”，还是南京市的“药房托管”，对“看病难”问题的解决有一定成效，但是现有的模式都没能根本解决“看病贵”问题。南京的药房托管是在没有增加政府投入的情况下，对解决“看病贵”问题的创造性尝试，但是并没有解决问题，反而滋生出一些其他的问题，更有学者指出其导致了药价虚高，带来了新的腐败。无锡实行“管办分开”，卫生局不再具体管理国有医院的经营等，有效地解决了“越位”和职能“错位”问题；“管办分离”使市属几家大医院释放出巨大的活力，极大地提升医疗资源的利用率。但因医院补偿机制不健全、医疗保障水平不高、医疗配置不合理、药价虚高严重等综合因素导致的看病难、看病贵问题并没有得到根本解决。宿迁市场化的医改有效增加了医疗资源供给，有力缓解了看病难问题；通过竞争，提高了医疗服务水平，基本满足了人民群众对医疗的需求。

要根本解决医疗体制中的种种问题，还需要

进一步地探索更为有效的、因地制宜的医改模式。目前，正在讨论新的医改方案，焦点集中在是以“市场化”为方向还是“政府主导”为主。进入2008年，从全国卫生工作会议和政协医药卫生组的联组讨论会中得知医疗卫生体制改革已经提出了改革的总体框架，向社会广泛征求意见，有关部门也正在研究制定具体改革配套措施，在改革方案和配套文件出台后，将选择一些地方开始试点工作。

（《当代经济》2008年第10期）

（八）走生态立市之路
——南昌市生态环境建设的实践和启示

余欣荣

生态文明是人类文明的一种形式。它以尊重和维护生态环境为主旨，以可持续发展为着眼点，强调人与自然环境的相互依存、共生共荣。近年来，南昌市始终坚持“生态立市、绿色发展”的指导思想，以加强生态建设和环境保护为重点，促进生态文明建设，使生态资源成为城市的最大资源，环境品牌成为城市的第一品牌。

建设生态文明要以科学理念为先导。进入新世纪以来，南昌市坚持以邓小平理论和“三个代表”重要思想为指导，深入贯彻落实科学发展观，在发展的理念上，实现了从“既要金山银山，也要绿水青山”到“绿水青山就是金山银山”的升华。作为中部欠发达城市，面对国内外资本流动加快、沿海发达地区产业梯度转移的大潮，南昌市在项目引进方面设置了“三条红线”——大量消耗资源能源的项目不引进、严重污染环境的项目不引进、严重影响安全与群众健康的项目不引进。此举不仅没有影响外来项目落户南昌的积极性，相反，良好的生态环境成为吸引国内外客商的第一品牌。2000～2007年，全市累计实际利用外资49.99亿美元，年均增长67.7%，世界500强企业已有28家落户南昌。对于一座以制造业为主体的工业城市来说，生态环境保护任务重、难度大。对此，南昌市大力推行了“工业园区化、项目规模化、产业集群化、企业园林化”的发展模式，一大批生态园林式企业在工业园区得到了长足发展，有效减轻了因“遍地开花”、“户户冒烟”带来的环境压力。良好的生态环境，助推了南昌经济的腾飞。在全国省会城市经济增长速度排名中，南昌市由“九五”期末的第23位上升到“十五”期末的第4位。

建设生态文明要以生态规划为前提。南昌市是一座有着2200多年悠久历史的文化名城，也是一座正在快速崛起的现代新城，更是一座依山、滨江、临湖的山水都城。为展示这座城市的独特魅力，南昌市注重运用全面系统的生态学观点来指导城市规划布局，在城市规划中用点、线、面把城市的山水穿连起来，着力构建“一江两岸、南北两城”、“城在湖中，湖在城中”的宜居环境。南昌市十分注重统筹城乡生态规划和建设。在新农村建设中，着力打造农村生态环境，培育农村生态产业，发展农村生态经济，较好地强化了生态规划的能动性、协调性、整体性和层次性，化解了城市经济快速发展、城市规模迅速扩张与城市生态失衡的矛盾。2006年，南昌市被建设部、全国爱卫会分别授予“中国人居环境奖”、“国家卫生城市”的荣誉称号。

建设生态文明要以加大投入为基础。南昌市基础设施历史欠账较多，在推进城市化进程中，资金“瓶颈”制约的矛盾十分突出。为了多还旧账、不欠新账，南昌市按照建立公共财政的要求，把污染防治、水土保持、环境整治、节能降耗等有关生态建设资金纳入财政预算，重点支持环境保护公共基础设施、生态环境重大工程和环境执法监管能力建设；依法征收排污费，建立环境保护基金，使排污者和开发者成为环保投入的主体；大力推进环境基础设施市场取向的改革，鼓励社会资本积极参与环境保护和生态建设，实现环境保护设施建设和运营管理的市场化。“十五”以来，全市累计完成生态环境和市政基础设施建设项目200余项，总投资260余亿元。生活污水处理能力由“九五”期末的8万吨，日提高到现在的81万吨/日，生活污水处理率达70%以上；生活垃圾无害化处理率达100%；集中式饮用水源水质达标率达到99.5%；空气质量优良率达到95.3%。实践告诉我们，一个地区特别是欠发达地区，不能因为财力不强就不搞生态环境基础设施建设。面对城市生态环境基础设施建设的巨大缺口，必须树立舍得投入的理念，建立多元化投入的机制。只有这样，才能以良好的人居和投资环境吸引世界各地企业投资兴业，才能促进经济的发展和财政收入的增加。

建设生态文明要以创新体制机制为保障。近几年来，南昌市以地方立法的形式，先后出台了有关风景名胜区管理、城市湖泊保护、水土保持、机动车排放污染防治、公益林保护、赣江饮用水水源保护等多部地方性法规，强化了生态建设和环境保护的法制保障。市委、市政府建立了环境与发展综合决策制度和协调推进工作机制，把生态环境保护作为审批各类建设项目的前提条件之一。对每个重大建设项目，有关部门都认真审查其土地适宜性、环境承载力、景观生态、循环经济、生态区划等要素，并要求建设前做好环境评估和环保规划，建设中做到环境基础设施建设与项目建设同步，建成后加强环境管理。同时，以发展高新技术产业为手段，以狠抓节能减排为重点，建立了传统产业改造机制。对冶金、制药、建材、化工、电力等重点行业强制推行“清洁生产审计”，建立节能责任制。2007 年，全市规模以上工业涵盖的39 个行业中有23 个行业的能耗呈下降趋势，单位 GDP 综合能耗为 1.001 吨标准煤，比上年下降 4.85%，实现了经济发展与生态环境保护的“双赢”。生态建设涉及方方面面，必须建立健全条块结合的管理体制、法律监督机制、环境资源市场配置机制、目标考核机制以及生态建设重大事项的决策协调机制和公示听证制度等，形成党委领导、政府主导、市场推动、社会参与、依法监督的工作格局。

建设生态文明要以提高人的素质为根本。建设生态良好、环境优美的美好家园，是人民群众的共同愿望，也是每个公民义不容辞的责任。在建设生态文明的过程中，必须进一步加强生态环境保护知识的宣传、教育和培训，大力弘扬生态环境文化，切实提高全民的生态环境资源意识，牢固树立“生态是资源，环境是资本”的生态价值观念、人与自然和谐相处的生态文明观念。引导和鼓励公众参与各类环保公益性活动，动员全民积极行动起来，从一点一滴做起，从力所能及的事情做起，加快形成健康文明、节约能源资源的生产方式和消费模式。政府在制定城市生态发展政策时，要广泛听取民意，充分反映民意，增强政策的说服力和影响力，使关注生态、保护环境成为广大群众的自觉行动。

生态文明建设是一项利在当代、功在千秋的“德政工程”，更是一个长期艰巨的任务，一个不断提高水平的过程。我们一定深入贯彻落实科学发展观，努力探索生态文明建设的新途径、新方法、新机制，切实担负起建设资源节约型、环境友好型社会的历史责任，为促进经济社会可持续发展，创造人民生活的美好未来作出新的贡献。

（《求是杂志》2008.4）

三、县（市）

（一）在中国特色社会主义旗帜指引下开拓成功发展之路

——对全国十八个典型地区的调研综合报告

中国特色发展之路课题调研组

去年 12 月中旬到今年 3 月中旬，中央政策研究室、中央财经领导小组办公室组成调研组，就改革开放以来在中国特色社会主义旗帜指引下开拓成功发展之路问题到全国有关地区进行专题调研。

一、调研背景和基本情况

改革开放以来，全国各地坚持以邓小平理论和“三个代表”重要思想为指导，深入贯彻落实科学发展观，从各自的实际出发，创造性地贯彻落实中央的大政方针和决策部署，大胆探索，勇于创新，推动当地经济实力、人民生活、城乡面貌发生了显著变化，在实践基础上开拓出各具特色的发展之路。这些各具特色的发展之路，是中国特色社会主义道路的组成部分，也是对中国特色社会主义道路的生动诠释。在我国改革开放30周年之际，深入分析全国一些地方的成功发展之路，系统总结他们的实践经验，对于深刻认识当代中国的发展规律，坚持和发展中国特色社会主义，把党的十七大确定的目标任务落到实处，不断开创改革开放和社会主义现代化事业新局面，具有十分重要的意义。

在调研对象选择上，我们既注重具有典型意义、又注意把握地区平衡，主要依据是所选地方从当地实际出发走出了一条成功发展之路，积累了重要发展经验，体现了科学发展要求，而不单纯以地区生产总值多少为依据。经过认真综合比较，调研组最后选择了以下18个地方。东部地区10个：上海市浦东新区、江苏省昆山市、江苏省江阴市、浙江省义乌市、浙江省温州市、福建省泉州市、山东省威海市、山东省寿光市、广东省深圳市、广东省东莞市；中部地区3个：安徽省芜湖市、江西省吉安市、湖南省长沙县；西部地区3个：内蒙古自治区鄂尔多斯市、云南省丽江市、甘肃省定西市；东北地区2个：辽宁省沈阳市铁西区、黑龙江省绥芬河市。这18个地方改革开放以来取得的发展成就都很突出，走出的发展路子也都有鲜明特色。这18个地方中，有率先改革开放、大力发展外向型经济的地区，有发挥后发优势、通过调整优化产业结构快速崛起的地区，有发扬艰苦奋斗精神、通过埋头苦干实现脱贫致富的革命老区、贫困地区，有突出重围、实现经济振兴的老工业基地，等等。

调研工作从2007年12月中旬开始，历时88天。调研期间，共召开座谈会76次，其中党政部门座谈会21次、专家学者座谈会14次、企业家座谈会12次、乡村干部座谈会18次、老干部座谈会4次、综合座谈会7次。参加座谈会人员1595人，其中省部级干部19人、地厅级干部168人、县处级干部490人、基层干部和群众572人、专家学者91人、企业家167人、老干部88人。调研人员走访企业、乡村等基层单位共234家。调研组在深入调研、获得大量第一手材料的基础上，经过多次讨论、修改，形成了调研报告。

二、各具特色的发展之路

调研情况表明，党的十一届三中全会以来，这18个地方坚持解放思想、实事求是、与时俱进，注重把中央的方针政策同本地实际紧密结合起来，紧紧抓住发展机遇，勇于开拓创新，注重完善体制机制，充分利用已有发展条件，努力挖掘发展潜力，不断创造新的发展优势，不仅取得了骄人的发展成就，而且走出了各具特色的发展之路。

（一）上海市浦东新区，坚持以开放促改革促发展，抓住历史机遇，用国际化思路探索城市发展新模式，高起点规划建设基础设施，高标准发展高新技术产业和现代服务业，打造现代化、国际化、多功能新城区，创建国际区域性经济、金融、贸易、航运中心，成为带动上海和长江三角洲地区现代化建设的重要增长极。

（二）江苏省昆山市，利用东依上海的地缘优势，大力实施外向型发展战略，高起点引进先进技术，以国际化带动工业化，以工业化推动城市化，实现了由单一农业向全面现代化的跨越式发展，综合经济实力跃居全国百强县（市）之首，走出了共同富裕、和谐发展的“昆山之路”。

（三）江苏省江阴市，从发展乡镇企业起步，因具有民族特色的大企业集团迅猛发展和成批上市而被誉为“华夏A股第一县”，以“天下第一村”华西为样板的社会主义新农村建设闻名全国，是“苏南模式”的发源地之一。

（四）浙江省义乌市，充分利用市场先发优势，以创业创新为动力，以小商品流通为载体，推进市场化，带动工业化，催生城市化，演进为国际化，把一个贫穷落后的农业小县造就成“全球最大的日用商品批发市场”和实力雄厚的经济强市，创造出“无中生有、无所不有”的义乌奇观。

（五）浙江省温州市，尊重和发挥人民首创精神，以市场取向改革激活发展动力，以促进就业推动全民创业，以商贸兴盛带动工业繁荣，以产业集聚支撑城镇崛起，以构建营销网络创新经济业态，以差异化经营打造品牌经济，以文化创新推动实践创新，从贫穷落后的海港小城发展成为富裕发达的沿海大市，形成了独特的温州发展模式。

（六）福建省泉州市，着力打好“侨牌”，以“三来一补”起步，带动乡镇企业发展，培育优势特色产业，形成众多知名品牌，大力增强县域经济实力，实现城乡协调发展。

（七）山东省威海市，充分利用区位比较优势和文化传统优势，以对外开放总揽发展全局，大力发展对韩贸易和对外经济技术合作，带动体制创新和特色产业培育，成功将区位优势、环境优势转化为经济强势，实现经济发展和环境保护良性互动、人与自然和谐相处。

（八）山东省寿光市，发挥初始的农业比较优势，由农业起步，创新农业生产方式，以农业培养工业，以工业提升经济，靠农业富民，靠工业强市，实现工农互助、城乡互动、工业和农业共同繁荣、城市和农村协调发展。

（九）广东省深圳市，依托毗邻香港、背靠珠三角及广阔内陆腹地的独特地缘优势，抓住经济特区开放开发的先机，以大规模引进外资带动对外经济合作，以发展高新技术支撑产业结构优化升级，以推进自主创新提升产业竞争力，以不断扩大开放促进体制机制创新，从贫穷落后的小渔村发展成为我国南部综合经济实力、技术创新能力、国际竞争力最强的现代化大都市。

（十）广东省东莞市，大力引进外资，扩大劳动力就业，建立加工贸易基地，培育出口产业集群，形成外向型经济、园区经济、民营经济交相呼应和信息产业、现代服务业互为支撑的发展路子。

（十一）安徽省芜湖市，坚持把自主创新作为核心竞争力的根本，坚持有所为、有所不为，着力培育具有国际竞争力的特色支柱产业，形成了以汽车制造为代表的三大产业集群，探索出中西部地区发挥后发优势的成功道路。

（十二）江西省吉安市，实施以新型工业化为核心的发展战略，兴办工业园区，加速工业崛起，支持和带动农业集约化、产业化，推动城市化，实现工业兴、农业稳、群众富，使贫困的革命老区走上全面小康之路。

（十三）湖南省长沙县，利用毗邻省会和交通便利的条件，吸引外来投资，建设工业园区，发展优势企业和产业集群；坚持以工促农，促进粮食生产和特色农业发展，实现兴工强县、强农富民，成为闻名遐迩的“三湘第一县”。

（十四）内蒙古自治区鄂尔多斯市，通过科学利用优越的资源条件，高起点引进和配置生产要素，全面推行资源节约型、环境友好型、集约化的工业和农牧业生产经营方式，创造后发优势，实现跨越式发展，走出了一条西部资源富集地区快速发展的路子。

（十五）云南省丽江市，利用当地优势特色资源，做大做强做精旅游产业，以旅游业带动经济社会发展，从名不见经传的西南边陲小镇发展成为富裕繁荣文明和谐的旅游文化名城。

（十六）甘肃省定西市，弘扬“领导苦抓、部门苦帮、群众苦干”的精神，发挥比较优势，注重引进国际先进生产模式，把小土豆做成大产业，形成种草养畜—发展沼气—沼渣肥田—增粮增收—改善生态的循环经济模式，初步走出一条自然条件恶劣地区脱贫致富的成功路子。

（十七）辽宁省沈阳市铁西区，通过全面贯彻振兴东北地区等老工业基地的战略部署，抓住新一轮经济上升周期的历史机遇，大胆进行行政管理体制改革和国有企业制度创新，充分发挥比较优势，加快技术进步和经济结构调整步伐，完善社会保障体系，使老装备制造业基地焕发勃勃生机。

（十八）黑龙江省绥芬河市，通过发挥区位优势，以沿边开放为基本战略，大力发展对俄边境贸易，搭建商贸旅游、进出口加工、跨境投资合作三大产业体系，带动农村和城市建设，推动社会事业全面发展，走出了一条以开放促开发的口岸城市发展之路。

三、对各地发展经验的共性认识

这18个地方发展的成功实践，是中国特色社会主义发展道路的生动缩影和具体体现。尽管这些地方发展的条件、路径、模式各不相同，做法也不尽相同，但具有以下主要特点。

（一）*善于在国内外经济环境的变化中抓住发展机遇*

这些地方都具有强烈的机遇意识和危机意识，抢抓机遇不松劲，遇到困难不退缩。从国内看，能够自觉顺应我国工业化、信息化、城镇化、市场化、国际化深入发展的新形势，从中寻找机遇、赢得先机，并积极应对风险和挑战。从国际上看，能够正确把握经济全球化新趋势，抓住生产要素在全球范围内重组和产业转移加快的机遇，主动承接国际产业转移，充分利用国际国内两个市场、两种资源，着力拓宽发展空间，积极分享经济全球化利益。

（二）*充分发挥比较优势*

这些地方都能认识到，自己既有相对优势也有相对劣势，要在激烈的市场竞争中赢得主动、实现又好又快发展，必须充分利用本地独特的区位条件、资源禀赋、特色产业、历史文化等资源，发挥比较优势，找准发展突破口。在实际工作中，这些地方都能坚持把中央精神同当地实际紧密结合起来，坚持因地制宜、突出特色、扬长避短，使比较优势转化为竞争优势，做到人无我有、人有我优。

（三）正确处理市场和政府的关系

这些地方都能坚持社会主义市场经济的改革方向、不断完善社会主义市场经济体制，既充分发挥市场在资源配置中的基础性作用，又高度重视政府的引导、调控、服务作用，加快转变政府职能，建设服务型政府，为发展创造无障碍、低成本、高效率的良好环境，努力使“看不见的手”和“看得见的手”各展所长、有机结合、相得益彰。

（四）坚持以开放促改革促发展

这些地方都高度重视开放对发展的推动作用，积极主动地通过扩大开放来促进改革、推动发展。在实践中，这些地方既积极扩大对外开放，也积极扩大对内开放；既积极“引进来”，也主动“走出去”。通过扩大开放，干部群众开阔了视野、解放了思想、转换了理念、创新了思路，有力促进了体制机制障碍的消除和资源配置效率的提高，这些地方抓住了更多发展机遇、获得了更广发展空间、赢得了更大发展优势。

（五）增强决策的科学性和执行力

这些地方都注重从实际出发，自觉遵循客观规律和科学规律，努力推进各级党委和政府决策科学化、民主化；同时，注重树立正确政绩观，坚持决策执行的严肃性、连续性，正确处理继承和创新的关系，对在实践中形成的符合本地经济社会发展实际的战略、规划、目标，坚持不懈抓落实，并且是一张蓝图管到底、一届接着一届干。

（六）以经济发展促进社会和谐

这些地方较好地处理了经济建设和社会建设的关系，深刻认识到经济发展和社会和谐是相互依存的统一体，没有经济发展就不能为社会和谐提供坚实物质基础，没有社会和谐稳定也不能为经济发展创造良好社会环境。在实际工作中，这些地方都强调推动经济社会发展各项工作必须坚持以人为本，实现好、维护好、发展好最广大人民的根本利益，正确处理改革发展稳定关系，着力保障和改善民生，妥善处理各方面利益关系，努力把提高效率同促进社会公平结合起来，实现经济发展、社会和谐相互促进、共同提高。

（七）尊重人民首创精神

这些地方都自觉坚持人民主体地位，及时掌握和有效运用人民群众在发展实践中创造出的新思路、新做法、新模式。各级党政干部能够深入群众，体察民情，了解民意，集中民智，珍惜民力，注重调动人民群众的积极性、主动性、创造性，为推进改革开放和社会主义现代化建设提供最深厚的力量源泉。

（八）发挥党的领导核心作用

这些地方都重视加强和改进党的建设，强调加强和改善党对经济工作的领导需要通过各级党组织和党员、干部来实现。从这些地方的实践看，经济发展成功的地方，都有一个过硬的领导班子、一批具有战斗堡垒作用的基层组织、一支能够发挥先锋模范作用的党员干部队伍、一些独具特色而又与时俱进的党建做法，党组织能够充分发挥总揽全局、协调各方的作用，有效实现了党的建设和社会主义现代化建设的内在统一。

四、各地发展中面临的新挑战

这18个地方在前进道路上仍然面临一些新的挑战。主要是：经济发展方式还比较粗放，经济发展付出的资源环境代价较大，转变经济发展方式的任务很繁重、很紧迫；产业结构不尽合理，农业基础薄弱，工业大而不强，服务业发展滞后；自主创新能力不强，缺乏自主知识产权、核心技术和世界知名品牌；在社会结构深刻变动和利益格局深刻调整面前，社会建设和管理面临诸多新课题，等等。这些情况表明，在我国发展已站在新的历史起点上的新形势下，各地要解决发展过程中遇到的突出矛盾和问题，最根本的是要高举中国特色社会主义伟大旗帜，以邓小平理论和“三个代表”重要思想为指导，深入贯彻落实科学发展观，继续解放思想，坚持改革开放，推动科学发展，促进社会和谐，扎扎实实落实党的十七大作出的战略部署，努力按照实现全面建设小康社会的新要求，全面推进社会主义经济建设、政治建设、文化建设、社会建设以及生态文明建设，全面推进党的建设新的伟大工程，不断在中国特色社会主义道路上迈出新步伐。

（《求是杂志》2008.20）

（二）发展可再生能源的实践探索

——关于平度市农村可再生能源建设情况的调查

曲春妮

作为清洁能源，可再生能源是未来可持续能源系统的重要组成部分。农村新能源建设是农村经济可持续发展的基础，是改善农村人居环境、增强农业发展后劲、建设社会主义新农村的重要内容。从长远来看，发展可再生能源对改善整个社会的能源结构、保障国家能源安全、保持经济社会可持续发展均具有重要意义。

一、平度市可再生资源建设基本情况

近年来，随着农村新能源建设的快速发展，平度市认真贯彻“因地制宜、多能互补、综合利用、讲求效益”和“开发与节约并举”的农村能源建设方针，将发展循环经济摆上重要议事日程，不断探索农村新能源建设的新路子，把推广实施农村沼气和秸秆气化工程作为拉动农村新能源建设的引擎，取得了明显成效。

1. 强化措施，农村新能源建设取得长足进展

平度市的新能源建设始于20世纪80年代初，但由于建设及应用技术等方面的原因，一直没有在全市范围内大规模推广应用。近年来，随着农村新能源应用技术的改进，为加快农村新能源建设，平度市政府及有关部门采取了一系列行之有效的措施。

一是加强组织领导。平度市成立了农村新能源建设领导小组，负责全市农村新能源建设的组织协调、规划制定、资金筹措等项工作；设立了农村新能源工作办公室，具体做好农村新能源建设的规划实施、设计施工、技术指导和推广工作。

二是加大宣传力度。通过摄制专题片、典型示范、外出参观、科技下乡以及广播、电视、报纸等形式广泛宣传加强农村新能源建设的重要意义，在全社会营造良好的发展氛围。

三是积极争取支持。市政府及有关部门积极争取有关方面对农村新能源建设的资金、补助等优惠政策。近两年来，共争取农业部、青岛市等上级部门10多个农村新能源建设项目和760多万元资金。此外，市财政也将农村新能源建设资金列入地方财政预算，已配套资金100多万元。

目前平度市农村新能源建设取得了一定的成绩，全市已建成“大中型沼气环能工程”11座、“一池三改”户用沼气3000余户、“四位一体”大棚沼气34个、秸秆气化炉40户、日光节能温室8栋、日光大棚1.26万栋。

2. 注重培育，农村新能源建设模式呈现多元化

近年来，平度市根据不同村庄、不同经济发展状况，陆续推广应用了人畜粪便沼气发酵、综合利用等能源转换新技术和秸秆气化等资源化利用新技术，开发了太阳能、风能、地热能等新能源，全市农村新能源建设呈现出多元化发展态势。

一是“大中型沼气环能工程”模式。按照发展循环经济、治理环境污染的需要，平度市加大了对集约化畜禽养殖场、食品加工等废弃物的无害化处理和资源利用，分别在白埠镇汇丰农业开发公司、同和综合生态养殖场、崔召职业中专等规模化畜禽养殖场及沼气发酵原料有可靠保障的企业或单位，发展“大中型沼气环能工程”模式。

二是“一池三改”生态家园模式。在经济条件和畜牧养殖业发展较好的村庄，则积极引导农民推广应用“一池三改”技术，大力发展户用沼气，这种模式主要分布在崔家集、兰底、蓼兰等镇。

三是“四位一体”生态种植模式。重点在崔家集镇坊头村、兰底镇前双丘村等产业结构调整较好、设施栽培发展较多的村，引导培育农民建设“四位一体”生态种植模式，推广“猪—沼—果”、“猪—沼—菜”等能源生态模式，使农村沼气建设从单纯解决农村生活用能逐步向综合利用和生态功能效益方向发展。

四是“秸秆气化”模式。由于技术不成熟、焦油存在二次污染等原因，平度市的秸秆气化模式仍处于起步阶段，其中秸秆气化炉集中分布在同和街道办事处姚家荆戈庄村、长乐镇钟家村。

3. 抓好服务，农村新能源建设效益初步显现

为确保农村新能源建设的工程质量，发挥农村新能源的综合效益，平度市政府及职能部门加强了对农村新能源建设的技术服务和质量管理。

一是抓好技术服务。成立了农村新能源建设技术指导小组、技术指导工作队和专业施工队，充分发挥服务效能，确保工程建设的质量和进度。

二是抓好培训服务。采用现场演示、集中讲解、发放技术手册等方式，传授日常应用与维修以及安全使用等知识，加强了对农村沼气使用与管理的培训。

三是抓好科技研发。完成了青岛市“规模化畜牧养殖粪便无害化处理及综合利用研究与开发”科研项目，该项目在沼液综合应用及沼渣有机肥商品化生产方面达到国内同类项目的先进水平。

农村新能源的推广和利用，有效地促进了平度市新农村建设的步伐。一是改善了村容村貌。在建设农村沼气的同时，与家庭的改厨、改厕、改圈相结合，有效解决了农村“三大堆”脏乱差状况，不仅改善了村里的环境卫生条件，同时也改变了村民的生活方式和精神面貌。二

是实现了生活宽裕。实践证明，投资2500元左右建设一个10立方米沼气池，所产沼气可供全家做饭、点灯、烧水；沼液、沼渣用到地里，又减少了化肥、农药支出，每年节支达1000元以上。而且只要管理得当，使用年限可达15年以上。如果是“四位一体”模式。配合种植蔬菜大棚，每户每年节支可达2500元左右。三是推进了乡风文明。沼气建成后，群众养殖改变了原有的饲养方式，变放养为圈养，因猪牛羊鸡乱窜造成环境污染、损坏庄稼的民事纠纷少了，促进了邻里关系和谐。四是推动了生产发展。沼液、沼渣作为优质的农家肥料，符合农作物生长和发展绿色农业、无公害农产品的要求，能够有效地改良土壤结构，提高地力，进而带动生态养殖业和高效种植业的发展。

二、平度市可再生能源建设存在的问题

平度市的农村新能源建设虽然得到了较快发展，取得了一定成效，但总体来看，还处于初始阶段，仍存在着一些亟待改进和完善的地方，突出表现在以下三个方面。

一是思想认识还不到位。调查发现，经过广泛宣传和实践引导，大部分干部群众对农村新能源建设有了一定的认识，但仍有部分群众对农村新能源的综合效益和重要性认识模糊，有的对沼气技术的了解还停留在几十年前的水平，对现在推广使用沼气持观望态度，不少是出于享受政府补贴和从众心理报名参加，普遍存在“等、靠、要”的依赖思想，以至参与建设的主体意识不强，积极性不高。此外，部分农村干部也在不同程度上存有怕麻烦、图省事的思想，认为多一事不如少一事，对农村新能源建设缺乏热情。

二是缺乏必要的资金扶持。扶持资金落实不到位，在很大程度上制约了农村新能源的建设和发展。调查中了解到，由于沼气池建设一次性投入较大，想建但因资金缺乏而无力建设的农户占相当大的比重。在报名建设沼气的农户中，有相当一部分处于等待观望状态，这其中既有忙于生产无暇顾及的原因，也有群众等待扶持资金到位的影响。在沼气建设进展快的村，扶持资金能否及时到位，更是村干部担心的问题。

三是技术服务力量亟待加强。目前指导农民建设沼气的技术人员技术水平参差不齐。如有的技术人员没有经过系统的学习培训，缺乏扎实的技术基础，导致在指导农户建设沼气过程中操作不规范、仅凭经验施工的现象时有发生，致使许多建成的沼气池达不到标准。调查中了解到，有一个村建成的87个沼气池中有85个不产气。此外，秸秆气化中产生的焦油难以处理带来二次污染，以及农村新能源管理不规范、服务不到位和综合利用效益还没有发挥等问题，也在很大程度上影响了农村新能源的推广应用。

三、加快平度市可再生能源建设的几点建议

1. 提高认识，抢抓机遇，加快组织实施农村新能源建设步伐

当前，平度市农村新能源建设面临着良好的机遇。国家“十一五”规划纲要把农村沼气与农田水利、饮水安全、公路等并列为“十一五”重点工程。十六届五中全会明确要求“大力普及农村沼气，积极发展适合农村特点的清洁能源”。青岛市也研究制定了促进新能源发展的具体扶持政策，发展农村新能源的宏观政策环境十分有利。各级政府及有关部门要进一步提高认识，增强发展农村新能源的责任感和紧迫感，使以农村沼气、秸秆气化为纽带的农村新能源建设成为新农村建设的助推器。

一是要加强组织领导。各级政府和有关部门要从落实科学发展观、构建和谐社会的高度，充分认识农村新能源在推进社会主义新农村建设中的地位和作用，认真履行职能，加强具体指导，为农村新能源建设提供政策、信息、技术、管理等方面的服务，切实帮助农村居民解决发展中遇到的问题和困难，扎实稳妥地推进农村新能源建设。要进一步加大对农村新能源建设的考核力度，建立科学的考核办法，切实调动各地发展农村新能源的积极性。

二是要做好综合规划。要围绕平度市经济和社会发展总体目标，科学编制切实可行的农村新能源发展规划，把农村新能源建设作为重要内容纳入社会主义新农村建设整体规划，有计划、有步骤地组织实施。

三是要加大宣传力度。要利用广播、电视、简报等宣传媒体，采取召开会议、现场观摩、技术培训等灵活多样的方式，大力宣传党和国家对农村新能源建设的重视程度和优惠政策，宣传农村新能源综合开发利用的重大意义以及给农民生活带来的好处，特别是要注重示范村、示范户的典型培育宣传，使每一个示范点尽可能地全面反映出新能源建设的综合效益和发展潜力，让群众看得见、摸得着，发挥典型示范的辐射带动作用，形成连片发展的规模。

二、平度市可再生能源建设存在的问题

平度市的农村新能源建设虽然得到了较快发展，取得了一定成效，但总体来看，还处于初始阶段，仍存在着一些亟待改进和完善的地方，突出表现在以下三个方面。

一是思想认识还不到位。调查发现，经过广泛宣传和实践引导，大部分干部群众对农村新能源建设有了一定的认识，但仍有部分群众对农村新能源的综合效益和重要性认识模糊，有的对沼气技术的了解还停留在几十年前的水平，对现在推广使用沼气持观望态度，不少是出于享受政府补贴和从众心理报名参加，普遍存在“等、靠、要”的依赖思想，以至参与建设的主体意识不强，积极性不高。此外，部分农村干部也在不同程度上存有怕麻烦、图省事的思想，认为多一事不如少一事，对农村新能源建设缺乏热情。

二是缺乏必要的资金扶持。扶持资金落实不到位，在很大程度上制约了农村新能源的建设和发展。调查中了解到，由于沼气池建设一次性投入较大，想建但因资金缺乏而无力建设的农户占相当大的比重。在报名建设沼气的农户中，有相当一部分处于等待观望状态，这其中既有忙于生产无暇顾及的原因，也有群众等待扶持资金到位的影响。在沼气建设进展快的村，扶持资金能否及时到位，更是村干部担心的问题。

三是技术服务力量亟待加强。目前指导农民建设沼气的技术人员技术水平参差不齐。如有的技术人员没有经过系统的学习培训，缺乏扎实的技术基础，导致在指导农户建设沼气过程中操作不规范、仅凭经验施工的现象时有发生，致使许多建成的沼气池达不到标准。调查中了解到，有一个村建成的87个沼气池中有85个不产气。此外，秸秆气化中产生的焦油难以处理带来二次污染，以及农村新能源管理不规范、服务不到位和综合利用效益还没有发挥等问题，也在很大程度上影响了农村新能源的推广应用。

三、加快平度市可再生能源建设的几点建议

1. 提高认识，抢抓机遇，加快组织实施农村新能源建设步伐

当前，平度市农村新能源建设面临着良好的机遇。国家“十一五”规划纲要把农村沼气与农田水利、饮水安全、公路等并列为“十一五”重点工程。十六届五中全会明确要求“大力普及农村沼气，积极发展适合农村特点的清洁能源”。青岛市也研究制定了促进新能源发展的具体扶持政策，发展农村新能源的宏观政策环境十分有利。各级政府及有关部门要进一步提高认识，增强发展农村新能源的责任感和紧迫感，使以农村沼气、秸杆气化为纽带的农村新能源建设成为新农村建设的助推器。

一是要加强组织领导。各级政府和有关部门要从落实科学发展观、构建和谐社会的高度，充分认识农村新能源在推进社会主义新农村建设中的地位和作用，认真履行职能，加强具体指导，为农村新能源建设提供政策、信息、技术、管理等方面的服务，切实帮助农村居民解决发展中遇到的问题和困难，扎实稳妥地推进农村新能源建设。要进一步加大对农村新能源建设的考核力度，建立科学的考核办法，切实调动各地发展农村新能源的积极性。

二是要做好综合规划。要围绕平度市经济和社会发展总体目标，科学编制切实可行的农村新能源发展规划，把农村新能源建设作为重要内容纳入社会主义新农村建设整体规划，有计划、有步骤地组织实施。

三是要加大宣传力度。要利用广播、电视、简报等宣传媒体，采取召开会议、现场观摩、技术培训等灵活多样的方式，大力宣传党和国家对农村新能源建设的重视程度和优惠政策，宣传农村新能源综合开发利用的重大意义以及给农民生活带来的好处，特别是要注重示范村、示范户的典型培育宣传，使每一个示范点尽可能地全面反映出新能源建设的综合效益和发展潜力，让群众看得见、摸得着，发挥典型示范的辐射带动作用，形成连片发展的规模效应。通过全方位、多角度、深层次的宣传和发动，进一步提高各级干部和广大群众参与农村新能源建设的积极性，加快农村沼气、秸秆气化、太阳能、风能等新型替代能源和可再生能源的发展步伐，形成全社会重视农村新能源建设、关心新能源建设、支持新能源建设的良好氛围。

2. 制定政策，强化扶持，推进农村新能源建设突破性发展

资金困难是限制大规模发展农村新能源的关键因素。因此，政府和有关部门要充分发挥在基础设施和公益事业建设中的主导作用，尽快研究出台具体的扶持政策和措施，最大限度地调动群众参与农村新能源建设的积极性。

一是要进一步加大争取各方面支持的力度。要充分利用国家和地方投入向“三农”倾斜的有

利时机，千方百计地争取各方面投入。各镇（街道）和有关部门要积极申报相关项目，争取立项和资金扶持，为农村新能源发展提供强有力的资金支持。

二是要整合扶持“三农”的各类资源。要把发展农村新能源与改水改厕、生态农业、创建卫生城等项目有机结合起来，统筹规划，协调运作，建立相对稳定的资金保障机制。要积极组织协调银行等相关部门，研究制定小额贷款等鼓励农村新能源建设项目的扶持政策，激发农户参与农村新能源建设的积极性。

三是要建立多元化的资金投入机制。采取“项目带动、政策推动、社会联动、引导群众共同行动”的办法，进一步拓宽筹资渠道，逐步建立起多渠道资金投入机制，着力解决农民投入不足的问题。要本着“谁投资、谁受益”的原则，进一步明确农民投资的主体地位，充分调动农民对建设农村新能源的积极性。要通过制定优惠政策，吸引社会资金和企业参与农村新能源建设，推进农村新能源建设项目的市场化运作。

3. 加强指导，健全服务，实现农村新能源建设持续健康发展

农村新能源建设是一项涉及到千家万户的系统工程，综合性强、技术含量高。因此，做好农村新能源的技术指导和服务管理工作在推进农村新能源建设中尤为重要。

一是要建立健全市、镇、村三级农村新能源建设技术指导服务体系。尤其是要抓好对施工人员队伍的培训，实行职业准入和市场准入制度，做到凡是从事农村新能源建设的人员，必须经过专业技术培训。当前，在全市范围推广新能源项目，需要一大批施工技术人员，可以挖掘农村中有经验、技术强的泥瓦工，组织参加农村新能源建设技术培训。

二是要加大农村新能源知识普及力度。要将新能源知识培训纳入农民培训的范畴，做好农村新能源知识普及入户工作，使群众能够熟练、安全、综合地使用新能源。要积极培养一批当地的农村新能源技术工人，做到农民想建新能源有人指导，想学新能源技术有人培训。

三是要建立健全长效服务管理机制。要不断创新农村新能源建设管理方式，建立多元化的运行机制，探索和总结农民自我服务与市场化服务相结合的模式，逐步实现专业化施工、物业化管理和社会化服务，增加农村新能源建设的活力。要积极引导农民建立健全连锁村服务网点，按照有偿、自愿的原则，承担施工、建后服务、技术指导和运行维护等服务，逐步建立起以职能部门为依托、镇村服务网点为基础、农民服务人员为骨干的服务管理体系，为农村新能源用户提供优质、规范、高效、安全的服务。

（《展望论坛》2008 年第 3 期）

（三）岑溪演绎梧州县域经济领跑者

——诠释“五力齐发”的岑溪模式

柳　群

岑溪是一片富有激情的热土，也是一个正在以超常规速度崛起的年轻城市。站在时间坐标的纵轴上，可以更清晰地看到这个城市所曾涌动着的发展激情。上个世纪九十年代初，这里率先发展外向型经济，已表现出一种高瞻远瞩的态势，因而 1992 年全区对外开放会议放在这个既不沿边、也不沿海的山区县召开。那时，岑溪人凭的是敢闯敢冒。当时代列车驶入今朝，眼光超前、科学决策、发挥优势、真抓实干的岑溪领路人敏锐地把握住了中国当下经济发展的取向，提出了“变近为通、开放带动、抢抓机遇、借梯上楼”的发展理念，更是将比较优势转化为“五力齐发”的竞争优势。从而让吹来新风、活力涌动的岑溪模式穿越岁月，雄风再起。2007 年该市主要经济指标综合考核又排梧州各县（市、区）的前茅，再次刷新历史记录，并凸显出实力增大、工业走强、财政提速、生活富裕等精彩看点。是什么神奇的力量让岑溪再度引人注目？是怎样的发展模式，在为岑溪的迅跑提供实力支撑？岑溪模式如何为经济发展积蓄新的能量？“新岑溪经验”带给人们怎样的启示？带着这些问题，目前记者走近焕发出迷人魅力并有着“中国花岗岩之都”和“中国古典三黄鸡之乡”美誉的岑溪；走入勃勃生机并被誉为冒出来的开放区“广西的深圳”的岑溪；走读活力并转发精彩演绎梧州县域经济领跑者，并曾荣获“广西经济十强县”和一直保持“全国文化先进市”与“全国体育先进市”称号的岑溪。记者为之一振地聆听到岑溪市委书记黄振饶和市长刘廷出语不凡地回答：“我们在经济发展中抓住了科学决策这个‘牛鼻子’，借好力、激活力、扩张力、增效力、绽魅力，让‘五力齐发’的岑溪模式引领全市经济走入又好又快的发展

轨道。”

借好力：张扬优势、选准定位、抓实抓细，专业化特色产业园声名鹊起

岑溪市位于珠三角和祖国大西南的咽喉地带上。因而岑溪发挥地域优势，抢抓东部产业扩张机遇，建好工业园区，主动出击，先引企业再引产业，既有战略又有策略，其中，岑溪家电产业园的成功起跳，是岑溪模式的精彩和独到之处……

在广西群雄逐鹿的产业园中，岑溪家电产业园分外惹眼。2006 年 10 月和 2007 年 4 月，原自治区党委书记刘奇葆两次视察这个园区，原区政府主任陆兵、原副主席吴恒也分别到该园，高层领导视察后连声赞好。论规模，岑溪家电产业园在广西众多工业园中属于袖珍型的产业园；论时间，岑溪家电产业园的创办不到两年；论影响力，岑溪家电产业园却已名声鹊起，2007 年 4 月 22 日。全区承接产业转移现场会把该园区列为参观点。同时，不到两年间它吸引了不少于 200 批次珠三角的企业家前来考察，还自主研发了光波炉和电热感应炉两种新产品，岑溪家电产品远销东盟和欧洲。2007 年家电产业园工业总产值达 16 亿元。岑溪家电产业园的目标是 2011 年工业总产值达 50 亿元。目前，该市正以只争朝夕的精神，把该园区打造成一流的乃至西部最大的小家电产、供、销一条龙的专业园区。

“是怎样的运筹帷幄使岑溪家电产业园声名鹊起和前景广阔?”岑溪市市长刘廷回答了记者的提问，他说：“改革开放是岑溪的立市之本，发展之基，腾飞之源，谁抓住了改革开放的大好机遇，谁就更加主动。如何才能抓住机遇，我们把握住了三个关键环节，即：张扬优势、选准定位、抓实抓细。”

一是张扬优势。岑溪在承接产业转移中张扬天时、地利、人和三大优势。“十一五”期间，岑溪将建设成为连接两广的陆路“双十字”交通枢纽城市，这样的交通优势在全国县级城市也是少有的。这是“地利”，东部产业扩张是“天时”，而“人和”是岑溪在上世纪九十年代率先在广西搞对外开放，造就了一批有胆识的干部和有实力的老板。于是，岑溪决策者因势利导，实施“变近为通、开放带动、抢抓机遇、借梯上楼”的发展理念，将三大比较优势转化为竞争优势，把岑溪打造成为承接东部产业转移的“桥头堡”。

二是选准定位。岑溪家电产业园原名紫坭（地名）工业园，当初对其定位颇费了一番思考，岑溪当时的考虑是：东部产业转向哪里？我们接什么？如何有效承接？对此，市委、市政府通过充分的考察和论证，为顺应东部家电产业急需转移的趋势，填补大西南家电产业的空白，开拓东盟的广阔市场。同时，借鉴广东顺德地区集群式发展家电产业的成功经验，该市决定将紫坭工业区发展成为专业的家电产业集中区。

三是抓实抓细。岑溪家电产业园的成功法宝是用心抓实抓细“招商、建设、服务”三大块。

第一，摸索增效招商方式。该市实施人力资源招商，潜在的区位优势招商，尤其以上门招商，主动“傍大款”；以商招商，发挥“滚动效应”；产业配套招商，以诚信政府的形象做砝码感动老板，使他们带母公司、带亲友奔岑溪，于是，装配的企业过来了，配套的下游企业也顺利引进了。2005 年 11 月，梧州市工业项目招商引资现场经验交流会在该市召开，对该市工业招商的做法和经验予以充分肯定。

第二，摸索载体建设新路子。该市载体建设灵活多样，注重“低成本”。岑溪人办工业园很有策略。他们以商为本，换位思考，找到双方合作的“切入点”，让利客商，引进民间资本参与建设，这样既规避政府资金不足，又让民间资金长线投资，让客商和本地老板都看到发展的空间，克服了单靠外资的短处，推进了民营资本与引进外资的互动。

第三，创新管理方式，提高服务水平。为此，该市确定了“硬件不足软件补”，“寓招商于服务之中”的引资策略，同时，强化三个意识和“三个一”主题服务活动，前者即：强化“首位”意识，领导和干部走向招商与服务的主战场；强化“协作”意识，全力营造“绿色通道”；强化“优患”意识，找差距、加压力、寻突破。后者即：“到一线服务，在一线解决问题，服务企业一跟到底”。从而使外商进园后无障碍进入，无障碍发展。功夫不负有心人，2007 年，全市共引进项目 65 个，合同投资总额达 10.62 亿元，其中投资额超千万元的项目 28 个；东部产业转移项目 30 个，合同投资总额达 5.35 亿元。

激活力：职业教育、产业发展互动多赢，下一盘一子活全盘活的妙棋

岑溪开放的视野引来崭新的发展思路。岑溪市委书记黄振饶说：“在参与承接东部产业转移的新一轮发展大潮中，岑溪必须以长远的眼光对待发展，要致力于再造优势，事半功倍，收到实效。”于是，该市独辟蹊径，从大处着眼、细处着手，以发展“大职教”为突破口，以培训产业工人“大人才”为“纽带”，以建设人力资源强市为目标，以工业产业园建设为载体，让职业教育与产业发展紧密对接、互动多赢，从而打造承接东部产业转移的永久磁场。在这方面，岑溪人眼光超前，棋高一筹，他们从工业园区创办之时起，就充分认识到地方经济的发展最终取决于是否有高素质的产业工人，必须夯实工业发展的基础。因而腾出一只手投巨资创办规模达一万人的岑溪市职教中心。对此，岑溪市市长刘廷说：“每年新增的1.5万劳动力资源，除3000人升学外，通过规模集中培训后充分就业，可以为家电产业园及其他企业提供高素质的人力资源。同时，这些产业工人有序转移后，在城里吃穿住等消费，能加快城市的房地产、第三产业发展，还可帮助农村家庭增加收入，繁荣了城乡经济又促进了社会和谐稳定。”记者十分赞许地说：“这是一盘一子活了全盘皆活的妙棋哦！”岑溪决策者就是以这样的战略眼光和智慧编织了一张结结实实的发展网。难怪自治区教育厅厅长余益中十分称赞地说，岑溪市率先在全区县级大规模发展职业教育，促成校企合作，推动经济快速发展成效显著，必将成为全区职业教育的领头羊。在这方面，岑溪市值得借鉴的做法有：

一是整合、优化教育资源。建设市、镇、村三级劳动力储备、培训、就业的信息网络，以职教中心为龙头，把职业教育培训和农村劳动力转移培训、产业技术工人大培训、农村党员大培训等结合起来，以提高劳动者素质和就业能力。

二是深化办学模式改革。针对产业发展设置专业，为企业“量体裁衣”培养人才，把职业教育构筑成企业用工的“蓄水池”；为此，该市借鉴德国“双元”式职业教育模式，采取政府牵线，校企“联姻”，以政府名义与广西机电职业技术学院、广西纺织工业学校、广东省建材技术学校等8所学校签订合作办学协议，通过联合办学，培养急需技术人才。

三是开展产学研结合，让企业、学校、研发中心三方共赢。为此，2007年，该市成立了集研发设计、生产、加工及销售于一体的家电研发中心，既为落户企业的产品开发研究提供了强有力的技术保障，又为本市职教中心研发设计提供了场所、设备支持，实现了产学研的无缝对接。如今，技术研发中心已初露锋芒，正在向国家申请家电电暖器等4项专利。

扩张力：舞好了“抓大、促强、做‘特’”三步曲，工业持续走强引领发展提速

岑溪市市长刘廷说：“工业是国民经济发展的重要依托，工业化是现代化不可逾越的阶段。因此，我们要把工业建设成为经济强市的强大筋骨，要用‘抓大’推进新发展，用‘促强’，激发新活力。用‘做特’营造新优势，加快结构调整和产业优化升级的步伐。”于是，该市努力舞好抓大、促强、做“特”三步曲，从而使工业持续走强引领发展提速。2007年全市实现地区生产总值70.19亿元，同比增长24.5%；其中，规模以上工业增加值完成23.95亿元，占生产总值比重由上一年的22.45%提高到2007年的34.1%。同时，规模以上工业利润同比增长118.31%。该市是如何舞好“抓大、促强、做特”三步曲的？

其一，以“抓大”推进新发展。一是该市积极推进重大工业项目建设。重点抓了铅锌矿采选、乾沂电器、惠卿服装、日本樱花日用品及家电生产等一批工业项目。二是加快工业会战项目的建设进度，因此，2007年该市列入梧州市工业建设大会战项目全部完成年度目标任务。三是以强大阵容主攻工业招商，又引进了一批新的重大工业项目。

其二，以“促强”激发新活力。该市重点推进石材、林产林化、矿产品选冶、五金制品、家具皮革、纺织等六大产业的技术改造，推动产业集群化发展。特别值得一提的是岑溪利用该市获得“中国花岗岩之都”称号的有利条件，加快石材物流展销中心的建设。同时，通过上规模、上档次、注活力、树品牌，使“岑溪红”石材业迅速达到生产技术化、产品优质化、品种高档化、销售和服务一流化的新格局。时下，其系列品牌挺进欧盟和东盟的广阔市场，“岑溪红”石材业越做越红火。2007年石材产业实现年产值16.53亿元，成为岑溪经济发展的龙头产业，岑溪市也由此被誉为“南国石都”。

其三，以“做‘特’”营造新优势。该市做“特”工业载体，将“珠三角·广西岑溪·东盟家电产业工业园，做成特色鲜明、定位准确的自治区级工业园区。同时，还抓好归义石材产业园、昙容家具皮革产业园、大业再生资源综合利用产业园等几个专业特色园区的基础设施建设，以营造承接产业转移平台新优势。

提效力：扬优势、育龙头、抓示范、增技能，新的发展理念引领农业发展

近年来，该市奏响繁荣农村经济、促进农民增收、推动农村发展的主旋律，因而翻开岑溪农业、农村发展新画卷，真可谓亮点纷呈，格外耀眼：亮点一，“党支部＋科技特派员”工作经验凸显。因而2007年12月14日，梧州市在岑溪召开“党支部＋科技特派员”工作现场会。亮点二，走出“甜蜜”致富路。2007年12月，该市成功举办了第二届广西梧州·岑溪砂糖桔节暨产销交易会。目前，该市砂糖桔销售从市内走到区内、国内，直至挺进东盟。亮点三，唱响桂圆大品牌。该市马路镇马路社区被评为广西特色农业十大示范村即“龙眼加工示范村”。马路社区是全国最大的桂圆肉加工销售基地之一。其产品远销广州、上海、港澳等全国50%以上的省市（区），以及马来西亚、欧美等国家和地区。亮点四，突显竹产业竞争优势。“放眼视野皆竹子，漫野翠绿人欢歌”，这是远近闻名的竹子之乡岑溪市南渡镇的真实写照，该镇利用资源，从自用到外销，产业由“粗”向“精”、“细”发展，同时，抓住时机，以新取胜，迎合国外市场需求，品种由原来的几十发展到目前上千种。具有特色的南渡镇农业产业化致富之路越走越宽广。亮点五，摘取广西唯一的“全国经济林建设示范（县）市”桂冠。亮点六，被评为全区十大粮食生产先进县（市）。亮点七，被定为广西劳动力培训基地试点县（市）……

岑溪农业、农村发展缘何亮点目不暇接？岑溪市委书记黄振饶给出了记者试图寻找的答案。他说：“我们以新的发展理念引领农业，并采取扬优势、育龙头、抓示范、增技能四轮驱动，让‘三农’工作这辆跑车提速前行。”

一是扬优势，以现代农业优势产业提升农业。对此。该市因地制宜着重建立起了沙糖桔、玉桂、八角、速丰林、三黄鸡、桂圆肉等现代农业优势产业。

二是育龙头，以现代经营形式推进农业。该市大力发展农业龙头企业，实行“种养加”、“贸工农”一体化经营。为此该市抓了外贸鸡场、顺泰物流、威龙蔬果科技有限公司等一批龙头企业，并通过建立相关利益机制，带动农业产业化发展，牵引农产品转化增值和农民增收。

三是抓示范，以现代示范作用支撑农业。该市主要抓了生态富民小康示范村、兴建现代生态农业科技示范园、农业信息进村入户示范村、无公害标准化生产示范样板、社会主义新农村试点示范村建设。通过示范样板的辐射与带动，推进该市的生态农业、设施农业和高效农业的持续、快速发展。

四是增技能，以现代科学技术改造农业。该市整合党支部、科技特派员、新农村建设指导员“三位一体”，以技能培训为突破口，提升农民致富水平。从2007年4月份开始，先后组织开展实用技术培训300多期，培训农村党员和农民群众15000多人次，此举受到广大农民朋友的交口称赞。

实践证明，岑溪在新的发展理念的引领下，四轮驱动，从而使这几年成为岑溪“三农”工作力度最大、农业发展最快、农民得实惠最多、农村变化最大的几年。2007年，该市完成农林牧渔业总产值32.37亿元，同比增长8.49%。农民人均现金收入3417元，同比增长15.1%。

绽魅力：岑溪建设桂东南副中心城市，城大了、路新了、景靓了、人欢了

时下，走进岑溪市区，映入眼帘的是：一座座高楼拔地而起，一条条街道洁而亮丽，五光十色的街灯像飞舞的条条彩虹，新区旧区耀出千分光……呈现出城大了、路新了、景靓了、人欢了的新景象。有两个对比镜头也许更能表达岑溪城市建设发展的铿锵足音。镜头一，十年前这里房少街窄，人口不到5万人，现如今，岑溪以宏伟的气魄将县城面积从几平方公里拉开至16.6平方公里，人口增至13.5万人。镜头二，在全区“南珠杯”竞赛活动中，该市在各县市的排名由1999年的倒数第二名一跃到2006年全区正数第三名，成为广西推进城镇化建设10个示范县（市）之一。岑溪城市建设步伐何以如此之快？岑溪市市长刘廷道出了秘诀：“我市主要从三方面切入，着力推进区域副中心城市建设，提升城市的综合承载能力。”

第一，朝着新目标，拉开城市建设框架。该市以建设桂东南副中心城市和中等规模城市为目标，出台了“拓展新城区与改造优化旧城区相结合，重点拓展城市新区”的工作思路，实施“东进、南扩、西延”战略，不断发展新城区，从而使城区面积扩大了近3倍；呈现出城市品位不断提升，城市功能不断拓展，城市化的进程不断加速的态势。

第二，构建大交通，加大“造市”建设力度。该市按照“变近为通，开放带动”的发展理念，积极配合上级部门推进铁路、高速路的建设，以改写岑溪没有铁路的历史。同时，抓好县乡公路建设，以大通道助推岑溪崛起，2007年底，岑溪至梧州高速公路已建成通车。其次，该市全面推进市区主次街道的建设改造。随着市政设施不断完善，城乡清洁工程的全面治理，城市面貌发生巨变，该市在第五届市容环境综合整治"南珠杯"竞赛中被评为优秀城市。

第三，挥洒"大手笔"，把岑溪建设成为一个宜赏、宜游、宜居、宜业的魅力城市。在宜赏方面，岑溪有一条不大的义昌江从城区流过，曾成了臭水沟，该市突出城市核心区域的现代城市形象，投入2900多万元进行改造，改造后的"一河两岸"成为人们赏心悦目、赞叹不止的一道亮丽风景线。同时，该市抓好南北大桥、明都新城、五谷垌小区和火车站站前小区等一批精品标准化建筑的建设，使城市建设体现立体感，提高整体功能。在宜居方面。该市城市亮灯率达97%，绿化覆盖率达到23.49%，人均公共绿地面积达到17.17平方米。建成了滨江健身公园，增设了东山公园设施。重披了"新装"的人民广场、南门小广场，成为该市市民休闲娱乐的好场所。在宜游方面，近年来，该市打造旅游精品。建设了白霜涧旅游景区，先后开发了极具特色的白霜涧瀑布、水上乐园、漂流三个新景点。吸引了大批的两广游客，使白霜涧景区成为梧州地区较热的旅游目的地之一。同时，该市还完善了泗滩湖、土柱顶、石庙、龙母庙等景区的建设和改造。此外，该市的乡村旅游业异军突起，标志着该市的旅游业又有新的突破。在宜业方面，一是该市以特有的城市品牌吸引投资者来此创业。为此，该市大力宣传推介中国花岗岩之都、中国古典三黄鸡之乡、桂圆肉加工基地、连接两广陆路交通枢纽城市等该市特有的品牌，以城市品牌引进品牌企业，从而既提升了该市城市品牌的影响力又增加了对创业者的吸引力。二是着力培育本土创业，形成内外资"双轮驱动"的发展格局，以激活城市发展的内在动力。为此，该市积极探索通过"职教中心培训——向发达地区的大型企业输送劳动力——学到技术和积累一定资金后回乡创业"的模式。通过发展"回归经济"，岑溪正实现从"输出一人，致富一家"的"加法"向"回乡创业，致富一方"的"乘法"转变。难怪2007年该市城镇居民可支配收入突破万元，达11885元，同比增长22.91%，增幅高于全区增长20%的水平。三是岑溪领导者把关注民生、善解民意、促进民和放到突出位置，2007年提出"人人有就业、户户有保障"目标，力争三年内全市实现这一旨在促进和谐的目标。

深入这片渗透着开发开放气息的土地，所见所闻，让记者有三点深刻感受：一是一再感受到"五力齐发"的岑溪模式所迸发出的活力与魅力。二是深刻感受到岑溪各族干部群众埋头苦干、自强不息的志气和他们建设美好家园的信心，这股志气和信心，在科学发展观的指引下，正汇集成岑溪经济社会发展实现历史性跨越的澎湃动力。三是深刻的感受到岑溪领导者重视领导实践资源的整合与运用，他们在着力探寻岑溪发展之路，打造岑溪模式的同时，也在着力探寻领导活动的规律，推进领导科学的创新理论。我们相信，在岑溪市委市政府的正确领导下，全市人民高举十七大伟大旗帜，将继续谱写科学发展的新篇章。一个朝气蓬勃、锐意进取，不断推进开发开放积极姿态的岑溪正健步前行，再创辉煌。

《广西经济》2008年第2期

（四）实施回归创业工程，发展湖北县域经济

胡述斌　何　磊

据统计，到2007年底，湖北省外出务工经商人员超过1000万人，近3年回归创业投资额超过10万元的企业达1.7万个，累计投资总额达140多亿元，吸纳就业人数达49.1万人；根据典型调查，外出务工经商人员中约有1.5%的人具有一定的经济实力和回归创业能力。若通过政策引导和工作推动，吸引其中的10万人回归创业，按每人回归创业投资额100万元计算，预计未来5年，将可引回民间资金近1000亿元，吸纳就业人数350万人。

一、回归创业工程的特点

近3年，湖北省回归创业工程主要有以下几个特点：

一是回归创业企业投资规模较大。据统计，返乡务工经商人员创业的企业中，投资规模50～1000万元的占回归创业企业总数超过60%，投资规模过千万的占10%。

二是回归创业行业分布较广。主要分布在农产品加工业、建筑业、矿业开采、种养殖业、纺

织业、水电开发、机械加工、餐饮业、娱乐业、运输业、服装加工、造纸等10多个行业，尤以农产品加工、种养殖、餐饮、机械加工等行业居多。

三是回归创业经营方式较多。主要有独资、合资、股份制等形式，投资规模较小的以独资经营居多，投资规模适中的以合资经营居多，千万元以上投资企业主要以股份制形式经营为主。

四是回归创业效益较好。据了解，目前大部分回归创业经营效益较好。近3年，十堰市回归创业人员创利润达13亿元，年缴税金超5000万元；通城县回归企业实现年产值11.2亿元，创利税6230万元；恩施州去年回乡企业实现产值2.34亿元，创利税2138万元。

五是回归创业政策支持力度较大。近年来，各地为推动回归创业工作制定了一系列政策措施，有力地推动了回归创业工程。咸宁、孝感、十堰等市出台了回归创业享受与招商引资同等待遇的优惠政策。通城县出台了厂房配送、全程服务、规费全免、税收（县本级增量）全奖等四项优惠政策。云梦县制订了《鼓励回归创业优惠办法》，明确凡符合国家产业政策的，优先在开发区、乡镇工业小区安排征地建厂。

二、影响与作用

一是提供了大量就业岗位。据调查，务工经商人员回归创业每兴办一个企业平均可以带动就业50人以上，回归创业企业已成为农村劳动力就近转移的重要载体。武汉市黄陂区近几年就近就业的农村劳动力中，70%进入了外出务工农民回归创办的实体。近3年，全省回归创业企业吸纳劳动力49万人。

二是促进了农民持续增收。回归创业是促进农民持续增收的重要渠道。通城县2004年－2006年引进回归项目386个，回归资金10亿多元。年生产销售达15亿元，转移农村劳动力2.6万多人，带动农民增收3000万元以上，取得了“一人创业带一批人就业、富一方百姓”的创业效应。

三是推进了县域经济发展。通城县实施“回归工程”，大批外出务工经商人员回归创业，使全县规模以上工业企业由2003年的15家发展到现在的44家，在建的还有10家，其产值占全县规模以上工业总产值的75%。

四是增加了地方财政收入，回归创业盘活了地方政府的存量资产，拓宽了税收来源，增加了地方财政收入。据统计，咸宁市回归创业企业所创利税，已占全市两税比重的1/10左右。十堰市近3年外出务工农民回归创业实现利润13亿元，每年上缴税金5000多万元。

五是增强了基层组织活力，回归创业的人员有的走上村干部岗位，有的当选为人大代表和政协委员，为农村基层组织注入了活力。

三、存在的主要问题

1. 资金不足。一是对回归创业扶持贷款方面没有具体政策支持。二是生产流动资金难以维持企业正常运转。三是扩大再生产资金难以筹措。融资难是制约回归创业企业发展壮大的主要因素。

2. 人才短缺。一是技术人才缺乏，尤其是熟练技工缺乏，纺织服装类企业尤其突出。二是招工难，农村劳动力培训远不能适应中小企业用工的需求。三是管理人员缺乏，尤以擅长企业经营管理的人员不足。

3. 政策限制。一是现行的社会保险制度不适应形势发展的变化。农村“4050”务工人员达不到15年的政策规定，不愿意交纳社会保险，影响了就业队伍的稳定，二是土地审批权上移，县乡政府对回归创业工程供地难度加大。三是现行的户籍制度不利于农民工回乡创业，最突出的是农民工子女上学问题。

4. 环境欠优。一是管理部门办理各种手续繁琐、拖拉，“吃、拿、卡、要”时有发生。二是创办企业手续繁多，贫困地区尤为突出。三是基础设施不配套，影响产品的生产和销售。

四、对实施回归创业工程的几点建议

（一）创新土地供应方式，统筹规划创业发展用地。一是充分利用闲置土地资源，盘活土地存量，挖掘土地潜力，引导和鼓励回归创业者利用闲置土地、闲置厂房、农村撤并后闲置的中小学校舍、荒山、荒滩等进行创业。二是用足用活城市建设用地增加与农村建设用地减少相挂钩政策，积极探索迁村腾地、城中村改造等土地置换的途径和办法。三是创新土地供应方式，实行项目供地政策。改变用地指标按地区分配的办法，按照“好而快则先”的原则，将用地指标优先向项目好、项目前期工作扎实的地区倾斜，并对“批而未供”和“供而未用”的闲置土地及时清理，按规定收回，调剂使用。鼓励在有条件的地方建设“回归创业一条街”或创业园区，引导回归创业人员集中经营、聚集发展。

（二）规范引导民间融资，推进小额信贷健康发展。通过改革资金的配置方式，拓展金融创新空间。支持和鼓励银行联合信托及证券公司开展信托业务，支持回归企业发展；利用“三农”贷款的优惠政策，加大对农副产品加工企业的资金供应力度；借鉴浙江省开展小额贷款公司试点的做法，鼓励发展小额贷款公司，激活并规范管理民间借贷资金；鼓励回归企业进入资本市场直接融资，支持具备条件的回归企业依法发行债券融资。

（三）就近培训、就近转移，为回归企业提供优质的人力资源。一是通过整合各类培训资源，建立市场导向的教育培训机制和多层次的培训体系。二是实行就业指导、技能培训和技能鉴定一条龙服务，努力扩大回归企业“订单”培训。三是建立“政府主导、多方筹措”的投入机制，解决好劳动力“学得起”的问题，引导农村富余劳动力就近培训、就地转移。

（四）切实加强组织领导，促进回归创业工程健康发展。建议各级政府和有关部门成立回归创业工程工作班子，着力开展与回归创业相关的工商、财税、融资、征地、落户、社会保障等方面的政策咨询服务，帮助解决回归创业企业生产经营中的实际困难。进一步明确有关部门的职责任务，形成合力，加强对实施回归创业工程的综合服务。

（五）设立实施回归创业工程专项资金。建议省政府设立专项资金，用于对回归创业的科技研发、新产品开发、节能减排、资源综合利用等项目及贷款贴息，对回归创业园区的道路、供电、供水、通讯、污水处理等基础设施建设给予支持，构建实施回归创业工程的平台。

（六）开展实施回归创业工程基地试点。建议每年选择部分县市实施回归创业工程基地试点，每个试点县市安排一定的资金，引导多形式、多层次回归创业，并通过回归创业工程基地试点建设的示范作用，以点带面，扎实推进，为全省经济又好又快发展作出贡献。

（《宏观经济管理》2008 年第 10 期）

（五）我国贫困地区农村社会事业发展现状及对策建议

——基于中西部三县的调研

刘宇南

前不久，国家发展改革委社会司组织三个调研组，分赴江西兴国县、贵州黎平县和甘肃会宁县进行蹲点调研，重点了解教育、卫生等社会事业发展政策落实情况，以及基层和群众最迫切需要解决的问题。现将有关情况报告如下：

一、三县社会事业发展取得显著成绩

1. 基层社会事业投入大幅增长，薄弱环节建设得到加强，基础设施条件显著改善

根据黎平县提供的材料，2003 - 2007 年，全县用于社会事业的财政支出从 1.32 亿元增加到 3.42 亿元，增加了 2.59 倍，年均增长 26.8%，其中，基础设施建设的支出年均增长均维持在 20% 以上。随着投入的增加，社会事业基础设施建设明显加强。以兴国县为例，中小学现有校舍面积的 21% 和公办医疗机构业务用房总面积的 98.7%，都是自“十五”以来或近 5 年来得以新建或翻修的。通过国家一系列专项建设规划的实施，以往相对于教育、卫生等更为薄弱的农村文化、民政、计划生育、体育等设施条件，近年来也呈现整体提高、快速发展的态势。

2. 农村义务教育经费保障机制改革稳步推进，“两免一补”政策深得人心

改革后，三地农民普遍感到上学不花钱了。学校公用经费和教师工资均大幅提高，入学率、巩固率等主要指标均达到了国家要求，农村义务教育状况发生了明显改观。2005 ~ 2007 年，黎平县预算内义务教育支出年均增长分别达到 30.9%、47.9% 和 48.1%，兴国县增长达到 14.1%，14.3% 和 28%，均高于当年财政经常性收入的增长比例。拖欠教师工资现象未见发生，适龄儿童因贫困失学现象基本杜绝，许多随父母外出务工的儿童和超龄学生重返家乡学校。兴国县 89.7% 的受访农户表示，孩子教育支出明显下降了。

3. 新型农村合作医疗成效显著，农民医疗服务需求得到释放，基层医疗机构获得新的发展契机

新型农村合作医疗（下面简称“新农合”）的推行，经历了从最初靠基层干部劝说到农民主动自愿参加的过程，主要原因是农民从中直接受益。黎平县 2007 年新农合起步当年农民参合率超过 80%，今年一季度即达到 90.55%，会宁县农民新农合参与率甚至超过 97%。兴国县实施新农合以来，住院补偿和门诊补偿总受益面达到 30.17%。由于“看病能报销了”，农民长期受压抑的医疗服务需求迅速增加。三地县、乡两级各类医疗机构普遍反映门诊和住院人数明显增加，县乡医疗机构的服务收入也由于新农合迅速普及

而普遍增加。医疗机构多数已基本能够保障日常运行需要，负债经营问题得到缓解，医护人员的收入水平明显提高，由此焕发出新的发展活力。

4. 社会救助和保障投入不断增加，农村社会安全网逐步建立

调查表明，经过几年来的努力，三地已初步建立起以最低生活保障、“五保”供养和特困户救助制度为主要内容的覆盖城乡的社会安全网，特别是农村低保制度从无到有，保障覆盖面迅速扩大，标准逐步提高。2006 年，兴国县建立农村低保制度，仅两年时间，覆盖全县低保人数从 2.09 万人增加到 3.03 万人，人均补差从 25 元提高到 30 元。大病医疗救助等其他社会救助制度稳步发展。

5. 社会力量参与社会事业建设，发挥了重要的补充作用

兴国县调研发现，在教育、卫生、文化等社会服务领域，社会力量参与提供公益性服务逐步扩大，尤其在留守儿童照料和教育、农村基层卫生服务等方面发挥了重要作用。兴国县是劳务输出大县，面对留守儿童问题紧迫和教育资源紧张的双重难题，当地教育主管部门鼓励通过社会化经营、低收费运行和寄宿制管理，创办留守儿童托管中心，以解决留守儿童的生活和课外教育问题。目前，全县已有托管中心近百家，照料儿童从十几名到几十名不等，收费大多在每人每月 300～500 元左右。此外，在卫生领域，兴国县已有大中型民营医院 3 所，个体诊所 28 家，大量的村卫生室也都由个人开办，成为农村三级卫生服务网络的重要组成部分，在黎平县，公司与农户结合组建侗族大歌表演队，不但增加了文化旅游收入。而且还使民族传统文化得到继承和弘扬。

二、农村社会事业发展面临的挑战和问题

1. 面对农村社会结构的深刻变化及基层公共服务需求迅速提高，农村社会事业发展不足问题日益突出

一是随着工业化、城市化进程加快，大批农村青壮年劳动力外出务工，农村家庭功能弱化和空巢现象加剧，“一老一小”问题成为社会事业发展中面临的新挑战。调查发现，留守儿童成长问题堪忧。三地留守儿童数量占到义务教育阶段学生总数的近 40%，在乡镇甚至超过 60%，这些儿童普遍存在学习成绩欠佳、心理障碍甚至人格缺陷等问题。会宁县留守儿童学习优秀的不足 10%，黎平县留守儿童初中毕业升学率较其他学生低 10 多个百分点。

相比留守儿童问题，农村养老同样可能引发严重的社会问题。目前农村家庭养老制度正面临传统的支持性资源逐步萎缩、新的替代性资源尚未有效地形成的困境。兴国县 1992 年即由民政部门启动的农村社会养老保险试点目前基本处于停滞状态，参保农民约 9 万人，在册领取保险人数仅 4500 人，每人每月仅能领取保险金 1.8 元，难以起到养老保障的作用。

二是随着农村生活水平逐步提高，特别是在“两免一补”和新农合等民生政策作用下，激发了农村居民公共服务的各种需求，调研表明，农村贫困地区现有社会事业条件远远不能满足最基本的需求，上学难、看病难、社会保障水平低仍是制约农村社会发展的主要矛盾。从三县的情况看，农村义务教育校舍不足特别是寄宿制学校学生宿舍严重短缺，配套设施落后，寄宿制困难学生生活补助未落实等问题较为突出。农村公共医疗卫生的可及性较差；农村外出务工流动人员多数成为新农合覆盖盲区。基层公共文化设施几近空白或条件十分简陋。农村低保由于经费有限，离“应保尽保”差距甚远。

2. 社会事业建设资金来源有限，基层政府财政压力很大，债务负担沉重

三县均为国家扶贫工作重点县，地方财政十分困难，尤其是处于西部的会宁县、黎平县，财政自给率分别不足 3% 和 17%，目前县及县以下社会事业建设资金基本依靠上级政府补助投资和贷款举债。即使中央和省级政府承担了主要费用，基层财政为配套上级政府安排的项目和政策，仍然不堪压力，造成基层政府对公共服务进行调整和改善的空间日益缩小，形成了大量对金融机构、建筑施工队及个人的债务。

调研组认为，相对于财政能力，目前基层政府在提供服务方面承担了很多刚性责任，但在改善服务方面却缺乏必要的自主权和能力。有责无权、责权倒挂的现象比较突出。

3. 现有政策需进一步完善，农村公共服务资源配置方式和结构布局亟待优化

一是对公共服务需方的直接补贴标准过低，物价持续上涨削弱了政策效果，特别是在

"两免一补"等惠民政策实施后，农村认为"少生孩子吃亏"的想法有所抬头，现有政策恐难以起到理想预期效果。二是政策制定和实施不够细致。如，对于新农合制度的实施，农民对报销标准低和省内省外报销比例不一有意见，部分地区村医对于要垫付新农合费用从而导致个人流动资金困难不满，相对繁琐的报销过程也增加了群众的报销成本。这些因素都可能影响新农合进一步深入推进。三是资源配置比较粗放，导致财力不足与浪费现象并存。以农村中小学建设布局为例，从长远来看，由于学龄人口结构的变化和留守儿童比例日趋增大，集中力量发展寄宿制学校是发挥教育资源规模效益的最好形式。由于管理体制条块分割，目前县乡医疗卫生机构（如妇幼保健机构、乡卫生院等）和计划生育服务机构在业务范围方面存在许多交叉重复，导致资源简单重复配置。

4. 利益驱动不足，基层公共服务管理人才和专业人才留不住的问题较为严峻

调查表明，在学校和医疗卫生机构，受经济利益驱动，三地农村优秀中小学教师和乡村医生纷纷涌向城镇，造成基层师资和医技人员队伍数量短缺、年龄结构老化、素质水平低下。农村社会事业等公共服务的支点在乡、村，主要依靠服务于最基层的乡村干部和教师、村医等进行社会管理和提供公共服务。基层社会事业人才队伍不稳定，将严重影响农村经济社会的可持续健康发展。

三、若干思考与建议

（一）分析与思考

1. 必须从战略高度认真审视加快发展农村社会事业的重要性和紧迫性

农村社会事业的发展与地方经济发展水平和基础设施条件密切相关，决定着农村居民的基本素质和发展能力。调查发现，富裕农民致富的门路各有不同，但其发展共同点都是具有较高的文化素质和比较健康的身体；而贫穷农民往往都是缺乏生存的基本能力和改变生活、转变人生的潜在素质。因此，只有将社会事业特别是教育、医疗这些对于人的全面发展和人力资本形成具有决定性作用的公共事业更多地惠及农民，提高其文化素质和发展能力，才能从根本上将农民从贫困的代际传递中解脱出来。这对于我国经济社会的长远发展具有极其重要的战略意义。

2. 必须合理选择农村社会事业发展的重点和路径

在统筹城乡经济社会发展的科学发展观指导下，农村社会事业进入了快速发展的时期。由于农村社会事业欠账较多、基础薄弱，而一定时期内公共财力是有限的，解决农村社会事业发展滞后问题不可能一蹴而就。为此，必须正确选择发展的重点、路径和保障措施，处理好当前与长远、需要与可能、重点与一般之间的关系，在努力增加投入的同时，优化资源配置，提高投入产出效率。当前，应当将公共资源切实向农村基本公共服务倾斜，特别是为农村儿童提供良好的公共服务是着眼未来的发展大计，必须作为发展社会事业的重中之重。各级政府一定要在发展农村义务教育方面舍得花钱。与此同时，要努力扩大基本公共服务的普惠性，加快建立最低生活保障制度和发展基本医疗，重点解决好困难群众生存问题。

3. 必须通过深化管理体制和运行机制改革来增强农村社会事业发展的活力和动力

税费体制改革后，农村社会事业的责任主体重新落到政府身上，农村义务教育改革等政策措施有利于形成以政府为主导、以公共财政为主体支撑的格局，为农村公益性社会事业发展提供了重要契机。但要看到，公共财政不完善与投入不足，中央与地方事权财权不清、投资主体单一，尤其是基层政府权责倒挂、条块分割的管理体制和社会事业机构运行机制僵化，以及缺乏监测评价和激励约束机制等问题，严重制约了农村社会事业的发展活力。农村社会事业发展滞后，与体制机制和制度方面改革滞后相关。因此，要使农村社会事业发展不断取得突破，必须从改革创新中寻找出路，最大限度地调动各级政府、社会、个人等各种资源和积极性，共同推动农村社会事业又好又快发展。

（二）对策与建议

1. 加大中央对贫困地区社会事业的支持力度

在现行体制下，一是加大中央对地方的一般性转移支付力度，确保基层政府履行公共服务职能的必要财力。对特别困难的农村地区社会事业发展，采取中央财政主导的统一供给模式。二是增加专项资金投入，集中补助社会事

业的“短板”和薄弱环节，并减免贫困地区配套资金。

农村义务教育方面：按照基本公共服务均等化的要求，进一步提高农村义务教育平均经费标准；扩大学生生活补助覆盖范围和补助标准，实现全覆盖；结合地方实际，实行小学生寄宿生活补助；加大力度支持农村中小学校舍建设、改造和维修，在边远山区应以寄宿制学校逐步替代分散教学点；实施农村义务教育教师住房“安居工程”建设或增加住房货币补贴。采取有效的综合性政策措施，着力解决好留守儿童教育问题。

公共医疗卫生方面：支持农村医疗机构建设和设施设备购买；提高村医的补助水平；增加新型农村合作医疗政府统筹投入，提高保障水平；提高“新农合”参保和报销的便捷性。

公共文化方面：加强资源整合和有效利用，规划新建与充分利用现有中小学校闲置资源等手段相结合，强化乡、村公共文化设施建设：通过设立政府支持资金或引导基金，支持发展具有地方民族特色的文化和旅游产业。

社会保障方面：加大农村低保投入，取消农村低保的指标限制，通过增加中央财政投入，实现“应保尽保”，并建立和完善农村低保标准动态调整机制。完善政策体系，积极地应对农村养老问题。

2. 构建多元化社会事业发展格局

一是尽快建立鼓励、引导和规范社会力量参与农村社会事业发展的政策体系，开放市场准入，消除壁垒限制，规范登记运行，明确监督和管理责任，采取公建民营、股份制、贷款贴息、财政补助、优惠政策等多种形式，吸引社会资金参与基层社会事业领域基础设施建设，支持民间或其他社会力量提供公共服务，逐步形成发展社会事业主体多元化、投资渠道多样化的格局。二是改革政府包办社会事业的传统模式，加快推进“政府购买服务”，建立绩效考核的监督机制，保证财政资金发挥效用。三是通过合并、改制、置换、重组等运作方式，促进社会事业资源的有效整合，盘活存量资源，扩张优质资源，逐步形成有重点、有层次、布局合理的社会事业发展格局。

3. 稳定农村公共服务专业人才队伍

一是制定实施基层干部、农村教师、卫生技术人员培训计划，依托专业院校等平台，采取政府资助、定向招生、定向培养的方式，直接面向农村培训人才，提高基层专业人才素质和促进结构优化。二是扩大人才交流培训机制，加强城市对农村的支援，加大对口支援中的智力支持比重，积极鼓励跨区域的智力服务和人才交流活动。三是改善基层公共服务人才生活工作条件和工资福利待遇，改革人事管理制度和激励机制，增强其敬业精神和责任意识，稳定基层人才队伍。

4. 建立农村社会事业发展监测评价体系和重要民生政策动态评估机制。研究建立社会事业综合评价指标体系和绩效考核制度，通过第三方定期对有关数据进行分析，以便系统地对政策执行和干预的效果进行评估，及时、动态地把握基层社会事业发展的新情况、新问题，增强新形势下社会发展宏观管理能力，可选择一部分地区，先行开展建立社会事业发展监测评价制度试点。

（《宏观经济管理》2008 年第 8 期）

（六）高扬大学素质教育旗帜
——四川师范大学文理学院素质教育实践探索

韩　珩

四川师范大学文理学院是按新机制新模式运行的、年轻而充满创新活力的新型普通高校。学院坚持“创办学生满意的学校、培养社会满意的学生”的办学宗旨，“文以养德、理以求真、兼容并包、与时俱进”的办学理念，“服务于学生可持续发展、服务于学生全面发展、服务于学生个性特长发展”的教育理念，“管理是服务、管理是育人、管理是越简单越好、细节铸就学院品质”的管理理念及“重内涵、育特色、共发展、共分享——建立学院与师生的发展共同体”的发展理念，紧扣“以学生为本”这个主题，致力于素质教育和人才培养模式创新的探索，取得了重要的成果和实践经验。

一、实施大学素质教育的背景

素质教育最初于 20 世纪 80 年代针对中小学应试教育而提出。随时间的推移，素质教育的内涵和范围不断延伸，扩展到包括大学在内的全民素质教育。1995 年 9 月，教育部在华中理工大学（现华中科技大学）召开了加强高校文化素质教育试点工作研讨会；1995年，原国家教委在全国52所大学开展加强大学生文化素质教育的试点工作；1998年4月，第一次全国普通高校教学工作会议颁发了《关于加强大学生文化素质教育的若干意见》等文件；1999年第三次全教会将“全面推进素质教育、提高人才培养质量”作为今后工作的主题和重点，促进大学生素质教育向纵深方向发展；1999年6月第三次全教会上又发布了《中共中央国务院关于深化教育改革全面推进素质教育的决定》；党的十六大报告提出要“坚持教育创新，深化教育改革”，对素质教育提出了更高的要求；我国新公布的《义务教育法》规定“实施素质教育，提高教育质量”；党的十七大报告强调“要全面贯彻党的教育方针，坚持育人为本，德育为先，实施素质教育”；近期正在筹备出台的《国家中长期教育改革和发展规划纲要》，其重要内容之一是推进素质教育。大学素质教育在中国得到前所未有的重视。

二、高校实施素质教育存在的问题

1. 重理论而轻实践。学界对素质教育理论研究甚多，但对素质教育的实践研究太少，已有的素质教育理论研究对实践的指导性不够强，可操作性较差，理论与实践脱节。在理论与实践中，素质教育、人文教育、文化素质教育、思想品德教育、通识教育这些概念和名词常混用，甚至被划等号，造成素质教育认识上的混乱，影响了理论对实践的指导或者使实践缺乏理论的支持。

2. 对素质教育的认识不足，重视不够或者以偏代全。素质教育是教育的本质和目的，应该贯穿教育教学全过程和方方面面，但在素质教育实施中，不少高校仅以是否开设一些人文课程或文化课程为标志，忽略了素质教育的全面性、完整性。

3. 素质教育课程体系尚未形成。到目前为止，还未见作为培养全面素质的课程体系建立起来，大多数高校开设素质教育课程未经深入研究、严谨论证，或者简单复制其他高校，或者凭经验开设，缺乏科学性和系统性。当然也没有系统的素质教育教材。

4. 素质教育师资匮乏。长期以来，我国师范培养师资以知识体系为主，而大学各专业的师资多来自非师范专业，各有明确的学科，专业背景很强但是普遍缺乏素质教育背景，专门从事素质教育课程的师资匮乏，这也是造成素质教育难以全面实施的重要因素。师资匮乏还有另外一个含义，即从事专业教育的教师本身的人文素养、科学素养乃至职业素养的不足，使其在实施专业教育的过程中难以胜任同时培养学生这些素质的重任，这是更令人忧虑的，原因很简单，第一，素质教育的目标绝非开设一些素质教育课程就可以完全达到，第二，专业教育在大学教育中占了大部实践和空间，这个空间内的素质教育缺失，最终肯定导致素质教育效果甚微，反过来，专门的素质教育课程也容易流于形式。

综上，高校素质教育存在方方面面的问题，许多问题由来已久，不少问题有深层次的社会、文化的根源。要在短时间内彻底改变现状，难度很大，故素质教育任重道远。

三、几项具体做法

（一）解决对素质教育的认识问题。

我们理解的高校素质教育，是以促进大学生全面发展目的，鼓励个性张扬、塑造健全人格，使学生的知识、能力、身体、心理全面和谐发展，为社会培养全面发展、整体素质优化的、多样化的复合型人才的教育。这是贯穿大学教育全过程、各方面的一个系统工程，需要全院所有师生员工参与，也是一个漫长的过程，决不可能一蹴而就，需要付出艰苦的努力，可能会遇到意想不到的困难，但是必须开始行动，从某一方面做起。

（二）研究建立科学的素质教育体系

1. 确定素质教育的内容：在“为社会培养全面发展、整体素质优化的、多样化的复合型人才”的目标下，我们将素质的内容归纳为三个方面：

（1）人文素质：热爱祖国，关注世界；尊重生命，热爱生活；强烈的公民意识和社会责任感；正确的价值观和道德观；了解并尊重多元文化并具有文化修养。

（2）科学素质：追求知识，探索未知；尊重事实，坚持真理；不畏惧权贵，不迷信权威；敢于质疑一切，善于发现问题和提出问题；富有创新意识和创新能力。

（3）职业素质：勤奋敬业，坚守职业道德；精通专业知识；具有团队精神，乐于助人并能与人分享成功；具有创业意识和创业精神；诚信守法，身体健康，心智健全。

我们对职业素养本质有如下理解，即是任何一个人在职场上、与从事工作息息相关的、不可或缺的基本素养，是在大学生走上具体工作岗位后在工作中才体现出来的，是职业生涯发展所必备。职业素质中当然包括其专业知识和专业能力。

简言之，培养学生这三方面的素质，即教会学生怎样做人、怎样做事、怎样学习。

2. 探索素质教育的方式和途径：我们认为，素质教育必须作为教育的目标纳入人才培养的全过程，落实到教育教学的每个环节和层次。所以倡导素质教育“目标化”、“全员化”、“全程化”。“目标化”就是把素质教育作为我们大学教育的终极目标以及大学所有课程、活动的素质目标（与知识目标和能力目标并列）；“全员化”就是全院人员均参与教育过程，强调教书育人、管理育人、服务育人。含义有二。一是教师、管理人员、服务人员树立“一切都围绕育人”的意识，建立良好的大学文化和组织文化，通过其本职工作，营造良好的育人环境，使学生处处感受到大学应有的文化氛围，受纯净学术气质潜移默化的影响。二是建立一支教师、辅导员和管理人员组成的素质教育课程教师队伍，使其亲自参加课程学习和教学，在学习和教学过程中更深刻地体验素质教育的内涵，和学生共同成长。“全程化”的含义有三。一是每年科学合理安排素质教育课程，使学生从进校到离校的几年时间里，连续不断地接受专门的素质教育课程。二是要在各种课程教学中，除了知识能力目标外，设定素质教育目标，通过专业知识的传授学习培养素质。三是在第一课堂之外，有目的、有设计地开设素质教育的第二课堂，让学生通过参加设定的各种各样丰富的校园活动和社会实践培养多方面的素质，弥补课堂教学的不足。

（三）设立素质教育课程，编写“大学生素质教育系列丛书”

1. 设立素质教育系列课程。基于我们对素质教育的理解、探索和研究，针对素质教育在高校实践中存在的各种问题及素质教育课程和教材缺乏的现状，我们拟开设“中西文化概论”、“大学生科技通论”和“职业素质与人生规划”课程，首先以开设课程的方式，确立素质教育的地位、打通实施素质教育的一条途径。旨在使学生通过“中西文化概论”的学习以及配套的经典阅读，了解中西文化的历史和精髓，了解吸收接纳尊重占主流地位的世界各国的多元文化，培养“地球村”和“世界公民”的意识；通过开设“大学生科技通论”课程，普及科学知识、培养学生科学思维、创新意识和创新能力；通过开设“职业素质与人生规划”课程，使学生了解职场规则、学会在学校、职场乃至社会如何学习、如何做人、如何做事。这三门课为素质教育的必修课，分为三学期开课。第一学期为《职业素养与职业规划》；第二学期为《大学生科技通论》；第三学期为《中西文化概论》，（配合《精典读本》）。教学方式是采取由辅导员组织学生参加的视频课堂教学，辅导员根据教学计划和教学大纲进行课堂和课后学习辅导、答疑、学习督促以及在教务处统一安排和组织下的课程考核，成绩记载。

2. 编写“大学生素质教育系列丛书”。课程确定之后，由四川师范大学文理学院发起、组织、策划，邀请多个高校专家参与，编写了“大学生素质教育系列丛书”。这套丛书，是文理学院素质教育理论研究和实践结合的一个产物。该套系列丛书分为三大篇：人文素养篇（《中西文化概论》、（配合《精典读本》）、科学素养篇（《大学生科技通识读本》）、职业素养篇（《职业素养与人生规划》）。

四川师范大学文理学院多年来克服困难，坚持不竭地进行素质教育的实践探索，源于对他们对素质教育重大意义的深刻认识。他们认为：素质教育是当代中国，乃至当今世界教育改革与发展的必然趋势。素质教育关注每个受教育者的个性发展，并将克服“应试教育”的诸多弊端，对于我国经济社会的发展和落实科学发展观，建设和谐社会，都具有深远的意义。为此，他们决心克服困难，坚定信心，在今后的素质教育实践探索中迈出更大步伐。

四、乡·镇·村

（一）解读“沈川现象”

——四年崛起一个50亿元村的调查

葛锦坤

江苏省通州市平潮镇沈川村，4年前只有一家产值几万元的村办小企业，民营经济几乎为零；短短4年后，该村一跃成为南通市民营经济20强村，年销售收入达50亿元。这期间究竟发生了什么样的变化？这些变化背后又蕴涵着什么？

“沈川现象”概述

“沈川现象”集中反映了通州市村一级民营经济健康、快速发展的良好态势。体现出三大特点：

发展快。2006年，沈川村民营经济实现工业总产值50.1亿元，销售收入49.5亿元，利税2.1亿元，与4年前相比发生了翻天覆地的变化。今年上半年，又新增私营企业76家，新增私营企业注册资本19305万元，新增个体工商户53户。

规模大。全村现有年销售超百万元的企业78家，其中，500万元~1000万元的企业20家，1000万元~5000万元的企业17家，5000万元~亿元的企业6家，超亿元的企业4家。

产业特。沈川村初步形成了电子电器、船舶与钢结构、纺织服装三大产业三足鼎立的发展格局。电子电器产业年销售达25亿元，年销售超500万元以上的规模企业11家；船舶与钢结构产业年销售达15亿元，规模企业9家；纺织服装产业年销售达10亿元，规模企业11家。

“沈川现象”揭秘

“沈川现象”揭示了村一级民营经济快速崛起壮大所需要的“土壤”和成长规律。

县市创业环境和氛围是孕育村一级民营经济的“温床”。沈川村民营经济的起步恰恰与全市发动全民创业的阶段同步这种“巧合”不是偶然的。沈川村的民营经济由萌芽到迅速成长，不仅与通州市民营经济发展的大气候息息相关，而且与市委、市政府政策引导的节拍相吻合。2001年起，通州市委先后开展了“人人都来创造社会财富”主题教育活动和“争创全省民营经济第一大市（县）”大讨论等系列活动，倡导“奋发创业有功，合法致富光荣”的价值导向，在全市上下形成了强烈的创业氛围。此后，市委、市政府坚持“六放”方针，出台了一系列突破性优惠政策，优化了创业环境，激发了创业热情。正是在这种大环境下，沈川村的民营经济起步后迅速升温。在市委、市政府鼓励引导全市民营经济提质增效、做大做强的政策出台以后，沈川村的民营经济也逐步走上了上规模、上水平的发展轨道。

乡镇科学规划、优质服务是村一级民营经济发展的保障。沈川村民营经济虽然起步较晚，但起点较高。平潮镇党委、政府在大力发展民营经济的起步阶段就十分重视载体建设和科学规划。鉴于沈川村南依长江、东靠通扬运河和九圩港、宁通公路和204国道穿村而过的独特区位，2003年初，经上级批准，平潮镇把位于沈川村的省级农田灌溉示范区改为工业集中区，一次性调整工业建设用地上千亩。要想使沈川村的区位优势和这上千亩工业用地发挥最大的效应，就必须对其产业定位和发展作出科学的规划。平潮镇党委、政府分析认为：第一，依托长江、通扬运河和九圩港岸线、丰富的劳动力资源。平潮镇船舶和钢结构行业极具发展潜力，而且船舶工业具有产业关联度高、经济效益好和容纳就业人数多等特点。对其他行业的带动性处于高水平；第二，在国内外市场需求的强力拉动下。平潮镇电子电器制造业进入了高速增长期，这种增长不仅是产量的增长而且是产品品种的更新和水平的提升；第三，纺织服装是我市和平潮镇最成熟的产业板块之一，在技术和配套上具有一定的比较优势。因此，平潮镇将沈川村确定了主要发展电子电器、船舶和钢结构、纺织服装三大产业的规划定位。回头看沈川村4年的发展，科学的规划非常重要。它使相关行业能迅速集中，形成规模和特色，促进了全村民营经济向现代化、高层次、高水平发展。同时，在镇党委、政府强有力的组织领导下，沈川村真正建成了服务高效、收费低廉、环境优美、管理优良的投资者乐园。

村干部发挥“双带”作用是村一级民营经济壮大的关键。农村经济跨越式发展，强烈呼唤“双带”型村干部。在调研中，群众评价村干部最多的一句话就是“不能带头富，不能当村干部；只顾自己富，不配当村干部；带领大家富，才是好干部。”沈川村就有一支既能自己带头创业，又能组织带领群众创业致富的村干部队伍。村支书秦富春与合伙人共同出资180万元兴办了通州市志荣设备安装有限公司，从事钢结构生产。他在做拆迁户钱建军的思想工作过程中，了解到钱建军也有从事钢结构生产的想法时，就以身说法，动员钱建军一家大胆投资，帮助他们办理投资建厂的各项手续，最终既说服了他家顺利拆迁，又成功促成了一家投资200万元的钢结构企业的诞生。沈川村班子成员个个都有经济实体，比起常人，他们都付出了双倍辛劳，既要带头创业，用自己成功的事例去感召群众，又要为全村民营经济的发展尽心尽力。当初，沈川村的省级农田灌溉示范区，村里已投入76万元用于示范区的水利设施，而为了村里的长远发展，2003年在示范区改为工业集中区时，村班子统一思想，不计一时得失，不向企业要一分钱补偿。四年来，他们积极“筑巢引凤”，将村里的集体收益先后投入100多万元用于优化投资环境的基础设施建设。通过深入细致的思想工作，累计依法拆迁70多户，做到无一上访滋事，确保了投资项目的顺利实施。在村干部的影响和带动下，沈川村群众创业热情持续高涨。目前。沈川村拥有人口2549人，总户数912户，私营企业136家，私营企业注册资本32025万元，个体工商户138户，全村投资创业率达30.1%，全村民营经济从业人员4198人，其中外来务工者2896人，本村务工者1302人。

“沈川现象”启示

后发可以创造优势。必须破除“唯条件论”，始终坚持跨越发展不动摇。“沈川现象”再一次生动地诠释了“后发优势”理论。从宏观层面来看，科学发展观的提出，表现了我国站在一个崭新的历史高度对世界其他国家的现代化经验进行全面反思，同时结合对20多年来我国社会主义现代化建设经验的总结，更合理地筹划未来中国现代化的战略和道路，是造就中国“后发优势”的必由之路。而站在村一级的最微观角度，区位差、资源少、欠发达等也都是相对的概念。在经济发展和项目建设越来越明显的“梯度化”转移过程中，无条件和有条件，条件差和条件优，都在朝着彼此的方向不断转化着。往往，新建一条高等级道路，就可以迅速改善一个偏僻地方的区位，而在经济发达地区，土地资源的稀缺势必越来越阻碍经济的发展，那些原本偏僻的欠发达地区，则恰如一张白纸，吸引着最好的设计师去画上最好的蓝图。

发展需要因地制宜。经济的跨越式发展，需要超常规的思路和举措，需要强有力的组织领导。但在激烈的区域竞争和上级的考核压力下，容易犯简单化、雷同化的毛病。一定要牢牢把握因地制宜的原则，防止“一刀切”。沈川村的产业规划是经过对宏观形势、市场趋势和当地实际相结合的审视后作出的科学选择，而不是杂乱无章、捡到篮里都是菜。毕竟资源是有限的，有限的资源只有经过科学的规划、引导和利用，才能产生最大的效应。在创业方式上，也必须鼓励不拘形式、不拘类型、不拘规模，宜工则工、宜农则农、宜商则商，广泛开展多种方式创业，既要在铺天盖地、扩大总量上做文章，又要在顶天立地、提升整体素质上下功夫。

民营经济大有可为。通过4年来民营经济的发展，沈川村农民人均收入达11241.5元，村级集体积累1740.7万元，分别比2002年底增长了2倍和24倍。由此可见，发展民营经济已成为富民强村的快速通道。事实上，综观各地农村的发展，全民创业就是农村加快发展、实现全面小康的必由之路，除此以外很难找到第二条捷径。因此，村一级要把发动群众创业、发展民营经济作为首要任务，村干部的主要工作不再是走门串户地去收取税费，而是要带头创业当好榜样，发动群众创业致富。这里就是村干部们建功立业的主战场和新天地。对于现阶段开展的新农村建设，民营经济也是不可或缺的重要力量。各地已有的民营经济参与新农村建设，已经开始凸显其功效，他们积极参与道路修建、房屋拆迁、村公共服务中心建设、环境整治等，努力改变农村面貌。同时，通过新农村的建设，也必将为农村民营经济的成长壮大创造更好的环境、更多的载体和更大的空间。

（《江苏农村经济》2008年第2期）

（二）村级经济彰显活力

——来自江苏省吴江市250个村的调查

陆峰　叶勇　吴惠华

近年来，江苏省吴江市在科学发展观的指引下，大力推进城乡统筹发展，走“三化”带“三农”道路，发展现代农业，加快新农村建设，取得明显成效。村级集体经济得到发展和壮大，为构建宽裕型小康社会奠定了坚实的基础。

一、彰显活力，村级集体经济发展强劲

1. 村级集体资产总量持续扩大

至2007年底，全市村级集体总资产达22.7亿元，比2003年底增加6.4亿元，年递增8%。一是从村级规模来看，村均水平提高明显。全市250个行政村平均总资产达908万元，比2003年村均增加256万元，全市总资产超1000万元的共有67个村，其中在5000万元以上的有3个村，最多的盛泽渔业村达1.6亿元。二是从资产构成来看，经营性资产增加明显。在22.7亿元总资产中，经营性固定资产达5.36亿元，比2003年底增加1.28亿元，年递增7.1%。这充分说明村级经济经营能力有所增强。三是从资产形态来看，新兴物业增加明显。至2007年底全市村级拥有各类物业104万平方米。2008年计划新建26万平方米物业，其中标准厂房14.3万平方米，店面房8万平方米，集宿楼1.99万平方米，其他经营性房产1.66万平方米。这表明村级兴办物业资产，已成为村级集体经济发展的主要拓展途径。

2. 村级集体经济收入逐年增长

2007年，全市村级集体经济实现总收入达6.28亿元，村均达251万元，比上年增长19.8%。一是从收入构成看，体现来源渠道多元化。在6.28亿元总收入中，来自村级资产租赁收入1.9亿元；来自发包及上交收入1.4亿元；来自投资收益2000万元；来自财政转移支付及各项补助1亿元；来自其他收入1亿元。二是从收入性质来看，体现可支配收入比重大。在6.28亿元总收入中，属于村级可分配收入达5.17亿元，占总收入82.3%，如果按传统口径统计，全市可支配收入为3.05亿元，比上年增长17.3%。三是从收入贡献来看，体现投资收益增长快。2007年全市村级资产租赁收入和投资收益分别比2003年增加11510万元和1908万元；而村级直接经营收入减少2121万元，规费收入减少1764万元。

3. 村级集体可用财力不断提高

至2007年底，全市村级集体所有者权益达12.57亿元，四年来年均增长9128万元。一是从村级可支配收入排队分析。2007年，按全市村级可支配收入5.17亿元来排队，村级可支配收入在1000万元以上的有2个村；500万元~1000万元有20个村；100万元~500万元有156个村；80万元~100万元的有31个村。最高的盛泽渔业村，2007年度村级可支配收入达3124.1万元。二从可支配收入与上年比较分析。全市250个村中有172个村可支配收入比上年增长，平均增幅达26.5%，增幅最大的村达9.6倍。其中一批原属村级经济薄弱村通过多措施拓展发展渠道，村级可支配收入有了明显的增长。在各镇（区）之间，增收最明显的是吴江经济开发区和盛泽镇，分别增加了1100万元和1000万元。三是从当年收支情况对比分析。2007年，250个村中收支结余村有192个，占76.8%，盈余总额1.14亿元，村均盈余59.38万元。赤字村58个，占23.2%，赤字总额0.57亿元，村均赤字98.28万元。盈余面和盈余额比2003年时有较大的提高。

二、四轮驱动，构筑村级集体经济发展平台

1. 三大合作改革优化了村级经济发展环境

目前，全市共有农村社区股份合作社237家，其中行政村股份合作社225家，社区型股份合作社12家。组建土地股份合作社71家。有农民专业合作社36家、农民专业协会19家、富民合作社2家。“三大合作”改革有效解决集体资产产权主体缺位、权能结构错位、民主监督失灵等体制性缺陷，创新了村级集体经济运行机制，促进了农村资源、资产、资本的整合优化，基本形成了与市场经济体制相适应的农村新型合作经济组织体系。如农村集体建设用地得到较好的开发，农村承包土地有序地向规模化、集约化经营集中，农业产业的特色化、区域化、规模化特征日益明显，村集体和广大农民正逐步借助合作组织走上可持续发展之路，实现富民与强村双赢的长效机制得到强化，有效地提升了农民的组织化程度和市场主体地位，农村经济发展的活力显著增强。

2. 城乡统筹建设改造了村级经济发展基础

2006年开始建设社会主义新农村以来，全市共投入32个亿建设市、镇、村三级道路；投资10亿元的区域供水工程顺利推进，投入5.31亿元进行主电网建设。投入近亿元修建农村水利，改善农村河道环境；农村固定电话装机率达到100%、宽带入户率达到100%、安装率达到25%，30%的青壮年村民接受互联网基本使用技能培训。至2007年底，全市共建成144个信息化村、6个信息化示范镇。全市8镇2区已全部建成苏州市级有线电视“户户通”镇，250个行政村全部建成有线电视村。投入5亿多元加强农村的农保、土保、医保和低保等农村社会保障体系建设；投入1亿多元支持农村开展卫生环境综合整治。同时对村干部的部分工资实行财政转移支付，并全部落实村定工干部的养老保险和医疗保险政策。从而为村级经济的发展改善了投资环境，创造了发展平台，增加了发展机会。

3. 政策激励扶持增强了村级经济发展动力

主要有：1.“局村挂钩”的帮扶薄弱村制度。1992年以来，全市先后启动了四轮扶持经济薄弱村工作，一批经济薄弱村通过落实帮扶措施，得以转化脱贫。2. 开发性扶贫项目贷款实行财政贴息政策。吴办发［2007］41号《关于对经济薄弱村开发性扶贫项目贷款实行财政贴息的意见》，明确对全市第四轮扶持的经济薄弱村及2006年度可支配收入低于50万元的37个行政村的建设项目实行财政贴息。3. 集体建设留用地政策。2005年苏州市23号、我市35号文件都明确规定，在规划时留出10%的农村集体建设用地，通过依法办理农用地转为非农建设用地手续后，将其置换到工业规划区和城镇规划区，用于村级经济发展。省委、省政府在2007年《关于大力发展现代农业、加快推进社会主义新农村建设的若干意见》中对“留用地”的政策予以肯定。4. 征用土地补偿费30%村集体留用政策。吴江市政府2001年114号文件对此有明确要求。上述规定，从政策层面为村级经济发展提供了基本的土地和资金保障。

4. 创新投资方式拓展了村级经济发展渠道

目前，我市初步形成了存量盘活型、物业发展型、联合投资型、资本运作型等多种发展村级经济的运行模式。一是存量盘活型。通过对原有资产的改造、整修、翻建等，充分挖掘资产潜在价值。如汾湖镇的汤角村，通过对原铸件厂进行环境改造，提高出租标准，年可增加收入30万元。二是物业发展型。主要是在建设规划区内，整合优势资源，利用集体非农建设用地建设标准厂房、打工楼、服务业用房等各种物业设施，通过租赁经营壮大集体经济。如开发区三里桥村，充分利用自身区位优势，建立了以农贸市场、餐饮、服装等为主要发展项目的商业服务区，每年租金收入445万元。三是联合投资型。一些自身实力较弱、无法单独投资的村，通过村村合作，联合出资建造物业，从而增加村级收入来源。如松陵镇芦荡村、长安村、南厍村等8个村联合在联杨小区建设农贸市场。该项目占地14.5亩，建筑面积9813平方米，总投资2360万元，预计2008年可新增收入380万元。四是资本运作型。主要是村级以现金的方式直接投入各类投资平台，获取固定投资回报。如吴江经济开发区总公司从2005年起累计吸纳各村投入资金达1.2亿元，4年中实现收益2246万元，其中2008年预计收益1057万元，占全区村级收入的23%。

三、六元组合，提升村级集体经济发展层次

1. 确立目标导向，树立发展信心

合理定位，明确目标。今年，我市提出80%以上的村可支配收入要达到80万元，其中有60%以上的村达到100万元以上。各镇（区）对村级发展都要提出切实可行的发展规划和目标任务。坚持以美好的前景鼓舞人，以明确的目标激励人。理清思路，真抓实干。就是要坚持“农业稳村、工业强村、三产富村”，一二三产并举、输血与造血结合、经济发展与社会建设同步，全面提高村级发展水平。

2. 优化资源配置，开辟发展空间

一要盘活存量资产。对未参与改制的原集体厂房、土地、电力设施、校舍、旧办公楼、沿街店面等经营性实物资产，要坚持集体所有权，转让经营权，使它们成为能给村集体带来长期固定租金收入的资产。对村集体的货币资产，更要重视盘活用好。据统计，到2007年底，全市各村货币资金达5.8亿元。这笔现金如存在银行，其利息收入有限，难以达到集体资产的保值增值。用活用好这些货币资产，可以促进村级集体经济滚动增值。二要扩大优质增量资产。就是鼓励有条件的村和区位优势明显的村，坚持按照建设规划，大力发展标准厂房、集舍楼、店面房、仓储、市场等物业设施，打造成集体优质资产，增

强其盈利增值能力。横扇镇通过土地使用权公开拍卖、出租以及土地股份合作等形式实现以地生财，变资源优势为经济优势，增加村级集体收入。全镇17个村中，有14个村建设标准厂房共计5.5万平方米。年租金收入403万元。有7个村利用沿工业集中区和镇区的优势，建设店面房5000平方米，年租金收入149万元。三是规划利用好资源性资产。2007年末，我市村级集体资源性资产中，有内塘面积137615亩、企业用地13303亩、其他用地面积28716亩、外塘面积42431亩、四荒等资源面积4352亩。这些都是发展村级集体经济的潜力所在。目前对这些资产重点要做好清理登记和管理监督工作。对水陆交通便利，有开发潜力价值的滩涂湿地，要积极吸引社会投资发展现代高效农业或生态休闲观光农业，增加集体收入。

3. 创新投资方式，拓宽发展渠道

各种合作开发型的投资方式应成为优先选择：一是村村联合，放大发展空间。2008年，平望溪港、万心、三官桥、秋泽、新南等5村联合成立平望中鲈农村基础设施服务公司。公司注册资金100万元，联合投资600万元在镇中鲈开发区里建造8600平米标准厂房，预计年底完工，现已全部达成出租意向，年租金为100元/平米。各地应当在通过村村联合发展村级集体经济上加大工作力度。二是局村挂钩，拓宽发展形式。我市先后实施的4轮薄弱村转化帮扶活动，主要采取了这种形式。已成功转化了一大批经济薄弱村。典型的如2006年由市级机关4个部门结对扶持横扇镇4个经济薄弱村共出资近500万元，支持建造标准厂房共12000平方米，为各村每年带来30万元的收益。三是村企联合，增强发展势头。七都镇40%的企业与19个村签订村企挂钩协议，平均每村有5.7个企业挂钩。群幸村有13个企业结对，亨通集团结对3个村。村企双方通过资助基础设施建设、公益捐助、培训帮扶、解决就业、项目合作、产业带动等形式推动村级经济发展。各地应当积极推进村企联合，并建立比较完善的联合运行机制。四是镇（区）联合，降低发展成本。如同里镇，2007年，依托镇集体资产经营公司，发动全镇14个农村社区股份合作社，联合投资入股组建同里镇农村投资建设有限公司，将各村分散、有限的资源集中运作，有效促进了村级经济的发展壮大。要努力在搭建村级集体资产投资平台、集聚各村资本实行统一投资经营上谋求新的突破。五是村级要树立服务和监督也能创造效益的意识。通过为企业提供电力设施、物流配载、排污管道等公共服务实现村级集体增收。

4. 深化合作改革，集聚发展力量

利用好“三大合作”组织来发展新型集体经济。一是改造提升社区股份合作社运行发展水平。进一步加强村级集体资产投资运作，提高存量股份资产的盈利能力，同时要积极创造条件吸纳村民增资扩股，扩大社区股份合作社的经营规模，提高竞争能力。二是服务引导好土地股份合作社和农民专业合作社发展。对今后新发展的具有一定规模的农业项目、农业基地及农业园区，都要采用承包土地入股的形式，组建土地股份合作社，并积极提倡和引导整村或整组承包土地入股。三是大力发展由村集体和农民联合投资的富民合作社。首先要统一规划，应在城镇建设规划区、镇级工业规划预留区提供村集体建设留用地。其次要稳定回报，确保农户入股资金有收益。第三要共同受益。不准个私老板单独利用村级留用地开发物业，也不准搞集资经营。

5. 提高管理水平，夯实发展基础

一是依法加强村级集体资产管理。集体资产出租要坚持公开招租，择优定租，规范合同（协议），强化收益，足额到位。健全“群众民主监督、上级审计监督、部门职能监督”三位一体的监督体系，切实加强村级集体资产的监督管理。二是切实加强村级财务管理。进一步健全村账镇代理体系，加强村级各项收支管理，更好地把可用财力用到村级集体经济发展和新农村建设上，完善落实好村级非生产性费用开支管理制度。三是切实加强村级民主管理。认真落实中央《关于进一步规范完善村务公开民主管理制度的意见》，健全民主管理机制，完善民主理财制度，落实村务、财务公开长效机制。

6. 强化政策落实，营造发展环境

一是改革和完善农村用地政策。有效落实农村集体建设留用地制度，为村级经济发展保留空间。加快推进农村建设用地流转制度，鼓励村集体经济组织将村内集体建设用地置换到城镇区发展二三产业。建立农村土地整理复耕有偿使用制度。对通过村庄整理、土地复耕、老宅基地置换产生的节余建设用地指标，应明确规定将其中的部分用地指标归村所有，由村规划建设发展项目。建立农村建设用地指标补偿制度。动迁农村集体厂房时，除了补足地面资产的损失外，还应对厂房所占的建设用地指标在镇级以上规划建设预留区内实行等量返还到村。二是认真落实各部门支持村级集体发展的政策。市级各有关部门，要进一步增强服务村级经济发展的意识，积极主动地为农村基层办实事，降低门槛，简化手续，在用地、信贷、税收、项目、登记等方面给予政策支持和优惠。同时，严禁各种形式的乱摊派、乱罚款、乱收费，减少村级负担。三是完善落实财政转移政策。尽可能减少村级事权，政府应承担起有关社会公益事业和区域性公共基础设施建设责任；市镇两级政府要针对村级财力实际，加大对村的财政转移支付力度，并按照转移支付的项目和标准在年初纳入各级财政预算，以保障村级基本支出的需要。

（《江苏农村经济》2008年第10期）

（三）农村社区化管理：统筹城乡发展的关键一环——来自棉丰村的报告

郭华巍

城乡相互交融、本地人口与外来人口共处、农业经济与工业经济一起发展，是我国现代化进程中必然要出现的带有一定普遍意义的现象。如何运用城市社区管理理念，创新农村社区化管理模式，是摆在基层党委、政府面前的一项重要任务，是统筹城乡协调发展需要关注与解决的关键环节。为了有效解决这个问题，从2007年初起，我们镇海区委、政府在一个叫棉丰村的地方进行试点，取得了比较明显的成效。

棉丰村地处城乡接合部。2006年，全村经济总收入近1，4亿元，村级集体可用收入500多万元。随着经济的发展，社会管理服务遇到了新问题：一是农居混杂。全村在籍人口1505人，居住在该村的镇海炼化公司职工和商品房住户各1000多人，不少家庭既有农业户口又有非农户口。二是外来务工人员数量骤增。居住在村域范围内的外来务工人员总量超过1万人，是本村户籍人口的7倍多。三是该村区域内有国有、集体及民营工商企业32家，银行、工商所、小学等管理服务单位9家，个体工商经营户350家。

针对这些情况，我们在深入调研的基础上，充分尊重基层干部和居民的创造精神，坚持把城市社区建设经验与农村具体实际紧密结合起来，在夯实“三个基础”、健全“三个网络”、加强“三个建设”方面进行了积极探索。

政府倡导，夯实三个基础。一是组织基础。强化村（社区）党组织领导能力，发挥领导核心作用；保留村经济合作社，发展全村社员的经济利益；加强村民自治组织建设，依法保护原村民的政治、福利待遇。为协调社区管理，成立了棉丰社区和谐共建理事会，理事会由村级班子主要领导、驻地部、省属大工程单位以及有一定威信的村民代表、外来务工人员代表等组成，对社区化管理中的重大事项进行协商、监督，从而形成共驻共建、共建共享格局。二是队伍基础。通过镇下派、整合现有村干部资源、向社会公开招聘等方式，按总人口800∶1的比例，配备了15名“社区工作站”专职社工。在发挥专职社工作用的同时，建立并完善社区志愿者队伍，合力推进社区化建设。尤其是在按地域划分的12个片区中，通过村适当补贴，建立完善了由村民小组长和外来务工人员组成的各片区组织网络，与包片负责的专职社工共同做好责任区的管理服务工作。三是工作基础。根据区、街道总体规划和村民的呼声，完善细化了村庄整体规划布局，理清新村建设、旧村改造思路，力争用5年时间，从根本上提升农村社区化的档次，真正达到“水清、路洁、地绿、村美”的要求。

服务主导，健全三个网络。其一是综合服务网络。拓展现有的由区、街道、村三级投资建立的村（社区）服务中心功能，建好党员服务站、社区工作站、志愿服务站，办好公开栏、科普宣传栏，文体活动中心和居家养老服务中心，满足居民教育培训、文体活动、公共卫生、日常生活等方面的要求。其二是社会治安网络。按照属地管理的原则，设立综治警务室，配备专职管理员和夜防队员，构建了由社区民警、居民群众参加的专群结合的治安防范体系，构筑了城乡一体的安全网。其三是就业保障网络。对被征地人员、农村劳动力进行登记管理，建立健全各类台账，做好用工信息发布、就业援助、培训引导、政策扶持、劳动合同签证等一系列就业和再就业服务工作。

活动引导，加强三个建设。一是社区党组织建设。按地域和行业的不同分布，调整党支部设置。在全体党员中开展“亮身份、作承诺、认岗位、比奉献”活动。二是社区阵地建设。社区设有宣传阅览室、党员活动室，建立村（居）民学校，依托社区学院、街道社区教育中心的师资力量，开展适合老人、妇女、青少年、企业职工等群体的多种教育培训活动。三是文化载体建设。社区建立了文化中心、灯光球场、露天戏台，为村民提供老年活动室、棋牌室、阅览室、老年大学等活动场所，组织了广场舞、健美操等文艺活动，使广大居民在参与中受到教育，提高素养。

总结棉丰村社区化管理的实践，我们有这样几点体会。

一是农村社区化管理必须与本村的经济社会发展水平相适应。农村社区化管理是经济社会发展到一定阶段的产物，与经济发展水平紧密相连。我们在实施农村社区化管理中充分考虑村级的财力情况，有多少财力，就办多大的事情，同时坚持公共财政向农村倾斜，切实减轻村级负担，培植村级集体经济发展后劲。在配备专职社工时，充分考虑农村社会管理事务的实际和村级财力的状况，确定按照城市社区的标准，由区、街道二级财政拨付专项经费，受到了农村基层和群众的欢迎。从老百姓最需要的地方入手，让群众得到“看得见”的实惠，这样就能有效地引导群众参与到社区化管理工作中来。

二是农村社区化管理必须循序渐进地完善管理与服务体系。实施农村社区化管理，着力点在于建立制度和机制，不断总结，完善提高，循序渐进。棉丰村社区化管理并没有“另起炉灶”，而是在原有体制基础上，进一步健全村级决策、执行、监督等工作机制，配强专职社工队伍，实行包片管理，实现了在新的条件下的村民自治。针对棉丰村外来就业者已构成社区居民重要组成部分的实际，因势利导，建立新棉丰人服务站，实行自我管理，推动社区居民自治和社会稳定。

三是农村社区化管理必须把解决实际问题、让居民得实惠摆在突出位置。群众最重实际，也最通情达理。在棉丰村社区化管理调研期间，我们针对一些群众要求解决住房困难的呼声，组织相关职能部门到村里现场办公，帮助村领导班子理清新村建设、旧村庄改造思路，制订农村新社区建设总体规划，并协调解决土地、资金市场化运作等具体问题，深受干部群众的好评。

四是农村社区化管理必须与加强对流动人口服务管理有机结合起来。外来务工人员的大量涌入，成为当地社会管理的热点和难点。为使外来务工人员更好地融入当地社会，我们称他们为“新棉丰人”，拉近他们与本村村民的距离。在扩大服务内容方面，新棉丰人享受村里提供的社区卫生、计生、文化等活动设施以及各种培训、就业、社会治安管理的服务，使他们有“家”的感觉。同时，加强组织领导和热情服务，新建立的新棉丰人党支部和服务站在管理新棉丰人中发挥了很好的作用，特别是在各种协调事务中加强了本村人与外来人员的沟通与理解，取得了事半功倍的效果。

农村社区化管理是一项全新的工作，也是一项系统工程，需要不断探索与创新。我们要在棉丰村试点基础上，研究制订全区推行农村社区化管理的总体方案和实施意见，选择部分条件比较成熟的村扩大试点，并在实践中进一步完善、提高。今后要按照成熟一批、实施一批的原则，积极有序地推进，充分发挥农村社区化管理在新农村建设和全面建设小康社会中的重要作用。

（《求是杂志》2008.8）

（四）创新工作方式　推进新农村建设

——临泽县新华镇建设生态文明新村的作法

一、基本情况

新华镇位于甘肃省临泽县城西15公里处，总面积278.7平方公里。全镇辖11个行政村98个合作社，4279户15997人；耕地面积36027亩。近年来，全镇以农业产业化为重点，大力调整经济结构，逐步形成了以玉米制种为主的制种业，以猪、牛养殖为主的草畜产业，以加工番茄和温室瓜果为主的蔬菜产业，以劳动技能培训和劳务输转为主的劳务产业和以沿路经济为主的商贸流通业五大产业格局，全镇订单农业面积达97%，经济和社会事业发展呈现良好势态。2007年，全镇经济总收入达2.08亿元，农民人均纯收入达4202元。

2005年以来，我们围绕如何进一步优化产业结构、增加农民收入、改善生态环境、提高生活质量、构建综合配套、和谐发展的新农村这一主题，按照县委、县政府提出的“整合涉农资源、建设生态文明新村”的规划和方案要求。选择了基础条件一般、各种矛盾问题集中、有一定发展潜力的向前村作为生态文明新村建设试点村。该村共有8个合作社，350户农户1274人，耕地面积3000亩。2005年镇、村两级通过采取统一规划、试点先行、干群联动、政策扶持和综合配套等措施，当年示范点建设完成了八项任务，包括完成村主干道2.5公里柏油路，渠道衬砌2.2公里，324户人畜安全饮水工程的主管道铺设和入户工作，修建垄毛渠8.6公里，栽植农田林网24条12.5公里，建成高标准小康住宅示范点138户，建成780平方米村委会综合办公楼，建成农民科技培训中心和村科技信息服务站，成立了农民蔬菜协会和肉牛运销协会等。通过集中整建，当年全村的经济发展、生产生活条件和社会文明程度有了显著提高。

向前生态文明新村试点建设工作，不仅使各级干部对中央关于建设社会主义新农村标准、意义有了深刻的认识和理解，而且极大地调动了广大群众致富奔小康、建新村的热情。2006年，向前村被列入全省整村推进建设新农村示范点。在示范点的带动下，全镇又先后新建成大寨村、宣威村两个生态文明新村示范点。大寨村被列为全市新农村建设示范点之列。至2007年，向前村整村推进修建小康住宅247户，占总农户的70.6%；全村350户农户全部用上安全自来水；三年累计衬砌渠道23公里；硬化村社主干道2.9公里；有180户农户建成以户用沼气为主的“五位一体”生态家园；有线电视、电信通讯等覆盖率达到总农户的96%；村级服务设施配套了农民科技培训中心、农家书屋、文化活动室、卫生服务所、警务室等，配备了健身体育设施；全村96%的农民享受农村合作医疗；农民科技培训面达到90%。同时，大力发展了以猪、牛为主的草畜产业和劳务输出业，三年内农民人均纯收入平均增长300元以上，到2007年达4405元。新建的大寨生态文明新村示范点已完成小康住宅建设92户；修建农田渠道18.4公里；完成700平方米村综合服务中心建设，配套了村务工作室、农民科技培训中心、文化室、图书室、阅览室、村医疗防疫室和经济信息服务站。目前各示范点建设工作进展顺利，群众积极性高，效果良好。

在三年实践中，我们始终坚持六条工作原则：一是加快农业产业化发展，稳定农村经济支柱；二是加大草畜产业发展，拓宽农民增收渠道；三是抓好农民培训与劳务输转，提高劳动力经济效益；四是典型带动，分步推进，整村发展；五是整合资源全面打造，增强“输血”功能；六是发展特色产业，强化“造血”功能。

二、生态文明新村建设的主要做法

（一）宣传发动，提高认识，增强干部群众的建设信心

针对近年来农业产业化大力发展、农民收入不断增加后出现的存钱不花钱，安于现状、不思进取、村容不整、环境脏乱差和个别群众不谋发展谋是非的现象，镇党委、政府采取召开干部会理思路、召开群众会讲形势、组织外出观摩开眼界、典型介绍找差距、对比算账谈感想、座谈讨论鼓信心和规划设计明方向等方法，从上到下开展深入细致的动员工作，使大家认识和理解社会主义新农村的内涵标准、工作核心和切入点，明确了生态文明新村建设试点先行、综合配套的目的意义以及国家产业政策的发展方向，从而消除思想顾虑，鼓足了大搞建设的信心。

（二）确定目标，干群联动，提高群众的建设热情

一是抓示范，引导带动。建设初期，镇上首先确定脏乱差问题突出的向前村沿国道312线附近的20户作为建设重点，镇上统一规划设计、统一组织实施、统一解决建设难题、统一质量进度，利用100天时间基本完成建设任务，为其他农户树起榜样。二是干部联系农户，一对一解决生产建设实际困难。无论生产贷款、拉砖运土、购置建材、定线立基都做到急群众所急、想群众所想，不让问题难倒农户。三是体现先进性，机关党员全部投身共建文明新村建设事业。从2005年3月份开始，全镇112名机关党员先后利用一个多月时间分组分户帮助农户撤墙拉土、整地垫基，解决农户劳力少、工程量大、有心无力的问题。许多

群众动情地说："党员干部这么辛苦为的是啥，还不是为咱老百姓好，房子修好是我们自己的，我们再不把事情干好就太对不起人了。"四是社会力量参与，同步推进项目建设。工作中，我们按照工作类型的不同，分项目由镇属机关单位负责，干部参与，组织群众同步开展各项建设，无论道路建设、渠道衬砌、农田林网栽植、人饮工程建设等都如期完成了当年的任务。

（三）政策引导，典型带动，增强工作的推动力

一是认真落实市、县、镇三级确定的扶持政策，确保按户到位，不打折扣。二是以奖代补，配套扶持解决群众的建设困难。针对部分农户信心不足、半途而费的问题，镇、村两级筹措资金，采取分建设工期奖励补助的办法，推动农户的建设进度。三是规范管理，统一采购，降低生产成本。镇、村两级配合，成立专门工作机构，对上级的补助资金、建材物资统一管理、统一调配，做到公开、公正、透明。同时，对户外装饰挂件、铁艺栅栏等采取农户选择、公开招标采购的办法，既满足了群众意愿，又降低了建设成本。四是先少后多，典型带动。工作中，我们先重点做好先期开工的农户的建设工作，通过他们的实践让其他农户切实感受建设实情，从而消除了一些谣传、误传和模糊认识。同时，其他农户看到建设户的漂亮住房和新颖家具，都纷纷眼热心动，跃跃欲试。

（四）突出特色，整体推进，促进综合配套协调发展

一是统一风格，多结构选择。镇上在统一建筑风格的前提下，为农户提供10多种不同布局结构的房屋图样，让农户选择，既做到了群众满意，又达到了分段一致的建设目的。二是配套并进，提高建设整体效果。在协调抓好小康住宅改造、道路建设、生态绿化和村务活动中心建设的同时，配套抓好"五位一体"家园建设、家庭文化、环境治理工作和"五好家庭""十星级文明农户"评选工作，既从物质建设上体现"新"，又从文化氛围、精神文明上体现"新"。三是多业并举，促进经济收入新增长。在生态文明新村建设中，我们一方面大力引导和鼓励农户多产业发展，另一方面也鼓励农户通过建设消费拉动发展，许多农户通过建设更懂得多渠道增加收入的重要性，启发和开阔了思路，庄稼种植更精细，养殖业规模更加大，劳动力输转更主动，增收致富的思路更宽阔，讲文明、树新风更成热门话题，形成了家家户户"比、学、赶、超"的良好局面。

三、几点体会

（一）提高群众的思想认识和综合素质，是搞好文明新村建设的关键

农民群众是新农村建设的主体，既是直接受益者，又是文明新村的建设者、管理者和维护者。通过生态文明新村建设，农民群众了解了建设新农村的重大意义，从而促进克服了畏难情绪和"等、靠、要"思想，积极投身到建设工作中来，为新农村建设打下坚实的思想基础。

（二）加强农村基础设施建设是新农村建设的切入点

基础设施是农村经济更快、更好发展的重要因素，也是农村城镇化的关键，更是新农村建设的切入点。农村基础设施建设主要抓好渠、路、电、水和公共服务设施建设。要加大对公共设施的项目支持力度，加快改房、改水、改厕、改圈、沼气能源建设项目的实施，群众感受到建设的成果，就会更加鼓足建设的信心，从而促进进一步改变农村的基础设施条件和脏、乱、差面貌，在环境建设方面缩小城乡差距，为加快新农村建设创造条件。

（三）整合资源，扶持发展是调动群众积极性的有效推动力

按照"整合人力、物力、财力、技术等资源，优化配置、集中投入、重点扶持，实现投入效益最大化"的总体要求。除镇、村加强与上级相关部门协调配合外，同时还要发挥组织、宣传、农业、财政、水利、城建、科技、畜牧、农机、银行部门的职能优势，整合各类涉农项目资源，使社会资源和群众的资源形成了合力，上级部门和基层政府的工作力量形成动力，由此产生新农村建设强大的组织推动力，进一步调动群众新农村建设的积极性。

（四）加快农民增收是搞好新农村建设的核心

农业产业化发展的各行业，包括玉米制种、草畜产业、劳务输出等都要主动适应市场变化，以产业化、规模化经营的思路谋划长远

发展的机制，不盲目跟风，要因势利导；政府的宏观管理和指导就是要通过一定的手段规范农业生产的市场竞争行为；要健全完善中介服务组织和经济合作组织，以此探索完善“公司+基地+农户”规范、稳定的产业化经营模式，有效地促进农民收入的快速增长，为新农村建设提供好物质基础。

（五）坚持统筹发展，是构建和谐社会的前提条件

和谐稳定的社会环境是加快发展的必要保证，要全面抓好文明乡（镇）、文明村（社）、文明农户等群众性精神文明创建活动，不断形成和谐的人际关系和健康向上的社会风气。遵循“预防为主、教育疏导，依法处理，防止激化”的原则，认真解决涉及群众利益的实际问题，努力为群众排忧解难，化解人民内部矛盾。大力加强社会治安防控体系建设，努力强化镇、村、社三级治安防范体系建设，努力创建平安社会，为群众提供安居乐业的良好环境。

（《发展月刊》2008年第06期）

（五）乡镇行政区划调整对土地利用影响研究
——以江苏金坛市薛埠镇为例

邹　伟

发展小城镇是推进城市化和社会主义新农村建设的重要途径，但我国的小城镇普遍存在规划不合理、规模过小、建设标准低等不足，不能有效地发挥其对产业和人口的聚集作用，而小城镇的发展与乡镇行政区划关系密切。近年来，一些地区相继开展了以撤并乡镇、扩大乡镇区域规模为主要内容的乡镇行政区划调整工作。行政区划的调整意味着土地利用方向调整和区位改变，对土地资源配置影响深远。这里基于笔者2006年11月对江苏金坛市薛埠镇的调研，就乡镇区划调整对土地利用影响进行实证分析。

一、薛埠镇行政区划调整概况

薛埠镇地处经济较为发达的苏南地区，有县级市金坛市的次中心之称。2000年金坛市根据经济和社会发展的需要，将所辖25个乡镇调整合并为14个镇，原薛埠镇、罗村乡和花山乡撤并为新的薛埠镇，在进行乡镇区划调整的同时也对原来3个乡镇所辖村民委员会和居民委员会进行了调整。新成立的薛埠镇地处金坛市西部，面积163.9km^2，其中耕地面积6012hm^2，山地面积6670hm^2，水面面积1120hm^2。现辖14个村民委员会、1个居民委员会、3个镇属场圃，有164个村民小组，原罗村乡政府所在地集镇现为罗村村委会管理，原花山乡政府所在地集镇为花山村委会管理。薛埠镇2005年总人口为42478人，其中非农业人口10320人，全镇国内生产总值16.38亿元，工业总产值34.56亿元，工业利税3.67亿元，财政收入9758万元，合同利用外资88.15万美元，工业企业达500家，其中规模企业16家。现有中学2所，分别位于镇政府所在地和罗村集镇，小学3所，分别位于合并前的3个乡镇集镇所在地。有一个镇级图书室和3个文化室，1个地区人民医院和18个医疗点，新型农村合作医疗参保率99.7%，初级卫生保健普及率100%，自来水普及率50%，电话普及率95%，农民人均纯收入7495元。

二、行政区划调整对土地利用的影响

1. 土地利用的区位影响。行政区划调整一般选择经济条件优越的集镇作为新镇政府驻地，城镇发展也是以新驻地为重点进行的，实际上，被撤乡镇政府驻地的集镇一般不再作为小城镇发展，乡镇区划调整也就意味着小城镇建设布局调整，而小城镇在城市和农村之间起到很好的桥梁、传导作用，小城镇布局对土地利用的区位影响较大。新薛埠镇成立后，仅政府所在地作为小城镇建设，原来的两个乡镇政府所在地作为集镇管理。镇域内近年先后修成2条高速公路，对1条省道也进行了改道拓宽，形成了快速的对外交流网络，高速公路出口和省道改道线路的安排和镇政府驻地位置密切相关。同时镇政府也按照新的规划加大对政府驻地其他基础设施调整和改造的投入，2005年投入850万元完成了2条道路的改道改造和2条大道的修建；投入300多万元对小城镇的街道进行拓宽和改造；完成了小城镇1100m下水道工程。这些条件的改善，使薛埠镇小城镇发展迅速，招商引资势头良好，2005年引进项目31个，资金达8500万元。小城镇的发展程度影响着其对周边的辐射和传导能力，引

起土地利用区位的改变。

但由于这次行政区划调整范围未能突破县（市）区划的限制，不能更好地实现区域土地资源优化配置。根据各地的作法和民政部等七部委《关于乡镇行政区划调整工作的指导意见》（民发［2001］196号）来看，全省性的乡镇区划调整一般是以县（市）为单位集中进行，也就是不能突破县（市）区划的限制。但事实上随着我国近几十年的发展，社会经济条件已经发生了很大的变化，一些不同规模的新经济区域逐步突显，而行政区划往往增加这些经济区域发展的协调成本和重复建设成本。从乡镇层次上看，由于交通等基础设施的发展和历史的原因，一些相临的乡镇处于同一经济区域，但因属于不同县（市）行政区划，发展思想和行动上很难保持一致，重复建设、恶性竞争就在所难免。乡镇区划调整如不能突破县（市）区划的限制，其资源优化配置也就最多在其县（市）内实现，有时也可能因为乡镇规模的增加，带动更大范围进人恶性竞争。薛埠镇地处金坛市西部，是金坛市与溧阳市和句容市的交界处（三市均为县级市，其中金坛市与溧阳市属同一地级市），与该镇相临的有金坛市的茅麓镇、朱林镇等4镇、溧阳市别桥镇和句容市茅山镇、天王镇，其中薛埠镇和句容市茅山、天王两镇分别位于国家AAAA级旅游景点茅山的东西两麓，茅山有多处名胜古迹，旅游资源开发潜力巨大，同时也具有较好的茶叶生产条件。由于处于不同的行政区划，金坛市和句容市为旅游资源开发、茶叶生产在规划、舆论、开发项目申报等方面争论不休，新景点、度假村、旅游开发公司等竞相投资发展，小规模重复建设较为严重，不利于土地资源的整体统一规划开发。如果在乡镇行政区划调整时将这些镇的相关地域划归同一行政区域，上述问题可以大大减少。事实上，突破县（市）区划的限制不但有利于统一一定经济区域的发展战略，也能够实现经济较为发达地区对落后地区的带动作用。

2. 土地利用的集约影响。行政区划调整后，新成立的乡镇将修订其经济社会发展规划、土地利用规划和建设规划，一般来讲，由于在更大行政范围内和经济区域内来进行今后一定时期的经济社会发展规划，其超前性、合理性会更强，新镇政府驻地小城镇尤为如此。行政区划调整重新制定小城镇发展规划时，能够有效地改变基础设施落后、布局松散、功能分工不明等弊端，有利于合理调整城镇内部功能结构布局，降低原有行政区划影响和协调难度，减少基础设施重复建设，从而提高产业和人口集聚度，提高土地利用的集约度。薛埠镇成立后，对小城镇建设布局进行了重新调整，规划建设工业园区，制定完善了《薛埠镇工业园区优惠政策和招商引资奖励办法》。在土地使用方面提供优惠用地价：一般地方性投资的小项目，按当地土地使用价优惠50%；高科技、高附加值开发项目，按当地使用价优惠80%；投资额在50万~100万元人民币的项目，按当地使用价优惠50%~70%；30万美元以上的外商投资项目，按当地使用价优惠80%。同时加强园区基础设施建设，园区企业已达23家。工业的集中、投资环境的改善也带动了第三产业的发展，就业空间的扩大促进了人口聚集，2005年全镇新增第三产业企业120个，第三产业从业人员达6900多人，新增第三产业投入8500万元，其中投入500万元以上的项目3个。这些企业相当一部分集中在小城镇区域。小城镇人口增加迅速，2005年新镇政府驻地（即小城镇）人口为14600人，超过合并前所有三个集镇人口总和，人口非农化比例大幅度提高，为合并前的6.21倍，总人口占全镇总人口的34.37%。这些产业、人口的集中势必引起土地利用集约度的增加。

然而，被撤并乡镇政府驻地土地闲置、低效利用却较为严重。乡镇区划调整带来发展格局的调整，县（市）域、乡（镇）域土地利用总体规划都进行了一定的修订，但未能很好地解决被撤并乡镇政府驻地的遗留问题。原有企业搬出或停产后其土地可能被闲置或低价出租，土地利用效率降低。薛埠镇成立后，原罗村乡政府驻地改为罗村集镇，几年来，集镇规划不到位，基础设施建设停滞不前。一麻球厂停产后20多亩土地处于闲置，原影剧院和政府办公楼也是低效率租借利用。

3. 农户土地利用行为影响。乡镇行政区划调整改变了土地利用的区位，导致土地使用方向、土地利用成本的变化，形成对农户土地利用行为的直接影响；而伴随着乡镇行政区划调整，学校、医院、工业、商业布局等均进行一定的变化和调整，就业环境、居住环境也随之改变，带来人口分布格局的变化，形成对农户土地利用行为的间接影响。无论是对农民土地投入的直接影响还是间接影响，其本质上都是农户对土地利用的成本一效益分析的结果。除了投入意愿外，投入能力是决定农户土地利用实际投入的重要因素，而投入能力的大小往往是由家庭收入、劳动力结构与素质等因素决定，农户家庭收入越高，土地投入能力越高，在手段上也更趋向于利用现代化手段代替传统手段。乡镇区划调整精简机构，减少行政人员和财政开支，降低管理成本，政府可以投入更多的资金进行农业生产条件的改善和农业技术服务；同时乡镇区划调整促进了小城镇发展，能较好地带动农业发展和农村剩余劳动力的就业。笔者对薛埠镇农户调查表明，2005 年较 1999 年，87% 的农户土地投入增加，94% 的农户认为乡镇调整后农业技术服务质量提高；农民兼业化比例增加，如花山村 2006 年全村基本上不存在纯农业户；高频率使用化肥、农药、除草剂等代替有机肥和人工劳动，如 2006 年薛埠镇稻田平均使用农药达 13 次（当然这跟气候等关系密切）；由于学校、医院等公用事业布局的调整和集镇商业环境的改变，人口迁移的流向发生了变化，84% 的农户土地流转意愿明显增强，当然真正实现流转的比例要低得多。

4. 对土地生态影响。在工业化进程中，大量的“三废”进入环境，烟尘、s02、c02 等有害气体造成的空气污染直接或间接对土壤环境造成影响，严重破坏土地生态，导致土壤酸化，一些含有诸如镉、铅、镍、石油类、脂类的污染物严重危害土壤质量。我国相当一部分企业尤其是一些改制的乡镇企业和小规模的私有企业（包括小规模外资企业）空间布局十分分散和零乱，在污染治理、环境保护、资源循环利用等方面难以形成集聚效应和规模效应。乡镇行政区划的调整有利于人口和产业的聚集，也将带来各种废弃物排放的集中，为规模处理和集约处理创造了条件。同时也减少了土地利用、环境治理方面的区划协调成本、地方保护障碍和环境监督成本。

当然也可能由于农民外出务工环境的改变，土地利用行为发生变化，如过多地依靠化肥、农药和地膜等行为，给农业用地生态带来一定负面影响。同时，被撤并乡镇政府驻地土地利用环境也表现为不断恶化的趋势。在招商条件欠缺、财力单薄的条件下，极有可能导致污染企业的进入，村委会或居委会对环境污染监督和治理的缺位（不愿意也没有能力），土地利用环境受到破坏。薛埠镇成立后，罗村集镇引入企业多以水泥、砖瓦生产等为主，环境污染严重；村财政主要来源于集镇企业物业费、镇拨款等，环境污染治理能力极其有限。

5. 集体土地房屋交易存在一定不规范性，缺乏相应的依据。乡镇行政区划调整引起人口和企业的流动，而人口和企业的流动又将引起房产等地上附着物的流转。由于集体建设用地流转缺乏相应的依据，当乡镇企业外迁或倒闭时，在处理其房产时往往会因为土地权属问题而出现一定的矛盾；人口流动后，其拥有的宅基地及上面的房屋的交易也存在同样的问题，事实上，如果户籍外迁其拥有的宅基地及上面的房屋的交易是否合理也值得探究，因为宅基地仅提供给集体成员建房使用，其占用的宅基地集体是否收回在操作层面上存在较大难度。在薛埠镇花山村调查发现：由于一倒闭的玻璃制品厂占用的是集体土地，法院本打算对其房产进行的拍卖无法进行，最后只好低价买给村集体用于出租；另一占地 10 亩的酚醛塑料厂，也因房产地产的拥有者不统一，停产后一直处于闲置。近几年罗村和花山村两集镇每年均有 200 多人（婚嫁、入学除外）迁到市镇两级政府所在地居住，集体宅基地所建房屋交易较普遍，房屋接受者往往是外来人口。由于当地严格控制户籍，这些外来人口户籍一般未迁入，也就是说，他们是非集体成员，不应享受在当地集体土地上建房的权利。

三、对策建议

对薛埠镇的实证分析表明：乡镇行政区划调整改变了土地利用区位，有利于小城镇（即新镇政府驻地）土地集约利用和土地生态保护，农户的土地利用行为也将进行一定的调整。但由于没有突破县（市）行政区划的限制，不能在更大经济区域实现资源优化配置。同时，被撤乡镇政府原驻地土地利用效率往往不高，基础设施和生态环境有待改善。另外，乡镇行政区划调整后，外迁集镇人口和企业的房产涉及的土地流转缺乏相应的规范。所以，乡镇行政区划调整对区域土地资源的优化配置的积极作用还远远没有得到发挥。为此，从提高土地资源利用效率出发，提出以下几点对策建议：

1. 按照经济区域的要求，进一步调整乡镇区划。充分考虑社会经济条件，发挥区位优势，在同一省内，突破县、市行政区划限制，根据经济区域、自然地理条件、城镇建设、历史沿革、群众生产生活习惯和意愿进一步对乡镇行政区划进行调整，减少经济发展中因不同行政区域带来的人为障碍，统筹经济区域内的基础设施建设。精心研究，慎重决策，合理确定合并后的乡镇驻地和名称。扩大行政管理和服务的辐射范围，增强供电、供水、学校、医院等公用事业的辐射能力，不断提高服务质量并实现规模效益。同时要结合乡镇区划调整，以方便群众，有利于村民自治和土地资源的优化配置为目标对行政村进行调整撤并。放宽设市标准，一些具备条件的人口在10万人左右的小城镇也可升级为县辖小城市（当然这样的市不再管辖其他乡镇），以利于带动更大范围的乡村发展。

2. 进一步修订土地利用总体规划。根据经济社会发展的需要，在保证建设用地总规模不扩大、耕地和基本农田保护面积不减少的前提下，按照法定的程序对土地利用总体规划进行合理修订，尤其要开展区域土地利用规划，减少不同行政区域发展协调障碍。要把被撤并乡镇驻地作为新镇的重要组成部分进行考虑，积极通过土地规划引导企业和农民在这些集镇的聚集。注重集镇间沿线土地资源开发利用，合理规划工业集中区用地，合理规划新农村建设和居民点的布局，结合村庄合并，积极引导农民在集镇间沿线申请集体宅基地建房和创业。优化小城镇内部布局，以土地优化配置为目标，认真做好小城镇工业区、商贸区、住宅区、行政区、绿化区规划。

3. 进一步完善相关的土地制度建设。建立农村集体建设用地流转的相关制度，促进土地资源的有效流动。在条件成熟的地区，乡镇企业、集镇居民等在补交一定标准的土地出让金后，允许其拥有的集体建设用地土地使用权直接转为国有土地出让使用权。对农民市民化后放弃宅基地和承包土地给予一次性补贴；制定政策，加强被撤并乡镇政府驻地集镇的土地整理、置换工作，也可进行一定的土地收购储备，全面统筹城镇建设，盘活土地收益；完善市场机制，通过出租、入股等多种形式促进集镇闲置土地的利用，发挥乡镇合并对土地利用的积极作用。

（《经济问题》2008年第4期）

（六）特色引领，商贸主导
——文峰镇改革开放30年经济发展综述

刘树武

一、城镇建设步伐加快，发展平台不断拓宽

改革开放尤其“十五”以来，甘肃省陇西县文峰镇党委、政府紧抓政策机遇，积极争取项目，聚集当地资本，加快建设进度，使城镇基础设施有了很大的改善。按照文峰市政规划，在镇区道路建设上，完成了投资950万元的长安路文峰段建设，加快了文峰和县城相向发展的步伐。新建和改造人民东路、交通路等城市型道路7条6.83公里。2007年，开工建设人民西路等4条城镇道路3.1公里，2008年10月份可建成通车，“三纵四横”的城镇道路框架基本形成。结合旧城改造和道路建设，开发商住楼15万平方米，2007年底居民人均住房面积达19平方米。2008年，开工建设总投资3亿元的金海名苑，建筑面积达20万平方米，居民居住条件将得到大的提高。从而使镇区面积扩大2平方公里，发展空间进一步拓宽，行政办公、市场商流、文化娱乐、生活居住各功能区域不断优化。

二、市场体系逐步健全，发展优势进一步显化

镇党委、政府坚持实施“商贸强镇”战略，把商贸流通作为主导产业，把市场建设作为经济发展的引擎器，先后投资6亿多元，建成了神农中药材物流园区、清吉洋芋交易市场、建材市场等10个专业市场。2007年10月份，投资2000万元的食品商贸城破土动工。马铃薯交易市场辐射带动全市及周边县（区），交易形式更趋多元化，电子交易、期货交易较快发展，超市、连锁店、专业代理和大型百货市场等现代业态互为补充，劳动力市场、生产资料市场等要素市场逐步完善，从而形成较为健全的市场服务体系。

三、产业开发力度加大，经济特色进一步突显

改革开放以来，镇上把产业开发作为城镇的核心支撑和持久动力来抓，依托当地资源，着力壮大和提升中药材加工、洋芋淀粉加工、肉制品加工、建筑建材和木材等支柱产业，实现了经济总量持续扩张，产业结构趋于合理。1978 年，全镇一、二、三次产业结构为47.78:44:8.22。2007 年底，三次产业结构调整为18:27:55，二、三产业逐步占据主导地位。

四、新农村建设稳步推进，辐射带动功能明显增强

一是为农产品交易提供了平台，提高了农产品的商品率。二是为农民提供了新的就业岗位，使农民成为“离土不离乡”的市民。三是带动了农村基础设施的改善和经济的发展。近年来，大力兴水改田，全镇基本实现梯田化；新修乡村道路 9 条 43.2 公里，实现了乡村道路“村村通”。实施整村推进扶贫开发项目、中低产田改造项目和 IFAD 项目，农业增产新技术得到广泛运用，生产条件进一步改善。结合旧城改造和易地扶贫搬迁项目的实施，270 多户近千名农民乔迁新居，村容村貌明显改观。

改革开放 30 年，文峰经济发展取得较大成效。从文峰自身来看，主要坚持了以下五点：

——坚持符合实际的发展思路不动摇。改革开放以来，历届镇党委、政府坚持以发展为第一要务，立足实际，不断创新发展思路、探索发展模式。多年来，始终坚持实施商贸强镇战略，健全完善市场体系，使文峰成为甘肃东南部的商贸重镇；始终坚持以项目为支撑，紧抓机遇争项目，拉动了文峰经济的大发展快发展；始终坚持推进产业的深度开发，壮大提升特色产业，增强了发展的动力和后劲。

——坚持着眼发展的改革措施不松劲。一是推进户籍制度改革。为打破城乡分割的就业制度和户籍制度，镇上将镇区内的东铺村 4800 余人转为城镇户口，对本镇引进的民办高校毕业生和项目建设中的“失地”农民转为城镇户口，在子女上学、医疗保险、社会低保等方面享受城镇人口待遇。二是推进企业改革。2002 年以后，以明晰产权、建立现代企业制度为目标，将镇属 11 家企业全部进行改制，推向市场，自主经营，自负盈亏，自我发展。三是推进行政管理体制改革。本着“精简，效能，统一”的原则，规范政府行政和事业机构的设置，把政府职能逐步转变到行政管理和发展社会事业上来，强化了服务功能。四是推进融资改革。资金短缺是制约小城镇发展的“瓶颈”。镇上以土地经营为核心，推进城镇资源的市场化运作。

——坚持促进开发的开放手段不放手。利用文峰经济开发区这一开放窗口，采取“走出去，请进来”的办法，吸引外地企业和客商来投资开发，使外地的资金、技术流向本镇。

——坚持独具优势的品牌宣传不停止。文峰自古即为商埠之地，素有陇中“旱码头”之称。近年来，省、市驻文办事机构改革转型后的仓库、厂房形成了庞大的仓储库容，加之干燥凉爽的气候条件使文峰成为西北最大的中药材仓储基地，被誉为“天下药仓”“西北药都”。

——坚持和谐共建的联动机制不懈怠。一是县上倾力主抓。县上将文峰的重点建设项目都挂靠给县上四大班子领导，并确定了具体的联系部门，协调抓落实，保证了重点建设项目的顺利进行。二是有关部门协调配合。文峰的发展，需要县上各部门的大力支持，尤其是财政、发改、国土、城建、民政、政法、行政执法等部门，镇上积极衔接，主动沟通，争取各部门的配合，创造和谐的工作关系，形成了抓建设促发展的合力。三是驻地单位通力协作，建设中发挥各自作用，对城镇建设起到了巨大的推动作用。同时，文峰快速协调发展，为各驻地单位提供了良好的发展空间，形成了在共建中共享、共享中共建的格局。

（《发展·月刊》2009 年第 01 期）

第 五 编

中国特色社会主义理论研究的新进展

一、2008 年毛泽东思想研究综述

2008 年毛泽东思想的研究，从研究的重点看，除了传统的政治、经济、文化、军事等领域的研究外，较为突出的研究重点是关于毛泽东思想与中国特色社会主义理论体系关系的研究，这是与十七大报告直接相关的；从研究的方法看，在实证分析与理论研究相结合的同时，更加突出了理论的深层次分析。主要表现在以下几个方面：

（一）关于毛泽东思想与中国特色社会主义理论体系关系的研究

十七大报告中提出“中国特色社会主义理论体系”这一概念之后，关于毛泽东思想与中国特色社会主义理论体系的关系问题，成为社会上和思想理论界争论的焦点问题，主要是为什么没有将毛泽东思想纳入中国特色理论体系的问题。围绕这一问题，2008 年学术界的众多学者发表了大量文章，对此进行了相关论述，研究较为深入，代表性的观点主要有：

石仲泉撰文指出，要解释中国特色社会主义理论体系为什么不包括毛泽东思想，需要厘清三个问题：一是关于近现代中国与当代中国的时限。二是关于中国化马克思主义基础理论与创新理论的内涵。三是关于毛泽东思想与中国特色社会主义理论的渊源。（《毛泽东哲学思想与中国特色社会主义理论体系》，《中共中央党校学报》2008 年第 5 期；《中国特色社会主义理论体系与毛泽东思想关系的最新解读》，《金昌日报》2008 年 2 月 25 日）。李君如认为，毛泽东思想是经过我们党领导的中国的革命、建设的实践检验，已经被证明是正确可行的中国化马克思主义。而邓小平理论，“三个代表”重要思想和科学发展观及其构成的中国特色社会主义理论体系，是马克思主义中国化的最新成果。“中国特色社会主义理论体系”这一新范畴是对马克思主义中国化最新成果的总概括。它明确了科学发展观等一系列战略思想是马克思主义中国化的重要组成部分，反映了我们党对共产党执政规律、社会主义建设规律、人类社会发展规律的新认识。（《马克思主义中国化若干问题研究》，《中共中央党校学报》2008 年第 1 期）。

有学者认为，中国特色社会主义理论体系中不包括毛泽东思想，有其深刻的历史依据和理论依据，并不降低毛泽东思想的历史地位和深远影响。这既是由毛泽东思想与中国特色社会主义理论的特点决定的，也是由社会主义社会的历史方位决定的。深刻理解这个问题对于正确认识和坚持毛泽东思想，对于长期坚持和不断发展党历经艰辛开创的中国特色社会主义道路和中国特色社会主义理论体系，都具有十分重要的意义（贾建芳：《毛泽东思想与中国特色社会主义理论体系》，《科学社会主义》2008 年第 2 期）。还有的学者指出，毛泽东思想的主体是新民主主义革命理论，社会主义建设理论相对薄弱。毛泽东时代的社会主义建设无论就理论还是实践看，均未突破苏联模式。“中国特色社会主义”是一种总体评价，只有在改革开放的新时期，“中国模式”才形成。毛泽东思想及其指导下的实践，奠定了中国特色社会主义的根本政治前提和制度基础（杨凤城：《关于毛泽东思想与中国特色社会主义理论关系的思考》，《教学与研究》2008 年第 4 期）。还有的学者认为，毛泽东思想与十一届三中全会以来党在指导思想上的理论创新成果——中国特色社会主义理论体系，有着不可分割的历史与逻辑的密切联系。毛泽东思想在新中国成立后的继续和发展，是十一届三中全会以来党在指导思想上不断进行理论创新的思想动力和智慧源泉（李捷：《从毛泽东思想到科学发展观——毛泽东思想与中国特色社会主义理论体系关系探源》，《教学与研究》2008年第6、7期；《毛泽东思想与中共十一届三中全会以来党在指导思想上的理论创新》、《毛泽东邓小平理论研究》2008年第8期；《毛泽东思想与中国特色社会主义理论体系》，《前线》2008年第9期）。

有的学者认为毛泽东思想和中国特色社会主义理论体系是马克思主义中国化的两大理论成果。持此观点者有石仲泉（《马克思主义中国化的两大最新概括》，《理论导报》2008年第1期，《马克思主义中国化与中国特色社会主义理论体系的最新概括》，《社会科学研究》2008年第4期）；方祥（《中国特色社会主义理论体系与毛泽东思想的关系》，《中共福建省委党校学报》2008年第8期）；涂小雨（《马克思主义中国化视域中的毛泽东思想与中国特色社会主义理论体系》，《厦门特区党校学报》2008年第2期）；郑德荣、姜淑兰（《论毛泽东思想与中国特色社会主义理论体系的关系》，《思想理论教育导刊》2008年第8期）等。

关于两者内在的密切联系。科学界定中国特色社会主义理论体系并与毛泽东思想明确区分开来，有利于完整地呈现马克思主义中国化历史进程的周期性、阶段性与逻辑层次性。从毛泽东思想到中国特色社会主义理论体系的理论发展，总体上反映了马克思主义中国化历史进程的时代转折，充分展示了马克思主义与时俱进的理论品质（王文兵：《从毛泽东思想到中国特色社会主义理论体系》，《湘潭大学学报（哲学社会科学版）》2008年第5期）。毛泽东思想是新民主主义革命时期、社会主义革命和建设时期马克思主义与中国实践相结合的产物，是中国共产党集体智慧的结晶。学习和坚持毛泽东思想，是坚持和发展中国特色社会主义理论体系的重要基础（周建明：《从毛泽东思想到中国特色社会主义理论体系——兼论第一代中央领导集体的伟大探索》，《毛泽东邓小平理论研究》2008年第5期）。毛泽东思想与中国特色社会主义理论体系之间具有同质关系、承继关系和非包含关系。毛泽东思想与中国特色社会主义理论体系都是马克思主义中国化的理论成果，毛泽东思想对中国特色社会主义理论体系的形成起到了奠基作用；而中国特色社会主义理论体系并不包括毛泽东思想（刘先春等：《毛泽东思想与中国特色社会主义理论体系的关系》，《理论探索》2008年第5期）。中国特色社会主义理论体系是与毛泽东思想一脉相承的科学体系，是对毛泽东思想的继承和发展。两者的内在联系表现在：理论基础上的共同性；理论灵魂上的一致性；理论内容上的连续性；理论风格上的继承性；方法论上的统一性（蒋国海：《中国特色社会主义理论体系与毛泽东思想的内在联系》，《当代世界与社会主义》2008年第3期）。毛泽东思想和中国特色社会主义理论体系是在分别解决中国革命和建设的不同问题的过程中所形成的理论总结，不能把毛泽东思想简单地包含于中国特色社会主义理论体系之中，而应该理解为两者是承前启后的辩证关系从而突出体现两大理论成果的各自理论特色；同时两者又是一脉相承的，不能将两者截然分开而割裂其有机的联系，而应该强调两者的共性从而更好地把中国化的马克思主义向前推进（魏忠明、李春梅：《论毛泽东思想和中国特色社会主义理论体系之辩证关系》，《湖北社会科学》2008年第5期）。

（二）关于毛泽东政治思想的研究

关于毛泽东的政治观，专家学者从社会建设、党的建设、民族特色和人的全面发展等不同角度进行了探讨。

和谐社会是今天我们进行社会主义建设的主题，一些学者从构建社会主义和谐社会的目的出发，对毛泽东思想进行了分析研究。有学者根据自己的研究认为从社会建设的角度来说，毛泽东实际上提出了社会主义和谐社会思想，认为社会主义基本矛盾理论是构成毛泽东社会主义和谐社会思想的哲学基础；人民内部矛盾理论构成毛泽东社会主义政治和谐思想；平均主义构成毛泽东社会主义经济和谐思想；“百花齐放，百家争鸣”构成毛泽东社会主义文化和谐思想；“人民公社”论构成毛泽东社会主义社会和谐思想。通过辩证地分析，这些思想既闪烁着真知灼见，又具有认识局限。提出辩证地分析这些思想，对我们今天的社会主义和谐社会建设具有重要意义（李彦昭：《试析毛泽东的和谐社会思想》，《天津行政学院学报》2008年第2期）。还有的学者从社会主义社会矛盾学说出发，指出毛泽东关于社会主义社会矛盾的学说是构建社会主义和谐社会的指导思想。通过分析认为，能否构建和谐社会取决于矛盾的性质，只有非对抗性矛盾占主导地位的社会才能形成人与人之间的和谐关系。社会主义制度是构建和谐社会的前提。和谐社会是在不断解决矛盾的过程中构建的，关键是正确处理人民内部矛盾（周新城：《毛泽东矛盾学说是构建社会主义和谐社会的指导思想——学习〈关于正确处理人民内部矛盾的问题〉》，《学习论坛》2008 年第 4 期）。正确处理人民内部矛盾，团结一切可以团结的力量进行和谐社会的建设，是我们党长期积累的宝贵经验。团结一切可以团结的力量，调动一切积极因素，化消极因素为积极因素，是我们党长期领导革命和建设宝贵经验的科学总结，是毛泽东对我国社会主义建设道路探索取得的重要成果，对今天党领导构建社会主义和谐社会仍然具有重要的现实意义（周新辉：《毛泽东“调动一切积极因素”的思想与构建和谐社会》，《山东农业大学学报（社会科学版）》2008 年第 1 期）。

党的建设是毛泽东政治思想的重要部分，研究毛泽东的政治思想必须高度重视与研究毛泽东的党建思想。有学者从历史与现实相比较认为延安整风是毛泽东党建思想成熟的标志；“保先教育”则是毛泽东党建思想在新时代继续发展的重要标志（姚润田：《“保先教育”与延安整风评析》，《青海师范大学学报》（哲学社会科学版）2008 年第 3 期）。有的学者从思想建党的角度进行了研究，认为思想建党是毛泽东对党的建设的独创性贡献，在革命和建设的实践过程中探索了加强党的思想建设的原则、内容、方法，形成了一整套关于思想建党的理论（唐靓：《毛泽东思想建党原则的确立及其原因探析》，《党史文苑》2008 年第 4 期）。毛泽东建党思想是中国半殖民地半封建社会的产物，中国近代革命斗争的需要是它产生的深厚的社会基础。尽管毛泽东建党思想的源起和思想材料在形成过程中更多、更直接地来自马列主义，尽管它不是中国传统政治文化自身发展的逻辑产物，但仔细研究我们便不难发现，它所具有的深厚的中国传统文化的根基、气质与中国传统哲学、传统文化之间的历史的内在联系。因此，可以说，毛泽东建党思想具有鲜明的中国特色与中国气派，具有深厚的民族性根源（周志文：《浅谈毛泽东建党思想的民族性根源》，《山西师大学报（社会科学版）》2008 年第 3 期）。

有的学者从民族色彩出发分析了毛泽东的政治观，认为具有两千多年深厚文化底蕴的中国是中国革命的特殊背景，在此社会中成长起来的毛泽东，其思想认识必然受到中国传统文化的熏陶。毛泽东对中国传统思想文化坚持批判性继承的态度，吸收其中积极合理的成分，从而使他的政治观体现了深厚的民族特色，体现了中国传统文化中优秀思想的内核。剖析他的政治观，能找到中国传统文化中的“民本思想”、儒家的“大一统”思想、“民胞物与”等思想根源，这不仅在当时产生了深远的影响，对我们今天发展繁荣社会主义文化也具有重要的启示作用（徐伟：《试析毛泽东政治观的民族特色》，《辽宁行政学院学报》2008 年第 11 期）。还有的学者从毛泽东的政治伦理思想及其当代价值的角度出发，指出毛泽东政治伦理思想是毛泽东思想的重要组成部分，也是马克思主义基本原理与中国现实相结合的产物。认为把毛泽东政治伦理思想置于整个中国近现代史的主题“中国向何处去”来考察，可以看出毛泽东政治伦理思想的核心就是要实现人民当家作主，实现中国的现代化。人民当家作主的政治伦理价值理念对于我国的有中国特色社会主义建设具有重要价值和意义，特别是对当前我国的政治体制改革和政治文明建设具有一定的规范意义。（左乐平：《试论毛泽东政治伦理思想及其当代价值》，《中共南昌市委党校学报》2008 年第 3 期）。

也有学者对建国初期毛泽东的城市行政管理思想进行了探讨研究，从依靠力量、行政层级、行政机构及职能、社会控制和建设方法等五个方面分析了建国初期毛泽东的城市行政管理思想。中华人民共和国的建立标志着中国共产党领导的中国革命进入了全新阶段，迅速进驻城市，夺取城市政权，建立新的城市行政，成为摆在毛泽东领导的党中央面前的重大问题。在中国共产党领导下，建国初期，中国人民进行了成功的城市行政建设和管理实践，期间中国城市行政的诸多方面都透露出了鲜明的毛泽东色彩，毛泽东的城市行政思想在新中国城市行政的建设中扮演着至关重要的角色（杨菁：《建国初期毛泽东城市行政管理思想及其实践初探》，《毛泽东思想研究》2008 年第 2 期）。还有的学者从毛泽东对外开放思想的历史贡献与局限方面对其对外开放思想进行了深入的辩证的分析。认为，毛泽东明确提出了对外开放的思想，并以此为指导推动和促进了中国革命与社会主义建设事业的发展。毛泽东对外开放思想的主要建树是：深刻阐发了中国“不能离开世界”的思想；坚决主张“向一切国家和民族的先进的东西学习”的思想；反复强调“对外开放必须建立在独立自主、自力更生基础之上”的思想；必须坚持“批判继承与学创结合并逐步赶超”的思想；积极发展“对外经贸往来和科学文化交流”的思想等。尽管还存在着历史局限性，甚至一度还产生了一些不良后果，但毛泽东的对外开放思想却是一个反映了具体的历史条件与时代任务的卓越创造，闪耀着马克思主义真理的时代光辉（孙海：《毛泽东对外开放思想的历史贡献及其局限》，《湖北大学学报》（哲学社会科学版），2008 年第 1 期）。还有的学者从马克思主义中国化提出的国内政治背景的视角论述了毛泽东的贡献，指出毛泽东在延安被称为中国的列宁，他不仅提出了“马克思主义中国化”，而且把中国马克思主义者组织成马克思主义中国化的坚强主体，实现了马克思主义具体化和主体化的统一（靳书君：《马克思主义中国化提出的国内政治背景》，《毛泽东邓小平理论研究》2008 年第 10 期）。毛泽东思想是马克思主义在中国的进一步发展，在领导中国革命和新中国建设中发挥了重要的作用，但是人无完人，任何事物都不是完美无瑕的。毛泽东自然在某些方面难免有其局限性，需要我们进行辩证的分析和思考。比如晚年毛泽东的政治行为，思想上总体趋向“左”倾，付诸实践则有冒进、粗暴之嫌，有的学者就从这些角度出发究其原因，认为毛泽东晚年的政治行为动因基本源于五个方面：“中国现代化”的特殊语境；马克思主义解释学传统的误导；中华文化传统的浸润；毛泽东思想性格偏好以及民众素质复杂（樊建政：《晚年毛泽东政治行为动因分析》，《毛泽东思想研究》2008 年第 4 期）。

另外，毛泽东的人的全面发展思想也是其思想的光辉部分，也有学者对其进行了探讨。认为新中国建立以后，毛泽东对社会主义建设道路进行了艰苦的探索，创新和发展了马克思主义社会主义建设理论，因而指导我党成功地在中国建立了社会主义制度、建成了比较完整的工业体系和国民经济体系、建立了社会主义精神文化和教育制度，从而为人的全面发展奠定了制度基础、物质基础、思想基础和教育基础（张述元：《试论毛泽东人的全面发展思想》，《湖北大学学报》（哲学社会科学版）2008 年第 1 期）。

（三）关于毛泽东经济思想的研究

建国初的 17 年，毛泽东领导全国人民艰苦奋斗，使国民经济迅速恢复并取得了辉煌成就，奠定了中国社会主义建设的物质基础。在这一时期，毛泽东提出了许多具有重大意义的经济战略思想。如：几次提出要把工作重心转移到经济上来；提出摆脱苏联模式，找到适合中国的建设社会主义的新路；提出要走出一条适合中国国情的工业化道路；提出中国要建立独立完整的工业体系和国民经济体系，并坚持独立自主、自力更生的原则；提出社会主义四个现代化总任务及分两步走的战略步骤；提出打破封锁、对外开放的政策等等。他还大胆提出了一些有重要意义的创新性思想，如提出“不发达的社会主义”概念、突破了对社会主义商品经济的认识、提出可以消灭了资本主义又搞资本主义等等。毛泽东的这一系列思想贡献，为中国特色社会主义事业的发展提供了思想理论准备和借鉴（张启华：《毛泽东：中国社会主义建设事业的伟大开创者和奠基者》，《党的文献》2008 年第 5 期）。有的学者认为毛泽东开拓性地把现代化纳入了社会主义革命和建设进程中，开创了一条中国特色的政治、经济、文化的现代化之路。对于毛泽东的现代化思想的评价，应该是将它放置于中国现代化历史进程中去评价，这样不但要考察其思想而且还要结合其实践，才能做到尽量客观、公允（邱兵：《毛泽东现代化思想述评》，《世纪桥》2008 年第 8 期）。

毛泽东经济思想是毛泽东思想的重要组成部分，是马列主义经济理论与中国革命实践相结合的产物。有的学者以毛泽东治理中华苏维埃共和国期间的经济思想为视角，对他克服种种“左”倾错误、冲破当时中央的教条主义作风，直至在逆境中开辟出一片新天地并为新中国经济建设所进行有益探索的这段历史作了较为深入的探讨（许苏静、吕春蕾：《试论毛泽东治理中华苏维埃共和国对新中国经济建设之启示》，《毛泽东思想研究》2008 年第 6 期）。

关于建国初期毛泽东的经济思想。新民主主义革命胜利后，如何恢复和发展国民经济，使我国尽快地由农业国发展成为工业国提上了中国共产党的议事日程。新中国的经济问题成为当时毛泽东思考的最为紧迫的问题之一。有的学者对建国后毛泽东对待资本主义的态度、商品经济观及对外开放思想作了研究，以期对社会主义现代化建设事业有所借鉴（娄刚：《略论建国后毛泽东经济思想的几个方面》，《现代经济》2008 年第 1 期）。还有学者认为作为中华人民共和国缔造者的毛泽东，其思想深刻地影响了中国工业化进程，也对“一五”期间中国资源型城市发展产生了很大影响。这些影响主要包括：毛泽东工业化思想及其实施推动着资源型城市的演进、优先发展重工业战略决定着资源型城市的演进路径、工业化体制的思想规定着资源型城市演进的模式。这些影响在推动资源型城市发展的同时，也在一定程度上制约着资源型城市的发展（刘吕红：《毛泽东工业化思想对“一五”期间资源型城市发展的影响》，《毛泽东思想研究》2008 年第 2 期）。还有学者从“五个统筹”科学发展观的角度，对毛泽东建国初期的发展思想进行了历史考察，揭示了“五个统筹”与之一脉相承的关系及其历史局限性，对于理解、树立和落实“五个统筹”科学发展观具有重要的理论和现实意义（熊辉、王孔容：《建国初期毛泽东“五个统筹”思想考察》，《新视野》2008 年第 2 期）。

关于毛泽东非公有制经济的思想。有的学者认为毛泽东在新民主主义革命时期、社会主义过渡时期及社会主义建设时期，对非公有制经济富有创见性的理论思考与探索中所形成的科学的经济思想和认识，对于我国建立和完善社会主义市场经济，促进非公有制经济的发展有一定的现实指导意义（曹东旭：《毛泽东对非公有制经济富有创见性的理论思考与探索》，《淮北职业技术学院学报》2008 年第 6 期）。还有学者认为利用资本主义的思想是毛泽东经济思想的重要组成部分，在新民主主义社会，毛泽东提出利用资本主义的思想，并正确合理的利用、限制、改造私人资本主义，实现国民经济根本好转及实现从新民主主义革命向社会主义过渡（卢春妹：《论新民主主义社会毛泽东利用资本主义的思想及实践》，《今日南国》2008 年第 12 期）。实现工业化是毛泽东的夙愿，建国后这种愿望由于国内的特殊困难变得更加迫切和强烈，因此它必定会对毛泽东“新民主主义社会论”中的某些构想产生重大影响。长期以来，学术界更注重从理论、思想和政治等方面来剖析毛泽东放弃“新民主主义社会论”的原因，缺少对于经济因素的分析。有的学者力图在工业化的视野下，从私人资本主义自身的局限性、国家经济建设的计划性与私人资本主义的反计划性之间的矛盾、工业化的大规模开展与小农经济之间的矛盾等几个方面，分析了经济因素对于毛泽东放弃“新民主主义社会论”的影响。（蒋积伟：《毛泽东放弃“新民主主义社会论”的原因新探》，《中共南京市委党校学报》2008 年第 1 期）。

（四）关于毛泽东文化思想的研究

文化思想是毛泽东思想的重要组成部分，关于毛泽东文化思想的研究主要涉及毛泽东与和谐文化建设思想、毛泽东文化思想的传统民族特色以及毛泽东文化思想的当代价值及意义等几个方面的内容，同时还有学者从其他方面作了分析与研究。

和谐社会的建设包括诸如政治经济等很多方面，其中和谐文化的建设也是其重要内容。在毛泽东的论述中没有直接提出社会主义和谐文化概念，但是他的有关论述包括了社会主义和谐文化建设内容，对于推进社会主义和谐文化建设具有启发意义。毛泽东关于社会主义和谐文化建设的思想包括了社会主义和谐文化的内涵，社会主义文化建设的途径，社会主义和谐文化建设规律等方面。有的学者认为从“双百”方针到建设和谐文化是毛泽东文艺思想体系的丰富和发展。“双百”方针的提出，不仅为我国的文学艺术和科学研究带来了新的生机，也显示了党的领导集体已经能够自觉地运用马克思主义的基本原理去解决文艺、科学事业发展的当下问题了。但“双百”方针是在特定的“斗争”年代提出的，由于党领导社会主义建设时期文化工作的经验有限，特别是随着阶级斗争的扩大化，“双百”方针在具体的执行中并不顺利。“建设和谐文化”的思想，更突显了我国当下文艺战线的重大现实任务和崭新的时代主题，更符合文艺发展的自身规律，也更具有强大的包容性。它既显示了中国共产党人创造引领人类先进文化、占据世界文化发展制高点的宽广胸怀，也继承了中华民族的优秀智慧，所以，从“双百”方针到建设和谐文化是对毛泽东文艺思想体系的丰富和发展（马驰、康埈荣：《从“双百”方针到建设和谐文化：毛泽东文艺思想体系的丰富和发展》，《黑龙江社会科学》2008 年第 1 期）。

熟谙中国传统文化、成长于人民之中的毛泽东，其文化思想必然受中国传统文化的影响，其文化思想也必然有关注民俗的倾向。有的学者从中国传统文化的角度分析了毛泽东思想及二者的关系，提出毛泽东思想植根于深厚的中国传统文化的土壤中，是马列主义与中国传统文化有机结合的产物。渗透在毛泽东思想之中的是其无处不在的中国传统文化精神。毛泽东思想是中国化的马克思列宁主义，为马克思列宁主义的理论宝库增添了新的内容。因此，科学分析毛泽东思想与中国传统文化的关系，是正确了解、认识毛泽东思想的一把钥匙（解秋凤：《中国传统文化与毛泽东思想》，《山东农业大学学报》（社会科学版）2008 年第 3 期）。有的学者针对西方“毛泽东学”的一些学者夸大传统文化对毛泽东的影响，把马克思主义哲学中国化说成是“儒学化”的观点，着重通过对毛泽东对中国传统哲学的吸收和创造性转化的具体分析，揭示了毛泽东哲学的文化特征。在此基础上指出：夸大传统文化对毛泽东的影响，夸大毛泽东哲学思想的独创性及其与马克思主义哲学之间的相异性，实际上是割裂马克思列宁主义到毛泽东思想的历史发展，也就看不到马克思主义是一个不断开放的体系，从而也就降低了马克思主义中国化的文化意义，不利于我们正确认识和把握毛泽东哲学的文化特征（张琳：《如何认识和把握毛泽东哲学的文化特征》，《现代哲学》2008 年第 4 期）。还有的学者指出毛泽东思想契合了极其丰富的传统文化资源，这与毛泽东思想形成时的文化境遇有很大关系。在毛泽东思想与传统文化的契合过程中，遭遇了各种文化及思想的碰撞与冲击，有一些重要的经验和教训值得我们认真反思（韩美群：《毛泽东思想的传统文化之维》，《湖北民族学院学报》（哲学社会科学版）2008 年第 5 期）。也有的学者从民俗倾向和地方特色出发认为作为中国人，毛泽东深受中国民俗文化的影响，并在人生中形成了自己独特的民俗文化观：既能尊重人民群众固有的民俗文化，同时对传统的民俗文化开展批判，取其精华，弃其糟粕，善于总结和利用民俗文化。至今仍不失现实意义（严考亮：《论毛泽东的民俗文化观》，《广东社会科学》2008 年第 4 期）。毛泽东是在三湘大地成长起来的一名伟大的马克思主义者，无产阶级革命家、战略家和理论家，中国共产党、中国人民解放军和中华人民共和国的主要缔造者和领导人。在他身上表现出来的精神内涵莫不带有湖湘文化烙印，毛泽东对湖湘文化的发展与提升作出了新的贡献（郭凤莲：《浅析毛泽东与湖湘文化》，《湘潭师范学院学报（社会科学版）》2008 年第 3 期）。

毛泽东文化思想是毛泽东思想体系不可或缺的核心成分之一，在当代仍然具有重大价值。其中关于文化本质的思想是当代中国特色社会主义文化建设的根本点，关于文化建设思想是当代中国特色社会主义文化建设的指针，而且毛泽东文化思想也是中国特色社会主义文化建设理论发展的起点和基础（王健、葛森：《浅析毛泽东文化思想的当代价值》、《内蒙古民族大学学报》（社会科学版）2008 年第 6 期）。还有学者从文化现代化的角度出发，研究毛泽东对中国文化现代化的贡献。认为，文化现代化是现代化的重要内容，也是现代化的最终体现。在中国文化走向现代化的过程中，毛泽东的文化现代化思想无疑占有重要地位，他领导的中国革命和建设为文化现代化奠定了基础，他回答了涉及中国文化建设的重大理论问题，并且在中国文化现代化的实践中进行了尝试（韩柱、邵宪梅：《毛泽东对中国文化现代化的主要贡献》，《长江论坛》2008 年第 6 期）。另外，也有学者从民族繁荣发展的角度出发，提出毛泽东文化思想民族的繁荣发展必须要有精神支柱——民族精神。一个民族要走向复兴，要实现繁荣发展，必定要有精神支柱，要有起支柱作用的民族精神（郑矿文：《毛泽东思想是中华民族的精神支柱》，《学习月刊》2008 年 12 期）。

还有的学者专门对抗战时期毛泽东的文化思想进行了研究。有的学者认为抗战时期，毛泽东非常重视文化建设，指出文化建设要体现时代的要求，要从群众的实际需要出发。在措施上，大量吸收、使用知识分子，充分发挥他们的作用；同时也在人民群众中宣传先进人物和事迹（张太成：《试析抗战时期毛泽东的文化建设思想》，《理论观察》2008 年第 1 期）。毛泽东的文化实践思想是革命时代文化政策的核心之一。抗日战争及解放战争时期，中国共产党在这一思想的指导下对华北乡村社会中传统的大众教育方式“冬学”进行了重新建构。新“冬学”运动与乡村改造相结合，完成了根据地政府对乡村社会的治理与建设。“冬学”运动的典型事例深化了毛泽东文化实践思想这一理论对革命指导的伟大意义（苏泽龙：《毛泽东的文化实践思想与乡村社会改造——以山西根据地冬学为例》，《毛泽东思想研究》2008 年第 2 期）。

毛泽东诗词是毛泽东思想的重要组成部分，是中国文学的瑰宝。有的学者依照毛泽东思想的形成时期、成熟时期、继续发展时期三个阶段，从欣赏毛泽东诗词这一全新角度，学习、理解、体会毛泽东思想的艺术性（刘岩；翟志：《毛泽东诗词是毛泽东思想的艺术再现》，《继续教育研究》2008 年第 7 期）。研究毛泽东诗词中的军事审美文化，并把它作为塑造理想军人人格的教育资源加以利用，是我军思想政治工作的一个新角度、新内容。有的学者力图挖掘毛泽东诗词中蕴含的壮阔的史诗美、高洁的情操美和深邃的哲理美，从而为培养军人强烈的革命历史认同感、高尚的革命情感和正确的思维方法等方面来研究毛泽东思想（成玮：《以毛泽东诗词促进军人的思想修养》，《政工学刊》2008 年第 8 期）。

还有的学者对毛泽东的知识分子思想进行了专门研究。认为毛泽东的知识分子思想大致经历了抗战前后、建国初期至反“右”、反“右”至文化大革命三个时段，并在学术立场、治学方法、理论指针等方面不断影响着中国学术界。直至今日，这种影响仍然时时可见（程二奇：《毛泽东知识分子思想的历程及其对中国学术界的影响》，《传承》2008 年第 10 期）。

（五）关于毛泽东军事思想的研究

毛泽东军事思想是以毛泽东为代表的中国共产党人关于军事领域一般规律以及中国革命战争、人民军队、国防建设等问题的科学理论体系。毛泽东军事思想是毛泽东思想的重要组成部分，是马列主义的基本原理和中国革命战争的具体实践相结合的产物，是中国革命战争和军队建设实践经验的科学总结，是中国共产党集体智慧的结晶，是中国共产党领导中国革命战争、人民军队建设、国防建设、反霸和反侵略战争的指导思想，是我党我军宝贵的精神财富。（李家名：《毛泽东军事思想的科学性》，《法制与社会》2008 年第 23 期）。毛泽东军事思想的主要理论包括毛泽东的战争观、战争形式和战争主体、战争指导者及其战略战术等方面。从战争观看，毛泽东认为战争是政治的继续，是流血的政治；从战争形式和战争主体看，毛泽东认为中国革命战争是人民战争，其主体是人民军队；从战争的实行来看，毛泽东要求战争指导者能驾驭战争规律，能制定和运用灵活机动的战略战术。这三个主要方面构成毛泽东军事思想的骨骼，贯穿毛泽东军事思想发展的全部历程，也规定了毛泽东军事思想发展的不同历史特点。（胡为雄：《毛泽东军事思想的几个主要理论——〈毛泽东军事文集〉研究》，《湖南科技大学学报》（社会科学版）2008 年第 3 期）。还有的学者认为在延安时期，毛泽东发表的《论持久战》、《战争和战略问题》等著作的发表，标志着毛泽东创立了独具特色的毛泽东军事思想体系（李家名：《毛泽东军事思想的科学性》，《法制与社会》2008 年第 23 期）。

关于毛泽东军事思想的哲学基础问题。有的学者认为毛泽东军事思想是马克思主义基本观点与中国革命紧密结合的产物和结晶，其产生和形成就是建立在马克思主义哲学的基础之上的。主要表现在：坚持主观与客观有机结合是毛泽东军事思想的思想路线；坚持从现象到本质是毛泽东军事思想的认识路线；贯彻在战争中学习战争是毛泽东军事思想的实践原则（张祖庆：《论毛泽东军事思想的哲学基础》，《法制与社会》2008 年第 15 期）。有的学者认为中国共产党历来非常重视理论指导和理论创新，在坚持马克思列宁主义同中国实际相结合的过程中，创造性地产生了具有中国特色的重大理论成果。通过从辩证唯物主义观点入手，思考和分析新时期继承和发展毛泽东军事思想的四个原则和方法，阐述了新时期继承和发展毛泽东军事思想的理论基础、客观依据、根本动力以及广阔前景（林炜、张鸿来：《新时期继承和发展毛泽东军事思想的哲学思考》，《南京医科大学学报（社会科学版）》2008 年第 1 期）。

还有的学者从中国传统文化的角度探讨了毛泽东军事思想形成的哲学基础。如有学者指出毛泽东军事哲学思想既源于马克思主义与中国革命实践相结合，又源于马克思主义与中国传统文化相结合。毛泽东军事哲学思想在批判、继承和超越中国传统文化的基础上，创造性地提出了一系列符合中国革命实际的军事理论、原则和战略、战役指导思想，极大地丰富了马克思主义军事哲学宝库。在全球化时代，中国传统文化和毛泽东军事哲学思想仍然有着重要的时代价值（李青：《毛泽东军事哲学思想与中国传统文化》，《南京政治学院学报》2008 年第 4 期）。“古为今用”的含义是：批判地继承历史遗产，为今天的现实服务。毛泽东继承《孙子兵法》等传统军事文化的精华，创立了毛泽东军事思想。“古为今用”在毛泽东军事思想的创立中起了重要的作用（王君：《“古为今用”与毛泽东军事思想的创立》，《佳木斯大学社会科学学报》2008 年第 1 期）。还有人认为作为军事家的毛泽东，他的军事思想以及革命军事活动，与湖南的社会环境、悠久的湖湘历史和湖湘文化都有着割舍不断的联系。研究军事家毛泽东以及毛泽东军事思想，非常有必要进行追根溯源，探讨其与湖湘文化之间的必然联系。湖湘文化的基本精神以及从王船山、魏源、曾国藩到黄兴、蔡锷等人几百年来数代人薪火相传的军事思想，为毛泽东军事思想的形成提供了重要的源泉（薛学共：《湖湘文化·毛泽东·军事家——毛泽东军事思想的湖湘渊源》，《湘潭大学学报（哲学社会科学版）》2008年第2期）。

关于毛泽东军事思想在各个历史时期的特点。有的学者认为在井冈山斗争时期，毛泽东通过艰苦探索，成功地解决了正确指导中国革命战争所必须回答的“走什么路、建什么军和打什么仗”这三个根本问题，为毛泽东军事思想的形成与发展奠定了坚实的基础（彭兴旺：《论井冈山时期是毛泽东军事思想形成与发展的起点》，《军事历史》2008年第6期）。有的学者研究了抗美援朝时期毛泽东军事思想的发展，认为33个月的抗美援朝战争，特别是前9个月五次战役的指挥作战，使毛泽东军事思想有了新的丰富和发展，比如：先打弱敌后打强敌，初期作战以先打南朝鲜军为主，务求初战必胜；集中优势兵力，对敌人实行分割包围，各个歼灭；诱敌深入，以利聚歼；树立长期作战思想，反对速胜观点；以坑道为依托，持久防御，积小胜为大胜等（张国星：《毛泽东军事思想在抗美援朝战争时期的新发展》，《军事历史》2008年第5期）。国防是保卫国家安全的策略、举措和行动的总和。早在抗日战争时期，毛泽东就开始探索国防现代化问题。新中国成立后，毛泽东国防现代化思想在理论上更加完善并付诸实战。毛泽东国防现代化思想，对于指导我国新时期的国防和军队建设具有十分重要的意义（何方、凌志：《试析毛泽东国防现代化的思想》，《党史文苑》2008年第4期）。

关于毛泽东军事思想的当代价值。毛泽东军事思想是我们党、国家和军队的宝贵精神财富。它对于新的历史条件下加强国防和军队现代化建设，具有十分重要而深远的意义。毛泽东军事思想是发展当代中国先进军事文化的科学指导思想，是中国当代先进军事文化建设的理论基石，赋予了中国当代先进军事文化与时俱进的理论品质，蕴藏着发展中国当代先进军事文化的丰富资源（颜旭：《论毛泽东军事思想在当代先进军事文化建设中的价值》，《湖南第一师范学院学报》2008年第1期）。毛泽东指出：“战争就是政治”，“战争本身就是政治性质的行动”。用“战争是流血的政治”来揭示战争与政治的本质联系，在中国革命和军队的长期实践中，这一思想一直是我军夺取胜利和发展壮大的理论基石。在新的历史时期毛泽东的战争本质论是加强军事战略全局筹划和军队建设政治方向的理论指南，坚持毛泽东的战争本质论，就是坚持从政治的高度来筹划军事斗争，要坚定军队性质和宗旨的军魂意识，要全面履行党和人民赋予我军的新世纪新阶段的历史使命（李志刚：《现代高技术战争与毛泽东战争本质论》，《西安政治学院学报》2008年第3期）。有的学者从毛泽东军事思想形成的思想源泉和毛泽东军事思想的主要内容，探讨了毛泽东军事思想在信息化战争中的历史地位（朱柏清：《论毛泽东军事思想及其现实意义》，《今日南国》2008年第9期）。人民战争思想是毛泽东军事思想的核心，是中国革命斗争实践中的指导路线；“农村包围城市”道路是体现人民战争、符合我国国情的革命道路形式；“群众路线”是我党的根本工作路线和方法，是人民战争思想的主要体现和主要内容。在市场竞争激烈的今天，“农村包围城市”道路理论对我国企业，尤其是中小企业的生存、发展，“群众路线”对企业市场竞争及人力资源管理方面，有着重要的指导意义（罗朝远：《商业解读：毛泽东人民战争思想的启示》，《福建党史月刊》2008年第3期）。

（高中华　朱为存撰写）

二、2008年邓小平理论研究综述

2008年，是我国改革开放三十年。作为我国改革开放的总设计师，邓小平对改革开放的贡献成为理论界研究的热点；2007年党的十七大提出了中国特色社会主义理论体系这个新概念，因此研究邓小平理论在中国特色社会主义理论体系中的地位，成为2008年邓小平理论研究的一个新动向；改革开放已经走过三十个春秋，从历史的角度，梳理邓小平理论的形成，成为2008年邓小平理论研究的一个比较突出的特点。

（一）关注邓小平对改革开放的贡献

总结改革开放三十年的历史进程和经验，成为2008年我国理论界的一件大事。作为中国改革开放的开创者和总设计师，邓小平对改革开放的贡献，成为中国思想理论界的关注话题。

一些参与改革开放决策的原国家领导人，如李岚清、谷牧在各自的回忆录中，披露了邓小平在对外开放初期的重大贡献，为学者们研究邓小平的改革开放思想提供了一些珍贵史料。

吴建民在《改革开放与邓小平同志的一个重大判断》（《北京日报》2008年3月31日）一文中认为，邓小平是中国发现时代变化的第一人，正是邓小平作出了“战争至少在可预见的将来打不起来，和平与发展已成为时代的主题”的重大判断，才有了改革开放，使长期困扰我们的国内发展难题、国际争端，才有了切合实际的解决思路。

龙平平在《论邓小平与近代中国的第三次变革》（《中国特色社会主义研究》2008年第4期）一文中，从中国近现代历史发展的大视角中研究了邓小平对改革开放的贡献，认为邓小平领导的中国特色社会主义建设，是中国人民追求富强、民主的伟大变革，它把富强和民主变成了生动的现实，从这个意义上说，邓小平是近代以来中国三次伟大变革的集大成者。

2008年是党的十一届三中全会召开三十年。不少学者论述了邓小平对十一届三中全会的贡献。王影聪在《改造中国与富强中国的号角——论改革开放总设计师邓小平对十一届三中全会的贡献》（《大庆社会科学》2008年第2期）一文中认为，邓小平在十一届三中全会前中央会议所作的《解放思想，实事求是，团结一致向前看》的主题报告，为十一届三中全会的召开奠定了思想政治理论基础，吹响了改造中国与富强中国的进军号角。

2008年是真理标准讨论三十周年，为此理论界发表了一大批纪念真理标准讨论的文章。这些文章从不同侧面涉及到了邓小平在真理标准讨论中的贡献，分析了如何看待真理标准讨论与解放思想的关系。侯惠勤在《真理标准大讨论与马克思主义中国化新境界的开拓》（《马克思主义研究》2008年第6期）一文中提出，30年前真理标准问题的大讨论，其实质是要不要解放思想的讨论，开辟了马克思主义中国化的新阶段，为中国特色社会主义的开创奠定了基础。他还批判了理论界少数人企图肢解邓小平，认为邓小平关于解放思想的论断是矛盾的，邓小平本身也是“非毛化”邓小平和“毛派”邓小平的矛盾体。他提出邓小平提出的解放思想是在坚持马克思主义指导下的解放思想。龙平平在《北京党史》2008年第3期上，根据最新史料，提出邓小平不仅是真理标准讨论的支持者，也是真理标准讨论的组织者。石仲泉在《伟大的思想解放——纪念真理标准大讨论三十周年》（《文汇报》2008年5月12日）一文中认为，真理标准引发的思想解放，既是中国近现代历史上伟大的思想解放，也是世界近现代历史上伟大的思想解放。

徐罗卿、苏平富在《邓小平对中国政治发展

第二次跃迁的卓越贡献》（《中共福建省委党校学报》2008 年第 1 期）一文中认为，中国的政治发展经历了两次巨大的变迁：第一次是从推翻专制政治到初步建立现代民主政治；第二次是从社会主义民主政治逐步进入到社会主义法治政治，这次跃迁是从党的十一届三中全会以来伴随社会主义改革开始的，通过这次变迁，使我国最终确立了依法治国的基本方略，从而大大加速了我国政治现代化的进程。在第二次政治跃迁中，邓小平作出了不可磨灭的贡献：始终强调政治发展道路和方向上的中国特色；确立了中国政治发展的宏伟目标；找到了政治发展的真正动力；找准了中国政治发展的正确途径；指明了中国政治发展的基本前提；阐明了中国政治发展的根本保障。

朱有志、邓秀华在《论邓小平的集体经济发展战略》（《中南林业科技大学学报》（社科版）2008 年第 1 期）一文中认为，邓小平提出的“两个飞跃”思想，即从废除人民公社飞跃到家庭联产承包责任制，再从家庭联产承包责任制飞跃到适度规模经营、发展集体经济，坚持了马克思主义关于生产发展社会化的历史唯物主义观点，科学地揭示了我国农村生产力与生产关系矛盾运动规律，阐述了我国未来农业的战略构想。指明了发展集体经济是我国农村改革和农业现代化的必有之路。

钟祥财在《邓小平经济思想的现代意义》（《探索与争鸣》2007 年第 11 期）一文中认为，邓小平经济思想的现代意义体现在三个方面：第一，他明确肯定经济改革要以市场为取向，有着科学的认识论基点；第二，他从认识论的角度揭示了传统计划体制的内在弊端；第三，关于如何推进经济改革的深化，他以政治家的胆略和智慧，给我们留下了宝贵的思想遗产。

李贺林在《邓小平论我国社会主义初级阶段的民主》（《中共石家庄市委党校学报》2008 年第 4 期）一文中认为，关于社会主义民主的理论，是邓小平政治发展思想的重要组成部分。邓小平关于我国社会主义初级阶段民主的重要论述，对于指导我们坚持中国特色社会主义政治发展道路具有深远的意义。邓小平关于社会主义初级阶段民主极端重要性的论述，集中反映在“没有民主就没有社会主义，就没有社会主义的现代化”的论断中。邓小平关于社会主义初级阶段的思想，是把握社会主义初级阶段民主历史定位的理论前提。邓小平关于社会主义初级阶段民主本质属性的论述，是建设中国特色社会主义民主政治的指针。

傅义强在《内发性发展——邓小平对中国现代化独创性探索》（《中共四川省委党校学报》2008 年第 2 期）一文中认为，在探索中国特色的现代化道路之上，邓小平总结了世界和中国现代化发展的经验，认为坚持自主的内发性发展是实现现代化必由之路，强调中国要以人民为推进现代化的历史主体，通过改革开放将中国发展的内外动力整合为现代化动力，实现内发性发展。这种独特性探索使中国摆脱了广大发展中国家的困境，并赋予内发性发展以新的内涵。

曾丽雅在《推进中国现代化与世界现代化的接轨——改革开放时期邓小平的一大贡献》（《中国井冈山干部学院学报》2008 年第 3 期）一文中认为，以邓小平为核心的第二代中央领导集体立足于中国国情及当代世界现代化发展大势，运筹帷幄，推进了中国现代化与世界现代化的接轨。具体表现为：走出国门，了解世界；积极开展对外经济技术交流与合作；实现多层次和全方位的对外开放战略；努力推进对外文化教育的交流；逐步实现法律法规与国际接轨。

王泽应在《邓小平义利学说探论——纪念改革开放 30 周年》（《湖南师范大学社会科学学报》2008 年第 3 期）一文中认为，邓小平将毛泽东的无产阶级革命功利主义发展为社会主义功利主义，并论述了在发展商品经济中弘扬社会主义道义精神的问题，在此基础上主张将两个文明一起抓、两手都要硬，建立了义利并重义利统一的义利学说。邓小平义利学说从宏观上揭示了中国社会主义改革开放时期伦理活动和伦理建设的发展规律，为马克思主义义利学说的发展注入了新的活力，已经成为并将继续成为中国社会主义伦理文化建设的理论指南。

孙文营在《邓小平社会主义文艺思想对和谐文化建设的价值启示》（《天府新论》2008 年第 3 期）一文中认为，邓小平社会主义文艺思想包括社会主义文艺本质观、创作观、繁荣观和功能观四个方面的内容，它们对社会主义和谐文化建设具有重要的价值启示。其本质观启示我们要正确认识和谐文化建设的历史意义，并确立其科学的价值取向；其创作观启示我们和谐文化建设要完善各方面保障机制，要立足于群众的生产和生活实践；其繁荣观启示我们必须坚持主导价值观的一元性，并处理好主导价值观与文化发展多样性的关系；其功能观启示我们要以促进个体的身心和谐以及社会的和谐发展作为衡量和谐文化建设成效的评价标准。

（二）从历史的角度梳理邓小平理论的形成

改革开放三十年，促使许多学者从历史的角度从各方面研究邓小平理论的形成。

侯惠勤主持的中国社会科学院向改革开放三十年献礼图书《马克思主义中国化理论创新30年》（中国社会科学出版社，2008年9月）比较深入地研究了邓小平理论形成的规律。赵智奎主持的中国社会科学院重大课题《改革开放三十年思想史》（人民出版社，2008年11月）在占有充分的资料基础上，研究了邓小平理论怎样在改革开放实践的基础上，在与同时期社会思潮激荡的过程中形成的历史，认为邓小平理论是解放思想的产物。

曹普在《三十年来若干重大理论命题提出的线索与过程》（《中共云南省委党校学报》2008年第4期）一文中对改革开放以来中国共产党推进理论创新取得的重大理论成果，如邓小平理论、社会主义初级阶段论、"三步走"战略发展论、社会主义市场经济论、社会主义精神文明论等重大理论命题提出的线索和过程，通过文献进行了系统梳理。他提出邓小平理论形成的历史起点是1978年召开的十一届三中全会；1992年11月21日上海《文汇报》发表的署名闻欣的《论邓小平理论的人民性》一文，是国内最早使用"邓小平理论"概念的文章。

左亚文、覃采萍在《论邓小平理论形成的时代逻辑和思想逻辑及其辩证关系》（《湖北社会科学》2007年第7期）一文中认为，对于社会历史的研究不能仅仅停留在一般发展规律上，而要具体考察每一个历史时代所展开的的特殊的"时代逻辑"，透析支配着这一特殊历史时代的"特殊的原则"。邓小平理论既不是我们时代自发的产物，也不是思想家个人的主观构想，而是时代发展的"逻辑"与思想家的个人思想发展"逻辑"通过相互碰撞、相互激荡、相互扬弃最后达到相互融合和相互转化的结果。邓小平理论形成于一个历史变革的时代，它的创立者以超过前人的理论勇气和理性自觉，在应对时代挑战和危机的过程中，深刻和敏锐地把握了隐含于时代问题和矛盾冲突中的历史的必然逻辑，将其升华为自觉的理论化的思想逻辑，然后用以启迪和发动广大群众，从而转化为群众的历史实践。邓小平理论的形成，不仅集中反映了我们这个时代的内在机制和矛盾发展道路转化为自觉的思想逻辑并使二者达到辩证统一的过程，而且表明了作为时代精神精华的邓小平理论在这辩证统一的过程中所扮演的中介和先导的作用。

2008年邓小平理论研究的一个新特点是，注重从历史文献的角度，深入研究邓小平在某一个阶段的生平和思想，特别是在一些重大事件中的作用，如蒲国良研究了邓小平在中苏论战中的作用及其对邓小平理论形成的影响。他在《邓小平与中苏大论战》（《当代世界社会主义问题》2008年第1期）一文中认为，邓小平是中苏大论战的主要当事人和中方主要代表之一，在论战中起着举足轻重的作用。"文化大革命"结束之后，邓小平在反思中苏论战这桩历史公案的时候，把当年那场争论是非明确划分为两个层面：其一是政治领域干涉与反干涉的恩恩怨怨；其二是意识形态领域理论争论的是是非非。就两个层面的反思而言，无论前者还是后者，其结果可谓殊途同归，无一不指向中国特色社会主义。建设中国特色社会主义命题的提出，既是毛泽东未能完成的探索的继续，也是对"九评"理论基础的根本颠覆。

还有学者将邓小平早期的思想与邓小平理论结合起来研究，增加了研究的历史纵深感。如绍鹏在《论邓小平社会主义市场经济思想的形成与发展——纪念〈邓小平鲁山报告〉六十周年》（《光明日报》2008年4月22日）一文中，从《邓小平鲁山报告》中所反映的邓小平同志的早期经济思想入手，通过对邓小平有关讲话和著作的梳理，探讨了邓小平市场经济思想的形成与发展历程，以及它在我国经济体制改革中所发挥的重大作用。他认为，《邓小平鲁山报告》是邓小平社会主义市场经济思想的起点，虽然在他早期的其他著作中，也有不少关于新民主主义经济建设和发展经济的论述，但从市场经济角度论述新民主主义经济建设和发展问题，最早还是在《邓小平鲁山报告》中。我国的经济体制改革是在包括邓小平社会主义市场经济思想在内的邓小平理论的指导下进行的，改革的伟大实践又为邓小平社会主义市场经济思想的发展提供了极为丰富的营养。

王美荣在《论邓小平对西方经济现代化的反思与借鉴》（《毛泽东思想研究》2008年第3期）一文中认为，邓小平的关于中国特色社会主义的经济现代化理论是在反思与借鉴西方经济现代化发展过程的经验教训，立足于中国国情的基础上形成的。邓小平肯定了西方经济的发达、科技的先进和管理的先进；批判了西方经济现代化是和资本主义私有制结合在一起，批判了西方经济发展过程中对发展中国家的剥削；借鉴了市场经济的经济运行机制、对外开放的经济发展战略和先进的管理技术。

（三）研究邓小平理论在中国特色社会主义理论体系中的地位

党的十七大报告将邓小平理论、“三个代表”重要思想和科学发展观统称为“中国特色社会主义理论体系”。从中国特色社会主义理论体系的角度，研究邓小平理论在中国特色社会主义理论体系中的地位，成为理论界的重要问题。

石仲泉在《邓小平理论：中国特色社会主义的本源理论》（《中国井冈山干部学院学报》2008年第1期）一文中认为，邓小平理论是中国特色社会主义的本源理论，因为，“中国特色社会主义”的科学概念最初源于邓小平，中国特色社会主义理论的两个基本元素民族化和当代化源于邓小平理论。中国特色社会主义理论在实践中不断丰富、发展和创新，取得了三大原创性的突破，即社会主义初级阶段论、社会主义市场经济论和社会主义和谐社会论。强调邓小平理论是中国特色社会主义的本源理论，对于科学地指导中国特色社会主义的发展将是有益的。

肖贵清在《邓小平理论与中国特色社会主义理论体系的关系》（《社会主义研究》2008年第2期）一文中认为，邓小平理论在中国特色社会主义理论体系中占有十分重要的地位。邓小平理论奠定了中国特色社会主义理论体系形成的基础。第一，邓小平理论重新确立了党的实事求是的思想路线，把解放思想与实事求是联系起来，赋予党的思想路线以新的含义，解放思想是中国特色社会主义理论体系形成的逻辑起点；邓小平理论紧紧抓住“什么是社会主义，怎样建设社会主义”这一基本问题，确立了建设和发展中国特色社会主义的理论主题；邓小平理论确立的判断改革和各方面工作是非得失的“三个有利于”的标准，是建设和发展中国特色社会主义的根本标准；邓小平开启了改革开放的历程，使中国特色社会主义充满生机和活力，改革开放是中国特色社会主义理论体系形成的实践基础。邓小平理论构建了中国特色社会主义理论体系的主体内容和基本框架：（1）邓小平理论奠定了中国特色社会主义理论体系的基石；（2）邓小平理论构成了中国特色社会主义理论体系的主体内容；（3）邓小平理论构建了中国特色社会主义理论体系的基本框架。邓小平理论与“三个代表”重要思想、科学发展观等重大战略思想共同构成了中国特色社会主义理论体系。（1）邓小平理论与“三个代表”重要思想、科学发展观等重大战略思想形成的背景是相同的，而面临的时代主题、基本国情、主要矛盾和根本任务是一致的；（2）邓小平理论与“三个代表”重要思想、科学发展观等重大战略思想具有内在的联系，其指导思想、理论主题、价值取向以及理论精髓是相同的；（3）邓小平理论与“三个代表”重要思想、科学发展观等重大战略思想，统一于建设和发展中国特色社会主义以及实现中华民族伟大复兴的实践。

总体来看，2008年邓小平理论研究有创新性的成果不多，有深度的也比较少，重复性成果比较多。研究呈现出碎化现象，缺乏对邓小平理论的本质的深入研究。综观2008年的邓小平理论研究，已不再是理论界关注的热点。似乎邓小平理论已经没有什么问题可研究了。其实一些重大的问题，还缺乏透彻的说明。如邓小平理论为什么是当代中国的马克思主义，邓小平理论如何坚持、在哪些方面坚持了科学社会主义的基本原理。这不仅需要理论上的阐释，更要能够回答现实中的出现的一些严重的问题，这样理论才能服人，才能回答国内外一些人将中国特色社会主义曲解成“中国特色资本主义”的挑战。

展望邓小平理论研究，要树立下面几种意识：

第一，要树立“问题”意识，理论研究要直面现实的重大问题，要能发挥出为党和国家的决策担当智囊作用，要能帮助群众释疑解惑的作用，这样理论研究才能武装群众，理论研究才有真正的价值。

第二，要有“历史”意识。要系统总结邓小平理论研究的发展历史。研究改革开放前邓小平的思想与邓小平理论的关系，这样有助于更深入地把握邓小平理论的思想渊源，更能增强邓小平理论研究的深度。

第三，要有“比较”意识。要深入研究邓小平理论与毛泽东思想、“三个代表”重要思想、科学发展观的关系，比较邓小平理论与毛泽东思想的异同、与“三个代表”重要思想、科学发展观的异同，这样才能更准确地对邓小平理论进行定位。

（龚云撰写）

三、2008年“三个代表”重要思想研究综述

2008年，我国理论界对“三个代表”重要思想的学习与研究工作持续深入。除了进一步考证“三个代表”重要思想的形成轨迹及其概念提法之外，主要的热点和重点集中在研究“三个代表”重要思想在中国特色社会主义理论体系中的地位，以及它对丰富发展这一理论体系的重要贡献。同时，学者们各展所长，分别围绕着中国特色社会主义事业中的经济发展、政治文明、社会建设、文化建设、党的建设、民族问题、外交策略、人才战略等多重实践维度，广泛地探讨了江泽民同志在这些领域中丰硕的思想成果和突出的理论贡献，体现了“三个代表”重要思想的实践指导意义。

（一）“三个代表”重要思想的形成轨迹及概念命名研究

研究者通过学习《江泽民文选》、分析“三个代表”重要思想形成的社会基础和时代背景等因素，阐明了这一思想的产生必然性和实际发展历程，并对该思想的概念内涵及命名方式提出了自己的理解。

赵永振《从〈江泽民文选〉看“三个代表”重要思想的形成和发展》（《理论界》2008年第4期）一文，描绘出“三个代表”重要思想的形成和发展过程，即这一思想大体上经历了酝酿（1989年6月~2000年1月）、提出并走向成熟（2000年2月~2001年7月）和丰富发展（2001年8月~2002年11月）这样三个既相互区别、又紧密联系的阶段。

邢家强在《“三个代表”重要思想概念的形成轨迹与发展走向研究》（《中共郑州市委党校学报》2008年第3期）中概括了“三个代表”重要思想概念的形成轨迹：在党的十六大前，江泽民“三个代表”重要思想是执政党建设思想的核心观点，主要是关于执政党建设的理论；在党的十六大后，“三个代表”重要思想是同马列主义、毛泽东思想、邓小平理论一脉相承的党的指导思想，是关于建设中国特色社会主义的理论。在此基础上作者提出，为了使党的指导思想的命名规范化、科学化，“三个代表”重要思想应以该理论的主要创立者江泽民的名字命名，称为江泽民“三个代表”重要思想或江泽民学说。

唐家柱在《现代化进程中的中国特色社会主义理论体系研究》（人民出版社2008年4月）一书中则认为，“三个代表”是党的全部经验特别是党的十三届四中全会以来基本经验的理论升华，是“三个代表”重要思想的理论元点，其表述高度概括。虽然不可能包括第三代领导集体的全部理论成果，但却是这一时期党的基本理论、路线纲领和基本经验的最本质、最关键、最核心的内容。因此，以“三个代表”而不是以个人的名字命名，不仅反映“三个代表”重要思想是集体的智慧，而且也表达了“三个代表”重要思想的精神实质。

林志友以《市场经济的历史演进与中国特色社会主义理论体系的形成》（《社会主义研究》2008年第6期）一文试图说明，从形式上来看，“三个代表”重要思想通过对党的性质和宗旨的新的表述，回答了当代条件下社会主义执政党的建设问题；而从深层次来考究，执政党作为上层建筑的主导力量，这一新的表述显然是对市场经济带来经济基础重大变化的反映。“三个代表”重要思想突出地强调了中国共产党要“始终代表中国先进生产力的发展要求、中国先进文化的前进方向和中国最广大人民群众的根本利益”，因此，这一理论逻辑地允许包括民营企业家在内的各个社会阶层的先进分子加

入党内。从形式上看，这一理论通过调整中国共产党的性质，扩大了党组织的社会基础，但其实践价值却在于认同了市场经济条件下人们利益地位和经济关系的变化。江泽民通过“三个代表”理论避免了“有否剥削”的纠缠，为民营经济在社会主义旗帜下的大力发展提供了前所未有的意识形态空间。

（二）“三个代表”重要思想在中国特色社会主义理论体系中的地位和贡献

理论界的研究指出，“三个代表”重要思想是中国特色社会主义理论体系承上启下的极为重要的组成部分，在邓小平理论的基础上进一步丰富和发展了中国特色社会主义理论。

1. “三个代表”重要思想在中国特色社会主义理论体系中的地位及二者间辩证关系

习近平在《关于中国特色社会主义理论体系的几点学习体会和认识》（《求是》2008 年第 7 期）这篇文章中指出，中国特色社会主义理论体系作为马克思主义中国化最新成果，是我们党领导的改革开放和社会主义现代化建设伟大实践的重要理论结晶。“三个代表”重要思想是中国特色社会主义理论体系承上启下的极为重要的组成部分。邓小平理论、“三个代表”重要思想以及科学发展观等重大战略思想，既一脉相承又与时俱进，既相互贯通又层层递进，体现了新时期以来我们党理论创新成果的科学性体系、阶段性成果和发展性要求的内在统一。

梁树发在《深化中国特色社会主义理论体系研究路径的思考》（《马克思主义研究》2008 年第 12 期）一文中提出，“三个代表”重要思想和科学发展观是对邓小平理论的继承和发展，它们的形成对于中国特色社会主义理论体系的形成具有特殊意义。可以说，没有“三个代表”重要思想和科学发展观，就没有中国特色社会主义理论体系。

郑又贤在《关于中国特色社会主义理论体系主要特征的辩证思考》（《马克思主义研究》2008 年第 12 期）一文中明确提出，中国特色社会主义理论体系有着自己特定的内涵，从业已形成的理论体系而言，它包括邓小平理论，也包括“三个代表”重要思想，还包括科学发展观等重大战略思想；就其是开放的发展的动态体系来说，它还应该包括在未来的实践中对中国化马克思主义的新发展。中国特色社会主义理论体系是一个大系统，其中又包含着邓小平理论、“三个代表”重要思想和科学发展观等重大战略思想等子系统。这些子系统相对独立，体现着马克思主义中国化的过程性和阶段性的统一。无论是从邓小平理论到“三个代表”重要思想，还是从“三个代表”重要思想到科学发展观等重大战略思想，或者是中国特色社会主义理论体系的新发展，都不是后者简单否定或取消前者，而是后者对前者的科学传承。

包心鉴在《深刻把握中国特色社会主义理论体系的科学内涵》（《人民日报》2008 年 1 月 2 日）一文中认为，邓小平理论是中国特色社会主义理论体系的基础性部分，“三个代表”重要思想是中国特色社会主义理论体系的开创性部分，科学发展观等重大战略思想是对邓小平理论、“三个代表”重要思想的进一步丰富和发展，是中国特色社会主义理论体系的重要组成部分。罗文东等在《中国特色社会主义理论体系新论》（人民出版社 2008 年 10 月）一书中提出，“三个代表”重要思想是中国特色社会主义理论体系的第二个形态，是发展中国特色社会主义的重要指导思想。它是与时俱进的马克思主义中国化的理论成果；它是建设中国特色社会主义特别是全面建设小康社会的行动指南；它是加强和改进党的建设、推进我国社会主义自我完善和发展的强大理论武器。

2. “三个代表”重要思想对中国特色社会主义理论体系的重要理论贡献

王伟光在《中国特色社会主义的强大动力》（《中国社会科学》2008 年第 5 期）一文中阐明，“三个代表”重要思想在邓小平理论的基础上全面发展了中国特色社会主义理论体系的哲学支撑和重要内容。王伟光指出，中国特色社会主义理论体系的哲学依据有两个基本支撑点：一是解放思想、实事求是的观点；一是生产力标准的观点。江泽民把解放思想、实事求是的观点概括为与时俱进这一马克思主义的理论品质，进一步丰富和发展了党的思想路线；“三个代表”重要思想把代表先进生产力作为第一个代表，同时提出代表先进文化、代表人民根本利益，这是对生产力标准和“三个有利于”标准的丰富和发展。

王伟光进一步指出，科学发展观和正确改革

观是中国特色社会主义理论体系的两个重要内容。江泽民提出“三个代表”重要思想，第一个代表就是代表先进生产力，并把发展生产力同党的执政理念、党的先进性建设和执政能力建设联系在一起，进一步丰富和发展了邓小平发展思想。江泽民提出了“发展是执政兴国的第一要务”，并且十分强调要全面理解发展问题，这不仅从理论上丰富了邓小平发展思想，而且对中国特色社会主义的发展思路作了战略调整。以江泽民为核心的党的第三代领导集体丰富和充实了邓小平改革思想，明确提出建立社会主义市场经济体制的改革目标，勾画了社会主义市场经济体制的基本框架，规定了国有企业改革的方向；在党的十五大上，江泽民又就社会主义初级阶段的所有制结构和公有制实现形式问题作了论述，进一步从理论上加以突破，为我国的经济体制改革进一步扫清了道路。

秦宣在接受记者访谈时认为“建设中国特色社会主义”这个主题不是虚的，这个主题之中包括什么是社会主义、怎样建设社会主义，建设什么样的党、怎样建设党，实现什么样的发展、怎样发展这“三大基本问题”。邓小平理论、“三个代表”重要思想和科学发展观等重大战略思想从整体上共同回答了这三大基本问题，共同深化了对共产党执政规律、社会主义建设规律、人类社会发展规律“三大规律”的认识，共同开辟了马克思主义在中国发展的新境界。如果说邓小平理论围绕建设中国特色社会主义这一主题第一次比较系统地初步回答了这三大基本问题，那么，“三个代表”重要思想和科学发展观，则进一步回答了这三大基本问题，从而进一步丰富和发展了中国特色社会主义理论。（见《关于中国特色社会主义理论体系研究的几个问题——访中国人民大学秦宣教授》、《高校理论战线》2008 年第 12 期），

李君如在《“三个代表”重要思想与科学发展观》（《中国延安干部学院学报》2008 年 1 月第 1 期）一文中提出，“三个代表”重要思想是面向 21 世纪的中国化马克思主义，具有丰富的内容。全面理解和把握这一思想需要强调两点：第一，“三个代表”重要思想反映了当代世界和中国的发展变化对党和国家工作的新要求，这些新变化中最突出的问题有四个：一是苏东剧变对世界社会主义运动的冲击及其引起的国际格局的新变化；二是经济全球化态势及其对发展中国家提供的机遇和挑战；三是中国的改革开放特别是建立社会主义市场经济体制，推动中国发生的巨大进步及其提出的新问题；四是党的历史方位变化对党的建设提出的新挑战。面对这些新情况新问题及其带来的新变化，“三个代表”重要思想作出了积极的回应。第二，“三个代表”重要思想的精神实质是坚持与时俱进，坚持党的先进性，坚持执政为民。要在对外开放和发展社会主义市场经济的条件下更加切实地做到为人民执好政掌好权。正如党的十六大强调的，坚持“三个代表”重要思想，本质在于执政为民。

罗文东在《中国特色社会主义理论体系的科学内涵和重大意义》（《思想理论教育导刊》2008 年第 12 期）中提出，中国特色社会主义理论体系的各个组成部分之间既是一脉相承，又是与时俱进的。其中，这个“进”主要表现在邓小平理论、“三个代表”重要思想、科学发展观都坚持从实际出发，注重总结改革开放不同时期、不同阶段的实践经验，注重解决不同时期、不同阶段的新矛盾新问题，对中国特色社会主义理论体系的产生和发展都作出了各自独特的贡献。以江泽民为主要代表的中国共产党人，应对国内外政治风波和经济风险、自然灾害等种种考验，在准确把握世情、国情、党情变化的基础上，进一步回答了“什么是社会主义、怎样建设社会主义”这个首要问题，创造性地回答了“建设什么样的党、怎样建设党”这个关键问题，创立了“三个代表”重要思想，深化和发展了中国特色社会主义理论体系。

杨德山在《试论江泽民的理论创新思想》（《思想理论教育导刊》2008 年第 4 期）一文中认为，理论创新思想不但是“三个代表”重要思想的重要组成部分，而且是它形成的思维依据。江泽民的理论创新思想内容主要包括：在理论创新的意义上，认为理论创新对党不断走向成熟，对保持马克思主义理论的影响力和生命力，对更好地坚持马克思主义理论，对推进党的各方面工作具有重要的价值；在理论创新过程中，认为必须解决好马克思主义的继承和发展关系，弘扬与时俱进的精神，坚持走群众路线和集体领导的原则，以解决中国的实际问题为出发点和落脚点，发扬彻底的唯物主义者的勇气；在理论创新途径上，认为实现理论与实际相联系，达到主观世界与客观世界相统一是其重要环节。江泽民对理论创新的重要性和必要性，科学内涵和遵循原则，创新成就转化为实践活动等问题，作了全面深刻的阐

述，反映和代表了新时期新阶段党的理论创新思想的新成就。

周治滨在《"三个代表"重要思想对中国特色社会主义的新认识和新视角》（《中共四川省委党校学报》2008年第4期）中指出，"三个代表"重要思想不仅在对中国特色社会主义的认识上形成了一系列独创性的理论观点，而且也在认识论和方法论上表现出一些新的特点和创新。表现在：其一，强调以时代眼光来认识社会主义，不断推进社会主义理论的繁荣和创新；其二，强调以先进性标准来审视社会主义，不断推进社会主义制度的改革和完善；其三，强调从规律性角度来总结社会主义，不断开拓社会主义发展的新路子。江泽民认识社会主义的这三个视角或特点，具有内在的统一性。坚持从规律性角度总结社会主义，是认识社会主义的基础或前提；坚持用时代眼光认识社会主义，是认识社会主义的主要方法；坚持用先进性标准审视社会主义，是认识社会主义的价值取向。

（三）"三个代表"重要思想在多重实践维度上的广泛展开和具体运用

学界详尽地研究了江泽民的经济发展战略思想、政治文明思想、社会和谐思想、党建思想、生态文明思想、文化观、外交理念等各领域的思想成果，从而体现出"三个代表"重要思想在多个维度上的具体运用及其对发展中国特色社会主义事业的实践指导意义。

1. 江泽民的经济建设思想

李波在《江泽民经济发展战略思想研究》（《经济研究导刊》2008年第17期）中提出，江泽民经济发展战略思想全面发展了毛泽东、邓小平的经济发展战略思想，提出了新"三步走"的发展战略目标，形成了一套系统成熟的经济发展战略思想。这一思想呈现出一系列时代创新性的特点：坚持经济社会的全面发展；坚持集约型发展模式；强调经济结构的均衡发展。江泽民经济发展战略思想从理论上和实践上解决了贫穷落后的国家如何实现社会主义现代化的问题，系统解决了发展条件、发展目标、发展动力、发展机遇、发展战略、发展模式、发展规律、发展评价等问题，为当代社会发展理论的研究开辟了新路，为社会发展研究特别是发展中国家对自身发展的研究提供了典范。

朱久兵在《江泽民经济全球化二重性思想研究》（《法制与社会》2008年4月号（下））一文中指出，江泽民的经济全球化思想有着丰富的思想内容，其中经济全球化的二重性思想是其重要组成部分，即经济全球化既有正面的积极效应，又有反面的消极效应。这一思想为我国今后参与经济全球化活动指明了方向：首先，中国必须坚定不移地坚持改革开放，积极参与经济全球化；其次，中国参与经济全球化，必须坚持独立自主、自力更生的原则；最后，中国在参与经济全球化的过程中，必须注意维护国家的经济安全。

黄祐探讨了江泽民防范经济发展风险的思想，《论江泽民防范经济发展风险的思想》（《中共云南省委党校学报》2008年第5期），他认为，以江泽民为核心的党的第三代中央领导集体深刻分析了国内外经济发展所面临的问题和困难可能给我国经济发展所带来的风险，提出了防范经济发展风险的思想，其内容可概括为：一是强调做好防范经济发展风险工作是实现经济持续稳定健康发展的重要条件；二是提出搞好经济发展风险预测和对策研究是防范经济风险的重要基础；三是指出做好经济工作、增强足够的承受和抵御经济风险能力是有效防范经济发展风险的关键所在；四是指出金融危机是经济发展中的最大风险，特别强调要做好金融工作，防范金融风险；五是确定财政与金融、外债与外资、劳动就业与劳动力流动、收入分配和地区的差距、农业和国有企业等几个方面的矛盾和问题是防范经济发展风险的着重点。

2. 江泽民的政治文明思想

刘焕申系统地研究了江泽民的政治文明思想，《江泽民社会主义政治文明思想的科学体系和理论特色》（《中共云南省委党校学报》2008年第5期），归纳出其理论架构和丰富内涵的十个方面：其一，社会主义政治文明建设的地位——社会主义现代化建设的重要目标；其二，社会主义政治文明建设的前提条件——坚持四项基本原则；其三，社会主义政治文明建设的基本原则——党的领导、人民当家作主和依法治国的有机统一；其四，社会主义政治文明建设的立足点和依靠力量——广大人民群众；其五，社会主义政治文明建设的关键——改革党的领导方式和执政方式；社会主义政治文明建设的突破口——发展党内民主；其七，社会主义政治文明建设的保障——依法治国和以德治国相结合的治国方略；其八，社会主义政治文明建设的理想目标——建设中国特色的社会主义民主政治；其九，社会主义政治文明建设的方式选择——政治体制改革；其十，社会主义政治文明建设的国情认知——社会主义初级阶段。作者将江泽民社会主义政治文明思想体系的理论特色概括为：世界性和民族性的统一，目标性和渐进性的统一，一般性和特殊性的统一。

3. 江泽民的社会和谐与重视民生思想

林建公通过研读《江泽民文选》，总结出江泽民关于社会和谐的思想，《〈江泽民文选〉的社会和谐思想初探》（《理论学刊》2008 年第 3 期），主要包括：弘扬中国传统文化中“以和为贵”的思想，提高社会文明程度；重现人的尊严和价值，切实保障工人阶级和广大劳动群众的利益；实现长治久安，忧党忧国忧民，消除不安定因素，使社会更加和谐；创造安全可靠、长期稳定的国际和平环境，为建设中国特色的社会主义提供更好的外部条件。

臧乃康的《中国特色社会主义民生思想的历史演进》（《理论导刊》2008 年第 12 期）指出，重视民生是“三个代表”思想的重要体现。执政为民是“三个代表”重要思想的本质所在，为谁执政、为谁掌权是决定一个政党性质的根本问题，是关系执政党兴衰成败的关键所在。坚持执政为民，就是执政党必须始终把最广大人民的愿望和要求作为党和国家工作的出发点和归宿，把执政的基点落实到发展先进生产力、发展先进文化、维护和实现最广大人民的根本利益上来。中国共产党围绕发展先进生产力和先进文化所做的一切努力，归根结底都是为了代表最广大人民群众的根本利益，实现人民群众当家作主。

4. 江泽民的文化观和文化安全观

潘正祥和宋玉撰文研究了江泽民的文化观，《江泽民的文化观——学习〈江泽民文选〉的体会》（《江淮论坛》2008 年第 1 期），指出江泽民在中国特色社会主义建设的生动实践中，对社会主义文化进行了一系列系统而科学的论述，形成了他的文化观。其主要内容可概括为四个方面：一是继承传统、古为今用，中国文化必将重放异彩；二是重视教育、提倡创新，中国文化亟待与时俱进；三是和而不同、共同进步，中国文化期待东西交融；四是自强不息、不懈奋斗，中国文化蕴含民族之魂。深入研究和弘扬江泽民的文化思想，对于全面贯彻落实科学发展观，繁荣和发展与构建和谐社会要求相适应的和谐文化具有重大而深远的意义。

周孟雷则重点研究了江泽民对民族精神的弘扬，即江泽民提出了要弘扬民族精神，弘扬爱国主义，发扬艰苦奋斗精神，发扬百折不挠、自强不息的长征精神，发扬团结一致、顽强拼搏的抗洪精神。弘扬民族精神，将有效地激发全国的民族凝聚力，调动全国人民的积极性，众志成城、团结一致地进行社会主义现代化建设。（见《江泽民弘扬民族精神思想研究》（《理论月刊》2008 年第 9 期）。

姚冬梅在《论江泽民的文化安全观的主要内容》（《经济与社会发展》2008 年 1 期）一文中认为，江泽民从时代的高度和全球战略的视角，提出了“文化是综合国力的重要标志”；实施科教兴国战略；大力发展文化产业；运筹国际文化战略，推动建立国际文化新秩序等一系列重要思想，形成了以先进文化为核心的文化安全观，对维护我国文化安全具有重要的意义。

5. 江泽民的党建思想

程东阳在《论江泽民同志党建思想中的使命意识》（《毛泽东思想研究》2008 年第 5 期）一文中指出，中国共产党从时代的发展和人民的要求出发，不断完善自身的性质学说，形成了江泽民同志“两个先锋队”的思想。江泽民同志提出的“两个先锋队”命题是对中华民族复兴的历史回答，是其党建思想中使命意识的集中体现。中国共产党要在新的历史时期实现中华民族的伟大复兴，就必须按照“三个代表”重要思想的要求，加强党的建设。

赵铁锁、赵化刚探讨了江泽民对党的制度建设作出的贡献，《江泽民对党的制度建设理论的新发展》（《理论探讨》2008 年第 5 期），指出江泽民在党的制度建设理论和实践中，注重把党的根本制度（民主集中制）、具体制度和保障制度作为一项系统工程来抓。江泽民关于党的制度建设三个方面的论述是有机统一的：民主集中制决定着党的各项具体制度的准则和规范，具体制度则是根本制度的体现和条件，保障制度为民主集中制和各项具体制度得到彻底的贯彻执行提供了有力的制度保障体系。江泽民在民主集中制、具体制度和保障制度建设方面的重要观点，为党的制度建设理论的创新发展作出了巨大的贡献。

耿庆彪在《论江泽民的党风廉政建设思想》（《实事求是》2008 年第 5 期）一文中强调，江泽民同志在成为党的第三代领导核心以后，对党风廉政建设高度重视，并形成了丰富而又有独到的见解，主要是：党风廉政建设关系到党的生死存亡；党风廉政建设，首先要从源头抓起，根本在于加强党的制度建设，关键在于强化党内监督。

6. 江泽民的民族理论

黄立丰通过《江泽民民族理论科学体系述要》（《理论界》2008年第3期）一文提出，江泽民民族理论以“三个代表”重要思想为指导，科学地回答了“什么是民族问题，怎样解决我国现阶段乃至今后较长一个时期内的民族问题”这个当代中国民族工作的重大课题，逐步形成了一套内容丰富、特色鲜明、适应新时代需要的具有中国特色的民族理论科学体系。其中，首要问题是充分认识民族问题的长期性、复杂性、重要性；坚实基础是巩固和发展平等、团结、互助的社会主义民族关系；制度保障是民族区域自治制度；核心任务是加快少数民族和民族地区发展；基本途径在于，改革开放是实现各民族共同繁荣的必由之路；关键问题是努力造就一支宏大的德才兼备的少数民族干部队伍；重要环节在于，在处理民族问题时，还要注意全面正确地贯彻落实党的宗教政策。

7. 江泽民的生态文明思想

郑汉华在《江泽民同志生态文明思想述要》（《毛泽东思想研究》2008年第4期）一文中提出，江泽民同志虽然没有明确提出生态文明的概念，但他始终重视人口、资源、环境工作，重视人与自然的和谐与协调，他的可持续发展思想中包含丰富和深刻的生态文明思想。作者从人和自然的关系、可持续发展、环境保护、依法治理、生态意识、生态安全、中国的责任与义务、维护生态主权等八个方面简要阐述了江泽民的生态文明思想。

8. 江泽民的“关键在人”及人才资源思想

陈运普在《江泽民“关键在人”思想的科学内涵探析》（《理论月刊》2008年第10期）一文中认为，江泽民“关键在人”的思想是江泽民作为党的第三代领导集体的核心，在领导我国社会主义现代化建设和改革开放新的历史条件下，继承并发展邓小平“关键在党，关键在人”的思想而形成的，包括关键在党、实质在人才、根本是人民群众，核心是人的全面发展等内容，大大丰富了马克思主义以人为本思想理论宝库，对于深入理解和全面贯彻科学发展观，具有重要的理论意义和现实意义。

吴晓敏、胡启南通过《从“第一生产力”到“第一资源”——论江泽民人才思想的形成、内涵及其实践》（《求实》2008年第9期）的相关研究得出结论，“人才资源是第一资源”的提出标志着江泽民形成了一个较为完整、系统的人才思想体系。它建立在对“全球化”时代国际竞争实质的科学分析上，它的科学内涵总结了古今中外治国强国经验，科学阐明了人才的战略作用，深入揭示了人才资源的独特本质，为中国实现跨越式发展开辟了新的途径，在实践中为创新党的人才政策，做好现代化建设中的知识分子工作指明了方向。

9. 江泽民“和而不同”的外交理念

张春秀在《论江泽民“和而不同”的外交理念》（《理论界》2008年第12期）一文中认为，江泽民“和而不同”的外交理念是中国传统文化精髓与当代国际关系创造性的结合，既是对周恩来以和平共处五项原则为基础的“求同存异”外交方针的继承发展，也是对邓小平和平共处外交主题的发扬。其内涵主要表现为：第一，主张建立国际新秩序。第二，推进国际关系民主化。第三，强调世界的相互依存。它不仅对中国外交实践产生了积极影响，而且为以胡锦涛为总书记的中央领导集体进一步发展“和谐世界”的外交战略提供了清晰的指导。

李葆珍《江泽民“和而不同”外交思想探析》，《郑州大学学报（哲学社会科学版）》2008年1期）认为，江泽民把中国传统文化中“和而不同”的思想运用到国际关系的实践领域，强调要尊重世界的多样性，保证各国和睦相处、相互尊重；推进国际关系民主化，凝聚各国人民的力量解决面临的突出问题；建立国际政治经济新秩序，以实现共存共荣。江泽民“和而不同”的外交思想，推动了我国伙伴外交的快步发展，为我国和平发展目标的实现创立了良好的周边环境。

（王佳菲撰写）

四、2008年科学发展观与社会主义和谐社会研究综述

2008年恰逢我国改革开放30周年，理论界以此为契机对“落实科学发展观和构建社会主义和谐社会”这一时代性重大命题在前些年丰硕研究成果的基础上，深入探讨、广泛研究，形成了一大批具有创新性和突破性的研究成果，为“落实科学发展观和构建社会主义和谐社会”的学术研究提供了更加宽广的研究视野、更加精致的理论构造和更加严谨的学术范式。择其主要内容如下：

（一）关于科学发展观的历史地位与重大意义

理论界采用了历史分析的方法，在深刻准确归纳改革开放30年来我国经济社会各项事业成败得失历史经验的基础上，一致得出结论认为科学发展观是改革开放30年来中国积累的基本经验之一，是中国特色社会主义道路的重要特征之一。换言之，科学发展观自身嵌入了鲜明深刻的中国特色社会主义的印徵。王伟光在《30年改革开放积累的十条重要历史经验》（《人民论坛》2008年第21期）中归纳了改革开放30年以来积累的十条重要历史经验，认为其中之一便是“坚持全面可持续的科学发展，是进一步改革开放必须坚持的经验”，因为我国改革开放的社会主义性质，不仅决定了发展不只是物质文明的单兵突进，还是政治文明、精神文明和生态文明的共同发展；不仅是经济建设的单一推动，还是政治建设、文化建设、社会建设和生态建设的全面推进；不仅以发展生产力实现全体人民的共同富裕为目的，还要以提高全民族文明素质，实现人的全面发展为最终目标和落脚点。只有坚持通过改革开放，不断提高全民族的物质和文化生活水平，不断提高全民族的文化素质，坚持全面发展、协调发展、和谐发展、可持续发展，把中国特色社会主义建设和发展逐步纳入科学发展的轨道，才能最终把我国建设成为富强、民主、文明、和谐的社会主义现代化国家。在《中国改革开放和中国发展道路》（《马克思主义研究》2008年5期）一文中，王伟光认为科学发展是中国特色社会主义发展道路三个基本特征之一。具体而言，科学发展是在社会发展问题上客观规律性和主体选择性的辩证统一。科学发展的核心是以人为本，这是经济社会发展的根本目的，其意旨是坚持以实现人的全面发展为目标，让改革发展的成果惠及全体人民。全面、协调、可持续，是科学发展观的基本要求。即通过统筹兼顾的根本方法，促进经济、政治、文化和社会建设的全面推进，促进现代化建设各个环节、各个方面相协调，促进生产力和生产关系、经济基础和上层建筑相协调，促进经济发展与人口资源环境相协调，确保经济社会永续发展。中国科学发展道路的选择，既是基于现阶段中国发展所面临问题的考虑，也是基于对整个世界负责任的考虑。中国是世界上最大的发展中国家，具有发展中国家二元结构的典型特征。人口多、底子薄，自然地理条件和人口资源分布差异很大，城乡和区域发展差距也很大。改革开放虽然取得了巨大的成就，但中国仍处于并将长期处于社会主义初级阶段的基本国情并没有发生根本的变化。新世纪新阶段，中国发展呈现出一系列新的阶段性特征，经济社会发展同人口、资源、环境压力之间矛盾逐渐突出。深刻把握中国发展面临的新课题、新矛盾，自觉走科学发展道路，是中国在实现什么样的发展、怎样发展这个基本问题上的创造性

探索。

（二）关于科学发展观的价值内涵和内部构造

科学发展观和价值内涵及内部构造是最能体现理论界研究学习落实科学发展观的一个重大问题，也是最能表明理论界对于这一问题研究深度和研究能力的一个表现。比如伴随着对科学发展观研究和探讨的深入，为了克服对科学发展观思想认识上的片面性，保证正确贯彻落实科学发展观，全面、系统、富有针对性地认知科学发展的研究成果不断在本年度出现。如王伟光的《旗帜、道路、理论与党和国家的前途命运——关于党的十七大报告的主题和精神》（《中共中央党校学报》2008 年 2 期）倡导应当从以下五个方面全面理解和把握科学发展观：一是要从政治的高度认识科学发展观，走出认为科学发展观只是单一解决经济发展的指导方针的思想误区，要在经济、政治、文化、社会、人的全面发展和党的建设等各个方面，全面落实科学发展观。二是要从全局的高度认识科学发展观，走出偏重局部利益和偏爱自身利益的思想误区，克服片面性，以大局为重，全面落实科学发展观。三是要从意识形态的高度认识科学发展观，走出认为科学发展观主要针对发展中那些有形的、物质的、经济的问题，从而忽略发展中那些软的、虚的、精神的、文化的、政治的、人文的问题的思想误区，在意识形态的建设和领导方面，全面体现和落实科学发展观。四是要从改革的高度认识科学发展观，只有按照科学发展观的要求，继续加强和深化改革，才能解决发展中的问题。五是要从战略的高度认识科学发展观，不仅要看眼前，更要看长远，一定要把科学发展观作为一项前瞻性的、长远性的、根本性的战略思想加以落实。

（三）关于社会主义和谐社会的结构性深入解读

对构建社会主义和谐社会的必要性和重要性，在前些年理论界的积极探讨之中已经达成了高度共识。2008 年中很多理论工作者没有停留在继续论证社会主义和谐社会构建的必要性和重要性上，而是继续深入探讨、争鸣，已经深入到结构性层面，对社会主义和谐社会的内部结构、层次模式，甚至是指标体系和表征特点发表了一批富有见解价值的学术观点。

在《中国改革开放和中国发展道路》（《马克思主义研究》2008 年 5 期）一文中，王伟光认为和谐发展是中国特色社会主义发展道路三个基本特征之一。具体而言，中国在推进科学发展的过程中，积极构建社会主义和谐社会。中国所要努力构建的和谐社会，是中国共产党领导全国人民共同建设、共同享有的和谐社会。民主法治、公平正义、诚信友爱、充满活力、安定有序、人与自然和谐相处，这六个方面的内容既是社会主义和谐社会的价值内涵，也是中国构建社会主义和谐社会努力实现的价值目标。中国希望通过社会主义和谐社会的构建，最终实现广大人民群众各尽所能、各得其所、和谐相处的社会局面。随着中国经济社会快速发展，社会矛盾日益凸显，社会公平问题提上议事日程，这是中国提出构建社会主义和谐社会的一个重要背景。说到底，和谐发展道路就是一条避免两极分化，最终达到共同富裕的道路。

徐碧辉撰写了《和谐社会的美学解读》（《马克思主义美学研究》2008 年第 2 期）一文，就美学层面的社会主义和谐社会发表见解，认为和谐社会的建设，离不开美学。如果说美学曾在 20 世纪 80 年代中国的现代性启蒙中扮演过先锋的角色，那么，在 21 世纪建设和谐社会的目标下，它应该能发挥更重要的作用。本文认为，一个和谐社会大致可以从这样几个方面去分析人与自然关系的和谐：人与社会关系的和谐；人与人的和谐；人自身身心的和谐。人与自然环境的和谐，其实质是自然美的保持和生态美的建设问题。"生态美"是在自然美和社会美基础之上对自然美和社会美的超越和综合，是一种更高级的审美形态和审美境界。人与社会的和谐，从根本上说，主要是要建设一个合理的政治和经济体制以及良好的社会道德环境，使人能在其中自由、全面和诗意地生存与发展。从美学上说，人与社会的和谐仍然落实到异化的消除、心理本体的建设以及人与其生存的社会环境之间的和谐上。中国古代的礼乐文化，经过现代性改造，应该能为现代社会中建立一种和谐的人际关系提供思想资源。"情本体"学说是从中国的历史文化传统出发，借鉴西方启蒙时代的启蒙思想，结合当前现实状况所提出的建设和谐社会的一种美学策略，也是为未来散文时代提供的一种诗化生存的人生本体。作为人生本体，"情"一方面与心理功能密切相关，是心理本体的具体化，另一方面包含着后天的道德修养，是一个人对他人和社会以及世界的爱和责任。

也有学者在较为宏观的层面审视了和谐社会构建中国家与社会的关系，如刘光明、李秀兰在《论和谐社会视域下国家与社会的关系》（《贵州工业大学学报（社会科学版）》2008 年第 5 期）中认为国家与社会的关系问题是中国现代化进程中的一个重要问题，也是历史唯物主义研究中值得重新探讨的问题。和谐社会思想的提出，中国共产党不仅在理论上试图解决二者之间的矛盾对立关系，而且在实践上同时为两者开阔了更为广阔的发展空间。

（四）关于社会主义和谐社会的本土文化资源

面对党中央提出构建社会主义和谐社会的号召，在大力借鉴发达国家有关治国理念和制度的同时，很多学者也不失时机地将学术目光转向构建社会主义和谐社会的本土资源，尤其本土的文化资源。他们大多由传统文化特别是传统儒家文化入手，在挖掘本土文化根基方面付出了较多的学术经历，试图借助本土文化的资源，寻求构建社会主义和谐社会的本土文化资源层面的知识营养。由此观察，理论界对构建社会主义和谐社会的认知也越来越趋于理性和深刻。

有学者则试图寻找建设社会主义和谐社会的传统文化根基，如段鹏飞在《浅论儒家和谐思想及其对构建社会主义和谐社会的启示》（《长春工业大学学报（社会科学版）》2008 第 6 期）一文中认为“和谐”在中国文化史上并不是一个全新的命题，以儒家思想为主流的中国传统文化中蕴含着丰富的和谐思想。作为中国传统文化的主流，和谐思想是其理论宝库的重要组成部分。儒家所提倡的修身为本促进身心和谐，推崇忠恕仁爱追求人际和谐，重视群己之和达到人与社会的和谐，提倡“天人合一”实现人与自然和谐等和谐思想，对中华民族的形成、发展和凝聚起到了积极的促进作用，对于今天加强社会主义精神文明建设，提高公民道德素质，构建社会主义和谐社会仍有着深远的社会意义和重要的现实启示。

庄振华的文章《继承与超越：传统文化与构建和谐社会关系析论》（《湖南涉外经济学院学报》2008 年第 3 期）认为中国传统文化价值观具有两个方面的特质，一是“人为贵”的人类本位主义，二是集体之上的群体主义。由于这两种传统价值观在历史上也产生了一定的非和谐效应，因此应当实现和谐社会的构建与传统价值观的互动改造。如创新传统价值观，即把传统的“人类中心主义”和现代的“生态中心主义”有机结合起来，实现人和自然的和谐发展；如整合传统价值观，即构建个体与集体相互促进、共同发展的新型和谐社会。

贺文佳等人的论文《民族精神与和谐社会的文化认同》（《四川工程职业技术学院学报》2008 第 1 期）则强调民族精神的培养作为文化建设的一项重要任务而成为和谐社会建设的重要内容，是和谐社会保持文化认同的一股重要的精神力量。民族精神是古代、近代、当代文化的辩证统一，体现在“和合”、“五常”、“自强”等传统文化和精神的现代化之中。

（五）关于社会主义和谐社会的实现路径

目前构建社会主义和谐社会已经成为官方、民间和理论界的共识，社会主义和谐社会的观念已经深入人心。在 2008 年理论界越来越倾向于积极进行学术探讨，纷纷从各自学科角度出发探索构建社会主义和谐社会的具体措施和制度设计，如：江光跃的文章《正确处理人民内部矛盾积极构建和谐社会》（《西安外事学院学报》2008 年第 3 期）论断说，构建和谐社会，就要认识矛盾，化解矛盾。正确处理人民内部矛盾，是构建社会主义和谐社会的必然要求。并具体提出积极稳妥地协调人民利益关系，是正确处理人民内部矛盾，构建社会主义和谐社会的关键；正确处理好党群间关系，是正确处理人民内部矛盾，构建社会主义和谐社会的必要条件；努力提高科学决策水平，积极预防人民内部矛盾的对抗和激化，尽量从源头上减少矛盾，堵疏结合、标本兼治，是正确处理人民内部矛盾，构建社会主义和谐社会的重要保障；健全正确处理人民内部矛盾的综合长效机制，是正确处理人民内部矛盾，构建社会主义和谐社会的有效途径。

王锦辉在《社会主义和谐社会与社会公平》（《滨州职业学院学报》2008 年第 4 期）中认为，社会公平是社会主义的本质要求也是社会和谐最深厚的基础，在现阶段，存在种种不公平现象，社会不公平问题越来越突出。在当前条件下，社会主义和谐社会构建要达到公平与效率的有效平衡，应切实采取有效措施，避免两级分化，最大力度地促进社会主义和谐社会的建设。王锦辉还具体提出了不能过分相信库兹尼茨倒“U”理论和“大蛋糕论”、树立正确的公平观、强化转移支付以支持欠发达地区、加快城市化进程以解决三农问题、完善收入分配制度改革和加强宏观调控以避免收入差距过大等五个方面的建议。

罗大文、刘艳霞则建议通过选择恰当的社会整合模式来构建社会主义和谐社会。在《社会整合与和谐社会构建》（《西安外事学院学报》2008年第4期）一文中，他们主张利益是全部社会关系的基础，利益整合在社会中具有基础性与决定性的意义；在新的社会整合机制尚未形成以前，应在不断培育各种新的对社会有影响力的社会稳定组织的同时，继续赋予政府以相当的权威来增强社会整合力；而在文化建设领域，我们既要继承传统伦理道德、社会舆论、民风民俗中的精华，又要坚持马克思主义在意识形态中的领导地位，以增强社会整合。

吴艳东在《论社会主义和谐社会视野下的公民制度化政治参与》（《中共银川市委党校学报》2008年第1期）中，特别关注制度化的政治参与，认为其是构成社会主义和谐社会的重要手段。倡导营造和谐的政治文化，发挥社会组织的积极作用；构建公民政治参与制度体系，倡导公民政治参与渠道；理性对待强势及弱势群体，使政治参与在社会主义和谐社会的构成中发挥应有的作用。

（六）关于科学发展观和社会主义和谐社会的统领地位与辐射功能

与往年对科学发展观和社会主义和谐社会学术研究不同而颇具亮点的是，2008年中很多来自其他学科的学者纷纷以学习贯彻科学发展观和构建社会主义和谐社会为指导思想和追求目标，在各自学科范围内和知识结构中开展了一些富有各学科现实针对性的研究。由于此类论文分布在各学科之内，较为松散和庞杂，在此只是举其中几例而已。

张林鸿、张忠美撰写了《经济法视野下“两型社会”与武汉城市圈的构建》（《长江论坛》2008年第2期）一文，通过学理分析，他们认为要实现社会和谐这一任务离不开经济法作为上层建筑的指导作用。同时，经济法作为社会主义市场经济发展中的重要法律，在我国政治、经济、文化生活中起着十分重要的作用。

如郭伟的《论“民工荒”现象症结所在与和谐社会的构建》就集中分析了造成“民工荒”这一不和谐社会现象的症结所在，并运用和谐社会的基本原理，提出了相关的对策。贾杨、罗猛《科学发展观和国家审计的科学发展》（《云南财经大学学报（社会科学版）》2008年第3期）具体建议将科学发展观落实在审计重点的确定、计划的安排、审计的方式方法以及分析和判断问题的标准之中。

（钟君、迟方旭撰写）

五、2008年党建研究综述

2008年是改革开放30周年，本年度党的建设研究，一方面着眼于总结改革开放以来党的建设的历史经验；另一方面，按照党的建设的总体布局，从各个方面开展了深入研究。

（一）改革开放30年党的建设的历史经验

2008年12月18日，纪念中共十一届三中全会召开30周年大会召开，胡锦涛同志发表重要讲话：改革开放以来我们取得一切成绩和进步的根本原因，归结起来就是：开辟了中国特色社会主义道路，形成了中国特色社会主义理论体系。在30年的创造性实践中，我们经过艰辛探索，积累了宝贵经验。胡锦涛从10个方面对这些宝贵经验进行了阐述，其中特别强调，必须把推进中国特色社会主义伟大事业同推进党的建设新的伟大工程结合起来，加强党的执政能力建设和先进性建设，提高党的领导水平和执政水平、拒腐防变和抵御风险能力。

习近平同志在出席中央党校2008年秋季学期开学典礼时发表重要讲话。他强调，30年来我们党紧紧围绕在长期执政、改革开放和发展社会主义市场经济条件下“建设一个什么样的党、怎样建设党”这个根本问题，积极探索、与时俱进，提出了一系列新思想、新观点、新论断，丰富和发展了马克思主义建党学说。从30年党的建设中可以得到许多重要启示：第一，必须毫不动摇地高举中国特色社会主义伟大旗帜，推动全党同志不断增强学习贯彻党的基本理论、基本路线、基本纲领、基本经验的自觉性和坚定性。第二，必须紧密联系党的中心任务建设党，尤其要抓好发展这个党执政兴国的第一要务，深入贯彻落实科学发展观，推动经济社会又好又快发展。第三，必须坚持立党为公、执政为民，把实现好、维护好、发展好最广大人民的根本利益作为党的核心价值，始终保持党同人民群众的血肉联系。第四，必须在实践中形成坚强的中央领导集体，必须坚决维护中央的权威，以确保党的决策正确和有效实施。第五，必须根据世情、国情、党情的发展变化，坚持以改革创新精神推进党的建设，不断为党的肌体注入新活力。

虞云耀的《改革开放以来党的执政理论的发展和创新》（《前线》2008年第12期）认为：改革开放30年，中国共产党的面貌发生了历史性变化。这种变化集中体现在：适应改革开放和时代的要求，党的执政理论和实践不断创新；在引领当代中国发展进步中，党的先进性建设和执政能力建设不断加强。（1）邓小平理论奠定了新时期党的执政理论的基础。邓小平同志是我国改革开放的总设计师。他围绕“什么是社会主义、怎样建设社会主义”这个首要的基本的问题，深入思考党在社会主义初级阶段如何执政、中国如何发展的问题，提出了一系列顺应时代潮流、符合人民要求的新思想新观点，为新时期党的执政理论创新和实践创新打下了坚实的基础。（2）“三个代表”重要思想丰富和发展了新时期党的执政理论。“三个代表”重要思想，开辟了马克思主义中国化的新境界，蕴涵着许多关于共产党执政的新思想、新观点、新论断。（3）科学发展观把党的执政理论的发展和创新推向了新阶段。从一定意义上说，科学发展观和构建社会主义和谐社会等重大战略思想的提出，是党的执政理论和实践发展的一个飞跃。（4）新时期党的执政理论发展和创新的启示。党的执政理论的发展和创新，是在改革开放和社会主义现代化建设的伟大实践中推进的，来源于实践并经过实践检验，又指导实践，给我们的启示是多方面的：一是围绕一个主题——建设中国特色社会主义。二是抓住一个关键——发展。三是贯穿一个宗旨——全心全意为人民服务。四是把握一个精髓——解放思想、实事求是、与时俱进。五是遵循一个规律——共产党执政规律。

此外，欧阳淞的《改革开放30年党员队伍建设的成就与启示》（《求是》2008年第22期），梁柱的《我们每走一步都要总结经验——纪念党的十一届三中全会30周年》（《政治学研究》2008年第6期），卫兴华的《需要科学地总结改革开放30年》（《理论前沿》2008年第16期），许耀桐的《中国共产党党内民主的发展——纪念十一届三中全会和改革开放30周年》（《新视野》2008年第6期）等，都从不同方面总结了30年来党的建设成绩和经验。

（二）党的建设的总体布局研究

党的十七大报告指出：党的建设“必须把党的执政能力建设和先进性建设作为主线，坚持党要管党、从严治党，贯彻为民、务实、清廉的要求，以坚定理想信念为重点加强思想建设，以造就高素质党员、干部队伍为重点加强组织建设，以保持党同人民群众的血肉联系为重点加强作风建设，以健全民主集中制为重点加强制度建设，以完善惩治和预防腐败体系为重点加强反腐倡廉建设，使党始终成为立党为公、执政为民，求真务实、改革创新，艰苦奋斗、清正廉洁，富有活力、团结和谐的马克思主义执政党。”这个论断指明了党的建设的总体布局和根本方向。

商志晓、谭建的《论党的建设新的总体布局》（《中国党政干部论坛》2008年第9期）文章认为：党的建设新的总体布局，是逐步形成和客观存在着的，是党的建设一系列创新成果的凝结，是总结党的建设实践经验和理论认识的必然结果。科学把握党的建设新的总体布局，必须在突出“主线”、抓住“重点”、明确“目标”三个方面深化理解。党的建设新的总体布局，展现出党的各方面建设紧密联系、有机统一的整体面貌，规划出党的各方面建设相互作用、协同推进的发展前景，对全面推进党的建设新的伟大工程，具有重要指导意义。体现着理论创新精神的党的建设新的总体布局，为进一步推进党的建设在理论上提供了创新思维。党的建设新的总体布局，既是我们党研究新情况、解决新问题的创新产物，又是党把握党的建设规律、提炼新认识的理论结晶，同时它还是以改革创新精神思考和总结党的建设实践、提炼和总结党的建设新经验的具体成果。新的总体布局的概括，既凝结了我们党执政得失的历史经验，又借鉴了当代世界其他政党兴衰成败的规律，同时充满了改革创新的时代精神，具有鲜明的时代性、针对性，它标志着我们党对共产党执政规律的认识和把握进入了一个新的境界。

文章强调：按照党的建设新的总体布局去抓党的建设，我们的思路会更加明晰，任务会更加具体，目标会更加明确，工作也就更能落到实处，党的建设实践会进入一个更宽广的境地中。辩证法告诉我们：实践每前进一步，认识就会深化一步；而深化了的认识，又能够极大地推动实践前进。当我们以新的总体布局的视野和高度来思考党的建设、认识党的建设、把握党的建设、推进党的建设时，党的建设实践就进入了宽领域、深层次，就会全面展开、协调运作。这时候党的建设实践，就不单单是思想建设、组织建设、作风建设、制度建设和反腐倡廉建设，而包括更为重要、更具综合价值的先进性建设和执政能力建设；就不单单是党的各方面建设的平面化、直线化的实践推进，而是内容更丰富、关系更紧密、结构更完备的立体化、交叉化的综合式实践推进。这样的党的建设实践，就不再是党内建设实践、不再是党的内部的建设实践，而是联接着党的执政、党的事业的实践，是联接着中国特色社会主义事业、联接着中国特色社会主义经济建设、政治建设、文化建设、社会建设的实践。这样的实践，必然是宽阔深广的，必然是影响巨大的，也必然是卓有成效的。

郭群英的《中国共产党建设总体布局演进逻辑的理论创新》（《求索》2008年第11期）认为：所谓党的建设总体布局，是指党在不同的历史发展阶段，将马列主义党建理论结合中国实际，通过不断的实践而形成的对党的建设的总体规划，它包括党的指导思想，党建目标以及党的建设的重点和主线等。党的建设总体布局是一个不断发展完善的体系。第一代领导集体的建党思想为党的建设总体布局的发展奠定了坚实的基础，其后党的第二代、第三代领导集体在党的建设过程中稳步推进这一总体布局。党的十七大对党的建设总体布局作出了突出贡献，使其得到了创新性发展。

党的建设的总体布局，是党的建设的战略构想，如何在理论上进行深入研究，在实践中深化落实，都是需要加强的。理论界也要注意总结有关的实践经验，进一步从理论逻辑上深刻把握党的建设主体布局的深刻内涵，不断推动党的建设的总体推进和深入。

（三）党的执政能力建设和先进性建设研究

必须把党的执政能力建设和先进性建设作为主线，全面推进党的建设新的伟大工程，这是新形势下党的建设的根本思路。中央组织部党建研究所的研究成果《不断提高科学执政水平》（《求是》2008 年第 6 期）认为：第一，坚持科学执政是保持党的先进性的必然要求；坚持科学执政是贯彻落实科学发展观的必然要求；坚持科学执政是我们党完成好历史使命的根本保证。第二，坚持解放思想、实事求是、与时俱进，用中国特色社会主义理论体系指导执政实践：立足社会主义初级阶段基本国情，毫不动摇地坚持党的基本路线；坚持解放思想、实事求是、与时俱进，科学制定适应时代要求和人民愿望的执政方略；牢固树立科学的执政理念，把立党为公、执政为民作为执政活动的出发点和落脚点；按照全面协调可持续的要求，推进经济、政治、文化、社会建设全面发展。第三，改革和完善党的领导体制、工作机制，进一步探索科学的执政方式：进一步扩大民主，加强民主制度建设。全面落实依法治国基本方略，弘扬法治精神，做到依法执政。依法执政是科学执政的一个基本方式。党要加强对立法工作的领导，通过法定程序使党的主张成为国家意志，从制度上、法律上保证党的路线方针政策的贯彻实施。党的各级组织和全体党员都要在宪法和法律的范围内活动，自觉维护宪法和法律的权威。要清醒地看到，建设社会主义法治国家任重道远。要全面落实依法治国基本方略，弘扬法治精神，切实改革党的领导体制、工作机制，依法规范各级党委与同级人大、政府的职权范围和相互关系，推进权力的合理配置和规范运行。第四，进一步完善集体决策制度，大力提高决策的科学化、民主化水平：进一步完善集体决策的制度、程序；加强科学决策的配套制度建设；完善决策服务机构，改进决策手段。

张爱武的《党的先进性内容论析》（《扬州大学学报（人文社会科学版）》2008 年第 5 期）认为：党的先进性内容包括阶级基础的先进性与群众基础的广泛性、理论的科学性与纲领的正确性、组织的有效性与作风的务实性、历史前进的导向性与社会影响的积极性等。它不仅是对党的先进性进行研究的前提和基础，而且也是研究中国特色社会主义理论体系的一项重要内容。张葆君的《加强党的先进性建设 弘扬培育民族精神》（《理论月刊》2008 年第 9 期）提出：中国共产党要在复杂多变的政治风云中始终立于不败之地，想以自己的先进性带领中国人民实现中华民族的伟大复兴，就必须把弘扬与培育民族精神作为建立党的先进性长效机制的重要内容，就必须在坚持自身先进性时展显民族精神。

此类文章还有，梁道刚的《论中国共产党执政能力的二维规定性》（《贵州师范大学学报（社会科学版）》2008 年第 2 期），涂小雨的《论党的执政能力建设的新维度》（《理论探索》2008 年第 3 期），刘淑君的《依法执政与加强党的执政能力建设》（《太平洋学报》2008 年第 2 期）等。党的执政能力建设和先进性建设作为党的建设的主线，其中，执政能力建设和先进性建设的关系，党的建设的主线和党的思想建设、组织建设、作风建设、制度建设、反腐倡廉建设的关系如何，都是值得深入探讨的。

（四）党内民主建设研究

当前，党内民主研究，逐渐成为党的建设研究的一个热点。朱先奇的《不断提高党内民主建设的质量和水平》（《求是》2008 年第 20 期），认为：推进党内民主建设，提高党内民主建设的质量和水平，需要做的工作很多，当前要在以下几个方面下功夫：首先，不断提升和强化党内民主意识，在党内营造良好的民主氛围。一是党的生命意识。要树立明确而坚定的“党内民主是党的生命”的意识；二是党员主体意识；三是党内民主建设意识。其次，加大党内民主制度建设和创新力度，提高党内民主建设的制度化规范化水平。提高党内民主建设的质量和水平，当前的重点，是要按照党的十七大精神和全国组织工作会议的要求，以改革创新的精神积极推进党内民主制度建设，实现党内民主建设制度化规范化，保证党内民主健康发展。注重抓好基础性工作，探索扩大党内基层民主的多种实现形式。提高党内基层民主建设的质量和水平，一方面，要认真分析总结党内基层民主建设的实践经验，把成功的做法上升为具有普遍指导意义的制度，积极探索党内基层民主建设的规律性认识；另一方面，要善于把扩大党内基层民主的实践同基层党的建设面临的新情况、新问题、新要求结合起来，调动基层党组织和党员投身党内民主建设的主动性、积极性，创造更多的发展党内基层民主的新思路和新经验。坚持从实际出发，循序渐进。发展党内民主，是一个不断深入和提高的过程，既要积极推进，又要循序渐进。

金安平的《从发展党内民主走向人民民主》（《科学社会主义》2008 年第 3 期）认为：通过扩大党内民主、示范和带动人民民主，推进国家民主政治建设是一种战略的选择。人民民主不是党内民主的简单外溢，党内民主示范和带动人民民主需要一套运行和实现的机制：包括党内民主对人民民主的价值示范效应、党内民主的实践对人民民主的经验性示范作用、党内民主和人民民主的制度互动关系，以及党内民主升华为人民民主并创造出中国民主政治的新模式。中国的历史传统、现实国情和国际环境决定了中国的民主政治建设要走一条创新之路。我们在解放思想的基础上，应进一步探讨："党内民主"是否可以扩展为"党的民主"，后者更具有理论逻辑、宽广的外延和更可行的运行机制。

谢峰的《中西政党党内民主比较》（《学习时报》2008 年 1 月 7 日）提出：党内民主问题是中西政党十分重视的问题，由于种种原因，双方在此问题上存在不少差异，主要表现如下：（1）党内民主发展侧重点不同。目前，西方政党的发展重点之一是扩展直接民主，使党员直接参与党务。相形之下，中共发展党内民主的重点是构建和完善代表制民主。（2）党内竞争形式不同。西方政党内的竞争多以派系为主体，派系在西方政党内一直有生存空间，不少党最初便由多个派系联合组建。相形之下，中共禁止以派系为主体的党内竞争。（3）党内民主发展态势不同。西方政党党内呈现民主化与集权化共同发展态势，明显体现在党代表大会功能的演变上。相比西方政党，民主化是中共党内压倒性发展趋势。（4）党内民主的地位不同。在西方国家，党际竞争是民主政治的重要内容及民主发展的重要推动力，党内民主更多是政党在激烈竞争中加强竞争力的重要手段。相形之下，发展党内民主对中共意义重大，它不仅是政党加强执政能力的重要手段，是关系党的生命的问题，而且还被赋予推动人民民主发展的使命，其地位更加重要。中西政党党内民主存在上述差异的同时，也有很多共性。从对民主的解读及相关制度设计看，双方均把党员直接或间接参与党务作为主要内容，因而在具体制度设计方面有一致之处，如重视建立完善选举、监督及分权制衡等制度。从功能上看，发展党内民主有助于树立民主政党的形象，有助于纳用精英，保持组织的廉洁与凝聚力，有助于及时把握民意舆论，为科学决策提供基础等，这也是双方都重视它的原因。从发展方式看，双方均采取渐进方式逐步拓宽实施民主的党务领域及深化民主程度。从发展程度看，因民主与集中各有助益，缺一不可，因而对双方来说党内民主都有发展限度，至于如何界定这一限度，则需政党灵活加以决策。他党的经验可以借鉴，但更重要的是立足于本党本国的具体情况。

关于党内民主的论文还有，高新民的《论党内民主》（《中国党政干部论坛》2008 年第 7、8 期），刘启春的《竞争性选举：党内民主发展的新思路》（《社会主义研究》2008 年第 1 期），韩强的《对党内民主与人民民主关系的程序化思考》（《中共天津市委党校学报》2008 年第 3 期），于连锐的《营造党内民主讨论环境》（《党建研究》2008 年第 8 期），杜永亮的《尊重党员主体地位》（《求是》2008 年第 5 期）等。党内民主和人民民主的关系，党内民主与西方党内民主有何本质不同，党内民主在党的建设中的地位和作用等，这一系列问题都应该引起我们深入的思考。

（五）基层党的建设研究

党的基层组织是党执政的组织基础。党的基层组织建设，是党的建设的重要方面。

王久高的《深化对农村基层党组织建设若干问题的认识》（《理论前沿》2008 年第 15 期）提出：正确处理党的领导与人民当家作主的关系。从目前农村探索出的一些党组织选举实践来看，一方面，要按照法制化的要求，从技术层面上进一步完善“两票制”、“两推一选”、“一肩挑”、“公推直选”等党组织选举模式，规范选举程序和细节，提高村民的参与意识，加大村民“民意票”的含金量，推广基层党组织领导班子成员由党员和群众公开推荐与上级党组织推荐相结合的办法，逐步扩大基层党组织领导班子直接选举范围。另一方面，坚定不移地贯彻依法治国方略，同时把依法治党纳入到制度化建设之中，从而保证党的领导核心地位和自身建设有法制化的保障。要充分发展党内民主，并积极促进人民民主的发展。要树立科学的村级党组织政绩观，把农村的科学发展和社会和谐作为重要指标之一。

姜晓军的《健全基层党组织领导的充满活力的基层群众自治机制》（《人民日报》2008 年 2 月 1 日）提出：随着经济社会的发展和人民政治参与积极性的不断提高，广大人民群众对民主选举、民主决策、民主管理、民主监督提出了新的更高要求，而包括基层群众自治在内的我国社会主义民主政治建设与扩大人民民主的要求还不完全适应。这就要求我们按照党的十七大精神，积极发展包括健全基层党组织领导的充满活力的基层群众自治机制在内的基层民主，不断满足人民群众的政治参与需求，更好保障人民群众的民主权利。

此外，相关论文还有，陈金荣的《切实加强改制企业基层党组织工作》（《党的建设》2008 年第 8 期），邹庆忠的《以城乡基层党组织联建促城乡统筹发展》（《求是》2008 年第 18 期）、曹鹏飞的《基层社会“变迁”与基层党组织“建设”》（《理论前沿》2008 年第 21 期）等。

（六）反腐倡廉建设研究

高新民的《30 年反腐倡廉建设的基本经验》（《中国党政干部论坛》2008 年第 2 期）认为：改革开放 30 年是中国经济快速增长的 30 年，是中国特色社会主义全面发展的 30 年。30 年间，反腐倡廉问题始终是全党、全社会关注的焦点问题之一。回顾 30 年来反腐倡廉的历程，总结规律，有助于我们进一步推进改革开放，使中国成为富强民主文明和谐的现代化国家。30 年反腐倡廉最重要、最基本的经验，就是胡锦涛同志在十七届中央纪委二次会议上所说的：“把反腐倡廉建设纳入经济社会发展和党的建设的全局之中”，“寓于各项改革和重要政策措施之中，同改革发展工作一起部署、一起检查。”这也是从源头上反腐倡廉的大思路。把反腐倡廉纳入经济社会发展和党的建设全局，意味着不是游离于经济体制和政治体制之外谈反腐倡廉，而是融入改革事业，在经济体制和政治体制改革中就内含着预防腐败的制度设计，比如，使权力结构既相互制约又形成合力；政府职能进一步转向宏观调控、市场监管、社会管理和公共服务；推行善治，提高公共财政管理的透明度，推行问责制，建设责任、透明、法制、服务型政府。也就是说，经济体制改革与政治体制改革统筹兼顾，把行政管理体制改革与形成现代治理模式结合起来，共同构成良好的制度环境，这将减少腐败发生的机会。再如，反腐败的水平与民主政治的发育水平具有正相关性，民主政治发育水平越高，反腐倡廉制度体系的有效性就越高。因此，完善法制，实行广泛的政务公开，包括提高权力运作和公共决策的透明度，确保公众有效获知有关信息，推动社会参与，把专职机构的监督与社会化监督结合起来，把科学设置权力结构与公众以权利制约权力结合起来，减少腐败发生的概率。

金道铭在《按照“三个更加注重”的要求努力推进反腐倡廉建设》（《求是》2008 年第 1 期）中认为：党的十七大报告提出“三个更加注重”的要求，抓住了新的历史时期深入推进反腐倡廉建设的核心和关键，是反腐倡廉建设向纵深发展的必然要求，是在发展社会主义市场经济条件下更好地防治腐败的必由之路。“三个更加注重”明确了新世纪新阶段反腐倡廉建设的前进方向和关键环节。“三个更加注重”的要求，对新世纪新阶段反腐倡廉建设的工作着力点做了新概括，明确了从根本上治理和防止腐败重点抓什么、怎么抓的基本思路和方法，是一个环环相扣、有机统一的科学体系。按照“三个更加注重”要求，以改革创新精神推进反腐倡廉建设。贯彻“三个更加注重”的要求，就要以改革创新的精神推进反腐倡廉建设，拓展从源头上防治腐败的工作领域，努力形成全方位防治腐败的战略屏障。一是深入开展反腐倡廉教育，筑牢拒腐防变的思想道德防线。二是建立健全权力制约监督机制，确保权力正确规范行使。三是加强制度建设和创新，建立健全惩治和预防腐败的法规制度体系。

王兴宁的《推进反腐倡廉工作需着重把握的几个问题》（《理论前沿》2008 年第 14 期）认为：当前，推进反腐倡廉工作的重点，就是要加深对社会主义市场经济条件下反腐倡廉工作的特点和规律的认识，在掌握反腐倡廉的指导思想、方针政策、基本原则和方式方法上下工夫。围绕发展这个党执政兴国的第一要务，开展党风廉政建设和反腐败斗争。坚持标本兼治、综合治理的方针，逐步加大治本的力度，从源头上预防和解决腐败问题。坚持把反腐倡廉工作放在全局来谋划，促进社会主义和谐社会建设。坚持和完善反腐败领导体制和工作机制，认真落实党风廉政建设责任制，形成防止和惩治腐败的合力。

值得注意的论文还有，中国社会科学院邓小平理论和“三个代表”重要思想研究中心的《加强反腐倡廉建设　营造风清气正的发展环境》（《求是》2008 年第 16 期），任铁缨的《略论反腐倡廉建设 30 年》（《中国党政干部论坛》2008 年第 6 期）等。

此外，本年度有的学者从社会主义市场经济建设、和谐社会建设、文化建设与文化自觉等方面，联系党的建设的理论和实际撰写论文，提出了自己的看法。

（陈建波撰写）

六、2008 党史研究综述

2008 年是改革开放 30 周年，周恩来诞辰 110 周年，刘少奇诞辰 110 周年，还是大跃进人民公社化运动 50 周年，因此本年度的党史研究成果丰富。

（一）关于中共党史研究的定位和方法论问题

齐鹏飞的《关于“党史”与“国史”关系的再认识》（《教学与研究》2008 年第 5 期）认为：中华人民共和国史作为一门隶属于历史学一级学科相对独立的新兴分支学科，其学术研究和学科建设，目前正处于基本的学术规范和学科体系建构的初始阶段。其中，关于社会主义时期中共党史（“党史”）与中华人民共和国史（“国史”）的关系问题，一直是学人思想兴奋的焦点，在学科定位和归属方面，在研究对象、研究范围、研究重点方面，在研究的理论与方法方面，在研究的话语系统方面，其“区隔”究竟何在，有非常大的“仁智互见”的自由讨论和自由探索空间。

宋俭、丁俊萍的《关于中共党史学学科建设问题的思考》（《中共党史研究》2008 年第 3 期）认为，学科属性与学科归属，是学科建设的前提与基础。进一步明确中共党史学科（含党的学说与党的建设）的属性与学科归属，给予中共党史（含党的学说与党的建设）学科应有的更为准确的学科定位，不仅是目前中共党史学科建设亟待解决的基础性问题，对于进一步推进中共党史（含党的学说与党的建设）学科建设也具有极其重要的意义。无论从学科分类的科学性原则，还是从有利于中共党史学科自身发展来说，中共党史学科（含党的学说与党的建设）都应当从政治学一级学科中单列出来，成为法学门类的一个独立的一级学科。

石仲泉的《党史研究要进一步解放思想》（《中共党史研究》2008年第2期）认为：首先是做科学的翻案文章。历史条件不成熟，有的翻案文章就不能做；但是，历史条件成熟了，有的翻案文章就需要做。其次，讲些富于启迪的新话。再次，切实贯彻“双百”方针，活跃学术研究空气。在党史研究领域，要贯彻“双百”方针、“尊重差异、包容多样”，不能“以官为本”，也不能“以师为本”。任何人都要坚持“吾爱吾师，吾更爱真理”的古训。学术研究，就是坚持“以研（究）为本”。只有这样，中共党史研究才能够大发展、大繁荣。

张文灿的《关于中共党史研究的几个问题》（《首都师范大学学报（社会科学版）》2008年第4期）认为：中共党史是一门历史学科，应该遵循历史学的研究规范。但中共党史与现实政治又有紧密的联系，这是不能回避的。因此，处理好中共党史研究的科学性与政治性的关系，就成为这门学科实现良性发展的基础；创新是学科保持生命力的重要前提，相比其他社会科学领域，中共党史在研究视角、研究内容、研究方法等方面还有诸多需要创新的地方。同时，我们还应该密切关注国外学者与中共党史有关的研究动态和学术成果。

（二）新民主主义革命时期研究

1. 有关会议研究

李东朗的《论一九三八年三月中共中央政治局会议》（《中共党史研究》2008年第4期）提出：学术界长期以来对1938年3月中共中央政治局会议评价不高。这次会议有很浓的王明色彩，但所谓毛泽东展开对王明“斗争”的说法是不正确的。3月政治局会议虽然存在王明左倾主张的影响，但积极因素是主要的。抗战初期王明错误的最大问题是把个人凌驾中央之上，在组织上闹独立性。

石仲泉的《从党的五大到八七会议——党在新民主主义革命时期的第一次转折》（《湖北行政学院学报》2008年第1期）认为：1927年是中国共产党的历史上具有重大转折意义的一年。过去讲这段转折历史往往只讲八七会议，对党的五大则缺乏研究。将党的五大和八七会议联系起来研究，可以把这段具有转折意义的特殊历史研究得更全面一些。在肯定八七会议是这段历史转折的主要标志的同时，还要充分认识到南昌起义和井冈山革命根据地的建立，是创立中国化的马克思主义的“伟大开篇”。

2. 革命起义研究

2008年是湘南起义80周年，党史界有一批研究论文出现。崔向华的《从南昌起义到朱毛会师——试论朱德、陈毅领导湘南起义的历史意义》（《军事历史研究》2008年第3期）认为：1928年1月，朱德和陈毅率领南昌起义军余部近800人，继南昌起义未竞之业，成功发动了轰轰烈烈的湘南起义。湘南起义是中国革命史上历时最长、参加人数最多、具有里程碑意义的武装起义。它开创了武装起义与工农运动相结合、武装斗争和土地革命并举的崭新局面，实现了历史性跨越的关键一步，为探索中国革命道路作出了重大贡献。

张文斌的《湘南起义中的土地革命运动》（《湖南行政学院学报》2008年第1期）认为：1927年大革命失败后，在三大起义革命形势的推动之下，在朱德、陈毅和湘南特委共同领导组织发动下成功的举行了一次极有特色的起义，史称湘南起义。该起义历时三个多月，建立了六个县的县苏维埃政府，并开展了轰轰烈烈的土地革命运动。斗争锋芒直指封建土地制度，为我党后来领导土地革命运动积累了宝贵的经验。

李宗方的《湘南起义的历史意义》（《湘潮（理论）》2008年第2期）强调：湘南起义把湘南地区的革命运动推向高潮，是一次有特色的农村起义，具有重要历史意义。湘南起义把武装斗争与农民运动、土地革命、政权建设、党的建设结合起来，使人民群众尝到了革命胜利的成果，坚定了革命信念；创造了正规军和地方武装结合的人民武装力量雏形；发展了一支强大的武装力量，为井冈山革命根据地输送了生力军，使井冈山的革命由此进入全盛时期，把井冈山革命根据地斗争推向了一个新的阶段。

相关论文还有，唐正芒、徐娅的《源于

“八七”会议　超越“八七”会议——试论湘南起义与“八七”会议的历史联系》（《湖湘论坛》2008年第1期）、廖义军的《陈毅早期武装斗争思想在湘南起义中的运用》（《理论前沿》2008年第13期）等。

另外，肖子华、陈钢的《试论秋收起义前后毛泽东军事战略思想的变化》（《毛泽东思想研究》2008年第1期）认为，“马日事变”后，毛泽东从注重农民运动逐渐转向了注重军事运动，并逐渐产生了他这一时期的军事战略思想。湘赣边秋收起义为毛泽东提供了第一次军事实践，在组织领导秋收起义的过程中，随着形势的不断变化，毛泽东的这一最初军事战略思想也不断变化。最后，在引兵井冈，创建井冈山革命根据地的斗争中，形成了伟大的“工农武装割据”军事战略思想。

3. 解放区革命斗争经验研究

解放区的革命斗争经验十分丰富，同时也值得我们今天借鉴。本年度的研究论文中，有的视角新颖，有的选材独特，有的有理论深度。

例如，李里峰的《“运动”中的理性人——华北土改期间各阶层的形势判断和行为选择》（《近代史研究》2008年第1期）一文从微观互动论视角和“理性人”假设出发，探讨华北土改运动期间各阶层的形势判断和行为特征。在土改运动中，乡村社会成员被赋予不同的阶级身份，他们在此基础上对革命形势和自身处境加以判断，进而作出相应的行为选择。其中，地主、富农选择余地较小，只能在极度不利的条件下艰难博弈，以规避更坏的结果；而贫、雇农在运动中居于优势地位，其行为方式体现出理性农民与道义农民之间的张力；中农则在安全与利益两种考量之间进行权衡，而前者常占据上风，成为其行为选择的基本依据。

黄正林的《抗日战争时期陕甘宁边区的社会生活》（《中共党史研究》2008年第6期）提出：抗日战争时期，由于物质匮乏、非生产人员比例过高和国民党政府的经济封锁，使陕甘宁边区的物质生活十分困难，影响到农民以及党政军学的吃饭、穿衣。尽管边区的物质生活困难，但娱乐生活十分丰富，经常举办各种晚会、舞会和体育活动等，极大地丰富了人们的业余生活。抗日战争时期，不论是边区的物质生活，还是娱乐生活都有着强烈的时代特征，成为一种时代精神的象征。

张正光在《民主革命时期中共政权选举制度述论》（《中共党史研究》2008年第4期）认为：中国共产党历来重视政权选举制度建设。在民主革命时期，中共根据政治局势的变化和各根据地的实际情况，从理论与实践的结合上不断创新政权选举制度建设。系统梳理民主革命时期中共政权选举制度的历史沿革，把握其基本特点，对于推进新时期中国特色社会主义选举制度建设具有重要启示作用。文章认为：在民主革命时期，由于各种主客观条件的制约，中共在领导政权选举制度建设方面也存在着不足之处。主要表现在：第一，由于缺乏理论指导，又没有实践经验，在选举制度建设初期，存在着照搬苏联选举法规的痕迹，也带有明显的“左”倾色彩。第二，由于革命形势的需要，各时期在选举代表比例上向特定的阶级或阶层倾斜等。

此外，欧阳军喜的《论抗战时期〈联共（布）党史简明教程〉在中国的传播及其对中国共产党宣传工作的影响》（《党史研究与教学》2008年第2期）也是很有特色的。

4. 国共关系研究

郭若平的《国共合作与非基督教运动的历史考察》（《中共党史研究》2008年第2期）认为：发生在20世纪20年代的非基督教运动，是一场政治与文化互动的运动。一些学术论著要么将其表述为一场由青年学生发起的运动，要么将其表述为仅仅是中国共产党主导（通过青年团）的一场运动。其实，这场运动是国共合作的产物。这其中既有国共两党组织上的合作因素，又有思想上的趋同因素，两种因素构成历史合力，共同促使这场运动的持续发展。

郭代习的《论抗日战争初期的中国共产党与国民党敌后游击战》（《中共党史研究》2008年第3期）认为：抗日战争初期，国民党开展敌后游击战的原因有多方面，其中与中共的积极影响和推动密不可分。首先，中共广泛宣传抗日游击战争理论，积极影响国民党的抗日战略思想，最终促成国民党在南岳军事会上作出开展抗日游击战争的决策。其次，中共利用自己擅长的游击战术，帮助国民党军队改变作战战术，并开办各类游击干部训练班，为国民党培养游击干部。在中共的影响和推动下，国民党留在敌后的部队作战比较积极、努力，与共产党敌后武装并肩作战，有力地推动了抗日战争的发展。

包雅玮的《国共关系的演变与中国革命的规律》（《长沙大学学报》2008年第4期）提出：近代中国主要矛盾决定了国共两党的关系，同时后者反过来又影响着主要矛盾的解决，制约着历史主题的完成，最终影响了近代中国革命发展的进程。国共合作是历史发展的必然，分裂也不可避免。由于国共两党存在着根本的阶级差异，因此，合作又必然伴随着斗争。中国国民党和中国共产党两党的合作与分裂的本质是政党的阶级性。国共两党的全部活动，包括理论和实践，其目的都在于维护和实现本阶级的利益，并都以控制国家政权为其活动的首要目标。他们的全部活动，从根本上说也都是服务或服从于这个斗争目的。

相关论文还有，关志钢的《抗日战争时期的国共关系及其历史启示》（《世纪桥》2008年第9期）、高敏的《关于第一次国共合作几个问题的思考——兼与欧阳湘商榷》（《中共党史研究》2008年第4期）等。

（三）社会主义革命和建设时期党史研究

1. 社会主义改造时期研究

李发铨的《毛泽东社会主义改造思想的几个理论来源》（《理论月刊》2008年第2期）提出：毛泽东社会主义改造思想的形成，运用了马克思主义经典作家的若干理论原则。毛泽东对马克思主义经典作家不断革命论和革命发展阶段论的创造性运用，提出了中国从新民主主义向社会主义转变的思想，从而为社会主义改造思想提供了总的理论前提。毛泽东对生产力与生产关系、经济基础与上层建筑辩证关系中生产关系和上层建筑的反作用特别是“一定条件下的”决定作用的侧重和发挥，成为毛泽东社会主义改造的重要理论依据。

朱晋平的《对私营图书零售业社会主义改造的历史考察》（《中共中央党校学报》2008年第5期）从一个独特的角度审视了社会主义改造的历史经验，认为：社会主义改造总路线确立后，新华书店根据中央精神对私营图书零售业进行改造的过程中，深入调查，细致分析和处理，提出“不让一家歇业，不让一人失业”的方针，推出“三让”政策。在对私营图书零售行业进行公私合营中也出现了许多的波折，吸收、借鉴改造过程中的经验，对于我们推进当前出版发行改革体制，具有重要的参考价值。

2. 大跃进和人民公社化运动研究

罗平汉的《赶超思想与“大跃进”的发动》（《河北学刊》2008年第4期）提出：在可以预见的时间里赶上并超过发达资本主义国家，一直是中国共产党执政之后的重要目标。确立这样的目标本身无可厚非，问题在于用多长的时期和用什么样的方式实现赶超。1958年开展的“大跃进”运动，就是一场企图在短时间内实现赶超目标的大实验，结果欲速则不达，留下了深刻的教训。

刘维芳的《中国妇女运动“大跃进”始末》（《中华女子学院学报》2008年第5期）认为：在“大跃进”的三年时间里，中国妇女运动从最初的积极参与，到中间的调整反思，直至后期的跃进浪潮再起，经历了特殊而重要的历史阶段。“大跃进”运动给妇女发展带来了深远的影响，它既写下了妇女思想解放史的新篇章，也表现了忽视妇女生理特点和缺乏对妇女的劳动保护、造成家务劳动和社会劳动的矛盾，以及妇女界在“妇女是否解放?”等理论问题上的困惑和迷茫等不利影响。

丁银高、李伟：《农业“大跃进”运动的政治运作》（《山东师范大学学报（人文社会科学版）》2008年第4期）提出：农业“大跃进”运动的兴起离不开当时的政治运作。在动员方式上，破除迷信，解放思想，打掉农民的自卑心理，提高其自信心，运用大众传媒进行舆论灌输，使整个社会步调一致，统一到对运动的支持上；在运动模式上，循序渐进，开展鸣放辩论；在运动伦理上，实现价值观的重构；在组织保障上，建立严密的基层权力网络结构体系，经过上下互动，使运动顺利地开展起来。

应小丽的《关于人民公社制度变迁动力和机制的探讨》（《中共党史研究》2008年第4期）认为：人民公社时期农民的瞒产私分、包产到户、借地、买工分等，既是一种自发性的活动，也是一定意义上的创新性表达，其或隐或显地影响着国家制度，推动了民间创新实践上升为国家实践，在人民公社制度变迁中扮演了强有力的提醒者、播种者和推动者的角色，是推动人民公社制度变迁的重要动力。

其他论文还有，林蕴晖的《“大跃进”前后的政治氛围》（《北京党史》2008年第3期），吴志军的《制度分析视角下的人民公社史研究》（《北京党史》2008年第3期），张勇的《毛泽东第二次访苏与大跃进的发动》（《聊城大学学报（社会科学版）》2008年第3期），梁志敏的《“大跃进”运动的社会心理动因探析》（《河南理工大学学报（社会科学版）》2008年第4期），辛逸的《人民公社研究述评》（《当代中国史研究》2008年第1期）等。

3. “文化大革命”研究

沈传宝的《马克思主义中国化在“文化大革命”中的曲折命运和经验教训》（《中共党史研究》2008年第2期）认为：“文化大革命”是在捍卫马克思主义纯洁性的初衷下发动的，作为其指导思想的“继续革命”理论，被宣传为对马克思主义发展的“第三个里程碑”。而实际上这一理论是对马克思主义的教条主义理解和具有经验主义特征的空想社会主义相结合的产物。它既违背了马克思主义的基本原理，又不符合中国国情，更与时代发展的潮流背道而驰。这一时期，尽管在总体上、在指导思想上，是马克思主义中国化严重倒退，但是也有大批党员干部和群众，坚持马克思主义的原则，进行马克思主义中国化的努力。所有这一切，都为马克思主义中国化的继续飞跃，提供了丰富而深刻的经验教训，作了各种准备。

林林的《“批林批孔”运动述略》（《福建师范大学学报（哲学社会科学版）》2008年第5期）一文认为，“批林批孔”运动是文革后期一场奇特而又十分普遍的群众运动。文章对这场运动的原因、经过和影响作了一个较为全面的分析，阐释了毛泽东的儒法思想对“批林批孔”运动的影响，并对运动的批判内容作了较为详细的介绍。

相关论文还有，吴超的《“文化大革命”起源研究述评》（《北京党史》2008年第3期），何理的《“文化大革命”中的清查“五一六”问题》（《中共党史资料》2008年第4期），陈东林的《“文化大革命”时期国民经济状况研究述评》（《当代中国史研究》2008年第2期），刘林元的《二十年反修斗争述论——毛泽东晚年的反修情结》（《中国矿业大学学报（社会科学版）》2008年第3期），唐正芒的《周恩来与“文化大革命”时期的粮食问题》（《当代中国史研究》2008年第1期）等。

（四）改革开放和社会主义建设新时期党史研究

1. 关于真理标准的讨论

2008年是真理标准讨论30周年。邢贲思的《真理标准问题讨论及其启示》（《求是》2008年第11期）认为：30年前席卷全国的真理标准问题大讨论，为具有重大历史意义的十一届三中全会的召开扫清了思想障碍，为改革开放铺平了道路。真理标准讨论的意义远远超出理论本身的范围。真理标准讨论是一次思想大解放，它使人们从迷信盛行、思想僵化的状态下解脱了出来，使党恢复了实事求是的优良传统，并重新焕发了生机和活力。

侯惠勤的《真理标准大讨论与马克思主义中国化新境界的开拓》（《马克思主义研究》2008年第6期）强调：历史反复表明，一个重大事件的现实意义和深远影响，往往要在一段时间以后才能被人们所真正地感受和领悟。1978年关于真理标准的大讨论也不例外。从30年后的今天看，这一场大讨论的伟大意义决不限于把一切理论推向了实践的审判台，从而恢复了实践的最高权威。从更为根本的意义上说，它开辟了马克思主义中国化的新阶段，为中国特色社会主义的开创奠定了基础。

沈宝祥的《真理标准问题讨论的深远意义和主要经验》（《中国特色社会主义研究》2008年第3期）、《毛泽东、邓小平关于真理标准的表述》（《党的文献》2008年第9期），胡德平的《华国锋在“真理标准”讨论中》（《共产党员》2008年第15期），莫志斌、唐去非的《真理标准问题大讨论研究述评》（《中共党史研究》2008年第7期）等。

2. 改革开放历史研究

廖心文的《从计划经济体制向社会主义市场经济体制的转变——试论毛泽东、邓小平对我国经济体制的探索》（《党的文献》2008年第11期）认为：新中国成立后，为选择适合中国社会主义发展道路的经济体制，中国共产党人进行了艰辛探索。毛泽东选择实行高度集中的计划经济体制，在一个时期内基本适应并推动了我国生产力的发展，但后来被推向极端，制约了生产力的发展；邓小平选择实行社会主义市场经济体制，是在改革开放的总思路下，总结和借鉴前人经验教训的结果，这一选择扫除了生产力发展的障碍，在理论和实践上都取得了重大突破。两人作出不同选择的根本原因是，同毛泽东相比，邓小平在什么是社会主义、怎样建设社会主义问题的认识上，产生了质的飞跃。从高度集中的计划经济体制向社会主义市场经济体制的转变来之不易，是几代人不断探索、共同努力的结果。

左鹏的《邓小平与中国社会主义农业改革和发展的"两个飞跃"》（《当代中国史研究》2008 年第 1 期）提出："两个飞跃"是邓小平为中国社会主义农业改革和发展设计的伟大纲领。从对"第一个飞跃"的肯定和支持，到对"第二个飞跃"的探索和展望，邓小平始终坚持历史发展的辩证法，不仅科学地规划了"两个飞跃"渐次实现的现实道路，而且为我们积极发展现代农业、扎实推进社会主义新农村建设提供了重要的方法论依据，具有重大而深远的现实意义。

有关改革开放 30 年的历史经验的研究论文很多，包括了经济、政治、文化、社会、党建、教育、科技等各个方面。例如，朱佳木的《正确看待改革开放前后两个时期的历史及其联系，深刻认识和准确把握中国特色社会主义道路的实质》（《中共党史研究》2008 年第 1 期），石仲泉的《邓小平与改革开放三十年》（《中共党史研究》2008 年第 6 期），曹应旺的《邓小平对毛泽东探索"走自己的道路"的继承与发展》（《党的文献》2008 年第 9 期），冯秋婷、刘为群的《改革开放 30 年来党的领导方式执政方式改进的历程与成果》（《中共珠海市委党校珠海市行政学院学报》2008 年第 6 期），李晓西的《改革开放 30 年对外开放理论回顾》（《北京师范大学学报（社会科学版）》2008 年第 9 期），谢岳、曹开雄：《现代化意义上的文化自觉——改革开放 30 年文化现代化的过程与经验》（《上海交通大学学报（哲学社会科学版）》2008 年第 6 期）等。

3. 中苏关系研究

牛军的《"告别冷战"：中国实现中苏关系正常化的历史含义》（《历史研究》2008 年第 1 期）强调：从中国与冷战关系的角度看，中苏关系正常化的进程反映了中国对外政策逐步摆脱冷战时期形成的战略思维框架，以及中国决策层在改革开放中逐步形成和丰富起来的外交新理念。建国初期，中国领导人选择的发展战略是追随苏联的模式，对外政策则选择了"一边倒"与苏联结盟。经历了近三十年的动荡与波折，中国领导人终于提出了"中国特色的社会主义道路"，并选择了"独立自主的不结盟的和平外交"，这标志着自 20 世纪 50 年代末以来，中国的国家发展战略与外交政策终于又一次实现了根本性的协调，其结果就是"告别冷战"。

阎明复的《中苏关于国际共产主义运动总路线之争》（《当代中国史研究》2008 年第 2 期）提出：1962 年 11 月 ~1963 年 1 月，赫鲁晓夫利用保加利亚共产党八大、匈牙利共产党八大、捷克斯洛伐克共产党十二大、意大利共产党十大和德国统一社会党六大相继召开的机会，从公开指名攻击阿尔巴尼亚共产党发展到公开指名攻击中共。1962 年 12 月 ~ 1963 年 3 月《人民日报》和《红旗》杂志相继发表了一系列文章阐述我党的观点，标志着 20 世纪中叶国际共产主义运动公开论战的开始。

此外，有关论文还有，俞邃的《苏共二十大的内外反响和中苏关系》（《百年潮》2008 年第 3 期），沈志华的《毛泽东、赫鲁晓夫与一九五七年莫斯科会议》（《历史教学（高校版）》2008 年第 6 期）等。

（五）人物生平和思想研究

1. 周恩来研究

李蓉的《周恩来与中共七大》（《中共党史研究》2008 年第 3 期）认为：中共七大是中国共产党历史上一次十分重要的代表大会。周恩来和其他党的领导人一起，全面谋划、精心组织、正确领导，确保了七大的胜利召开。周恩来除了在会上作《论统一战线》的重要发言外，还在大会上做了大量工作，为大会的圆满成功付出许多心血。周恩来较早地参与了七大的筹备。从大会的早期筹备，到组织大后方的代表到会；从参加整风运动，端正思想路线，到总结党的历史经验，协助代表资格的审查；从参与联合政府的谈判，到准备大会报告。周恩来在中央的领导下所做的大量工作，和其他许多同志一起努力，保证了大会的顺利召开。周恩来作为七大主席团常委之一，参与领导大会及中央日常事务。他在开幕式上作重要演讲；在大会发言中系统总结统一战线历史及其深刻的历史经验，并发扬民主，勇于开展自我批评；耐心解释说明大会选举条例，努力保证选举的顺利进行。历时50天的七大，周恩来全力以赴，他和其他领导人、代表们一起，保证了大会的圆满成功。

石仲泉的《周恩来研究若干问题辨析》（《党的文献》2008年第3期）认为：近年来，在少数著作中出现了一种非实事求是的倾向，对周恩来提出一些非议，比如所谓“愚忠”、“表里不一”以及在“文革”中的处境和作用等问题。对此有必要进行深入的辨析。周恩来一生对党、对人民无限忠诚，这正是“精忠”，是“周恩来精神”的真谛：“愚忠”之说完全将领袖人物的关系封建化了；周恩来在“文化大革命”中代表的是“治乱”力量，他在力所能及的情况下尽量做工作减少损失，绝非“起了延长历史灾难的作用”。从周恩来的出身环境和所受的教育、他的革命操守和党性修养、他所从事各种斗争和领导的各项工作等多方面进行分析，周恩来的高尚品德堪称全党楷模。那种诬称周恩来“表里不一”的说法，是毫无根据的。

另外，杜俊华的《周恩来与抗战时期中共—英国关系的嬗变——以中共南方局与英国驻华大使馆为中心的考察》（《中共党史研究》2008年第1期），徐行、徐晓东的《周恩来与建国初期的国防建设》（《当代中国史研究》2008年第1期），唐正芒：《周恩来与“文化大革命”时期的粮食问题》（《当代中国史研究》2008年第1期），甄小英的《周恩来：自我完善的自觉实践者》（《红旗文稿》2008年第3期），鲁振祥的《周恩来与中共早期“农村割据”思想》（《党的文献》2008年第2期），沈志华的《把断裂的历史链条连接起来——《建国以来周恩来文稿》史料价值拾粹》（《党的文献》2008年第4期）等都是这方面较有深度的文章。

2. 刘少奇研究

王世谊的《刘少奇与华中抗日根据地政权建设》（《党史研究与教学》2008年第4期）提出：抗日战争时期，刘少奇先后担任了中共中央中原局书记、华中局书记，主持领导了华中抗日根据地的开辟与巩固工作，对华中敌后抗日根据地的政权建设提出了一系列理论主张和方针政策，丰富与发展了马克思主义的革命政权理论，推进了我国抗日民主运动的发展。

欧阳雪梅的《刘少奇社会主义民主政治思想及实践》（《当代中国史研究》第6期）认为：刘少奇作为第一代中央领导集体的重要成员，对社会民主政治建设进行了多方面的思考和探索：致力于新中国的民主政治建设，提出了“民主化”的口号；大力宣传培育民主精神；参与建立基本的民主制度，推动了人民代表大会制度在全国范围内自上而下的系统建立，并在国家政治生活中发挥重大作用；倡导民主建设必须以保障人民权利为重点，确保人民民主权利；注意民主建设与法制建设的结合，加强民主法制建设；不断完善民主运行机制，要求扩大政治参与，加强对权力的制约等。

另外，翁有为的《抗日战争初期刘少奇对华北局势和中共在华北中心工作的思考——读〈杨尚昆回忆录〉》（《中共党史研究》2008年第2期），张远新、华建宝的《论抗日战争时期刘少奇对马克思主义中国化的探索与贡献》（《华东理工大学学报（社会科学版）》（2008年第1期），丁俊萍的《中共八大前后刘少奇发展生产力思想探析》（《毛泽东思想研究》2008年第6期），江俊伟：《刘少奇关于新民主主义城乡关系的构想与实践》（《当代中国史研究》2008年第6期）等都是刘少奇研究方面较有影响的文章。

总的来说，本年度的党史研究虽然取得了很多成果，但是重复性的研究依然不少，真正具有开拓意义的学术精品很少，值得关注的学术批评和学术争鸣不多，各个时期的研究还很不平衡，对国外的有关研究成果介绍不够及时等等，这些都是今后需要加强的。

（陈建波撰写）

第　六　编

研究成果选介

一、著作选介

（一）2008年毛泽东思想研究重要著作简介

1. 毛泽东的价值观

钟伦荣著，湖南人民出版社，2008年

毛泽东的价值观是毛泽东关于价值的哲学思考。毛泽东的价值观是马克思主义的价值观，是中国无产阶级的科学价值观，是毛泽东思想的重要组成部分。毛泽东在长期的革命斗争过程中，根据马克思主义的科学价值观，并批判继承了中国传统价值观的精华，逐步形成有中国特色的共产主义价值观。毛泽东价值观思想的形成，同毛泽东确立马克思主义的信仰是相统一的，它有深厚的哲学基础，同毛泽东哲学思想的形成和发展过程也是相统一的。本书突出毛泽东的价值观主要包括：政治价值观、经济价值观、文化价值观、法律价值观、人生价值观、科技价值观、军事价值观五个方面的内容。其中，政治价值观包括人民价值观、农民价值观和国家价值观；经济价值观包括农工商三位一体观念、义利统一观念、集体主义的群体价值观念、按劳分配的经济价值原则。

2. 为政治立法——毛泽东政治伦理思想研究

王秀华、程瑞山著，人民出版社，2008年

本书对毛泽东的政治伦理进行了较为系统的挖掘和深入的分析。毛泽东的政治伦理思想在内容上非常丰富和系统，从政治价值的构建，到政治制度的设计，再到政治主体的塑造，其政治伦理思想贯穿其政治活动的方方面面。本书以价值、制度、主体三个方面为基本的逻辑框架，选取毛泽东政治伦理思想中的主要方面、重大问题，进行专题式深入细致的分析和研究，并在此基础上对其整体性特质进行提炼、概括和总结。本书的研究，主要包括五个部分（导论，价值、制度、主体部分和结论）。本书在研究中设置了三个宏大的考察视角，即传统与现代、中与西，革命与建设，以马克思主义方法为指导，综合应用概念分析、显性分析与隐性分析相结合等多种具体方法，对其进行广泛的比较性研究。

3. 新民与救国：早年毛泽东国民性改造思想研究

米华著，湖南人民出版社，2008年

1910年秋走出韶山到他成为马克思主义者的十余年间，毛泽东无论在国情民性，抑或哲学、伦理道德、政治、文化、教育、体育等领域都有自己的思考和思想的积累。如果从哲学层面，用矛盾分析法来梳理毛泽东早期思想内容，把毛泽东的早期思想作为一个矛盾体，应该说有一个居决定地位、起支配作用的思想主题的存在，它规定和影响其他被支配的、处从属地位的思想内容的存在和发展。因此，要科学地研究毛泽东早期思想，确定其早年思想主题就势在必行了。那么，毛泽东早期思想主题是什么？研究状况如何？应怎样进行深入研究？早年毛泽东国民性改造思想的具体内容及其发展历程以及早年毛泽东国民性改造思想的历史地位等问题，都一一作了回答。

4. 毛泽东领导理论研究

陈占安主编，人民出版社，2008年

本书主要围绕毛泽东领导理论的基本内容展

开。它的内容主要包括：领导职能、领导素质、领导原则、领导方法、领导艺术、领导作风、领导哲学。这是该书的重头戏。此外，本书还概述了毛泽东领导理论产生的历史条件、历史发展，以及领导概念、领导工作的地位、作用、基本特点和基本矛盾。将毛泽东领导理论的主要特点概括为四个方面：革命性和科学性，系统性和综合性，民族性和通俗性，创造性和开放性。毛泽东领导理论是中国共产党历史上第一个科学的领导理论形态，对当今中国特色社会主义事业具有重要的指导意义，要在新的实践中进一步丰富和发展毛泽东领导理论。

5. 晚年毛泽东

陈明显著，江西人民出版社，2008 年

作为伟大政治家、军事家、思想家的毛泽东，在 20 世纪 50 年代至 70 年代的中国，在国际政治中获得了超越自身经济实力的战略地位。本书由大量鲜为人知的档案资料，对毛泽东的晚年历程作了深层次的描绘。毛泽东常常跨越时代去解决一些在当时尚不成熟的问题，甚至不惜发动反右、大跃进和错误的“文化大革命”，同时，也凸现毛泽东在历史的关键时刻那伟大、深刻、超越历史的洞察力和想象力。他的许多预言在当代现实经济与现实政治中得到印证。

（高中华选介）

（二）2008 年邓小平理论著作简介

1. 改革开放三十年思想史

赵智奎主编，人民出版社，2008 年

该书是赵智奎主持的中国社会科学院 2006 年重大课题“改革开放三十年思想史”的最终结项成果，被中宣部、新闻出版总署纳入向改革开放三十年献礼的重点书系“强国之路”丛书。由中国社会科学院马克思主义研究院 12 名学者集体完成。该书以中国特色社会主义理论体系形成为主线，以中国特色社会主义实践为基础，全景式地再现了改革开放三十年中国社会思想发展的全貌，被相关学者称之为研究改革开放历史的学术力作。该书上篇集中研究了邓小平理论的形成过程。该书的上篇引言系统地论述了以邓小平理论为标志的中国特色社会主义理论体系开创和奠基时期（1978 ~ 1992 年）中国社会思想的发展全貌。该书上篇的引言为：

1978 年 12 月，中国共产党召开的具有重大历史意义的十一届三中全会，开启了改革开放和社会主义现代化建设的历史新时期。从那时以来，中国共产党人和中国人民以一往无前的进取精神和波澜壮阔的创新实践，谱写了中华民族自强不息、顽强奋进新的壮丽史诗，中国人民的面貌、社会主义中国的面貌、中国共产党的面貌发生了历史性变化。

1978 年到 1992 年，是我国由计划体制向社会主义市场经济转轨、由传统的农业大国向现代工业大国转变的时期。这 14 年，中国人民所从事的事业，就是坚持党的基本路线，通过改革开放，解放和发展生产力，建设有中国特色的社会主义。在中国共产党的领导下，社会生产力获得了新的解放；中国人民的温饱问题基本解决，开始向小康迈进；中国的社会主义制度经受住世界风云变幻的严峻考验，显示了强大的生命力。

这一时期，中国共产党确立了解放思想、实事求是的思想路线，思想获得了前所未有的解放，推动了马克思主义在中国的发展；中国社会出现了中国历史上少有的比较宽松的民主环境，中国人民从思想禁锢、迷信中解放出来，思想上的交锋、活跃，在 20 世纪中国历史上少见，思想解放是这一时期最响亮的音符。

这一时期的中国思想主脉，是邓小平理论的形成。

以邓小平为代表的中国共产党人，总结建国以来正反两方面的经验，坚持解放思想，实事求是，科学评价毛泽东和毛泽东思想，彻底否定“以阶级斗争为纲”的错误理论和实践，实现全党工作中心向经济建设的转移，带领全党全国各族人民开启了全面改革开放的伟大历史进程，开辟了中国特色社会主义的发展道路，第一次提出了“建设有中国特色的社会主义”重大命题，创立了邓小平理论。

邓小平理论，围绕建设和发展中国特色社会主义，对“什么是社会主义、怎样建设社会主义，建设什么样的党、怎样建设党，实现什么样的发展、怎样发展”这三大基本问题，进行了全面回答，“形成了新的建设有中国特色社会主义理论的科学体系。它是在和平与发展成为时代主题的历史条件下，在我国改革开放社会主义现代化建设的实践过程中，在总结我国社会主义胜利和挫折的历史经验并借鉴其他国家社会主义兴衰成败历史经验的基础上，逐步形成和发展起来的。它第一次比较系统地初步回答了中国社会主义的发展道路、发展阶段、根本任务、发展动力、外部条件、政治保证、战略步骤、党的领导和依靠力量以及祖国统一等一系列基本问题，指导我们党制定了在社会主义初级阶段的基本路线。它是贯通哲学、政治经济学、科学社会主义等领域，涵盖经济、政治、科技、教育、文化、民族、军事、外交、统一战线，党的建设等方面比较完备的科学体系，又是需要从各方面进一步丰富发展的科学体系。”

在邓小平理论形成过程中，邓小平发挥了最重要的作用。“邓小平同志是我国社会主义改革开放和现代化建设的总设计师。他尊重实践，尊重群众，时刻关注着最广大人民的利益和愿望，善于概括群众的经验和创造，敏锐地把握时代发展的脉搏和契机，既继承前人又突破陈规，表现出了开辟社会主义建设新道路的巨大政治勇气和开拓马克思主义新境界的巨大理论勇气，对建设有中国特色社会主义理论的创立作出了历史性的重大贡献。”

在邓小平理论形成的过程中，每次党代会的报告和党的中央全会决议集中概括了邓小平一个时期关于建设有中国特色社会主义的重要论述，推动中国特色社会主义事业进入一个新的阶段，成为邓小平理论形成、发展的重要界标。因此，党的代表大会和在邓小平理论形成过程中具有重要标志意义的中央全会成为划分邓小平理论形成的分期标准。

根据邓小平理论的形成过程，可以把这一时期中国思想发展大致分为以下几个阶段：

1975 年全面整顿到 1978 年 5 月真理标准问题讨论。这个阶段是邓小平理论的酝酿阶段。以毛泽东为核心的中国共产党的第一代中央领导集体的实践成果，为党在新时期开辟中国特色社会主义道路、创立邓小平理论，奠定了根本的政治前提和制度基础；关于社会主义建设道路的探索，是邓小平理论产生的思想渊源。1975 年的整顿，“是邓小平重新思考什么是社会主义、怎样建设社会主义的开端，是邓小平理论的酝酿阶段。”这一时期占主导的思想是以“两个凡是”为代表的“左”倾思想。同时，民间出现了孙冶方、张志新等为代表的反对“极左”思想的先驱。

1978 年 5 月真理标准问题讨论到 1978 年 12 月党的十一届三中全会。这个阶段是实事求是思想路线的重新确立阶段。这个阶段是思想大解放时期，党的十一届三中全会因为重新确立了党的正确的思想路线、政治路线和组织路线而成为邓小平理论的起点。

1978 年 12 月到 1982 年 9 月党的十二大。这个阶段是改革开放起步和邓小平理论初步形成阶段。这个阶段的理论主题是拨乱反正，“邓小平理论形成和发展的主要特点是：邓小平领导全党在揭批‘四人帮’和起草《历史决议》过程中，进行理论是非和历史是非的彻底清理，恢复马克思主义毛泽东思想的本来面貌。”同时，“在纠正错误的东西、继承正确的东西的过程中，邓小平对怎样搞社会主义建设的认识，产生了质的飞跃，并且开始孕育着在什么是社会主义、怎样建设社会主义的一系列重大理论问题上的突破。”改革开放的起步，引发了中国思想界的活跃，围绕改革开放出现的新现象展开了激烈的争论，与此同时否定四项基本原则的资产阶级自由化思想开始出现。

1982 年 9 月到 1984 年 10 月《中共中央关于经济体制改革的决定》发布。这个阶段是经济体制改革，特别是农村改革的深入推进和邓小平理论形成主题与内容展开阶段。1982 年 9 月邓小平在党的十二大开幕词中第一次明确提出“建设有中国特色的社会主义”概念，使十一届三中全会以来中国的发展道路有了科学的称谓。1984 年 10 月十二届三中全会通过的《中共中央关于经济体制改革的决定》提出了有计划商品经济理论和把是否有利于发展社会生产力作为检验一切改革成败的最重要标准，从而实现了对马克思主义、毛泽东思想的新发展。这一时期思想理论界围绕经济体制改革进行了深入的探讨，人道主义与异化问题讨论成为热门话题。

1984 年 10 月到 1987 年 10 月党的十三大。这个阶段是改革开放全面推开和邓小平理论轮廓的形成时期。这个阶段，邓小平理论继续在多方面获得发展，这些思想在党的十三大报告中得到集中阐述。党的十三大系统地提出了社会主义初级阶段理论，进一步阐明了有计划商品经济理论，完整地概括了党的“一个中心，两个基本点”的基本路线，第一次形成“建设有中国特色社会主义理论”的概念，并把这一理论的内容初步概括为十二条，提出“二次飞跃”的思想，标志着邓小平理论轮廓的形成。在这个阶段，中国思想界出现了非常活跃的局面，出现了新启蒙主义思潮，掀起了传统文化热和西方文化热。同时，也出现了资产阶级自由化蔓延的局面，为此，中国共产党旗帜鲜明地开展了反对资产阶级自由化。

1987 年 10 月到 1989 年 6 月党的十三届四中全会召开。这个阶段是改革开放的深入推进与邓小平理论丰富与发展阶段。这个阶段，邓小平围绕反对资产阶级自由化、政治稳定、反对腐败等发表了一系列看法，推动了邓小平理论的进一步发展，也经受了国内政治风波的考验；思想理论界围绕政治体制改革掀起了“新权威主义”的讨论；资产阶级自由化的泛滥，引发了“六四”政治风波；中国共产党通过平息这场政治风波扼住了资产阶级自由化的泛滥。

1989 年 6 月到 1992 年 2 月邓小平南方谈话。这个阶段是治理整顿与邓小平理论科学体系形成阶段。这个阶段，邓小平理论经受住了国际上苏东剧变的考验，邓小平通过对改革开放的反思总结，在 1992 年初发表了南方谈话，系统总结和全面阐述了建设有中国特色的社会主义理论，在此基础上，党的十四大完整地提出了这一理论的科学体系。思想理论界在对改革开放的反思中，再次掀起了计划与市场关系的讨论，引发了姓“资”姓“社”的争论，反思了“左”倾错误的根源，出现了民族主义思潮。

这一时期的主流思想——邓小平理论，是不断总结改革开放和社会主义现代化建设的实践经验逐步成熟的，是在吸取思想理论界的成果、集全党的集体智慧而形成的，是在与这一时期包括“左”和“右”的错误思潮进行思想交锋过程中逐步形成的，始终代表着这一时期中国思想的发展方向，引领着各种社会思潮。

这一时期的中国思想，是在新的历史条件下，对马克思主义普遍原理在当代中国的坚持和运用，对毛泽东思想的继承和发展，对中国传统思想精华的吸取，对人类进步思想的借鉴，对改革开放实践经验的提升。

这一时期的思想发展，始终贯穿着思想解放。这一时期思想解放的特点表现为：从传统的社会主义观念中解放出来，从中国传统思想中解放出来，从对西方思想的膜拜中解放出来。每一次思想解放都是对阻碍改革和发展的最迫切、最重要问题的解决，使广大干部和群众摆脱精神枷锁的束缚，思想上获得极大的解放，促进了生产力发展“上台阶”，开辟了改革开放的新天地，催动经济发展出现新高潮。

理论的地位取决于理论满足社会需要的程度。“一切划时代的体系的真正的内容都是由于产生这些体系的那个时期的需要而形成起来的。”这个时期的思想是适应于中国改革开放的需要而产生的。同时，思想也发挥了对社会的强大的反作用，思想解放推动了中国的改革开放，推动了当代中国的进步。特别是邓小平理论，是邓小平留给后人的宝贵思想和精神财富，发展了马克思主义，丰富了中国的思想宝库，是 20 世纪中国人提供给人类的珍贵精神遗产。邓小平理论对当代国际社会和国际共产主义运动发挥了重要作用。

“邓小平理论是中国特色社会主义理论体系的开创之作，是最基础的重要组成部分。”

“邓小平理论反映的是中国和世界 20 世纪 70 年代中期到 90 年代的历史，是对中国和国际社会这一段历史的科学判断和把握。”必须随着改革开放的实践的发展而发展。

“坚持邓小平理论，在实践中继续丰富和创造性地发展这个理论，这是党中央领导集体和全党同志的庄严历史责任。”只有“在邓小平理论指引下，在实践中不断探索，不断开拓，总结新的经验，形成新的认识”，“才能创造性继承邓小平同志开创的建设有中国特色社会主义事业，也才能创造性发展邓小平理论。这是对邓小平理论的正确态度，也是邓小平同志期望于我们的。”

新的历史条件，要求更主动地解放思想，通过解放思想推动邓小平中国特色社会主义理论的发展；在推动主流思想发展的同时，更好地发挥主流意识形态对社会思潮的引导作用，满足人们日益增加扩大的精神生活的需要。

2. 建设中国特色社会主义史纲（1978～2008）

江流、傅青元主编，社会科学文献出版社，2008 年

该书是由著名学者江流研究员主编的中国社会科学院向改革开放三十年献礼的重要著作，由中国社会科学院近 30 名学者集体完成，是在《建设有中国特色社会主义史纲》（1978～1998）修订和增补的基础上形成的。

该书以十七大报告为指导思想，坚持严格把握建设中国特色社会主义事业发展进程为主体内容，

坚持理论创新和实践创新并重的编写方针，采取逻辑与历史相统一的表述方式，把纪事和史论结合起来，统一采用亦叙亦议、夹叙夹议的写法。通过全面反映改革开放三十年中对中国特色社会主义事业全局具有重要影响事件的记述，包括发生的背景，党和政府的决策，实践的过程、效果及其伟大意义，完整地再现了改革开放和社会主义现代化的历史进程，比较全面地记录和反映了中国共产党带领全国各族人民，开辟并沿着中国特色社会主义道路不断前进的历史过程，比较全面地记录和反映了党的几代领导集体不断把马克思主义基本原理同推进马克思主义中国化结合起来，最终形成了中国特色社会主义理论体系的历史过程。

该书的特点是在记录每一件大事时，都注意从理论上分析，注意阐发随着中国特色社会主义实践的发展而形成的新提法、新观点、新论断，以及这些新的理论观点在改革开放和现代化建设中所发挥的巨大作用。该书是对胡锦涛总书记在十七大报告中对30年改革开放伟大历史进程科学总结的结论的历史诠释。通过该书的历史叙述，有助于人们清楚中国特色社会主义事业是如何一步一步向前发展的，中国特色社会主义道路是如何开辟的，中国特色社会主义理论体系是如何形成的；它可以帮助人们学习十七大精神，更好地理解中国特色社会主义，使全党和全国各族人民倍加珍惜、长期坚持和不断发展党历经艰辛开创的中国特色社会主义事业，使中国特色社会主义道路越走越宽广，让当代中国马克思主义放射出更加灿烂的真理光芒。

3. 中国特色社会主义理论体系新论

罗文东主编，人民出版社，2008 年

该书是国家社科基金2007年重大项目“中国特色社会主义理论体系若干重大问题研究”的阶段性成果，由中国社会科学院马克思主义研究院、四川大学等单位的学者集体攻关的结晶。

该书坚持历史与逻辑一致、理论与实践相结合的原则，站在总结中国近现代历史发展和世界社会主义运动的实践经验和理论成果的高度，全面论述了中国特色社会主义理论体系的时代背景、实践基础、思想渊源、发展历程、科学内涵、精神实质、历史地位和指导意义等一系列重大问题。该书既反映中国特色社会主义理论体系的科学性、完整性，又突出中国特色社会主义理论体系的实践性、开放性，力求揭示中国特色社会主义理论产生、发展的历史脉络，揭示其内在的逻辑结构和丰富内涵，揭示其理论创新意义和实践指导作用。

该书的一个重要特色是对中国特色社会主义与新自由主义、民主社会主义、市场社会主义、生态社会主义进行了比较分析，揭示了中国特色社会主义理论与这些国外理论流派的本质不同，有助于人们认识中国特色社会主义的本质，坚定走中国特色社会主义道路的信心。

4. 邓小平鲁山报告的睿智

鲁山县邓小平早期理论研究会编，中共党史出版社，2008 年

1948年4月25日，邓小平在河南鲁山召开的豫陕鄂前委和后委联席会议上作了《跃进中原的胜利形势与今后的政策策略》的重要报告（被收入《邓小平文选》第1卷），即《邓小平鲁山报告》。这个报告敏锐地洞察并正确地解决了事关推进人民解放战争胜利进程的军队建设、党的建设问题，事关解放区巩固发展的土改问题、工商业政策问题等。报告客观地论述了市场与政治、经济、人民生机的关系；报告充分体现了邓小平深邃的政治智慧、一往无前的革命坚定性、一贯的求实作风、一心为民的高尚品格。

河南省鲁山县为了纪念邓小平鲁山报告发表60周年和纪念中国改革开放30年而出版了论文集——《邓小平鲁山报告的睿智》。该书收录了冷溶、石仲泉、黄小同等理论界、党史界学者关于邓小平鲁山报告的研究成果，还收集了刘华清等原国家领导人的题词。该书与中央文献出版社2008年4月出版的文献资料集《邓小平在鲁山》，有助于研究邓小平早期的生平和思想。

该书对邓小平理论研究来说，提供了一个新的范例。要拓展邓小平理论研究的范围，必须从历史纵深的角度进行研究。把邓小平早期的思想与邓小平理论研究结合起来研究，可以更深入地研究邓小平理论。

5. 中国30年：人类社会的一次伟大变迁

【美】罗伯特·劳伦斯·库恩著，上海人民出版社，2008 年

该书是作者在考察了中国20多个省份的40余

座城市，独家采访了众多改革开放的亲历者和建设者，其中包括百余位省部级官员、企业领袖和专家学者的基础上形成的。通过采访人尤其是党、政、商、学不同部门与各地方主要负责人的权威讲述，回顾了中国改革开放的背景与历史进程，分析了改革的运作机制，发掘了改革开放给中国的政治、经济、科技、文化、教育各领域及普通百姓生活与观念所带来的深刻变化，并展望了中国改革开放的未来前景。该书特别关注了中国领导人的思维方式，用一个西方人的眼光解读了邓小平理论、"三个代表"重要思想和科学发展观的理论内涵与具体实践；作者将中国的改革开放放在国际政治、经济和社会的大环境中进行审慎的比较，力图以客观、友好、务实的态度和独特的视角向世界讲述真实的改革开放的中国。

该书通过一个美国人的视野全面审视了中国改革开放的伟大历程，为西方认识中国提供了一个新的路径，有助于中国读者了解邓小平理论形成的实践基础与重大意义。

（龚云选介）

（三）2008 年"三个代表"重要思想研究著作简介

1."三个代表"重要思想的领导学研究

奚洁人主编，人民出版社，2008 年

以江泽民为核心的党的第三代中央领导集体所创立的领导理论，是"三个代表"重要思想的重要组成部分和核心内容，在"三个代表"重要思想体系中具有极其重要的地位，是对新时期党的领导实践经验和规律的科学总结，它继承、发展和创新了马克思主义领导理论，是当代中国马克思主义领导理论的最新成果。江泽民的领导理论反映了当代世界和中国的发展变化对党和国家领导工作的新要求，反映了世纪之交领导中国现代化建设的新特点，体现了中国共产党科学地认识和把握执政规律的新水平。

论著按照如下的逻辑结构展开：上篇是以领导学的视角对"三个代表"重要思想进行整体解读，提出了"三个代表"重要思想领导理论的形成及特色，共分三章。首先对"三个代表"重要思想领导理论的形成背景及过程进行分析，然后阐述了其核心内容，最后分析了这一理论的主要特色。下篇是对江泽民为核心的党的第三代中央领导集体在领导我国人民建设有中国特色社会主义过程中的具体领导实践及其理论贡献进行系统阐述，共分八章。第四、五、六章分别对以江泽民为核心的党的第三代中央领导集体的治党领导思想与实践、治国领导思想与实践、治军领导思想与实践进行了阐述。第七、八、九章对第三代领导集体关于领导人才素质、领导人才培养、领导班子建设的思想进行了分析，第十章阐述了领导决策思想，第十一章分析了领导方法和领导艺术问题。最后是结语部分，阐述了以胡锦涛为总书记的党中央，在实践中继承和发展了"三个代表"重要思想，用解放思想开路，以改革开放推进，贯彻科学发展观，促进社会和谐，为夺取全面建设小康社会新胜利而奋斗，从而在新的历史条件下进一步丰富和发展马克思主义领导理论。

在上述逻辑基础上，论著着重对"三个代表"重要思想领导理论的如下主要内容进行了梳理研究：第一，解决好建设什么样的党和怎样建设党这一基本问题；第二，在政治、经济、文化、军事等各方面形成了治国理政的基本方略；第三，强调领导人才和领导队伍建设的重要性，以保证党的路线的贯彻执行；第四，重视领导方法和领导艺术，努力实现领导决策的科学化；第五，在实践中不断丰富和发展马克思主义领导理论，即以胡锦涛为总书记的党中央提出了以人为本，全面、协调、可持续发展的科学发展观这一领导理念。

2. 江泽民执政安全思想研究

刘起军著，湖南人民出版社，2008 年

执政党安全问题，是关系执政党生存与发展的基本问题。江泽民作为党的第三代领导集体的核心，在领导我国经济社会发展过程中，紧紧围绕"建设什么样的党，怎样建设党"这个基本问题，围绕"不断提高党的领导水平和执政水平，提高拒腐防变和抵御风险的能力"这两大历史性课题，提出了一系列维护党的执政安全的思想。

论著首先阐述了江泽民执政安全思想相关的一些基本概念，介绍江泽民执政安全思想的研究现状、研究价值以及作者研究的基本框架。江泽民执政安全思想，对于进一步坚持和发展马克思主义党的建设理论具有重要意义，对于推动国际共产主义运动、迎接来自国际社会的机遇与挑战、切实加强党的自身建设，有着重要的现实意义。

其次，分析了江泽民执政安全思想的形成。一是从阐述马克思、恩格斯、列宁、毛泽东和邓小平执政安全思想出发，揭示了江泽民执政安全思想的理论渊源。二是从把握社会主义国家执政党丧失执政地位、资本主义国家执政党丧失执政地位、国民党失去执政地位等的教训，以及中国共产党各个时期执政的正反经验总结出发，揭示了江泽民执政安全思想形成的历史依据；三是从中国共产党面临的执政环境更加复杂、任务更加艰巨、自身变化更为深刻等方面，分析了江泽民执政安全思想产生的现实条件。四是阐述了江泽民执政安全思想形成的三个阶段及其形成过程的特点。

再次，归纳总结了江泽民执政安全思想的主要内容。一是对维护执政安全的重要性和紧迫性的阐述。二是科学论述了执政安全的根本要求。三是全面分析了影响执政安全的各种因素。四是明确提出了确保执政安全的战略举措。即坚持马克思主义的指导地位，夯实执政基础，优化执政环境，提高执政能力，攻克反腐难题，造就一支堪当重任的干部队伍和现代化正规化军队，为执政提供有力保障。

在此基础上，归纳了江泽民执政安全思想的主要特色。一是鲜明突出的时代性；二是丰富完整的系统性；三是与时俱进的创新性；四是理实交融的实践性。

最后，论著阐述了江泽民执政安全思想的历史地位，明确提出江泽民执政安全思想是江泽民党建思想的核心，丰富发展了马克思党建理论，解决了中国共产党执政实践中的各种问题，为新一届领导集体维护党的执政安全打下了坚实的理论基础。

（王佳菲选介）

（四）2008年科学发展观与社会主义和谐社会研究著作选介

1. 深入学习科学发展观读本

本书编写组，中共中央党校出版社，2008年

该著作认为科学发展观是对党的三代中央领导集体关于发展的重要思想的继承和发展，是马克思主义关于发展的世界观和方法论的集中体现，是同马克思列宁主义、毛泽东思想、邓小平理论和“三个代表”重要思想既一脉相承又与时俱进的科学理论，是我国经济社会发展的重要指导方针，是发展中国特色社会主义必须坚持和贯彻的重大战略思想。科学发展观科学地回答了我国的发展目标、发展战略、发展道路等一系列重大问题，进一步明确了新世纪新阶段我国要发展、为什么发展和怎样发展的重大问题，是指导发展的世界观和方法论的集中体现。中央号召要在全党开展深入学习实践科学发展观的活动。

该著共分十章。第一章：科学发展观的形成过程和时代背景；第二章：科学发展观的基本内涵和精神实质；第三章：科学发展观的理论基础和重大意义；第四章：坚持发展这个第一要义；第五章：坚持以人为本；第六章：坚持全面协调可持续发展；第七章：坚持统筹兼顾；第八章：科学发展观与政治建设、文化建设、社会建设；第九章：科学发展观与党的建设；第十章：深入贯彻落实科学发展观。

2. 深入学习实践可续发展观学习参考

人民日报理论部著，人民日报出版社，2008年

该著所收文章大都发表在人民日报理论版，作者多为著名理论学者和高级领导干部。文章内容丰富，风格鲜明，既有学习科学发展观理论上的深层思考和精辟阐述，又有实践科学发展观过程中的思想感悟和深刻总结，还有来自活动试点单位的宝贵经验。

该著共分十章，第一章：科学发展观，发展中国特色社会主义的重大战略思想；第二章：发展，科学发展观的第一要义；第三章：以人为本，科学发展观的核心；第四章：全面协调可持续，科学发展观的基本要求；第五章：统筹兼顾，科学发展观的根本方法；第六章：深入贯彻落实科学发展观，始终坚持“一个中心、两个基本点”的基本路线；第七章：深入贯彻落实科学发展观，积极构建社会主义和谐社会；第八章：深入贯彻落实科学发展观，继续深化改革开放；第九章：深入贯彻落实科学发展观，加强和改进党的建设；第十章：深入学习实践科学发展观活动试点工作报道。

3. 学习实践科学发展观若干重大现实问题解析

程恩富，侯惠勤，辛向阳著，中央文献出版社，2008 年

该著深入解析科学发展观中的经济理论和现实问题，阐明科学发展观与中国特色社会主义政治发展道路的关系，围绕深入落实科学发展观继续解放思想，构建社会主义核心价值体系，指导党领导人民奋力开拓中国特色社会主义更为广阔的发展前景。科学发展观，是对党的三代中央领导集体关于发展的重要思想的继承和发展。学习实践科学发展观活动是用中国特色社会主义理论体系武装全党的重大举措。

该著共分四讲。第一讲：科学发展观中的经济理论和现实问题解析；第二讲：科学发展观与中国特色社会主义政治发展道路；第三讲：围绕深入落实科学发展观继续解放思想；第四讲：构建社会主义核心价值体系是我国意识形态建设的战略性飞跃。

4. 科学发展观理论与实践（中国共产党理论与实践大课堂）

本书编写组，中国社会出版社，2008 年

该著以十七大精神为指导，结合贯彻落实科学发展观过程中所出现的新清况和新问题，全面、系统地论述了科学发展观的精神实质，展示了科学发展观的最新进展，彰显了科学发展观在当代中国的指导地位。此外，该著语言生动、结构完整、逻辑清晰、体例新颖，可读性强，从理论与实践上，对科学发展观进行了深度的解读，是十七大以来阐释科学发展观新内涵的颇具可读性的读本。

该著共分八章。第一章，科学发展观：来自时代的呼唤；第二章，科学发展观的基本内涵；第三章，科学发展观催动新一轮思想解放；第四章，科学发展观创新经济社会发展模式；第五章，科学发展观拓展现代化建设新思路；第六章，科学发展观统领和谐社会建设；第七章，科学发展与改革开放互动；第八章，科学发展观指导党的建设伟大工程。

5. 构建社会主义和谐社会专题研究

严书翰著，中共中央党校出版社，2008 年

该著是中央马克思主义理论研究和建设工程科学社会主义课题组在理论研究过程中形成的一批科研成果之一。

该著共分 12 个专题。第一题：中外古代和谐与和谐社会思想；第二题：马克思恩格斯的社会和谐思想；第三题：中国共产党对和谐社会理论的发展和创新；第四题：社会和谐是中国特色社会主义本质属性；第五题：社会和谐是中国共产党不懈奋斗的目标；第六题：社会主义和谐社会的基本特征；第七题：科学发展社会和谐是发展中国特色社会主义的基本要求；第八题：加强制度建设，维护社会公平正义；第九题：加强社会管理推动社会事业建设；第十题：加强以社会主义核心价值为根本的和谐文化建设；第十一题：统筹协调利益关系妥善化解社会矛盾，第十二题：坚持和平发展促进世界和平。

（钟君、迟方旭）

（五）2008 年党史党建重要著作选介

1. 建国以来周恩来文稿（1～3 册）

中共中央文献研究室、中央档案馆著：中央文献出版社，2008 年

《建国以来周恩来文稿》，是中共中央文献研究室和中央档案馆共同编辑出版的一部新的文献集。这次出版的是该书的前三册，收入 1949 年 6 月～1950 年 12 月期间周恩来同志的文章、电报、书信、批语、题词等，共计近 1000 篇，大部分为首次公开发表。此次公布的这些珍贵的历史文献，记录了新中国建立前夕，周恩来同志同各民主党派和爱国民主人士共商建国大计，筹备召开中国人民政治协商会议，主持起草《共同纲领》等重大问题的历史过程；记录了新中国建立之初周恩来同志领导医治战争创伤、恢复国民经济、奠定外交格局、开辟各项事业和领导抗美援朝等方面的工作情况，为深入研究党史、国史和军史提供了重要的文献资料。

《建国以来周恩来文稿》是周恩来著作系列的重要组成部分，该书收入的文稿，都经过周恩来本人认定，是第一手材料，具有权威性。该书收入的文稿，仅有少量曾公开发表，有些曾在中共党内或大或小范围内印发过，但绝大部分未曾发

表过，具有很高的文献价值。例如，《建国以来周恩来文稿》第1册公布的文献有：中央关于与各国通邮通航问题给上海市委的电报（1949年6月17日）；中央关于联合国驻沪机构处理办法给上海市委的电报（1949年6月17日）；在新政协筹备会第三小组成立会上的讲话和对会议记录稿的批语（1949年6月18日、21日）；中央关于司徒雷登欲来北平事给南京市委的电报和批语（1949年6月21、30日）；中央关于聘请一批党外人士为上海市政府顾问的电报（1949年6月25日）；关于处理美间谍案给东北局的电报（1949年6月、11月）；中央关于《大美晚报》停刊事给上海市委的电报（1949年6月30日）；军委关于夺取长山岛作战意见的电报（1949年6月30日、7月23日）等。

华东师范大学的沈志华教授认为："《建国以来周恩来文稿》在数量上将大大超过《建国以来毛泽东文稿》和《建国以来刘少奇文稿》，为历史研究者提供了许多足以把原来断裂的历史链条连接起来的重要的第一手资料。"（沈志华：《把断裂的历史链条连接起来——《建国以来周恩来文稿》史料价值拾粹》，《党的文献》2008年第4期）。

2. 党史札记末编

龚育之著，中共党史出版社，2008年

《党史札记末编》是已故著名学者党史专家龚育之的第三部也是最后一部党史札记的文集。从1999年开始，他在《学习时报》开辟"党史札记"专栏，发表了百余篇作品，受到读者的关注和好评，后将这些文章编为《党史札记》和《党史札记二集》于2002年、2004年先后由浙江人民出版社出版。这些题材丰富，写人记事，考订了若干党史资料，厘清了一些重要的党史史实。

《党史札记末编》是很有意义的党史研究文集，它承继了前面两部文集的特点。本书的特约编辑韩钢在文集的后记中写到：这部集子是龚育之同志去世后，补入他病中的新作编成的。叫什么书名呢？那次谈新编集子，他说不打算再用"党史札记"，考虑换一个含义宽泛些的名字。他说："我既想不好别的书名，就仿照鲁迅编《且介亭杂文》、《且介亭杂文二集》、《且介亭杂文末编》的先例，称自己这本集子为《党史札记二集》吧。"既然替他起名不合适，那就依他所说，也仿照鲁迅的"且介亭杂文"系列，叫《党史札记末编》吧。《二集》出版后，人们希望再读到他的"三集"、"四集"、"五集"……无论如何没有想到，他的"札记"止于"三集"，他的"三集"成了"末编"！《末编》凡三十六篇，除去四篇，都是龚育之同志近三年来的新作。根据前两集的体例，《末编》仍分为两辑："党史札记"和"往事琐忆及其他"。《回顾：五年和八十年》是对1990年代后期并上溯到五四以来崇尚科学、反对迷信的历史的回顾，《一个希望》提出了近现代史料整理编辑一个值得注意的问题，故归入"党史札记"一辑。"往事琐忆及其他"一辑，收入了五篇文章。前三篇是他对自己经历的回忆，其中《我在清华的三年》是他很花了些功夫写的。《中国科技政策的历史、理论和实践》是他1980年代写的一篇书稿提纲，提纲设计的框架相当完整。

《党史札记末编》的主要文章有：在刘少奇《论党》学术讨论会上的发言；读《建国以来刘少奇文稿》所想到的；陈云对毛泽东思想的形成和发展的贡献；党史研究：萎缩还是繁荣?；从社会主义初级阶段的观点回顾党的历史；我所知道的陆定一；回顾：五年和八十年；中国科技政策的历史、理论和实践等。

3. 国民党的"联共"与"反共"

杨奎松著，社会科学文献出版社，2008年

《国民党的"联共"与"反共"》是国内第一部从国民党史的角度研究国共关系的著作，它将国共双方放在一个平等的角度进行研究，系统考察和研究国民党对共产党支持及其策略演变经过。作者充分利用国共双方大量可靠、翔实的历史档案和许多重要人物的日记、回忆录，多方查证重大史实，全面论述从1921年中国共产党成立到1949年新中国成立前的国共两党关系，从而将国共关系的研究向前推进了一大步。书中针对国共关系史上的一些重大问题，如大革命时期孙中山及国民党各派系对国共合作的态度；第二次国内战争时期国民党的"剿共"决策过程等，吸收了以往的研究成果，作出了自己的新的解说。

作者认为：历史研究，贵在求真。而欲求历史之真，又非尽可能全面把握历史的各个侧面，努力深入到各方当事人的内心世界中，去了解他们的思想、情感和认识变化的情况及原因不可。只注重和相信源自一个方面、一种角度的史料，对历史的把握，难免会如同盲人摸象，使自己永

远无法看清真实的历史是什么样子。正因为如此，写作《国民党的“联共”与“反共”》时，尽一切可能搜集有关国共关系史问题的各种档案文献史料和回忆口述史料。

该书是中国社科院重大课题“中国国民党史”的研究成果之一。“中国国民党史”首批确定的六本书分别是《国民党的思想理论》（贺渊著）、《国民党的党务与组织》（王奇生著）、《国民党政权的内政》（汪朝光等著）、《国民党政权的外交》（牛大勇等著）、《国民党的“联共”与“反共”》、《国民党的执政工具》。本课题主持人杨天石说，“《国民党的“联共”与“反共”》利用的资料没有任何其他的学者能够达到。像杨奎松这样，运用那么多高层甚至是不能公开阅览的资料的非常少。”

4. 周恩来在建设年代

刘武生著，人民出版社，2008 年

本书是人民出版社特为纪念周恩来诞辰 110 周年推出的一部研究著作。书名中所指的“建设年代”，是指从 1949 年新中国建立到 1965 年的十七年。从建国初期恢复和发展国民经济，到 50 年代上半期国家工业化起步，再到 1956 年～1966 年的十年全面建设社会主义，这个时期的鲜明特点是搞建设。这十七年是新中国的经济、政治、文化、国防、外交建设打基础的时期，作为开国总理的周恩来几乎参与并领导了这一时期国家建设的所有重大决策和重大事件，发挥了无可替代的重大作用。

中共中央文献研究室常务副主任杨胜群认为：《周恩来在建设年代》（1949～1965）是作者继《周恩来与共和国重大历史事件》、《周恩来的晚年岁月》之后又一部研究周恩来生平思想的力作，是一部积数年之功、厚积薄发之作。这本书不是作者一口气写成的，而是他 20 多年间对周恩来生平思想专题研究成果的结集。该书收入的多篇专题文章，都是他在参加编辑周恩来著作的过程中积累资料、反复思考、深入研究的成果。其研究，不仅体现在对这一时期周恩来生平活动细腻、准确的记述上，而且体现在对周恩来方方面面思想的深入梳理与提炼上。思想是人物的神。特别是写周恩来这样的伟大政治家、思想家，准确地记录下他的言行，恐怕还不到一半功夫，更重要的是写出他的思想。这本书是刻画周恩来的传神之作。其每一个专题，都对周恩来某一个方面或在某个重要问题上深邃的思想、观点或主张，作了深入的分析和概括。资料翔实是写史类作品的基础。作者因工作关系，在占有资料上颇有优势，这本书真正做到了资料翔实。很多专题，都尽可能利用、参阅相关领域目前所能看到的史料和其他材料，特别是许多有价值的文献档案资料。全书的史料价值、资料价值是很突出的。

5. 执政党的经验教训

李慎明主编，社会科学文献出版社，2008 年

该书论证和介绍了一些资本主义国家和若干社会主义国家政党建设的经验教训。该书第一编是中国、越南、朝鲜、老挝、古巴在社会主义道路上继续探索。其中，第一部分总结了中国共产党和中国特色社会主义道路开创的历史过程和历史经验，提出“结合”是马克思主义理论创新的基本特征和根本方法。其他的内容还有，越南的革新和开放与加强党的自身建设、朝鲜主体社会主义的理论和实践、老挝人民革命党加强党的自身建设、古巴共产党如何加强执政能力建设、古巴在社会主义道路上不断探索前进等。第二编着重分析了俄罗斯联邦共产党为何失去议会第一大党地位，简述了中东欧国家政治舞台上的左翼政党，解析了日本共产党新世纪政治路线的调整，以及拉丁美洲共产党的奋斗历程。第三编是外国政党执政的实践，包括法国执政党关于财富再分配与社会和谐的举措，新加坡人民行动党如何治国理政，德国保持社会和谐的主要做法，中亚和外高加索国家政党体制的形成与发展，美国两党如何执政等。第四编国外政党反腐败案例，包括美国历史上的腐败与反腐败，日本政府反腐败的惩防机制等。该书材料比较翔实，论述客观，对于探索中国执政党的模式、经验及其对于马克思主义理论的创新和发展具有重要参考价值和现实意义。

（陈建波选介）

二、代表性论文选

（一）2008年毛泽东思想研究代表性论文

1. 毛泽东思想与中国特色社会主义理论体系

贾建芳，《科学社会主义》2008年第2期

党的十七大指出：中国特色社会主义理论体系，就是包括邓小平理论、"三个代表"重要思想以及科学发展观等重大战略思想在内的科学理论体系。"显然，十七大报告提出的中国特色社会主义理论体系不包括毛泽东思想。对此，有人赞成，有人伤感，有人嘲讽，有人愤怒。即使赞成，其原因也不一。有一种观点认为中国特色社会主义理论体系不包括毛泽东思想是对过去所说的"始于毛，成于邓"的否定，因为毛泽东时期发生了偏差和失误，毛泽东思想不应包括在中国特色社会主义理论体系中。从各方面看，中国特色社会主义理论体系为什么不包括毛泽东思想，是个需要解答的问题。这不仅是个难以超越的情感问题，更是个不能回避的高难度的理论问题。本文尝试着作些分析。

一、中国特色社会主义理论体系不包括毛泽东思想并不降低或否定毛泽东思想的历史地位和深远影响

毛泽东思想是以毛泽东为代表的中国共产党人把马克思列宁主义普遍原理与中国革命具体实践相结合的产物，是马克思列宁主义在中国的运用和发展，是被实践证明了的适合中国革命和建设的正确的理论原则和经验总结，是中国共产党集体智慧的结晶。毛泽东思想包括新民主主义革命理论和新民主主义社会理论、社会主义革命和社会主义建设理论、革命军队建设和军事战略理论、革命斗争的政策和策略理论、思想政治工作和文化工作理论、党的建设的理论等。实事求是、群众路线、独立自主是毛泽东思想的活的灵魂。中国特色社会主义理论体系不包括毛泽东思想不等于否定毛泽东思想。毛泽东思想是马列主义中国化的第一个成果，是具有中国气派和语言风格、为中国共产党和中国人民所喜闻乐见的思想理论，过去、现在和未来始终是全党全国人民宝贵的政治和精神财富。这是任何人都不能否定的，也是任何人否定不了的。党的十七大深情地回顾了毛泽东时期的历史贡献："我们要永远铭记，改革开放伟大事业，是在以毛泽东同志为核心的党的第一代中央领导集体创立毛泽东思想，带领全党全国各族人民建立新中国、取得社会主义革命和建设伟大成就以及艰辛探索社会主义建设规律取得宝贵经验的基础上进行的。新民主主义革命的胜利，社会主义基本制度的建立，为当代中国一切发展进步奠定了根本政治前提和制度基础。"毛泽东为核心的党的第一代中央领导集体对于中国革命和社会主义建设的历史功绩永载史册、彪炳千秋。中国特色社会主义理论体系不包括毛泽东思想不等于否定毛泽东思想的重要地位。任何时代的思想体系都有它所由产生的思想渊源。马克思主义、列宁主义、毛泽东思想的形成都有其思想理论渊源，中国特色社会主义也是如此。党的十七大指出：中国特色社会主义理论体系"坚持和发展了马克思列宁主义、毛泽东思想，凝结了几代中国共产党人带领人民不懈探索实践的智慧和心血，是马克思主义中国化最新成果，是党最可宝贵的政治和精神财富，是全国各族人民团结奋斗的共同思想基础。"这里把毛泽东思想与马克思列宁主义并列作为中国特色社会主义理论体系的思想来源，是中国特色社会主义理论的指导思想，表明毛泽东思想与中国特色社会主义理论体系之间是源头与活水的关系。中国特色社会主义理论

体系不包括毛泽东思想不等于否定毛泽东时期艰辛探索社会主义建设规律取得的宝贵经验。毛泽东思想内涵丰富，中国特色社会主义理论体系不包括新民主主义理论等基本上没有异议。问题在于，中国特色社会主义理论体系为什么不包括毛泽东时期的社会主义理论？其分歧，一是是否承认毛泽东时期的探索成果，二是这种探索成果为什么不能归入中国特色社会主义理论体系。关于第一个分歧，十七大报告已经作出了肯定回答。以毛泽东为核心的党的第一代中央领导集体探索我国社会主义建设道路，提出过许多好的、比较好的思想观点和思想火花，也有不少偏差和错误，给我国经济、政治、思想文化、社会生活带来了极为严重的后果。毛泽东时期的探索经验教训并存、得失成败交织，正反两方面都是新时期进行历史性开拓的宝贵经验。正如邓小平在1980年所指出的："三中全会以后，我们就是恢复毛泽东同志的那些正确的东西嘛"。"基本点还是那些。从许多方面来说，现在我们还是把毛泽东同志已经指出、但是没有做的事情做起来，把他反对错了的改正过来，把他没有做好的事情做好。今后相当长的时期，还是做这件事。当然，我们也有发展，而且还要继续发展。"①党的重要文献都肯定了毛泽东为核心的第一代中央领导集体对我国社会主义建设道路探索的成果。关于第二个分歧，将在下文分析。

二、中国特色社会主义理论体系不包括毛泽东思想是因为毛泽东思想基本上没有解决中国特色社会主义的基本问题

首先要确定中国特色社会主义理论体系的框架结构。理论体系是由一个理论的基本概念、基本原理和基本规律组成的逻辑结构。中国特色社会主义理论体系的逻辑结构可以用理论精髓、基石、主线三个方面内容贯穿。理论精髓是实事求是，理论基石是当代中国实际，主线是社会主义、怎样建设社会主义。然后来比较分析毛泽东思想中的社会主义理论与中国特色社会主义。中国特色社会主义理论精髓是实事求是。毛泽东把具有中国文化底蕴的"实事求是"确立为我们党的思想路线，但是，在探索我国社会主义建设道路的过程中并没有真正坚持这个思想路线，无论是对马克思主义的认识还是对中国实际的分析，都没有很好地体现实事求是的要求。正因为如此，党的十一届三中全会提出恢复实事求是的思想路线，并且在实事求是前面加上解放思想，表明只有解放思想，才能真正坚持实事求是的思想路线。中国特色社会主义理论基点是当代中国实际。当代中国实际是不断发展变化的，我们党提出的社会主义初级阶段论就是中国特色社会主义理论的第一块基石。也就是说，中国特色社会主义理论的立足点、出发点是社会主义初级阶段的中国实际，社会主义初级阶段的基本国情是中国特色社会主义形成的基本依据。毛泽东曾经指出："认清中国社会的性质，就是说，认清中国的国情，乃是认清一切革命问题的基本的根据。"②在新民主主义革命时期，毛泽东认清了中国社会性质，从而认清了中国革命的对象、任务、动力、性质、前途和转变等基本问题，取得革命胜利。新中国成立后，尤其是在1956年宣布进入社会主义社会后，对基本国情的认识则发生了偏差：一方面没有认识到我国社会主义的起点与科学社会主义预示的社会主义的差距，而且混淆了社会主义"建设"与"建成"，急于向共产主义过渡，把人民公社当作实现社会主义、共产主义的金桥，要跑步进入共产主义天堂，因而要实行单一的公有制，取消按劳分配，消灭商品生产、货币交换和阶级差别，实现人的全面发展等。尽管在纠错时对此有些清醒认识，但总体上没有摆脱这种思路。另一方面把我国社会主义社会混同于旧社会，错误地认为社会主义社会是一个始终存在着阶级矛盾和阶级斗争的社会，必须坚持以阶级斗争为纲，坚持无产阶级专政下继续革命。在毛泽东领导全国人民建设社会主义的时期，我们党制定的路线和方针脱离实际、在实践中犯错误，很重要的一个原因是对基本国情的认识和判断出现了偏差。或者说，毛泽东时期的社会主义理论与实践没有真正从我国基本国情出发。所以，"文革"结束后，邓小平提出了正确认识基本国情的重大课题。党的十三大明确作出了"我国正处在社会主义初级阶段"的科学论断，提出社会主义初级阶段理论，并且指出：正确认识我国社会现在所处的历史阶段，是建设有中国特色的社会主义的首要问题，是我们制定和执行正确的路线和政策的根本依据。在社会主义初级阶段论的指导下，我们党制定了社会主义初级阶段的基本路线、基本纲领，开辟了中国特色社会主义道路，形成了中国特色社会主义理论。经过20多年的发展，我国社会的基本国情发生了很大的变化，但是我们远没有走出社会主义初级阶段。党的十七大强调要牢记社会主义初级阶段的基本国情。在21世纪中叶我国实现现

代化、结束初级阶段之前，社会主义初级阶段论始终是我们党制定路线、方针、政策的基本依据。中国特色社会主义理论体系的一个首要的基本理论问题是什么是社会主义？应当从社会主义本质规定、社会主义价值和社会主义基本特征三个层次回答。三者的关系是社会主义本质规定决定社会主义价值和社会主义基本特征，社会主义基本特征是社会主义本质规定、社会主义价值的基本要求和外在表现。社会主义本质规定是实现人的自由全面发展，社会主义价值可以根据科学社会主义确立为共富、公正、自由、平等、民主、和谐、合作。社会主义基本特征就是经济社会全面协调发展，人与社会、自然和谐。综观毛泽东时期关于社会主义的认识，对社会主义的基本取向都有了。但是，不很明确、不很确定、不很连贯、不都正确，在实践中也有这样那样的偏差。这个时期对社会主义的认识与十一届三中全会以来的认识相比，无论在形式上还是内涵上都有很大的差异。中国特色社会主义理论体系的又一个首要的基本理论问题是怎样建设社会主义？简单地说，就是中国特色社会主义道路，党的十七大把中国特色社会主义道路概括为：在中国共产党领导下，立足基本国情，以经济建设为中心，坚持四项基本原则，坚持改革开放，解放和发展社会生产力，巩固和完善社会主义制度，建设社会主义市场经济、社会主义民主政治、社会主义先进文化、社会主义和谐社会，建设富强民主文明和谐的社会主义现代化国家。这条道路可以用主体、核心、主题、目标、战略、总体布局、内外部条件等方面描述。建设中国特色社会主义的领导力量是中国共产党、依靠力量是全体人民，核心是坚持以人为本，主题是科学发展，目标是富强、民主、文明、和谐，战略包括“三步走”战略、科教兴国战略、人才强国战略、可持续发展战略、区域发展战略等，总体布局是经济建设、政治建设、文化建设、社会建设、生态建设，内部条件是国防和军队现代化、推进“一国两制”实践，外部条件是实行对外开放的基本国策。特别是社会主义市场经济理论与实践，是一个全新的问题，把中国特色社会主义奠定在新的经济形式上，由此带来了中国社会主义理论与实践的一系列全新的变化，套用列宁当年的一句话，就是“我们对社会主义的整个看法根本改变了”。这种建设社会主义的思路根本不同于过去那种优先发展重工业的战略和与之相配套的“一大二公三纯四统”的社会主义现代化模式。毛泽东时期关于社会主义建设道路的探索，不仅在以经济建设为中心、发展社会主义市场经济和民主政治、社会主义现代化建设、建设一个现代化的执政党等方面根本不同于中国特色社会主义道路，而且在许多具体做法上即使字句相同但内涵也都有差异。

总之，毛泽东思想中关于建设社会主义的理论不系统、不完整，在总体上对什么是社会主义和怎样在中国建设社会主义的问题没有完全搞清楚，主要是建设社会主义的方法不对头，导致了十年“文化大革命”的全局性失误。因此，可以不包括在中国特色社会主义理论体系中。新时期，我们党坚持马克思主义的思想路线，不断探索和回答什么是社会主义、怎样建设社会主义，建设什么样的党、怎样建设党，实现什么样的发展、怎样发展等重大理论和实际问题，不断推进马克思主义中国化，坚持并丰富党的基本理论、基本路线、基本纲领、基本经验。社会主义和马克思主义在中国大地上焕发出勃勃生机，给人民带来更多福祉，使中华民族大踏步赶上时代前进潮流、迎来伟大复兴的光明前景。由此，中国特色社会主义理论与实践具有了崭新的时代内涵，呈现了生机勃勃的新气象。

三、中国特色社会主义理论体系不包括毛泽东思想是因为两者反映着社会主义不同的历史方位和物质基础

马克思恩格斯预示的社会主义社会是在资本主义条件下实现了现代化的后现代社会。他们所说的现代化就是从前资本主义向资本主义社会转变的过程，他们所说的“现代社会”就是“现代的资本主义社会”，包括现代资本主义产生、发展到最后灭亡的全过程和历史阶段。“现代社会，就是存在于一切文明国度中的资本主义社会，或多或少地摆脱了中世纪的杂质，或多或少地由于每个国度的特殊的历史发展而改变了形态，或多或少地有了发展。”③资本主义现代社会与未来社会主义社会是前后相继的不同社会发展阶段。东方前现代社会在特定的历史条件下也可以走向社会主义社会。科学社会主义指明了资本主义现代社会向未来社会转型的历史必然性和主观条件、现实途径。世界历史发展的实际进程却是：西方现代化先发国家较快地完成了从传统社会向现代社会即资本主义社会的转型，几个发达国家甚至开始进入后现代社会。苏联、东欧、中国等东方落后国家在资本主义没有得到充分发展、未实现从传

统社会向现代社会转型的条件下，却在20世纪先后走上以社会主义为发展目标的道路。这些国家的社会主义理论与实践需要解决的一个基本问题就是怎样实现社会主义与现代化的结合。对这个重大的历史和现实新课题，社会主义国家经过了几十年的探索，但是都没有解决好。苏联社会主义现代化模式尽管有其历史必然性并且发挥了重要历史作用，但是既不符合现代化一般规律又背离了科学社会主义基本原则，最后被抛弃。苏联、东欧原社会主义国家纷纷转向西方现代化模式。

在新中国的社会主义建设实践中，社会主义与现代化相联并进。在实现二者结合的过程中，成败得失、经验教训交织。早在建国之前，毛泽东为代表的中国共产党将工业化与新民主主义的前途并联，提出了新中国的发展方向，这就是从新民主主义发展到社会主义，使中国稳步地由农业国转变为工业国，建设成为一个伟大的社会主义国家。1953年中共中央提出了“一化三改”的过渡时期总路线，把实现国家工业化与社会主义改造联结为一体，作为中国社会发展的基本思路。可是，到1956年中共八大宣布“社会主义的社会制度在我国已经基本上建立起来”时，“把我国尽快地从落后的农业国变为先进的工业国”的任务并没有完成。为了推动社会主义与现代化建设的协调并进，毛泽东为核心的中央领导集体对现代化的目标定位、体制模式、推进战略、时间预期和政策方针等都进行了探索，确定了四个现代化目标、苏联式的高度集中的计划经济体制、50～100年的时间表、赶超型的战略、“抓革命促生产”的动力机制以及与之相适应的一套方针政策。为了集中力量优先发展重工业，就运用国家计划组织社会资源和动员人民力量，曾经创造了很多改天换地的业绩。但是，高度集中的经济政治模式内部的弊病也日渐深刻地暴露出来，最终没有真正找到我国实现社会主义现代化的道路。一方面是因为把社会主义现代化等同于社会主义，又没有真正搞清楚什么是社会主义，而主要是用传统社会主义理论解读现代化，误差很大；另一方面没有突出现代化在社会主义初级阶段的主旋律地位，也没有真正搞清楚市场化、工业化、城市化、社会化、国际化、民主化、法治化、思想文化多样化等现代化的普遍规律，最终我国没有实现从传统农业社会向现代社会的转型。也就是说，毛泽东时期的社会主义理论是建立在传统农业社会基础上的。十一届三中全会标志着中国进入了现代化建设的新时期。以市场化、工业化、城市化、社会化、国际化、民主化、法治化、思想文化多样化等为主要内涵的现代化建设，根本突破了与优先发展重工业的战略相配套的“一大二公三纯四统”的现代化模式，带来了我国社会空前未有的变革，推动了我国社会从传统农业社会向现代社会转型，使中国特色社会主义理论开始奠定在现代社会基础上。因此，1978年十一届三中全会不仅是结束“文化大革命”的历史转折，而且也是整个中国历史的拐点，是“当代中国”的历史起点。邓小平在1979年3月就指出：十一届三中全会是我国历史上的一个伟大转折，这是一个新的历史发展阶段的开端。这个转折不仅是阶级斗争为纲转变为经济建设为中心、对外的封闭半封闭的状态转变为全面的对外开放、计划经济转变为社会主义市场经济等，而且也是我们对社会主义的认识从传统到现代的根本转变。党的十三大就指出：十一届三中全会以后，我们党“开始找到一条建设有中国特色的社会主义的道路，开辟了社会主义建设的新阶段”。党的十四大指出：建设有中国特色社会主义的理论，是当代中国的马克思主义。“学习马克思列宁主义、毛泽东思想，中心内容是学习建设有中国特色社会主义的理论”。党的十五大指出：“坚持邓小平理论，就是真正坚持马克思列宁主义、毛泽东思想。”党的十七大指出：1978年，我们党召开具有重大历史意义的十一届三中全会，开启了改革开放历史新时期；“中国特色社会主义理论体系”，“坚持和发展了马克思列宁主义、毛泽东思想”，“是马克思主义中国化的最新成果”。这些都表明，中国特色社会主义理论体系的起点是十一届三中全会以后我国以新的方式推进现代化的开端。“社会主义现代化”中“现代化”是中国特色社会主义初始阶段的目标和任务，是使我国的社会主义从“不够格”到“够格”的关键。到2050年，我国基本上实现现代化，就把中国特色社会主义理论建立在现代社会基础上，进入科学社会主义预示的那个社会主义社会的起点。

在社会主义初级阶段进行现代化建设，首先必须遵循世界现代化的一般规律，同时又要立足国情和时代条件坚持社会主义道路和价值取向，不断推进中国特色社会主义。在现代社会基础上不断推进的中国特色社会主义，就是市场化、工业化、城市化、社会化、国际化、多元化、民主化、法治化、信息化等现代文明基础上的社会主义，必然呈现出与过去那种理论上、实际上、观念上的社会主义不同的诸多特征，尚待我们进一步深入探讨。

参考文献：

①《邓小平文选》第 2 卷，人民出版社，1994 年，第 300 页。

②《毛泽东选集》第 2 卷，人民出版社，1991 年，第 633 页。

③《马克思恩格斯选集》第 3 卷，人民出版社，1995 年，第 313 页。

2. 从毛泽东思想到科学发展观

——毛泽东思想与中国特色社会主义理论体系关系探源

李捷，《教学与研究》2008 年第 6、7 期

今天是历史的承继与发展，又是历史积淀和时代精神的融会与光大。在党的十七大提出要高举中国特色社会主义伟大旗帜的今天，我们需要深入地思索一下，以毛泽东为代表的中国共产党人是怎样探索中国社会主义建设道路的？中国特色社会主义理论是怎样从毛泽东思想发展而来的？中国特色社会主义理论又从毛泽东思想，特别是以毛泽东为代表的中国共产党人对中国社会主义建设道路的探索中，吸取了哪些有当代价值的养料？这里，仅提出个人的一些不成熟的想法。

一、以毛泽东为代表的中国共产党人是怎样探索中国社会主义建设道路的

以毛泽东为代表的中国共产党人，曾经成功地开辟了中国革命道路。中国革命的胜利证明，照搬别国革命的成功经验和模式不行，只有走自己的道路。这以后，中国逐步探索走自己的社会主义建设道路，同样是从以毛泽东为代表的中国共产党人开始的。说起探索中国社会主义建设道路的起点，人们很自然地会想到 1956 年。其实在此之前，这种探索就已经开始了。其成果具体地体现在 1954 年共和国第一部宪法里，体现在通过社会主义三大改造所确立起来的社会主义制度体系里。例如，在政治制度上，最重要的是人民代表大会制度。1954 年宪法明确规定："中华人民共和国是工人阶级领导的、以工农联盟为基础的人民民主国家。""中华人民共和国的一切权力属于人民。人民行使权力的机关是全国人民代表大会和地方各级人民代表大会。"[1](P522) 这不仅明确了共和国的性质，而且从根本制度上把有别于苏联苏维埃大会制度的人民代表大会制度确立起来了。再有中国共产党领导下的多党合作和政治协商制度。早在 1949 年制定的《共同纲领》规定："由中国共产党、各民主党派、各人民团体、各地区、人民解放军、各少数民族、国外华侨及其他爱国民主分子的代表们所组成的中国人民政治协商会议，就是人民民主统一战线的组织形式。"[2](P1) 据周恩来在关于《共同纲领》草案的报告中说："在讨论中曾经出现过两种其他的想法：第一种以为等到人民代表大会召开之后，就再不需要人民政协这样的组织了；第二种以为由于各党派这样团结一致，推动新民主主义很快地发展，党派的存在就不会很久了。后来大家在讨论中认为这两种想法是不恰当的，因为他们不合于中国革命的发展和建设的需要。"[3](P367－368) 这样，中国共产党领导下的多党合作和政治协商制度就和新中国一起诞生，并在中国进入社会主义社会后延续下来，成为长期坚持的基本制度。还有民族区域自治制度。1954 年宪法规定："中华人民共和国是统一的多民族的国家。""各少数民族聚居的地方实行区域自治。各民族自治地方都是中华人民共和国不可分离的部分。"[4](P522) 这就把有别于苏联联邦制的民族区域自治制度从根本上确立起来。以上这些，都是同当时苏联等社会主义各国相比独具特色、富有创造性的政治制度，是中国新民主主义革命和社会主义革命成果的制度结晶。当时我国社会主义经济制度，主要是参照苏联的制度设计建立起来的。我们后来所说"受苏联模式的严重影响"，主要是指这方面的情况。即便如此，经过社会主义改造确立起来的我国基本经济制度仍然含有某些自己的经验、自己的创造。例如，在公有制的实现形式上，工商企业除了国营的以外还有公私合营的，农业搞的是集体所有制性质的生产合作社，无论工商业还是农业，都没有搞苏联那样单一的全民所有制；在国民经济管理体制上，实行的是"大计划、小自由"，而没有像苏联那样从上到下一概统得过死。1956 年，是中国共产党引以为骄傲的一年。正是这一年，在毛泽东提出的"以苏为鉴"的思想指引下，对适合中国国情的社会主义建设道路的探索取得了两项重要成果。其一，就是著名的《论十大关系》的发表；其二，就是中共八大路线的制定。这两项成果，是紧密联系着的。前者为后者作了充分的思想准备，后者则对前者作了重要的补充和发挥。1956 年 4 月 25 日毛泽东发表的《论十大关系》，为中共八大

路线的制定作了哪些思想准备呢？《论十大关系》首先提出了建设社会主义国家的基本方针：“我们一定要努力把党内党外、国内国外的一切积极的因素，直接的、间接的积极因素，全部调动起来，把我国建设成为一个强大的社会主义国家。”[5](P44)在这个基本方针的指导下，又提出了中国社会主义经济建设、政治建设的新方针。《论十大关系》从受苏联影响最大的经济建设破题，十大关系中有六项都是有关经济问题的。在这篇讲话中提出社会主义经济建设的新方针是：在重工业和轻工业、农业的关系上，重点发展重工业，同时也要加大对轻工业和农业的投资比例；在沿海工业和内地工业的关系上，要大力发展内地工业，改变不合理的工业布局，同时也要充分发挥沿海工业的作用；在国防建设和经济建设的关系上，要下决心降低国防费用的比例，多搞经济建设；在国家、生产单位和生产者个人的关系上，中央和省市要给工厂一定的权力，允许工厂有一定的独立性，要统筹兼顾，保证农民增产增收；在中央和地方的关系上，要在巩固中央统一领导的前提下，扩大一点地方的权力，给地方更多的独立性，让地方办更多的事情；在中国和外国的关系上，一切民族、一切国家的长处都要学，但是必须有分析有批判地学，不能一切照抄，机械搬用。《论十大关系》还提出了社会主义政治建设的新方针。这就是：在汉族和少数民族的关系上，要诚心诚意地积极帮助少数民族发展经济建设和文化建设，巩固各民族团结；在党和非党的关系上，要坚持多党合作，实行“长期共存、互相监督”的方针；在革命和反革命的关系上，社会的镇反要少捉少杀，机关的肃反要一个不杀大部不捉；在是非关系上，要实行“惩前毖后、治病救人”的方针。这些思想，后来在《关于正确处理人民内部矛盾的问题》一文里，又有新的阐发。在讨论《论十大关系》期间，毛泽东受到发言者的启发，还概括提出了领导科学文化建设的“双百”方针。他明确指出：“艺术问题上的百花齐放，学术问题上的百家争鸣，我看应该成为我们的方针。”[6](P54)这样，在中共八大召开之前，从建设指导思想到经济建设、政治建设和科学文化建设的基本方针，都已经有了比较清晰的轮廓，为制定中共八大路线奠定了思想基础。中共八大是中国共产党执政后召开的第一次全国代表大会，正确地分析了中国进入社会主义社会后面临的国际国内形势，明确了国内社会主要矛盾和党的主要任务，既集中体现了《论十大关系》的探索成果，又向前推进了一大步。具体说来，中共八大路线对《论十大关系》作了哪些重要的补充和发展呢？第一，明确了社会主义社会的主要矛盾和主要任务。大会关于政治报告的决议指出：“我们国内的主要矛盾，已经是人民对于建立先进的工业国的要求同落后的农业国的现实之间的矛盾，已经是人民对于经济文化迅速发展的需要同当前经济文化不能满足人民需要的状况之间的矛盾。这一矛盾的实质，在我国社会主义制度已经建立的情况下，也就是先进的社会主义制度同落后的社会生产力之间的矛盾。党和全国人民当前的主要任务，就是要集中力量来解决这个矛盾，把我国尽快地从落后的农业国变为先进的工业国。这个任务是很艰巨的，我们必须在经济、政治、文化等方面采取正确的政策，团结国内外一切可能团结的力量，利用一切有利的条件，来完成这个伟大的任务。”[7](P341~342)第二，进一步明确了社会主义经济建设的基本方针。大会关于发展国民经济的第二个五年计划的建议指出：”必须把各项计划指标放在既积极而又稳妥可靠的基础上，既要充分估计到各种有利条件，反对那种看不到各种潜在力量、低估群众社会主义积极性的右倾保守的偏向；又要充分估计到各种不利的因素和可能发生的困难，反对那种缺乏实际根据、不考虑可能条件、不注意国民经济有计划、按比例发展的急躁冒进的偏向。”[8](P379)在刘少奇所作的政治报告里，还提出“我们应当在三个五年计划的时期内，基本上建成一个完整的工业体系”的工业化建设目标。[9](P224)第三，着重提出执政党建设问题。邓小平在关于修改党章的报告里，深刻分析了中国共产党执政后的新情况新变化，强调坚持党的工作中的群众路线的意义，提醒全党不断开展反对官僚主义的斗争；强调坚持民主集中制的组织原则，提醒全党加强集体领导、反对各种形式的个人突出和个人崇拜；强调坚持党的团结和统一，提醒全党反对各种破坏团结和统一的行为。第四，进一步阐述了发展党内民主和人民民主的政治发展方向。刘少奇在政治报告里提出：“我们的国家制度是高度的民主和高度的集中的结合”。“目前，在国家工作中的一个重要任务，是进一步扩大民主生活，开展反对官僚主义的斗争。”[10](P247、248)在此之前，周恩来还提出“专政要继续，民主要扩大”的思想。[11](P207)为了发展党内民主，中共八大作出一项重要决定：“党中央委员会在党章草案中，决定采取一项根本的改革，就是把党的全国的、省一级的和县一级的代表大会，都改作常任制，多少类似各级人民代表大会那样”。“我们相信，这种改革，必然可以使党内民主得到重大的发展。”[12](P233)第五，对改革经济管理体制提出了若干重要的、富有远见的设想。在这些设想中，最值得提及的是陈云在题为《关于资本主义改造高潮以后的新问题》的发言中提出的“三个主体”、“三个补充”的思想。他指出，“我们的社会主义经济的情况将是这样：在工商业经营方面，国家经营和集体经营是工商业的主体，但是附有一定数量的个体经营。这种个体经营是国家经营和集体经营的补充。至于生产计划方面，全国工农业产品的主要部分是按照计划生产的，但是同时有一部分产品是按照市场变化而在国家计划许可范围内自由生产的。计划生产是工农业生产的主体，按照市场变化而在国家计划许可范围内的自由生产是计划生产的补充。因此，我国的市场，绝不会是资本主义的自由市场，而是社会主义的统一市场。在社会主义的统一市场里，国家市场是它的主体，但是附有一定范围内国家领导的自由市场。这种自由市场，是在国家领导之下，作为国家市场的补充，因此它是社会主义统一市场的组成部分。”他认为，这种市场“绝不会是资本主义的市场，而是适合于我国情况和人民需要的社会主义的市场”。[13](P13)历史证明，中共八大路线是正确的。在中共十一届三中全会前后开始的拨乱反正，就指导思想来说，实际上就是恢复党的八大正确路线，并在此基础上进一步发展。正因为如此，1981 年 6 月中共十一届六中全会通过的《关于建国以来党的若干历史问题的决议》指出：“‘八大’的路线是正确的，它为新时期社会主义事业的发展和党的建设指明了方向。”[14](P751)探索并未就此止步。又过了半年，1957 年 2 月，毛泽东发表《关于正确处理人民内部矛盾的问题》，把对中国社会主义建设道路的探索推向新的高度。这一新的突破，是从对社会主义社会基本矛盾及其运行规律的认识开始的。

《关于正确处理人民内部矛盾的问题》一文，对社会主义社会基本矛盾及其运行规律取得了哪些新的认识呢？第一，运用唯物辩证法的对立统一规律和矛盾学说，深入剖析社会主义社会的实际状况，并吸取斯大林在这个问题上的严重教训，在科学社会主义理论的发展史上，创立了关于社会主义社会基本矛盾的学说。在马克思主义经典作家中，毛泽东第一个指出，社会主义社会不但普遍存在着矛盾，基本矛盾仍然是生产关系和生产力、上层建筑和经济基础之间的矛盾，而且正是这些基本矛盾推动社会主义社会向前发展。这样，毛泽东把对立统一规律这个宇宙的根本规律贯彻到底，为社会主义社会持续不断的发展，找到了动力，赢得了主动。第二，在现实生活中各种错综复杂的矛盾中，找出最具有本质特征和影响全局的矛盾，进一步创立了关于社会主义社会两类矛盾的学说。毛泽东指出：在社会主义社会，存在着两类社会矛盾，即敌我矛盾和人民内部矛盾。敌我矛盾是对抗性矛盾。人民内部矛盾分为劳动人民之间和被剥削阶级同剥削阶级之间两种情况，前者是非对抗性的，后者除了对抗性的一面，还有非对抗性的一面。在社会主义条件下，大量存在的是人民内部矛盾，要正确区别和处理敌我矛盾和人民内部矛盾这两类不同性质的矛盾。对人民内部矛盾，要用民主的方法、团结—批评—团结的方法和自我教育的方法来解决。他还提出，要把正确处理人民内部矛盾作为国家政治生活的主题，要“造成一个又有集中又有民主，又有纪律又有自由，又有统一意志、又有个人心情舒畅、生动活泼，那样一种政治局面”，调动党内党外、国内国外的一切积极因素。第三，根据统一战线的历史经验，特别是民族资产阶级和各民主党派在社会主义改造中的积极表现，提出了“工人阶级同民族资产阶级的矛盾属于人民内部的矛盾”，“工人阶级和民族资产阶级的阶级斗争一般地属于人民内部的阶级斗争”的论断，为在社会主义条件下坚持和发展人民民主统一战线奠定了新的理论依据。把同民族资产阶级的矛盾作为人民内部矛盾，把同民族资产阶级的联盟作为人民民主统一战线的重要组成部分，这在社会主义运动史上是空前的。第四，以“百花齐放，百家争鸣”为指导，提出了在思想和意识形态领域里正确处理人民内部矛盾的基本方法。毛泽东指出：在大规模的群众性的阶级斗争基本结束以后，阶级斗争并没有完全结束，主要表现为意识形态方面的思想斗争，而且大量地属于人民内部的思想问题，如人民内部存在的各种非马克思主义的思想、非无产阶级的思想等等。他还进一步提出了判断人们的言论和行动的是非标准，即六条政治标准，并指出，在这六条政治标准中，最重要的是社会主义道路和共产党领导这两条。第五，阐明了正确处理人民内部矛盾的一系列方针。其中包括："有反必肃，有错必纠"的方针，处理人民内部矛盾的"团结—批评—团结"的公式，社会主义教育方针，勤俭建国方针，统筹兼顾、适当安排的方针，百花齐放、百家争鸣的方针，长期共存、互相监督的多党合作方针，等等。第六，提出并论述了中国工业化道路问题。在充分肯定我国的经济建设是以重工业为中心的同时，强调必须充分注意发展农业和轻工业。在此之前，毛泽东在1956年下半年，还提出了"我们又要重工业，又要人民"的思想。[15](P230)总之，《关于正确处理人民内部矛盾的问题》一文，无论对中共八大确定的政治路线，还是对其确定的经济、政治、文化、社会发展的具体方针，都有重要补充和重大发展，特别是从理论上使中国共产党人对社会主义社会的认识大大地向前推进了，集中体现了以毛泽东为代表的中国共产党人在八大后继续探索取得的积极成果。1957年下半年以后，对中国社会主义建设道路的探索逐渐进入了曲折发展的时期。这期间，既犯了经济上急于求成、急躁冒进的错误（如"大跃进"），又犯了政治上混淆两类矛盾、阶级斗争扩大化的错误（如反右派斗争严重扩大化）。但是，痛定思过，在觉察、纠正和反思的过程中，以毛泽东为代表的中国共产党人对社会主义建设道路的积极探索并没有就此止步，而且还在发展。如果说，前一段的探索成果主要是源于总结成功经验的话，那么，后来的探索成果则是对正反两方面经验教训的总结。1957年下半年到1966年"文化大革命"前夕，毛泽东等从正反两方面经验教训中总结提出的中国社会主义建设道路的思想主要有：

第一，重新端正探索中国社会主义建设道路的思想路线，强调一切从实际出发，深入调查研究，实事求是。"大跃进"搞乱了人们的思想，败坏了党的作风，唯意志论的瞎指挥和浮夸风盛行。三年严重困难，使全党同志猛醒过来。正是在这种背景下，毛泽东在1960年底至1961年初召开的中共中央工作会议上，大声疾呼"大兴调查研究之风"，提出要使1961年成为实事求是年。这次会后，他亲自指导三个调查组，分赴浙江、湖南和广东农村。这次调查的成果，对于制定《农村人民公社工作条例（草案）》，迅速恢复农村经济，起了十分重要的作用。在1961年3月召开的广州中央工作会议上，毛泽东印发了《反对本本主义》一文。这篇文章对于全党恢复实事求是的思想路线，深入调查研究，推动极大。他还提出两个一定要："一定要搞好调查研究，一定要贯彻群众路线。"[16](P275)在他的督促和带领下，一时间在全党形成了一股深入基层、深入群众搞调查研究的风气。在调查研究中，毛泽东承认我们对社会主义建设规律还知之不深，因此深感进行理论创新的必要。他指出："任何国家的共产党，任何国家的思想界，都要创造新的理论，写出新的著作，产生自己的理论家，来为当前的政治服务，单靠老祖宗是不行的"。"现在，我们已经进入社会主义时代，出现了一系列的新问题，如果单有《实践论》、《矛盾论》，不适应新的需要，写出新的著作，形成新的理论，也是不行的。"[17](P109)1963年11月，毛泽东提出："社会实践是检验真理的唯一标准。"[18](P890注487)这是对真理标准问题和实事求是的思想路线的最经典的概括。

第二，从理论上提出了社会主义社会需要分阶段的问题，作出中国正处在不发达的社会主义阶段的重要论断。超越阶段，是"大跃进"和人民公社化运动产生的理论根源。第一次郑州会议以后，逐步划清了公社集体所有制和全民所有制的界限，明确了现在所处的阶段仍然是社会主义发展阶段。但是，社会主义社会要不要划分阶段，当前究竟处在社会主义的哪一个发展阶段，对这两个问题并没有搞清楚。毛泽东在读苏联《政治经济学教科书》的谈话里提出："社会主义这个阶段，又可能分为两个阶段，第一个阶段是不发达的社会主义，第二个阶段是比较发达的社会主义。后一阶段可能比前一阶段需要更长的时间。"[19](P116)初步确认中国处在不发达的社会主义阶段，这是认识上的一个重要收获。

第三，提出要利用商品生产、商品交换和价值法则为社会主义服务。长期以来，包括苏联在内，对于社会主义社会还要不要商品生产、还能不能大力发展商品生产的问题，一直搞不清楚。在"大跃进"和人民公社化运动中，更是刮起了一股取消商品生产的风。针对这个问题，1958年11月毛泽东在第一次郑州会议上明确指出："现在要利用商品生产、商品交换和价值法则，作为有用的工具，为社会主义服务。"他提出，要分清社会主义商品生产和资本主义商品生产的区别，认识社会主义条件下利用商品生产的作用的重要性，要有计划地大大发展社会主义的商品生产。[20](P435,437)后来他又指出：价值法则"是一个伟大的学校，只有利用它，才有可能教会我们的几千万干部和几万万人民，才有可能建设我们的

社会主义和共产主义。否则一切都不可能。”[21](P34)

第四，提出社会主义经济建设要以农、轻、重为序，进一步发展了关于中国工业化道路的思想。1959年7月，毛泽东在庐山会议前期提出：“过去安排是重、轻、农，这个次序要反一下，现在是否提农、轻、重?”“过去是重、轻、农、商、交，现在强调把农业搞好，次序改为农、轻、重、交、商。这样提还是优先发展生产资料，并不违反马克思主义”。问题的核心，是“要把衣、食、住、用、行五个字安排好，这是六亿五千万人民安定不安定的问题”。[22](P78)从以重工业为中心、农轻重并举到以农轻重为序，这是对中国工业化道路认识上的重要发展。

第五，提出社会主义经济建设要注意搞好综合平衡。在“大跃进”中，由于片面追求完成不切实际的钢产量指标，严重破坏了国民经济的综合平衡。1959年6月毛泽东在同外国来宾的谈话中提出：“搞社会主义建设，很重要的一个问题是综合平衡。比如社会主义建设需要钢、铁等种种东西，缺一样就不能综合平衡。”[23](P73)他在1959年7月庐山会议前期指出：“大跃进的重要教训之一、主要缺点是没有搞平衡。说了两条腿走路、并举，实际上还是没有兼顾。在整个经济中，平衡是个根本问题，有了综合平衡，才能有群众路线。”还说，“有三种平衡：农业内部农、林、牧、副、渔的平衡；工业内部各个部门、各个环节的平衡；工业和农业的平衡。整个国民经济的比例关系是在这些基础上的综合平衡。”[24](P80)1964年5月，毛泽东在听取国家计划委员会领导小组关于第三个五年计划的设想的汇报时指出：“只能是有多少钱办多少事，不要从我们这些人的寿命来考虑事情，要按客观规律来办事。客观规律是不以人的意志为转移的。”“财政收入你们不要打得太满了，打满了危险！过去我们吃过亏，把收入打得满满的，把基本建设战线拖得长长的。”“要把基础工业适当搞上去，其他方面不能太多，要相适应。”[25](P560)

第六，在系统总结经济建设的经验教训的基础上，领导全党制定了各行各业的工作条例，初步形成适合中国情况的社会主义建设的各项具体政策。毛泽东认为：“有了总路线还不够，还必须在总路线指导之下，在工、农、商、学、兵、政、党各个方面，有一整套适合情况的具体的方针、政策和办法。”[26](P304)这是纠正错误、战胜困难的需要，更是深入探索适合中国情况的社会主义建设道路的需要。毛泽东率先主持制定了《农村人民公社工作条例（草案）》。这以后，在邓小平等同志的主持下，先后制定了《国营工业企业工作条例（草案）》等工作条例，形成了一个制定各行各业工作条例的高潮。[27](P295)毛泽东把这次制定各方面的工作条例看作是系统总结正反两方面经验教训、探索经济建设规律的一次尝试，他提出要求说：“在总路线指导之下，制定一整套的具体的方针、政策和办法，必须通过从群众中来的方法，通过作系统的周密的调查研究的方法，对工作中的成功经验和失败经验，作历史的考察，才能找出客观事物所固有的而不是人们主观臆造的规律，才能制定适合情况的各种条例。这件事很重要，请同志们注意到这点。”[28](P305)

第七，正式提出实现社会主义四个现代化的奋斗目标，并制定了两步走战略。毛泽东在读苏联《政治经济学教科书》的谈话里提出：“建设社会主义，原来要求是工业现代化，农业现代化，科学文化现代化，现在要加上国防现代化。在我们这样的国家，完成社会主义建设是一个艰巨任务，建成社会主义不要讲得过早了。”[29](P116)按照原来的估计，把中国建设成为强大的社会主义工业国，赶上和超过世界先进国家，大概需要50年时间。在1962年“七千人大会”上，毛泽东又作出一个新的估计：“中国的人口多、底子薄，经济落后，要使生产力很大地发展起来，要赶上和超过世界上最先进的资本主义国家，没有一百多年的时间，我看是不行的。”[30](P302)从50年推迟到100年，这不仅是时间上的调整，也是现代化建设指导思想的调整，变得比较稳妥，比较切合中国的实际。在中共八大上，曾经提出要在三个五年计划的时期内基本上建成完整的工业体系的奋斗目标。到了1963年，在考虑国民经济发展第三个五年计划时，周恩来提出：“国民经济体系不仅包括工业，而且包括农业、商业、科学技术、文化教育、国防各个方面。工业国的提法不完全，提建立独立的国民经济体系比只提建立独立的工业体系更完整。苏联就是光提工业化，把农业丢了。”[31](P519)根据毛泽东的提议，周恩来在三届全国人大一次会议上代表中共中央郑重提出四个现代化的目标和分两步走的发展战略。在审阅周恩来的政府工作报告时，毛泽东加写了一段话，比较系统地概括了关于中国现代化建设实行赶超战略的基本思路：“我们不能走世界各国技术发展的老路，跟在别人后面一步一步地爬行。我们必须打破常规，尽量采用先进技术，在一个不太长的历史时期内，把我国建设成为一个社会主义的现代化的强国。”[32](P341) 在这里，毛泽东把尽量采用先进技术作为现代化建设成败的关键，是很有眼光的。1963 年 12 月，他在听取聂荣臻关于十年科学技术规划的汇报时，还提出：“科学技术这一仗，一定要打，而且必须打好。”“不搞科学技术，生产力无法提高。”[33](P351) 实际上，大规模现代化建设从 1953 年第一个五年计划起就已经开始了。1956 年社会主义改造基本完成以后，又进入了社会主义现代化建设的新阶段。经过近十年的曲折探索和曲折反复，中国共产党人才终于比较完整地提出了四个现代化的奋斗目标和分两步走的发展战略。这是对中国社会主义建设道路探索的最高成果，也是建国以来现代化建设基本经验的总结。同实现四个现代化的目标相适应，毛泽东还提出：“搞经济关门是不行的，需要交换”。[34](P71) 他还指出：“资本主义各国，苏联，都是靠采用最先进的技术，来赶上最先进的国家，我国也要这样。”[35](P126) 以上，我们分了三个阶段简要回顾了以毛泽东为代表的中国共产党人对中国社会主义建设道路的探索历程，着重回顾了探索取得的积极思想成果。以毛泽东为代表的中国共产党人对中国社会主义建设道路的探索，是毛泽东思想科学体系不可分割的重要组成部分，是马克思主义中国化第一次历史性飞跃在新中国成立后的继续和发展，是中国共产党在改革开放和现代化建设新时期不断进行理论创新的思想动力和智慧源泉。正如胡锦涛在中共十七大报告中所指出：“我们要永远铭记，改革开放伟大事业，是在以毛泽东同志为核心的党的第一代中央领导集体创立毛泽东思想，带领全党全国各族人民建立新中国、取得社会主义革命和建设伟大成就以及艰辛探索社会主义建设规律取得宝贵经验的基础上进行的。”[36](P7) 同时，我们也要看到，同所有伟大的思想家一样，毛泽东对中国社会主义建设道路的艰辛探索，也具有时代的和历史的局限性。这主要表现在两个方面：其一，尽管提出了要探索自己的社会主义发展道路的历史任务，体现了理论创新上的高度自觉，并且在许多方面开始具有自己的特点，但从经济体制上说未能突破传统社会主义的制约，而那些具有中国特点的制度也因为不断受到“左”的冲击，或者未能继续完善，或者未能很好坚持；其二，在 1957 年下半年以后，阶级斗争扩大化的错误倾向开始发展，中共八大对国内社会主要矛盾的正确判断被根本动摇，此后几经反复，终于在 1962 年 9 月中共八届十中全会以后，使“以阶级斗争为纲”在党的指导思想上占据了主导地位，最终导致了“文化大革命”的发动，演变成为“由领导者错误发动，被反革命集团利用，给党、国家和各族人民带来严重灾难的内乱”。毛泽东也在可能的范围内尽力纠正已经觉察到的错误，包括纠正“文化大革命”中出现的错误，但他始终无力从根本上纠正自身的错误。根本实现使中国的社会主义发展从高度集中的计划经济体制到充满活力的社会主义市场经济体制、从“以阶级斗争为纲”到以经济建设为中心的伟大历史转折，就历史地落在了以邓小平为代表的中国共产党人肩上，由此开创了改革开放和现代化建设的新时期，也开启了马克思主义中国化的第二次历史性飞跃。

二、以邓小平为代表的中国共产党人是怎样在总结和继承前人经验的基础上开辟中国特色社会主义道路、创立中国特色社会主义理论的

中共十五大报告指出：“马克思列宁主义同中国实际相结合有两次历史性飞跃，产生了两大理论成果。第一次飞跃的理论成果是被实践证明了的关于中国革命和建设的正确的理论原则和经验总结，它的主要创立者是毛泽东，我们党把它称为毛泽东思想。第二次飞跃的理论成果是建设有中国特色社会主义理论，它的主要创立者是邓小平，我们党把它称为邓小平理论。这两大理论成果都是党和人民实践经验和集体智慧的结晶。”[37](P9) 回顾中国特色社会主义道路和理论体系形成的过程，可以说，恢复、坚持、发展毛泽东思想科学体系，在邓小平实现马克思主义中国化第二次历史性飞跃的过程中，在创立中国特色社会主义理论的过程中，起了十分重要的作用。这集中地体现在以下四个方面：

（一）准确地完整地理解毛泽东思想，重新回到毛泽东思想的正确轨道上来，是邓小平打破“两个凡是”的思想禁锢，掀起第二次思想解放运动的锐利武器。“文化大革命”十年，人们思想受到极左思潮的严重束缚，出现了万马齐喑的不正常局面。1976 年 10 月，中共中央执行党和人民的意志，毅然粉碎江青反革命集团。这给中国社会主义事业的发展带来了极其重要的历史转机，全党和全国各族人民精神为之一振。然而，在这关键的历史时刻，却出现了以“两个凡是”为代表

的思想阻碍。“两个凡是”，即是说“凡是毛主席作出的决策，我们都坚决维护，凡是毛主席的指示，我们都始终不渝地遵循”。[38] 如果是这样的话，就不可能根本纠正“文化大革命”的错误，就不可能使党的指导思想重新回到毛泽东思想的科学轨道上来。“文化大革命”不仅搞乱了党和国家的正常工作秩序，而且搞乱了人们的思想。那时，一提起毛泽东思想，实际上是指所谓“无产阶级专政下继续革命”理论。这些错误论点，明显地脱离了毛泽东思想的正确轨道，也从根本上背离了毛泽东等对中国社会主义建设道路探索的积极成果，背离了中共八大路线。中国共产党指导思想上的拨乱反正，正是从重新恢复实事求是思想路线，重新恢复中共八大正确路线，重新恢复毛泽东思想的本来面目开始的。因此，邓小平旗帜鲜明地提出“要用准确的完整的毛泽东思想来指导我们全党、全军和全国人民”的问题。[39](P42) 随后，邓小平等积极支持关于真理标准问题的大讨论，强调实践是检验真理的唯一标准，使这次大讨论成为继延安整风之后又一场马克思主义思想解放运动，为党重新确立实事求是的思想路线，纠正长期以来的“左”倾错误，实现中共十一届三中全会伟大的历史性转折作了思想理论准备。由准确地完整地理解毛泽东思想出发，开启了马克思主义中国化第二次历史性飞跃的序幕。邓小平旗帜鲜明地指出：“‘两个凡是’不符合马克思主义”。“这是个重要的理论问题，是个是否坚持历史唯物主义的问题。彻底的唯物主义者，应该像毛泽东同志说的那样对待这个问题。马克思、恩格斯没有说过‘凡是’，列宁、斯大林没有说过‘凡是’，毛泽东同志自己也没有说过‘凡是’。”[40](P38~39) 这里，邓小平着重批评的是那种不顾时间、地点、条件变化而照搬套用毛泽东的个别词句的思想僵化倾向，强调“要对毛泽东思想有一个完整的准确的认识，要善于学习、掌握和运用毛泽东思想的体系来指导我们各项工作”。[41](P42) 随后，邓小平在讲话中更点明了“两个凡是”的实质。他说：“毛泽东同志的错误在于违反了他自己正确的东西。‘两个凡是’的观点就是想原封不动地把毛泽东同志晚年的错误思想坚持下去。所谓按既定方针办，就是按毛泽东同志晚年的错误方针办。”[42](P298) “我们现在讲拨乱反正，就是拨林彪、‘四人帮’破坏之乱，批评毛泽东同志晚年的错误，回到毛泽东思想的正确轨道上来。”[43](P300) 邓小平在讲话中提出的“批评毛泽东同志晚年的错误，回到毛泽东思想的正确轨道上来”，实际上是同一个问题紧密联系着的两个方面。不分清毛泽东思想的科学体系和毛泽东的晚年错误，就不可能恢复毛泽东思想的本来面目，就不可能从根本上冲破“两个凡是”的思想禁锢。这样，历史发展提出了什么是真正高举毛泽东思想旗帜的问题。那么，什么是真正高举毛泽东思想的旗帜呢？答案只有一个：必须坚持实事求是的思想路线。邓小平明确指出：“凡是毛泽东同志圈阅的文件都不能动，凡是毛泽东同志做过的、说过的都不能动。这是不是叫高举毛泽东思想的旗帜呢？不是！这样搞下去，要损害毛泽东思想。毛泽东思想的基本点就是实事求是，就是把马列主义的普遍原理同中国革命的具体实践相结合。毛泽东同志在延安为中央党校题了‘实事求是’四个大字，毛泽东思想的精髓就是这四个字。”“马克思主义要发展嘛！毛泽东思想也要发展嘛！否则就会僵化嘛！所谓理论要通过实践来检验，也是这样一个问题。现在对这样的问题还要引起争论，可见思想僵化。”[44](P126、128) 正如邓小平在中共十一届三中全会前夕发表的《解放思想，实事求是，团结一致向前看》这篇“开辟新时期新道路、开创建设有中国特色社会主义新理论的宣言书”[45](P10) 中指出的那样：“解放思想，开动脑筋，实事求是，团结一致向前看，首先是解放思想。”“只有解放思想，坚持实事求是，一切从实际出发，理论联系实际，我们的社会主义现代化建设才能顺利进行，我们党的马列主义、毛泽东思想的理论也才能顺利发展。从这个意义上说，关于真理标准问题的争论，的确是个思想路线问题，是个政治问题，是个关系到党和国家的前途和命运的问题。”[46](P141、143) 总之，在中共十一届三中全会前后完成指导思想上的拨乱反正、迎接改革开放和现代化建设新时期的伟大转折过程中，准确地完整地理解毛泽东思想科学体系、坚持和发展毛泽东思想，成为邓小平奋力开创中国特色社会主义新事业，开拓马克思主义中国化的新境界的锐利思想武器，成为创立中国特色社会主义理论体系的思想先导。

（二）正确评价毛泽东和毛泽东思想的历史地位，是邓小平继往开来，正确地总结历史经验，团结一致开创新局面的中心环节。在中共十一届三中全会实现建国以来具有深远历史意义的伟大转折的过程中，正确地总结历史与更好地开辟未来，你中有我、我中有你，紧密联系、不可分割。

其中的关键问题是如何评价毛泽东和毛泽东思想的历史地位。作为改革开放总设计师的邓小平，“解决了科学评价毛泽东同志的历史地位和毛泽东思想的科学体系、根据新的实际和发展要求确立中国社会主义现代化建设的正确道路这样两个相互联系的重大历史课题”，[47] 由此奠定了他的两大历史性贡献。“一个是领导全党总结建国以来的历史经验，纠正‘文化大革命’的错误，坚持科学地认识和评价毛泽东同志的历史地位和毛泽东思想的科学体系。另一个是创立和发展了建设有中国特色社会主义理论，制定了党在社会主义初级阶段‘一个中心、两个基本点’的基本路线，确立了党在经济、政治、外交、教育、科技、文化、军事、祖国统一、党的建设等方面的一整套方针政策，成功地开辟了在改革开放中实现社会主义现代化的新道路。”[48] 邓小平是怎样成功地破解总结历史与开辟未来这道难题的呢？1979 年 11 月 ~1981 年 6 月，在邓小平的亲自主持下，中共中央集中全党的意志和智慧，作出了《关于建国以来党的若干历史问题的决议》（以下简称“第二个历史决议”）。“第二个历史决议”实事求是地评价了毛泽东和毛泽东思想的历史地位，对新中国成立以来的重大历史事件作出了基本结论，从根本上否定了“文化大革命”的理论和实践。“第二个历史决议”还肯定了中共十一届三中全会以来逐步确立的适合中国情况的建设社会主义现代化强国的道路，进一步指明了中国社会主义事业和党的工作继续前进的方向。特别值得指出的是，邓小平在主持起草“第二个历史决议”期间，从 1980 年 3 月 ~1981 年 6 月多次就决议稿的起草和修改发表指导性意见。从这些意见中可以清晰地看到，邓小平是如何紧紧把握正确评价毛泽东和毛泽东思想的历史地位这一中心环节，将总结历史与开辟未来有机地统一在一起的。

首先，邓小平明确了“第二个历史决议”所要解决的核心问题及其根本目的。他指出：“确立毛泽东同志的历史地位，坚持和发展毛泽东思想。这是最核心的一条。不仅今天，而且今后，我们都要高举毛泽东思想的旗帜。”[49](P291) 也就是说，核心是正确评价毛泽东和毛泽东思想；目的是高举毛泽东思想的旗帜，坚持和发展毛泽东思想。邓小平明确表示：“如果不写或写不好这个部分，整个决议都不如不做。”[50](P299) 他还指出：“不把毛泽东思想，即经过实践检验证明是正确的、应该作为我们今后工作指南的东西，写到决议里去，我们过去和今后进行的革命、建设的分量，它的历史意义，都要削弱。不写或不坚持毛泽东思想，我们要犯历史性的大错误。”[51](P300) 其次，要正确评价毛泽东和毛泽东思想的历史地位，就必须指出毛泽东的晚年错误，必须把毛泽东思想和毛泽东的晚年错误严格区分开来。如何对待毛泽东的晚年错误，邓小平确立了一个原则，叫作“恰如其分”。什么是恰如其分呢？在同意大利记者奥琳埃娜·法拉奇的谈话中，邓小平明确指出：“我们要对毛主席一生的功过作客观的评价。我们将肯定毛主席的功绩是第一位的，他的错误是第二位的。我们要实事求是地讲毛主席后期的错误。”[52](P347) 这一思想在“第二个历史决议”中得到了充分的体现。“第二个历史决议”指出：“毛泽东思想是我们党的宝贵的精神财富，它将长期指导我们的行动。”“因为毛泽东同志晚年犯了错误，就企图否认毛泽东思想的科学价值，否认毛泽东思想对我国革命和建设的指导作用，这种态度是完全错误的。对毛泽东同志的言论采取教条主义态度，以为凡是毛泽东同志说过的话都是不可移易的真理，只能照抄照搬，甚至不愿实事求是地承认毛泽东同志晚年犯了错误，并且还企图在新的实践中坚持这些错误，这种态度也是完全错误的。这两种态度都是没有把经过长期历史考验形成为科学理论的毛泽东思想，同毛泽东同志晚年所犯的错误区别开来，而这种区别是十分必要的。我们必须珍视半个多世纪以来在中国革命和建设过程中把马克思列宁主义普遍原理和中国实际相结合的一切积极成果，在新的实践中运用和发展这些成果，以符合实际的新原理和新结论丰富和发展我们党的理论，保证我们的事业沿着马克思列宁主义、毛泽东思想的科学轨道继续前进。”[53](P782、783) 重温“第二个历史决议”的这一大段论述，可以强烈地感觉到历史的发展的确有许多惊人的相似之处。直至今日，伴随着改革开放和现代化建设的全过程，一直存在着“第二个历史决议”所指出的这两种错误倾向。排除“左”的和右的思想倾向的干扰，坚持用发展的观点对待马克思列宁主义和毛泽东思想，始终是党的理论创新中既坚持一脉相承、又坚持与时俱进的基本课题。邓小平在这一方面为全党作出了表率，留下了可资借鉴的宝贵经验。正是在正确总结历史经验的基础上，“第二个历史决议”在其第八部分“团结起来，为建设社会主义现代化强国而奋斗”中申明：“三中全会以来，我们党已经逐步确立了一条适合我国情况的社会主义现代化建设的正确道路。这条道路还将在实践中不断充实和发展，但是它的主要点，已经可以从建国以来正反两方面的经验、特别是‘文化大革命’的教训中得到基本的总结。”[54](P785)在“第二个历史决议”提出的关于“适合我国情况的社会主义现代化建设的正确道路”的十条经验中，既坚持了中共八大对国内社会主要矛盾和主要任务的正确论断，又强调了十一届三中全会确立的以经济建设为中心的指导思想；既坚持了《关于正确处理人民内部矛盾的问题》中关于社会主义生产关系的变革和完善必须适应于生产力状况的正确论断，又强调了十一届三中全会后关于“社会主义生产关系的发展并不存在一套固定的模式，我们的任务是要根据我国生产力发展的要求，在每一个阶段上创造出与之相适应和便于继续前进的生产关系的具体形式”的改革思想；既坚持了中共八大以来关于治党治国治军和民族国防外交的正确方针，又强调了十一届三中全会以来关于“逐步建设高度民主的社会主义政治制度，是社会主义革命的根本任务之一”、”社会主义必须有高度的精神文明”等重要论断，并在此基础上提出了“为把我们的国家逐步建设成为现代化的、高度民主的、高度文明的社会主义强国而努力奋斗”的现代化建设目标。[55](P787~792)总之，它既是恢复和坚持毛泽东思想的结果，又是发展毛泽东思想的产物。而后来被称作邓小平理论亦即中国特色社会主义理论体系的雏型，已经在这其中孕育而生了。总结历史与开辟未来，在党的第十二次全国代表大会上，又一次找到了交汇点。邓小平在大会开幕词中提出：“把马克思主义的普遍真理同我国的具体实际结合起来，走自己的道路，建设有中国特色的社会主义，这就是我们总结长期历史经验得出的基本结论。”[56](P3)正是在总结正反两方面经验教训的基础上，邓小平第一次提出了“建设有中国特色的社会主义”这个科学命题，由此开始了开辟中国特色社会主义道路、创立中国特色社会主义理论的伟大征程。正因为如此，薄一波把这一历史过程称作“始于毛，成于邓”。

（三）系统阐发毛泽东思想的科学体系，成为邓小平在新的历史条件下坚持和发展毛泽东思想，创立中国特色社会主义理论的思想基石。要写毛泽东思想形成的历史过程，要把毛泽东思想的主要内容，特别是今后还要继续贯彻执行的内容，用比较概括的语言写出来，这是邓小平在主持起草“第二个历史决议”时十分明确地提出来的。[57](P292)他的目的很明确，就是要为今后的探索和创新提供一个全党公认的思想基础，用邓小平的话来说，就是：“我们要恢复毛泽东思想，坚持毛泽东思想，以至还要发展毛泽东思想，在这些方面，他都提供了一个基础。要把这些思想充分地表达出来。”[58](P297)自毛泽东思想作为一个科学概念正式提出以来，中国共产党对毛泽东思想的科学体系作过两次郑重的概括。第一次是1945年5月中共七大上，由刘少奇代表党中央所作的关于修改党章的报告里提出的。报告把毛泽东思想称作”马克思列宁主义的理论与中国革命的实践之统一的思想”，“毛泽东思想，从他的宇宙观以至他的工作作风，乃是发展着与完善着的中国化的马克思主义，乃是中国人民完整的革命建国理论”。[59](P333、335)报告把毛泽东思想概括为九个方面，即：毛泽东关于现代世界情况及中国国情的分析；关于新民主主义的理论与政策；关于解放农民的理论与政策；关于革命统一战线的理论与政策；关于革命战争的理论与政策；关于革命根据地的理论与政策；关于建设新民主主义共和国的理论与政策；关于建设党的理论与政策；关于文化的理论与政策等。并称：“这些理论与政策，完全是马克思主义的，又完全是中国的。这是中国民族智慧的最高表现和理论上的最高概括。”[60](P335)中共七大对毛泽东思想的这次阐发和概括，对于统一全党思想、把毛泽东思想确立为全党的指导思想，起了十分重要的作用。第二次是中共十一届三中全会以后，在邓小平的主持下进行的。“第二个历史决议”对毛泽东思想做了如下三个方面的概括：关于毛泽东思想的科学定义，“第二个历史决议”指出：“以毛泽东同志为主要代表的中国共产党人，根据马克思列宁主义的基本原理，把中国长期革命实践中的一系列独创性经验作了理论概括，形成了适合中国情况的科学的指导思想，这就是马克思列宁主义普遍原理和中国革命具体实践相结合的产物——毛泽东思想。”“毛泽东思想是马克思列宁主义在中国的运用和发展，是被实践证明了的关于中国革命的正确的理论原则和经验总结，是中国共产党集体智慧的结晶。我党许多卓越领导人对它的形成和发展都作出了重要贡献，毛泽东同志的科学著作是它的集中概括。”[61](P772、773、826)在这个定义当中，除了继续强调毛泽东思想是“马克思列宁主义普遍原理和中国革命具体实践相结合的产物”，是“马克思列宁主义在中国的运用和发展”之外，引人注目的是其中两点新内容：第一，强调毛泽东思想“是被实践证明了的关于中国革命的正确的理论原则和经验总结”，从而对毛泽东的思想观点、言论著述作了科学的区分，经过实践检验是正确的内容属于毛泽东思想的范畴，经过实践证明是错误的东西不属于毛泽东思想。第二，强调毛泽东思想“是中国共产党集体智慧的结晶”，不仅中共许多卓越领导人对毛泽东思想的形成和发展都作出了重要贡献，而且毛泽东的科学著作同样凝聚了党和人民的集体智慧。这告诉我们，在新的历史条件下坚持和发展毛泽东思想，就必须破除教条主义和个人崇拜，沿着毛泽东开辟的马克思列宁主义同中国实际相结合的正确道路，解放思想，实事求是，继续探索，继续前进。这正是马克思主义中国化的必由之路、成功之路。关于毛泽东思想的形成过程。“第二个历史决议”指出：“主要在本世纪二十年代后期和三十年代前期在国际共产主义运动中和我们党内盛行的把马克思主义教条化、把共产国际决议和苏联经验神圣化的错误倾向，曾使中国革命几乎陷于绝境。毛泽东思想是在同这种错误倾向作斗争并深刻总结这方面的历史经验的过程中逐渐形成和发展起来的。它在土地革命战争后期和抗日战争时期得到系统总结和多方面展开而达到成熟，在解放战争时期和中华人民共和国成立以后继续得到发展。”[62](P773)关于毛泽东思想的科学体系。这就是我们通常所说的“六个方面”和“三个活的灵魂”。“第二个历史决议”把毛泽东思想的组成部分概括为六个方面：（1）关于新民主主义革命；（2）关于社会主义革命和社会主义建设；（3）关于革命军队的建设和军事战略；（4）关于政策和策略；（5）关于思想政治工作和文化工作；（6）关于党的建设。“第二个历史决议”还指出：“毛泽东思想的活的灵魂，是贯串于上述各个组成部分的立场、观点和方法，它们有三个基本方面，即实事求是，群众路线，独立自主。”[63](P779)“第二个历史决议”把这“三个活的灵魂”称之为“具有中国共产党人特色的这些立场、观点和方法”。这成为邓小平理论与毛泽东思想的共同哲学基础和方法论基础，是集中反映邓小平理论同毛泽东思想既一脉相承又与时俱进关系的最本质的方面。以上三个方面的概括，对于在新的历史条件下继续坚持和发展毛泽东思想，具有十分重要的意义。第一，通过对毛泽东思想的科学界定，把毛泽东思想同偏离毛泽东思想科学轨道的错误论点严格区别开来，把毛泽东思想同党和人民的集体智慧紧密结合起来，从根本上保证了在新的历史条件下坚持和发展毛泽东思想的正确方向；第二，通过总结毛泽东思想形成发展的历史过程，概括提出“毛泽东思想是在同这种错误倾向（即指把马克思主义教条化、把共产国际决议和苏联经验神圣化的错误倾向）作斗争并深刻总结这方面的历史经验的过程中逐渐形成和发展起来的”这一重要论断，为在新的历史条件下继续推进马克思主义中国化指明了方向；第三，通过阐发毛泽东思想的科学体系，为在新的历史条件下坚持和发展毛泽东思想提供了基本遵循，特别是对毛泽东思想活的灵魂的科学概括，更成为创立中国特色社会主义理论的哲学基础。以上这些，使邓小平理论从创立之时起就同毛泽东思想形成了一脉相承而又与时俱进的紧密联系。从这个意义上可以说，在新的历史条件下，正是从对毛泽东思想的科学体系及其历史地位的系统阐发中，开始了马克思主义中国化的第二次历史性飞跃，开启了创立中国特色社会主义道路及其理论体系的伟大进程。

（四）在邓小平开辟中国特色社会主义道路、创立中国特色社会主义理论体系的过程中，从毛泽东思想中不断地吸取了丰富的思想养料在科学地评价毛泽东和毛泽东思想的历史地位的同时，实践的发展不断地提出了一个根本性问题：怎样把毛泽东等开创的社会主义事业继续推向前进？邓小平对此回答说：“从许多方面来说，现在我们还是把毛泽东同志已经提出、但是没有做的事情做起来，把他反对错了的改正过来，把他没有做好的事情做好。今后相当长的时期，还是做这件事。当然，我们也有发展，而且还要继续发展。”[64](P300)哪些是“把毛泽东同志已经提出、但是没有做的事情做起来”呢？例如，废除领导职务在事实上存在的“终身制”，是邓小平的一大贡献。而这个问题，早在准备召开中共八大时，就由毛泽东提了出来。他表示：“我是准备了的，就是到适当的时候就不当主席了，请求同志们委我一个名誉主席。”[65](P111)在中共八大通过的党章里专门规定：“中央委员会认为有必要的时候，可以设立中央委员会名誉主席一人。”[66](P331)但这些设想后来没有实行。邓小平认真总结历史经验，明确指出：“一个国家的命运建立在一两个人的声望上面，是很不健康的，是很危险的。不出事没问题，一出事就不可收拾。”“我多年来就意识到这个问题。”[67](P311) 他身体力行，最终使废除领导职务“终身制”的设想成为现实。又譬如，对外开放的设想。实际上，早在20世纪50年代，毛泽东等人就在考虑如何打破以美国为首的西方国家的对华封锁禁运，毛泽东还提出：“搞经济关门是不行的，需要交换。”[68](P71) 后来的发展，走了十分曲折的路。邓小平对此总结说：“建国以后，人家封锁我们，在某种程度上我们也还是闭关自守，这给我们带来了一些困难。三十几年的经验教训告诉我们，关起门来搞建设是不行的，发展不起来。”“我们最大的经验就是不要脱离世界”。[69](P64,290) 由此形成了对外开放的新思路、新举措、新格局，有力地推动了社会主义现代化建设事业的蓬勃发展，有力地推动了科学技术的突飞猛进，有力地推动了国家综合实力和国际竞争力的迅速提高。哪些是“把他反对错了的改正过来”呢？例证之一，是关于发展社会生产力的问题。邓小平指出：“毛泽东同志是伟大的领袖，中国革命是在他的领导下取得成功的。然而他有一个重大的缺点，就是忽视发展社会生产力。不是说他不想发展生产力，但方法不都是对头的，例如搞‘大跃进’、人民公社，就没有按照社会经济发展的规律办事。”[70](P116)“如果说我们建国以后有缺点，那就是对发展生产力有某种忽略。社会主义要消灭贫穷。贫穷不是社会主义，更不是共产主义。”[71](P63～64) 他还说：“我们根本否定‘文化大革命’，但应该说‘文化大革命’也有一‘功’，它提供了反面教训。没有‘文化大革命’的教训，就不可能制定十一届三中全会以来的思想、政治、组织路线和一系列政策。三中全会确定将工作重点由以阶级斗争为纲转到以发展生产力、建设四个现代化为中心，受到了全党和全国人民的拥护。为什么呢？就是因为有‘文化大革命’作比较，‘文化大革命’变成了我们的财富。”[72](P272) 例证之二，是关于如何正确对待马克思主义经典作家对社会主义的某些设想和论点的问题。邓小平指出：“多年来，存在一个对马克思主义、社会主义的理解问题。”“马克思去世以后一百多年，究竟发生了什么变化，在变化的条件下，如何认识和发展马克思主义，没有搞清楚。绝不能要求马克思为解决他去世之后上百年、几百年所产生的问题提供现成答案。列宁同样也不能承担为他去世以后五十年、一百年所产生的问题提供现成答案的任务。真正的马克思列宁主义者必须根据现在的情况，认识、继承和发展马克思列宁主义。”“世界形势日新月异，特别是现代科学技术发展很快。现在的一年抵得上过去古老社会几十年、上百年甚至更长的时间。不以新的思想、观点去继承、发展马克思主义，不是真正的马克思主义者。”邓小平从中得到的结论是：“在革命成功后，各国必须根据自己的条件建设社会主义。固定的模式是没有的，也不可能有。墨守成规的观点只能导致落后，甚至失败。”[73](P291～292) 吃一堑长一智。邓小平也是过来人。正因为如此，他对毛泽东探索中的成败得失有着切身体验和深刻反思。正如他多次强调的那样，“‘大跃进’，毛泽东同志头脑发热，我们不发热？”[74](P296)“毛泽东同志犯的有些错误，我也有份，只是可以说，也是好心犯的错误”。[75](P353) 哪些是“把他没有做好的事情做好”呢？例如，坚持实事求是的思想路线。前面已经提过，在十一届三中全会前夕，邓小平发表了《解放思想，实事求是，团结一致向前看》的重要讲话。为了说明解放思想的极端重要性，邓小平特意引用了毛泽东的一段振聋发聩的论述：“一个党，一个国家，一个民族，如果一切从本本出发，思想僵化，迷信盛行，那它就不能前进，它的生机就停止了，就要亡党亡国。这是毛泽东同志在整风运动中反复讲过的。”[76](P143) 毛泽东是破除教条主义、坚持实事求是的典范。但到了他的晚年，由于指导思想上的错误，产生了对马克思主义经典作家的某些设想和论点的教条和误解，并陷入了阶级斗争严重扩大化的迷误。邓小平既发扬了毛泽东一贯倡导的解放思想、实事求是的精神，又从根本上纠正了对毛泽东的言论采取教条主义态度的错误倾向，使党和国家继续沿着正确的轨道前进。还譬如，坚持民主集中制原则。这也是毛泽东为党和国家亲手创立的组织原则。1957年，他还提出设想：“我们的目标，是想造成一个又有集中又有民主，又有纪律又有自由，又有统一意志、又有个人心情舒畅、生动活泼，那样一种政治局面，以利于社会主义革命和社会主义建设，较易于克服困难，较快地建设我国的现代工业和现代农业，党和国家较为巩固，较为能够经受风险。”[77](P543) 然而，在这个问题上同样出现了曲折。毛泽东晚年所犯的严重错误之一，便是“使党和国家政治生活中的集体领导原则和民主集中制不断受到削弱以至破坏”。[78](P766) 邓小平十分中肯地指出：“由于胜利，他不够谨慎了，在他晚年有些不健康的因素、不健康的思想逐渐露头，主要是一些‘左’的思想。有相当部分违背了他原来的思想，违背了他原来十分好的正确主张，包括他的工作作风。这时，他接触实际少了。他在生前没有把过去良好的作风，比如说民主集中制、群众路线，很好地贯彻下去，没有制定也没有形成良好的制度。这不仅是毛泽东同志本人的缺点，我们这些老一辈的革命家，包括我，也是有责任的。”[79](P345)正因为如此，邓小平同样是在《解放思想，实事求是，团结一致向前看》这篇重要讲话里，在大声疾呼恢复和发扬解放思想、实事求是的思想路线的同时，突出强调“民主是解放思想的重要条件”，强调“一个革命政党，就怕听不到人民的声音，最可怕的是鸦雀无声”，强调毛泽东当年提出的民主政治发展目标。[80](P144～145)一个恢复和发扬解放思想、实事求是的思想路线，一个恢复和发展社会主义民主与法制，从思想路线上和政治制度上保证了中共十一届三中全会后确立起来的“一个中心、两个基本点”的基本路线的贯彻落实，保证了中国特色社会主义道路及其理论体系的确立和不断发展。又譬如，毛泽东带领中国共产党人探索出了一条适合中国国情的社会主义改造道路，获得了成功。在农业社会主义改造中，形成了有利于发挥农民互助合作和个体劳动两种积极性的农业生产初级社和高级社形式。实践证明，这既符合农业的生产特点和中国农业的精耕细作方式，也同中国农业劳动力的整体水平相适应，同时也能够更好地发挥社会主义合作组织的优越性，是一种在当时比较行之有效的社会主义农业生产管理体制。后来，毛泽东在指导思想上发生偏差，错误地发动了人民公社化运动，使这一探索方向被打断。中共十一届三中全会前后，邓小平积极支持以“统分结合”为特征的农村家庭联产承包责任制变革，以此为突破口，推动了经济体制改革的全面展开。后来，他总结农业社会主义改造以来的发展历程，又提出了“两个飞跃”的设想，指出：“中国社会主义农业的改革和发展，从长远的观点看，要有两个飞跃。第一个飞跃，是废除人民公社，实行家庭联产承包为主的责任制。这是一个很大的前进，要长期坚持不变。第二个飞跃，是适应科学种田和生产社会化的需要，发展适度规模经营，发展集体经济。这是又一个很大的前进，当然这是很长的过程。”[81](P355)在恢复、坚持中发展，在发展中恢复、坚持。正是在这一相辅相成的过程中，把正在形成和发展之中的邓小平理论同毛泽东思想紧密地结合在一起。从实事求是到解放思想、实事求是，从处在社会主义不发达阶段到处在社会主义初级阶段，从中共八大路线“一个中心、两个基本点”的基本路线，从四个现代化到确定现代化建设的小康目标和三步走发展战略，从“一纲四目”到“一国两制”，等等，我们都可以清晰地描绘出一条从毛泽东思想到邓小平理论一脉相承而又与时俱进的发展脉络。这个发展脉络，也正是马克思主义中国化从第一次历史性飞跃发展到第二次历史性飞跃的历史过程，从中共第一代中央领导集体探索中国社会主义建设道路到中共第二代中央领导集体开辟中国特色社会主义道路的历史过程，也就是在新时期创立中国特色社会主义理论体系的历史过程。

参考文献

［1］建国以来重要文献选编［M］．第5册，北京：中央文献出版社，1993.

［2］建国以来重要文献选编［M］．第1册，北京：中央文献出版社，1992.

［3］周恩来选集［M］．上卷，北京：人民出版社，1980.

［4］毛泽东文集［M］．第7卷，北京：人民出版社，1999.

［5］建国以来重要文献选编［M］．第9册，北京：中央文献出版社，1994.

［6］刘少奇选集［M］．下卷，北京：人民出版社，1985.

［7］周恩来选集［M］．下卷，北京：人民出版社，1984.

［8］邓小平文选［M］．第1卷北京：人民出版社，1994.

［9］陈云文选［M］．第3卷北京：人民出版社，1995.

［10］三中全会以来重要文献选编［C］．下册，北京：人民出版社，1982.

［11］毛泽东文集［M］．第8卷，北京：人民出版社，1999.

［12］毛泽东著作选读［M］．下册，北京：人民出版社，1986.

［13］建国以来重要文献选编［C］．第18册，北京：中央文献出版社，1998.

［14］邓小平文选［M］．第2卷，北京：人民出版社，1994.

［15］周恩来经济文选［M］．北京：中央文

献出版社，1993.

［16］中国共产党第十七次全国代表大会文件汇编［C］. 北京：人民出版社，2007.

［17］十五大以来重要文献选编［C］. 上册，北京：人民出版社，2000.

［18］学好文件抓住纲［N］. 人民日报，1977. 2. 02.

［19］胡锦涛在邓小平同志诞辰100周年纪念大会上的讲话［N］. 人民日报，2004. 2. 08.

［20］中共中央、全国人大常委会、, 国务院、全国政协、中央军委：告全党全军全国各族人民书［N］. 人民日报，1997. 2. 02.

［21］邓小平文选［M］. 第3卷，北京：人民出版社，1993.

［22］刘少奇选集［M］. 上卷，北京：人民出版社，1981.

［23］建国以来毛泽东文稿［M］. 第6册，北京：中央文献出版社，1992.

3. 毛泽东：中国社会主义建设事业的伟大开创者和奠基者

张启华《党的文献》2008年第5期

社会主义中国的政治制度，基本上是在毛泽东时代奠定的。概括来说，中国社会主义政治核心是实行人民民主专政，国家政权组织形式是按照民主集中制原则组织起来的人民代表大会制，同时实行中国共产党领导的多党合作和政治协商制度、民族区域自治制度。这些基本政治制度延续至今，已为实践证明是正确的。而毛泽东时代所奠定的经济基础，则情况较为复杂。由于毛泽东在领导经济建设中有过严重失误，一些论者认为他“不懂经济”、“不重视经济”，或认为他领导经济建设取得过一些成就但没有系统的经济思想，或认为他有些经济观点正确却又早已过时，等等。本文拟就这类问题对相关事实做一点历史考察，希望对党在领导社会主义建设的起步阶段为以后的发展所奠定的经济基础有所说明。

一、领导全国人民奠定了中国社会主义建设的物质基础

正如党的十一届六中全会通过的《关于建国以来党的若干历史问题的决议》对“文革”前十年的评价所说：“我们现在赖以进行建设的物质技术基础，很大一部分是这个期间建设起来的。”这是一个基本事实。

（一）建国头七年国民经济迅速恢复

“一五”计划超额完成在考察这一特殊历史时期进行的经济建设时，有四点需要特别提及：(1)起步的基础低，条件恶劣。毛泽东曾感叹：“旧社会给我们留下的东西太少了。”（《毛泽东选集》第4卷，人民出版社，1991年，第1430页）新中国成立之初，工农业生产和财政经济都极其困难。全国的基本状况：一是工农业生产低下，物资极端匮乏，人民得不到起码的生活保障；二是工农业比例中工业比重小，基础薄弱，生产水平极低，更谈不上形成独立的比较完整的工业体系；三是工业布局极不合理，70%以上集中在东部沿海少数城市，内地特别是边远地区很少甚至根本没有现代工业；四是交通和通讯设备极为落后，几乎处于瘫痪或半瘫痪状态；五是财政经济状况混乱，财政赤字庞大，恶性通货膨胀，市场投机势力猖獗。总之，破败不堪的国民经济，严重影响了工农业生产的正常进行和人民生活的安定。看不到工农业生产低下和财政经济极端困难的基础，就看不出建国之初起步的艰难，也看不出社会主义革命和建设时期成就的巨大。(2)国民经济恢复之迅速。首先是建立国有经济。1949~1952年，通过没收官僚资本，管制、征用和收购在华外资企业，加上原革命根据地的公营经济，初步建立起新中国的国有经济。其次是大力整顿财政金融秩序，稳定物价，统一财经体制，使城乡物资交流和工农业生产得到恢复和发展。三是农业的发展。在全国范围内进行土改，农民生产积极性大大提高。政府还采取一系列支援农业的政策，并进行大规模水利建设，对减轻灾害、改善农业生产条件、促进农业增产增收起到重要作用，从而为整个国民经济恢复打下稳固基础。四是工业的发展。从全国看，由于财经体制统一后宏观经济环境改善，促使工业经济很快恢复发展。到1952年，工业总产值在工农业总产值中比重大大增加，主要工业产品产量，不仅大大超过1949年水平，而且大多数还超过解放前最高年份。五是交通运输业的发展。到1952年底，全国铁路营运里程已接近解放前最高年份，公路通车里程超过了解放前最高水平。还有民用航空，我国刚解放时没有航线，到1952年已有航线13123公里。六是国内外贸易有较大发展。七是城乡人民的物质文化生活得到初步改善。八是对工商业合理调整，同时人量精减国家机构。总之，经过三年努力，到1952年国民经济全面恢复，达到近代中国历史最

高水平。尽管从社会生产力总体水平来说，人民生活仍相当艰苦，但新生的共和国经济毕竟由此起步了。(3) 抗美援朝战争的进行，不可能不影响国民经济恢复工作。中央决定进行抗美援朝战争，制定“边打、边稳、边建”的方针，把确保战争胜利放在第一位，财政上必须适当增加军费支出，相对减少建设项目的经费支出。与此同时，以美国为首的西方大国对我国实行全面封锁禁运，使我国无法对外开放，难以同其他国家特别是西方国家做生意。然而，在党的正确领导和全国人民共同努力下，我们不但取得了战争的胜利，而且各条战线都取得重大成就，国民经济依然得到全面恢复发展。(4)“一五”计划超额完成。经过三年恢复时期的努力，国民经济有了发展。但由于工业基础薄弱，农业生产力低下，商品经济极不发达，就整个国民经济水平及社会经济结构而言，仍相当落后。为此，中央决定，从1953年起开始实行发展国民经济的第一个五年计划。经过全党、全国人民共同努力，加上苏联等国支援，“一五”计划于1956年底提前完成，到1957年底超额完成各项指标，各领域经济建设取得巨大成就，为我国社会主义工业化建设奠定了初步基础，对整个国民经济的发展起了重要推动作用。

（二）开始全面建设社会主义的十年经济建设成就辉煌

1956年上半年三大改造完成后，党中央提出今后全党全国人民的主要任务，就是集中力量发展生产力，把我国尽快从落后的农业国变为先进的工业国。以后又逐步提出四个现代化的宏伟目标。从1957年到1966年的10年，党正是按照这一战略目标领导中国人民进行社会主义现代化建设的。在此期间发生过许多失误，有些甚至造成了严重后果，但总体看，这个时期一直没有放松发展生产，特别是1961年～1965年进行五年国民经济调整，使生产力有了较大发展，社会主义建设呈现欣欣向荣景象。这个时期取得的成就主要有以下方面：(1) 工业生产成就巨大。我国独立的、比较完整的工业体系初具规模。工业生产能力大幅度提高，工业产量成倍增加；新兴工业部门迅速成长，新产品、新品种不断涌现，特别是电子、石化、原子能、导弹等新兴工业部门，从无到有逐步发展起来；工业地理布局上，但原有沿海工业基地得到进一步加强，而且广大内地和边疆各省、自治区及少数民族地区也都新建了不同规模的现代工业。(2) 交通运输业有相当大的发展。全国除西藏外，各省、自治区都有了铁路，运输情况大大改善。大部分县、镇通了汽车。民航方面，在北京、上海、广州、成都等地修建了一批机场，开辟了通往东南亚、欧洲和非洲的三条航线。通讯网络延伸到农村，94%以上的乡通了电话。(3) 农业基本建设初见成效。1958年初，农田水利基本建设在广大农村掀起高潮，到1965年为止，建成大中型水利施工项目150多项，其中大部分都在抗洪抗旱、发展农业生产中发挥了重要作用。同时，农业技术改造工作迅速开展，初步奠定了我国农业现代技术装备的基础，为农业生产持续增长创造了条件。(4) 科技事业进展显著，面貌有了根本改观。10年中，我国科技工作者克服西方封锁造成的种种困难，研究、设计和制造了一系列高水平设备，解决了许多科技难题。比如，1964年我国首次人工合成牛胰岛素结晶，在世界处于领先地位。同年10月，我国首次核爆炸试验成功，1965年5月，第二次原子弹爆炸试验成功，从而打破了美、苏核垄断，提高了我国国防能力。(5) 教育事业有很大发展。学校教育的规模和质量都大为提高。新建、扩建各类高校近30所，高校在校生和毕业生人数都大大增长，各类中等学校的规模和质量也提高许多，从而大大增强了各行各业职工的文化素质。科技和管理队伍也壮大起来。

二、提出许多具有重大意义的经济战略思想

如果对这段时期的经济工作作一番梳理，把毛泽东提出的重大经济战略一一列出并考察其效果，或许能对这段历史作出一定的说明，并由此得出结论：毛泽东的经济思想中有失误，但并非全是失误；也并非只有若干零散、片断的观点，全无现实价值。相反，毛泽东提出的一系列经济战略，在我国社会主义经济建设中发挥了重要作用，有些至今仍有借鉴意义。举几个例子：

（一）几次提出把工作重心转移到经济建设上来

有人说毛泽东只抓阶级斗争，不抓经济建设，这是不符合历史事实的。他曾几次提出要把工作重心转移到经济建设上来。民主革命时期，毛泽东憧憬着一旦建立新中国就着手经济建设，建国初期这一思想得到了落实。他在1950年6月提出“为争取国家财政经济状况的根本好转而斗争”，1951年2月提出”三年准备、十年计划经济建设”[①]的重要战略构想，1952年9月以后多次提到要制定一条过渡时期总路线，紧接着提出以社会主义工业化为主体的”一化三改”总路线和总任务。在这一时期，毛泽东多次指出：我们实行人民民主专政的目的，是为了保卫全体人民进行和平劳动，将我国建设成为一个具有现代工业、现代农业和现代科学文化的社会主义国家，社会主义革命的目的是为了解放生产力。1956年我国社会主义改造基本完成、社会主义制度建立起来以后，毛泽东再次明确提出党的工作重心由以往的革命转移到经济建设和技术革命上来，向自然界开战，发展经济，发展文化。1956年9月党的八大一次会议宣布：我国无产阶级同资产阶级之间的矛盾已经基本解决，今后全党和全国人民的主要任务，就是集中力量发展生产力，把我国尽快从落后的农业国变为先进的工业国。八大提出工作重心转移的战略决策后，毛泽东努力贯彻并使之有所发展。1957年3月17日，他在天津党员干部会议上讲：在过去，我们几十年主要的工作，就是阶级斗争工作，还不是建设工作。现在阶级斗争这件工作基本上结束。我们党要求搞建设，要学科学，跟自然界作斗争。19日，他在南京上海党员干部会议上讲话的提纲中又写道：“现在处在转变时期：由阶级斗争到向自然界斗争，由革命到建设，由过去的革命到技术革命和文化革命。许多人还不认识，还企图用过去的方法对待新问题。”4月30日，他在邀集民主党派负责人和无党派人士座谈时说：现在进入另一种战争，就是向自然界开战。当然，毛泽东并非认为阶级斗争已经完全结束。他认为大规模的群众性的阶级斗争已经基本结束，但意识形态方面的阶级斗争还会是长期的；社会主义只是基本上胜利了，还没有巩固，最后胜利还要有一个时期。尽管如此，他仍明确提出要把党和国家的工作重心由阶级斗争为主转移到向自然界开战为主，这足以说明他将工作重心转移到经济建设上来的决心之大。此后，经历了反右派斗争严重扩大化的错误，毛泽东重新判定阶级矛盾是我国社会的主要矛盾。这使得工作重心的转移实际上未能完成。1958年1月反右结束后，毛泽东重新提出把工作重心转移到经济建设上来的战略方针。他在《工作方法六十条（草案）》中具体提出：”中国经济落后，物质基础薄弱，使我们至今还处在一种被动状态，精神上还是感到受束缚，在这方面我们还没有得到解放，要鼓一把劲。再过五年，就可以比较主动一些了；十年后会更加主动一些；十五年后，粮食多了，钢铁多了，我们的主动就更多了。”所以，《关于建国以来党的若干历史问题的决议》作了如下历史结论：“1958年，他（指毛泽东）又提出要把党和国家的工作重点转到技术革命和社会主义建设上来。这些都是‘八大’路线的继续发展，具有长远的指导意义。”1958年5月，根据毛泽东的建议，党的八大二次会议通过“鼓足干劲，力争上游，多快好省地建设社会主义”的社会主义建设总路线，从根本上说是为了尽快把经济建设搞上去，反映了毛泽东和党中央以及广大人民群众迫切要求改变我国经济文化落后状况的普遍愿望。这条总路线以发展生产力为主要目标，同实现工作重心转移的战略方针是相适应的。但在执行总路线的过程中，由于经验不足和对困难估计不足，违反了生产力自身的发展规律，在全国轻率地发动了“大跃进”运动和“人民公社化”运动，导致高指标、浮夸风、“共产风”盛行，“左”倾错误严重泛滥开来，给经济建设带来意想不到的损失。毛泽东很快认识到“大跃进”的错误。1962年初，在为切实做好国民经济调整、巩固、充实、提高的工作而召开的扩大的中央工作会议上，他提出要加强对生产力方面知识的学习。”社会主义建设，从我们全党来说，知识都非常不够。我们应当在今后一段时间内，积累经验，努力学习，在实践中间逐步地加深对它的认识，弄清楚它的规律。”同时，为了进一步搞好经济建设，毛泽东提出：“有了总路线还不够，还必须在总路线指导之下，有一整套适合情况的具体的方针、政策和办法，才有可能说服群众和干部，使他们有一个统一的认识和统一的行动，然后才有可能取得革命事业和建设事业的胜利。”

总之，毛泽东曾几次在历史的转折关头及时提出把工作重心转移到经济建设上来。当然，他在领导经济建设过程中一度急于求成，违反规律，片面追求高速度；在生产关系问题上一度脱离生产力水平，片面追求单一公有制；在阶级斗争扩大化理论指导下，没有处理好阶级斗争和经济建设的关系，常把阶级斗争放在不恰当的突出位置。这些都在一定程度上影响了经济建设的正常进行。但可贵的是，他一发现错误即及时努力纠正，并且始终表现出改变中国经济、技术落后状态的热切期望和发展国民经济、把我国建设成为一个社会主义现代化强国的决心。

（二）提出摆脱苏联模式，找到适合中国的建设社会主义的新路

1956年我国社会主义制度建立后，我们党面

临的第一个重大课题，即摆脱苏联模式，找到一条适合中国的建设社会主义的道路。毛泽东一贯反对教条主义，并在实践中逐渐发现了苏联模式的一些弊端。1956年，毛泽东面对我国社会主义制度建立后遇到的国内外一系列重大变化，特别是1956年2月苏共二十大带来的风波，果断提出摆脱苏联模式，找到一条适合中国的建设社会主义的道路。他说：正如每个人的面目不同，每棵树长得不一样，各国也有不同情况。要讲个性，没有民族特点的道路走不通。各国党的任务是把马列主义基本原理同本国实际结合，制定本国的路线方针政策。还说，以前没经验，只好模仿苏联，束缚了自己的积极性创造性；现在我们有了初步实践，又有苏联的经验教训，应该更强调从国情出发，强调创造性，找出在中国这块大地上建设社会主义的具体道路。这一认识本身，具有巨大的创造性。这条道路是什么，没有现成答案，只有靠实践探索。八大前后，毛泽东带领全党在许多领域进行探索，取得了丰富的思想成果，集中体现在毛泽东1956年4月的报告《论十大关系》和1956年9月党的八大精神中。其主旨是，把党的工作重点从阶级斗争转移到发展生产力上来，以苏联为鉴，探索在中国建设社会主义的道路。《论十大关系》中关于政治、经济、文化方面的许多重要思想，实际上就是从我国国情出发，开始提出自己的建设路线，其原则和苏联相同，但方法有所不同，有我们自己的一套内容。尽管由于时代条件的局限和实践经验的不足，毛泽东最终没能从根本上完全突破苏联模式，也没能成功找到一条适合中国的社会主义建设道路，但他在当时的国际环境下率先提出突破苏联模式并付诸实践，是需要巨大勇气和智慧的。

（三）提出要走出一条适合中国国情的工业化道路

关于通往工业化的道路，毛泽东反复强调建设社会主义要参考而不能照搬外国经验，要走出一条适合我国国情的中国工业化道路。为此，他从中国是个农业大国的实际出发，提出要正确处理社会主义经济内部存在的诸多矛盾，特别是重工业和轻工业、农业的关系。他注意到，在这个问题上苏联和东欧一些国家处理得不够好，都是片面注重重工业，忽视农业和轻工业，结果造成市场货物不够，货币不稳定，苏联的粮食产量长期达不到革命前的最高水平。“一五”计划期间，毛泽东提出，重工业是我国建设的重点，必须优先发展生产资料的生产，但绝不可以因此忽视生活资料尤其是粮食的生产，要用多发展一些农业、轻工业的办法来发展重工业。这一做法既适合我国人口多、资金不足的基本国情，也符合社会主义生产的目的。要做到这一点，关键是处理好农业、轻工业、重工业的关系。毛泽东的观点是：第一，发展工业必须与发展农业同时并举，工业才有原料和市场，才能逐步积累足够的资金；第二，轻工业是提供消费品和积累资金的重要部门，发展重工业也离不开轻工业的发展；第三，以重工业为中心是工业化的关键，但同时必须充分注意发展农业和轻工业，要以农、轻、重为序安排国民经济。毛泽东创造性地提出的“农、轻、重”的顺序，其正确性已为实践所证明。这是毛泽东在实现中国工业化道路问题上的一个杰出贡献。

（四）提出中国要建立独立完整的工业体系和国民经济体系，并坚持独立自主、自力更生的原则

中华人民共和国刚开始社会主义建设时，苏联并不赞成中国搞独立完整的工业体系。他们以“社会主义大家庭”为由反对其他社会主义国家建立独立完整的工业体系。毛泽东对苏联的做法予以抵制，提出中国一定要建立自己独立完整的工业体系和国民经济体系，实现经济独立，以保障政治独立。毛泽东还强调两点：一是就整个国家而言，不是要求每一个省、每一个地区建立独立完整的工业体系，各个地区应在统一的社会主义国家内，结合实际、扬长避短、发挥优势、讲求经济效益、因地制宜地发展工业；二是就整个世界而言，这种工业体系也不是完全封闭的，必须大力发展对外经济合作，引进外国先进设备，学习和借鉴国外先进管理经验和科学技术，促进本国生产力的发展，加快国内工业体系现代化。这是加强我国社会主义现代化建设的重大步骤。如何实现这一目标？毛泽东提出了社会主义建设中独立自主、自力更生的原则和自力更生为主、争取外援为辅的方针。在这一原则和方针指导下，我国在社会主义建设中成功克服了许多难以想象的困难，包括帝国主义封锁和苏联单方面撕毁合同、撤走专家等造成的困难，靠自力更生、艰苦奋斗取得了经济建设的辉煌成就。1979年国庆30周年时，我国已建成独立完整的工业体系。

（五）提出社会主义四个现代化总任务及分两步走的战略步骤

把中国建成一个实现四个现代化的国家这个

口号，是毛泽东首先提出的。早在1945年4月，毛泽东在中共七大政治报告中提出，革命胜利后，要“在若干年内逐步地建立重工业和轻工业，使中国由农业国变为工业国”。”为着中国的工业化和农业近代化而斗争。”[②]这里所说的“由农业国变为工业国”、“工业化和农业近代化”，应该说是“四个现代化”思想的最初萌芽。1953年8月，毛泽东对党在过渡时期总路线第一次作正式的文字表述：“要在一个相当长的时期内，基本上实现国家工业化和对农业、手工业、资本主义工商业的社会主义改造。”修改后，毛泽东将“国家工业化”改为“国家的社会主义工业化”。1953年12月经中共中央批准、中央宣传部制发的《关于党在过渡时期总路线的学习和宣传提纲》，在解释国家的社会主义工业化时，提出了“促进农业和交通运输业的现代化”，“建立和巩固现代化的国防”。在1954年9月全国人大一届一次会议开幕词中，毛泽东提出“将我们现在这样一个经济上、文化上落后的国家，建设成为一个工业化的具有高度现代文化程度的伟大国家”。周恩来在这次会议的政府工作报告中将这一思想具体化，明确提出：“如果我们不建设起强大的现代化的工业、现代化的农业、现代化的交通运输业和现代化的国防，我们就不能摆脱落后和贫困，我们的革命就不能达到目的。”这是四个现代化思想的最早提法。这篇工作报告是经毛泽东审阅同意的，可以说代表了毛泽东的思想。只是这时提出的是“交通运输业”的现代化，而不是“科学技术”的现代化。此后毛泽东在1957年2、3月分别发表的《关于正确处理人民内部矛盾的问题》和《在中国共产党宣传工作会议上的讲话》中，都提到了“三化”，即将我国建成具有“现代工业、现代农业和现代科学文化的社会主义国家”。这里没有提到国防现代化和科学技术现代化，但实际上，这里的“科学文化”概念含义更为宽广，应该是包括了科学技术现代化的。1959年底到1960年初，毛泽东明确提出：“建设社会主义，原来要求是工业现代化，农业现代化，科学文化现代化，现在要加上国防现代化。”[③]至此，“四个现代化”的完整提法有了，只是未在公开文字中出现。“四个现代化”提法的正式公布，是在1964年12月周恩来在三届人大一次会议作的《政府工作报告》中：“今后发展国民经济的主要任务，总的说来，就是要在不太长的历史时期内，把我国建设成为一个具有现代农业、现代工业、现代国防和现代科学技术的社会主义强国，赶上和超过世界先进水平。”1975年1月四届人大一次会议上，周恩来在《政府工作报告》中重申这段话并特别指出：“遵循毛主席的指示，三届人大的政府工作报告曾经提出，从第三个五年计划开始，我国国民经济的发展，可以按两步来设想：第一步，用15年时间，即在1980年以前，建成一个独立的比较完整的工业体系和国民经济体系；第二步，在本世纪内，全面实现农业、工业、国防和科学技术现代化，使我国国民经济走在世界的前列。”由于十年动乱，1964年提出的纲领没有形成规划。1975年，国务院根据周恩来在四届人大一次会议《政府工作报告》中再次提出的这个纲领，拟定了发展国民经济十年计划纲要草案。但草案遭到“四人帮”的阻挠、攻击，没有得到全面实施。直到1978年12月十一届三中全会正式作出把党和国家的工作重心转到经济建设上来的战略决策，要求集中一切力量，调动一切积极因素，为实现四个现代化而奋斗，我们才全面走上发展四个现代化的道路。

（六）提出打破封锁、对外开放的政策

有人认为，毛泽东在建国后实行的是自我封闭的政策。其实，如果研究毛泽东一生的言行，很难找到他主张闭关锁国的痕迹，而恰恰可以看到很多他竭力主张与外国包括西方资本主义国家进行平等的、互通有无的交往的例证。在取得政权之前，毛泽东就十分明确地提出在中国获得真正的独立以后要与外国进行经济交往，并曾努力把这一思想变为实践。建国前夕和建国之初，毛泽东在政治上提出“一边倒”的方针，至今被一些人误认为是闭关锁国的政策。其实不然。毛泽东主张“一边倒”，是指在政治上必须同资本主义国家划清界线，而在经济上仍要与西方国家进行贸易交往，从未主张关起门来搞建设。此后他也一再强调：我们的方针是，一切外国人的长处，包括政治、经济、技术、文学、艺术的一切好东西都要学；但不要盲目学，要能够独立思考。关于中国与外国的关系，毛泽东主张要把自力更生和学习外国经验辩证地结合起来，对外国的东西不加分析地一概排斥和不加分析地一概照搬，都是不正确的。建国后，美国等西方国家对我国实行长达20年之久的经济封锁和禁运政策。面对这种形势，毛泽东、党中央一方面坚持自力更生的方针，另一方面灵活巧妙地开展一系列卓有成效的反封锁反禁运斗争。我们在把对外经济交往的重点放在苏联和东欧国家的同时，抛开意识形态的分歧和社会制度的差别，不论是建交的还是未建交的国家，只要尊重中国的独立和主权，都积极发展与他们的贸易往来。对美国，毛泽东一直表示愿意及早与之建立正常的政治经济交往关系。但美国政府长期不改变对中国政治上敌视、经济上封锁的政策。对此，毛泽东和党中央明确表示，在美国改变敌视中国、干涉中国内政的政策之前，是不能与美国进行贸易来往的。此外，毛泽东还提出过一些重大思想，如“两参一改三结合”的企业管理思想，统筹兼顾处理社会主义经济利益的思想，以及试办托拉斯、改革企业管理制度等对经济体制进行改革的思想等等，限于篇幅，此不赘述。

三、提出过一些有重要意义的创新性思想

在探索社会主义建设道路过程中，毛泽东大胆提出了一些富有创见的思想。这些思想有些虽未贯彻实行，但对以后改革开放政策的提出具有一定的借鉴作用。

（一）提出“不发达的社会主义阶段”概念

从七届二中全会到三大改造完成后的一段时间，毛泽东对社会主义建设长期性有了一定认识。他多次讲，建成社会主义，15 年只能打个基础，真正建成要 50 到 100 年。后来，在纠正”大跃进”的错误时，毛泽东经过深入思考，提出我国正处在“不发达的社会主义阶段”，并说从“不发达”到“比较发达”是一个相当长的时期。邓小平后来说，社会主义初级阶段，就是不发达的阶段。

（二）对社会主义商品经济问题的突破性认识

“社会主义消除商品经济”是传统社会主义理论。恩格斯曾说：“一旦社会占有了生产资料，商品生产就将被消除。”这是以建立在高度发达的生产力基础上全社会占有全部生产资料为前提的。迄今没有任何国家达到这一水平，也就不能消除商品经济。只注意到马恩的结论而忽略了他们说的前提，是一种教条化的理解。毛泽东在当时的历史条件下，对已形成传统的“社会主义消除商品经济”观念提出异议。他的观点总的来说是，发展商品生产，限制商品生产的消极作用。在 1956 年 4 月的《论十大关系》报告中，毛泽东不同意苏联用义务销售制等办法来积累资金的政策，认为这样做把农民生产的东西拿走太多，给的代价又太低，使农民生产积极性受到极大损害，提出：“工农业品的交换，我们是采取缩小剪刀差，等价交换或者近乎等价交换的政策。”1958 年人民公社搞“共产风”、“一平二调”，实际是取消商品生产的做法。陈伯达当时就鼓吹立即取消商品，取消货币。对”大跃进”、”人民公社化”运动中”左”的错误初步觉察后，毛泽东在 1958 年 11 月第一次郑州会议、1959 年 2 月第二次郑州会议、1959 年 7 月庐山政治局扩大会议时，提出了一些纠正错误的理论和观点，其中就有一些是针对陈伯达为代表的废除商品和货币的错误主张的。毛泽东指出：在社会主义时期废除商品是违背经济规律的，我们不能避开一切还有积极意义的诸如商品、价值法则等经济范畴，而必须使用它们来为社会主义服务。中国是商品生产很不发达的国家，商品生产不是要消灭，而是要大大发展。他还说：必须区别资本主义的和社会主义的两种不同性质的商品生产，不应当害怕商品生产。他特别强调指出，为了团结几亿农民，必须发展商品交换；废除商业和对农产品实行调拨，就是剥夺农民。他还进一步指出，价值法则是客观存在的经济法则，我们对于社会产品，只能实行等价交换，不能无偿占有。他曾说，价值规律“是一个伟大的学校，只有利用它才有可能教会我们的几千万干部和几万万人民，才有可能建设我们的社会主义和共产主义，否则一切都不可能”。毛泽东这些观点是非常正确的，可惜没能很好地贯彻在实践中。相反，毛泽东晚年又提出社会主义商品生产和货币交换跟旧社会没有多少差别，只能在无产阶级专政下加以限制的观点，实际上是一种倒退。这是由于在当时历史条件下，他对这个问题的思考不可能太深入，不可能突破计划经济体制的樊篱。他在商品经济问题上的思考，达到了历史条件允许的高度，但也就止于历史规定的限度。所以，这些正确思想在以后非但没能坚持反而有所反复，也是不奇怪的。但他毕竟提出过这些有突破性的见解，在社会主义思想史上有一定开创意义。

（三）提出可以消灭了资本主义又搞资本主义

在所有制结构问题上，毛泽东的确是想建立一个纯粹的社会主义，“让资本主义绝种”，“让小生产绝种”。但在现实生活启示下，他改变了这种设想。在 1956 年底同工商界人士的谈话中，他提出，我国的自由市场，因为社会有需要，就发展起来。要使它成为地上，合法化，可以雇工，可以开私营工厂，可以开投资公司，可以消灭了资本主义又搞资本主义。他把这称作“新经济政策”，认为这应实行相当长一个时期，怀疑苏俄的新经济政策结束得早了。虽然由于历史条件的限制，他这个认识没有深入展开也没有付诸实践，但毕竟已提出以公有制为主体各种经济成分并存的新的设想。

（四）创立了社会主义社会矛盾的学说

苏共肃反扩大化引发的一系列严重问题，引起我党高度重视。毛泽东对现实问题进行深入思考，提出了这样一个课题：社会主义社会是否真的没有矛盾？如有，怎样解决？他适应历史发展的需求，深入研究社会主义社会的矛盾问题，形成了系统的理论。主要观点是：第一，社会主义社会存在矛盾，正是矛盾推动社会发展。第二，社会主义社会的基本矛盾是生产力与生产关系、经济基础与上层建筑的矛盾。第三，社会主义社会的矛盾反映在政治上可以划分为敌我矛盾和人民内部矛盾两类。第四，毛泽东阐明了两类矛盾的不同解决方法，由此提出正确处理人民内部矛盾的理论及一系列方针。此外，他还提出两类矛盾在一定条件下会相互转化，应该创造主客观条件促使矛盾向好的方面转化。这些重要观点，是具有重大意义的理论创造。遗憾的是，此后发生的“左”的错误，使这一正确理论提出的许多重要思想和原则没能很好贯彻；实际工作中大量混淆两类矛盾，即使属于人民内部的矛盾，也有许多未能正确处理。这又从反面证明了正确处理社会主义社会矛盾，特别是正确处理人民内部矛盾的重要性。特别值得指出的是，毛泽东提出的社会主义社会基本矛盾的运动是社会主义社会发展动力这一科学论断，对社会主义改革与发展问题的探索是一个很大的贡献。党的十一届三中全会以后提出的社会主义改革理论与此是一脉相承的。毛泽东对中国如何建设社会主义的艰辛探索中，浸透着他把马克思主义基本原理与中国具体实际相结合的理论思考，既包含着他的失误，更包含着他的贡献。毛泽东不愧为伟大的无产阶级革命家、政治家、思想家，是中国社会主义建设实践与理论的开创者。在中国建设社会主义艰难征程的起步阶段，他作为我党第一代中央领导集体的核心，带领全国各族人民，在当时的历史条件下，把马克思主义与中国具体实际相结合，为在中国建立、巩固、完善和发展社会主义进行了最初的艰辛探索，积累了丰富的正反两方面经验。这是一笔宝贵的思想财富，它为中国特色社会主义理论的创立，为中国特色社会主义事业的发展，提供了宝贵的借鉴和直接的思想理论准备。

参考文献：

①《毛泽东选集》第 3 卷，人民出版社，1991 年。

②《建国以来毛泽东文稿》第 4 册，中央文献出版社，1990 年。

③《建国以来毛泽东文稿》第 4 册。中央文献出版社，1990 年。

④《周恩来经济文选》，中央文献出版社，1993 年。

⑤《毛泽东文集》第 7 卷。

⑦参见《邓小平文选》第 3 卷，人民出版社，1993 年。

⑧《马克思恩格斯选集》第 3 卷，人民出版社，1995 年。

4. 毛泽东人口思想研究

梁中堂，《中国特色社会主义理论》，上海人民出版社，2008

毛泽东人口思想是毛泽东关于中国人口问题的理论和观点的概括。近现代以来，任何寻求有关中国人口问题的解决途径，都离不开如何认识中国社会性质、中国向何处去，以及如何解决中国社会问题和中国如何发展等基本问题。所以，毛泽东就十分精辟地把人口思想首先归结为一定的历史观。毛泽东人口思想是毛泽东运用唯物历史观与唯心历史观的马尔萨斯主义人口论的斗争的结果，是毛泽东领导党和中国人民在马克思主义基本原理指导下解决中国革命和建设问题的实践过程中得以形成、丰富和发展的。毛泽东人口思想具有十分丰富的内容，是毛泽东思想整体不可分割的部分。毛泽东思想是马克思主义与中国革命实践相结合的产物。研究和理解毛泽东人口思想，既不能与毛泽东思想整体割裂开来，也不能离开毛泽东在革命和建设实践中探索的具体历史背景。由于历史发展的原因，我们过去对毛泽东人口思想的学习和认识，一方面要受到对毛泽东思想整体的评价和认识的局限，另一方面往往只能接触到毛泽东人口思想的一些孤立的话语片段而不得不语录式地学习，所以对其整体的研究和认识都是很不够的。近十几年来，随着国家经济社会的巨大发展，人们对新中国自己的历史和毛泽东思想的认识都更为客观和深入了，相继产生了一大批研究毛泽东历史和毛泽东思想的新成果。特别是一些毛泽东的文稿、文集和有关毛泽东的一些文献的相继出版，再现出许多过去无法了解的历史情节，使得我们有了一定的条件能够回到具体的历史中去研究毛泽东人口思想。

一、在革命实践中获得和形成马克思主义人口理论

毛泽东早期革命活动就十分注意和重视人口问题。毛泽东在20年代末到30年代初起草的红色根据地的许多文件和由他撰写的许多文献资料，都有对当时人口状况作的分析。[1]譬如，这一时期的毛泽东十分重视农村调查，先后进行了寻乌、湘潭、湘乡、衡山、醴陵、长沙、永新、宁冈等系统的调查。其中在寻乌的调查中就有“人口的成分和他们在政治上的地位”、“农村人口成分”等方面的内容。[2]在《长冈乡调查》中，文章一开始就向读者交代了该乡的“政治区划和户口”。[3]1931年，毛泽东起草文件通知，要求红军各政治部、地方各级政府调查人口和土地状况。[4]在长期革命斗争中，毛泽东运用马克思主义观察和分析问题，写下许多不朽的论著，其中也包括运用马克思主义人口理论形成的论著，如1926年的《中国社会各阶级的分析》、1927年的《湖南农民运动考察报告》、1933年的《怎样分析农村阶级》、1939年的《中国革命和中国共产党》、1940年的《新民主主义论》、1949年的《在中国共产党第七届中央委员会第二次全体会议上的报告》等，都是这方面的代表作。但是，一直到中国革命即将在全国范围取得胜利之前的几十年里，则很少有能够全面反映毛泽东人口思想的文献。1949年8月，美国政府面临其对华政策的失败，需要回答反对党的指责，从而发表了题为《美国与中国关系》白皮书和美国国务卿艾奇逊致美国总统杜鲁门的信。这两个文件，披露了一些过去难以见到的内幕材料。毛泽东抓住机遇，连续发表了5篇评论文章。尤其最后一篇《唯心历史观的破产》，以历史唯物论观点回答了中国革命的必然性以及最终取得胜利的根本原因。由于美国政府白皮书和艾奇逊的信件用马尔萨斯人口论的观点阐释中国革命和中国社会发展问题，这就为毛泽东提供了全面阐述自己人口思想的机会。

按照美国政府和艾奇逊的观点，中国人口太多了，饭少了，所以发生革命。过去的政府都没有解决这个问题，共产党也不一定能够解决这个问题。根据艾奇逊这一观点和逻辑，中国已有四五亿的人口，是一种“不堪负担的压力”，谁也无法解决的吃饭问题决定了中国要继续发生战争，继续乱下去。这是赤裸裸地搬弄马尔萨斯主义的观点。毛泽东用包括美国独立战争等革命事件在内的大量中外历史事实说明，革命爆发的原因不是人口过多，而是由于社会制度的不合理。接着，毛泽东反驳说：“中国人口众多是一件大好事。再增加多少倍人口也完全有办法，这办法就是生产。西方资产阶级经济学家如像马尔萨斯之流所谓食物增加赶不上人口增加的一套谬论，不但被马克思主义者早已从理论上驳斥得干干净净，而且已被革命后的苏联和中国解放区的事实所完全驳倒。”[5]毛泽东在批判中还从历史经验提炼出一个十分著名的命题——“革命加生产即能解决吃饭问题”，并写出了一段脍炙人口的文章：世间一切事物中，人是第一可宝贵的。在共产党领导下，只要有了人，什么人间奇迹也可以创造出来。[6]

《唯心历史观的破产》一文的篇幅虽然不长，却是研究和领会毛泽东人口思想的最为重要的文献。首先，毛泽东不是通过对《唯心历史观的破产》的写作才产生或形成了马克思主义唯物历史观的人口思想，而是在这篇文章里比较全面和系统地阐述了自己的人口思想。毛泽东在早期的革命活动和革命斗争中，接受了马克思主义的基本原理，在指导其伟大的革命实践中产生和形成了后来被称之为毛泽东思想的理论体系。如果从文献上来研究，《中国社会各阶级的分析》等文章表明，20年代的毛泽东已经具有极为深厚的马克思主义理论水平。在写作《唯心历史观的破产》一文时，早已经完成了由资产阶级知识分子向无产阶级革命家的转变，已经是一位成熟的马克思主义理论家、思想家和通过长期革命斗争实践检验的中国共产党的领袖。毛泽东在《唯心历史观的破产》中娴熟地运用马克思主义的唯物历史观对美国政府和艾奇逊所依据的马尔萨斯主义进行批判，仅仅是比较集中地体现了自己所持有的马克思主义世界观和人口思想。在一定程度来说，毛泽东在这篇文章中只是把自己已有的一些思想和观点提炼得更为概括和精辟了，把马克思主义的一些基本原理更为通俗化了。

其次，与大多数人狭隘地将人口理论和人口思想简单地归纳为主张增加或减少人口的认识不同，毛泽东十分敏锐地首先将人口思想归结为一定的历史观，把造成旧中国贫穷落后和绝大多数中国人吃不饱穿不暖的原因归结为腐朽的社会经济制度和帝国主义的侵略，而把用马尔萨斯主义

解释中国革命和人口问题的观点归结为唯心历史观。毛泽东的这一认识和观点的重要意义在于，这是理解中国社会问题和中国人口问题的本质所在。因为，对中国革命和人口问题的认识是与对中国社会问题和人口问题的性质的认识，与解决中国社会问题的方法、道路、路线及方针、政策，都是联系在一起的。如果根据毛泽东的这一思想翻检和研究人口学的历史，人口理论从其产生以来就是要回答这一社会根本问题的。马尔萨斯的人口论既不是提倡节制生育，也不是主张减少人口的。马尔萨斯匿名出版《人口论》的时候，仅仅是一位刚从神学院毕业的年轻神父，那时的教会都是反对节育的。马尔萨斯在其著作中就坦率地道出了《人口论》的实质是反对社会的改革和改良。他说："本书的目的，与其说是在提出改进社会的新计划，不如说是在教育人们必须安于一部分早已按照自然之道在进行的改进方式，并且必须不去阻碍否则就要如此去做的进展。……十分明显，如果下层阶级的人都知道这些真理，那么他们就会以更大的耐心来忍受他们可能遭受到的困苦，就不会由于自己的贫困而对政府和上层社会感到那么不满和忿恨了，在一切场合里也不至于那么容易摆出反抗的姿态或发生骚乱了"[7]……所以，马尔萨斯是在做一位神父应该做的对穷人的安抚工作。但是，贫穷仍然是那时英国的普遍现象，年轻的马尔萨斯还不具有从历史哲学上回答问题的能力，就把人的生育和谷物的繁殖能力放在一起进行比较，杜撰了一个人口是按照几何级数增长和谷物按照算术级数增长的"两个公理"，然后将贫穷、饥饿、瘟疫和战争等社会现象解释为"自然法则"，并要求两个级数保持相对平衡的手段。这就自然地把穷人的生育当作产生社会问题的替罪羊，把人口因素当作阻碍社会进步的根源，从而陷入了唯心主义历史观的巢臼。毛泽东敏锐地抓住美国政府所持的马尔萨斯主义，深刻地揭露和批判人口决定论所代表的唯心历史观，清晰地阐述了马克思主义从生产力和生产关系、经济基础和上层建筑矛盾统一关系方面寻找人口问题根源的经济决定论的唯物历史观。

第三，与美国政府和艾奇逊等人所代表的资产阶级把劳动人民当作负担、累赘、包袱之类的观点相反，毛泽东十分推崇人的价值，提出了"世间一切事物中，人是第一可宝贵的"等思想，充分体现了马克思主义哲学关于个人存在是人类历史的前提、[8]人是社会历史的主人、[9]劳动人口是一切生产力的条件等观点，[10]以及人民创造历史、人民群众是历史的真正英雄等历史唯物主义的核心思想和基本原理，反映了无产阶级政党应有的"人为贵"和"以人为本"的基本原则。马克思主义的这一唯物历史观是支配毛泽东一生的基本思想理念，也是其一生革命的出发点和立足点。正是从这一点出发，毛泽东在革命实践中又总结制定出党的群众路线。相信群众，信任群众，一切为了群众，一切依靠群众，从群众中来，到群众中去，不仅是毛泽东领导中国革命实行人民战争取得胜利的基本法宝，也是其经济建设时期的基本工作方法。

毛泽东认为，对人的尊重、崇尚人的价值等人民性的唯物主义历史观，不仅是个认识问题，而且首先是对待人、对待人民群众的感情和态度问题。1938 年，毛泽东在《论持久战》中就将取得抗日战争胜利的根本性因素归结到人民性方面，提出"兵民是胜利之本"，"战争的伟力之最深厚的根源，存在于民众之中"。毛泽东进一步强调说，这不是方法问题，"是根本态度（或根本宗旨）问题，这态度就是尊重士兵和尊重人民。从这态度出发，于是有各种的政策、方法、方式。"党的一切原则要实行有效，"都须从尊重士兵、尊重人民和尊重已经放下武器的敌军俘虏的人格这种根本态度出发"。[11]在《论联合政府》中，毛泽东又进一步总结提出："人民，只有人民，才是创造世界历史的动力。"[12]这是中国共产党能够在抗日战争中迅速发展壮大的根本所在。

建设时期的毛泽东也是如此重视人的因素和作用。1956 年，毛泽东说："天上的空气，地上的森林，地下的宝藏，都是建设社会主义所需要的重要因素，而一切物质因素只有通过人的因素，才能加以开发利用。"[13]毛泽东还说："生产力是最革命的因素。生产力发展了，总是要革命的。生产力有两项，一项是人，一项是工具。工具是人创造的。工具要革命，它会通过人来讲话，通过劳动者来讲话，破坏旧的生产关系，破坏旧的社会关系。"[14]"人民群众有无限的创造力。他们可以组织起来，向一切可以发挥自己力量的地方和部门进军，向生产的深度和广度进军，替自己创造日益增多的福利事业。"[15]正是由于毛泽东基于对人、对人民的这一崇高敬仰和尊重的理念，将新取得政权的国家命名为人民共和国，政府称之为人民政府，并为其制定了一切属于人民、一切为了人民和全心全意地为人民服务的宗旨。

“卑贱者最聪明，高贵者最愚蠢”。[16]这是毛泽东的信仰和世界观，也是理解毛泽东、毛泽东思想和毛泽东人口思想的钥匙和枢纽。

第四，毛泽东提出的“革命加生产即能解决吃饭问题”，集中概括和形象地表述了马克思主义关于生产力和生产关系、经济基础和上层建筑之间关系的唯物历史观和人口理论。马克思论述过剩人口问题时说：“社会的条件只能适应一定数量的人口。另一方面，如果说有一定形式的生产条件的扩展能力所设定的人口限制，随生产条件而变化，收缩或扩大，……人口究竟能超出它的限度多少，这是由限度本身决定的，或者确切些说，是由设定这个限度的那同一个基础决定的。”[17]所以，人口的容量或人口过剩之类的问题都是相对于一定的社会制度或经济体制而言的。毛泽东有一次解释历史发展的辩证关系时说：“将来全世界的帝国主义都打倒了，阶级消灭了，你们讲，那个时候还有没有革命？我看还是要革命的。社会制度还要改革，还会用‘革命’这个词。当然，那时革命的性质不同于阶级斗争时代的革命。那个时候还有生产关系同生产力的矛盾，上层建筑同经济基础的矛盾。生产关系搞得不对头，就要把它推翻。上层建筑（其中包括思想、舆论）要是保护人民不喜欢的那种生产关系，人民就要改革它。生产力是最革命的因素。生产力发展了，总是要革命的。”[18]人口问题，其本质都是一定社会时期的生产关系对生产力的束缚和上层建筑落后于经济基础的结果。坚持社会革命和推动社会改革，变革经济制度和改善经济政策，调整过时的生产关系和落后的上层建筑，解放和发展生产力，就能够解决一定历史阶段的人口问题。这既是毛泽东信奉的马克思历史唯物主义的基本原理，也是毛泽东人口思想的理论核心。

二、工业现代化建设和人民的婚育自主权利

回应西方国家工业革命和现代化的挑战，改变旧中国落后的经济面貌、强国富民和赶上西方发达国家，是从晚清时期开始的几代有抱负的中国人的意愿。上个世纪40年代末，毛泽东和中国共产党领导的中国革命即将在全国取得胜利的时候，像苏联那样走社会主义道路，包括实行计划经济，推进工业化和选择优先发展重工业的发展战略，都是以毛泽东为首的中国共产党决心将中国这艘航船引向经济、文化和政治等社会全面现代化航程的早已确定了的路线和目标，也是毛泽东认为带领人口众多的中国人民走上富裕之路和实践自己历史唯物论的人口思想的必然选择。

新中国是在一个相当落后的基点上开始工业建设的。毛泽东曾经形象地说：“现在我们能造什么？能造桌子椅子，能造茶碗茶壶，能种粮食，还能磨成面粉，还能造纸，但是，一辆汽车、一架飞机、一辆坦克、一辆拖拉机都不能造。”[19]所以，从建国后恢复国民经济开始到制订经济发展计划，中央政府都把建设的重心放在建设一个比较独立的重工业体系方面。从1950年毛泽东访苏确定苏联援助建设东北50个工业项目开始，“一五”计划投资250亿元，确定和实施的工业建设项目总计达到1万多个，其中大中型项目921个。在大中型建设项目中，苏联援建156个，民主德国、捷克、匈牙利等东欧社会主义国家援建项目68个。[20]一个初步拥有煤炭和电力及石油等能源工业、冶金工业、化学工业、机械制造工业、航空工业、电子工业、兵器工业、航天工业、船舶工业等现代工业体系的建设在全国大地上全面铺开。随着工业建设的发展，军人脱下军装转到了地方，年富力强的农民被招进了工厂。至于青年学生和稍有文化的知识分子，更是国家机关、企业和服务行业争聘的对象。大规模的工业化建设很快改变了旧中国那种毫无生气、没有活力的社会面貌。已经脱离传统农业的一代新人理所当然地要求和向往着与工业化相适应的新生活。中国农业社会创造的传统的生活方式已经动摇。经济变革和包括家庭传统婚姻制度及生育习俗在内的社会变革是这一时期新生政权必然遇到的重大课题。毛泽东领导的中国共产党十分自然地站在社会变革的前列，国家政权以鲜明的态度积极扶植新生事物，支持社会变革，使得一个在经济、文化和风俗习惯等各个方面都非常落后的国家，在一个较短的时间里就能以一种全新的面貌展现在世界面前。

废除旧的婚姻制度具有反封建的性质，所以，早在共产党领导的民主主义革命时期就已经开始了。1931年12月，毛泽东以中华苏维埃共和国主席的名义签署的《婚姻条例》中提出，“确定婚姻以自由为原则，而废除一切封建的包办、强迫与买卖的婚姻制度”。[21]后来的各抗日根据地和解放区，也都有相类似的新婚姻法规定。1950年4月，毛泽东主持中央人民政府委员会通过并颁布了《中华人民共和国婚姻法》，彻底废除了旧的婚姻制度。这是新中国最早颁布的法律法规之一。1950~1953年，毛泽东直接领导党和政府在全国

进行了一场深入持久地宣传、贯彻和执行新婚姻法的运动，对全民族的新的自由婚姻观的树立和新婚姻制度的形成，都起到了极大的推动作用。通过新婚姻法的颁布和贯彻宣传，男女平等、婚姻自由，迅速成为我国社会的新风尚。节制生育是工业现代化的一个必然结果。建国之初，国家有关政策和法律依据传统都是限制避孕和节育的。1950年4月由中央人民政府卫生部、人民革命军事委员会卫生部和中央人民政府政务院文化教育委员会联合颁发的《机关部队妇女打胎限制办法》，1952年5月由中央人民政府卫生部制定的《限制节育堕胎暂行办法》和《婚前健康检查实施办法》，对堕胎和节育用具的使用、销售，都有严格的限制规定。这些规定首先与城市青年的生活发生冲突，给城市青年的学习和工作带来不便。所以，人民群众纷纷给党和政府机关反映这一问题。1954年，卫生部在《关于改进避孕及人工流产问题的通报》中就说："本部对于节育问题，过去一直采取严格限制的方针，……自实施上项管制办法以来，各地机关干部、工厂工人以及城市市民因子女过多，影响到生活工作和学习，纷纷提出反对意见……"[22]。这表明传统的国家制度与工业现代化以来的人民新生活存在矛盾和冲突。

由于资料的限制，我们无法确定毛泽东和中央政府最早是在什么时候开始回应群众这一要求的。有资料显示，政务院副总理邓小平于1953年8月就曾指示有关部门改正禁止和限制海关进口避孕药具的做法，督促下发《避孕及人工流产办法》，放宽对避孕和堕胎的限制。但是，由于认识不一致，改正的办法未能下发。[23]1954年5月27日，全国妇联副主席邓颖超给新任中共中央秘书长的邓小平写信，要求国家机关制定办法，帮助解决群众的避孕问题。第二天，邓小平即给分管卫生部的政务院秘书长兼中央人民政府文化教育委员会办公室主任的习仲勋批示说："我认为避孕是完全必要的和有益的，卫生部对此似乎是不很积极的，请文委同卫生部讨论一下，问问他们对此问题的意见，如他们同意，就应采取一些有效的措施。"[24]可能是因为邓小平在党内地位上升的原因，这次批示很快就有了效果。7月20日，卫生部下发了经政务院批准的修订避孕及人工流产办法。[25]11月10日，卫生部又下达了《关于改进避孕及人工流产问题的通报》。该通报"拟订改进办法"，不仅"避孕节育一律不加限制"，而且对医疗机构和卫生人员提出要求，"凡请求避孕者，医疗卫生机关应予以正确的节育指导。""一切避孕用具和药品均可以在市场销售，不加限制。"[26]

1954年12月27日，中共中央书记处书记、全国人大常委会委员长刘少奇召集国务院第二（文教）办公室、卫生部、轻工业部、商业部、中央宣传部、全国妇联等单位负责人座谈节制生育问题。刘少奇说："关于节育问题，我们党、我们的卫生机关和宣传机关，是提倡还是反对？有些人是反对的，有的人还写了反对文章。现在我们要肯定一点，党是赞成节育的。""避孕药品与器具的供应，不要从商业问题上着眼，这是个人民需要的带政策性的问题。商业部门和生产部门都要努力供应，力求满足，尽可能做好。"[27]

刘少奇主持的这次座谈会，极大地推动了节制生育活动在全国的开展。1955年2月，卫生部党组向中央递交了《关于节制生育问题向党中央的报告》。报告中检讨了卫生部以前对节制生育问题的消极态度，提出了整改的意见和办法。3月1日，中央对该报告作了重要批示。这是迄今发现的我们党和国家同意和提倡节制生育的第一份正式文件。中央在批示中说："节制生育是关系广大人民生活的一项重大政策性的问题。在当前的历史条件下，为了国家、家庭和新生一代的利益，我们党是赞成适当地节制生育的。各地党委应在干部和人民群众中（少数民族地区除外），适当地宣传党的这项政策，使人民群众对节制生育问题有一个正确的认识。"[28]

1956年8月，卫生部的《关于避孕工作的指示》不仅对于党和政府支持群众避孕和节育的目的讲得更为清楚，而且进一步指出"避孕是人民民主权利，应由人民自由使用"，并规定了政府在这一问题上的责任和义务。[29]

我们还缺少1956年以前，毛泽东对待避孕和节育问题的具体意见。但是，据记载，早在1954年，邓小平就向卫生部党组传达过毛泽东有关节制生育的指示。[30]如果这一记载属实，熟悉毛泽东早期领导下的党和国家的工作规则的人都知道，没有毛泽东的同意，即使毛泽东对节育问题曾经有所表示，那也是不得随意向下传达与扩散的。邓小平的传达，表明毛泽东早在此之前已经对节育问题有了肯定和支持的明确意见。其次，从这一时期卫生部和其他国家机关对节育态度的转变以及相关活动的安排，可以推测毛泽东在这一问题上的态度和作用。[31]所以，根据刘少奇在座谈会上说"现在我们要肯定一点，党是赞成节育的"

判断，这一肯定性的意见应该是由毛泽东决定并代表毛泽东的。而且，这次涉及中央许多机关和部门参加的节制生育工作座谈会，很可能就是由毛泽东决定并委托刘少奇主持召开的。

由于毛泽东领导下的党和政府的推动，那些在西方国家的民众需要经过长期斗争才能争取到的婚姻自主和有关避孕与节育自由的民主权利，新中国成立之后不久，我国人民都非常顺利地得以实现了。

三、从“革命加生产”到“不断革命”和“无产阶级专政下的继续革命”

马克思说：“社会经济形态的发展是一种自然过程。”[32]所以，凡是遵循和顺应社会发展自然过程的革命、改革和改良，就能够促进生产力的发展，促进社会进步和有利于人民生活水平的提高。“革命加生产即能解决吃饭问题”这一命题，十分形象地概括了马克思主义的唯物历史观，也是毛泽东人口思想的一种独特的表述。新中国建立后，1950～1957年，全国社会总产值由683亿元增长到1606亿元，7年增长2.4倍；其中工农业总产值由575亿元增长到1241亿元，增长2.2倍。[33]1950～1956年，按照全部人口计算的人均国民收入由78元提高到142元，平均每年增长10.5%。[34]如果以1952年居民消费水平为100，到1956年，全国居民消费水平达到124.5，其中农村居民为116.7，城市居民为131.8。[35]这样的增长和提高水平，在历史上是非常罕见的。但是，真理都是有条件的。毛泽东在经济社会顺利发展的情况下过于相信精神对物质的反作用，开始提出“不断革命论”，并企图通过群众运动的方式搞经济建设。1958年1月，毛泽东在一个文件中说：“不断革命。我们的革命是一个接着一个的。从一九四九年在全国范围内夺取政权开始，接着就是反封建的土地改革，土地改革一完成就开始农业合作化，接着又是私营工商业和手工业的社会主义改造。社会主义三大改造，即生产资料所有制方面的社会主义革命，在1956年基本完成，接着又在去年进行政治战线上和思想战线上的社会主义革命。……我们的革命和打仗一样，在打了一个胜仗以后，马上就要提出新任务。这样就可以使干部和群众经常保持饱满的革命热情，减少骄傲情绪，想骄傲也没有骄傲的时间。”[36]

毛泽东以为社会生产力发展阶段上的差距也可以像打仗一样，不断确定新的目标，然后再通过发动一次次的战役去攻破。问题是经济建设不同于战争，社会经济发展阶段不能跨越。马克思说：“一个社会即使探索到了本身运动的自然过程，……它还是既不能跳过也不能用法令取消自然的发展阶段。”[37]毛泽东几乎是在用法令或意念取消客观的自然阶段。由于握有政权，毛泽东确定的每一个目标，都能够很快实现。毛泽东的经济目标和经济政策不断地跳跃和跨越社会发展阶段，就从根本上颠倒了生产力和生产关系、经济基础和上层建筑之间的关系。根据毛泽东1940年的《新民主主义论》和1949年在党的七届二中全会上的报告，取得政权后的一个相当长的时期内，国家将进入新民主主义社会，分散的个体农业和手工业，城乡资本主义工商业都将长期存在。[38]但是，建国之初，毛泽东就改变了这个方针，把“一个相当长的时期内”我国将处在新民主主义社会的历史阶段一笔勾销。1952年9月，毛泽东就产生了过渡时期总路线的初步构想。1953年9月，党在过渡时期的总路线已经形成并开始在全国大规模地宣传和推行。毛泽东说：“从中华人民共和国成立，到社会主义改造基本完成，这是一个过渡时期。党在这个过渡时期的总路线和总任务，是要在一个相当长的时期内，逐步实现国家的社会主义工业化，并逐步实现国家对农业、对手工业和对资本主义工商业的改造。”[39]这等于取消了新民主主义社会，从新中国诞生起就直接跨入了社会主义历史阶段。

社会主义和资本主义都是建立在一种社会化的大生产基础之上的，是以生产力的巨大发展为条件的，是一定历史长期发展的结果。毛泽东却要在一个传统的个体农业为基础的社会里实行社会主义。而且，毛泽东明明在过渡时期总路线里说过渡时期将是“一个相当长的时期”，是一个“逐步实现”的过程。但是，几乎在过渡时期的总路线开始提出和酝酿期间，毛泽东就以极大的热情推动农业合作化运动。过渡时期总路线提出以后不到3年的时间里，全国个体农户的96%以上就都参加了合作社，其中加入高级社的农户达到87%。农业合作化进程加快的一个直接后果，就是带动城乡手工业合作化和资本主义工商业的社会主义改造进程的加快。到1956年年底，就宣布了社会主义改造已经在全国基本完成。

所有这些，都仅是一个开始。毛泽东说：“党在过渡时期总路线的实质，就是使生产资料的社会主义所有制成为我国国家和社会的唯一的经济基础。”[40]现在，这一目标已经实现。所以，毛泽东说："社会主义革命的目的就是为了解放生产力。农业和手工业由个体所有制变为社会主义的集体所有制，私营工商业由资本主义所有制变为社会主义所有制，必然使生产力大大地获得解放。这样就为大大地发展工业和农业的生产创造了社会条件。"[41] "一个新的生产高潮已经和正在形成。"[42]

毛泽东推动革命和建设的飞速发展，一个基本的方法就是以极大的劲头和饱满的热情自上而下地动员和发动群众，大搞群众运动。在长期革命和群众运动中形成的党的运行机制是十分适应毛泽东发动运动的。偶尔有跟不上步伐的党和国家领导人，随时会遭致毛泽东的批评。1958 年 1 月，毛泽东在南宁主持召开中央工作会议，对周恩来等人从 1956 年以来"既反对保守，又反对冒进"的做法提出了严厉的批评。刘少奇、周恩来等，都在会议上检讨了"反冒进"的错误。3 月，毛泽东在成都主持召开了中央会议，省、市、自治区的党委书记们都被发动起来，具有了大跃进的姿态。河南省委书记吴芝圃提出，"苦干三年，改变面貌"。举国上下的高昂情绪，又激发和感染了毛泽东。毛泽东相信群众中蕴藏着无穷无尽的力量，相信"在共产党领导下，只要有了人，什么人间奇迹也可以创造出来"，包括在很短的时间内就可以横跨中国与发达国家之间的经济发展水平上的差距。4 月 15 日，毛泽东在给刘少奇的一封信中说："十年可以赶上英国，再有十年可以赶上美国。"[43]一个月后，中共八大二次会议通过了鼓足干劲、力争上游、多快好省地建设社会主义总路线，通过了十五年赶上和超过英国的目标，通过了提前五年完成农业发展纲要，还通过了"苦干三年，基本改变面貌"等口号。一场席卷全国的大跃进，就这样出现了。人为的革命严重地破坏了生产力。仅据户籍统计的资料保守计算，1958～1961 年，全国至少比正常年份多死了 1500 万的人口，因生育率的下降又比正常年份少生育 2000 万，两项合计损失 3500 万人口。[44]60 年代以后，毛泽东进而提出"一大批资产阶级的代表人物、反革命的修正主义分子，已经混进党里、政府里、军队里和文化领域的各界里，相当大的一个多数的单位的领导权已经不在马克思主义者和人民群众手里"，必须发动"文化大革命"，通过"无产阶级专政下继续革命"的方式来解决。[45]一方面，把党和国家政权机关当作"继续革命"的对象，就再也没有稳定的社会局面了；另一方面，群众被动员起来参加无休止的"革命"，也顾及不到"生产"了。这都违背了马克思主义的唯物历史观和"革命加生产"的人口思想，从而给我国经济社会发展造成了极大的损害。

四、计划体制下的计划生育思想

新中国成立后，党和政府的一系列改革措施，都极大地推动了生产力的发展。

特别是第一个五年计划铺开的大规模工业化建设的顺利实施，一系列大型工业基地的建成，都迅速改变了中国的落后面貌。但是，毕竟是在一个基础相当落后的国家从事现代化建设。即使不考虑广大农村的发展，仅城市的建设也使得政府常常感到力不从心。随着人口自然增长率的提高，学生上学升学、青年就业、市民的吃饭、住房，以及医疗等生活问题，都和政府希望大规模投资的工业建设发生直接的冲突。而且，从当时的生产能力和人民群众日益增长的需要来看，政府很难解决好不断产生的社会困难。毛泽东把从苏联那里得来的许多经验，如公有制和集体化、计划经济、工业化、优先发展重工业的发展战略等，都当作不可怀疑的社会主义原则。所以，不会从经济体制方面寻找原因。在"一五"计划取得顺利进展的背景下，毛泽东进而产生把生育也纳入到政府计划的设想。1956 年 10 月 12 日，毛泽东接见南斯拉夫妇女代表团时提问："在南斯拉夫是否实行计划生育？"毛泽东说：过去有些人批评我们提倡节育，但是现在赞成的人多起来了。夫妇之间应该订出一个家庭计划，规定一辈子生多少孩子。这种计划应该同国家的五年计划配合起来。目前中国的人口每年净增一千二百万到一千五百万。社会的生产已经计划化了，而人类本身的生产还是处在一种无政府和无计划的状态中。我们为什么不可以对人类本身的生产也实行计划化呢？我想是可以的。[46]

毛泽东新提出的计划生育概念除了包含通常意义的避孕和节制生育以外，与早已被广泛使用的节制生育的区分还在于，前者是由政府计划决定的生育，而后者是各个家庭根据自己的实际情况自行制订的家庭生育计划。前面引述的这段话是《毛泽东文集》出版以后，近几年才逐渐被社会所知的一段毛泽东关于计划生育的论述。1976 年毛泽东逝世以后，被广为宣传的是毛泽东在最高国务会议第 11 次（扩大）会议上的三段有关计划生育的讲话。

其实，1957 年 2 月 27 日的最高国务会议第 11

次（扩大）会议是为毛泽东发表如何处理人民内部矛盾的讲话而特意安排的，参加会议的人员是从全国召集来的党和国家高级干部、各民主党派负责人和社会各界上层人士等1800多人。正确处理人民内部矛盾，是毛泽东于1956年年底到1957年年初，总结国际共产主义运动和我国社会主义革命和建设的实践经验提出来的重大理论问题。那天下午，毛泽东像以往那样，只是在会前写了一个讲话提纲，包括“两类矛盾：敌我阶级之间，人民内部矛盾之间”等十二个问题。[47]在讲第七个问题“关于统筹兼顾，适当安排的方针”时，讲了一段主张实行计划生育的话。毛泽东说：我们这个国家有这么多的人，这是世界上各国都没有的。要提倡节育，要有计划地生育。我看人类是最不会管理自己了。工厂生产布匹、桌椅板凳、钢铁有计划，而人类对于生产人类自己就没有计划了，这是无政府主义，无组织无纪律。这样下去，我看人类是要提前毁掉的。中国六亿人口，增加十倍是多少？六十亿，那时候就快要接近灭亡了。我今天不着重谈节育问题，……关于这个问题，政府可能要设一个部门，或者设一个节育委员会，作为政府的机关。人民团体也可以组织一个。因为要解决技术问题，设一个部门，要有经费，要想办法，要宣传。

经过三个半天的小组讨论之后，3月1日下午，会议安排包括有马寅初在内的16位民主党派、无党派或实业界的代表发言。可能是有感于马寅初发言对两天前自己关于计划生育讲话的回应，毛泽东在所作的会议结束语中再次谈到计划生育。毛泽东说：人口控制在六亿，一个也不多啦？这是一种假设。……现在每年增长一千多万。你要他不增长，很难，因为现在是无政府主义状态，必然王国还没有变成自由王国。在这方面，人类还完全不自觉，没有想出办法来。我们可以研究也应该研究这个问题。政府应该设立一个部门或一个委员会，人民团体可以广泛地研究这个问题，是可以想出办法来的。总而言之，人类要自己控制自己，有时候使他能够增加一点，有时候能够使他停顿一下，有时候减少一点，波浪式前进，实现有计划的生育。……这个问题很值得研究，政府应该设机关，还要有一些办法。人民有没有这个要求？农民要求节育，人口太多的家庭要求节育，城市、农村都有这个要求，说没有要求是不适当的。

了解毛泽东在修改正确处理人民内部矛盾的讲话记录稿和公开发表的过程中具体处理计划生育论述的情况细节，是准确理解毛泽东人口思想的必不可缺的一环。

毛泽东十分重视正确处理人民内部矛盾这一重大理论问题。这次讲话后，为进一步了解情况和加深研究，毛泽东又连续在全国宣传会议和天津、济南、南京、上海等四个地方的干部会议上作了多场的讲话或演讲。其间，毛泽东还召开了许多次不同类别人员参加的座谈会，广泛征求意见。4月19日，毛泽东亲自撰写了给上海中央局，各个省、市、自治区党委，中央各部门和国家机关党组的通知，要求将正确处理人民内部矛盾问题的讨论和执行情况限期报告中央。[48]从4月24日起，除了指导党内整风和“反右”斗争，只要没有重大活动，毛泽东就专心致志地修改讲话记录稿。5月7日，在被称作“自修稿第一稿”上，毛泽东将整理的讲话记录稿上第七个问题的标题“关于六亿人口的统筹兼顾，适当安排”改为“从六亿人口出发”，并把这段内容大为压缩。修改的话说：“我国有六亿人口，这是一个客观存在，这是我们的本钱。我们做计划，办事，想问题，就要从这一点出发，千万不要忘记这一点。我国有六亿人口，好处在这里，困难也在这里。困难就是矛盾，矛盾总得去解决，也总是可以解决的。我们的方针是统筹兼顾，适当安排。”“可以设想另外一种方针，就是照旧社会那样，对于大批有困难的人抛弃不管。人民政府不能这样做。这是制造矛盾的办法，不是解决矛盾的办法。”

在5月8日“自修稿第二稿”上，第七个问题增加了一段话：“不可以嫌人多，嫌人落后，嫌事情麻烦难办，推出门外了事。我们这样说，是不是要把一切人一切事都由政府包揽下来呢？当然不是。许多人，许多事，可以由社会想办法，社会是能够想出很多很好的办法来的。而这也就包括在统筹兼顾、适当安排的方针之内，我们应当指导社会这样做。”

这次重新写了一段有关计划生育的话，并用它代替了27日的即席讲话。这段话说：在这里，我想提一下我国的人口问题。我国人口增加很快，每年大约要增加一千二百万至一千五百万，这也是一个重要的问题，近来社会上谈这个问题的人多起来了。对于这个问题，似乎可以研究有计划地生育的办法。如果这个办法可行的话，也只能在人口稠密的地方研究实行，只能逐步地推行，并且要得到人民的完全合作。[49]

读者可以发现，毛泽东用了一段思想深邃、文字严肃的论述取代了1月27日讲话时生动、活泼与诙谐、幽默的那段话。5月8日晚10点，在“自修稿第三稿”上，毛泽东给第七个问题又增加和改写了一段话：为什么要提这样一个问题，难道还有人不知道我国有六亿人口吗？知道是知道的，不过办起事来有些人就忘记了，似乎人越少越好，圈子紧缩得越小越好。抱有这种小圈子主义的人们，对于这样一种思想是抵触的：调动一切积极因素，团结一切可能团结的人，并且将一切消极因素转变为积极因素，为建设社会主义的伟大目标服务。我希望这些人扩大眼界，真正承认我国有六亿人口，承认这是一个客观存在，是我们的本钱。

5月9、10日，毛泽东改出了“自修稿第四次稿”。但是，第七节中有关节制生育和计划生育的内容却被全部删去了，另外加了一句话：“我国人多是好事，当然也有困难。”毛泽东决定把经过四次“自修”的稿子作为“草稿第一稿”，分发给中央政治局常委和部分书记处成员，征求他们的意见。

5月24日，毛泽东决定将第二个征求意见稿发到在京的中央委员、候补委员。毛泽东在修改的征求意见第三稿中，又恢复了关于人口和计划生育的内容。25日，征求意见范围扩大到在京参加会议的各个省、市、自治区负责同志。27日，毛泽东修改出征求意见的第四稿。28日，形成征求意见的第五稿发给各个省、市、自治区党委书记，政治局委员、候补委员，中央书记处书记、候补书记。6月1日，形成了征求意见第六稿。6月16日，稿子仅作了少量修改，为第九稿，并注“六月十六日定稿”。17日，又有一次修改，注明“最后定稿”。6月19日，《关于正确处理人民内部矛盾的问题》同一天在《人民日报》和苏联《真理报》发表。[50]公开发表后的文章中，一句关于计划生育的话也没有。《关于正确处理人民内部矛盾的问题》是毛泽东进入社会主义革命和建设时期最重要的理论著作。毛泽东把正确处理人民内部矛盾当作社会主义改造基本完成后的国家政治生活的主题，是毛泽东关于社会主义革命和建设理论中最重要的内容，在毛泽东思想中占有十分重要的位置。毛泽东非常重视这一著作。从讲话产生，到公开发表，历时113天，先后四个“自修稿”和八个征求意见稿，累计十五份稿子，修改十四次。可谓认真修订、反复推敲。令人深思的是，公开发表时不仅删去了2月27日讲话中关于“要提倡节育，要有计划地生育”这段话，没有收入3月1日总结讲话中回应马寅初的“人口控制在六亿，一个也不多啦”那段话，甚至连“自修稿的第二稿”中重新撰文修改替代以前讲话的“在这里，我想提一下我国的人口问题”那一段文意严谨的话也没有了。这就是说，30年来，我们一直引述宣传证明毛泽东主张应该实行计划生育的三段重要论述，实际是毛泽东弃置不用的一些话。

笔者根据《毛泽东传》提供的毛泽东发表讲话和修改讲话记录稿过程的资料，如实地将其第七部分的修改按照当时发生的时间顺序全部摘录出来，是因为按照这一顺序阅读，可以发现毛泽东当时在我们感兴趣的这一部分的思路是在两条线索上此消彼长地同时变化的。第一条线索是关于节育和计划生育的提出及修改过程。建议读者将毛泽东2月27日、3月1日和5月8日形成的三段有关计划生育的论述依照发生时间的先后排列重读一遍，可以明显地感觉到最初一次的讲话活泼、幽默，思绪恣意纵横，自由驰骋，后两段则一次比一次严肃和拘谨。相对于前一次，较后一次的总在不断地增加一些限制性的语言。譬如1月27日那段话海阔天空，无遮无拦。3月1日则说“人口控制在六亿，一个也不多啦？这是一种假设。”[51]到5月8日又说，“在这里，我想提一下我国的人口问题”，“这也是一个重要的问题”，“对于这个问题，似乎可以研究有计划地生育的办法。如果这个办法可行的话，也只能在人口稠密的地方研究实行，并且要得到人民的完全合作”，几乎句句都受到限制与约束。其实，这里只是抽出一些句子来说明。如果读者按照时间发生的顺序阅读，就能跟随毛泽东感受从27日讲话后不断地由一个较高的语境逐步退却的那种氛围和整体的演变。另外，5月8日，毛泽东在“自修稿第二稿”中用修改的段落取代讲话稿，不只是文字严谨取代了活泼语言，而且有关人口和计划生育的内容也远都没有前次涉及的那么多了。还有，5月10日，毛泽东“自修稿第四稿”将节育和计划生育的内容完全删去，5月24日予以恢复，最终决定还是全部删除，反映出作者虽有过犹豫和反复，但最终还是选择了完全放弃和退却到底。

与此相对应，第二条思想线索是集中在尊重人、对人的价值的崇尚与肯定方面。我们仍然按照时间发生顺序来阅读，不难发现，毛泽东对第七个问题的所有修改都是在这一部分不断地增加尊重人、重视人的因素和价值、肯定人民群众的积极作用和要求人民政府为人民服务等内容。譬如，5月7日，毛泽东把讲话记录稿第七个问题的标题“关于六亿人口的统筹兼顾、适当安排”直接改为“从六亿人口出发”。修改的话中说：“我国有六亿人口，这是一个客观存在，这是我们的本钱。”5月8日，增加的话中说：“不可以嫌人多，嫌人落后，嫌事情麻烦难办，推出门外了事。”修改的有关人口与计划生育的一段话中说：“如果这个办法可行的话，也只能在人口稠密的地方研究实行，并且要得到人民的完全合作。”5月8日晚10点钟的修改稿，把六亿人口和从六亿人口出发的问题提高到建设社会主义的伟大目标的高度，并强调说：“真正承认我国有六亿人口，承认这是一个客观存在，是我们的本钱。”其实，回头翻检一下，本节记录的毛泽东在5月7日以后修改、增加的所有文字，莫不是为了加强这一方面的分量，一直到完全删去了提倡节育和计划生育的内容，表明毛泽东在人口与计划生育的思路上退却的同时，“人是第一可宝贵的”等唯物主义历史观的人口思想的完全复归。

马克思说，社会的条件只能适应一定数量的人口。但是，毛泽东还认识不到计划体制对中国人口的压迫。1986年，邓小平开始反省计划经济的局限性。他说：“我们过去一直搞计划经济，但多年的实践证明，在某种意义上说，只搞计划经济会束缚生产力的发展。”也就是在这个时候，邓小平开始寻求市场化改革的趋向，把中国引导到一个快速发展的轨道上。不过，这已经是毛泽东去世10年以后的事情了。为什么社会主义计划经济制度下的中国会产生严重的人口问题，是毛泽东临终前也没有弄明白的问题。所以，计划生育曾是萦绕在毛泽东头脑里的一个理念和思考。由于这一理念与他在战争年代获得和形成的唯物主义历史观的人口思想有着明显的冲突，经过对如何处理人民内部矛盾问题的讲话记录稿的修改，已经动摇了实行计划生育的理念。1958年春天之后，毛泽东几乎再也没有主动讲过与经济计划相联系的计划生育。

五、几点结论

第一，人口理论是关于一定社会人口问题产生的原因及其解决方法的学说。毛泽东人口思想是毛泽东关于中国人口问题的理论和观点的概括。毛泽东不是一位专门研究人口现象的学者。毛泽东是一位伟大的革命家、思想家和政治家。毛泽东一生都在寻求解决近现代中国社会主要矛盾和问题的道路和方法，并领导中国人民取得翻身解放和成功地使国家获得了一定的工业现代化基础。毛泽东把马克思主义与中国革命实践相结合产生了毛泽东思想。毛泽东的人口思想是和他的伟大革命实践紧密联系在一起的，是毛泽东思想的一个重要组成部分。既不能离开特定的历史背景研究和理解毛泽东人口思想，也不应该把毛泽东人口思想和毛泽东思想整体割裂开来。

第二，人口理论必须要回答产生人口问题的根源是什么。这就决定了人口理论不是关于增加或者减少人口的学说，而首先是一种历史观。毛泽东在革命斗争中接受和继承了马克思的历史唯物主义，在马克思主义的指导下分析中国的社会矛盾和问题，正确揭示了中国人口问题的性质和历史根源，特别是在批判美国政府所持的唯心历史观的马尔萨斯人口决定论观点的过程中，全面阐述了自己的人口思想。“世间一切事物中，人是第一可宝贵的”和“革命加生产即能解决吃饭问题”，是毛泽东人口思想中最主要和核心的内容。虽然这两条的具体表述都具有革命战争年代的痕迹和批判的色彩，但是，它们集中地体现了马克思主义的唯物历史观的精髓。由于毛泽东人口思想所具有的人民性和进取性的品格，历史才选择了毛泽东，把其塑造为中国人民的伟大领袖。同样，由于这一思想所具有的品格，使其能够成为动员全党，并唤起和带领全国人民争取国家独立、建设美好家园和寻找富裕生活的全民族的共同理念。这是毛泽东一生都在努力实践的理念和人口思想，也是产生毛泽东领导下的革命年代的人民战争、和平年代的群众运动的思想基础。

第三，新中国建立以后，毛泽东开始在一个新的历史时代探索和实践他的人口思想。把一个经济、文化落后和人口众多的国家建设成为一个工业化的具有高度现代文明程度的伟大国家，是毛泽东提出并得到全党和全国人民拥护的总目标。人民政府通过在城市依靠工人和维护工人阶级的利益，在农村实现“耕者有其田”的办法，用不长的几年就基本解决了中国人民的“吃饭”问题。在一个传统农业国家进行工业现代化建设，必然地创造出人民的新生活，自然地发生包括传统婚姻制度、生育观念、生育行为和一系列其他社会习俗在内的社会许多方面的矛盾和冲突。毛泽东及其领导下的人民政府站在社会变革的前列，颁布和实施新的法律法规，支持人民的新生活。特别是党和政府把婚姻和节制生育问题提高到人民民主权利的高度，废除封建婚姻制度，改变限制避孕和节育的有关规定，成为50年代初期最有影响的社会变革。劳动人民经济翻身，政治解放，人民团结，民族和谐，男女平等，婚姻自由，节育自主，都属于50年代中国的主要社会新气象。

第四，新中国一系列的经济制度改革解放和发展了生产力，使得中国经济社会有了较大的发展。但是，毛泽东急于改变中国落后的面貌，提出“不断革命论”，企图用群众运动的形式实现社会经济发展阶段的跨越，违背了社会发展的自然规律。60年代以后，毛泽东又进一步提出的“无产阶级专政下继续革命”的理论，发动“文化大革命”，将革命的对象转向国家政权机关，动员人民群众进行无休止的革命，则更为严重地违背了马克思的历史唯物主义基本原理和“革命加生产即能解决吃饭问题”的毛泽东人口思想。

第五，节制生育是工业现代化创造的一种更符合人性的生活方式。在毛泽东的领导下，党和政府把节育当作人民群众的民主权利，在我国工业化建设的初期阶段就及时地改变和改革国家机关的有关制度，积极支持人民群众的避孕和节育要求。除了赞成和支持人民群众的避孕和节育要求以外，毛泽东在1956~1957年由计划经济产生实行计划生育的想法。虽然一直到逝世，毛泽东都未能突破计划体制的狭隘局限，正确认识我国经济社会问题的根源，也没有发现对自己的计划生育的思想有任何否定或批判。但是，在《正确处理人民内部矛盾的问题》一文的修改过程中，已经删去了计划生育的内容。毛泽东在其逝世前近20年的时间里，既未发表自己有关计划生育的论述，也没有设立计划生育的政府机关。

第六，考察新中国以后毛泽东对计划生育的认识，因其概念的含义不同而有不同的情况。就节制生育和人民自主权意义上的计划生育来说，从50年代初期到其逝世，毛泽东一直是持赞成态度的。由国家经济计划决定的计划生育或根据政府计划安排生育的计划生育思想，则仅只是毛泽东在1956~1958年大约两年的时间里曾经产生过的一种设想。这一设想又以1957年2月27日讲话到6月19日《关于正确处理人民内部矛盾的问题》公开发表为界，分前后两个阶段。毛泽东在讲话之前产生过计划生育思想，主张要像对生产计划那样对生育也实行计划。“讲话”公开发表后，虽然毛泽东还讲过计划生育，但是，已经不再强调计划化，而明显增强了论述中的人民性并特别强调人的因素作用和价值。1958年春天以后，毛泽东就再也没有讲过国家计划意义上的计划生育了。

参考文献：

[1] 《毛泽东文集》第1卷，人民出版社，1993年，第98、99页。

[2] 《毛泽东文集》第1卷，人民出版社，1993年，第169、173页。

[3] 《毛泽东文集》第1卷，人民出版社，1993年，第277页。

[4] 《毛泽东农村调查文集》，人民出版社，1982年，第12页。

[5] [6] 《毛泽东选集》第4卷，人民出版社，1960年，第1515、第1516页。

[7] 马尔萨斯：《人口原理》，商务印书馆，1961年，第550~552页。

[8] 《马克思恩格斯全集》第3卷，人民出版社，1960年，第23页。

[9] 《马克思恩格斯选集》第3卷，人民出版社，1973年，第457页。

[10] 《马克思恩格斯全集》第46卷（下册），人民出版社，1980年，第285页。

[11] 《毛泽东选集》第2卷，人民出版社，1952年，第474~475页。

[12] 《毛泽东选集》第3卷，人民出版社，1953年，第1031页。

[13] 《毛泽东选集》第5卷，人民出版社，1977年，第278页。

[14] [18] 《毛泽东选集》第5卷，人民出版社，1977年，第319页，第318~319页。

[15] 中共中央办公厅编：《中国农村的社会主义高潮》（中册），人民出版社，1956年，第578页。

[16] 《建国以来毛泽东文稿》第7册，中央文献出版社，1992年，第236页。

[17] 《马克思恩格斯全集》第46卷（下册），人民出版社，1980年，第105页。

[19] 《毛泽东文集》第6卷，人民出版社，1999年，第329页。

[20] 张国星、何明：《聚焦天安门——共和国开国岁月之难忘事件》（第16章）中共党史出版社，2006年，第439~440页。

[21] 逄先知主编：《毛泽东年谱（1893—1949）》（上），中央文献出版社，2005年，第

361页。

［22］［26］中华人民共和国计划生育委员会：《计划生育文件汇编》（1950～1981.3），第108页。

［23］《当代中国的计划生育事业》，当代中国出版社，1992年，第6页。

［24］彭佩云主编：《中国计划生育全书》，中国人口出版社，1997年，第146页。

［25］［28］彭佩云主编《中国计划生育全书》，中国人口出版社，1997年，第2、1页。

［27］《刘少奇选集》（下），人民出版社，1985年，第171～173页。

［29］彭佩云主编：《中国计划生育全书》，中国人口出版社，1997年，第891页。

［30］彭佩云主编：《中国计划生育全书》，中国人口出版社，1997年，第1406页。

［31］《建国以来毛泽东文选》第4册，中央文献出版社，1990年，第229、230页；《毛泽东选集》第5卷，人民出版社，1977年，第80页。

［32］［37］马克思：《资本论》第1卷，人民出版社，1975年，第12页，第11页。

［33］根据《中国统计年鉴》（1983）有关资料计算所得。《中国统计年鉴》（1983），中国统计出版社，1983，第13、16页。

［34］国家统计局综合司：《全国各省、自治区、直辖市历史统计资料汇编（1949～1989）》，中国统计出版社，1990年，第5页。

［35］国家统计局国民经济综合司编：《新中国五十年统计资料汇编》，中国统计出版社，1999年，第3页。

［36］［42］《建国以来毛泽东文稿》第7册，中央文献出版社，1992年，第51页，第45页。

［38］《毛泽东选集》第2卷，人民出版社，1952年，第636、643页；《毛泽东选集》第4卷，人民出版社，1960年，第1431、1432页。

［39］［40］《毛泽东文集》第6卷，人民出版社，1999年，第316页。

［41］《毛泽东建国以来文稿》第6册，中央文献出版社，1992年，第22页。

［43］《建国以来毛泽东文稿》第7册，中央文献出版社，1992年，第179页。

［44］此处根据国家统计局人口统计司、公安部三处编《中华人民共和国人口统计资料汇编（1949～1985）》中《全国历年人口自然变动》有关数据推算。

［45］《三中全会以来重要文献选编》（下），人民出版社，1982年，第808～809页。

［46］《毛泽东文集》第7卷，人民出版社，1999年，第152、153页。

［47］《建国以来毛泽东文稿》第6册，中央文献出版社，1992年，第310～312页。

［48］《毛泽东文集》第7卷，人民出版社，1999年，第292页。

［49］彭佩云主编《中国计划生育全书》，中国人口出版社，1997年，第131页；逄先知、金冲及主编《毛泽东传》，中央文献出版社，2003年，第682页。

［50］逄先知、金冲及主编：《毛泽东传》，中央文献出版社，2003年。

［51］路遇主编：《新中国人口五十年》，中国人口出版社，2004年，第983～984页。

5. 毛泽东哲学思想与中国特色社会主义理论体系

石仲泉：《中共中央党校学报》2008年第5期

一、毛泽东哲学思想是中国特色社会主义理论体系的重要哲学基础

中国共产党实现了马克思主义的普遍原理与现代中国社会变革的具体实践相结合的两次历史性飞跃，创立了两大理论成果。前者是毛泽东思想体系，后者是中国特色社会主义理论体系。毛泽东思想体系的哲学基础无疑是毛泽东哲学思想。中国特色社会主义理论体系的哲学基础，一般地说，是马克思主义哲学，即辩证唯物主义和历史唯物主义；特殊地说，也是毛泽东哲学思想。将毛泽东哲学思想定义为中国特色社会主义理论体系的重要哲学基础，其基本理由有三。

第一，就中国化的马克思主义哲学而言，毛泽东哲学思想是马克思主义哲学在中国发展的主要载体。改革开放以来，我们党一代又一代中央领导集体，各有其哲学思想，但根本的哲学理论体系（不是讲哲学的运用，也不是讲个别的哲学观点），都没有超越毛泽东哲学思想，都没有超出毛泽东哲学思想的大框架，都是师承和源出于毛泽东哲学思想。邓小平深受毛泽东的影响。他在“南方谈话”中直言不讳地说：“我读的书并不多，就是一条，相信毛主席讲的实事求是。过去我们打仗靠这个，现在搞建设、搞改革也靠这个。”（邓小平文选》第3卷，人民出版社，1993）就是

说，作为中国特色社会主义理论体系的本源，邓小平理论的哲学思想是以毛泽东哲学思想为基础的。并且，邓小平之后的中央领导也都是在学习毛泽东哲学思想的过程中成长起来的。他们所用的哲学基本概念、范畴、话语多来自毛泽东，分析问题的哲学思路与毛泽东一脉相承。

第二，改革开放以来，当代中国发展提出的主要任务，不是背离毛泽东哲学思想去创造一个全新的哲学体系，而是要全面系统地掌握和创造性地运用毛泽东哲学思想的基本理论、原则、方法，解决中国怎样建设社会主义的根本问题。这并不是说不需要用新的哲学理论来丰富和发展毛泽东哲学思想，而是说在相当长的时间内，实践还不需要、也不可能创造出有别于毛泽东哲学思想的、新的哲学体系。

第三，哲学理论与作为党的指导思想的政治理论之间存在着密切联系。但是，这种联系不应当被理解为一一对应的关系。党的指导思想是政治理论。它的许多具体结论会与时俱进、不断更新。而马克思主义哲学作为科学的世界观和方法论，具有很高的概括性和更大的普适性，其基本理论自然比较稳定，“管用”的时间更长。毛泽东哲学思想是马克思主义哲学中国化的主要载体，是认识中国和改造中国的科学的世界观、方法论，是根据中国的革命、建设、改革的经验对社会历史发展的客观规律作出的哲学阐发。同毛泽东的许多政治理论相比，它要稳定得多，不会在短期内丧失其真理性。因为党的指导思想的不断增加而去生硬地“制造”与之相对应的哲学理论的做法，显然是幼稚的。

二、中国特色社会主义理论体系是毛泽东哲学思想的创造性应用

改革开放30年来，中国特色社会主义的伟大实践，创造性地应用毛泽东哲学思想。这其中既有直接的推进应用，也有反思的超越应用，它使抽象的哲学思想成功地转化为生动的政治理论，以及可操作的、行之有效的路线、方针、政策。这是中国特色社会主义事业取得伟大成就的重要理论根源，也是应用和发展毛泽东哲学思想达到新的阶段的重要标志。体现毛泽东哲学思想的新的应用和发展、并且对我国最近30年的历史发展产生重大影响的主要哲学思想，可以归纳为12个方面。

（一）实践标准观与改革开放论

实践是检验真理的唯一标准，本来是马克思主义哲学的基本常识，也是《实践论》的基本思想。毛泽东本人在1963年11月修改《九评》的一篇文章时，还亲笔加写了“社会实践是检验真理的唯一标准”一语。但谁能想到，经过“文化大革命”，这个哲学常识居然要正本清源、重新启蒙。又有谁能想到，真理标准讨论引发的思想解放和改革开放，使我们的国家发生了天翻地覆的变化。真理标准讨论引发的思想解放具有深刻的历史意义：一是为我们党重新确立马克思主义思想路线提供强大的思想武器，为中国进行改革开放奠定坚实的思想基础。二是为邓小平统帅新的中央领导集体创制理论前提和舆论动力，为第二次伟大革命的发动和不断展开准备干部资源。三是为我们党的政治路线实现从阶级斗争为纲到经济建设为中心、从僵化半僵化和封闭半封闭到全面改革开放、从计划经济到社会主义市场经济的历史性转折掀开序幕。四是为党的十一届三中全会以后，不断形成马克思主义中国化的最新成果开辟广阔的发展空间。因此，真理标准讨论成为中国特色社会主义理论体系和建设中国特色社会主义事业的逻辑起点。它所引发的思想解放，对于我们党今后的理论创新和实践创新还将继续产生深远的影响。

（二）实事求是观与社会主义初级阶段论和“一国两制”论

“实事求是”，本来是毛泽东批判“左”倾教条主义之后，为我们党确立的马克思主义思想路线。经过真理标准讨论和批判“两个凡是”指导方针，它得到重新确立，并且在改革开放的实践中衍生出许多政治理论之果，成为改革开放取得伟大成就的思想之源。

首先，实事求是的思想路线得到极大丰富：一是“实事求是”被视为无产阶级全部世界观的基础和马克思主义、毛泽东思想的精髓，是改革开放和现代化建设最根本的理论法宝。二是实事求是同解放思想、与时俱进紧密相连，共同组成党的思想路线的时代内涵。三是实事求是同群众路线、独立自主结成一体，被视为毛泽东思想的“活的灵魂”。它支撑着毛泽东思想体系的重构，也更加突出中国共产党人独具特色的“立场、观点、方法”。

其次，运用实事求是思想，创立社会主义初级阶段论。建国以后，我们党犯“左”的错误的认识论根源就在于，没有正确地把握我国社会发展所处的历史方位。经过拨乱反正，党中央清醒

认识到我国的基本国情，从社会性质和社会发展阶段两个方面作出了我国处于社会主义初级阶段的科学论断。党的十三大提出社会主义初级阶段理论。党的十五大强化认识社会主义初级阶段的内涵。去年2月，温家宝发表《关于社会主义初级阶段的历史任务和我国对外政策的几个问题》一文，强调社会主义初级阶段的长期性和两大任务（一是解放和发展生产力，极大地增加全社会的物质财富；一是逐步实现社会公平与正义，极大地激发全社会的创造活力，促进社会和谐），进一步丰富社会主义初级阶段理论。

再次，运用实事求是思想，创立“一国两制”论。上个世纪五六十年代，毛泽东、周恩来就有“一国两制”的思想，但将其明确提出并予以成功实践，则是在邓小平和江泽民两任中央领导集体之时。邓小平认为，提出有国际意义的这个想法，要归功于马克思主义的辩证唯物主义和历史唯物主义。用毛泽东主席的话来讲就是实事求是。“一国两制”的构想就是根据中国的实际情况提出来的

（三）主要矛盾观与经济建设中心论

毛泽东在《矛盾论》一文中提出的一个基本思想就是：研究任何过程，就要用全力找出它的主要矛盾。中国革命的成功，从哲学上说，与正确地运用这个思想密切相关。毛泽东晚年犯严重的”左”的错误，也在于没能正确地运用这个思想。拨乱反正，实现党的工作重心的转变，还是运用主要矛盾观的结果。改革开放以来，党中央明确指出：社会的主要矛盾是人民日益增长的物质文化需要同落后的社会生产力之间的矛盾。它贯穿我国社会主义初级阶段的整个过程和社会生活的各个方面。牢牢地抓住这个主要矛盾，才能清醒地观察和把握社会矛盾的全局，有效地解决各种社会矛盾。正是因为坚定而明确地认识到社会的主要矛盾，我们党才能始终坚持以经济建设为中心的基本路线不动摇。党的十七大指出：我国仍将处于并将长期处于社会主义初级阶段的基本国情没有变，人民日益增长的物质文化需要同落后的社会生产力之间的主要矛盾没有变。因此，必须“聚精会神搞建设，一心一意谋发展”，“把发展作为党执政兴国的第一要务”（《中国共产党第十七次全国代表大会文件汇编》，人民出版社，2007）。

（四）矛盾主导方面观与社会主义主体论

在矛盾的两个方面中，有一个方面起主导作用。事物的性质主要由矛盾的这个方面来规定。在革命战争年代，在建设新民主主义的岁月，毛泽东都成功地运用了这个思想。而在建设社会主义的探索中，他却没能完全坚持这个思想，逐渐形成了“社会主义纯粹论”倾向。改革开放以来，我们党深化认识社会主义初级阶段基本国情，重新认识社会主义与非社会主义的关系，特别是与资本主义的关系，形成了事实上的“社会主义主体论”。“一国两制”构想体现了“中国的主体是社会主义”的思想。我国的基本经济制度、分配制度和文化政策等都体现了”社会主义主体论”。与此相联系，我国社会主义的政党制度——共产党领导的多党合作制度，可以说，是“共产党主体论”。实行这样的制度，同样是由中国现阶段的基本国情决定的。“两党制”既不适合中国国情，也不符合“社会主义主体论”。对于监督和制衡政治权力，可以通过其他形式的分权体制和机制。

（五）矛盾关系的普遍、特殊思想与社会主义市场经济论

社会主义市场经济论，在我看来，是改革开放30年来最伟大的理论成果。其理论价值不亚于马克思发现剩余价值论；其实践价值，已经得到我国持续发展的最好诠释。这也是我为什么一直认为，邓小平理论是科学社会主义理论发展的一个新形态的根本原因。社会主义市场经济论，似乎与毛泽东哲学思想没什么关系，其实不然。它正是创造性地运用毛泽东的矛盾分析法，将“资本主义市场经济”分解和区分为矛盾的普遍性和特殊性，然后嫁接给社会主义的杰作。邓小平认为，在“资本主义市场经济”中，作为谁都可以利用的、配置资源的方法和发展社会生产力的手段，“市场经济”属于矛盾的普遍性；作为人类社会的一种经济制度，“资本主义”则属于矛盾的特殊性。决定事物根本性质的，是矛盾的特殊性而不是普遍性。“资本主义市场经济”之所以姓“资”，不是市场经济机制运行的结果，而是资本主义制度起决定性作用。经过这样的解析，“市场经济”与“资本主义”便区别开来。“市场经济”从“资本主义”制度中被“剥离”出来，让它同社会主义制度相结合，改姓“社”，成为“社会主义市场经济”。这个伟大的创造，破解了世界上的一大理论难题。

（六）社会基本矛盾观与社会主义本质论

社会主义的本质是什么？为社会主义和共产主义而奋斗的共产党人从未这样提出过问题。

我们熟读的马克思主义经典著作也从未定义过这个问题。人们只是习惯地认为，讲社会主义就应当是公有制、按劳分配、计划经济、无产阶级专政、马克思主义指导。这些要素长期被朦胧地看作是社会主义的本质。上个世纪80年代，邓小平曾经反思过这个问题，认为“我们也在搞社会主义，但事实上不够格”1992年，他在“南方谈话”中第一次提出并回答了这个问题。“社会主义的本质，是解放生产力，发展生产力，消灭剥削，消除两极分化，最终达到共同富裕。”（邓小平文选》第3卷，人民出版社，1993）这个界说否定了人们的习惯性认识。邓小平提出和回答这个问题的哲学根据，仍然是毛泽东的哲学思想。毛泽东讲过：在社会主义社会中，基本的矛盾仍然是生产关系和生产力之间的矛盾、上层建筑和经济基础的矛盾。既然如此，认识社会主义本质就应当以这个基本矛盾为依据。曾经习惯性认识的那些要素，都属于生产关系和上层建筑。撇开生产力谈社会主义的本质，不符合社会主义基本矛盾的要求，就不会把发展生产力当作社会主义的根本任务，必然导致社会主义认识的片面性。邓小平讲的“不够格”，根本的理论原因就在这里。关于社会主义本质的上述新论，纠正了这个理论失误，突出了生产力的最终决定作用和生产力与生产关系、经济基础与上层建筑的矛盾运动，为实现社会主义的根本任务和第一要务奠定了哲学基础。

（七）生产力决定作用观与“生产力标准”和“三个有利于标准”论

“生产力标准”的概念是党的十三大明确提出的。它源于毛泽东在党的七大上作《论联合政府》报告中所讲：判断中国一切政党的政策，归根结底，要看它是束缚生产力的发展还是解放生产力的发展。只有“使中国社会生产力获得解放，才是中国人民所欢迎的”政策（《毛泽东选集》第3卷，人民出版社，1991）。据此，党的十三大指出：一切有利于生产力发展的东西，都是符合人民根本利益的；一切不利于生产力发展的东西，都是社会主义所不允许的。这样，“生产力标准就更加具有直接的决定意义”（《中国共产党第十三次全国代表大会文件汇编》，人民出版社，1987）。“南方谈话”讲到中国的改革是否正确时，又提出“二个有利丁标准”，即“判断的标准，应该主要看是否有利于发展社会主义社会的生产力，是否有利于增强社会主义国家的综合国力，是否有利于提高人民的生活水平。”（邓小平文选》第3卷，人民出版社，1993）这一提法扩大了“生产力标准”的外延，深化了“生产力标准”的内涵，进一步将生产力标准和人民根本利益标准统一起来。

（八）无产阶级政党观与“三个代表”重要思想论

“三个代表”重要思想与毛泽东哲学思想的关系，既可以从认识论方面分析，也可以从辩证法角度解读，还可以从唯物史观部分阐释。因为，改革开放的实践，是综合运用毛泽东哲学思想，其对应关系不是单一的。抽象的理论分析，只能侧重毛泽东的某个哲学观点，还原到具体实践则应作综合理解。运用毛泽东的历史唯物主义政党观解读“三个代表”重要思想，说到底是为了更加全面地说明党的先进性，以加强党的建设。从党的二大到十五大，我们党根据阶级与政党、阶级性与人民性的关系讲党的先进性。关于这一点，尽管历届党章的文字表述有所不同，但基本上都讲中国共产党是中国工人阶级的先锋队和中国各族人民利益的忠实代表。就是说，“一个代表”思想讲了75年。进入新的千年，面对新的形势和任务，必须增加党的先进性的内涵。从现实需要看，将党的先进性的认识，同当今世界的先进生产力、先进文化与人类文明进步的发展方向联系起来，有利于提高我们党的整体素质，促进我们党不断地与时俱进。从思想资源看，在毛泽东著作和邓小平著作中，都有发展先进生产力和先进文化的丰富内容。整合毛泽东基于唯物史观讲党的任务的相关思想，并且注入新的时代元素加以概括，提到党的性质的高度加以论述，“三个代表”思想相对于传统的“一个代表”思想，就更具有时代精神，更能够说明党的先进性是完整的和科学的。“三个代表”重要思想，尽管已经被提升为党和国家的指导思想，但它仍然是应用和发展毛泽东哲学思想的重要成果。

（九）人民观和人权观与“以人为本”论

“以人为本”，从实质上说，是马克思主义的基本观点。但是，抽象地讲“人”，曾经长期被视为”异端”。党的十六大以后，党中央明确提出“以人为本”。这一重大理论创新，直接源于”三个代表”重要思想，间接源于毛泽东的人民观和人权观。先说“以人为本”论与”三个代表”重要思想的关系。2000年2月，江泽民提出“三个代表”重要思想。2001年，他在纪念建党80周年的讲话中，阐述《共产党宣言》关于“在未来社会，每个人的自由发展是一切人的自由发展的条件”的著名论断。这个论断，毛泽东在党的七大讲党性与个性的关系时引用过，但建国以后很少讲。时过半个多世纪，我们党的主要领导人重新引用这个论断，既是回归马克思主义关于“人”的科学理念，也是纠正盛行一时的“左”的观念。“三个代表”重要思想阐明，我们党追求的未来共产主义社会与现阶段社会实现人的发展要求，既有区别又有联系——目前努力实现“人的全面发展”，就是准备着将来实现“每个人的自由而全面的发展”，从而扫除了“以人为本”的思想障碍。作为学术问题，如何理解“以人为本”，可以见仁见智。我以为，“以人为本”包括两方面内容，都可视为毛泽东哲学思想在现阶段的应用和发展。“以人为本”论的第一要义，无疑是坚持人民利益高于一切，以维护最广大人民的根本利益为本。在这个意义上，“以人为本”的“人”与执政为民的”民”是同值的，即“人”是群体的“人”、整体的”人”。但仅此，还不是“以人为本”论的全部涵义。否则，它就没有出“新”，而只是变换了说法。“以人为本”之所以获得社会各界的热烈拥护和高度评价，是因为它还有第二要义——维护个人的权益，保障人权，即公民个人的生存权和发展权等。这里的“人”，又是个体的“人”。它也包括在“以人为本”的内涵之中。我不赞同将两者对立起来的观点。那种认为这里的“人”只代表群体、不代表个体，是说不通的。党中央所以选用“以人为本”，而没有使用“以民为本”，就在于“民”突出的是群体。“人”则兼顾群体和个体两个方面。“以人为本”论的第一要义，根植于毛泽东哲学思想中的人民观，自不待言。至于它的第二要义，了解中共党史就知道，我们党在中央苏区和延安，都是高擎人权大旗的。在《中华苏维埃共和国宪法》中，有保障人权的条款。在《陕甘宁边区施政纲领》中，也规定了人权保障政策。这两个文件都是经过毛泽东审定的，后者还是他修改定稿的。新中国成立后，宪法没再明确地讲”人权”。直至1997年，党的十五大报告才重新写明“尊重和保障人权”的内容。2004年，全国人大会议修宪，明确规定“国家尊重和保障人权”。而此前半年，党的十六届三中全会《关于完善社会主义市场经济体制若干问题的决定》，提出了“以人为本”论。可见，“以人为本”的两个方面，间接地源于毛泽东的人民观和人权观。

（十）矛盾关系的全面、协调思想与科学发展观

科学发展观、社会主义和谐社会论与毛泽东哲学思想的关系，主要有三个层面：矛盾论是它们的哲学理论依据，统筹兼顾论和正确处理人民内部矛盾论是它们的政治理论依据，“大跃进”和“文化大革命”是它们的历史教训依据。科学发展观更多的是强调矛盾关系的全面性、协调性。按照毛泽东的说法，“矛盾有正面，有侧面。看问题一定要看到矛盾的各个方面”（《毛泽东文集》第7卷，人民出版社，1999）。党的十七大论述科学发展观的内涵所具有的四大要素，体现了这个思想。温家宝讲述科学发展观，已经追溯到毛泽东的《论十大关系》一文，实际上揭示了两者之间的理论源流。在我看来，科学发展观中的“以人为本”是相对于“以社会为本”提出来的。所谓“以社会为本”，即主要以社会的经济、政治、文化的发展为根本。它的对立面是强调人的发展。人的发展，是指人的知识、能力、素质等的发展。“以社会为本”，不完全是“以物为本”，也包括“人”，但出发点和落脚点是强调社会的发展利益。社会的发展和人的发展，是对立的统一。社会的发展为人的发展提供环境和条件，社会又是由人组成的社会。没有人的发展就没有社会的发展。根据马克思、恩格斯的观点，人的发展比社会的发展更具根本意义。因为，人的发展是社会发展的终极目的，人的发展状况决定着社会的发展状况。但是，从人类历史的实际进程看，社会的发展在不同程度上是以牺牲人的发展来实现的。这在剥削阶级占统治地位的社会最为明显。即便是我们所处的社会主义社会初级阶段，在过去相当长的时期内，也是以社会为本而不是以人为本。这同样是由经济社会发展的状况决定的。应当指出，我们曾经片面强调以社会为本，忽略而没有兼顾以人为本，也是受到苏联哲学教科书的影响。改革开放以来，人才的作用和知识的力量得到空前提高，人的发展在社会发展中的作用日益凸显，尊重和维护公民个人权益的问题越来越重要。面对这样的社会背景，党和国家的发展观做到与时俱进，实现了以社会为本到以人为本的转变。这也是应用和发展以马克思主义哲学为基础的毛泽东哲学思想的又一重大成果。

（十一）矛盾的同一、斗争观与和谐社会论

社会主义和谐社会论的哲学基础，是矛盾的

同一性和斗争性及其相互关系的原理。毛泽东说，矛盾的同一性是相对的，斗争性是绝对的。然而，这个论断，对于两者关系的表述是不完全的。只有当“对立的统一是有条件的、暂时的、相对的，而对立的互相排斥的斗争则是绝对的”，以及“矛盾的斗争无所不在”和“一种过程转化为他种过程的变动是绝对的”情况下，这个论断才是正确的。1939年，毛泽东批注艾思奇编的《哲学选辑》一书：“依一时说，统一是绝对的，斗争是相对的；依永久说，统一是相对的，斗争是绝对的。绝对谓占统治地位。”（《毛泽东文集》第7卷，人民出版社，1999）有了这个补充或修正，就能够完整地理解矛盾的同一性和斗争性的关系。两者的相反相成关系，才能够说得通。过去，在实践中将“斗争哲学”绝对化，与不完整地解读这两者之间的关系不无关系。我们党用改革开放的实践，修正了有关矛盾的同一性和斗争性及其相互关系的认识，不再将“斗争性”绝对化，并据此创新了众多的政治理论和方针政策。当然，这是有政治前提的，即我们党所处的地位、环境和任务都发生了巨大变化，不仅从砸碎旧世界的革命党转变成建设新世界的执政党　而且从封锁半封锁状态下领导国家建设的党转变成全面改革开放条件下领导国家建设的党。因此，由强调“斗争性”转变成强调“同一性”，提出构建社会主义和谐社会，乃理所当然。强调”同一性”，不是不讲“斗争性”，只是将两者的主导地位作了改变。党的十七大论述社会主义的和谐社会和阐释社会和谐建设的要求，都说明了这一点。

（十二）对立统一观与党的30年基本经验论

半个世纪以前，毛泽东就说过：“中国应当是辩证法发展的国家”（《毛泽东文集》第7卷，人民出版社，1999）。辩证法在中国发展的伟大理论成果，是形成了毛泽东思想和中国特色社会主义理论。这两大理论体系是无法割裂的。从邓小平理论开始，中国特色社会主义理论体系继承和发展毛泽东思想。从党和国家的指导思想而论，毛泽东思想被列入其中，说明毛泽东思想有生命活力，仍然“管用”。这其中也包括毛泽东哲学思想。事实上，它在改革开放的伟大实践中得到了广泛而具体的运用。党的十七大运用毛泽东哲学思想初步总结改革开放30年的基本经验：“在改革开放的历史进程中，我们党把坚持马克思主义基本原理同推进马克思主义中国化结合起来，把坚持四项基本原则同坚持改革开放结合起来，把尊重人民首创精神同加强和改善党的领导结合起来，把坚持社会主义基本制度同发展市场经济结合起来，把推动经济基础变革同推动上层建筑改革结合起来，把发展社会生产力同提高全民族文明素质结合起来，把提高效率同促进社会公平结合起来，把坚持独立自主同参与经济全球化结合起来，把促进改革发展同保持社会稳定结合起来，把推进中国特色社会主义伟大事业同推进党的建设新的伟大工程结合起来”。这“十个结合”是“我们这样一个十几亿人口的发展中大国摆脱贫困、加快实现现代化、巩固和发展社会主义的宝贵经验。”（《中国共产党第十七次全国代表大会文件汇编》，人民出版社，2007）这“十个结合”把握了矛盾双方的对立统一，彰显了党中央对改革开放30年基本经验的辩证考量，也是对党的十三大以来一直讲的“马克思主义基本原理与当代中国实践和时代特征相结合的第二次历史性飞跃”作出的思想展开和最新说明。改革开放30年来，毛泽东哲学思想的具体运用，产生了许多理论成果和实践成就。上述12个方面的理论突破和理论创新，就足以代表毛泽东哲学思想的理论发展。改革开放的伟大成就，是上述理论转化为实践的结果，也足以代表毛泽东哲学思想的实践发展。

三、创造性地应用毛泽东哲学思想，继续推进中国特色社会主义事业

迄今为止，我们党的历史是以30年左右为一个大的发展阶段。第一个30年，从共产党建立到新中国成立，是闹革命探索出成功的革命道路。第二个30年，从新中国成立到党的十一届三中全会之前，是搞建设，尽管取得了不小的成绩但没有探索出正确的建设道路。第三个30年，是从党的十一届三中全会到现在，终于开辟出中国特色社会主义的正确道路，使我们的国家发生了历史性变化。如果以30年为一个计算单元，今后30年将是什么样呢？邓小平规划了我国的宏伟蓝图和发展战略。

首先，明确了我们为之奋斗的社会主义是使国家富强的社会主义。社会主义要消灭贫穷，社会主义要实现民主。“我们进行社会主义现代化建设，是要在经济上赶上发达的资本主义国家，在政治上创造比资本主义国家的民主更高更切实的民主”（《邓小平文选》第2卷，人民出版社，1994）。党的十一届三中全会提出最重大的新政策，就国内而言，“一条是政治上发展民主，一条是经济上进行改革。同时相应地进行社会其他领域的改革”（《邓

小平文选》第3卷，人民出版社，1993）。

其次，提出了“三步走”的发展战略。第一步是人均国民生产总值在上个世纪80年代翻一番，达到500美元，基本解决温饱问题。这个目标早已实现。第二步是人均国民生产总值到20世纪末再翻一番，达到800～1000美元，即小康水平。实现这个目标，超过了预想。第三步是人均国民生产总值到21世纪中叶，即用30～50年的时间，再翻两番，达到4000美元，基本实现国家的现代化，成为中等发达国家。邓小平认为，如果达到这一步，中国就对人类真正作出了贡献，就更能够体现社会主义制度的优越性。这不但给占世界总人口3/4的第三世界国家闯出了一条社会发展之路，更重要的是向人类表明，社会主义是必由之路（《邓小平文选》第3卷，人民出版社，1993）。党的十五大又将第三步发展战略具体化，即分解为新的“三步走”战略，提出21世纪第一个10年（2010年）、第二个10年（建党100年）和21世纪中叶（建国100年）的奋斗目标：到建党100年之际，我国进入全面建设小康社会的新阶段，国内生产总值比2000年翻两番，基本实现工业化，建成完善的社会主义市场经济和更具活力、更加开放的经济体系；到建国100周年之际，基本建成”富强民主文明和谐的社会主义现代化国家”。

再次，提出了巩固和发展社会主义制度是很长历史阶段的任务。对于社会主义的未来发展，邓小平在”南方谈话”中讲了两点：一是再有30年时间，才会在各方面形成一套更加成熟、更加定型的制度和方针政策，建设中国式的社会主义的经验会更加丰富。二是我们搞社会主义才几十年，还处在初级阶段。巩固和发展社会主义制度，需要一个很长的历史阶段，需要几代人、十几代人、几十代人坚持不懈地努力奋斗，决不能掉以轻心。邓小平规划的社会主义宏伟蓝图和发展战略，最主要的是两个方面：一是建设，一是改革。纵观改革开放和现代化建设的30年实践，尽管这两大任务都很艰巨，但相比较而言，如何搞现代化建设，我们党已经积累了更多的经验，提前实现了许多指标。改革任务则比建设任务更为艰巨，而改革又包括经济体制改革和政治体制改革。对于经济体制改革，邓小平已经运用毛泽东哲学思想，将市场经济同资本主义制度相分离，又将市场经济同社会主义制度相结合，为我国的经济体制改革确立了社会主义市场经济体制的明确方向。政治体制改革比起经济体制改革，还要复杂和艰巨得多。按照邓小平的说法，它的每一步措施都涉及千千万万人的利益。应当承认，30年来，我国的政治体制有不少改革，在某些方面取得了显著成效。然而，对于正在深化的政治体制改革，如何有效地制约、监督高度集中的权力，如何真正地保障广大人民群众的、全方位的民主权利，即如何制衡权力和公平利益，目前还在艰苦的探索之中。解决政治体制改革这两个最为要害的问题，就哲学指导而言还是要靠毛泽东哲学思想。具体来说，要像邓小平那样，一是坚持实事求是的原则，一切从中国的实际情况出发，根据自己的实践来决定改革的内容和步骤；二是坚持矛盾分析的方法，大胆地吸收和借鉴人类社会、直至当今世界各国包括资本主义发达国家创造的一切文明成果来为社会主义服务，创造出既适合中国国情、又是人类社会进步不可逾越的制衡权力、公平利益的体制和机制。邓小平成功地解决了社会主义也能实行市场经济的“天大难题”。我们应当学习邓小平的大智大勇，剥离资本主义民主政治制度，区分出哪些是资本主义社会特质属性的东西，哪些是现代人类社会具有普适性的文明成果。扬弃前者，批判地吸收后者，让其与社会主义制度相结合，成为社会主义民主政治的有机组成部分。经过若干年努力，创造出具有中国特色的有效制衡权力、公平利益的体制和机制，以解决我们国家发展的另一个“天大难题”。

参考文献：

［1］《邓小平文选》第3卷［C］. 北京：人民出版社，1993.

［2］《中国共产党第十七次全国代表大会文件汇编》［G］. 北京：人民出版社. 2007.

［3］《毛泽东选集》第3卷［C］. 北京：人民出版社. 1991.

［4］《中国共产党第十三次全国代表大会文件汇编》［G］. 北京：人民出版社. 1987.

［5］《毛泽东文集》第7卷［C］. 北京：人民出版社. 1999.

［6］《毛泽东哲学批注集》［C］. 北京：中央文献出版社. 1988.

［7］《邓小平文选》第2卷［C］. 北京：人民出版社. 1994.

（高中华选）

（二）2008 年邓小平理论研究代表性论文

1. 邓小平与当代中国思想解放

——纪念改革开放三十年

杨春贵，《光明日报》2008 年 11 月 4 日

党的十一届三中全会以来的30年，是改革开放的30年，是持续快速发展的30年，也是解放思想的30年。正是思想的大解放，促进了中国社会的大变革、大发展。在这一历史进程中，邓小平作为解放思想的旗手，对当代中国的思想解放作出了历史性的伟大贡献。在纪念改革开放30周年之际，回顾邓小平领导我们解放思想的艰辛历程，重温邓小平关于解放思想的重要论述，对于我们贯彻落实党的十七大精神，在新的历史起点上继续解放思想、坚持改革开放、推动科学发展、促进社会和谐，夺取全面建设小康社会的新胜利，具有重大的现实意义。

一、旗帜鲜明地反对“两个凡是”，拉开了当代中国解放思想的序幕

“两个凡是”首见于1977年2月7日中央“两报一刊”社论。按照这一方针，那就要继续坚持所谓“无产阶级专政下继续革命的理论”，继续维护“文化大革命”的“左”的错误，就只能使中国继续陷入动乱和混乱。这是违背中国人民的根本利益和要求的。正是在这个关键时刻，“文革”中第二次被打倒、当时尚未恢复工作的邓小平，首先站了出来，旗帜鲜明地表示“两个凡是”不符合马克思主义，并且一而再、再而三地申明自己的观点。

（1）复出前多次发表谈话，对“两个凡是”表示异议。据《邓小平年谱 1975 ~ 1997》记载：1977 年 2 月，“两个凡是”一提出，邓小平立即表示反对。他同前来看望他的王震说，这不是马克思主义，不是毛泽东思想。4 月 10 日，邓小平致信华国锋、叶剑英和中共中央，针对“两个凡是”的错误方针，提出：“必须世世代代地用准确的完整的毛泽东思想来指导我们全党、全军和全国人民”。4 月 10 日后的某日，邓小平同前来看望他的汪东兴、李鑫谈中共中央转发他 4 月 10 日和 1976 年 10 月 10 日致中共中央信的有关情况，在谈话中向他们明确表示：“两个凡是”不行。5 月 24 日，邓小平同王震、邓力群谈话，系统地批评了“两个凡是”的错误。其中包括这样几个主要论点：第一，“毛泽东同志说，他自己也犯过错误。一个人讲的每句话都对，一个人绝对正确，没有这回事情”，“这是个重要的理论问题，是个是否坚持历史唯物主义的问题。”第二，即使是正确的话，也不能到处搬用，“把毛泽东同志在这个问题上讲的移到另外的问题上，在这个地点讲的移到另外的地点，在这个时间讲的移到另外的时间，在这个条件下讲的移到另外的条件下，这样做，不行嘛！”第三，毛泽东思想是个科学体系，要准确、完整地理解，不能断章取义。他说，我给中央写信，提出“用准确的完整的毛泽东思想来指导我们全党、全军和全国人民”，“这是经过反复考虑的”。“我和罗荣桓同志曾经同林彪作过斗争，批评他把毛泽东思想庸俗化，而不是把毛泽东思想当作体系来看待。”这篇讲话，是最早从政治上和哲学上对“两个凡是”思想的系统批判。

（2）复出后第一次讲话的中心内容就是强调“完整准确”与“两个凡是”的对立。1977 年 7 月 16 日 ~ 21 日，中共中央召开十届三中全会，决定恢复邓小平在党中央、国务院和中央军委的领导职务。邓小平在会上发表复出后的第一次讲话，便是强调完整准确理解毛泽东思想，其锋芒仍然是指向“两个凡是”。他说：“不能够只从个别词句来理解毛泽东思想，而必须从毛泽东思想的完整体系去获得正确理解”，更不能像林彪、“四人帮”那样，“引用毛泽东同志的某些片言只语来骗人、吓唬人”，那样，只能“割裂、歪曲毛泽东思想，损害毛泽东思想”。他特别强调，在毛泽东同志倡导的作风中，“群众路线和实事求是这两条是最根本的东西”，对我们党的现状来说，“特别重要”。其所以特别重要，是因为它们集中体现了马克思主义的认识论和历史观，而“两个凡是”正是同这两条根本对立的。

在“文革”结束之后、中国面临向何处去的重大历史关头，身负众望的邓小平旗帜鲜明地反对“两个凡是”，对当代中国的政治走向产生了重大影响。尽管他的这些谈话和讲话还没有公开发表，但是已经在中央领导人和一部分高级干部中开始传播，“完整准确”与“两个凡是”的对立已经日趋鲜明，二者的斗争已经不可避免，当代中国解放思想的序幕已经拉开。

二、领导和支持真理标准大讨论，吹响了当代中国解放思想的号角

在邓小平批判“两个凡是”的同时，广大干

部、群众要求拨乱反正、纠正“文革”错误的呼声也一直以实践的方式冲击着“两个凡是”。历史把解决真理标准问题鲜明地提到全党和全国人民面前。1978年5月11日，光明日报发表《实践是检验真理的唯一标准》一文，受到广大干部、群众的热烈拥护，在全国范围内开了解放思想的先河。同时，这篇文章也受到一些人的抵制和反对，包括当时主管意识形态工作的某些领导人和某些理论“权威”，他们认为这篇文章的矛头是针对毛主席的，是“砍旗”、“丢刀子”，是“方向性错误”。一时形势变得严峻起来，解放思想遇到了阻力。又是一个关键时刻，又是邓小平首先站了出来，给《实践是检验真理的唯一标准》一文以坚决有力的支持，领导和推动了意义深远的真理标准问题大讨论，在全国范围内吹响了解放思想的号角。

（1）1978年6月2日邓小平在全军政治工作会议上发表重要讲话，明确肯定实践是检验真理唯一标准的观点是一个马克思主义观点。在准备这次会议讲话稿的时候，邓小平对胡乔木等人说，现在发生了一个问题，连实践是检验真理的标准都成了问题，简直是莫名其妙！因此决定，这次会议的讲话，第一个问题就讲实事求是。他在讲话中说：实事求是是马克思主义的“根本观点，根本方法”，是毛泽东思想的“出发点、根本点”，“我们开会，作报告，作决议，以及做任何工作，都为的是解决问题”，而“解决问题，究竟是否正确或者完全正确，还需要今后的实践来检验。如果我们不这样做，那我们就一定什么问题也不可能解决，或者不可能正确解决”。他批评一些同志“天天讲毛泽东思想，却往往忘记、抛弃、甚至反对毛泽东同志的实事求是、一切从实际出发、理论与实践相结合的这样一个马克思主义的根本观点，根本方法。不但如此，有的人还认为谁要是坚持实事求是，从实际出发，理论和实践相结合，谁就是犯了弥天大罪”，“他们提出的这个问题不是小问题，而是涉及到怎么看待马列主义、毛泽东思想的问题。”为了反驳所谓“砍旗”的说法，邓小平引述了毛泽东从1929年到1963年关于实事求是的一系列论述，指出：离开实事求是，“即使我们口头上大讲拥护毛泽东思想，实际上只能是违背毛泽东思想。我们一定要肃清林彪、‘四人帮’的流毒，拨乱反正，打破精神枷锁，使我们的思想来个大解放”。这篇讲话，对主张“实践标准”的同志是个坚强有力的支持，对否定“实践标准”的同志是个深刻有力的批评，对刚刚兴起的群众性思想解放大潮是个巨大的推动。

（2）1978年下半年邓小平连续发表重要谈话，支持和指导开展全国范围的真理标准大讨论。7月21日，他同中宣部负责人张平化谈话，就真理标准问题的讨论指出：不要再下禁令、设禁区了，不要再把刚刚开始的生动活泼的政治局面向后拉。7月22日，他同胡耀邦谈话，指出：《实践是检验真理的唯一标准》这篇文章是马克思主义的。争论不可避免。引起争论的根源就是“两个凡是”。8月13日，他同吴冷西谈话，指出：实践标准那篇文章是对的，现在的主要问题是要解放思想……但空气还不够浓，不要从“两个凡是”出发，不要设禁区，要鼓励破除框框。8月19日，在听取黄镇等关于文化工作的汇报后谈到理论问题，说《实践是检验真理的唯一标准》一文是马克思主义的，是驳不倒的，我是同意这篇文章的观点的，但有人反对，说是反毛主席的，帽子可大啦，那怎么行呢？9月16日，邓小平在听取吉林省委常委汇报工作时说：现在对理论要通过实践来检验这个问题还要引起争论，“可见思想僵化”，根本问题是“违反毛泽东同志实事求是的思想，违反辩证唯物主义、历史唯物主义的原理，实际上是唯心主义和形而上学的反映”，这种所谓高举毛泽东思想旗帜，实际上是“形式主义的高举，是假的高举”。10月14日，邓小平同韦国清谈话，说：实践是检验真理的唯一标准，这本来是马克思主义的基本原则问题，是常识，也有人不赞成，这样的人还不少。如果不解放思想，不开动机器，不独立思考，那非垮台不可。这一年的整个下半年，一直到12月召开中央工作会议，邓小平月月都讲真理标准问题，都讲解放思想问题，可见这个问题在邓小平心中分量之重。

（3）1978年底邓小平在中央工作会议和党的十一届三中全会发表当代中国解放思想的宣言书，这就是那篇著名的《解放思想，实事求是，团结一致向前看》的重要讲话。这篇讲话向全党全国人民发出解放思想的号召，强调“解放思想是当前的一个重大政治问题”，“只有思想解放了，我们才能正确地以马列主义、毛泽东思想为指导，解决过去遗留的问题，解决新出现的一系列问题，正确地改革同生产力迅速发展不相适应的生产关系和上层建筑，根据我国的实际情况，确定实现四个现代化的具体道路、方针、方法和措施"。他高度评价了真理标准大讨论，认为"很有必要，意义很大"，"实际上也是要不要解放思想的争论"，"一个党，一个国家，一个民族，如果一切从本本出发，思想僵化，迷信盛行，那它就不能前进，它的生机就停止了，就要亡党亡国"，"从这个意义上说，关于真理标准问题的争论，的确是个思想路线问题，是个政治问题，是个关系到党和国家的前途和命运的问题。"他深刻总结历史经验，指出："民主是解放思想的重要条件"，"一个革命政党，就怕听不到人民的声音，最可怕的是鸦雀无声"。这篇讲话实际上是党的十一届三中全会的主题报告，它标志着党的实事求是思想路线的重新确立，由此掀开了当代中国解放思想的新篇章。

三、抓住当代中国解放思想的根本，领导开创中国社会主义新局面

随着"解放思想、实事求是"思想路线的确立，随着拨乱反正的深入开展，随着对新中国成立以来历史经验的全面总结，以及对世界社会主义历史经验的思考，思想解放也不断深入。在这个过程中，邓小平领导我们紧紧抓住"什么是社会主义、怎样建设社会主义"这个根本问题解放思想，使我们的社会主义观念发生了一系列重大变化。

(一)研究社会主义的思维方式发生了重大变化

我们破除苏联那种僵化的社会主义模式观念，坚持走自己的道路，建设有中国特色的社会主义。邓小平说：我们过去的体制"是从苏联模式来的。看来这个模式在苏联也不是很成功的。即使在苏联是百分之百的成功，但是它能够符合中国的实际情况吗？""把马克思主义的普遍真理同我国的具体实际结合起来，走自己的道路，建设有中国特色社会主义，这就是我们总结长期历史经验得出的基本结论。"

我们破除超阶段的"左"的思想框框，坚持一切从中国社会主义初级阶段实际出发。邓小平说：过去"左"的教训就在于"制定的政策超越了社会主义的初级阶段"。现在我们确认中国处于并将长期处于社会主义初级阶段，强调"一切都要从这个实际出发，根据这个实际来制定规划。"这就使我们的社会主义真正建立在现实的基础之上而摆脱了种种空想。

我们破除离开发展生产力抽象谈论姓"社"姓"资"的思维定势，坚持"三个有利于"的判断标准。邓小平说，关于姓"社"还是姓"资"的争论，"判断的标准，应该主要看是否有利于发展社会主义社会的生产力，是否有利于增强社会主义国家的综合国力，是否有利于提高人民的生活水平。""三个有利于"标准的确立，加深了人们对社会主义本质的认识，使人们的思想进一步解放。

我们破除把马克思主义教条化的思想，坚持在实践中不断开辟认识真理的道路。邓小平强调：老祖宗不能丢，又要讲新话。"真正的马克思列宁主义者必须根据现在的情况、认识继承和发展马克思主义。"这就使我们在新的实践基础上既继承前人、又突破陈规，不断开拓了马克思主义的新境界。

(二)对"什么是社会主义"的理解发生了重大变化

长期以来我们对"什么是社会主义"的认识存在许多误区。邓小平说："不解放思想不行，甚至于包括什么叫社会主义这个问题也要解放思想。"他领导我们拨乱反正、正本清源、锐意创新，使我们对"什么是社会主义"的认识发生了重大变化。其中包括：

贫穷不是社会主义，发展太慢也不是社会主义，社会主义的根本任务是发展生产力，提高人民物质文化生活水平。针对"四人帮"所谓"宁要贫穷的社会主义，也不要富裕的资本主义"的谬论，邓小平说："当然我们不要资本主义，但是我们也不要贫穷的社会主义，我们要发达的、生产力发展的、使国家富强的社会主义"，"归根到底要看生产力是否发展，人民收入是否增加。"

平均主义不是社会主义，两极分化也不是社会主义，社会主义的最终目标是共同富裕。邓小平说："过去搞平均主义，吃'大锅饭'，实际上是共同落后，共同贫穷"，必须打破平均主义，允许一部分人、一部分地区通过诚实劳动、合法经营比较快地先富起来，这是"加速发展、达到共同富裕的捷径。"

计划经济不等于社会主义，市场经济不等于资本主义，社会主义的本质是解放生产力、发展生产力，消灭剥削、消除两极分化，最终达到共同富裕。邓小平反复地说："社会主义也可以搞市场经济"，"社会主义和市场经济之间不存在根本矛盾"，"资本主义与社会主义的区分不在于是计划还是市场这样的的问题"，"计划和市场都是经

济手段”，“市场也可以为社会主义服务”。这是马克思主义发展史上的一个崭新结论，是当代中国思想解放所取得的最重大的理论成果。

（三）对“怎样建设社会主义”的回答发生了重大变化

“什么是社会主义”和“怎样建设社会主义”这两个问题有密切联系。搞不清“什么是社会主义”，便谈不上正确回答“怎样建设社会主义”。但二者又有区别。“什么是社会主义”，这是社会主义理论一般；“怎样建设社会主义”，这是一个同国情相联系的较为具体的理论问题。在中国，怎样建设社会主义？邓小平领导我们以马克思主义为指导，从中国社会主义初级阶段的实际出发，开创了一条中国特色社会主义道路。这条道路的基本点就是以经济建设为中心，坚持四项基本原则，坚持改革开放，建设富强、民主、文明的社会主义现代化国家。这条道路同过去相比，实现了三个伟大历史转折。

从“以阶级斗争为纲”转到以经济建设为中心。这是由社会主义的根本任务和我国社会主义初级阶段的主要矛盾所决定的。邓小平反复强调，对经济建设这个中心要“扭住不放，‘顽固’一点，毫不动摇”，“抓住时机，发展自己，关键是发展经济”。只有把经济搞上去，才能体现社会主义制度的优越性，才能为解决国际国内一切问题提供物质基础，为提高人民生活水平提供物质基础，为将来向共产主义过渡提供物质基础。

从僵化半僵化转到实行改革。这是由社会主义社会基本矛盾的非对抗性质和我国原有体制权力过分集中的弊端所决定的。邓小平说：“革命是解放生产力，改革也是解放生产力”。“不改革就没有出路，旧的那一套经过几十年的实践证明是不成功的。”“如果现在再不实行改革，我们的现代化事业和社会主义事业就会被葬送”。他说：“这是一件大事，表明我们已经开始找到一条建设有中国特色的社会主义的路子。”

从封闭半封闭转到对外开放。邓小平说：“总结历史经验，中国长期处于停滞和落后状态的一个重要原因是闭关自守。经验证明，关起门来搞建设是不能成功的，中国的发展离不开世界。”只有对外开放，才能利用国际国内两个市场、两种资源，发挥我国经济的比较优势；只有对外开放，才能吸收和借鉴人类一切文明成果，使我们的事业获得新的活力。

2. 关于改革开放三十年根本历史经验的若干思考

郑必坚，《学习时报》2008 年 10 月 27 日、11 月 3 日

一、改革开放三十年的根本历史经验是解放思想、解放生产力

（一）

自 1978 年党的十一届三中全会以来这 30 年，我国最鲜明的特点是改革开放。在这个伟大历史进程中，我们党领导人民开拓进取，创造和积累了多方面的宝贵经验。党的十七大报告概括的“十个结合”，是这些经验的完整综合和总结。而所有这些经验，从根本上说，就是解放思想、解放生产力。解放思想，是党的实事求是思想路线的本质要求；解放生产力，是党的“一个中心、两个基本点”的基本路线的中心任务。正因为我们党一以贯之、旗帜鲜明地坚持解放思想、解放生产力，才推动我们国家在改革开放和社会主义现代化建设历史新时期，经济社会持续发展和进步。

1992 年邓小平同志在南方谈话中，开宗明义，有一个极其重要的概括：“革命是解放生产力，改革也是解放生产力。”在同一次谈话中，他还把“解放生产力，发展生产力”引人注目地放到关于“社会主义本质”的极重要概括的起首地位。这真可谓是一语中的、一言兴邦！

围绕解放思想、解放生产力来聚焦思考中国改革开放三十年的根本历史经验，来深化对于中国特色社会主义伟大事业和党的建设新的伟大工程的认识和理解——这就是本文的主旨。

（二）

让我们先从改革开放 30 年引发的历史巨变说起吧。

30 年历史巨变，当然可以从多方面，用多视角来观察。而其中最突出的一条，或者说最使十几亿中国人受惠的一条，就是中国在新时期，从根本上改变了封闭僵化的颓势和万马齐喑的沉闷，真正充满希望地活跃起来了。

邓小平同志在 1987 年 5 月这样说过：“‘文化大革命’期间，那时‘四人帮’当权横行，人民心情沉闷，甚至可以说是在忧虑之中，整个社会处于停滞状态。‘文化大革命’结束以后，还有两年徘徊。中国真正活跃起来，真正集中力量做人民所希望的事情，还是在 1978 年党的十一届三中

全会以后。”邓小平在这里，从总结历史教训的高度，把中国共产党十一届三中全会之前和之后党和国家的状况、人民群众精神面貌的状况，作了鲜明的对照，而把问题集中到究竟是要“沉闷停滞”，还是要“中国真正活跃起来，真正集中力量做人民所希望的事情”。

这样具有思想穿透力的体察和眼光，实在发人深省！实际上，从新时期一开始，到21世纪头8年，中国共产党30年贯穿始终、最为重视的就是这个“活跃起来”的问题，就是中国经济和社会发展之有无活力的问题，就是人民群众精神状态是沉闷还是活跃的问题！

事情就是这样。到今天，中国经济社会发展的强大活力，已成为举世瞩目的重大现象。

请看吧，我们这样一个13亿人口的发展中大国，一个社会主义的后发现代化国家，在改革开放推动下，实现了世界近代以来大国发展历史上从未有过的持续30年年均增长速度接近10%的高速发展。国内生产总值由1978年的3645亿元，增长到2007年的246600多亿元。经济总量由世界第10位，跃升到世界第4位。粮食、棉花、肉类、钢铁、煤炭、化肥、水泥等主要农产品和工业产品产量，居于世界首位。数以亿计的长期束缚在有限土地上的农村劳动人口，总体有序地转入非农产业。数以百万计的摆脱了指令性计划束缚并拥有自主权的工商企业，蓬勃发展和活跃起来。城镇居民人均可支配收入由343元增长到13700多元，农民人均纯收入由133元增长到4100多元。两亿多人摆脱绝对贫困，全社会总体进入小康。进出口贸易总额从200亿美元提高到21700亿美元，成为世界第三大贸易国，外汇储备也高居世界首位，并从而对世界经济发生愈益强劲的“引擎”作用。还有累计120万人的出国留学生，每年三四千万人次的出国旅游大军，数以亿计的网民、手机用户和居于世界前列的报业市场。再加上中国社会本身和谐发展和文明复兴正日益成为新的亮点，如此等等。显然，这样一种世所罕见的“井喷式”发展势头还将长时期持续下去。

要问这样的活力究竟从何而来？当然是由改革开放所开启的实践基础上的理论创新、制度创新、科技创新和文化创新而来。归根到底，是由解放思想、解放生产力而来，是由中国共产党始终一贯地把解放思想同解放生产力紧紧联在一起而来，是由中国共产党始终一贯地把解放生产力作为解放思想、改革开放和我们全部工作的根本出发点和落脚点而来。

（三）

请再来看一看30年波澜壮阔的历史进程吧。

中国改革开放30年历史进程的思想启动，是关于“实践是检验真理的唯一标准”的大讨论。这一点大家已耳熟能详。这里要特别强调的是，在改革开放30年中，中国共产党坚持实事求是思想路线的一个最大特色，就是把实践这个检验真理的唯一标准，坚决、彻底、鲜明地集中到生产力的进一步解放和发展要求上来，集中到生产力标准上来。

大家知道，马克思主义的历史唯物主义从来认为，人们的社会实践，包括生产活动、阶级斗争和科学实验这三项，而生产活动是最基本的实践活动，是决定其他一切活动的东西。因此，作为人们生产实践能力的结果即生产力（马克思），就成为一切社会发展的最终决定力量。在社会主义现代化建设历史新时期，这一点尤其具有特殊重大的直接决定意义。正因为这样，我们党从新时期一开始，在重新确立实践标准的同时，又坚决、彻底、鲜明地把经济建设确定为党在新时期“根本政治路线”的中心任务，并且把对社会主义现代化建设是有利还是有害作为“衡量一切工作的最根本的是非标准”。也正因为这样，邓小平还把问题提到究竟什么才是社会主义和马克思主义的高度。他这样说：“什么叫社会主义，什么叫马克思主义？我们过去对这个问题的认识不是完全清醒的。马克思主义最注重发展生产力。……社会主义初级阶段的最根本任务就是发展生产力，社会主义的优越性归根到底要体现在它的生产力比资本主义发展得更快一些、更高一些……如果说我们建国以后有缺点，那就是对发展生产力有某种忽略。社会主义要消灭贫穷。贫穷不是社会主义，更不是共产主义。”

这就是中国共产党在改革开放和社会主义现代化建设历史新时期，坚持实事求是思想路线的聚焦点；这就是中国共产党以巨大政治勇气和理论勇气对社会主义再认识的突破口。

实际上，这也就是中国改革开放30年的思想起点、逻辑起点和历史起点。由这样的起点，中国共产党在新时期的开创性实践中，一步一步地推进和展开了波澜壮阔的改革开放伟大历史进程。

对于如此丰富生动和复杂深刻的历史进程，我在这里不可能也不需要作编年史式的详细描述，而只打算围绕解放思想、解放生产力这条主线，把这段历史粗略概括为头四年、中间两个十年和最近六年，这样四个大段落：

第一大段落，新时期头四年。1978 年党的十一届三中全会之后，为了实现全党工作重心由阶级斗争到社会主义现代化建设的战略转移，在真理标准讨论推动下，大刀阔斧的拨乱反正、平反冤假错案，首先在思想领域、政治领域和中国共产党的党内生活获得突破。由此带动全社会，特别是农村改革和对外开放的特区试点，加上这之前不久召开的全国科学大会和随后的恢复高考、开放留学。实质上，这就是以党的思想路线和政治路线的根本性转变，来启动各方面人们思想的活跃性和积极性，启动政治、经济和教育、科技等方面改革，从而开始解放农村生产力，解放科技生产力，同时开始调动国外境外资本、技术、人才的积极因素和生产要素。直到 1981 年十一届六中全会总结建国以来党的历史，彻底否定“文化大革命”。概括言之，这第一大段落，从 1978 年到 1982 年，乃是“拨乱反正和改革起步的四年”。其在“解放生产力”上的显著成效，就是农村经济活跃起来，短短三到四年就初步解决了中国人的温饱问题！

第二大段落，新时期中间头一个十年。1982 年党的十二大，邓小平在开幕词中第一次郑重提出“走自己的道路，建设有中国特色的社会主义”，从而向全世界昭告了新时期社会主义中国的根本走向。改革开放的实践，则由广大农村的率先突破向着城市推进，由几个特区试点向着沿海沿江和内地推进。改革目标的探索，又经历了由“计划经济为主，市场调节为辅”（十二大），到“有计划的商品经济”（十二届三中全会），再到“计划与市场内在统一的体制”（十三大），又到“计划经济与市场调节相结合的经济体制和运行机制”（十三届四中全会）。1987 年党的十三大，在总结拨乱反正、全面改革的成功实践并系统论述中国社会主义初级阶段理论的基础上，确定了党在社会主义初级阶段“一个中心、两个基本点”的基本路线，提出了“三步走”的社会主义现代化发展战略。概括言之，这第二大段落，从 1982 年到 1990 年代初，乃是“开始全面改革，确立中国特色社会主义根本道路、基本路线并大胆探索改革目标的十年”。其在“解放生产力”上的显著成效，就是出现了“隔几年上一个台阶”式的加速发展时期，城市经济活跃起来，对外开放由点到线再到面，乡镇企业异军突起。

第三大段落，新时期中间又一个十年。1992 年，在我们党领导人民反对资产阶级自由化，保持稳定，成功地经受住 80 年代末、90 年代初国际国内政治风波严峻考验的新形势下，按照“三步走”发展战略有力地推动了“奔小康”的发展势头。特别是邓小平南方谈话和党的十四大，科学总结了十一届三中全会以来党的基本实践和基本经验，明确回答了困扰和束缚我们思想的许多重大认识问题，强调基本路线要管一百年、动摇不得，并且第一次明确提出了“我国经济体制改革的目标是建立社会主义市场经济体制，以利于进一步解放和发展生产力”，从而使改革开放进入一个着力构建社会主义市场经济体制基本框架的新阶段。到 1997 年党的十五大，在十四大关于“建设有中国特色社会主义的理论”的论述基础上，进一步确立“邓小平理论”是我们党的指导理论，同时提出了党在社会主义初级阶段的基本纲领和我国跨世纪发展的奋斗目标。概括言之，这第三大段落，从 1992 年到 2002 年党的十六大之前，乃是“经受住政治和金融风波考验而更加坚定奋进，有系统地确立指导理论、基本纲领和社会主义市场经济的改革目标，实现改革开放新的历史性突破的十年”。其在“解放生产力”上的显著成效，就是在 1992 年到 1996 年年均增长 12.1% 的基础上进一步扩大内需，克服亚洲金融危机的不利影响，同时使国家计划管理由指令性计划向指导性计划转变，公有制为主体、多种所有制经济共同发展的新格局逐步形成。集中到一点，就是经过这一段落的持续改革和发展，中国总体上进入小康社会。

第四大段落，最近这六年。2002 年党的十六大，提出并系统论述了“三个代表”重要思想，指出这也是党必须长期坚持的指导思想。同时提出了直到 2020 年全面建设小康社会的奋斗纲领，推动实现国有经济战略性改组，推动实现包括中国特色社会主义建设者新社会阶层在内的更广大团结。党的十六大以后，经过十六届三中全会到 2007 年党的十七大，又针对经济社会发展中呈现的新的阶段性特征，统筹协调发展，提出“科学发展观”、“构建社会主义和谐社会”、“走和平发展道路”等一系列重大战略思想。与此同时，还针对某些社会思潮，旗帜鲜明地坚持改革开放不动摇。并且系统地总结了改革开放 29 年基本实践和基本理论的发展，郑重提出了中国特色社会主义“一面旗帜、一条道路、一个理论体系”。

概括言之，这第四大段落，从 2002 年到 2008 年（以至今后），乃是“在新的历史起点上，进一步明确界定当代中国和中国共产党的历史方位，更高地举起中国特色社会主义伟大旗帜，开始全面建设小康社会的六年”。其在“解放生产力”上的显著成效，就是 21 世纪头七年经济总量保持两位数稳定增长，国民经济基础设施和国有经济重大项目上了新的大台阶，人民生活也上了新的大台阶，并且在加快发展的同时更加关注公平正义，进入了一个以更高自觉致力于科学发展、和谐发展、和平发展，同时全面完善社会主义市场经济体制，并使经济体制、政治体制、文化体制、社会体制改革更加协调推进的崭新阶段。

事非经过不知难。我们这样一个几千万党员的大党，十多亿人口的大国，在改革开放 30 年中能够一以贯之和旗帜鲜明地坚持解放思想、解放生产力，谈何容易？这实在是一个伟大而又复杂的超大规模系统工程啊！在这个过程中，全党全国范围的解放思想，不可避免地涉及现实的和历史上的意识形态领域，特别是思想理论领域众多错误和过时观念。而解放生产力，则又涉及众多方面生产力要素的不断放开，以及众多方面束缚生产力发展的体制、机制、政策、法规的逐步改变。这里包括：一要搞活资本，二要统筹土地，三要发展科技，四要改善生态，五要扩大就业，六要更好地尊重劳动、尊重知识、尊重人才，使各类建设者都能各尽其能、各得其所，从而使中国经济社会发展既能更广大地开源，又能坚持以人为本，全面、协调、可持续发展。与此同时，还要通过对外开放，更充分地调动境外国外资本、技术、人才、资源的积极因素。你看，国内六项，国外四项，共为十项。也就是说，只有通过新时期一个又一个大段落上的不断解放思想和深化改革，这十项“生产力要素”才能持续地得到解放，并从而隔几年就上一个台阶，一直走到今天，中国实现了历史性的大飞跃。

30 年历史发展还表明：解放思想、解放生产力，尽管涉及众多因素，但归根到底应是人的因素愈益深广的解放，是人作为生产力主体和社会历史活动主体的愈益深广的解放。强调生产力，是不是见物不见人？当然不是！生产力是劳动者和劳动手段、劳动对象的统一，是人的因素和物的因素的统一，而且人是其中最重要和最活跃的因素。所谓“中国真正活跃起来”，要点就在这里。请回想一下吧：我们党以巨大政治勇气和理论勇气，坚定地廓清长期个人迷信和“两个凡是”的错误思想，廓清长期“以阶级斗争为纲”的“左”倾错误和平反冤假错案，廓清离开生产力来抽象谈论社会主义的种种空想的历史唯心主义观念，直到“三个代表”重要思想和“以人为本”等一系列深刻理念的提出，难道不就是这样的吗？请再回想一下吧：我们党同样以巨大政治勇气和理论勇气，坚定地推进改革开放，从农村家庭联产承包、废除农村人民公社到全面改革和对外开放，包括在社会主义市场经济基础上各类所有权、财产权、自主权和正当竞争关系的发展，还有在民主和法制基础上公民在经济、政治、文化和社会生活中的民主权利和各项基本人权的愈益强化的保障，难道不也是这样的吗？

在这里，解放思想同实事求是、一切从实际出发相一致，而不是相背离；在这里，改革开放同坚持四项基本原则相结合，而不是相悖反；在这里，经济体制改革同政治体制及其他方面体制的改革相联系，而不是相割裂；在这里，实践标准、生产力标准、人民最大利益标准和以人为本相统一，而不是相对立。

就是这样，中国终于摆脱封闭落后、停滞僵化，一步一步地真正活跃起来了。积 30 年之努力，中国人民的面貌、社会主义中国的面貌、中国共产党的面貌发生了历史性变化。当然，在这个过程中，中国不是没有曲折、起伏以至于失误，也不是没有种种失衡、失范、腐败、阴暗面以至于“乱象”，更不是没有困难、风险甚至很大困难和很大风险。但是 30 年历史进程之主流，之主导方面，则是在改革开放进程中，解放思想、解放生产力相结合之始终一贯，党领导的伟大事业和党自身建设伟大工程相结合之愈益深化发展，而势不可当。

（四）

再进一步思考：改革开放 30 年，我们党和国家究竟是怎样达到这样一种境界的呢？

我认为，这里一个至关重要的因素，就是中国共产党在改革开放 30 年中所获得的马克思主义伟大新觉醒。历史的经验告诉我们：只有始终一贯地从中国这个世界最大发展中国家和世界第一人口大国的实际出发，尤其是从中国要解决十几亿人口的贫困问题和发展问题这个最大的“硬道理”出发，而不是从过时和僵化的观念、做法和体制出发；同时又始终一贯地勇于面对困扰我们思想、束缚我们手脚的一系列重大实践问题和认识问题来展开来深化，大胆地试大胆地闯，不断开创新境界而又不搞强迫、不搞运动、不搞无谓争论并且允许看。只有这样，在坚定而又有耐心的清醒方针指引下一步一步做起来，方能真正击中要害、统领全局，方能有力排除干扰、凝聚人心，方能使我们党在实践基础上不断获得新的觉醒，并从而在改革开放30年的各个阶段上一以贯之和旗帜鲜明地坚持解放思想、解放生产力，保证改革开放和经济社会发展的正确轨道。

30年中实践课题、理论课题无疑是众多的，但是归结起来，我们面临的基本问题和我们党在解决这些基本问题中获得的马克思主义新觉醒，我以为主要体现在三大方面。

第一大方面，是不断探索和回答“什么是社会主义、怎样建设社会主义”。新时期的思想解放，关键就是在这个问题上的解放。拨乱反正，全面改革，从以阶级斗争为纲到以经济建设为中心，从封闭半封闭到对内对外开放，从计划经济到社会主义市场经济，直到提出构建社会主义和谐社会，等等，都是属于逐渐搞清楚这个根本问题并随实践发展而不断深化的伟大觉醒过程。这个过程中首先创立的，具有从根本上奠定基础性质的邓小平理论，特别是其所包含的社会主义社会根本任务论、社会主义初级阶段论、社会主义市场经济论、社会主义精神文明论、社会主义本质论和党在社会主义初级阶段“一个中心、两个基本点”的基本路线，以及后来的社会主义政治文明论、社会主义和谐社会论和中国和平发展道路论等，正确界定了我国现实社会的历史方位和主要矛盾。在这个过程中，明确提出了党在社会主义初级阶段的兴国之要、立国之本、强国之路这一系列带根本性的问题。

第二大方面，是不断探索和回答“建设什么样的党、怎样建设党”。同样从新时期一开始，我们党就启动了这一方面的探索和回答，确立了新时期党的思想路线、政治路线、组织路线，进一步明确了要把党建设成为领导社会主义物质文明和精神文明建设的马克思主义执政党。以江泽民为核心的党中央领导集体集中全党智慧创立“三个代表”重要思想为标志，世纪之交的中国共产党人深刻认识和把握新的历史条件下变化了的世情、国情和党情，在进一步回答“什么是社会主义、怎样建设社会主义”问题的同时，创造性地回答了“建设什么样的党、怎样建设党”的问题，从而进一步明确界定了我们党的历史方位，并且提出了坚持和发展党的先进性、提高党的执政能力的时代课题，从新的历史高度来认识自己、完善自己、全面加强自己。在这个过程中，明确提出了立党之本、执政之基、力量之源这一系列带根本性的问题。

第三大方面，是不断探索和回答“实现什么样的发展、怎样发展”。从党的十一届三中全会后不久即明确提出的“中国式的现代化”，到“三步走”战略部署，到区域发展战略的“两个大局”，到“科教兴国”、“依法治国”、“可持续发展”及“西部大开发”等一系列重大战略方针，再到新世纪新阶段的全面建设小康社会，统筹城乡经济社会发展，坚持新型工业化道路和以“生产发展、生活富裕、生态良好”为特征的文明发展道路，也是一个不断探索和深化的实践和认识过程。党的十六大以后，以胡锦涛同志为总书记的党中央在继承党的三代中央领导集体关于发展的重要思想的基础上提出“科学发展观”等重大战略思想，进一步明确了我国仍处于并将长期处于社会主义初级阶段而又进到新的历史起点的发展方位，并把发展问题提到体现以人为本，体现社会公平正义，体现人的全面发展和社会的全面发展以及资源环境的可持续发展的高度。既着眼于把握发展规律、创新发展理念、转变发展方式、破解发展难题，又着力于推进党的执政方式和社会管理方式的转变。在这个过程中，明确提出了发展之本、发展方式、发展规律等一系列带根本性的问题。

我认为，这三大方面基本问题之每一方面，都是从新时期一开始即明确提出，并在实践中不断展开和深化。与此同时，这三大方面又总是在30年各个具体阶段上党的总体战略布局中相互联系，构成统一的整体。而贯穿这个统一整体的，则是对社会主义初级阶段基本国情的科学认识和自觉把握，是对社会主义初级阶段“一个中心、两个基本点”基本路线的全面认识和坚定贯彻。

应当说，这三大新觉醒，正是中国共产党在改革开放30年中踏踏实实地“摸着石头过河”，而实实在在地摸到并牢牢把握住的具有理论基石分量的三块“大石头”，是我们解放思想、解放生产力的精神、政治和科学成果，也是当代世界进步潮流和时代特征的集中反映。中国共产党在改革开放30年中从实践到理论、再从理论到实践的一系列卓有成效的创新和创造，归根到底，都是同这三大新觉醒分不开的。

在这样的进程中，中国共产党排除“左”、右干扰，思想解放不断上台阶，有力带动了改革开放和生产力解放不断上台阶；反过来，改革开放和生产力解放又有力促进了思想再解放。

在这样的进程中，理论创新与实践创新二者结合如此之紧密，党的理论如此之管用、之直接见效于解放思想、解放生产力，实为建国以来所未有。

也正是在这样的进程中，中国共产党获得新觉醒而与时俱进，中国特色社会主义伟大事业和党的建设新的伟大工程进到新的境界。直到党的十七大，达到中国特色社会主义的“三个一”的统一认识：一面旗帜——中国特色社会主义伟大旗帜，一条道路——中国特色社会主义道路，一个理论体系——中国特色社会主义理论体系。这又是中国共产党对中国特色社会主义伟大事业和党的建设新的伟大工程的规律性认识进一步深化和系统化的鲜明体现和最新成果，并从而为我们开辟了更加广阔的实践和认识道路。

今天，当着我们以胜利的喜悦和攻坚克难的执着来纪念改革开放30周年的时候，我以为，继续一以贯之和旗帜鲜明地坚持改革开放，坚持解放思想、解放生产力，坚持和发展我们党在新时期的马克思主义伟大新觉醒，这就是对改革开放30周年最好的纪念。

二、我们今天继续解放思想的中心课题仍然必须是“解放生产力”

（一）

我们今天正处在新的历史起点上。这是中国共产党第十七次全国代表大会报告作出的一个重大战略判断、战略界定。

“机遇前所未有，挑战也前所未有，机遇大于挑战。”这就是新起点上总形势的一大特点。所谓挑战，归纳起来大体是三大挑战：一是物质资源包括能源资源短缺的挑战，二是生态环境恶化的挑战，三是经济社会发展不平衡一系列重大严峻问题的挑战。由此可见，在21世纪上半叶，尤其是头十年、头二十年，我们面对的困难和挑战实在是够多够大的了。

实际上，事情还不止于此。如果再考虑到巨大规模（而不是通常规模）的自然灾害，包括已经发生的今年四川汶川特大地震，也包括未来岁月可能发生的其他巨大自然灾害，那么这就是第四大挑战了。此外，就国际方面来说，新条件下国际经济、政治、科技、文化和军事的种种压力，包括当前国际范围同时发生的金融、能源、粮食三大危机，也包括未来岁月国际范围可以预料和难以预料的种种危机，那就是第五大挑战了。

“五大挑战”，这就是我们在看到“机遇前所未有”的同时，又不能不估量到的“挑战也前所未有”。

（二）

还必须强调一点：这“五大挑战”，又是在我国拥有13亿人口并且还会在本世纪上半叶继续增长到15亿人口这样一个“总背景”之下。这可是古今中外历史上哪一个国家都不曾有过的，绝无仅有的“总背景”！

实际上，对于13亿到15亿人口这一绝无仅有的“总背景”，还需要进一步作两个层次的分析。首先一个层次，是21世纪上半叶，中国在人口问题上将相继出现的“三个高峰”。一是当前已经面对的“就业高峰”，现在我国每年城镇需要就业的人数在2400万人以上，而新增岗位和补充自然减员只有1200万人，缺口在1200万人左右；二是本世纪30年代（大约2033年前后）的“总量高峰”，即达到15亿多人口；三是本世纪40年代的“老龄化高峰”，现在我国60岁以上人口已经占到全世界60岁以上人口总量的20%，到本世纪40年代还会更为突出。

再一个层次，是专门分析21世纪上半叶中国农村人口的前景和出路。我国现在13亿人口中，农村占将近8亿。8亿农民里面，劳动力占5亿，这5亿就比现在整个欧洲人口还要多！那么耕地多少呢？18亿亩多一点。而当中国人口总量达到15亿时，中国又有多少农村人口和可耕地呢？这么多的人口，这么少的耕地，怎样才能真正富起来呢？

从这样两个层次的分析中，人们可以看清一个基本事实，就是中国特色社会主义工业化和社会主义中国后发现代化的伟大事业，在21世纪上半叶的根本走向，归根到底仍将取决于把13亿到15亿中国人的贫困问题和发展问题解决好，首先是把大约8亿到10亿中国农民的贫困问题和发展问题解决好。

（三）

从党的十二大以来，中国共产党就确定要走一条当代人类发展史上、马克思主义发展史上前所未有的中国特色社会主义道路，这条道路的对外表达即是中国和平崛起或和平发展道路。按照这样一条道路，我们对世界近代以来西方大国在工业化进程中依靠殖民主义掠夺世界资源的办法当然不能学，对当年德国、日本那样的后起军国主义国家依靠发动大战来重新瓜分世界的办法当然不能学，对前苏联霸权主义在所谓“世界革命”幌子下搞超级大国争霸和势力范围的办法当然也不能学！我们只能坚定不移地立足于自己的发展。

而这就决定了，在新的历史起点上，我们思想解放的中心课题必定仍然是，也只能仍然是进一步解放中国人民的生产力。也就是要在30年改革开放发展成就和中国共产党的马克思主义伟大新觉醒成果基础上，实现中国人民生产力的新解放。只有这样，才能真正强有力地应对前所未有的挑战，真正强有力地推动我国在21世纪头20年以至整个上半叶，经济社会更高水平和更广大规模的发展和进步。

（四）

关于这样的发展和进步，总的战略目标已经确定。这就是：到本世纪20年代，即中国共产党建党100周年时，全面建设惠及十几亿人口的更高水平的小康社会；到本世纪中叶，即中华人民共和国建国100周年时，基本实现社会主义现代化，达到中等发达国家水平，从而根本摆脱“不合格的社会主义”的不发达状态。

那么按照党的十七大精神，21世纪头二十年中国人民生产力发展的具体历史任务是什么呢？用一句话来说，就是基本实现工业化。说得完全一点，就是工业化、信息化、城镇化、市场化、国际化，走出一条包括农村工业化在内的中国特色新型工业化道路。

这条新型工业化道路，在我看来，新就新在它提出了两方面基本要求：一个方面是“科技含量高、经济效益好、资源消耗低、环境污染少”。这首先就意味着按照科学发展观和生态文明的要求，各方面创新活力尤其是科技创新活力和产业创新活力的进一步解放。信息化带动包括农村工业化在内的中国特色工业化，产业升级，把各类所有制企业首先是国有企业做大做强。

另一个方面是“人力资源优势得到充分发挥”。这又意味着，要求创业活力的进一步解放。这是因为，要在我们这样十几亿人口大国中真正发挥人力资源优势，就必须实现持久的充分就业，为此又势必要求放手发动创业，推动全国城乡实现各类中小企业以至微型企业的广大发展。这也就是党的十七大所确定的“以创业带动就业”的方针。（实际上，国际国内经验证明，中小企业不仅在带动就业方面，而且在推进创新方面，均能作出重大贡献。我国技术创新的70%、国内发明专利的65%和新产品的80%来自中小企业）

在以上创新活力、创业活力进一步解放的基础上，如果再联系到我们前面所说的“五大挑战”特别是巨大规模自然灾害和国际压力的挑战，那就还有一个承受、抵御和应对巨大风险的能力和活力的问题提到面前。这个问题，邓小平在1977年即已提出，1988年反复强调，江泽民同志和胡锦涛同志又先后多次加以强调。看来，现在也到了更好地抓住时机，按照增强能力和解放活力的要求，进一步认真加以对待的时候了。

是否可以这样说：在新的历史起点上，当代中国进一步解放思想、解放生产力的根本要求，势必将集中到进一步解放“三个力”上来：一个是创新活力，一个是创业活力，还有一个就是承受、抵御和应对巨大风险的能力和活力。而这当然是涉及包括农业、制造业、金融业在内的国民经济一切大部门，涉及整个经济和社会发展与改革全局，以至关系到我们整个社会安定、民族团结、国家巩固和综合国力在21世纪上半叶再来一个历史性新飞跃的大问题。

（五）

为此，就要继续推进包括经济、政治、文化、教育、科技、社会等各方面体制改革的全面改革。特别是：一要推进以社会主义市场经济为取向的经济体制改革；二要推进以社会主义民主政治为内涵的政治体制改革；三要推进以改善民生为重点的社会体制改革。而改革之是否有成效及成效之大小，归根到底还是要看是否有利于破除一切仍然束缚这“三个力”的思想障碍和体制障碍，从而进一步解放这“三个力”，以更好地构建社会主义和谐社会，全面建设惠及十几亿人口的更高水平的小康社会。

在这里，又一次表明了，实践标准、生产力标准和人民最大利益标准可以而且必须随着经济社会发展而达到更好的统一。

三、当前经济社会发展中某些深层次矛盾和中国社会主义初级阶段的“双重使命”

（一）

经过改革开放30年，中国总体富裕程度确实显著提高了，经济和社会发展活力大为增强了，与此同时，改革和发展中积累的某些深层次矛盾和进入新世纪后遇到的新问题也更加突显出来了。特别是，党内外议论较多的国有资产流失问题，城乡之间、区域之间、经济与社会之间发展不平衡问题，以及腐败现象屡禁不止问题等，突显出来了。

对于改革开放中出现的这样那样的问题，无需讳言，也不应当讳言。据我多年亲身体验和观察，我们的党中央就是采取这样一种彻底唯物主义者的态度，历来非常重视并且勇于面对这些问题。改革开放30年，党的每一次全国代表大会，每一次中央全会，研究分析的都是实践中遇到的重大紧迫问题。与此同时，我又亲身体验和观察到，我们的党中央对待这些问题又总是十分清醒地把握两条：一条，是什么问题就解决什么问题，决不因某些具体问题而否定改革的方向和道路；另一条，改革和发展中的问题只能通过深化改革和科学发展来解决。也就是说，面对问题，回头走老路是死路一条，搞私有化走邪路也是死路一条，只有坚定不移地走改革开放之路，坚定不移地走中国特色社会主义道路，才是唯一正路和真正出路。

举例来说，关于国有资产流失、关于城乡之间、区域之间和经济与社会之间发展不平衡以及腐败等等问题，在某种观点看来，都应当归罪于社会主义市场经济为目标的体制改革，甚至归罪于整个十一届三中全会以来的路线。难道能够这样看吗？实际上，在确定市场化改革目标之初，党中央就明确指出，建立社会主义市场经济体制是史无前例的创举，没有现成经验，必然会有这样那样的问题发生。因此，要求我们既要大胆地试、大胆地闯，又要善于总结经验，对的就坚持，错的赶快改。正是由于我们党以这样一种实事求是的科学态度来对待市场化改革，实践的总结果才能够像今天这样有力地证明：中国摈弃了计划经济体制，选择了社会主义市场经济体制，从而在短短30年时间里就根本改变了短缺经济的停滞落后状态而迅速发展起来，从一个政治大国发展成为中国特色社会主义的政治—经济大国。

至于一个一个具体问题，也需要实事求是地加以分析。比如国有资产流失问题，有种说法是我们的国有经济似乎已在“私有化”浪潮中遭到灭顶之灾。但是实际情况并非如此。总体而言，由于深化国有企业改革和国有资产管理体制改革，国有资产总量大幅增加，企业效益显著提高，技术创新能力明显提升，国有经济的活力、控制力、影响力是进一步增强了。2002年到2007年，全国国有企业户数从15.87万户减少到11.51万户，但销售收入、实际利润、上缴税金年均分别增长百分之18.6%、36%、20.4%。2007年全国国有企业上缴税金1.77万亿元，占全国财政收入的34.5%。中央企业的发展情况更是令人振奋。这五年，中央企业平均每年资产总额增加1.5万亿元，相当于每年新增一个“中石油”！销售收入平均每年增加1.3万亿元，实现利润平均每年增加1500亿元，上缴税金平均每年增加1000亿元。2007年，上缴税金8805亿元，占全国财政收入7.6%。在2007年国际上公布的世界500强中，我国的中央企业有16家，比2002年增加10家。

当然，国有企业改革的任务还远未完成。特别是还需要在加快公司制股份制改革步伐、健全现代企业制度的同时，继续优化国有经济布局，完善国有资本有进有退、合理流动的机制，在更大范围内推进国有经济的战略性调整，使国有资本进一步向关系国家安全和国民经济命脉的重要行业和关键领域集中，加快形成一批拥有自主知识产权和国际知名品牌、国际竞争力较强的优势企业。争取到2010年中央企业调整到80~100家，全国形成30~50家具有较强国际竞争力的大公司大企业集团。（其他行业和领域的国有企业，则要推向市场，在市场竞争中优胜劣汰）

至于在改制进程中，特别是在改制前期发生的“国有资产流失”问题，提出的很多个案，情况复杂。有的实际上属于正常转制，有的则确有问题。问题方面，有的是工作经验不足造成的，有的则确与有些干部腐败有关。这两年已经出台一系列有力措施，通过深化改革，逐步求得较好的解决。

又比如社会成员之间收入差距扩大问题和社会公正问题，也需要具体分析。总体而言，改革开放30年来人民群众收入已有大幅度提高，特别是绝对贫困人口由2.5亿减少到2000多万，是一个了不起的成就。现在的问题，主要在城乡之间、地区之间还存在发展不平衡和较大的收入差距。这里既有工作中的问题，又有历史和自然条件等长期形成的问题，此外还有一个如何评估差距的问题（各地货币收入的实际购买力不一样）。要从根本上解决这样的问题，解决公平问题，同样还是要靠深化改革和加快发展，靠高效率的发展。

这方面的重要事情，是中央已经确定了“五个统筹”的方针，采取了诸如新农村建设、社会建设等一系列举措。这里包括，党和政府从2004年起到2008年的五年来，每年一个促进农业发展的一号文件，前几天又公布了全面推进集体林权制度改革的意见，人民日报社论说得好：这是“中国林业生产力的又一次大解放”！这里还包括，“以创业带动就业”的方针的逐步落实。只有充分就业，才是社会公平的根本基础！与此同时，中央还确定，今后五年内把中国特色社会保障体系框架建立起来，为到2020年“基本建立覆盖城乡居民的社会保障体系，人人享有基本生活保障”打好基础。以农村新型合作医疗为例，2002年，党中央、国务院发布了《关于进一步加强农村卫生工作的决定》，决定在农村地区推行这个制度。主要做法是以大病统筹为主，适当兼顾小病，资金来源是农民个人筹资一小部分，国家和地方政府补贴一大部分。按人平均，原来打算中央出20元，地方出20元，农民出10元，每人共计50元；后来改为中央出40元，地方出40元，农民出20元，每人共计100元。这件事受到广大农民欢迎，原计划到2010年农村地区“全覆盖”，从目前的发展态势看，2008年就能实现。

又比如反腐倡廉问题，大家都很关心，由此又进一步提出了政治体制改革问题，包括民主问题和对执政党的监督问题，等等。我想我们大家都会看到，我们的党中央一直在加大力度，努力解决这方面的问题。这里我只想补充说一点，就是这一方面问题之所以屡禁不止，不仅仅同政治体制改革、民主监督有关，而且同我们的经济体制改革的由来，是从计划经济转变到社会主义市场经济这个历史特点有关。在这样的条件下，我们经济的规划和发展、企业的经营和拓展，往往离不开政府的较多干预和管理。这当然有其必要性，但也由此带来一个问题，就是权力与经济之间关系密切，具有“寻租”的便利条件。中央之所以提出要“从源头上遏制腐败”，就是针对这种情况而来的。这也就是说，只能通过深化改革，包括经济体制改革和政治体制改革，特别是深化经济体制与政治体制的结合部——行政管理体制改革，在政府职能转变过程中，使政府从全能政府转变为服务政府、责任政府、法治政府和廉洁政府，才能从根本上遏制腐败现象。

总而言之，以改革开放中出现这样那样的问题为由，就从根本上否定改革的方向和道路，是完全站不住脚的。我们今天对改革开放30周年的最好纪念，只能是一以贯之和旗帜鲜明地继续坚持改革开放，坚持解放思想、解放生产力，也只有这样，才能一步一步地在解决这些经济社会发展中突显出来的矛盾和问题上，真正取得实质性的更大进展。

（二）

说到当前经济社会发展中的深层次矛盾，我还想再进一步提出一个中国特色社会主义伟大事业在社会主义初级阶段上所担负使命的特殊复杂性问题，希望引起深刻的注意。

所谓社会主义初级阶段，就是不发达阶段。正因为不发达，所以我们在此阶段上所担负的使命就具有某种特殊复杂性。这集中体现在两大项“双重使命”！

第一大项“双重使命”，就是既要通过以社会主义市场经济为取向和促进公有制为主体、多种所有制经济共同发展的经济体制改革来解放生产力，又要促进社会公正，走共同富裕道路。由此而来的特殊复杂性就在于：二者在本质上是统一的，但在这样那样具体问题上又可能是有矛盾的；在长远发展上是统一的，在发展过程的一定阶段上又可能是有矛盾的。比如说，既要推动发展城市化、又要反哺和振兴农村；既要支持东部继续率先发展，又要加大支持中西部地区和东北地区老工业基地发展的力度；既要继续鼓励一部分人先富起来，又要更好地关注低收入群体；既要继续讲求效率，又要更加注重社会公平；还有，既要加快发展，又要保护环境，如此等等。即是说，都不能只顾一方面而不顾另一方面，所以叫做“两难”，而且都只能放在一个较长过程当中才能逐步解决。这就要求我们清醒把握问题的两重性和长期性，并且把握好处理问题的“度”。

我们一定不要把“双重使命”对立起来，而要力求统筹兼顾；我们也一定不要设想一蹴而就，而要尽可能在妥善处理当前问题的同时，把人们引导到理解问题的两重性和过程的长期性上来，尤其要把人们引导到继续致力于解放和发展生产力上来。归根到底，只有通过改革不断解放和发展生产力，才是真正能够保证实现这个“双重使命”的最根本、最重要的物质前提。偏离解放和发展生产力这个中心，偏离党的聚精会神搞建设、一心一意谋发展的根本方针和路线，不仅一切无从谈起，而且会把事情搞乱。在我们这样一个13亿到15亿人口的发展中大国，对于这样至关重要的全局性问题、战略性问题，尤其不可掉以轻心。

又一大项“双重使命”，就是既要继续完成发达国家早已完成的传统工业化，又要以信息化带动工业化，赶上从20世纪70年代开始且至今方兴未艾的现代科学技术新的“伟大的革命”。由此而来的特殊复杂性，则是我们面对双重的历史性挑战：第一，面对资本主义由18世纪中叶起到20世纪中叶这200年间，所实现的以大机器工业和电气化为特征的产业发展的挑战；第二，面对资本主义由20世纪70年代开始而方兴未艾的，以信息技术、生物工程和新材料、新能源等等为特征的新技术革命的挑战。所以，我们不但要急起直追，缩短和消除过去二三个世纪至少一个多世纪所造成的差距，完成工业化；而且要奋力跃入新技术革命洪流，向着21世纪中叶的新的现代化水平前进。

这也就是说，中国在21世纪上半叶所要解放和发展的生产力，不能仅仅复制旧发展方式下"钢铁文明"、"机械文明"那样水准的生产力，更不应一股劲重复旧发展方式下那种资本、技术排挤劳动的道路。而应是把产业升级、设备更新、核心技术创新和整个创新活力之解放，提升到信息化带动工业化和生态文明的水准和境界；与此同时，又应是把在资本、技术和劳动更好结合基础上的创业活力之解放，提升到能够在我们这样十几亿人口大国实现持续充分就业的水准和境界。

我认为，由当代中国最基本国情所决定的如此宏伟壮丽而又艰巨复杂的两大"双重使命"，这也是世界近代以来一切大国工业化、现代化历史上从未有过的，是世界社会主义国家历史上从未有过的。

（三）

我们中国共产党和中国各族人民，在中国特色社会主义伟大旗帜下，已经开始把这两大"双重使命"勇敢地承担起来，并且富于创造性地、锲而不舍地干了30年。积30年之经验和教训，我们只要坚持十一届三中全会以来党的一以贯之的思想路线和政治路线，紧紧抓住经济建设这个中心不动摇，坚持改革开放，坚持解放思想、解放生产力，同时力求针对这两大"双重使命"在具体实践中这样那样矛盾而把握好处理问题的"度"，这样坚定、清醒地干下去，一直干到21世纪中叶，中国特色社会主义在社会主义初级阶段上担负的两大"双重使命"就一定能够完成。

也只有这样，才真正称得起是"赶上时代"；才真正是科学发展、和谐发展、和平发展；才真正是科学执政、民主执政、依法执政；也才真正能够使中国更加活跃起来，充分发挥我们这个13亿到15亿人口后兴大国在21世纪上半叶的"后发优势"。

四、"天下大势"和中国改革开放三十年的历史地位

中国改革开放30年，在当代中国的历史命运和世界近代以来"天下大势"的发展中居于怎样的历史地位呢？这需要我们再把视野放宽一点来加以观察。

（一）

改革开放和社会主义现代化建设所要实现的当代中国人的"中国梦"，同19世纪中叶"鸦片战争"以来几代中国人的两大历史性课题紧密相联。这两大历史性课题就是：一要求得民族独立和人民解放，二要实现国家繁荣富强和人民共同富裕。简而言之，一要救亡图存，二要振兴发展。正因为近代以来历史上我们这个民族多灾多难，所以这两大历史性课题，就成为对整个中华民族，包括对中华民族的各个阶级、各个政党及其领导者的最大考验，从而也就成为鸦片战争以来多少代中国人为之前赴后继、不懈奋斗的最深层动力和最崇高目标。直到20世纪50年代，1956年，毛泽东同志还在党的八大预备会议上说，中国如果不能把自己建设成伟大的社会主义国家，那就要从地球上开除球籍！这就是毛泽东同志的救亡图存和振兴发展的深刻观念。时至今日，我们也许还是应当说，如果我们不能在21世纪上半叶实现工业化，进而实现现代化，实现中华文明的伟大复兴，我们迟早还是要面临被开除球籍的危险！所以，承接近代以来中国人在内忧外患中产生的"救亡图存"和"振兴发展"的深刻理念，这就是当代中国人的"中国梦"的最根本的逻辑起点和历史起点。

鸦片战争以后168年来，中国经历了大变动，世界也经历了大变动，而这两方面大变动又是紧密相联的。如果要问这种历史关联的内在脉络是什么，我认为一个最简要的回答就是：世界范围发生的三轮经济全球化和中国国家命运的三次大转折。

（二）

大体而言，第一轮经济全球化开始时即1750年前后，那时正处于落日辉煌之中的清朝乾隆皇帝，他的"天朝大国"梦做得正香；而英国，却从1750年起开始了产业革命。到1840年，英国国内铁路网建成，标志着产业革命基本完成，又恰恰就在这一年，英国人打了一场对中国的鸦片战争，一巴掌把中国打入半殖民地！可见这个1840年，对中英两国都是很要紧的年份。它是英国兴

旺的标志年，又是中国沦为半殖民地大灾难的起始年。从此以后，中国人的“救亡图存”和“振兴发展”之梦就开始了。由此激发旧民主主义革命一浪接一浪地起来，直到孙中山领导推翻帝制、建立民国。孙中山首先喊出“振兴中华”的口号，开创了完全意义上的近代民族民主革命，但是辛亥革命未能改变旧中国的社会性质，国势继续衰败。整个说来，在18世纪中叶到19世纪末叶这第一轮经济全球化一百多年的历史进程中，中国人不但没有抓住机遇，反而被打入谷底，成为经济全球化和资本殖民主义的最大受害者。

这就是第一轮经济全球化与中国之命运。

那么第二轮经济全球化又是什么情景呢？19世纪末20世纪初，西方资本主义国家进入了金融资本统治阶段即帝国主义阶段。由于后起帝国主义国家重新瓜分世界，两次世界大战使得第二轮经济全球化中断了，断裂了，逆转了。与此同时，战争引起革命。两次世界大战，先后在资本帝国主义统治的薄弱环节引发了两次大革命。先是俄国十月革命和苏联的建立，后是毛泽东同志和中国共产党领导的中国人民大革命和中华人民共和国的建立。与第一轮经济全球化的时代完全不同，这一回中国人抓住第二轮经济全球化断裂的时机起来革命，由此获得了真正的国家独立和人民解放，真正打开了实现近代以来中国人历史追求和历史进步的大门。

这就是第二轮经济全球化与中国之命运。

那么第三轮经济全球化又是什么情景呢？二次大战后，经过一个过渡时期，包括美国打越南战争失败和前苏联打阿富汗战争失败以后，有资格打世界大战的两个超级大国的全球战略部署先后遭受重大挫折，大体从20世纪70年代中期到80年代中期起世界一步一步进入以和平与发展为时代主题的历史新阶段，新科技革命和第三轮经济全球化起来了。在这第三轮经济全球化潮流当中，搞大国争霸和僵化模式的苏共和苏联垮台了，而我们中国共产党，却如同在第二轮经济全球化进程中抓住时机起来革命一样，又抓住新的时机，使我们的社会主义中国加快发展起来。从中国共产党的十一届三中全会开始，确定以经济建设为中心，实行改革开放，开创了一条在同经济全球化相联系而不是相脱离的进程中独立自主地建设中国特色社会主义的道路。从统筹国内国际两个大局的角度来说，这条道路也就是中国和平崛起或和平发展的道路。

这就是第三轮经济全球化与中国之命运。

这同时也就反映了从世界历史和时代角度来看的，中国改革开放30年的历史地位。

（三）

以上说的是在当代世界历史条件下，我们中国人抓住了机遇。这是事情的一个方面。事情还有另一个方面，那就是今日天下之大势和未来世界之发展，情况依然十分复杂，不可测因素依然甚多，我们一定要坚持冷静观察，小心谨慎。

这个问题涉及政治、经济、文化、科技、军事、外交等众多方面，我在这里只想集中提出一点，就是我们正面临着世界范围思潮激荡这样一种复杂局面。

似乎可以这样说，这是在面向21世纪的新的时代条件下，一个世界范围的，人类历史上前所未有的，极其复杂广阔而又意义极关重大的，新的“诸子百家”的局面。

本来“诸子百家”这个话，是中国古人专门用以概括中国春秋战国时期，社会、政治学和哲学学说各家各派之间的那场很长时间的大论战的。那次“诸子百家”的核心问题，是当时的中国社会向何处去，实质上也就是由奴隶社会向封建社会过渡这样一个社会大变动的问题。

从那以后，中国社会历史两千年间，真正可以说是同春秋战国时期那一次“诸子百家”意义相当的，称得起中国历史上第二次意义极关重大的“诸子百家”的，恐怕只能是到了19世纪中叶鸦片战争之后的100多年间，直到20世纪中叶中国人民大革命胜利的这样一大段。正是在这个新的历史阶段上，中国由长期封建社会转到半殖民地半封建社会，又经过旧民主主义革命而进到新民主主义人民大革命，直到建立中华人民共和国，进而走上社会主义道路。这样深刻剧烈而又规模广阔的社会大变动，反映到社会意识形态领域，那风云际会的各家各派，其影响的广度和深度，以及变化的速度，都是前所未有的。因而真正够格，可以称得上是春秋战国之后的，中国历史上第二次意义极关重大的“诸子百家”！

这第二次“诸子百家”，经过100多年大激荡，100多年大争鸣，包括中国共产党领导的28年新民主主义人民大革命，结果是马克思主义理论和在其指导下的成功实践战胜各家各派而在中国取得胜利，产生了中国化的马克思主义——毛泽东思想，中国的面目由此起了根本的变化。

那么，今天的情况又怎么样呢？恐怕可以说

是中国历史上又一次前所未有的“诸子百家”，即第三次意义极关重大的“诸子百家”。今天我们面对的，是20世纪后期到21世纪上半叶世界新的转折和新一轮经济全球化。在这种全新的世界历史条件下，中国怎么来适应这个世界大转折，又怎么走出自己的现代化道路？无非是几种选择：一种是妄自尊大，脱离经济全球化，关起门来干。但是要想这样来搞一个十几亿人口大国的现代化，是断然不可能成功的。第二种是妄自菲薄，甘当附庸，完全依附外国，依附西方。这种办法，从李鸿章到蒋介石都试过了，通通破了产。还有第三种选择，就是中国共产党十一届三中全会以后所开创的，通过改革开放，在同经济全球化相联系而不是相脱离的进程中独立自主地建设中国特色社会主义，这样一条全新的战略道路。

你看上面说的三种选择，不就是三大“家”吗？那为什么又说我们仍然面临着“诸子百家”的局面呢？这是因为，新时期以来，我们面临的实际情况要复杂得多。尽管我们取得了伟大成就和进步，尽管我们已经开创出一条新的道路，但是，我们的现代化事业还远没有完成，我们还远没有摆脱不发达状态。我们还需要再干四五十年才能达到中等发达国家的水平。我们能不能干成这番事业，世界上许多人还在看。再加上今天世界范围各种思潮的相互激荡，既相互碰撞又相互影响，比起过去任何时代都要复杂得多，广阔得多，深入得多。这种情况，必然带来多方面的影响，中国当然也不能不受影响。

至于从更加长远来看，我们大家都记得，邓小平同志在南方谈话中所说：“我们搞社会主义才几十年，还处在初级阶段，巩固和发展社会主义制度，还需要一个很长的历史阶段，需要我们几代人、十几代人，甚至几十代人坚持不懈地努力奋斗，决不能掉以轻心。”

邓小平同志之所以把我国社会主义制度的巩固和发展看得那么长，我的理解，这不仅是因为我国社会生产力的发展不能不经历一个由低到高的长过程，短了不行；也不仅是因为我国社会主义生产关系和上层建筑的发展不能不经历一个由不那么成熟到成熟的长过程，短了不行；而且是因为，我们对社会主义制度巩固和发展规律的掌握也不能不经历一个长过程，短了也是不行的。

还要看到，这里有一个更深层次的问题，就是从更大的范围来说，当代世界向何处去的问题远未解决，还在动荡、分化、选择之中。你看当代世界，美国、欧盟、日本这些发达资本主义国家只是一小批，他们内部就绝非铁板一块；至于发达国家与发展中国家之间，即南北之间，矛盾更加突出，发展中国家本身又千差万别；此外还有一个大方面，就是伊斯兰世界，他们同西方国家之间，以及他们内部，矛盾重重，这已成为当代世界新近突出起来的一个十分重大的现象。凡此种种，归根到底表明了：在“当代世界向何处去”这个关系全人类前途命运的大问题上，一个动荡、分化和抉择的长过程是必然的，不可避免的。这难道还不是“诸子百家”？我看是名副其实的世界范围的“诸子百家”！

总之，对于这种状况的长期存在，对于世界范围思潮激荡的长期存在，我们一定要有充分的精神准备。有这种精神准备还是没有这种精神准备，结果会是大不相同的。

所以，还是邓小平同志看得透彻，他说：“现在国际形势不可测的因素多得很，矛盾越来越突出。过去两霸争夺世界，现在比那个时候要复杂得多，乱得多。怎样收拾，谁也没有个好主张。”他还说：“世界上矛盾多得很，大得很，一些深刻的矛盾刚刚暴露出来。我们可利用的矛盾存在着，对我们有利的条件存在着，机遇存在着，问题是要善于把握。”

（四）

说到这里，我还想顺便再就怎样估量战略机遇的问题，强调一个观点。我们估量战略机遇，当然要从国际、国内这“两个大局”的综合把握出发，但我同时认为，这里有一个变化必须看到，就是中国国内大局的分量在加重。尽管我们困难还多，但是，中国在发展，中国在大发展，中国还将继续大发展，这一条，本身就是世界大势的一个重要因素，也是我们将要获得新的战略机遇期的最重要基础！冷静观察，沉着应付，就要充分重视这一条，并且以此为根本立脚点，而决不能看轻，更不能淡忘这一条。

当前，我们党领导的中国特色社会主义伟大事业，正以更高水平的小康社会、社会主义和谐社会建设和新型工业化道路在科学发展观指引下的新启动为标志，打开新的境界。与此同时，国际大局也正酝酿新的重大变动。特别是以美国深陷伊拉克战争和由美国次贷危机引发的金融危机愈演愈烈并殃及全球这两件事为动因，国际范围的政经走向、力量对比、大国关系、地缘战略以至国际格局和国际秩序，还有世界经济发展方面的某些重大关系和模式，比如虚拟经济与实体经济的关系，传统产业与高新技术产业的关系，发达国家市场与新兴国家市场的关系，等等，似均在酝酿某种新的变动甚至重大变动。而我们的国内大局，包括我们面临的机遇和挑战，同国际大局是相联系而不是相脱离的。国际经验教训，对我们是至关重要的。针对国际大局新变动而来的我国当前和中长期的因应之道，也已提上日程。这就要求我们，一定要在新时期以来伟大成功经验基础上，按照冷静观察、沉着应付、集中精力把自己的事情办好的精神，从我国仍处于并将长期处于社会主义初级阶段这个最基本的国情出发，实事求是地清醒地对国内国际两个大局加以统一的把握和分析。

这也就是邓小平之所以一再强调“集中精力办好一件事，我们自己的事”的深刻战略意义之所在。从中国共产党的十六大到十七大一再强调要聚精会神搞建设、一心一意谋发展，其深刻战略意义也在这里。即使遭受了特大地震灾害，胡锦涛同志前不久在省区市和中央部门主要负责同志会议上的讲话中，在初步总结汶川特大地震抗灾救灾经验时又重申：全党同志要更加自觉、更加坚定地坚持聚精会神搞建设，一心一意谋发展，努力推动经济社会又好又快地发展，不断提高我国的综合国力和抵御风险能力，其深刻战略意义仍然在这里！

（五）

中国改革开放30年的历史反复表明：中国特色社会主义伟大事业兴衰成败的关键在于中国共产党。

总起来说，我认为，中国共产党所开创的中国改革开放和社会主义现代化建设历史新时期的30年，其所贡献的最有价值的新东西，说到底，就是一个“不断发展生产力的社会主义”，一个“主张和平的社会主义”，一个“真正活跃起来，真正集中力量做人民所希望的事情”的社会主义，就是中国特色社会主义。

这当然是同改革开放30年中，高举中国特色社会主义伟大旗帜的中国共产党能够坚定地排除“左”、右干扰而获得马克思主义伟大新觉醒，避免僵化停滞而充满生机活力，领导能力和执政能力经过风险考验而不断增强，分不开的。

归根到底，这又是来源于中国共产党无比深厚的民族根基，来源于中国共产党宽广深邃的世界眼光，来源于中国共产党把马克思主义中国化的实事求是思想路线和独立自主的光荣革命传统。

深深扎根于中华民族之中的中国共产党，既是中国工人阶级的先锋队，同时是中国人民和中华民族的先锋队。当年创立中国共产党的伟大革命家们，首先都是最忠诚的爱国志士。为了寻求救国救民的真理，他们经历千难万险，找到了马克思主义，并且坚持不懈地努力把马克思主义中国化，把信奉马克思主义、追求科学社会主义，同勇敢地承担起带领中国人民创造幸福生活、实现中华民族伟大复兴的历史使命紧紧联结在一起。应当说，中国共产党这样的特点和优点，这样的一个独特“基因”，从创党那一天起，就内在地蕴涵在党的肌体和灵魂之中了。也正因为这样，在80多年艰苦曲折的战斗道路上，中国共产党才能够克服国际共运中把马克思主义教条化的错误倾向对于中国革命的影响，才有了独立开辟农村包围城市战略道路的大智大勇，才有了反对苏联大国沙文主义的大智大勇，也才有了中国共产党十一届三中全会以后开辟中国特色社会主义道路的大智大勇。这样的把马克思主义中国化的事业，不但表现了中国共产党和中国人民的革命气魄和求实精神，而且表现了中华民族的文化力量和政治智慧。

当然，中国作为后发现代化国家，要在社会主义初级阶段完成双重使命，不可或缺的一个重要条件，就是要以世界眼光和战略思维，把握时代特征，研究和借鉴国际经验，包括研究和借鉴一切反映现代社会化生产规律的经营方式和管理方法。所以，我们在强调坚持中国特色的高度自觉的同时，又强调要以高度自觉向外国学习。而学习外国，归根结底是为了形成和创造中国自己的特色。有特色才有生命力，有特色才有竞争力。毫无疑问，对国际经验，我们还要继续老老实实地学习和借鉴下去；对中国特色，我们还要一以贯之地坚持和发展下去。这也算是一条规律性认识吧。

总之，在中国共产党人看来，马克思主义只有与中国实际和时代特征相结合，才能成功，才能胜利；科学社会主义基本原则只有赋予其中国特色和时代特征，才能成功，才能胜利；离开中国实际和时代特征来谈马克思主义，没有前途，没有意义；离开中国实际和我们已经取得伟大成功的道路和理论体系，而去另外寻求和依傍别的什么主义和模式，没有前途，没有意义。

有87年奋斗历史的中国共产党，在开创改革开放新时期的30年中，形成了这样一套在社会主义基础上面向世界、面向未来、面向现代化，使社会主义能够充满活力从而不断增强综合国力，并经长期奋斗以实现中华民族伟大复兴的中国特色社会主义伟大旗帜、道路和理论体系。这实在是党之大幸，国家之大幸，人民之大幸，中华民族之大幸。这又一次有力地表明，中国共产党在新的历史关节，仍然能够以自己的奋斗来代表我们国家和民族的伟大前途，并且能够凝聚越来越多的人共同奋斗来代表这个伟大前途。

3. 中国特色社会主义三十年

沈宝祥，《学习时报》2008年9月1日、9月13日、9月22日

以1978年党的十一届三中全会为起点，建设中国特色社会主义已经整整30年了。

30年来，中国的社会主义从低谷走向兴盛，世界上第一个社会主义国家苏联解体，东欧一批社会主义国家剧变。社会主义在国内和国际出现这样强烈的反差，为我们思考中国特色社会主义，提供了前所未有的认识条件。本文仅从几个侧面，对30年来中国特色社会主义的提出、形成和发展，略作阐述。

一、一个革命性结论：建设有中国特色社会主义的结论，是怎样提出来的呢？

1982年9月，邓小平在十二大开幕词中提出，要建设有中国特色的社会主义，一下就得到广泛的支持和拥护。这决不是偶然的，反映出历史的必然性。

中国的社会主义，开始是照搬苏联模式，主要是，纯粹的公有制和计划经济体制。后来，在苏联模式的框架下，我们又搞了不少自己的东西（“中国制造”），主要有，“一大二公三纯”的所有制，大跃进，人民公社，阶级斗争为纲，反走资派，文化大革命等等。我们把过去的社会主义称之为社会主义传统模式，其主要内容就是，苏联模式加“中国制造”。

社会主义的传统模式越来越暴露出它的弊端。到了“文革”后期，阶级斗争为纲造成了天下大乱、冤假错案遍城乡的严峻局面，而且又提出了资产阶级就在共产党内的论断，如果再搞下去，党自身的存在都会成问题。此时，广大人民群众和党内的大多数，对阶级斗争为纲已经十分厌恶。这表明，阶级斗争为纲已经走到了尽头。另一方面，“一大二公三纯”的所有制，吃“大锅饭”的体制，已经越来越不能促进社会生产力的发展，物质产品严重短缺，社会普遍贫穷。这表明，传统模式社会主义容纳的生产潜力，已经耗尽。

中国的社会主义必须翻开新的一页。这是历史的要求，这是人民的意愿。

粉碎“四人帮”以后，经过真理标准问题的讨论，人们用实践标准首先检验了“文化大革命”，予以彻底否定，最主要的是否定了阶级斗争为纲，其主要标志是，1981年6月党的十一届六中全会通过的《中共中央关于若干历史问题的决议》；接着又用实践标准检验搞了多年的社会主义，在什么是社会主义的问题上解放了思想，否定了苏联模式加“中国制造”的社会主义传统模式，其主要标志是，1982年党的十二大邓小平提出建设有中国特色社会主义的基本结论。

建设有中国特色的社会主义这个基本结论表明，我们不但要抛弃阶级斗争为纲，还要改变原有的社会主义模式。这对社会主义的传统模式来说，就是要实现质的更新，这就意味着，要进行一场革命。所以说，建设有中国特色的社会主义，是一个革命性的结论。

对于这场新的伟大革命，我们有一个认识过程。

开始时强调，实现四个现代化是一场伟大的革命。邓小平1978年12月13日在《解放思想，实事求是，团结一致向前看》的讲话中说：“实现四个现代化是一场深刻的伟大的革命。在这场伟大的革命中，我们是在不断地解决新的矛盾中前进的。”（《邓小平文选》第2卷，第153页）邓小平提出了对生产关系和上层建筑进行改革的要求，但改革的焦点在哪里，破什么，立什么，还不甚明确。以后逐渐认识到，关键是体制问题，是对计划和市场如何看的问题。经过了艰苦的探索，也经过了计划与市场问题上的多次思想交锋、多次拉锯，实践和认识都逐步推进。1992年初，邓小平在南方谈话中做了决断。他说，计划经济不等于社会主义，资本主义也有计划；市场经济不等于资本主义，社会主义也有市场。计划与市场都是经济手段，计划多一点还是市场多一点，不是社会主义与资本主义的本质区别。邓小平的谈话破除了长期以来束缚社会主义者的一个传统观念，即认为计划经济是社会主义的本质要求，搞市场经济就是走资本主义道路。同年召开的党的十四大，依据邓小平的论断，确定以建立社会主

义市场经济体制为改革的目标模式。

建立社会主义市场经济体制，从另一面讲，就是要革除计划经济体制，这是经济领域的深刻变革，必然牵动全局。人们认识到，所谓革命，就是体制革命，首先是和主要是经济体制的革命，也必然涉及到各个方面体制的改革。

党的十七大作出了新的重要论断：改革开放是党在新的时代条件下带领人民进行的新的伟大革命。这场新的伟大革命的主要内容就是："从高度集中的计划经济体制到充满活力的社会主义市场经济体制、从封闭半封闭到全方位开放的伟大历史转折"。（《十七大文件汇编》第9页）

纵观30年的改革开放，1992年邓小平的南方谈话和党的十四大，是一个大界碑。此前的14年，是在实践中探索的阶段，是摸着石头过河；此后的16年，由于明确了改革的目标模式，是更自觉地推进改革的阶段。

从四个现代化是一场伟大的革命，到改革开放是新的伟大革命，表明我们对建设中国特色社会主义历史进程内涵的认识已经完成了一个认识过程，达到了应有的新高度。但改革还远没有完成，因而这个认识过程也远没有完成。

二、走历史的必由之路

开始时，我们就强调，建设有中国特色的社会主义，要从中国的实际出发、从中国的特点出发，重在走自己的路。邓小平提出："过去搞民主革命，要适合中国情况，走毛泽东同志开创的农村包围城市的道路。现在搞建设，也要适合中国情况，走出一条中国式的现代化道路。"（《邓小平文选》第2卷，第163页）在十二大开幕词中，邓小平说："照搬别国经验、别国模式，从来不能得到成功。这方面我们有过不少教训。把马克思主义的普遍真理同我国的具体实际结合起来，走自己的路，建设有中国特色的社会主义，这就是我们总结长期历史经验得出的基本结论。"（《邓小平文选》第3卷，第2～3页）后来，邓小平又在理论上阐明："社会主义必须是切合中国实际的有中国特色的社会主义。"（《邓小平文选》第3卷，第63页）从中国实际出发，走自己的路，无论是从科学社会主义的原理看，还是从实践经验看，确实非常重要。

进入社会主义阶段以来，我们对中国的实际认识长期不清醒。离开了中国的基本国情和中国的特点，尤其是脱离了中国生产力发展水平低的实际，制定的路线和政策超越了我国社会主义的发展阶段，反而阻碍了生产力的发展，吃了欲速则不达的亏。

十二大以后，大家都注意研究中国的国情、中国的特点。特别是十三大，作出了我国正处在社会主义初级阶段的科学论断，科学概括了我国的基本国情。

一个时期以来，着重研究和宣讲社会主义初级阶段论，强调要切合中国实际建设社会主义，解决了我国社会主义实践中长期存在的一个大问题。这对克服过去在社会主义实践中存在的某些空想因素（大跃进、跑步进入共产主义等等），纠正"左"的错误，起了很大的作用。

随着实践的发展和研究的深入，人们发现，社会主义的传统模式，特别是计划经济体制，不仅不切合中国的实际，在它的母国也不适合，在所有社会主义国家都不适合。凡是搞计划经济体制的社会主义国家，生产力的发展都很缓慢，人民的生活状况都不能令人满意，社会主义制度的优越性都发挥得很少。随着苏联的解体，东欧一批社会主义国家的剧变，人们对此有了更加深刻的认识。问题不仅在于从本国实际出发，还在于如何遵循经济和社会发展的客观规律。

人们对社会主义传统模式弊端的认识前进了一大步：这种社会主义模式不适合中国的国情；这种社会主义模式在一些基本点上背离了经济和社会发展的客观规律。

1984年10月，党的十二届三中全会作出的经济体制改革决定第一次提出了一个重要论断：社会主义经济"是在公有制基础上的有计划的商品经济"。这里的"公有制"、"有计划"的用语，反映了历史进程中某一阶段的认识水平。具有重要意义的是，这个文件讲了新话，肯定了社会主义经济应该是商品经济，实际上是放弃了社会主义经济是计划经济的传统观念和理论判断。这个文件推进了人们对社会主义的认识：商品经济是人类社会发展不可逾越的阶段，社会主义绝不能例外，应当遵循这个客观规律。

1992年十四大以后，人们更加认识到，市场经济是随着社会化大生产的发展，特别是在分工和商品交换的基础上，逐渐发育成长起来的，市场是配置资源的最有效方式。这都是经济和社会发展的客观规律性。

以确认市场经济体制为标志，我们对中国特色社会主义要遵循经济社会发展的客观规律的认识，在实践中不断扩展和深化，如发展民主、实现社会公平正义，建设生态文明，强调国际接轨等等。

建设中国特色的社会主义，既要从中国的实际、中国的特点出发，更要遵循经济和社会发展的客观规律。建设中国特色的社会主义，要将走自己的路与走人类历史的必由之路有机结合起来。从这个角度看，中国特色是经济社会发展的普遍规律在中国的具体体现。以中国国情的特殊性为由，拒绝普遍规律，不是真正地坚持中国特色。

三、遵循科学社会主义的基本原理和基本原则

在十一届三中全会以前的年代里，我们为什么照搬了苏联的社会主义模式？为什么在实践中出了那么多的问题，搞了不少不符合科学社会主义基本原理和基本原则的“创造”？这是今天仍然需要认真思考的问题。

首先一个原因，是缺乏经验。苏联是世界上第一个社会主义国家，而且是一个强大的社会主义国家。在新中国成立的时候，苏联是世界上唯一能同美国抗衡的社会主义国家。长期以来，苏联一直大力宣传他们的社会主义的优越性，我们对他们的社会状况又没有很深入的调查和研究，甚至带有几分盲目和迷信。新中国成立时，我们很自然地向苏联请教，寻求苏联的支持和帮助。苏联派来了大批专家，支持和帮助我们的建设，在当时来说，这是一条捷径，其历史作用很明显，是无可指责的，但也搬来了苏联模式。

另一个也是更重要的原因，是没有深入研究和正确掌握科学社会主义的基本原理和基本原则。在对马克思主义、对科学社会主义基本原理的理解上，存在不少问题：

(1) 对马克思主义的教条式理解。1875 年，马克思在《哥达纲领批判》中阐明，未来的共产主义社会将分为两个阶段，第一个阶段是社会主义，第二个阶段是共产主义的高级阶段。马克思指的是发达的资本主义国家。我国是一个经济文化很落后的国家，我们进入社会主义的时候，社会条件比马克思设想的共产主义第一阶段所要求的条件差得很远。但我们没有具体分析我国的社会现实情况，机械照搬马克思的理论，认为我国已处在马克思所说的共产主义第一阶段，即社会主义阶段，因而所制定的路线和许多政策，超越了社会发展阶段，甚至认为，离共产主义高级阶段也不远了，提出跑步进入共产主义的口号。这种对马克思主义教条式的理解，是最主要的问题。

(2) 对马克思主义的片面理解。过去很长一段时期，我们学习和宣讲《共产党宣言》，强调“两个必然”。《宣言》说：“资产阶级的灭亡和无产阶级的胜利是同样不可避免的”。(《马克思恩格斯选集》第 1 卷，第 284 页) 人们将这个重要论断概括为“两个必然”，即资本主义必然灭亡，社会主义必然胜利。1859 年，马克思在《〈政治经济学批判〉序言》中说：“无论哪一个社会形态，在它所能容纳的全部生产力发挥出来以前，是决不会灭亡的；而新的更高的生产关系，在它的物质存在条件在旧社会的胎胞里成熟以前，是决不会出现的。”这就是“两个决不会”。(同上第 2 卷，第 33 页)“两个必然”与“两个决不会”，前者说的是历史发展的必然趋势，后者说的是社会变革的历史条件，应当将二者统一起来理解和把握。但是，我们过去恰恰是将二者割裂了，重视了前者而忽视了后者。这是在社会主义实践中犯急性病，搞“穷过渡”的一个重要理论根源。

(3) 对马克思主义的错误理解。马克思和恩格斯在《共产党宣言》中说，“共产党人可以用一句话把自己的理论概括起来：消灭私有制。”但这句话前面有“从这个意义上说”的限制，意思是说，限于消灭资产阶级的私有制，并不是消灭一般的私有制。可是，在社会主义改造中，我们却提出了“使小生产绝种”的口号，把消灭资产阶级私有制扩大为消灭一切私有制。马克思在《哥达纲领批判》中说，社会主义阶段，实行按劳分配后，虽然排除了剥削，但还存在事实上的不平等，他称之为“资产阶级法权。毛泽东误认为资产阶级法权就是资产阶级性质，因而认为按劳分配同旧社会差不多，大反资产阶级法权。

(4) 误读了著作。上世纪五六十年代，为了总结“大跃进”的教训，毛泽东读斯大林的《苏联社会主义经济问题》和苏联的《政治政经济学教科书》(社会主义部分)。这两本书是社会主义苏联模式的经验总结和理论反映。但只是读这样的两本书，就不可能跳出苏联社会主义模式的框框。

(5) 随心所欲地进行理论创造。十一届三中全会以前，提出了许多理论，如人民公社理论，大跃进理论，等等，都被认为是对马克思列宁主义的发展，特别是“无产阶级专政下继续革命的理论”，更被说成是马克思主义发展史上的第三个里程碑。实践已经证明，这些“理论”都是谬误。所谓随心所欲，一是离开了马克思主义的基本原

理；二是认识离开了实践经验；三是拒绝实践对理论的检验。

理论上的偏颇必然导致实践的偏差和失误。这方面的教训十分深刻。同时也说明，党的领导干部认真学习马克思主义基本著作，完整准确地掌握马克思主义的基本理论观点，具有极端的重要性。

十一届三中全会以后，以邓小平为主要代表，全党对社会主义进行再认识，探索什么是社会主义和怎样建设社会主义的课题，提出和阐述了一系列重要的理论观点：社会主义阶段最根本的任务是发展生产力；社会主义要坚持以公有制为主体和共同富裕两条原则；我国正处在社会主义的初级阶段；坚持四项基本原则；改革是解放和发展生产力的必由之路；现在的世界是开放的世界，必须实行对外开放；社会主义也可以搞市场经济；没有民主就没有社会主义；依法治国，建设社会主义法治国家；中国特色社会主义要建设物质文明、政治文明、精神文明、生态文明；构建社会主义和谐社会；社会主义的本质，是解放生产力，发展生产力，消灭剥削，消除两极分化，最终达到共同富裕；以人为本；等等。

上述这些重要的理论观点，有拨乱反正，也有正本清源，更有新的探索和创造，恢复并发展了科学社会主义的基本原理和基本原则，成为中国特色社会主义道路的理论依据和指针。

30年来，我国的改革开放和现代化建设，之所以能够健康发展，之所以能够取得举世瞩目的成就，就是因为我们严格遵循了上述这一系列科学社会主义的基本原理和基本原则，又同每一个发展阶段的具体特点相结合。比如，实现共同富裕，是科学社会主义的基本原理和要求，我们坚持以共同富裕为目标，但在具体实践上，我们从解决温饱问题，到实现总体小康，再到全面小康，逐步推进，显示了鲜明的中国特色。遵循科学社会主义的基本原理和基本原则，又坚持从中国的实际出发，将二者统一起来，才是中国特色的社会主义。

四、大胆借鉴人类文明成果

按照科学社会主义的基本原理，社会主义是在资本主义文明成果基础上建立起来的新的社会制度。《共产党宣言》阐明，无产阶级在打碎资产阶级的国家机器以后，只是消灭资产阶级的生产关系即资产阶级的私有制，同资产阶级私有制相联系的传统观念决裂。《共产党宣言》又提出，无产阶级要把一切生产工具集中在自己手里，用来尽可能快地增加生产力的总量。这就是要继承和充分利用资本主义社会的文明成果，来建设社会主义。在我们这样经济文化落后的国家建设社会主义，这个问题具有特殊的意义。

最早提出这个问题的是列宁。列宁肯定，要建设社会主义就需要文明，而要成为文明国家，就必须有相当的物质基础，这正是苏维埃俄国所缺乏的条件。列宁提出了吸取资本主义国家文明成果来建设社会主义的重要思想。他开列了一个生动的公式：“乐于吸取外国的好东西：苏维埃政权+普鲁士的铁路秩序+美国的技术和托拉斯组织+美国的国民教育等等等等+=总和=社会主义”。列宁把吸取和借鉴资本主义的文明成果，看作是巩固和发展社会主义的重要条件。

在人类历史上，相对落后的文明吸收借鉴比较先进的文明以发展自己，是很自然的现象。在我国盛唐时期，日本派大批“遣唐使”到中国学习，吸取中国的文明成果，成功地发展了自己。近代以来，中国学习了西方很多文明成果，除了科学技术，还有银行、邮电、新闻，还有共和国、宪法，等等。这些，是人类社会发展的规律性现象。

“四人帮”把学习借鉴现代文明成果诬蔑为“崇洋媚外”，正如邓小平所说，这是一种蠢话。这同清王朝顽固派将西方国家的科学技术和工业制品斥之为“奇技淫巧”，视为洪水猛兽，是同样的心态和弱智。十一届三中全会以来，我们实现了从封闭半封闭到开放的转变，实行对外开放。邓小平强调，现在的世界是开放的世界，中国的发展离不开世界。开始一段时间内，主要是强调吸收国外的资金、设备、技术。随着对外开放的发展，我们对这个问题的认识也有了重大的进展。

邓小平在南方谈话中提出：“总之，社会主义要赢得与资本主义相比较的优势，就必须大胆吸收和借鉴人类社会创造的一切文明成果，吸收和借鉴当今世界各国包括资本主义发达国家的一切反映现代社会化生产规律的先进经营方式、管理方式。”（《邓小平文选》第3卷，第373页）邓小平把大胆吸收和借鉴人类社会创造的一切文明成果，作为发展中国特色社会主义的一个十分重要的条件，这是对外开放思想的扩展和升华。

改革开放以来，我们不断解放思想，清除“左”的思想影响，大胆吸取人类文明成果，对促进中国特色社会主义的发展，作用越来越明显。

最明显的实例，是社会主义市场经济体制的建立。市场经济是人类创造的重要文明成果，但在过去长时期中，我们却认为市场经济体制是资本主义性质的，因而加以拒绝。我们解放思想，吸取这一文明成果，建立了社会主义市场经济体制，有效地促进了经济的发展，也激活了整个社会。这是大家都感受得到的。我们正在实践的依法治国、国家公务员制度、差额选举、竞争机制、尊重和保障人权，等等，也都是对人类文明成果的吸收和借鉴。如何解决权力过分集中的问题，如何防止绝对权力的产生？十七大提出：要建立健全决策权、执行权、监督权既相互制约又相互协调的权力结构和运行机制。如何将人民的民主权利落到实处？十七大提出，要保障人民的知情权、参与权、表达权、监督权。以上这些，都体现了对人类文明成果的借鉴。在我们这样经济文化落后的国家建设社会主义，实现现代化，吸收和借鉴人类文明成果，是一个基本的要求，也是一条捷径。

建设中国特色的社会主义，要善于将走自己的路，同走人类文明大道有机统一起来。在这方面，我们需要进一步解放思想，消除不必要的疑虑，大胆吸取和借鉴人类文明成果。

五、改革开放催生中国特色社会主义

1982年，邓小平提出建设有中国特色社会主义的时候，我们还生活在传统模式的社会主义社会中，中国特色社会主义还是一个理论概念。经过30年的改革开放，我们的社会主义社会已经发生了巨变。胡锦涛在十七大的报告中说，30年来，中国人民的面貌、社会主义中国的面貌，中国共产党的面貌，发生了历史性的变化。这是对改革开放以来中国的变化所做的高度的、又是切合实际的概括。

回顾30年前的情况，我国是一个贫穷的社会主义国家，物资严重短缺，社会普遍贫穷。10亿人口中，竟有2.5亿没有解决温饱问题。

经过30年的改革开放和现代化建设，我们已经创造了一个崭新的社会主义。中国特色社会主义已经是活生生的现实了。

30年来，我们社会发生的深刻变化很多，可以列举以下五个主要方面：

(1) 从工作重点看，过去长期以阶级斗争为纲，忽略生产力的发展，十一届三中全会决定抛弃阶级斗争为纲，把全党和全国的工作重点转移到社会主义现代化建设上来。30年来，我们始终扭住经济建设这个中心不放，集中力量发展生产力。这是拨乱反正的一个主要成果，是科学社会主义的基本要求，也是中国特色社会主义的实践起点。

(2) 从生产资料所有制看，我们已经从“一大二公三纯”、公有制一统天下的局面，转变为以公有制为主体、多种所有制共同发展的基本经济制度。这是我们现实社会的经济基础。

(3) 从经济体制看，我们已经从高度集中统一的计划经济体制，转变为社会主义市场经济体制。这一改革意义重大而深远，激活了我们的经济和整个社会。

(4) 从社会状态看，我们已经从封闭的墨守陈规的状态变为全面改革、日趋活跃并融入世界的状态。

(5) 从出发点看，过去总是强调建设社会主义要为国家作贡献、为人类作贡献，现在强调要重视改善人民生活，解决民生问题，并提出了以人为本。

以上这些，都不是表面的变化，而是社会主义的质的更新。这样一些重大变化，使社会主义置于当代中国的现实基础之上，回归到科学社会主义的基本原理和基本原则，又体现了经济社会发展的客观规律。

我国社会主义社会以上这样一些重大的变化，给我们的社会发展带来了什么样的结果呢？以下四点是十分明显的。

第一，带来了生产力的快速发展。1978年，国内生产总值仅2165亿美元，到2007年，国内生产总值已达3.23万亿美元，年均增长9.6%。我国经济连续29年快速增长，被国际舆论视为奇迹。

第二，综合国力大幅度增强。无论是“硬实力”，还是“软实力”，都大大增强了。从我国在联合国的作用看，从我国在一系列国际组织和重要活动中的作用看，从解决朝核问题六方会谈的进程看，我国的国际地位明显提高了，我国的国际影响力也明显增强了。

第三，人民生活普遍改善。现在，我国人民的温饱问题已经基本解决。这一点，也得到国际舆论的普遍赞赏。现在，我国城乡人民的生活水平都有很大提高，衣、食、住、行、用等方面的巨大变化，人人都可感受得到。

第四，人的精神面貌发生了深刻的变化。人民群众受教育程度普遍提高，青壮年文盲已基本扫除，九年制义务教育已基本普及，大学的毛入学率已达到20%。过去普遍存在的个人迷信、思想僵化状态已有根本性改变。人们的民主意识、参与意识增强了。人们的思维方式、行为方式、交往方式，也有了很大进步。总之，人的素质有了显著的提高。

中国特色社会主义是怎么来的呢？

回顾历史，建设有中国特色社会主义的基本结论，是在全面拨乱反正的基础上提出来的；现实的中国特色社会主义社会，是通过改革开放而形成和发展起来的。

30年的改革开放，使我国的社会主义由传统模式转变为一种新的模式。学者们将中国特色社会主义称之为“新社会主义”、“新型社会主义”，等等，表达的基本含义是相同的。

30年来，中国特色社会主义是逐步形成和发展起来的。十一届三中全会是中国特色社会主义的历史起点，十二大提出建设有中国特色社会主义的历史主题，十三大明确了我国的基本国情，概括出中国特色社会主义理论的轮廓，制定了党的基本路线。十四大概括了建设有中国特色社会主义的理论体系，制定了建立社会主义市场经济体制的改革目标模式。十五大确定以公有制为主体、多种所有制经济共同发展为我国的基本经济制度，同时提出了“依法治国，建设社会主义法治国家”的目标。这时，中国特色社会主义已经基本形成。十六大和十七大以后，中国特色社会主义继续向前发展。在此过程中，中国特色社会主义的内涵不断充实，从建设物质文明和精神文明两个文明，到建设物质文明、政治文明和精神文明三个文明，再到建设物质文明、政治文明、精神文明和生态文明四个文明。

中国特色社会主义就是科学社会主义在中国的具体实践。世界上并不存在一个标准的社会主义。就像房子一样，世界上并不存在抽象的标准的房子。凡是房子，总是具体的，北京的四合院，上海的石库门，农村的农家小院，以及近年来在各地建起的一幢幢高楼大厦。社会主义也是这样。每个国家的社会主义，一定是各有特点，不可能一模一样，关键要看在基本点上是不是符合科学社会主义的原理。

中国特色社会主义，是坚持科学社会主义的基本原理和基本原则，遵循经济和社会发展的客观规律，借鉴人类文明成果，结合中国实际和时代特征，在这三者统一的基础上，解放思想，改革创新，科学发展的结果。我们应当将这几个方面联系起来，理解中国特色的社会主义。

30年改革开放的实践有力地说明，中国特色社会主义是当代中国发展进步的旗帜，是我们唯一正确的选择。

回顾中国特色社会主义30年，我们更加深刻地认识到：“在当代中国，坚持中国特色社会主义道路，就是真正坚持社会主义。”（《十七大文件汇编》第11页）我们坚持这条道路，不断开拓创新，一定能够达到既定的光辉目标。

4. 坚持实践标准，继续解放思想，发展中国特色社会主义

——纪念真理标准问题讨论30周年

冯颜利，《江汉论坛》2008年第12期

今年是真理标准问题讨论30周年，也是改革开放30周年。30年前，席卷全国的真理标准问题大讨论，为解放思想与改革开放扫清了思想障碍，为发展中国特色社会主义铺平了道路。当今，我们的思想已经解放，为何还要继续解放思想？从历史上看，解放思想是发展中国特色社会主义的一大法宝；从现实上讲，实践永无止境，发展中国特色社会主义的实践本身需要继续解放思想。怎样继续解放思想？继续解放思想有前提、党性与理论自觉，总之，是为发展中国特色社会主义而进一步解放思想。因此，这里主要讨论为何继续解放思想、怎样继续解放思想这两个问题。

一、解放思想是发展中国特色社会主义的一大法宝

回顾与纪念真理标准问题的大讨论，我们不难发现，真理标准问题的大讨论馈赠给我们的最宝贵的精神财富就是解放思想。30年来，我们坚持解放思想，实事求是，这直接催生了中国特色社会主义实践创新与理论创新。解放思想是发展中国特色社会主义的一大法宝。

（一）解放思想创新了中国特色社会主义道路

30年前关于实践是检验真理标准问题的大讨论实际上就是一场思想解放运动。经过实践标准问题的大讨论，我们党重新确立并在实践中始终坚持和发展解放思想、实事求是的思想路线。正如邓小平所言：“目前进行的关于实践是检验真理的唯一标准问题的讨论，实际上也是要不要解放思想的争论。”①通过不断解放思想，社会主义市场经济体制在改革创新中得以确立，中国特色社会

主义所有制和分配制度在改革创新中不断完善；中国特色社会主义民主政治体制在改革创新中不断健全；中国特色社会主义先进文化发展体制在改革创新中不断前进；党的建设伟大工程在改革创新中不断推进，党的执政能力在改革创新中不断提高。而没有解放思想，就没有党的思想路线的重新确立，就没有改革开放，也就没有中国特色社会主义的成功实践。

30年前真理标准问题的大讨论为开辟中国特色社会主义道路打下了良好的理论基础。正如邓小平所言："关于真理标准问题的争论，的确是个思想路线问题，是个政治问题，是个关系到党和国家的前途和命运的问题。"[②]众所周知，各国的社会主义都有自己的特色，并且都只能在自己的创造性实践的基础上形成，而不能从过去的书本中找到。十月革命以后，列宁及时指出："对俄国来说，根据书本争论社会主义纲领的时代也已经过去了，我深信已经一去不复返了。今天只能根据经验来谈论社会主义。"[③]根据书本还是根据实践讨论社会主义是两条不同的思想路线。根据书本谈论社会主义，在中国的典型表现就是"两个凡是"。在民主革命时期，教条主义者奉行的是"凡是马恩列斯的话必须遵守，凡是共产国际的指示必须执行"[④]。这是民主革命时期的"两个凡是"。从认识论根源来看，1977年的"两个凡是"与民主革命时期的"两个凡是"也不是没有任何联系的。真理标准问题的大讨论，树立了实践标准的权威，解放了思想，解决了发展中国特色社会主义的思想路线问题，为走中国特色社会主义道路打下了良好的思想基础。

中国特色社会主义的发展过程，就是不断坚持实践标准、解放思想、改革开放的过程。无论是工作中心的转移，还是从农村到城市的全面改革；无论是提出社会主义商品经济，还是提出社会主义市场经济；无论是作出我国正处在社会主义初级阶段的科学论断，还是提出坚持"三个有利于"的标准把非公有制经济作为社会主义市场经济的重要组成部分等一系列解放思想与改革创新举措都充分证明了这一点。30年的实践证明，真理标准问题的大讨论，为走中国特色社会主义道路奠定了坚实的思想基础，不断解放思想直接创新了中国特色社会主义道路。

30年来，我们党坚持解放思想、实事求是的思想路线，在改革创新的伟大实践中，经济、政治、文化与社会建设取得了巨大成就，综合国力不断增强，人民生活不断富裕，党的执政能力显著提高，中国特色社会主义道路越走越宽。总之，30年思想解放，我们党创新了中国特色社会主义道路。这条具有中国特色的社会主义康庄大道，举世瞩目，世人惊叹。

（二）解放思想创新了中国特色社会主义理论体系

"中国特色社会主义理论体系，就是包括邓小平理论、'三个代表'重要思想以及科学发展观等重大战略思想在内的科学理论体系。"[⑤]实践标准问题的大讨论打破了教条主义枷锁对全党的束缚，恢复了实事求是的思想路线，充当了解放思想的舆论先导，为十一届三中全会的召开奠定了思想基础，开启了发展中国特色社会主义的历史新时期，创造性地形成了中国特色社会主义理论体系。

真理标准问题的大讨论是邓小平理论的历史起点，邓小平理论就是在不断解放思想的过程中形成的。正如邓小平所言："真理标准问题的讨论是基本建设，不解决思想路线问题，不解放思想，正确的政治路线就制定不出来，制定了也贯彻不下去。"[⑥]

"三个代表"重要思想是在不断解放思想的创新过程中形成的。因为，"三个代表"重要思想在不断解放思想、实事求是的改革创新实践中，创造性地回答了"为什么要建设党、怎样建设党"的重大问题。正如江泽民所言："解放思想、实事求是，是建设中国特色社会主义理论的精髓，是保证我们党永葆蓬勃生机的法宝"。

科学发展观也是在解放思想、实事求是的改革创新过程中形成的。因为，新时期新阶段，面对发展中国特色社会主义的新问题新挑战，科学发展观创造性地回答了"为什么发展、怎样发展"的重大问题。正如胡锦涛所指出的："解放思想、实事求是、与时俱进，是马克思主义活的灵魂，是我们适应新形势、认识新事物、完成新任务的根本思想武器"，"解放思想，是党的思想路线的本质要求，是我们应对前进道路上各种新情况新问题、不断开创事业新局面的一大法宝，必须坚定不移地加以坚持"。

可以说，解放思想、改革开放的30年也就是我们党实践创新与理论创新的30年。不断解放思想的30年，创新了中国特色社会主义道路与理论体系。新世纪新阶段，面对发展中国特色社会主义伟大事业的新目标、新任务，面对国内外形势发展的新问题、新挑战，只有继续解放思想，才能面向世界，顺应时代和历史潮流，不断前进；只有继续解放思想，才能面向实际，坚持以人为本，全面贯彻落实科学发展观；只有继续解放思想，才能面向未来，紧紧抓住战略机遇期，高举旗帜，不断夺取新胜利。总之，中国改革开放的历史已经证明，解放思想是发展中国特色社会主义的一大法宝。

二、发展中国特色社会主义需要继续解放思想

今天，我们纪念真理标准问题的大讨论，就是要做全面贯彻落实科学发展观、发展中国特色社会主义的坚定实践者和忠实执行者。但是，在全面贯彻落实科学发展观、发展中国特色社会主义的过程中，还存在着不少阻碍因素，如旧的发展观念、旧的体制机制与各种教条主义等。这就要着力破除这些旧观念与旧框框，摆脱各种教条主义的束缚。

（一）各种教条主义不利于发展中国特色社会主义

30年前，解放思想的核心是反对教条主义、突破“两个凡是”的禁锢。30年后的今天，面对世情、国情与党情的新变化，发展中国特色社会主义赋予了解放思想新的任务和使命。如果说30年前解放思想的主要任务是摆脱“马教条”、突破“两个凡是”的禁锢，那么，在发展中国特色社会主义的今天，解放思想面临的挑战更加严峻、任务更加艰巨，我们不仅要摆脱“马教条”，还要突破“洋教条”与“古教条”[⑦]。

“马教条”是一种本本主义，它违背辩证唯物主义与历史唯物主义的基本原理，违背科学社会主义基本原理，不以实践作为检验真理的标准，消解马克思主义的时代性与特殊性，脱离当今世界的世情、国情与党情，从马克思主义的条条、本本出发，总是陷入马克思主义经典作家的某些个别或具体论断而不能自拔。“马教条”仍然是今天我们解放思想、发展中国特色社会主义的思想障碍之一。

“洋教条”是一种“言必称西方”、“言必称欧美”的教条主义。洋教条主义者自喻为当代“真正的学者”、“主流经济学家”、“主流公共知识分子”等，他们总是把西方的政策、制度当作人类社会发展的最佳模式、普世价值，鼓吹“路径相依”与“私有产权神话”，顶礼膜拜西方畸形民主政治模式。今天“洋教条”的危害不可小视，与“马教条”相比，它们对发展中国特色社会主义的障碍有过之而无不及。正如陈奎元同志所言：“当前在理论研究领域，较为突出的是盲目崇拜西方，把美国的一切包括美国的思想、美国的制度都当作楷模的倾向。”[⑧]

“古教条”是主张“儒化中国”的教条主义。他们主张“立儒教为国教”，力求用新儒学来儒化社会主义中国。他们关心的主要是政治问题，把“心性儒学”转化为“政治儒学”，有的直截了当地把马克思主义称为“过时的意识形态”，主张各级党校要用儒家经典教育来取代马克思主义经典著作学习，这可以说是他们“儒化共产党”、“和平演变共产党”的“高招”。他们有的还设计了“通儒院”、“庶民院”、“国体院”三院制来取代我国的人民代表大会制度，并说“‘通儒院’议长由儒教公推之大儒担任，终身任职制，可不到位，委派代表主持院事”，“‘国体院’议长由孔府衍圣公世袭，议员则由衍圣公指定吾国历代圣贤后裔、历代君主后裔、历代历史文化名人后裔、社会贤达以及道教界、佛教界、回教界、喇嘛教界、基督教界人士产生”[⑨]。这难道不就是复古的“古教条”吗？

（二）旧观念与旧机制不利于发展中国特色社会主义

在全面贯彻落实科学发展观、发展中国特色社会主义的过程中，经济、政治、文化与社会建设上都还存在一些旧的发展观念与旧的机制和体制，需要进一步解放思想。

经济建设方面，有的认为公有制不能与市场经济有效结合。这就需要进一步突破崇拜GDP的传统发展模式与机制，也需要进一步完善社会主义市场经济机制与体制，根本转变经济发展方式。

政治建设方面，还有的认为社会主义新宪政不可能超越西方资本主义宪政，甚至认为社会主义民主不如资本主义民主。这就需要进一步完善我们党内民主与人民民主互动型的社会主义新型民主政治体制与机制。

文化建设方面，有的认为社会主义核心价值体系只适用于领导干部。这就需要进一步突破偏离社会主义核心价值体系的传统思维，还需要进一步完善社会主义先进文化发展的体制与机制，因此，继续解放思想、繁荣发展社会主义新文化任务艰巨。

社会建设方面，还有的认为公平与效率是此消彼长的替代关系。这就需要进一步突破这种传统思维模式，塑造公平与效率同向变动的新思维，

以此为基础进一步贯彻落实科学发展观[10]。

总之，在发展中国特色社会主义的今天，解放思想仍有广阔的空间，凡不利于推进中国特色社会主义事业的旧观念与旧体制，都有待克服与突破。

(三) 实践永无止境，解放思想永无止境

发展中国特色社会主义是前无古人的伟大事业，需要进一步解放思想。解放思想不仅贯穿于中国发展的历史，而且也应该贯穿于整个人类社会发展的历史。众所周知，人类历史上每一项重要的科学发现，人类认识的每一次进步，都与解放思想密切相关。牛顿力学、爱因斯坦相对论，都是解放思想的产物。文艺复兴也是解放思想的产物。中国特色社会主义是解放思想的产物，也只能在继续解放思想的过程中不断推进。

马克思主义只有在实践中才能坚持，也只有在实践中才能发展，实践是马克思主义生命力的内在源泉。正如恩格斯所说："我们的理论是发展的理论，而不是必须背得烂熟并机械地加以重复的教条。"[11]他还指出："认为人们可以到马克思著作中去找一些不变的、现成的、永远适用的定义"是一种"误解"[12]。

解放思想是一个永无止境的历史过程。实践证明，我国改革开放以来取得的成绩和进步，得益于思想不断解放；目前存在的不足和问题，根源也在于解放思想上还有差距；完成新世纪新阶段的各项目标和任务，更需要继续解放思想。在当前机遇前所未有、挑战也前所未有的新形势下，我们只有继续运用解放思想这一大法宝，才能形成新思路、拿出新办法、实现新突破，才能解决面临的新问题、新矛盾，才能高举旗帜、夺取新胜利。

三、为发展中国特色社会主义进一步解放思想

回顾历史，我们坚持实践标准，继续解放思想，走出了一条中国特色社会主义道路，形成了中国特色社会主义理论体系，取得了举世瞩目的巨大成就；立足现实，面向未来，进一步推进中国特色社会主义伟大事业，更需要继续解放思想。因为"思想是行动的先声，思想解放是社会变革的先导"[13]。怎样继续解放思想？

(一) 继续解放思想要把握解放思想的前提、党性与理论自觉

继续解放思想，首先要理解什么是解放思想。这不是没有争论的。有人甚至借解放思想挑战社会主义、否认马克思主义。事实上，邓小平在这个问题上，有很清楚、很明确的表述，他说："什么叫解放思想？我们讲解放思想，是指在马克思主义指导下打破习惯势力和主观偏见的束缚，研究新情况，解决新问题。解放思想决不能够偏离四项基本原则的轨道，不能损害安定团结、生动活泼的政治局面。"[14]"解放思想，就是使思想和实际相符合，使主观和客观相符合，就是实事求是。"[15]很明显，解放思想的目的是为了推进中国特色社会主义伟大事业，是有前提、有党性、有高度理论自觉的。解放思想的前提就是实事求是，党性就是社会主义，理论自觉就是坚持马克思主义的指导[16]。实事求是、社会主义与马克思主义的指导，三者是内在统一的。

解放思想的前提是实事求是，因为"实事求是是马克思主义的精髓"[17]，"实事求是，是无产阶级世界观的基础，是马克思主义的思想基础"[18]。马克思主义的本质就是实事求是，发展中国特色社会主义就要把握住这个本质，坚持实践是检验真理的标准，这样解放思想才能不断推进中国特色社会主义伟大事业。"改革开放以来，我们所取得的所有成就，都是坚持党的思想路线的结果，是解放思想、实事求是、与时俱进的结果"[19]。

坚持马克思主义的指导，就要求坚持马克思主义的立场、观点、方法，走社会主义道路。马克思主义的"立场"，就是观察和分析问题的无产阶级的立场。马克思主义的"观点"，主要是辩证唯物主义和历史唯物主义的世界观、人生观与价值观，同时也包括马克思主义在政治经济学和科学社会主义等领域所阐明的基本观点和重大观点。马克思主义的"方法"就是唯物辩证的科学方法。马克思主义的立场、观点、方法，在马克思主义理论体系中是统一的，是马克思主义革命性和科学性的具体体现。

(二) 继续解放思想要针对发展中国特色社会主义的现实困难和问题

继续解放思想，发展中国特色社会主义，就要针对发展中国特色社会主义面临的主要现实困难和问题。我们面临的主要现实困难和问题是什么？十七大报告进行了高度概括，胡锦涛同志指出："我们的工作与人民的期待还有不小差距，前进中还面临不少困难和问题，突出的是：经济增长的资源环境代价过大；城乡、区域、经济社会发展仍然不平衡；农业稳定发展和农民持续增收难度加大；劳动就业、社会保障、收入分配、教育卫生、居民住房、安全生产、司法和社会治安

等方面关系群众切身利益的问题仍然较多，部分低收入群众生活比较困难；思想道德建设有待加强；党的执政能力同新形势新任务不完全适应，对改革发展稳定一些重大实际问题的调查研究不够深入；一些基层党组织软弱涣散；少数党员干部作风不正，形式主义、官僚主义问题比较突出，奢侈浪费、消极腐败现象仍然比较严重。”[20]

十七大报告概括出的八个方面的困难与问题，是我们今天面临的主要现实困难与问题。这些现实困难与问题，总体上是发展中国特色社会主义过程中暂时出现的，是新世纪、新形势的产物。面对新时期、现阶段发展中国特色社会主义的现实问题，只有继续解放思想，进一步推进经济、政治、文化、社会各项建设，才能高举旗帜，不断夺取全面建设小康社会的新胜利。

（三）继续解放思想是为了更好地深入贯彻落实科学发展观

新世纪新阶段，面对发展中国特色社会主义的现实困难与问题，继续解放思想就必须坚持以马克思主义为指导，深入贯彻落实科学发展观。

首先，深入贯彻落实科学发展观，要求我们始终坚持“一个中心、两个基本点”的基本路线。继续解放思想，贯彻落实科学发展观，就要把以经济建设为中心同坚持四项基本原则、坚持改革开放这两个基本点统一于发展中国特色社会主义的伟大实践，任何时候都决不能动摇，以进一步增强高举中国特色社会主义伟大旗帜的自觉性和坚定性，毫不动摇地坚持和发展中国特色社会主义。

其次，深入贯彻落实科学发展观，要求我们积极构建社会主义和谐社会，并把这项任务贯穿发展中国特色社会主义事业的全过程，努力形成全体人民各尽其能、各得其所而又和谐相处的局面，为发展提供良好社会环境[21]。继续解放思想，就要把科学发展观转化为谋划科学发展的正确思路，转化为促进发展的政策措施，转化为领导发展的实际能力，转化为有利于科学发展的体制机制，更好地把握发展规律，创新发展理念，破解发展难题，提高发展的质量与效益，努力推动经济社会又好又快发展，更好地推动科学发展、促进社会和谐。

再次，深入贯彻落实科学发展观，要求我们继续深化改革开放。继续解放思想，就要进一步深化改革、扩大开放，为发展中国特色社会主义提供强大动力。继续解放思想，就要完善社会主义市场经济体制，推进各方面体制改革创新，为发展中国特色社会主义提供体制保障。继续解放思想，就要把发展中国特色社会主义的伟大意义、巨大成就、成功经验、前进方向总结好、阐述好，继续解放思想，推动理论创新，努力营造坚持改革开放的良好思想理论氛围，把发展中国特色社会主义的伟大事业继续推向前进。

最后，深入贯彻落实科学发展观，要求我们切实加强和改进党的建设。继续解放思想，就要使党的工作和党的建设更加符合科学发展观的要求，为科学发展提供可靠的政治和组织保障；继续解放思想，就要进一步以改革创新精神全面推进党的建设新的伟大工程，不断提高党的执政能力、保持党的先进性；继续解放思想，就要深刻总结我们党加强自身建设的宝贵经验，紧密联系新形势下提出的新课题新挑战，以改革的思路寻求加强和改进党的建设的新途径新办法，以创新的举措推动各项制度、机制和工作方式的健全和完善[22]。

此外，继续解放思想，深入贯彻落实科学发展观一定要强调创新、注重实效、尊重群众。总之，坚持实践标准，继续解放思想，发展中国特色社会主义，就是要求我们围绕中国特色社会主义改革发展稳定中的重大问题，围绕广大人民群众生产、生活中的紧迫问题，围绕党的建设和提高党的执政能力中存在的突出问题，继续研究新情况、总结新经验，不断以新的理论观点和科学思想丰富和发展中国特色社会主义的道路和理论体系，使中国特色社会主义道路越走越宽广，使中国特色社会主义理论体系越来越丰富，使中国特色社会主义伟大事业越来越兴旺发达。

参考文献

①②⑥⑭⑮⑱《邓小平文选》第2卷，人民出版社，1994年，第143、143、191、279、364、143页。

③《列宁全集》第34卷，人民出版社，1985年，第466页。

④杨春贵：《党的思想路线研究》，中共中央党校出版社，1997年，第262页。

⑤⑳胡锦涛：《高举中国特色社会主义伟大旗帜 为夺取全面建设小康社会新胜利而奋斗》，《人民日报》2007年10月25日。

⑦程恩富：《为推进中国特色社会主义继续解放思想》，《马克思主义研究》2008年第6期。

⑧陈奎元：《国史研究要以科学、敬谨的态度

对待》，《当代中国史研究》2007年第6期。

⑨本刊记者：《大陆新儒学的马克思主义分析——访中国社会科学院马克思主义研究院特聘研究员方克立》，《马克思主义研究》2007年第5期。

⑩杨文武：《注重社会公平构建和谐社会》，《贵州社会科学》2007年第6期。

⑪《马克思恩格斯全集》第36卷，人民出版社，1975年，第584页。

⑫《马克思恩格斯全集》第25卷，人民出版社，1974年，第17页。

⑬王伟光：《继续解放思想　坚持改革开放》，《光明日报》2008年5月19日。

⑯侯惠勤：《真理标准大讨论与马克思主义中国化新境界的开拓》，《马克思主义研究》2008年第6期。

⑰《邓小平文选》第3卷，人民出版社，1993年，第382页。

⑲李慎明：《与时俱进没有句号》，《人民论坛》2007年11月15日。

㉑曾令超：《科学发展观与和谐发展》，《贵州社会科学》2006年第3期。

㉒李长春：《在纪念关于真理标准问题的讨论30周年座谈会上的讲话》，《光明日报》2008年5月9日。

（龚云选编）

（三）2008年“三个代表”重要思想研究代表性论文

1. “三个代表”重要思想与科学发展观

李君如，《中国延安干部学院学报》2008年第1期

党的十六大以来，以胡锦涛为总书记的党中央在邓小平理论和“三个代表”重要思想指导下，从我国经济社会发展的阶段性特点出发，提出了科学发展观等一系列重大战略思想，开创了中国特色社会主义事业全面发展的新局面。因此，在学习贯彻十七大精神的过程中，我们重温一下“三个代表”重要思想和科学发展观，对于全面建设小康社会，加快社会主义现代化建设，无疑是有重要意义的。

一、马克思主义中国化的最新成果

中国共产党是一个重视理论指导又具有理论创新精神的党。要了解我们党的这一鲜明特点和优良传统，必须深入研究三个问题：一是中国共产党人理论创新的主线是什么？二是当代中国共产党人理论创新的成果有哪些？三是当代中国共产党人理论创新的主题是什么？

（一）中国共产党人理论创新的主线是使马克思主义中国化

我们所讲的理论创新，简而言之，就是要坚持马克思主义与中国实际相结合的原则，从中国实际出发，运用马克思主义的立场、观点、方法，研究新情况，解决新问题，形成符合客观实际及其内在规律的新论断。

值得我们重视的是，为我们党创立实事求是思想路线的毛泽东，不仅领导党在极其复杂的革命环境下，进行了杰出的理论创新，而且提出了理论创新的任务，是要使马克思主义中国化。

1938年10月，在党的（扩大的）六届六中全会上，毛泽东作了题为《论新阶段》的长篇报告。在这一著名报告中，他以我们党在北伐战争和土地革命战争经历的两次胜利、两次失败的历史经验和抗日战争初期在统一战线问题上出现的右倾错误为鉴戒，深刻地指出：“没有抽象的马克思主义，只有具体的马克思主义。所谓具体的马克思主义，就是通过民族形式的马克思主义，就是把马克思主义应用到中国具体环境的具体斗争中去，而不是抽象地应用它。成为伟大中华民族之一部分而与这个民族血肉相联的共产党员，离开中国特点来谈马克思主义只是抽象的空洞的马克思主义。因此，马克思主义的中国化，使之在其每一表现中带着中国的特性，即是说，按照中国的特点去应用它，成为全党亟待了解并亟须解决的问题。”在这里，毛泽东第一次提出了“马克思主义中国化”的任务。

马克思主义中国化，是一个具有丰富内涵的科学命题。首先，这一命题强调要运用马克思主义的立场、观点、方法来解决中国的实际问题；其次，这一命题强调要把中国共产党人在实践中创造的新鲜经验上升为理论；再次，这一命题强调要根据时代的变化和实践的发展不断解放思想，形成符合新的实践的新理论；最后，这一命题还强调要使马克思主义与中华民族优秀文化相结合，使之通过中国人民喜闻乐见的民族形式表达出来。在中国革命和建设的伟大实践中形成的毛泽东思

想，就是马克思主义中国化的第一个成果。刘少奇在党的七大论述毛泽东思想是党的指导思想的时候，明确指出：毛泽东“成功地进行了马克思主义中国化的巨大工作”。

大家可能已经注意到，在全国解放后，我们很少使用“马克思主义中国化”这一提法，一般只是使用“马克思主义与中国实际相结合”这一提法。其原因是，1948年6月共产国际情报局通过决议，批评南斯拉夫共产党的所谓民族主义、反苏和亲资本主义倾向。我们党考虑到“马克思主义中国化”的提法可能会被误解为民族主义倾向，而我们又面临着夺取全国政权后需要苏联的支持和援助，所以不再提“马克思主义中国化”，包括后来在《毛泽东选集》出版时，也把《中国共产党在民族战争中的地位》一文中的“马克思主义中国化”，改为“使马克思主义在中国具体化”。即使如此，后来在中苏论战的时候，苏共还是对我们党在历史上使用过“马克思主义中国化”这一提法进行了指责。

但是，实践证明，毛泽东提出的“马克思主义中国化”的任务是正确的。改革开放以后，我们在认真总结我国和世界社会主义运动历史经验，探索和提出“走中国特色社会主义道路”的过程中，重新使用了“马克思主义中国化”和“中国化马克思主义”的提法。2001年7月1日，江泽民在庆祝中国共产党成立80周年的重要讲话中，首次用“中国化了的马克思主义”来说明毛泽东思想和邓小平理论在马克思主义发展史上的地位。同年9月26日，在中共中央《关于加强和改进党的作风建设的决定》中，明确提出了“不断推进马克思主义中国化”的要求。

党的十六大以后，“马克思主义中国化”就成为我们党经常使用的提法。2003年6月22日，中共中央在关于学习“三个代表”重要思想的通知中，强调这一重要思想“是马克思主义中国化的最新成果”。

胡锦涛总书记在2003年7月中央政治局集体学习时，同年12月在纪念毛泽东诞辰110周年时，2005年1月在新时期保持共产党员先进性专题报告会上，2006年8月在学习《江泽民文选》报告会上，同年10月在党的十六届六中全会上，以及在其他一系列重要活动的讲话中，多次使用了“马克思主义中国化”这一提法。特别是在2006年5月31日，胡锦涛在为全国干部学习培训教材所写的序言中，明确提出“干部教育培训工作，必须坚持以马克思列宁主义、毛泽东思想、邓小平理论和‘三个代表’重要思想为指导，全面贯彻落实科学发展观，把学习和传播马克思主义中国化的最新成果作为中心内容，着力引导广大干部准确把握当代中国马克思主义理论发展成果的科学内涵和精神实质，并用以武装头脑、指导实践、推动工作”。

综上所述，我们可以体会到，在中国共产党人的理论创新过程中，贯穿着一条鲜明的主线，这就是马克思主义中国化。

（二）当代中国共产党人理论创新的成果包括邓小平理论、“三个代表”重要思想和十六大以来党中央的重大战略思想

首先，我们对“当代中国”要有一个界定。有人把它确定为1949年以来的中国，我认为定为1956年以来的中国更好。尽管1949年中国出现了政权更迭，但是从1949年到1956年解决的问题仍然是旧政权遗留下来的问题；直到1956年中国建立新制度以后，社会主要矛盾才发生根本变化，解决的问题也转换为新制度下的问题。事实上，在党史上，1949年到1956年的中国也是被称为“过渡时期”的。“当代中国”就是1956年以来的社会主义中国。

这样，就可以确定“当代中国共产党人”就是社会主义时期的共产党人。

要研究当代中国共产党人理论创新的成果，就要了解社会主义时期中国共产党人推进马克思主义中国化的成果。而要做到这一点，首先要了解当代中国共产党人要解决的主要问题是什么？历史和实践告诉我们，当代中国共产党人要解决的社会主要矛盾，是人民日益增长的物质文化需要与落后的社会生产之间的矛盾，即要在社会主义制度下实现中国几代人梦寐以求的工业化和现代化。

以毛泽东为主要代表的中国共产党人在党的八大前后，已经意识到这一问题的极端重要性，并开始了初步的探索。可惜后来由于指导思想上的失误，没有如愿以偿。一直到党的十一届三中全会以后，以邓小平为主要代表的中国共产党人在解放思想、实事求是的思想路线指导下，拨乱反正，改革开放，在理论创新中开辟了中国特色社会主义道路，中国的现代化事业才出现了前所未有的新进展。因此，我们党在十五大把邓小平理论作为党的指导思想写进了党章。

在坚持和丰富、发展邓小平理论的过程中，

党的十三届四中全会以后，以江泽民为主要代表的中国共产党人科学地反映了当代世界和中国的发展变化对党和国家工作的新要求，创立了“三个代表”重要思想，开辟了中国特色社会主义的新境界。党的十六大把这一重要思想同马列主义、毛泽东思想和邓小平理论一道，确立为党必须长期坚持的指导思想。

十六大以来，以胡锦涛为总书记的党中央根据经济社会发展的阶段性特征，提出了科学发展观和社会主义和谐社会理论等一系列重大战略思想，进一步推进了马克思主义中国化。

了解了当代中国共产党人理论创新的这一历史过程，我们就可以得到这样一个结论：当代中国共产党人理论创新的成果——邓小平理论、“三个代表”重要思想和十六大以来党中央提出的一系列重大战略思想，都是马克思主义中国化的最新成果。

（三）当代中国共产党人理论创新的主题是建设中国特色社会主义

当代中国共产党人在实践中形成的这些马克思主义中国化的最新成果，贯穿着一个鲜明的主题，这就是：建设中国特色社会主义。

为什么这样说呢?

中国共产党人在理论创新中形成的马克思主义中国化成果，按理论主要创立者来划分，包括了毛泽东思想、邓小平理论、“三个代表”重要思想和十六大以来党中央提出的一系列重大战略思想；按理论内容及其主题来划分，就是新民主主义理论和中国特色社会主义理论两大理论成果。

新民主主义理论和中国特色社会主义理论，是在马克思主义与中国实际相结合的两次历史性飞跃中，形成的两大中国化马克思主义的成果。新民主主义理论的主要创立者是毛泽东。中国特色社会主义理论的探索始于毛泽东1956年中期“以苏为鉴”，从中国实际出发，对社会主义道路的思考，但是后来由于指导思想上的失误没有成功，只是给我们留下了大量宝贵的思想遗产。这一理论的主要创立者是邓小平。他继承毛泽东的未竟之业和思想财富，总结中国和世界社会主义运动的历史经验与我国改革开放的新鲜经验，带领全党全国人民开辟了中国特色社会主义道路，创立了中国特色社会主义理论。以江泽民为主要代表的中国共产党人在世纪之交提出的“三个代表”重要思想，为坚持、丰富和发展中国特色社会主义理论作出了新的贡献。党的十六大以来，以胡锦涛为总书记的党中央从新世纪新阶段新的实际出发提出的一系列重大战略思想进一步坚持、丰富和发展了中国特色社会主义理论。

由此可见，邓小平理论、“三个代表”重要思想和党的十六大以来提出的一系列重大战略思想这三大理论创新成果，贯穿着一个共同的主题：中国特色社会主义。

需要指出的是，中国特色社会主义尚处在实践之中，中国特色社会主义理论还将继续丰富和发展。因此，我们也可以这样说，建设中国特色社会主义是我们今天全部理论和全部实践的主题。

二、“三个代表”重要思想是面向21世纪的中国化马克思主义

“三个代表”重要思想是以江泽民为主要代表的中国共产党人，在推进马克思主义中国化过程中为党和人民作出的重大理论贡献。“三个代表”重要思想具有丰富的内容，应该全面理解和把握。在这里，我们重点强调两点：

（一）“三个代表”重要思想反映了当代世界和中国的发展变化对党和国家工作的新要求

党的十六大之所以要把“三个代表”重要思想确立为党的指导思想，是因为这一重要思想反映了当代世界和中国的发展变化对党和国家工作的新要求。

这些新变化新要求，有来自国际的，也有来自国内的，有来自社会的，也有来自党内的。最大的或者说最突出的问题有四个：

一是上世纪80年代末90年代初苏东剧变对世界社会主义运动的冲击及其引起的国际格局的新变化。面对这一严峻挑战，以江泽民为核心的第三代中央领导集体作出了积极的回应。在意识形态方面，在全党加强了中国特色社会主义和“一个中心，两个基本点”的基本路线教育，特别是提出了用邓小平理论武装全党、教育人民的战略任务；在国际关系方面，在世界范围内高举和平与发展的旗帜，坚持独立自主的和平外交政策和“冷静观察，沉着应对”的谋略，提倡国际关系民主化，推动世界格局多极化。

二是上世纪70年代出现、90年代迅猛发展的经济全球化态势及其对发展中国家提供的机遇和挑战。面对经济全球化的挑战，特别是在经济全球化和反全球化对抗的形势下，以江泽民为核心的第三代中央领导集体提出了“趋利避害、互利共赢”的方针：一方面，进一步深化改革，提高对外开放水平，果敢地加入世贸组织，实行“引

进来”与“走出去”相结合的开放战略，通过世界市场平等互利的交换获得中国现代化所需要的大量资金、资源和先进的技术、管理经验；另一方面，进一步坚持独立自主原则，在世贸组织谈判中维护国家利益，在发展中引导科技与经济相结合，走自主创新道路，在全国各族人民中开展爱国主义教育，防止和反对“西化”、“分化”。

三是中国的改革开放特别是建立社会主义市场经济体制，形成公有制为主体多种所有制经济共同发展的社会主义初级阶段基本经济制度，推动中国发生的巨大进步及其提出的新问题，包括社会阶级阶层结构发生的新变化提出的许多新问题。面对发展社会主义市场经济及其对经济制度和社会结构变化产生的影响，以江泽民为核心的第三代中央领导集体，一方面在完善商品市场、资本市场和其它各种要素市场的同时，加强和完善国家的宏观调控，改进计划、财税、金融等各方面管理机制；在坚持公有制为主体、国有经济为主导，并以股份制等多种公有制实现形式改革公有经济的同时，大力鼓励、支持和引导非公有制经济的发展；在全心全意依靠工人阶级，充分肯定工人、农民、知识分子是中国社会主义现代化的根本力量的同时，明确指出在改革开放中出现的包括私营企业主在内的新的社会阶层，都是中国特色社会主义事业的建设者。另一方面，从新的实际出发，提出了依法治国的基本方略，坚持有法可依、有法必依、执法必严、违法必究；同时把依法治国与以德治国有机地结合起来，把社会主义物质文明与政治文明、精神文明建设有机地结合起来，制定了“爱国守法、明礼诚信、团结友善、勤俭自强、敬业奉献”的公民基本道德规范，加强了全社会的思想道德建设。

四是党的历史方位已经从一个领导人民为夺取政权而奋斗的党转变为领导人民掌握全国政权并长期执政的党，从一个在外部封锁和实行计划经济条件下领导国家建设的党转变为在对外开放和发展社会主义市场经济条件下领导国家建设的党，而党的干部队伍又处于整体性新老更替之际（即打天下的老一辈革命家和全国解放后党培养的老干部在世纪之交都要离开领导岗位），新党员数量大幅度增加对党的建设提出的新挑战。面对党的历史方位的这种根本性变化和党情的新特点，以江泽民为核心的第三代中央领导集体，一方面坚持加强党的领导，特别是提出“总揽全局，协调各方”的原则，加强对政权的领导；另一方面，进一步创新执政党建设理论明确提出中国共产党是中国工人阶级的先锋队，同时是中国人民和中华民族的先锋队，加强党的先进性建设，指出提高党的领导水平和执政能力、增强抵御风险和拒腐防变能力是党的两大历史性课题，强调脱离群众是党执政后的最大危险，要从源头上遏制腐败现象蔓延，确定了“党要管党、从严治党”的方针。

综上所述，面对当代世界和中国的这些新情况新问题及其带来的新变化，“三个代表”重要思想作出了积极的回应。

由此可见，在坚持马列主义、毛泽东思想和邓小平理论的基础上，“三个代表”重要思想进一步回答了“什么是社会主义、怎样建设社会主义”的问题创造性地回答了“建设什么样的党、怎样建设党”的问题。集中起来，就是深化了中国特色社会主义理论，特别是深化了执政党建设理论。所以，胡锦涛总书记指出：“三个代表”重要思想是面向21世纪的中国化马克思主义。

（二）“三个代表”重要思想的精神实质是坚持与时俱进，坚持党的先进性，坚持执政为民

在“三个代表”重要思想创立之初，江泽民就强调：“时代在发展，形势在变化，我们党要不断地巩固自己的执政地位，必须紧跟世界发展进步的潮流，始终代表中国先进生产力的发展要求，先进文化的前进方向和最广大人民的根本利益，坚决解决党内存在的突出问题。”所以，党的十六大强调，坚持“三个代表”重要思想，核心在坚持党的先进性。

为之，党就要始终坚持党的思想路线，坚持解放思想、实事求是、与时俱进，坚持用发展着的马克思主义指导我们的实践。正如党的十六大强调的，坚持“三个代表”重要思想，关键在坚持与时俱进。比如，我们党在1989年曾经有过一个文件，强调不是党员的私营企业主不吸收入党。在实践中，我们认识到，这样的做法在政治上对我们党是不利的，在政策上也是有矛盾的。在“三个代表”重要思想形成过程中，我们根据社会主义条件下的劳动价值理论，一方面确认包括私营企业主在内的新的社会阶层都是中国特色社会主义建设者，另一方面明确他们中的优秀分子也可以经过考验发展入党。党的十六大通过党章修改的形式解决了这一难题。

坚持与时俱进，坚持党的先进性，都是为了坚持执政为民。也就是要在对外开放和发展社会

主义市场经济的条件下更加切实地做到为人民执好政、掌好权。正如党的十六大强调的，坚持“三个代表”重要思想，本质在于执政为民。

三、坚持用科学发展观统领经济社会发展全局

党的十六大以来，以胡锦涛为总书记的党中央提出了科学发展观和社会主义和谐社会理论等一系列重大战略思想。其总的要求，就是在坚持中国特色社会主义的过程中，坚持科学发展、和谐发展、和平发展。

科学发展观的提出和中国共产党任何一种理论的提出一样，是来自实践，是对实践中的经验的科学总结和概括，是马克思主义基本原理和中国具体实际相结合的科学认识。具体地讲，科学发展观是在十六届三中全会上提出的。之所以会在十六届三中全会提出这个问题，是因为有一系列重大事情引起党中央的思考。

一件事情是，十六大提出全面建设小康社会，即经过20年努力，建设一个能够惠及10多亿人口的更高水平的小康社会。这是一个很高的要求。尤其是要看到，经过前20多年的改革和发展，中国虽然在总体上已经进入了一个小康社会，但仍是低水平的、不完全的、发展很不平衡的小康社会。如前所说，到2000年进入小康社会时，原定的16项监测指标和小康临界值有三项没有达到。一是农民的人均收入，指标是人均1200元，实际达到1066元；二是人均蛋白质日摄入量，指标是人均75克，实际达到73克；三是建成农村初级卫生保健基本合格县，指标是100%，实际上建成80%。这三项未完成的任务，集中反映了一个问题，即城乡差别、地区差别和经济社会发展不协调已经影响到中国现代化建设的全局。而且，进入21世纪后，农民收入增长率连续三年下降，城乡差别进一步扩大。因此，要全面建设小康社会，面临着一个艰巨的任务，即如何解决好城乡差别问题，区域发展中的差距问题，以及经济与社会发展不协调的问题。正因为如此，十六届三中全会上提出要树立科学发展观，以此作为实现全面建设小康社会任务的指导方针。也就是说，科学发展观的形成和提出，同全面建设小康社会的目标有着直接的、内在的联系。

第二件事情是，2003年4月突如其来的非典疫情，前后只有两个多月，地区也只涉及个别省份，但对于经济发展特别是对旅游业、商业服务业、航空业、运输业、建筑业和部分制造业造成了很大的损失。第二季度的经济增长降到6.2%，正常的经济和政治社会生活都因疫情而被打乱。疫情的发生和抗击疫情的艰苦努力提出了一个深刻的问题，这就是：在推动经济增长和人民生活水平提高的同时，还要搞好公共卫生、教育等各方面工作，要把对人的关爱放在工作的重要位置上。因此，在抗击非典取得决定性胜利后不久，党中央就提出要贯彻经济社会协调发展、城乡协调发展、区域协调发展、人与自然和谐发展的方针。可见，抗击非典斗争是科学发展观形成的一个重要的、直接的因素。

第三件事情是，2003年下半年，群众上访事件增多。其中反映比较集中的问题，是城市拆迁和农村大量征地，包括违法征地，引发的社会矛盾。尤其是有些地方出现了“三无农民”：无土地、无就业岗位、无社会保障。全国“三无农民”，据统计达400万人。这是造成社会动荡的很危险的因素。而且党中央注意到世界上一些国家，在人均1000～3000美元的这个阶段，由于社会需求升级而引发的矛盾特别多。如果处理不好，容易发生各种社会冲突，甚至导致政局动荡。拉丁美洲和东南亚一些国家都在这一阶段出现经济停滞甚至社会动荡、政权更迭。而中国目前正处在这样的阶段。因此，党中央提出，在下一步发展中，一定要有一个正确的指导思想和方针，要求能够做到经济、政治、文化全面发展，做到可持续发展。这就必须考虑要牢固树立一种科学的发展观，使经济能够发展，人民能够安居乐业，社会能够全面进步。

当然，还有一些事也引起党中央的重视，至少是上面三件事情促使人们对发展问题给予认真的反思。科学发展观的提出，表明党中央在领导社会主义现代化建设过程中，不仅对于“为什么要发展”加深了认识，而且对于“什么叫发展”、“怎样发展”的问题也深化了认识，中国的发展理论又前进了一大步。

科学发展观是在社会主义现代化建设的实践中提出，又对实践具有重要指导意义的新的理论命题。那么，应该如何理解科学发展观的内涵及其本质要求呢？

首先，要认识到，科学发展观是指导发展的世界观和方法论，第一要义是强调发展，强调科学发展。没有发展就无所谓科学发展观，发展必须是科学发展。纵观历史，人类社会在近代以来对发展问题的认识是不断深化的。早期的发展观

反映了工业革命的要求，强调的是物质生产资料的增长，那个时期把经济发展看作经济增长。到20世纪60年代的时候，人们已经看到它的弊端和不足。因为光有经济的增长，并不能完全解决人类社会发展过程中的许多问题，所以出现了人力资本理论，把人的发展作为发展观的一个中心问题提了出来。其代表人物就是诺贝尔经济学奖获得者西奥多·舒尔茨。把人力资本作为经济增长的重要源泉，是关于发展问题的一种新认识。70年代法国经济学家弗朗索瓦·佩鲁在他的著作《新发展观》中，对此作了系统的论述。在20世纪70年代，罗马俱乐部发表的研究报告《增长的极限》，进一步把经济增长、城市化同人口和资源等环境问题联系起来，提出了全球性的生态、人口、环境、资源等问题。在此基础上，人类形成了可持续发展的理论，以积极的姿态来解决这些全球性问题。这就是说，我们不仅要重视经济发展，也不仅要重视人的发展，而是要把人与自然的协调以及子孙后代的发展都作为发展观的问题来考虑。1972年联合国斯德哥尔摩会议通过的《人类环境宣言》，1987年联合国世界与环境发展委员会发表的报告《我们共同的未来》，1992年联合国环境与发展大会通过的《里约环境和发展宣言》等文件，表明可持续发展问题已经受到国际社会的广泛关注。20世纪90年代还出现了人类发展理论，把整个人类的发展作为一个新概念提出来，认为人类发展的目标就是为创造一个能够享受长寿、健康和尊严生活的充满活力的环境。从中可以看出，人们对发展问题有许多研究，这些研究是伴随着工业革命兴起和现代化的推进，伴随着工业革命和现代化过程中各种问题的暴露而逐步加深认识、逐步形成的一系列发展理论。这些发展理论都是围绕发展的现实而展开的。

至于中国，现在处于并将长期处在社会主义初级阶段，要解决的社会主要矛盾是人民群众日益增长的物质文化需要同落后的社会生产之间的矛盾，因此，中国更要讲发展，坚持以经济建设为中心发展自己，以满足人民群众日益增长的物质文化需要。与此同时，中国人又注意吸取人类文明的成果，认真研究这些发展理论，从自己的实际出发，提出要坚持全面、协调、可持续发展。这体现了我们党对中国发展问题认识的新成果，也是对中国现代化发展规律的新认识。

其次，要认识到，科学发展观的根本要求是要坚持统筹兼顾，实现全面、协调、可持续发展。统筹兼顾就是要全面地协调各种利益群体、各方面利益关系，使之能达到相对平衡。统筹兼顾是中国的语言，或者说是中国化的马克思主义语言，是毛泽东在1957年提出来的。在这之前，毛泽东在中国共产党成为执政党以后，就强调要兼顾各方面的利益。1956年提出了“十大关系”，提出要调动一切积极因素，化消极因素为积极因素，团结一切可能团结的人建设社会主义，这是我们的基本方针。1957年1月毛泽东在省、市、自治区党委书记会议上又提出了统筹兼顾、各得其所的问题。1957年2月，他作了《关于正确处理人民内部矛盾的问题》的著名报告。报告的第七部分就是讲统筹兼顾、适当安排的问题。这个方针，由于后来搞以阶级斗争为纲没能很好贯彻。一直到十一届三中全会以后，邓小平才继续坚持调动一切积极因素建设社会主义的方针。江泽民在提出“三个代表”重要思想的过程中在2001年“七一”讲话中明确提出兼顾各方面利益关系的问题。

十六届三中全会根据这一思想的要求，进一步把统筹兼顾作为科学发展观的一个根本要求提出来，拓展了统筹兼顾的内容和范围，提出了五个统筹。所以，落实科学发展观的一个很重要的问题就是要分析各方面的问题和矛盾，找到协调、平衡各方面利益关系的正确的政策。调动各方面的积极性，使得社会能够协调发展。

第三，要认识到，树立和落实科学发展观的本质要求是坚持以人为本。我们讲发展也好，讲统筹兼顾也好，出发点和归宿都是要实现好、维护好、发展好最大多数人民的根本利益。人们不能为生产而生产，为发展而发展。我们搞好生产、促进发展的目的是为了人民群众，是为了满足人民群众日益增长的物质文化需要。同时，我们对人要尊重，要关爱，要讲人道主义，还要维护和保障公民的人权，等等。简而言之，发展为了人民，发展依靠人民，发展成果由人民共享，促进人的全面发展，这些都是“以人为本”。

当然，由于中国今天处在社会主义初级阶段，所以在讲以人为本的时候，作为一种理念，要清醒地认识到，执政党必须时刻确立以人民利益为最高利益，要不忘人民群众疾苦，不脱离人民群众，不能做使人民群众痛心的事情；作为一种实践，执政党同样要清醒地认识到，由于中国底子薄、人口多、耕地和资源少，十几亿人的利益在发展中不可能一下子都得到满足，要分阶段、有层次地逐步使各部分群众利益得到满足，这是实现人民群众利益的现实途径。人的利益和各方面需求是有层次的。千万不要把群众的胃口吊得很高，结果口惠而实不至；否则，出发点是要取信于民，结果是失信于民。所以，在实践中一定要处理好眼前利益和长远利益、局部利益和整体利益、具体利益和根本利益等各种关系，并且使人民群众也明白这个道理。

第四，要认识到，坚持科学发展观的实质，是要实现又好又快地发展。为什么要提出和坚持科学发展观？2005 年秋召开的党的十六届五中全会回答得十分明确："科学发展观的实质，是实现又快又好地发展。"六中全会进一步把"又快又好"调整为"又好又快"。所谓"又好又快"，一是指发展的速度要与结构、质量、效益相统一，走出一条科技含量高、经济效益好、能源消耗低、环境污染少、人力资源优势得到充分发挥的新型工业化道路，以避免走偏重数量扩张、单纯追求增长速度而忽视经济质量和效益的老路；二是指快速发展要与平稳发展相统一，以避免大起大落、经济波动过大而造成重大损失的做法；三是指经济快速发展要与加大社会建设力度、提高人民群众的生活质量相统一，以克服"经济一腿长、社会一腿短"等问题，努力构建社会主义和谐社会。

总之，科学发展观等十六大以来党中央提出的一系列重大战略思想，是在邓小平理论和"三个代表"重要思想指导下形成的，是邓小平理论和"三个代表"重要思想的坚持、继承和发展。我们要在邓小平理论和"三个代表"重要思想指导下，坚持以科学发展观统领经济社会发展全局，全面地推进中国特色社会主义事业的发展。这是我们的历史责任也是我们的神圣使命。

2. 试论江泽民的理论创新思想

杨德山，《思想理论教育导刊》2008 年第 4 期

理论创新思想不但是"三个代表"思想的重要组成部分，而且是它形成的思维依据。作为这一理念提出者和实践领导者的江泽民，对理论创新的重要性和必要性、科学内涵和遵循原则、创新成就转化为实践活动等问题，作了全面深刻的阐述，反映和代表了新时期新阶段党的理论创新思想的新成就。梳理和分析江泽民的理论创新思想，对于进一步深化人们对"三个代表"重要思想的时代背景、实践基础和历史地位的认识，进一步领会新世纪新形势下党的一系列重大理论创新成果的精神实质，具有重要的现实意义。

一、理论创新的重要意义

高度重视党的思想理论建设，并将理论建设的成就及时用以指导党的建设的全部工作，及时转化为各级党组织和党员的行动，是马克思主义政党先进性建设的重要内容，也是其先进性的重要表现之一。在马克思主义经典作家和我们党的两代中央领导集体的核心看来，党的思想理论建设是整个党的建设要解决好的首要问题。没有科学的思想指导，所谓政治建设、组织建设、制度建设、作风建设都会发生混乱，甚至犯方向性的错误。而理论建设又必须源于实践、高于实践、指导实践。因此，理论创新自然成了党的思想理论建设中必须解决的核心问题。对于中国共产党来说，只有坚持马克思主义基本原理同中国实际相结合，在实践基础上进行理论创新，不断推进马克思主义的中国化，才能使党的思想理论建设充分发挥它在整个党的建设和国家发展中应有的作用。就理论创新的重要意义而言，从中共十三届四中全会到十六大，江泽民的观点是始终如一的。他认为：

第一，只有不断推进党的理论创新，党才能不断走向成熟。在中国共产党的历史上，民主革命时期，以毛泽东为主要代表的真正的马克思主义者秉承了马克思主义学说革命的和科学的精神，摆脱了教条主义的影响，将其基本原理与中国革命的具体实践相结合，创立了新民主主义革命理论，形成了中国化的马克思主义——毛泽东思想，并用它来武装全党，引导人民，最终取得了革命的完全胜利。

毛泽东思想无疑是中国共产党在民主革命时期最大的理论创新成就，它的形成促进了党在各方面走向成熟。党的十一届三中全会后，以邓小平为核心的中央领导集体带领全党从"两个凡是"教条的束缚下解脱出来，恢复了党的实事求是思想路线，使党的工作重心重新回到了现代化建设上来，开创了中国特色社会主义建设事业的新局面，取得了举世瞩目的成就。新的实践经验需要上升到新的理论层面，并用于指导更新的实践活动。正如江泽民所强调的："我们不仅要掌握和坚持马克思主义基本原理，而且要对新的实践经验进行理论研究和概括，丰富和发展马克思主义，这在当前十分重要。解决好这个问题，党才能在理论上更加成熟，在实践上更好地指导改革开放和现代化建设。"[1](P96) 基于这样的认识，党的十四

大通过对14年伟大实践的基本总结，概括出了“建设有中国特色社会主义的理论”。党的十五大则进一步将这一理论升华为党的指导思想——“邓小平理论”，认为这是马克思列宁主义与中国实际相结合的第二次飞跃的理论成果。新世纪之初，“三个代表”重要思想的提出，开辟了马克思主义发展的新境界，表明党在理论的自觉性和实践的主动性上达到了新的高度。所以，不断推进理论创新，是党自身的发展和党所领导的事业不断前进的思想、精神动力和保证。

第二，只有不断推进理论创新，才能保持马克思主义的巨大影响力和旺盛生命力。人类的实践活动总是在不断向前发展的。与之相应，源于实践，指导实践的理论也是在不断丰富和完善的。马克思主义理论所以是科学的理论，不仅是因为它揭示了整个世界包括人类社会历史发展的普遍规律，吸收了它的创始人之前的若干思想家的智慧，并以他们切身的革命活动和对现实的思考为基础，而且更是因为它的普世性质。但这种普世性质显示的前提条件就是马克思主义的基本理论能与特定历史发展阶段的民族国家和地区的革命、建设和改革的实践紧密地结合在一起，并且能在实践经验的基础上，概括出具有民族、区域时代特色的马克思主义的新的理论形态。只有这样，马克思主义才能在人类社会的生活中产生巨大的影响力，并使自己保持旺盛的生命力。“马克思主义是发展的科学。……一代又一代的马克思主义者，从时代的发展和本国的国情出发，以创造性的态度对待马克思主义，从而保持了它的巨大的影响和旺盛的生命力。理论是什么？理论就是对实践的总结。一切科学的理论，总是从实践中来，又回到实践中去，接受检验，指导实践，同时在实践中丰富和发展自己。马克思列宁主义是这样，毛泽东思想是这样，邓小平理论也是这样。”[2](P4)同样，“三个代表”重要思想也是这样。马克思主义理论就是这样在实践中产生，接受实践检验，又指导实践，在实践中不断发展，从而保持影响力和生命力的。

第三，只有不断推进理论创新，才能更好地坚持马克思主义。既然马克思主义是发展、前进的科学理论，那么它就要求马克思主义者用发展的、前进的眼光看待马克思主义本身，在不断推进理论创新的过程中坚持马克思主义，而不是用孤立、静止的态度去对待、去“坚持”马克思主义。民主革命时期，毛泽东批判教条主义时曾经说：“我们所要的是香的马克思主义，不是臭的马克思主义；是活的马克思主义，不是死的马克思主义。”[3](P332)换言之，中国共产党要坚持的是“香的”、“活的”马克思主义，也就是发展的、不断创新的马克思主义。在新时期新阶段，江泽民总是反复强调，坚持马克思主义，决不能采用教条主义、本本主义的方法，而应该采取实事求是、与时俱进的科学态度，坚持一切从发展变化着的实际出发，把马克思主义看作是不断随着实践的发展而发展的科学。在他看来，只有坚持发展着的马克思主义，才算是在真正地坚持马克思主义。“马克思主义是最讲科学精神、创新精神的。坚持马克思主义，最重要的就是要坚持马克思主义的科学原理和科学精神、创新精神，善于根据客观情况的变化，及时察觉和研究前进中的新情况新问题，不断从人民群众在实践中创造的新鲜经验中吸取营养，不断改进和完善我们的工作。”[4](P37)

第四，只有不断推进理论创新，才能进一步推进其他各项工作的创新。如前所述，要把中国的事情办好，关键取决于党的建设；党的建设，关键取决于党的思想理论建设；党的思想理论建设，关键取决于理论创新。在党的建设工作中，在党领导的中国特色社会主义现代化建设事业中，不断推进理论创新至关重要。在江泽民看来，注重理论创新，是党的事业前进的重要保证。只有通过理论创新的成就，才能积极地引导和推动其他领域的创新，进而促进社会的全面发展。否则，不但党的事业一事无成，而且党还会落伍，还会有丧失先进性和领导资格的危险。在党的十六大报告中，他强调：“世界在变化，我国改革开放和现代化建设在前进，人民群众的伟大实践在发展，迫切要求我们党以马克思主义的理论勇气，总结实践的新经验，借鉴当代人类文明的有益成果，在理论上不断扩展新视野，作出新概括。只有这样，党的思想理论才能引导和鼓舞全党和全国人民把中国特色社会主义事业不断推向前进。实践基础上的理论创新是社会发展和变革的先导。通过理论创新推动制度创新、科技创新、文化创新以及其他各方面的创新，不断在实践中探索前进，永不自满，永不懈怠，这是我们要长期坚持的治党治国之道。”[4](P537~538)

总之，江泽民从中国共产党思想理论建设的经验教训，从马克思主义理论的发展规律，从坚持马克思主义的原则要求，从党的建设和党的事业的重要要求等多个角度出发，充分说明了理论创新的重大意义。这不但使人们能够充分认识理论创新对于永远保持党的先进性，对于中国特色社会主义事业不断取得胜利等方面具有的重要意义，而且对于人们进一步理解“三个代表”重要思想提出的现实价值具有重要的启迪作用。

二、理论创新的原则要求

中国共产党人认为，所谓“理论创新”，就是在坚持马克思主义基本原理、基本立场、基本方法的基础上，发扬这一学说探索求真的革命精神，根据实践发展的要求，不断总结人民群众的新经验，并将之上升到理论化的高度，创造出新的理论形态，再将这一新的理论形态用以指导新的实践，在新的实践中对它进行检验、完善和发展。因此，与时俱进，不断地推进马克思主义理论向前发展就成了当今中国共产党人肩负的历史重任。但是，进行马克思主义的理论创新并不是一件简单易行的事情，也不是为了创新而去创新。在江泽民看来，它必须坚持一些重要的原则：

其一，必须解决好继承和发展的关系。江泽民认为，在理论创新过程中，首先必须坚持马克思主义。离开了马克思主义基本理论谈理论“创新”，不但毫无意义，而且会发生曲解甚至否定马克思主义理论，动摇其在党和国家中思想指导地位的错误，后果不堪设想。其次墨守陈规，固步自封，教条式地照搬马克思主义经典作家的某些言论，并把这种行为和态度，当成是在坚持马克思主义，也是极其有害的。“否认马克思主义的科学性，丢掉老祖宗，是错误的、有害的；教条式地对待马克思主义，也是错误的、有害的。”[5](P635)2001 年，他在“七一”讲话中全面系统地阐述了“三个代表”科学内涵后不久，明确指出：“进行理论创新，必须坚持两个基本要求：一是必须坚持马克思主义的立场、观点和方法，坚持马克思主义的基本原理。这一点，要坚定不移，不能含糊。二是一定要贯彻解放思想、实事求是的思想路线，坚持勇于追求真理和探索真理的革命精神。这一点，也要坚定不移，不能含糊。这两个‘坚定不移、不能含糊’，始终是检验我们是不是真正的马克思主义者的试金石。”[6](P537)

其二，必须坚持党的思想路线，弘扬与时俱进的精神。理论创新首先要从实际出发，时代和实际没有提出必须回答的问题，再好听的理论词句都没有存在的价值。以“三个代表”重要思想提出为例，进入20世纪90年代，尤其是在建立和完善社会主义市场经济体制改革的过程中，中国社会出现了许多“实践的发展已迫切要求解答”的问题，如从政治上看待社会经济成分、组织形式、就业方式、利益关系和分配方式日益多样化的形势、党对新的社会阶层应该采取的态度、深化对劳动和劳动价值理论的认识、坚持党的最低纲领和最高纲领的统一，等等。这些问题是人民群众推进改革开放和现代化建设实践中提出的问题，是客观的社会存在。如果党不能把握人民群众的意愿和思想，不能用新的观点从理论上解答这些问题，就不能做到“三个代表”。正如江泽民所指出的，“当今世界和我们所处的时代，同过去相比发生了很多深刻变化。无论从国际还是从国内看，我们都面临着许多新情况新问题，必须从理论上、实践上作出回答并加以解决，否则我们就不能更好地前进。我们必须与时俱进，继续丰富和发展马克思主义。如果因循守旧、停滞不前，我们就会落伍，我们党就有丧失先进性和领导资格的危险。”[7](P335)正因为如此，他号召全党同志特别是高级干部，都要坚持以实际问题为中心这个研究马克思主义的方法，积极开动脑筋，认真思考问题，共同努力把党的理论和实践推向前进。他还反复强调：“‘三个代表’的思想，不是凭空产生的，而是我们十三年来在理论和实践上不断探索和开拓的结果。”[8](P515)

其三，必须坚持走群众路线和集体领导的原则。理论来源于客观存在，来源于实践，而实践的主体在马克思主义看来，是人民群众。所以，马克思主义理论决不是经典作家的个人凭空杜撰，而是对生动活泼的人民群众实践经验的高度概括和总结。中国共产党在十三届四中全会后始终坚持集体领导的原则，充分发扬党内民主和人民民主，重大的理论和实际问题决策都会征求各方面意见。党的领导人更是深入实际，走访群众，调查研究。江泽民曾以“七一”讲话为例说明理论创新坚持走群众路线和集体领导的原则，“七一讲话并不是我个人的，而是我代表中央讲的。我是党的总书记，当然要对这个讲话及讲话中提出的观点负政治责任。对七一讲话，中央进行了长期的充分的酝酿和准备，我也下了很大功夫，做了大量调查研究。对一些重大问题，我思考了近两年时间。讲话稿征求了各方面意见，最后经中央政治局和政治局常委会议集体讨论修改。这个讲话，是经过我们党深入探索、深思熟虑后形成的，是对新的实践的科学总结，集中了全党的智慧，反映了全党的意志。”[9](P334~335)

其四，必须以解决中国的实际问题为出发点和落脚点。马克思主义理论从创立时起，就坚持国际性和民族性的统一，强调“无产阶级反对资产阶级的斗争首先是一国范围内的斗争。每一个国家的无产阶级当然首先应该打倒本国的资产阶级。”[10](P283~284)延安时期，以毛泽东为主要代表的中国共产党人提出了“马克思主义中国化”的问题。改革开放初期邓小平就提出了“建设有中国特色社会主义”的历史命题。这些都表明马克思主义理论只有与民族国家所处的特定历史发展背景相结合，才能有生命力，才能有发展的空间。江泽民同样坚持这一观点，他说：“理论发展是在实践发展的基础上实现的，而我们取得的新认识、新思想、新观点，一定要落实到更好地指导实践上来，落实到发展中国的先进生产力、先进文化，实现和维护中国最广大人民的根本利益上来。我们推进理论创新，就是为了要通过理论创新来推动制度创新、科技创新以及其他各个方面的创新，最终是为了使我们的理论能够更好地指导和推动建设有中国特色社会主义的伟大实践。全党同志要以我国改革开放和现代化建设的实际问题、以我们正在做的事为中心，着眼于马克思主义理论的运用，着眼于对实际问题的理论思考，着眼于新的实践和新的发展，不断在实践中丰富和发展我们的思想理论，不断打开改革发展稳定各项工作的新局面。”[11](P634~635)

其五，必须以彻底的唯物主义者的勇气对待理论创新问题。马克思主义者从来不认为自己提出的某个观点，甚至某个阶段的理论，就是整个科学社会主义理论体系的完结，他们相信未来的共产主义者会用新的实践来丰富和完善他们的理论。在中国共产党的理论发展史上，两次理论上的历史性飞跃都是从破除教条主义的束缚开始实现的。无论是毛泽东还是邓小平，都相信后来的共产党人会用更新的理论来丰富科学社会主义学说。江泽民也是这样。他说：“实践没有止境，创新也没有止境。我们要突破前人，后人也必然会突破我们。这是社会前进的必然规律。我们一定要适应实践的发展，以实践来检验一切，自觉地把思想认识从那些不合时宜的观念、做法和体制的束缚中解放出来，从对马克思主义的错误的和教条式的理解中解放出来，从主观主义和形而上学的桎梏中解放出来。要坚持马克思主义的基本原理，又要谱写新的理论篇章，要发扬革命传统，又要创造新鲜经验。善于在解放思想中统一思想，用发展着的马克思主义指导新的实践。”[12](P538)

江泽民提出的上述原则不但体现了以他为主要代表的当代中国共产党人在理论创新问题上坚定的马克思主义原则立场，更凸显了他们解放思想、实事求是、与时俱进、开拓进取的精神风貌，反映了他们巨大的政治和理论勇气。这也为中国共产党人在新世纪新形势下继续推进马克思主义中国化，进行新的理论创新活动，明确了原则要求，开辟了广阔空间。

三、理论创新的重要环节

理论创新的目的在于用新的理论指导新的实践，使新的理论形态转变为群众的、物质的力量。如何达到这一目的？江泽民认为“以科学的思想武装人”是其重要的环节，即通过反复深入的学习，使理论入心入脑；经过理论与实际相联系，达到主观世界与客观世界相统一。

在党的十三届四中全会到十六大期间，以江泽民为核心的党中央对全党的理论学习工作极其重视。江泽民认为：

其一，从宏观看，人类历史发展的事实告诉人们，任何一个政党，任何一个国家，任何一个民族，如果放弃了学习，特别是没有特定的精神支柱、理论指导，肯定没有长久生存、发展的希望。当今的中国共产党人应该用宽广的眼光观察世界和自己的实践，坚持刻苦学习党领导人民在长期奋斗中积累的丰富经验，学习一切反映当代世界发展的新知识，学习做好工作所必需的一切知识，尤其是要认真学习马克思主义理论，把它放在一切学习活动的首要和指导位置上，才能肩负起历史赋予党的重任，创造新的辉煌。

其二，从提高党员干部，特别是领导能力、工作能力和理论素养看，理论学习是一条重要的途径。“学习和研究马克思主义理论，是提高党的工作的科学性、预见性的根本途径。”“对于领导干部，需要提出更高的、更严格的要求。要向同志们讲清楚，是否认真学习，是否通过学习和通过工作实践真正提高了自己的马克思主义理论素养，是有没有党性的重要表现。”[13](P719)

其三，从党员干部提高自身的政治、道德修养看，加强理论学习是关键的环节。他强调，理论素质是领导干部思想政治素质的灵魂，讲学习是讲政治、讲正气的前提和基础。党员干部的理论学习不仅仅是一种理论知识的学习，更重要的是一项重要的政治任务。越是经济建设和日常事务繁忙的时候，越要学习马列主义、毛泽东思想，越要关心政治，关心人的思想和精神状态，否则不但会在日益复杂的斗争中迷失方向，还会出现作风不纯，乃至堕落、腐败、犯罪等问题。“所有的党员、干部特别是领导干部都要坚持学习马克思列宁主义、毛泽东思想、邓小平理论，坚持讲学习、讲政治、讲正气，着力于在解决世界观、人生观、价值观问题上下功夫，坚定理想信念，增强走建设有中国特色社会主义道路的自觉性和坚定性。”[14](P190~191)

其四，在对待理论学习的态度问题上，江泽民针对党内部分干部身上存在的形式主义等学风不正的现象提出了尖锐的批评。他要求党员干部对理论学习，一要挤时间，二要钻进去。特别是各级领导干部要增强学习理论的自觉性，在这方面要起带头作用。“大家都要学习、学习、再学习。应当学会毛泽东同志所提倡的‘挤’与‘钻’的精神，先挤出时间来学习，然后再钻研进去。没有一股自觉的‘挤’劲与‘钻’劲，是学不好的。我再三讲，我们的领导干部，应该少搞一点卡拉 OK，少搞一点应酬活动，多搞一点学习。自己掌握的知识多了，学问多了，精神境界也就会高起来。”[15](P189~190)

在理论联系实际的理论学习根本方法问题上，江泽民继承了毛泽东、邓小平的观点和立场，突出了这一方法的现实重要性，并结合党内的实际情况和中国社会主义现代化建设的实践活动丰富了毛泽东、邓小平的观点。

其一，关于坚持理论联系实际学风的必要性。江泽民认为：（1）这是马克思主义理论本身的要求。马克思主义是科学，它始终严格地以客观事实为根据。而客观世界和人们的实践活动又始终处于发展变动中，所以，马克思主义也必定随着时代、实践和人类的认识发展而不断发展。这就要求真正的马克思主义者在学习和运用马克思主义理论的时候，要从马克思主义的基本理论原则，立场、观点、方法出发来研究和解决现实的问题，并且在解决的过程中，发展马克思主义理论。（2）这是中国共产党的好传统、好作风、好学风，也是一个特定的优势。它由毛泽东为主要代表的中国共产党人在革命斗争中总结出来，邓小平为主要代表的中国共产党人在改革开放时期进一步确认，并且为革命胜利、建设成就、改革辉煌所证实，所以在新的形势下仍然必须坚持理论联系实际的学风、思想方法、工作方法，并将之弘扬光大。（3）这是党员干部，特别是党员领导干部必须树立的学风。有了这种学风，他们才能在改造客观世界的实践中，努力改造主观世界，坚定理想信念，坚持党的根本宗旨，养成为人民的利益甘于奉献的精神，也才能经得起客观环境变化和各种风浪的考验。

其二，关于坚持理论联系实际学风的时代要求。延安时期，毛泽东提出了改造学风的正确方法的原则要求，即“应确立以研究中国革命实际问题为中心，以马克思列宁主义基本原则为指导的方针，废除静止地孤立地研究马克思列宁主义的方法”。[16](P802) 江泽民继承和发挥了这一论断，提出了“一个中心、三个着眼于”的原则要求，即“一定要以我国改革开放和现代化建设的实际问题、以我们正在做的事情为中心，着眼于马克思主义理论的运用，着眼于对实际问题的理论思考，着眼于新的实践和新的发展”。[17](P12)

他认为，离开中国实际和时代发展来谈马克思主义，没有意义；静止地孤立地研究马克思主义，把马克思主义同它在现实生活中的生动发展割裂开来、对立起来，没有出路。马列主义、毛泽东思想、邓小平理论、“三个代表”重要思想是一脉相承的统一的科学体系，坚持了“三个代表”重要思想就是真正坚持了马列主义、毛泽东思想、邓小平理论。因为它是对马克思主义理论的继承和发展，反映了世界和中国发展变化对党和国家工作的新要求。它的提出推进了马克思主义中国化的历史进程。

总之，在理论创新的重要环节方面，江泽民认为，全党特别是党的各级领导干部首先要认真地系统地学习马克思主义的著作，把握马克思主义基本理论的体系，分析问题、解决问题的立场、观点和方法，深刻理解马克思主义的精神实质；其次对马克思主义经典作家著作的学习和运用，不能搞照抄照搬的教条主义、本本主义，要采取实事求是的态度，一切都要从中国的国情出发，从中国特色社会主义建设的实际出发；再次，要在实践中，走群众路线，总结人民群众的实践经验，并将这些经验性的认识进行理论化分析，以其结论性的论断丰富发展马克思主义的理论体系。

党的十六大后，中国共产党人在以胡锦涛为总书记的党中央领导下，紧密结合新世纪新阶段国际国内形势的发展变化，在总结全党全国各族人民实践经验和智慧的基础上，提出了树立和落实科学发展观、构建社会主义和谐社会、建设社会主义新农村、加强党的先进性建设等重大战略思想和重大战略任务。这些无疑是在邓小平理论和“三个代表”重要思想指导下中国共产党人理论创新的最新成就，它们在新的历史条件下把马克思主义的中国化推向了新的境界。

参考文献：

[1] 江泽民文选，第1卷［M］．北京：人民出版社，2006.

[2] 江泽民．深入学习邓小平理论［J］．求是，1998，(4)．

[3] 毛泽东文集，第3卷［M］．北京：人民出版社，1996.

[4] 江泽民文选，第3卷［M］．北京：人民出版社，2006.

[5] 江泽民论有中国特色社会主义（专题摘编）［M］．北京：中央文献出版社，2002.

[6] 江泽民．论党的建设［M］．北京：中央文献出版社，2001.

[7] 马克思恩格斯选集，第1卷［M］．北京：人民出版社，1995.

[8] 十三大以来重要文献选编，中［M］．北京：人民出版社，1991.

[9] 江泽民文选，第2卷［M］．北京：人民出版社，2006.

3. “三个代表”重要思想对中国特色社会主义的新认识和新视角

周治滨，《中共四川省委党校学报》2008年第4期

胡锦涛《在〈学习江泽民文选〉报告会上的讲话》中指出，“‘三个代表’重要思想最鲜明的特点和最突出的贡献，在于用一系列紧密联系、相互贯通的新思想、新观点、新论断，进一步回答了什么是社会主义、怎样建设社会主义的问题，深化了我们对建设中国特色社会主义规律的认识。”他还指出：“‘三个代表’重要思想紧密结合时代发展的新形势、我国广大人民群众的新要求、我国改革开放和社会主义现代化建设的新实践，在什么是社会主义、怎样建设社会主义这个根本问题上形成了富有独创性的理论成果。”[1]

“三个代表”重要思想在哪些方面继承和发展了毛泽东思想和邓小平理论，并在对中国特色社会主义的认识上形成了一系列富有独创性的理论成果呢？

1. 对邓小平社会主义本质理论作了重要补充

提高和深化了我们党对社会主义的认识。邓小平的社会主义本质理论，是我们党再认识社会主义的一个十分重要的理论成果。这个理论成果使我们摆脱了长期以来形成的局限于从生产关系和制度特征及其某种表现形式认识社会主义的思维习惯，将我们党对社会主义的认识提升到了一个新的水平。但是，邓小平对社会主义本质的表述有一个缺陷，即只强调了共同富裕，对人的其他发展没有涉及。

虽然有的同志将共同富裕扩展解释为包括精神文化的富足和繁荣，但从词义学角度看，共同富裕主要是指物质生活的一种状态，因而扩展解释显得比较勉强。有鉴于此，2001年7月1日，江泽民同志在建党80周年讲话中对邓小平的社会主义本质理论作了重要补充。他指出：“我们进行的一切工作，既要着眼于人民现实的物质文化生活需要，同时又要着眼于促进人民素质的提高，也就是要努力促进人的全面发展。这是马克思主义关于建设社会主义新社会的本质要求。”[2]

江泽民这一补充十分重要。它使我们党对社会主义本质的表述更全面，认识更深刻。在马克思恩格斯认识社会主义的多重视角中，以人的解放程度为中心，探讨社会主义的核心价值，论证社会主义的特殊性，是他们最重要的视角。他们认为，人的自由而全面发展，是社会主义最重要的价值取向，也是最能说明他们对未来社会看法的最具代表性的表述。马克思恩格斯从来坚持，社会主义或共产主义运动是为绝大多数人谋利益的运动，但这里讲的利益，绝不仅仅指物质利益，而是建立在物质利益基础上的人的全面发展。所以，他们说：社会主义就是“在保证社会劳动生产力极高度发展的同时又保证每个生产者个人最全面的发展的这样一种经济形态”[3]，是“以每一个个人的全面而自由的发展为基本原则的社会形式”[4]。可见，江泽民的补充，与马克思恩格斯对未来社会的看法的基本精神是完全吻合的，使我们党对社会主义的认识又上升到了一个新的高度。

2. 对邓小平发展理论作了重要补充，提高和深化了我们党对发展问题的认识

邓小平十分重视发展问题，一再强调“发展才是硬道理”，这构成了邓小平理论的一个重要内容和鲜明特点。但是，邓小平当时讲的发展，

主要是经济发展。他自己也是这么说的。他指出："抓住时机，发展自己，关键是发展经济。"[5]邓小平将经济发展放在发展的中心位置，作为发展的主要内容，是完全正确的。这种正确，不仅在于经济发展是其他发展的基础，还在于刚刚从"文革"灾难中走出的中国，当时面临的最迫切问题，就是经济建设和经济发展非常不够的问题。但是，在经过了十几年的改革开放和现代化建设以后，新的问题又开始出现，如收入差距问题、地区和城乡差距问题、生态环保问题、思想道德和文化建设问题等等。正如邓小平指出："过去我们讲先发展起来。现在看，发展起来以后的问题不比不发展时少。"[6]针对发展过程中出现的这些新问题以及发展任务、发展重点的阶段性变化，江泽民对邓小平的发展理论作了多方面的重要补充。一是进一步强调了发展的重要性，提出"发展是党执政兴国的第一要务"的重要命题，强调对于发展过程中出现的问题，只能通过发展去解决；二是在坚持发展必需以经济建设为中心的同时，指出发展是包括经济、政治、文化在内的全面发展；三是将人的全面发展作为发展的一项重要内容提了出来，并将其上升到了社会主义本质的高度。

江泽民对邓小平发展理论的重要补充，使我们党的发展观由比较偏重于经济的发展观，发展成为包括社会发展和人的发展两个方面在内的全面发展观。

社会发展主要指经济、政治、文化的发展，其成果表现为社会物质文明、政治文明、精神文明的进步。人的发展主要指人的素质、能力、自由个性、个人需要和社会关系的发展，其成果表现为人的思想道德素质和科学文化素质的提高。社会发展是人的发展的基础和条件，人的发展是社会发展的目的，同时又反过来推动和促进社会发展。二者是一个相互结合、相互促进的历史过程。只有将社会发展和人的发展两个历史过程有机统一起来，相互结合、相互促进，人类社会才能不断向前发展，中国特色社会主义伟大事业才能取得最终胜利。正如江泽民在建党80周年的讲话中指出："推进人的全面发展，同推进经济、文化的发展和改善人民物质文化生活，是互为前提和基础的。人越全面发展，社会的物质文化财富就会创造得越多，人民的生活就越能得到改善，而物质文化条件越充分，又越能推进人的全面发展。""这两个历史过程应相互结合、相互促进地向前发展。"[7]

3. 提出了社会主义市场经济概念，提高和深化了我们党对社会主义经济理论的认识

社会主义可以搞市场经济，这是邓小平提出来的一个十分重要的论断。在邓小平之前，人们的普遍认识是社会主义要消灭商品、货币、市场，搞计划经济，并把是搞市场经济还是计划经济看作是区分社会主义和资本主义的重要标志。马克思恩格斯就不用说了，他们的观点一直很明确：社会一旦占有全部生产资料，商品、货币就应该退出历史舞台，由社会直接组织有计划的生产。列宁虽然提出了新经济政策，强调发挥商品、货币、市场的作用，但主要是针对取得无产阶级革命胜利的经济文化比较落后的国家，作为向社会主义迂回过渡的方法和路径选择，至于社会主义社会还要不要商品、货币、市场，他还没来得及研究，但他至少在《论黄金在目前和在社会主义完全胜利后的作用》中表述过未来共产主义社会还是要消灭商品、货币的思想。斯大林则只承认在社会主义时期，消费资料的生产和交换具有商品的外壳，生产资料的生产和交换只能通过计划。至于毛泽东，虽然也曾讲过"价值规律是个伟大的学校"，要注意发挥价值规律的作用，但他的主导思想是要消灭商品和商品生产，要使资本主义和小生产在中国"绝种"。所以，社会主义可以搞市场经济，这在马克思主义发展史上是第一次，是邓小平同志对社会主义经济理论的重大突破和贡献。

但是，邓小平只讲了社会主义可以搞市场经济，并没有讲怎么搞，也没有给出一个科学概念。所以，当邓小平提出社会主义可以搞市场经济以后，以江泽民为核心的第三代领导集体首先面临的一个问题，就是对此如何建立一个科学的理论概念的问题。带着对这个问题的思考，江泽民在十四大前，在征求了邓小平的意见和30个省区市领导同志的意见后，在党的十四大上正式提出了"社会主义市场经济"这个概念，指出："我国经济体制改革的目标是建立社会主义市场经济体制"。并强调："我们搞的市场经济，是同社会主义的基本制度紧密结合在一起的。""'社会主义'这几个字是不能没有的"，"这是'画龙点睛'，就是点明我们市场经济的性质"，"我们的创造性和特色也就体现在这里"。在这之后，在江泽民的主持下，党的十四届三中全会通过了《中共中央关于建立社会主义市场经济体制若干问题的决定》，对怎样发展社会主义市场经济进行了总体规

划，提出了基本框架。从而解决了邓小平没有解决完的问题，将我们党对社会主义经济理论的认识提升到了一个新的水平，为我国的经济体制改革明确了目标，指明了方向，规划了蓝图，指出了路径，具有十分重要的理论和现实意义。

4. 对社会主义所有制和分配制度作了新的解释，提高和深化了我们党对社会主义基本经济制度的认识

社会主义基本经济制度应该怎样？在社会主义初级阶段应该怎样搞？这也是20世纪社会主义建设实践中长期以来没有完全搞清楚的问题。改革开放以前，普遍的观念是“一大二公三纯”，认为公有制的规模越大、程度越高、纯度越纯就越好。改革开放以后，邓小平提出以公有制为主体，多种经济成分共同发展，这对过去的“一大二公三纯”是一个很大突破，有力地支持了改革开放初期非公经济的发展。但当时这还只是一个政策，还没有上升到基本经济制度层面，同时，对公有制为主体的含义也没有一个科学、量化、可供操作的解释。十四大以后，在社会主义市场经济的推动下，公有制以外的各种经济成分发展更为迅猛，在国民经济中的比重越来越大，同时原有的国有企业的管理体制和组织形式越来越表现出与市场经济不相适应，这些都客观上提出了对公有制的主体地位及其实现形式进行新的解释和新的探索的任务。

正是在这样的背景下，以江泽民为核心的党的第三代领导集体，根据新的实践，大胆突破传统观念的束缚，对社会主义社会的所有制结构和实现形式、社会主义社会的分配制度和分配结构作出了一系列新的科学解释。一是明确提出公有制为主体、多种所有制经济共同发展是“我国社会主义初级阶段必须长期坚持的一项基本制度”，将公有制为主体、多种经济成分共同发展由政策层面上升到基本经济制度层面，极大地解除了各级干部，也包括民营企业家们大力发展非公经济的顾虑，迎来了非公经济大发展的高潮；二是提出“要全面认识公有制经济的含义”，指出：“国营经济的主导作用，主要体现在控制力上”；公有制为主体，是指全国范围，不但要看数量，主要看质量；公有制经济包括国有制经济、集体经济、国有控股企业、其他经济成分中的公有制经济；三是提出探索公有制经济的多种实现形式，提出“公有制的实现形式可以而且应当多样化，一切反映社会化生产规律的经营方式和组织形式都可以大胆利用”；股份制是现代企业的一种资本组织形式，“资本主义可以用，社会主义也可以用”；鼓励发展劳动者的劳动联合和资本联合的集体经济；四是提出“把按劳分配和按生产要素分配结合起来，坚持效率优先、兼顾公平”；“允许和鼓励资本、技术等生产要素参与收益分配”，等等。

江泽民同志对社会主义所有制和分配制度问题的这些新认识，都是长期困扰社会主义国家经济建设和社会发展最为敏感的重大经济理论问题，是对马克思主义社会主义所有制理论和分配理论的重大突破，极大地提高和深化了我们党对社会主义基本经济制度的认识，有力地推进了我国经济体制改革的深入和现代化建设的发展。江泽民同志自己也说道：“这些理论问题的重要突破，对建设有中国特色社会主义事业的发展具有深远的指导意义。”[8]

5. 对党和国家的大政方针进行了新思考和新部署，提高和深化了我们党对中国特色社会主义发展道路和发展战略的认识

针对深化改革和加快发展出现的新问题，江泽民对党和国家的大政方针进行了深入系统的思考，对改革开放和现代化建设作出了新的部署和安排。

一是在事关党和国家工作全局的指导方针问题上，深刻论述了正确处理好改革、发展、稳定三者关系，事关党和国家工作的全局，指出：“改革、发展、稳定三者存在着不可分割的关系。发展是硬道理。中国解决所有问题的关键要靠自己的发展”；“改革是经济社会发展的强大动力”，改革的“决定性作用不仅在于解决当前经济社会发展中的一些重大问题，推进社会生产力的解放和发展，还要为下世纪我国经济持续发展和国家长治久安打下坚实的基础”；“稳定是发展和改革的前提”，“没有稳定的政治和社会环境，一切无从谈起，多么好的规划、方案都将难以实现。”强调一定要“善于统观全局，精心谋划，从整体上把握改革、发展、稳定之间的内在关系，做到相互协调、相互促进。”[9]必须把改革的力度、发展的速度和社会可以承受的程度统一起来，把人民群众的利益实现好、维护好、发展好，“这是正确处理改革、发展、稳定关系的结合点”，“是关键”。江泽民这些论述，既是对社会主义建设规律认识的深化，也是对党执政规律的深化。十三届四中全会以来，我国能够在社会大变革的历史时期，既进行了有力度的改革，实现了高速发展，又长

期保持了社会稳定，这在中国历史上是少有的。能够取得这样好的结果，首先是在于我们党在对改革、发展、稳定关系的处理上有了清醒的理论认识和正确的方针指导。

二是在经济建设的发展方针问题上，提出“要走既有较快发展速度又有较高质量的发展路子”，作出实现经济体制和经济增长方式“两个转变”的战略决策，提出扩大内需，要求把经济发展建立在主要依靠国内市场的基础上。特别是在十五届五中全会上提出：以发展为主题，以结构调整为主线，以改革开放和科技进步为动力，以提高人民生活水平为出发点，全面推进经济发展和社会进步的新世纪中国特色社会主义建设方针，确定了以信息化带动工业化，走新型工业化道路，实现国民经济的跨越式发展的道路。这些观点，成为十五计划的指导思想，对新世纪我国的经济发展产生了深远的影响。

三是在现代化发展战略问题上，发展了邓小平小康社会思想和“三步走”战略，提出和规划了新世纪第三步战略目标的具体步骤，以及抓住前20年战略机遇期，全面建设小康社会的奋斗目标，并先后提出了西部大开发战略、可持续发展战略、科教兴国战略、“引进来”和“走出去”相结合的新的对外开放战略等等，对统一全党思想，明确新世纪我国的发展思路和发展战略，推进我国现代化建设的顺利发展产生了重要作用。

6. 提出以改革的思路、改革的精神全面推进党的建设新的伟大工程，提高和深化了我们党对新时期、新阶段执政党建设规律的认识

中国共产党是中国特色社会主义事业的领导核心，是我国改革开放和现代化建设顺利进行的根本保证。针对在长期执政以及改革开放和发展社会主义市场经济条件下党的建设暴露出来的突出问题，江泽民在深刻总结苏共以及其他一些长期执政的大党、老党丧失政权的经验教训的基础上，向全党提出了以改革精神全面推进党的建设新的伟大工程历史使命，并围绕如何以改革精神全面推进党的建设新的伟大工程提出了一系列独创性的理论观点。其基本思路是党的建设必须按照党的政治路线来进行，围绕党的中心任务来展开，朝着党的建设总目标来加强。其主要内容，概括起来是“五个二”。

一是提出了“两个转变”的思想。指出我们党已经从领导人民为夺取政权而奋斗的党，成为领导人民掌握全国政权并长期执政的党；已经从受到外部封锁和实行计划经济条件下领导国家建设的党，成为对外开放和发展社会主义市场经济条件下领导国家建设的党。江泽民概括的这“两个转变”，对我们党目前的历史方位进行了科学定位，既明确了新的历史条件下党面临的主要任务，又集中地指出了党在今天面临的全部挑战和考验，为我们深入研究新的历史条件下党的建设规律和执政规律明确了方向。

二是提出了“两个先锋队”的思想。指出中国共产党既是中国工人阶级的先锋队，同时也是中国人民和中华民族的先锋队。党既要为工人阶级利益而奋斗，又要为中国人民和中华民族的利益而奋斗。“两个先锋队”思想的提出，有十分重要的理论和现实意义。理论上讲，它把党的阶级性与民族性、先进性与人民性有机结合在一起，为我们理直气壮地坚持国际主义和爱国主义的统一，彻底克服当年第三国际和苏共给我们扣上的“民族主义”帽子的担心提供了理论依据；现实性看，它一方面有利于我们克服过分强调党的阶级性、先进性而忽视对党的人民性、群众性要求，把党变成一个脱离广大人民群众的孤家寡人的组织的片面性错误，另一方面有利于我们克服过分强调党的普遍代表性和基础的广泛性而模糊党的阶级性质，把党变成所谓的“全民党”的片面性错误，使我们党在任何时候都既能保持党的阶级性和先进性，又同时能够具有广泛的代表性和群众基础。

三是提出了“两个纲领相统一”的思想。指出我们党是最低纲领和最高纲领的统一论者。最低纲领和最高纲领都是党的先进性的体现，只是在不同的发展阶段有不同的内容要求。坚持了最低纲领和最高纲领的统一，就具体地、历史地坚持和实践了党的先进性。“两个纲领相统一”思想的提出，为我们党切实纠正空想主义的危害，坚持从社会主义初级阶段的实际出发，制定切合实际的目标和政策，采取灵活的战略策略，领导全国人民扎扎实实地做好眼前的工作，同时又朝着远大理想一步一步前进提供了正确的理论指导。

四是提出了“两个基础”的思想。指出必须坚持增强党的阶级基础和扩大党的群众基础的统一。“两个基础”思想的提出，具有很强的针对性和现实性。改革开放以来，我国的社会阶层结构发生了很大变化，出现了大量新的社会阶层，同时，工人阶级、农民阶级、知识分子内部也在发生变化。根据世界各国现代化的规律，随着现代化的进行，这个变化还将进一步继续下去。如何应对这种变化，是新的实践对我们党提出的新挑战。“两个基础”思想的提出，为我们应对这个问题提供了理论指导。它告诉我们，越是改革开放、发展社会主义市场经济，越要注意依靠工人阶级，增强党的阶级基础，同时又不能搞“闭门主义”，将其他社会阶层的优秀分子拒之于党的大门之外。其他新的社会阶层也是中国特色社会主义事业的建设者，他们中的优秀分子也可以成为中国共产党党员，判断的标准，不是看财产收入的多少，而是主要看其政治表现，从而不断扩大党的群众基础，不断提高党的社会影响力。

五是提出了解决“两大历史性课题”的思想。指出提高党的领导水平和执政水平、提高拒腐防变和抵御风险能力，是新时期、新阶段党面临的两大历史性课题。“两大历史性课题”的提出，抓住了党的建设当前存在的主要问题和主要矛盾，明确了党的建设的主要任务和重点、难点，为我们全面推进党的建设新的伟大工程指明了方向，提供了科学的理论指导。

除了以上六个大的方面以外，“三个代表”重要思想还在政治建设、文化建设、民族问题、宗教问题、统一战线、祖国统一、国防外交等方面，形成了许多新的认识。如在政治建设方面，提出了发展社会主义政治文明和建设社会主义法治国家；在文化建设方面，提出了始终代表先进文化的前进方向和努力建设面向现代化、面向世界、面向未来的，民族的科学的大众的社会主义文化；在宗教问题上，提出了引导宗教为社会主义服务，纠正了长期把宗教视为社会主义的异类的僵化思维；在祖国统一问题上，提出了发展两岸关系，促进祖国和平统一的“八条方针”，等等。这些新认识和新观点进一步深化了我们党对社会主义发展规律的认识，也进一步充实了“三个代表”重要思想理论宝库，都是我们在新世纪建设中国特色社会主义事业需要长期坚持的指导思想。

“三个代表”重要思想不仅在对中国特色社会主义的认识上形成了一系列独创性的理论观点，而且也在认识论和方法论上表现出一些新的特点和创新，为我们在马列主义、毛泽东思想、邓小平理论和“三个代表”重要思想的旗帜下，继续深化对中国特色社会主义的认识，继续探索中国特色社会主义的发展规律提供了认识论和方法论上的有益启示。

1. 强调以时代眼光来认识社会主义，不断推进社会主义理论的繁荣和创新

以时代眼光来认识社会主义，就是要坚持以反映时代特征和实践要求的科学理论和政策来指导实践，并根据时代发展的要求和实践中的新鲜经验不断推进理论的繁荣和创新，不断深化对社会主义的理性认识。江泽民十分强调以时代眼光来认识社会主义。他指出，与时俱进是马克思主义的理论品质，“与时俱进，就是党的全部理论和工作要体现时代性，把握规律性，富于创造性。能否始终做到这一点，决定着党和国家的前途命运。”[10]为什么江泽民十分强调“党的全部理论和工作要体现时代性”呢？这是因为，当今世界和我们所处的时代，同过去相比已经发生了很多深刻变化，中国特色社会主义实践也不断地在提出大量新问题，如果因循守旧，停滞不前，党就会落伍，就会有丧失先进性和领导资格的危险。所以，江泽民强调：“坚持与时俱进，就一定要看到《共产党宣言》发表一百五十多年来世界政治、经济、文化、科技等发生的重大变化，一定要看到我国社会主义建设发生的重大变化，一定要充分估计这些变化对我们党执政提出的严峻挑战和崭新课题。”[11]因此，全党一定要紧跟时代发展的潮流，坚持用时代发展的要求来审视自己，不断研究新情况，解决新问题，形成新认识，不断推进理论的创新，并用理论的创新推进制度和实践的创新。只有这样，我们才能始终走在时代的前列。

2. 强调以先进性标准来审视社会主义，不断推进社会主义制度的改革和完善

江泽民在党的十六大报告中指出：贯彻“三个代表”重要思想，“核心在坚持党的先进性”。[12]其实，在江泽民看来，先进性不仅是对党的要求，也是对社会主义的要求。社会主义所以能够战胜资本主义，所以能够代表人类社会的发展趋势，不是因为社会主义有别于资本主义，而是因为社会主义比资本主义更优越，也就是说更先进。党的先进性不是抽象的，而是具体的。它既体现于党自身组织、队伍、作风、指导思想的先进性，也体现在党所从事的事业的先进性。二者是统一的。不能设想，一个逆历史潮流而行的政党会是一个先进政党；同样也不能设想的是，一个政治上、组织上、作风上都十分先进的政党，会去从事逆历史潮流的事情。所以，江泽民这里讲的先进性，既包括对党自身的先进性要求，也包括对党所从事的中国特色社会主义建设事业的

先进性要求。具体讲就是：

一是要求中国特色社会主义的生产关系、生产方式和经济体制一定要符合先进生产力发展的要求，如果不符合，就要对其进行改革和完善；二是要求中国特色社会主义的意识形态和文化建设、文化体制一定要符合先进文化的前进方向，如果不符合，就要对其进行创新，进行改革；三是要求中国特色社会主义建设的所有方针、政策、发展战略等，都必须符合中国最广大人民的根本利益，以中国最广大人民的根本利益作为出发点和归宿。只有做到了这三点，中国特色社会主义才有可能是先进的，能够得到广大人民群众拥护和支持，并最终战胜资本主义的社会主义。

3. 强调从规律性角度来总结社会主义，不断开拓社会主义发展的新路子

江泽民十分强调从规律性角度来总结社会主义。他指出："作为一个马克思主义的政党，必须始终注重总结历史，善于运用辩证唯物主义和历史唯物主义的世界观、方法论，从对历史规律的不断认识和把握中找到指导我们前进的正确方向、道路与经验，不断开辟未来发展的新境界。"[13] 基于此，他在2001年建党80周年的讲话中向全党提出了认真研究共产党执政规律、社会主义建设规律、人类社会发展规律三大规律的任务。

江泽民在这个时候提出这个问题是有所指的。本来，科学社会主义是最讲规律的。科学社会主义两大理论基石之一的辩证唯物主义和历史唯物主义，就是专门讲客观规律和社会发展规律的。但是，在20世纪的社会主义建设实践中，包括中国在内的所有社会主义国家都或多或少地犯了不少违背客观规律和社会发展规律的错误。其主要表现：一是超阶段冒进，赫鲁晓夫提出20年建成共产主义，我们党提出15年超英赶美；二是不尊重自然规律，唯意志论，相信"人定胜天"，提出"向地球开战"，大搞围湖造田、毁林开荒等等；三是不注意研究社会主义的内在矛盾，迷信公有制和计划经济，以为公有制和计划经济自然能够适应现代化大生产的发展，长期排斥和拒绝资本主义国家已经被实践证明符合现代化大生产发展的生产组织形式和管理方式。这三个方面的错误给各社会主义国家的现代化建设造成了很大损失，严重地影响了社会主义优越性的充分发挥。特别是第三个方面的错误，如果说第一、第二个方面的错误，在我党作出我国正处于和还将长期处于社会主义初级阶段的科学判断后已经得到有效纠正的话，第三个方面的错误却至今都还在影响我们事业的发展。其表现，就是对党的十四大确定的社会主义市场经济体制改革目标，以及积极运用西方国家符合现代生产力发展的生产组织形式和管理方式，发展多种经济成分等等，持消极甚至批判态度，认为是搞了资本主义。江泽民关于研究三大规律的要求，就是在这个背景下提出来的。他告诉我们，社会主义的优越性，不会因为你姓"社"就自然优越。社会主义的优越性是建立在人类社会普遍发展规律和人类社会普适性价值基础之上的，离开了人类社会的共同发展规律和人类社会的普适性价值，社会主义的优越性就只能是一种空想。

江泽民认识社会主义的这三个视角或特点，具有内在的统一性。坚持从规律性角度总结社会主义，是认识社会主义的基础或前提；坚持用时代眼光认识社会主义，是认识社会主义的主要方法；坚持用先进性标准审视社会主义，是认识社会主义的价值取向。离开规律来谈社会主义，社会主义会陷入空想；脱离时代来谈社会主义，社会主义会停滞不前；离开先进性来谈社会主义，社会主义会失去标准。规律性、时代眼光、先进性标准，三者构成一个有机整体，给我们继续深化对社会主义的认识，不断拓展社会主义建设和发展的新路子提供了重要的方法论启示。

参考文献：

[1] 胡锦涛. 在学习《江泽民文选》报告会上的讲话，《学习活页文选》，2006（23）：28、29.

[2] 江泽民. 在庆祝中国共产党成立八十周年大会上的讲话，《论党的建设》，中央文献出版社，2001.1：523.

[3] 马克思恩格斯全集（第25卷），人民出版社，2001.2：145.

[4] 马克思恩格斯全集（第44卷），人民出版社，2001.2：683.

[5] 邓小平文选（第3卷），人民出版社，19933.1：375.

[6] 中共中央文献研究室. 邓小平年谱（1975 ~ 1997）下册，中央文献出版社，2004.1.1364.

[7] 江泽民文选（第3卷），人民出版社，2006.1：295.

[8] 江泽民文选（第3卷），人民出版社，2006.1：295.

［9］转引自冷溶．“三个代表”重要思想的时代背景与实践基础，中宣部《学习活页文选》，2004（5~6）：49.

［10］江泽民文选（第1卷），人民出版社，2006.1：461.

［11］中国共产党第十六次全国代表大会文件汇编，人民出版社，2002.12.

［12］江泽民论加强和改进执政党建设（专题摘编），中央文献出版社，2004.1：125.

［13］中国共产党第十六次全国代表大会文件汇编，人民出版社，2002：11~12.

［14］江泽民．论党的建设，中央文献出版社，2001.1：359.

4. 从《江泽民文选》看“三个代表”重要思想的形成和发展

赵永振，《理论界》2008年第4期

列宁说，要想理解一种科学理论，最好的办法是深入研究它的形成过程。《江泽民文选》收入了江泽民同志1980年8月特别是从1989年6月~2004年9月这段时间内的报告、讲话、谈话、文章、批示等各类重要文献203篇，“全面反映了‘三个代表’重要思想孕育、形成、发展的历史轨迹”。“三个代表”重要思想的形成和发展过程，大体上经历了酝酿、明确提出并走向成熟和丰富发展这样三个既相互区别、又紧密联系的阶段。

一、酝酿阶段（1989年6月~2000年1月）

江泽民同志提出按照“三个代表”的要求，全面加强和改进党的建设，是经过了长期思考的。20世纪80年代末90年代初，国际国内局势发生了巨大变化，新的形势对作为在社会主义中国执政的中国共产党提出了新的更高的要求。

1989年12月29日，江泽民在中宣部等四部门在中央党校联合举办的党建理论研讨班上发表讲话指出：“中国共产党从诞生之日起，就明确宣布自己是中国工人阶级的先锋队。”这是因为工人阶级“同现代化大工业紧紧联系在一起，有严格的组织性、纪律性，富于革命的坚定性和彻底性，能够以解放全人类为己任，代表先进生产力和生产关系，代表全体人民的根本利益。工人阶级的这种历史地位和作用，是任何别的阶级所无法取代的”。中国工人阶级是党的阶级基础。在新的情况下，要加强和改进党的建设，保证社会主义中国能够经受住任何风浪的考验，永远立于不败之地，“最根本、最重要的就是一定要坚持把我们党建设成为马列主义、毛泽东思想武装的更加坚强的中国工人阶级的先锋队”。这是“我们现阶段加强党的建设必须遵循的根本指导思想和前进目标”。在此，江泽民虽然没有明确提出“三个代表”的思想，但在他看来，党要坚持工人阶级先锋队的性质，就必须“代表先进生产力和生产关系，代表全体人民的根本利益”。这标志着“三个代表”重要思想已经开始孕育。

1991年7月1日，江泽民在庆祝中国共产党成立70周年大会上发表讲话，强调“有中国特色社会主义的经济、政治、文化，是有机统一、不可分割的整体”。因此，党要在理论上更加成熟起来，就必须把当代重大的经济、政治和文化等问题综合起来进行探讨和解决。并指出：我们是在社会主义制度下发展生产力的。在这个过程中，既要承认生产力在社会发展中的最终决定作用，又要“高度重视精神对物质，社会意识对社会存在、生产关系对生产力、上层建筑对经济基础、政治对经济的巨大反作用，不能忘记这个辩证唯物主义和历史唯物主义的原理”，以“保证有中国特色社会主义的经济、政治、文化协调发展”。这些论述为党如何代表先进生产力、先进文化和人民群众利益做了理论上的铺垫。

1992年10月，党的十四大提出“我国经济体制改革的目标是建立社会主义市场经济体制，以利于进一步解放和发展生产力”。这标志着我国的社会主义改革开放和现代化建设事业进入了一个新的发展阶段，促进了“三个代表”重要思想的形成。

1997年9月，党的十五大报告在阐述“面向新世纪的中国共产党”这个具有鲜明时代特征的党建命题时，第一次郑重提出了要把我们党“建设成为一个什么样的党、怎样建设党”的问题，并进一步明确了党的建设新的伟大工程的总目标，“就是要把党建设成为用邓小平理论武装起来、全心全意为人民服务、思想上政治上组织上完全巩固、能够经受住各种风险、始终走在时代前列、领导全国人民建设有中国特色社会主义的马克思主义政党”。报告在依据党的基本路线，围绕建设富强民主文明的社会主义现代化国家的目标，论述建设中国特色社会主义的经济、政治、文化纲领时，实际上已经蕴含了“三个代表”的思想。

二、明确提出并走向成熟阶段（2000年2月~2001年7月）

2000年2月25日，江泽民在广州市党建工作座谈会上发表了重要讲话。在有关“三个代表”重要思想方面论及了以下几方面的问题：其一，总结我党70多年的历史，党所以赢得人民的拥护，在革命、建设、改革的各个历史时期，总是代表着中国先进生产力的发展要求，代表着中国先进文化的前进方向，代表着中国最广大人民的根本利益，并通过制定正确的路线方针政策，为实现国家和人民的根本利益而不懈奋斗。这是江泽民同志第一次明确完整地提出“三个代表”，并把它上升到历史经验和规律的高度来认识。其二，初步阐述了“三个代表”的内涵，指出“因为我们党是代表先进生产力的发展要求的，所以全党同志的一切奋斗，归根到底都是为了解放和发展生产力，党的一切方针政策都要最终促进社会生产力的不断发展，促进国家经济实力的不断增强”。其三，所有党员和领导干部，都要以“三个代表”指导思想和行动，才能使自己真正合格。其四，提出“在新的历史条件下，我们党如何更好地做到这‘三个代表’，是一个需要全党同志特别是党的高级干部深刻思考的重大课题”。并要求在深入思考这一重大课题时要做到四个“紧密结合”，即“紧密结合国内外形势的变化，紧密结合我国社会生产力最新发展和经济体制深刻变革的实际，紧密结合人民群众对物质文化生活提出的新的发展要求，紧密结合我们党员、干部队伍发生的重大变化”。这四个“紧密结合”，既揭示了“三个代表”重要思想产生的国际国内背景和现实基础，同时也指明了进一步研究如何代表问题的基本思路。由此可见，这次讲话标志着“三个代表”重要思想的明确提出和正式诞生。

2000年5月14日，江泽民在上海主持召开苏、浙、沪党建工作座谈会，在会上分析了新时期加强党的建设的重要性和紧迫性，“要求我们党必须坚持‘三个代表’，进一步提高领导水平和执政水平”。并强调“始终做到‘三个代表’，是我们党的立党之本、执政之基、力量之源。按照‘三个代表’要求抓党的建设，同新时期党的建设新的伟大工程的总目标、总要求是一致的”。因此，要把“三个代表”要求贯穿在党的思想、政治、组织和作风建设的各个方面，贯彻落实到党的全部工作中。这次讲话重点阐明了“三个代表”思想的提出背景、理论依据、重大意义和在党的建设中的重要地位。10月11日，江泽民在十五届五中全会上发表讲话，进一步阐明了提出“三个代表”要求的依据和目的，指出“‘三个代表’要求，是根据我们党的性质、宗旨和历史经验、现实需要提出来的，也是为了在新的时期新的实践中更好地全面落实毛泽东思想、邓小平理论关于党的建设的要求提出来的”。强调把“三个代表”要求作为我们党衡量各项工作的标准。

从2000年2月江泽民同志创造性地明确提出“三个代表”重要思想后，又多次从不同方面、不同角度、不同层次做了进一步阐发，使之逐步趋向成熟。

2001年7月1日，江泽民在庆祝中国共产党成立80周年大会上发表了重要讲话，即著名的“七·一”讲话。讲话以“三个代表”重要思想统揽全局，围绕在新的历史条件下建设一个什么样的党和怎样建设党这个基本问题，把多年来特别是2000年2月以来提出的有关重要论断进行展开，把有关的研究成果进一步升华，第一次从立论根据、科学内涵、基本要求、实现途径、辩证关系、重大意义及贯彻落实等方面，全面、深入、集中地阐述了“三个代表”重要思想。讲话从理论和实践相结合的角度，提出了贯彻“三个代表”要求的五个“我们必须”，并强调“全党同志一定要坚持把全面落实‘三个代表’要求，统一于党的建设的各个方面，统一于党领导人民进行改革开放和社会主义现代化建设的全过程”。通过这些论述，使“三个代表”重要思想进一步具体化、系统化和科学化，从而形成体系，在理论上走向成熟，全面系统地回答了在新的历史条件下建设一个什么样的党和怎样建设党的问题，因此，“七·一”讲话标志着“三个代表”重要思想作为一个相对独立的新的理论体系已经形成。

三、丰富发展阶段（2001年8月~2002年11月）

“七·一”讲话后，江泽民继续对“三个代表”重要思想进行实践探索和理论创新，使之得到进一步的丰富和发展。2002年2月18日，他在《关于十六大报告起草工作的批示》中首次提出“贯彻‘三个代表’要求，关键是要解放思想，实事求是，与时俱进”。9月18日，在党的十六大文件起草组会议上发表讲话指出，从党的十三届四中全会以来，“十三年的基本经验，归结起来，就是要始终做到我们党一贯坚持的‘三个代表’”。还强调指出，只有把发展作为党执政兴国的第一要务，“三个代表”要求才能真正得到落实。

2002年11月8日，江泽民在党的十六大报告中，对“三个代表”重要思想的历史地位和指导意义做了最新和最高的概括，认为党要始终做到“三个代表”，“是坚持和发展社会主义的必然要求，是我们党艰辛探索和伟大实践的必然结论”。并把它同马克思列宁主义、毛泽东思想和邓小平理论一起，确立为我们“党必须长期坚持的指导思想”。报告深刻指出它“是在科学判断党的历史方位的基础上提出来的”。提出“贯彻‘三个代表’重要思想，关键在坚持与时俱进，核心在坚持党的先进性，本质在坚持执政为民”。并系统阐述了全面贯彻“三个代表”重要思想的四个“必须”，即“必须使全党始终保持与时俱进的精神状态，不断开拓马克思主义理论发展的新境界”。“必须把发展作为党执政兴国的第一要务，不断开创现代化建设的新局面。”“必须最广泛最充分地调动一切积极因素，不断为中华民族的伟大复兴增添新力量。”“必须以改革的精神推进党的建设，不断为党的肌体注入新活力。”这使我们对“三个代表”重要思想的认识更加深刻和全面。从而使“三个代表”重要思想作为一个相对独立的科学的思想体系，更加系统和完善。

参考文献：

［1］胡锦涛．在学习《江泽民文选》报告会上的讲话，《学习活页文选》，2006（23）．

［2］江泽民文选（第1卷）［M］．北京：人民出版社，2006.

［3］邓小平文选（第3卷）［M］．北京：人民出版社，1993.

［4］江泽民文选（第2卷）［M］．北京：人民出版社，2006.

［5］江泽民文选（第3卷）［M］．北京：人民出版社，2006.

5. 江泽民经济发展战略思想研究

李波，《经济研究导刊》2008年第17期

20世纪90年代以来，国际局势发生了深刻变化，世界多极化和经济全球化的趋势在曲折中发展，中国的社会主义现代化建设进入了新的历史时期，改革开放出现了新的情况。以江泽民为核心的党的第三代领导集体在党的十三届四中全会以来，继承发展了毛泽东、邓小平的经济发展战略思想，在新的实践基础上做到了突破成规、与时俱进，把中国化的马克思主义经济理论不断推进到新阶段。

一、江泽民经济发展战略思想的主要内容

江泽民经济发展战略思想是关于中国现阶段经济社会发展的总体战略，它全面丰富、发展了毛泽东、邓小平的经济发展战略思想，提出了新的发展战略目标，形成了一套系统成熟的经济发展战略思想。

1. 经济发展的战略目标。在经济落后的中国搞建设是一项艰巨事业，必定要经历一个长期的过程，这就要求有步骤分阶段地实现既定发展目标。江泽民继承了邓小平“三步走”发展战略，对如何实现第三步，作了创新与实践。他在党的十五大提出：“展望下世纪，我们的目标是，第一个十年实现国民生产总值比2000年翻一番，使人民的小康生活更加宽裕，形成比较完善的社会主义市场经济体制；再经过十年的努力，到建党一百周年时，使国民经济更加发展，各项制度更加完善；到下世纪建国一百年时，基本实现现代化，建成富强民主文明的社会主义国家。”[1]鉴于中国实施经济发展战略的新进展，党的十六大又提出了全面建设小康社会的宏伟目标，“我们要在本世纪头二十年，集中力量，全面建设小康惠及十几亿人口的更高水平的小康社会，使经济更加发展、民主更加健全、科教更加进步、文化更加繁荣、社会更加殷实。”同时指出，“这是实现现代化建设第三步战略目标必经的承上启下的发展阶段。”[2]这就将“三步走”战略目标具体化，确定了新“三步走”战略。

这种“三步走”经济发展战略是对原有第三步发展目标的细化和丰富，将第三步战略分为三个阶段，根据不同的历史时期，提出具体的奋斗目标，丰富和发展了邓小平的“三步走”发展战略理论。这对于全国人民继续保持拼搏精神、坚定扎实稳步的向富强、民主、文明、和谐的现代化建设目标接近具有重要意义。新的“三步走”的发展战略系统地提出了以“三个代表”重要思想为指导的党建理论，来促进和保证“三步走”战略目标的实现。中国是一个发展中的社会主义国家，是一个幅员辽阔、人口众多的大国。在这样一个国家里搞建设，向现代化的发达国家迈进，并不是一件容易的事。特别是中国经济已经日益融入了经济全球化的过程，因此，在制定经济发展战略的时候，需要更加充分地考虑外部因素的作用和影响，再也不能实行封闭式的自我发展，再也不可能倒退到改革开放以前的状态了。当然，外部因素对中国发展战略和国民经济的影响越大，

不确定的因素也就越多，而中国政府控制风险、调整本国经济结构和制定政策措施的能力也就相应地受到了限制。在中国加入 WTO 以后，都会表现得更加明显。

2. 经济发展战略的指导方针。江泽民重申和强调继续坚持“一个中心，两个基本点”的基本路线，这对保证十一届三中全会以来的路线、方针、政策的连续性和稳定性产生了深远的影响。在经过大量调查研究和充分准备后，党的十三届五中全会作出了关于进一步治理整顿和深化改革的决定，首次提出了“无论是治理整顿期间，还是治理整顿任务完成之后，都必须始终长期坚持持续、稳定、协调发展的方针”的重要思想。江泽民进一步指出：“我们所说的持续，就是要长期保持正常的发展速度；稳定，就是不能大起大落；协调，就是重大经济关系比较合理。”[3] 持续、稳定、协调发展，这三个方面互相联系、互为条件、互相制约，组成一个内在统一的有机整体。这一方针的具体含义主要包括：必须在提高经济效益的前提下，保持一定的增长速度，坚持速度与效益的统一；坚持社会总供求的基本平衡，在经济建设和人民生活的安排上认真执行量力而行的原则；合理确定和安排国民经济发展的重大比例关系；把计划经济与市场调节正确结合起来；注重产业结构的调整，把科学技术进步和加强管理放在突出位置，不断提高经济增长的质量等内容。

实践证明，中国国民经济在保持稳定、协调发展的同时，适度加快发展速度，不仅是必要的，而且是可能的。1993 年 11 月 2 日，江泽民在学习《邓小平文选》第 3 卷报告会的讲话中提出：“当前，全党正在贯彻落实中央一系列重要决策，深化各方面的改革，加快建立社会主义市场经济体制，加强宏观调控，推动国民经济持续、快速、健康发展。”[4] 由此，正式提出了持续、快速、健康发展的经济发展战略的指导方针。党的十四届五中全会通过的《中共中央关于制定国民经济和社会发展“九五”计划和 2010 年远景目标的建议》，要求全党在党的基本理论和基本路线及基本方针的指引下，将“保持国民经济持续、快速、健康地发展”作为第一条必须认真贯彻的重要方针，确立了其经济发展战略指导方针的重要地位。持续、快速、健康地发展经济是在新的历史阶段对经济发展战略指导方针的新的概括和总结。坚持这一方针，就能真正走出一条既有较高速度又有较好效益的国民经济发展的路子。

3. 经济发展的战略重点。在考虑经济发展全局的同时，江泽民提出了经济发展应该抓住战略重点，以此带动全局的发展。他首先是加强农业基础地位。党的十四大、十五大都强调必须将农业放在很重要的战略地位来加以重视。党的十四届五中全会强调了农业的重要性：“农业是国民经济的基础。农业实现现代化，农民生活实现小康进而达到比较富裕，是整个现代化进程中最为艰巨的任务。”[5] 其次是实施科教兴国战略。科教兴国是指“全面落实科学技术是第一生产力的思想，坚持教育为本，把科技和教育摆在经济、社会发展的重要位置，增强国家的科技实力及向现实生产力转化的能力，提高全民族的科技文化素质，把经济建设转移到依靠科技进步和提高劳动者素质的轨道上来，加速实现国家的繁荣富强。”[6] 第三是国有企业改革战略。自党的十四大确立社会主义市场经济体制为中国经济体制改革的目标以后，江泽民在坚持与发展社会主义初级阶段理论的基础上，对中国所有制结构调整战略作了新的推进。他不仅提出“公有制为主体、多种所有制经济共同发展，是中国社会主义初级阶段的一项基本经济制度”[7]，而且还提出了公有制的形式可以而且应当多样化、要努力寻找能够极大促进生产力发展的公有制实现形式等重要观点，提出或重申了国有经济发展要增强控制力，要调整战略布局，要实行战略性改组的战略方针，为中国的改革攻坚作出了核心的战略部署。

改革开放以来，经济社会地区发展的不均衡问题逐步开始显现。江泽民根据邓小平的“两个大局”思想和中国经济发展的实际，提出了西部大开发战略。他指出，解决地区发展差距，坚持区域经济协调发展，是今后改革和发展的一项战略任务。从“九五”计划开始要更加重视支持中西部地区的发展，逐步加大解决地区差距继续扩大趋势的力度，积极朝着缩小差距的方向努力。最后是可持续发展战略。党的十四届五中全会上提出，必须把可持续发展作为一个重大战略。要把控制人口、节约资源、保护环境放到重要位置，使人口增长与社会生产力的发展相适应，使经济建设与资源环境相协调，实现良性循环。中国实施可持续发展战略要从控制人口增长，提高人口质量；合理利用资源，坚持开发与节约并重；加强治理污染，保护生态环境等几方面努力。

二、江泽民经济发展战略思想的特点

江泽民经济发展战略思想，是在继承毛泽东、邓小平经济发展战略思想的基础上创新发展的。不同的历史环境和社会条件，使它与毛泽东、邓小平的经济发展思路有很大不同，体现了新时期经济社会发展的要求和趋势。

1. 坚持经济社会的全面发展。经济发展战略，是社会主义现代化总体战略的基础和有机组成部分。江泽民把经济发展战略与政治、文化发展战略更加紧密结合起来，提出要在20世纪末初步建立社会主义市场经济的法律体系，要在社会主义市场经济条件下坚持正确的人生观和文明健康的生活方式。在讲话中他要求在把物质文明建设好的同时，“必须把社会主义精神文明提到更加突出的地位”，“精神文明建设要同经济发展战略相适应，纳入国民经济和社会发展的总体规划。”[8]

党的十四届五中全会要求：必须把物质文明和精神文明作为统一的奋斗目标，始终不渝地坚持两手抓，两手都要硬，必须把社会全面发展放在重要战略地位；党的十五大更进一步要求：围绕经济建设这个中心，经济体制改革要有新的突破，政治体制改革要继续深入，精神文明建设要切实加强，各个方面互相配合，实现经济发展和社会全面进步。这次会议提出的党的社会主义初级阶段的基本纲领，可以说就是江泽民提出的经济、政治、文化全面发展的战略。江泽民把邓小平理论同不断发展变化的国际国内形势结合起来，更加鲜明地提出把实现“社会全面进步”、“人的全面发展”作为中国经济发展战略的重要内容，其意义十分重大。这样不仅能够有效防止以牺牲精神文明为代价去换取经济的一时发展的片面性，而且还可以有效地防止“人治”误事乃至腐败蜕变等情况的发生，保证经济本身健康发展，保证经济发展的成果为广大人民群众所共同享有。

2. 坚持集约型发展模式。中国经济发展长期的实践证明，建国以后相当长的时期实行的外延、粗放型的发展战略已经完全不符合现阶段经济发展的实际了。江泽民提出了一种完全不同于以往的新的发展模式，强调降低物质消耗和劳动消耗，实现生产要素合理配置，提高资金使用效益和资源利用率，归根到底就是要从粗放式经营为主逐步转上集约经营为主的轨道。这样，从20世纪90年代开始，中国的经济发展战略开始从追求增长速度、规模扩大的粗放式发展为主的模式向注重效益、强调内涵发展的集约发展为主的模式转变。根据中国现有的国情，以及世界科技发展的新趋势，江泽民突出强调实现经济发展战略的主要途径应当是技术进步，劳动生产率的提高和积累效果的提高。就是说，要把经济发展建立在提高经济效益的基础上，走内涵扩大再生产的道路。实现经济集约型增长要充分发挥体制改革带来的活力和市场竞争的作用，促进优胜劣汰和资源的优化配置；依靠科技进步和提高劳动者素质，增加科技进步在经济增长中的含量。同时，很抓资源节约和综合利用，大幅度提高资源利用效率；要正确运用计划手段和产业政策，促进经济方式转变。经济增长方式从粗放型向集约型转变，表明了从粗放发展为主向节约发展为主转变的艰巨性、长期性以及在实现经济发展战略中的重要性。

3. 强调经济结构的均衡发展。江泽民的经济发展战略坚持以人为本，着眼于不断提高人民的物质文化生活水平，决定了整个国民经济的发展必须是一个持续、协调、均衡的发展过程。为了实现国民经济持续、快速、健康发展，就必须要把经济发展的重点与经济发展的一般统一起来。经济发展是需要有重点的，每个时期都有不同的重点，经济发展的重点是根据如何实现经济的平衡协调发展来选定的。这些重点可以是国民经济发展中的“瓶颈”部门，也可以是实现国民经济特定任务的关键部门，也可以是新兴的具有重大意义的部门。这些重点部门的发展，必须与其他非重点的一般部门的发展相协调，既不能过分突出，更不能以牺牲非重点部门的发展来实现。实现持续、快速、健康发展的首要条件便是经济结构的合理，而合理的经济结构是在经济的均衡发展中实现的。江泽民的经济发展战略思想同时要求把经济增长与经济结构协调统一起来。经济结构的协调，是经济稳步增长的基础。过去中国的经济结构一直处于失衡状态，因此在宏观上造成了巨大的浪费。这一经济发展战略是建立在效益提高的基础上的，这种效益既包括微观效益，也包括宏观效益。结构效益显然是宏观效益的重要内容。因此，保持经济结构的协调，是经济发展战略目标实现的重要保证。

三、江泽民经济发展战略思想的意义

江泽民经济发展战略思想不断推动着马克思主义经济理论的创新和发展，他提出并创立了社会主义市场经济体制理论，开辟了发展中国先进生产力的广阔道路。中国共产党的历史表明：坚持马克思主义的指导并不是要坚持其中的某一个具体的观点或结论，而是要坚持马克思主义的立场和方法论原则，并以此来指导研究中国的具体

情况，用发展着的马克思主义指导新的实践。把马克思主义基本理论与中国具体实践相结合，发展中国特色的社会主义经济，是中国特色社会主义经济理论体系的特有主题和活的灵魂。江泽民经济发展战略思想集中体现了中国特色社会主义建设的光辉历史、系统经验和丰富实践，它继承了科学社会主义的基本理论，又反映了中国特色社会主义经济建设新的伟大实践。

经济发展战略的调整，既符合规律，又顺乎民心，反映了人民群众的根本利益，因而深得广大人民群众的拥护和接受。广大人民群众在党的正确领导下，从传统观念的束缚下解放出来，自觉运用发展了的马克思主义经济理论，并以此作为行动的指南，积极投身于中国的改革开放中去，成为一支推动社会全面进步的创造性力量。实行公有制为主体、多种所有制共同发展后，劳动者迅速转变了就业观念，劳动力资源有了用武之地，劳动者参加社会主义现代化建设的积极性得到了充分发挥。社会主义市场经济理论使得人们从传统计划经济体制下解放了出来，大力发展市场经济，社会生产力得到了迅速提高，彻底摆脱了贫穷，生活水平由温饱向小康迈进，开辟出了民富国强的新天地。

江泽民经济发展战略思想从理论上和实践上解决了贫穷落后的国家如何实现社会主义现代化的问题，回答了中国现代化面临的基本理论和实践问题，系统解决了发展条件、发展目标、发展动力、发展机遇、发展战略、发展模式、发展规律、发展评价等问题，为当代社会发展理论的研究开辟了新路，为社会发展研究特别是发展中国家对自身发展的研究提供了典范。对于发展中国家来说，在实施经济发展战略中，首先应当解决的问题是促进经济快速发展，并确保这种发展可持续。实践证明，当代西方社会发展理论解决不了发展中国家的社会发展问题，它们提供的各种社会发展模式脱离发展中国家的实际，满足不了发展中国家的社会发展需要。

参考文献：

[1] 江泽民文选（第2卷）[M]. 北京：人民出版社，2006：4.

[2] 江泽民文选（第3卷）[M]. 北京：人民出版社 2006：543.

[3] 十三大以来重要文献选编（中）[M]. 北京：人民出版社，1991：712.

[4] 十四大以来重要文献选编（上）[M]. 北京：人民出版社，1996：145.

[5] 十四大以来重要文献选编（中）[M]. 北京：人民出版社，1997：1344～1483.

[6] 十五大以来重要文献选编（上）[M]. 北京：人民出版社，2000：20.

（王佳菲选编）

（四）2008年科学发展观与社会主义和谐社会研究代表性论文

1. 中国的发展与未来走向

冷溶，《党的文献》2008年第6期

经过改革开放30年，中国取得举世瞩目的发展成就，对世界的影响力与日俱增，站在了一个新的更高的起点上。关于中国的发展与未来走向，自然也成为国内外广泛关注的一个焦点。胡锦涛总书记在十七大报告中集中地、明确地回答了这个问题。

一、坚持走中国特色社会主义道路，坚定不移地推进改革开放

自1978年实行改革开放以来，中国经济高速发展，年均增速为9.7%，远远超过3%的世界平均增长速度。特别是进入新世纪以来的七年中平均增速达到10%以上，2007年达到11.5%，这在世界上是少有的。2007年，中国的国民生产总值达到3.24万亿美元，比改革开放起步时的1978年增长了近16倍。成为世界第四大经济体。1978年，中国的外贸总额只有206亿美元，外汇储备1.67亿美元，而现在，外贸总额达到2.1万亿美元，增加了近100倍，成为世界第三大贸易国；外汇储备超过1.5万亿美元，成为世界第一大外汇储备国。根据世界银行2007年10月的估算，中国2007年对世界经济增长的贡献率达到16%，已经超过美国，成为世界经济增长最有力的推动器。正如十七大报告所说，改革开放以来中国取得的最显著的成就，就是实现了经济的快速发展。

然而，改革开放给中国带来的，不仅仅是经济方面的，而是整个社会的巨大变化。在这30年里，中国从一个封闭半封闭的国家，转变为一个全方位开放的国家，已经全面参与经济全球化进程；从一个高度集中的计划经济国家，转变为充满活力的社会主义市场经济国家，公有制经济和

各种所有制经济共同发展起来。与此同时，中国人民的生活状况有了很大改善。与1978年相比，人均收入增长了近30倍，从温饱不足发展到小康水平，农村贫困人口由2.5亿多减少到2000多万。随着物质生活水平的提高和文化教育事业的发展，中国人的文明素质、法制观念、民主意识、参政议政能力都大大提高，享有更加充分的自由民主权利，人权事业健康发展，中国社会空前活跃起来，人民的积极性、主动性、创造性极大地迸发出来，精神得到了大解放。正如十七大报告所说，改革开放以来，中国的面貌发生了历史性变化。重要的是，现在中国已经大踏步赶上了时代前进的潮流，一个面向现代化、面向世界、面向未来的中国展现在世界面前。近代以来，中国最大的问题就是封闭保守、落后于时代，现在终于改变了这种状况。邓小平当初就说过，“我们要赶上时代，这是改革要达到的目的”。

中国的这一切变化，首先在于我们党的理念发生了重大转变。我们彻底抛弃了苏联式社会主义的僵化模式，坚持解放思想，实事求是，锐意创新，一切从中国和世界的实际出发，在改革开放的成功实践中，把社会主义和市场经济结合起来，终于找到了一条符合自己国情、顺应时代潮流、体现人民意愿的发展道路，这就是中国特色社会主义道路。中国取得的成就是令人骄傲的，但我们并没有陶醉其中，而是清醒地看到自己的差距和不足。这主要表现在两个方面：一是我国仍然是一个很穷的国家。GDP总值虽然已经位居世界前列，但由于人口众多，除以13亿，人均仍排在世界100名以后。现在，我国的人均GDP只有2600美元，而美国、英国和日本已经超过4万美元，是我们的15倍多；韩国也已经达到2万多美元，是我们的7倍多。这些数字一列出，就可以看到我国还有多大的差距。中国的人口太多，底子太薄，集中力量搞建设的时间还太短，要根本改变落后的面貌，还有相当长的路要走。这是胡锦涛总书记在十七大报告中特别强调的。二是我国在高速发展中也遇到了一些突出问题，比如，经济增长所付出的资源环境代价过大，城乡、区域、经济社会发展不平衡，就业、社保、分配、教育、卫生、住房、安全生产等方面还存在大量问题。中国正处于矛盾凸显期。

此外，我国在未来的发展中还面临着国际上越来越多的挑战。当前，国际环境总体对我发展有利，但由于经济全球化深入快速发展等因素的影响，世界上的不确定、不稳定因素明显增多，难以预见的风险在增加。在人们对全球化新趋势的规律还没有掌握之前，任何事情都可能发生，特别是对承受能力不强的发展中国家来说，更应提高警惕。比如，美国发生的次贷危机，使人们联想到了十年前的亚洲金融风暴，这给各国对可能发生的更大金融风险再次敲响了警钟。国际石油价格的大幅波动，标志着高油价时代的到来，它会给世界经济特别是我们这样的发展中大国带来怎样的影响，还很难预料，但油价上涨引起的国际粮食价格上涨，已经成为我国和许多国家物价上涨的一个重要原因。

一方面，我们取得了如此巨大的发展成就；另一方面，也面临这样多的问题和挑战。那么，继续保持好的发展势头，解决发展难题，关键在哪里呢？

中国共产党人经过认真思考，认为最重要的就是要高举旗帜，坚持以邓小平理论和“三个代表”重要思想为指导，走中国特色社会主义道路，坚定不移地推进改革开放。这是我们过去取得成功的根本原因，今后要继续取得更大的成功，还必须沿着这条道路走下去。同时，我们党还强调，由于情况发生了很大变化，面对很多新问题新挑战，在坚持以往成功做法的同时，也必须提出新的理念和对策。这就是科学发展观的重大战略思想。

二、坚持走科学发展的道路，努力实现全面建设小康社会的宏伟蓝图

科学发展观是近年来中国最响亮、出现频率最高的一个概念，集中体现了十六大以来新一届中国领导人的执政理念，是中国特色社会主义理论体系的重要组成部分。十七大报告专门用一个部分来阐述这一思想，可见它的重要性。要了解中国的发展与未来走向，就要了解科学发展观。

所谓科学发展观，就是说发展要讲科学性，是全面、协调和可持续的。即不仅要求经济的发展，还要求政治、文化、社会、生态等全面的发展；要求发展的各个方面和各个环节相互协调，保持平衡；要求在发展中节约资源，保护环境，使一代一代能够永续发展。这一思想的核心是以人为本，强调发展的目的是人而不是物，要把发展的成果落实到13亿中国人民的生活中。

那么，这一思想是怎样提出来的呢？

在上世纪80年代的改革开放初期，中国的人均GDP只有200多美元，还没有解决温饱问题，

迫切需要改善基本的物质条件；又由于过去长期搞阶级斗争，忽视经济建设，因此，当时邓小平特别强调经济的发展。那时，还谈不到现在意义上所说的全面发展。

到了90年代，情况有了一些变化。1998年我国GDP总值达到1万亿美元，人均达到近1000美元，总体达到小康，整个国家的经济实力和人民的生活水平有了较大幅度的提高。在这个时候，发展中的一些问题也逐渐出现。比如环境污染、区域之间的差距逐渐拉大等。在这种情况下，以江泽民为核心的第三代中央领导集体及时提出了很多解决的办法，开始强调发展的全面性。比如，针对环境恶化的问题，在1994年就提出了可持续发展战略；针对区域发展不平衡问题，1999年提出了西部大开发战略，加大对中西部落后地区的资金投入和政策倾斜。2002年十六大报告提出全面建设小康社会的概念和目标任务，更是充分反映了这种全面发展的思想。

新世纪以来，我国进入加速发展的快车道，发展不平衡问题也越来越突出。要保持这种快速发展的好势头，同时又要应对日益严重的不平衡问题，这显而易见成为以胡锦涛为总书记的新一届党中央所面临的最大挑战。科学发展观的思想，就是在这样的背景下提出来的。

这一重要思想的提出，与一个偶然事件有直接关系，即2003年春天发生的非典疫情。胡锦涛多次说过，提出科学发展观是受到了非典的启示。非典疫情主要暴露了我国在发展中两个方面的突出问题：一个是社会事业发展落后于经济发展，这在卫生事业落后这个最薄弱的环节上突出地表现了出来；另一个是农村发展落后于城市发展，而卫生事业落后主要表现在农村，非典控制的难度也主要在农村。对这两个问题，胡锦涛当时就说，现在“我们比过去更加深刻地认识到，我国的经济发展和社会发展、城市发展和农村发展还不够协调”。非典疫情的发生，使我们对发展中的不平衡问题有了切肤之痛。如果不转变思路，中国的发展是不能够持续下去的。此时，我们党已经认识到，现在发展中出现的这些突出问题，已经不再是个别领域的现象，而是全局性的，因此也就不能再从一个一个的具体问题上，从一般的经济政策上来解决，而是要从全局的、战略的、甚至是政治的高度上来思考解决中国未来的发展问题。首先要解决认识问题，提出新的发展理念。非典疫情结束不久，我们党就提出了科学发展观的思想。

从这样一个高度提出这一思想，我们党考虑得更为深远，有着更深层次的背景。比如，从我国的基本国情来看，虽然地大物博，但因为人口众多，人均资源只有世界平均水平的1/2到1/4。即使现在不出现这样严重的问题，这种发展模式也不可能继续下去。在改革开放初期，邓小平曾说过，中国有十亿人口，像西方那样一个家庭有几辆汽车是做不到的。此外，国际上的发展经验对我们也有很多启示。许多国家在发展中都走过“先污染后治理”的路子，后来都付出了高昂的代价。作为后发国家，我们应该吸取教训，从一开始就走一条科学的发展道路。近年来，国际社会对解决气候变化等问题的高度关注和普遍要求，也是我们下决心转变发展思路的重要原因。

科学发展观的提出，意味着中国的发展进入了一个新的阶段。改革开放以来，我们在相当一段时间里主要是强调发展经济，强调速度，强调物质基础，这在那个阶段是完全必要的，是无可指责的；但是，到了现在这个阶段，则要转到更多地强调发展的全面性，更多地关注民生、环境、社会公正等问题上。胡锦涛曾用“快”字和“好”字先后顺序的改变来说明我们发展思路的转变过程。他说，一开始我们讲要“加快发展”，后来讲“又快又好”的发展，再后来讲“又好又快”的发展，强调“好字优先”。从“快”字当头到“好”字优先，标志着我们发展思路的根本转变。

科学发展观为中国今后的发展指出了正确的方向，但关键还在于落实，首先要体现到今后的发展蓝图和所有的政策举措中去。这正是十七大要解决的主要问题。

在党的十六大上，我们已经确立了本世纪头20年的发展蓝图，叫全面建设小康社会。党的十七大，根据科学发展观的要求，对今后13年的发展蓝图作了进一步的调整和完善。从新的蓝图中可以看出，科学发展观的精神得到了充分体现。它不是一个只重视经济发展的规划，而是强调了发展的全面性，从经济、政治、文化、社会、生态五个方面，都提出了目标要求，包括大力发展民主政治，加强文化建设，全面改善人民生活，建设生态文明等。

有几个方面给人印象深刻：

一是，在确定经济发展指标上充分体现了“好”字优先的原则。十七大提出了要在20年内人均GDP翻两番的指标，即到2020年人均达到3500美元，那时14.5亿人口，总值将达到5万多亿美元。由于2006年已经达到2000美元，所以今后13年只要达到年均6%以上的速度，这一指标就可以实现。这就是说，我们把未来13年平均增长速度的底线，定在了6%～7%之间。显然，这是一个很慎重的、甚至有些保守的指标。但报告又同时强调，人均翻两番有一个前提，就是要“在优化结构、提高效益、降低消耗、保护环境的基础上”实现，这就不是一件容易做到的事情了。由此可以看出，中国现在并不强调发展的高速度，而是对发展的全面性和发展的质量提出了更多、更高的要求。确定这样一个指标，表明我们宁愿牺牲一些速度也要确保实现科学发展的坚定决心。

二是，强调要实现经济发展方式的根本转变。胡锦涛指出，我国经济发展中存在的问题，根源在于发展方式不合理。突出表现在三个方面：首先是消费不足，特别是居民消费不足，增长主要靠投资和出口拉动。比如，从2000年到2006年，投资对经济增长的贡献率，由21.7%增加到了40.7%；而消费的贡献率，则由63.8%降到了38.9%，处于历史最低水平。其次，产业结构不合理，增长主要是由第二产业即工业带动的，而服务业等第三产业发展缓慢。现在，我国的第二产业所占的比重为48.7%，而第三产业只有39.5%，不仅大大低于发达国家，也明显低于发展中国家的水平。还有，增长主要是靠增加物质资源消耗和廉价劳动力的比较优势来支持的，科技贡献率低，自主创新能力不强。

胡锦涛指出，我国要实现科学发展，关键要从根本上转变这种不合理的发展方式。为此，他提出了鼓励消费，扩大内需，大力发展高科技产业和现代服务业，建设科技创新型国家等一系列举措，要求坚持走低能耗、高效益、高产出的新型工业化道路。

三是，着力解决民生问题，推进和谐社会建设。关注民生，坚持以人为本，是这个新蓝图的突出特点，也是十七大最受老百姓欢迎的一点。胡锦涛提出了“五个有”的社会事业发展目标，即“学有所教、劳有所得、病有所医、老有所养、住有所居”。要求实现教育公平，形成城乡劳动者平等就业的制度，人人享有基本医疗卫生服务，基本建立覆盖城乡居民的社会保障体系，健全廉租房制度等。他还特别强调，要在分配上体现社会的公平正义。要逐步提高居民收入在国民收入分配中的比重，提高劳动报酬在初次分配中的比重，提高扶贫标准和最低工资标准，建立企业职工工资正常增长机制和支付保障机制，创造条件让更多的人拥有财产性收入等。

四是，高度重视资源节约和环境保护。胡锦涛提出，要把节约资源和保护环境的要求落实到每个单位、每个家庭，确定节能减排的目标和工作责任制。单位国内生产总值能耗每年必须降低5%以上，二氧化硫和化学需氧量排放减少3%以上，可再生能源在一次能源中的比重每年必须提高2%以上。制定了遏制高耗能、高排放行业过快增长、加大淘汰落后产能等45条重大政策措施。比如，决定全部关闭耗能高、污染大的小火电，去年共关停1200万千瓦。我国还提出要为保护全球气候作出贡献，制订了《中国应对气候变化国家方案》。

实现上述这些目标，是不容易的，没有现成答案。为此，我们党反复强调，要不断解放思想，大胆探索，鼓励全国人民都来出主意、想办法；还要求加大改革力度，尽快建立一整套体现科学发展观要求的体制和机制，从制度上保证它的落实。现在，科学发展观已经深入人心，成为人们的自觉行动。相信在我国社会主义特有的制度优势下，科学发展、和谐发展的局面，将会逐渐成为现实。

三、坚持走和平发展的道路，致力于建设和谐世界

科学发展观体现在对外政策上，就是要走和平发展的道路。这是十六大以来党中央提出的一个重要思想。中国的发展离不开世界。要实现自己的发展蓝图，除了要处理好国内的事情之外，还必须处理好与外部世界的关系，制定正确的对外政策。

我国的对外政策是一贯的，即独立自主的和平外交政策。近年来，根据变化了的情况，我们党又赋予了它新的内涵，即提出走和平发展道路和建设和谐世界的新理念。

胡锦涛指出，中国同世界的关系已经发生了历史性的变化。在过去的许多年中，我国的对外开放，主要是把国外的技术、资本、商品“引进来”，以后逐步开始实施“走出去”战略。我国的商品越来越多地涌向世界市场，而日益扩大的国内市场也为世界提供了巨大的商机。中国的前途命运日益紧密地同世界的前途命运联系在一起。2001年底我国加入WTO时，外贸总额不过4000

多亿美元，以后六年连续保持在20%以上的增长速度，翻了两番多，达到2.1万亿美元。中国对世界经济的增长开始发挥重要的拉动作用，很多国家都因此而受益。同时，因中国引起的贸易摩擦也在大幅增加，我国对世界资源需求的一举一动都成为一个敏感话题。在这种情况下，中国的发展成了世界上倍受关注的问题之一。主要针对我国的贸易保护主义在抬头，中国威胁论在蔓延。

那么，一个发展起来的中国，一个对世界日益产生重大影响的中国，将以什么样的姿态和方式面对这个世界，这是各国关心的问题。对我们来说，则感觉到“走出去”并不容易，通向世界的道路并不平坦。怎样在新的起点上处理好与世界各国的关系，使自己能够在一种友善的环境中进一步发展起来，这是我们不得不面对的一个问题。

经过慎重考虑，我们向世界作出了走和平发展道路的郑重承诺。所谓“和平发展道路”，简单说来，就是一条通过和平的方式、与世界各国合作共赢的方式，而不是通过战争、掠夺的方式使自己发展起来的道路；是一条在维护世界和平中发展自己、又以自身的发展来促进世界和平的道路。

中国为什么要走这样的一条道路呢？

这首先符合中国的根本利益。如上所说，我国还是一个不富裕的国家，要根本改变落后面貌，还需要很长的时间。我们真正关心的是自己的发展，和平的国际环境对中国最有利。因此，中国热爱和平，会尽一切可能避免冲突和战争。

那么，中国真正发展了起来之后，会不会放弃这样一条和平发展的道路呢？

肯定地说，也不会！从近代历史上看，一个国家发展起来，不会仅仅只依靠自己本国的市场和资源，而是要依靠世界的市场和资源。在这一过程中，往往会采取战争的方式。老牌资本主义国家的崛起毫不例外地都走了这样的一条道路。但中国绝不会重复走那样的老路，而完全有能力、也有可能走出一条和平发展的新道路。这首先是因为我们是社会主义国家，中国特色社会主义是和平的社会主义。同时，一个重要的原因是，世界发生了根本的变化，和平发展合作已经成为当今时代的主旋律，这是不可阻挡的历史潮流。随着经济全球化、政治格局多极化和国际关系民主化的日益发展，各国之间的联系日益密切，利益日益相关，协商合作日益受到重视，和平的因素在不断增加。在今天这样的世界形势下，和平发展的道路不但是完全可以走得通的，而且是唯一明智的选择。

所以，中国决心走和平发展道路，是根据马克思主义的基本原理，根据时代发展潮流和自身根本利益所作的战略抉择。同时，这也符合中华民族热爱和平、“与人为善”、“以和为贵”的传统理念和价值观念。在近代历史上，中国屡遭外来势力入侵和奴役，中国人民深知和平弥足珍贵。

中国走和平发展道路，一方面取决于自己的努力，另一方面也需要一个有利于和平发展的国际环境。这要靠世界各国来共同努力。现在人类的共同利益越来越多，各国面对共同的发展机遇，也面对共同的、前所未有的风险和挑战，在合作中才能共赢。我们主张，各国人民应该携手努力，推动建设持久和平、共同繁荣的和谐世界。

坚持走和平发展的道路，这是我们对自己提出的要求；建设和谐世界则是我们对建立良好国际秩序的主张和愿望。根据这样的外交理念，我们坚持同所有国家发展友好合作对各国平等相待，不干涉别国内部事务，致力于和平解决国际争端和热点问题，反对一切形式的恐怖主义，不搞军备竞赛，不对任何国家构成军事威胁。在经济上，奉行互利共赢的开放战略，扩大同各方利益的汇合点，在实现本国发展的同时兼顾对方的正当关切，通过磋商协作妥善处理经贸摩擦，我国决不做损人利己、以邻为壑的事情。我们解决能源资源问题的基本方针是立足于国内，主要依靠自己的力量。

总之，经过改革开放30年的实践发展和理论创新，我们现在正在走的中国特色社会主义道路，内容越来越丰富，也越来越明确、清晰。具体地说，这条道路就是对内走科学发展的道路，努力构建和谐社会；对外走和平发展的道路，致力于建设和谐世界。这条道路的本质是和谐，显著特征是科学发展、和谐发展、和平发展。坚持走这样一条道路，就是十七大向世界发出的关于中国的发展与未来走向最为明确的信号。

2. 全面贯彻落实科学发展观，大力推进中国特色社会主义伟大事业

王伟光，《马克思主义研究》2008年第9期

一、发展中国特色社会主义必须坚持和贯彻的重大战略思想

新中国成立以来的历史大体可以分为两个时期：第一个时期是在毛泽东领导下社会主义建设

道路的探索阶段，一方面取得了伟大成就，另一方面走了曲折道路，有成功经验也有沉痛教训。毛泽东关于中国特色社会主义建设道路的探索是中国特色社会主义的实践和理论前提。第二个时期就是社会主义改革开放的新时期，即邓小平开创的、以江泽民同志为核心的党的集体领导成功推向21世纪的、十六大以来以胡锦涛同志为总书记的新一届党中央继续推进的30年。

经过改革开放，我们找到了中国特色社会主义的正确道路，开创了中国特色社会主义建设新局面，形成了中国特色社会主义理论体系，解决了由“穷”到“富”的问题，经济持续快速发展。我国连续近30年经济增长年均达到9.7%，创造了世界奇迹。近五年来，经济更是高速增长，创造了低通胀、高效益的良好局面。2003～2007年，国内生产总值年均增长106%，财政收入年均增长222%，规模以上工业企业实现利润年均增长357%。2005年，我国GDP超过法国、英国，居世界第四位。2006年人均GDP超过2010美元，步入中等收入国家行列。

经济快速增长为全面建设小康社会、全面推进社会主义经济建设、政治建设、文化建设和社会建设提供了强大雄厚的经济基础和财力支持，使我们有能力进一步解决人民群众最切身、最迫切、最现实的利益。但同时，改革开放发展到今天又遇到一系列新的矛盾和问题，我国经济社会发展正处于改革开放转折的关节点：一是由经济持续快速增长向在坚持经济增长的前提下实现经济社会全面发展转折。增长与发展是两个不同的范畴，增长是指物质财富量的增加，发展则是包括经济增长在内的政治、文化、社会发展的全面提升；二是由效率优先向在追求效率的前提下全面追求社会公平正义的转折。前阶段我国关于效率优先、兼顾公平原则的讨论，正是这一转折的反映；三是由GDP的快速增长向坚持GDP快速增长前提下的实现“四位一体”建设任务转折；四是由经济增长方式向经济发展方式、实现国民经济又好又快发展转折。经济发展模式主要是通过调整需求结构、产业结构，提升生产力综合因素，来实现经济社会又好又快发展。我国正处于工业人口加速发展阶段，以扩大工业规模为主的增长模式带来的问题是能源、原材料消耗巨大；资源、环境压力大；增长过度依赖投资和出口，拉动作用不断下降；农业生产方式落后；第三产业发展滞后。目前，我国经济对钢材、铝材、水泥、能源、淡水的消耗分别占全球的40%、25%、45%、16%、15%以上，而污染物排放世界第一。我国GDP世界第四，电力消耗世界第三，能源利用率仅为30%，比发达国家低10%。这就进一步提出经济发展方式转变的新的战略要求。

当前我国正处于由经济增长向经济社会和人的全面发展转折，是改革开放发展转折的关键阶段。在这个转折阶段，我们遇到了新的矛盾，新的问题，新的情况。科学发展观正是立足于我国初级阶段的基本国情，而又适应新世纪新阶段的发展要求、并在借鉴国外发展经验的基础上，为实现我国经济社会又好又快发展提出来的，有鲜明的现实针对性。这一重大战略思想的提出，表明我们党从新的历史起点出发，开始了中国特色社会主义更有广阔发展前景的新征程。面对纷繁复杂的矛盾，只有抓住科学发展观这个纲，我们的工作才能高屋建瓴，势如破竹，才能引导我们排除险难，不断走向新的胜利。

胡锦涛在十七大报告中高度概括了科学发展观的科学内涵和精神实质，指出其第一要义是发展，核心是以人为本，基本要求是全面协调可持续，根本方法是统筹兼顾。这四句话是对科学发展观的内涵所作的最全面、最深刻而又最鲜明的新概括，对我们深刻认识和深入贯彻落实科学发展观，具有重大指导作用。

按照科学发展观的要求，必须坚持把发展作为党执政兴国的第一要务，做到聚精会神搞建设、一心一意谋发展，实施科教兴国战略、人才强国战略、可持续发展战略，对内实现和谐发展，对外实现和平发展；必须坚持以人为本，把实现好、维护好、发展好最广大人民的根本利益作为党和国家一切工作的出发点和落脚点；必须坚持全面协调可持续发展，实现速度和结构、质量、效益相统一，经济发展与人口资源环境相协调，必须坚持统筹兼顾，统筹城乡发展、区域发展、经济社会发展、人与自然和谐发展、国内发展和对外开放。除了五个统筹外，还要统筹国内国际两个大局，这是党在我国全面参与经济全球化、与世界依存度日益加深的大背景下，提出的新的统筹兼顾的理念。我们必须树立世界眼光，加强战略思维，善于从国际形势发展变化中把握发展机遇、应对风险挑战，营造良好国际环境。

科学发展观对社会主义经济建设、政治建设、文化建设和社会建设的指导意义，主要体现在科学发展观提出的以人为本，发展的目的是为了人民，发展要依靠人民，发展成果要由人民共享的核心观点上。生产的目的是满足人的需要，而人的需求不仅包括物质方面的需求，而且包括政治参与、权益保障和文化等方面的需求，这就需要不仅通过加强经济建设，还要通过加强政治建设、文化建设和社会建设来实现人们需求的满足。实现全面协调可持续发展，应当包括中国特色社会主义总体布局中经济、政治、文化、社会的全面发展；不仅要实现经济与社会的协调发展，而且要实现经济、政治、文化、社会的协调发展，使四者之间能够相互促进，相得益彰；不仅是经济持续增长，还要实现社会公正、公平、正义的社会目标。总之，政治局面的活跃和稳定，人的素质的全面提高，是实现可持续发展的重要保障和支撑条件。

总之，科学发展观是对党的三代中央领导集体关于发展的重要思想的继承和发展，是马克思主义关于发展的世界观和方法论的集中体现，是同马克思列宁主义、毛泽东思想、邓小平理论和“三个代表”重要思想既一脉相承又与时俱进的科学理论，是我国经济社会发展的重要指导方针，是发展中国特色社会主义必须坚持和贯彻的重大战略思想。

二、中国特色社会主义理论体系的最新成果

我们党在改革开放新时期面临三个重大问题需要回答。第一个问题是“什么是社会主义，怎样建设社会主义”，这是中国特色社会主义的首要的基本问题，邓小平科学地破解了这个难题，是中国特色社会主义理论体系的开篇；第二个问题是“建设一个什么样的执政党，怎样建设执政党”。邓小平在20世纪80年代初就提出了“执政党应该是一个什么样的党，执政党的党员应该怎样才合格，党怎样才叫善于领导”的问题。以江泽民为代表的第三代党的中央领导集体在进一步回答“什么是社会主义，怎样建设社会主义”问题的同时，创造性地回答了这一问题，提出了“三个代表”重要思想，这是中国特色社会主义理论体系的第二篇答卷；第三个问题是在新阶段“发展什么，怎么发展”，这就是以胡锦涛为总书记的党中央所要回答的第三个问题，科学发展观是中国特色社会主义理论体系的第三篇答卷，是中国特色社会主义理论体系的最新成果。

中国特色社会主义理论博大精深，内容十分丰富。它的哲学基础和精神实质是解放思想、实事求是的观点和生产力标准的观点；解决的主题是中国特色社会主义；核心问题是发展与改革；主要理论依据是中国特色社会主义理论体系的发展观和改革观。这是马克思主义中国化最新成果一以贯之的共同的时代主题、哲学依据和理论基础。

中国特色社会主义理论的哲学依据最主要的是两个基本支撑点：一是解放思想、实事求是的观点，二是生产力标准的观点。邓小平提出解放思想、实事求是的观点，奠定了中国特色社会主义理论的思想路线基础。江泽民把解放思想、实事求是的观点概括为与时俱进这一马克思主义的理论品质，进一步丰富和发展了党的基本路线。胡锦涛继承了解放思想、实事求是、与时俱进的思想路线，特别强调求真务实，再三强调解放思想是党的思想路线的本质要求，继承了党的思想路线的真谛。我们党从邓小平、江泽民到胡锦涛，之所以不断把中国特色社会主义理论发扬光大，就是因为不断地在实践中继承和发扬光大党的实事求是的思想路线。

生产力标准是马克思主义唯物史观的最基本的观点。正是根据生产力标准的观点，邓小平提出了一系列改革开放的重大决策，并在改革开放的关键时刻，就如何判断改革成败的问题，提出了“三个有利于”的判断标准，“三个有利于”判断标准是生产力标准的继续和深入。有了这个标准，我们就把握住了对改革是非、改革成败判断的根本标准，就可以冲破姓“社”姓“资”的思想束缚，就可以大胆解放思想，大踏步改革，不断取得中国特色社会主义改革的成功。江泽民同志提出“三个代表”重要思想，把代表先进生产力作为第一个代表，同时提出代表先进文化、代表人民根本利益，这是对生产力标准和“三个有利于”标准的丰富和发展。胡锦涛同志强调科学发展观第一要义是发展，也是坚持生产力标准的体现。

思想路线是辩证唯物主义的基本问题，生产力标准是历史唯物主义的基本问题。辩证唯物主义和历史唯物主义是我们党全部理论的哲学基础，构成了中国特色社会主义的哲学基石。中国特色社会主义理论体系回答的主要问题是发展和改革，其理论基础一是发展观，一是改革观。

邓小平发展思想是邓小平理论的重要内容。邓小平十分强调发展、首先是发展生产力的重要意义。为什么中国特色社会主义理论那样强调发展问题？这是由中国特色社会主义现阶段，即初级阶段的基本国情和历史方位决定的。邓小平指出，我国目前还处于社会主义的初级阶段，考虑一切问题都要从这个基本国情出发。我国社会主义初级阶段的主要矛盾是人民群众日益增长的物质文化需求和生产力不能满足这种需求的矛盾，解决这个矛盾就必须大力发展生产力。发展生产力是社会主义的根本任务，经济建设是中心任务。因此中国特色社会主义建设的主题可以归结为发展。

江泽民提出“三个代表”重要思想，第一个代表就是代表先进生产力，也就是要不断地解放和发展生产力，并把它提高到了党的性质、党的建设的高度来认识，把发展生产力同党的执政理念、党的执政能力建设联系在一起。“三个代表”重要思想进一步丰富和发展了邓小平发展思想，提出了“发展是党执政兴国的第一要务”，并且十分强调要全面理解发展问题；提出要正确处理社会主义现代化建设中的若干重大关系；提出要把握好发展、稳定和改革的关系，处理好建设与效益、数量与质量的关系；提出关键要更新发展思路，要实现增长方式的转变，由粗放型转变到集约型。这不仅从理论上丰富了邓小平发展思想，而且对中国的发展思路作了战略调整。

以胡锦涛为总书记的新一代中央领导集体，在总结国际国内发展经验的基础上，提出了“科学发展观”，提出“科学发展、和谐发展、和平发展”的发展新理念，把中国特色社会主义发展理论推向一个新的高度。科学发展观是解决中国发展所必须遵循的基本原则。

关于改革的思想也是邓小平理论的重要内容。改革是中国特色社会主义理论体系的另一个重要内容。社会主义的根本任务是解放和发展生产力，要解放和发展生产力，就必须不断改革。这是因为社会主义基本矛盾特点决定了必须要进行改革。社会主义制度建立后，我国的社会基本矛盾是适应前提下的不适应，也就是存在体制上的不适应：一是以往形成的僵化的经济政治体制，严重阻碍了生产力的发展；二是社会主义不是一成不变的，即使适合的体制，随着经济社会的发展，也需要不断地进行体制创新，以适应经济发展的需要。因此，邓小平率先提出“革命是解放生产力，改革也是解放生产力，改革是第二次革命”。只有破除旧的体制，才能解放和发展生产力。改革是社会主义不断向前发展的动力。这就是邓小平改革思想立论的根据。邓小平的改革思想在马克思主义发展史上是一个创举。

以江泽民为核心的党的第三代领导集体丰富和充实了邓小平改革思想，明确提出建立社会主义市场经济体制的改革目标，强调把社会主义市场经济同社会主义基本经济制度结合在一起，建立这种经济体制就是要使其在国家宏观调控下对资源配置起基础性作用。为实现这个目标，必须坚持以公有制为主体，各种经济成分共同发展的方针，必须进一步转换国有企业制度，建立现代企业制度。江泽民勾画了社会主义市场经济体制的基本框架，规定了国有企业改革的方向。在党的十五大上，江泽民又就社会主义初级阶段的所有制结构和公有制实现形式问题作了论述，进一步从理论上加以突破。他指出，我国经济成分可以多样化，公有制形式可以多样化；公有制为主体主要体现在控制力上；非公有制经济是社会主义市场经济的重要组成部分；股份制是现代企业的一种资本组织形式，资本主义可以用，社会主义也可以用。这些论述为我国的经济体制改革扫清了道路。

以胡锦涛为总书记的新一代中央领导，突出强调体制创新，强调改革问题上的创新，把体制改革和落实科学发展观结合起来。他指出：“推进体制创新，是解决经济社会诸多矛盾和问题的必由之路，也是贯彻和落实科学发展观的必然要求。必须通过深化改革，努力形成一套有利于科学发展的体制机制。”他指出，第一，以转变政府职能为重点，推进行政管理体制改革；第二，继续深化国有体制改革；第三，鼓励、支持和引导非公有制经济发展；第四，进一步破除垄断，加强现代市场经济体制建设；第五，提高对外开放水平。科学发展观创造性地解决了在新阶段“中国实现什么样的发展，怎样发展”的问题，充实和丰富了中国特色社会主义理论体系的改革观。

近 30 年的实践证明，能不能坚持发展和改革，坚持什么样的发展和改革，关系到我们事业的兴衰成败。科学发展观和正确改革观成为中国特色社会主义理论体系的主要内容。可以说，坚持科学发展，坚持正确改革，也就是坚持了中国特色社会主义。坚持科学发展观，坚持正确改革观也就是坚持中国特色社会主义理论体系。

三、在新的认识高度上全面贯彻落实科学发展观

在改革发展的新阶段，必须解决“发展什么，怎么发展”的问题，这是发展中国特色社会主义

伟大事业的根本性问题。要解决这个问题就必须全面贯彻落实科学发展观。

胡锦涛提出了深入贯彻落实科学发展观的四个方面的基本要求，即：要始终坚持“一个中心、两个基本点”的基本路线、积极构建社会主义和谐社会、继续深化改革开放、切实加强和改进党的建设。落实这四个方面的基本要求，实际上就是为深入贯彻落实科学发展观提供政治保证、社会环境保证、体制机制保证和组织保证。我们只有深刻理解和全面贯彻这些基本要求，才能奋力开拓中国特色社会主义更为广阔的发展前景。

胡锦涛号召全党全面把握科学发展观的科学内涵和精神实质，增强贯彻落实科学发展观的自觉性和坚定性，把科学发展观贯彻落实到经济社会的各个方面。为此，必须破除思想认识上的若干误区。

一定要从政治高度认识科学发展观。认为科学发展观只是单一解决经济发展的指导方针的片面认识，是对科学发展观的误解。科学发展观实际上要解决四个可持续发展问题：一是实现经济发展的可持续性，通过新型的经济发展模式，走出一条有中国特色的低成本、低代价的经济发展道路；二是实现政治发展的可持续性，通过建设社会主义政治文明，走出一条中国特色的民主政治发展道路；三是实现人文社会发展的可持续性，通过社会主义精神文明建设，走出一条中国特色的文化繁荣道路；四是实现生态环境、人口、资源的可持续发展，通过生态文明建设，走出一条中国特色的资源节约型和环境友好型的建设道路。在经济、政治、文化、社会、人的全面发展和党的建设的各个方面，全面落实科学发展观。、

一定要从全局高度认识科学发展观。有的同志认为科学发展观好是好，但“在我这个地方不适合”。甚至在个别领导干部看来，与其加大财政投入搞环保，搞公共设施和文化设施建设，不如集中财力搞见效快的经济项目，才算有政绩，这也是对科学发展观的误解。在这种误导下，一些地方仍然违规上高污染、高耗能项目，违规使用土地，对环境问题、资源问题、社会和人的全面发展问题重视不够。推进经济社会和人的全面发展是全局性的问题，不注意治理局部发展带来的诸矛盾和问题，势必影响全局发展，有害于全局。不能强调局部的特殊，一定要克服片面性，以大局为重，全面落实科学发展观。

一定要从意识形态高度认识科学发展观。认为科学发展观针对的是硬的、实的、经济的、物质的发展问题，从而忽视了软的、虚的、精神的、文化的、政治的、人文的发展问题，又是对科学发展观的误解。实际上科学发展观不仅解决的是硬的、实的、物质的、经济的发展，而且还要全面解决软的、虚的、精神的、文化的、政治的、人文的发展。一定要在意识形态的建设和领导方面，全面体现和落实科学发展观。因此，要全面理解和贯彻落实科学发展观，以科学发展观统领软实力、文化力、精神力、道德力、政治力的建设，强化党在意识形态领域的领导和控制能力。

一定要从改革创新的高度认识科学发展观。认为贯彻落实科学发展观就不能推进和深化改革，把科学发展观与改革相对立的观点，这是对科学发展观的误解。其实，在改革中出现的某些问题和偏颇，恰恰需要按照科学发展观的要求，积极推进改革才能解决。问题不是改革造成的，而恰恰是不按科学发展观推进改革而造成的。当前在改革问题上的某些迟疑、争论、观望和停滞，正是在改革问题上没有正确认识和理解科学发展观所致。科学发展观要求我们必须坚定不移地坚持改革开放，坚持社会主义市场经济的改革取向。只有按照科学发展观的要求，继续加强和深化改革，才能解决发展中的问题。

一定要从战略的高度认识科学发展观。认为科学发展观是应急的措施，是解决眼前发展中诸多矛盾和问题的权宜之计，同样是对科学发展观的误解。科学发展观既立足于解决当前发展中存在的诸多矛盾和问题，更着眼于长远发展，着眼于解决长远发展中有可能产生的矛盾和问题。这就要求领导干部在落实科学发展观的实践中不搞短期效应，不搞短期化行为，不搞所谓的“形象工程”、“面子工程”，不仅讲眼前，而且讲长远，一定要把科学发展观作为一项前瞻性的、长远性的、根本性的战略思想加以落实。

中国建设、改革的全部历程告诉我们，中国特色社会主义是当代中国发展进步的旗帜，只有高举这面旗帜，才能不断推进我国经济社会的全面发展和各项事业的全面进步。坚持和发展中国特色社会主义，走中国特色社会主义道路，关键要始终不渝地坚持以邓小平理论和“个代表”重要思想为指导，深入贯彻落实科学发展观，坚定不移地坚持解放思想，坚定不移地推进改革开放，坚定不移地落实科学发展与社会和谐的基本要求，坚定不移地为全面建设小康社会而奋斗。

3.“以人为本”的科学内涵和精神实质

李慎明，《红旗文稿》2008年第1期

胡锦涛在党的十七大报告中明确指出，“全党同志要全面把握科学发展观的科学内涵和精神实质，增强贯彻落实科学发展观的自觉性和坚定性”。他同时又明确指出，科学发展观“核心是以人为本”。因此，全面准确地理解“以人为本”，对于全面把握科学发展观的科学内涵和精神实质，对于增强贯彻落实科学发展观的自觉性和坚定性，具有核心的理论意义与实践价值。

一、“以人为本”的现实基础和科学内涵

科学理解“以人为本”中“人”和“本”的基本内涵，是完整准确地把握以“以人为本”为核心的科学发展观的前提。

（一）人是不同于纯粹自然界且不同于自然界中其他生物的“类”存在物

按照辩证唯物主义和历史唯物主义的观点，人是自然界演化到一定历史阶段的物质运动的特殊形态的产物，是唯一由于劳动而摆脱纯粹动物状态的“类”的存在。人是类存在物，首先是人把其他物的类及自身的类当作自己的对象，即从客体的方面来理解，同时又把人的自身当作普遍的自由的存在物，即从主体的方面来理解。劳动这种生命活动、这种生产生活本身，把人同动物的生命活动直接区别开来。人既是认识世界和改造世界的主体，同时与作为客体的自然界一样，也是被认识和被改造的对象。

把“以人为本”作为科学发展观的核心，就是把马克思主义关于人与世界的物质统一性，以及人具有自觉意识和主观能动性的基本观点，贯穿于社会发展论之中。一方面，它突出了人的主体性；另一方面，它肯定自然界不依赖任何意志而存在。正是在这个意义上，“以人为本”既强调了作为客体的自然界的优先性地位，又强调了在历史发展进程中人的主体性、能动性。

（二）人是由全部社会成员组成的集合体中的“每一个”个人

从一定意义上讲，没有一个个有生命的个体，也就没有整个人类和人类历史；但人的普遍性存在方式，则是现实的个人以及他们的活动和物质生活条件。在《共产党宣言》中，马克思恩格斯这样描述未来理想社会：“代替那存在着阶级和阶级对立的资产阶级旧社会的，将是这样一个联合体，在那里，每个人的自由发展是一切人的自由发展的条件。”（《马克思恩格斯选集》第1卷，第294页）马克思恩格斯为我们阐明了“每个人”与“一切人”的历史规定性及其实现条件。只有每个人都能自由发展，才可能有一切人的自由发展。马克思恩格斯正是从人的自由而全面的发展的角度来界定共产主义的本质特征的。在这里，马克思恩格斯强调的是作为个体的“每一个人的自由发展”。

现在党中央提出，更多地关注困难群体，把广大人民群众的切身利益摆在更加突出的位置，使经济发展成果更多体现到改善民生上，这也就进一步体现了党在我国经济社会发展的新阶段更多地关注社会公平和共同富裕的新思路，无疑是以“以人为本”为核心的科学发展观的具体体现。

尤其需要指出的是，我们党将以“以人为本”为核心的科学发展观作为具体工作的指导思想，，正是出于对全体人民幸福生活的高度关注，是以所有人的自由发展为最终目标的。在社会主义初级阶段，由于马克思恩格斯所设想的作为“一切人自由发展”条件的“每一个人自由发展”远未具备，理想的社会即“自由人联合体”尚不存在，社会成员中的每一个个体还不都是真正意义上的“自由人”。要真正使每一个人都得到自由全面发展。只有到共产主义社会才能实现。我们党提出的“以人为本”这一命题，蕴含了党在各个不同阶段的最低纲领与党的最高纲领的内在有机的统一。

（三）人主要是指“现在式”存在的人，但也兼指“过去式”和“未来式”存在的人

具体、现实的人都存在于一定的时空之中，所以相对于“现在式”的人来说，也存在“过去式”的人和“未来式”的人。一方面，当代人不能仅把自己当作具体、现实的人，而把“老祖宗”当作抽象、虚幻的人，否则就会陷入历史虚无主义。人类文明是历史的产物，是代代传承的结果。没有“过去式”的人的浴血奋斗、艰苦创业，就没有我们今天的幸福生活和继续创业的物质基础。从特定意义上说，以“过去式”的人为“本”，就是要尊重历史，珍惜前人给我们所创造、积累的物质和精神财富，并继承和发扬光大前人的优良传统和革命精神。另一方面，当代人也决不能仅把自己当作具体、现实的人，而把子孙后代当作抽象、虚幻的人，否则就会淡化可持续发展的理念，断子孙路。我们既要在前人创造的物质财富

和精神财富的基础上，继续艰苦奋斗、改革创新，为后人创造和积累更多的物质、文化财富，同时又要保护环境、珍惜资源，重视承接历史。

（四）在阶级社会中，“以人为本”实质上是以最广大人民群众和他们的根本利益为本

在阶级社会里，个人总是隶属于一定的阶级或阶层。从本质上说，在阶级社会里，不能以社会上的一切人及其根本利益为本。在阶级社会里，绝大部分人民群众的根本利益是完全一致的，而极少数人的根本利益则是与绝大多数人民群众的根本利益相对立的。如果以这极少数人的根本利益为本，就必然会以牺牲绝大多数人民群众的根本利益为代价。只有到了大同世界，就是我们所说的共产主义，我们所说的“以人为本”，才能是以一切人为本。

在当代中国，以人为本，就是要坚持人民在中国特色社会主义事业中的主体地位，就是以工人、农民、知识分子等劳动者为主体、包括其他中国特色社会主义建设者在内的最广大人民群众为本。人民是国家的主人，一切权力属于人民；人民是推动各项事业发展的根本动力，发展的成果也应该由全体人民共享。

我们党现在所讲的“以人为本”，本质上就是我们党的全心全意为人民服务的宗旨和这一宗旨的具体体现。具体说来：

坚持以最广大人民群众和他们的根本利益为本是我们党根本宗旨的集中体现。我们党自建立起就把为广大人民群众谋利益作为根本宗旨。

坚持以最广大人民群众和他们的根本利益为本体现了马克思主义人性论和社会主义人道主义的基本观点与鲜明立场。坚持以人为本，体现了我们党全心全意为人民服务的根本宗旨和立党为公、执政为民的执政理念，与我们党倡导和坚持的社会主义人道主义在理论上是相互吻合和贯通的。

坚持以最广大人民群众和他们的根本利益为本是社会主义本质的集中体现。我们党围绕以人为本所作的科学概括，更为直接地表达了新世纪新阶段社会主义对人的全面发展的价值诉求，揭示了社会主义所蕴涵的以人为本的深刻内涵和精神实质。

坚持以最广大人民群众和他们的根本利益为本顺应了我国社会主义初级阶段的根本特点和要求。坚持以人为本，是与我国处于社会主义初级阶段的国情紧密联系在一起的。坚持以人为本，就必须在中国人民根本利益的忠实代表——中国共产党的领导下，充分发挥广大人民群众的积极性、主动性和创造性，从而更好地坚持以经济建设为中心，坚持四项基本原则，坚持改革开放，不断加强经济、政治、文化、社会和党的建设，不断满足人民群众日益增长的物质文化生活需要，不断促进人的全面发展。

坚持以最广大人民群众和他们的根本利益为本反映了个人、集体、社会和国家之间的辩证关系，并把它们有机地统一起来。我国的社会主义性质决定了个人、集体、社会和国家之间在根本利益上是一致的。我们必须正确处理个人、集体、社会和国家的关系，把它们有机地、内在地统一起来。

二、“以人为本”的理论基础与时代价值

在人类历史发展的进程中，人本身是其物质生产和其他各种生产的基础。在人与物的关系上，在能动地认识世界与改造世界的关系上，人是根本性的因素。现实的社会生产力是劳动者与生产的物质条件的结合和统一。无论生产力的发展还是生产关系的变革，其主体都是人民群众。以人为本这个哲学命题实际上蕴含着以下重要思想：(1) 发展的主体是人民群众；(2) 发展的动力是人民群众的需要；(3) 发展的尺度是人民需要满足的程度；(4) 发展的目的是最大限度地满足人民群众的物质文化需要；(5) 发展的终极目的是实现人的全面发展。这集中体现了我们党的根本宗旨和执政理念，体现了我们党坚持以最广大人民群众的根本利益为基本出发点和归宿点的鲜明政治立场。

按照历史唯物主义的观点，任何社会形态存在的根据，就在于它最终能够发展生产力，否则它就将失去存在的根据，终将退出历史舞台。在人类历史进程中，社会主义作为一种比资本主义更高的社会形态，其存在的根据就在于它能够解放被资本主义生产关系束缚的生产力，进而取代资本主义。处于初级阶段的中国特色社会主义是一种不成熟的社会主义，但在其不停顿的发展过程中，一定能够通过坚持解放和发展生产力，逐步消灭剥削、消除两极分化，最终达到共同富裕，从而实现其本质。

坚持以人为本，具有重大的时代价值或现实意义。它是实现全面协调可持续发展的根本理论前提。

科学发展观的核心是“以人为本”，即以最广

大人民群众的根本利益为本。这与“以物为本”、“以GDP为本”、“以少数人利益为本”等观点是鲜明对立的。所谓“以物为本”，就是见物不见人，忽视“以人为本”这个社会发展的根本目标。“以物为本”的片面性在于，只知道发挥物（即机器、设备和资本等“死劳动”）的有限效用，不知道人是生产力中最活跃、最革命的因素，人才是第一可宝贵的，因而不能充分调动最广大人民群众的积极性、主动性、创造性，充分发挥人这一“活劳动”的最大效用，也就不可能产生最大的经济效益和社会效益。“以GDP为本”即以眼前利益为本，主要表现为单纯追求眼前的经济指标采用近乎杀鸡取卵、竭泽而渔的发展方式，不惜严重破坏生态环境和子孙后代的根本利益，以牺牲最广大人民群众的长远和整体利益为代价。“以GDP为本”从一定意义上讲，是以个人升迁荣辱为本的不正确的政绩观的反映。“以少数人利益为本”，就是为极少数人或特殊利益集团说话做事，惟资本的马首是瞻。新自由主义的实质就是“以资本为本”、“以少数人利益为本”。上述种种发展观都是片面的、不可持续的发展观，归根到底都会损害最广大人民的根本利益。因此，坚持以人为本，就要反对“重物轻人”、“GDP崇拜”、“以资本为本”等不正常现象。只有真正坚持了以人为本，全面协调可持续发展才有最可靠的保障。

坚持以人为本的科学发展观，还需要良好的周边安全环境和国际环境，从而促进世界的和平与发展。国际垄断资本与霸权主义国家推行的强权政治和新自由主义，就其本质和实质来说，都是为其国际垄断资本服务的。因此，以“以人为本”为本质与核心的科学发展观的提出，对于推动经济全球化、政治多极化和国际关系民主化的深入发展，也有着十分重要的积极促进作用。

三、坚持“以人为本”需要澄清的若干理论认识问题

（一）正确认识以人为本在马克思主义理论体系中的应有地位，不能把马克思主义全部简单地归结为“以人为本”

有人认为，“整个马克思主义可以归结为以人为本”。这种看法值得商榷。以人为本作为马克思主义的重要观点和重要原则之一，必须以辩证唯物主义和历史唯物主义作为其理论基础和前提，准确地把握其思想内涵，作出恰当的理论定位。相反，如果把“以人为本”视为比辩证唯物主义和历史唯物主义还要根本的东西，用所谓的人学来取代辩证唯物主义和历史唯物主义，势必会陷入西方“人本主义”的历史唯心主义巢臼，使它从根本上失去科学的内涵和本质的规定。

（二）正确认识“以人为本”与我国古代民本思想的区别

我们党提出的“以人为本”与历史上的民本思想既有一定的继承关系，同时也存在本质区别。我国古代的民本思想反映出一些进步思想家、政治家在一定程度上对民众疾苦的体察和对民众力量的一种认知，包含着我国传统文化中的思想精华，有一定的历史进步性。但“民本”思想从来不是也不可能是中国古代思想的主流，更何况封建帝王只是把所谓“民本”主张当作一种“驭民”、“治民”之术，是作为维护君主专制统治的手段而提出的，从来没有也不可能真正做到“民本”。这种民本思想与我们党把人民的利益看得高于一切、坚持全心全意为人民服务的宗旨，有着本质的不同。

（三）正确认识“以人为本”与西方人本主义特别是资产阶级个人主义的原则界限

人文主义是早期资产阶级在反封建、反教会斗争中形成的思想体系，它反对一切以神为本的旧观念，宣传人是宇宙的主宰，所以人文主义又被称作人道主义或人本主义。但需要指出的是，西方资产阶级的人道主义及其各种学说和流派，从唯心主义的历史观出发，从所谓不变的、普遍的、抽象的人性出发，实质是从资产阶级自身的根本利益出发，把本阶级的根本利益诉求，通过个人自由、个人价值、个人幸福等所谓人性或理性的基本要求表现出来。说到底，这一价值观是与私有制的经济基础相联系的，是维护剥削阶级生产关系的思想工具。与西方人本主义的唯心史观相对立，以人为本的思想坚持历史唯物主义的基本立场，肯定人民群众在社会活动中的主体地位，坚持人民是推动人类历史发展的根本动力。在价值观上，西方人本主义往往主张以“个人本位”、以“自我中心”为主要的价值追求。这与我们党所坚持的以人为本思想同样有着本质区别，不能混为一谈。

有论者认为，我们包括经济体制改革和政治体制改革在内的全部改革的思想理论基础，就是资产阶级经济学家亚当·斯密的“看不见的手”。把这只“看不见的手”意译过来，就是人的本质是自私的。这种说法认为，每个人的天性或本质就是追逐、聚敛财富的贪婪欲望；

既然以人为本是科学发展观的核心，那么，追逐、聚敛财富的贪婪欲望就是以人为本的核心，是社会发展的原动力；以人为本，就是要以这种“贪婪欲望”为本，最大限度地调动这种“贪婪欲望”的积极性、主动性、创造性，这样，贯彻落实科学发展观就有了根本前提和可靠保障。这一观点值得商榷。

人之初，性本善还是性本恶？此类问题已争论了几千年。持性恶论者认为，由于人的自然本性是自利的，人为了获取私利必然危害他人，因此国家需要设计严格的制度加以防范；既然人的本质是自利的，那么，作为特定阶级和集团代言人的国家的本质也是自利的。因此，人剥削人、人压迫人的社会制度天然合理、万古长存。而持性善论者认为，人的自然本性是善的或向善的，因此无需建立一个健全的制度包括人民民主专政，只要唤醒所有人的良知，依靠人的善的本性和善良意志，就可以建立一个理想的社会。

马克思主义如何看待这一问题呢？毛泽东在1943年指出：“道德是人们经济生活与其他社会生活的要求的反映，不同阶级有不同的道德观，这就是我们的善恶论。”（《毛泽东文集》第3卷，人民出版社，2004年，第84页）他还说：“当作人的特点、特性、特征，只是一个人的社会性——人是社会的动物，自然性、动物性等等不是人的特性”，“人，它只有一种基本特性——社会性，不应说它有两种基本特性：一是动物性，一是社会性，这样说就不好了，就是二元论，实际就是唯心论。”他又说：“自从人脱离猴子那一天起，一切都是社会的，体质、聪明、本能一概是社会的……人的五官、百体、聪明、能力本于遗传，人们往往把这叫作先天，以便与出生后的社会熏陶相区别。但人的一切遗传都是社会的，是几十万年社会生产的结果，不指明这点就要堕入唯心论。”（同上，第83页）毛泽东关于人的本质的论述告诉我们，人性无论善还是恶，都是人类历史演进的结果，都是现实社会性或历史社会性的反映。在人类历史长河中，从来就没有抽象的人性和社会性，而只有具体的人性和社会性；在阶级社会里，人性和人的社会性又往往具有阶级性。

在原始社会里，人们之间本质上是一种互帮互助的关系。这是由当时的生产关系的总和所决定的。人们的自私心理是随着私有制社会的诞生而诞生的。事实上，正是因为原始社会解体后各种私有财产制支配了人类社会，才使私产社会的主体渐渐驱逐了利他心态，甚至变得唯利是图、损人利己。在人类社会相当长的时段内，自私观念的产生具有一定的历史进步性，但随着历史的发展和进步，其局限性和腐朽性便逐渐充分显现出来。自私不是人类历史上从来就有的，因而也不会是永恒的。随着人类社会的演进，随着公有制最终全面的确立，人们的自私心理最终必然会被消除。这就是在更高层次上的否定之否定。

我们正在建设的社会主义仅仅是共产主义的第一阶段或低级阶段，且现在仍处在其初级阶段。这个社会主义初级阶段是从半殖民地半封建的旧中国脱胎而来，在经济、政治、文化诸方面难免会带有旧社会的痕迹。正因为如此，我们党现阶段的经济政策充分考虑并照顾到了人民群众的觉悟。这是问题的一个方面。另一方面，我们也应充分看到，我们已经建立了公有制为主体、多种所有制经济共同发展的经济制度，以及为之服务的社会主义上层建筑及其相应的思想道德观念。这也是一种客观存在。立足于这一客观存在，逐步解放生产力、发展生产力，消灭剥削，消除两极分化，最终达到共同富裕，就可以逐步地消除人们在物质利益方面的自私心理。我们在制定路线、方针、政策时，必须从生产力与生产关系、经济基础与上层建筑的辩证关系出发加以考虑安排。

现代生物学至今找不到公认的充分证据，证明人性是天生自私的。观察动物界不难发现，不是所有的动物在任何时侯、任何情况下都表现为自私，恰恰相反，许多动物有很强的群体性和利他性。我们不赞成人的本质都是自私的观点。我们提倡公私兼顾，尤其是在国家、民族的根本利益和个人利益发生冲突的时候，优先服从国家和民族的利益。否则，就无法解释几千万革命先烈为我们革命事业所作出的牺牲。人的本质是自私的观点实质是私有制观念的产物，同时也是维护私有制的理论根基。在计划经济时代，我们在强调集体和国家的利益时，有严重忽略个人利益的现象。但在建立社会主义市场经济的过程中，我们决不能重蹈西方极端个人主义和拜金主义的覆辙，而要切实加强政治文明和精神文明建设，在尊重个人利益和个人选择的基础上，使个人利益与集体利益、国家利益有机地协调起来。

4. 中国的改革开放与科学社会主义共命运

侯惠勤，《马克思主义研究》2008 年第 3 期

一

《共产党宣言》发表 160 周年了。160 年来的历史跌宕起伏、错综复杂，但是由《共产党宣言》所开创的科学社会主义运动，无疑是这段历史的主旋律。在对待《共产党宣言》及其奠定的整个科学社会主义基本原理上，有两种基本立场：一种是如马克思和恩格斯在 1872 年德文版序言中指出的："不管最近 25 年来的情况发生了多大的变化，这个《宣言》中所阐述的一般原理整个说来直到现在还是完全正确的。某些地方本来可以作一些修改。这些原理的实际运用，正如《宣言》中所说的，随时随地都要以当时的历史条件为转移，所以第二章末尾提出的那些革命措施根本没有特别的意义。如果是在今天，这一段在许多方面都会有不同的写法了。"这是全世界马克思主义者、当然也是中国共产党人的立场。另一种是从根本上否定《共产党宣言》所奠定的科学社会主义基本原理，把它归结为不成熟历史条件下的一种浪漫主义情绪，是一种根本错误的历史观。这是全世界资本主义卫道士、当然也是当代中国极少数主张"全盘西化"的人的立场。对于他们而言，马克思主义、科学社会主义（即共产主义）早已被逐出了历史舞台。狂妄地视自由主义的政治构架为不可超越的"历史的终结"的福山声称："共产主义对自由构成的威胁是如此直接和明确，其学说如今这样的不得人心，以至于我们只能认为它已经被完全赶出发达世界。"但是，也正如列宁指出的："他们曾经一百次、一千次地宣告唯物主义已被驳倒，可是直到现在，他们还在一百零一次、一千零一次地继续驳斥它。"

同时，我们也必须看到，20 世纪 90 年代初苏东剧变以来，在西方乃至世界，确实几乎已形成了一种思维定势，即不管你是否喜欢资本主义，可你必须得接受它；不管目前和未来还有多少思潮在碰撞、在挑战现实，可最终还是无法逾越自由民主的制度架构；也就是说，你可以批判它，却无法取代它。齐泽克是这样描述的："正如弗雷德里克·詹姆森极具洞察力地论及的那样，再也没有人严肃认真地考虑可能用什么来取代资本主义了，就好像即使在全球性生态灾难的境况下，自由资本主义也仍然是一个注定存在下去的'实在'。"乐观也罢，悲观也罢，资本主义不可超越，这就是一个时期以来西方哪怕是左翼思想界也无法摆脱的一种普遍情绪。

以中国特色社会主义为旗帜的当代中国，从根本上改变了上述历史格局，使得福山的"历史终结论"具有历史讽刺意义。1997 年，即将步入 21 世纪的中国，通过中国共产党第十五次全国代表大会向世界宣告，"旗帜问题至关重要。旗帜就是方向，旗帜就是形象。"并通过确立邓小平理论的指导地位，更高地举起了中国特色社会主义的旗帜。2007 年，处于新世纪新阶段新起点的中国，通过中国共产党第十七次全国代表大会，进一步深刻总结了以改革开放为主要特征的新时期的历史经验："改革开放以来我们取得一切成绩和进步的根本原因，归结起来就是：开辟了中国特色社会主义道路，形成了中国特色社会主义理论体系。"高举中国特色社会主义伟大旗帜，最根本的就是要坚持这条道路和这个理论体系。这不是一种政治姿态，而是扎根于实践沃土的鲜活经验，它生动地证明中华民族的伟大复兴和中国特色社会主义不可分割，实现这一伟业的关键在中国共产党，而"思想理论建设是党的根本建设，党的理论创新引领各方面创新"。从更广阔的背景看，这实际上通过中国共产党人的实践经验和理论创新，已经为近半个世纪以来扑朔迷离的意识形态之争，给出了一个明确的答案：主义仍然是凝聚共识、形成合力的主导力量；理论及共同理想所激发出的政治热情、参与共同体生活的积极性仍然是不可替代的有效方式；历史并没有终结，社会主义仍然是当代人类发展的共同追求。

现在的问题在于，西方反华势力一直试图把中国的改革开放与其对我国实施西化、分化的图谋捆绑在一起，以便从社会存在和社会认同两方面颠覆中国改革开放的社会主义性质。而今天我国意识形态建设面临的严峻形势就在于，我国改革开放的伟大成就未能充分有效地转化为对于社会主义的认同，相反的认同还大有市场；思想理论界和学界，在许多重大的政治理论问题上还严重缺乏共识；主流意识形态的宣传力和导向力不强，而对于否定四项基本原则的各种思潮缺乏有效的批判和抵制方式；归结起来，这就从根本上构成了对于社会主义制度合法性的动摇。就此而言，我们的理论还相对落后于我们的实践。因此，我们思想理论工作的一个着力点，就是要以中国特色社会主义实践为依据，充分阐明中国的改革

开放与科学社会主义共命运，“只有社会主义才能救中国，只有改革开放才能发展中国、发展社会主义、发展马克思主义”。

二

就理论上而言，西方反马克思主义思潮为了从根本上割断中国的改革开放与科学社会主义的联系，抛出了许多颇具迷惑性的说法，其中最为典型的就是“一个假设”、“打破三个幻想”。“一个假设”就是关于“经济增长的阶段”假设，认为现代化的过程是一个从传统社会向现代社会转变、必须经历不同经济增长阶段的客观过程，而与资本主义或社会主义的选择无关。用“经济增长的阶段”作出“非共产党宣言”表态的W. W. 罗斯托就明确提出：“马克思的整个体系在1848年他和恩格斯起草《共产党宣言》时已经完全形成，这就是说，是在除英国外还没有任何其他社会起飞阶段的时候形成的。”“简言之，马克思属于西方这样一类人物，这一类人以不同的方式反对走向成熟阶段中所发生的社会和人类成本，寻求使社会保持更好和更合乎人道的平衡。”在他看来，马克思对于资本主义的整个指控，是建立在个别国家（英国）刚进入经济起飞阶段时出现的不平等现象的片面把握之上，因而从根本上就是错误的。在这方面，西方意识形态制造的一个神话，就是这种不平等与资本主义所制造的剥削无关，而是从传统社会向现代社会过渡的必然现象。达仁道夫下述观点就是对这一神话的描述：“现代精神的历史从根本上讲是供给不断增长的历史。……沃尔特·罗斯托汇集了自1700年以来世界工业生产和世界贸易的整个指数，尽管他搜集的数据中不可靠的数据可能要多于体现整个指数的准确性所需要的数目。但是，他的工作所提供的画面是十分明确的，以至于其结论是无可怀疑的。……事实上，这是增长似乎能回答一切问题的时代。增长不仅是一种普遍的信条，而且也是扎根于个人和机构的思想的出发点。”“在现代经济增长的过程中，财富分配里的不平等起初在拉大，随后出现拉平的效果，后来事情的发展就颠倒了过来。……贝格尔认为，发生这种过程的两个主要原因在于技术和人口，而不是社会和政治原因，虽然在增长和不平等的三个阶段中的第二阶段里，政治干预可能在某种程度上会强化拉平不平等差距的过程。”当代中国的理论工作者，必须要结合新的历史条件，对于革命和发展的关系进行创新研究。其实，在马克思那里，无产阶级革命从来就不是一种破坏性的力量，而是一种建设性的力量；革命不仅催生了新社会，而且也是推动新社会前进的力量；无论革命还是建设，都是为了解放和发展生产力。正是在这个意义上，邓小平把我国的改革开放称为共产党领导的第二次革命。尽管两种革命的性质、任务不同，但其推动社会发展进步的作用是相同的，工人阶级及其政党在其中的领导作用是相同的。把革命和发展对立起来，通过“妖魔化”革命把改革发展引向“全盘西化”的邪路，是值得注意的动向。

所谓“打破三个幻想”，就是支撑着马克思主义理论体系的三大支柱性观点，即马克思关于无产阶级、关于无产阶级政党、关于无产阶级革命的基本观点，都是一种虚幻的乌托邦，浸透着空想的激情，但是没有任何现实根据。

在他们看来，资本主义“可能发生暴力革命的预言，是马克思主义中最具伤害性的因素”。因为历史不仅使这一预言一再落空，而且“一场除摧毁专制之外还试图尝试达到别的目的的革命，正如它可能达到自己现实的目的一样，至少可能造成另一种专制。”之所以如此，是因为革命不是建立在对现实社会的正确认识上，而是以黑格尔概念辩证法为基础的历史决定论的产物，这是支撑着马克思幻想的柱石。“波普尔传达的信息很简单，但却是深奥的。我们生活在一个带有不确定性的世界里；我们尝试着新的东西，而且我们也会犯错误。谁也不能确切知道，哪一条道路会引向前方，而那些自以为拥有这种知识的人也会犯错误。这种不确定性是难以忍受的。贯穿整个历史，对确定性的梦想一直陪伴着带有不确定性的现实。伟大的哲学家们为这种梦想推波助澜。柏拉图描绘了由哲学王治理的国家的景象，在那里，知道真理的人有发言权。黑格尔和在他之后的马克思，要求代表历史讲话，他们认为，合理的东西要么已经是现实的，要么在无产阶级革命之后变为现实。但是，这是一些错误的预言家。”我们今天的又一任务，就是要充分阐明认识历史规律在何种意义上是可能的，充分阐明历史辩证法的科学性。

西方意识形态认为支撑马克思主义幻想的另一柱石，就在于一个神化了的工人阶级和一个神化了的工人阶级政党，因此他们不遗余力渲染工人阶级及其政党没有任何特殊性。“革命的幻想把对进步的不可阻挡的进军的信仰与乌托邦的海市蜃楼结合起来。它引诱人们脱离现实的世界，因而在实际上——如果不是有意的话——引导人们离开自由。对于很多人来说，怀抱这种奢望的关键就在于‘无产阶级’这个概念。马克思绝不是唯一的一个执著于这种信念的人，不过，很多人以为找到了一条从现实径直通往乌托邦的道路，他首先对此是负有责任的。”“与虚构的猜测相反，工人们与其说是胸襟宽大的，毋宁说是不宽容的，与其说是国际主义的，不如说是民族主义的，对待自由党人与其说是热爱自由的和开放的，不如说是批判的和寻求保护的。”因此，马克思“所指出的主要动因并没有获得预期的发展；他指望这支力量发挥的作用并没有成为事实。预定会推动这支力量起作用和发展的趋势一般并没有出现，即使是偶然地和部分地出现了，也并没有带来他所预期的后果”。

不但工人阶级如此，“随着人们对工人阶级的真正的意见和态度产生失望，接踵而至的是人们对工人运动组织的幻想的更大程度的破灭。”“米歇尔深刻钻研了人的本质和社会的要求，来说明这样一种简单的观察：一个政党就是一个政党。……无论如何，他得出结论，认为工人运动已经变成了一般的、政治的进程的一部分。这就是社会民主主义的诞生。”“雷蒙·阿隆的世界是一个供给的世界；在它发生各种冲突时，所涉及的是多得一些，或少得一些，然而并非是要么得到一切，要么什么也没有。对绝大多数人来说，在代表这种大的意见一致的政党中，哪一个政党，从根本上讲，并不十分重要。”对于这些明目张胆曲解了马克思主义而又在当代西方以至世界上广为流传的话语，我们应该做些什么呢？毫无疑义，在马克思看来，没有谁（包括任何阶级、政党、个人）是天生的革命者或领导者，只有在领导群众不断进行胜利的斗争中才能实现领导权；没有谁（含任何阶级、政党、个人）具有天然的免疫力，面对权力可以自发做到拒腐蚀、永不沾，而只有不断地在改造客观世界的同时改造主观世界，才能保持先进性。就此而言，确实没有一个特殊的阶级、一个特殊的政党。但是，谁也不能否认，站在不同的阶级利益立场，对于社会问题的真理性认识和实践态度具有决定性意义；谁也不能否认，不形成特殊的既得利益（其根源是生产资料私人占有）是在改造客观世界过程中能够自觉改造主观世界的前提；谁也不会否认，任何阶级的群体，其自发的日常意识及其表现和本阶级的阶级意识及其追求总是不会直接等同的；谁也不能否认，在当今世界，推动人类文明和社会进步的力量分布仍然是不均衡的，仍然存在动力和阻力、先进和后进的分野。由此看来，马克思主义关于先进阶级和先进政党的观点就仍然具有生命力。

西方上述对科学社会主义釜底抽薪式的否定，在我国社会和思想界引起了极大的混乱，也对我国马克思主义理论工作者提出了更高的要求。在今天，我们不仅要透彻阐明什么是科学社会主义的基本原理，还必须阐明为什么这些是科学社会主义的基本原理，更为重要的是还要着重阐明这些基本原理为什么正确，为什么在今天还仍然适用。我们现在对于许多重大问题的讨论，已经不存在共同的前提，因此讨论首先是前提的讨论。我们过去的论证往往止步于“马克思和列宁是这样说的，他们这样说是有根据的”，而现在的争论要求我们进一步阐明“在今天该怎么说”。这不是仅就理论本身就能加以说明的，而必须结合新的实践和新的历史条件进行创新研究。这是我们的努力方向。

三

使改革开放的实际成果转化为对社会主义的认同，从政治层面上说，我们必须充分阐明中国共产党领导的改革开放的社会主义基本属性。在这方面，有两个说法需特别加以澄清：一是把党领导的改革开放片面归结为排除“左”的干扰，提出所谓“三十年改革开放的过程也是不断排除‘左’的干扰的过程”的断言。中国共产党领导的改革开放本质上是社会主义的自我完善，是目的和效果的高度统一，而根本区别于那些导致社会主义制度瓦解、共产党执政地位丧失甚至国家解体的“改革”。因此改革开放从一开始就包含着对于自由化思潮干扰的排除。正如邓小平在平息八九政治风波时明确指出：“肯定的一点是，不论工人也好，农民也好，知识分子也好，学生也好，还是希望改革的。这次什么口号都出来了，但是没有打倒改革的口号。不过，某些人所谓的改革，应该换个名字，叫作自由化，即资本主义化。……我们讲的改革与他们不同，这个问题还要继续争论的。”党的十七大将改革开放30年来的宝贵经验概括为“十个结合”，即“把坚持马克思主义基本原理同推进马克思主义中国化结合起来，把坚持四项基本原则同坚持改革开放结合起来，把尊重人民首创精神同加强和改善党的领导结合起来”等，充分表明把改革开放片面归结为反“左”，本身就是对贯彻党的十七大精神和坚持改革开放的干扰。

中国的改革开放，从一开始就是一条崭新的社会主义发展道路。它虽然是在毛泽东等党的第一代领导集体开拓的社会主义制度基础上的新探索，却不是原先道路的简单重复，更不是照搬任何现成社会主义模式。至于对资本主义的学习和借鉴，对于我们而言，从来就不是从道路和发展方向的意义上说的。这就是邓小平所说的决不走“回头路”（即不回到任何以往的社会主义实践方式上）和决不走“邪路”（即不照搬西方、搞“全盘西化”）的实质。这样，中国特色社会主义道路的开拓过程，就必然是不断地排除“左”和右的错误干扰的过程。从习惯和感情偏好上说，党内容易认同老路，因此“左”始终是干扰改革开放的一大障碍；但是，由于西方在当代世界的优势地位和西化、分化我国的图谋始终存在，力图把改革开放引向资本主义化的倾向也就始终存在。因此，邓小平指出：“解放思想，也是既要反‘左’，又要反右。三中全会提出解放思想，是针对‘两个凡是’的，重点是纠正‘左’的错误。后来又出现右的倾向，那当然也要纠正。……黄克诚同志讲，有‘左’就反‘左’，有右就反右。我赞成他的意见。对‘左’对右，都要作具体分析。”今天和邓小平提出解放思想时相比，“左”和右的表现都更具典型性。恩格斯曾说过“两极相通”，历史一再印证了这一点。“左”和右都惊人一致地把以改革开放为特征的中国特色社会主义视为搞资本主义，都极其相似地割裂马克思列宁主义、毛泽东思想和中国特色社会主义理论体系。今天讲坚持改革开放、继续解放思想，同样也要既反“左”，又反右，同样要作具体分析。

另一个说法就是，今天在关于“斯大林模式”、“苏联模式”问题的讨论上，有一个被一些人一直视为至宝的假命题，即“中国的改革开放是对‘斯大林模式’、‘苏联模式’的根本突破”。这是一个制造混乱而又包藏祸心的提法。我们姑且不谈“斯大林模式”这一提法的可疑，单就“根本突破”而言，就是一个含混的、“怎么都可以”、因而可以任人自由发挥的空间。它摆出一副捍卫中国改革开放的原创性的架势（其陷阱也在这里，谁否定这一提法，谁就是对中国改革开放的贬低，就可以将其一棍打死，或者将其拖入一场旷日持久的笔墨官司），蓄意把争论的焦点引导到如何评价中国的改革开放上，在掩盖真实意图的同时，使自己披上了“改革的捍卫者”的唬人外衣。实际上，从中国的改革开放不是照搬任何现成的外国模式的意义上，这是常识和共识，不算什么有创见的观点，也不存在什么大的争议。况且众所周知，不仅中国的改革是这样，中国共产党所领导的整个革命和建设的道路都是这样。难道毛泽东所领导的中国新民主主义革命不是对任何国外革命（包括十月革命）模式的突破吗？难道毛泽东领导的中国社会主义改造和工业化的道路不是对所有现成的社会主义模式的突破吗？对于中国革命和建设的其他重大原创性成果一概没有兴趣，单挑出改革来一说，起码说明论者关注的并不是中国改革的已有成果，而是中国改革的何去何从；说明问题争论的实质不在于对过去的评价，而在于对未来的把握。

这样，对“中国改革是对斯大林模式的突破”论的进一步解读，必然使人们提出以下追问，即中国的改革固然是对苏联模式的突破，难道不更是对于当今“瑞典模式”、“民主社会主义模式”的根本突破吗？为什么单找一个苏联来说事呢？可见该命题实际上是有破有立，破的是中国特色社会主义与科学社会主义的有机联系，立的是企图把中国改革开放与民主社会主义以及资本主义扯在一起。毫无疑义，由于时代主题和历史条件的变化，原先那种封闭起来搞社会主义的道路已经是一条死路，社会主义只有在改革开放中才能闯出一条活路。从这个意义上说，以改革开放为特征的中国特色社会主义是一个全新的探索，其创新性无论怎么估计都不为过。但是，通过改革开放搞社会主义，其前提是不走资本主义道路，不与资本主义趋同。因此，以科学社会主义基本原理为指导，以共产党的领导和1956年后基本建立的社会主义制度为基础，就是中国特色社会主义的题中应有之义。而这一点，恰恰是那些想通过改革开放把中国引导到资本主义的人们所力图抹杀的。绕那么大的一个弯子，本意是要为中国的改革开放定向，板子却打在苏联和斯大林身上，可谓避重就轻、声东击西。其良苦用心不外乎试图绕过不这样就根本无法绕过的“钉子”。

说到底，一些人之所以要舍近求远、曲里拐弯，就因为有难言之隐，有难以摆脱的“紧箍咒”，这就是邓小平从改革开放一开始就制定的“一个中心、两个基本点”的基本路线，就是邓小平及党的第三代领导集体关于中国改革开放的基本判断。1985年，邓小平对中国的改革作了一个结论性的判断，这就是“改革是社会主义制度的自我完善，在一定的范围内也发生了某种程度的革命性变革”，所以堪称中国共产党领导的“第二次革命”。他同时非常鲜明地指出：“我们党的十一届三中全会决定实行开放政策，同时也要求刹住自由化的风，这是相互关联的问题。不刹住这股风，就不能实行开放政策。要搞四个现代化，要实行开放政策，就不能搞资产阶级自由化。自由化的思想前几年有，现在也有，不仅社会上有，我们共产党内也有。”正是在这一基础上，我们党提出了要区分两种改革开放观的问题。“要划清两种改革开放观，即坚持四项基本原则的改革开放，同资产阶级自由化主张的实质上是资本主义化的‘改革开放’的根本界限。”

这就是说，中国的改革开放和现代化建设，第一姓“社”不姓“资”，正如邓小平所说：“我多次解释，我们搞的四个现代化有个名字，就是社会主义四个现代化。我们实行开放政策，吸收资本主义社会的一些有益的东西，是作为发展社会主义社会生产力的一个补充。”第二这个“社”不是重起炉灶的“社”，更不是改弦更张向民主社会主义（实质是资本主义）看齐的“社”，而是始于以毛泽东为核心的党的第一代领导集体带领全国人民所开拓的社会主义，是奠定了“中国特色社会主义”政治前提和制度基础的社会主义，是党的几代领导集体不断开拓和探索的社会主义。正因为这一问题是如此的简单明了，没有任何可以借题发挥的空间，因而别有用心的人就必须选择其他突破口。于是，“斯大林模式”及其相关的假命题就理所当然地被当成了这样的突破口。在一些人看来，斯大林尽管与中国革命和建设有着密切关系，但对于他的评价毕竟没有直接对中国自身经历的评价那样敏感，况且苏联已经解体，其本身又存在着许多历史的悬案，留下了足够的“六经注我”的空间，因而是借刀杀人的绝好把柄。有鉴于此，我们对于一些人蓄意歪曲苏联历史和斯大林作为的伪造当然还要继续地予以揭露，从事实上和学术上证明其无稽和无知，但不能纠缠于此。因为这一讨论本质上不是学术之争，而是政见之争，因而就不能单纯诉诸学术，而必须诉诸政治分析。

因此，我们必须紧紧地抓住这样一个重大问题追问，即中国的改革究竟是在基本制度不变前提下的变革，是在体制层面和局部范围内的制度层面的变革，还是在社会制度层面的全面的革命性变革？换言之，以马克思主义为指导的国家意识形态，以人民代表大会制和共产党领导的多党合作制为根基的国家政治制度，以公有制为主体、各种所有制经济共同发展的国家经济制度，是通过不断的改革加以完善，还是从根本上推倒？在改革开放的全过程，是根本在党、关键在党，因而必须加强和完善党的领导，还是通过改革开放，最终终结中国共产党的领导？

这就是关于改革的全部问题的关键和要害所在。不能笼统地讲“改革无罪”，关键在于是中国共产党领导的改革，还是什么别的“改革”，关键在于改革依靠谁、为了谁、利于谁。正如胡锦涛一再强调的，发展为了人民、发展依靠人民、发展成果由人民共享。这就是中国特色社会主义的科学发展，中国的改革开放毫无疑义也是如此。继续解放思想、坚持改革开放、落实科学发展、促进社会和谐，落脚点是发展中国特色社会主义，离开了这一点，一切就无从谈起。中国特色社会主义伟大事业的不断发展，必将越来越充分地展示出科学社会主义的生命力和真理性光辉。

5. 改革开放以来马克思主义哲学的创造性运用和发展

李崇富，《江西社会科学》2008 年第 11 期

中国特色社会主义是科学社会主义的新形态。马克思主义哲学世界观特别是历史唯物主义，是科学社会主义最重要的理论支柱，当然也是中国特色社会主义最重要的理论支柱。在改革开放 30 年的伟大实践中，我们党创造性地坚持和运用马克思主义哲学，并在运用中推进了马克思主义哲学丰富和发展。

一、在改革开放的伟大实践中创造性地运用马克思主义哲学

党的十一届三中全会以来，我国在改革开放中不断取得巨大成就的根本原因，归结起来，就是开辟了中国特色社会主义道路，形成了中国特色社会主义理论体系。正如胡锦涛总书记所指出的：“中国特色社会主义道路之所以完全正确、之所以能够引领中国发展进步，关键在于我们既坚持了科学社会主义的基本原则，又根据我国实际和时代特征赋予其鲜明的中国特色。”我们认为，中国特色社会主义在理论和实践上所始终坚持和运用的科学社会主义的基本原则，首先和最为根本的，就是它所赖以立足的科学世界观和方法论基础——马克思主义哲学，尤其是历史唯物主义。

改革开放以来，我们党中央三代领导集体，继承了毛泽东重视学用马克思主义哲学的好传统，坚持运用科学世界观和方法论，指导我国社会主义改革开放和现代化的实践探索。这是由30年前那场由邓小平指导和支持的关于“实践是检验真理的唯一标准”的大讨论开始的，从而为我们党恢复和确立党的“解放思想、实事求是”思想路线，扫清了思想障碍，提供了理论支持。这条思想路线的基本精神，就是辩证唯物主义、历史唯物主义哲学世界观及其方法论的精神实质和基本要求。此后，全党全国各族人民在贯彻落实这条思想路线的过程中，在改革开放的实践探索中，在中国特色社会主义道路的开辟和理论体系形成的过程中，马克思主义哲学尤其是历史唯物主义发挥了思想导向和理论支撑的作用。

我们知道，邓小平在改革开放的实践探索中开辟中国特色社会主义道路、创立中国特色社会主义理论体系，都是围绕“什么是社会主义、怎样建设社会主义”这个基本问题而展开的，是创造性地坚持和运用马克思主义哲学而发生的认识飞跃，是马克思主义中国化的伟大成果。

第一，在改革开放的实践探索中，首先受到邓小平重视和创造性运用的是马克思主义的历史唯物论。而历史唯物论与历史辩证法是内在统一、相辅相成的，同时，历史辩证法同样是立足于历史唯物论的基础之上的。马克思的唯物论认为，社会物质生产力的发展是“整个社会生活以及整个现实历史的基础”，是“人们所达到的生产力的总和决定着社会状况”。据此，列宁还把“促进生产力的发展”视为“社会进步的最高标准”。而邓小平同志正是从“生产力标准”的高度，来理解和阐发“什么是社会主义”，并为当代中国的社会主义作出了科学的历史定位。其一，鉴于过去我们在认识“什么是社会主义”之时，曾经有过忽视生产力而过分强调生产关系、过分强调公有制的“单一性”的偏颇，邓小平在关于“社会主义的本质，是解放生产力，发展生产力，消灭剥削，消除两极分化，最终达到共同富裕”的科学论断中，强调“解放生产力，发展生产力”，是“消灭剥削，消除两极分化，最终达到共同富裕”的根本基础。这是坚持历史唯物论的典范，同时也为“社会主义的根本任务是发展生产力”的提出、坚持、贯彻和实现，奠定了理论前提。其二，党中央和邓小平把我国现阶段所处的历史方位，确定为“社会主义初级阶段”，即“不是指任何国家进入社会主义都会经历的起始阶段，而是特指我国在生产力落后、商品经济不发达条件下建设社会主义必然要经历的特定阶段。”这是以历史唯物论及其“生产力标准”作指导，来综合地概括我国的基本国情、科学地判定当代中国之历史方位的重大理论创新，是对科学社会主义的丰富和发展。其三，党中央和邓小平同志认定在社会主义初级阶段“我国所要解决的主要矛盾，是人民日益增长的物质文化需要同落后的社会生产之间的矛盾”。这是根据我国生产力总体发展比较落后的实际状况，而从根本上对国情的科学把握。这为我们党实现从“以阶级斗争为纲”到“以经济建设为中心”的战略转变，提供了客观依据和理论支持。关于社会生产力的发展状况的科学论断，对于我们正确把握社会主义本质、正确认识我国社会目前所处历史阶段及其主要矛盾，具有全局性、根本性、长远性的指导意义。

第二，中国特色社会主义理论体系所体现的历史唯物论中所指的生产力是与一定的生产关系及其经济体制相结合的现实生产力。因此，它正确指导同我国现阶段生产力发展状况相适应的生产关系的选择、经济体制的改革和利益结构的调整，同样是坚持历史唯物论题中应有之义。这包括：（1）我国进行社会主义体制改革，坚持以经济体制改革为中心，而其他领域的改革都必须与之配套进行并为其服务，以促进生产力的发展。（2）在总体上坚持和维护社会主义基本制度，并把改革作为社会主义自我完善和发展的前提下，根据我国目前生产力的发展状况而对现阶段的基本经济制度作出必要的调整，即由单一公有制的社会经济结构，调整为“公有制为主体、多种所有制经济共同发展的基本经济制度”。为此，邓小平多次强调说：“在改革中，我们始终坚持两条根本原则，一是以社会主义公有制经济为主体，一是共同富裕。”邓小平同志还把“生产力标准”发展为“三个有利于”标准，即对于我国改革开放和各项政策成败得失“判断的标准，应该主要看是否有利于发展社会主义社会的生产力，是否有利于增强社会主义国家的综合国力，是否有利于提高人民的生活水平”正是鉴于现实生产力与其生产关系的内在和历史的统一、鉴于作为社会主义生产关系及其实现形式的社会经济制度及其体制，终归要体现为一定的利益结构，所以江泽民同志在表述“三个代表”重要思想时，既突出社会生产力特别是“先进生产力”的最终决定作用，又要求我们党“必须始终代表中国先进生产力的发展要求，代表中国先进文化的前进方向，代表中国最广大人民的根本利益”。中国特色社会主义理论体系通篇闪烁着历史唯物论的思想光辉，它保障着中国特色社会主义的理论和实践探索，始终被置于现实的基础之上。

第三，中国特色社会主义理论体系所体现的历史唯物论始终是同历史辩证法内在地结合在一起的。事实上，也只有在坚持社会生产力的最终决定作用的前提下，始终坚持历史唯物论和历史辩证法的统一，才是真正坚持历史唯物主义。这主要表现在：

——坚持运用历史唯物论和历史辩证法相统一的观点，根据我国长期处于社会主义初级阶段的基本国情，制定了党在现阶段的基本路线，即“一个中心、两个基本点”的基本路线。“一个中心”就是“以经济建设为中心”，就是把大力发展生产力放在高于一切的地位，这体现了历史唯物论；而坚持“两个基本点”的统一，即“坚持四项基本原则”和“坚持改革开放”的统一，则体现了坚持科学社会主义的“基本原则”对于指导社会主义实践，对于坚持和完善社会主义基本制度、改革社会主义体制从而促进生产力发展和社会全面进步，具有巨大的和能动的反作用。

——坚持运用社会主义社会基本矛盾的观点，来说明和论证社会主义经济体制和其他相关体制改革的必然性。因为“社会主义社会的基本矛盾仍然是生产关系与生产力、上层建筑与经济基础之间的矛盾”，所以“我们改革经济体制，是在坚持社会主义制度的前提下，改革生产关系和上层建筑中不适应生产力发展的一系列相互联系的环节和方面”，以便进一步解放和加快发展生产力。

——坚持历史辩证法关于社会各个领域相互作用、普遍联系的原理，促进经济社会的协调发展和全面进步。先是邓小平同志提出社会主义的“物质文明建设”和“精神文明建设”，要“坚持两手抓、两手都要硬”，要协调发展。其后，江泽民又提出要加强“社会主义政治文明建设”。这样，就发展为社会主义的“三大文明”建设和协调发展；党的十六大以来，党中央提出社会主义的物质文明建设、政治文明建设、精神文明建设和社会文明建设“四位一体”，党的十七大又提出“生态文明建设”。实际上，以人为本的科学发展观所要求的全面协调可持续发展，是包括上述“五大文明”建设和做好“五个统筹”。

第四，坚持历史唯物论和历史辩证法之内在统一的最为生动的体现，就是在改革和建设中充分尊重人民群众的主体地位和首创精神。工人阶级是社会主义国家的领导阶级。他们同广大人民群众一道，都是我国社会实践的主体力量，是社会物质力量和精神力量的根本载体，是我国改革和建设的主力军。党中央历来强调，在革命、改革和建设中，要全心全意地依靠工人阶级，要坚持群众观点和群众路线，要全心全意为人民服务。例如，我国农村的改革，就是根据农民的创造搞起来的，是尊重人民群众的首创精神的结果。对此，邓小平同志说：“农村搞家庭联产承包，这个发明权是农民的。农村改革中的好多东西，都是基层创造出来，我们把它加工提高作为全国的指导。其他领域的改革，原则上也是这样。因此，我们党在科学和民主决策中的一项取舍原则，是要看人民群众拥护不拥护、赞成不赞成、满意不满意。邓小平理论和“三个代表”重要思想，以及科学发展观，都把人民群众的主体地位和根本利益，置于核心地位。

二、社会主义改革开放和建设的实践经验丰富和发展了马克思主义哲学

同整个马克思主义一样，马克思主义哲学是一个在实践应用中不断发展和开放的理论体系。我国改革开放和现代化建设的实践探索，正因为有了马克思主义哲学的指导，才使中国特色社会主义的理论创新和实践应用具有科学的世界观和方法论基础。马克思主义哲学引领着中国改革和建设的正确方向，而改革开放和社会主义现代化建设的伟大实践，也促进了马克思主义哲学的丰富和发展。在运用马克思主义哲学指导改革开放和现代化建设的具体实践及其经验总结中，我们党从哲学的高度上提出的一些新概念、新观点和新思想，进一步丰富和发展了马克思主义世界观和方法论。

（一）“第一生产力”概念

如果说，邓小平1978年在全国科学大会提出“科学技术是生产力”是在重申“马克思主义历来的观点”，那么他1988年提出“科学技术是第一生产力”的论断，就是一种理论创新。显然，这里讲的“第一”，不是生产力的排序，而是指在现代生产力体系中，现代科学技术是一个决定性的主导因素，是现代先进生产力的根本标志。科学技术作为第一生产力，不仅仅是社会主义国家独

有的现象，而且是整个人类社会发展的必然趋势，因此，它体现了社会技术形态发展的一般规律。而且，“科学技术是第一生产力”的重要论断，同时也深化了现代“生产力”概念，促使它由生产力的“二因素论”和“三因素论”，进一步发展到生产力的“系统论”。与之相关的是，这还有助于我们对于当代工人阶级的科学内涵和阶级结构的正确理解。

（二）与社会制度相对应的“体制”概念

与社会制度相对应的“体制”问题和“体制”概念，在20世纪60年代党的文献就已经出现。例如，毛泽东在1956年发表的《论十大关系》中，就不仅论述了工业和其他方面的体制问题，而且还提出了“经济管理体制”和“财政体制”的概念。但是，当时还没有把它作为事关社会主义前途命运的一个全面性和关键性的问题，提到全党和全国人民的面前。“体制”和“体制改革”作为“邓小平理论”中的两个重要概念，是从党的十一届三中全会开始的。全会决定停止使用“以阶级斗争为纲”的口号，决定“把全党工作的着重点和全国人民的注意力转移到社会主义现代化建设上来”的同时，还决定要“对经济管理体制和经营管理方法着手进行认真的改革”，就是“要求多方面地改变同生产力发展不相适应的生产关系和上层建筑，改变一切不适应的管理方式、活动方式和思想方式，因而是一场广泛、深刻的革命。我国社会主义体制改革的主要理论根据是社会基本矛盾运动，即生产关系与生产力、上层建筑与经济基础之间的矛盾运动。然而，在我国社会主义的上层建筑、生产关系与生产力的发展要求基本适应的情况下，需要改革的，就主要不是社会主义的基本制度，而是原有的社会主义体制了。

所以，邓小平说：“革命是解放生产力，改革也是解放生产力。推翻帝国主义、封建主义、官僚资本主义的反动统治，使中国人民的生产力获得解放，这是革命，所以革命是解放生产力。社会主义基本制度确立以后，还要从根本上改变束缚生产力发展的经济体制，建立起充满生机和活力的社会主义经济体制，促进生产力的发展，这是改革，所以改革也是解放生产力。”这样，邓小平理论就在生产关系与生产力之间、上层建筑和经济基础之间发现了一个中介，即作为社会主义基本经济制度的实现形式和运行机制的经济体制，还有作为社会主义的基本政治制度的实现形式和权力运作机制的政治体制，以及其他相关体制等。抓住“体制”进行改革创新，是使社会主义重新焕发生机活力的关键。应该说，任何社会制度下都存在“体制”问题。其体制设计和选择是否得当或适宜，会使得该社会的基本制度存在一个能否有效发挥作用的问题。即是说，至少存在这样两种情况：一是，当一个社会的基本制度趋于“过时”和腐朽的时候，即使在其体制上无论怎样作改进和改良，也不能从根本上解决问题，就像当代资本主义制度一样；二是，当一种社会基本制度是刚刚产生的新生事物的时候，虽然它的上层建筑、生产关系与生产力的发展要求是基本一致的，但是也可能因为体制性问题，而使制度的优越性不能充分发挥出来，就像改革开放以前的社会主义中国一样。可见，“体制”是与社会的基本制度相关的一个重要的、必不可少的社会层次。

（三）新的“社会”概念

在马克思主义原有话语体系中，社会是所有社会现象即包括经济、政治和文化等社会现象在内的总概括。而在科学发展观的“构建社会主义和谐社会”的提法中，以及在与经济建设、政治建设、文化建设相并提的社会建设这个“四位一体”，“社会”这个概念的内涵显然要小得多。这样，就在社会有机体中明确地划分出了一个新层次，即以社会经济利益为基础的、包括社会伦理道德关系在内的人与人之间关系的新领域。由此从理论上解决了长期没有明确解决的一个问题，就是历史唯物主义与社会学的研究对象的划界问题。从一定角度看，这两者确实都在研究现实社会，列宁还把历史唯物主义称为“科学的社会学”。但是，由于对概念认识的模糊，在现实中容易产生两种错误倾向：一种是只要历史唯物主义，并用历史唯物主义代替社会学，否认社会学的合理性；另一种是只要社会学，否认历史唯物主义对于认识社会的指导作用。而有了“大社会”和小“社会”这两个概念，问题就比较容易解决了。其实，历史唯物主义和社会学在研究对象上，是各有分工、相辅相成的。其中，历史唯物主义主要以历史和现实的“大社会”作为研究对象，以研究整个人类社会的发展过程和规律；而社会学主要以现实的小“社会”作为研究对象，通过对社会现象的实证性研究，为协调和解决人与人之间的关系上的具体问题，提供理论和方法上的帮助。可见，历史唯物主义所要揭示的，是整个人类社会发展的普遍的本质和规律。因此，它对于认识各种具体社会现象和社会问题，理所当然地具有指导作用；而社会学对于现实社会所作的实证性研究，也会为历史唯物主义的研究和实践应用，提供学科性的和实证性的支持。我们党所提出的“四位一体”的“社会”概念，具有普遍性和方法论意义，它有助于我们丰富和深化对社会有机体的认识。

（四）生态文明概念

生态文明是党的十七大提出的一个新概念，是我国贯彻科学发展观、坚持社会全面协调可持续发展的一个重要方面。这里所讲的，是现代社会中一个带普遍性的重大问题，即人们必须同时处理好人与人之间、人与自然之间两方面的关系。实际上，这两方面的关系，是自从有了人类社会以来就一直存在的。因为，当人类一开始进行物质生产，就同时产生了人与人和人与自然的双重关系。只不过在原始社会和农业社会中，由于人与人之间的狭隘关系规定、制约着人与自然的关系，而人与自然之间的狭隘关系也规定、制约着人与人的关系。所以在当时，人们同自然界之间还能保持着一种自发的、低水平的统一和原始和谐。但从近代西方社会产生机器大工业，并开始实行工业化和电气化以来，特别是由于资本主义生产方式和资产阶级生活方式，在日益大量地浪费资源和污染环境，不仅形成了无产阶级与资产阶级的对抗性的社会关系，而且也激化了人与自然之间的矛盾和对抗，使得生态问题和可持续发展问题日益严重起来。现在，尽管西方有识之士及有关方面比较关注这个问题，并采取了一些措施使西方发达国家的生态问题有所缓解。但同时，他们却有意无意地把生态灾难向发展中国家转移。全球性生态问题并没有从根本上得到缓解。由于资本主义生产方式的反生态性质，所以全球性生态问题的根本解决，即生态文明的全面实现，只有在共产主义制度下才是可能的。

由于我国只能在社会主义制度下实现国家的工业化、城市化和现代化，所以资源、环境和生态问题，也是一个必须面对和积极解决的重大问题。党的十七大在提出“四位一体”的战略布局的同时，提出搞好生态文明建设，就是解决这个问题的总思路。从理论上看，我们党提出生态文明概念，属于哲学层次的新认识，是对于人与人和人与自然的关系认识上的一个新飞跃。这是对狭隘的“人类中心论”的否定和扬弃，也是对于“人定胜天”论的深刻反思。也就是说，人类所具有的历史主动性和主观能动性的发挥，是有前提、有限度和有条件的。这就是：人们对于社会、对于自然界的认识和改造，必须要有一定的物质条件和精神条件，必须尊重和顺应自然、社会和思维发展的客观规律，以及各门相关科学的规律。否则，就会受到客观辩证法和客观规律的惩罚。对此，恩格斯曾指出过：“我们不要过分陶醉于我们人类对自然界的胜利。对于每一次这样的胜利，自然界都对我们进行报复。每一次胜利，起初确实取得了我们预期的结果，但是往后和再往后却发生完全不同的、出乎预料的影响，常常把最初的结果又消除了。”恩格斯还以古时候美索不达美亚、希腊和小亚细亚等地的人们，违背生态规律，大肆毁林开荒，后来使当地变成了不毛之地的教训，要求人们记住：“我们统治自然界，决不像征服者统治异族人那样，决不是像站在自然界之外的人似的，——相反地，我们连同我们的肉、血和头脑都是属于自然界和存在于自然之中的；我们对于自然界的全部统治力量，就在于我们比其他一切生物强，能够认识和正确运用自然规律。”党中央提出的生态文明概念，就是要在构建社会主义和谐社会的同时，逐步建立起人与自然界之间的和谐和可持续发展的良性关系，这是对马克思主义哲学的坚持和创新。

三、科学发展观是马克思主义关于发展的世界观和方法论的集中体现

党的十六大以来，以胡锦涛为总书记的党中央提出了一系列重大的战略思想，如以人为本的科学发展观、构建社会主义和谐社会、加强党的先进性建设、建设创新型国家和建设社会主义新农村等，都具有长远和全局性的指导意义。其中，坚持以人为本的科学发展观，更具有根本性，是马克思主义关于发展的世界观和方法论的集中体现。科学发展观，第一要义是发展，核心是以人为本，基本要求是全面协调可持续，根本方法是统筹兼顾。这里所坚持和体现的科学世界观和方法论，主要就是唯物辩证法。

新世纪新阶段，我国推进中国特色社会主义事业的发展，首先必须坚持“以人为本”。这是发展的社会主体和根本目的。坚持“以人为本”，就是以人民为本，以人民的根本利益为本。发展为了人民，发展依靠人民，发展成果由人民共享。人民作为我们党和国家事业发展的力量之源和胜利之本，同把发展生产力作为社会主义建设的根本任务是完全一致和内在统一的。坚持这种统一，

是马克思主义世界观和方法论的基石。

其次，坚持全面协调可持续发展是坚持唯物辩证法的生动体现。提出“全面发展”，是针对、防止和克服“片面发展”。胡锦涛说：“全面发展，就是要以经济建设为中心，全面推进经济、政治、文化建设，实现经济发展和社会全面进步。”大力发展经济，毫无疑问是党和国家长期的工作重点。但理论和现实都要求，发展应是重点论和两点论的统一。经济发展是社会进步的基础。在重点发展经济的同时，必然要求和完全能够实现经济发展和社会的全面进步。提出“协调发展”，是针对、防止和克服不“协调发展”，甚至畸形发展而言的。胡锦涛总书记说：“协调发展，就是要统筹城乡发展、统筹区域发展、统筹经济社会发展、统筹人与自然和谐发展、统筹国内发展和对外开放，推进生产力和生产关系、经济基础和上层建筑相协调，推进经济、政治、文化建设的各个环节、各个方面相协调。”科学发展观所要求的这“五个统筹”，是唯物辩证法普遍联系原理的实践应用和体现。而提出“可持续发展”，是针对无视自然条件和生态环境的制约，搞只顾眼前的竭泽而渔、激化人与自然关系的那种难以为继的“跨越式发展”而言的。胡锦涛总书记说：“可持续发展，就是要促进人与自然的和谐实现经济发展和人口、资源、环境相协调，坚持走生产发展、生活富裕、生态良好的文明发展道路，保证一代接一代地永续发展。”可见，党中央提出可持续发展，就是要求把社会发展进步看作一个连续和不断前进的历史过程，而不是割断历史过程；就是要求唯物辩证地看待和处理人与自然的关系，使人与自然和谐相处，而不是人为地激化人与自然之间的矛盾。所以，可持续发展也是唯物辩证法对于我们的客观要求。否则，人们就会受到自然界及其客观规律的报复和惩罚。

第三，说“科学发展观的根本方法是统筹兼顾”，在方法论上，与坚持全面协调可持续发展的“基本要求”是同义的，都是要求做到唯物辩证地看待和处理好改革、建设和发展中的方方面面的关系。只不过，“全面协调可持续发展”是就发展应该达到的基本要求而言的，而“统筹兼顾”则是就工作过程和工作方法而言的。它们的共同点都是在表明科学发展观在方法论上的实质性要求。

总之，我们党在改革开放和现代化建设的伟大实践中，不断地在推进马克思主义中国化，在这个过程中所提出的“第一生产力”、“体制”、新的“社会”和“生态文明”等新概念，都是对于马克思主义哲学的创新，这些概念的内涵延伸和逻辑展开所包含的新观点和新思想，从多方面丰富和发展了马克思主义哲学。当然，在整个中国特色社会主义理论体系之中所包含的对马克思主义哲学的丰富和发展，远不止这些。但仅此就足以表明，马克思主义哲学在我国改革开放的实践探索中，在中国特色社会主义建设的实践运用中，已经并将继续得到创造性运用和多方面的丰富与发展。

6. 抵御社会风险 维护社会稳定推进科学发展

于咏华

全面推进经济建设、政治建设、文化建设、社会建设，促进现代化建设各个环节、各个方面相协调，促进生产关系与生产力、上层建筑与经济基础相协调，实现科学发展，是中国特色社会主义事业的总体任务。然而，新形势下，完成这一重大任务尤其要重视社会建设。通过社会建设提高我们的社会管理水平，通过社会建设，化解社会矛盾，形成强大合力，抵御社会风险，维护社会稳定，为实现科学发展提供良好的社会环境和基础。

一、社会稳定是实现科学发展的基础

社会稳定是改革发展的基础和前提。从我国改革开放的总设计师邓小平，到改革开放实践理念的具体实施者；从改革开放的启动时期，到改革开放的攻坚阶段。30多年来的改革开放实践始终把维护社会稳定当作工作中的重中之重。当年，邓小平以“稳定压倒一切”的治国理念，在追求安定团结，保持政治、社会、经济、思想的动态稳定中启动了改革开放，催生了社会主义市场经济，推动了中国的社会转型，促进了中国经济社会的快速发展，使中国社会在20世纪末实现了“小康”预期。但是，我们实现的小康还属于“总体小康”、“不全面的小康”、低水平的小康。因此，在进入新世纪后，在世情、国情、党情都发生极大变化的新时期，我们党又制定了“全面建设小康社会”的奋斗目标。围绕这一奋斗目标，我们党同样以正确处理改革、发展和稳定关系的大智慧，选择了科学发展的大思路，制定科学发展的大战略。实践证明，抵御社会风险，维护社会稳定，促进社会和谐，是中国改革开放取得伟大成就，中国特色社会主义事业蓬勃发展的基础和保障。今天，我们要深化改革开放，推进科学发展，同样需要抵御社会风险，维护社会稳定。

改革开放30多年来，我国社会总体上保持了相对稳定状态。但这并不意味着社会稳定已不存在任何问题，相反，目前，社会稳定还潜伏着诸多隐患、面临着诸多新问题和新挑战，社会主义建设中还潜在诸多风险。

首先，国际和国内还存在着敌对势力。从国际上来看，西方敌对势力利用一切可乘之机，对我国进行“西化”和“分化”；通过鼓吹“中国威胁论”，破坏我国与周边国家的关系，遏止我国的发展；利用“法轮功”等邪教组织，对我国进行渗透、颠覆、捣乱、破坏活动。从国内来看：一些民族分裂分子在西方敌对势力的挑拨和利用下，大搞民族分裂活动；恐怖组织破坏活动也比较频繁；各种刑事犯罪总量仍在高位运行，爆炸、投毒、杀人、绑架、抢劫等严重暴力犯罪时有发生；在少数地方，黑恶势力犯罪严重影响社会稳定和基层政权建设等等。对此，我们必须给以高度重视，决不能掉以轻心。

其次，当前我国正处于深化改革和社会快速转型时期，社会生活中深层矛盾日益显露，不安定因素也日益增多。比如，因拆迁、军转安置、企业改制造成的失业、占用土地补偿、宅基地、环保等利益问题引起的大型群体性上访、静坐示威、围攻等群体性事件不断发生。尤其是近年来，一种带有“泄愤”情绪参与、仅仅依靠情绪传递的聚合性群体事件频繁发生。这些聚合性群体事件，虽然是局部的、偶发的，没有严密的组织，没有明确的行动纲领，但它一方面表征着民众对当地政府的信任危机，另一方面也表征着我国社会系统中矛盾张力加大，社会的稳定、和谐的秩序面临危机和风险。再如，突出的就业矛盾潜伏两大不稳因素或风险：一是静坐示威、集体罢工、自焚、杀人报仇、群体械斗等非理性维权或“过激维权”引发的社会不稳定；二是因劳动力就业无门，致富无路，不能安居乐业，引发的打架斗殴，赌博、偷盗等不稳定状态或风险。因此，落实科学发展观，推进中国特色的社会建设，必须把维护社会稳定放在重要位置。

二、社会建设是抵御社会风险，维护社会稳定的重要路径

我们所理解的社会建设，主要指涵盖社会事业建设、社会结构建设、社会制度建设、社会管理体制和机制建设的系统。它的基本功能就是不断解决社会问题、整合社会关系、促进社会公平正义，弥合分歧，化解冲突，降低风险，增加安全，促进社会和谐发展。因此，我们说，它是抵御社会风险，维护社会稳定，实现科学发展的重要路径，推进科学发展，必须注重社会建设。

首先，要注重社会事业建设。社会事业包括社会的文化教育事业、医疗卫生事业、公共服务、慈善、救助等事业、社会福利、慈善和救济事业、环境保护事业等等。这些方面问题解决得好坏，决定着民生状况，决定着民众幸不幸福。幸福虽然是人的一种感受或心理体验，属于主观范畴。但是，“存在决定意识”，在其背后起决定作用的却还是物质因素。因此首先要着力发展社会事业，改善其生存状况，提高其生活质量。比如，通过发展教育事业，坚持教育的公益性质，实现“学有所教”；通过发展医疗卫生事业，建设覆盖城乡居民的公共卫生服务体系、医疗服务体系、医疗保障体系、药品供应保障体系，为群众提供安全、有效、方便、价廉的医疗卫生服务，实现“病有所医”；通过发展公共服务、慈善、救助等事业，让所有公民共享服务，实现“乐有所处”；通过发展社会福利、慈善和救济事业，确保民众“贫有所济”；通过发展文化事业，解决人民群众的精神危机问题；通过发展环境保护事业，优化人生存和发展的环境问题等等。从而促进社会公平，克服社会弊病，平衡民众心态，提高民众幸福指数，促进社会的全面和健康发展。

其次，要注重社会制度建设。社会制度是社会事业建设、民生问题解决的重要保证，没有好的制度规约，再好的政策和策略，实践中都有可能会变味、走样。因此，在大力发展社会事业同时，必须有社会制度建设作后盾，以健全的社会制度做保障。这就需要完善各种法律制度，建立人民权利的保障制度、公共财政管理制度、公平的个人收入分配制度，人民基本生活保障制度，医疗卫生制度等等。以推进社会公正公平，增强民众的满意度。社会公正是提高民众满意度，提升人们幸福指数的又一个重要途径。幸福经济学揭示：金钱、物质财富并不是获得幸福的关键。一个人一旦越过贫困线，基本生活有了保障、衣食不愁、无后顾之忧后，金钱、物质财富就变得不那么重要，已不是幸福的主要来源，而幸福的主要来源应该是尊重、公平、公正、亲情、友情、爱情等心理方面的。所以，推进社会建设，构建

和谐社会，平衡民众心态，必须注重制度建设，促进社会公正。

其三，要注重社会结构建设。社会结构包括社会阶层结构和社会管理结构。社会结构的失衡，是产生社会不稳、社会矛盾凸显、民众心理失衡、不和谐因素增多的重要原因之一，没有合理的社会结构，很难平衡民众心态，促使民众心理的和谐。所以，在推进社会事业建设、社会制度建设的同时，还要推进社会结构建设。一要在管理体制上逐步打破城乡二元结构，促进城乡协调发展，推进城乡发展规划一体化，城乡基础设施建设一体化，城乡公共服务一体化，城乡劳动力就业一体化，城乡社会管理一体化。二要坚持和完善按劳分配为主体、多种分配方式并存的分配制度，健全劳动、资本、技术、管理等生产要素按贡献参与分配的制度，初次分配和再分配都要处理好效率和公平的关系，再分配更加注重公平。三要逐步提高居民收入在国民收入分配中的比重，提高劳动报酬在初次分配中的比重。着力提高低收入者收入，逐步提高扶贫标准和最低工资标准，建立企业职工工资正常增长机制和支付保障机制。创造条件让更多群众拥有财产性收入。保护合法收入，调节过高收入，取缔非法收入。扩大转移支付，强化税收调节，打破经营垄断，创造机会公平，整顿分配秩序，逐步扭转收入分配差距扩大趋势。积极扩大中等收入者比重，努力形成合理的社会阶层结构，着力解决社会结构失衡问题。

第四，要注重社会管理机制建设。社会管理机制建设，是维护社会稳定，实现社会和谐有序，满足民众社会归属和安全需要，增强民众安全感的重要保障，也是促进全民小康社会建设的重要前提。所以，在推进社会事业建设、社会制度建设、社会结构建设的同时，还必须积极推进社会管理机制建设。然而，社会管理，是指管理主体对社会系统的不同部分，社会生活的不同领域以及社会发展的各个环节进行组织、协调、服务、监督和控制的过程。社会管理机制，应该是社会管理主体，及其在管理过程中坚持的制度、原则、程序和采用的方法、措施的有机统一。所以，加强社会管理机制建设，一是要加强管理主体建设，改变原来单一的管理主体结构，发展非政府组织，激发社会活力，发挥人民团体等非政府组织（NGO）的作用。建立政府组织、NGO组织、社区组织、中介组织有机衔接和联动机制。形成“党委领导、政府负责、社会协同、公众参与的社会管理格局”。

三、社会健康发展是抵御社会风险维护社会稳定的重要环节

社会健康发展，是抵御社会风险、维护社会稳定的重要环节，要抵御社会风险、保持稳定促发展，必须促进社会健康发展。然而，从理论上来看，社会健康发展与社会管理水平有着内在逻辑联系，推进社会健康发展，又必须提高社会管理水平。社会作为一个有机的系统整体，在发展过程中有一般有三种样态：“健康态”，“亚健康态”和“病态”。这“三态”的变化与社会建设的自觉及社会管理水平密不可分。提高社会管理水平，可以使其功能得到有效发挥，通过有效发挥社会管理的功能，不断解决社会问题，整合社会关系，化解社会矛盾，促进社会的健康发展。然而，在目前形势下，提高社会管理水平，必须继续解放思想，把解放思想作为开启思路的金钥匙和促进观念转变的原动力，破除传统社会管理观念，大胆借鉴先进经验，实现社会管理体制和模式的创新。

首先，通过解放思想，破除传统的、不合时宜的社会管理观念，树立并强化新的社会管理观念。在马克思主义“存在决定意识”的范式中，来自于实践、生成于实践的思想观念，原则上是处于被决定地位。但是，意识对存在又具有巨大的反作用，它一旦形成，便会成为人行动的内在动力，支配着人的行为，指挥着人的行动。正如恩格斯所说，人的思想观念、“愿望和动机，才能使他行动起来”。而且，一种思想观念形成之后又往往具有相对稳定性，具有与时代发展、形势变化的不完全同步性。要使社会主体（人）的思想跟上时代发展，成为推动社会进步的精神动力，必须不断地破除不合时宜的观念、树立新观念。这种“存在决定意识”，意识又具有相对独立性的必然逻辑决定了在人类社会发展史上，在中国特色社会主义道路的探索中，在中国改革开放的进程中，总是伴随着一次次的解放思想运动。在改革开放实践历经了30多年的今天，在世情、国情发生巨大变化的形势下，在化解社会矛盾、维护社会稳定、构建和谐社会任务艰巨的困顿中，如果我们不解放思想，还用老观念看待新事物，用老办法处理新问题，固守传统的社会管理模式，势必事倍功半甚至适得其反。所以，我们只有继续解放思想，通过解放思想，不断创新理念，树立并强化新的、适合时代发展、符合国情的社会

管理理念，即合作管理，共建和谐的“共建”理念。这样，才能指导我们高效地整合社会管理资源，提高社会管理水平。

其次，通过解放思想，大胆借鉴先进经验，探索既合规律又合实际、“低成本，高收益”的管理模式，实现社会管理体制和模式的创新。社会管理，即管理主体按照一定程序和规则，运用一定的措施和方法，处理社会问题、化解社会矛盾，整合社会关系，维护社会秩序，降低社会风险，确保社会安全的过程。目前，在人们的社会管理观念中，有一种不合时宜的观念急待破除，这种观念就是：认为管理是政府的事情，是政府的职责和义务，政府是唯一的管理主体，与一般老百姓无关。这种观念源于我国的计划经济。在计划经济时期，我们实行的是“城乡二元”管理体制，农村是“人民公社制”，城市是“单位制”。高度集权的政治体制运作以及高度集中的计划经济体制的实施，对整合社会关系，维护社会秩序提供了有效保证。但是，改革开放以来，随着社会转型的不断加速，市场经济的不断发展，社会流动的不断加剧，“人民公社制”和“单位制”的管理模式也逐渐被打破，大量的农民离开土地、走出农村、流向城市，大量的“单位人”转变为“社会人”。这就给我们的社会管理带来了新情况和新挑战。面对这种挑战，我们必须正确运用解放思想这“一大法宝”，破除思想禁锢。一要大胆借鉴先进经验。比如，借鉴西方国家社会治理的经验，把国家法律统治与社会公共管理有机结合，形成“善治”模式。所谓善治，就是使公共利益最大化的、“政府与公民对公共生活的合作管理”的模式。实践证明，这种社会管理或治理模式，是一种“低成本，高收益”的模式，是一种值得借鉴的管理模式。二要进行社会管理体制的创新。在十七大提出了的建立“健全党委领导、政府负责、社会协同、公众参与的社会管理格局”的指导下，着力发展非政府组织（NGO），并依法对其进行监督和管理，引导其加强自律机制建设，建立政府组织、民间组织、社区组织、中介组织有机衔接和联动机制。形成政府管理和群众自治、中介自律有机衔接、两性互动的格局。

（钟君、迟方旭选编）

（五）2008年党的建设与党史研究代表性论文

1. 改革开放30年党的建设回顾与思考

习近平，《学习时报》2008年9月8日

今年是改革开放30周年。这30年是中国共产党历史上很不寻常的30年，党领导的改革开放和社会主义现代化建设成就辉煌，党的建设也取得了巨大进步，值得大书特书。在纪念改革开放30周年之际，回顾总结党的建设的光辉历程和宝贵经验，对于我们全面深刻地认识这30年的历史，深入贯彻落实党的十七大精神，在新的历史起点上全面推进党的建设新的伟大工程、开创中国特色社会主义事业新局面，具有重大而深远的意义。基于以上考虑，我今天专门讲讲改革开放30年党的建设。30年党的建设时间跨度长，内容非常丰富，是一个很大的题目，是一篇很大的文章。这里，我只是从有限的几个角度谈谈自己的一些初步认识和思考，同大家一起研究讨论。

一、30年党的建设的历史背景和伟大进程

1978年12月，我们党召开了具有重大历史意义的十一届三中全会。以此为标志，开启了改革开放历史新时期，也开启了党的建设的历史新时期。从那时以来，中国共产党人和中国人民以一往无前的进取精神和波澜壮阔的创新实践，谱写了中华民族自强不息、顽强奋进新的壮丽史诗。总结这30年党的建设，必须与党在这一时期的历史任务和伟大实践紧密联系起来，必须把党的建设放到改革开放和社会主义现代化建设的大背景、大环境中去考察、去把握。

（一）这30年党的建设，是在世界形势发生重大而深刻变化的国际背景下进行的。党的十一届三中全会以来的30年，整个世界发生了大变化大调整，这种变化和调整的剧烈和深刻程度远远超出了人们的预料。最显著最重大的变化，就是和平与发展成为时代主题，苏联解体、东欧剧变、两极格局终结，世界社会主义发生严重曲折，西方资本主义出现种种新情况，世界多极化不可逆转，经济全球化深入发展，综合国力竞争日趋激烈。新科技革命及其带来的重大科技发现发明和广泛应用，推动世界范围内生产力、生产方式、生活方式和经济社会发生了前所未有的深刻变化。所有这些，引起全球经济格局、利益格局和安全格局发生了前所未有的重大变化。与时代、实践和科技的发展相联系，从20世纪70年代后期开始，在世界范围内兴起了以增强综合国力为中心目标的竞争浪潮，这个浪潮涉及国家之广泛、涉及领域之全面、持续时间之长久，都具有标志性的时代意义。如此深刻、如此巨大的变化，给我们党和党的建设带来许多新机遇，有利于我们科学、全面地认识世界、认识自己，紧跟时代进步潮流，有利于广大党员和干部开阔视野、树立世界眼光，焕发自强不息、奋力拼搏、改革创新精神，同时也给我们党提出不少新挑战新考验。科学判断和全面把握国际形势的发展变化，正确应对世界多极化和经济全球化以及科技进步的发展趋势，妥善处理影响世界和平与发展的各种复杂和不确定因素，抓住和用好重要战略机遇期，在日益激烈的综合国力竞争中又好又快地发展自己，在风云变幻的国际环境中建设和发展中国特色社会主义，这是我们党在改革开放历史新时期长期面对的重大课题。切实解决好这个重大课题，对加强和改进党的建设，对我们党的领导素质、执政能力特别是统筹国内国际两个大局的能力，提出了新的更高要求。

（二）这30年党的建设，是在我国经历举世瞩目的历史大转折和事业大发展的国内环境中进行的。党的十一届三中全会以来的30年，是世界发生大变化大调整的时期，也是中国发生广泛而深刻变革的时期。这一时期最鲜明的特点是改革开放、最显著的成就是快速发展、最突出的标志是与时俱进。30年来，从农村到城市，从沿海到沿江沿边到内陆，从东部到中西部，从经济领域到政治、文化、社会等各个领域，全面改革和对外开放的进程势不可当、蓬勃向前。这场历史上从未有过的大改革大开放，极大地调动了亿万人民的积极性，使我国成功实现了从高度集中的计划经济体制到充满活力的社会主义市场经济体制、从封闭半封闭到全方位对外开放的伟大历史转折，使中国的社会生产力获得新的巨大解放，社会主义在中国焕发出前所未有的强大生命力，马克思主义在中国焕发出前所未有的强大感召力。改革开放不仅带来了党和人民事业的大发展，使中国人民的面貌、社会主义中国的面貌发生了历史性变化，而且带来了党的建设的新进步，极大地增强了我们党的创造力、凝聚力和战斗力，使中国共产党的面貌发生了历史性变化。同时必须看到，我们党领导的改革开放这场新的伟大革命，既给党注入巨大活力，也使党在深刻变化的社会环境中面临一系列新课题新考验。如何在深化改革中结合新的实际继承和发扬党的优良传统和优良作风、保持党同人民群众的血肉联系，有效抵制拜金主义、享乐主义、极端个人主义和消极腐败现象对党的肌体的侵蚀，坚定广大党员、干部正确的理想信念；如何在扩大对外开放的情况下适应新要求、学习新知识、锻炼新本领，既防止外来的错误和腐朽没落思想文化的渗透，巩固和加强马克思主义在全党全国的指导地位，又积极吸收和借鉴人类社会创造的一切文明成果来建设和发展中国特色社会主义，这同样是我们党在改革开放历史新时期长期面对的重大课题。切实解决好这些重大课题，是我们党必须经受住的考验。

（三）这30年党的建设，是在党的队伍和自身状况发生重大而深刻变化的情况下进行的。我们党历经革命、建设和改革，已经成为世界上党员数量最多的特大型政党。新中国成立之初，我们党的党员总数是440多万，他们基本上都参加过革命战争的洗礼和对敌斗争的锻炼。改革开放之初，我们党的党员总数发展到3600多万，其中绝大多数是新中国成立后入党的。到2007年底，全国党员总数已达到7400多万，近70%是改革开放以来入党的。改革开放30年来，虽然新中国成立前入党的党员所占的比例越来越少，但一批又一批工人、农民、知识分子、军人以及新社会阶层中的先进分子被吸收到党内来，为我们党增添了新鲜血液，从而使党员队伍的结构和分布得到新的改善和优化。毫无疑问，党员数量的大幅度增长，一方面壮大和充实了党的力量，是我们党兴旺发达、富有凝聚力和吸引力的重要体现；另一方面，使教育和管理党员的任务也比以往任何时候都更加艰巨繁重。如何把广大党员教育管理好，充分发挥先锋模范作用，特别是如何建立健全保持共产党员先进性的长效机制，是党的自身建设必须解决好的一个重大问题。还要看到，改革开放以来我国社会经济成分、组织形式、就业方式、利益关系和分配方式日趋多样化并不断发展，人们的就业状况发生了很大变化，活动的范围和领域也更加广泛，流动性比过去大大增强。截至2007年底，全国在新经济组织和新社会组织中就业的党员总数为400多万，全国流动党员为200多万。在这种情况下，党的工作如何切实有效地覆盖社会生活的各个领域，包括如何加强新经济组织和新社会组织中党的工作，切实把这些领域的群众团结和组织在党的周围，这无疑是党的建设一个崭新的课题。另外，随着改革开放的深化和社会主义市场经济的发展，不同的利益诉求不仅会在干部群众的工作和生活中表现出来，也会在不同地方、不同领域、不同部门表现出来。如何既最大限度地调动各级党组织和广大党员的积极性、主动性、创造性，增强党的蓬勃活力，又始终保证全党同志按照党的奋斗目标、按照国家和人民的最高利益来行动，坚决维护党的团结统一，防止和克服有令不行、有禁不止、各行其是的现象，这也是新的历史条件下加强党的建设的重大问题。类似这样的问题还有不少，都是我们必须认真研究解决的。

总起来说，这30年党的建设是在世情、国情、党情发生重大而深刻变化的大背景下进行的，是在党的历史方位发生重大转变的大环境中进行的。我们党自1949年在全国范围执政以来特别是1978年实行改革开放以来，已经从一个领导人民为夺取全国政权而奋斗的党，转变为一个领导人民掌握全国政权并长期执政的党；已经从一个受到外部封锁和实行计划经济条件下领导国家建设的党，转变为一个在对外开放和发展社会主义市场经济条件下领导国家建设的党。这两个重大转变，集中反映了我们党80多年来所取得的巨大成就和进步，也反映出执政党不同于领导革命的党、领导社会主义市场经济不同于领导计划经济的重大区别。历史和现实都表明，执政党的建设和管理比没有执政的党要艰难得多，在对外开放和发展社会主义市场经济条件下建设党比在封闭半封闭和计划经济条件下建设党所面临的情况要复杂得多。科学判断和全面把握我们党所处的历史方位和肩负的历史使命，正确认识和妥善处理党在改革开放和发展社会主义市场经济条件下执政遇到的新情况新问题，以改革创新精神加强和改进党的建设，不断提高党的执政水平和领导水平，增强拒腐防变和抵御风险能力，始终保持和发展党的先进性，始终成为团结带领人民建设中国特色社会主义的领导核心，这是改革开放历史新时期党的建设的主题。

围绕这个主题，30年来党的建设经历了波澜壮阔、与时俱进的伟大进程。

从1978年12月党的十一届三中全会到1989年6月党的十三届四中全会这11年，以邓小平同志为核心的党的第二代中央领导集体把马克思列宁主义、毛泽东思想创造性地运用于当代中国，创立邓小平理论，在开辟中国特色社会主义新道路的历史进程中开创了党的建设新的伟大工程。

粉碎“四人帮”、结束“文化大革命”后，我们党面临一个重大历史关头，就是能否扭转十年内乱造成的严重局势，从困难中重新奋起，为中国社会主义发展开辟新的道路。党的十一届三中全会和这次全会形成的实际上以邓小平同志为核心的党的第二代中央领导集体，勇敢地担当起这个艰巨使命，坚持解放思想、实事求是，在拨乱反正的基础上重新确立了马克思主义的思想路线、政治路线和组织路线，以巨大的政治勇气和理论勇气科学评价毛泽东同志和毛泽东思想，彻底否定“以阶级斗争为纲”的错误理论和实践，作出把党和国家工作重心转移到经济建设上来、实行改革开放的历史性决策，吹响了走自己的路、建设中国特色社会主义的时代号角，指引全党全国各族人民在改革开放和社会主义现代化建设的伟大征程上阔步前进。在这个进程中，党中央明确提出要适应改革开放和社会主义现代化建设的新形势新要求，坚持党的领导、改善党的领导，紧密联系党的基本路线和中心任务加强和改进党的建设，把党建设成为领导社会主义现代化事业的坚强核心。围绕这个目标，党中央对党的思想建设、组织建设、作风建设、制度建设和反腐倡廉建设作出了一系列重大决策和部署。其中包括：为健全党规党法，党的十一届五中全会通过了《关于党内政治生活的若干准则》，党的十二大制定了新党章；根据历史转折的新要求，提出在革命化的前提下实现干部队伍的年轻化、知识化、专业化，废除干部领导职务实际存在的终身制，调整和充实各级领导班子，推动新老干部的交替与合作；从1983年起用三年时间对党的思想、作风和组织进行了一次全面整顿；恢复和新建各级党校，筹建国家行政学院，大力提高干部队伍素质；提出并探索党和国家领导制度改革，在党政分开、下放权力、精简机构、加强民主法制建设等方面采取了若干改革措施，等等。回顾党的十一届三中全会以来11年的历程可以清楚地看到，正是因为党的第二代中央领导集体开创了党的建设新的伟大工程，取得了新时期党的建设的新进步，才从根本上保证了改革开放的起步和不断推进，保证了社会主义现代化建设新局面的开创和不断发展。

从1989年6月党的十三届四中全会到2002年11月党的十六大这13年，以江泽民同志为核心的党的第三代中央领导集体高举邓小平理论伟大旗帜，坚持改革开放、与时俱进，创立“三个代表”重要思想，在全面开创中国特色社会主义事业新局面的历史进程中把党的建设新的伟大工程成功推向了21世纪。

20世纪80年代末90年代初，国内发生政治风波，国际局势风云突变，我国社会主义事业的发展面临空前巨大的困难和压力。在这个决定党和国家前途命运的重大历史关头，受命于危难之际的以江泽民同志为核心的党的第三代中央领导集体坚持党的基本路线不动摇，紧紧依靠党和人民，捍卫中国特色社会主义，创建社会主义市场经济新体制，开创全面开放新局面，继续引领改革开放和社会主义现代化建设的航船沿着正确方向破浪前进。在这个进程中，党中央从多方面采取措施全面加强党的建设，及时作出一系列重要决定，发出《关于加强党的建设的通知》等一系列重要文件，要求各级党委全面按照党的基本路线的要求加强党的领导，认真解决党组织和党员队伍中存在的思想混乱、组织涣散、作风不正、纪律松弛等突出问题并取得明显成效。1992年初邓小平同志视察南方发表重要讲话和党的十四大以后，党中央根据新形势新任务的要求，相继就全党认真学习邓小平理论、加强领导班子建设、深入持久开展反腐败斗争等作出了部署。党的十四届四中全会作出《关于加强党的建设几个重大问题的决定》。从1995年开始，用三年时间对处于软弱涣散和瘫痪状态的农村基层组织进行集中整顿工作。党的十五大明确提出了面向新世纪全面推进党的建设新的伟大工程的总目标、总体部署和战略任务。党的十五大以后，在全党兴起了学习邓小平理论新高潮，在全国县级以上党政领导班子、领导干部中开展了以“讲学习、讲政治、讲正气”为主要内容的党性党风教育，在全国农村开展了“三个代表”重要思想学习教育活动，明确提出把符合党员条件的新社会阶层中的先进分子吸收到党内来，果断作出军队、武警部队和政法机关不再从事经商活动和党政机关与所办经营性企业脱钩，实行收支两条线、工程招标、政府采购制度等重大决策。党的十三届四中全会以来这13年，国际国内环境发生了重大而深刻的变化，我们遇到的关系我国稳定、安全和发展全局的政治、经济、自然风险频频发生。我们党所以能够经受住前进道路上各种困难和风险的考验，带领全国各族人民不断开创中国特色社会主义事业新局面，根本的一条就在于不断加强和改进党的建设。

从2002年11月党的十六大到现在的6年，以胡锦涛同志为总书记的党中央坚持以邓小平理论和“三个代表”重要思想为指导，继往开来、与时俱进，提出科学发展观等重大战略思想，在全面建设小康社会实践中坚定不移地把党的建设新的伟大工程继续推向前进。

党的十六大以来，以胡锦涛同志为总书记的党中央抓住重要战略机遇期，着力推动科学发展、促进社会和谐，完善社会主义市场经济体制，扎实推进经济建设、政治建设、文化建设和社会建设。在这个进程中，党中央根据新形势新任务的要求和党的自身状况，牢牢把握党的执政能力建设和先进性建设这条主线，以保持党同人民群众的血肉联系为核心、以建设高素质干部队伍为关键、以改革和完善党的领导体制和工作机制为重点、以加强党的基层组织和党员队伍建设为基础，全面加强党的建设。在执政能力建设上，党的十六届四中全会作出《关于加强党的执政能力建设的决定》，明确了加强执政能力建设的指导思想、目标任务和各项部署。在思想理论建设上，先后部署在全党兴起学习贯彻“三个代表”重要思想新高潮，开展以实践“三个代表”重要思想为主要内容的保持共产党员先进性教育活动，出版并组织全党认真学习《江泽民文选》，实施马克思主义理论研究和建设工程，提出在全党开展深入学习实践科学发展观活动。在干部队伍和人才队伍建设上，把思想政治建设放在领导班子建设的首位来抓，按照科学发展观的要求考核、评价和使用干部，注重在基层和生产一线锻炼和选拔干部，先后颁布《公务员法》和一系列法规性文件，积极推进地方领导班子配备改革，下发《关于加强人才工作的决定》，颁布《干部教育培训工作条例（试行）》、《2006～2010年干部教育培训规划》，建立中国浦东、井冈山、延安干部学院和大连高级经理学院。在党内民主建设上，健全和完善地方各级全委会、常委会工作制度，积极稳妥地推进党内选举制度改革，颁布《党员权利保障条例》、《党内监督条例（试行）》，从中央到地方陆续建立巡视制度。在基层党组织建设上，先后下发加强农村、街道社区、中央企业、高校和非公有制企业党建工作意见，拨专款加强农村党员现代远程教育工作和基层党组织阵地建设，选派大学生到农村任职。在反腐倡廉建设上，颁布实施

《建立健全教育、制度、监督并重的惩治和预防腐败体系实施纲要》，扎实推进惩治和预防腐败体系建设，等等。党的十六大以来党中央采取一系列措施加强和改进党的建设，有力地推动和保证了全面建设小康社会的顺利进行。

回顾改革开放以来党的建设的历史进程我们看到，30年来以邓小平同志为核心的党的第二代中央领导集体、以江泽民同志为核心的党的第三代中央领导集体和以胡锦涛同志为总书记的党中央，坚持党要管党、从严治党，全面加强和改进党的建设是承前启后、一脉相承、一以贯之的。这30年党的建设伟大实践，是一个不断总结和运用经验的历史进程。我们党不仅科学总结自身的历史经验特别是执掌全国政权以后和改革开放以来加强和改进党的建设的经验，而且科学总结国际共产主义运动特别是苏联东欧国家共产党兴衰成败的经验教训；不仅深入系统地研究马克思主义政党建设的基本规律，而且科学研究世界各国政党治国理政的有益经验。正是通过这种多方面经验的科学总结，使党的建设工作在历史的比较、国际的观察、现实的把握中开阔了视野、深化了认识、提高了水平。这30年党的建设伟大实践，又是一个与中国特色社会主义伟大事业相互促进、共同发展的历史进程。建设和发展中国特色社会主义，是改革开放历史新时期我们党全部理论和实践的主题。30年来，我们党坚持推进中国特色社会主义伟大事业和党的建设新的伟大工程紧密结合，以改革创新精神全面加强党的建设，不仅为伟大事业提供了坚强的组织保证，党的自身建设也在推进伟大事业的实践中得到了改进和加强。

二、30年党的建设取得的成绩和进步

30年党的建设在开拓创新、求真务实中与时俱进，取得的成绩和进步是多方面的、有目共睹的。这些成绩和进步，我体会主要有以下七个方面。

（一）确立和坚持马克思主义的思想路线，在加强党的思想建设上取得重大成绩和进步。党的思想路线是马克思主义认识论和方法论的集中体现，是中国共产党人认识世界、改造世界的根本观点和根本方法。思想路线对头不对头，对我们党和党的事业至关重要。党的十一届三中全会前后我们党领导和支持的关于实践是检验真理唯一标准的大讨论之所以意义重大而深远，就在于这场讨论冲破长期个人崇拜和“两个凡是”的束缚，恢复了我们党一切从实际出发、理论联系实际、实事求是、在实践中检验真理和发展真理的思想路线，打开了中国历史发展进步的思想闸门，使我们党焕发出勃勃生机。正如邓小平同志指出的：“真理标准问题的讨论是基本建设，不解决思想路线问题，不解放思想，正确的政治路线就制定不出来，制定了也贯彻不下去。”30年来，我们党坚持解放思想、实事求是、与时俱进，坚持运用马克思主义的立场、观点、方法来观察世界、指导实践，坚持从改革开放的伟大实践和人民群众的生动创造中总结经验、吸取营养，努力使各项工作体现时代性、把握规律性、增强主动性、富于创造性。在党的思想路线指引下，广大党员和干部解放思想、开动脑筋，自觉把思想认识从那些不合时宜的观念、做法和体制的束缚中解放出来，从对马克思主义的错误和教条式理解中解放出来，从主观主义和形而上学的桎梏中解放出来，研究新情况、解决新问题。积极探索、讲求实效在党内形成风气，勇于变革、勇于创新，永不停滞、永不僵化，成为我们党长期坚持的治党治国之道。可以说，这是30年党的建设取得的根本的、最富有意义的成绩和进步，必将在今后党和国家生活中长期发挥重大作用。

（二）确立和坚持党在社会主义初级阶段的基本路线，在加强党的政治建设上取得重大成绩和进步。党的政治路线是党根据自己的性质、宗旨、最高纲领和一定历史阶段的中心任务制定的行动基本准则，是党的各项具体工作路线和具体方针政策的“纲”。毛泽东同志曾经说过：“一个政党要引导革命到胜利，必须依靠自己政治路线的正确和组织上的巩固。”党的十一届三中全会前我国社会主义建设出现严重失误的根本原因之一，就是党的政治路线出了问题，在社会主义改造基本完成后还以阶级斗争为纲，长期把发展生产力的任务推到次要地位。这30年我们党之所以能够以新的面貌和强大的战斗力带领人民为实现新的历史任务而奋斗并取得举世瞩目的成就，根本的一条就是确立和毫不动摇地贯彻“一个中心、两个基本点”的基本路线。实践证明，党的基本路线是党和国家的生命线。以经济建设为中心是兴国之要，是我们党、我们国家兴旺发达和长治久安的根本要求；四项基本原则是立国之本，是我们党、我们国家生存发展的政治基石；改革开放是强国之路，是我们党、我们国家发展进步的活力源泉。30年来，我们党紧紧围绕党的基本路线坚持不懈地加强和改进党的建设，要求党的建设的各项工作都要服从服务于党的基本路线，要求各级党组织和广大党员干部牢牢把握“一个中心、两个基本点”之间相互贯通、相互依存、不可分割的关系，坚持把以经济建设为中心同四项基本原则、改革开放这两个基本点统一于发展中国特色社会主义的伟大实践，贯穿于党的思想建设、组织建设、作风建设、制度建设和反腐倡廉建设的全部工作之中。特别是在国内外形势发生重大变化的时候，在改革发展的关键时刻，在遇到各种干扰的时候，我们党都教育和引导广大党员干部保持清醒头脑，把思想统一到党的基本路线上来，从而使党的基本路线日益深入人心，全党贯彻执行党的基本路线的自觉性和坚定性不断增强。这同样是30年来党的建设取得的根本的、最富有意义的成绩和进步，同样将在今后党和国家生活中长期发挥重大作用。

（三）坚持推进理论创新和理论武装工作，在加强党的理论建设上取得重大成绩和进步。实践基础上的理论创新是社会发展和变革的先导。改革开放以来，世界在变化，中国在前进，人民群众的伟大实践在发展，迫切要求我们党以马克思主义的理论勇气，总结实践的新经验，借鉴当代人类文明的有益成果，在理论上不断拓展新视野，作出新概括。我们党不负时代和人民的期望，把马克思主义基本原理同中国具体实际和时代特征相结合，先后形成了邓小平理论、“三个代表”重要思想，实现了党的指导思想的与时俱进，党的十六大以后又提出了科学发展观等重大战略思想，开拓了马克思主义中国化新境界。邓小平理论、“三个代表”重要思想以及科学发展观等重大战略思想相互衔接、相互贯通，既一脉相承又与时俱进，共同构成中国特色社会主义理论体系。中国特色社会主义理论体系，坚持和发展了马克思列宁主义、毛泽东思想，凝聚了几代中国共产党人带领人民不懈探索实践的智慧和心血，是马克思主义中国化最新成果，是党最可宝贵的政治和精神财富，是全国各族人民团结奋斗的共同思想基础。形成这个理论体系，是30年来我们党在理论上政治上的最大收获。马克思主义理论素养是共产党人综合素质的核心和灵魂。30年来我们党坚持用科学理论武装党员、指导实践、推动工作，坚持开展马克思主义理论宣传普及活动，大力推动当代中国马克思主义大众化。我们党始终把学习和运用马克思主义理论特别是马克思主义中国化最新成果作为党员和干部教育培训的中心内容，党的理论创新每前进一步、党的理论武装工作就跟进一步，着力推进邓小平理论、“三个代表”重要思想以及科学发展观等重大战略思想进教材、进课堂、进头脑，帮助广大党员和干部牢固树立马克思主义世界观、人生观、价值观，始终保持政治上的清醒和坚定，始终保持和发展共产党人的先进性。可以说，这30年是党的理论创新相当活跃的时期，是当代中国马克思主义大普及的时期，也是党的理论创新成果被越来越多的党员和群众所学习、所接受、所掌握、所运用，理论成果变为巨大物质力量的时期。

（四）确立和坚持马克思主义的组织路线，在加强党的干部队伍建设和人才队伍建设上取得重大成绩和进步。党的组织路线是由党的政治路线决定并为政治路线服务的。30年来，围绕为党的政治路线服务的根本任务，我们党不断丰富和发展了党的组织路线。从干部队伍“四化”方针，到建设高素质干部队伍、把各级领导班子建设成为坚持贯彻“三个代表”重要思想的坚强领导集体，再到把各级领导班子建设成为坚定贯彻党的理论和路线方针政策、善于领导科学发展的坚强领导集体；从落实党的知识分子政策，到提出人才强国战略和党管人才原则，再到确立“尊重劳动、尊重知识、尊重人才、尊重创造”的重大方针，党的组织路线的内涵越来越丰富，更加符合时代发展的新要求和人民群众的新期待。改革开放以来，我们党以建立健全选拔任用和监督管理机制为重点，以科学化、民主化、制度化为目标，不断推进和深化干部人事制度改革，从建立干部离休退休制度、下放干部管理权限、实行干部分类管理到建立健全公务员制度，从扩大干部工作中的民主、建立竞争激励机制和交流机制到坚持正确的用人导向、提高选人用人公信度，都取得重大进展。我们党认真贯彻党的组织路线和干部政策，切实加强领导班子建设和干部队伍建设，大力培养选拔优秀年轻干部，充分发挥各个年龄段干部的作用，不断优化干部队伍结构，培养造就了一支总体上适应改革开放和社会主义现代化建设的干部队伍，形成了一茬又一茬朝气蓬勃、奋发有为的各级领导层。整个干部队伍和各级领导班子的结构大大改善。我们党创造性地抓人才工作，创新和完善人才工作体制机制，逐步建立有利于各类人才脱颖而出、健康成长、各尽其能的人才开发机制；健全和完善高层次人才、高技能人才和人才市场体系建设，着力提高党政干部人才、经营管理人才、专业技术人才三支队伍的基本素质；努力营造鼓励人才干事业、支持人才干成事业、帮助人才干好事业的社会环境。这些工作都取得了重要进展和成效。30年来党的干部队伍建设和人才队伍建设取得的成绩和进步，为不断推进中国特色社会主义伟大事业提供了坚强的组织保证和人才保证。

（五）坚持不懈地做好抓基层、打基础的工作，在加强党的基层组织建设和党员队伍建设上取得重大成绩和进步。党的基层组织担负着凝聚群众、组织群众、教育群众，把党的路线方针政策落实到基层的重要责任，是党的全部工作和战斗力的基础。党的十一届三中全会以后，我们党对在“文化大革命”中遭受严重破坏的基层党组织进行了多次整顿，使党的基层组织得到恢复、巩固和发展。随着改革开放的展开和不断深化，各级党委围绕中心、服务大局，从实际出发切实加强和改进农村、企业、机关、学校、科研院所、事业单位等基层党组织建设；同时积极进行调整基层党组织设置方式、改进工作方法、创新活动内容的探索，认真研究解决加强社区、新经济组织和新社会组织等领域的党建工作，创造了把基层党组织建在社区、建在产业链上、建在社区楼道等新经验，扩大了基层党组织的覆盖面，增强了基层党组织的凝聚力、战斗力。30年来，广大基层党组织结合各自特点努力工作，成为团结带领群众进行改革和建设的战斗堡垒，为推动发展和维护稳定作出了重要贡献。在加强基层党组织建设的同时，各级党委大力加强党员队伍建设，改进党员教育管理，加强对流动党员的管理工作，积极探索建立健全新形势下党员长期受教育、永葆先进性的长效机制，创造积累了新的经验；按照“坚持标准、保证质量、改善结构、慎重发展”的方针，认真做好在工人、农民、知识分子、军人和干部中的先进分子中发展党员的工作，积极稳妥地在新的社会阶层中发展党员，不断巩固党的阶级基础和扩大党的群众基础。广大党员在改革开放和社会主义现代化建设的各项事业中开拓进取，积极奉献，充分发挥先锋模范作用。特别是在急难险重的任务面前，在关键时刻和危急关头，许许多多的共产党员不畏艰险、勇挑重担、舍生忘死、冲在前面，充分展示了新时期共产党人的优良品格和时代风范。

（六）着力增强和巩固新的历史条件下党同人民群众的血肉联系，在加强党的作风建设和反腐倡廉建设上取得重大成绩和进步。党的作风体现着党的宗旨，关系党的形象，关系人心向背，关系党和国家的生死存亡。历史和现实表明，我们党最大政治优势是密切联系群众，党执政后的最大危险是脱离群众。在长期执政的条件下，在改革开放和发展社会主义市场经济的环境中，党的作风方面的问题、脱离群众的问题、消极腐败现象滋长蔓延的问题，会比以往任何时候都更加突出地表现出来。我们党在改革开放之初就清醒地认识到这一点，反复告诫全党要继承和发扬党的优良传统和优良作风，反对和防止各种不正之风；以后又反复强调越是改革开放、发展社会主义市场经济，越要加强党的作风建设，越要坚持不懈地反对和防止腐败，越要提高拒腐防变的能力。30年来，我们党在加强党的作风建设上采取了许多重大措施，1990年党的十三届六中全会作出《关于加强党同人民群众联系的决定》，2001年党的十五届六中全会作出《关于加强和改进党的作风建设的决定》，对加强作风建设作出了全面部署，提出了一系列重要举措。这些年来，按照中央提出的“八个坚持、八个反对”和一靠教育、二靠制度的要求，各级党委在解决思想作风、学风、工作作风、领导作风和干部生活作风方面存在的突出问题，特别是防止和克服形式主义、官僚主义方面做了大量工作，取得了重要成效。党的十六大以来，各级党委按照中央的要求和部署，大力倡导以热爱祖国为荣、以危害祖国为耻等“八荣八耻”的社会主义荣辱观，大力倡导勤奋学习、学以致用等八个方面的良好风气，坚持权为民所用、情为民所系、利为民所谋，更加关注民生，切实解决人民最关心、最直接、最现实的利益问题，尽力为群众办实事、解难事、做好事，提高了党的公信力，密切了党群关系。30年来，我们党针对新形势下腐败现象滋生蔓延的情况，坚持一手抓改革开放、一手抓惩治腐败，坚定不移地开展党风廉政建设和反腐败斗争。我们党坚持治国必先治党、治党务必从严，形成领导干部廉洁自律、查办案件、纠正部门和行业不正之风的反腐倡廉三项工作格局，筑起思想道德和党纪国法两道防线，形成党委统一领导、党政齐抓共管、纪委组织协调、部门各负其责、依靠群众支持和参与的领导体制和工作机制，实行党风廉政建设责任制，推动反腐败从侧重遏制转到标本兼治、综合治理、逐步加大治本力度的轨道上。我们党确立标本兼治、综合治理、惩防并举、注重预防的反腐倡廉战略方针，扎实推进惩治和预防腐败体系建设，积极拓展从源头上防治腐败工作领域，不断取得反腐败斗争的阶段性成果。我们党改革反腐败工作体制，恢复中央和地方各级纪律检查机关，政府系统成立监察部门，检察院设立反贪局，组建国家预防腐败局，纪检部门和监察部门合署办公，纪检监察部门对派驻机构实行垂直领导、统一管理，等等。这些举措，已经并将继续在反腐倡廉建设中发挥重要作用。

（七）不断推进党建工作的科学化、制度化、规范化，在加强以民主集中制为核心的制度建设上取得重大成绩和进步。实现党和国家的长治久安，必须依靠制度的保障。制度建设更带有根本性、全局性、稳定性和长期性。改革开放以来，我们党深刻总结党和国家的历史经验，把制度建设作为一项重要基础性建设贯穿于党的建设的各个方面，既用制度建设来促进党的思想建设、组织建设、作风建设和反腐倡廉建设的深入发展，又用制度建设来巩固党的建设取得的成果，努力探索注重从制度上建设党的新经验新路子。党章是党的根本规章，是党的全部活动的基础和依据。党章的修改和完善是党的制度建设的最重要内容。党的十二大制定了新党章，之后经过党的十三大到党的十七大历次党代会的修改，党章不断得到与时俱进的充实和完善。根据党章精神，适应科学执政、民主执政、依法执政的要求，我们党不断完善人民代表大会制度、中国共产党领导的多党合作和政治协商制度、民族区域自治制度以及基层群众自治制度，在改革和完善党的领导方式和执政方式、领导体制和工作制度上取得新进展。我们党把党内民主提升到关系党的生命的高度来认识，积极推进党内民主制度建设并取得重大进展。一是党的代表大会制度得到健全。1985 年制定《关于党的地方各级代表大会若干具体问题的暂行规定》，标志着党的各级代表大会逐步走向制度化。党的十二大以来，历次党的全国代表大会都按期召开，地方各级党代会的议程、选举进一步规范，党代表大会在党和国家政治生活中发挥着越来越重要的作用。党的十七大又决定实行党的代表大会代表任期制，选择一些县（市、区）试行党代表大会常任制，党的代表大会制度进一步完善。二是党内选举制度不断完善。差额选举的范围扩大到各级党代会代表，基层党组织委员、书记，地方各级党委委员、常委，中央委员会委员。1990 年和 1994 年党中央分别颁布了党的基层组织和地方组织选举工作暂行条例，使党的基层组织和地方组织选举工作进一步规范和制度化。党的十七大前后，进行了民主推荐党和国家高层领导人选的实践。三是党的集体领导制度更加规范。党中央制定并不断完善中央政治局、中央政治局常委会、中央书记处工作规则，连同 1996 年颁布试行的《中国共产党地方委员会工作条例》，标志着党委集体领导和民主决策逐步制度化、规范化。党的十六大以后，建立了中央政治局向中央委员会全体会议、地方各级党委常委会向委员会全体会议定期报告工作并接受监督的制度，党的十七大进一步提出推行地方党委讨论决定重大问题和任用重要干部票决制度，这是党的集体领导制度的重大进步。

以上我从七个方面对改革开放以来党的建设取得的重大成绩和进步进行了粗线条的梳理。当然，这种梳理没有也不可能全部覆盖 30 年党的建设的丰富实践。从这些成绩和进步可以看到，30 年来党的建设新的伟大工程的开创和不断推进，有力地推动中国特色社会主义伟大事业一个台阶一个台阶地不断迈向新高度，站在了今天的历史起点上。这 30 年是我们党坚持不懈抓党的建设的 30 年，也是我国综合国力和人民生活水平提高最快的 30 年。30 年来，一些国家的共产党改旗易帜，一些长期执政的老党、大党先后丢掉执政地位。与此形成鲜明对照的是，我们党经受住长期执政、改革开放和发展社会主义市场经济的考验，不仅团结带领全国各族人民取得改革开放和社会主义现代化建设的巨大成就，而且党的执政能力不断得到提高，党的执政地位不断得到巩固。30 年的成就，凸显了办好中国的事情关键在于中国共产党，实现中华民族伟大复兴关键在于始终坚持、加强和改善党的领导。30 年的实践再一次证明，中国共产党不仅能够领导中国革命取得胜利，而且能够领导改革开放和社会主义现代化建设取得胜利，不愧为中国特色社会主义事业的坚强领导核心，是无负于人民重托和希望的马克思主义执政党。

三、30 年党的建设的理论创新成果

马克思、恩格斯创立了马克思主义建党学说，为无产阶级政党建设奠定了理论基础。列宁领导俄国十月革命取得胜利，使社会主义从理论变为现实，也使马克思主义建党学说在实践中得到检验、丰富和发展。毛泽东同志在领导中国新民主主义革命和社会主义建设实践中，形成了具有中

国特色的毛泽东建党思想，丰富了马克思主义建党学说。马克思主义建党学说内容十分丰富，其中最基本、最核心的思想是：无产阶级和人民大众的解放事业必须有一个以科学理论为指导的先进政党来领导；这个党必须是无产阶级先锋队，由无产阶级和其他革命群众中的先进分子所组成；这个党必须把建立、巩固和发展社会主义，最终实现共产主义作为自己的政治纲领；这个党的理论和路线方针政策，必须坚持从实际出发，符合本国国情和时代发展要求，体现最广大人民的根本利益；这个党必须把实行民主集中制作为自己的根本组织原则，始终保持党的团结统一和生机活力；这个党必须通过党的各级组织在无产阶级革命实践中的实际表现和作用，通过全体党员高度的思想觉悟和奉献精神来保持和发展党的先进性，等等。这些基本思想，经过实践证明是正确的，为我们加强和改进党的建设提供了理论指南。

这30年，我们党在带领人民建设和发展中国特色社会主义的历史进程中，紧紧围绕在长期执政、改革开放和发展社会主义市场经济条件下“建设一个什么样的党、怎样建设党”这个根本问题，在实践上和理论上进行了积极探索，继往开来、与时俱进地全面推进了党的建设新的伟大工程。以邓小平同志为核心的党的第二代中央领导集体，准确把握国内外形势的发展变化及其给我们党带来的影响，明确提出“执政党应该是一个什么样的党，执政党的党员应该怎样才合格，党怎样才叫善于领导”的问题，强调要把党建设成为有战斗力的马克思主义政党，成为领导人民进行社会主义物质文明建设和精神文明建设的坚强核心。围绕这个目标，邓小平同志对在改革开放中加强和改进党的建设提出了一系列重要新思想。以江泽民同志为核心的党的第三代中央领导集体，正确把握党的历史方位，明确提出在新的历史条件下加强党的建设，必须切实解决好提高党的领导水平和执政水平、提高拒腐防变和抵御风险能力这两大历史性课题，把党建设成为用邓小平理论武装起来、全心全意为人民服务、思想上政治上组织上完全巩固、能够经受住各种风险、始终走在时代前列、领导全国人民建设中国特色社会主义的马克思主义政党，创造性地回答了建设什么样的党、怎样建设党的问题。围绕这个目标，江泽民同志对加强和改进党的建设提出了一系列重要新思想。以胡锦涛同志为总书记的党中央，面对21世纪党面临的机遇和挑战明确提出，必须以改革创新精神全面推进党的建设新的伟大工程，把党建设成为立党为公、执政为民的执政党，成为科学执政、民主执政、依法执政的执政党，成为求真务实、开拓创新、勤政高效、清正廉洁的执政党，归根到底成为始终做到“三个代表”、永远保持先进性、经得住各种风浪考验的马克思主义执政党。围绕这个目标，党中央对新阶段加强和改进党的建设提出了一系列重要新思想。30年来，我们党关于党的建设提出的新思想、新观点、新论断很多，下面我根据自己的理解，谈谈其中八个重要思想。

（一）关于党要管党、从严治党的重要思想。党要管党、从严治党，是由党的性质、党在国家和社会生活中所处的地位、党肩负的历史使命决定的，因而是我们党的一贯要求和优良传统。在改革开放历史新时期，面对执政条件和社会环境的深刻变化，我们党从新的实际出发，把党要管党、从严治党作为党的建设的根本方针提出来并认真加以实施，具有重大的现实意义。我们党明确提出治国必先治党、治党务必从严，治党始终坚强有力，治国必会正确有效。我们党明确提出，党要管党、从严治党是对党的建设的全面性要求，要严格按照党章办事，按党的制度和规定办事；要对党员特别是领导干部严格要求、严格教育、严格管理、严格监督；要在党内生活中讲党性，讲原则，弘扬正气，反对歪风；要严格执行党的纪律，坚持在纪律面前人人平等。我们党明确提出，在改革开放历史新时期，要牢牢把握经济建设这个中心不动摇，紧紧抓住党的建设这个关键不放松；明确提出党委抓党建是本职，不抓党建是失职，抓不好党建是不称职，各级党委都要建立和健全抓党的建设的责任制，形成党委统一领导、各有关部门齐抓共管、一级抓一级、层层抓落实的工作格局；明确提出在党要管党、从严治党中必须大力弘扬改革创新精神，切实做到高举旗帜、求真务实、把握主线、全面推进。这些重要思想，以新的内容丰富了我们党管党治党的方针和理论。

（二）关于加强党的执政能力建设的重要思想。马克思主义政党执政以后，面对地位、环境和历史任务的重大变化，如何加强执政党建设，巩固党的执政地位，完成党的执政使命，马克思主义经典作家提出了许多重要思想，实践中也积累了有益经验，但总的说来还需要很好探索。最近20年来国际上发生的一系列政权更迭、政党衰亡的重大事件，使这个问题更加引人深思。我们党在全国范围执政已经近60年，取得了举世瞩目的执政成就，但其间也有失误和教训，目前还存在一些与新形势新任务不适应、不符合的问题。在不断发展变化的国内外环境中，我们党能不能与时俱进地提高执政能力，在世界形势深刻变化的历史进程中始终走在时代前列，在应对国内外各种风险考验的历史进程中始终成为全国人民的主心骨，在建设中国特色社会主义的历史进程中始终成为坚强的领导核心，越来越成为巩固党的执政地位、实现党的执政使命的关键性因素。党的执政地位不是与生俱来的，也不是一劳永逸的，过去拥有不等于现在拥有，现在拥有不等于永远拥有。正是基于这种时代紧迫感、深层忧患感，我们党鲜明地提出了加强党的执政能力建设的重要思想，要求全党按照中国特色社会主义经济建设、政治建设、文化建设和社会建设协调发展的要求，不断提高驾驭社会主义市场经济的能力、发展社会主义民主政治的能力、建设社会主义先进文化的能力、构建社会主义和谐社会的能力、应对国际局势和处理国际事务的能力。提出这个重要思想，丰富了马克思主义政党治国理政的理论。

（三）关于加强党的先进性建设的重要思想。保持和发展党的先进性历来是马克思主义政党建设的根本要求和永恒主题，从马克思、恩格斯到列宁再到毛泽东同志，都高度重视和强调这个问题。我们党自成立以来，也一直把保持和发展党的先进性摆在突出位置来抓，在理论上和实践上进行了长期探索，积累了丰富经验。问题在于，世界上一些马克思主义政党因具有先进性而取得政权、又因丧失先进性而丢掉了政权，进一步证明马克思主义政党赢得先进性不容易，在复杂的国内外环境中和长期执政的条件下保持和发展先进性更不容易。世界上从来没有哪一个政党的先进性是一蹴而就的，也从来没有哪一个政党的先进性是靠吃老本就能够长期保持的。我们党明确提出加强党的先进性建设，就是要围绕党的中心任务，通过推进思想建设、组织建设、作风建设、制度建设和反腐倡廉建设，使党的理论和路线方针政策顺应时代发展的潮流和我国社会发展进步的要求、反映全国各族人民的利益和愿望，使各级党组织不断提高创造力、凝聚力和战斗力、始终发挥领导核心作用和战斗堡垒作用，使广大党员不断提高自身素质、始终发挥先锋模范作用，使我们党保持与时俱进的品质、始终走在时代前列，不断提高执政能力、巩固执政地位、完成执政使命。党的先进性建设重要思想的提出，把马克思主义关于党的先进性的认识提升到党的先进性建设的理论层面，丰富和发展了马克思主义党的建设理论。

（四）关于党是中国工人阶级的先锋队、同时是中国人民和中华民族的先锋队的重要思想。我们党以工人阶级作为自己的阶级基础，是中国工人阶级的先锋队。这一党的根本性质，是我们党从成立时就明确规定了的，也是党80多年始终坚持的。改革开放以来，中国工人阶级队伍不断扩大，思想道德素质和科学文化素质日益提高，工人阶级的先进性也在发展，党的阶级基础不断增强。因此，我们党必须始终坚持工人阶级先锋队性质，始终全心全意依靠工人阶级。这个政治立场和政治态度，我们党30年来一直是坚定不移的。同时，我们党以全心全意为人民服务为宗旨，代表着中国最广大人民的根本利益，肩负着实现中华民族伟大复兴的庄严使命，忠诚地为中国人民和中华民族的根本利益而奋斗。这是我们党最为深厚的群众基础。我们党只有巩固自己的阶级基础，同时又扩大自己的群众基础，才能更好地代表最广大人民的利益，才能实现执政兴国、执政为民的使命。正是基于这种战略思考，我们党提出“两个先锋队”的重要思想，这体现了实事求是的思想路线，体现了继承与创新的统一、党的阶级性与群众性的统一，体现了在党的性质问题上的与时俱进，是对马克思主义关于工人阶级政党性质理论的丰富和发展。

（五）关于改革和完善党的领导方式和执政方式，实行科学执政、民主执政、依法执政的重要思想。马克思主义政党夺取政权后如何科学实施对国家事务的领导，代表人民掌好权、执好政，是一个需要不断深入探索的重大课题。列宁对这个问题提出过不少好的思想，但因为过早逝世未能认真实践。我们党在取得全国政权后建立的基本政治制度是好的，是适合中国国情的。同时，在一些具体的领导制度、执政方式上还存在着一些缺陷。早在改革开放初期我们党就提出了改善党的领导制度、领导方式和执政方式的重要思想，强调坚持党的领导必须改善党的领导，只有改善党的领导才能加强党的领导。30年来，我们党继承在长期实践中形成的行之有效的领导制度、领导方式和执政方式，同时根据实践的发展积极探索，在改革和完善党的领导制度、领导方式和执政方式上提出了许多新思想。我们党明确提出，党的领导是政治、思想和组织领导，通过制定大政方针、提出立法建议、推荐重要干部、进行思想宣传、发挥党组织和党员的作用、坚持依法行政，实施党对国家和社会的领导；明确提出党委要在同级各种组织中发挥领导核心作用，集中精力抓大事，支持各方独立负责、协调一致地开展工作；明确提出按照党总揽全局、协调各方的原则，规范党委与人大、政府、政协以及人民团体的关系；明确提出要坚持科学执政、民主执政、依法执政，党的全部执政活动都要尊重客观规律，尊重人民意愿，遵守法定程序，严格接受监督。这些重要思想，丰富了马克思主义国家学说。

（六）关于积极推进党内民主建设、促进党内和谐的重要思想。党内民主是马克思主义政党的本质要求。马克思、恩格斯在为共产主义同盟制定组织原则时指出："组织本身是完全民主的，它的各委员会由选举产生并随时可以罢免。"他们在《国际工人协会的共同章程和组织条例》中还规定，对有关原则问题的决议均须举行记名投票，决议一经通过就必须服从。列宁第一次完整地提出民主集中制的思想，认为党内民主、高度集中加上铁的纪律是保持党的团结统一的重要基础。我们党在长期实践中积累了贯彻民主集中制的成功经验，也有包括"文化大革命"期间民主集中制遭到严重破坏，给党和国家造成巨大灾难的沉痛教训。改革开放30年来，我们党在恢复和健全民主集中制方面做了大量工作，党内政治生活日益活跃，与此同时在理论上也提出了许多新思想。我们党明确提出，党内民主是党的生命，没有民主就没有社会主义，就没有社会主义现代化；明确提出要尊重党员主体地位，保障党员民主权利；明确提出发展党内民主是多层次、多方面、多途径的，从党的中央委员会到每一个支部，从领导机关的决策到在党的会议和党的报刊上参加政策问题的讨论，从党内选举到对领导干部进行评议、考察、监督，都要充分发扬民主；明确提出积极推进党内民主建设，以扩大党内民主带动人民民主，以增进党内和谐促进社会和谐，使党的创造活力充分发挥；明确提出民主和集中相辅相成、内在统一，要集中正确的意见，使之成为多数人的共识，形成正确的决策；明确提出在指导思想和路线方针政策以及重大原则问题上，全党全国必须保持高度一致；明确提出必须健全和完善民主集中制的一系列制度，使之不因领导人的改变而改变，不因领导人的看法和注意力的改变而改变。这些重要思想，丰富了马克思主义的民主理论。

（七）关于干部队伍"四化"方针和党管人才的重要思想。改革开放刚刚起步，我们党就提出了干部队伍"四化"方针，紧紧围绕"选用什么样的人、怎样选人用人"这个根本问题，根据现代化建设的需要和干部队伍状况的发展变化，明确提出要坚持德才兼备、注重实绩、群众公认的用人原则，坚持任人唯贤、公道正派的用人路线，坚持注重品行、科学发展、崇尚实干、重视基层、鼓励创新、群众公认的用人导向；明确提出党的高级干部不仅要努力成为有知识、懂业务、胜任本职工作的内行，而且首先要努力成为忠诚于马克思主义、坚持走中国特色社会主义道路、会治党治国的政治家；明确提出要在实践中特别是环境艰苦、矛盾集中、困难突出的地方锻炼和培养干部，使他们经受考验、增长才干、健康成长；明确提出拓宽选人用人的视野，真正把政治上靠得住、工作上有本事、作风上过得硬、人民群众信得过、善于领导科学发展的优秀干部选拔到各级领导岗位上来。我们党高度重视人才工作，提出了许多新思想，特别是明确提出人才资源是第一资源和党管人才的重要思想，提出要创新人才工作体制机制，激发各类人才创造活力和创业热情。这一系列新思想，丰富了党的干部队伍建设和人才队伍建设的理论。

（八）关于党的建设总体布局的重要思想。长期以来，我们说到党的建设，一般都是讲思想建设、组织建设、作风建设这三大建设。进入新时期，我们党总结历史经验，根据新的实践要求，提出要注重制度建设，丰富了党的建设总体布局的内涵。党的十七大明确提出反腐倡廉建设这个科学概念，把反腐倡廉建设与党的思想建设、组织建设、作风建设、制度建设并列，构成党的建设总体布局，进一步丰富了党的建设总体布局的内涵。围绕这个总体布局，党的十七大还提出了党的建设的总体部署，这就是：把党的执政能力建设和先进性建设作为主线，坚持党要管党、从严治党，贯彻为民、务实、清廉的要求，以坚定理想信念为重点加强思想建设，以造就高素质党员、干部队伍为重点加强组织建设，以保持党同人民群众的血肉联系为重点加强作风建设，以健全民主集中制为重点加强制度建设，以完善惩治和预防腐败体系为重点加强反腐倡廉建设，使党始终成为立党为公、执政为民，求真务实、改革创新，艰苦奋斗、清正廉洁，富有活力、团结和谐的马克思主义执政党。这个以“一条主线、五个重点”为主要内容的总体部署，把“党始终成为立党为公、执政为民，求真务实、改革创新，艰苦奋斗、清正廉洁，富有活力、团结和谐的马克思主义执政党”作为党的建设总目标，进一步为党的建设指明了方向；把党的执政能力建设和先进性建设作为主线，贯穿于党的思想建设、组织建设、作风建设、制度建设和反腐倡廉建设之中，凸显了这两大建设对其他建设的统领作用；分别提出党的“五大建设”各自的重点，使党的建设的着力点更加明确；重申“坚持党要管党、从严治党”的方针，进一步明确“贯彻为民、务实、清廉的要求”，这就使党的建设总体部署内容更全面、结构更严整、操作性更强。党的十七大提出的党的建设的总体布局和总体部署，是我们党从实践上、理论上探索和创新党的建设的重大成果。

最后概括起来说，改革开放30年来我们党在党的建设上提出的一系列新思想、新观点、新论断，既生动而具体地坚持了马克思列宁主义、毛泽东思想关于党的建设的基本原则，又具体而生动地丰富和发展了马克思列宁主义、毛泽东思想关于党的建设的基本理论。创造性地提出党的建设一系列新思想、新观点、新论断，是我们党励精图治、探索真理、开拓进取的结果，标志着我们党对共产党执政规律、对自身建设规律的认识达到了新的历史高度。

四、30年党的建设的几点启示

30年党的建设成果丰硕，亮点纷呈。结合改革开放以来我们党、我们国家走过的光辉历程，我们从30年党的建设中可以得到许多重要启示。

（一）30年党的建设启示我们，必须毫不动摇地高举中国特色社会主义伟大旗帜，推动全党同志不断增强学习贯彻党的基本理论、基本路线、基本纲领、基本经验的自觉性和坚定性。对于马克思主义政党来说，旗帜问题至关重要。旗帜就是方向，旗帜就是形象。在当代中国，中国共产党人高举的旗帜就是中国特色社会主义伟大旗帜。30年来社会主义在中国开创的崭新局面和取得的巨大成就充分证明，中国特色社会主义伟大旗帜是当代中国发展进步的旗帜，是全党全国各族人民团结奋斗的旗帜。党的十七大对此作出了科学总结，指出：“改革开放以来我们取得一切成绩和进步的根本原因，归结起来就是：开辟了中国特色社会主义道路，形成了中国特色社会主义理论体系。高举中国特色社会主义伟大旗帜，最根本的就是要坚持这条道路和这个理论体系。”应当看到，在建设和发展中国特色社会主义的前进道路上，还存在着这样那样的风险，也可能遇到这样那样的干扰。要保证党和人民的事业健康发展，夺取全面建设小康社会新胜利，关键是要做到不为任何风险所惧，不被任何干扰所惑，坚定不移地用中国特色社会主义伟大旗帜引领伟大事业、推进伟大工程。我们加强和改进党的建设，就要紧紧围绕高举中国特色社会主义伟大旗帜这个根本要求，推动全党坚持不懈地学习实践中国特色社会主义理论体系，确保党的各方面建设更好地为坚持和发展中国特色社会主义服务。把握住这一点，就把握了新世纪新阶段加强和改进党的建设的根本。

（二）30年党的建设启示我们，必须紧密联系党的中心任务建设党，尤其要抓好发展这个党执政兴国的第一要务，深入贯彻落实科学发展观，推动经济社会又好又快发展。党的建设历来是同党的历史任务紧密联系在一起的。在改革开放历史新时期，党的建设紧密联系党的中心任务来进行，必须紧密联系社会主义经济建设、政治建设、文化建设和社会建设来进行，说到底要紧密联系发展这个党执政兴国的第一要务来进行。马克思主义政党必须高度重视解放和发展生产力。我们党在中国这样一个经济文化落后的发展中大国领导人民进行现代化建设，能不能解决好发展问题，直接关系人心向背、事业兴衰。这30年我们党的一条基本经验，就是牢牢扭住经济建设这个中心，始终把促进发展作为第一位的任务，坚持聚精会神搞建设、一心一意谋发展，不断解放和发展生产力，任何时候任何情况下都不动摇。我们所追求的发展，是又好又快的发展，是以人为本、全面协调可持续的科学发展。我们加强和改进党的建设，就要以科学发展观为指导，站在完成党的执政兴国使命的高度来谋划党建工作，努力把党建优势转化为发展优势，把党建资源转化为发展资源，把党建成果转化为发展成果，使党的工作和党的建设更加符合科学发展观的要求，为科学发展提供可靠的政治和组织保障。

（三）30年党的建设启示我们，必须坚持立党为公、执政为民，把实现好、维护好、发展好最广大人民的根本利益作为党的核心价值，始终保持党同人民群众的血肉联系。我们党是靠宣传群众、组织群众、依靠群众起家，从胜利走向胜利的。改革开放以来，我们党继承和发扬党在长期实践中积累的群众工作经验和优良传统，坚持人民是历史创造者的马克思主义根本观点，充分尊重人民群众的首创精神，不断改进新的历史条件下党的群众工作，学会在经济体制深刻变革中处理好效率与公平的关系，充分激发各方面群众的积极性、主动性、创造性；在利益格局深刻调整中兼顾不同群体的利益诉求，妥善协调和处理不同方面群众的利益关切；在思想观念深刻变化中寻找与群众交流沟通的共同语言，拉近与群众的思想感情距离，努力做到亲民有真感情，爱民有真措施，利民有真成效。所有这些，使我们党从人民群众中吸取了巨大的物质精神力量。这是30年来我们党领导改革开放和社会主义现代化建设不断取得胜利的一条根本经验。实践再一次证明，我们党的根基在人民、血脉在人民、力量在人民。我们加强和改进党的建设，最重要的就是要把最广大人民的根本利益作为党全部工作的出发点和落脚点，组织和动员全党同志紧紧依靠人民群众始终不渝地为中国人民和中华民族的根本利益而不懈奋斗。坚持这个根本政治立场，把这个立场一以贯之地落实和体现到党的全部理论和实践之中，我们党就无往而不胜。

（四）30年党的建设启示我们，必须在实践中形成坚强的中央领导集体，必须坚决维护中央的权威，以确保党的决策正确和有效实施。国际和国内、历史和现实都表明，一个成熟的马克思主义政党，一定要最充分地发挥人民群众的历史主动精神和伟大创造力，同时又要最明确地维护党的领导集体的权威和作用。列宁指出："造就一批有经验、有极高威望的党的领袖是一件长期的艰难的事情。但是做不到这一点，无产阶级专政、无产阶级的'意志统一'就只能是一句空话。"特别是对我们这样的大党、大国来说，有一个在实践中形成的坚强的中央领导集体，对党和人民的事业至关重要。回顾30年的历程我们看到，改革开放和社会主义现代化建设的伟大事业，是在以毛泽东同志为核心的党的第一代中央领导集体带领全党全国各族人民建立新中国、取得社会主义革命和建设伟大成就以及艰辛探索社会主义建设规律取得宝贵经验的基础上，由以邓小平同志为核心的党的第二代中央领导集体带领全党全国各族人民开创的，是以江泽民同志为核心的党的第三代中央领导集体带领全党全国各族人民继承、发展并成功推向21世纪的，是以胡锦涛同志为总书记的党中央在全面建设小康社会实践中坚定不移地继续推向前进的。如果没有坚强的中央领导集体的领导，没有党同人民的团结奋斗，党和人民的事业不可能取得举世瞩目的成就。我们加强和改进党的建设，就要引导和确保全党同志坚定不移地沿着以毛泽东同志为核心的党的第一代中央领导集体开始探索的、以邓小平同志为核心的党的第二代中央领导集体开拓的、以江泽民同志为核心的党的第三代中央领导集体始终坚持的、以胡锦涛同志为总书记的党中央继续坚持的中国特色社会主义道路奋勇前进，不断开创中国特色社会主义伟大事业新局面。

（五）30年党的建设启示我们，必须根据世情、国情、党情的发展变化，坚持以改革创新精神推进党的建设，不断为党的肌体注入新活力。坚持用时代发展的要求审视自己，以改革创新精神加强和完善自己，这是我们党始终保持马克思主义政党本色、永不脱离群众和具有蓬勃活力的根本保证，也是改革开放以来党领导的事业和党的建设不断取得成就和进步的关键所在。这30年，我们党紧密结合新的历史条件和新的历史任务，大力弘扬求真务实、开拓创新的精神，不断研究党的建设工作中的新情况新问题，不断推进党的建设的理论创新、制度创新、工作创新和方法创新，使党的建设不断适应党的事业的发展要求。党的事业的发展没有止境，党的建设的创新也没有止境。必须清醒地看到，任何一个政党，无论实力多强、资格多老、执政时间多长，如果因循守旧、固步自封、保守僵化、不思进取，其创造力就会衰竭，生命力就要停止。我们加强和改进党的建设，就要根据新世纪新阶段形势和任务的发展变化，深入思考关系党的建设理论和实践的全局性、前瞻性、战略性问题，不断深化对推进党的建设新的伟大工程的规律性认识，不断深化对共产党执政规律、社会主义建设规律和人类社会发展规律的认识，不断以新的举措、新的经验、新的认识和新的成效推进党的建设，不断提高党的建设工作水平。

这里我要特别提到的是，改革开放30年来党的各方面建设，是在以毛泽东同志为核心的党的第一代中央领导集体成功开创的党的建设伟大工程的基业上展开的。新民主主义革命时期，党的第一代中央领导集体把马克思列宁主义与中国革命实际结合起来，集中全党智慧，创立了毛泽东思想，制定了正确的政治路线和组织路线，在旧中国小生产十分广大、经济文化十分落后的社会里，在长期被敌人分割的农村根据地和白色恐怖下的城市，建设起一支团结统一、纪律严明、英勇善战的工人阶级先锋队。这在世界政治史上是罕见的壮举，是一个了不起的“伟大工程”。正是有了这个伟大工程，正是有了一个思想上政治上组织上完全巩固的中国共产党，才领导人民建立了新中国，取得社会主义革命和建设的伟大胜利。回顾历史，我们深切地感到，中国革命、建设和改革的伟大成果是来之不易的。80 多年来，中国人民的无数英烈，一代又一代中国共产党人，前赴后继、不怕牺牲，艰苦奋斗、锐意进取，才奠定了中国今天的局面。正如党的十七大报告指出的：“我们党正在带领全国各族人民进行的改革开放和社会主义现代化建设，是新中国成立以后我国社会主义建设伟大事业的继承和发展，是近代以来中国人民争取民族独立、实现国家富强伟大事业的继承和发展。”抚今追昔，展望未来，当代中国共产党人肩负的使命神圣而光荣。我们要紧密团结在以胡锦涛同志为总书记的党中央周围，高举中国特色社会主义伟大旗帜，以邓小平理论和“三个代表”重要思想为指导，深入贯彻落实科学发展观，继续解放思想，坚持改革开放，推动科学发展，促进社会和谐，为夺取全面建设小康社会新胜利，推进中国特色社会主义伟大事业和党的建设新的伟大工程，作出新的更大的贡献。

2. 以改革创新精神加强党的建设

虞云耀，《求是》2008 年第 3 期

党的十七大提出，要以改革创新精神全面推进党的建设新的伟大工程。这个命题意义重大而深远。由党肩负的历史使命和时代要求所决定，领导改革的党，自身也要不断进行改革。在当今世界和当代中国发生广泛而深刻变化的历史条件下，在把握前所未有的机遇、应对前所未有的挑战中，保持和发展党的先进性，提高党的执政能力，比以往任何时候都显得更艰巨、更复杂。这就是提出“以改革创新精神全面推进党的建设新的伟大工程”的大背景、大前提。

一

改革创新是当今的时代潮流。一个站在时代前列、带领人民前进的党，必然是勇于改革、开拓进取的党，变革和改造客观世界，也不断改革党自身。以改革创新精神加强党的建设，是时代的呼唤，人民的期待，是党和国家事业发展的需要。十七大报告指出：“世情、国情、党情的发展变化，决定了以改革创新精神加强党的建设既十分重要又十分紧迫。”

从世情看，和平与发展仍然是时代主题，但世界还很不安宁，无论是和平还是发展都面临着诸多难题和挑战。以改革求发展，以创新解难题，正在成为许多国家的战略选择。科学技术进步日新月异，经济全球化深入发展，世界多极化不可逆转，正在迅速改变着人类的生产、生活乃至思维方式。经济、政治和社会的深刻变革与调整，正在使改革创新能力越来越成为国家综合实力的重要组成部分，成为一个国家在国际社会中地位和影响力的重要标志。我们党只有顺应世界潮流，坚持与时俱进，坚持改革创新，才能始终走在时代前列，永葆生机与活力，带领全国人民坚定不移地走中国特色社会主义道路，使我国在激烈的国际竞争中永远立于不败之地。

从国情看，改革开放以来，我国经济社会发展取得了令世人瞩目的伟大成就。但我国仍处于并将长期处于社会主义初级阶段的基本国情没有变，发达国家在经济科技上占优势的基本态势没有变，世界上综合国力竞争日趋激烈的基本趋势没有变，国际敌对势力对我国实施西化、分化的战略图谋没有变。聚精会神搞建设，一心一意谋发展，对于我们这样一个拥有 13 亿人口的发展中大国推进现代化，具有决定性意义。中国特色社会主义伟大事业是同党的建设新的伟大工程紧密结合的。改革开放，不仅使中国人民的面貌、社会主义中国的面貌发生了历史性变化，而且使中国共产党的面貌发生了历史性变化。这场革命既给我们党注入了巨大活力，也使党面临前所未有的严峻考验。经济体制、社会结构、利益格局、思想观念的深刻变化，对党的自身建设提出了许多崭新课题。只有以改革创新精神不断研究新情况，解决新问题，处理新矛盾，才能把党的事业不断推向前进。

从党情看，首先，我们党已经成立 87 年，在全国已经执政 59 年。一方面，我们党积累了治国理政和加强自身建设的宝贵经验，形成了许多优良传统并在新形势下不断继承和发扬；另一方面，一些过去曾经发挥过很好作用的组织形式、活动方式、制度规定，今天已不适用或不完全适用。我们党已经拥有7300多万名党员，新党员人数大量增加，大批年轻干部走上领导岗位。党在不断增添新鲜血液、充满活力的同时，也存在许多年轻党员和干部的思想觉悟、党性修养、意志品质等亟待提高的问题。其次，我们党在改革开放和发展社会主义市场经济条件下长期执政。一方面，我们党形成了科学执政、民主执政、依法执政的理念并进行了成功实践；另一方面，党的执政能力同新形势新任务的要求还不完全相适应。再次，我们党在新的历史条件下始终致力于党的先进性建设。一方面，党的先进性得到保持并不断发展；另一方面，少数党员、干部的思想和行为与先进性要求不相符合，一些党员、干部滋生了骄傲自满、脱离群众、以权谋私等不良倾向，形式主义、官僚主义问题比较突出，消极腐败现象仍然比较严重。所有这些问题，都需要用新的思路、措施和方法来解决。我们要适应形势与任务的变化，切实转变那些不适应、不符合时代要求的思想观念、思维方式和工作方法，着力解决党内存在的突出问题，以改革创新精神全面加强党的建设，使我们党永远站在时代前列，始终成为中国工人阶级的先锋队，成为中国人民和中华民族的先锋队。这是时代的要求、人民的要求。

二

以改革创新精神加强党的建设，是党自我完善和发展的需要。不断提高以改革创新精神加强党的建设的自觉性和坚定性，勇于改革那些不适应新形势新任务要求的思想观念、领导体制、执政方式以及组织形式、活动方式、管理办法等，根本目的是为了保持和发展党的先进性，增强党的创造力、凝聚力和战斗力。毫无疑问，党的性质、宗旨、指导思想和奋斗目标，党的领导地位、政治优势、优良传统等根本的方面，是决不能改变的，必须结合新的实践赋予新的时代内涵，长期坚持和不断发展。

要有改革创新的精神状态。党的建设的任何改革创新，都不可能是轻而易举的事情，必然会遇到种种困难、阻力和障碍，只有保持良好的精神状态，才能不断取得突破和进展。这就要求我们具有强烈的改革创新意识，以昂扬向上、奋发有为、知难而进、开拓创新的勇气和毅力，克服各种不合时宜的传统观念和陈规陋习的影响，克服不思进取、满足现状的惰性。

要有改革创新的思维方式。在党的自身建设的各项工作中，是采取开放式、创造性的思维方式，还是采取封闭式、保守性的思维方式，对于能否有效地推进改革创新，具有十分重要的影响和作用。努力形成改革创新的思维方式，就是要坚持解放思想、实事求是、与时俱进，敢于突破各种落后于时代的条条框框的束缚，不断推陈出新；具有宽广的胸怀、开阔的视野，树立世界眼光，增强全局观念，从共产党执政规律、中国特色社会主义建设规律、人类社会发展规律的高度来研究和思考党的建设问题；善于辩证地看问题，了解我国和世界发展大势，培养战略思维，全面认识和把握世界多极化、经济全球化、社会信息化、文化多元化给党的建设带来的深刻影响和提出的新要求；积极学习吸收人类文明的一切有益成果，大胆借鉴其他国家及政党治国理政的有益经验和做法。

要有改革创新的思想作风。坚持改革创新的思想作风，就是要勇于实践、锐意进取、求真务实，一切从实际出发，既不能无视客观要求等待观望、止步不前，也不能只凭主观愿望急于求成、盲目而为。要讲究科学，尊重规律，将改革创新的热情同科学求实的态度结合起来，提高改革决策的科学性，增强改革措施的协调性。要提倡埋头苦干、扎实工作，努力取得改革创新的实效。要尊重广大党员群众的首创精神，发挥基层党组织和广大党员的积极性创造性，不断推进党的建设的改革创新。

要有改革创新的工作方法。改革创新精神要通过具体的工作内容和工作方法来体现，来落实。特别是针对新形势下出现的新情况新问题，要摆脱习惯性思维的束缚，在实践的基础上形成新的思路。注重形成新的载体，探索多种多样、切实有效的党内活动方式，搭建党员和党组织充分发挥作用的广阔舞台。注重采用现代科学技术带来的新方法新手段，充分发挥信息技术和互联网的作用，不断提高党建工作的科学化和现代化水平。

要有改革创新的良好氛围。要在党内和全社会形成推崇创新、宽容失误、包容多样、尊重差异的良好环境和氛围，最大限度地调动广大党员干部参与改革创新实践的积极性和创造性。要积极推进党内民主建设，尊重党员主体地位，保障党员民主权利，以扩大党内民主带动人民民主，以增加党内和谐促进社会和谐，在党内和全社会范围内营造鼓励改革创新的氛围。

三

以改革创新精神加强党的建设，从根本上说，就是要确保党的各方面建设更好地为发展中国特色社会主义服务。我们所要改进和改革的，是党的自身建设和党的工作中那些不适应不符合新形势新任务要求的方面；我们所要创新的，是党的具体领导体制、执政方式、组织形式、活动和管理方法等。通过党的思想建设、组织建设、作风建设、制度建设和反腐倡廉建设的改革创新，使我们党始终保持与时俱进的品质，始终保持和发展先进性，使党的全部工作始终符合时代要求和人民期待。

要大力推进理论创新。思想理论建设是党的根本建设，党的理论创新引领党的建设各方面创新。十七大提出了中国特色社会主义理论体系这一重大理论创新。我们要加强对中国特色社会主义理论体系特别是科学发展观等重大战略思想的学习研究，加强对十七大提出的一系列新思想、新论断、新观点、新举措的学习研究，并真正用于武装头脑、指导实践。要加强对改革开放以来党的建设成功经验的总结和研究，特别是加强对党的建设中热点难点问题的探索和研究，为全面推进党的建设新的伟大工程提供理论支撑。

要大力推进制度创新。依法治国是我们党治国理政的基本方略，以制度治党是坚持党要管党、从严治党的重要途径和根本方法。制度创新是其他各方面创新的保障。要把制度创新摆在更加突出的位置上，在全面分析和梳理已有制度的基础上，制定党的制度建设的整体规划，积极地、有步骤地加以推进，努力形成科学、健全、有效的制度体系。对现有制度中不适应新形势新任务要求的规定，应及时作出修订和调整，同时注意总结党的建设实践中创造的新经验、好做法，适时作出规范，出台新的制度。十七大明确提出以健全民主集中制为重点加强制度建设，提出了一系列重要的制度创新的要求：一是尊重党员主体地位，建立党务公开制度；二是完善党的代表大会制度，实行党的代表大会代表任期制，选择一些县（市、区）试行党代表大会常任制；三是完善党的地方各级全委会、常委会工作机制，发挥全委会对重大问题的决策作用；四是推行地方党委讨论决定重大问题和任用重要干部票决制；五是建立健全中央政治局向中央委员会全体会议、地方各级党委常委会向委员会全体会议定期报告工作并接受监督的制度；六是改革党内选举制度，改进候选人提名制度和选举方式，逐步扩大基层党组织领导班子直接选举范围；七是健全纪检监察派驻机构统一管理，完善巡视制度等。通过大力推进制度创新，形成加强党的建设的长效机制，一定会走出一条党的建设制度化、规范化、科学化之路。

要大力推进实践创新。十七大对加强党的建设作出了全面部署，提出了六个方面的主要任务。贯彻落实这些部署和任务的过程，就是党的建设实践创新的过程。实践创新既是理论创新和制度创新的基础和源泉，也是使理论创新和制度创新的成果更好发挥作用的依托与条件。一切改革创新最终都要体现到实践中，取得实践成果，并且由实践检验。比如，十七大第一次把反腐倡廉建设与思想建设、组织建设、作风建设和制度建设一起，确定为党的建设的基本任务。强调在坚决惩治腐败的同时，更加注重治本，更加注重预防，更加注重制度建设，拓展从源头上防治腐败工作领域。这项任务的落实，有赖于实践创新，包括深化改革和创新体制，加强廉政文化建设，形成拒腐防变教育长效机制、反腐倡廉制度体系、权力运行监控机制等。在实践创新中，要以邓小平理论和“三个代表”重要思想为指导，深入贯彻落实科学发展观，坚持改革创新的正确方向，处理好党的建设改革创新与经济、政治、文化、社会等领域改革创新的关系，积极稳妥、协调有序地加以推进。

我们党从成立之日起，就不断探索加强自身建设的方法和途径，这种探索永无止境。按照十七大的部署进一步认清新时期党的建设的任务和要求，以改革创新精神全面推进党的建设新的伟大工程，是每一个党员和党的干部的光荣任务与历史责任。

3. 改革开放 30 年党员队伍建设的成就与启示

欧阳淞，《求是》2008 年第 22 期

改革开放 30 年，是中国特色社会主义伟大事业取得辉煌成就的 30 年，也是党的建设新的伟大工程取得巨大进步的 30 年。在这一伟大历史进程中，作为党的建设基础工程的党员队伍建设得到了全面加强，党员队伍的先进性在推动经济发展

和社会进步中得到了充分体现。

改革开放30年来党员队伍建设的主要历程和突出成就

30年来，世情、国情和党情发生了重大而深刻的变化，我们党科学判断和全面把握党所处的历史方位和肩负的历史使命，紧紧抓住保持和发展党的先进性这一永恒主题，以改革创新精神推进党员队伍建设，为党的建设新的伟大工程夯实了基础。

以邓小平为核心的党的第二代中央领导集体，在开辟中国特色社会主义道路的历史进程中开创了党的建设新的伟大工程。针对党的建设在十年动乱中受到严重破坏的状况和新形势新任务的需要，我们党鲜明地提出，要适应改革开放和社会主义现代化建设的新形势新要求，坚持党的领导、改善党的领导，紧密联系党的基本路线和中心任务加强和改进党的建设，把党建设成为领导社会主义现代化事业的坚强核心。围绕党的建设的总目标，邓小平对在改革开放中加强和改进党员队伍建设提出了一系列重要思想，党员队伍建设从此走上了制度化、规范化之路。

以江泽民为核心的党的第三代中央领导集体，在开创中国特色社会主义事业新局面的历史进程中把党的建设新的伟大工程成功推向21世纪。在这个进程中，党明确提出，必须切实解决好提高党的领导水平和执政水平、提高拒腐防变和抵御风险能力这两大历史性课题，把党建设成为中国特色社会主义事业的坚强领导核心。江泽民反复强调，党员队伍质量重于数量，建设高素质的党员队伍是提高党的战斗力的关键，必须根据时代变化和中国社会前进的要求对党员标准充实新的内容，使党员始终成为站在时代潮流前列的先锋战士。同时，我们党提出，要正确认识我国社会阶层结构的新变化，不断增强党的阶级基础和扩大党的群众基础，提高党的社会影响力。

党的十六大以来，以胡锦涛为总书记的党中央，高举中国特色社会主义伟大旗帜，在全面建设小康社会实践中坚定不移地把党的建设新的伟大工程继续推向前进。在这个进程中，我们党提出，必须以改革创新精神全面推进党的建设新的伟大工程，把党建设成为立党为公、执政为民，求真务实、改革创新，艰苦奋斗、清正廉洁，富有活力、团结和谐的马克思主义执政党。围绕这一目标，我们党牢牢把握党的执政能力建设和先进性建设这条主线，全面加强党的建设。胡锦涛同志指出，必须把增强党员意识作为执政党建设带有根本性的问题来抓，把保持和发展党员的先进性始终作为党的建设的永恒主题，使党员真正成为牢记宗旨、心系群众的先进分子。

30年来，我们党以改革创新、与时俱进的精神，坚持不懈地推进党员队伍建设。党员队伍结构发生了深刻变化，整体素质明显提高。截至2007年，党员总数达到7400多万名，比1978年增长了101%。党员队伍的年龄、学历结构得到明显改善，党员的分布更加合理，覆盖范围更加广泛。广大党员的理想信念更加坚定，宗旨意识更加牢固，履行岗位职责、推动科学发展、服务人民群众的本领不断提高。党的阶级基础不断增强，群众基础不断扩大。

党员队伍建设取得丰硕实践成果。30年来，通过坚持不懈地加强党员队伍建设，造就了素质优良、作用突出的党员队伍，使党的基层组织更加富有创造力、凝聚力和战斗力，使党的干部队伍更加充满生机与活力，使各级领导班子建设拥有了充裕、合格的后备人才，为党的执政能力建设和先进性建设提供了有力支撑。广大党员立足岗位，建功立业，为推动经济社会发展作出了突出贡献。改革开放以来，中央组织部先后表彰优秀共产党员740名。十六大以来，受到县级以上党委表彰的优秀共产党员950多万名。我国各行各业、各条战线涌现出的劳动模范、先进工作者、新长征突击手、“三八”红旗手等先进模范人物，绝大多数是共产党员。孔繁森、牛玉儒、史来贺、吴仁宝、许振超、宋鱼水等优秀共产党员以及在抗洪救灾、抗击非典、抗击雨雪冰冻灾害、抗震救灾等重大斗争中涌现出来的无数舍生忘死、无私奉献的共产党人，就是其中的优秀代表，他们用实际行动诠释了党的宗旨，赢得了群众的赞誉，树立了党的光辉形象。

党员队伍建设步入制度化、规范化、科学化轨道。我们党坚持把制度建设贯穿于党员队伍建设的各个方面，着力探索改革开放和社会主义市场经济条件下党员队伍建设的科学方法和长效机制。从党的十二大到党的十七大，党章有关党员的内容都进行了与时俱进的充实和完善。30年来，中央颁布了30多个相关条例和制度规定，中央纪委、中央组织部、中央宣传部等部门制定了200多个意见办法，各级党组织结合实际建立完善了制度措施，基本形成了覆盖全面、完备管用的制度体系和相互衔接、运行顺畅的工作机制，为扎实推进党员队伍建设提供了根本保证。

党员队伍建设实现重大理论创新。30 年来，我们党明确提出了党要管党、从严治党的思想，对党员特别是领导干部严格要求、严格教育、严格管理、严格监督；明确提出了保持党员队伍先进性的思想，把保持和发展党员的先进性作为党的先进性建设的永恒主题，把增强党员意识作为执政党建设带有根本性的问题来抓；明确提出了尊重党员主体地位的思想，保障党员民主权利，充分发挥党员在党内事务中的参与、管理、监督作用；明确提出了党是中国工人阶级的先锋队、同时是中国人民和中华民族的先锋队的思想，坚持党的性质，不断巩固党的阶级基础，扩大党的群众基础；明确提出了融党员教育、管理、监督、服务于一体的思想，把适当的集中性教育和经常性教育结合起来；探索建立城乡一体的党员动态管理机制，建立健全党内激励关怀帮扶机制，等等。这些新思想新论断，为全面推进新时期党员队伍建设指明了方向。

改革开放30年来党员队伍建设的重大举措

(1) 实现党的组织路线拨乱反正。十一届三中全会后，党的组织工作转到以经济建设为中心，为社会主义现代化建设服务的轨道上来。党的十一届五中全会通过了《关于党内政治生活的若干准则》，重申“民主集中制是党的根本组织原则”，强调要“坚持集体领导，反对个人专断”。整顿党的组织，恢复和健全各级党的代表大会或党员大会制度、党委制、党的组织生活和“三会一课”制度。在党员队伍建设上，坚持实事求是、有错必纠原则，平反了大量冤假错案，到 1982 年底，共为47 万多名党员恢复党籍，为12 万多名党员撤销原来给予的错误处分。党的十二大提出全面整党的任务，从1983 年10 月起，用三年时间对党的思想、组织和作风进行全面整顿。党的十三大明确提出，对党员的教育管理“要作为基层党组织主要的经常工作来做”，党员队伍建设走上了不搞政治运动、而靠改革和制度建设来推进的新路子。

(2) 积极稳妥地做好发展党员工作。十二大修改通过的党章对党员提出了严格要求，确立了新时期党员标准。这一标准在坚持党的性质和宗旨的前提下，随着时代发展和党面临形势与任务的变化，不断被赋予新的内容。1988 年 6 月，全国组织工作会议明确提出了“坚持标准、保证质量、改善结构、慎重发展”的发展党员工作指导方针。十三届四中全会以来，中央有关部门多次召开发展党员工作座谈会，就做好新形势下发展党员工作提出意见。坚持重点做好在工人、农民、知识分子、军人和干部中发展党员的工作，注意在生产、工作第一线发展党员，注意在高知识群体和各类人才中发展党员，注意在青年、妇女、少数民族中发展党员，注意在党的力量比较薄弱的地方发展党员。30 年来，共发展党员 5500 多万名，占党员总数的 74.2%；大学专科以上学历的党员达2390 多万名，占总数的32.3%；35 岁及以下的党员、女党员和少数民族党员分别占到党员总数的23.3%、20.4%和6.5%。把在新的社会阶层中发展党员工作纳入发展党员的经常性工作之中，截至2007 年底，非公有经济单位中的党员达330 多万名，新的社会阶层中有党员 88 万多名。

(3) 适时开展集中性教育活动。十三届四中全会以来，先后在全党开展了以中国特色社会主义理论和党章为主要内容的“双学”活动，在县级以上领导班子和领导干部中开展了以“讲学习、讲政治、讲正气”为主要内容的“三讲”教育活动，在全国农村开展了“三个代表”重要思想学习教育活动等。每一次集中教育活动之后，党员队伍状况都得到明显改善。十六大后在全党开展的保持共产党员先进性教育活动，是党中央着眼于保持和发展党的先进性作出的重大战略决策。党的十七大作出了开展深入学习实践科学发展观活动的重大战略决策。按照中央要求，学习实践活动从今年 2 月开始在 23 个单位进行试点，从今年 9 月起在全党分批开展。

(4) 与时俱进加强党员经常性教育。30 年来，我们党不断丰富和拓展党员教育内容。始终把马克思主义中国化最新理论成果作为党员教育的中心内容，先后在全党兴起学习邓小平理论新高潮、学习实践“三个代表”重要思想新高潮，开展深入学习实践科学发展观活动。根据不同时期的形势和任务，结合不同领域、不同行业和不同岗位党员的实际情况，科学安排教育内容，进一步拓展党员教育内容，形成了包括党的基本理论、基本路线、基本纲领、基本经验，党的基本知识、党的优良传统和作风、党的纪律和反腐倡廉教育，以及市场经济知识、法律知识、科学文化知识和业务技能教育的完备体系。党员教育的方式方法不断改进，工作制度不断完善，增强了党员教育的针对性和实效性，为不断提高党员队伍整体素质发挥了重要作用。

(5) 探索创新党员管理方式。30 年来，中央及有关部门、各级党组织根据党员队伍的新变化，积极探索建立党员管理工作新机制，实现了由单一的管理向教育、管理、监督、服务相结合的转变，由管住向管好、管活的转变，由静态、封闭管理向动态、开放管理的转变。截至2007年底，全国流动党员达200多万名。面对流动党员日益增多的新情况，不断加强和改进流动党员管理工作，逐步建立城乡一体的党员动态管理机制。我们党在坚持对党员进行教育、管理和监督的同时，加强了对党员的服务，注重在管理中体现服务，在服务中强化管理，逐步建立健全党内激励、关怀、帮扶机制。同时，中央和地方各级党组织高度重视改善基层党组织的工作条件和党员活动条件，为开展党员教育管理工作提供物质保障。

（6）切实保障党员民主权利。30年来，我们党坚持以保障党员权利为基础，积极探索发展党内民主的有效途径和形式，明确规定了党员的权利和义务，制定了《党员权利保障条例（试行）》，修订、颁布了《党员权利保障条例》、《党内监督条例（试行）》；坚持和完善党内情况通报、情况反映、党务信息发布等制度，逐步推行党务公开；积极探索实行党员议事会、党员旁听党委会（支委会）等多种形式，不断拓展党员参与党内事务的渠道；不断完善党内选举制度，颁布《基层组织选举工作暂行条例》、《地方组织选举工作条例》等，实行党的代表大会代表任期制，在总结试点经验基础上试行县（市、区）党代会常任制；探索实行基层党组织“公推直选”、“两推一选”，不断扩大干部工作中的民主；逐步建立和完善重大决策征求意见、党员民主评议、公开评价党员干部等制度。这些重要举措，保障了党员民主权利的行使，激发了广大党员的积极性、主动性和创造性，对增强党的生机和活力具有重大而深远的意义。

改革开放30年来党员队伍建设的主要启示

（1）必须按照围绕中心、服务大局的根本要求，始终坚持党员队伍建设的正确方向。改革开放以来，我们党始终坚持以经济建设为中心，建设和发展中国特色社会主义。这个大局既赋予了新时期党员队伍建设新的历史使命，又为其拓展了广阔的发展空间。30年的实践表明，只有紧紧围绕党和国家工作大局来谋划，紧密联系发展这个党执政兴国的第一要务来进行，努力把党员队伍的组织优势转化为发展优势，把党员队伍的组织资源转化为发展资源，把党员队伍的建设成果转化为发展成果，党员队伍建设才有强大动力，才能大有作为。

（2）必须坚持以马克思列宁主义、毛泽东思想和中国特色社会主义理论体系武装党员，始终把坚定理想信念作为党员队伍建设的首要任务。改革开放以来，我们党探索创立的中国特色社会主义理论体系，为党员队伍建设提供了强大的理论武器和科学的行动指南。30年的实践表明，只有坚持高举中国特色社会主义伟大旗帜，推动全党坚持不懈地学习实践中国特色社会主义理论体系，始终保持共产党人的崇高理想和坚定信念，党员队伍建设才有可靠的思想保证。

（3）必须增强共产党员的党员意识，使广大党员真正成为牢记宗旨、心系群众的先进分子。党员意识是党员政治觉悟和党性观念的集中体现，是共产党员的立身之本，是党保持和发展先进性的重要前提。尊重党员主体地位，发挥党员主体作用，是培育和激发党员的党员意识的关键。30年的实践表明，只有紧紧抓住这个关键，始终坚持立党为公、执政为民，把实现好、维护好、发展好最广大人民的根本利益作为党员队伍建设的核心价值，才能建设一支高素质的党员队伍，把广大党员的先进性更好地激发出来，把广大党员的先锋模范作用更好地发挥出来。

（4）必须坚持融党员教育管理监督和服务于一体，不断增强党组织对广大党员的凝聚力。对党员既严格教育、管理和监督，又真切关心和服务，这是在党的建设和党内生活中贯彻落实科学发展观的必然要求。30年的实践表明，只有坚持以人为本，把教育、管理、监督和服务紧密结合起来，在教育管理监督中体现服务，在服务中实施教育管理监督，才能把广大党员紧紧地团结凝聚在党组织周围，不断增强党组织的亲和力和凝聚力。

（5）必须统筹推进党员队伍建设和党的基层组织建设，切实做到哪里有党员哪里就有党的组织，哪里有党的组织哪里就有党员充分发挥作用。党员队伍建设和党的基层组织建设相互依存、相互促进，统一于党的建设新的伟大工程之中。30年的实践表明，只有围绕加强党的执政能力建设和先进性建设这条主线，统筹推进党员队伍建设和基层组织建设，着力锻造合格的党员队伍，健全严密的基层党组织体系，才能发挥党的组织优势，巩固党的执政基础，扩大党在全社会的影响力，同时为领导班子建设和干部队伍建设创造条件，提供保证。

（6）必须坚持与时俱进、改革创新，使党员队伍建设始终做到体现时代性、把握规律性、富于创造性。改革创新是增强党的创造力、凝聚力、战斗力的必由之路，也是加强党员队伍建设的重要法宝。30年的实践表明，只有从我们党所处的历史方位和所肩负的历史使命出发，牢牢把握世情、国情、党情的深刻变化，紧紧抓住保持党员队伍先进性这个永恒主题，以改革创新精神推进党员队伍建设，不断研究党员队伍建设中的新情况新问题，不断推进理论创新、制度创新、工作创新和方法创新，才能使党员队伍建设始终符合时代发展和进步的要求，始终符合人民群众的意愿和期待，始终保持旺盛的生机与活力。

4. 使党始终成为坚强领导核心（纪念改革开放30周年）

——改革开放以来党的建设理论创新

包心鉴，《人民日报》2008年12月29日

胡锦涛同志在纪念党的十一届三中全会召开30周年大会上的重要讲话中指出："坚持和改善党的领导，是我们事业胜利前进的根本保证。要把十几亿人的思想和力量统一和凝聚起来，齐心协力发展中国特色社会主义，没有中国共产党的坚强统一领导是不可设想的。"改革开放30年来，正是着眼于使党始终成为中国特色社会主义事业的坚强领导核心，我们党既坚持马克思主义政党建设理论，又积极适应时代的新变化和实践的新发展，着力探索新的历史条件下党的建设的基本规律尤其是党执政的基本规律，不断回答建设什么样的党、怎样建设党的问题，使党的建设理论达到了一个新高度。

改革开放是党的建设理论创新的逻辑起点和动力源泉

改革开放使党所处的环境发生了深刻变化，把建设什么样的党、怎样建设党这一问题摆在了我们党面前，成为党的建设理论创新的逻辑起点和动力源泉。

改革开放是党的建设理论创新的逻辑起点。改革开放是一场新的伟大革命。要保证改革开放顺利推进，必须加强党对改革开放的领导。要加强党的领导，必须改善党的领导。改革开放新时期党的建设理论创新，正是紧紧围绕如何加强和改善党的领导这一重大课题展开的。早在改革开放之初，邓小平同志就明确提出"执政党应该是一个什么样的党"、"党怎样才叫善于领导"的问题，特别强调在整个改革开放进程中，要加强党的领导，必须改善党的领导。改善党的领导，最重要的环节是在改革开放实践的基础上不断推进党的建设理论创新。正是改革开放这场新的伟大革命，使我们党始终保持理论上的清醒和自觉，不断推进党的建设理论创新。

改革开放是党的建设理论创新的动力源泉。改革开放是不断探索、不断深化的过程，它一方面为推进党的建设提供了前所未有的机遇，另一方面也把党置于前所未有的严峻挑战和考验之中。党的建设理论创新正是紧紧围绕如何应对挑战、经受考验这一重大课题展开的。改革开放愈深入，探索和解答这一课题的任务愈艰巨。改革开放作为全新的事业，从经济基础到上层建筑，从思想观念到体制制度，从对内改革到对外开放，无不要求我们党必须以全新的观念、全新的视野、全新的标准加强自身建设。

党的建设理论创新的主题和发展阶段

根据时代的新变化、实践的新发展和人民的新期待，紧紧围绕建设什么样的党、怎样建设党这一主题，改革开放以来党的建设理论创新经历了邓小平理论关于党的建设重要思想、"三个代表"重要思想关于党的建设重要思想和科学发展观关于党的建设重要思想三个发展阶段。这些创新成果既一脉相承又与时俱进，构成了改革开放以来党的建设理论创新的完整体系。

邓小平理论关于党的建设思想的主要观点有：加强党的领导必须改善党的领导，要认真研究和解决自身建设中出现的新矛盾新问题；必须加强党的自身建设，不断提高领导水平和执政水平；必须聚精会神地抓党的建设，推进党的建设新的伟大工程；必须端正党的思想路线，坚持解放思想与实事求是的有机统一；始终把思想建设放在首位；坚持和健全民主集中制，加强和改进党的基层组织建设，培养和选拔德才兼备的领导干部，是加强党的组织建设的重要问题；执政党的党风是关系党生死存亡的重大问题，一定要坚持党的宗旨，继承党的优良传统，发扬党的优良作风；领导制度、组织制度的问题更带有根本性、全局性、稳定性和长期性，要健全党的各种制度，保证党内生活民主化；等等。

"三个代表"重要思想关于党的建设思想的主要观点有：坚持用时代发展的要求审视自己，以

改革的精神加强和完善自己；在新的历史条件下，党不仅要始终成为中国工人阶级的先锋队，而且要成为中国人民和中华民族的先锋队；既要树立共产主义远大理想，更要脚踏实地地为实现党在现阶段的基本纲领而不懈努力，把最低纲领和最高纲领统一于中国特色社会主义的实践；一定要坚持党要管党、从严治党的方针，进一步解决提高党的领导水平和执政能力、提高党拒腐防变和抵御风险能力这两大历史性课题；加强党的建设，核心是坚持党的先进性；推进党的建设新的伟大工程，重点是加强党的执政能力；一定要准确把握当代中国社会前进的脉搏，改革和完善党的领导方式和执政方式，改革和完善党的领导体制和工作制度；把党的思想建设、组织建设和作风建设有机结合起来，把制度建设贯穿其中；党内民主是党的生命，对人民民主具有重要的示范和带动作用；党的作风关系党的形象，关系人心向背，关系党的生命；等等。

科学发展观对党的建设提出了一系列重大创新观点：以改革创新精神加强党的自身建设，保证党始终走在时代前列，带领人民不断开创事业发展新局面；执政能力建设是党执政后的一项根本建设，必须把提高执政能力作为党的建设的主线，不断提高科学执政、民主执政、依法执政的水平；先进性建设是马克思主义政党的生命所系、力量所在，必须把确保先进性作为党自身建设的根本任务和永恒课题；以党的执政能力建设和先进性建设为主线，全面推进思想建设、组织建设、作风建设、制度建设、反腐倡廉建设；新时期党的建设总目标是使党始终成为立党为公、执政为民，求真务实、改革创新，艰苦奋斗、清正廉洁，富有活力、团结和谐的马克思主义政党；大力弘扬求真务实精神、大兴求真务实之风；坚持立党为公、执政为民，坚持权为民所用、情为民所系、利为民所谋；等等。

党的建设理论创新的鲜明特点

把马克思主义政党建设理论同我们党的建设实际有机结合起来，在马克思主义中国化的伟大进程中推进党的建设理论创新。加强党的建设，在任何时候都必须以马克思主义为指导，否则就会迷失方向。但坚持马克思主义绝不是照搬马克思主义，而是要密切结合当代中国的实际尤其是党的建设实际，在马克思主义指导下，创造性地探索一条具有中国特色的政党建设道路。改革开放以来党的建设理论创新历程，鲜明地体现了坚持马克思主义与发展马克思主义的有机统一，在坚持中丰富发展，在丰富发展中更好地坚持，从而确保了党的建设的正确方向。

把加强党的领导同改善党的领导有机结合起来，在抓住机遇、应对挑战，着力解决重大现实问题中推进党的建设理论创新。加强党的领导是改革开放事业得以顺利推进的根本保证，这是我们党一以贯之的重要思想；加强党的领导必须改善党的领导，这也是我们党一以贯之的重要思想。以改革创新精神加强党的自身建设，是改革开放以来贯穿党的建设理论创新始终的一条主线。正是这样一种科学认识和自觉精神，推动我们党在改革开放实践中不断总结加强党的建设的经验，不断探索加强党的建设的规律，不断创新党的建设的理论。

把党的建设理论创新同中国特色社会主义伟大实践有机结合起来，紧紧围绕推进中国特色社会主义伟大事业推进党的建设理论创新。理论来源于实践又指导实践。改革开放以来党的建设理论创新步伐之所以一刻也没有停滞，党的建设理论创新成果之所以具有鲜明的实践性和旺盛的生命力并在实践中发挥巨大作用，归根到底是由于我们党紧紧围绕推进中国特色社会主义伟大事业推进理论创新。

（陈建波选编）

三、论文选介（观点摘录）

（一）2008年毛泽东思想研究论文选介

1. 中国特色社会主义理论体系与毛泽东思想的内在联系

蒋国海,《当代世界与社会主义》2008年第3期

中国特色社会主义理论体系是与毛泽东思想一脉相承的科学体系，是对毛泽东思想的继承和发展。两者的内在联系表现在：理论基础上的共同性；理论灵魂上的一致性；理论内容上的连续性；理论风格上的继承性；方法论上的统一性。

中国特色社会主义理论体系和毛泽东思想的内在联系，还表现在其他方面，以上只是其主要内容。它表明了中国特色社会主义理论体系是对毛泽东思想的继承和发展，二者之间是不可割裂的，是一脉相承的科学体系。考察中国特色社会主义理论体系与毛泽东思想的内在联系，对于纠正和克服在这个问题上的模糊认识，完整准确地理解中国特色社会主义理论体系，具有重要的现实意义。

2. 马克思主义中国化提出的国内政治背景

靳书君，《毛泽东邓小平理论研究》2008年第10期

寻找一条中国化道路实现现代化，是近代以来中国社会历史发展的根本动因。不同的“中国化”主张代表不同的现代化范式，国共两党争夺“中国化”主导权的斗争是马克思主义中国化提出的国内政治背景。中国化道路“化什么、什么化、怎么化、谁来化”，取决于哪种主张能够实现主题的中国化、主体的中国化和主力的中国化。本文从马克思主义中国化提出的国内政治背景的视角论述了毛泽东的贡献，指出毛泽东在延安被称为中国的列宁，他不仅提出了“马克思主义中国化”，而且把中国马克思主义者组织成马克思主义中国化的坚强主体，实现了马克思主义具体化和主体化的统一。

3. 中国特色社会主义理论体系与毛泽东思想的关系

李方祥，《中共福建省委党校学报》2008年第8期

毛泽东思想和中国特色社会主义理论体系是马克思主义中国化的两大理论成果。从宏观层面考察，中国特色社会主义理论体系与毛泽东思想存在着一脉相承的联系；从微观层面考察，中国特色社会主义理论体系与毛泽东思想的各个组成部分之间存在着不同的联系。毛泽东对中国特色社会主义道路的率先探索，对中国特色社会主义道路的开辟和理论体系的形成奠定了实践基础和理论基础；不能把改革开放前后两个历史阶段割裂开或绝对对立起来。尽管中国特色社会主义理论体系的概括没有把毛泽东思想关于社会主义建设的理论单独列出，这并不意味着毛泽东思想没有当代价值。在我国社会主义基本政治经济制度建立以后，毛泽东提出的一系列超越前人、启迪后人的思想和预见，对于我们排除种种干扰、继续坚定不移走中国特色社会主义伟大道路具有极其重要的现实指导意义。

4. 如何认识和把握毛泽东哲学的文化特征

张琳，《现代哲学》2008 年第 4 期

针对西方“毛泽东学”的一些学者夸大传统文化对毛泽东的影响，把马克思主义哲学中国化说成是“儒学化”的观点，本文着重通过对毛泽东对中国传统哲学的吸收和创造性转化的具体分析，揭示了毛泽东哲学的文化特征。在此基础上指出：夸大传统文化对毛泽东的影响，夸大毛泽东哲学思想的独创性及其与马克思主义哲学之间的相异性，实际上是割裂马克思列宁主义到毛泽东思想的历史发展，也就看不到马克思主义是一个不断开放的体系，从而也就降低了马克思主义中国化的文化意义，不利于我们正确认识和把握毛泽东哲学的文化特征。

5. 毛泽东放弃“新民主主义社会论”的原因新探

蒋积伟，《中共南京市委党校学报》2008 年第 1 期

实现工业化是毛泽东的夙愿，建国后这种愿望由于国内的特殊困难变得更加迫切和强烈，因此它必定会对毛泽东“新民主主义社会论”中的某些构想产生重大影响。长期以来，学术界更注重从理论、思想和政治等方面来剖析毛泽东放弃“新民主主义社会论”的原因，缺少对于经济因素的分析。本文力图在工业化的视野下，从私人资本主义自身的局限性、国家经济建设的计划性与私人资本主义的反计划性之间的矛盾、工业化的大规模开展与小农经济之间的矛盾等几个方面，分析了经济因素对于毛泽东放弃“新民主主义社会论”的影响。

6. 试论毛泽东政治伦理思想及其当代价值

左乐平，《中共南昌市委党校学报》2008 年第 3 期

毛泽东政治伦理思想是毛泽东思想的一个重要组成部分，可以说是毛泽东一生政治活动的价值诉求的理论表述，也是马克思列宁主义基本原理与中国现实相结合的产物。对于毛泽东政治伦理思想，学界往往是从政治主体伦理角度来探讨，未把毛泽东政治伦理思想放在整个中国近现史中来考察，也即未联系中国近现代史的主题“中国向何处去”来思考毛泽东政治伦理思想。把毛泽东政治伦理思想置于中国近现史上的主题来考量。本文认为，毛泽东政治伦理思想是对中国近代以来“中国向何处去”的一个理论回答，它表达了中国人民所追求的“应然”政治诉求。社会主义中国面临着更高层次的“中国向何处去”的问题，如何建设有中国特色的社会主义国家。为此，我们研究毛泽东政治伦理思想对于进一步推进和完善我国的经济政治体制改革和构建社会主义和谐社会具有启示意义。

7. 晚年毛泽东政治行为动因分析

樊建政，《毛泽东思想研究》2008 年第 4 期

晚年毛泽东的政治行为，思想上总体趋向“左”倾，付诸实践则有冒进、粗暴之嫌。本文从这些角度出发究其原因，认为毛泽东晚年的政治行为动因基本源于五个方面：“中国现代化”的特殊语境；马克思主义解释学传统的误导；中华文化传统的浸润；毛泽东思想性格偏好以及民众素质复杂。尽管晚年毛泽东的政治思想趋“左”的态势较明显，付诸政治实践——人民公社化运动、“大跃进”、“文化大革命”则悲剧连连。毛泽东主观愿望的善良与客观史实的悲壮之间何以会对接？作者以为仍需要从其植根的中国国情、时势以及具体之历史参与者等方面来作全面考察，而非简单粗暴地偏执一隅。

8. 毛泽东的文化实践思想与乡村社会改造

——以山西根据地冬学为例

苏泽龙，《毛泽东思想研究》2008 年第 2 期

毛泽东的文化实践思想是革命时代文化政策的核心之一。毛泽东在领导中国人民完

成新民主主义革命的实践中，逐步形成了新民主主义文化观。在新民主主义文化观的民族、科学、大众三大特征中，毛泽东充分论述了实践在文化产生和发展中的作用。抗日战争及解放战争时期，中国共产党在这一思想的指导下对华北乡村社会中传统的大众教育方式“冬学”进行了重新建构。新“冬学”运动与乡村改造相结合，完成了根据地政府对乡村社会的治理与建设。“冬学”运动的典型事例深化了毛泽东文化实践思想这一理论对革命指导的伟大意义。

9. 毛泽东军事思想的几个主要理论

——〈毛泽东军事文集〉研究

胡为雄，《湖南科技大学学报》（社会科学版）2008 年第 3 期）

毛泽东在军事上的巨大战功和毛泽东军事思想这种战之能胜的优越地位已为世界公认。对于中国人民来说，毛泽东军事思想是一笔巨大的精神财富。它不仅是中国军事和国防现代化建设的宝贵指南，也是人们能从中获取多方面知识的智慧之源。毛泽东军事思想的主要理论包括毛泽东的战争观、战争形式和战争主体、战争指导者及其战略战术等方面。从战争观看，毛泽东认为战争是政治的继续，是流血的政治；从战争形式和战争主体看，毛泽东认为中国革命战争是人民战争，其主体是人民军队；从战争的实行来看，毛泽东要求战争指导者能驾驭战争规律，能制定和运用灵活机动的战略战术。这三个主要方面构成毛泽东军事思想的骨骼，贯穿毛泽东军事思想发展的全部历程，也规定了毛泽东军事思想发展的不同历史特点。

10. 毛泽东军事思想在抗美援朝战争时期的新发展

张国星，《军事历史》2008 年第 5 期

本文研究了抗美援朝时期毛泽东军事思想的发展，认为 33 个月的抗美援朝战争，特别是前 9 个月五次战役的指挥作战，在五次战役以后的 25 个月内，主要采用战术小包围、打小歼灭战这一基本作战方针，歼灭美、英、土军 34 万人（五次战役共歼美、英军 2 万余），战果是辉煌的。美军在朝作战 37 个月，消耗了数十倍于志愿军的战争物资，损失 39 万人，平均每月伤亡达 1 万多人。事实表明，志愿军实行战术小包围、打小歼灭战的方针是成功的。抗美援朝使毛泽东军事思想有了新的丰富和发展，比如：先打弱敌后打强敌，初期作战以先打南朝鲜军为主，务求初战必胜；集中优势兵力，对敌人实行分割包围，各个歼灭；诱敌深入，以利聚歼；树立长期作战思想，反对速胜观点；以坑道为依托，持久防御，积小胜为大胜等。

（高中华选编）

（二）2008 年邓小平理论研究论文选介

1. 邓小平理论：中国特色社会主义的本源理论

石仲泉，《中国井冈山干部学院学报》2008 年第 1 期

邓小平理论是中国特色社会主义的本源理论，因为，“中国特色社会主义”的科学概念最初源于邓小平，中国特色社会主义理论的两个基本元素民族化和当代化源于邓小平理论。中国特色社会主义理论在实践中不断丰富、发展和创新，取得了三大原创性的突破，即社会主义初级阶段论、社会主义市场经济论和社会主义和谐社会论。强调邓小平理论是中国特色社会主义的本源理论，对于科学地指导中国特色社会主义的发展将是有益的。

2. 论邓小平与近代中国的第三次变革

龙平平，《中国特色社会主义研究》2008 年第 4 期

20 世纪 70 年代末，邓小平领导的中国特色社会主义建设，是中国人民追求富强、民主的第三次伟大变革。和孙中山、毛泽东领导的前两次变革不同的是，这次变革，不是一个阶级推翻一个阶级的暴力革命，不是国家政权的更替，而是共产党领导的社会主义制度的自我完善，是在劳动人民当家作主的基础上，通过

改革开放，进一步解放生产力、发展生产力，使全体人民都能过上幸福、富裕、和谐的新生活。在这次变革中，邓小平开辟新路，带领中国人民改革开放富起来；科学地评价毛泽东，废除领导职务终身制；留给我们的最宝贵的遗产邓小平理论，是实现民族复兴的伟大旗帜。正是在邓小平的领导下，第三次伟大变革把富强和民主变成了生动的现实。从这个意义上说，邓小平是近代以来中国三次伟大变革的集大成者。

3. 论邓小平解放思想、实事求是的理论与实践

李合敏，《玉林师范学院学报》2008 年第 1 期

邓小平在领导我们党重新确立党的实事求是思想路线和建设有中国特色社会主义的进程中，不仅系统、深刻地论述了党的解放思想、实事求是的思想路线，在许多方面丰富和发展了党的思想路线，而且身体力行，始终坚持解放思想，实事求是，勇于实践，勇于探索，为我们树立了创造性地坚持党的思想路线的光辉典范。邓小平率先批评了“两个凡是”的错误方针，拉开了思想路线拨乱反正的帷幕；积极支持和领导了关于实践是检验真理唯一标准的全国性大讨论，为重新确立实事求是的思想路线提供了思想理论先导。发表《解放思想，实事求是，团结一致向前看》的重要讲话，对重新确立实事求是的思想路线进而实现全面拨乱反正起了决定性的作用。邓小平丰富和发展了党的思想路线。他首次提出并阐述了实事求是在马列主义、毛泽东思想科学理论体系中的精髓地位和实践中的决定作用，深化了人们对实事求是理论与实践价值的认识；首次把解放思想和实事求是有机统一起来，赋予党的思想路线以崭新的时代内涵；首次完整系统地阐发了党的实事求是思想路线的丰富内容，把党的思想路线构建成为一个科学理论体系。邓小平坚持了解放思想、实事求是的思想路线。他坚持理论与实践相结合，以发展着的马克思主义指导我们新的实践；坚持原则性与灵活性相统一，创造性地解决我们在实践中遇到的新情况、新问题；坚持实践标准、生产力标准、“三个有利于”标准相统一，把发展作为社会主义的首要任务。

4. 邓小平理论与中国特色社会主义理论体系的关系

肖贵清，《社会主义研究》2008 年第 2 期

邓小平理论在中国特色社会主义理论体系中占有十分重要的地位。邓小平理论奠定了中国特色社会主义理论体系形成的基础：（1）邓小平理论重新确立了党的实事求是的思想路线，把解放思想与实事求是联系起来，赋予党的思想路线以新的含义，解放思想是中国特色社会主义理论体系形成的逻辑起点；（2）邓小平理论紧紧抓住“什么是社会主义，怎样建设社会主义”这一基本问题，确立了建设和发展中国特色社会主义的理论主题；（3）邓小平理论确立的判断改革和各方面工作是非得失“三个有利于”的标准，是建设和发展中国特色社会主义的根本标准；（4）邓小平开启了改革开放的历程，使中国特色社会主义充满生机和活力，改革开放是中国特色社会主义理论体系形成的实践基础。邓小平理论构建了中国特色社会主义理论体系的主体内容和基本框架：（1）邓小平理论奠定了中国特色社会主义理论体系的基石；（2）邓小平理论构成了中国特色社会主义理论体系的主体内容；（3）邓小平理论构建了中国特色社会主义理论体系的基本框架。邓小平理论与“三个代表”重要思想、科学发展观等重大战略思想共同构成了中国特色社会主义理论体系：（1）邓小平理论与“三个代表”重要思想、科学发展观等重大战略思想形成的背景是相同的，而面临的时代主题、基本国情、主要矛盾和根本任务是一致的；（2）邓小平理论与“三个代表”重要思想、科学发展观等重大战略思想具有内在的联系，其指导思想、理论主题、价值取向以及理论精髓是相同的；（3）邓小平理论与“三个代表”重要思想、科学发展观等重大战略思想，统一于建设和发展中国特色社会主义以及实现中华民族伟大复兴的实践。

5. 邓小平与中苏大论战

蒲国良，《当代世界社会主义问题》2008 年第 1 期

邓小平是中苏大论战的主要当事人和中方主要代表之一，在论战中起着举足轻重的作

用。“文化大革命”结束之后，邓小平在反思中苏论战这桩历史公案的时候，把当年那场争论是非明确划分为两个层面：其一是政治领域干涉与反干涉的恩恩怨怨；其二是意识形态领域理论争论的是是非非。就两个层面的反思而言，无论前者还是后者，其结果可谓殊途同归，无一不指向中国特色社会主义。建设中国特色社会主义命题的提出，既是毛泽东未能完成的探索的继续，也是对“九评”理论基础的根本颠覆。

6. 深化中国特色社会主义理论体系研究路径的思考

梁树发，《马克思主义研究》2008 年第 12 期

中国特色社会主义理论体系的研究需要深化。从方法论上思考这种深化的路径，就是从两个层面认识中国特色社会主义理论体系的创新意义，准确把握中国特色社会主义理论体系发展马克思主义的经验；正确认识马克思主义发展阶段划分的经验，从马克思主义发展史的高度把握中国特色社会主义理论体系的定位；探索中国特色社会主义理论体系特有概念、范畴和原理，着力构建中国特色社会主义理论体系的独立逻辑体系；双向度地理解中国特色社会主义理论体系推进当代马克思主义发展的基本形式，致力于马克思主义中国化最新成果的理论提升。

（龚云选编）

（三）2008 年“三个代表”重要思想研究论文选介

1. 论江泽民防范经济发展风险的思想

黄祐，《中共云南省委党校学报》2008 年第 5 期

江泽民防范经济发展风险思想主要体现在《江泽民文选》的《做好经济发展风险的防范工作》、《深化金融改革防范金融风险》、《做好经济工作增强承受和抵御风险能力》、《以安全灵活多元的思路筹划工作》、《金融工作的指导方针和主要任务》等讲话中。江泽民防范经济发展风险思想的特点是：

（1）继承性。即继承了中华民族忧患意识的思想传统。忧患意识是一种清醒的预见意识和防范意识，是一种危机感、紧迫感、责任感、使命感，这种意识源于对事物发展规律的深刻认识。中华民族历来就有“生于忧患，死于安乐”的忧患意识，历史的经验表明，越是形势好的时候、越是发展顺利的时候，越要增强忧患意识。以江泽民为核心的党的第三代领导集体继承了中华民族注重忧患意识的传统，在其防范经济发展风险的思想中，体现了强烈的忧患意识。

（2）针对性。江泽民总是从我国经济发展的国际环境和国内环境来论述防范经济发展风险的重要性，从我国经济发展当中可能出现的风险和危机提出防范经济发展风险的基本要求。江泽民针对其他国家金融危机特别是 1997 年东南亚金融危机对经济发展所产生的冲击和影响，明确提出了金融危机是经济发展中最大风险的判断，特别强调要做好金融工作、防范金融风险，正是针对新时期我国金融领域存在的问题和潜在的危机提出来的。

（3）前瞻性。以江泽民为核心的第三代领导集体总是以前瞻的思维来思考我国经济风险的防范问题，无论是对国际经济形势的分析，还是对国内经济矛盾和问题的判断都是如此。江泽民要求我们的领导干部和群众要善于用长远的眼光来看问题。他指出：“我们只有站得高一些，看得远一些，对前进中可能出现的经济风险作出预测和正确判断，才能防患于未然，永远立足于不败之地。

（4）务实性。以江泽民为核心的党的第三代中央领导集体在深刻分析我国经济发展的有利和不利条件的基础上，以务实的态度来提出防范经济发展风险的思路和办法。江泽民提出做好经济发展风险的预测和防范工作，要着重抓好四方面工作，一是加强经济发展风险的监测和预测；二是抓紧制定化解和抗御经济风险的对策；三是进一步完善宏观调控体系；四是分工负责，通力合作。这些思路和办法都符合我国国情实际的，是可以行得通的。

2. 论江泽民的党风廉政建设思想

耿庆彪，《实事求是》2008年第5期

江泽民认为，在体制转轨、结构调整和社会变革的历史时期，反腐败既要从严治标，又要着力治本，把治标和治本统一起来。治标，就是要严厉惩治腐败现象，坚决打击腐败分子。治本，就是要针对容易滋生腐败的关键部位和薄弱环节，建立健全各种体制机制制度，从根本上治理和铲除腐败产生的条件和土壤。

江泽民指出："制度建设更带有根本性、全局性、稳定性和长期性"。加强党的制度建设，最根本的是要坚持民主集中制。江泽民指出，民主集中制不仅是党的根本组织制度和领导制度，而且也是国家的根本组织制度与领导制度，是党和国家"最重要的组织纪律和政治纪律"。他认为，新时期坚持民主集中制意义深远，一是实现党的正确领导的根本保证。一方面，坚持民主集中制是正确决策的根本保证；另一方面，坚持民主集中制又是决策执行的根本保证。二是防止党和国家变质的有效方法。江泽民说："民主集中制贯彻得好不好，关系到党的事业的兴衰成败。"三是推进改革开放和社会主义现代化建设事业的有力保障。

在江泽民看来，坚持民主集中制，首先，要健全党员民主权利的保障机制。对侵犯党员民主权利，压制党员批评，进行打击报复或诬告陷害的人和事，要认真查处。其次，要拓宽党内民主渠道。诸如建立和完善党内情况通报制度、情况反映制度和重大决策征求意见制度等。再次，要健全党内民主决策机制。要"按照集体领导、民主集中、个别酝酿、会议决定的原则，进一步完善党委内部的议事和决策机制。"

3. 江泽民弘扬民族精神思想研究

周孟雷，《理论月刊》2008年第9期

中华民族的民族精神，最突出的就是团结统一、独立自主、爱好和平、自强不息的精神。中国人民正是依靠这个民族精神，在祖国广阔的土地上创造了一个又一个人间奇迹，缔造了为世人惊叹的灿烂的中华文明。当前，建设中国特色社会主义事业，是一项充满艰辛、充满创造的壮丽事业。伟大的事业需要并将产生崇高的精神，崇高的精神支撑和推动着伟大的事业。江泽民说："没有坚强精神的民族，是没有前途的。"

（1）发扬艰苦奋斗精神。首先，要在全国形成艰苦奋斗的良好风气，党内必须大兴艰苦朴素、勤俭节约之风。江泽民指出："只要我们各级领导机关和领导干部下定决心，以身作则，坚持数年，我看党的艰苦奋斗、勤俭办一切事业的优良作风，就一定能够在全党全社会进一步发扬光大起来。"其次，在全国人民中间大力宣传艰苦奋斗精神，使之成为实现中华民族伟大复兴的巨大精神动力。江泽民指出："要宣传和弘扬艰苦奋斗、务求实效的精神。"又说："总之，要通过我们宣传思想战线和其他各条战线的共同努力，日复一日、年复一年地不断用这些不懈奋斗的精神武装全党同志和全国各族人民，使之成为大家的自觉追求，成为抓住机遇、加快发展，实现社会主义现代化、实现中华民族伟大复兴的巨大精神动力。"

（2）发扬百折不挠、自强不息的长征精神。他说："长征精神，是中华民族百折不挠、自强不息的民族精神的最高体现，是保证我们革命和建设事业从胜利走向胜利的强大精神力量。""我们要把长征精神一代一代传下去，激励和鼓舞全国人民奋发图强，开拓前进，在建设有中国特色社会主义的新长征道路上不断夺取新的胜利。"

（3）发扬团结一致、顽强拼搏的抗洪精神。江泽民认为，抗洪精神是爱国主义、集体主义、社会主义精神的大发扬，是社会主义精神文明的大发扬，是我们党和军队的光荣传统和优良作风的大发扬，是中华民族的民族精神在当代中国的集中体现和新的发展。他说："抗洪精神，同我们党一贯倡导的革命精神和新时期的创业精神一样，都是我国人民的宝贵精神财富。我们世世代代都要继承和弘扬这些精神，激励我们的广大干部群众不断从胜利走向新的胜利。"

4. 江泽民同志生态文明思想述要

郑汉华，《毛泽东思想研究》2008 年第 4 期

江泽民同志在领导全党推进社会主义现代化建设过程中，始终重视人口、资源、环境工作，重视人与自然的和谐与协调，坚持走可持续发展道路。他虽然没有明确提出“生态文明”的概念，但是在他的讲话和报告中，却大量使用“生态环境”、“生态保护”、“生态工程”、“生态建设”、“生态安全”、“生态意识”、“生态农业”、“生态环境良性循环”、“生态良好的文明发展道路”等概念，包含了丰富而深刻的生态文明思想。

(1) 必须促进人和自然的协调与和谐。他多次强调：“要促进人和自然的协调与和谐，使人们在优美的生态环境中工作和生活。”1998 年在全国抗洪抢险总结表彰大会上的讲话中指出，我们必须……实现经济建设和生态环境协调发展”。(2) 必须把贯彻实施可持续发展战略始终作为一件大事来抓，努力开创生产发展、生活富裕和生态良好的文明发展之路。江泽民说：“在现代化建设中，必须把实现可持续发展作为一个重大战略。要把控制人口、节约资源、保护环境放到重要位置，使人口增长与社会生产力的发展相适应，使经济建设与资源、环境相协调，实现良性循环。”(3) 环境保护是关系我国长远发展的全局性战略问题。(4) 必须将人口、资源、环境工作切实纳入依法治理的轨道。他说：“人口、资源、环境工作要切实纳入依法治理的轨道。这是依法治国的重要方面。”(5) 环境意识如何，是衡量一个国家和民族文明程度的一个重要标志，要增强广大干部群众的环保意识和生态意识。(6) 必须正确处理利用国外资源和维护我国资源、环境安全的关系。他强调，一方面，必须“积极实施‘引进来’和‘走出去’相结合的对外开放战略”，积极利用国外资源为我所用，以弥补我国资源的不足，另一方面又必须“正确处理利用国外资源和维护我国资源安全的关系”。(7) 保护地球，需要各国共同行动，中国作为一个发展中国家，愿意在公平、公正、合理的基础上，承担与我国发展水平相适应的国际责任和义务，为促进全球环境和发展事业作出应有的贡献。(8) 坚决反对某些发达国家搞所谓“环境外交”，借环境问题干涉别国内政。维护国家主权是江泽民同志生态文明思想的重要内容。

5.《江泽民文选》的社会和谐思想初探

林建公，《理论学刊》2008 年第 3 期

在和平稳定中谋发展，这是建设中国特色社会主义的头等大事。《江泽民文选》在论及这个命题时提出了以下几个见解：

一是冷战结束后，世界正在走向多极化。这种多极化格局，绝非历史上曾经有过的那种大国争霸、瓜分势力范围的格局。多极化并非针对特定国家，而是世界各种力量在平等互利的基础上，加强协调和对话，不搞对抗，共同维护世界的和平、稳定、发展。各国应是独立自主的，各国的相互合作及各种形式的伙伴关系，不应针对第三方。大国对于维护世界和地区的和平负有重要责任，大国应该尊重小国，强国应该扶持弱国，富国应该帮助穷国。

二是面向未来，创造一个更加美好的多样性世界。多样性是世界存在的本质特征之一。各国人民走过了不同的历史发展道路，有着不同的经济发展水平、文化背景、社会制度和价值观念，延续着不同的生活方式，这是世界多样性的体现。因此，不同国家之间应相互借鉴、平等相待、彼此尊重。

三是正确引导经济全球化，促进各国实现共同发展。经济全球化和贸易自由化的进程，可以有两种发展趋势：一种是推动它朝着合理的方向发展，促进有效而公正地配置世界资源，促进各国生产力的发展，促进全球多边贸易体制和公正合理的国际经济新秩序的建立，从而造福各国人民。另一种是，任凭它按照不合理的规则运行，进一步加剧世界资源配置和经济发展的不平衡，继续扩大南北发展差距，加剧贫富分化和环境恶化。我们应该选择并推进前一种趋势，警惕并抑制后一种趋势。

四是世界科技革命突飞猛进，各国更加重视发展高新技术和关键技术。因此，我们

必须在全国兴起一个科技进步和创新的高潮。

五是建立适应时代需要的新安全观。历史告诉我们，以军事联盟为基础、以加强军备为手段的旧安全观，无助于保障国际安全，更不能营造世界的持久和平。必须建立适应时代需要的新安全观，并积极探索维护和平与安全的新途径。

6. 马克思主义法律思想中国化的新成果
——江泽民的法治思想初探（上篇）

沈志先，《政治与法律》2008年第1期

江泽民法治思想中的宪政观包括政治体制改革、国体、政体、国家结构形式等诸多内容。

（1）论政治体制改革。1989年政治风波后，针对国际国内对民主政治建设的某些疑虑，江泽民多次表达了坚持政治体制改革的鲜明态度和坚定决心。一要积极稳妥地推进政治体制改革，二要转变政府职能，推进机构改革。

（2）论国体。江泽民继承了毛泽东和邓小平关于人民民主专政的思想，指出：人民民主专政是我国的国体，因此也是我国社会主义制度最根本的制度。关于专政的职能，他说，从本质上说，人民民主专政就是依照宪法和法律规定，在人民民主的基础上由国家机构来行使专政的职能，两者是统一的，而不是互相对立的。

（3）论政体。人民代表大会制度是我国的根本政治制度。它是我们党长期进行人民政权建设的经验总结，也是我们党对国家事务实施领导的一大特色和优势。要坚持和完善人民代表大会制度，“不能搞西方那种议会制度。”要注重基层民主制度建设。

（4）论共产党领导的多党合作与政治协商制度。坚持共产党的领导是多党合作与政治协商的基础；发挥民主党派的参政和监督职能是这一基本政治制度的主要内容。江泽民非常重视民主党派的参政和监督作用，指出要积极支持民主党派和无党派人士参政议政，尊重和发挥他们在政治协商、民主监督中的作用，更广泛地联系和团结各阶层群众。

（5）论国家结构形式。江泽民论国家结构形式的主要内容，包括民族区域自治制度和“一国两制”的理论与实践。巩固民族团结和维护国家统一，同极少数民族分裂主义分子进行坚决斗争；建立健全同实施民族区域自治法配套的法规体系和监督机制，使自治法在建设有中国特色的社会主义事业中更好地发挥作用。

（6）论宪法的权威。维护宪法的尊严，保证宪法的实施极为重要。这首先需要建立健全保障宪法实施的法律体系，把宪法的一系列原则规定通过立法落到实处。我们要在全社会进一步树立宪法的权威，建立健全保障宪法实施的强有力的监督机制。最重要的是依法规范和制约国家机关的权力，确保国家权力严格按照宪法的规定去行使。

7. 论江泽民同志世界新军事革命思想

于保中、杨明伟，《毛泽东思想研究》2008年第1期

自20世纪80年代以来，世界范围内兴起了一场新军事革命。江泽民同志对此高度重视，与时俱进，开拓创新，对世界新军事革命作出了一系列论述，形成了科学的世界新军事革命思想，为有中国特色的军事变革指明了方向。

江泽民同志提出了世界军事革命的发展阶段，论述了世界新军事革命的特征。他提出了“四次革命说”：“人类战争经过冷兵器战争、热兵器战争、机械化战争几个阶段后，正在进入信息化战争阶段。”江泽民同志还论述了世界新军事革命的特征：

一是战争形态信息化。在高技术战争中，没有制信息权就谈不上制海权和制空权。海湾战争以来的高技术局部战争表明，信息技术在现代战争中具有极为重要的作用。可以预见，信息化战争将成为21世纪的主要战争形态。二是武器装备智能化。武器装备趋向智能化，攻击兵器具有远程打击、精确制导和隐蔽突防能力，各种主要作战平台具有信息传感、目标探测与引导、信息攻击与防护能力。三是指挥控制自动化。指挥系统把战场上各军兵种武器系统、作战平台、保障装备结合成有机的整体，从而构成陆、海、空、天、电（磁）多维一体的战场。四是作战空间多维化。随着科学技术在军事领域内的广

泛运用，作战领域正逐步由传统的陆、海、空三维空间向陆、海、空、天、电（磁）五维空间扩展。

江泽民同志阐述了世界新军事革命的实质，指明了中国特色军事变革要走的道路：“推进中国特色军事变革，必须抓住信息化这个本质和核心，在新的起点上谋划和推动我军现代化建设。我们要适应世界军事发展的趋势，坚定不移地把信息化作为军队现代化建设的发展方向，按照建设信息化军队、打赢信息化战争的目标，积极推进我军由机械化半机械化向信息化转型。”

走跨越式发展道路，江泽民同志要求我军从20世纪末到21世纪中叶坚持“三步走”的发展战略。第一步，用十几年时间，努力实现新时期军事战略方针提出的各项要求，为国防和军队现代化打下坚实的基础。第二步，再用十年时间随着国家经济实力的增长和军费的增加，加快军队质量建设的步伐，使国防和军队现代化建设有一个较大的发展。第三步，再经过三十年的努力，到21世纪中叶，基本实现国防和军队的现代化。

8. 论江泽民“和而不同”的外交理念

张春秀，《理论界》2008年第12期

江泽民提出的“和而不同”的外交新理念所具有的内涵主要有以下几方面：主张建立国际新秩序，推进国际关系民主化，强调世界的相互依存。这种外交理念对于中国外交实践产生的主要影响：

首先，“和而不同”的理念体现在积极发展大国关系上。当今的世界大国多为发达国家。所以我国十分重视发展同大国的关系，特别是积极发展了同俄罗斯、美国、日本、欧盟、印度、非盟等世界主要大国和国家集团的关系，努力建设“面向21世纪的新型伙伴关系”。这样有利于推动世界格局多极化。

其次，按照“和而不同”的思维，中国“坚持与邻为善、以邻为伴”的政策方针，积极发展了与周边国家的睦邻友好合作：如中日关系、中韩关系、中国与东盟关系、中俄关系等。总之，在中国政府的努力下，中国与周边国家的关系总的来说进入了有史以来的最好时期。

第三，“和而不同”的理念也充分体现在中国与发展中国家的关系上。中国一贯主张同发展中国家在维护各自国家的独立主权上相互支持，在政治、经济、文化方面加强交流与合作；中国一贯重视发展同七十七国集团的合作；全面合作的中非关系。近年来，中国还积极推动了南南合作和南北对话，先后发起并举行中非合作论坛、中阿合作论坛，深化与拉美地区组织的合作关系。

最后，“和而不同”外交理念为新的中央领导集体发展和谐世界的外交战略提供了清晰的指导。以胡锦涛同志为总书记的新一届中国领导人，在江泽民“和而不同”外交理念的基础上进一步提出了和平发展与构建和谐世界的外交新理念。

（王佳菲选编）

（四）2008年科学发展观与社会主义和谐社会研究论文选介

1. 旗帜、道路、理论与党和国家的前途命运

——关于党的十七大报告的主题和精神

王伟光，《中共中央党校学报》2008年第1期

要正确贯彻落实科学发展观，必须克服思想认识上的片面性，为此，我们应从以下五个方面全面理解和把握科学发展观。

一是要从政治的高度认识科学发展观。科学发展观实际上要解决四个可持续发展问题：（1）实现经济的可持续发展，通过新型的经济发展模式，走出一条有中国特色的低成本、低代价的经济发展道路；（2）实现政治的可持续发展，通过建设社会主义政治文明，走出一条中国特色的民主政治发展道路；（3）实现人文社会的可持续发展，通过社会主义精神文明建设，走出一条中国特色的文化繁荣道路；（4）实现生态环境、人口、资源的可持续发展，通过生态文明建设，走出一条中国特色的资源节约型和环境友好型的建设道路。要在经济、政治、文化、社会、人的全面发展和

党的建设等各个方面，全面落实科学发展观。

二是要从全局的高度认识科学发展观。那种认为科学发展观好是好，但“在我这里不适合”，以及那种认为与其加大财政投入搞环保、搞公共设施和文化设施建设，不如集中财力搞见效快的经济项目才算有政绩的观点，都是对科学发展观的误解。那种不注意治理局部发展带来的诸多矛盾和问题，势必影响全局发展，有害于全局。我们一定要克服片面性，以大局为重，全面落实科学发展观。

三是要从意识形态的高度认识科学发展观。那种认为科学发展观主要是针对发展中那些有形的、实的、物质的、经济的问题，从而忽视了发展中那些软的、虚的、精神的、文化的、政治的、人文的问题的观点，也是对科学发展观的误解。因此，要全面理解和贯彻落实科学发展观，以科学发展观统领软实力、文化力、精神力、道德力、政治力的建设，强化党在意识形态领域的领导和控制能力。

四是要从改革的高度认识科学发展观。那种认为贯彻落实科学发展观就不能推进和深化改革，把科学发展与改革开放对立起来的观点，也是对科学发展观的误解。在改革中出现的某些问题和偏颇，恰恰需要按照科学发展观的要求积极推进改革才能解决。很多问题并不是改革造成的，而恰恰是不按科学发展观推进改革造成的。

五是要从战略的高度认识科学发展观。那种认为科学发展观是应急的措施，是解决眼前发展中诸多矛盾和问题的权宜之计的观点，同样是对科学发展观的误解。科学发展观既立足于解决当前发展中存在的诸多矛盾和问题，更着眼于长远发展，着眼于解决长远发展中有可能产生的矛盾和问题。这就要求领导干部在落实科学发展观的实践中不争短期效应，不施短期行为，不搞“形象工程”、“面子工程”，不仅看眼前，更要看长远，一定要把科学发展观作为一项前瞻性的、长远性的、根本性的战略思想加以落实。

2. 贯彻科学发展观，坚定不移发展社会主义民主政治

李慎明，《前线》2008 年第 12 期

党的十七大报告明确提出：“深化政治体制改革，必须坚持正确的政治方向，以保证人民当家作主为根本，以增强党和国家活力、调动人民积极性为目标，扩大社会主义民主，建设社会主义法治国家，发展社会主义政治文明。”这是在深刻总结我国政治建设的实践经验、借鉴国外政治领域的经验教训的基础上，对我国政治体制改革作出的战略部署。深化政治体制改革，促进经济社会转入科学发展的轨道，我认为要重点做好以下几方面工作：

第一，在坚持和完善党的领导中保证人民当家作主。坚持党的领导，是提高发展社会主义民主政治能力，保证人民当家作主的关键。实践已经证明，新民主主义革命需要共产党的领导。建设中国特色社会主义，是要保证人民当家作主，逐步实现共同富裕的一项十分宏伟艰巨的事业。这就必须继续在最无狭隘性和自私自利性、最有远大的政治眼光和组织性的无产阶级及其政党即共产党的领导下，按照社会主义发展的客观规律，有计划、有步骤地进行。只有坚持以马克思主义为指导和全心全意为人民服务作为宗旨的共产党才能真正做到坚定地相信群众，紧紧地依靠群众，始终地为了群众，充分地发扬民主，以最大限度调动广大人民的积极性、主动性和创造性，依法管理国家和社会事务，管理经济和文化事业，从而确保人民当家作主。实现和保证人民当家作主，是一个需要不断发展、不断巩固的相当长的历史过程。

第二，紧紧依靠最广大人民群众，实现人民群众当家作主。早在 1945 年 7 月，毛泽东在回答黄炎培提出的“历史周期率”问题时，就讲道：我们已经找到新路，这条新路，就是民主。让人民来监督政府，让人人负起责来。做到坚决相信、紧紧依靠最广大人民群众，实现人民群众当家作主与坚持工人阶级及其政党的领导，具有内在的高度一致性，这才是彻底的历史唯物主义。以邓小平、江泽民为核心的中央第二、第三代领导集体和以胡锦涛为总书记的党中央坚持和发展了毛泽东的上述思想。胡锦涛同志指出：“相信谁、依靠谁、为了谁，是否始终站在最广大人民的立场上，是区分唯物史观和唯心史观的分水岭，也是判断马克思主义政党的试金石。”

第三，正确实施依法治国的基本方略。依法治国是实现党领导人民当家作主的基本途径

和法治保证，意义重大。在当代中国，无论是党的领导还是人民当家作主，都必须得到法治的保障并在法治范围内实施，严格依法办事，任何组织和个人都不允许有超越宪法和法律的特权。要推进依法行政，规范行政行为，健全政府职责体系，建立服务型、法治型政府。要推进公正司法，规范司法行为，保证审判机关、检察机关依法独立公正地行使审判权、检察权，建设公正高效权威的社会主义司法制度。要深入开展法制宣传教育，弘扬法治精神，形成自觉学法守法用法的社会氛围。要尊重和保障人权，依法保证全体社会成员平等参与、平等发展的权利。一切政党和社会组织，所有公民和社会团体，都必须以宪法和法律为准绳，自觉地在宪法和法律规定的范围内活动，牢固树立遵纪守法的良好习惯。要不断提高党委、人大、政府、政协、法院、检察院等机关活动的制度化、规范化、程序化水平，尽快形成行为规范、运转协调、公正透明、廉洁高效的党政领导体制和工作机制。总之，必须坚持依法治国这一党领导人民治理国家的基本方略。

第四，积极稳妥地推进政治体制改革。完善的中国特色社会主义政治体制，是社会主义民主政治建设的载体。改革开放以来，我们在进行经济体制改革的同时，政治体制改革也已取得一系列成就，社会主义民主政治已显现出强大的生命力和优越性。现在，推进中国特色社会主义政治体制改革，有着不少有利条件，我们仍要继续坚定不移地推进政治体制改革。但也要清醒看到，政治体制改革涉及党的领导、政治思想、政治制度、行政管理、法制建设等方方面面，这是一个内容广泛的系统工程，需要我们进行长期的努力。

3. 科学发展观的形成及现实意义

车甜甜，《黑龙江社会科学》2008 年第 5 期

落实科学发展观，实现科学发展，要始终围绕经济建设这个中心。马克思主义认为，生产力的发展是人类社会发展的最终决定力量。我国正处于并将长期处于社会主义初级阶段的基本国情没有变，人民日益增长的物质文化需要同落后的社会生产之间的主要矛盾没有变。因此，发展经济始终是第一位的。只有坚持以经济建设为中心，不断发展社会生产力，才能为社会的全面协调可持续发展和促进人的全面发展提供坚实的物质基础。

科学发展就是要全面、协调、可持续发展。全面发展是以经济建设为中心，全面推进经济、政治、文化、社会建设，实现经济发展和社会全面进步。要坚持以经济建设为中心，深化改革开放，加快调整经济结构，转变经济增长方式，正确处理经济发展和社会发展、建设社会主义新农村和推进城镇化、推动全国发展和促进区域协调发展、健全市场机制和改善宏观调控、加快自主创新和加强引进消化吸收再创新、促进经济发展和保护生态环境、自力更生和对外开放等一系列重大关系。统筹城乡发展、统筹区域发展、统筹经济社会发展、统筹人与自然和谐发展、统筹国内发展和对外开放是协调发展所包含的最主要内容。统筹城乡协调发展是社会稳定和整个国民经济持续协调发展的基础，要通过社会主义新农村建设，逐步改变城乡二元经济结构；统筹区域经济发展，逐步扭转地区差异扩大的趋势，是全面建设小康社会的一项重大任务；统筹经济社会发展是社会全面发展和全面进步的根本要求，针对目前我国社会发展和经济发展不够协调的题，应加快社会领域的各项改革，大力发展社会事业；统筹人与自然和谐发展是为了实现经济社会的可持续发展，在推进经济发展时不能以牺牲资源、环境为代价，要保证一代接一代永续发展；统筹国内发展和对外开放，要适应经济全球化的要求，不断提高对外开放水平，增强我国在扩大开放条件下促进发展的能力。坚持可持续发展，要统筹人和自然和谐发展，处理好经济建设、人口增长与资源利用、生态环境保护的关系，推动整个社会走向生产发展、生活富裕、生态良好的文明发展道路。

4. 科学发展观是中国特色社会主义理论体系的创新成果

王伟光，《求是》2008 年第 2 期

马克思主义关于发展的世界观和方法论的集中体现

一定的发展观受一定的世界观和方法论的指导。科学发展观是我们党创造性地运用马克

思主义世界观方法论，说明和解决中国发展问题的马克思主义中国化的最新成果，科学地回答了实现什么样的发展、怎样发展这一基本问题。也就是说，搞清楚了中国特色社会主义的发展规律、发展理念、发展动力、发展主体、发展战略、发展思路、发展道路、发展模式、发展目标、发展规划、发展措施等一系列重大问题。科学发展观是马克思主义关于发展问题的世界观和方法论的集中体现。

科学发展观首先是辩证的发展观。科学发展观是建立在辩证唯物主义世界观方法论基础上的。从马克思主义哲学世界观和方法论来看，发展应该是辩证的发展，辩证的发展是不断解决矛盾的发展，是各个要素、各个方面系统全面推进的发展，是兼顾各方的整合协调的发展，是有后劲的可持续的发展。科学发展观是对立统一的发展观，是全面的发展观，是协调的发展观，是可持续的发展观。

科学发展观又是唯物史观的发展观。科学发展观是建立在历史唯物主义基础上的。马克思主义哲学历史观的一个方面，是强调历史决定论，认为社会存在决定社会意识，社会历史发展，归根结底是生产力的发展所决定的，社会发展首先要解决好生产力的发展问题。

马克思主义历史观的另一个方面，是强调历史辩证法。首先，强调在社会发展过程中，不能仅仅把经济、生产力归结为发展的唯一因素，还要看到政治、文化、思想各方面因素在整体社会发展中的作用。其次，既重视人和社会发展的特殊性，又重视自然因素对社会与人发展的制约性。人是社会发展的积极的能动的主体，而人的发展、社会的发展又依赖于自然的发展，自然的发展制约人的发展和社会的发展，人类社会发展的过程一定要做到人与自然和谐发展。最后，强调人是发展的目的、发展的主体，而不仅仅是发展的手段。必须以人为本，把推进人的全面发展作为社会主义发展的根本目的，把满足人民群众的物质文化需要，作为推动经济社会发展的根本出发点和最终归宿。

科学发展观还是尊重客观规律的发展观。正确处理好人的主观能动性和客观规律之间的关系，是全面落实科学发展观，解决以人为本，全面协调可持续发展的关键。我国是一个人口众多、资源相对不足的大国。一定要把控制人口、保护生态环境、节约资源放到更加重要的位置，使人口增长与社会生产力相适应，使经济建设与人口、资源、环境相协调，实现经济社会的持续健康发展与人和自然的和谐发展，推进整个社会走上生产发展、生活富裕、生态良好的科学文明发展之路。

中国特色社会主义理论体系的创新成果

邓小平理论、“三个代表”重要思想、科学发展观共同构成了既一脉相承、又与时俱进的马克思主义中国化的科学的理论体系。该理论体系依次回答了三大问题：什么是社会主义、怎样建设社会主义；建设什么样的党，怎样建设党；实现什么样的发展，怎样发展。以邓小平为核心的党的第二代中央领导集体创造性地回答了“什么是社会主义、怎样建设社会主义”，创立了邓小平理论，这是中国特色社会主义理论体系的开篇。以江泽民为核心的党的第三代中央领导集体在进一步回答“什么是社会主义、怎样建设社会主义”的同时，创造性地回答了“建设什么样的党、怎样建设党”的问题，创立了“三个代表”重要思想，这是中国特色社会主义理论体系与时俱进的新成就。十六大以来，以胡锦涛同志为总书记的党中央在继续深入回答前两个问题的基础上，创造性地回答了“实现什么样的发展、怎样发展”，提出了科学发展观等重大战略思想，这是中国特色社会主义理论体系的最新成果。

5. 科学发展离不开民主法治建设

袁曙宏、冷溶、杨信礼、刘智峰，《科学决策》2008 年第 11 期

（1）如何看待科学发展观的政治意义？提出科学发展观，不仅仅是为了解决发展中出现的某些突出问题，党中央考虑得更加深远。改革开放以来，全党对发展是硬道理的思想已经牢固树立了起来，但是一些同志对发展的片面性理解也已经形成，出现了一种相当普遍的错误的政绩观。这不仅是一个涉及我们的发展还能不能继续下去的问题，更是一个涉及在新世纪里我们党究竟要领导建设一个什么样的中国的问题。因此，必须在全党确立一种符合我们党执政理念的正确的发展观，科学发展观是社会主义现代化建设指导思想的新发展，处于统领经济社会发展全局的地位，我们只有这样去认识它，才能真正理解党中央提出科学发展观

的深远考虑和重大战略意义。

(2) 为什么说以人为本的科学发展观,核心是对公民权利的充分尊重?温家宝总理指出,企业发展不能以人民群众的生命健康为代价。现在经济发展中之所以会出现一些社会问题,一个重要原因是由于旧发展观下单纯的GDP政绩观和只对上级负责的官员选拔任用制度。更为实质的原因是,旧发展观是以单纯的经济利益为主体的,而不是以人民群众的现实福利水平和社会发展水平为主要导向;以人为本的科学发展观,是新型发展观,它在社会发展方面综合了三个指标:国家整体实力增强、人民群众生活福利水平提高、社会建设健康有序,核心理念是对公民个体权利的充分尊重。

(3) 为什么要从权力政治走到民主政治?在政治学上,权力政治的特点是依靠国家的权威和权力背后的强力来治理国家,解决矛盾和冲突,实现社会秩序的稳定,它的土壤是国家的绝对强大和社会力量的极其弱小。但在今天的中国,这样的土壤已经发生了深刻的变化,无论是对国家的有效治理,还是处理各种各样的社会矛盾,都不可能离开社会和民众的力量。在制定政策和重大决策时都必须时刻听取人民群众的意见,没有民众和社会的同意、参与,国家单独的治理将寸步难行。所以,权力政治必须逐渐过渡到民主政治。

(4) 落实科学发展观,对建设法治国家有哪些要求?法治国家的建设将有助于推进科学发展、社会和谐和经济的繁荣。社会公平与正义是实现社会和谐的重要基础和前提,公平正义的实现绝不是一句动人的口号,而是有待于一系列经济、社会、政治制度的安排,不落实科学发展观中的全面、协调、可持续的发展理念,就不能做到最起码的公平正义。我们必须看到,保障公民的基本权利"以人为本"的必然要求,具有十分丰富的政治和经济上的意义和结果。发展的含义包括保障、提高和扩展人的可行能力,从而减少贫困,提升人的生活品质。公民权利的保护也有利于国家经济的繁荣

(5) 贯彻落实科学发展观,政府应该实现哪些转变?过去一个时期,我们的政府是以政府主导经济和管制为特点,这样的政府模式在改革开放的初始阶段是适合我国经济社会发展的,但在三十年之后,它的弊端已经越来越多,不能完全适应科学发展和构建和谐社会的要求,在一定程度上制约经济社会发展。因此,深化行政管理体制改革势在必行。"所以,继十七大报告提出"建设服务型政府"的目标之后,十七届二中全会则进一步提出建设"服务政府、责任政府、法治政府和廉洁政府"的更高要求。必须看到,科学发展观的落实是一场涉及到全社会方方面面的重大改革,但推进改革的关键中的关键是政府,没有行政管理体制改革和政府模式上的根本转变,科学发展的一系列新理念都难以在实践中贯彻实行。

6. 在改革开放的伟大实践中创造性运用、发展与深化历史唯物主义

李崇富,《北京联合大学学报》(人文社会科学版)2008年第4期

中国共产党在改革开放的伟大实践中创造性地运用历史唯物主义,使中国特色社会主义理论体系既具有现实的实践根据,又具有坚实的哲学理论基础。我认为,中国特色社会主义在理论和实践上所始终坚持的科学社会主义的基本原则,首先和最为根本的,就是科学社会主义所赖以立足的科学世界观和方法论基础——马克思主义哲学,尤其是历史唯物主义。

在新时期,党中央的三代领导集体,继承了毛泽东时代重视学用马克思主义哲学的好传统,坚持运用科学的世界观和方法论,指导全党和全国各族人民进行改革开放、建设中国特色社会主义的实践探索。

第一,首先受到邓小平同志重视和创造性运用的是历史唯物论,特别是它的科学的生产力理论。而历史唯物论与历史辩证法是内在统一、相辅相成的;当然,历史辩证法同样是立足于历史唯物论的基础之上的。马克思的唯物论认为,社会物质生产力的发展是"整个社会生活以及整个现实历史的基础",就是说,是"人们所达到的生产力的总和决定着社会状况"。据此,列宁还把"促进生产力的发展"视为"社会进步的最高标准"。而邓小平同志正是从"生产力标准"的高度,来理解和阐发"什么是社会主义",并为当代中国的社会主义作出了科学的历史定位。

第二,在中国特色社会主义理论体系所体

现的历史唯物论中，其所指的生产力是现实的、与一定的生产关系及其经济体制相结合的社会生产力，因此它对与我国现阶段生产力发展状况相适应的生产关系、经济体制和利益结构的选择、改革和调整，同样是在创造性运用历史唯物论。中国特色社会主义理论体系通篇闪烁着历史唯物论的思想光辉，它保障着中国特色社会主义的理论和实践探索，始终被置于现实的基础之上。

第三，在中国特色社会主义理论体系所体现的历史唯物论中，它始终与历史辩证法是内在地结合在一起的。事实上，也只有在坚持社会生产力的最终决定作用的前提下，始终坚持历史唯物论和历史辩证法的统一，才是在真正坚持历史唯物主义。这主要表现在：

——坚持运用历史唯物论和历史辩证法相统一的观点，根据我国长期处于社会主义初级阶段的基本国情，制定了党在现阶段的基本路线，可以主要表述为“一个中心、两个基本点”的基本路线。

——坚持运用社会主义社会基本矛盾的观点，来说明和论证社会主义经济体制和其他相关体制特征改革的必然性。因为“社会主义社会的基本矛盾仍然是生产关系与生产力、上层建筑与经济基础之间的矛盾”，所以“我们改革经济体制，是在坚持社会主义制度的前提下，改革生产关系和上层建筑中不适应生产力发展的一系列相互联系的环节和方面”，以便进一步解放和加快发展生产力。

——坚持历史辩证法关于社会各个领域相互作用、普遍联系的原理，促进经济社会的协调发展和全面进步。先是邓小平提出社会主义的“物质文明建设”和“精神文明建设”，要协调发展；其后，江泽民又提出要加强“社会主义政治文明建设”。十七大又提出“生态文明建设”。实际上，以人为本的科学发展观所要求的全面协调可持续发展，是包括“五大文明”建设和做好“五个统筹”。这种“统筹兼顾”的根本方法，体现了唯物主义的历史辩证法的根本精神和根本要求。

第四，坚持历史唯物论和历史辩证法之内在统一的最为生动的体现，就是在改革开放和社会主义现代化建设中充分尊重人民群众的主体地位和首倡精神。因为工人阶级是社会主义国家的领导阶级，他们同广大人民群众，都是我国社会和社会实践的主体力量，是社会物质力量和精神力量的根本载体，是我国改革和建设的主力军。所以，党中央历来强调，在革命、改革和建设中，要全心全意地依靠工人阶级，要坚持群众观点和群众路线，要全心全意为人民服务。要坚持党的领导、人民当家作主和依法治国的统一。

7. 正确处理人民内部矛盾积极构建和谐社会

江光跃，《西安外事学院学报》2008 年第 3 期

正确处理人民内部矛盾和构建和谐社会本质是统一的。实际上，矛盾不断解决的过程，也就是建设和谐社会的过程。正确处理人民内部矛盾是构建和谐社会的必要途径。“在建设中国特色社会主义的进程中，全国人民的根本利益是一致的，各种具体的利益关系和内部矛盾可以在这个基础上进行调节。”因此调节好各种矛盾冲突和维护社会的和谐稳定具有内在的本质统一性。

（1）积极稳妥地协调人民利益关系，是正确处理人民内部矛盾，构建社会主义和谐社会的关键。马克思有句名言“人们奋斗所争取的一切，都同他们的利益有关。”人民内部矛盾，说到底，就是人民内部的利益矛盾。改革本身就是对利益关系和利益格局的重大调整，改革是调整社会主义社会基本矛盾的现实途径，必须对各社会阶层的利益进行整合和调节，要按照“统筹兼顾、全面安排”的原则，合理调节各方面的利益关系，处理好效率与公平的关系。

（2）正确处理好党群间的关系，是正确处理人民内部矛盾，构建社会主义和谐社会的必要条件。党同群众的矛盾是非对抗性矛盾，但一定条件下可以转化成对抗性矛盾，处理不好，势必影响党的执政地位的巩固，影响和谐社会的建立。因此党和政府要坚持立党为公、执政为民，代表好、维护好、发展好最广大人民的根本利益。

（3）努力提高科学决策水平，积极预防人民内部矛盾的对抗和激化，尽量从源头上减少矛盾，堵疏结合、标本兼治，是正确处理人民内部矛盾，构建社会主义和谐社会的重要保

障。正确处理人民内部矛盾是执政党的重要责任，与党的领导和决策水平密切相关。提高领导干部正确处理人民内部矛盾，构建和谐社会，实现社会协调发展和全面进步的决策能力，这是正确处理人民内部矛盾，构建社会主义和谐社会的决定性环节。

（4）健全正确处理人民内部矛盾的综合长效工作机制，是正确处理人民内部矛盾，构建社会主义和谐社会的有效途径。综合运用政策、法律、经济、行政等手段和教育、协商、调解等方法，努力寻求妥善协调各方面利益关系的最佳结合点，因事而宜，因人而宜，择其要法，以保障人民内部矛盾得到及时和妥善处理，把问题矛盾化解在萌芽状态，不要让事态扩大。要建立起“畅通、有序、务实、高效”的信访渠道，建立和完善民意表达机制，使人民内部矛盾得到很好的解决，人民群众的合法权益得到很好的保护。

8. 社会主义和谐社会与社会公平

王锦辉，《滨州职业学院学报》2008 年第 4 期

社会主义和谐社会构建要求达到公平与效率的有效平衡。在社会主义和谐社会构建中，应该以公平与效率的有效平衡来谈论。

（1）社会稳定的现实需要。十六届四中全会强调：“形成全体人民各尽所能、各得其所而又和谐相处的社会，是巩固党执政的社会基础、实现党执政的历史任务的必然要求。”要达到这样的和谐社会，必须在公平和效率的关系上做文章。

社会生活中许多重大问题的解决都在于我们的工作。目前条件下，我们应考虑在构建社会主义和谐社会中使公平与效率达到有效的平衡。但如果对影响社会安定和发展的一些重大问题熟视无睹、无动于衷，就会提高社会发展和进步的成本。影响公平与效率这一人类经济生活基本矛盾的解决。会激起公众的不满情绪，导致各种犯罪活动增多，社会的不安定状况加剧。

（2）实现共同富裕的要求。邓小平明确提出，社会主义的目的不是两极分化，而是共同富裕。他还指出：“我们允许一部分人先富起来，一部分地区先富起来，目的是更快地实现共同富裕。我们不会容许产生新的资产阶级。”我们不能简单地认为邓小平的社会主义本质观是突出解放和发展生产力。邓小平在动态中生动地描述了社会主义的本质，这个本质就是一个层层推进的立体结构，把实现社会公正、平等和共同富裕的社会主义最基本价值与现阶段的任务与手段有机结合起来，体现了价值目标与目标实现过程的有机统一。

（3）科学发展观的要求。在党的十六届三中全会上，胡锦涛明确提出，要树立和落实科学发展观，即“坚持以人为本，树立全面、协调、可持续的发展观，促进经济社会和人的全面发展。”随着城市化进程的加快，我国新的城乡布局、产业布局、区域布局开始奠基了。但本应形成的全国一盘棋的布局，目前却主要由地方政府根据任期内的各种考虑所决定，因而隐患问题多，如区域产业雷同，重复布局、恶性竞争、资源配置劣化等新问题。这也就是说，在构建社会主义和谐社会的实践中，我们必须注重兼顾国家、集体与个人的利益，兼顾发展能力强的群体与发展能力弱的群体的利益，兼顾改革中得益较多的群体与得益较少的群体的利益，兼顾先富群体与后富群体的利益，兼顾不同行业群体之间的利益，以使资源配置更趋合理化。

9. 社会整合与和谐社会构建

罗大文，刘艳霞，《西安外事学院学报》2008 年第 4 期

所谓和谐社会，是指社会结构均衡、社会系统良性运行、相互协调，人与人之间相互友爱、相互帮助，互惠互利，社会成员各尽其能、各得其所，人与自然之间协调发展的社会。和谐社会是社会结构的各个环节、各种因素、各种组织以及各种机制之间的协调，其主要特征成为新的改革共识。

（1）和谐社会是追求并努力实现公平正义的社会。努力实现公平正义，缩小贫富差距，是今天规避社会冲突，建设和谐社会的当务之急。在社会转型时期，各种矛盾交织，特别应注意完善公正的社会政策体系。公平正义的维护和实现，是为了最大限度地维护和发展不同方面人们的利益，为了最大限度地化解矛盾，推动社会进步。

（2）和谐社会是民主法治不断完善的社会。民主法治是和谐社会的运作机制与政治保障，也是社会整合的基础。中共从成立时起就把为人民群众争取民主权利作为自己的奋斗目标。和谐社会必须依法处理和解决各种矛盾和问题，引导和规范各种社会行为，为全面建设小康社会提供有力的法制保证。只有运用法律手段促进经济的繁荣发展和社会的全面进步，管理经济和社会事务，才能使社会和谐持久而长远。

（3）和谐社会是以诚信友爱为基础的社会。打造一个现代诚信社会是和谐社会的基本要求。社会的和谐不仅包括利益层面的和谐，也包括价值观念层面的和谐。我国已初步建立起市场经济的基本框架，市场经济是公平竞争经济，也是信用经济。加强市场诚信建设已成为经济建设的一项重要战略任务。诚信是和谐社会的基石，也是社会和谐的落脚点。

（4）和谐社会是具有较为完备的社会保障体系的社会。建立和完善与经济社会发展水平相适应的社会保障制度，是杜会稳定和国家长治久安的重要保证。社会保障的重要原则就是公平，因而它要求将全体国民纳入社会安全网之中，具有最广泛的覆盖面。目前应该根据我国经济社会发展的实际情况，不断扩大社会保障的覆盖面，将农村社会保障制度的建设提上政府的议事日程，以实现社会保障体系的整合。

（5）和谐社会是人与自然和谐发展的社会。中国的快速发展受到资源状况、能源供给和环境承受能力的严格约束。近年来，由于生态破坏而造成的经济损失，相当于当年的国民生产总值。我国重要资源的产出效率不仅大大低于发达国家水平，也低于世界平均水平。要实现人和自然和谐发展，建立节约资源的生产和生活方式，保护好脆弱的生态环境，就应实行最广泛的社会参与，充分调动人民群众保护和改善环境的积极性，引导社会各方面的力量保护环境，从而建立资源节约和环境友好的和谐社会。

（钟君、迟方旭选编）

（五）2008年党建党史研究论文选介

1. 真理标准问题讨论及其启示

邢贲思，《求是》2008年第11期

今年是改革开放30周年，也是真理标准问题讨论30周年。30年前这场席卷全国的大讨论，为具有重大历史意义的十一届三中全会的召开扫清了思想障碍，为改革开放铺平了道路。

真理标准问题讨论的发生不是偶然的。“四人帮”被粉碎，广大群众欢欣鼓舞。他们对未来充满期待，希望我国社会主义事业从此峰回路转，迎来一个重大转机。但群众的热情很快受到了沉重打击，有人抛出了“两个凡是”的口号。不破除“两个凡是”，党没有希望，社会主义没有希望，中国没有希望。于是一场针对“两个凡是”的大论战就成为不可避免。

这场论战之所以选择“真理标准”这个哲学命题作为切入点和突破口，是因为“两个凡是”本身就是对马克思主义哲学的严重挑战。按照马克思主义观点，任何一种认识，包括无产阶级革命领袖的决策和指示，只有通过实践才能证明其是否正确。“实践是检验真理的唯一标准”，是马克思主义认识论的基石，也是马克思主义哲学的常识，而现在又被重新提出，是因为“两个凡是”恰恰违背了这个常识。

真理标准虽是一个哲学问题，但真理标准讨论决不只是一场理论是非之争。它涉及到了我们党应当执行一条什么样的思想路线，是一切从实际出发，还是一切从本本出发；它也涉及到了我国的社会主义今后将怎样发展，是沿着以往的错误道路继续走下去，还是弃旧图新，走出一条符合中国实际的建设社会主义新路。真理标准讨论的意义远远超出理论本身的范围。真理标准讨论是一次思想大解放，它使人们从迷信盛行、思想僵化的状态下解脱了出来，使党恢复了实事求是的优良传统，并重新焕发了生机和活力。十一届三中全会确立的“解放思想，实事求是”思想路线，是真理标准讨论的重大成果。在这条思想路线指引下，我们党作出了工作重点转移和实行改革开放这两大决定当代中国命运的战略决策，从此，我国社会主义的历史翻开了新的一页。

回顾改革开放30年的历史，既有大破，也有大立。改革开放中最重要的立，就是几代中央领导集体从中国实际出发的理论创新，就是中国特色社会主义理论体系的创立。当前，解放思想的首要任务，就是高举中国特色社会主义旗帜，认真总结实践经验，破其所该破，立其所该立，把改革开放和现代化建设的伟大事业推进到一个新的发展阶段。

2. 我们每走一步都要总结经验

——纪念党的十一届三中全会**30**周年

梁柱，《政治学研究》2008年第6期

早在改革开放之初，邓小平就指出："把马克思主义的普遍真理同我国的具体实际结合起来，走自己的道路，建设有中国特色的社会主义，这就是我们总结长期历史经验得出的基本结论。"

总结历史和现实的经验的一个重要目的，就是要保证党的基本理论、基本路线和基本纲领的正确性。这对于我们全面理解和贯彻中国特色社会主义的道路和理论体系，也具有极其重要的意义。

认真总结并善于吸取历史经验，对于开展必要的反倾向斗争，排除来自"左"的和右的干扰，同样也具有重要的指导意义。党的历史表明，开展反倾向斗争是马克思主义政党建设的一项基本要求，是推动革命、建设和改革事业健康发展的重要保证。这里应当指出，"左"和右都是一种片面性，它们产生的根源都是主观唯心主义，都是以主观和客观相分离，认识和实践相脱节为特征的。

历史证明，继续坚持单一的公有制，继续坚持高度集中的、完全排除市场经济的计划经济体制，显然不符合我国的基本国情和生产力发展的要求，是没有出路的。或者是主张倒退到资本主义道路上去，要求照抄照搬西方的政治经济制度和发展模式也是没有出路的。值得注意的是，和这种西化要求呼应的，是近些年来甚嚣尘上的民主社会主义思潮，由于打着社会主义的旗号，又冠以民主的时尚话语，具有很大的欺骗性。正是这种民主社会主义思潮，搞乱了人们的思想，为社会动乱开了闸门，这不能不是最终导致苏联解体、东欧剧变的一个重要原因。所以，民主社会主义思潮的实质，是为了颠覆社会主义。我们必须对此保持高度的警惕，从苏联解体的历史教训中增强我们坚持四项基本原则的自觉性。我们一定要排除这种来自"左"的和右的两方面的干扰，把中国特色社会主义事业推向前进。

3. 如何系统把握中国特色社会主义理论体系

严书翰，《中共中央党校学报》2008年第1期

第一，我们要重视十七大报告中的一个重要判断，这就是"中国特色社会主义论体系是不断发展的开放的理论体系"。这里讲的发展，是指随着中国特色社会主义实践的不断推进和我们党对实践经验总结的逐渐深化，中国特色社会主义理论体系会不断地得到丰富和发展。这里讲的开放，主要是指这个理论体系与人类文明成果的关系，它会不断吸收和借鉴人类一切文明成果。这是从横向上论及中国特色社会主义理论体系的开放性。如果从纵向上看，这里讲的开放性是指这个理论体系与马列主义、毛泽东思想之间具有一脉相承又与时俱进的继承和发展的关系。

第二，要从点和面的结合上来研究和论述中国特色社会主义理论体系。这里讲的点，就是指我们要研究这个理论体系的主题、主线、精髓、核心和基石等。所谓面，就是指我们可以从几个方面来概括博大精深的中国特色社会主义理论体系的内容。中国特色社会主义理论体系的主题应当是发展。中国特色社会主义理论体系的精髓可以用12个字加以概括，就是解放思想，实事求是，求真务实。这12个字典型地体现了中国特色社会主义理论体系的精髓。这个理论体系的主线是中国特色社会主义。中国特色社会主义理论体系的核心是中国特色社会主义道路。

第三，我们要抱着积极的讨论的态度来研究中国特色社会主义理论体系。积极的讨论的态度还包括热情鼓励理论工作者在研究中国特色社会主义理论体系过程中各抒己见，大胆提出创新的观点。不形成这种氛围，要么"炒冷饭"，要么在五花八门的"体系"上下工夫。

应当看到，党的十七大在概括中国特色社会主义理论体系方面已经破了题，要做好这篇大文章，需要靠全党上下共同努力，其中自然也包括理论工作者的共同努力。

4. 毛泽东思想与中国特色社会主义理论体系

李捷，《前线》2008 年第 9 期

毛泽东思想与十一届三中全会以来党在指导思想上的理论创新成果——中国特色社会主义理论体系，有着不可分割的历史与逻辑的密切联系。毛泽东思想在新中国成立后的继续和发展，是十一届三中全会以来党在指导思想上不断进行理论创新的思想动力和智慧源泉。

中国特色社会主义理论体系是在毛泽东思想的根基上，由实事求是精神和改革开放精神悉心培育出来的智慧结晶。以邓小平为核心的党的第二代中央领导集体，开辟中国特色社会主义道路，创立中国特色社会主义理论，实现马克思主义中国化的第二次历史性飞跃，是从准确完整地理解毛泽东思想开始的，是从系统阐释毛泽东思想科学体系开始的，并为中国特色社会主义理论体系在毛泽东思想基础上的发展开辟了正确道路。

以江泽民为核心的党的第三代中央领导集体，创立“三个代表”重要思想，以马克思主义中国化的创新成果丰富和发展中国特色社会主义理论体系，同样从毛泽东思想那里吸取了智慧和养料。“三个代表”重要思想还从总体上把马克思列宁主义、毛泽东思想中的有关论断融会贯通，把紧密联系的三个方面上升到党的指导思想的高度，构成一个完整的体系，既坚持马克思主义基本原理，又深刻总结党的全部历史以及实践中创造的新鲜经验，成为坚持和发展马克思列宁主义、毛泽东思想的典范。

党的十六大以来，以胡锦涛为总书记的中共中央提出科学发展观等重大战略思想，继续把马克思主义中国化第二次历史性飞跃推向前进。正如中共十七大报告所说：“科学发展观，是对党的三代中央领导集体关于发展的重要思想的继承和发展，是马克思主义关于发展的世界观和方法论的集中体现，是同马克思列宁主义、毛泽东思想、邓小平理论和‘三个代表’重要思想既一脉相承又与时俱进的科学理论。”

在中国革命、建设和改革的各个历史时期，在马克思主义中国化的两次历史性飞跃中，从毛泽东思想到中国特色社会主义理论体系，构建了中国共产党指导思想发展史上前后接续、继承发展、与时俱进、高度统一的恢宏理论大厦，堪称马克思主义发展史上的奇观。只有坚持实事求是的思想方法，贯彻唯物主义辩证法的“两点论”，全面辩证地看问题，才能正确地把握毛泽东思想同中国特色社会主义理论体系的关系。

5. 深化政治体制改革必须坚持共产党的领导

朱佳木，《前线》2008 年第 11 期

党的十一届三中全会召开 30 年来的实践证明，我国改革开放事业之所以能顺利进行，关键在于我们从始至终把“一个中心、两个基本点”统一在了建设中国特色社会主义现代化事业的全过程，从始至终把坚持共产党领导、人民当家作主、依法治国有机地统一在了政治体制改革的全过程。

（1）只有坚持党的领导才能使政治体制改革始终沿着正确方向进行。我国社会主义民主政治制度的核心是工人阶级领导的、以工农联盟为基础的人民民主专政，主要内容是以公有制和按劳分配为主体的社会主义制度，人民行使国家权力的人民代表大会制度，中国共产党领导的多党合作和政治协商制度，少数民族聚居地方的民族区域自治制度。因此，党的领导是社会主义民主政治的有机组成部分；离开党的领导，社会主义民主政治就无从谈起。（2）只有坚持党的领导才能使政治体制改革为经济社会发展提供稳定的政治环境。我国政治体制改革的目的与经济体制改革一样，都是为了最大限度地调动人民群众建设社会主义的积极性，最大限度地发挥社会主义制度的优越性，从而最大限度地解放和发展社会生产力，以便抓住难得的历史机遇，实现中华民族的伟大复兴。（3）只有坚持党的领导才能使政治体制改革在促进党的自身建设中发挥积极作用。政治体制改革最先是从党内领导体制的改革开始的，重点是适当分散权力，加强集体领导，以

便防止由于党的权力过分集中于少数人特别是个人而出现的种种弊端。后来，随着个体私营经济的发展和市场作用的逐渐扩大，政治体制改革的重点又集中于对权力的制约和监督，以便预防以权钱交易为主要特点的腐败行为。无论是当初适当分散权力，还是现在加强对权力的制约和监督，其目的都是为了通过政治体制改革，促进党的自身建设。

6. 发挥党史工作在文化建设中的重要作用

龙新民，《求是》2008 年第 2 期

（1）党史的研究和编纂出版，是国家文化建设的重大工程。新中国成立以来，党和国家十分重视修史修志工作，党史的研究和编纂出版一直作为党的一项重要工作列入议程。特别是 1980 年后，中央决定成立了由党中央主要领导成员组成的中央党史委员会。1988 年，中央又决定组建了新的中央党史研究室，作为直属中央的党史研究机构和党史工作部门。对党的光辉历程及其经验教训的回顾、总结、研究、编写、宣传，无疑是党的一项重要工作，同时也应当成为国家文化建设的一项重大工程。

（2）党的光辉历史和优良传统，是建设社会主义核心价值体系的宝贵资源。无论是从巩固马克思主义的指导地位，还是从弘扬民族精神、时代精神的角度，党的光辉历史和党的优良传统，都是最生动的教材，最宝贵的资源。80 多年来，一代又一代的共产党人前仆后继，艰苦奋斗，书写了党的光荣革命传统，涌现出无数革命先烈和英模人物。今天，建设社会主义核心价值体系，需要在广大干部群众特别是青少年中，努力继承和发扬党的光荣革命传统，学习和弘扬革命先辈与英雄模范的伟大精神及崇高品德。让人们从党的光荣传统中，从革命先烈和英模人物身上，学到了好思想、好作风、好品德，这是建设社会主义核心价值体系的强大动力。

（3）以党史为题材的文学艺术、影视作品，是社会主义先进文化的重要内容。中国共产党领导全国人民进行革命、建设和改革的历史，是现代中国最绚烂、最辉煌的历史。以党的历史、党的领袖人物和党在各个历史时期的先进模范人物为主题的文学艺术、影视作品，构成了中国文艺创作的主旋律，也成为各个时期作家艺术家浓墨重彩进行创作的主要方面，在传播先进文化、塑造美好心灵、弘扬社会正气、丰富人民群众精神文化生活方面，产生了积极的影响。在中国共产党的历史上，值得作家艺术家们去反映的事件，去讴歌的人物，去揭示的生活，去表现的题材，去书写的华章巨篇，是无穷无尽的。这是文艺工作者可以纵横驰骋、大有作为的广阔天地，也是党史研究工作围绕文化建设多作贡献的重要舞台。用更多优秀的文学艺术作品，把党领导人民的奋斗历程和光辉业绩记录下来、传播开去，必将为推动社会主义文化大发展大繁荣，使人民精神风貌更加昂扬向上，发挥出不可替代的重要作用。

7. 新时期中国特色政党外交格局的形成与发展

姜跃，《中国党政干部论坛》2008 年第 11 期

30 年来我党与国外其他政党的新型关系健康、稳定地建立起来，形成了中国特色的政党外交格局并不断地向前发展。

（1）继续保持、恢复和发展同世界各国共产党的关系。30 年来，以中南两党关系的恢复为开端，1980 年 4 月，中共和意共恢复了关系。之后，中国共产党同欧洲、拉丁美洲、大洋洲、亚洲和非洲的一些共产党恢复或重新活跃了党的关系。

（2）恢复、建立和发展同各国社会党的关系。20 世纪 80 年代初，中国共产党在同各国共产党恢复、建立和发展关系的同时，突破了只同共产党联系的传统做法，积极同社会党（包括社会民主党和工党）建立和发展关系。1998 年 9 月，社会党国际主席、法国前总理莫鲁瓦率团访华，标志着中国共产党与社会党国际及其成员党的关系重新恢复。在与社会党的交往中，我们还认识到，发展同社会党的关系，不仅有利于我国的总体外交，而且有利于研究当代社会主义问题以及借鉴市场经济发展中的一些好的经验。

（3）建立和发展同第三世界发展中国家的关系。从 1978 年起，中国共产党开始同发展中国家不同类型的民族民主政党建立和发展友

好关系。目前，中国共产党已同发展中国家的260多个民族民主等各种类型的政党建立了多种形式的交往和联系。

（4）同西方发达国家的资产阶级政党进行交流和接触。20世纪90年代以来，我党已同法国保卫共和联盟（现改名为法国人民运动联盟）、德国基督教民主联盟、意大利力量党、西班牙人民党、奥地利人民党等西方右翼政党有了不同形式的接触和联系。

（5）与东欧、中亚地区的各类政党建立和发展关系。苏东剧变、苏联解体之后，原来这个区域的8个国家变为27个，政党体制也由原来的一党制转型为多党制。目前，中国共产党已同该地区的30多个不同类型的政党建立了各种形式的联系和往来。

（6）积极参加多边政党交往活动。目前，我们党与社会党国际、基民党国际等政党国际组织都有联系。同欧洲议会中的人民党、社会党、自由党、左翼联盟、绿党、“民族欧洲”等6个党团也建立了联系。这些党团在交往中都表示愿意发展同中国共产党的关系，在政治、经贸等各个领域加强合作，为推进欧中关系全面发展作出更大努力。在亚洲，各国政党加强区域合作的趋势进一步发展。为适应这一新形势，中国共产党积极参与了亚洲地区一些多边政党交往活动。

（7）强化政党外交的机制建设，拓展服务国家总体外交的领域，为政党外交的可持续发展奠定基础。目前，我党已同世界上160多个国家和地区的400多个各种类型的政党和组织建立了不同形式的联系和交往。实践证明，这种新型的党际关系，不仅是中国共产党观察世界、了解世界、走向世界的一个重要平台，而且日益成为国际社会认识中国共产党立党为公、执政为民和民主、进步、开放、创新的良好形象，以及了解中国共产党倡导的科学发展、共建和谐等理论创新成果的重要窗口，更为重要的是它促进了国家关系的发展，为我国的现代化建设争取到了更为有利的国际环境。

8. 关于中共六大研究的若干问题

韩泰华，《中共党史研究》2008年第4期

中共六大是唯一一次在国外召开的党的全国代表大会。至今仍有许多问题尚待研究：

（1）中共六大为什么要在莫斯科召开。因为：国内白色恐怖极为严重；在国内没有找到能够保证安全开会的会址；可以得到共产国际的直接指导。（2）关于中共六大召开的具体地点，是在距离莫斯科市区大约有40公里的“五一村”。该村属于莫斯科州纳罗法明斯克区，位于莫斯科市郊的南部。（3）关于中共六大时全国的党员人数。总起来看，“四万说”和“三万说”虽然有一定的道理，但却都是估计或推断出来的，不是直接的统计数字，而且也没有直接的文字根据。“十三万说”，它的来源则是唯一有档案资料根据的。但这个数字并不精确，有夸大之嫌。到底如何看待这个问题，还应当继续进行探讨。（4）对中共六大历史地位的评价。从总体上讲，六大提出和解决的主要问题，特别是大会确定的党的路线的基本方面都是对的。

（陈建波选编）

第　七　编

重要学术活动

[纪念陶铸同志诞辰100周年座谈会于1月16日在北京人民大会堂举行] 中共中央政治局常委李长春出席并讲话。李长春强调，我们纪念陶铸同志，就是要继承老一辈无产阶级革命家的遗志，做好今天的各项工作，更加紧密地团结在以胡锦涛同志为总书记的党中央周围，坚定不移地高举中国特色社会主义伟大旗帜，坚持以邓小平理论和“三个代表”重要思想为指导，深入贯彻落实科学发展观，继续解放思想，坚持改革开放，推动科学发展，促进社会和谐，为夺取全面建设小康社会新胜利、谱写人民美好生活新篇章而努力奋斗。

李长春在讲话中高度评价了陶铸同志革命战斗的一生。他说，陶铸同志是中国共产党的优秀党员，久经考验的忠诚的革命战士，杰出的无产阶级革命家，党和国家的卓越领导人。他一生为民族独立、人民解放和国家富强作出了重要贡献，是人民群众熟悉和爱戴的革命前辈。李长春指出，陶铸同志为中国革命和建设事业艰苦奋斗数十年，建立了重要的历史功绩。他的一生，是革命的一生，战斗的一生，是鞠躬尽瘁、全心全意为人民服务的一生。党和人民将永远铭记他的光辉业绩和崇高风范。今天我们纪念陶铸同志，要学习他对党无限忠诚、为共产主义事业奋斗终生的高贵品质；学习他光明磊落、坚持真理的革命情操；学习他密切联系群众、勤于调查研究、勇于独立思考的优良作风；学习他艰苦朴素、严于律己的崇高精神。

此次座谈会由中共中央政治局委员、书记处书记、中央宣传部部长刘云山主持。国务委员陈至立出席。座谈会上，中共中央党史研究室主任、中央党校常务副校长李景田，中共中央文献研究室副主任杨胜群，国务院副秘书长项兆伦，中共中央宣传部副部长雒树刚，中共广东省委副书记、省长黄华华先后发言。出席座谈会的还有中央和国家机关、人民团体、部队有关部门、湖南省、广东省的负责同志，陶铸同志的亲属、生前友好和原身边工作人员等。

（据《光明日报》2008年1月17日）

[“全国创建学习型社会2008年年会”于1月19日~21日在山东莱芜钢铁集团公司举行] 此次会议由中共中央党校《学习时报》社举办。与会者围绕“学习型组织的实践与创新”这一主题进行了研讨。

与会者认为，建设学习型社会是建设创新型国家的重要组成部分，建设学习型组织是建设学习型社会的基础环节。只有积极建设学习型社会，建设创新型国家才会有坚实基础和强大动力。而充分发挥学习型组织的功能，努力建设更多的学习型组织，有利于促进信息沟通与知识共享，进而推进学习型社会建设。

与会者指出，企业是生产部门，也是研发、创新部门，在建设学习型社会和创新型国家中担负着重要使命。企业竞争的背后是人才的竞争，而人才的竞争归根结底是学习能力、创新能力的竞争。企业只有通过建设学习型组织，不断提高员工的综合素质和创新能力，发展才会更有活力和后劲。

（据《人民日报》2008年2月29日）

[“2008：改革的起点与趋势”形势分析会于1月26日在北京召开] 此次会议由中国（海南）改革研究院主办。与会专家学者围绕行政管理体制改革、宏观调控体制创新、财税体制改革、社会体制改革、农村综合改革等面临的形势和任务等问题进行了研讨。

与会者指出，改革开放30年来，我国改革发展取得了巨大成就，同时也出现了许多新矛盾新问题。这主要表现为：经济持续快速增长与资源环境约束的矛盾，经济总量、物质财富的不断增加与城乡差距、贫富差距扩大的矛盾，全社会公共服务需求全面快速增长与基本公共产品短缺的矛盾等等。解决这些矛盾和问题，必须进一步深化改革、推进创新。

与会者强调，党的十七大对当前和今后一个时期的改革发展作出了全面部署，关键是抓好落实。因此，要进一步解放思想、转变观念。我们必须按照党的十七大精神，继续解放思想，推进改革开放，着力转变不适应不符合科学发展观的思想观念，着力解决影响和制约科学发展的突出问题，努力开创中国特色社会主义事业新局面。

与会者指出，行政管理体制改革应注重整体设计，对政府的组织架构、权力配置、规则程序等进行总体规划，努力形成权责一致、分工合理、决策科学、执行顺畅、监督有力的行政管理体制。

（据《人民日报》2008年2月18日）

［中国历史唯物主义学会、中国社会科学院马克思主义研究院、教育部高等学校社会科学发展研究中心于2月23日在北京联合召开“纪念《共产党宣言》发表160周年”座谈会］40多位专家学者参加会议。与会者一致认为，纪念《共产党宣言》发表160周年具有重要的理论意义和现实意义。《宣言》哺育了世界各国一代又一代的马克思主义者，并指导国际无产阶级在对旧世界进行革命斗争中取得了伟大的胜利，积累了丰富的经验。在世界社会主义运动处于低潮的今天，我们纪念《宣言》，就是要学习和宣传《宣言》的科学真理，坚定对马克思主义的信仰，坚定中国特色社会主义信念，不断推进现代化建设事业。

与会者指出，纪念《宣言》要正确认识和深刻把握《宣言》所阐明的马克思主义的基本原理和基本原则。这些原理包括：第一，马克思主义的世界观和方法论的基础是辩证唯物主义和历史唯物主义；第二，根据唯物史观揭示人类社会历史发展的总规律和总趋势；第三，根据唯物史观揭示无产阶级是资本主义的掘墓人，实现共产主义最高理想是无产阶级的历史使命；第四，无产阶级在争取革命胜利上升为统治阶级以后，就要尽可能快地增加生产力的总量，为向社会主义和共产主义过渡创造条件；第五，实现全人类的解放和人的自由全面发展。这些基本观点和方法，对于认识进入21世纪的当代世界并没有过时，仍然是正确的世界观和方法论。

（据《光明日报》2008年3月4日）

［中共中央于2月29日上午在人民大会堂举行纪念周恩来同志诞辰110周年座谈会］中共中央总书记、国家主席、中央军委主席胡锦涛发表重要讲话强调，我们要全面贯彻党的十七大精神，高举中国特色社会主义伟大旗帜，坚持以邓小平理论和“三个代表”重要思想为指导，深入贯彻落实科学发展观，同心同德、齐心协力，求真务实、锐意进取，把老一辈革命家孜孜以求的美好理想变成现实，为把我国建设成为富强民主文明和谐的社会主义现代化国家而不懈奋斗。

中共中央政治局常委吴邦国、贾庆林、李长春、习近平、李克强、贺国强、周永康出席座谈会，座谈会由中共中央政治局常委、国务院总理温家宝主持。

胡锦涛在讲话中指出，周恩来同志是伟大的马克思主义者，伟大的无产阶级革命家、政治家、军事家、外交家，党和国家主要领导人之一，中国人民解放军主要创建人之一，中华人民共和国的开国元勋，是以毛泽东同志为核心的党的第一代中央领导集体的重要成员。周恩来同志的卓著功勋、崇高品德、光辉人格，深深铭记在全国各族人民心中，在国际上也享有很高威望。

胡锦涛强调，周恩来同志50多年的革命生涯，同中国共产党的建立、发展、壮大，同我国新民主主义革命的胜利，同我国社会主义革命和建设的历史进程紧密联系在一起。他毫无保留地把全部精力奉献给了党和人民，直到生命的最后一息。他身上集中体现了中国共产党人的高风亮节，在中国人民心中矗立起一座不朽的丰碑。

胡锦涛指出，我们缅怀周恩来同志，就是要永远铭记和认真学习周恩来同志的精神，使之不断发扬光大。周恩来同志始终信仰坚定、理想崇高，集中表现为他对党和人民无限忠诚的精神；始终热爱人民、勤政为民，集中表现为他甘当人民公仆的精神；始终顾全大局、光明磊落，集中表现为他高度珍视和自觉维护党的团结统一的精神；始终实事求是、严谨细致，集中表现为他求真务实的精神；始终虚怀若谷、戒骄戒躁，集中表现为他谦虚谨慎的精神；始终严以律己、廉洁奉公，集中表现为他无私奉献的精神。

胡锦涛强调，今天的中国是历史的继续和发展。我们要永远铭记老一辈革命家为创建新中国、确立社会主义基本制度、探索中国特色社会主义道路作出的历史贡献。在改革开放和社会主义现代化建设的历史新时期，我们继承老一辈革命家的遗志，继往开来，与时俱进，开创了中国特色社会主义伟大事业，开辟了发展中国、发展社会主义、发展马克思主义的正确道路，我国社会主义现代化建设取得了举世瞩目的成就，中华民族伟大复兴展现出光明灿烂的前景。

温家宝在主持座谈会时指出，胡锦涛总书记的重要讲话，回顾了周恩来同志伟大、光辉的一生，高度评价了周恩来同志的丰功伟绩、思想品德和崇高精神，号召全党全国各族人民特别是各级领导干部努力学习周恩来同志的革命精神和思想风范。胡锦涛总书记的重要讲话对于激励全党全国各族人民继承老一辈革命家的遗志，继续开创中国特色社会主义事业新局面具有重要指导意义。

温家宝说，周恩来同志把自己的一生无私地献给了中国人民的革命和建设事业。他深深地爱着人民，人民也深深地爱戴他。周恩来同志虽然离开了我们，但他的光辉业绩连同他为人民鞠躬尽瘁、死而后已的革命精神和高尚品德是永存的。我们纪念周恩来同志，就是要学习他的精神、品德和人格，继承他未竟的事业。周恩来同志永远活在人民心中！

座谈会上，中央文献研究室主任冷溶，中央党史研究室主任、中央党校常务副校长李景田，国务院副秘书长张平，全国政协副秘书长杨崇汇，中央军委委员、解放军总政治部主任李继耐，江苏省委书记梁保华先后发言。出席座谈会的还有：王刚、王兆国、刘云山、李源潮、郭伯雄、令计划、何鲁丽、黄孟复。中央和国家机关有关部门、人民团体、人民解放军以及江苏省的负责同志，周恩来同志亲属、生前友好、原身边工作人员和家乡代表等出席了座谈会。

（据《光明日报》2008年3月1日）

［“2008世界社会主义黄皮书暨纪念《共产党宣言》发表160周年——坚持走中国特色社会主义道路”理论研讨会于2月29日在北京举行］此次研讨会由中国社会科学院世界社会主义研究中心和社科文献出版社主办。中宣部理论局局长张西明代表中宣部副部长雒树刚致辞。中国社会科学院副院长李慎明、原秘书长杨克、学部主席团秘书长何秉孟等与来自中宣部、中组部、中联部、中央政策研究室、中央党校、中央编译局、中国社会科学院等机构和北京大学、清华大学、人民大学及江苏、广东、河南、上海、重庆等高校领导同志、专家学者200余人出席会议。

与会专家指出，理论正确，党就坚强，政策就正确，思想就统一，经济就发展，社会就稳定。我们只有不断解放思想、实事求是、与时俱进，才能进一步坚持和搞好改革开放，才能完成我们这一代共产党人所担负的光荣艰巨而又责无旁贷的神圣使命和崇高职责。以胡锦涛同志为总书记的党中央高度重视党的理论工作，坚持把马克思主义的基本原理与当今中国国情相结合，这是我们党有着无比光明灿烂的前途所在。我们必须在改革开放和中国特色社会主义的实践中，继续把《共产党宣言》所阐明的科学社会主义基本原则创造性地坚持、运用和发展。

与会专家认为，中国共产党之所以能够领导中国人民英勇奋斗取得革命的胜利，不断推动中国社会向前发展，都是将马克思主义基本原理同我国具体实际相结合才取得的。党的十七大解决了一个大问题，就是中国举什么旗，走什么路，实现什么目标，坚持什么理论的大问题。中国特色社会主义是我们党的旗帜，我们要在新的历史起点上，不被困难所惧，不被干扰所惑，要保持政治上的清醒，面对新的问题，在创新中求发展。离开把马克思主义与中国实际和时代特征相结合，离开已经指引我们取得伟大成功的旗帜、道路和理论体系，去寻求另外别的什么主义和模式，都不会有出路。

与会专家们强调，马克思主义是不断发展的理论，它必然随着时代、实践和科学的发展而不断发展。中国特色社会主义之所以能够引领中国发展进步，就在于中国共产党坚持马克思主义基本原理，坚持科学社会主义基本原则，并赋予它们以鲜明的中国特色和时代特征。我们要高高举起中国特色社会主义伟大旗帜，让中国特色社会主义的伟大成果来展示科学社会主义的生命力和真理的光辉。

（据《光明日报》2008年3月2日、3月9日）

［“中国农村改革与发展”研讨会于3月22日～23日在北京召开］此次会议由农业部农村经济研究中心主办。中央农村工作领导小组办公室主任陈锡文、中央财经领导小组办公室副主任唐仁健、中央政策研究室副主任郑新立、国务院研究室副主任李炳坤、农业部副部长尹成杰、中国农业经济学会会长段应碧、中国农业大学校长柯炳生等出席会议，并就农村改革30年取得的成就和经验、当前农村改革面临的形势和任务、深化农村改革的目标和思路等问题作了发言。来自中央有关部委的领导、学术研究机构和高等院校的专家学者、部分地方有关部门领导、部分新闻单位记者、国外有关驻京机构代表等共约80人参加了会议。

与会者指出，我国改革是从农村起步的，农村改革是我国改革的重要组成部分。30年来，我国农村改革取得了巨大成就，不仅带来了农村经济社会的历史性变化，而且有力地支持了我国经济社会的深刻变革。当前，我国已经进入新的发展阶段，统筹城乡发展的要求更加突出，进一步深化农村改革的任务依然艰巨。深入贯彻落实科学发展观，协调推进农村经济建设、政治建设、文化建设、社会建设，逐步实现农业现代化，加快推进城乡经济社会发展一体化，应当成为今后一个时期农村改革的基本目标和主要任务。

（据《人民日报》2008年4月16日）

［第九届“中国发展高层论坛”于3月23日在北京召开］本届中国发展高层论坛的主题是“中国2020：发展目标和政策取向”。

中共中央政治局常委、国务院副总理李克强出席开幕式并致辞。他强调，要坚持改革开放，着力改善民生。中国正处于加快推进现代化的关键时期，到2020年要全面建成惠及十几亿人口的更高水平的小康社会，从根本上说就是要使人民生活水平和质量得到全面提高。

李克强指出，在中国这样一个有着十几亿人口的发展中大国实现现代化，世界上没有先例可循。我们已经走上一条适合国情的中国特色社会主义道路。在新形势下，我们总结中国发展实践，借鉴国外发展经验，适应新的发展要求，提出了以人为本、全面协调可持续的科学发展观。推动科学发展，关键靠改革开放。要形成有利于科学发展的体制机制，为现代化建设提供动力源泉和制度保障。推动科学发展，目的是为了全面改善人民生活。顺应人民群众过上更好生活的新期待，是我们一切工作的出发点和归宿。

他指出，为实现未来发展目标，我们将继续深化改革，加快完善社会主义市场经济体制，从制度上更好地发挥市场在资源配置中的基础性作用，更好地发挥公民和社会组织在公共事务管理中的作用，深化行政管理体制改革，建设服务型政府，建设责任政府、法治政府和廉洁政府。进一步扩大开放，把引进来和走出去更好地结合起来，加强多边双边经贸合作，全面提高开放型经济水平。大力推进经济结构战略性调整，加快转变发展方式，把科技创新作为国家发展战略的核心，立足扩大国内需求开拓发展空间，建设资源节约型、环境友好型社会。加快推进以改善民生为重点的社会建设，在优先发展教育、扩大劳动就业、完善社会保障、调节收入分配的同时，加快解决医疗卫生、住房保障、环境质量问题，健全和完善公共服务体系，促进社会和谐。奉行互利共赢的开放战略，加强国际经济技术交流与合作，始终不渝走和平发展道路。

李克强指出，当前中国经济形势总体是好的，但也存在一些突出问题。我们将继续加强和改善宏观调控，进一步加强薄弱环节，增加有效供给，优化投资结构，抑制不合理需求。同时，根据新情况新问题，合理把握宏观调控的节奏、重点和力度，把经济平稳较快发展的好形势保持下去。

李克强指出，今年是中国改革开放30周年。改革开放是决定当代中国命运的关键抉择，是发展中国特色社会主义、实现现代化的必由之路，我们将进一步解放思想，勇于变革，创新求实，把改革开放和现代化建设伟大事业不断推向前进。

全国人大常委会副委员长路甬祥出席开幕式。来自国内外的专家学者、企业家、政府官员和国际组织代表参加开幕式。

（据《光明日报》2008年3月24日）

［中宣部于4月9日在北京召开“建设社会主义核心价值体系”研讨会］中共中央政治局委员、书记处书记、中宣部部长刘云山出席会议并讲话，强调要深入贯彻党的十七大精神，从推进中国特色社会主义事业、巩固党的执政地位的高度来认识和谋划核心价值体系建设，切实把这件关系全局、事关长远的大事抓紧抓好。

刘云山指出，建设社会主义核心价值体系，是适应思想文化领域的新变化，着眼巩固马克思主义指导地位、巩固全党全国人民团结奋斗的共同思想基础提出的一项重大战略任务。它符合社会发展运动规律，适应了国际国内形势变化对意识形态工作提出的新要求，标志着我们党对社会主义制度在价值层面的探索达到了一个新的高度，为我们党在经济全球化和社会多样化条件下团结带领人民开拓前进树立了精神旗帜，为全面推进中国特色社会主义事业提供了更有力的精神支撑。

会议指出，建设社会主义核心价值体系，要解决好认识、认知、认同的问题。要深刻认识社会主义核心价值体系把党的主张、国家意志和人民意愿统一起来，把政治与伦理、理想与现实结合起来，是一个结构完备、逻辑缜密的科学体系；

深刻认识社会主义核心价值体系的现实目标，就是团结动员全党全国各族人民为建设富强、民主、文明、和谐的社会主义现代化国家而奋斗；深刻认识社会主义核心价值体系具有鲜明的科学性、民族性、时代性和开放性，拥有广泛而雄厚的历史基础和现实基础。

会议提出，进一步研究社会主义核心价值体系建设的重大意义、深刻内涵和实践要求，探讨用核心价值体系引领社会思潮、增强社会主义意识形态吸引力凝聚力的有效途径。要组织各方面力量集中攻关，从不同角度、不同层面进行深入研究，不断取得新的研究成果，努力为建设社会主义核心价值体系提供有力的理论支持。

中央有关部门和部分省市党委宣传部负责同志，以及专家学者在会上发言。各省区市党委宣传部主管理论工作的副部长、马克思主义理论研究和建设工程专家学者100多人参加会议。

（据《光明日报》2008年4月10日）

［纪念王震同志诞辰100周年座谈会于4月11日在北京举行］纪念中国共产党的优秀党员，伟大的无产阶级革命家、政治家、军事家，坚定的马克思主义者，党和国家的卓越领导人王震同志诞辰100周年座谈会，4月11日上午在北京人民大会堂举行。中共中央政治局常委、中央书记处书记、国家副主席习近平出席座谈会并发表重要讲话。

习近平在讲话中高度评价了王震同志光辉壮丽的一生。习近平说，王震同志在上世纪20年代的大革命洪流中开始接触进步思想和中国共产党的组织，并在工人运动中迅速成长起来。革命战争年代，他参加了湘赣苏区、湘鄂川黔革命根据地的创建和巩固工作，担任红军高级领导职务，率部参加长征并胜利到达陕北根据地。抗日战争时期，他担任八路军120师359旅旅长兼政治委员，率部在山西抗日前线英勇作战，在南泥湾开展轰轰烈烈的大生产运动，为巩固陕甘宁根据地作出了特殊贡献。抗日战争胜利后，他协助李先念同志成功指挥了中原突围，参加指挥了吕梁战役、汾孝战役和保卫陕甘宁边区、保卫党中央的战斗，参加和参与指挥了西北战场一系列重要战役战斗，促成新疆和平解放，为解放大西北、巩固祖国统一作出了重大贡献。新中国成立后，他先后作为新疆、铁道兵和农垦部的主要领导，为促进各族人民的团结、建设和保卫边疆，为发展我国的铁路事业和农垦事业，倾注了全部精力，建立了不可磨灭的功绩。党的十一届三中全会以后，他支持经济特区的创建，关心民族地区的建设，牵挂科技文教事业的发展，重视外交工作和同世界各国的友好往来，为改善我军装备，推进部队革命化、现代化、正规化建设和军转民生产做了大量工作。

习近平指出，王震同志的一生，是为党和人民的事业不懈奋斗、无私奉献的一生。他为中国人民的解放和新中国的建立，为社会主义建设和改革开放事业，作出了重大贡献，深受全党全国各族人民的尊敬和爱戴。他在60多年的革命生涯中表现出的无产阶级革命家的气魄、胆略和政治智慧，形成的崇高思想、品德和风范，是一笔宝贵的精神财富，永远值得我们学习。我们今天纪念王震同志，就是要深切缅怀他为党和人民建立的卓越功勋，学习他始终忠于党、忠于人民的高尚品质，坚韧不拔、勇于开拓的革命精神，坚持原则、顾全大局的崇高风范，襟怀坦荡、率真赤诚的革命情怀。

习近平强调，我们党正在带领全国各族人民建设的中国特色社会主义，是在包括王震同志在内的老一辈革命家开创的、几代共产党人为之不懈奋斗的中国革命和建设伟大基业上进行的，抚今追昔、展望未来，我们党肩负的历史使命神圣而光荣。全党同志要更加紧密地团结在以胡锦涛同志为总书记的党中央周围，全面贯彻党的十七大精神，高举中国特色社会主义伟大旗帜，以邓小平理论和“三个代表”重要思想为指导，深入贯彻落实科学发展观，继续解放思想，坚持改革开放，推动科学发展，促进社会和谐，为把我国建设成为富强民主文明和谐的社会主义现代化国家而不懈奋斗。

座谈会由李源潮主持。刘云山、张德江、徐才厚、邓朴方、邓力群、王瑞林出席。座谈会上，解放军副总参谋长刘镇武，中央党史研究室副主任龙新民，中央文献研究室副主任杨胜群，中央党校副校长李君如，湖南省委副书记梅克保先后发言。

出席座谈会的还有中央和国家机关有关部门、民主党派、人民团体、解放军和湖南省、新疆生产建设兵团的负责同志，王震同志的亲属、生前友好和原身边工作人员等。

（据《光明日报》2008年4月12日）

［首届“北京社会建设论坛”于4月18日在北京举行］此次论坛由北京市委社会工委、北京市社科联、中国人民大学等单位联合主办。参加论坛的专家学者围绕“关注民生、构建和谐”这一主题进行了研讨。

与会者认为，随着我国社会流动的规模加大、速度加快，社会体制发生了两大变化。一是社会管理从过去以单位组织（机关、企事业单位等）为基础逐步向主要以社区为基础发展，社区、社会组织等各种新型社会纽带成为处理国家、社会、个人三者之间关系的重要中介。二是社会管理方式从以户籍、档案等制度为主的行政化管理逐步向以公民制度为主的社会化管理转变。这就涉及户籍、就业、社会保障、医疗、教育、住房等一系列社会体制的改革。这些社会体制改革，应当在维护社会稳定的前提下，采取渐进的方式，积极稳妥地加以推进。

与会者指出，当前应特别注意协调好三个方面的利益关系。一是不同社会阶层之间的利益关系，尤其是贫富之间、劳资之间和干群之间的利益关系。各种社会矛盾和社会冲突往往是围绕这三种社会关系展开的。二是不同类型社会组织之间的利益关系，包括政府组织、企业组织和社会组织之间的关系，垄断组织和竞争性组织之间的关系等。三是地域之间的关系，包括城乡之间、地区之间的关系以及宗教和民族关系等。

与会者指出，社会建设既是理论问题，更是实践问题。应以构建和谐社会为目标，从理论与实践相结合、社会科学与自然科学相结合的角度进行深入研究，从经济、政治、文化与社会建设相结合的角度进行深入探讨。同时，着力培养一批社会建设方面的专家，培训一批社会工作者，造就一支社会建设研究人才队伍，为推进社会建设提供智力支持，为政府科学决策和民主决策提供依据。

（据《人民日报》2008年5月14日）

［“首都理论界纪念真理标准讨论30周年座谈会”于4月26日在北京召开］此次会议由中国辩证唯物主义研究会、北京市社会科学界联合会等共同主办。与会专家学者围绕真理标准讨论的历史意义、重要经验以及在新的历史起点上如何继续解放思想等问题进行了研讨。

与会者指出，真理标准讨论对重新恢复和确立我们党实事求是的思想路线作出了重大贡献，为实现历史伟大转折、开拓社会主义建设新局面奠定了坚实的思想基础。30年来，党的思想理论的发展、各项事业的发展，都与解放思想密不可分。

与会者认为，真理标准讨论为解放思想积累了重要经验。一是解放思想要在民主的氛围中进行，坚持畅所欲言；二是解放思想要破除迷信和教条，坚持实事求是；三是解放思想要与实践相结合，坚持实践标准；四是解放思想要抓住重大的理论和现实问题，增强针对性；五是解放思想贵在创新、重在实效，要有一点闯的精神；六是解放思想要把尊重实践和尊重群众统一起来，把实践标准和人民利益标准统一起来。

与会者强调，在新的历史起点上，我们要继续坚定不移地解放思想。当前，我国改革发展正处在关键阶段，机遇前所未有，挑战也前所未有，有许多新事物需要去认识，有许多新问题需要去解决，有许多新矛盾需要去处理。我们必须解放思想、更新观念、拓宽思路、勇于创新，以新的思想解放取得新的发展成效。

（据《人民日报》2008年6月6日）

［“当代中国文化发展与价值导向”学术研讨会于4月26日在上海师范大学召开］此次研讨会由“马克思主义研究论坛”组委会和上海市邓小平理论和“三个代表”重要思想研究中心主办，上海市伦理学会、上海师范大学承办。来自华东师范大学、同济大学、上海交通大学、南京政治学院等单位的专家学者共80余人出席了会议。会议围绕社会主义核心价值体系与当代中国文化发展、改革开放30年文化发展价值导向研究、大众传媒的社会责任等问题进行了深入探讨。

与会者指出，民族的文化认同是实现社会价值导向的文化根基。要实现文化的大发展大繁荣，就要克服文化理解上重“形”而轻“神”的认识误区，摆正文化与经济、政治等的位置，正确发挥文化的价值导向作用。文化认同、民族认同、价值认同，实际上是核心价值的认同。文化认同是增强民族凝聚力与向心力的基础；文化传播是提升国家亲和力与影响力的关键；文化宽容才能繁荣文化。

与会者认为，在文化多样化的当代中国，社

会主义核心价值体系坚持中国特色社会主义的价值导向，巩固了社会主义意识形态阵地；在传统文化与时代文化的冲撞中，社会主义核心价值体系将民族性与时代性结合起来，将有力推动文化的大发展大繁荣；在文化发展中，社会主义核心价值体系推动经济效益和社会效益的统一。社会主义核心价值体系转化为社会共识的关键在于，要得到社会成员的认同。

与会者提出，必须在国家的文化引领和文化管理方法上实现一系列的转变：必须以民主法制作为最基本的方法，必须坚决落实“双百”方针，必须坚持核心价值理念的树立和价值观的引导。在倡导注重大众传媒的正确导向中，应该树立社会主义道德观、规范传媒的社会责任、完善传媒的监督制度、加强传媒的职业精神。

（据《光明日报》2008年5月20日）

［纪念中共中央发布“五一口号”60周年座谈会于4月29日在北京举行］中共中央政治局常委、全国政协主席贾庆林出席座谈会并讲话。

贾庆林在讲话中说，各民主党派、无党派人士热烈响应“五一口号”，标志着各民主党派、无党派人士自觉选择了中国共产党的领导，走上了新民主主义、社会主义的道路，揭开了我国多党合作事业发展的历史新篇章。60年来，我国多党合作事业蓬勃发展，为社会主义革命、建设和改革事业作出了重要贡献。

贾庆林指出，实践充分证明，中国共产党领导的多党合作和政治协商制度，是我国的一项基本政治制度，具有巨大的优越性，一定要始终不渝地坚持；是符合中国国情的伟大创造，具有强大的生命力，一定要毫不动摇地发展；是实现社会主义民主的重要形式，具有独特的作用，一定要坚定不移地推进。60年来，中国共产党和各民主党派、无党派人士在团结合作的实践中积累了丰富经验，为继续推动多党合作事业发展提供了重要启示，这就是必须坚持中国共产党的领导，必须坚持大团结大联合，必须坚持发扬社会主义民主，必须坚持平等协商，必须坚持民主监督。

贾庆林强调，当前，我国正处于改革发展的关键时期，多党合作事业面临着新的形势和任务。要以纪念中共中央发布“五一口号”60周年为契机，继承和发扬各民主党派、无党派人士在同中国共产党团结合作中形成的优良传统和宝贵经验，进一步推动多党合作事业蓬勃发展，巩固和壮大最广泛的爱国统一战线，共同把中国特色社会主义事业推向前进。要高举中国特色社会主义伟大旗帜，确保多党合作事业始终沿着正确方向前进；要努力推动科学发展，共同致力于实现全面建设小康社会奋斗目标；要坚持长期共存、相互监督、肝胆相照、荣辱与共的方针，搞好团结合作，发展我国各政党民主团结、生动活泼的和谐政治关系；要加强自身建设，把执政党建设和参政党建设更好地统一于多党合作、共创伟业的历史进程中，努力形成执政党建设同参政党建设相互促进的良好局面。

座谈会上，民革中央主席周铁农、民盟中央主席蒋树声、民建中央主席陈昌智、民进中央主席严隽琪、农工党中央主席桑国卫、致公党中央主席万钢、九三学社中央主席韩启德、台盟中央主席林文漪、无党派人士代表陈竺等分别发言。大家认为，各民主党派、无党派人士热烈响应中共中央“五一口号”，在我国多党合作发展史上具有里程碑意义。回顾历史是为了更好地面向未来，我国多党合作的历史和经验，集中到一点，就是只有中国共产党的领导，才能彻底实现国家独立和民族解放；只有坚持中国共产党的领导，中国人民才有光明的前途和未来。

座谈会由全国政协副主席、中共中央统战部部长杜青林主持。

张梅颖、张榕明、厉无畏、罗富和、陈宗兴、王志珍和何鲁丽、成思危、许嘉璐、蒋正华、罗豪才、张怀西、李蒙，各民主党派中央、全国工商联有关负责人，无党派人士代表，中央和国家机关有关部门、统战系统有关单位负责人以及出席“政治交接主题学习教育活动经验交流会”的全体人员出席了座谈会。

（据《光明日报》2008年4月30日）

［“思想家论坛——纪念真理标准问题讨论三十周年研讨会”于4月30日在北京召开］该论坛由中国社科院马克思主义研究学部和马克思主义研究院举办。在此次论坛上，中国社科院副院长武寅、马克思主义研究学部主任程恩富等与来自中国社会科学院、中国人民大学、中央党校、北京大学、清华大学等单位的100多名专家学者围绕继续解放思想，深入落实科学发展观课题，进行了深入研讨。

与会者认为，三十年前的真理标准问题讨论是一次伟大的思想解放运动。经过争鸣与讨论，“实践是检验真理的唯一标准”这一马克思主义的基本观点成为全党全国人民的共识。从此，解放思想、实事求是的思想路线得到确立，以“一个中心、两个基本点”为主要内容的基本路线逐步形成，进而实现了党的历史和我国社会生活的重大转折，开辟了改革开放的历史新时期。回顾三十年来我们党在实践上的每一个重大发展，在理论上的每一个重大突破，都与解放思想、实事求是这一马克思主义思想路线分不开。

与会者指出，纪念真理标准问题讨论30周年，目的是为了在新的发展阶段更好地继续解放思想。在新的发展阶段继续解放思想，应突出以下几个方面：一是要坚持以马克思主义特别是中国特色社会主义理论体系为指导，打破习惯势力和主观偏见的束缚，研究新情况，解决新问题。二是要坚持实践是检验真理的唯一标准，鼓励大胆探索和创新，不断探索发展的新路径、新方法、新措施。三是要深入贯彻落实科学发展观。科学发展观是在实践中形成、在实践中验证、在实践中丰富的同时又不断指导实践发展的科学思想，我们必须长期坚持，把科学发展观贯彻落实到经济社会发展各个方面，努力实现经济社会又好又快发展。

（据《光明日报》2008年5月13日）

［“《共产党宣言》与中国特色社会主义——纪念《共产党宣言》发表160周年、马克思诞辰190周年座谈会”于5月5日在北京召开］此次会议由中央编译局实施马克思主义理论研究和建设工程办公室与《马克思主义与现实》杂志社联合举办。

与会者认为，《共产党宣言》（以下简称《宣言》）不仅具有重要的历史意义，而且具有重要的现实意义。《宣言》是马克思主义和科学社会主义诞生的标志，是一部百科全书式的马克思主义经典著作，不仅包括马克思主义哲学、政治经济学和科学社会主义的主要观点，而且包括马克思主义关于本体论、认识论、方法论以及世界观、历史观、价值观的基本思想。中国特色社会主义理论体系与《宣言》既一脉相承又与时俱进，是马克思主义中国化最新成果。在当代中国，坚持中国特色社会主义理论体系，就是真正坚持马克思主义。

与会者强调，今天我们重新学习《宣言》，应当采取科学的态度，历史地、全面地、准确地理解《宣言》所阐述的马克思主义基本原理。广大理论工作者在研究《宣言》及其他马克思主义经典著作时，应当努力做到“四个分清”，即努力分清哪些是必须长期坚持的马克思主义基本原理，哪些是需要结合新的实际加以丰富发展的理论判断，哪些是必须破除的对马克思主义的教条式的理解，哪些是必须澄清的附加在马克思主义名下的错误观点。

（据《人民日报》2008年6月2日）

［中共中央宣传部、中共中央党校、光明日报社于5月8日在北京联合召开“纪念关于真理标准问题讨论30周年”座谈会］中共中央政治局常委李长春出席会议并作重要讲话。李长春强调，今天我们纪念关于真理标准问题的讨论30周年，就是要认真学习贯彻党的十七大精神，高举中国特色社会主义伟大旗帜，以邓小平理论和“三个代表”重要思想为指导，深入贯彻落实科学发展观，深刻总结改革开放30年来我们在坚持党的思想路线，坚持解放思想、实事求是、与时俱进中积累的丰富经验，把思想和行动统一到党的十七大精神上来，继续解放思想，坚持改革开放，推动科学发展，促进社会和谐，为夺取全面建设小康社会新胜利而奋斗。

李长春指出，30年前，关于实践是检验真理的唯一标准的讨论，是在邓小平同志等老一辈无产阶级革命家的领导和支持下开展起来的。这场讨论，为我们党冲破“两个凡是”的严重束缚、重新确立马克思主义的思想路线奠定了理论基础，为党的十一届三中全会实现历史转折、我国迈向改革开放新时期作了思想准备，为我们党在改革开放30年中坚持和发展中国特色社会主义道路、形成中国特色社会主义理论体系提供了强大精神动力。

李长春指出，改革开放30年来，我们党坚持解放思想，形成了一系列行之有效的宝贵经验。这些宝贵经验，是我们党在解放思想中形成的认识成果，为我们继续解放思想提供了基本遵循，必须倍加珍惜、很好坚持，并在实践中不断丰富和发展。今天我们党领导的中国特色社会主义伟大事业正处于新的历史起点上。我们已经取得举世瞩目的伟大成就，但决不能骄傲自满，决不能停滞不前。要通过继续解放思想，进一步增强高举中国特色社会主义伟大旗帜的自觉性和坚定性，毫不动摇地坚持和发展中国特色社会主义；进一步深入贯彻落实科学发展观，更好地推动科学发展、促进社会和谐；进一步深化改革、扩大开放，为发展中国特色社会主义提供强大动力；进一步推进经济、政治、文化、社会各项建设，为夺取全面建设小康社会新胜利而奋斗；进一步以改革创新精神全面推进党的建设新的伟大工程，不断提高党的执政能力，保持党的先进性。全党同志特别是广大理论工作者、宣传工作者、新闻工作者、教育工作者，要继续发扬解放思想、实事求是、与时俱进的优良作风，继续保持开拓进取、奋发有为的精神状态，勇于做解放思想的先行者、改革创新的排头兵，在以胡锦涛同志为总书记的党中央领导下，高举中国特色社会主义伟大旗帜，锐意进取，不懈奋斗，为推进中国特色社会主义伟大事业、实现中华民族伟大复兴作出新的更大贡献。

中共中央政治局委员、书记处书记、中宣部部长刘云山主持座谈会，全国政协副主席、中国社会科学院院长陈奎元出席座谈会。

邵华泽、邢贲思、李景田、王伟光、苟天林等同志在座谈会上发言。中央宣传思想工作领导小组成员、中央有关部门负责同志、理论界专家学者近200人参加座谈会。

（据《光明日报》2008年5月9日）

[第四届“文化发展战略论坛”于5月16日在广东深圳举行] 此次论坛由中宣部文化体制改革和发展办公室、广东省委宣传部、深圳市委共同主办。论坛的主题是改革创新与文化产业发展。中宣部、文化部、商务部、国家广电总局、新闻出版总署等部门有关领导及同志，部分省区市的党委宣传部长、文化单位负责同志和专家学者、首届中国文化产业创新奖获奖单位负责人约250人出席了论坛。与会同志围绕主题，结合本部门、本地区和本单位的实际，就文化产业投融资问题进行了深入探讨，总结交流了文化体制改革和发展的实践经验和研究成果，对推进文化创新，增强文化产业发展活力提出了意见和建议。

与会者一致认为，创新是文化的本质特征，是推动文化繁荣发展、提高国家文化软实力的不竭动力；改革是文化创新的重要内容，是解放和发展文化生产力的根本途径。我们要继续贯彻落实科学发展观，与时俱进，开拓进取，做解放思想的先锋，做改革创新的模范。按照面向现代化、面向世界、面向未来的要求，大力推动文化创新，焕发创新激情，增强创新能力，全面推进文化体制改革，加大力度、加快进度、务求实效，力争在2010年前取得重大实质进展，使我国文化始终保持蓬勃生机和旺盛活力。

与会者指出，深化文化体制改革，推进体制机制创新，要抓好六个方面的重点工作。一是要围绕培育合格文化市场主体，加快推进经营性国有文化单位转企改制，以资本为纽带推进文化企业兼并重组，做大做强一批大型文化企业和企业集团。二是要围绕改善服务、增强活力，着力推进文化馆、图书馆、博物馆等公益性文化事业单位和新闻单位深化内部改革。三是要围绕完善投入保障、创新运行机制，加快完善公共文化服务网络，加强公共文化设施的使用和管理，努力在构建公共文化服务体系上取得新的进展。四是要围绕提升产业规模和效益，加强产业规划，完善产业布局，提高文化产业集中度。五是要围绕提高文化产品和服务市场化程度，加强文化产品和要素市场建设，大力发展市场中介机构和行业组织，积极参与国际文化市场竞争。六是要围绕转变政府职能，加快推进政府职能转变，继续推进文化市场综合行政执法改革，探索建立新型的国有文化资产管理体制和运营机制，努力在加强和改善宏观管理上取得新进展。

（据《光明日报》2008年5月17日）

[第四届“中国经济论坛”于5月16日在北京举行] 此次论坛由中国社会科学院经济学部主办，中国社会科学院科研局、国际合作局和城市发展与环境研究中心承办。与会专家学者围绕“生态、环境与中国经济”这一主题，就能源资源与经济发展、生态环境与可持续发展、应对全球气候变化等问题进行了研讨。

与会者认为，我国工业增长仍属于资源驱动型。为满足未来经济快速增长和人民生活水平不断提高对能源的需求，我国应实施节能优先、以技术替代为支点、能源来源多元化、国内开发与国际合作并举的国家能源战略。应通过推行新机制、新模式解决我国的能源和环境问题，包括有计划有步骤地推进能源和环境价格改革、用市场机制促进节能减排、采取优惠的税收政策和金融政策促进节能服务产业发展等。

与会者提出，我国已步入环境与发展的战略转型期。在这一时期，应采取“一体化”的环境战略，在政治领域倡导环境良治，在经济领域倡导可持续生产，在文化领域倡导树立生态文明观，在社会领域倡导可持续消费，在技术领域研发和普及污染治理和生态修复技术以及低资源消耗、低排放技术。

与会者强调，全球气候变暖引发极端气候事件发生的频率和强度正在增大，增强防灾减灾能力显得更加重要而紧迫。除了发挥社会主义制度的优势、加快建立“政府领导、部门联动、社会参与”的防御极端气象灾害体系，还应依靠科技进步，加快建立科学防御极端气象灾害的机制。我国应以节能优先来应对气候变化的挑战。在此背景下，低碳经济就成为我国发展的战略选择，低碳生态型城市就成为我国城镇化发展的战略方向。

（据《人民日报》2008 年 6 月 4 日）

［“北京自然科学界与社会科学界联席会议2008·高峰论坛”于5月24日在京举行］此次论坛的主题是“奥运北京·和谐社会”。与会者回顾了北京奥运会的筹办历程，并围绕绿色奥运、科技奥运、人文奥运这三大理念的具体实践进行了研讨。

与会者指出，绿色奥运、科技奥运、人文奥运这三大理念与城市发展有着密切联系。奥运会的筹办过程，也是一次城市发展的观念更新、体制革新和技术创新过程。为了迎接奥运会，北京市完成了市区绿地系统规划，扩大了城市绿地总量，加快了城市集中绿地建设。

与会者强调，北京奥运会将是奥运史上一届具有独特风格的奥运会。它所提出的人文奥运的理念，意义深远；它所弘扬的和谐世界、和谐奥运的人文精神，是北京奥运会对奥林匹克运动的独特贡献；它所倡导的全民奥运、全民健身的奥运实践，是对奥林匹克运动的巨大推动；它所彰显的东方文化、东方气派、东方风格，展示了辉煌悠久的东方文明，也体现了多元文化交融互补的奥林匹克精神。人文奥运理念的提出和实践，必将对城市文明素质的整体提升以及城市的可持续发展起到积极的推动作用。

（据《人民日报》2008 年 6 月 20 日）

［“中国人文社会科学论坛2008”于5月28日在北京举行］此次论坛由中国人民大学主办、中国经济改革与发展研究院承办。与会者围绕我国改革开放 30 年来对社会主义市场经济体制的探索等问题进行了研讨。

与会者认为，社会主义基本制度与市场经济的结合，构成了改革开放 30 年来我国经济体制改革的主线、特色和主要内容。进一步深化改革，必须继续解放思想，破除各种束缚，坚定不移地推进市场取向改革，不断完善社会主义市场经济体制。同时，也应注意防止“市场万能论”、“泛市场化”的倾向。

与会者指出，我国改革采取了先试点再推广、从易到难、以增量带存量的渐进式道路，实践证明是成功的。进一步深化改革，需要在坚持以往成功经验的基础上，继续调整政府与市场的关系，更充分地发挥市场配置资源的基础性作用，更好地发挥政府宏观调控、市场监管、社会管理、公共服务的职能作用。

与会者一致认为，我国经济建设指导思想从“多快好省”到“又快又好”再到“又好又快”的演进，适应了我国经济发展不同阶段的要求，反映了我们党对经济发展规律认识的深化。当前，应深入贯彻落实科学发展观，着力转变经济发展方式，大力推动工业反哺农业、城市支持农村，形成城乡经济社会发展一体化新格局，促进经济社会又好又快发展。

（据《人民日报》2008 年 6 月 24 日）

［广东省党校系统“纪念改革开放三十周年”理论研讨会于6月11日～12日在广东珠海召开］中央党校副校长李君如，广东省委常委、组织部长、省委党校校长胡泽君，珠海市委书记、市人大常委会主任甘霖，广东省委党校常务副校长郑盛廷，中山大学教授叶汝贤及来自广东省党校系统的专家学者百余人出席研讨会。

与会者认为，解放思想是发展中国特色社会主义的一大法宝，只有解放思想、实事求是、与时俱进、勇于创新，永不停滞，社会主义才能永葆生机和活力。30 年前的真理标准问题讨论，吹响了解放思想的号角。广大干部群众冲破“两个凡是”的思想禁锢，以实践是检验真理的唯一标准，推进了党的指导思想和各条战线的拨乱反正，全面实行改革开放，使社会主义中国发生了巨大的变化。思想解放为改革开放实践提供强大的路线保证、营造良好的精神状态、准备科学的理论指导、指明正确的前进方向、开掘丰富的人力资源。改革开放的每一个重大的实践活动和理论创新，都是由思想解放开始的，思想解放是改革开放实践的先导。

与会者指出，广东既是解放思想、改革开放的先行者，又是解放思想、改革开放的受益者。广东靠解放思想起步，也靠解放思想起飞。改革开放 30 年，广东经历了改革开放先行一步探索、改革开放全面展开、增创新优势和实践科学发展观排头兵等四个阶段。每一阶段都取得了巨大的成就，这是解放思想的结果。广东改革开放 30 年，经济和社会发生了历史性巨变，走出了一条具有时代特征、中国特色和广东特点的改革开放之路，是中国特色社会主义实践的重要组成部分。

与会者强调，解放思想无止境。我们要继续解放思想、实事求是、与时俱进，勇于变革、勇于创新，永不僵化、永不停滞，不为任何风险所惧，不被任何干扰所惑，以解放思想为先导，坚持改革开放，推动科学发展，促进社会和谐，从传统的发展观中解放出来，促进经济社会又好又快发展。

（据《光明日报》2008 年 7 月 15 日）

［第二届“陈云与当代中国”研讨会于 6 月 13 日在当代中国研究所召开］此次会议由中华人民共和国国史学会“陈云与当代中国”课题组和上海陈云故居暨青浦革命历史纪念馆共同举办。部分曾在陈云同志领导下工作过的老同志与中国社会科学院、中央文献研究室、中国人民大学等单位的近百位专家学者参加了研讨会。会议主题是“科学发展观与陈云的思想”。中国社会科学院副院长兼当代中国研究所所长、中华人民共和国国史学会常务副会长朱佳木指出，陈云关于发展的思想是科学发展观的重要来源之一，他在长期领导我国经济建设中形成的许多重要思想观点，为科学发展观提供了丰富的理论营养。

入选论文中有不少专题论述陈云与改革开放的关系，对人们认识陈云同志在改革开放事业中的杰出贡献，深入总结改革开放的历史经验也很有裨益。

（据《光明日报》2008 年 7 月 6 日）

［“马克思主义中国化论坛·2008”于 6 月 20 日在北京举行］此次论坛由北京市邓小平理论和“三个代表”重要思想研究中心、北京市社科联、北京大学共同举办。李君如、赵曜、吴树青、赵家祥等近百名专家学者和全国邓小平理论和“三个代表”重要思想研究中心的负责同志围绕马克思主义中国化最新成果——中国特色社会主义理论体系进行了专题研讨。

与会者指出，中国特色社会主义理论体系是在和平与发展成为时代主题的历史条件下，在我国改革开放和现代化建设的实践过程中，在总结我国社会主义建设经验并借鉴其他国家发展经验的基础上，逐步形成和发展起来的。它包括主题和主线、理论基础和哲学基础、核心内容和核心思想、基本理论和重要观点四个不同层次的内容。

与会者一致认为，中国特色社会主义理论体系是马克思主义中国化最新成果，是改革开放和社会主义现代化建设伟大实践的重要理论结晶，开辟了马克思主义中国化的新境界。这一理论体系与马克思列宁主义、毛泽东思想既一脉相承又与时俱进，既坚持了科学社会主义的基本原则，又具有鲜明的时代特色、民族特色和实践特色。在当代中国，坚持中国特色社会主义理论体系，就是坚持马克思主义。首都理论界应深入研究中国特色社会主义理论体系形成的思想渊源和科学发展观对中国特色社会主义理论体系的理论贡献等，形成一批有价值的研究成果。

（据《人民日报》2008 年 7 月 7 日）

［“2008 年中国经济增长与周期论坛年会”于 6 月 21 日～22 日召开］此次会议由中国社会科学院经济研究所、首都经济贸易大学等单位举办。与会专家学者围绕我国经济运行、当前物价过快上涨的成因以及如何加强和改善宏观调控等问题进行了研讨。

与会者指出，我国经济如果经过二三年的调整，消除前几年累积的过热因素，挤掉部分泡沫，促进结构转型，将回到潜在的增长水平。未来 20 年，我国经济高增长的长期路径不会改变，维持 9% 以上的增长率是可以期待的。

与会者认为，物价过快上涨是当前宏观经济面临的最大问题。造成物价上涨的原因是复杂的，包括持续较快的经济增长导致需求拉动的物价上涨；工业化、城镇化加速带动要素成本上升；市场化推进使过去被压低的要素价格逐渐回归；等等。应从世界经济循环和周期变化的角度来审视我国结构性物价上涨的本质。我国结构性价格调整不仅是自身工业化以及结构调整的产物，而且决定于全球分工体系调整、世界经济发展不平衡、美元贬值以及金融全球化等因素。

与会者强调，我国当前面临着保增长和保稳定的双重任务。保增长不是要保两位数的增长，9% 的增长就是比较理想的；对于物价来说，连续两三年 6% ~7% 的 CPI 上涨率基本上可以说是稳定了。我国能源和原材料价格上涨具有结构变动基础。把保增长和保稳定统一起来，应认真贯彻落实中央"标本兼治，远近结合"的宏观调控思路。治标重在短期稳定，治本力求长期发展；调节货币供应量、对农户进行补贴以及对一部分商品价格进行干预是治标，深化市场体制改革、改善市场环境、理顺扭曲的价格体系是治本。

（据《人民日报 》2008 年 8 月 1 日）

［第十五次"全国毛泽东哲学思想学术研讨会"于 7 月 21 日 ~24 日在青海省西宁市召开］此次会议由全国毛泽东哲学思想研究会与青海省委党校联合主办。与会者围绕毛泽东哲学思想与改革开放 30 周年这一主题进行了研讨和交流。

与会者指出，毛泽东哲学为马克思主义哲学中国化作出了杰出贡献。这主要体现在以下几个方面：第一，牢牢把握马克思主义哲学精髓，立足中国实际，创造性地运用马克思主义哲学的立场、观点和方法解决中国的政治、经济、军事、文化等问题。第二，批判继承中国传统哲学，探索中国传统哲学优秀遗产与马克思主义哲学有机结合的途径，实现了马克思主义哲学的民族化以及中国传统哲学的现代化。第三，用民族形式诠释马克思主义哲学，使马克思主义哲学为广大人民群众所喜闻乐见。第四，坚决反对和抵制把马克思主义教条化的错误倾向，在实践中坚持和发展马克思主义哲学。毛泽东哲学为我们坚持和发展中国特色社会主义奠定了哲学基础。

与会者强调，中国特色社会主义理论体系坚持和发展了马克思列宁主义、毛泽东思想。在新形势下，理论工作者应自觉把对毛泽东哲学思想的研究同对党的理论创新成果的研究结合起来，更加注重从哲学层面研究党的创新理论，使我们对党的创新理论的理解达到更高层次，更好地用以武装头脑、指导实践、推动工作。

（据《人民日报》2008 年 8 月 29 日）

［国务院法制办主办的"深入贯彻落实科学发展观与加快法治政府建设"理论研讨会于 7 月 22 日 ~23 日召开］国务委员兼国务院秘书长马凯作了书面讲话。从全面推进依法行政、加快建设法治政府的客观实际出发，国务院法制办公室主任曹康泰向与会者提出了科学发展观对建设法治政府提出的新任务、新要求，法治政府的科学内涵、本质特征、内在要求和价值取向，法治政府建设与行政管理体制改革，法治政府与服务型政府，如何进一步提高政府立法质量，如何改善行政执法，如何加强和完善行政监督、关于坚持社会主义法治理念、如何切实加强政府法制机构建设等九个方面需要认真研究的问题。

来自全国各省市的法制办主任、部分国务院部门法制机构负责人及专家学者共 78 人参加了会议，就科学发展观对加快法治政府建设的新要求，深化行政管理体制改革与建设法治政府，坚持科学民主立法、提高制度建设质量，创新机制、确保法律法规全面正确实施，加快建设法治政府等几个方面进行了研讨，并从理论与实践的结合上对改革开放 30 年来我国依法行政的经验进行了总结。

（据《光明日报》2008 年 7 月 24 日）

［"马克思主义哲学与中国改革开放三十周年"全国学术研讨会于 8 月 2 日在上海举行］此次研讨会由中国辩证唯物主义学会、中国社会主义社会辩证法研究会等单位联合举办。中国辩证唯物主义学会会长杨春贵、中央党校副校长李君如、上海市委宣传部副部长潘世伟、中国浦东干部学院常务副院长冯俊、广东社科联党组书记田丰等 100 多位专家学者围绕"马克思主义哲学与中国改

革开放三十周年”进行了热烈研讨。

与会者指出，中国的改革开放正是从哲学入手、从端正思想路线起步的。真理标准问题的讨论实现了思想上的拨乱反正，拉开了改革开放的历史序幕。正是30年前开展的真理标准问题大讨论，从哲学世界观的高度揭开了中国社会主义历史发展大转折的序幕，成为冲破禁锢人们思想的“两个凡是”的束缚、破除现代迷信和推动思想大解放的运动，为具有重大历史转折意义的党的十一届三中全会的召开做了重要的思想理论准备。同时，这也是从根本上恢复和发扬马克思主义学风，重新迈向马克思主义理论创新的一次大转折。

与会者认为，邓小平同志提出的衡量改革开放成败的“三个有利于”标准，是对马克思主义基本原理的科学运用。江泽民同志高度重视哲学对各项工作的指导作用，他集中全党智慧提出的“三个代表”重要思想，在本质上也是哲学命题。以胡锦涛同志为总书记的党中央提出的科学发展观等重大战略思想，也是坚持和发展马克思主义的重大成果。

与会者强调，我国改革开放以来的三十年，是不断解放思想的30年，是不断推进中国特色社会主义伟大事业的30年，更是我们党不断进行马克思主义理论创新，形成和发展中国特色社会主义理论的30年。马克思主义理论创新是改革开放迅猛发展的强大动力。在新的时代条件下，我们应进一步加强马克思主义哲学研究，为推进改革开放、发展中国特色社会主义提供强大思想和理论保障。

（据《光明日报》2008年9月2日）

［“解放思想、深化改革、科学发展”理论研讨会于8月5日在吉林省长春市举行］此次会议由中央党校中国马克思主义研究基金会、吉林省委党校、吉林日报社共同主办。

与会者认为，目前，我国改革发展正处在关键阶段：从实现社会主义现代化“三步走”的发展战略看，我国正面临由总体达到小康向全面建设小康社会的转变；从工业化水平和经济实力看，我国正面临由传统工业化向信息时代条件下的工业化的转变、由经济大国向经济强国的转变；从经济体制改革的进程看，我国正面临由建立社会主义市场经济体制向完善社会主义市场经济体制的转变；从对外开放的水平看，我国正面临由选择性、低水平开放向全方位、高水平开放的转变。在这样一个关键阶段，我们要不断开创中国特色社会主义事业新局面，就必须深刻认识和把握经济社会发展的这些新特点新要求，更加自觉地走科学发展道路。

与会者指出，深入贯彻落实科学发展观，推动科学发展，关键在于实现“两个转变”：一是思想观念的转变；二是体制机制的转变。实现思想观念的转变，就是要通过深入学习领会党的十七大精神和中央的一系列要求部署，提高认识、更新观念，不断提高贯彻落实科学发展观的自觉性和坚定性，为科学发展观的贯彻落实提供思想保证；实现体制机制的转变，就是要着力解决影响和制约科学发展的突出问题，着力构建充满活力、富有效率、更加开放、有利于科学发展的体制机制，为科学发展观的贯彻落实提供体制保证。

（据《人民日报》2008年9月24日）

［第五届“中国企业文化论坛”于9月3日～4日在黑龙江省齐齐哈尔市举行］此次论坛由中国思想政治工作研究会主办。中共中央政治局委员、中央书记处书记、中宣部部长刘云山致信祝贺，强调企业思想政治工作要大力推进社会主义核心价值体系建设，努力建设中国特色企业文化。

刘云山指出，改革开放30年来，我国经济社会发生了历史性的巨大变化，我国企业的改革发展取得了举世瞩目的巨大成就。企业思想政治工作围绕中心、服务大局、改进创新，对促进企业的改革发展发挥了重要作用。站在新的历史起点上，企业思想政治工作要深入贯彻党的十七大精神，高举中国特色社会主义伟大旗帜，坚持以邓小平理论和“三个代表”重要思想为指导，全面落实科学发展观，坚持以人为本、服务职工，坚持与时俱进、开拓创新，为促进经济又好又快发展作出新的贡献。

全国政协副主席、民革中央常务副主席厉无畏出席论坛并讲话，中宣部副部长翟卫华出席论坛并作主旨报告，黑龙江省委书记吉炳轩出席论坛并表示祝贺。中央和国家机关有关负责同志，各地、各行业（系统）政研会和企业代表共200余人参加了论坛。

与会者一致认为，思想政治工作是我们党的优良传统和政治优势。改革开放30年来，企业思想政治工作为促进企业改革发展作出了应有的贡献，积累了丰富的经验。在改革开放新时期，必须继承党的优良传统，深入研究新形势新任务对思想政治工作提出的新要求，充分认识进一步加强改进企业思想政治工作的重要性和紧迫性，进一步增强做好新形势下企业思想政治工作的自觉性和使命感。要深入贯彻落实科学发展观，推动企业转变发展方式、实现科学发展；要坚持以人为本，促进员工全面发展；要正确把握和处理利益相关主体的关系，推动先进企业文化建设；要积极营造创新氛围，推动企业不断提高自主创新能力，努力发挥、发展、壮大企业思想政治工作的优势，建设中国特色企业文化，为企业健康发展提供强大的思想保证。

（据《光明日报》2008 年 9 月 5 日）

［第一届“《思想理论教育导刊》论坛——改革开放 30 年与高校思想政治教育理论研讨会”于 9 月 7 日 ~8 日在福州举行］此次研讨会由《思想理论教育导刊》杂志社、高校思想政治理论课教学研究中心和福建农林大学共同主办。来自全国各地的 50 多位专家学者出席会议。

与会者指出，我们党高度重视对大学生进行思想政治教育。进一步加强和改进高校思想政治理论课教育，是国内外形势发展的需要，是全社会的期盼，也是高校广大教师、学生的呼唤。高校思想政治理论课是对大学生进行思想政治教育的主渠道，是引导大学生坚定中国特色社会主义理想信念、掌握马克思主义科学理论和科学方法的重要途径，对大学生世界观、人生观、价值观的形成有着不可替代的作用，是社会主义大学的本质体现，肩负着提高大学生的综合素质，培养德智体美全面发展的社会主义事业建设者和接班人的重任。

与会者认为，改革开放以来，高校思想政治理论课建设的经验主要有：坚持以马克思主义中国化的最新成果为课程的中心内容，以中国特色社会主义理论体系的“三进”为教学的主要任务；坚持德育为先的教育理念，充分发挥思想政治理论课在大学生思想政治教育中的主渠道和主阵地作用；坚持以人为本的教学原则，充分发挥教师在思想政治理论课教学中的主导作用，高度重视学生在思想政治理论课教学过程中的主体作用；坚持以教材建设为重要基础，高度重视教材建设的科学性、针对性和实效性；坚持以教学方法和方式的创新为重要环节，充分发挥先进教学方法和教学技术手段的作用，形成多形式、多渠道的社会实践教学方式；坚持以教师队伍建设为关键，努力造就一支政治坚定、业务精湛、师德高尚的思想政治理论课专任教师队伍；坚持教学管理体制的改革和整合，健全和完善适合于思想政治理论课建设内在要求的教学管理体制；坚持以提高教学质量为重点，加强教学水平和教学实效的评价；坚持以学科建设为重要基础，高度重视马克思主义理论学科及其相关学科对思想政治理论课建设和发展的支撑作用；坚持各级党委的领导和各级教育主管部门的宏观指导，努力形成思想政治理论课全面发展的格局和环境。

与会者强调，从事思想政治理论课教学的同志要联系改革开放和现代化建设实际，联系大学生思想实际，创新教学方法，加强社会实践，增强思想政治理论课的吸引力、感染力，把思想政治理论课建成大学生真心喜爱、终身受益的课程。

（据《光明日报》2008 年 9 月 16 日）

［“中国企业改革与发展 30 年学术研讨会暨中国企业管理研究会 2008 年年会”于 9 月 7 日在重庆市召开］此次会议由中国企业管理研究会、重庆工商大学、中国社会科学院管理科学研究中心等单位联合主办。与会者围绕深化国有企业改革、完善公司治理结构、提高企业自主创新能力等问题进行了研讨。

与会者认为，经过 30 年的实践探索，我国国有企业改革取得巨大成就，增强了国有经济的活力、控制力和影响力，提升了我国经济整体的国际竞争力。今后，应朝着建立现代企业制度的方向，进一步深化国有企业改革。

与会者指出，科学的公司治理结构是提高企业活力的关键。完善公司治理结构，应从内外两个方面努力。一方面，完善企业内部治理机制。按照现代企业制度的要求，规范和完善董事会制度，强化监事会的职能和作用；建立健全审计工作制度，强化审计的监督功能。另一方面，加快培育外部竞争环境。抓紧建立和完善相关制度、法律法规以及文化环境等。

与会者强调，切实提高企业自主创新能力，是促进企业发展壮大的有效途径，也是促进国民经济又好又快发展的重要保障。提高企业自主创新能力，应着力抓好三项工作：一是建立健全政策激励机制，调动企业加大研发投入的积极性；二是促进产学研紧密结合，发挥科研院所、大学的科研优势和人才优势；三是高度重视中小企业技术创新能力建设，积极搭建为中小企业开展技术创新活动服务的各类平台。

（据《人民日报》2008年11月3日）

［第三届“世界中国学论坛”于9月9日在上海开幕］此次论坛由国务院新闻办公室指导，上海社会科学院、上海市人民政府新闻办公室主办。论坛以“和衷共济：中国与世界的共存之道”为主题。来自五大洲的中国问题研究专家、国内知名学者专家近400人围绕论坛主题及中国学相关领域课题进行交流与研讨。

开幕式上，国务院新闻办公室主任、世界中国学论坛名誉主任王晨为本届论坛发表题为《让世界了解一个真实的中国》的书面主旨演讲。他充分评价中国学论坛已发展成为中外学术界共同探讨中国发展趋势的新平台。与会者各从不同的角度评论中国的发展趋势和价值观，就当前中国学研究的发展提出各自的见解。

在为期两天的论坛期间，400名中外学者在17个分会场展开讨论。本届论坛还分别以“中国改革发展30年的道路”、“中国与世界的共存之道”、“中国学方法论研究”为议题举行三场圆桌会议。

（据《光明日报》2008年9月9日）

［由中国延安精神研究会和河南省延安精神研究会举办的“纪念改革开放30周年理论研讨会”于9月10日~12日在郑州举行］中国延安精神研究会会长李铁映出席会议并讲话。中共河南省委书记徐光春、代省长郭庚茂等看望与会同志；中共河南省委副书记陈全国致开幕词。伍绍祖、逄先知、宋清渭、令狐安、有林、李树文、夏清成、苏希胜等领导和专家学者与来自全国20个省（市、区）的130余名代表出席研讨会。

李铁映在主题报告中回顾了改革开放的伟大历程，深刻阐述了改革开放的重大历史意义，强调中国的改革开放是社会主义制度的自我发展和完善。他指出，发展没有止境，改革也没有止境。解决中国问题的根本出路在于进一步深化改革，在于坚定不移地走中国特色社会主义道路。改革开放30年的实践证明，在中国共产党的领导下，我们完全有能力走出一条前人未走过的新路，完全有能力实现中国工业化、现代化，完全有能力实现中华民族的伟大复兴。

与会者一致认为，延安精神集中体现了我们党的性质和宗旨，体现了我们党的优良传统和作风。在新的历史起点上，面对新形势、新任务、新挑战，我们需要大力弘扬延安精神，着力推进解放思想，推进改革开放，用科学发展观这一马克思主义中国化的最新成果武装头脑、指导实践、推动工作，通过创新体制机制，进一步解放和发展生产力，促进我国经济社会又好又快发展。

中国延安精神研究会常务副会长伍绍祖在会议总结中说，通过研讨，大家提高了对“旗帜、道路、理论体系”重大意义和科学内涵的认识，坚定了继续推进改革开放的信心，深化了坚持改革开放与坚持四项基本原则关系的认识，深入探讨了新形势下如何更好地弘扬延安精神的思路与办法。

（据《光明日报》2008年9月23日）

［“改革开放与新的社会阶层论坛”于9月16日在福州举行］此次论坛由中央社会主义学院主办、福建省社会主义学院承办。全国人大常委会原副委员长、民革中央原主席、中央社会主义学院院长何鲁丽，中共福建省委常委、宣传部长唐国忠，中央社会主义学院常务副院长游洛屏、副院长袁廷华，福建省政协副主席张燮飞、李祖可等及来自中央统战部、全国工商联、各省市区社会主义学院的专家学者300多人出席论坛。

与会者指出，新的社会阶层是中国特色社会主义事业建设者的论断，是中国特色社会主义理论体系的重要内容，是对马列主义、毛泽东思想的重大发展。这个论断继承发展了马克思主义的阶级分析方法，对巩固发展新世纪最广泛的爱国统一战线，全面推进中国特色社会主义伟大事业，具有重大理论意义和实践意义。

与会者认为，随着改革开放的深入发展，我国社会阶层结构发生了深刻变化。新的社会阶层已经成为改革开放和社会主义现代化建设的一支重要力量。广泛团结新的社会阶层人士，是巩固党的阶级基础、扩大党的群众基础的需要，是巩固和发展新世纪新阶段统一战线的需要，是推动中国特色社会主义伟大事业的需要。

与会者指出，我们要坚持充分尊重、广泛联系、加强团结、热情帮助、积极引导的方针，了解掌握新的社会阶层的发展变化，畅通反映渠道，维护合法权益，鼓励和帮助他们发展事业；要加强思想政治工作，引导他们爱国、敬业、诚信、守法、贡献，自觉接受党的领导，自觉履行义利兼顾、扶贫济困的社会责任；还要努力形成在党委统一领导下，由统战部门牵头、党政有关部门参加、社会有关团体参与的联席会议制度和以社团为纽带、以社区为依托、以网络为媒介、以活动为抓手的工作机制。

（据《光明日报》2008 年 10 月 7 日）

[第三届“全国青年马克思主义论坛”于 9 月 19 日 ~22 日在南昌举行] 此次论坛由中国社科院马克思主义研究院、江西师大主办，《马克思主义研究》杂志社、江西师大政法学院承办。中国社科院党组成员李秋芳，江西省委宣传部长刘上洋，中国社科院马克思主义研究院副院长张祖英，中国社科院学部委员靳辉明、李崇富，江西师大校长眭依凡、党委副书记祝黄河及来自全国各地的 120 多位青年学者出席论坛。论坛以改革开放和中国特色社会主义理论体系为主题。

与会者认为，当代中国，最鲜明的特点是改革开放。只有改革开放才能发展中国、发展社会主义、发展马克思主义。邓小平理论、“三个代表”重要思想以及科学发展观等重大战略思想，既一脉相承，又与时俱进，共同构成中国特色社会主义理论体系。这个理论体系随着改革开放的发展而形成，并且随着对马克思主义中国化认识的深化而升华，是马克思主义中国化的最新成果，是我们党最可宝贵的政治和精神财富，是全国各族人民团结奋斗的共同思想基础。

与会者指出，马克思主义中国化本质上是把马克思主义基本原理与中国实际相结合。中国特色社会主义理论体系以马克思主义的唯物辩证法为哲学基础，以解放思想、实事求是为思想路线并作为贯穿理论观点的基本线索，围绕什么是社会主义、怎样建设社会主义，建设什么样的党、怎样建设党，实现什么样的发展，怎样发展等中国特色社会主义建设的基本问题，形成了一个内容完整、结构严谨的科学理论体系。中国特色社会主义理论体系与坚持走中国特色社会主义道路，建设中国特色社会主义密不可分。中国特色社会主义理论体系是中国特色社会主义的理论形态，中国特色社会主义道路是中国特色社会主义的实践形态。中国特色社会主义理论体系形成与中国特色社会主义道路的开辟相伴随，中国特色社会主义理论体系是坚持走中国特色社会主义道路所取得的理论成果。中国特色社会主义理论体系是一个开放的体系，必将随着实践的发展而发展。

（据《光明日报》2008 年 10 月 14 日）

[纪念程思远同志诞辰 100 周年座谈会于 9 月 21 日在人民大会堂举行] 中共中央政治局常委、全国政协主席贾庆林出席座谈会。

全国人大常委会副委员长兼秘书长李建国在座谈会上讲话。他说，程思远同志一生始终保持着崇高的爱国主义情操，为维护祖国统一、推动两岸关系发展作出了重要贡献，为坚持和完善人民代表大会制度、推进社会主义民主法制建设进程付出了大量心血。我们纪念程思远同志，就是要学习他胸怀祖国、热爱人民的爱国主义精神，为实现祖国和平统一大业和中华民族的伟大复兴而不懈奋斗；学习他衷心拥护中国共产党领导、矢志不渝走中国特色社会主义道路的坚定信念，把老一辈无党派爱国民主人士与中国共产党肝胆相照、荣辱与共、真诚合作、不断进步的优良传统继承下来发扬光大；学习他坚持原则、追求真理的高尚品德，以对党、对国家、对人民事业高度负责的精神，求真务实，廉洁奉公，克勤克俭，堂堂正正做人，干干净净为党、为国家、为人民工作。

座谈会由全国政协副主席、中共中央统战部部长杜青林主持。全国政协副主席、民革中央常务副主席厉无畏，中国和平统一促进会副会长何鲁丽出席座谈会。

中共中央统战部常务副部长朱维群，全国政协副秘书长卞晋平，无党派人士代表陈章良，广西壮族自治区党委常委、统战部长黄道伟等先后发言。有关方面负责人和程思远同志的亲属、生前友好及在京无党派人士代表等共 200 余人出席座谈会。

（据《光明日报》2008 年 9 月 22 日）

[第二届“中国政治经济学年会”于 10 月 11 日 ~12 日在西北大学召开] 此次会议由中国社科

院马克思主义研究院、中国人民大学经济学院、北京师范大学经济学院、南开大学经济学院、西北大学经济管理学院、清华大学中国公有资产研究中心等5家中国政治经济学年会理事单位共同主办，西北大学经济管理学院承办。全国人大常委、陕西省人大常委会副主任张道宏先生参会并致词。来自北京大学、清华大学、中国人民大学、中国社会科学院、南京大学、南开大学、北京师范大学等国内80余所院校的130余位专家学者和高等教育出版社、《光明日报》、《经济研究》、《经济学动态》、《中国软科学》、《经济学家》、《经济纵横》、《财经科学》等10余家杂志社的20余位专家参加本次会议。会议主题是：改革30年的中国经济学。会议围绕改革开放30周年的回顾与反思、政治经济学与社会主义市场经济、三农、住宅和区域经济研究、中国经济学建设和经济学方法论、现代资本主义政治经济学、马克思主义经济学基本问题、企业理论研究、经济思想史与经济学流派等八个方面问题展开深入的交流和讨论。

与会者指出，中国政治经济学的发展应在坚持马克思政治经济学主导地位的前提下，探索马克思主义政治经济学的现代形态。在内容上要继承前人的研究成果，包括马克思政治经济学，也包括西方各个学派的科学成果；政治经济学的理论创新要从现实经济中吸取营养，要与中国的改革实践相结合，增强对现实问题的解释力，要注意吸收自然科学的营养。

与会者指出，政治经济学一方面要从基础理论上进行提升和总结，另一方面要将现实中的问题，尤其是改革中的难点、热点问题纳入研究框架中来，使政治经济学的学科体系反映中国特色社会主义的特点。

与会者认为，政治经济学研究要继承马克思政治经济学的传统研究方法，同时加强对数学方法的应用，马克思主义政治经济学不排斥数学方法，但也不能泛数学化。政治经济学基本理论应从马克思主义政治经济学与西方经济学的比较视角进行创新。

与会者认为，改革开放30年是中国经济学教育急剧发生变化的过程，是一个从改革开放初期以政治经济学教育为主的教育和教学模式，到逐步引入西方经济学，再到中国经济学教育和教学的逐步规范化的过程。应在坚持马克思主义政治经济学基本理论、方法的同时，建立一个适应时代变迁，理论与逻辑一体化的中国特色政治经济学的理论新体系。应改变目前政治经济学教学分为资本主义部分和社会主义部分的两分法格局。教材编著要构建新的体系，加强理论创新和非传统理论的引入，在风格上要言简意赅、结合实际。

与会者强调，为提高政治经济学科的发展地位，一是要在经济学的教育理念里凸显马克思经济学的指导地位，重视政治经济学的教学与研究；二是建立多层次的教材体系和课程体系，注重教材编写的创新和课程设置的科学性；三是加强政治经济学师资队伍建设，注重研究梯队的构建，尤其是青年学者的培养；四是建立健全激励机制，提高政治经济学研究人员的积极性；五是探索中国特色的经济学人才培养模式。

（据《光明日报》2008年11月11日）

［“北京创举：奥林匹克的精神财富论坛”于10月15日在北京举办］此次论坛由北京市邓小平理论和“三个代表”重要思想研究中心、中国人民大学、北京市社会科学界联合会共同举办。与会者围绕奥运人文理念与文化中国国家形象建设、奥运精神对提升国家文化软实力的意义和作用、奥运对北京国际化大都市建设的影响与推动、奥运志愿工作的精神理念与实践成果以及世界舆论对北京奥运的评价等问题进行了深入探讨，从不同角度、不同侧面揭示奥运精神的内涵和本质，阐发北京奥运会、残奥会留下的精神财富。

与会者认为，在2008年北京奥运会、残奥会举办的40多天里，中国与世界共同分享了一届真正的无与伦比的奥运会和有史以来最伟大的残奥会。中国人民用汗水和智慧兑现了自己的庄严承诺，不仅增强了民族凝聚力和自信心，也赢得了世界的尊重。两个奥运会留下了丰厚而宝贵的精神财富，我们一定要倍加珍惜、自觉运用。首都社会科学工作者应认真学习胡锦涛同志在北京奥运会、残奥会总结表彰大会上的重要讲话精神，依托各自的学科背景和专业优势，认真研究和总结北京奥运会、残奥会的成功经验和精神财富，使之转化为建设“人文北京、科技北京、绿色北京”的强大动力，为北京的又好又快发展提供有力支撑。

（据《人民日报》2008年11月12日）

［“二〇〇八·马克思主义与儒学高层论坛”于10月19日～20日在北京召开］此次论坛由中央党校哲学部和中国孔子基金会主办，华夏文化纽带工程组委会和中国实学研究会协办。来自全国各地的专家学者80多人参加论坛。

与会者认为，要坚持马克思主义的指导地位，但马克思主义与中国传统文化不是对立的，而是相互借鉴，相互吸收，相互促进的关系。马克思主义与中国优秀传统文化相结合，一方面使得马克思主义有了民族文化的“土壤”，另一方面也使得中国传统文化有了新的时代内涵。马克思主义研究者既要深刻了解中国的国情，也要深刻了解包括儒学在内的中国传统文化，以便使马克思主义中国化深深扎根在传统文化的土壤之中；要按照实事求是和唯物辩证法来吸收借鉴中国传统优秀文化以发展马克思主义，使马克思主义中国化得到健康发展。一方面要使马克思主义与中国哲学传统建立联系，另一方面则是要以马克思主义指导现代中国哲学的建构。

与会者指出，要以马克思主义的立场、观点、方法为指导对儒学传统进行研究；坚持批判性与构建性相统一的原则，对包括儒学在内的中国传统文化进行精粗优劣的鉴别。既要坚持马克思主义基本原则不动摇，又要充分汲取包括儒学在内的中国传统优秀文化，还要分析马克思主义与儒学的相异之处，使儒学走向现代化，更好地为当代中国的社会发展服务，成为中国特色社会主义文化的重要元素。

（据《光明日报》2008年10月28日）

［纪念孙冶方百年诞辰系列研讨活动陆续举行］由中国社会科学院经济学部、孙冶方经济科学基金会、中国社会科学院经济研究所联合主办的“改革开放30年暨纪念孙冶方百年诞辰研讨会”于10月21日在北京召开；由孙冶方经济科学基金会、中国社会科学院经济研究所和上海财经大学联合主办的“改革开放30年暨孙冶方诞辰百年纪念经济理论研讨会”于10月28日在上海召开。

系列研讨会期间，来自国内著名高校及科研机构、政府部门的专家学者，围绕改革开放30年来国企改革、收入分配、三农问题、财税改革、金融与资本市场、环境保护及孙冶方经济思想等议题进行了广泛而深入的研讨，形成了许多有价值的学术观点。

参加系列研讨会的专家学者们一致认为，孙冶方的一生表现出马克思主义经济学家的大无畏精神和献身科学的高尚品格，他是中国经济学界的楷模和榜样。改革开放也是在经济理论与时俱进、不断创新的推动下不断深化和发展的。近年来一系列马克思主义中国化创新成果的不断出现，已超越了孙冶方等老一辈经济学家在上个世纪五六十年代甚至七八十年代的设想和理论概念。但是，如果仔细研究孙冶方先生的一系列论著，仍不难发现，他在几十年前提出的重要理论观点，显现的“天才的闪耀”，至今有不少仍具有重要现实意义。

为纪念孙冶方对中国经济科学研究和发展的重大贡献，鼓励优秀经济学家对重大理论和现实经济问题进行研究，繁荣我国经济科学事业，由薛暮桥、马洪、于光远等55人于1983年6月发起成立孙冶方经济科学基金会。基金会于1984年设立“孙冶方经济科学奖”，是我国经济学界公认的最高荣誉，迄今已进行了12届评奖活动，共评出著作45部、论文149篇，颁发奖金150多万元。

（据《光明日报》2008年10月22日）

［“回顾与展望：中国政治学与中国政治发展30年”学术研讨会暨中国政治学会2008年年会于10月24日～26日在湖北襄樊举行］此次会议由中国政治学会主办、湖北省政治学会和襄樊学院承办。

与会者认为，发展社会主义民主政治、建设社会主义法治国家，必须坚持党的领导、人民当家作主、依法治国的有机统一。遵循这一根本要求，党坚持发挥总揽全局、协调各方的领导核心作用，适应改革开放以来我国经济基础发生的深刻变化和人民群众民主意识的不断增强，积极稳妥推进政治体制改革，不断完善党和国家领导制度、人民代表大会制度、中国共产党领导的多党合作和政治协商制度、民族区域自治制度、基层民主制度、行政管理体制、司法制度、决策机制、权力制约监督，取得了显著成效。

与会者认为，适应改革开放以来我国政治体制改革和发展的需要，我国政治学的恢复和发展在学科建设、队伍建设和人才培养、理论研究等多方面取得了丰硕成果，积累了不少宝贵经验，为中国政治学的进一步繁荣发展奠定了基础。当前面临着如何进一步繁荣发展、充分发挥作用的时代课题，迫切需要在新形势下处理好政治学研究和学科建设中存在的一系列关系，如政治与学术的关系、理论与实践的关系、坚持马克思主义与发展马克思主义的关系、基础理论研究与应用对策研究的关系、研究方法的科学性与多样性的关系、中国化与国际化的关系、创新与借鉴的关系等，努力推进我国政治学的繁荣发展，使中国政治学研究在中国特色社会主义政治建设中发挥更大作用。

（据《光明日报》2008 年 12 月 9 日）

［“以人为本与中国特色社会主义”学术研讨会于 10 月 26 日在北京召开］此次会议由中国人学学会和首钢总公司举办。中国人学学会名誉会长彭珮云，首钢总公司党委书记朱继民、副书记姜兴宏等与来自全国各地的 130 多位专家学者就“以人为本与中国特色社会主义”主题，围绕胡锦涛总书记在全党深入学习实践科学发展观活动动员大会上的讲话精神，结合我国的国情，从理论与实践上深入研讨以人为本在推进中国特色社会主义伟大事业中的重大意义及其在中国特色社会主义理论体系中的地位与作用。

陈志尚会长指出，胡锦涛总书记 9 月 19 日重要讲话，精辟分析了在全党开展深入学习实践科学发展观活动的重大现实意义和紧迫性，明确提出了把贯彻落实科学发展观提高到新水平必须遵循的重要原则，中国人学学会要认真学习、深刻领会，为进一步推进以人为本的科学发展观的学习实践活动作出新贡献。黄枬森教授认为，我们党提出以人为本的科学发展观是时代发展的要求。从人与自然关系看，人与自然关系中的“人”实际上是人类社会，是所有的人；从社会内部人与人的关系看，现在人与人之间的交往越来越频繁和复杂，需要调整和协调，这里谈的人也是指所有的人；从社会政治、法律关系讲，社会关系的逐渐变化使人民的内涵同人的内涵非常接近。

与会者指出，科学发展观强调发展以人为本，这对于建设中国特色社会主义有重要的指导意义。以人为本的“本”，是指发展的出发点和着眼点，就是要把实现好、维护好、发展好最广大人民群众的根本利益作为我们工作的出发点和落脚点，体现了我们党从现实问题着眼，想人民之所想，急人民之所急的立党为公、执政为民的执政理念。

（据《光明日报》2008 年 11 月 18 日）

［“改革开放 30 年：中国道路与世界视野”国际学术研讨会于 10 月 30 日在北京举行］会议由北京大学邓小平理论研究中心、党委宣传部、社科部、马克思主义学院联合举办。黄楠森、吴树青、李忠杰、沙健孙、梁柱、王东等及来自美国、日本、俄罗斯、韩国、越南等国家的几百位专家学者出席了研讨会。会议围绕改革开放的国际影响与历史地位、中国经验的理论总结与哲学升华、中国发展的迫切问题与解决思路、中国哲学社会科学 30 年的发展等专题进行了研讨交流。

与会者认为，中国是世界上在消除贫困方面最成功的国家之一，为其他发展中国家带来了克服自身挑战的希望，也为其人民提供了一个美好的发展前景。中国为全世界提供了榜样示范。在全球的政治、经济舞台上，中国已成为一个积极、负责任的重要参与国。有学者从“所有制制度—农村改革—企业管理制度—市场体系—宏观控制体系—社会制度—对外开放”七个层面，对中俄两国的改革之路进行了比较研究，认为，中国经济体制改革 30 年的历史，从经济成就上看，也从经济发展模式的生机活力来看，中国超过俄罗斯。在 1992 年俄罗斯实行私有化和价格自由化，俄罗斯和中国经济体制改革的模式不一样。中国所使用的市场经济的转型模式俄罗斯应该借鉴。

与会者强调，改革开放极大改变了中国的面貌和中国人民的命运，在世界上产生了巨大影响。中国开辟了中国特色社会主义正确道路，在中华民族现代复兴的历史进程中，在科学社会主义发展的历史进程中，在当代世界发展的历史进程中，中国的改革开放都具有重要的历史地位和国际影响。我们应对中国经验、中国道路和中国模式进行理论总结与哲学升华，深刻挖掘其蕴含的中国精神和中国理念。

（据《光明日报》2008 年 12 月 9 日）

［“美国次贷危机与中国经济走势论坛”于 10 月 31 日举办］此次论坛由西北大学经济管理学院与改革杂志社联合主办。来自国内多家研究机构及政府部门的专家学者，围绕美国次贷危机产生的背景及影响、中国未来经济走势及应对措施等

进行了研讨。

与会者指出，危机的起源，一是由于美国的个人住房抵押贷款，二是美国政府的政策支持起到推波助澜的作用，三是金融创新过度，资产证券化的风险激增。制度性因素对危机的迅速扩张起到了推动作用，交易机制不透明和缺少流动性保障，很容易引发流动性危机。

与会者认为，危机对美国的直接影响取决于次贷违约率的提升幅度和房价下跌幅度。对美国未来经济增长的影响则取决于美国政府的救市措施、金融业最终损失的规模及其在各年度中的分摊情况。这次危机首先影响到了美国金融体系，包括金融监管体系。当美国此轮金融创新浪潮过去的时候，很可能要进入一个至少为期三年的强制调整期，可能要形成全球范围内的一个新的金融格局。如果欧洲的结构调整推广得力，其定位也会上升，国际货币体系极有可能出现双头垄断格局。此外，危机会对实体经济造成冲击。

与会者指出，无论从投资、出口，还是消费的角度看，目前中国经济的基本面是好的，经济运行表现出周期性特征：一是GDP增长率已进入周期性回调阶段，通货膨胀的危机已消除；二是第三产业的波动情况与GDP增长率基本一致；三是投资名义增速大幅回落后趋于平稳；四是消费结构不断提升，消费需求旺盛；五是出口对经济增长的拉动作用下降；六是CPI涨幅回落，PPI涨幅不断提高。

与会者认为，次贷危机对我国经济不会造成太大冲击。第一，中国经济的内部消费需求非常强劲；第二，国内的投资需求旺盛，固定资产投资一直在不断扩张，消费需求扩张也必然带动固定资产投资膨胀；第三，公共产品供给对政府投资拉动作用显著；第四，“三农”问题的解决会使得农村投资加大；五是城镇化的推进。

（据《光明日报》2008年11月18日）

［第五届“全国马克思主义论坛”于11月6日~7日在南京举行］此次论坛由中央编译局和南京政治学院举办。论坛的主题为“改革开放与马克思主义中国化”。中央编译局副局长俞可平，南京政治学院院长蒋乾麟、政委文忠民和中央宣传部、解放军总政治部、江苏省委宣传部、中央党校、中国社科院等单位的有关领导出席会议并致辞。来自全国各省市党校、社科院、科研教学机构、政策研究部门的110多位专家学者出席论坛。此次论坛采取主题报告与分组研讨形式进行，议题包括：改革开放与马克思主义中国化、改革开放与马克思主义时代化、马克思主义与中国特色社会主义理论体系、马克思主义与科学发展观、“四个分清”与坚持和发展马克思主义等。

与会者认为，我国30年来的巨变充分证明，改革开放是发展中国特色社会主义、实现中华民族伟大复兴的必由之路；只有社会主义才能救中国，只有改革开放才能发展中国、发展社会主义、发展马克思主义。在改革开放的历史进程中，我们党把坚持马克思主义基本原理同推进马克思主义中国化、当代化结合起来，始终以马克思主义中国化的最新理论成果指导改革开放，开辟了中国特色社会主义道路，形成了中国特色社会主义理论体系，取得了社会主义建设的伟大成就。在当代中国，坚持中国特色社会主义道路，就是真正坚持社会主义；坚持中国特色社会主义理论体系，就是真正坚持马克思主义。

与会者强调，我们要要大力推动马克思主义中国化，首先需要做到自觉坚持、深入研究、不断发展这一科学理论体系。同时，要立足实际、贴近群众，努力回答中国特色社会主义实践提出的重大问题，在析事明理、解疑释惑上做好文章。继续解放思想、实事求是、与时俱进，不断推进实践基础上的理论创新，用发展着的马克思主义指导新的实践，全面贯彻落实科学发展观，奋力开拓中国特色社会主义更为广阔的发展前景。

（据《光明日报》2008年11月18日）

［“坚持改革开放，推动科学发展——中国特色社会主义理论与实践研讨会”于11月7日~8日在深圳举行］此次会议由中共中央文献研究室、中国社会科学院与深圳市委、市政府联合主办。中央文献研究室主任冷溶，中国社科院常务副院长王伟光，中央文献研究室副主任李捷，中宣部理论局副局长黄中平，江苏省政协原副主席、《实践是检验真理的唯一标准》一文的作者胡福明等参加了研讨会并作了发言。

会议旨在全面回顾总结改革开放30年来中国特色社会主义理论的形成发展、改革开放伟大实践的重大成果，深入研讨建设中国特色社会主义的一系列重大理论与实践问题，并为深圳继续解放思想、坚持改革开放，推动科学发展，促进社会和谐，努力建设中国特色社会主义示范市注入新的强大动力。

（据《光明日报》2008 年 11 月 9 日）

［中共中央于 11 月 11 日下午在人民大会堂举行纪念刘少奇同志诞辰 110 周年座谈会］中共中央总书记、国家主席、中央军委主席胡锦涛发表重要讲话。他强调，改革开放历史新时期，在老一辈革命家带领党和人民建设社会主义的基础上，我们成功开辟了中国特色社会主义道路、形成了中国特色社会主义理论体系，中国特色社会主义焕发出更加蓬勃的活力，中华民族伟大复兴展现出更加广阔的前景。我们一定要全面贯彻党的十七大精神，高举中国特色社会主义伟大旗帜，以邓小平理论和“三个代表”重要思想为指导，深入贯彻落实科学发展观，为全面建设小康社会、实现中华民族伟大复兴而继续奋斗。

党和国家领导人温家宝、贾庆林、李长春、习近平、李克强、贺国强、周永康出席。座谈会由温家宝主持。

胡锦涛在讲话中指出，我们怀着十分崇敬的心情，在这里隆重集会，纪念敬爱的刘少奇同志诞辰 110 周年，深切缅怀他为民族独立、人民解放和国家富强、人民幸福建立的历史功勋，追思和学习他为党和人民事业不懈奋斗的崇高风范，激励全党全国各族人民满怀信心投身全面建设小康社会伟大实践，同心同德把中国特色社会主义伟大事业推向前进。

胡锦涛强调，刘少奇同志为党和人民事业奋斗了一生，在新民主主义革命、社会主义革命和社会主义建设各个历史时期都作出了重大贡献，为党和人民建立了丰功伟绩，受到全党全军全国各族人民衷心爱戴。刘少奇同志的光辉业绩、崇高风范、高尚品德，永远铭记在全党同志和全国各族人民心中。

胡锦涛强调，我们深切缅怀刘少奇同志，就是要学习他的优秀思想、崇高风范、高尚品德，激励和鼓舞全党全国各族人民坚定信心、振奋精神、开拓进取，奋力把老一辈革命家开辟的伟大事业继续推向前进。我们要学习刘少奇同志始终坚持崇高理想、坚定信念，对党和人民无限忠诚；学习刘少奇同志始终坚持实事求是、勇于创新，善于把马克思主义基本原理同我国具体实际结合起来；学习刘少奇同志始终坚持真理、修正错误，具有彻底的唯物主义者的思想品格；学习刘少奇同志始终坚持廉洁奉公、无私奉献，把党和人民事业放在高于一切的位置；学习刘少奇同志始终坚持立党为公、执政为民，全心全意为人民服务。

温家宝在主持座谈会时指出，胡锦涛总书记的重要讲话，回顾了刘少奇同志伟大、光辉的一生，高度评价了刘少奇同志的丰功伟绩、理论贡献、崇高精神，号召全党全国各族人民特别是各级领导干部认真学习刘少奇同志的优秀思想、崇高风范、高尚品德。讲话对于激励全党全国各族人民继承老一辈革命家的遗志，继续开创中国特色社会主义事业新局面具有重要指导意义。

座谈会上，中央文献研究室主任冷溶，中央党史研究室主任欧阳淞，全国人大常委会副委员长路甬祥，中央军委委员、解放军总政治部主任李继耐，中共湖南省委书记张春贤先后发言。

出席座谈会的还有：王刚、王兆国、刘云山、李源潮、郭伯雄、令计划、韩启德、黄孟复。

中央和国家机关有关部门、人民团体、人民解放军以及湖南省的负责同志，刘少奇同志亲属、生前友好、原身边工作人员和家乡代表等出席了座谈会。

（据《光明日报》2008 年 11 月 12 日）

［“改革开放 30 年与马克思主义哲学发展”理论研讨会于 11 月 15 日在北京举行］此次会议由中国马克思主义哲学史学会和中央社会主义学院联合主办。来自全国各地的百名学者出席会议。

与会者认为，我国的马克思主义哲学史研究与改革开放同步。改革开放 30 年是马克思主义哲学史学科起步、发展和逐渐壮大的 30 年。30 年来，我国马克思主义哲学工作者在马克思主义哲学思想来源、马克思主义哲学观、马克思主义哲学的性质、列宁哲学的阶段性、毛泽东哲学思想与中国特色社会主义理论体系的关系等问题的研究，在马克思主义哲学通史、阶段史、专题史、马克思主义哲学著作和人物研究，以及当代国外马克思主义哲学研究方面，取得了重要理论成果，也积累了丰富的经验。归纳起来就是：始终以科学的马克思主义观为指导，解放思想，实事求是，坚持理论与实践的统一，努力处理好马克思主义哲学史研究与马克思主义哲学原理研究的关系、处理好马克思主义哲学史研究与社会发展现实问题研究的关系。

与会者提出，马克思主义哲学中国化研究应该紧密联系我国革命与建设的实践，不能脱离马克思主义的实体内容抽象地理解和研究马克思主义中国化。在认识马克思主义哲学中国化的经验时，需要特别重视我们党的“学哲学、用哲学”优良传统的作用。在批判性介绍、分析和研究一些西方哲学或当代国外马克思主义哲学的研究范式的同时，将其转化为具有容纳中国特色社会主义建设内容的新范式和新语言；要注重对马克思主义哲学整体的研究，加强马克思主义哲学内部的交流、对话；努力形成中国特色马克思主义哲学话语体系。

（据《光明日报》2008年12月30日）

［全国党校系统“纪念改革开放30周年”理论研讨会于11月22日在杭州举行］此次会议由中央党校和浙江省委联合举办。中央党校常务副校长李景田作报告，省委副书记夏宝龙致辞。中央党校副校长李君如、石泰峰、孙庆聚，省委常委、组织部长、省委党校校长斯鑫良，老同志薛驹，中央党校原副校长杨春贵等出席会议。会议以纪念改革开放30周年，研讨中国特色社会主义理论体系，贯彻落实科学发展观为主题，认真学习贯彻《中国共产党党校工作条例》和全国党校工作会议精神，交流党校系统科研工作经验，并为获得第七届全国党校系统优秀科研奖的单位和个人颁奖。

全国党校系统300多名专家学者，参加了正在此间召开的纪念改革开放30周年理论研讨会。本次会议的特点是，把理论研讨与实地调研有机地结合起来。浙江省30年来改革发展的宝贵经验，为党校的理论工作者们提供了最好的实践课堂。

与会者认为，30年改革开放已经成为辉煌的历史，30年之后的改革开放任重道远。在新的历史起点上，继续解放思想，坚持改革开放，推动科学发展，促进社会和谐，是历史赋予中国共产党人的崇高使命。

（据《光明日报》2008年11月27日）

［“2008·学术前沿论坛”于11月22日在北京拉开帷幕］此次会议由北京市社会科学界联合会与北京师范大学共同举办。北京师范大学党委书记刘川生、北京市社科联党组书记史秋秋等出席开幕式并致辞。开幕式暨主论坛由北京市社科联副主席张兆民主持。

论坛以“科学发展：社会秩序与价值建构”为主题。来自学术理论界的200余名知名专家学者在主论坛和40个分论坛上讲演，系统回顾和总结我国改革开放30年来马克思主义中国化最新成果和哲学社会科学各个学科领域的发展脉络与理论创新。论坛涉及哲学、社会学、科学社会主义、经济学、逻辑学、历史学、心理学、语言学等学科，为人们更好地坚定中国特色社会主义价值理念，继续改革开放，同心同德建设中国特色社会主义伟大事业提供了大量的理论支持。数千名社会科学工作者、自然科学工作者以及大专院校、科研院所和社会各界的人士到会聆听并提问研讨。

与会者提出，稳定井然的社会秩序是社会和谐的重要维度。为了有效地维护社会秩序的稳定与和谐，就要建立社会主义核心价值体系，以始终保持我们昂扬向上的精神。科学发展观丰富了马克思主义发展思想。社会主义和谐社会是我国社会发展的重要目标；社会主义和谐社会是在发展的基础上正确处理各种社会矛盾的历史过程；和谐的社会秩序作为社会运行和发展中的稳定协调状态，是价值内核、社会规则的有机统一。

与会者认为，改革开放30年来，中国社会结构发生了深刻的变动。这种变动主要体现在人口结构、就业结构、城乡结构、社会阶层结构等几个方面。要用社会主义核心价值体系凝聚人心。建立社会主义核心价值体系，必须坚持马克思主义在意识形态领域的指导地位，牢牢把握社会主义先进文化的前进方向，大力弘扬民族优秀文化传统，积极借鉴人类有益文明成果，充分调动积极因素，凝聚力量、激发活力，进一步打牢全党全国各族人民团结奋斗的思想道德基础，形成全民族奋发向上的精神力量和团结和睦的精神纽带，为构建社会主义和谐社会提供重要保证。

（据《光明日报》2008年12月3日）

［“全国高校社会主义经济理论与实践研讨会第22次年会”于11月28日在复旦大学举行］来自全国高校的150余位经济学者围绕我国经济增长成就的解析、科学发展观的形成与贯彻、宏观调控建设与完善路径、中国特色社会主义经济理论、“三农”问题与新农村建设等主题进行了深入

交流。

与会者认为，改革开放以来我国经济增长创造了举世瞩目的“中国奇迹”。增长绩效的获取的一个重要原因是市场化改革和对外开放提高了要素配置效率。同时，我们的经济也存在一些亟待解决的问题，比如我国在公共产品、特别是民生物品方面的改革相对滞后，应注重完善和创新公共产品供给方式，我国粗放型经济增长特征依然较为明显，应通过产业结构转化和发展方式转型来实现经济持续发展。

与会者指出，科学发展观是我国为实现经济持续发展而作出的重大战略选择。当前人类对发展的目标、模式和政策等的认识在不断深化，这为我国科学发展观的形成提供了思想养分，而改革开放实践则为科学发展观的形成奠定了现实基础。我们必须在科学发展观的指引下实现非持续粗放型发展向可持续科学发展转变。

与会者指出，我国宏观经济调控模式正在从行政手段为主的直接调控模式向以财政、货币和产业政策为主的间接模式转变。宏观调控的完善必须更加重视外部因素并妥善应对其带来的挑战。未来应通过完善汇率制度来提高宏观调控政策效力。还应从灵活配对、相机选择的角度安排财政—货币政策以应对外部挑战，我国货币政策应涵盖充分就业的目标。

与会者提出，不同的发展路径对应着不同的经济理论，我国的独特国情和发展任务需要构建中国特色社会主义经济学。中国特色社会主义经济理论有独特的研究对象、理论框架和主要内容，其核心包括经济运行、增长发展和制度变迁三个方面。中国特色社会主义经济理论应能涵盖我国生产关系的特殊性质，这包括基本生产关系及其在经济运行和发展中的表现等方面。也有学者指出，我国具有人口最多国家、发展中国家、经济转型国家、社会主义国家这四个国情，西方发展经济学不能解释我国经济发展的实践，必须创建以中国经济发展为研究对象的中国特色发展经济学。

与会者认为，农业对我国经济作出了产品、市场、要素和外汇等贡献，但当前农村改革发展仍相对滞后。要实现农民增收和农业持续发展的目标，必须依靠制度改革和利益协调，农业现代化必须从“技术为主范式”转变为“制度为主范式”。缩小城乡收入差距必须加强对“三农”的财政支持，消除“城乡分治”的政策障碍，完善农村社会保障制度。

（据《光明日报》2008 年 12 月 30 日）

［“中国改革开放与人权发展 30 年”学术研讨会于 12 月 2 日 ~3 日在北京召开］此次会议由中国人权研究会举办。来自全国各地的人权专家学者 60 余人出席了会议。此次学术研讨会系统回顾和总结了改革开放以来中国人权事业发展的成功经验，就新形势下如何促进人权事业进一步发展进行了深入的学术探讨。

国务院新闻办公室主任王晨到会并讲话。他指出，面对新的形势，我们要认真贯彻落实党的十七大提出的“尊重和保障人权，依法保证全体社会成员平等参与、平等发展的权利”的要求，以改革创新的精神，促进中国人权事业全面发展，不断深化人权理论研究，加大力度宣传我国人权的基本观点和立场，广泛深入地参与国际人权交流合作，努力使人权对外宣传工作与我国的综合国力和国际地位相适应，为我国改革开放和现代化建设创造良好的国际舆论环境。

中国人权研究会会长罗豪才出席会议。他在讲话中说，30 年来的实践经验表明，中国人权发展必须坚持在中国共产党正确领导下，走中国特色人权发展道路，坚持在改革中推进人权，在对外开放中发展人权，坚持在保持社会稳定的条件下和法治的轨道上促进人权。

（据《光明日报》2008 年 12 月 3 日）

［“全国马克思主义理论博士生学术论坛”于 12 月 2 日在华南师范大学举行］此次论坛由广东省学位办主办、华南师范大学承办。来自全国各地的众多专家学者以及 80 余位博士生参加了本次论坛。与会者围绕“马克思主义理论创新与当代社会发展”这一主题，就马克思主义理论创新、马克思主义中国化研究及其理论价值、马克思主义学科的视野及使命、当代马克思主义研究的国际向度、国外马克思主义前沿问题等重大论题进行了深入探讨。

与会者指出，要坚持马克思主义理论的历史主义视野。历史主义视野是马克思主义理论的鲜明特征，任何理论的产生、发展都离不开其历史背景。马克思看待问题的历史主义视野是对近代哲学知性思维的超越，这种超越以生成性态度对待处于历史生成中的人的感性存在，从而使个人自由而全面的发展成为可能。

与会者指出，要弘扬马克思主义理论的创新精神。理论创新是马克思主义的本质要求，是马克思主义具有强大生命力和战斗力的内在根源。弘扬马克思主义创新精神，确保马克思主义的指导地位，必须坚持解放思想、实事求是、与时俱进，必须推动广大人民群众生动活泼的社会实践向前发展，必须学习和吸取人类一切优秀文明成果。

与会者指出，要彰显马克思主义理论的实践精神。实践精神是马克思主义的突出特征。马克思开创的实践哲学，不是单纯解释自然、人或社会各自是什么的哲学，而是以主体的人与客体的自然、社会的交互作用为其考察点和奠基点的哲学。马克思实践哲学具有世俗性、批判性、历史性等特征。

与会者指出，要发扬马克思主义理论的批判精神。批判精神使马克思主义具有极强的生命力，改革是马克思主义批判精神的具体体现。与会者围绕马克思主义中国化的逻辑起点、当代马克思主义大众化、改革开放视域下马克思主义中国化等重大问题，对和谐社会构建、农村土地制度改革、村委会选举制度、农村医疗保障制度、中国基层民主、公共服务社会化、网络政治等一系列问题进行了探讨，提出了具有建设性的见解。

（据《光明日报》2009年1月6日）

［纪念党的十一届三中全会召开30周年大会于12月18日上午在人民大会堂隆重举行］中共中央总书记、国家主席、中央军委主席胡锦涛在会上发表重要讲话。他强调，实践充分证明，党的十一届三中全会以来我们党团结带领人民开辟的中国特色社会主义道路、形成的理论和路线方针政策是完全正确的。党的十一届三中全会的伟大意义和深远影响，已经、正在并将进一步在党和国家事业蓬勃发展的进程中充分显现出来。我们要充分认识改革开放的重大意义和伟大成就，深刻总结改革开放的伟大历程和宝贵经验，坚持党的十一届三中全会精神，高举中国特色社会主义伟大旗帜，以马克思列宁主义、毛泽东思想、邓小平理论和“三个代表”重要思想为指导，深入贯彻落实科学发展观，在中国特色社会主义道路上，继续把改革开放伟大事业推向前进。

江泽民、温家宝、贾庆林、李长春、习近平、李克强、贺国强、周永康出席大会。大会由吴邦国主持。

胡锦涛指出，在邓小平同志领导下和其他老一辈革命家支持下，党的十一届三中全会作出了把党和国家工作中心转移到经济建设上来、实行改革开放的历史性决策。党的十一届三中全会标志着我们党重新确立了马克思主义的思想路线、政治路线、组织路线，标志着中国共产党人在新的时代条件下的伟大觉醒，显示了我们党顺应时代潮流和人民愿望、勇敢开辟建设社会主义新路的坚强决心。在党的十一届三中全会春风吹拂下，神州大地万物复苏、生机勃发，党和国家又充满希望、充满活力地踏上了实现社会主义现代化的伟大征程。

胡锦涛强调，30年来，以邓小平同志为核心的党的第二代中央领导集体、以江泽民同志为核心的党的第三代中央领导集体和党的十六大以来的中央领导集体，团结带领全党全国各族人民，承前启后，继往开来，接力推进改革开放伟大事业，谱写了中华民族自强不息、顽强奋进新的壮丽史诗。我们党集中全党全国各族人民智慧，形成了党的基本理论、基本路线、基本纲领、基本经验，制定和作出了指导改革开放和社会主义现代化建设的一整套方针政策和工作部署，成功开辟了中国特色社会主义道路。

胡锦涛指出，30年来，我们始终以改革开放为强大动力，在新中国成立以后取得成就的基础上，推动党和国家各项事业取得举世瞩目的新的伟大成就。30年的伟大成就，为我们党、我们国家、我们人民继续前进奠定了坚实基础。

胡锦涛强调，此时此刻，我们更加深切地怀念毛泽东同志、邓小平同志等老一辈革命家。没有以毛泽东同志为核心的党的第一代中央领导集体团结带领全党全国各族人民浴血奋斗，就没有新中国，就没有中国社会主义制度。没有以邓小平同志为核心的党的第二代中央领导集体团结带领全党全国各族人民改革创新，就没有改革开放历史新时期，就没有中国特色社会主义。此时此刻，我们要向以江泽民同志为核心的党的第三代中央领导集体致以崇高的敬意，他们团结带领全党全国各族人民高举邓小平理论伟大旗帜，继承和发展了改革开放伟大事业，把这一伟大事业成功推向21世纪。全党全国各族人民要永远铭记党的三代中央领导集体的伟大历史功绩。

胡锦涛指出，改革开放以来我们取得一切成绩和进步的根本原因，归结起来就是：开辟了中国特色社会主义道路，形成了中国特色社会主义理论体系。在30年的创造性实践中，我们经过艰辛探索，积累了宝贵经验。胡锦涛从10个方面对这些宝贵经验进行了阐述。

胡锦涛强调，30年来，我们党的全部理论和全部实践，归结起来就是创造性地探索和回答了什么是马克思主义、怎样对待马克思主义，什么是社会主义、怎样建设社会主义，建设什么样的党、怎样建设党，实现什么样的发展、怎样发展等重大理论和实际问题。30年的历史经验归结到一点，就是把马克思主义基本原理同中国具体实际相结合，走自己的路，建设中国特色社会主义。30年的经验是极为宝贵的财富，全党同志要倍加珍惜和自觉运用这些宝贵经验。

胡锦涛指出，30年来，我们取得了伟大成就，但同我们的远大目标相比，同人民群众对美好生活的期待相比，我们没有任何理由骄傲自满、固步自封。全党同志一定要更加兢兢业业地工作，永远不辜负人民的信任和期望。全国各族人民一定要更加同心同德地奋斗，永远保持和发扬自强不息的进取精神。在新的国际国内形势下和新的历史起点上，我们必须坚定不移地坚持党的十一届三中全会以来开辟的中国特色社会主义道路，坚定不移地坚持党的基本理论、基本路线、基本纲领、基本经验，勇于变革、勇于创新，永不僵化、永不停滞，不为任何风险所惧，不被任何干扰所惑，继续奋勇推进改革开放和社会主义现代化事业。我们一定要坚持高举中国特色社会主义伟大旗帜，继续推进马克思主义中国化。我们一定要坚持改革开放的正确方向，着力构建充满活力、富有效率、更加开放、有利于科学发展的体制机制。我们一定要坚持抓好发展这个党执政兴国的第一要务，更好地做到发展成果由人民共享。我们一定要坚持戒骄戒躁、艰苦奋斗，不断开创改革开放和社会主义现代化事业新局面。

胡锦涛最后强调，我们取得的成就已经载入史册，新的更加艰巨繁重的任务正摆在我们面前。我们的事业崇高而神圣，我们的前景光明而美好，我们的责任重大而光荣。让我们更加紧密地团结起来，坚定不移地沿着党的十一届三中全会以来开辟的中国特色社会主义道路奋勇前进，继续解放思想，坚持改革开放，推动科学发展，促进社会和谐，为夺取全面建设小康社会新胜利、开创中国特色社会主义事业新局面、实现中华民族伟大复兴而团结奋斗，努力为人类作出新的更大的贡献。

吴邦国在主持大会时指出，胡锦涛总书记的重要讲话，高度评价了党的十一届三中全会在我们党和国家发展历史上的重要地位和伟大意义，深刻总结了30年来我们党领导人民进行改革开放和社会主义现代化建设取得的伟大成就和宝贵经验，明确指出了继续推进改革开放伟大事业的前进方向，号召全党全军全国各族人民继续解放思想，坚持改革开放，推动科学发展，促进社会和谐。我们一定要认真学习，深刻领会，全面贯彻到党和国家各项工作中去。

中央党政军群各部门及北京市主要负责同志，各民主党派中央、全国工商联负责人以及首都各界群众代表共约6000人出席大会。

（据《光明日报》2008年12月19日）

［中央宣传部、中央党校、中央文献研究室、中央党史研究室、国家发展和改革委员会、教育部、国务院发展研究中心、中国社会科学院、解放军总政治部于12月18日~20日在北京联合召开纪念党的十一届三中全会召开30周年理论研讨会］与会代表参加了中央召开的纪念大会，聆听了胡锦涛总书记的重要讲话，进行了学习、研讨和交流。20日下午，中共中央政治局常委李长春出席会议并作重要讲话。他强调，胡锦涛总书记在纪念党的十一届三中全会召开30周年大会上的重要讲话，高度评价了党的十一届三中全会的重大意义和历史功绩，全面回顾和总结了改革开放30年的伟大历程和辉煌成就，系统阐述了改革开放“十个结合”的宝贵经验，鲜明强调了在中国特色社会主义道路上实现中华民族伟大复兴的历史使命，通篇闪耀着马克思主义理论创新的光辉，是指导我们继续推进改革开放伟大事业的纲领性文献。我们一定要认真学习，深刻领会，把思想统一到讲话精神上来。

李长春指出，改革开放30年，是坚持把马克思主义基本原理同当代中国实际和时代特征紧密结合，在实践探索中形成和发展中国特色社会主义伟大旗帜、发展道路和理论体系的过程；是大力推进当代中国马克思主义大众化，把科学理论转化为推动事业发展强大动力的过程；是尊重人民群众的首创精神，不断总结人民群众创造的新鲜经验并升华为理论的过程；是坚持立足中国又面向世界，积极借鉴人类文明优秀成果推动理论发展的过程；是始终坚持正确方向，不断促进理论工作繁荣发展的过程。30年来，理论工作积累了许多成功经验，要很好地坚持并在实践中不断发展和完善。

李长春强调，当今世界正在发生广泛而深刻的变化，当代中国正在发生广泛而深刻的变革。理论工作要紧密联系国际国内形势的变化，始终围绕党和国家工作大局，在新的历史起点上进一步开创工作新局面。要不断深化理论学习和宣传，大力推动用中国特色社会主义理论体系武装全党、教育人民。要切实加强理论研究，不断深化对中国特色社会主义发展规律的认识。要着眼打造精品工程，努力推动马克思主义理论研究和建设工程取得新的实质性进展。要完善工作体制和机制，大力营造有利于理论创新的良好环境。要加大人才培养和队伍培训力度，努力造就一支宏大的、高素质的马克思主义理论队伍。

中共中央政治局委员、书记处书记、中央宣传部部长刘云山主持会议，全国政协副主席、中国社会科学院院长陈奎元出席。

这次理论研讨会，是对改革开放30年来理论工作成果的一次集中检阅。研讨会期间，代表们紧密联系改革开放和现代化建设的实际，联系各地区各部门的工作实际，联系理论工作的实际，畅谈了学习胡锦涛总书记重要讲话的体会，交流了总结改革开放30年伟大实践和成功经验、深入研究中国特色社会主义理论体系的成果，进一步明确了理论工作者的历史责任。有关部门和地方负责同志、专家学者19人作了大会发言。

中央宣传思想工作领导小组成员，部分专家学者和有关部门负责同志、地方宣传部的有关负责同志，约230多人参加会议。

（据《光明日报》2008年12月21日）

［第二届“全国马克思主义院长论坛”于12月20日～21日在南宁召开］此次论坛由中国社科院马克思主义研究院和广西大学联合主办。来自60多个高校和科研单位的专家出席论坛。与会者认真学习胡锦涛同志在纪念改革开放30周年大会上的重要讲话，围绕马克思主义与改革开放、中国特色社会主义理论体系、马克思主义学科建设等问题进行了交流和研讨。

中国社科院马克思主义研究院院长程恩富教授在主题演讲中系统回顾了“改革开放30年中国马克思主义理论发展最具影响力的30件大事”，如真理标准大讨论，推动破除“两个凡是”的思想解放；马克思主义经典作家著作选编和新版发行；党的三代领导核心著作出版；设立马克思主义理论一级学科；加强社会主义核心价值体系建设等。

与会者认为，始终毫不动摇地坚持马克思主义的指导地位是改革开放取得伟大胜利的关键，在改革开放下一步的进程中，同样要坚持用科学的态度对待和发展马克思主义。

与会者指出，在马克思的视野中，资产阶级推动了全球化的生成与发展，资本及其运动是全球化的直接动力，资本扩张悖论是全球化双重价值的总根源。批判性是马克思《政治经济学批判》不可或缺的品质。把金融危机的根本原因归结为操作和监管层面问题的观点，并未揭示其本质，要通过马克思主义分析，认识到导致金融危机的根本原因在于资本主义的基本矛盾，实质是生产过剩。

（据《光明日报》2008年12月30日）

第　八　编

中国特色社会主义建设事业大事记

1月

1月1日，全国政协举行新年茶话会，胡锦涛发表重要讲话。

1月3日，人民日报报道：中纪委中组部联合召开视频会议，提出明确“十个严禁”要求，加强换届工作督导。

1月3日，《国务院关于促进节约集约用地的通知》出台。

1月3日，人民日报报道：跨越钱塘江、曹娥江、甬江三大水系的杭甬运河全线建成。有千年历史的京杭大运河向东延伸239公里，首次实现“通江达海”。

1月4日，全国双拥模范城（县）命名暨双拥模范单位和个人表彰大会在京举行，温家宝出席并作重要讲话。

1月4日，国务院召开第一次全国污染源普查电视电话会议。曾培炎出席并讲话。

1月7日，我国首例绿色荧光蛋白转基因猪在黑龙江哈尔滨“喜得贵子”，产下11头小猪，其中两头（一公一母）显示出绿色荧光蛋白的特征。

1月8日，中共中央、国务院举行国家科学技术奖励大会，胡锦涛出席大会并为获奖代表颁奖；温家宝讲话。

1月8日，全国海关关长会议在京召开。吴仪出席会议并讲话。2007年海关税收增加1480.4亿元，全年达7584.6亿元，增长24.3%，总量与增量均创历史新高。

1月8~11日，国务院安全生产委员会第六次全体会议和全国安全生产电视电话会议先后在京召开。周永康出席会议并讲话。2007年我国共发生各类事故506376起，死亡101480人，同比分别下降19.3%和10.1%。

1月11日，记者从全国铁路工作会议上获悉：我国铁路时速200公里及以上线路延展里程已经达到6227公里。我国铁路跨入高速时代。

1月11日，据海关总署发布的消息，2007年我国外贸进出口达21738亿美元，同比增长23.5%。

1月11日，央行公布的2007年金融统计数据显示，截至2007年12月末，国家外汇储备余额为1.53万亿美元，同比增长43.32%。全年国家外汇储备增加4619亿美元，同比多增2144亿美元。

1月13日，温家宝签署第515号国务院令，公布《国务院关于修改〈价格违法行为行政处罚规定〉的决定》，自公布之日起施行。

1月13日，人民日报报道：日前，国内首台具有世界领先水平、拥有自主知识产权的无掩膜（直写式）光刻机在合肥面世。

1月14~16日，中国共产党第十七届中央纪律检查委员会第二次全体会议在京举行。15日，胡锦涛在会上发表重要讲话。

1月15日，国家海洋局发布了《中国海洋环境质量公报》、《中国海洋灾害公报》和《中国海平面公报》等三份2007年度海洋环境公报。公报显示，我国近岸海域污染形势依然严峻。

1月17日，中国互联网络信息中心（CNNIC）在京发布《第21次中国互联网络发展状况统计报告》。截至2007年12月31日，我国网民总人数达到2.1亿人，仅以500万人之差次于美国，居世界第二。

1月18日，上海市港口管理局召开新闻发布会宣布：2007年，上海港集装箱吞吐量完成2615.2万标准箱，较上年同期增长20.4%，占全国集装箱吞吐量的23%，首次超过香港跃居全球第二。全港货物吞吐量完成5.61亿吨，连续三年保持全球第一。

1月19日，有“万里长江第一隧”之称的武汉长江隧道东线工程顺利贯通，标志着我国已成功破解大断面泥水盾构施工世界级难题。

1月21日，全国公务员考试录用工作会议在京举行，中组部、人事部要求各地各部门公务员录用不得再搞资格考试，一律面向社会实行职位竞争考试。

1月22日，全国环保厅局长会议在京召开。记者从会上获悉：2007年暂停的国家环保模范城市考核令年继续进行。不同的是，评价指标有所调整，淡化GDP指标，突出环境指标，尤其看重污染减排实效，全面考评环境质量。

1月22日，国家文物局和河南省文物局在京宣布，我国考古工作者在河南许昌灵井遗址发现了可完整复原的古人类头盖骨化石，权威机构和专家初步判定，这是在我国境内发现的又一古人类头盖骨化石，距今8万~10万年左右，早于距今两万年的山顶洞人，考古学家将其命名为“许昌人”。

1月22日，由中国、英国和美国的科学家组成的“国际协作组”，在深圳、伦敦和华盛顿同时宣布：国际“千人基因组计划”正式启动。

1月23日，财政部企业财务快报统计显示，2007年国有企业实现利润和税收继续保持较快增长，国有企业实现利润 1.62 万亿元，上缴税金 1.57 万亿元，双双创历史新高。

1 月 24 日，国家统计局局长宣布，据初步核算，2007 年我国 GDP 增长 11.4%，CPI 上涨 4.8%。

1 月 25 日，《国务院办公厅关于进一步加强鲜活农产品运输和销售工作的通知》出台。

1 月 25 日，温家宝来到京石高速公路河北涿州服务区和北京西站实地考察，并就做好春运工作，保障安全畅通作出部署。

1 月 27 日，国务院召开电视电话会议，部署安排当前煤电油运保障工作。温家宝出席并讲话。

1 月 29 日，农业部新闻办公室宣布，西藏贡嘎县杰德秀镇 1 月 25 日发生的疑似禽流感疫情，经国家禽流感参考实验室确诊，为 H5N1 亚型高致病性禽流感疫情。

1 月 29 日，人民日报报道：中科院上海光学精密机械研究所日前宣布，拥有完全自主知识产权的“下一代多功能光盘”NVD 母盘和盘片样片研制成功，其存储容量达 12GB，是普通 DVD 的两倍以上。

1 月 30 日，《中共中央国务院关于切实加强农业基础建设进一步促进农业发展农民增收的若干意见》出台。

1 月 30 日，经过网民投票、网上公示和专家评定，“2007 年度中国互联网站品牌栏目（频道）”在京揭晓，人民网、新华网、中国网等 25 家网站的 25 个栏目上榜。

1 月 31 日，中央财经领导小组办公室副主任、中央农村工作领导小组办公室主任陈锡文在国务院新闻办新闻发布会上说，2007 年我国农业生产总值达到 28910 亿元，同比增长 3.7%。粮食总产量达到 1.003 万亿斤，增幅 0.7%。农民的人均纯收入 4140 元，同比增加 553 元。

1 月 31 日，国防科工委正式发布首幅由嫦娥一号卫星拍摄的月球极区图像。这是我国首次获得此类图像。

2 月

2 月 2 日，人民日报报道：近日，中科院水生生物所成功实施了长江江豚迁地保护，首次实现了长江江豚在人工环境中的成功饲养和繁殖，这也是世界上淡水鲸类动物在人工环境下的第一次繁殖成功。

2 月 3 日，中共中央政治局常务委员会召开会议，进一步部署雨雪冰冻灾害抗灾救灾工作，强调要千方百计保交通保供电保民生。

2 月 4 日，中央组织部再次发出通知，要求各地各部门认真组织广大基层党组织和党员，进一步做好抗御雨雪冰冻灾害及灾后重建工作。

2 月 7 日，温家宝签署第 518 号国务院令，公布《土地调查条例》，该条例自公布之日起施行。

2 月 8 日，国家发改委宣布，为促进粮食生产发展，2008 年我国继续在稻谷、小麦主产区实行最低收购价政策，并适当提高最低收购价水平。

2 月 12 日，我国 2007 年新发现的大金矿床主要有 5 个：冈底斯雄村铜金矿、东昆仑青海大场金矿、秦岭甘肃省甘南地区阳山金矿、山东省莱州市寺庄金矿、海南抱伦金矿等。

2 月 12 日，人民日报报道：中国和巴西的科学家在我国著名的热河生物群联合发现了一种新的翼龙化石——“隐居森林翼龙”，翼展仅 25 厘米，是世界上最小的树栖翼龙化石。

2 月 18 日，温家宝签署第 519 号国务院令，公布《国务院关于修改〈中华人民共和国个人所得税法实施条例〉的决定》，自 2008 年 3 月 1 日起施行。

2 月 18 日，卫生部通报，湖南省确诊一例人感染高致病性禽流感病例（禽流感病毒 H5 核酸阳性）。患者李某，男，22 岁，湖南省永州市江华瑶族自治县人。1 月 24 日死亡。

2 月 18 日，农业部新闻办公室发布消息：西藏拉萨市堆龙德庆县乃琼镇色玛村 2 月 6 日发生的疑似禽流感疫情，确诊为 H5N1 亚型高致病性禽流感疫情。

2 月 19 日，国务院在京召开全国农业抗灾减灾和春耕生产工作会议，部署灾后恢复农业生产、春耕备耕工作。

2 月 19 日，据国家统计局发布的信息，1 月份，居民消费价格总水平（CPI）同比上涨 7.1%。其中，城市上涨 6.8%，农村上涨 7.7%；食品价格上涨 18.2%，非食品价格上涨 1.5%；消费品价格上涨 8.5%，服务项目价格上涨 2.6%。

2 月 20 日，中国外汇交易中心公布的数据显示，人民币对美元汇率中间价再破 7.15 关口，以 7.1452 再创汇改以来新高。

2 月 20 日，人民日报报道：文化部日前公布了第二批国家级非物质文化遗产项目代表性传承人 551 名。包括民间音乐、民间舞蹈、传统戏剧、曲艺、民俗等五大类。其中包括河曲民歌传承人辛里生等民间音乐传承人104名，京西太平鼓传承人高洪伟等民间舞蹈传承人72名，昆曲传承人张继青等传统戏剧传承人304名，东北二人转传承人赵本山等曲艺传承人66名，瑶族盘王节传承人盘良安等民俗传承人5名。28日，国家级非物质文化遗产项目代表性传承人颁证仪式在京举行，陈至立出席并为传承人颁发证书。

2月21日，中央财政新增农资直补资金206亿元，今年总规模已达482亿元，比上年增长75%。

2月21日，国家统计局宣布，第二次全国农业普查圆满结束。全国农业普查结果公布，我国农业从业人员3.48亿。

2月21日，我国首颗绕月探测卫星“嫦娥一号”首次和月食会面。近4个小时后，“嫦娥一号”成功飞出阴影区。

2月22日，第六届中华人口奖遴选结果在京揭晓。12位对我国人口和计划生育事业作出突出贡献的人士获奖。

2月22日，西气东输二线工程开工仪式在京举行。胡锦涛致贺信，温家宝作出重要批示。

2月22日，央行发布2007年第四季度《中国货币政策执行报告》。《报告》指出，2008年央行将实行从紧的货币政策，抑制总需求过度膨胀，同时根据国内外经济形势的最新变化，科学把握调控的节奏和力度，适时适度微调，努力为经济增长和结构调整创造平稳的货币金融环境。

2月24日，设计时速达350公里的郑州—西安铁路客运专线重点控制性工程——张茅隧道顺利贯通。该隧道是世界首座超大断面铁路隧道。

2月26日，我国第一份中英文双语手机报——“手机报－ChinaDaily”正式开通。

2月29日，农业部与北京、天津、河北等13个省（区、市）政府在京举行“保质量、保安全、助奥运——农产品质量安全保障行动”启动仪式。

3月

3月1日，人民日报报道：2007年全国农村贫困人口又减1378万人。

3月3日，温家宝签署第520号国务院令，公布《地质勘查资质管理条例》，自2008年7月1日起施行。

3月3日，国务院农民工办主任、劳动和社会保障部副部长杨志明透露，我国农民工总数已达到2.1亿人。

3月3日，科技部、财政部联合宣布，设立国家重点实验室专项经费，持续稳定支持基础研究和前沿技术研究。全国220个国家重点实验室将获得稳定的公共财政支持。

3月5～18日，第十一届全国人民代表大会第一次会议在京举行。会议通过关于政府工作报告的决议等文件和国务院机构改革方案。会议选举产生新一届领导，胡锦涛再次当选为国家主席和中央军事委员会主席，吴邦国再次当选为全国人大常委会委员长，习近平当选为国家副主席。温家宝再次当选为国务院总理。

3月6日，2007中国残疾人事业十大新闻评选揭晓。

3月7日，记者从中华全国总工会获悉：目前我国农民工工会会员总数超过6000万，2008年全总把依法组织农民工加入工会作为工会组建工作的重点，努力确保全年全国新增农民工会员1000万人以上、农民工会员总数达到7000万人以上目标的实现。

3月11日，全国绿化委员会办公室发布《2007年中国国土绿化状况公报》。

△国家统计局发布月度形势报告，2月份居民消费价格总水平（CPI）同比上涨8.7%。

3月12日，人民日报报道：近日，我国第一座水电专业博物馆——吉林丰满水电博物馆建成并正式对外开放。

3月18日，农业部接到贵州省兽医部门报告，发生在遵义市正安县的H5N1亚型高致病性禽流感疫情已被扑灭。

3月19日，央行发布的《2007年国际金融市场报告》提出，将完善合格境外机构投资者（QFII）制度，引导和规范境外长期资金进入境内资本市场。

3月19日，人民日报报道：财政部、国家税务总局近日出台了有关企业所得税优惠政策，主要内容包括鼓励软件产业和集成电路产业发展，鼓励证券投资基金发展等。鼓励证券投资基金发展的优惠政策包括：对证券投资基金从证券市场中取得的收入，暂不征收企业所得税。

3月20日，中组部会同教育部、财政部、人力资源和社会保障部召开选聘高校毕业生到村任职工作座谈会。李源潮在会上讲话。中组部等有关部门决定，从2008年开始，用五年时间选聘10万名高校毕业生到村任职。

3月20日，人民日报报道：我国首个合作社学院近日在青岛农业大学成立。

3月21日，新疆和田地区于田县（北纬35.6度，东经81.6度）发生7.3级地震。初步统计表明，此次地震受灾人口44365人，直接经济损失1058.5万元。

3月21日，人民日报报道：北京大学近日获得了国际实验动物组织的完全认证，成为中国大陆首批通过AAALAC（国际实验动物评估和认可委员会）认证的综合性大学。

3月23日，人民日报报道：近日，上海一名中学生在浩瀚宇宙中拥有了一颗用他的名字命名的小行星。

3月24日，人民日报报道：近日，银监会下发了《关于商业银行从事境内黄金期货交易有关问题的通知》，批准我国商业银行可从事境内黄金期货交易，这也是我国银行业首次从事境内期货业务。

3月24日，北京奥运圣火采集仪式在希腊古奥林匹亚遗址举行。希腊总统帕普利亚斯，希腊总理卡拉曼利斯，国际奥委会主席罗格，希腊奥委会主席克里亚库，奥林匹亚市市长艾东尼斯，中共中央政治局委员、北京市委书记、北京奥组委主席刘淇等出席仪式。

3月31日，2008年奥运会圣火欢迎仪式暨火炬接力启动仪式在京举行，胡锦涛点燃圣火盆并宣布火炬接力开始。

3月26日，世界旅游组织旅游可持续发展黄山观测站在安徽黄山景区揭牌。这是世界旅游组织首次在中国的世界遗产地设立观测站。

3月27日，中央纪委、监察部、人力资源和社会保障部、财政部、国家海洋局联合召开新闻发布会，宣布《海域使用管理违法违纪行为处分规定》审议通过，自4月1日起施行。

3月27日，人民日报报道：日前，医学界在京举行中国大陆试管婴儿技术应用20周年纪念活动。据卫生部统计，从1988年到2004年，中国大陆约有1万多例试管婴儿出生，卫生部正式批准的生殖中心达95家。

3月28日，中国科学家张令玉在韩国首都首尔获得韩国“蒋英实国际科学文化奖”大奖。韩方评委会表示，此次将奖项授予张令玉教授，是为表彰他在生命科学和有机农业科学方面所取得的成就。

4月

4月4日，人民日报报道，截至2007年底，全国机动车保有量为159777589辆。其中，汽车56967765辆，摩托车87096613辆，挂车869124辆。全国机动车驾驶人163887372人，其中汽车驾驶人107087137人。

4月6日，黄河文化传播工程在北京、香港、新加坡、曼谷、悉尼、纽约同期启动。

4月11日，首列国产时速350公里CRH3“和谐号”动车组在中国北车集团唐山轨道客车有限责任公司下线，我国由此跻身世界上仅有几个能制造时速350公里高速铁路移动装备的国家。

4月15日，全国律师工作会议在京举行，我国现有律师事务所1.3万多家，律师14.3万多人。

4月16日，国家统计局新闻发言人李晓超宣布，今年一季度GDP同比增长10.6%，税收收入1.51万亿元。GDP增速同比回落1.1个百分点，税收增幅近年同期最高。

4月17日，总投资2500万元的塔尔寺文殊菩萨殿等四组建筑维修工程正式动工，这是国家第三次大规模维修这座历史悠久的藏传佛教寺院。

4月17日，在国务院新闻办公室新闻发布会上，国家知识产权局新闻发言人尹新天介绍，截至2007年底，我国受理的国内外专利申请总量突破400万件。

4月18日，京沪高速铁路全线开工，温家宝出席开工典礼并为高速铁路奠基。

4月18日，由大连重工·起重集团设计制造的世界最大的桥式起重机——“泰山”在烟台拖着自重2万吨的驳船缓缓吊离水面，这标志着2万吨桥式起重机的成功启用。2万吨桥式起重机提升重量达20160吨，设备总体高度为118米，是目前世界上最大起重量、最大跨度、最大起升高度的桥式起重设备。

4月18日，西藏“十一五”重点文物保护工程暨扎什伦布寺保护工程启动仪式，在日喀则地区扎什伦布寺内举行，这标志着西藏“十一五”重点文物保护工程全面启动。国家将安排资金5.7亿元对西藏22个文物单位进行保护维修。

4月19日，被称为“万里长江第一隧”的武汉长江隧道成功双线贯通。武汉长江隧道是首条开工建设的长江水下隧道工程。隧道全长3609米，按东西双洞双向4车道公路隧道标准建设，车速可达每小时50公里，设计日通行能力为5.2万辆。

4月20日，人民日报报道：国家“十五”重大项目——中国数字地震观测网络项目日前在北京通过验收。据介绍，该项目的建成，使我国前兆、测震、强震台站的密度大大增加，监测设备数字化率达到了95%。地震速报时间从30分钟缩短到10分钟，地震监测的最低震级从4.5级改善到了2.5级。

4月20日，被誉为“世界最大直径隧道”的上海上中路隧道实现贯通，该隧道直径达到14.87米，刷新了世界上已贯通隧道的最大直径纪录，而隧道盾构则有五层楼高、3600多吨重。

4月21日，由中国一重集团与中国石油技术开发公司合作完成的两台大型锻焊加氢反应器，从大连港运往印度石油公司。这是我国大型加氢反应器首次走出国门。

4月22日，根据《全国沿海防护林体系建设工程规划（2006~2015年）》，全国沿海防护林体系建设工程启动，我国将投资百亿元构筑万里绿色海疆。

4月22日，温家宝签署第522号国务院令，公布《证券公司监督管理条例》，自2008年6月1日起施行。当天，温家宝签署第523号国务院令，公布施行《证券公司风险处置条例》。

4月23日，人民日报报道：通过对青藏铁路沿线持续5年多的实地监测，我国科学家发现，藏羚羊的迁徙活动已基本适应青藏铁路野生动物通道。这一发表在4月17日英国《自然》杂志上的研究成果，有力回击了前一阶段少数境外媒体对“中国政府在青藏铁路环保中是否做出努力”的质疑。

4月24日，记者从卫生部等召开的全国扩大国家免疫规划工作电视电话会议上获悉，我国国家免疫规划成绩显著，多数疫苗可预防传染病的发病已降至历史最低水平。目前，甲肝、流脑等15种可以通过接种疫苗有效预防的传染病纳入国家免疫规划，疫苗实行免费注射。我国成为世界上免疫规划覆盖病种最多的国家之一。

4月25日，我国首颗数据中继卫星“天链一号01星”在西昌卫星发射中心成功发射。

4月26日，海南隆重集会庆祝建省办经济特区20周年，李克强代表党中央国务院发表重要讲话。

4月26日，第十八届全国图书交易博览会开幕。本届书博会共有包括图书、报刊、音像、电子出版物等30多万种各类出版物参展，总码洋约2亿元，创下了全国图书交易博览会的最高记录。

4月26~28日，第三届中国中部投资贸易博览会在武汉举行。本届中博会共签约外商直接投资项目673个，吸引外资161.69亿美元；签订内资项目766个，吸引资金2451.19亿元。

4月27日，人民日报报道：中美科学家在世界上首次绘制完成一株转基因经济作物的全基因组图谱。

4月28日，人民日报刊登《国务院关于公布第一批国家珍贵古籍名录和第一批全国古籍重点保护单位名单的通知》。

有期徒刑。

4月29日，人民日报报道：温家宝近日签署第524号国务院令，公布《历史文化名城名镇名村保护条例》。

5月

5月1日，我国首颗数据中继卫星“天链一号01星”经过4次变轨控制后，成功定点在东经77度赤道上空。这标志着我国航天器太空数据中转站正式建成。

5月3日，人民日报报道：海关总署日前发布中国海关知识产权保护状况白皮书说，2007年，中国海关共采取知识产权保护措施8498次，扣留侵权货物7456票，价值人民币4.8亿元，分别比上年增长41%、33%和116%。

5月3日，人民日报报道：记者近日从福建省野生动植物保护管理中心和福建省野生动植物与湿地资源监测中心获悉：去冬今春在福建省兴化湾越冬和迁徙停歇的黑脸琵鹭数量达350至450只，双双创出历史纪录。福建省兴化湾已成为中国大陆最大的黑脸琵鹭越冬地。

5月4日，人民日报报道：截至2007年底，全国共有共青团员7543.9万名，比2006年增加194.3万名，增长2.64%。

5月8日，2008北京奥运圣火顺利登上世界最高峰——珠穆朗玛峰（海拔8844.43米）。

5月12日，在四川省汶川县（北纬31度，东经103.4度）发生8.0级地震。截至5月31日12时，地震已造成68977人遇难，367854人受伤，失踪17974人。紧急转移安置1514.74万人，累计受灾人数4551.7565万人。

5月12日，央行决定自5月20日起，上调存款类金融机构人民币存款准备金率0.5个百分点。国家统计局发布信息，4月份居民消费价格总水平

（CPI）同比上涨8.5%。

5月23日，全国贯彻落实《建立健全惩治和预防腐败体系2008～2012年工作规划》电视电话会议在京召开。

5月23日，人民日报报道：全国检察机关继续深化打黑除恶专项斗争电视电话会议在京召开。截至今年4月，全国检察机关共受理审查批捕黑恶势力犯罪案件6580件33093人，经审查批准逮捕6247件30111人；受理审查起诉5806件30147人，提起公诉5554件26360人。

5月27日，我国新一代极轨气象卫星风云三号01星在太原卫星发射中心发射，长征四号运载火箭将卫星成功送入太空。

5月29日，人民日报报道：中央纪委、监察部、人力资源和社会保障部、国土资源部近日联合公布《违反土地管理规定行为处分办法》自6月1日起施行。

6月

6月1日，胡锦涛在甘肃考察抗震救灾和恢复重建工作。民政部颁布《汶川地震抗震救灾生活类物资分配办法》。

6月2日，人民日报报道：国家汶川地震灾后重建规划工作正式启动。截至6月2日，四川省受灾严重的439个乡镇中，424个乡镇的公路已经抢通，占乡镇总数近97%。15个不通公路的乡镇中，因堰塞湖原因不具备通公路条件的有13个。

6月3日，温家宝主持召开国务院抗震救灾总指挥部第16次会议，部署灾区恢复生产工作，讨论《国家汶川地震灾后重建规划工作方案》。《关于汶川大地震四川省“三孤”人员救助安置的意见》出台。人民日报报道：中央纪委监察部日前派出两个抗震救灾资金物资专项检查组，分赴四川省，中央有关部门、社会团体和单位开展检查工作。

6月3日，“风云三号”卫星传回了第一幅针对四川地震灾区的清晰监测图像，成像效果达到国际先进水平。

6月4日，人民日报报道：我国规模最大、设施最先进的中国船舶长兴造船基地一期工程日前在上海长兴岛提前半年竣工。同时，拥有143年历史的“中国第一厂”江南造船厂完成了向长兴造船基地的整体搬迁。

6月4日，审计署发布公告，公布了2007年对北京、天津、上海等11个城市及其所辖28个县（市、区）的2004至2006年国有土地使用权出让金征收、管理和使用的审计情况。审计表明，11城市三年间共办理划拨用地31910.69公顷，出让用地86773.34公顷，合同出让金总金额为3566.19亿元。

6月7日，人民日报报道：环境保护部有关负责人日前通报了2007年中国环境状况：我国化学需氧量和二氧化硫排放量实现双下降，污染防治由被动应对转向主动防控。

6月8日，温家宝签署第526号国务院令，公布施行《汶川地震灾后恢复重建条例》。

6月9日，我国在西昌卫星发射中心用“长征三号乙”运载火箭，成功将我国首颗直播卫星“中星九号”送入太空。

6月11日，台湾海峡交流基金会董事长江丙坤率海基会代表团抵达北京。13日，胡锦涛会见江丙坤和海基会代表团成员。当天，会议签署了《海峡两岸包机会谈纪要》与《海峡两岸关于大陆居民赴台湾旅游协议》。

6月12日，国家统计局公布，我国5月份消费者物价指数（CPI）同比上涨7.7%。

6月13日，国务院抗震救灾总指挥部灾后重建规划组公布了《国家汶川地震灾后重建规划工作方案》。《国办关于汶川地震抗震救灾捐赠资金使用指导意见》出台。

6月14日，国务院公布了第二批国家级非物质文化遗产名录，共计510项；以及第一批国家级非物质文化扩展项目名录，共计147项。

6月19日，国家发改委宣布，自6月20日起将汽油、柴油价格每吨提高1000元，航空煤油价格每吨提高1500元；自7月1日起，将全国销售电价平均每千瓦时提高2.5分钱。液化气、天然气价格不作调整。中央财政紧急拨付补贴资金198亿元，对渔业、林业、城市公交、农村道路客运、城市出租车和种粮农民给予补贴。

6月23日，人民日报报道：三年禁毒人民战争实现预期目标，强制戒毒逾80万人次，破获毒品案件14万余起，新滋生吸食海洛因人员增幅明显减缓。

6月23～27日，中国科学院第十四次院士大会、中国工程院第九次院士大会在京举行。胡锦涛出席会议并发表重要讲话。

6月25日，中国科学院院士秦大河在瑞士日内瓦召开的世界气象组织执行理事会第60次会议上，荣膺第53届国际气象组织奖。

6 月 29 日，我国自主研发的新一代涡桨支线客机——新舟 600 飞机在中国一航西安飞机工业（集团）有限责任公司总装下线。

6 月 30 日，世界第一大跨径斜拉桥苏通大桥正式通车。

6 月 30 日，全国 20 户以上已通电自然村村村通广播电视工程建设全面启动，将在 2010 年底前完成“十一五”村村通工程建设任务，解决边远地区“村村通”广播电视问题。

7 月

7 月 1 日，连接厦门岛与陆地的又一座跨海大桥——集美大桥正式通车。

7 月 1 日，国家重点工程——铜（陵）九（江）铁路正式开通运营。铜九铁路全长 251 公里，是我国第一条跨鄱阳湖的铁路。

7 月 3 日，最高人民法院公布《关于内地与香港特别行政区法院相互认可和执行当事人协议管辖的民商事案件判决的安排》，自 8 月 1 日起正式实施。

7 月 4 日，大陆居民赴台旅游暨两岸周末包机（北京）启动仪式在北京首都机场举行。

7 月 5 日，福建省厦门市与龙海市交界地区发生 4.4 级地震。地震发生后，福建省立即启动地震应急预案，派出地震专家紧急赶赴震区，未发生人员伤亡。

7 月 6 日，人民日报报道：在 2008 世界草地与草原大会上，由多名中国学者所作的《中国草原研究和发展》的大会报告称，受全球变暖、气候干旱等自然因素和人为不合理利用等多重因素的影响，目前中国 90% 的天然草原出现不同程度的退化。

7 月 7 日，环境保护部有关负责人向媒体通报，环境保护部会同国家发改委、统计局、监察部，完成了 2007 年度各省、自治区、直辖市和五大电力集团公司主要污染物总量减排情况的考核工作。结果表明，全国化学需氧量和二氧化硫排放总量与去年相比首次双下降。因江西省鹰潭市、海南省三亚市、广西壮族自治区河池市、云南省玉溪市的城市污水处理厂建设严重滞后或长期处于低负荷运行或无故不运行。暂停四市新增化学需氧量排放的建设项目环评审批。

7 月 7 日，“福建土楼”被列入《世界遗产名录》。8 日，江西三清山被列入《世界遗产名录》。

7 月 8 日，国内第一个湿地保护基金会在湖北诞生，首次募集资金 431 万元。

7 月 9 日，北京奥运会残奥会赛时工作动员大会在京举行，习近平讲话，周永康出席大会。

7 月 9 日，人民日报报道：日前，我国科学家在广西弄岗国家级自然保护区发现一个世界鸟类新种，中文名为“弄岗穗鹛”，英文名 Nonggang Babbler。

7 月 10 日，人民日报报道：美国《财富》杂志日前公布 2008 年度“世界 500 强”名单。共有 19 户中央企业榜上有名。中国石化以 1592.6 亿美元的年销售额排名第 16 位，成为 500 强中排名最靠前的中国企业。

7 月 10 日，我国第二艘自主研发、建造的液化天然气（LNG）船在上海顺利交付船东。这是中船集团公司所属沪东中华造船（集团）有限公司继今年 4 月 3 日成功建造我国第一艘液化天然气（LNG）船后的又一成果，标志着我国已经掌握了世界造船尖端技术，中国造船工业跻身世界先进行列。

7 月 10 日，我国第一颗直播卫星中星 9 号直播卫星正式投入运营。

7 月 11 日，人民日报报道：我国亿吨大港已达 14 个，港口货物吞吐量连续 5 年位居世界第一位。

7 月 11 日，我国北极考察队第三次出征北冰洋，这也是国际极地年（IPY）期间我国开展的首次北极考察。

7 月 12 日，国家长城保护工程试点工程——山海关长城保护工程如期竣工。

7 月 13 日，人民日报报道：我国第一个基因重组人源化单克隆抗体药物——泰欣生（尼妥珠单抗）近日成功上市。

7 月 14 日，央行公布的上半年金融统计数据显示，6 月末，国家外汇储备余额为 18088 亿美元，同比增长 35.73%。上半年国家外汇储备增加 2806 亿美元，同比多增 143 亿美元。6 月末，居民本外币储蓄存款达 197603.72 亿元，其中人民币储蓄存款为 194400.13 亿元。

7 月 15 日，人民日报报道：大庆油田钻探钻井一公司“70006 钻井队”日前在松辽盆地徐家围子成功完钻了 5520 米深的“莺深 2 井”，超过 1999 年打出的 5500 米深的“葡深 1 井”，创造了大庆油田开发建设以来钻井施工深度的新纪录。

7 月 15 日，我国自主研制、完全拥有自主知识产权的最大的选矿设备在中信重工机械股份有限公司顺利通过试车验收。标志着我国在大型矿用磨机制造上打破了外国公司长达100年的国际垄断。

7月16日，人民日报报道：北京奥运会共录用赛会志愿者74615人，来自98个国家和地区。其中，中国内地志愿者73195人，香港志愿者299人，澳门志愿者95人，台湾志愿者91人，外籍志愿者935人。

7月16日，国家新闻出版总署与上海市人民政府部市合作首次联席会议在上海举行。同时，全国首个国家数字出版基地——张江国家数字出版基地正式挂牌成立。

7月17日，新华社报道：胡锦涛日前签署命令，发布施行《中国人民解放军安全条例》。

7月17日，国家统计局发布的数据显示，今年上半年我国GDP为130619亿元，同比增长10.4%，增速比上年同期回落1.8个百分点。上半年我国居民消费价格总水平（CPI）同比上涨了7.9%，其中，6月份居民消费价格上涨7.1%，较上月回落了0.6个百分点。上半年我国工业品出厂价格指数（PPI）同比上涨7.6%，比上年同期高4.8个百分点。

7月18日，国家食品药品监管局新闻发言人在国务院新闻办举行的新闻发布会上说，目前，我国已经成为世界原料药生产大国，能够生产1500种原料药，多个品种产量位居世界第一。

7月19日，人民日报报道：全球最大的太阳能热利用制造基地——山东德州"皇明太阳谷"，近日被中国可再生能源学会、中国资源综合利用协会、中国农村能源行业协会联合命名为"中国太阳谷"。

7月20日，我国第一条铁路客运专线——胶济铁路客运专线正式运营。

7月20日，记者从银监会2008年年中工作会议上获悉：今年上半年，全国银行业金融机构贷款增加2.7万亿元，增长15.2%。6月末，主要商业银行不良贷款余额11762.8亿元，比年初减少247.1亿元，不良贷款率6.10%，比年初下降0.62个百分点，拨备覆盖率同比上升5.61个百分点。

7月22日，22日人民日报报道：记者近日从国务院法制办获悉全国行政规章清理结果：1898部规章被废止或宣布失效，330部规章进行了修改。

7月22日，人民日报报道：今年上半年全国税收收入稳定较快增长，累计完成32553亿元（不包括关税、耕地占用税和契税，未扣减出口退税），比上年同期增长30.5%，增收7606亿元。

7月24日，中国互联网络信息中心（CNNIC）发布的《第22次中国互联网络发展状况统计报告》表明，我国互联网发展在网民数量、宽带网民数和国家域名注册量已跃居世界第一，标志着我国已步入互联网大国的行列。

7月27日，人民日报报道：今年上半年，全国发现土地违法案件数和涉及土地面积分别下降10.17%和48.17%；72个重点城市发现土地违法案件数、立案数和涉及土地面积同比分别下降4.96%、13.46%和35.47%。

7月28日，人民日报报道：温家宝日前签署第527号国务院令，公布《对外承包工程管理条例》。

7月28日，第一批《国家珍贵古籍名录》颁证暨第一批全国古籍重点保护单位授牌仪式在京举行。

7月28日，人民日报报道：中国拥有世界文化遗产26处，自然和文化混合遗产4处，自然遗产7处，计37处，位居全球第三。

7月30日，国家发改委公布对30个省、自治区、直辖市2007年节能目标完成情况和节能措施落实情况的评价考核结果。河北，山西、内蒙古、海南、贵州、宁夏、新疆7省区考核结果为未完成等级。

7月30日，我国自行设计建造的第一个规模最大、能量最高、实现全离子加速的世界级大型核物理实验装置——兰州重离子加速器冷却储存环（HIRFL－CSR）通过国家验收。

7月31日，中国一航西安飞机工业（集团）有限责任公司向奥凯航空有限公司交付首架新舟60飞机，标志着国产支线飞机开始进入国内民用航空运输领域。

8月

8月1日，温家宝签署第531号国务院令，发布《公共机构节能条例》，自2008年10月1日起施行。

8月1日，我国第一条具有世界一流水平的高速铁路——京津城际铁路正式通车运营。

8月3日，温家宝签署第529号国务院令，发布施行《国务院关于经营者集中申报标准的规定》。

8月6日，人民日报报道：国家海洋局日前发布的报告显示，经初步核算，2008年上半年全国海洋生产总值达13241.63亿元，同比增长14.4%，占国内生产总值比重达10.14%。

8月8～24日，北京第二十九届奥林匹克运动会在京举行。中国体育代表团获51枚金牌、21枚银牌和28枚铜牌，居金牌榜首位。

8月9日，人民日报报道：今年上半年，全国财政收入继续保持平稳较快增长，据财政部统计，上半年国家预算收入完成34808.19亿元，同比增长33.27%。

8月10日，国资委主任李荣融在国际新闻中心新闻发布会上对中外记者透露，国资委成立5年以来，央企每年销售收入平均增长13000亿元，每年增长利润为1500亿元，上缴的税收平均每年增长1000亿元，国有资产总额每年增长15000亿元。

8月12日，国家统计局发布月度统计数据，7月份，居民消费价格总水平（CPI）同比上涨6.3%；1～7月份累计，居民消费价格总水平同比上涨7.7%。

8月12日，人民日报报道：近日，中央财政下拨了秋季学期中央免费教科书专项资金86.4亿元。加上春季学期已拨付的免费教科书资金86.4亿元，2008年中央财政共安排免费教科书资金达172.8亿元，比上年增加91.5亿元，增长112.5%。

8月13日，财政部、国家税务总局发出通知，决定从2008年9月1日起调整汽车消费税政策，提高大排量乘用车的消费税税率，降低小排量乘用车的消费税税率。

8月15日，央行发布2008年二季度《中国货币政策执行报告》。《报告》显示，上半年，本外币贷款比年初增加2.7万亿元，同比多增983亿元。上半年人民币对美元汇率中间价比上年年末升值6.5%。

8月19日，记者从住房和城乡建设部获悉：截至2007年底，我国共有城镇人口约5.94亿，城镇化水平达44.9%。从1982年以来，年均增长0.95个百分点。目前全国共有设市城市655个，建制镇约2万个，已初步形成以大城市为中心、中小城市为骨干、小城镇为基础的多层次的城镇体系。

8月22日，记者从2008北京国际新闻中心举行的新闻发布会上获悉：中国城市绿化覆盖率已由2000年的28.15%上升到36%，人均公共绿地面积达8.6平方米。

8月23日，人民日报报道：人力资源和社会保障部、国家邮政局日前联合颁布了《快递业务员国家职业标准》。该标准填补了我国邮政业国家职业标准的空白。

8月23、24日，我国科学家在东太平洋海隆共发现两处新的海底热液活动区。这是我国于2007年初在西南印度洋首次发现新海底热液活动区之后的第二次新发现，也是世界上第一次在东太平洋海隆赤道附近发现海底热液活动区。

8月27日，人民日报报道：国家发改委、国家旅游局、人力资源和社会保障部、商务部、财政部、中国人民银行等六部门日前联合发布《关于大力发展旅游业促进就业的指导意见》。

8月28日，北京2008年残奥会圣火采集暨火炬接力启动仪式在天坛公园祈年殿南广场举行。温家宝在仪式上点燃圣火盆，宣布北京2008年残奥会火炬接力开始。8月29日，温家宝主持召开国家科技教育领导小组第一次会议，听取教育部关于制订《国家中长期教育改革和发展规划纲要》工作情况的汇报，审议并原则通过规划纲要制订工作方案。

8月30日，中国企业500强最新名单发布，中石化、国家电网、中石油居综合榜三甲。

9月

9月1日，继7月1日厦门集美大桥建成通车之后，厦门岛北部又一进出通道——杏林大桥正式建成通车。至此，厦门岛北端的进出快速通道体系基本建成。杏林大桥位于厦门岛北部西海域，全长8.53公里，其中跨海大桥长7.48公里，是厦门最长的跨海桥梁。

9月2～6日，第四届中国吉林·东北亚投资贸易博览会在吉林省长春市举行。本届博览会对外贸易成交额4.75亿美元，比上届增长15.85%；国内贸易成交额13.1亿元，比上届增长3.15%。

9月4日，人民日报报道：到今年6月底，全国工商机关共登记个体工商户2759万户，比去年底增加17.6万户。

9月6日，我国在太原卫星发射中心用“长征二号丙”运载火箭，成功将环境与灾害监测预报小卫星星座A、B星送入太空。

9月6～17日，2008年残奥会在北京举行。中国体育代表团以211枚奖牌（89金、70银、52

铜）蝉联金牌、奖牌第一。

9月8日，残奥会主新闻中心举行“中国残疾人事业发展状况”新闻发布会，会上新闻发言人指出，我国现有残疾人8296万，占全国人口的6.34%，已经全部纳入社会保障体系。

9月10日，温家宝签署第534号国务院令，公布施行《国务院关于修改〈外商投资电信企业管理规定〉的决定》。

9月11日，国家电监会在京发布的《2007年度电价执行情况监管报告》显示，2007年全国发电企业平均上网电价为336.28元/千千瓦时，比2006年增长1.74%。在不含政府性基金和附加费的情况下，电网企业平均销售电价为348.39元/千千瓦时，比2006年增长0.89%。

9月12日，人民日报报道：我国首个南极内陆站确定建站方案，建236平方米生活科研区，28人组成内陆考察队。

9月13日，深圳地铁一号线（续建）首列车辆在中国南车集团湖南株洲电力机车有限公司下线，这是我国首列自主产业化A型地铁车辆。

9月16日，我国首台超百万亿次超级计算机曙光5000A在天津下线。

9月18日，温家宝签署第535号国务院令，公布施行《中华人民共和国劳动合同法实施条例》。

9月17日，人民日报报道：我国最先进的综合科考船——中科院新型综合科学考察船“实验1”号日前在渤海成功下水。

9月25日，“华侨华人与中国改革开放30年”纪念大会在上海举行，来自32个国家和地区的250余位华侨华人代表出席。此次会议由中国侨联主办，上海市侨联承办。

9月25～28日，我国神舟七号载人航天飞行圆满成功，并实现首次太空行走。

9月26日，当前世界上展示面积最大、功能最齐全的科普教育场馆——广东科学中心正式对公众开放。该馆坐落在广州大学城，占地45万平方米，由广东省政府投资19亿元人民币，我国自行设计，共5年时间建成，预计每年将迎来两百万左右的人流量。

10月

10月3日，记者从国家工商总局获悉，今年上半年全国各级工商机关共查处广告违法案件20281起，比上年同期减少1653起，下降7.54%；罚没金额9404.54万元，比上年同期减少353.9万元，下降3.63%。

10月3～18日，第一届世界智力运动会北京举行，中国代表团以12金、8银和6铜的成绩列金牌和奖牌榜首位。

10月4日，人民日报报道：日前，国务院决定再次延长“三西”农业建设专项补助资金使用期限，即从2009年起延续至2015年，并将资金总量从目前的每年2亿元增加到3亿元。这是国务院第三次延长“三西”农业建设专项补助资金。“三西”地区是指甘肃河西、定西和宁夏西海固干旱地区，素以干旱、缺水、贫穷、落后、“苦瘠甲于天下”而著称。

10月6日，国家旅游局、国家统计局发布的统计数据显示，今年“十一”黄金周期间，全国共接待旅游者1.78亿人次，同比增长22.1%。

10月9日，由中航工业西安飞机工业有限责任公司自主设计和研制的国产新一代涡桨支线客机——新舟600飞机在西安成功首飞。

10月14日，央行公布的金融统计数据显示，9月末，国家外汇储备余额达19056亿美元，同比增长32.92%。1～9月国家外汇储备增加3773亿美元，同比多增100亿美元。

10月14日，人民日报报道：中国的水产品总产量自1989年以来连续18年位居世界首位。作为世界主要渔业国中唯一养殖产量超过捕捞产量的国家，中国养殖产量占全球养殖产量的70%。

10月15日，最高时速350公里的石家庄～武汉铁路客运专线正式开工建设。

10月15～19日，第104届中国进出口商品交易会（广交会）第一期举行。出口累计成交164.5亿美元。24～28日，广交会第二期举行，出口成交83.1亿美元。

10月15～19日，第六届中国国际农产品交易会在北京全国农业展览馆举行。本届农交会贸易成交金额达380亿元，比上届增长逾10%。

10月17日，人民日报报道：在第三十一届国际标准化组织（ISO）大会上，我国按ISO贡献率排名第6，正式成为ISO常任理事国。这是我国自1978年加入国际标准化组织以来首次成为常任理事国。

10月17日，人民日报报道：我国首次向亚洲用户提供卫星在轨交付服务——中国长城工业总公司与巴基斯坦空间和外大气层研究委员会（SUPARCO）日前在北京签署了巴基斯坦1R通信卫星

(PakSat－lR）项目合同。

10月18日，人民日报报道：中国质量协会会长陈邦柱在近日闭幕的全国质量管理小组活动30周年纪念大会上透露，改革开放30年来，我国共注册质量管理小组2802万个，创造的可计算经济效益达5753亿元。

10月19日，奥凯航空新舟60国产支线飞机在天津滨海国际机场首航成功，结束了目前中国航空运输业运营被进口飞机垄断的局面。

10月20日，国家统计局新闻发言人李晓超在国务院新闻办举行的新闻发布会上介绍说，前三季度中国国内生产总值（GDP）同比增长9.9%。居民消费价格总水平（CPI）同比上涨7.0%，9月份上涨4.6%，比上月回落0.3个百分点。

10月20日，国际权威医学期刊《柳叶刀》杂志“21世纪中国与全球健康”专辑在京举行首发仪式，这在中国的学术史上属于第一次。

10月23日，改革开放与人口发展论坛在京举行，实行计划生育政策近30年来，我国人口和计划生育事业取得巨大成就，妇女总和生育率从实行计划生育前的5.8下降到目前的1.8左右，使我国13亿人口日推迟4年到来。

10月25日，我国在太原卫星发射中心用“长征四号乙”运载火箭，成功将“实践六号”03组两颗空间环境探测卫星送入太空。

10月26日，第六届全国农民运动会在泉州举行。

10月27日，国家统计局发布的改革开放30年经济社会发展成就系列报告表明，1979～2007年，我国GDP年均实际增长9.8%，从世界第10位升至第4位。

10月27日，由上海外高桥造船公司为新加坡海洋油船有限公司建造的绿色环保型31.8万载重吨VLCC“华山”号提前5个月命名交船。这是目前世界上建成的第一艘全面满足由国际船级社协会（IACS）制定的最新《共同结构规范》（CSR）载重吨最大、款式最新的超级油轮。

10月28日，国家统计局发布的改革开放30年我国经济社会发展成就系列报告显示，2007年我国进出口贸易总额从1978年的206亿美元猛增到21737亿美元，增长了104倍。我国在世界贸易中的位次从改革开放初期的第13位升至第3位。

10月29日，人民日报报道：截至2008年7月，中国互联网用户已发展到2.53亿，成为世界第一大网络市场，其中网络游戏用户达到4000多万。

11月

11月5日，中国酒泉卫星发射中心片用“长征二号丁”运载火箭，同时将“创新一号02星”和“试验卫星三号”两颗卫星成功送入太空。

11月6日，第104届广交会闭幕。截至11月5日，本届广交会到会境外采购商累计174562人，出口成交额累计315，5亿美元。本届广交会首次由一届两期展会改为一届三期展会。

11月7日，中共中央、国务院和中央军委举行庆祝神舟七号载人航天飞行圆满成功大会，胡锦涛发表重要讲话。

11月10日，温家宝分别签署第538、539、540号国务院令，公布修订后的《中华人民共和国增值税暂行条例》、《中华人民共和国消费税暂行条例》和《中华人民共和国营业税暂行条例》，自2009年1月1日起施行。

11月12日，国家国防科技工业局发布了依据嫦娥一号卫星拍摄数据制作的我国第一幅全月球影像图。

11月18日，国家国防科技工业局、中国气象局和中国航天科技集团公司，在北京联合启动风云三号A星及地面应用系统业务试运行，这标志着我国极轨气象卫星成功地实现了技术升级换代。

11月19日，三北防护林体系建设30年总结表彰大会在京举行，回良玉出席大会并讲话。三北工程实施30年来，防护林工程区森林覆盖率由1977年的5.05%提高到目前的10.51%，30年翻了一番。

11月21日，国务院新闻办举行新闻发布会，四川省委常委、常务副省长魏宏在发布会上表示，四川省已在重灾区建成3000多个灾民安置点，建成活动板房65.99万套，资助53万农户自建了过渡房。4580多个重建项目已开工建设。

11月24日，国家电网公司西藏高海拔试验研究基地在海拔4300米的拉萨市羊八井镇投入运行，填补了世界特高压高海拔试验的空白。

11月25日，人民日报报道：国务院扶贫办新闻发言人蒋晓华介绍，从2002年到2007年，全国农村绝对贫困人口从2820万减少到1479万，低收入人口从5825万减少到2841万。国家扶贫开发工作重点县农民人均纯收入连续五年实际增幅在6%以上，高于全国农民平均水平。

11月26日，我国首座四塔单索斜拉桥——山东济阳黄河公路大桥建成通车。大桥总投资4.2亿元，全长1165米，设计为双向4车道，桥面宽21米，主桥最大跨度216米。

11月27日，人民日报报道：2008年社会捐赠达到1000亿元，其中汶川地震灾区获赠近600亿元，不包括近百亿元的特殊党费。

11月28日，具有完全自主知识产权的国产喷气支线客机ARJ21—700在上海首飞。

12月

12月5日，人民日报报道：温家宝日前签署第541号国务院令，公布了修订后的《森林防火条例》，自2009年1月1日起施行。

12月8日，国内首家专门针对少年儿童的互动式环保教育网站"拯救地球总动员"在北京长安小学启动。该网站由世界自然基金会与佳能(中国）有限公司联办。

12月8~10日，中央经济工作会议在京召开，胡锦涛发表重要讲话。

12月9日，纪念中国乡镇企业发展30年高峰论坛在江苏无锡举行。

12月15日，大陆海协会与台湾海基会11月4日签署的有关两岸海运直航、空运直航、直接通邮的三项协议正式生效。两岸有关方面分别在北京、天津、上海、福州、深圳以及台北、高雄、基隆等两岸的多个城市同时举行了海上直航、空中直航以及直接通邮的启动和庆祝仪式。

12月16日，人民日报报道：目前我国唯一位于县域口岸的保税港区——张家港保税港区，近日正式获得国务院批准设立，这是全国第十二个保税港区。

12月16日，广州珠江新城西塔项目施工工地上，具有完全自主知识产权的两台混凝土输送泵，成功将超高强度C100混凝土送上411米高的作业平台，创造了泵送施工的世界纪录。

12月16日，由中央人民广播电台和中国国际广播电台共同主办的2008广播发展论坛在京举行。截至目前，我国共开办广播节目2452套，广播人口综合覆盖率达到95.43%，是世界上覆盖人口最多的广播。全国收音机拥有量超过5亿台，听众规模超过12亿。

12月17日，据商务部监测，2008年我国的社会消费品零售总额在11月上旬即超过2007年全年，截至12月中旬，首次突破10万亿元大关。

12月17~21日，第三届北京文博会举行，主题为"文化创意与服务贸易"。31万人次参与了文博会的各项活动，共签署各类合作意向、协议总金额46.8亿美元。

12月18日，纪念党的十一届三中全会召开30周年大会在京隆重举行，胡锦涛发表重要讲话。

12月18日，我国首个内陆保税港区在重庆挂牌成立。

12月21日，人民日报报道：中国社科院近日发布2009年《社会蓝皮书》，其中的《2008年中国互联网舆情分析报告》指出，目前2.06亿中国人主要依靠网络获取新闻信息，占到网民总数的68.6%。

12月23日，我国自主研制的第三颗业务静止气象卫星——风云二号E星在西昌卫星发射中心由长征三号甲运载火箭成功发射升空。

12月24日，青藏铁路西格（西宁—格尔木）二线关键路段连湖至浩鲁格实现双线开通，开通后柴达木盆地运能大幅提升。西格线原既有线时速为80公里，双线开通后能达到160公里时速的设计要求，最高时速可达到200公里。

12月27日，温家宝到北京中关村科技园区，看望广大科技工作者，就园区的创新发展问题进行专题调研。

12月28日，中国第三大水电工程——向家坝水电站顺利实现大江截流，这标志着向家坝水电站工程将进入大坝施工和厂房建设的关键阶段。

12月28日，武汉长江隧道通车试运行，中华民族实现了"隧穿长江"的梦想。

12月30日，人民日报报道：温家宝日前签署第543、544、545号国务院令，公布了国务院关于修改《中华人民共和国公路管理条例》、《中华人民共和国水路运输管理条例》、《中华人民共和国航道管理条例》的决定。三个决定都将自2009年1月1日起施行。

（仲河滨整理）

第 九 编

院 校 风 采

锐意进取　开拓创新
努力创建优秀教学科研团队

——湖南吉首大学马克思主义学院简介

吉首大学是办在湘、鄂、渝、黔四省边区少数民族地区的地方综合性大学。吉首大学马克思主义学院成立于2004年。学院设思想道德修养与法律基础、马克思主义基本原理概论、毛泽东思想和中国特色社会主义理论体系概论、中国近现代史纲要、形势与政策、教育学心理学、研究生课程7个教研室。学院承担着全校包括研究生、本专科学生思想政治理论课和心理学、教育学以及心理咨询等课程的教学任务。是“湖南省人口发展战略研究基地”之一。

学院现有专兼职教师48人。高级职称28人（教授8人，副教授20人），中级职称18人，初级职称2人；博士8人、硕士学位26人，学士14人。是一支结构合理、素质优良，教学水平较高、科研能力较强、充满生机和活力、特别能奉献、特别能战斗的教学科研团队。在这支队伍中有省级学术带头人1人，校级学术带头人3人；5位国家课题主持人；12位硕士生导师；1位获湖南省首批“十佳高校思想政治工作者”称号，1位获湖南省高校首届大学生思想政治教育“十佳优秀领导”，1位省思想政治工作先进个人，2位省级思想政治理论课优秀教师，1位湖南省教育系统“芙蓉百岗明星”；5位省级青年骨干教师；1位教学名师，2位教学能手，2位师德标兵，4位教学新秀。

学院2005年获得马克思主义基本原理和思想政治教育两个硕士点，凝练了富有特色的六个研究方向：马克思主义基本理论与基本问题研究、马克思主义理论与当代中国社会研究、马克思主义政权理论与民主法制建设研究、思想政治教育原理与方法研究、社会转型与思想政治工作研究、学校思想政治教育研究。目前，在校攻读硕士学位研究生58名，学院第三个硕士点中国化的马克思主义研究正在申报中。

学科队伍承担各级科研课题90多项，其中国家社科基金课题5项，教育部课题3项，省级课题30多项；在省级以上学术刊物发表论文300多篇，其中在《光明日报》、《新华文摘》等8篇，人文社科核心期刊90多篇，《高教文科文摘》、中国人民大学报刊复印资料中心全文转载40余篇；出版学术专著12部，主编各类教材、辞典、文集等30余本。

学院教学成果和各种教学奖励不断涌现：获省部级奖励50项（其中教育部11项，国家计生委2项，省级37项），校级奖励30多项。教学成果奖：省级一等奖2项，二等奖1项；精彩一课奖：教育部“精彩一课”奖1项，教育部“精彩一课”选拔赛二等奖1项，湖南省“精彩一课”一等奖1项、二等奖2项、三等奖1项；公开观摩课奖：湖南省公开观摩课特等奖1项，三等奖1项；精彩多媒体课件：教育部“精彩多媒体课件”3项，优秀奖3项，省多媒体课件二等奖4项、三等奖4项；教改论文和优秀调研报告奖：教育部征文竞赛一等奖1项、二等奖1项、教学优秀调研报告奖1项、优秀教改论文二等奖1项；省级优秀教改论文二等奖2项、三等奖1项。征文竞赛奖：在省委宣传部、省社科联、省教育厅等组织的各种征文竞赛活动中，20人次分别获一等奖3项，二等奖6项，三等奖6项。学院先后集体荣获省级优秀教研室（思品教研室）1项；“概论”教研室、“原理”教研室先后三次被评为校级优秀教研室，2007年学校多媒体课件竞赛优秀组织奖，2005年吉首大学教学工作先进单位，2008年吉首大学优秀教学团队，2009年被评为湖南省优秀教学团队。

1. 科研项目（国家、教育部项目）

项目名称	主持人	经费（元）	项目来源	起止时间
武陵山区农村从贫困向小康迈进的基本思路探析	吕学芳	150000	国家社科规划办	2005－2007
新时期行政管理伦理化趋势探析	孟昭武	130000	国家社科规划办	2003－2005
湘西少数民族原始宗教文化研究	郑英杰	150000	国家社科规划办	2005－2007
少数民族文化中的生态知识	游　俊	150000	国家社科规划办	2004－2006
农业产业链拓展与民族地区经济社会持续发展研究——以土家族聚居区为例	龙祖坤	130000	国家社科规划办	2006－2008
政治文明：服务型政治模式的伦理透视	孟昭武	30000	教育部社科规划	2003－2005

2. 教学改革项目（省部级以上）

项 目 名 称	主持人	经费（元）	项目来源	起止时间
教改项目："两课"教学的困境与对策	朱廷岚	30000	教育部教改项目	2002－2003
教改项目：欠发达地区综合性大学本科实践教学体系研究	孟昭武	30000	教育部规划课题	2004－2006
精品课程：毛泽东思想邓小平理论和"三个代表"重要思想概论	游俊	100000	省教育厅	2006－2010
高校思想政治理论课"精彩多媒体课件"研究制作专项课题（"概论"第一章）	陈德祥	5000	教育部	2009.7
高校思想政治理论课"精彩多媒体课件"研究制作专项课题（"原理"第一章）	王飞霞	5000	教育部	2009.7
高校思想政治理论课"精彩多媒体课件"研究制作专项课题（"原理"第三章）	王飞霞	5000	教育部	2009.7
"学识性、学术性、学理性"的统一——思想政治理论课教学的整体性研究	肖映胜	40000	社科规划重点课题	2009－2011
教改项目：《结合地方性教育教学资源构建"毛邓三重要思想概论"课程实践教学体系的理论与实践研究》	吕学芳	14000	省教育厅	2008－2010
教改项目：构建和谐社会与思想政治工作模式研究	彭兴富	8000	省教育厅	2006－2008
教改项目：社会主义荣辱观进思政课的理论与实践研究	李景军	5000	省教育厅	2006－2008
教改项目：法律基础课程教学内容及教学方法改革研究	徐峙	8000	省高工委	2004－2005
教改项目：以爱国主义为主旋律，强化当代大学生思想政治教育	王跃飞	8000	省高工委	2005－2006
教改项目：民族地区高校大学生道德人格培养研究	陈德祥	8000	省高工委	2006－2007
教改项目：大学生感恩教育与构建和谐社会研究	喻文德	8000	省高工委	2008－2009

3. 教学、科研获奖情况：（省部级以上奖励）

项目名称	奖励名称	奖励级别	时间
“一国两制的形成与发展”	精彩一课（袁云初）	教育部精彩一课奖	2003
提高高校党的领导干部哲学素养的思考	党建征文（李景军）	教育部一等奖	2008
“形势与政策”课的建设与创新	调研报告（姚茂华等）	教育部二等奖	2007
毛泽东思想与中国特色社会主义理论体系概论（第一章）	精彩多媒体课件（陈德祥）	教育部精彩课件	2009
马克思主义基本原理（第一章）	精彩多媒体课件（王飞霞）	教育部精彩课件	2009
马克思主义基本原理（第三章）	精彩多媒体课件（王飞霞）	教育部精彩课件	2009
“两课”教学的困境与对策	调研报告（朱廷岚等）	教育部优秀奖	2003
“两课”多媒体课件大赛	多媒体课件（马　琪）	教育部优秀奖	2004
“两课”多媒体课件大赛	多媒体课件（曹素芳）	教育部优秀奖	2004
“两课”多媒体课件大赛	多媒体课件（马　琪）	教育部优秀奖	2005
“不发达地区地方性综合大学人才培养模式的研究及实践”	教学成果奖（游俊等）	省教育厅一等奖	2003
“民族地区地方高校办学特色研究与实践”	教学成果奖（游俊等）	省教育厅一等奖	2008
思想政治理论课教学改革理论与实践研究	教学成果奖（吕学芳等）	省教育厅二等奖	2008
思想政治理论课优秀教学团队	教学团队（吕学芳等）	湖南省优秀教学团队	2009
“一国两制的形成与发展”	精彩一课（袁云初）	省教育厅一等奖	2003
“法律基础课”教学	精彩一课（曹素芳）	省教育厅二等奖	2003
“思想品德课”教学	精彩一课（杨小兰）	省教育厅二等奖	2003
教育部“精彩一课”选拔赛	精彩一课（孙忠良）	省教育厅二等奖	2007
“毛泽东思想与中国特色社会主义理论体系概论”教学	精彩一课（孙忠良）	省教育厅三等奖	2008
思想政治理论课教学观摩公开课	观摩公开课（陈德祥）	省教育厅特等奖	2005
“两课”教学观摩公开课	观摩公开课（朱廷岚）	省教育厅三等奖	2003
马克思主义哲学原理多媒体课件大赛	多媒体课件（朱廷岚）	湖南省二等奖	2005
马克思主义基本原理多媒体课件大赛	多媒体课件（王飞霞）	湖南省二等奖	2006
毛泽东思想与中国特色社会主义理论体系概论多媒体课件大赛	多媒体课件（陈德祥）	湖南省二等奖	2006
毛泽东思想与中国特色社会主义理论体系概论多媒体课件大赛	多媒体课件（孙忠良）	湖南省二等奖	2006
毛泽东思想与中国特色社会主义理论体系概论多媒体课件大赛	多媒体课件（陈德祥）	湖南省三等奖	2007
毛泽东思想与中国特色社会主义理论体系概论多媒体课件大赛	多媒体课件（孙忠良）	湖南省三等奖	2007
毛泽东思想与中国特色社会主义理论体系概论多媒体课件大赛	多媒体课件（陈德祥）	湖南省三等奖	2008
中国特色文化软实力及发展思路研究	理论征文（肖映胜、吕学芳）	省委宣传部一等奖	2008
试论中国特色社会主义道路和理论体系关系	理论征文（王飞霞）	省委宣传部三等奖	2008
实践的社会主义是我国社会主义正确的路径选择	理论征文（喻文德）	省委宣传部三等奖	2008
民族地区出生人口性别比状况分析及对策研究	理论征文（陈德祥）	国家人口计生委三等奖	2008
土家族地区农村剩余劳动力的转移	理论征文（龙祖坤等）	国家人口计生委三等奖	2008

天津商业大学马克思主义学院

天津商业大学马克思主义学院前身为1980年成立的马列教学部及1988年成立的思想政治教育和教学部。该部于1993年归属党委学工部，马列教学部于2001年和法学、行政管理专业合并成立法政学院。教育部设立马克思主义理论一级学科后，为提高政治理论课教学质量、加强马克思主义理论学科建设，2007年7月，学校组建了以一级学科命名的马克思主义学院。学院成立后，以“和谐、创新、精品”为指导思想，承担马克思主义理论研究、全校思想政治理论课教学和马克思主义理论硕士研究生培养的任务。

机构设置：为有效开展政治理论课的教学、研究生培养及马克思主义理论的研究，学院设置了三个教研部、一个研究中心。三个教研部分别为马克思主义基本原理教研部、马克思主义中国化教研部、思想政治教育教研部。马克思主义中国化教研部又设有“中国近现代史纲要”、“毛泽东思想与中国特色社会主义理论体系”、“当代世界经济与政治”三个教研室；思想政治教育教研部设有“思想道德修养与法律基础”、“形势与政策”两个教研室。企业社会责任研究中心是天津商业大学为了加强理论研究与实践的密切结合，充分发挥现有相关学科优势，追踪并借鉴当代西方正在兴起的企业社会责任的研究与实践，研究中国特别是天津企业社会责任的实践而组建的，中心成立于2005年10月。

师资队伍：学院现有在岗专职教师27人，其中，教授6人，占22.2%，副教授14人，占51.9%；硕士生导师7人；拥有博士学位的7人，占25.9%；50岁以上的教师3人，占11.1%，35－49岁18人，占66.7%，34岁以下6人，占22.2%。

学院拥有一批教书育人的优秀教师，其中包括天津商业大学“十佳教师”、天津市“三育人”先进个人和“八五”立功奖章获得者，天津市优秀教师，天津市“教学名师”，天津市“思想政治理论课优秀教师”、天津市高等学校教学楷模，天津市“优秀青年教师”，天津市首届青年教师基本功竞赛文科一等奖获得者等。

课程建设：首先，学院按照本科生思想政治理论课“05方案”要求，开设了“思想道德修养与法律基础”、“马克思主义基本原理”、“中国近现代史纲要”、“毛泽东思想与中国特色社会主义理论体系概论”和“形势与政策”五门必修课程及“当代世界政治与经济”一门选修课程。其次，根据学生的要求开设了“诚信教育”、“社会学概论”、“社会科学研究方法”、“市场经济与企业伦理”、“中国哲学思想史”、“人生发展心理学概论”等全院选修课。初步形成以教育部确定的思想政治理论课“05方案”课程为主体、以学院自主开设的选修课为辅，教学内容相互支撑的思想政治理论课课程体系。

学科建设：学院自2002年开始招收硕士研究生，现有马克思主义理论一级学科硕士点一个，包括六个二级学科，其中“马克思主义基本原理”、“马克思主义中国化研究”与“思想政治教育”三个专业已经招生，目前在校研究生共51人，已经授予学位学生30人，未来两年其他三个专业即“中国近现代史研究”、“马克思主义发展史研究”、“国外马克思主义研究”也将陆续招生。

科学研究：近五年来学院在科学研究方面取得了丰硕成果。主持国家社会科学基金项目2项，国家教育科学项目1项，教育部哲学社会科学重大委托项目1项，教育部人文社会科学基金项目2项，天津市社会科学基金项目3项、天津市教委人文社科项目5项、市级教研项目5项；出版专著7部，教材6部；获得天津市社会科学优秀成果奖一等奖2项、二等奖1项、三等奖3项，天津社科学术年会优秀论文奖5项；发表论文200余篇，其中50篇为核心期刊，20多篇论文被转载、摘引。

主要学术带头人简介

魏胤亭，教授，硕士生导师。天津商业大学副校长，中国马克思主义哲学史学会常务理事、全国毛泽东哲学思想研究会理事、全国“三个代表”研究会理事、中国商业经济学会理事、天津市学位委员会哲学学科评议组成员、天津商业大学学术委员会、学位评定委员会副主任。著有《实事求是论纲》（独著）、《邓小平经济哲学思想初探》（第一作者）、《马克思主义中国化的内在逻辑》（第一作者）。主持并完成的项目有21世纪初天津市高等教育教学改革项目“突出主题，强化整体——‘两课’教学中突出思想路线教育主题的研究”、天津市十五社科重点项目“马克思主义中国化的内在逻辑研究”。获天津市第八届社会科学优秀成果二等奖，天津市第十届社会科学优秀成果一等奖，天津市第十一届社会科学优秀成果三等奖。曾获天津市高等学校教学楷模称号。

史瑞杰，教授，硕士生导师，天津商业大学宣传部部长、马克思主义学院党总支书记 、校学术委员会委员、职称评审委员会委员、法律政治学科组组长，国家社会科学基金项目同行评议专家，天津市哲学学会常务理事，天津市政治学学会常务理事，天津市行政管理学会副秘书长。著有《邓小平哲学思想概要》（第二作者），《效率与公平：社会哲学的分析》（独著）、《邓小平经济哲学思想初探》（第二作者），《从精英教育到大众教育——高等教育发展中的效率与公平问题研究》（第一作者）。主持并完成全国教育科学十五规划重点课题“高等教育发展中的效率与公平问题研究”、教育部规划项目“当代大学生思想状况和特点研究”、天津市哲学社会科学研究规划课题“社会转型与思维方式变革研究”、天津市教委人文社会科学课题“转型期效率与公平问题研究”、天津市教改课题“商科院校法学专业人才培养模式的研究与实践”。获天津市第八届社会科学优秀成果三等奖；天津市第十届社会科学优秀成果一等奖；目前主持的在研课题有教育部哲学社会科学研究重大课题“社会主义核心价值体系寓于大学生思想政治教育”，教育部人文社会科学规划基金项目“当代中国政府正义问题研究”。曾年被评为天津市教学名师。

初明利，教授，硕士生导师，马克思主义学院副院长，天津市高校大学生心理健康指导委员会副主任，天津市科协创造协会理事。著有《跨世纪成才之路》（第二作者）、《高校学生工作理论与实践》（第二作者）、《高校德育新视野》（第一作者）、《创业学导论》。主持并完成天津市教育科学“十五”规划课题“普通高校学生德育规程研究”、天津市教育科学“十五”重点课题“课内外结合的大学生素质教育模式研究”、天津市教育科学“十一五”规划资助重点课题“大学生素质教育运行机制研究”，目前主持的在研项目有天津市哲学社会科学基金十一五规划课题“天津滨海新区外商投资企业党的先进性建设机制研究”和天津市高等学校本科教学改革与质量建设研究计划项目“大学生创业能力培养与实践能力研究”。在《天津大学学报》、《思想战线》等刊物发表论文多篇。获天津市第十届社会科学优秀成果三等奖、天津市人文社会科学研究成果二等奖、天津市第九届调研成果评选三等奖，曾获天津市优秀思想政治理论课教师称号。

柴观珍，教授，硕士生导师，马克思主义中国化教研部主任。在《甘肃社会科学》、《理论探索》、《学术交流》等期刊发表学术论文30余篇。主持并完成天津市高校人文社科项目“学生感知教学质量评价实证研究——以本科教学为例”。获天津市第八届社会科学优秀成果一等奖。

齐霁，教授，硕士生导师，天津市中共党史学会理事、副秘书长，中共天津市委党史研究室党史资政专题研究兼职研究员。在《抗日战争研究》、《南京社会科学》、《教学与研究》等期刊发表学术论文40余篇，著有《中国共产党禁毒史》。主持并完成国家社科基金项目“中国共产党领导禁毒斗争的历史考察和经验研究”、天津市党史资政专题研究项目“从党的诞生到新中国成立初期中国共产党禁毒斗争的历史考察与经验总结”。曾获天津市普通高校“两课”精彩一课评选二等奖、天津市第十届社会科学优秀成果三等奖、天津市社会科学界第三届学术年会优秀论文奖、天津商学院首届十佳教师称号。

于俊如，教授，硕士生导师，思想政治教育教研部主任。在《中国青年研究》、《青年探索》、《教育发展研究》等刊物发表论文30余篇。主持并完成天津市教育科学“十一五”规划课题“大学生‘生活德育’研究”、天津市教育系统2007年重点调研课题“当前大学生主要道德问题调查研究”、天津市教卫系统2007年重点调研课题“加强大学生社会主义核心价值体系教育研究”，目前主持的在研课题为国家社会科学基金项目“改革开放30年来我国青年价值观变迁轨迹与发展趋势研究”。曾获天津市“两课”优秀教师、天津商业大学优秀教师、教学质量优秀奖等荣誉称号。

华南师范大学马克思主义理论研究情况简介

一、概况

华南师范大学是国家“211 工程”重点建设的大学之一。

华南师范大学马克思主义理论学科，1990 年获批硕士学位授予权，2000 年获批二级学科博士学位授予权，2006 年获批一级学科博士学位授予权，2007 年获批博士后流动站。其中，马克思主义基本原理二级学科 2007 年获批广东省重点学科。

经过多年的建设，本学科已形成如下稳定而有特色的研究方向：（1）马克思主义理论研究的新问题、新视域、新方法；（2）马克思主义理论与当代中国社会；（3）马克思主义中国化的历史进路与现实境遇；（4）马克思主义政治理论与当代中国政治文明；（5）国外马克思主义研究。

本学科硕士、博士导师队伍主要由政治与行政学院相关专业及思想政治理论课教学部的教师组成。现有教授16 人，副教授20 人，具有博士学位的教师22 人，在职攻读博士学位的教师 6 人。目前，博士生导师有王宏维、刘卓红、陈金龙、王金红、尹树广等教授。王宏维教授为一级学科博士点召集人。在导师队伍中，王宏维教授享受国务院政府特殊津贴，刘卓红教授被聘为广东省学位委员会第四届学科评议组成员，陈金龙教授获批教育部“新世纪优秀人才支持计划”。

二、主要研究成果

近年来，本学科主持和完成了多项国家社科基金项目的研究，如“卢卡奇社会存在本体论研究”（2000）、“20 世纪中国共产党处理宗教问题的基本经验”（2001）、“马克思主义公共哲学及公共价值构建”（2002）、“地方政府涉农政策同农民参与互动研究”（2005）、“南京国民政府时期的政教关系”（2006）、“马克思主义效率哲学及效率伦理研究”（2006）、“马克思经典著作中的经济哲学思想研究”（2007）、“和谐理性与价值重建——马克思主义发展哲学的新话语”（2007）。此外，还主持和完成了多项省部级课题的研究。

近年来，本学科在《中国社会科学》、《哲学研究》、《马克思主义研究》、《政治学研究》、《民族研究》、《社会学研究》、《教育研究》、《世界宗教研究》、《中共党史研究》、《近代史研究》、《教学与研究》、《求是》、《人民日报》、《光明日报》等刊物发表论文 400 多篇，部分文章为《新华文摘》、《中国社会科学文摘》转载。出版专著20 多部，相关教材 10 余种。其中，专著《继承与超越：毛泽东与孙中山比较》获第三届中国高校人文社会科学优秀成果二等奖；《略论民主革命时期中国共产党的纪念活动》、《人类解放的进程与社会形态的嬗变》、《现代化建设主体》、《民主的根基》、《中国共产党宗教政策的曲折发展》、《对马克思晚年俄国社会发展若干问题研究的再认识》、《李大钊的日本观》、《政治解放、社会解放和劳动解放——马克思人类解放思想再探析》、《“无情鸡”事件：国民革命后期劳资纠纷的实证考察》、《哲学教育改革之关键：马克思主义哲学的教学与教材》、《当代西藏妇女的婚姻状况与家庭地位》、《论加强〈资本论〉经济哲学研究的意义》、《村民自治与广东农村治理模式的发展》等著作、论文，分获广东省哲学社会科学研究优秀成果一、二、三等奖。

本学科重视对内、对外的学术交流，先后举办了“我所理解的马克思哲学”、“国外马克思主义重大前沿问题”、“马克思主义与当代社会发展”等全国性学术讨论会；协办了“罗莎·卢森堡”国际学术研讨会。有多名教授、副教授分赴美国、加拿大、俄罗斯、瑞典、丹麦、日本等国参加学术会议或进行合作研究。

三、理论研究与教学实践相结合

对于高等学校来说，马克思主义理论学科的研究应辐射到思想政治理论课的各门课程之中；衡量马克思主义理论研究水平的重要标志，是能否把研究成果应用于思想政治理论课的教学，并用马克思主义的理论帮助学生形成科学的世界观、人生观和价值观。因此，学科建设不能离开课程建设，理论研究不能离开教学实践，不能脱离学生的实际。学校领导和学科带头人深入课堂了解教学的实际情况，倾听学生的反映，把握学生的思想脉搏，采取了一系列措施促进思想政治理论课的建设。取得了初步的成果。主要表现在：

1. 从战略高度重视思想政治理论课教师队伍的建设

学校党委认真贯彻《中共中央国务院关于进一步加强和改进大学生思想政治教育的意见》（中发〔2004〕16号）和《中共广东省委广东省人民政府关于进一步加强和改进大学生思想政治教育的实施意见》（粤发〔2005〕12号）精神，从树立社会主义核心价值体系，培养全面发展的一代新人的战略高度，把加强思想政治理论课教师队伍建设摆在党委的重要议程，经过多次研究，制订了思想政治理论课教师队伍建设的规划。学校领导重视学科带头人和年轻人才的培养，选送青年教师出国培训，鼓励他们在职攻读博士学位，资助他们出版了一批马克思主义理论教育专著。同时，关心他们的生活和工作状况，帮助他们解决实际困难。

2. 把马克思主义中国化研究的最新成果融入思想政治理论课

我校在《毛泽东思想和中国特色社会主义理论体系概论》课和《形势与政策》课教学中，融入科学发展观的内容。明确科学发展观的教学重点，突出以人为本的核心，站在培养什么人，怎样培养人的高度，来认识科学发展观的教育问题，强调培养社会主义的建设者和接班人，坚持走社会主义的发展道路，在这个前提下观察中国所面临的经济、人口、环境、能源等问题。组织全体教师集体备课，保证教学质量。深化学生对科学发展观的时代背景、科学内涵、精神实质和根本要求的理解，掌握贯穿其中的马克思主义立场、观点、方法，理论联系实际，课堂教学效果良好。

3. 思想政治理论课新课程方案试点工作顺利完成

我校作为全国首批承担思想政治理论课新课程的试点院校，按照试点方案，已经顺利完成了四门必修课和形势与政策课的试点工作。在时间紧、任务重的情况下，我们充分发挥了教研室的作用。通过集体备课、开公开课、小组教学等方式，使教师尽快熟悉了教材，胜任新课程教学工作。同时，我们根据教育部和教育厅的要求，对思想政治理论课的实践教学环节进行了探索，形成了教师指导开题、以小组为单位开展社会调查、完成综合实践论文、教师评点、部分论文公开答辩等的整套做法，培养了学生应用马克思主义的基本观点、立场、方法解决实际问题的能力。经过全体老师的努力，思想政治理论课的教学质量有明显提高，学生对教师的教学评估分数达到87分以上，在省教育厅组织的近20所高校思想政治理论课建设评估中，我校被评定为优秀。

4. 思想政治理论课教学资源库建设取得显著成果

在省教育厅和学校领导的支持下，我校思想政治理论课教学资源库建设取得显著成果。为了提高思想政治理论课的信息化教学水平，我们根据教学内容和日常思想政治教育的需要，收集、整理、制作了数以千计的视频、图片、文本、课件。教育部社科司领导来我校视察，对此给予充分肯定。为了配合教师的教学，我们编印了《思想政治理论课教学参考视频目录汇编》。还按课程、按专题建设教学网站，为省内外的思政课教师提供了丰富、实用的教学平台。“两课在线”已成为国内登陆率最高的思政课教学网站之一，并获得省教育厅60余万元的专项经费资助。

5. 实现国家精品课程建设的突破

我校把思想政治理论课列为学校重点课程建设，为思想政治理论课名师和精品课程设立配套经费，按每生每年20元设立思想政治理论课专项建设经费。经过全体教师的努力，思想政治理论课优质课程建设取得了明显的成效，《思想道德修养和法律基础》、《毛泽东思想和中国特色社会主义理论体系概论》两门优质课程建设已经省教育厅组织的专家评审通过。《马克思主义原理概论》已通过立项。尤其令人欣慰的是，经过多年踏踏实实的积累和钻研，《思想道德修养和法律基础》课程通过了教育部国家精品课程的评选，实现了我校思想政治理论课国家精品课程零的突破。

信阳师范学院当代马克思主义研究所

该所前身是1990年成立的信阳师范学院改革与发展研究所，2001年学校成立马列主义研究所，重点建设2000年获批的马克思主义理论与思想思想政治教育硕士点，2003年为了提升科研层次，学校决定对当时的人文社科资源进行整合，将马列主义研究所、改革与发展研究所、当代中国经济研究所三所合并，成立当代马克思主义研究所。2004年，当代马克思主义研究所被批准为河南省第一批普通高等学校人文社会科学重点研究基地。

研究所实行所长负责制，制定有完善的内部管理制度，成立学术委员会，对研究所的学术研究进行指导。研究所与校内外专兼职研究人员签订聘任合同，实行目标管理，竞争上岗，进行定期评估，目标任务完成优秀者给予奖励，不合格者予以淘汰。通过完善管理体制，形成机构开放、人员流动、内外联合、竞争创新的运行机制。经过5年多的建设，已在科学研究、人才培养、学术交流和咨询服务方面起到了重要作用，并在中国特色社会主义理论、社会主义民主政治建设、农民工问题研究等方面形成了特色，已主持完成“新时期统一战线制度研究”、“五十年代的党风廉政建设及其历史经验研究”等国家项目4项，在研1项，在中文核心期刊发表论文318篇，出版专著28部，获得省级以上科研奖励16项。

所长李明斌教授，河南省特聘教授，河南省学术技术带头人，河南省重点学科“马克思主义基本原理”第一带头人。已发表论文50多篇，其中人大复印资料全文转载11篇，获河南省优秀社科成果二等奖2项、三等奖1项，出版专著4部，主持完成省级以上项目4项，其中主持完成的2006年度国家社会科学规划项目“中苏大论战及其经验教训研究”，鉴定为优秀。

社会主义体制危机与中国特色社会主义道路的开辟

中国社会主义建设实践作为世界社会主义历史进程的一部分，其发展不是一帆风顺的，既有凯歌行进的时期，也有严重失误的时期，其突出表现是曾经发生过两次危机，即“大跃进”和“文化大革命”。

一、中国社会主义体制的第一次危机：“大跃进”运动

第二次世界大战结束以后，一批走上了社会主义发展道路的国家以苏联模式为样板，逐步建立了高度集中的社会主义政治经济体制。中国革命胜利稍晚一些，但也于1956年完成生产资料私有制的社会主义改造。这一时期，人们似乎认为，苏联式的社会主义就是理想中的社会主义。

1956年，苏共二十大揭露和批判了斯大林的错误，给各国共产党人以不小的震动。其积极意义是破除了各国共产党人对苏联模式的迷信，随后，毛泽东提出要“以苏为鉴”，决定走一条有别于苏联模式的发展道路，并开始了独立探索。

但是，毛泽东的独立探索和改革很快向左倾。1958年，在高举“总路线、大跃进、人民公社”三面红旗的运动中，“左”倾错误严重地泛滥开来，在所谓“跑步进入共产主义”的宣传下，“左”的思想更趋严重，经济体制也越来越朝着集中化方向发展。在所有制、计划经济、分配形式上比苏联模式走得更远。这种极端的社会主义体制甚至连短期效应也没有发挥出来，并且很快受到了经济规律的惩罚。1960年全国粮食总产量只有2870亿斤，比1957年还少1031亿斤；工业生产领域也产生灾难性的后果，1960年全国企业亏损105亿元。三年“大跃进”，财政赤字达158.5亿元，直接经济损失超过1200亿元，全国发生严重经济危机。这实际上是一种体制性危机。

二、中国社会主义体制的第二次危机：“文化大革命”运动

毛泽东发动和领导“文化大革命”的目的是为了寻求防止资本主义复辟、巩固社会主义制度的办法，探索中国自己建设社会主义的道路。但是，毛泽东要维护、巩固的社会主义是体制上高度集中的社会主义，要防止的是对这种社会主义进行修正。事实上，从1962年之后的整个历史进程看，“文化大革命”是中国社会主义体制危机发展的结果。

由于“大跃进”使高度集中的经济体制和政治体制的弊病日益严重起来，中国的经济长期停滞不前，人民生活得不到应有的改善，群众的不满在增长，党内要求改革传统社会主义体制的呼声日益高涨，因此才出现了短暂的体制调整和改革。

“文化大革命”也是毛泽东关于社会主义社会阶级斗争理论的产物。毛泽东过分夸大了阶级斗争的严重性，并且把党内对不适合生产力发展状况的所有制形式和分配形式进行改革的思想认识和方针路线，统统归之为阶级斗争在党内的反映，属于两个阶级的矛盾。

为了“反修防修”，毛泽东领导开展了社会主义教育运动。当他感到城乡社会主义教育运动不能解决他所要解决的问题时，他便下决心，充分利用自己的巨大权威和声望，采取所谓“公开地、全面地、自下而上地发动广大群众”的做法，进行一场史无前例的“文化大革命”。毛泽东认定：党内已经产生了“走资本主义道路的当权派”，“资产阶级就在党内”。这样，在高度集中的社会主义体制危机面前，毛泽东把改革社会主义体制的力量当作“走资派”，终于走上了发动“文化大革命”的不归路。

三、中国特色社会主义道路的开辟使中国摆脱了社会主义体制危机

“文化大革命”结束后，中国共产党经过真理标准大讨论，破除了迷信，对原来的建设道路进行了深刻反思，并从十一届三中全会开始，对陷入深重危机的高度集中的社会主义体制进行了系统改革。具体来说，可以从三个方面理解中国特色社会主义的产生和发展。

第一，“文化大革命”的发生对中国特色社会主义道路的开辟起到了促进作用。中国的改革发端于“文化大革命”之后，更确切地说，是带着“文化大革命”的创伤而进入新的历史时期的，是对“文化大革命”中走向极端的社会主义体制的反思和否定。在经历了十年剧烈的动乱之后，中国终于走上了社会主义体制改革的平稳发展道路，这其中的必然性是不言而喻的。因为“文化大革命”暴露了高度集中的经济体制、政治体制的弊病，促使人们去总结历史的经验和教训，推动人们去寻找摆脱危机的出路，从而促进了中国特色社会主义的形成。1986年9月2日，邓小平在谈到“文化大革命”对中国特色社会主义的形成的促进作用时指出：“那件事，看起来是坏事，但归根到底也是好事，促使人们思考，促使人们认识我们的弊端在哪里。毛主席经常讲坏事转化为好事。善于总结‘文化大革命’的经验，提出了一些改革措施，从政治上、经济上改变我们的面貌，这样坏事就变成了好事。为什么我们能在70年代末和80年代提出了现行的一系列政策，就是总结了‘文化大革命’的经验和教训。”

第二，中国特色社会主义道路从内容上看，既是对存在严重弊端的社会主义体制的否定，又是60年代初社会主义体制改革的继续。中国社会主义体制改革的逻辑起点可以追溯到60年代初，那时，邓小平等人实际上已经开始形成同毛泽东晚年错误不同的、符合中国实际的重要观点。例如，1962年在恢复和发展农业生产问题上，邓小平提出了包产到户、包干到户的思想。当时农村生产关系究竟以什么形式为好，成了党内讨论、争论的一个热点，也是一个很敏感的问题。邓小平提出：“恐怕要采取这样一种态度，就是哪种形式在哪个地方能够比较容易比较快地恢复和发展农业生产，就采取哪种形式；群众愿意采取哪种形式，就应该采取哪种形式，不合法的使它合法起来。”党的十一届三中全会之后，邓小平领导中国人民进行的体制改革就是对60年代前期提出的一系列改革措施的继承和发展。

第三，中国特色社会主义道路是对社会主义体制的改革和创新。十一届三中全会结束了以阶级斗争为纲的极左政治路线，制定了实现社会主义现代化的政治路线；打破了“唯上、唯书”的一统天下，恢复和制定了“解放思想，实事求是”的思想路线；结束了对传统社会主义模式的顶礼膜拜，制定了改革开放的战略方针。

中国特色社会主义不是对原有体制的细枝末节的修补，而是对存在危机的社会主义体制的革命和创新，社会主义体制危机在中国已成为历史。不过，需要指出的是，这并不意味着以后不会发生体制性危机。所以，我们必须与时俱进，坚定不移地沿着已经开辟的道路前进。只有这样，我们才能在社会经济成分、组织形式、就业方式、利益关系和分配方式日益多元化的新形势下，继续保持社会主义体制的活力，加快推进社会主义现代化的步伐，在日趋激烈的综合国力的竞争中继续走在世界的前列。

（李明斌）

湘潭大学毛泽东思想研究中心

湘潭大学毛泽东思想研究中心（以下简称为“中心”）创办于1980年，原为“毛泽东思想研究室”；1992年，改为“毛泽东思想研究所”；2002年，“毛泽东思想研究所”更名为“毛泽东思想研究中心”，与湖南省韶山管理局共建；2004年，“中心”被确定为湖南省普通高等学校哲学社会科学重点研究基地；同年11月，“中心”被遴选为教育部人文社会科学重点研究基地。

“中心”现设有毛泽东思想发展史研究所、毛泽东思想基本理论研究所、毛泽东思想与现当代社会发展研究所、毛泽东思想研究文献信息中心等机构；现有专兼职研究人员18人，其中教授14人，博士生导师10人。“中心”聘请了国内一批著名的毛泽东思想研究专家担任学术委员和顾问。2004年以来，“中心”研究人员主持国家社科基金项目11项，教育部项目4项；出版著作20余部；在《哲学研究》、《马克思主义研究》等期刊发表论文200余篇；研究成果获省部级奖12项。

“中心”注重学术交流。每1～2年主办一次全国性或国际性学术会议；邀请国内外著名学者来“中心”作学术讲座；设立了“毛泽东与马克思主义中国化论坛”；创办了《毛泽东研究》辑刊，建立了毛泽东数字图书馆，创建了毛泽东思想学术网站。

“中心”实行以“开放、流动、竞争、合作”为原则的全员聘任制，由“中心”主任按“带（给）课题和经费进基地、完成课题后出基地”的要求，面向校内外聘任专兼职研究人员。“中心”热忱欢迎各位同道来此间开展研究工作！

毛泽东实践哲学论要

毛泽东哲学思想的基本内容为人们耳熟能详，然而这种熟知是以传统马克思主义哲学教科书体系为理解框架的。如果我们在“马克思哲学是一种实践哲学”的基本看法上达成了某种意义上的共识，那么就有必要以实践哲学的范式重新理解毛泽东哲学思想。实际上这样的理解更能贴近毛泽东哲学思想的性质，更能说明毛泽东对马克思哲学中国化的贡献及其当代意义。

一

实践哲学本身是一个含义相当宽泛的概念，可以指称极为不同的哲学流派。马克思实践哲学的重要特质，就在于力主“改变世界”，这使其在本质上不仅区别于包括旧唯物主义在内的各种各样的解释世界的理论哲学，而且也区别于现代其他各种各样的面向生活世界的实践哲学。马克思认为，“改变世界”不是一个理论上和观念上的问题，而是一个诉诸现实感性活动的实践问题。在马克思那里，“改变世界”有着明确的现实内涵与强烈的价值诉求。一方面，马克思实践哲学所要反对和改变的是以资产阶级对无产阶级的压迫和剥削为主要特征的资本主义社会；另一方面，则诉诸共产主义社会的价值理想。这种实践哲学的实质内涵与科学社会主义的内容是高度一致的，马克思实践哲学所诉诸的现实感性活动，实际上就是无产阶级的现实解放运动。

马克思实践哲学在中国的实践必然中国化，也就是说必须充分考虑中国实践环境中的各种重要因素，并与之有机结合起来。中国实践环境中的重要因素包含历史文化和现实实际两大方面。就前者而言，马克思哲学必须批判地继承中国传统文化，并获得中华民族的语言形式，才能真正成为中国人的财富。就后者而论，马克思哲学必须充分考虑现实实践中出场的各种复杂因素，其中最为重要的莫过于中国社会发展与马克思哲学所产生的社会环境之间的时代落差。马克思哲学产生于西欧资本主义社会中，它所要反对和改变的世界是资本主义世界，而中国社会的古老航船刚刚被卷入近代化的风潮中，因而“主要群众是农民、需要解决的斗争任务不是反对资本而是反对中世纪残余”（列宁语）。

二

毛泽东实践哲学首先表现为将马克思主义在中国具体而复杂的现实环境中如何付诸实践所需要的实践智慧。如果说，理论智慧重在建构普遍原理，因而需要在某种意义上忽略对象的具体性，并且必须排除矛盾；那么，实践智慧则指向实践活动，而实践总是具体的，因而它关注的重心是对象的具体性和特殊性，涉及的往往是各种相互矛盾的要素，因而不仅不能排除矛盾，而且就体现为审慎而妥善地驾驭和协调这些相互矛盾因素的能力。

马克思主义在现代中国的实践主要是政治革命和军事斗争。相应地，毛泽东的实践智慧也主要表现在政治智慧和军事智慧两大方面。其政治智慧主要表现在他关于中国革命性质、道路、统一战线、新民主主义社会模式等问题上的深邃见解和独特创造。在革命性质问题上，毛泽东从中国实际出发正确地把握了这场革命的新民主主义性质、对象、力量以及前途，超越了“不是资本主义革命就是社会主义革命”的理论分析框架和教条主义；在革命道路问题上，毛泽东突破了议会斗争和城市起义的模式，从中国革命的具体性和特殊性出发，走出了一条农村包围城市，武装夺取政权的独特道路；在统一战线问题上，毛泽东与教条主义者要么联合要么斗争的思维方式相反，采取的是又联合又斗争的方针；在革命后建立一个什么样的社会问题上，毛泽东匠心独运地把这个社会称为新民主主义社会，超越了当时“不是资本主义就是社会主义”的理论教条。

毛泽东的实践智慧最为突出地表现在他的军事智慧中，而这种军事智慧可以说是中国传统兵家智慧的继承和发展。兵家智慧的特征之一是任智巧夺，突出谋略的重要性：“兵者，诡道也。故能而示之不能，用而示之不用，……攻其无备，出其不意。”（《孙子兵法》，第1~2页）兵家智慧的另一个重要特征是其辩证的运思方式。战争形势瞬息万变，扑朔迷离，“兵无常势，水无常形”（同上，第80页）。传统兵家智慧的突出表现就在于用诸如胜负、生死、利害、进退、强弱、正奇、攻守、虚实、劳逸、勇怯、多寡等矛盾来认识和指挥战争，并根据特定目标和具体情况参与和展开这些矛盾运动，巧妙地实现利害、生死、胜负之间的勾连转换。毛泽东深得兵家智慧的神髓，并在敌强我弱的情势下将其发挥得淋漓尽致。

毛泽东实践哲学不仅表现为上述实践智慧，而且形成了系统的哲学表达，深刻地体现了毛泽东对马克思主义理论与中国革命具体环境相结合的理论自觉与哲学反思。这种反思和表达首先表现在《实践论》和《矛盾论》（以下简称“两论”）中。“两论”的主题和旨趣，是对马克思主义普遍原理与中国革命实践经验必然结合的哲学反思，是对脱离中国革命实际的教条主义的哲学批判；其内容是对凝结着中国革命丰富经验的毛泽东政治军事活动及其著作中已经体现出来的实践智慧的哲学表达。因此，“两论”是马克思实践哲学中国化的重要范本。

《实践论》紧紧抓住理论（认识）与实践的关系这一事关中国革命实践成败的重大问题，阐明了实践对于理论的基础性意义：不仅理论的形成、检验等等依赖于实践，而且更重要的是理论的目的和意义也完全在于实践，以及深刻地揭示出理论与实践的具体的历史的统一。《实践论》旨在论证马克思主义理论与中国革命实践结合的必要性，蕴含着中国革命成功与失败的正反经验，蕴含着毛泽东不拘泥于书本和理论而注重实际的实践智慧，并在这种实践经验的基础上运用马克思实践哲学批判地继承了中国传统的知行学说。

《矛盾论》紧紧抓住矛盾的普遍性与特殊性的关系问题。这一问题在一定意义上可以说是理论与实践关系的另一种表达形式：理论具有普遍性，而实践则指向具体性和特殊性。如果说《实践论》突出了实践对于理论的基础性地位，那么《矛盾论》则强调了矛盾的特殊性及其重要意义，并细密地分析了矛盾特殊性的各种情形。如果说《实践论》在突出实践对于理论的基础性地位以及“改变世界”的重要性等意义上而与马克思实践哲学完全一致，那么，《矛盾论》则在“改变世界”的实践操作的意义上，在如何将马克思主义普遍原理与具体的革命实践结合的意义上，将马克思的实践哲学大大地深化了。

“两论”对“实践”与“矛盾特殊性”的强调，最后凝练成一个命题：“实事求是”。从思想逻辑来看，注重实践和矛盾特殊性，必然要求注重“实事”；从思想旨趣来看，“实事求是”以凝练的语言形式突出了“两论”所阐明的马克思主义理论与中国实际相结合这一重大历史主题。因此，“实事求是”是毛泽东实践哲学的核心命题，集中地体现了马克思“问题在于改变世界”的哲学旨趣。

综上所述，毛泽东实践哲学将马克思哲学与中国现实实际和传统文化有结合起来，在这种结合中既有效地解决了现实实践问题，又实现了哲学理论的再创造；既使马克思哲学中国化了，又真正地体现了马克思哲学的实践本质。马克思哲学的实践本质所要求我们的，是像毛泽东在新民主主义革命时期所做的那样，在当代中国特色社会主义的伟大实践中继续推进马克思主义哲学的中国化进程。

（李佑新）

浙江理工大学马克思主义学院

著名经济学家、中国社会科学院马克思主义研究院院长程恩富教授来我院指导工作

中国人民大学吴潜涛教授来我院讲学

麻省理工学院大卫·科茨教授来我院讲学

东北师范大学田克勤教授来我院讲学

浙江省高校唯一思想政治理论课国家精品课程

浙江省本科院校唯一的省级思想政治理论课教学团队

马克思主义学院简介

浙江理工大学马克思主义学院成立于2008年，由原人文社会科学教学研究部和思想政治教育研究所合并而成，是浙江省高校第一家思想政治理论课教育教学实体性的马克思主义学院。

学院拥有一支结构合理，素质过硬，专兼职相结合的教师队伍。学院有专兼职教师近50人，其中专任教师30多人。专兼职教师中有教授17人、副教授18人、博士16人；全国优秀教师1人、省级优秀教师1人、省级教学名师2人、省级教坛新秀1人；省中青年学科带头人1人、省“151”人才工程梯队人员1人，国家马克思主义研究与建设工程高校思想政治理论课“05”方案统编教材专家1人；省哲学社会科学学科组专家3人；校级教学名师3人、校级学术拔尖人才4人、校级优秀骨干教师4人、校级优秀青年教师4人；担任省级以上学会会长、副会长、常务理事、理事职务20余人次。

学院的思想政治理论课教学和建设一直走在全省的前列。不仅拥有省内唯一的思想政治理论课国家精品课程——《毛泽东思想和中国特色社会主义理论体系概论》，省内本科院校唯一的思想政治理论课省级教学团队，还获得过4项省级优秀教学成果一、二等奖，10余项校级优秀教学成果奖，同时还拥有省、校级精品课程和重点课程4门；多名教师被学生评为“我心目中的好老师”。

学院在教学研究和学术研究方面取得了丰硕成果。相继承担过2项国家社科基金、20多项省部级哲学社会科学规划项目、40多项厅局级项目，获省部级哲学社会科学奖3项，在《求是》、《马克思主义研究》等学术期刊发表学术论文400多篇，出版思想政治理论和其他人文社会科学领域的学术专著与教材30多部（册）。

学院下设教学、科研机构为五个研究所和五个教学部，实行所、部合署办公。五个研究所为：马克思主义基本原理研究所、中国特色社会主义理论研究所、思想政治教育研究所、中国近现代史基本问题与马克思主义发展史研究所、国外马克思主义与世界经济政治研究所。五个教学部为：马克思主义基本原理教学部、毛泽东思想和中国特色社会主义理论教学部、思想道德修养与法律基础教学部、中国近现代史教学部、当代世界经济政治与形势政策教学部。

学院的主要职能是承担全校本科生、硕士、博士研究生的思想政治理论课和公共政治理论课的教学与管理；负责马克思主义理论学科硕士研究生培养；开展思想政治理论教育教学研究和马克思主义理论科学研究。

学院现有马克思主义基本原理和思想政治教育两个硕士点。硕士生导师35人，在校研究生90多名。

硕士点简介

马克思主义基本原理

2006年获得硕士学位授予权，现有教授13人，副教授9人；博士12人；硕士点负责人谭劲松教授。

该学科科研实力雄厚。近年来已完成与正在进行的各级各类科研课题40多项。其中国家社科基金课题2项，国家发改委、经贸委等课题各1项，教育部课题3项，省社科规划课题20余项，另外还有一批省内地方政府或企业委托的研究课题。发表学术论文300多篇，其中发表在核心期刊的有100多篇，有近20篇先后被新华文摘、人民大学报刊复印资料、高等学校文科学报文摘等转摘和摘录。出版专著、教材20余部，获省部级优秀社科成果奖7项，获国家级优秀教材或图书奖2项。本学科有思想政治理论课国家精品课程1门，思想政治理论课省级教学团队1个，全国优秀教师1人，省级教学名师2人，校级教学名师3人，10人次担任省级以上各种学会的会长、副会长或常务理事、理事等学术职务。

思想政治教育

2006年获得硕士学位授予权，现有教授11人，副教授20人，博士10人。硕士点负责人渠长根教授。

学科建设稳步发展，科学研究不断深入。已完成与正在进行的各级各类科研课题近50项，其中国家社科基金课题1项，教育部人文社科课题4项，省社科规划课题近30项，另外还有一批省内地方政府或企业委托的研究项目；发表学术论文近400篇，其中多篇被《新华文摘》、《中国人民大学报刊复印资料》、《高等学校文科学报文摘》等转摘、复印和摘录；出版专著、教材等人文社科类著作20多部；获省部级优秀社科成果奖9项。本学科有省级教学名师2人，校级教学名师3人，10多人次担任省级以上各种学会的会长、副会长或常务理事、理事等学术职务。多名导师参与国家精品课程、省级精品课程的建设。

吉林大学马克思主义学院学术带头人

陈秉公，1965年毕业于吉林大学哲学系哲学专业，吉林大学马克思主义学院教授，博士生导师。

中央马克思主义理论研究与建设工程项目首席专家、2007（首届）中国杰出社会科学家，全国思想政治工作科学专业委员会副主任。全国首届百名“两课”优秀教师，获国务院特殊津贴、吉林省英才奖章，吉林省高级专家、吉林省委决策咨询委员会委员，“吉林大学人类文明与生存发展讲座”首席主讲教授。吉林师范大学政法学院、河北科技大学文法学院名誉院长。浙江大学、东北师范大学、大连理工大学等二十余所高校客座教授。

研究领域和方向：1. 马克思主义基本理论——马克思主义意识形态理论、马克思主义人类学理论。2. 思想政治教育学基本理论——思想政治教育学原理、教育学原理。公开出版国家级教材和专著21部，在《新华文摘》《政治学研究》《马克思主义研究》《教育研究》《光明日报》等报刊公开发表学术论文112篇、获中央“纪念十一届三中全会召开十周年理论研讨会”入选论文奖、“纪念十一届三中全会召开三十周年理论研讨会”入选论文奖、教育部人文社会科学研究优秀成果一等奖、国家级精品课等国家和省部级奖16项。

多年来，曾系统提出以下原创性理论：1. 马克思主义意识形态理论——“国家意识形态与核心价值观念体系‘高势位’建设理论”；2. 马克思主义人类学理论——“动力结构人类学”原理。3. 思想政治教育学原理——“过程矛盾及其转化理论”；4. 教育学原理——“完全人格教育理论”、“双主体互动式”教育教学方法理论。

高文新，男，汉族，1948年6月生于山东泰安。吉林大学马克思主义学院教授，博士生导师，吉林大学校党委委员，校学术委员会委员，马克思主义学院学术委员会主任，吉林省哲学学会副理事长。

1975年入吉林大学哲学系，1978年毕业留吉林大学哲学系西方哲学教研室任教，1979年考取攻读吉林大学硕士学位研究生，1982年被确定为讲师，1988年被提升为副教授，任教研室主任，1994年被聘为教授，1995年兼任哲学社会学院党委书记，1998～2001年受教育部委派，任新疆伊犁师范学院副院长.2001～2004年任吉林大学哲学社会学院院长。2005～2008年任马克思主义学院党委书记。

高文新教授从事西方哲学、马克思主义哲学、宗教学、社会学等本科、研究生教学工作。讲授《西方哲学史》、《西方哲学原著选读》、《黑格尔〈小逻辑〉研究》、《亚里士多德〈形而上学〉研究》、《西方辩证法史》、《西方认识论史》、《西方哲学史专题研究》、《宗教学》、《宗教社会学》、《宗教文化》、《宗教学与马克思主义》、《马克思主义哲学》等课程，先后获吉林大学教学质量优秀奖，优秀教学成果奖，优秀教师奖等。

20世纪80年代，在高清海先生指导下从事教学和科研工作，参与了《马克思主义哲学基础》一书的提纲制定和写作工作，撰写了“认识论”一节；参加写作《欧洲哲学史纲新编》，撰写“古希腊罗马哲学”和“中世纪经院哲学”两章；参加《欧洲百题探释》的写作和古代部分的统稿工作，主要发表《欧洲哲学史上一般与个别的认识过程》（《外国哲学》）、《欧洲哲学史上神的观念的演变》、《古希腊哲学范畴的形成》、《对“原子论是古代素朴唯物主义最高成就”命题的思考》（《吉林大学社会科学学报》）、《简论前苏格拉底哲学概念》、《“逍遥学派”译辩》（《社会科学战线》）、《欧洲哲学史上的实体范畴与马克思主义的物质范畴》（《辽宁大学学报》，《新华文摘》转载）等论文，与人合作发表《思考世界的十个头脑》一书，参加撰写《西方著名哲学家介绍》、《哲学辞典》、《文史哲百科全书》等著作。

20世纪90年代，发表《欧洲哲学史专题研究》（吉林人民出版社）、《先哲睿智——中国古代哲学集锦》（吉林教育出版社）等著作，发表《社会发展与主体意识的进化》（《吉林大学社会科学学报》，《新华文摘》转载）、《哲学的社会作用》（《哲学动态》）、《康德宗教观给我们的启示》（《伊犁师院学报》）等论文，参与撰写《社会保障》（吉林大学出版社）、《自由观的历史建构》（人民出版社）等著作。

2000年以来，发表《论中国传统哲学与文化的世俗性》、《中国传统哲学宗教的特点与新哲学的建构》（《吉林大学社会科学学报》）、《论哲学的作用》（《学习与探索》）、《论伊斯兰教与基督教的相同性》、《与民族同命运》（《社会科学战线》）、《论高清海哲学的理论地位和意义》（《辽宁大学学报》（社科版））、《论卡西尔文化世界的多重内涵》（《求是学刊》）、《大卫·休谟经验心理学探析》、《矛盾基本属性再认识》（《吉林师范大学学报》（社科版））、《苏格拉底哲学主体意识对古希腊文化与哲学的变革》（《沈阳师范大学学报（社会科学版）》）等论文。主持撰写《马克思理论基本范畴研究》（吉林大学出版社），为《从变革宗教到解放宗教》（人民出版社）、《马克思实践哲学研究》（吉林人民出版社）等书撰写序言，《荣辱观与我国道德现状》和《当代世界宗教文化问题》等演讲已收入《吉林社科讲坛》（吉林人民出版社）

高文新教授从事教学与科研工作30年来，先后被评为优秀教师，吉林省教育系统师德标兵和师德先进个人，多次获省、校科研成果奖和学校教学奖。

韩喜平，男，1965年，现为吉林大学马克思主义学院院长，教授，博士生导师，吉林大学中国特色社会主义理论体系研究中心常务副主任。兼任吉林省委政策咨询委员会委员，吉林省思想政治理论课教学指导委员会副主任委员、内蒙古民族大学兼职教授，吉林省政治经济学会常务理事，中国高等教育学会公共关系教育委员会常务理事，吉林省公共关系教育中心常务副主任。独立与合作公开出版了《中国农户经营系统分析》等5部专著，主编《马克思主义发展史》等教材3部，在《人民日报》《光明日报》《吉林大学社会科学学报》发表《农民负担的政治经济学分析》《关于农民经济理性的纷争》等学术论文60余篇，其中多篇被《中国社会科学文摘》等转载。完成教育部人文社会科学项目等项目5项，目前主持国家社会科学规划项目、教育部重大委托课题等6项课题。其中“以学科为依托的思想政治理论课教学模式创新与实效评价》等获得吉林省优秀教学成果一等奖。获得全国优秀教师、全国思想政治理论课优秀教师、宝钢优秀教师、教育部新世纪优秀人才资助，吉林省突出贡献的中青年人才、吉林省拔尖创新人才、吉林省师德先进个人，吉林省“三育人”优秀教师，长春市师德标兵，长春市精神文明先进个人等多项荣誉称号。

宋连胜，吉林大学马克思主义学院教授，博士生导师。吉林省集安市人。曾任吉林大学马克思主义学院院长、吉林大学邓小平理论研究中心主任。现任吉林大学马克思主义学院学位委员会主席、马克思主义中国化研究所所长、吉林大学学位委员会委员、国务院学位委员会学科评议组成员、教育部社会科学委员会委员、全国博士后管委会专家组成员、吉林省委决策咨询委员会委员、吉林省哲学社会科学研究规划专家组成员、吉林省普通高等学校思想政治理论课教学指导委员会副主任、吉林省中共党史学会副会长、吉林省科学社会主义学会副会长。主要从事中国化马克思主义政党理论和中国政党与中国社会发展等领域的研究。主要著作有《中国民主革命与中国民主党派》、《马克思主义中国化研究》、《中国共产党与社会主义民主政治发展研究》。主编了《毛泽东思想概论》、《中国革命史》、《中国革命史论纲》、《中国革命史学习辅导》等吉林省高校思想政治理论课统编教材多部。参与主编了《中国政党辞典》、《中国社会主义建设若干问题思考》、《“三个代表”与中国共产党的光辉历程》等书籍。发表学术论文60余篇。主持省级以上科研课题7项。1993年曾获得吉林省人民政府授予的优秀教师称号。

黑龙江大学马克思主义学院

黑龙江大学是国内高校中最早开设马克思主义理论课程对学生开展思想政治教育的学校之一。早在1953年哈尔滨外国语专科学校（黑龙江大学前身）时期就设立政治理论教研组对学生进行系统的马克思主义理论教育。1954年成立马克思主义教研室，1982年更名为马列主义教研部。2006年12月根据国家学科目录调整，在原马列主义教研部的基础上通过整合哲学、历史、经济、法律等与马克思主义理论学科相关的学科资源成立马克思主义学院。马克思主义学院的定位是教学研究型学院，主要承担全校本科、硕士、博士三个层次学生的政治理论课教学工作和研究生的培养工作。学院下设马克思主义基本原理、思想政治教育、马克思主义中国化、中国近代史与国际关系4个教研室和国外马克思主义研究中心校级重点研究基地。

黑龙江大学马克思主义学院拥有国外马克思主义研究二级学科博士学位授权点1个，马克思主义理论、政治学一级学科硕士学位授权点2个，设有马克思主义基本原理、马克思主义发展史、马克思主义中国化研究、国外马克思主义研究、思想政治教育、国际关系、中共党史、外交学、国际共运史和科学社会主义9个二级学科硕士学位授权点，以及1个黑龙江省高校“两课”教师培训中心。目前，本学科现有在编教学和科研人员40人，其中，博士生导师11人，教授20人，副教授11人，具有博士学位24人。可以说我院具有一支年龄结构、学历结构、职称结构合理，充满活力的教师队伍。

在新时期，为了进一步贯彻中宣部、教育部文件精神，进一步提高黑龙江大学马克思主义理论的教学和科研水平，在学校党委的领导下，正在努力构建学科、科研、教学三位一体的马克思主义理论的教学科研体系。

通过近两年的建设，黑龙江大学已经初步形成了马克思主义理论教学、科学和学科建设三位一体的整体的运行模式，带动了黑龙江大学马克思主义理论学科的快速发展。

马克思主义理论学科简介

黑龙江大学马克思主义理论学科建设的历史沿革较长，迄今已有56年的历史。自1953年哈尔滨外国语专科学校（黑龙江大学前身）设立政治理论教研室以来，马克思主义理论研究就一直是我校理论研究发展的重点。

目前，本学科拥有博士、硕士二级学位授予权，拥有国外马克思主义研究二级学科博士点和马克思主义理论一级学科硕士点，拥有马克思主义基本原理、马克思主义发展史、马克思主义中国化研究、国外马克思主义研究、和思想政治教育5个二级学科硕士点，以及国外马克思主义研究、马克思主义哲学2个省级重点学科以及文化学学科群，拥有马克思主义哲学和文化哲学研究中心2个省级重点研究基地，1个黑龙江省高等学校“两课”教师和政工干部培训基地，1个省级文科资料中心和1个国外马克思主义研究中心校级重点研究基地。

本学科现有在编教学和科研人员40人，其中博士生导师11人，教授20人，副教授11人，具有博士学位24人。可以说我们现在已经形成了一支水平较高，结构较为合理的师资队伍。近年来，本学科以雄厚的师资队伍为基础，以马克思主义理论研究和中国伦理思想研究为依托，逐渐形成了以国外马克思主义研究为龙头的五个实力雄厚，研究特色鲜明的学科方向。

1. 国外马克思主义研究

国外马克思主义研究是黑龙江大学马克思主义学科的一大特色。马克思主义理论学科带头人衣俊卿教授早在20世纪80年代中期开始国外马克思主义研究，经过多年努力逐渐形成了以衣俊卿教授为学科带头人，以王晓东教授、于文秀教授、李俊文教授、赵海峰副教授为学术骨干的一支高水平学科队伍。国外马克思主义学科的西方马克思主义研究的文化哲学视角也受到了学界的普遍认可，引领了本领域的发展方向，东欧新马克思主义研究和现代化与日常生活批判填补了我国国外马克思主义研究这一领域的研究空白。衣俊卿教授还曾于2005年11月，在中央政治局第26次集体学习中，就世界马克思主义研究状况为中央领导进行了专题讲解。

2. 马克思主义发展史

马克思主义发展史学科的方向带头人张奎良教授多年来一直从事马克思思想及其当代意义的研究，在国内学术界具有重要的影响。学术梯队成员主要有康渝生教授、李楠明教授、陈树林教授、王志军副教授。本方向在张奎良教授的带领下，以历史发展的一致性和多样性相统一的方法来马克思的思想，再现了马克思思想产生、发展的真实历程，同时重视理论与实践的结合，把马克思思想的研究与当下正在从事的建设中国特色的社会主义事业结合起来，说明中国的现代化进程，凸显马克思主义对当代中国社会发展具有的重要意义，在国内学术界产生了重要的影响。

3. 思想政治教育

思想政治教育学科的带头人为孙慧玲教授，主要的学术骨干有张宏教授、姜华教授、魏义霞教授、关健英教授、张彭松副教授、王春英副教授等。经过多年的发展，该学科形成了以下几个研究方向：（1）文化哲学视阈中的思想政治教育研究。（2）伦理文化与公民道德建设研究。（3）中苏思想政治教育的比较研究。

4. 马克思主义基本原理

本学科学术带头人为隽鸿飞教授，学术骨干为何颖教授、王国有教授和郭艳君教授、胡长栓教授。马克思主义基本原理学科的研究集中于马克思主义经典著作和唯物史观的研究。在研究的过程中形成了以文本为基础、以理论阐释为突破点、以关注现实为目的的研究特色。特别是在对唯物史观重新阐释的过程中，逐步形成了重新解读马克思思想生成论的视角，提出了马克思社会历史理论的未来向度问题，并将其与发展问题的研究结合起来，从而使理论的研究与现实的问题紧密地结合在一起。

5. 马克思主义中国化研究

马克思主义中国化研究学科带头人为杨彬教授，梯队成员为杨蓓教授、焦昆教授，周东启教授和朱振林副教授、相秀丽副教授。马克思主义中国化是黑龙江大学从马克思主义理论课教育教学中逐渐形成的一个具有特色和优势的学科。本学科的研究特色在于：（1）运用中国化的马克思主义理论研究成果为思想政治理论课的教育和教学服务，学科建设方向定位准确，目标明确。（2）理论联系实际，运用中国化的马克思主义基本原理回答和解决当代中国现代化建设发展进程中的问题。（3）坚持与时俱进，学术研究为更新教学内容服务，并且形成了自己鲜明的特色。自20世纪90年代以来，为适应改革开放和教育事业发展的需要，在其最新理论成果的基础上对广大青年学生进行爱国主义和中国特色社会主义理想信念教育，指导其正确的人生观和价值观。

由于黑龙江大学马克思主义理论学科学术基础殷实、科研实力雄厚、发展方向明确，在最近5年里取得了令国内学术界瞩目的成就。在《中国社会科学》、《马克思主义研究》、《马克思主义与现实》、《哲学研究》、《光明日报》、《思想理论教育导刊》等刊物上发表论文467篇，其中CSSCI收录172篇；高级技术人员人均发表3.5篇；出版学术专著48部；获省级以上科研奖励39项，其中中国高校人文社会科学研究成果奖三等奖2项，黑龙江省哲学社会科学优秀科研成果奖一等奖12项、二等奖6项、三等奖13项；近三年来，共承担科研项目57项，其中国家社科基金项目5项，国务院各部门项目14项，黑龙江省社科基金项目19项。

丰硕的研究成果使黑龙江大学马克思主义学科的研究受到了国家和省政府的高度重视，并为我们的发展提供了充足的科研经费。三年来，获得纵向课题经费203.5万元，高级技术人员年人均科研经费1.96万元，而且每年还有60万元的省级重点学科科研经费。

为了能够及时掌握学术发展的前沿问题，我们还十分重视国内外的学术交流与合作。近年来，我们先后与俄罗斯、日本、韩国、美国、加拿大和欧盟等国家和地区的院校和科研机构建立了学术联系，并经常邀请这些国家的知名专家学者来我院进行讲学、座谈；先后主办全国性学术会议8次。这些都不同程度的提高了我院的学术水平，也扩大了本学科在国内学术界的影响。

总之，经过多年的建设和发展，黑龙江大学的马克思主义理论研究已获得了长足的发展，逐渐成为专业方向明确、特色鲜明、梯队结构合理、科研实力雄厚、并日益受到学界和社会认可的学科团队。

贵州财经学院马克思主义学院

刘雪影(中共中央党校博士)

贵州财经学院马克思主义学院主要从事全校思想政治理论课的公共教学,现有教职工40人,专任教师38人,其中,教授5人,副教授21人,有复旦大学、武汉大学、中共中央党校和中山大学等名牌高校的博士17人,现有“马克思主义中国化研究”和“思想政治教育”两个硕士学位点,在校研究生数十人,完成国家级课题一项,省部级课题多项,在CSSCI期刊发表论文20多篇,出版专著6部,现有“马克思主义理论”和“国学”两个研究所。

【贵州财经学院马克思主义学院部分博士】

戴泽华(复旦大学博士)

陈宏明(南京大学博士)

刘海江(武汉大学博士)

魏　航(中山大学博士)

汤韵旋(厦门大学博士)

聂蒲生(华中师范大学博士)

全国高等财经院校《资本论》研究会

第二十五届学术年会

主办:全国高等财经院校《资本论》研究会

承办:贵州财经学院马克思主义学院

大会会场

大会会场

贵州财经学院陈厚义校长致欢迎词

刘诗白作主题发言

丁堡骏副会长作大会发言

王成稼副会长作大会发言

苏州大学政治与公共管理学院

我院是1995年由苏州大学政治系与苏州大学马列部合并组建而成的一个综合性二级学院。苏州蚕桑学院、苏州丝绸工学院、苏州医学院相关系科专业先后并入我院。学院目前有8个本科教学专业，是一个跨学科专业门类较多的学院，其中基础性学科专业办学历史比较悠久，最早可追溯到20世纪20年代东吴大学创办的政治学科，应用性学科专业则是20世纪90年代后新设置的，近年来发展较快。在学院办学历史上涌现出如新中国政治学元老之一的丘晓教授，曾任《红旗》杂志副主编的吴建国教授等著名专家学者。

全院师资力量雄厚，现有教职工137人，其中具有教师专业技术职务的122人。在相关研究领域有一定影响的知名学者，近年来，主持国家社会科学基金重大课题与教育部重大攻关课题各1项，国家社会科学基金重点课题5项，国家社会科学基金一般课题或青年课题30项，在《中国社会科学》、《哲学研究》、《政治学研究》、《马克思主义研究》、《管理世界》等学界公认的一类权威期刊发表学术论文逾百篇。

学院以“公正、协作、广博、致用”为建院理念。以公正之心，追求社会正义；以协作之心，谋求共同发展；以广博之智，谋求学以致用，立志成为高水平的哲学、政治学、公共管理及马克思主义人才培养和教育基地，成为有影响的哲学、政治学、公共管理和马克思主义研究与产出基地，为促进社会全面进步，构建社会主义和谐社会作出积极的贡献。

旗帜、道路和理论体系的统一
——中共六次代表大会关于“中国特色社会主义”的论述

（一）

在中国共产党第十二次全国代表大会的开幕词中，邓小平首次提出了“建设有中国特色社会主义”的科学命题，成为党的十二大的主题和今后我国社会主义现代化建设的指导思想。党的十二大报告虽然没有明确使用中国特色社会主义这一概念，但是报告紧紧围绕建设有中国特色社会主义这个主题，从政治、经济、思想文化、外交和党的建设方面，确定了社会主义现代化建设的纲领，为中国特色社会主义理论体系的确立奠定了坚实的基础。

1987年召开的中国共产党第十三次全国代表大会，主题报告的名称就是“沿着有中国特色社会主义道路前进”。中国特色社会主义这个名词第一次出现在党的代表大会的报告题目中。十三大报告阐述了社会主义初级阶段理论，提出了党在社会主义初级阶段的基本路线，制定了到21世纪分三步走、实现现代化的发展战略。报告明确指出，十一届三中全会以后，中国共产党人开始找到了一条建设有中国特色社会主义的道路。并且把中国特色社会主义理论观点概括为十二个方面。

1992年召开中国共产党第十四次全国代表大会的标题为“加快改革开放和现代化建设步伐，夺取有中国特色社会主义事业的更大胜利”。大会把建立社会主义市场经济体制确定为经济体制改革的目标；把建设有中国特色社会主义理论与邓小平的名字联系起来，称之为邓小平建设有中国特色社会主义理论，同马列主义、毛泽东思想一起作为党的指导思想；把中国特色社会主义理论的主要内容概括为发展道路、发展阶段、根本任务、发展动力、外部条件、政治保证、战略部署、领导力量和依靠力量、祖国统一等九个方面。

1997年召开的中国共产党第十五次全国代表大会报告的题目是“高举邓小平理论伟大旗帜，把建设有中国特色社会主义事业全面推向二十一世纪”。正式以“邓小平理论”这个概念代替了“建设有中国特色社会主义的理论”，还参照毛泽东的新民主主义经济、政治、文化的表述方法，提出了“建设有中国特色社会主义的经济、政治、文化的“三位一体”战略，把它作为社会主义初级阶段的基本纲领。

2002年召开的党的第十六次全国代表大会，其主题为“全面建设小康社会　开创中国特色社会主义事业新局面”。十六大把“三个代表”重要思想确立为党的指导思想。十六大阐述了“三个代表”

重要思想的深刻内涵和精神实质，总结了建设中国特色社会主义的十条基本经验，对我国改革开放和社会主义现代化建设作出了全面部署。

2007年召开的党的十七大的报告为“高举中国特色社会主义伟大旗帜　为夺取全面建设小康社会新胜利而奋斗”。十七大精辟地阐明了科学发展观的深刻内涵和精神实质。这样，科学发展观也和邓小平理论、“三个代表”重要思想一样，成为一个相对独立的理论体系，都是中国特色社会主义事业的重要理论成果，都是我国经济社会发展的重要指导思想。这三个阶段性的重要理论成果，都是围绕中国特色社会主义这一共同的主题展开的。因此，十七大把邓小平理论、“三个代表”重要思想和科学发展观，统一整合为中国特色社会主义理论体系。相应地，十七大把我党在新时期以来高举的旗帜，统称为中国特色社会主义伟大旗帜；把新时期改革开放的道路统称为中国特色社会主义道路。这样，中国特色社会主义作为一面旗帜、一条道路和一个理论体系，成了一个完整的统一体。

（二）

纵观中国共产党六次代表大会对中国特色社会主义的表述，我们可以发现以下特点：

1. 一脉相承。自从邓小平在党的十二大提出了“建设有中国特色的社会主义”这一命题以来，以后每一次党的代表大会报告都是围绕中国特色社会主义这一主题展开论述，甚至连标题也没有脱离中国特色社会主义这一话题。体现了我们党在中国特色社会主义问题上的一脉相承性、一贯性和坚定性。之所以这样，是因为：

一是基于对社会主义初级阶段基本国情的科学认识。党的十三大对社会主义初级阶段的概念作了全面系统的阐述，以后党的历次代表大会都一再强调并且不断深化了社会主义初级阶段的理论。社会主义初级阶段的基本国情，要求我们想问题、办事情决不可以脱离这个最大的实际；要求我们聚精会神搞建设、一心一意谋发展；要求我们对巩固和发展社会主义的长期性和复杂性必须有充分的思想准备。

二是基于对社会主义初级阶段主要矛盾的深刻理解和正确把握。党的十一届三中全会果断地放弃了以阶级斗争为纲的错误口号，实现了全党工作重心的转移。党的十三大作出了“我国现阶段所面临的主要矛盾，是人们日益增长的物质文化需要同落后的社会生产之间的矛盾”这一准确的表述。以后的历次代表大会，都强调了这一主要矛盾。党的十七大同样认为，“人民日益增长的物质文化需要同落后的社会生产之间的矛盾这一社会主要矛盾没有变”。

三是基于对社会主义初级阶段基本路线的全面认识和坚定贯彻。党的十二大提出了“新时期的总任务”这一基本路线的前身，党的十三大对党在社会主义初级阶段的基本路线作出了全面和完整的阐述。党的十四大把基本路线概括为“一个中心、两个基本点”。党的十五大根据这个基本路线，进一步阐述了建设中国特色社会主义的经济、政治和文化纲领。党的十七大要求把“一个中心、两个基本点”统一于中国特色社会主义的伟大实践，任何时候都不可动摇。

2. 与时俱进。从党的十二大到十四大，是邓小平在世时召开的党的代表大会。从邓小平健在时面临的紧迫任务来看，迅速结束“文化大革命”带来的混乱局面，尽快改变我国贫穷落后的面貌是当务之急。党的十二大、十三大和十四大的报告，紧紧抓住“什么是社会主义、怎样建设社会主义”这一核心问题，精辟地阐明了邓小平理论的深刻内涵和精神实质，制定了以经济建设为中心、坚持四项基本原则、坚持改革开放的基本路线，开辟了建设中国特色社会主义的崭新道路，开始了中华民族伟大复兴的历史进程。

党的十五大和十六大，是在邓小平逝世以后的20世纪末和21世纪初，以江泽民为核心的党的第三代领导集体主持召开的代表大会。1997年邓小平去世时，改革开放的成效已经得到初步显示，经济和社会发展的战略思想和大体框架已经基本清晰。“高举邓小平理论伟大旗帜　把建设有中国特色社会主义事业全面推向二十一世纪”，当然是以江泽民为核心的党中央的首要职责。但是随着改革开放和社会主义市场经济的发展而发生的经济成分多元化、利益主体多元化、就业形式多元化的趋势，党应该如何适应经济体制、阶层结构和社会结构的变化，成为一个突出的问题摆在了面前。同时，20世纪80年代末90年代初，苏联解体、东欧剧变，这个事实给世界上正在执政的所有共产党带来了沉重的压力。另外，我们党从一个在建国前为夺取政权而奋斗的党，成为建国后掌握全国政权并且长期执政的党，成为领导对外开放和发展社会主义市场经济的党。这种地位变化要求我们党坚持党要管党、从严治党的方针，进一步解决提高党的领导水平和执政水平，提高拒腐防变和抵御风险的能力这两大历史性课题。“三个代表”重要思想，就是在这样的历史条件下提出的。如果说，邓小平理论第一次比较系统地初步回答了像中国这样经济文化落后的国家如何建设、巩固和发展社会主义的问题，开辟了中国特色社会主义道路。那么“三个代表”重要思想则是在进一步回答什么是社会主义、怎样建设社会主义的问题时，创造性地回答了建设什么样的党、怎样建设党的问题，丰富了中国特色社会主义理论体系的内容。

党的十六大以来，以胡锦涛为总书记的党中央，从新世纪新阶段党和国家事业发展的全局出发，在深刻总结国内外经济社会发展经验教训的基础上，不断推进理论创新，提出了科学发展观、构建社会主义和谐社会、加强党的执政能力建设和先进性建设、建设创新型国家、建设社会主义新农村、树立社会主义荣辱观、走和平发展道路等一系列重大战略思想。这些重大战略思想仍然是围绕中国特色社会主义这一主题展开的。进一步回答了实现什么样的发展、怎样发展的重大战略问题，赋予了马克思主义关于发展理论以新的时代内涵和时代特色，进一步丰富和发展了中国特色社会主义理论体系。

（三）

认真学习和深入研究党的十二大以来历次党的代表大会关于中国特色社会主义的论述，可以使我们深刻理解和正确把握中国特色社会主义旗帜、道路、理论的内涵及其相互之间的关系。

在党的十二大以来的历次代表大会的报告中，中国特色社会主义作为旗帜、道路和理论体系，是逐步丰满、完善和逐步统一起来的。

在党的十二大召开的时候，改革开放仅仅走过了四年的历程，我们党对中国特色社会主义的认识还是比较肤浅和抽象的。邓小平在十二大开幕词中提出了“走自己的道路，建设有中国特色的社会主义”的论断。中国特色社会主义首先作为道路问题提了出来。但这时，全党对中国特色社会主义这个概念的认识还是比较模糊的。

1987年党的十三大召开的时候，我国的改革开放已经走过了九年的历程。中国特色社会主义事业已经取得了初步的成效，对中国特色社会主义理论的概括已经具备了基本的条件。党的十三大报告提出中国特色社会主义“是指引我们事业前进的伟大旗帜”，中国共产党开始“找到一条有中国特色的社会主义道路”并且把中国特色社会主义理论概括为十二个方面，初步形成了中国特色社会主义理论的轮廓和框架。这样，旗帜、道路和理论，在党的十三大上就提出来了。

党的十四大把中国特色社会主义理论与邓小平的名字联系起来，称之为“邓小平同志建设有中国特色社会主义的理论”。在进一步概括中国特色社会主义理论的基础上，明确提出了“高举建设有中国特色社会主义的伟大旗帜，朝着宏伟目标奋勇前进”的口号。

党的十五大报告提出“高举邓小平理论伟大旗帜”，强调“旗帜问题至关重要。旗帜就是方向，旗帜就是形象。”把中国特色社会主义理论等同于邓小平理论。党的十五大还强调我们已经成功地走出了一条中国特色社会主义道路，只有这条道路才能实现民族振兴、国家富强和人民幸福。

党的十六大继续强调高举邓小平理论伟大旗帜，在总结中国特色社会主义十条基本经验的基础上，对“三个代表”重要思想作出了全面而系统的阐述。

党的十七大在提出了科学发展观这一重大理论成果后，对中国特色社会主义旗帜、道路和理论体系的内涵和相互关系作出了全面的解释和精辟的阐述。关于旗帜，十七大报告指出：“高举中国特色社会主义伟大旗帜，最根本的就是要坚持中国特色社会主义道路和中国特色社会主义理论体系。”这是在党的代表大会的报告中对中国特色社会主义旗帜内涵的首次明确界定。关于道路，十七大报告指出：“中国特色社会主义道路，就是在中国共产党领导下，立足基本国情，以经济建设为中心……建设富强民主文明和谐的社会主义现代化国家。”关于理论体系，十七大报告指出：“中国特色社会主义理论体系，就是包括邓小平理论、‘三个代表’重要思想以及科学发展观等重大战略思想在内的科学理论体系。”

中国特色社会主义旗帜、道路和理论体系，共同构成了中国特色社会主义的整体框架，体现了中国特色社会主义的科学内涵和精神实质。推进中国特色社会主义的事业，必须以旗帜树形象，用道路引方向，用理论作指导。这样，就可以保证中国特色社会主义事业克服一切艰难险阻，不断地从胜利走向胜利。

（朱炳元）

（《当代世界与社会主义》2008年第6期）

西北民族大学马克思主义学院

西北民族大学马克思主义学院随着学校的发展而发展，1950年建校时即成立了马列主义教研室。20世纪60年代改为政治教育系（简称政教系），除担任全校马列主义公共课外，还肩负着为民族地区培养政治教育专业本科生教学任务。“文化大革命”中，学校停办。70年代初，在周总理的关怀下学校复办，直属于国家民委。学校将原政治教育系改为政治学系，仍然承担全校马列主义公共课的教学任务。20世纪80年代末以来，从政治学系分出部分教师，学校成立了马列主义教研部（简称马列部）。90年代末以来，全校机构改革整合，学校将马列部、德育部与中国特色社会主义理论研究室（处级建制）三单位合并，于2000年成立了“马克思主义理论与德育教学研究部”（简称两课部），2006年改为“马克思主义学院”。

本世纪初，在学校党政领导的直接关怀下，着手学科建设，在原主任贾东海教授的努力下，经上级批准，两课部先后成功建成了“马克思主义民族理论与政策”、“马克思主义基本原理”、“马克思主义中国化”、“思想政治教育”、“伦理学”等五个专业的硕士学位点，占全校硕士学位点近1/6，是全校拥有硕士学位点最多的学院。现在在院研究生一百余名，已毕业的硕士研究生有的考上博士、继续深造，有的进入国家机关、高等院校、科研院所，从事行政、教学、科研等工作，先后有数名硕士研究生被评为国家级、省部级优秀学生，为学校争得了荣誉。

马克思主义学院现有教师31人（内有2名行政人员），其中教授9人，副教授9人，讲师6人，助教5人，具有博士学位的4人，硕士学位的17人。院长马福元教授于北京大学博士研究生毕业，专攻马克思主义哲学、宗教理论，著有《马克思恩格斯论阿拉伯文化》、《民族宗教理论》等专著，是“省跨世纪学科带头人”第二梯队人才。

学院除担任全校本科生、研究生公共课教学任务外，近5年来，科研成果卓著。先后在各种刊物上发表学术论文300余篇，出版专著14部，承担国家社科基金重点项目、一般项目、西部项目3项课题；承担哲学社会科学重大攻关项目一项，承担国家民委、中央统战部及甘肃省等省部级项目9项，地厅级课题6项；“马克思主义民族理论与政策”学科为国家民委重点学科，学科带头人为贾东海教授；“马克思主义基本原理”为校级重点学科，学科带头人为马福元教授；近几年来，先后有16项成果获得甘肃省、国家民委社科优秀成果一、二、三等奖；有5项教学成果获得教育部、省教育厅及校级教学成果奖；近几年来先后有5名同志被评为国务院特贴专家、省级教学名师、省园丁奖、青年成才奖；有6名同志被评为学校优秀党员、民族团结先进个人、科研工作先进个人；学院2次被甘肃省委宣传部、组织部评为“思想政治工作”先进单位，“党的建设”先进单位；有3人被学校评为“十佳教师”，有2名青年教师在全校教学大赛中获一等奖和二等奖。

学院坚持“以人为本、助人成功”的教育理念，德育为先，强化实践，因材施教，构筑新型人才培养体系，突出主阵地主渠道作用，形成全员、全方位、全过程的育人格局，着力培养本科生、研究生，为民族地区培养思想道德素质高、基础理论深厚、掌握党的民族理论政策、知识面宽的高层次的综合人才，使学生学会做人，学会做事，学会学习，学会健身，学会创新。在全国民族理论研究生标志性的论坛中，我院硕士生多次获得一、二、三等奖，居全国参加论坛学校中的前茅。

西北民族大学马克思主义学院秉承严谨治学，追求卓越，艰苦创新，不断进取的传统和院风，在阳光下成长，努力把学院建设成为以培养民族人才为特色的多学科协调发展的教学研究型学院。

杭州师范大学马克思主义研究中心

杭州师范大学马克思主义研究中心成立大会暨学术报告会

程恩富顾问和丁东澜主任揭牌

马克思主义理论研究与学科建设研讨会

杭州师范大学马克思主义研究中心是学校跨院、部、所的从事马克思主义理论和思想政治教育的研究机构，是马克思主义理论学科建设、思想政治理论课教育教学的指导及协调机构。研究中心现设马克思主义哲学、政治经济学、毛泽东思想、中国特色社会主义、中国国情与爱国主义教育、中国近现代社会问题等六个研究所。由丁东澜研究员（杭州师范大学副校长，浙江省马克思主义学会副会长）兼任研究中心主任，朱俊瑞教授（政治经济学院院长）、蔡海榕教授（社会科学基础部主任）任副主任，牛玉峰教授任秘书长，余龙进教授、王光银教授、徐孝明副教授任副秘书长。研究中心聘任程恩富（中国社科院学部委员、马克思主义研究院院长、国家马克思主义理论研究和建设工程首席专家），林泰（清华大学教授），万斌（浙江大学教授、浙江省社会科学界联合会副主席），田克勤（东北师范大学当代中国马克思主义研究中心主任、教授、国家马克思主义理论研究与建设工程高校思想政治理论课程教材编写组首席专家），田建国（中共山东省委高校工委常务副书记、教授），黎青平（杭州师范大学党委副书记、教授，杭州市社会科学界联合会副主席）等为顾问。

本研究中心目前共有教授（研究员）19名，副教授（副研究员）33名，其中具有博士学位12名，硕士学位39名。学术队伍主要由中青年学术骨干为主的师资组成。近五年出版学术专著（译著）50部，发表学术论文280余篇，获省部级以上奖励14项，其中2008年获得了浙江省哲学社会科学优秀成果奖一等奖。出版发表的学术著作具有较高的学术价值，其中多篇论文被《光明日报》、《中国人民大学复印报刊资料》、《高校文科学报文摘》等报刊转载或摘录，产生了较大的社会反响。

本研究中心经过多年的积累，已经形成了具有自己特色的主要研究方向及有影响的研究成果：

1. “马克思主义早期中国化研究”方向。出版有专著《中国近代社会变革的政治分析》、《中国传统政治文化的近代转型》和论文《论李大钊对马克思主义中国化的贡献》等成果。以“中国共产党早期军事运动”为切入点，发表有《陈独秀武装斗争思想探析》、《大革命时期共产国际对我党军事运动的贡献》、《对大革命时期党的军事运动历史地位的再认识》以及《共产国际、联共（布）与中国工农红军的创建》、《红军初创时期军事人才来源述略》等论文。本研究方向主持国家社科基金项目《中国共产党早期军事运动及历史贡献研究1924～1927》和省社科规划项目《马克思主义中国化与中国共产党早期军事运动研究》、《马克思主义早期中国化研究》等。研究成果获省市级以上奖励6项，《对大革命时期党的军事运动历史地位的再认识》荣获浙江省第14届哲学社会科学优秀成果一等奖；多项成果在《中国人大复印报刊资料》、《高校文科学报文摘》等权威报刊转载或摘登，在学术界引起较大反响。

2. “中国特色社会主义理论与中国经济社会转型研究”方向。专著《中国共产党治国思想研究》被有关专家认为：“在中国共产党治国思想研究方面弥补了这一领域的薄弱环节，是近年来探索中国共产党治国理政规律的一项新成果。专著《中国国际政治经济学》力图摆脱“西方中心论”的束缚，从中国特色社会主义经济建设的视角审视近代西方经济发展和经济学说发展的历史，重新解读大国崛起和衰落的历史经验。论文《邓小平对中国外交的卓越贡献》被选入《中国学术思想库·邓小平理论精论集116位专家学者论邓小平及邓小平理论》，在学术界引起较大反响。课题《改革开放三十年杭州农村社区的研究（以余杭区为中心）》得到了市政府的重视和较好的评价。本研究方向主持国家社科基金项目《1980～2000年中国与俄罗斯社会转型模式比较研究》、《中国国际政治经济学：摆脱“依附”的理论和实践研究》、《长三角社会突发事件治理中的政府区域性协作机制研究》、《政府购买居家养老服务参与主体的行动逻辑研究》和省社科规划项目《市场经济与思想道德建设》、《中国共产党三代领导集体治国思想及其实践》、《基于激励相容的长三角区域创新体系一体化模式与对策研究》、《新形势下马克思主义理论教育实践主体研究》等。研究成果获省市级以上奖励7项，多项成果在《中国人大复印报刊资料》、《高校文科学报文摘》等权威报刊转载或摘登，在学术界引起较大反响。

3. “思想政治教育与中华民族精神研究”方向。论文《爱国主义教育是一门科学》在全国首先提出“爱国主义教育是一门科学”的思想政治教育命题；专著《爱国主义教育学》被专家认为是一部难得的、颇具特色的爱国主义教育研究方面的学术著作。论文《邓小平论中华民族精神的三个维度》、《论中华民族精神的经济价值》、《关于中华民族精神、爱国主义精神、革命精神三者间关系的思辨》、《试析中华民族精神的价值取向》、《国防教育与大学生民族精神培育探析》、《利用浙江红色资源加强大学生民族精神教育》等成果，系统地研究了中华民族精神的历史演进、形成与发展的基础和在新时期弘扬与培育中华民族精神的价值目标、社会条件、基本规律和主要途径等。论文《从人文素养的内涵和形成看大学教育的责任》和《人文教育与大学使命》等成果，深入思考了人文素养的内涵及其与“做人”的关系，研究了人文素养的培养过程和教育要素。本研究方向主持教育部项目《国防教育与国民精神培养的研究》、《大学生宗教信仰的现状调查与研究》、《新时期大学人文教育研究》和省哲学社会科学规划项目《在思想政治教育中弘扬民族传统文化精神研究——以高校为例》、《中国共产党三代主要领导人民族精神思想比较研究》和《大学生思想政治教育实效性困境与对策研究》等。有10余篇论文被《中国人大复印报刊资料》复印或被《高等学校文科学报文摘》摘录，多项成果获得省市级以上奖励，在学术界引起较大反响。其中，专著《爱国主义教育学》获得第五次全国高等学校思想政治教育优秀成果三等奖，论文《构建爱国主义教育学理论体系初探》获省社会科学优秀成果三等奖。

4. “近现代国情与党的执政规律研究”方向。本研究方向主持《中国共产党对外开放政策研究》、《近代中国国内公债研究》和省哲学社会科学规划项目《近代中国地方公债研究——以浙江省为例》、《民国浙江财政研究》等。有多篇论文被《中国社会科学文摘》《中国人大复印报刊资料》全文转载，多项成果获得省市级以上奖励，在学术界引起较大反响。其中，专著《近代中国国内公债研究（1840—1926）》获浙江省高等学校科研成果二等奖，《国民政府外债与官僚资本》2005年获全国财政研究课题一等奖，《新中国外债与中国特色社会主义》2007年获第五届吴玉章人文社会科学奖一等奖。

目前，杭州师范大学马克思主义研究中心在多位顾问和浙江省马克思主义学会的指导下，正在加强马克思主义学科建设，提升马克思主义理论和思想政治教育教学、研究和创新水平，巩固马克思主义在学校教育教学中的指导地位，推动杭州师范大学哲学社会科学的发展及在省内地位的提升、国内影响的扩大，为创建省内乃至国内一流综合大学作贡献，为浙江、杭州发展服务，为中国特色社会主义事业服务。

华中科技大学思想政治理论课“05 方案”实施成效显著

华中科技大学自2006年9月实施思想政治理论课“05方案”以来，取得了良好教学效果。“学生评估优质课堂率为百分之百、学生满意度超过百分之九十”；中央电视台“焦点访谈”栏目、新华网、中青网、中国教育报等多家媒体予以关注。学生对教师的教学工作予以充分肯定。物理0704方仁鹏同学对“思想道德修养与法律基础”课教师杨一平这样评价：“杨老师对我思想的影响十分巨大，简直相当于一场彻底的思想革命。这影响，已经陪伴我度过一个学期，但我更深信，它将陪伴我走完剩下的三年半或更多，甚至贯穿于我的整个生命之中。”白云黄鹤BBS上学生对“中国近现代史纲要”课教师尹平这样评价：“原本去上尹平老师的课是准备去混时间的。真是不听不知道，一听吓一跳啊！他的课真的是讲得太好了！我觉得他不仅改变了我对一些事情的看法，更改变了我对世界的认识。”华中科技大学在思想政治理论课教育教学方面之所以取得显著成效，如下几方面的做法是值得总结与肯定的。

一、学校领导高度重视

中共中央国务院《关于进一步加强和改进大学生思想政治教育的意见》（中发［2004］16号）和中宣部、教育部《关于进一步加强和改进大学生思想政治理论课的意见》（教社政［2005］5号）等文件下达以后，华中科技大学认真研究，狠抓落实，并采取了一系列措施加强思想政治理论课的教育教学工作。

1. 明确指导思想。学校党委及时制订了《华中科技大学关于加强和改进思想政治理论课的意见》和《华中科技大学关于加强大学生形势与政策教育的意见》等16个重要文件，对思想政治理论课“05方案”的实施进行了全面部署与安排，明确提出加强和改进思想政治理论课的指导思想。

2. 采取切实措施。其一，加强马克思主义学科的组织机构建设。2005年7月，学校党委决定将原隶属于华中科技大学人文学院的政治教育系改为直属学校领导、有独立建制的政治教育系。马克思主义理论一级学科设立后，2007年9月，学校决定成立华中科技大学马克思主义学院。其二，落实经费保障。从2005年开始，学校进一步加大了思想政治理论课专项基金的投入，2005年至今，我校平均每年思想政治理论课的经费投入达到50万元。

3. 学校主要领导亲自参与实施“05方案”的教学研讨与教学实践。2006年1月13日，学校召开“华中科技大学思想政治理论课教育教学研讨会”，会议由学校分管思想政治教育的党委副书记欧阳康教授主持，党委书记朱玉泉、校长李培根出席会议并讲话。2006年9月20日，在“05方案”的第一门课程“思想道德修养与法律基础”开始面向全校06级学生开课前，党委书记朱玉泉教授参加“思想道德修养与法律基础”集体备课会并做开课前的动员。2006年9月24日，校长李培根院士亲自给新生主讲“思想道德修养与法律基础”第一课。2007年10月28日，校长李培根院士参加完党的“十七大”刚返校就参加了马克思主义学院举行的“十七大”精神进课堂集体备课会，及时传达了党的“十七大”精神，并就“十七大”精神进课堂问题提出了要求和希望。2009年5月，华中科技大学新一任党委书记路钢上任不久，便深入马克思主义学院调研，并参加集体备课。学校分管思政课的党委副书记欧阳康教授参加了“05方案”全部课程的集体备课。学校党政领导的亲历亲为极大地激发了思政课全体教师工作的积极性、主动性和创造性，增强了思政课全体教师的责任意识和使命意识。

二、充分发挥集体智慧

1. 坚持集体备课。每门课程的任课教师分工协作，每位教师都要重点承担某一章节的备课任务，在集体备课会上，每位教师首先介绍自己的备课情况，全体任课教师再行讨论。集体备课重点解决的问题有三：其一，形成一套比较完善的公用教学课件。其二，共同探讨如何将教材体系转化为教学体系。其三、确定各章节的教学重点并围绕教学重点设计理论与实践相结合的重大问题。迄今为止，每一门课程的集体备课活动都进行了6~7次以上。

2. 重视集体交流。主要从三方面开展：其一，相互听课。学院规定每学年每位教师听课不少于4次，院党政联席会议成员每学期听课不少于8次。其二，评课。有针对性地录制优秀教师的课堂教学实况，逐段播放，逐次评点，促进教师在备课过程中精益求精，认真对待教学过程中每一个细节问题的设计与处理。其三，会议交流。于2006年1月5日和2008年1月24日两次召开大规模思政课教育教学研讨会，有18位教师进行了大会交流。除学校和学院组织的教学研讨外，教研室也定期进行教学经验交流。这样的交流使每一位教师的教学心得与经验成为全体教师得以分享的共同财富。

三、严格实行教学管理

华中科技大学思想政治理论课集中建设、统一管理的模式，有利于实行严格的教学管理，其具体做法如下：

1. 遵守"学术探讨无禁区，课堂教学有纪律"的原则。规定思想政治理论课教师的教学不得违背四项基本原则，不得与党的路线方针政策相抵触；教师要按照教育部的要求、以部颁教材为依据进行课堂教学。在此基础上，鼓励教师解放思想，大胆创新，形成特色。

2. 建章立制，教学管理规范化、制度化。一直以来我们坚持了"集体备课制度"、"集体评教制度"、"教学奖惩制度"、"警示谈话制度（根据各方面反映的情况，对教学效果不理想的教师，由学院党政一把手和主管教学的副院长进行个别警示谈话）"等教学管理制度，初步建立了思想政治理论课激励与约束的长效机制。

3. 利用各种渠道搜集对思政课的反馈信息。定期征询学校教学顾问组、各院系分管教学的负责人的意见；召开学生座谈会；关注校园网和校园媒体的评课信息等。使教学工作有的放矢，不断提高教学质量。

四、积极探索有效的教学方法和教学手段

由于思想政治理论课教学的实效性源于其对学生的吸引力和感染力，因此许多教师在教学方法上大胆创新，并在教学实践中完善和推广。

1. 教学方法创新。思想政治理论课从形式到内容都是严肃的，需要采取多种有效的方法增加其吸引力和感染力。例如"马克思主义基本原理"课的董慧老师就结合建筑规划专业学生的特点，让他们把自己理解的哲学道路用手中的画笔"画"出来，这种"画哲学"的做法既加深了对马克思主义基本原理的理解，又推动了哲学原理在专业学习与实践中的运用。一改马克思主义理论教学的严肃与枯燥，极大地调动了学生的积极性。

2. 教学手段的创新。"网络时代就要充分利用网络资源"，这是"毛泽东思想与中国特色社会主义理论体系概论"教师文红玉常说的一句话。信息时代，网络是大学生信息交流的主要渠道，如果老师能放下架子，把你的QQ号、MSN或E-mail告诉学生，你就能与学生在同一个平台上进行交流，有利于了解学生，进入他们的内心世界。

3. 充分尊重学生。"只有尊重学生、欣赏学生，学生才会尊重、欣赏你。""马克思主义基本原理"课教师尹雪萍一直坚持这一点。她就上课的每一个环节都要细心考究，这种一丝不苟的精神，无不令学生敬佩。一名学生回忆道，"当看到尹老师那一个鞠躬时，全场都响起了轰轰烈烈的掌声。学生也是有感情的人，老师对学生平等相待，学生也就会珍惜这一份尊重，积极主动地学习，以尊重老师的劳动，尊重老师的人格。"

4. 以学术的魅力赢得学生。马克思主义学院院长洪明教授指出，思想政治理论课要激发学生潜力，除了以情动人之外，更要以理服人。而以理服人，就是依靠理论内在的力量让学生信服，而不是说教或灌输，要用学术的魅力赢得学生。因此，马克思主义学院鼓励青年教师在职攻读博士学位，以提升研究能力；鼓励教师开展学术研究，以提升学术水平。

附：华中科技大学马克思主义学院简介

华中科技大学马克思主义学院成立于2007年9月22日，是湖北地区最早成立的马克思主义学院，是华中科技大学思想政治理论课教育教学的专门机构。马克思主义学院下设2个系和3个研究所，即思想政治教育一系（本）、思想政治教育二系（研）、马克思主义基本原理研究所、中国化马克思主义研究所、思想政治教育研究所等机构；也是学校马克思主义研究中心挂靠单位；拥有马克思主义基本原理二级学科博士点和马克思主义理论一级学科硕士点；现有教职工56人，院长洪明，党总支书记张传平，副院长黄长义、刘家俊、段喜春。

广西大学政治学院马克思主义研究院

广西大学政治学院、马克思主义研究院，前身为1958年成立的原广西大学马列主义教研室。2007年9月，学校为推动我校马克思主义理论学科建设，将思想政治理论课教学部更名为政治学院，同时成立马克思主义研究院，政治学院与马克思主义研究院合署办公。

师资队伍：学院现有一支具有良好的师德修养和敬业精神，业务水平高，教学质量好，年龄、职称、学历结构合理的思想政治理论课专任教师队伍。现有专任教师48人，其中教授7人、副教授19人、讲师22人；具有博士学位的10人、硕士学位的25人（含在读博士4人）。在乌尼日院长的带领下，学院领导班子团结奋进，锐意进取，在教育教学过程中取得不菲的成绩：多名教师分别获得全区高等学校思想政治教育先进工作者、"校优秀共产党员"、"校优秀教师"、"我心目中的好老师"等荣誉称号。

教育教学：学院承担广西大学全日制在校本科生思想政治理论课和研究生马克思主义理论课的教学。根据教育部"05"教学改革方案的要求，结合自身的实际情况，设立"思想道德修养与法律基础"、"中国近现代史纲要"、"马克思主义基本原理概论"、"毛泽东思想和中国特色社会主义理论体系概论"、"形势与政策"和"研究生公共政治理论课"六个教学团队。学院现有自治区级精品课程"思想道德修养与法律基础"、"中国近现代史纲要"和"毛泽东思想和中国特色社会主义理论体系概论"三门。另外，还有校级精品课程"马克思主义基本原理概论"。

学术研究：学院现有广西大学妇女与发展研究中心、广西大学创造学与创新力评价研究所和思想政治教育研究中心三个研究机构。2005年以来，共承担各类课题66项，其中全国教育科学规划课题、教育部人文社科研究课题、广西哲学社会科学研究规划立项课题等各类省部级课题21项；发表学术论文185篇，专著、教材10部（本）；荣获各级各类科研奖项22项，其中6项成果获得广西哲学社会科学优秀成果奖。

学科建设：学院现有马克思主义基本原理、马克思主义发展史、马克思主义中国化研究、思想政治教育四个研究方向的硕士点。学院还与广西百色市等地市建立了长期的合作关系，在百色起义纪念馆建立了社会实践基地，以促进学科研究与革命历史传统、地方经济社会发展相结合，初步探索出了一条学科建设、人才培养的实践模式。

"中国—东盟政治关系与政治合作研究"是学院放眼"中国—东盟"关系的未来，立足广西独特的区域优势而建立的学科。

为了提高教师教学科研水平，学院坚持"走出去、请进来"的方针，积极组织各种社会实践活动，使教学、科研紧密结合，适应社会发展的要求。近两年邀请了中国社会科学院马克思主义研究院院长程恩富教授，北京大学马克思主义学院院长陈占安教授，华中师范大学张耀灿教授，中山大学郑永廷教授、叶启绩教授，河北师范大学肖贵清教授，华南理工大学李怡教授等来学院讲学。

2008年6月13～15日，由中国社会科学院《马克思主义研究》编辑部、广西大学政治学院、广西师范大学政治与行政学院联合主办了全国"马克思主义中国化与中国特色社会主义学术研讨会"。12月20日～21日，为纪念改革开放30年，深入研讨马克思主义与改革开放的内在关联，由中国社科院马克思主义研究学部、马克思主义研究院和广西大学联合主办的"第二届全国马克思主义院长论坛"在广西大学举办。本届论坛为深入学习实践科学发展观，推动马克思主义理论教学和研究工作发展，构建具有中国特色、中国风格和中国气派的马克思主义学科体系，具有重要的理论价值和现实意义。

广西大学政治学院、马克思主义研究院资深教授、硕士生导师简介

阳国亮教授，现任广西大学党委书记，广西社科联副主席（兼）、广西高校思想政治工作研究会会长、广西体制改革研究会顾问、广西市经济研究会副会长、广西儒学研究会顾问等职。

阳国亮教授长期致力于马克思主义理论、思

想政治教育、社会主义市场经济、旅游经济的研究。已出版《真理、您告诉我》、《从政明镜》、《实行具有全局意义的根本转变》、《产权制度改革理论与实践》、《社会主义市场经济知识丛书》、《社会主义初级阶段政治经济学教程》、《多维视角中的旅游文化与发展战略》等著作20多部，发表论文200多篇。其中主编的《真理，您告诉我》获中宣部"五个一工程"入选作品奖、《社会主义市场经济知识丛书》论文《沿边开发地区发展需要政策倾斜》等许多成果获自治区不同奖项。

李继兵教授，现为广西大学党委副书记，自治区高等学校思想政治理论课教育教学指导委员会委员，广西高校思想政治理论课《形势与政策》专家组组长，广西壮族自治区高等学校学生心理健康教育指导委员会主任，广西大学社科联主席。

李继兵教授发表学术论文20多篇，其中，在《光明日报》理论版发表学术论文2篇。专著和主编学术著作有《浸润与养成——大学文化视野中的学生发展》（获广西壮族自治区第10次优秀社会科学成果三等奖）等10余部，副主编著作5部；主持参与国家级、省部级、教育厅级项目10多项。曾被评为"广西壮族自治区优秀教师"，其多篇论文获校、自治区不同奖项。

乌尼日教授，广西大学政治学院院长兼马克思主义研究院院长、马克思主义发展史硕士点学术带头人。中国妇女研究会理事、中国李大钊研究会会员、广西国际共运史学会副会长、广西中共党史学会副会长。广西高校思想政治理论课教育教学指导委员会委员。全区高校《中国近现代史纲要》首席专家。2001年5月荣获全区高等学校党的建设和思想政治教育工作先进工作者称号。2004年7月荣获全区高等学校思想政治教育先进工作者。2006～2007年度广西大学优秀共产党员。

乌尼日教授发表学术论文55篇，主编、副主编、参编教材论著13部，主持省级、厅级、校级教学、科研项目19项，其中主持的《毛泽东思想概论》、《中国近现代史纲要》获广西壮族自治区精品课程。获科研、教学成果奖14项。

罗宗火教授，广西大学政治学院道德与法律教研室主任。1997年由国家教育委员会评选为"全国普通高等学校百名马克思主义理论和思想品德课优秀教师"，2006年荣获广西普通高等学校思想政治理论课"精彩一课"奖，2007年荣获广西第三届"挑战杯"大学生学术科技作品竞赛优秀指导教师奖，2007年评为广西大学"教书育人"先进个人。

三十年来，罗宗火教授主持或参与各类课题研究30项，独立或合作发表论文47篇，主编或参编教材11本，合作出版编著3部，教学和科学研究成果获省部、厅校级奖共13项。

甘自恒教授，现任广西大学政治学院《概论》教研室主任、广西创造学会会长、中国创造学会副秘书长。

甘自恒教授主持"十五"、"十一五"国家级规划教材项目2项，主持省级课题4项；主编并出版著作4部，合作出版著作2部；在省级刊物、国家级刊物、核心刊物上发表论文83篇；获全国学会奖8项，获省级奖8项。代表著作有：普通高等教育"十五"国家级规划教材《创造学原理和方法——广义创造学》；主编：广西高校通用教材《邓小平理论和"三个代表"重要思想概论》。代表性论文：《论人才的重大作用》；《论人才的特征》；《创造·创造力·创造学》等。

罗绍康教授，广西高校思想政治理论课《思想道德修养与法律基础》专家组成员。

罗绍康教授近年来不仅承担多门本专科的课程，还承担了7个教学研究项目（其中主持3项），公开发表了12篇教学研究论文；承担了20项科研课题（其中主持省部级课题5项），发表学术论著49篇（部），其中全国性核心期刊12篇，省级学术权威性期刊26篇，作为副主编组织和参编德育课教材9部，参与编著3部；获广西社会科学优秀成果奖1项，获广西自治区级教学成果奖2项，获广西高等教育教学软件大赛优秀奖1项；获广西大学社会科学优秀成果奖6项；获广西大学教学成果奖2项，2001～2002学年度被授予广西大学教学质量优秀奖；曾连续三年被评为广西大学科研管理先进个人；教学工作考核、科研工作考核以及思想政治教育工作考核年年都评为优秀。

西安交通大学马克思主义理论学科发展成就

西安交通大学马克思主义理论学科历史久长，学科的建设历程充分体现了改革、创新、建设、发展的特点。2006年初西安交通大学获得马克思主义理论一级学科博士学位授予权。目前，马克思主义理论一级学科及相关二级学科下的教学科研人员共80人，拥有正高级职称者27人，副高级职称者25人，博士生导师16人，在校博士生75人，通过各种方式培养了共1000多名高层次马克思主义理论专业人才。

本学科的发展受到历任校党委书记和校长的支持。从1956年的彭康书记兼校长到1994年的潘季教书记再到后来的王文生书记和徐通模校长及现任党委书记王建华和校长郑南宁无不重视本学科的发展，正是因为有了他们的支持，才有了本学科今天的辉煌。

本学科在我校的源起可以追溯到1952年交通大学成立的马列主义教研室。时任校长的彭康是马克思主义哲学教授，在20世纪二三十年代就曾翻译出版普列汉诺夫的《马克思主义底基本问题》、恩格斯的《反杜林论》等马克思主义经典著作。他翻译的卡尔·考茨基的《新社会之哲学的基础》，马克思的《费尔巴哈论纲》、《法兰西唯物史论》和恩格斯的《费尔巴哈论》（即《费尔巴哈——德国古典哲学的终结》）均为国内首译。西安交通大学首任马列主义教研室主任凌雨轩教授著有《反对个人崇拜》、《我国社会主义时期的阶级和阶级斗争》等著作。50年代他主讲了面向全校研究生和教职工的“马克思主义哲学”课，为本学科点的研究生培养和师资进修作出了贡献。60年代，为了帮助马列主义理论课教师打好理论基础，他曾给教研室的教师讲授列宁的《哲学笔记》。1977年以前，本学科建设主要围绕马列主义理论课的教学工作展开，教研室在多变的社会背景下，坚持马列主义理论课的课程建设，保证了中共党史、政治经济学、辩证唯物主义与历史唯物主义等主要课程的良好发展。1978年以来，本学科发展大体经历了以下几个阶段：

学科恢复、重建、初见成效阶段（1978年～1993年）。我国进入新时期以来，研究宣传马克思主义理论也进入了新的时期。各马列主义教学研究机构得到恢复重建，学科建设初见成效。1978年，马列主义教研室开设了“马列主义理论”师资班，当年招生63人，为学科建设补充新鲜血液的同时也为后来的学科建设、硕士点建设做了师资、课程等各方面的准备。此后还开设了“马列专修科”、“哲学、政治经济学助教进修班”、“思想政治教育专业第二学士学位班”等多个马克思主义理论专门人才的培养班，1987年开办中国社会主义建设本科专业。从1983年到1990年，相继取得了自然辩证法、中共党史、哲学、思想政治教育、社会主义建设专业的硕士学位授予权，这些学位点的建立使本学科建设迈上了一个新的台阶。教学科研成果成绩斐然，出现了一批优秀成果。龚兰芬教授等主持的“运用德育电教加强思想政治教育的探索”获国家教学成果特等奖；卢烈英教授等主持的“贴近实际，讲求实效——全力提高‘中国社会主义建设课程教学’课教学质量”获国家教学成果二等奖；《中国革命史教程新编》获国家教委优秀教材二等奖；《中国社会主义建设》是该门课程最早出版的教材；冯世新教授、李铭教授所著《中国国情与经济发展》获国家教委优秀教学成果二等奖。马鼎璋教授、宋雅莼教授的《〈反杜林论〉浅释》、《〈反杜林论〉哲学篇新解》及论文《〈反杜林论〉哲学篇的基本线索》在学术界产生了广泛影响。同时，针对改革开放带来的社会变化，教师们还积极参与重大现实问题研究。部分教师关于西安市自行车工业的调查获陕西省首次经济学优秀学术研究成果第一名；段兴民教授主编的《中国有计划劳动力市场研究》获中国劳动学会优秀科研成果一等奖。1992年，我们还成功地举办了“全国高校思想政治教育研究会年会”。

学科建设快速发展阶段（1994年～2002年）。这个阶段的特点是扩大学术影响与促进社会服务。1994年学校在原社会科学系的基础上成立人文社会科学学学院，增设了多个文科专业。

1999年学院开始马克思主义理论与思想政治教育专业硕士学位班的招生，共招收4届学生，为陕西省和青海省各高校及西部军队院校培养了254名具有硕士学位的“两课”教师。“博士生

‘现代科学技术革命与马克思主义’课程建设与教学实践”项目获省级教学成果一等奖。在基本理论研究上，出版了《马克思主义哲学教程》、《邓小平理论研究》、《经济学教程》、《哲学教程》等一系列著作；刘永富教授的《论真假——兼论真善美的统一》一书在国内外哲学研究界赢得了广泛的认可和好评，他的著作《价值哲学新视野》、《黑格尔哲学解读》均获陕西省高校人文社科优秀成果一等奖。王宏波教授、李国平教授主编的《西安产业协调发展与结构调整研究》获国家教委首届人文社会科学优秀成果二等奖，两人合作的专著《社会协调分析新论》获陕西省教委人文社会科学优秀成果奖一等奖；张思锋教授对宝鸡、榆林等地经济发展的研究成果被国务院发展研究中心《经济工作者学习资料》全文刊发；沈琴琴教授等人合作的《国民经济调整时期的劳动就业问题》获陕西省社会科学优秀成果二等奖。

学科水平提升发展阶段（2003 年至今）。2003 年我校获得了马克思主义哲学和马克思理论与思想政治教育专业博士学位授予权，2006 年初获得了马克思主义理论一级学科博士学位授予权，学科水平进入提升发展阶段。

课程内容和方法的研究与建设始终是本学科建设的主要任务，其中教材研究，课程研究和教材编写是我们一以贯之的优良传统，而精品课程建设则是新的成果与特色。《思想道德修养》一书获教育部全国高校“两课”优秀教材，被出版署评为当年最畅销图书；《马克思主义哲学原理》发行使用 13 万册并多次再版；“思想道德修养与法律基础”被评为陕西省 2007 年度精品课程。

在研究方向上，我们已经形成了自己的特色。通过把马克思主义理论研究与多学科的理论问题相结合，体现了马克思主义理论的时代性、落实了马克思主义理论的指导性。从 2006 年 ~ 2008 年，本学科在职教师获部（省）级奖励 20 余项，承担国家级课题 20 余项，在国内外公开学术期刊发表论文近 800 篇，出版专著 70 余部，在校博士生在国内重要学术刊物上发表论文 150 余篇。

目前，本学科点有 5 名教师享受国务院“政府特殊津贴”，省级教学名师 2 名，宝钢优秀教师 6 名。王文生教授曾任全国思想政治教育研究会副会长；李玉华教授担任全国思想政治教育研究会副会长；王宏波教授 2006 年曾被推选为国务院学位委员会马克思主义理论学科学位评定委员会特约评委，全国马克思主义理论学科研究会常务理事，全国高校思想政治教育研究会学位委员会委员，陕西省思想政治理论课教学指导委员会委员，陕西省“马克思主义原理”课程改革首席专家，2000 年以来一直担任陕西省马克思主义哲学原理教学研究会会长，2008 年开始担任省马克思主义原理教学研究会会长。卢黎歌教授是国务院第六届学位委员会马克思主义学科评议组专家，教育部第二届社会科学委员会马克思主义学部委员，国家人力资源与社会保障部全国博士后流动站管委会专家，“马克思主义理论研究与建设工程”之“思想道德修养与法律基础”教材建设课题组主要成员，全国高校思想政治教育研究会理事，陕西省思想教育教学会会长，陕西省“思想道德修养与法律基础”课程建设首席专家；张思锋教授、李秀芳教授分别是陕西省政治经济学原理、中国近现代史纲要教学研究会的主要负责人。陕西省高校“时事政治与政策教育信息中心”、陕西省社会科学研究基地“陕西省高校德育研究中心”和“陕西大学生形势与政策教育信息中心”均设在我校。我们还举办了“全国思想理论教育前沿问题研究论坛”，“全国马克思主义理论学科博导论坛”、“经济全球化背景下马克思主义理论与思想政治教育学术研讨会”等多次国内外学术会议。

以实体化的教学机构为依托坚持专业队伍建设，是我们一直坚持的工作原则。近六十年来，虽然在马列主义教研室的基础上，培育发展了多个新的社会科学学科，但我们始终有一支专业而稳定的队伍从事马克思主义理论的科研及教学工作。目前，本学科点由马克思主义学院统一组织和管理，拥有六个马克思主义理论教学与科研的实体化机构：马克思主义原理研究所、思想政治教育研究所、历史文化研究所、政治学系、社会工程研究中心、科技哲学研究所，分别负责马克思主义理论一级学科及相关二级学科的建设以及承担全校本科生、研究生的思想政治理论课的教学工作。

随着马克思主义理论建设工程的蓬勃展开，本学科的发展迎来了新的契机。我们将以马克思主义学院为依托，贯彻落实教育部、学校关于加强思想政治理论的实施意见精神，力争通过学科建设进一步提升本科生和研究生思想政治理论课的课程质量和课程效果，扶持、培育出一批马克思主义理论学科的理论研究成果，加强社会服务，推动马克思主义理论学科的快速发展！

发展中的内蒙古民族大学马克思主义学院

内蒙古民族大学位于内蒙古自治区东部，坐落在被誉为科尔沁草原明珠的通辽市，是自治区人民政府与国家民委共建高校，隶属于自治区人民政府。由自治区教育厅主管，是自治区唯一一所综合性民族大学。

内蒙古民族大学马克思主义学院是2009年1月成立的新学院，其前身是2000年6月由内蒙古民族师范学院、内蒙古蒙医学院、哲里木畜牧学院三校合并组建的内蒙古民族大学马列主义教研部。

马克思主义学院现有教职工37人，其中专职教师30人，校内兼职教师5人。其中，教授8人，副教授18人，高级职称的教师占总数的74%；具有博士、硕士学位的23人，占教师总数的65%。有“全国优秀教师”、“全国高等学校优秀思想政治理论课教师”、自治区“新世纪321人才工程”人选各1人，学校中青年骨干教师3人，是一支由蒙、汉教师组成，年龄结构、学历结构、职称结构合理，思想活跃、教学经验丰富、科研能力较强、充满活力的教师队伍。

学院下设《马克思主义基本原理概论》、《毛泽东思想和中国特色社会主义理论体系概论》、《中国近现代史纲要》、《思想道德修养与法律基础》、《民族理论与民族政策》五个教研室。承担着全校《马克思主义基本原理概论》、《毛泽东思想和中国特色社会主义理论体系概论》、《中国近现代史纲要》、《思想道德修养与法律基础》、《民族理论与民族政策》、《形势与政策》等本科课程和《经典选读》、《科学社会主义基本理论》、《自然辩证法》等研究生课程。其中《毛泽东思想和中国特色社会主义理论体系概论》课为自治区级精品课，《思想道德修养与法律基础》课为校级精品课，其他课程均为校级优秀课程。上述课程均采用蒙、汉双语授课。在内蒙古自治区蒙语政治理论课选用的教材中，《毛泽东思想和中国特色社会主义理论体系概论》、《中国近现代史纲要》、《思想道德修养与法律基础》、《民族理论与民族政策》等4门课的教材由我院教师担任主编，主编教材分别获全国高校少数民族优秀教材一等奖和三等奖。

学院现有马克思主义基本原理、马克思主义中国化研究、思想政治教育等三个硕士点，有马克思主义哲学与当代、马克思主义政治经济学原理、马克思主义与当代中国民族问题、当代世界经济与政治、毛泽东思想与当代中国社会、邓小平理论与中国现代化、社会主义市场经济理论与实践、思想政治教育比较研究等八个富有特色的研究方向。其中，“马克思主义中国化研究”为自治区级重点学科，是“内蒙古东部经济历史文化研究基地”的重要成员，承担了“现代化与内蒙古东部地区社会发展问题研究”等基地课题。

学院教师勤于思考，锐意进取，在科学研究领域取得了特色鲜明的成果。科研涉及到：马克思主义中国化研究、民主政治研究、传统文化与现代文化研究、社会发展中重大的现实问题研究、民族理论与民族政策研究、当代大学生关注的热点和难点问题研究、思想政治理论课教学法研究等多个方面。2000年以来，先后承担了国家社科基金项目和省部级教学科研研究项目近20项，校级课题近30项，研究经费30多万元；撰写专著和著作13部，主编和参编教材11部，在国家和省级刊物上发表学术论文近400篇。其中多篇论文在《中共党史研究》、《光明日报》理论版、《红旗文稿》、《民族研究》、《思想理论教育导刊》等核心专业刊物上发表，有多篇被《新华文摘》、《中国人民大学报刊复印资料》等全文转载或摘编论点，产生了一定的学术影响。学院教师先后获教育部优秀教材奖1项，自治区人民政府教学成果二等奖1项，自治区哲学社会科学优秀科研成果二等奖5项，自治区优秀教学成果和教材奖9项，并多次获得校级优秀教学科研成果和优秀教学成果质量奖。学院从政策上鼓励教师从事科研活动，支持教师参加校内外各种学术会议，积极为教师进修、访学、考研、留学创造条件，先后有2名教师从日本留学回来，有2名教师正在日本留学深造。

学院不断深化教学改革，充分发挥思想政治理论课的主渠道、主阵地作用，在使学生真学、真懂、真用上下工夫，形成了自己的教学特色。在教学中，实现了专题讲座、案例教学、课堂讨论、多媒体教学等多种教学环节的有机结合；注重理论联系实际，学院建立了腰力毛都、建新两个社会实践基地，不定期组织学生到沈阳“九一八纪念馆”、锦州“辽沈战役纪念馆”、长春“一汽”等地参观学习，形成了比较稳定的爱国主义教育基地；大胆改革考试制度，采用口试、作业、笔试等灵活多样的考核方法，注重考察学生分析问题、解决问题的能力。在2006年教育部本科教学评估和2007年自治区高校思想政治理论课评估中，学院教学均被评为优秀，得到上级领导和专家组的好评。

学院继承了历代马列人的办学思想，形成了求实与创新相结合的优良传统。以提高教学质量为中心，以强化实践能力和创新精神为重点，以提高综合素质为目的，突出抓好课程建设、学科建设和实践教学，注重马克思主义理论、思想素质教育和人文精神熏陶，形成了比较成熟的本科教学和研究生培养模式。历届毕业生以理论基础深厚、知识面广、基本功扎实、专业技能突出、有创新精神和较高人文素养，因而受到社会各界和用人单位的好评。

今后，内蒙古民族大学马克思主义学院将在学科建设、课程建设、实践教学基地建设、师资队伍建设等方面下工夫，力争用三年的时间获马克思主义理论一级学科授予权，以学科建设为平台，促进教学、科研水平的不断提升，努力把学院建设成为在区内外具有一定影响力的培养高素质马克思主义理论与思想政治教育专门人才的教学研究基地，对促进民族地区的经济建设、文化教育事业和社会事业的发展发挥自己应有的作用。

兰州大学马克思主义政治理论教学改革取得丰硕成果

改革开放30年以来，兰州大学马克思主义政治理论教育教学在改革探索中不断发展，特别是进入新世纪以来，兰州大学马克思主义政治理论教育教学取得了显著的成绩。

一、30年来兰州大学马克思主义政治理论教育教学的新进展

兰州大学马克思主义理论学科建设可以追溯到1950年9月成立的马列主义教研室和1980年在全国率先成立的思想品德教研室，八九十年代，两个马克思主义理论的基础教学部门各自承担着全校的政治理论教育和思想品德教育，并在思想政治理论教育实践中并行发展。1988年5月在马列教研室的基础上建立了全国首个马克思主义科学系，创办了马克思主义基础本科专业。2006年申请到“马克思主义中国化研究”博士点。2008年11月成立兰州大学马克思主义学院，学院现已发展为有1个博士点、6个硕士点、3个本科专业，涵盖马克思主义理论、政治学两个一级学科。总结学院30年发展的历程，在马克思主义政治理论教育教学改革中取得了以下重大进展。

1. 学科建设的发展促进了教师队伍的稳定和单位的良性发展。围绕马克思主义中国化博士点与政治学学科硕士点的建设和发展，形成了思想政治理论教学、科研和课程建设的统一，促进了教师队伍的稳定和学科的发展。目前政治学院有56名专职教师，其中教授11人，副教授18人，有博士生导师10人，硕士生导师25人。专职教师中85%是硕士毕业，28位博士或在读博士，4名做博士后，有8人先后被选派公费出国进修一年以上。

2. 在马克思主义理论课程建设方面产生了一批精品课程。经过广大教师的不懈努力，有七门课程被确定为兰州大学的重点课程。在重点课程建设中，王学俭教授主持的《思想道德修养》2002年成为兰州大学的首批名牌课程；刘先春教授主持的《邓小平理论与“三个代表”重要思想》2004年成为甘肃省名牌课程；王学俭教授主持的《思想道德修养法律基础》2005年成为甘肃省名牌课程，2008年又被甘肃省推荐参加全国精品课程评选；王维平教授主持的《马克思主义政治经济学》2006年成为甘肃省的名牌课程。王学俭教授主讲的《思想道德修养与法律基础》获教育部2007年“精彩一课”，刘先春教授主讲的《毛泽东思想、邓小平理论与“三个代表”重要思想概论》获教育部2007年“精彩一课”重点资助。兰州大学马克思主义政治理论名牌课程建设的标志性成果在全国走在前例。

3. 马克思主义政治理论课教学成果突出。近年来，在马克思主义政治理论课教学过程中，广大教师刻苦钻研，取得了显著的教学成果：其中获省级教学成果奖4项，兰州大学优秀教学成果奖8项。刘先春、王学俭、王维平、史正宪、李中等七名教师参加的《甘肃省“两课”统编教材》荣获2003年度甘肃省优秀教学成果一等奖；王学俭教授等主持的《思想政治理论课的改革与实践》获2007年省级教学成果一等奖；李炳毅教授等主持的《思想道德修养课程教学方法改革的研究与实践》荣获2003年甘肃省教学成果一等奖；刘先春教授主持的《邓小平理论课程教学改革的研究与实践》2001年荣获甘肃省教学成果二等奖；王学俭教授主持的《法律基础立体化建设》2005年荣获甘肃省教育厅教学成果奖；李炳毅教授主持的《思想政治教育网络教育研究》2005年荣获甘肃省教育厅教学成果奖；杨恕教授等主持的《“形势与政策”课教育教学改革的探索与实践》2001年荣获兰州大学教学成果一等奖。李炳毅教授主编的《网络思想政治教育概论》荣获中国思想政治教育成果一等奖，王学俭教授主持的《高校思想政治理论课教育教学中存在的问题及对策研究》荣获中国思想政治教育成果三等奖。

4. 马克思主义政治理论科学研究成果显著。科研工作是促进学科发展和提升教学质量的核心。近五年来，政治院教师申请各类科研项目87项，总经费500多万，其中国家项目10项，教育部项目13项，省级项目23项，横向项目41项；发表

论文420篇，出版著作和教材21部，其中权威文章和著作16篇（部）。在科研项目上，有王学俭教授承担的教育部重大委托项目《高校思想政治理论课社会实践教学环节研究》，刘先春教授参与承担的教育部教材改革项目《毛泽东思想、邓小平理论和“三个代表”重要思想概论》，这是我校参与国家开展高校思想政治理论教育教学的明显成绩。

二、兰州大学马克思主义政治理论教育教学的基本经验

在30年教学改革发展的实践中，兰州大学马克思主义政治理论教育教学基本上形成了一套巩固和发展马克思主义政治理论教育阵地的思路和办法。

1. 把学科建设作为推进马克思主义政治理论教育教学进一步发展的基础。我院的前身是以马克思主义理论和思想道德修养公共课教学为主的教学单位，硕士点建设一直是一个空白。2001年申报“国际政治”和“马克思主义理论与思想政治教育”硕士点成功。2005年成功申报马克思主义中国化研究博士点。目前已经形成了3个本科专业、6个硕士点专业和1个博士点专业的学科体系。实现了我院学科建设的飞跃。

2. 把组织建设作为推进马克思主义政治理论教育教学发展的保证。建立健全教学组织体系，科学规范教学运行机制，是教学工作有序、有效展开的保证。2001年8月学校将马列教研部和德育教研部专门合并。2004年政治与行政学院成立，在院内设立两部（马列教研部、德育教研部）、两所（国际问题研究所、马克思主义理论与思想政治教育研究所）、两系（国际政治系、思想政治教育系）。2006年5月学校重新对基层教学组织进行了调整，成立了同马克思主义一级学科相适应的、同新的课程改革相一致的基层教学科研组织。成立一部（思想政治理论教研部），四所（马克思主义原理研究所、马克思主义中国化研究所、思想政治教育研究所、国际问题研究所）等基层教学单位，确保了新课程设置方案的顺利平稳过渡。

3. 把师资队伍建设作为推进马克思主义政治理论教育教学发展的关键。为了加强我院教师队伍建设，我们采取了以下措施：一是重视现有人员的学历提升和专业培养，目前已有4位教师在中央党校、复旦大学、武汉大学和兰州大学博士后出站，有23位教师取得博士学位或在读；二是积极推荐教师出国进修和考察，通过各种渠道选派公费出国人员8名；三是严格把关，选留专业人才和管理队伍；四是创造条件鼓励教师外出学习和考察；五是加大学科带头人、学术骨干的引进和培养力度，积极引进高水平人才8人到我院作兼职教授；六是加强对年轻教师的培养，要求具有副教授职务以上的教师，每人带1～2名青年教师。

4. 把科研工作作为提升马克思主义政治理论教育教学质量的重心。具体做法是：（1）加强重大、重点项目的组织申报力度，明确科研工作的重点；（2）研究学术热点和社会关注问题，将之作为科研日常性工作；（3）组织有学术造诣的专家学者定期作研究报告，给教师在申报课题上以指导；（4）按研究所组织科研队伍，注重对青年教师科研能力的培养；（5）完善科研奖励制度，重点奖励重大项目的获得者、有社会影响和学术价值的科研成果；（6）加强与政府部门、研究机构及相关高校和专业合作，为科研发展创造更大的空间。

5. 把抓好课程教学环节作为贯彻落实马克思主义政治理论教育教学的重点。我们在工作中，一是坚持教育部关于思想政治理论教学的学分、学时要求，同时建立了相应的大学生社会实践基地；二是从1997年开始一直把“形势与政策”课作为必修课列入教学计划，实行学年考核制，成绩计入学籍档案；三是落实教育部2005年课程改革方案，从当年开始试行思想政治理论课程改革新方案。

6. 把教材建设作为推进马克思主义政治理论教育教学发展的基本环节。高质量的教材是提高政治理论教育教学水平的重要前提。由于“两课”的特殊性，从20世纪90年代末开始，思想政治理论课教材由国家教育部或各省统编，我校教师参加了甘肃省“两课”全部七门课程教材的编写和修订（其中：主编两门，副主编五门），这些教材被评为甘肃省教学成果一等奖，刘先春教授还参与了全国统编教材《邓小平理论与“三个代表”重要思想概论》的编写工作，王学俭教授参加了全国统编的《思想道德修养与法律基础导读》编写工作。

（王学俭　王开学　史政宪　张新平　李　晓）

沈阳师范大学马克思主义学院简介

学院教师部分科研成果所发刊物

学院教师部分科研成果获奖情况

沈阳师范大学马克思主义学院成立于2006年12月，是原马克思主义学院和经济管理学院的政治系两个单位合并而成，重组后的马克思主义学院不但担负着全校18000人的马克思主义思想政治理论课的教学任务，同时还具有承担着思想政治教育、哲学和政治学等本科和研究生等不同层次专业课的教学；不但具有思想政治和学科教学论等师范性教学，而且还具有哲学及政治学等非师范性教学；不但有全日制的本科生的培养任务，而且还有十余个硕士点的研究生培养职能。目前马克思主义学院现有教职工60余人，其中教授15人，副教授21人，博士（含在读）25人。其中省级教学名师2人，校级教学名师1人。在校本科生347人、研究生240人、政治专业函授本科生300余人。学院下设四个研究中心，承担着学院的科学任务，这四个中心分别为：哲学研究中心、马克思主义理论研究中心、政治学研究中心及环境教育与就业指导研究中心。学院同时下设三个教学部，负责学校所有的教学任务，它们是：思想政治教育教学部、马克思主义理论第一教学部、马克思主义理论第二教学部。另外，有三个省级研究性学术组织和两个学术研究中心隶属于我院，它们是：辽宁省自然辩证法研究会、辽宁省伦理道德学会及辽宁省孔子学会；两个学术研究中心是：辽宁省中国特色社会主义理论研究中心和沈阳市统战理论研究基地。

我院于1981年开始招生硕士研究生，现有共有9个硕士点、2个硕士点学科方向及1个学科教学论（思政）教育硕士点授予权，其专业涵盖哲学、马克思主义理论、政治学及教育学等四个一级学科。其中哲学学科硕士点有四个专业：科学技术哲学专业、伦理学专业、中国哲学专业、马克思主义哲学专业；马克思主义理论学科硕士点共有三个专业：马克思主义基本原理专业、马克思主义中国化专业、思想政治教育专业；政治学学科硕士点有二个专业：中共党史专业和政治学理论专业；教育学学科方向有二个专业：环境教育学方向和创业教育与就业指导方向。经过10余年的学科建设工作，现在已经形成了各个专业稳定的研究特色和学术优势。其中思想政治教育为辽宁省重点学科，科学技术哲学专业已连续招收了13届研究生，培养和造就了近百名优秀哲学硕士研究生。伦理学专业培养的研究生质量高，社会需求量大，自招生以来一直保持着报名热、就业好的良好态势。尤其是作为我校“课程与教学论”硕士培养点的一个学科方向——环境教育学，目前在我国是一个全新的学科方向，我校硕士点的培养与建设在国内处于领先地位。就业指导与创业教育学科方向于2004年通过审批，是我校与辽宁省高校毕业生就业指导服务中心联合创办的一个具有国内领先地位的硕士专业，是国内第一个该学科方向的硕士学位授予点。

另外，我院从2000年开始连续9年招生，共119人，现有在读教育硕士学员近50人。现有导师成员17位，其中教授15名，副教授4

名，博士14名。我们将全院学术水平最高、教学效果最好的专业教师充实到教学的第一线，每门学位课都安排两个或两个以上的教授担任，其余的课程均由教授或具有博士学位的教师授课。

思想政治教育本科专业建于1953年，是我校建校时的首批本科专业。至今已有56年的悠久历史，培养了2000多名的毕业生，为各类党政机关、事业单位、高校及中学输送了大批的优秀人才，受到用人单位的一致好评，有着良好的社会信誉度。2009年的应届毕业生的考研率为29.6%，毕业生就业率为92%，位居全校的前列。为了适应教育发展的新形势，拓宽办学形式和功能，受辽宁省教育厅的委托，从2005年开始，在现有的思想政治教育专业的基础之上，增设了大学辅导员专业方向。主要是从全省高职应届毕业生中选取优秀毕业生，经过我们两年的本科阶段的培养，毕业后回到原学校从事学生管理工作。为了办好这个专业，学院积极探索新的培养模式。通过修改课程设置、改革考试办法、提高实践环节及导师制等办法提高培养质量，争取办出专业特色，办出品牌效应。

我院师资队伍稳定，各个专业的人员、年龄、学历及职称结构合理，各个学科研究方向明确，基础扎实，研究特色突出，教学和科研成果突出。近五年来，我院全体教师在《中国社会科学》、《哲学研究》、《哲学动态》以及《自然辩证法通讯》等高水平核心期刊上发展专业论文300余篇，在人民出版社、中国社会科学出版、中国文献出版社等国家级出版社出版专著近10部，省级各类出版社出版专著和教材近30部，承担国家社会科学基金项目2部，部级和省级达到150项，科研经费平均每年近50万元，省部级科研项目40余项。在教学方面，近五年来获国家级教学成果二等奖1项，辽宁省思想政治理论课“精彩一课”一等奖2项、省级辽宁优秀教学团队2人，省级精品课程2门，省级教学成果一等奖1项、二等奖1项、三等奖1项，其他省级教学获奖50余项。

学院领导班子在研究工作

大连理工大学“概论”课教学团队建设经验介绍

大连理工大学“毛泽东思想和中国特色社会主义理论体系概论”课（以下简称“概论”课）在多年来的教学改革与实践中，形成了以学科带头人为核心，以课程建设为平台，以学科建设为支撑，以教学研究为牵引，以教学改革为动力，以精品教学为目标的老中青搭配、专业职务和知识结构比较合理的教学团队。目前，团队共有11人，其中，教授2人，副教授6人，讲师3人；博士生导师2人，硕士生导师8人；40岁以下5人，41～50岁5人，50岁以上1人；有马克思主义理论专业背景的5人，历史学背景的3人，经济学背景的2人，思想政治教育背景的1人。近5年来，团队主持完成国家社科基金课题2项，教育部课题5项，中央统战部课题1项，高等教育出版社课题2项，辽宁省课题20余项，大连市20余项，校课题10余项；主编出版教材教辅、多媒体课件9部，在国内主要期刊上发表教研教改论文近200篇，成果获奖30余项。

一、团队建立了较完善的建设及运行保障制度

1. 组织保障机制。由团队学科带头人、课程负责人、教授、副教授组成团队发展规划小组，结合学校、学院总体发展规划，研究讨论团队的发展战略；制定团队建设与发展的各项具体措施，如集体备课制度、统考统批制度、师资培训研修制度、教学科研奖励制度、团队传帮带制度等。

2. 老中青传帮带制度。为了有效推进教学队伍的整体教学水平，使青年教师尽快成长，实现团队的精品教学目标，我们建立了教学工作的传、帮、带和老中青相结合制度，取得了显著成效。（1）对青年教师实行导师负责制。对课程组青年教师的培养直接落实到人，即实行导师制。包括上课基本教法、课堂教学组织、教师仪表、教态以及科研等方面的具体指导，培养良好的师德师风、教风学风。（2）为青年教师搭建学术研究平台。课程组在精品课建设经费中拨专项经费支持青年教师参加各类学术活动、购买研究资料，资助研究课题。近年来青年教师主持校级以上科研教改课题20余项。（3）集体备课、教学观摩、交流教学经验。建立了集体备课的长效机制。每学期开课前召开课程组教学重点、难点问题研讨，每学期课程结束后召开教学问题分析的教学总结会。同时，通过相互听课评课、共同教学研讨，提升课程组整体教学水平。

3. 挖掘业界资源，实行知名专家聘任制。加强与国内重点大学和科研机构的交流与合作，组织专家讲座，聘请兼职教授。目前，我校“概论”

课已聘请了北京大学马克思主义学院院长陈占安教授、东北师范大学邓小平理论研究中心主任田克勤教授、中国人民大学马克思主义学院院长秦宣教授等3位专家为“概论”课程的兼职教授。

二、团队教学以改革促发展，以贡献求支持

为了不断适应新的发展形势、提高教育教学质量，团队进行了持之以恒的改革、探索与创新。特别是近五年以来，团队主持完成教改课题20余项，其中教育部3项，高等教育出版社2项，省级6项，市级5项，校级10余项，取得了较丰富的教改成果。主编出版教材教辅、多媒体课件11部，在国内主要期刊发表教研教改论文80余篇，成果获奖30余项，1人次获得宝钢教育优秀教师奖，1人次获辽宁省普通高校优秀“两课”教师奖，2人次获辽宁省优秀青年骨干教师称号，2人次获省高校优秀教学示范课一等奖，1人次获省教学优秀奖一等奖，3人次获校教学质量优秀奖，其他人均曾获教学质量优良奖，5人次获院优秀教师，10人次在校年终考核中被评为优秀。

1. 在全国比较早地将多媒体技术引入思想政治理论课的教学。该项研究始于1999年，目前已主编出版7套多媒体课件，获国家级、省部级奖10项。

2. 在全国比较早地将案例教学法引入思想政治理论课的教学。目前已主编出版案例教学用书5部，获省部级奖4项。

3. 不断深化教学方法、模式创新研究与实践，先后形成了多种交互融合又各具特色的教学模式。(1) 教师主导、学生主体的多媒体课堂教学中的“双主”教学模式。(2)“五优化”教学模式。即以多媒体课件为载体的现代教育技术支撑的教学内容优化、教学方法优化、教学手段优化、师生关系优化、考核方法优化。(3) 以专题教学为平台、问题式教学为牵引、案例式教学为基本途径、研究式教学为主线的教学方法组合创新模式。(4) 体验式教学作为一种以学生主体的亲身经历与个体感受为基础、学生个性发展为根本宗旨的教学理念和方式，正在成为教育发展的新趋势。(5) 开放式教学模式。定期举办教授、专家专题讲座，组织学生参观教育教学实践基地，建立与学生网上沟通与交流的平台，实现了讲授课堂、实践课堂、网络课堂的有机统一。

4. 成功进行了“大班教学、小班讨论”的教学改革。通过先后两学期大规模的“大班教学、小班讨论”教学活动的组织、总结和提高，初步形成了“小班讨论、大班交流、撰写讨论心得”的讨论流程和制度，进一步激发了学生自主学习的积极性、主动性，深受学生的欢迎。

5. 结合学校和本地的实际情况，开展了颇具特色的实践性教学活动。(1) 从课程内容和现实问题的实际出发，设计出实践教学的具体项目。(2) 从学生实际出发，区别对待，提出不同的实践要求，分层次地组织学生参观、学习、实践。(3) 从现有的实际条件出发，设计出具体的实践活动范围，就地取材。

6. 不断加大课程网站建设力度，为课程辅助教学提供了较好平台。目前教学纲要、教学案例、教学课件、课程习题、试卷样题、教学录像等资源均以上网，开辟了学生网上交流天地与学生优秀作品坊等模块，突破了过去我们老师只是通过e-mail、qq、msn等方式与学生网上联系的局面，加大了网络建设力度。

7. 全员担任校“两组”、“邓研会”学习指导教师和部分院系班级的班导师。参加指导本科生业余“马列学习小组和党章学习小组”的学习、研讨，党史、党章知识竞赛，开设讲座等活动。

三、团队以科研促教学，积极推进科研成果向教学的转化

以科研促教学是团队建设、发展的一条重要经验。长期以来，团队的科研工作都是围绕教学理论内容展开的，不断加强对现实问题的理论研究，使我们的教学充满时代内容。我们将科研成果转化为教学资源的具体途径如下：(1) 以案例式专题教学方式将科研成果转化为教学资源。(2) 以专题讲座方式将理论前沿问题引入课堂。(3) 将与教学内容紧密相关的科研成果挂到课程网站上，为学生提供丰富的学习资料。(4) 在课程网站交流天地栏目中共同探讨和现实紧密相关的重大理论问题。

附：大连理工大学马克思主义学院简介

大连理工大学马克思主义学院成立于2009年4月22日。学院的成立，是学校党政领导深入贯彻落实科学发展观，按照党和国家对思想政治理论课建设的新要求，依据学校学科发展的总体布局做出的重要决策，是大连理工大学思想政治理论课教育教学的专门机构。

中南财经政法大学马克思主义学院

中南财经政法大学马克思主义学院是在2008年11月由原人文学院教师组建的二级教学和科研单位，其主旨在于加强马克思主义理论的教学与研究。

学院领导班子成员：

院长何捷一教授，湖北省哲学学会理事，湖北省高校马克思主义理论教育研究会理事，马克思主义当代发展研究院副院长，公民教育研究中心副主任。主要研究领域：历史唯物主义、社会主义思潮及其发展模式。

党委书记兼副院长江克宁副教授，主要研究领域：思想政治教育和高教管理。

副院长龚先庆副教授，湖北省党史人物学会理事，湖北省高校马克思主义理论研究会理事。主要研究领域：中共思想发展史、党的建设。

学院组织机构：学院设有思想政治教育和历史学二个系，一个党政办公室和学院图书馆。

思想政治教育系下设三个教研室，分别为：马克思主义基本原理教研室；思想道德修养教研室和中国化马克思主义教研室。

历史学系下设三个教研室，分别为：中国近现代史教研室；中共党史教研室和形势与政策教研室。

学院的教师队伍：

学院有一支年龄结构合理，高学历、高学位的教师队伍。目前有专任教师51人，专兼职教授共15人（博导5人），副教授24人，专任教师中有博士学位的21人，在读博士3人，有博士后工作经历的2人。学院除了承担全校的研究生和本科生的思想政治理论课教学外，还开设了《社会调查研究方法》、《社会学》、《逻辑学》、《现代逻辑》、《台湾问题专题研究》、《中国通史专题》等选修课程。

学院现有八个硕士学位点，分别是：马克思主义基本原理、马克思主义中国化研究、国外马克思主义研究、思想政治教育、中共党史、科学社会主义与国际共产主义运动、中国近现代史、专门史。具体介绍如下：

“中共党史”（党建）学科创建于20世纪50年代初，1985年取得硕士学位授权资格。本学科现共有教师19人，其中教授3人、副教授9人，有博士学位的12人。20世纪90年代以来，学科点教师先后出版的专著主要有《国共两党关系通史》《国共两党谈判通史》《国共关系概论》《国共人物血缘情》《美国与国共关系和海峡两岸关系》《周恩来与国共关系》《“台独”逆流》《台湾问题与统一之路》《海峡两岸关系史》（四卷本）《鄂台关系》；《中西五百年比较》《中华开放史》《中国当代政治思想史》《中国的平均主义》《中国的第二次革命》《中国共产党政治思想史》《中国共产党经济工作史》等。学科点教师在《中共党史研究》《党的文献》《台湾研究》等权威期刊以及省级刊物发表学术论文数百篇。近5年来，有多项成果获得湖北省政府、武汉市政府及全国和省市专业学会科研成果奖。先后承担国家社科基金项目2项、省市项目多项。

“中国近现代史”学位点是中南财经政法大学2003年6月通过全国通讯评审和湖北省学位委员会评审而获得的第一个历史学科的硕士授予学科点。迄今为止，本专业现有专职教师11人。其中博士研究生6人，硕士2人，本科3人。在师资配置上，教授3人，副教授5人，讲师3人。

在研究生培养方面，根据“中国近现代史”学科自身的发展特点，主要设置了“中国近现代思想文化史”、“中国近现代政治与人物研究”、“中国近现代社会史”、“中国近现代经济史”等四个主要研究方向。

在学术研究方面，本学科教研队伍现承担国家社科基金项目1项，省部级在研项目2项。2008～2009年本专业教师分别在《中共党史研究》、《近代史研究》、《当代中国史研究》、《天津社会科学》、《东南大学学报》（哲学社会科学版）、《云南社会科学》等学术杂志上发表了高质量学术论文20余篇。有的被人大报刊复印资料全文转载或《新华文摘》给予论点摘编。有3本学术专著2009年公开出版发行。

“国外马克思主义研究”学位点在全国学术界具有重要的学术地位和学术影响，也是我校马克思主义哲学博士点的主要研究方向，该学位点现有教授3人，其中博士生导师2人，副教授2人，讲师2人，学科带头人王雨辰教授为中国当代国外马克思主义研究会副会长。2007年以来，该学位点主要围绕下列问题展开研究：

1. 关于西方马克思主义哲学基本理论问题研究。王雨辰教授在《哲学研究》2008年第1期上发表论文，明确提出了“用马克思主义哲学中国化范式研究西方马克思主义哲学”的理论主张。在《哲学批判和解放的乌托邦》一书中，对于西方马克思主义哲学研究的方法、意义，西方马克思主义的哲学观、文化观、科技观、生态观和伦理价值观展开了系统研究。

2. 关于生态学马克思主义理论研究。生态学马克思主义理论研究是我校研究的重点和特色，自2007年以来学位点教师在《哲学研究》、《马克思主义研究》、《哲学动态》和《国外社会科学》等重要刊物发表学术论文40余篇。王雨辰教授和郭剑仁副教授在人民出版社分别出版了《生态批判与绿色乌托邦：生态学马克思主义理论研究》和《生态地批判：福斯特生态学马克思主义思想研究》两部学术专著。

3. 关于欧美其他流派的马克思主义研究。本学科重视对欧美其他流派的马克思主义理论的追踪研究，方珏副教授在《哲学动态》上发表了《英国马克思主义哲学的发展历史与特征》一文，对英国马克思主义哲学的历史和基本特点进行了论述，并出版学术专著《伊格尔顿的意识形态理论研究》；吴宁教授在《哲学研究》等刊物发文对列斐伏尔的哲学观、技术观、国家观等问题展开了系统研究，并出版学术专著《列斐伏尔思想研究》（人民出版社，2007年）；颜岩博士擅长出版了我国学术界第一部关于凯尔纳思想的研究的专著《批判的社会理论及其当代重建》（人民出版社，2007年）。

“马克思主义基本理论”学位点从2003年开始招收硕士研究生。本学科点现有专任教师9人，其中教授6人，副教授3人。

在学术研究方面，现有国家社科基金1项，省部级科研项目2项。近几年出版了4部学术著作，在《哲学研究》、《马克思主义研究》、《马克思主义与现实》、《国外社会科学》等重要刊物发表学术论文20余篇。

“思想政治教育”学位点的前身是马克思主义理论与思想政治教育专业，2006年在原有基础上设立新的思想政治教育专业，已招收多届硕士研究生。

本专业下设三个研究方向：

（1）思想政治教育理论与方法。（2）心理健康教育研究。（3）企业文化与思想政治教育。

“科学社会主义与国际共产主义运动”学位点于2007年开始招收硕士。本学位点现有导师5人，其中教授3人，副教授2人。

“马克思主义中国化研究”学位点于2007年开始招收硕士研究生。

“专门史”（台湾地方史与海峡两岸关系史）学位点是属于历史学一级学科下的二级学科，于2007年开始招收硕士研究生。

学院的科研机构：

学院现有三个研究所，分别是：中共党史研究所，民国史研究所，台湾研究所。它们以中共党史、中国近现代史和专门史学位点为依托，开展学术研究和学术交流，近几年主办和主持了省级学术会议三次，参与和协办了全国学术会议多次，在《新华文摘》、《光明日报（理论版）》、《中共党史研究》、《近代史研究》、《当代中国史研究》等重要报刊发表学术论文20余篇。

校“马克思主义当代发展研究院”挂靠在马克思主义学院。校党委书记徐敦楷教授为院长，王雨辰教授、程启智教授、何捷一教授为副院长。该研究院以国外马克思主义研究、马克思主义基本原理、科学社会主义与国际共产主义运动等学位点为依托，形成了具有特色的、在国内具有一定影响的学术研究成果。特别是在国外马克思主义研究领域，在国内具有较大的学术影响。

近年来，主办和协办了全国和省级学术会议2次，承担和完成了4项国家社科基金课题，教育部人文社科基金1项、湖北省社科基金3项。在人民出版社出版了“国外马克思主义哲学研究丛书”，出版学术著作10余部。在、《哲学研究》《马克思主义研究》、《马克思主义与现实》、《中共党史研究》、《国外社会科学》《社会主义研究》、《毛泽东思想研究》、《学术月刊》、《社会科学战线》、《光明日报（理论版）》等权威报刊上发表论文近80篇，大部分论文被转载，受到国内学界的高度关注。

天津大学马克思主义学院

天津大学马克思主义学院成立于2009年1月15日。是天津大学思想政治理论课教育教学的专门机构。马克思主义学院下设四个教研部、二个中心，即中国近现代史纲要教研部、马克思主义原理教研部、当代马克思主义教研部、思想道德修养与法律基础教研部，科学技术与社会研究中心、马克思主义研究中心。拥有马克思主义理论一级学科硕士学位授予权，下设三个二级学科硕士点：即马克思主义基本原理、思想政治教育、马克思主义中国化等。还有科技哲学、中共党史、中国哲学等硕士点。学院现有教职工42人，教授7人，副教授22人。博士生和硕士生导师20人。

马克思主义学院的前身是马列教研部。马克思主义学院承担了全校本科生、研究生、成人教育等各层次学生的全部思想政治理论课的教育教学工作，以及学校部分选修课教学任务。学院不断探索和创新教学方法，增强课堂教学的吸引力和实效性。其“研究型互动式”教学模式，取得了非常好的效果，被中央电视台《新闻联播》、新华社、《人民日报》、《光明日报》等中央媒体集中宣传报道。

学院自国家大学生思想政治理论课“05方案”实施以来，每一门课都严格按照教学大纲统一教学内容、教学方法和课件风格。在开课前进行集体备课，每位教师每学期必须听课二次，并进行集体评课。近年来，我校大学生思想政治理论课“05方案”各科教学质量学生测评均在90分以上。同时，马克思主义学院在科学研究、学科建设、人才队伍建设等方面作出了较大的成绩。

一、马克思主义理论一级学科建设简介

天津大学马克思主义理论一级学科是2005年在马克思主义理论与思想政治教育专业（2001）和科学技术与社会专业（1999）基础上建立的，下设三个二级学科硕士点：即马克思主义基本原理、思想政治教育、马克思主义中国化等。该学科拥有一支年富力强、经验丰富、结构合理的高素质教学科研队伍，其中教授7名，副教授22名，已获得博士学位教师27名。目前已经培养研究生170人，毕业128人。在各级各类期刊发表论文近700篇；省部级以上科研项目70多项；科研经费260多万。这些都为我们今后招收和培养“马克思主义理论”学科的博士生奠定了深厚的基础。

二、主要研究方向、学科特色及优势

1. 中国特色社会主义文化建设

学科特色：（1）该学科立足于中国特色社会主义文化建设的伟大实践，从马克思主义基本原理与我国实际相结合的视角，关注中国政治文化从“中体西用”走向“文化自觉”、最终走向世界的思想历程。（2）从历史、理论、现实的三维角度把马克思主义中国化的三大理论成果与当代中国社会进行系统、理论和现实的观照。（3）注重当代西方政治文化演变、扩张的特点以及对党的先进文化建设所带来的机遇、挑战和对策研究，探讨经济全球化背景下我党从“实事求是”到“求真务实”思想发展进程的时代价值。

学科优势：（1）自20世纪80年代中期以来，本学科一直是我专业重点研究的领域，积累和取得了一大批研究成果，到目前为止，共出版有关该学科方向的专著和教材20余部，发表相关学术论文150余篇，承担科研项目30余项，其中承担和完成国家级和省部级以上社科基金项目12项，并有多项成果获奖，产生广泛影响。在《党建》《南开学报》《社会科学战线》《史学月刊》《天津社会科学》《自然辩证法研究》《生产力研究》等CSSCI重要学术刊物上发表论文80多篇，其中多篇被人大报刊复印资料全文转载，或被《马克思主义文摘》《高等文科学报文摘》重点摘编。专著或文章有的被《光明日报》、“人民网”、“国学网”等摘要介绍观点。（2）学科建设情况：其一，该学科得到国家及天津市各种基金的支持，学校在985一期、二期向该学科投入建设性资金95万元；其二，该学术带头人是天津市毛泽东思想和中国特色社会主义理论体系概论协作组组长；天

津市哲学学会副秘书长；精品课程负责人；并获得天津市“五个一批”理论人才称号。其三，学术梯队结构合理，既有在学界有影响的老专家，又有年富力强的中年学者和40岁左右的教授、副教授，并都具有博士学位，有很强的发展势头和潜力。

2. 中国现代化问题研究

学科特色：（1）该学科紧密结合中国近现代历史，从政治、经济、思想文化的角度研究中国走向现代化的问题。研究通过在对各种思潮流派、各种政治方案的比较鉴别中，说明历史和人民怎样选择了马克思主义、怎样选择了中国共产党、怎样选择了社会主义道路。（2）立足于现代化，通过古今沟通、中西对比，探寻中国传统文化的价值与转型。

学科优势：该研究近年来已取得了一大批研究成果。专著《大公报新论——大公报与中国20世纪30年代现代化运动》及一系列的论文从政治、经济、思想文化的角度深入研究了中国走向现代化的问题，曾获得2004年天津市社会科学优秀成果三等奖，第18届北方十五省、市、自治区哲学社会科学优秀图书奖。在《近代史研究》、《中共党史研究》、《自然辩证法研究》、《党的文献》、《南开学报》、《史学月刊》、《生产力研究》、《武汉大学学报》等CSSCI刊物上发表了一大批研究成果，有多篇被人大报刊复印资料全文转载，专著或文章有的被《光明日报》、《中华读书报》、《文摘报》以及“人民网”、“光明网”等摘要介绍观点。由于有深厚的研究基础，该方向于2006年获得了国家社科基金的资助，近年承担省部级以上科研项目10余项，共出版有关专著和教材10余部，发表相关学术论文120余篇，并有多项成果获奖或得到社会好评，产生广泛影响。

3. 科技创新与社会主义市场经济建设

学科特色：（1）研究视角具有时代性、根本性。该学科紧紧抓住经济发展的决定性因素之一——科技创新，深入分析科技与经济之间的互动关系，从多角度分析科技创新对社会主义经济建设的影响机理，针对我国经济建设中面临的深层问题，予以系统分析。（2）研究方法具有跨学科、综合性。本方向从马克思主义哲学的高度，综合应用现代系统科学、科技哲学、经济学、管理学、社会学等多学科的理论和方法，将定性研究和定量研究相结合，将理论与实践相结合，深入分析科技创新与经济发展之间的相互关系及新时代经济发展的一般模式。（3）研究传统具有长期稳定性。自20世纪70年代末以来，我学科专业点就针对“科技创新与社会主义经济建设”开展了基础性和前瞻性的系列研究，不仅发表了大量科技与经济互动机制的学术论文，而且还出版了为这一方向奠定深厚理论基础的多部学术专著：《科学学纲要》、《科学技术论与方法论》、《科学、技术与社会》和《创新原理与方略》。

学科优势：科技创新与社会主义经济建设方向继承了我校面向现实的学术研究传统，历史上天津大学曾为我国科技和经济发展作出过开创性贡献，经过长期的发展，基本形成了科学研究面向经济建设的学科特色和优势。（1）学术成果情况。2000年前，相继出版专著与教材20余部，主要代表性专著与教材有《自然科学方法论概论》，该书是国内科技创新方法论研究方面较早的一部著作，被多所重点大学选为研究生教材。《科学技术论与方法论》一书在1994年获天津市优秀教材二等奖等。本方向的主要成员先后在《哲学动态》、《自然辩证法研究》、《经济学家》、《天津社会科学》、《科学学研究》、《科学技术与辩证法》等国内重要学术期刊上发表论文120余篇。近年来，本方向主要成员主持或参与国家级项目4项，省部级项目10余项。其中，国家哲学社会科学基金项目“经济学方法论——现代科学哲学与经济学方法论变革研究”的最终成果《西方经济学方法论——科学哲学方法论与经济学方法论变革研究》一书，受到中国社会科学院原副院长汝信先生的高度评价。另外，本方向的主要成员还获得天津市人文社会科学优秀成果奖4项。（2）学科建设情况。该方向的研究在国内具有一定的开拓性，长期在天津市保持领先地位，天津市首批人文社会科学重点研究基地和重点资助学科，我校“985二期”向该基地投入85万元建设资金。

湖北大学政法与公共管理学院

湖北大学政法与公共管理学院师资力量雄厚，现有教职工81人，其中有博导6人，教授15人，副教授40人，讲师20人。学院设有政治教育系、法学系、行政管理、思想政治理论课四个系部，有法学、思想政治教育、行政管理、公共事业管理四个本科专业，拥有马克思主义基本原理和思想政治教育2个二级学科博士点，马克思主义理论、政治学和公共管理3个一级学科硕士点和宪法学与行政法学二级学科硕士点。马克思主义理论是湖北省重点学科，宪法与行政法学是湖北大学重点学科。

学院为适应培养“基础厚、口径宽、能力强、素质高”的高级专门人才的总体要求，不断深化改革，更新教育观念，调整课程设置，优化课程结构，完善教学内容，加强素质教育，提高教学质量，积极加强“品牌专业”和“优质课程”的建设工作。

学院学术气氛浓厚，科研成果丰硕。近5年来，学院先后承担国家、省部级等各类科研项目140余项，出版各类专著、译著和教材80余部，在国内外学术刊物上发表论文1000余篇，获得省部级以上教学、科研成果奖励30余项。学院每年都组织本院教师就学科发展的前沿问题作专题讲座和学术报告，同时注重加强对外学术交流与合作，积极主办或参与主办、联办国际学术会议和全国性学术会议，邀请国内外知名学者、专家担任我院客座教授。积极选派教师参加国内外各类学术会议和外出讲学。

学院具有良好的办学条件，教学设施齐全，仪器设备先进。现已建成现代办公技术实验室1个，多功能模拟法庭1个，具有现代化办公设备、音像设备100余台（套）。图书资料室藏书10万余册、中外文期刊、报纸400多种。学院不断加大信息化建设投入，网络进入办公室、实验室、会议室、图书室，功能优良，实现了办公条件的现代化。

中共党关于“以人为本”五层具体规定的思想

党的重要文献中首次使用“以人为本”命题，始于2001年由中共中央下发的《公民道德建设实施纲要》，这份《纲要》在制定公民道德建设的指导思想时，其中提到“重在建设，以人为本”。道德建设是依靠人的内心信念与主体自律，这当然就要以人为本。但是此处“以人为本”的内涵及外延只限定在道德建设范围。2003年10月党的十六届三中全会提出科学发展观时，第一句话就是“坚持以人为本”，这是党的重要文献中第二次使用“以人为本”命题。2007年10月，党的十七大报告强调科学发展观的“核心是以人为本”，并指明科学发展观“是马克思主义关于发展的世界观和方法论的集中体现”，“是我国经济社会发展的重要指导方针”，“是发展中国特色社会主义必须坚持和贯彻的重大战略思想”。这就把“以人为本”的内涵与外延提升为一个意谓宽深的哲学命题。那么，党提出作为科学发展观核心的“以人为本”这个科学而又抽象的命题之后，以胡锦涛同志为总书记的党中央领导集体又阐发了“以人为本”五层具体规定的思想，本文作一简略的梳理与阐明。

其一，关于以人为本要以生命为本的具体规定。党提出科学发展观以来，在平常与非常时期更加关注人民群众的生命安全与健康问题。胡锦涛同志2005年12月在青海考察工作时的讲话中指出：“实现安全生产，是事关人民群众生命财产安全的大事，也是坚持以人为本的必然要求”，“要牢固树立以人为本的观念和安全第一的思想。”（见《求是》2006年第1期）他在2006年3月中共中央政治局一次集体学习的讲话中也指出：“人的生命是宝贵的。我国是社会主义国家，我们的发展不能以牺牲……人的生命为代价。重特大安全事故给人民群众生命财产造成了重大损害。我们一定要痛定思痛，深刻吸取血的教训，切实加大安全生产工作的力度，坚决遏制住重特大安全事故频发的势头。”（见《人民日报》2006年3月29日）他在党的十七大报告中还指出：“健康是人全面发展的基础，关系千家万户幸福”，并把“病有所医”作为民生问题的重点。2008年5月17日胡锦涛在四川灾区指出：“第一，要继续争分夺秒地搜救被困群众。抗震救灾工作必须坚持以人为本。抢救人民群众生命是首要任务，必须继续作为当前抗震救灾工作的重中之重”。“第二，要全力救治受伤人员。要加强对本地区和从各地及部队调集来的医疗救护队伍的组织协调，尽最大努力抢救伤员生命、医治群众病痛”。（见《人民日报》2008 年 5 月 17 日）从胡锦涛同志这些思想中透视出来的关键词就是“生命为本”，这是党对以人为本的根本性的具体规定。

其二，关于以人为本要以育人为本的具体规定。作为科学发展观核心的以人为本，在教育领域的贯彻，其具体提法应当是什么？胡锦涛同志从 2005 年 ~ 2007 年三年内四次反复强调的就是“育人为本”。他在 2005 年就明确指出：“坚持学校教育、育人为本，德智体美、德育为先”，并提出要“建立健全党委统一领导、党政群齐抓共管、全体教职工全员育人、全方位育人，全过程育人的工作机制。”（见《十六大以来重要文献选编》（中），第 640、645 页）他在党的十七大报告中进一步指出：“要全面贯彻党的教育方针，坚持育人为本、德育为先，实施素质教育，提高教育现代化水平，培养德智体美全面发展的社会主义建设者和接班人，办好人民满意的教育。”无疑，“坚持育人为本”与“办好人民满意的教育”是两个具有内在统一的提法。

其三，关于以人为本要以就业为本的具体规定。进入新世纪以来，党和政府都把“就业是民生之本”作为主导就业工作的核心观点。2005 年 11 月《国务院关于进一步加强就业再就业工作的通知》中，其提出的就业再就业工作的指导思想的首要一条，就是要“按照科学发展观和构建社会主义和谐社会的要求，”来贯彻有关方针与落实有关规划。2006 年 10 月，胡锦涛同志在中共十六届三中全会第二次全体会议上的讲话中强调指出：“关心群众生产生活，是坚持以人为本的必然要求，也是促进社会和谐的必然要求。目前，我国满足人民日益增长的物质文化需要的基础还比较薄弱，相当一部分群众在生产生活中还有不少困难。”这首先就“要积极扩大就业。就业是民生之本。扩大就业是改善人民生活的基本途径，必须摆在经济社会发展的突出位置。”（见《十六大以来重要文献选编》（下），第 687 页）党的十七大报告再一次强化了“就业是民生之本”这一主导就业工作的核心观点，提出了实施扩大就业的发展战略，确定了以创业带动就业的积极就业政策，要求“完善面向所有困难群众的就业援助制度，及时帮助零就业家庭解决就业困难。积极做好高校毕业生就业工作。”从党和国家领导人这些重要思想及制度、政策、措施中透视出来的关键词就是“就业为本”，这是我党对以人为本的生存性的具体规定，是人作为基于实践的存在物的基点所在。

其四，关于以人为本要以权益为本的具体规定。马克思在阐明他创立的哲学时指出：“哲学是阐明人权的，哲学要求国家是合乎人性的国家”，并认为“人们为之奋斗的一切，都同他们的利益有关。”（见《马恩全集》第 1 卷，人民出版社，1995 年，第 225、187 页）党领导人民制定的现行中华人民共和国宪法，在“公民的基本权利和义务”这一章，有四十余条款对我国公民的各种权利作了全面的最高层次的法律规定，这就是我国的人权法规。在我党提出的“以人为本”为核心的科学发展观指导下，在 2004 年第十届全国人民代表大会第二次会议通过的宪法修正案中，增加了“国家尊重和保障人权”这一条文。这一新增条文对全章内容起到了理论升华之功与画龙点睛之用，成为尊重和保障我国公民各种权利的核心观念与核心条文。事实上，进入新世纪以来，党在尊重和保障我国人民的各种权力的前提下，越来越重视实现和维护我国人民的各种利益。胡锦涛同志曾指出：“要坚持权为民所用、情为民所系、利为民所谋，为群众诚心诚意办实事，尽心竭力解难事，坚持不懈做好事”。强调“坚持立党为公、执政为民，不能停留在口号和一般要求上，必须围绕人民群众最现实、最关心、最直接的利益来落实，努力把经济社会发展的长远战略目标和提高人民生活水平的阶段性任务统一起来，把实现人民的长远利益和当前利益结合起来。群众利益无小事。凡是涉及群众的切身利益和实际困难的事情，再小也要竭尽全力去办。”（见《十六大以来重要文献选编》（上）第 371 ~ 372）这一执政党的诺言与执政党的践行，已经在党内外、国内外得到普遍赞赏。党的十七大报告对“必须坚持以人为本”所作的进一步阐发是：“全心全意为人民服务是党的根本宗旨，党的一切奋斗和工作都是为了造福人民。要始终把实现好、维护好、发展好最广大人民的根本利益作为党和国家一切工作的出发点和落脚点，尊重人民主体地位，发挥人民首创精神，保障人民各项权益，走共同富裕道路，促进人的全面发展，做到发展为了人民、发展依靠人民、发展成果由人民共享。”那么，这其中强调的“保障人民各项权益”又应当包括哪些权益呢？我认为是生命权益、生态权益、经济权益、政治权益、文化权益这么五项权益。由此从党这些立党为公、执政为民的重要理念与作为中透视出来的面向人民的关键词就是“权益为本”，这体现出党对以人为本的始终性的具体规定，是人作为基于实践的存在物的目的所在。

（贺祥林　刘明达）

河北师范大学思想政治理论教学部（公共管理学院）

一、概况

河北师范大学思想政治理论教学部（公共管理学院）成立于2004年8月18日，由河北师范大学马列教学部与河北师范大学思想品德教学部合并而成。

思想政治理论教学部现有教师76人，其中教授18人，副教授25人，拥有马克思主义理论专业博士生导师和硕士生导师近20人，学术带头人和骨干教师10人；有博士学位和硕士学位者52人。河北省高校中青年骨干教师1人，校级学术带头人5人、中青年骨干教师4人。学院现有马克思主义研究院、中国特色社会主义研究中心、河北省高校思想政治理论课教师培训基地、河北省思想政治工作研究中心，以及公共事业管理、劳动与社会保障、行政管理三个专业和公共人力资源管理、劳动与社会保障、电子政务与政府职能创新三个研究所。教学部承担全校从本科生到博士研究生的思想政治理论课教学任务，招收和培养马克思主义理论一级学科下的马克思主义基本原理、马克思主义中国化、思想政治教育三个二级学科的全日制硕士研究生。

思想政治理论教学部成立以来，已取得了一批具有较高学术价值和较好社会影响的科研成果，近年来，教师们在全国中文核心期刊发表学术论文188篇。获国家级课题4项，省部级课题27项；出版学术著作12部，国家统编教材2部；获得省部级以上科研奖励8项。在教学成果方面，“毛泽东思想和中国特色社会主义理论体系概论”和“思想道德修养与法律基础”被评为河北省省级精品课；“毛泽东思想和中国特色社会主义理论体系概论”教研室获得校级优秀教学团队的称号；“马克思主义基本原理概论”作为校级精品课，正在抓紧建设，力争早日达到省级精品课的要求。

二、教学改革的主要经验与做法

1. 高度重视师资队伍建设

河北师大思想政治理论课教学部（公共管理学院）承担全校各学院3万多学生所有公共政治理论课的教学任务。

新课程体系实施后，我们克服时间短、任务重、人员紧张的困难，各教研室认真进行全员培训，并派出骨干教师到北京、井冈山、延安等地参加教育部组织的培训和教学研讨。另有85人次参加省教育厅组织的培训，并有多位教师担任省级培训的主讲教师。这些都大大提高了广大政治理论课教师的政治素质和教学能力。在教学质量与效果评估中，有近20名教师得到90分以上的优秀成绩，有5名教师得到95分以上的高分。87%的教师评估成绩在80分以上。

2. 学校领导高度重视

学校党委书记和主管副书记每学期都来教学部调研、召开教师座谈会，了解教学、科研工作和学生学习积极性、思想动态等问题。党委书记李建强亲自挂帅给学生讲授思想政治理论课。

3. 充分发挥团队作用

新课程体系实施后，对许多教师而言，面临严峻的知识更新和繁重备课任务的考验。各教研室严格按照教育部要求，统一使用全国统编教材，充分利用团队力量，同心协力，分工合作。各教研室通过集体备课，按章分工备课，分工合作制作多媒体课件，互相交流备课体会，共同分享备课成果等方式，做到保质保量完成教育部规定的教学计划。

4. 积极开展思想政治理论课教育教学改革

（1）在教学内容上，严格按照新课程体系方案的要求，吃透大纲。（2）灵活运用现代教育技术组织教学。我部教师都能够根据教学大纲制作和使用多媒体教学课件，全校大部分班级能够安排在多媒体教室上课。（3）进一步深化教学方法的改革。第一、在课堂教学中，实行启发式、讨论式、研究式、互动式、案例教学、辩论会、猜词游戏等方法。第二、系统讲授与专题讲座相结合。第三、课堂教学与课外活动相结合。（4）改革考核办法。课程的考核分为平时学习考核和期末考核两个部分。平时学习考核占40%，期末考核采取开卷方式进行，占60%。(5) 在实践教学方面，教师们越来越认识到政治理论课实践教学的重要性，并努力探索如何将课堂实践教学、校园实践教学和社会实践教学有机结合的一条新路。

三、理论研究成果及特色

思想政治理论教学部成立以后，大力强调科研的地位和作用，出台具体政策加大科研奖励力度，鼓励教师进行科学研究，不断提高教师科研能力和学术水平，达到以科研促进教学工作的目的。目前马克思主义与当代世界政治和马克思主义中国化两个研究方向取得了比较突出的成果。2002年以来，张骥院长在马克思主义与当代世界政治研究及引领多样化社会思潮研究方面，获得三项国家课题。2004年主持完成的国家社科规划课题《当代国际政治中的文化因素研究》被国家社科规划办《成果要报》摘登。2008年主持完成的另一国家社科规划课题《经济全球化背景下我国文化安全与意识形态战略》结项获得优秀等级。《马克思主义意识形态引领多样化社会思潮的方法与途径研究》获2009年国家社会科学基金项目资助，他在《马克思主义研究》发表的《马克思主义意识形态面临的挑战与回应》等成果也有较好的反应。他撰写的《论网络文化对我国社会主义意识形态建设的影响》，是2008年12月河北省唯一入选参加中宣部等全国八单位纪念改革开放三十周年理论研讨会的论文。张骥教授还承担了2008年教育部课题《坚持马克思主义在意识形态的指导地位研究》。

马克思主义中国化研究是教学部的另一个具有较强实力的研究方向。肖贵清教授的研究课题《中国化马克思主义整体性研究》获得2007年国家社会科学基金资助，2007年承担教育部委托研究项目《高校思想政治理论课“精彩一门课”全程教学示范片》，2008年承担教育部委托课题《邓小平理论与中国特色社会主义理论体系关系研究》，2008年承担中共中央组织部委托研究课题《党的执政意识形成及发展规律研究》。另外，肖贵清教授等出版学术专著《中国特色社会主义文化论》、孟艳春、魏建斌等撰写的学术专著《主义论—论马克思主义及其中国化》、《荣辱观—社会主义荣辱观研究》均获得了良好的社会反响。

思想品德教研室李树青教授主持的河北省教育科学研究“十一五”规划课题《“思想道德修养与法律基础”课的实效性与教学模式立体化问题研究》，着重研究了多媒体教学在提高大学生学习积极性、增强教学实效性、提高教学质量中的重要作用。《河北省中小学礼仪教育的理论探索与实验研究》，获第四届河北省哲学社会科学规划项目优秀成果三等奖和第四届河北省省级教学成果一等奖。陈晓玉教授关于“未成年人思想道德建设的对策研究”成果在《人民日报》刊登，人大报刊复印资料全文转载，并于2006年获河北省社科优秀成果二等奖。

马克思主义基本原理概论教研室积极进行科学研究，注意通过科研来带动教学水平的提高，鼓励老师参与各种类型的科研活动，积极申报和承担各级各类课题。吕占华教授等的《小康社会与人的全面发展研究》是河北省社科规划研究委托项目。该研究对人的发展理论进行了历史考察，对古今中外人的发展理论成果及演变线索进行了梳理，特别是对马克思主义的人的全面发展观以及我们党在新的历史条件下对这一理论的创新进行了系统的阐述。

方秀兰教授等的《中国特色社会主义理论发展的新阶段——科学发展观的理论地位及其实践价值》研究，是河北省哲学社会科学规划研究2006年度重点项目。本课题研究成果的突破和创新之处，在于对中国特色社会主义作出理论定位的基础上，系统论述了科学发展观的理论地位，并全面阐释了科学发展观的实践价值。本成果强调中国特色社会主义属于科学社会主义范畴，中国特色社会主义理论是以科学社会主义为核心的马克思主义与中国国情和时代特征相结合的结果，即中国特色社会主义理论是科学社会主义理论在当代中国的实现形态。中国特色社会主义理论不仅具有整体性，而且具有发展的阶段性。科学发展观作为中国特色社会主义理论体系的重要组成部分，不仅是当代中国的马克思主义社会发展论，而且是中国特色社会主义理论发展的新阶段，是马克思主义中国化第二次历史性飞跃过程中的重大阶段性飞跃。

河北师范大学思想政治理论教学部正以崭新的面貌和积极进取的精神在教学、科研、学生培养、社会服务等各个方面迅速向前迈进。

辛勤耕耘天地宽

——山东师范大学马克思主义理论学科建设巡览

山东师范大学马克思主义理论学科是在长期教学、科研中形成的优势学科。经过几代教师的辛勤努力，确立了良好的发展基础，取得了骄人的发展业绩，昭显出宽广的发展前景。

一、学科建设概况

（1）学科基础坚实。该学科现为山东省“十一五”人文社会科学研究基地——“马克思主义理论与思想政治教育研究基地”；设有“马克思主义中国化研究”、“思想政治教育”两个省级重点学科；拥有“马克思主义基本原理”、“马克思主义中国化研究”、“思想政治教育”三个博士学位点，以及马克思主义理论一级学科硕士学位点；设有马克思主义理论博士后科研流动站。（2）学术队伍整体力量强。本研究基地现有教授（研究员）12人，副教授15人；其中博士生导师9人，具有博士学位16人。年龄为60岁出头的1人，50多岁的4人，40多岁的9人，还有十几位30多岁的博士或在读博士生。（3）研究成果较突出。近年来，本学科人员承担完成了1项国家教学改革重点项目、2项省教改重点项目，分别获国家教学成果二等奖和省教学成果一等奖，其成果在全国推广使用，取得良好成效。先后主持完成和正在承担进行的国家社科基金项目有10多项，省社科规划重点项目20多项。出版了多部国家级教材和一批在全国有良好影响的专著，发表了数百篇重要学术论文。科研成果获省社科一等奖1次，二等奖10余次，三等奖20多次。

二、主要研究方向

1. 马克思主义基本原理研究。主要集中在以下几个方面：一是注重马克思主义理论的复本性研究；二是注重对马克思主义理论的创新性研究；三是注重对马克思主义的科学态度的研究。

2. 马克思主义中国化研究。该方向的研究主要为：一是研究马克思主义中国化的历史进程及规律；二是研究马克思主义中国化的理论成果和意义；三是研究马克思主义中国化的国际环境及对策。

3. 思想政治教育研究。该研究方向重点在于：一是市场经济条件下的人生观、价值观的研究；二是现代化进程中的德育创新研究；三是加强和改进高校大学生思想政治工作研究。

三、重点研究成果

为进一步深化马克思主义理论学科的教学和研究，组织撰著出版了一套“马克思主义理论博士点建设书系”。该书系包括以下三本论著：（1）许庆朴教授主持撰著的《马克思恩格斯学说与中国现实》。该书基于对马克思、恩格斯原著的重新研读和中国现实社会发展的深入考察，撷取了18个重大理论与现实的相应关系问题进行研究。（2）李爱华教授主持撰著的《马克思主义国际关系理论》。该书对马克思、恩格斯、列宁及斯大林关于国际关系问题的见解和处理国际关系事务的主张作了系统深入地考察阐述，既拓展了马克思主义研究的新领域，又开辟了国际关系理论研究的新视野。（3）万光侠教授主持撰著的《思想政治教育的人学基础研究》。该书以人类文明历史进程为背景，立足于中国社会主义思想政治建设的现实，系统研究人的全面发展与思想政治教育的互动关系，阐明思想政治教育人学化的本质、特点、规律、要素、价值等内容，以促进我国社会主义和谐社会建设中的思想政治教育更加人性化的发展。

这三本书由人民出版社出版，在学术界引起良好反响。我国著名马克思主义理论研究专家、中国人民大学许征帆教授为该书系作序并给予高度评价。

为进一步加强我校马克思主义理论学科的建设，为促进整个马克思主义理论教育和研究的发展，我们特地创办了《马克思主义研究辑刊》。该辑刊由李爱华教授主编，辟有“专论”、“马克思主义基本原理研究”、“马克思主义发展史研究”、“国外马克思主义研究”、“马克思主义中国化研究”、“思想政治教育研究”、“当代中国发展问题研究”、“理论‘热点’透视”、“学科建设研究”等栏目。目前这朵马克思主义研究园地的小花，正不断发出浓郁之香，结出丰硕之果！

近年来，本学科人员出版的研究专著还有：李爱华：《科学会主义通论》（宫志峰：《思与行——当代大学生思想政治教育创新研究》；万光侠：《经济全球化进程中的价值冲突与文化建设》；任者春：《思想政治理论课研究性教学理论与创新》；董振平：《毛泽东的教育思想研究》；刘红凛：《依法执政的逻辑与理论问题研究》；刘芳：《中国新民主主义社会研究》；姜正东：《诚信辩思录》。

目前，本学科人员承担的国家社科基金研究项目有：

李爱华：马克思恩格斯对待马克思主义的科学态度（08BKS002）。

宫志峰：大学生社会主义价值体系建设研究（08BKS052）。

张福记：近代中国乡村危机及其应对措施研究（06BZS028）。

许庆朴：“中论”与我国社会的和谐发展（07BZX012）。

刘红凛：政党关系和谐与中国特色政党制度建设（07BDJ022）。

此外，本学科人员正在主持的教育部人文社科研究项目和山东省社会科学重点研究项目10多项。

四、主要学术带头人

李爱华，教授、博士生导师。现为山东省“十一五”人文社会科学研究基地——“马克思主义理论与思想政治教育研究基地”主任、首席专家；山东师大马克思主义理论学科三个博士学位点总负责人，马克思主义基本原理博士学位点负责人，马克思主义理论博士后科研流动站负责人。长期活跃在教学第一线，多次获校优秀教学奖。2006年5月获山东师大教学名师称号；2006年6月被评为山东师大“教书育人”优秀研究生导师；2008年6月被授予“山东省高等学校优秀共产党员”称号；2009年5月被评为山东师大首届优秀研究生指导教师。独著、主编和参著的学术著作及教材有30多部，发表论文140多篇。1999年主持完成国家社科基金项目“我国对外开放中的重大关系研究”；主持完成山东省社科规划重点项目多项。主编出版了教育部“面向21世纪课程教材”《现代政治学》，第一版先后印刷4次，现已出版了第二版。主编出版了“新世纪高等学校教材”《马克思主义经典著作导读》。科研成果曾先后获得山东省社会科学优秀成果二等奖4次、三等奖4次。目前正主持国家社科基金项目“马克思恩格斯对待马克思主义的科学态度”的研究工作。

万光侠，教授，博士生导师，山东师范大学政法学院副院长。思想政治教育专业博士学位点负责人，山东省重点学科“思想政治教育”学术带头人，山东省高等学校省级中青年学术骨干。荣获山东省“优秀青年知识分子”、山东师范大学“优秀教师”、山东师范大学“教书育人”优秀研究生导师称号。万光侠教授主讲《马克思主义人学》、《马克思主义经典著作选读》和《思想政治教育前沿问题》等课程。在马克思主义人学和思想政治教育基本理论问题上形成了自己相对稳定的研究领域和方向。主持承担国家社会科学基金项目、教育部人文社会科学研究项目和山东省社会科学规划项目多项，出版学术著作2部，发表论文60余篇，二项科研成果获山东省社会科学优秀成果奖。

张福记，教授，博士生导师，思想政治教育系主任。马克思主义中国化研究博士学位点负责人，山东省重点学科“马克思主义中国化研究”学术带头人。主要研究方向为中共党史、中国近现代史、马克思主义中国化历史进程与规律。兼任山东省高校中国革命史教学研究会副会长，山东省马克思主义理论研究会副秘书长。先后在《学术月刊》、《史学月刊》、《北京社会科学》、《中共党史研究》等发表论文几十篇，专著有《近代社会演化与革命》（人民出版社2002年版），主编了《近现代中国社会》（齐鲁出版社2002年），《高校思想政治教育研究》（四川教育出版社2009年版）。研究成果先后获得山东省高校优秀科研成果一等奖和三等奖。2000年主持国家社会科学基金项目课题“社会演化与革命——1927～1937年新民主主义革命发生发展的历史根据研究”；2002年主持教育部人文社科基金课题“新民主主义革命进程中的中间势力研究”；2006年主持国家社会科学基金项目“近代中国乡村危机及其应对措施研究（1840～1949）”等。

西南财经大学马克思主义学院

西南财经大学马克思主义学院建立于2004年6月，前身是西南财经大学马克思主义理论与思想政治教育教学研究中心（简称“两课中心”）。学院的历史最早可以上溯至1952年学校建校之初的马列主义教研室（部）和德育教研室（部），经过多年的建设和发展，学院已经成为了学校开展思想政治教育的主阵地、主渠道，成为了培养思想政治教育专门人才的重要机构和马克思主义理论研究的重要基地，学院拥有“马克思主义理论”一级学科硕士点和“思想政治教育”博士点，其中，“思想政治教育”被评为省级重点学科。

马克思主义学院承担着西南财经大学全校本科学生、硕士和博士研究生的思想政治理论课的教学任务，承担着西南财经大学“马克思主义理论”一级学科硕士点和“思想政治教育”博士点的学科建设及人才培养任务，还承担着西南财经大学本科学生的部分通识课程的教学任务。学院现有研究生近百人，其中硕士生51人，博士生7人。

经过多年的建设与发展，学校已经初步形成了一支符合以专职教师为骨干，专兼结合，学历层次较高，结构较为合理，具有较高马克思主义理论素养、政治立场坚定的教师队伍。拥有专职教师27名，兼职教师29名，总人数56名。其中，拥有博士学位10人，硕士学位24人；正高职称9人，副高职称20人，中级职称23人。学院以政治强、业务精、纪律严、作风正的要求来建设师资队伍，涌现出了一大批爱岗敬业、政治坚定、师德高尚的教师骨干，多人次被评为校级教学名师、优秀教师，其中，侯德芳老师获全国优秀教师、全国优秀思想政治教育工作者称号。

学院正秉承“经世济民、孜孜以求”的财大精神，坚持“以理想之、以道德之、以纪律之、以文化之”的建院理念，围绕培养思想品德优良的人才这一根本目标，深化改革，锐意进取，不断提高学科建设水平，力争把学院建设成为科研特色鲜明、学术水平省内领先的马克思主义理论研究和教学的重要基地。

我院现拥有思想政治教育博士点和马克思主义理论一级学科硕士授予权。目前，有三个专业，十余个方向招收研究生，分别是：思想政治教育（招收硕士、博士研究生），马克思主义基本原理（招收硕士研究生）、马克思主义中国化研究（招收硕士研究生）。

一、博士专业

思想政治教育

思想政治教育学科现设有全球化与思想政治教育、社会主义市场经济与思想政治教育、企业思想政治教育及学校思想政治教育等四个研究方向，旨在培养以马克思主义为指导，从事思想政治教育的教学研究、理论宣传和思想政治工作的高级专门人才。

本专业有教授、副教授20余名，近年来，承担国家级、省部级科研项目20余项，公开出版和发表科研成果500余项。具有较强的教学和研究实力。

开设的主要课程有：马克思主义理论与方法、意识形态与政治观教育研究、当代西方思潮及其影响研究、思想政治教育前沿问题研究、思想政治教育经典文献导读等。

二、硕士专业

马克思主义基本原理

本专业研究马克思主义主要经典著作和基本原理，旨在从整体上研究马克思主义科学体系。本专业设有马克思主义世界观与方法论、唯物史观与社会制度、马克思主义政治学说与中国政治制度三个研究方向。开设的主要课程有：马克思主义经典著作选读、马克思主义中国化专题研究、政治学专题研究、社会学专题研究、伦理学专题研究、全球化研究、马克思主义基本原理专题研究、西方哲学史论、国际关系专题研究、当代社会思潮、廉政文化专题研究等。课程设置面广，涉及政治、经济、哲学、社会学、管理学等多门学科。

本专业有教授、副教授20余名，近年来，承担国家级、省部级科研项目20余项，公开出版和发表科研成果500余项。具有较强的教学和研究实力。

本专业培养具有马克思主义信仰和社会主义信念，德智体美全面发展，具有较好的马克思主义理论素养，较扎实的专业基础知识和较宽的知识面，具有正确的理论方向和良好的学风，能较熟练地掌握一门外国语的专门人才。要求学生系统把握马克思主义的理论体系并把握其在当代的发展，学会运用马克思主义基本理论分析当代世界和当代中国面临的新情况、新问题。本专业毕业生既能在高等院校和科研机构从事马克思主义理论教学和科学研究工作，也能在党政、企事业等实际工作部门从事与本专业相关的管理工作以及综合性工作。

马克思主义中国化研究

本专业研究马克思主义中国化和中国化马克思主义不断发展的基本规律。本专业设有中国革命与建设、中国特色社会主义发展道路、中国共产党执政理念与执政能力三个研究方向。开设的主要课程有：马克思主义经典著作选读、马克思主义中国化专题研究、政治学专题研究、社会学专题研究、全球化研究、当代社会思潮、建国以来中国共产党重大战略决策研究、中国经济体制改革专题研究、中国近现代政治思想史专题研究、廉政文化专题研究等，课程设置面广，涉及多门学科。

本学科有教授、副教授20余名，近年来，承担国家级、省部级科研项目20余项，公开出版和发表科研成果500余项。具有较强的教学和研究实力。

本专业培养具有坚定的马克思主义信仰和社会主义信念，树立建设中国特色社会主义的共同理想；认识毛泽东思想、邓小平理论和“三个代表”重要思想的历史地位和指导意义；具有坚实的马克思主义理论基础和较强的教学科研以及实际工作能力，能较熟练地掌握一门外国语的专门人才。要求学生系统把握马克思主义的理论体系并把握其在中国的发展，学会运用马克思主义基本理论特别是中国化马克思主义理论分析中国社会主义革命和建设中的各种问题。毕业生既能在高校和科研机构从事马克思主义理论和中国化马克思主义理论的教学和研究工作，也能在党政、企事业等实际工作部门从事与本专业相关的管理工作及其他综合性工作。

思想政治教育

本专业研究人们思想品德形成、发展和思想政治教育的基本规律。本专业设有思想政治教育理论与方法、政治文明建设与思想政治教育、社会主义市场经济与思想政治教育、文化建设与思想政治教育、学校教育管理与思想政治教育五个研究方向。开设的主要课程有：马克思主义经典著作选读、马克思主义中国化专题研究、思想政治教育理论与方法、政治学专题研究、社会学专题研究、伦理学专题研究、全球化研究、心理教育专题研究、学校教育管理研究、企业文化专题等，课程设置面广，涉及多门学科。

本学科有教授、副教授20余名，近年来，承担国家级、省部级科研项目20余项，公开出版和发表科研成果500余项。具有较强的教学和研究实力。

本专业培养具有坚定的马克思主义信念，树立建设中国特色社会主义的共同理想；比较系统地掌握马克思主义基本原理和中国化马克思主义理论；全面掌握思想政治教育理论与方法；具有一定的科学研究能力，能较熟练地掌握一门外国语的专门人才。要求学生系统把握马克思主义的理论体系，学会运用思想政治教育理论和方法把握思想政治教育的新情况、新问题。毕业生既能在高校和科研机构从事马克思主义理论和思想政治教育教学和研究工作，也能在党政、企事业等实际工作部门从事思想政治教育、理论宣传以及其他综合性的工作。

热忱欢迎热爱社会科学、有志于马克思主义研究的青年学子报考我院硕士、博士研究生！

燕山大学文法学院

燕山大学文法学院是一个朝气蓬勃的新学院，成立于2001年1月8日。学院前身是成立于1985年的燕山大学社会科学部。

文法学院是燕山大学发展社会科学的基地和摇篮。现设有八个教学单位：（1）法学系，（2）政治学系，（3）文学与新闻传播学系，（4）国际关系学系，（5）公共经济学系，（6）马克思主义理论系，（7）行政管理系，（8）哲学系。

学院设置7个本科专业，9个硕士学位点。从1998年开始招收本科生，2002年开始招收研究生。现有在校生1502人，其中本科生1042人、研究生510人，研究生占学生总数的30.5%。

中国特色社会主义休闲经济学浅谈

1. 中国特色社会主义休闲经济的内涵

就目前而言，要为中国特色的休闲经济下个准确的概念还比较困难，但这并不妨碍我们对这个问题的探索。

与休闲经济容易相混淆的概念是休闲产业、假日经济、旅游经济。事实上，后三者与休闲经济有重大区别的。假日经济是一种消费现象，是消费在特定时段内的集中。假日经济是休闲经济的特殊表现形式，是休闲产业的一个缩影。也可以说假日经济的本质是旅游经济。休闲产业指以旅游业、娱乐业、服务业和文化业为龙头而形成的满足人们休闲需求的经济形态和产业系统，一般包括国家公园、博物馆、体育（运动场馆、运动项目、设备、设施维修）、影视、交通、旅行社、餐饮业、社区服务等以及由此连带的产业群。休闲产业与其他产业的分界还有待于人们的讨论或政府的划定，但从我国目前所称谓的“第三产业”中划出一块称其为休闲产业，不论从理论上，还是从实践上，都确有必要。

2. 中国特色社会主义休闲经济的外延

我国社会主义休闲经济，最近十年来得到了空前迅速的发展，集中表现为：（1）我国旅游业高速发展。不管是城镇居民还是农村居民，旅游需求都急剧增长。（2）自娱自乐、到娱乐场所进行娱乐、旅游娱乐，在中国城镇居民中已经相当普及。（3）体育健身不仅为城市居民所推崇，也为越来越多农村居民所认识。（4）文化服务与传播丰富多彩。

休闲经济与休闲时间直接相关。休闲经济的具体外显就集中呈现在休闲时间中。目前我国居民的年休闲时间大约为114天，大致由双休日、五一、国庆、元旦、春节等节假日构成。再考虑到居民日常下班后的闲暇时间，我国居民目前的休闲活动可依时间划分为日常休闲、短假休闲和长假休闲三类。

可以依据不同的划分标准，把休闲经济分成若干小类。例如，从居民的休闲活动类别出发，以城市为核心，将中国休闲经济划分为城市休闲经济、城郊休闲经济和旅游休闲经济三大类。还可以依据休闲时间的划分，可以分成日常休闲经济、短假休闲经济和长假休闲经济。

3. 中国特色社会主义休闲经济学的研究对象与性质

对于正在形成的休闲经济学，其学科性质无疑是难以准确把握的。初步考查，其学科性质主要包括以下几个方面。

首先，休闲经济学是一个综合性、跨学科的研究领域，休闲经济学是一个全新的跨学科学问，具有综合性、交叉性之特点。当前，休闲问题研究在西方已形成休闲社会学、休闲哲学、休闲经济学、休闲行为学、休闲心理学、休闲美学、休闲政治、休闲运动、休闲宗教学、休闲产业学、休闲技术学等学科，在这些学科、学问和技术之基础上，必然会形成一个学科体系。休闲经济学必须基于以上学科体系的发展而发展。当然，休闲经济学并不是简单由这些学科、学问或技术的知识和方法拼凑堆积而成，而是在新的学术框架中将各种知识与方法有机地结合起来，形成自己独有的特征与范式。“休闲消费”、“休闲需求”等是休闲经济学的基本范式。

其次，休闲科学的建构必然会体现理论与实践、技术与艺术的高度统一。休闲经济学直接以现实的社会政治经济中的休闲活动、休闲问题为研究对象，以实现“休闲”在社会政治经济发展中的最大价值为目标，因此，休闲经济学不是纯理论科学或基础研究，它只能是一门应用性学科，它以实践确定发展方向，以发现和解决社会政治经济中的休闲问题为宗旨，为休闲经济实践而服务，反过来，休闲经济实践又为休闲经济学提出任务、指出需要解决的问题、提供经验教训，为丰富和发展休闲经济理论指明方向。所以，休闲经济学既是理论与实践的高度统一，也是一门关于如何利用技术（当时当地的社会政治经济环境以及相关的休闲政策、休闲经济与休闲产业状况等）极大地实现休闲经济效益的艺术，是技术与艺术的高度统一。

再次，休闲经济学既研究事实与问题，又研究价值与行动，它既是描述性、定量的，也是规范性的和定性的。既追求经济价值，同时由于休闲经济的发展以社会休闲普及化程度为基础，就特别重视社会政治经济中休闲活动作为行动存在的最大程度和最大价值，由此，这也决定了休闲经济学不仅具有全人类性的许多理论、知识与技术，更具有民族性或地区性的规范与要求，中国式的休闲固然与美国式、英国式的休闲有相近之处，但毕竟由于历史、现实的政治经济、文化背景各异，中国式的休闲与其他国家、地区的休闲不尽相同，由此而产生的中国休闲经济学也必然具有中国特色。

最后，休闲经济学既是一门社会科学，更是一门软科学、人文科学；休闲经济学既是一门理论经济学，更是一门应用经济学；休闲经济学不仅具有经济学属性，在现阶段还具有管理学、政治学（尤其是政策分析、政策导引）的属性。

4. 当前中国特色社会主义休闲经济学的研究任务

休闲经济研究，尤其是结合我国社会政治经济发展需要的休闲经济问题研究，在我国才刚刚起步，我国休闲经济研究任重而道远。就目前而言，其研究任务应着重以下几个方面。

首先，引进和吸收国外休闲经济学或休闲科学的研究成果。国外休闲研究已有百余年历史，大力引进（翻译）和吸收（介绍）国外休闲研究成果，无疑对促进我国的休闲经济学或休闲科学的尽快建构与发展，有着非常重要的意义。可以肯定，引进（翻译）、介绍、评价、吸收（消化）国外休闲研究成果（尤其是西方发达国家休闲研究成果）将成为我国近期休闲经济学或休闲科学研究的重要任务。

其次，中国当前社会政治经济活动中的休闲问题研究，将成为我国休闲经济学或休闲科学关注的第二个重点。我国社会政治经济均处于一个转型转轨时期，我国当前的休闲经济学研究，从社会层面看，其目的与任务是：在建设社会主义和谐社会的大前提大目标下，力求逐渐使我国公众树立适度休闲、主动休闲的观念；力求实现休闲的平民化、大众化，纠正过度休闲和浪费休闲，讲究休闲意境、休闲的精神和文化含量，淡化休闲的物质欲望，开展休闲教育；力求找出适合我国公众的积极的、健康的休闲方式和途径，找出休闲与我国可持续发展之间的关系；力求实现休闲产业成为推动我国国民经济持续发展的重要产业之一。而从学术层面看，其目的与任务是：力求在较短时间内，通过对国外的休闲研究成果的吸收、批判，形成具有中国特色的休闲经济学或休闲科学的基本理论框架；力求在一些休闲科学的分支首先有所突破，例如休闲产业学（产品学）、休闲工程学、中国休闲史等。

第三，休闲活动的经济价值分析，是我国目前建构休闲经济学的关键点。由于我们很多人对于休闲活动的经济价值还存在这样那样的不正确、不准确理解，很有必要从理论进一步分析休闲活动的经济学意义。事实上，休闲是人的精神与物质的需要。进而产生许多经济利润点——出现了休闲经济学。休闲作为一种社会现象和消费现象，与经济社会发展的关系十分密切。如果这种关系处理不好，休闲就会成为不能增加社会财富的消极行为；相反，休闲就会造就出庞大的消费市场，成为一种商机，并可以派生出一系列新的服务和新的产业，在更好地满足一部分人群的休闲需求的同时，给另一部分人群开辟出创造财富的空间，促进社会经济的进一步发展和繁荣。而且，在当代世界，大多数人群同时具备“劳动者”和“消费者”两种身份。你在这个时间里是劳动者，为别人提供休闲服务；在另一个时间又成为休闲者，享受别人为你提供的服务。正因为这个经济社会现象在当今世界越来越普及，所以，休闲经济学就应运而生。休闲经济学作为现代经济学的一个重要分支，担负着研究人的休闲活动的特点、人的休闲行为的投入与产出、休闲派生的产业群及其所创造的价值、休闲经济的运行规律及有关经济变量关系等等，不但对于指导人们如何正确休闲具有重要意义，而且对于指导国家和社会如何顺应这种生产方式和生活方式的转变，实现经济发展和社会进步具有重要意义。

（刘邦凡）

科学发展 乘势而上

——前进中的福建师范大学马克思主义研究院

福建师范大学是一所具有百年历史和光荣传统的省属重点大学，前身为1907年由清朝末代帝师陈宝琛创办的福建优级师范学堂。著名马克思主义经济学家、中国社科院马克思主义研究院顾问、中国人民大学宋涛教授称誉该校为“南方坚持马克思主义的重要阵地”。2006年1月18日，福建师范大学率先在福建省成立了马克思主义研究院。研究院实行校党委领导下的院长负责制。下设研究部和编辑部，聘请国内33位在马克思主义理论研究领域中享有较高声望的著名专家为研究院顾问。

学术优势日渐凸显 研究成果日益丰硕

福建师范大学现已经拥有理论经济学、历史学等一级学科博士点，马克思主义基本原理、思想政治教育、马克思主义中国化、政治经济学、经济思想史、专门史、中国近现代史等与马克思主义理论相关专业二级学科博士点，马克思主义理论研究在省内外享有一定声誉。该校马克思主义研究院建有福建省唯一的“马克思主义理论与思想政治教育”省重点学科，福建省唯一的“马克思主义理论与福建省三个文明协调发展研究”省重点学科建设平台项目，福建省唯一的马克思主义基本原理、马克思主义中国化研究、思想政治教育二级学科博士点，以及福建省唯一的教育部辅导员培训与研修基地等，初步形成了具有明显特色与优势的学术研究群。

近年来，该研究院充分发挥学科优势，有效整合学科资源，积极推进理论创新，形成了一批富有理论价值和现实意义的研究成果。

一是出版发行了《马克思主义理论与现实研究》文库。该文库计划用10年左右的时间，出版100本著作。目前已经编辑出版著作25部。其中，由中国社会科学文献出版社出版的《〈资本论〉第一卷辩证法探索》《〈资本论〉和当代中国经济》《道德教育论》《马克思主义经济学的创新与发展》《马克思主义哲学新探》《和谐社会与女性发展》等多部论著都引起了学术界的较大反响。

二是主持编写了《中国省域经济综合竞争力发展报告》系列蓝皮书。该系列蓝皮书由国务院发展研究中心管理世界杂志社和福建师范大学联合攻关，具体由全国经济综合竞争力研究中心福建师范大学分中心负责组织研究。此外，马克思主义研究院还出版了《中国省域经济综合竞争力发展评价与预测研究》、《中国经济发展报告(1949～2009)》等多部标志性成果。

三是取得了一批重大科研成果。成立三年以来，获得马克思主义理论学科的国家社科基金项目达10项，教育部2007年度人文社会科学项目5项，省社科规划项目40多项，福建省邓小平理论和“三个代表”重要思想研究基地项目23项。2007年成功申报中央与地方共建优势特色实验室——福建师范大学区域经济综合竞争力实验室，并获得财政部600万元的经费支持。在福建省第七届哲学社会科学优秀成果奖中，该研究院推出的《中国省域经济综合竞争力发展报告（2005～2006)》《科技进步与经济增长——全面建设小康社会进程中福建科技发展的理论与实践》《中国马克思主义以人为本价值观的崛起——兼论中国共产党价值观的三次转换》《宗法秩序变迁与行政现代化——以农村城镇化为分析视角》《转型期的和谐劳动关系》等获一等奖。

学术交流日趋活跃

一是积极参与国内高层学术研讨会。2006年4月1日～3日，院长李建平教授应邀出席在上海举办的，由世界政治经济学学会、中国社会科学院马克思主义研究院、上海财经大学联合主办的马克思主义经济学的第一个国际性学术团体——世界政治经济学学会（WPES）首届论坛，并当选为中国13位理事之一。2007年3月21日，在南京举行的“中国·日本‘人的发展经济学国际学术研讨会’”邀请李建平教授出席会议，并在研讨会上作了关于“市场经济条件下人的发展悖论及其破解”的主题报告，受到大会的关注。2007年3月30日，由国际欧亚科学院中国科学中心发起的“海峡两岸经济发展论坛”在香港中文大学召开，院长李建平教授在大会闭幕式上作主题报告。

2007年4月14日，由中国社会科学院经济研究所、《经济研究》编辑部和河南大学经济学院主办的全国首届“马克思主义经济学发展与创新”学术论坛在河南开封举行。院长李建平应邀出席会议，并作了关于“文本研究与马克思主义经济学创新”的主题报告。2007年6月13日~24日，应第三届德国莱法州——中国福建省德中讨论会组委会和会议科学主席、德国美因兹大学教授Manfred Domroes博士的邀请，副院长廖福霖教授率团参加会议并对德国、法国等国家进行了考察。2007年暑假期间，马克思主义研究院组织了20位校内马克思主义理论专家赴北戴河参加了由中国社会科学院主办的全国哲学社会科学骨干教师研修班；2008年5月在福建师范大学召开海峡两岸经济发展高层论坛；2009年5月28日~31日，应世界政治经济学学会、法国加百利·佩鲁基金会邀请，该院李建建教授、林卿教授、黄茂兴博士以及魏国江博士参加了在法国巴黎召开的第四届世界政治经济学年会，其中，李建建教授、林卿教授、黄茂兴博士在会上作的主题发言受到了与会者的关注。

二是不定期邀请国内知名专家来院讲学。自研究院成立以来，该研究院先后邀请了张世英、卫兴华、陈希、李慎明、庞卓恒、张耀灿、梅荣政、杨志、梁柱、程恩富、秦宣、刘书林、严书翰、以及福建省教育系统党的十七大精神宣讲团成员王开明、郑传芳等在“马克思主义理论与现实大讲坛”上作专题报告。据不完全统计，每年报告会在10场以上，受众面达2万人（次）。

三是积极承办高规格的学术研讨会和论坛。2006年9月，该研究院承办了中国《资本论》研究会第十三次学术研讨会；2006年11月，联合主办的“第二届海峡经济区发展高层论坛”受到社会广泛关注；2007年11月1日~2日，与中国人民大学民商事法律科学研究中心、人民法院出版社、福建省高级人民法院共同主办的“第四届法官与学者对话暨物权法实施疑难问题研讨会”；2007年11月10日，承办了由中国社会科学院马克思主义研究学部、马克思主义研究院和福建师范大学共同主办的首届全国马克思主义院长论坛；2007年11月24日~25日，承办由全国经济综合竞争力研究中心主办，国务院发展研究中心《管理世界》杂志社、中国社会科学院社会科学文献出版社等联合主办的“首届全国省域经济综合竞争力高层论坛”；2007年12月，承办全国马克思列宁主义经济学说史学会第六届理事会暨第十一次学术讨论会；2008年6月28日~29日，承办了由中国社会科学院经济研究所、《经济研究》编辑部等联合主办的“全国第二届马克思主义经济学发展与创新论坛”。

福建师范大学马克思主义研究院院长李建平教授简介

李建平，教授，博士生导师，福建省优秀专家，享受国务院特殊津贴专家，国家有突出贡献中青年专家。从1984年起，历任福建师范大学政教系副主任、主任，经济法律学院院长，师大副校长、校长。现任全国经济综合竞争力研究中心福建师范大学分中心主任、福建师范大学马克思主义研究院院长、福建省社科联副主席、福建省科协副主席、福建省高校重点建设学科“政治经济学”的学术带头人、一级学科博士点理论经济学的学术带头人和二级学科博士点马克思主义基本原理的学术带头人。兼任中国《资本论》研究会副会长、全国马克思列宁主义经济学说史研究会副会长、世界政治经济学学会理事等近二十个学术团体的会长、副会长等。

李建平教授先后主持了20多项国家和省部级重大科研项目，主编或撰写学术著作30余部（含合作），在《人民日报》、《光明日报》、《经济学动态》、《当代经济研究》、《管理世界》等刊物上发表学术论文100多篇。其专著《〈资本论〉第一卷辩证法探索》获福建省人民政府颁发的“六五规划重点项目优秀专著”，其研究成果（含合作）先后获得中宣部第七届“五个一工程”优秀理论文章、全国报纸理论宣传优秀理论文章一等奖、福建省第二、四、五、七届社会科学优秀成果一等奖5次、二等奖2次、国家级教学优秀成果二等奖1次、省级教学优秀成果一等奖2次。他还先后荣获福建省“师德之星”、福建省优秀教师、福建省劳模、全国师德先进个人等称号。

海南师范大学政法学院

海南师范大学政法学院现有马克思主义基本原理、马克思主义中国化研究、思想政治教育3个硕士点，思想政治教育、法学2个本科专业，目前全日制在校普通生389人。

政法学院下设政治系、法律系和社科部三个单位，海南省邓小平理论和“三个代表”重要思想研究中心设在该院。现有教职工41人，其中教授7人，副教授12人，博士4人，硕士13人，硕士以上教师占专任教师的48.6%，获国务院特贴专家1人，省优秀专家2人，形成学历、职称、年龄结构合理的教师梯队。近几年来，在《社会主义研究》、《当代经济研究》、《红旗文稿》等期刊发表论文210多篇，出版著作40余部。马克思主义理论与思想政治教育学科是省级重点（扶持）学科，法学、马克思主义中国化研究学科是校级重点学科。

马克思主义理论与思想政治教育学科是省级重点（扶持）学科，近年来，建设成效显著，专业图书资料和多媒体电子图书比较齐全，每年征订240余种期刊，配备一批电脑、打印机和复印机，为师生的教学、科研工作提供了物质保障和服务平台。

政法学院坚持教书育人，严格人才培养标准，重视课堂教学质量和实践性教学环节，提高教学水平。近三年来，邓小平理论和“三个代表”重要思想概论、政治经济学、马克思主义哲学原理等三门课程分别被评为海南省精品课程，黄忆军老师被评为全国优秀教师。

学生学习和科学研究风气渐浓，素质得到全面提高。政法学院学生获“挑战杯”全国大学生课外科技作品海南省初赛一等奖，海南省第二届“挑战杯”大学生课外科技作品获省一等奖。2002级政教班被评为“全国先进班集体”、2006年赴琼中暑期社会实践队被评为“全国大中专学生志愿者暑期‘三下乡’社会实践活动优秀团队”，学生组织还先后获“海南省先进党支部”、“海南省五四红旗团委”、“海南省社会实践先进团队”、“海南省先进青年志愿者协会”、“海南省五四红旗团支部”等荣誉称号。

坚持改革开放是推动海南经济特区发展的根本动力

改革开放是决定中国命运的关键抉择。海南经济特区20年的实践同样证明，改革开放是经济特区发展的必由之路，是推动特区事业发展的根本动力。

一、海南特区建立20年的成就

1988年4月，按照党中央和邓小平同志创办海南经济特区的战略决策，七届全国人大一次会议通过《关于设立海南省的决定》和《关于建立海南经济特区的决议》。海南经济特区作为中国改革开放新的试验区走上历史舞台，肩负着更重更大的历史责任。20年来，海南经济特区改革开放和现代化建设取得了巨大成就，特区面貌发生了深刻变化。

——基本实现了从计划经济体制到社会主义市场经济体制的重大转变。从建省办经济特区一开始，海南就提出，“建设大特区就是要实行市场经济”、“放胆发展生产力”。当时，在市场经济还没有被所有人接受的情况下，海南明确地把建立社会主义市场经济体制作为改革目标，并自觉地把这一目标付诸实践。同时率先实行“小政府、大社会”和“大部制”，实行省直管县管理体制等，起到了一定的试验、示范作用。

——基本实现了从比较封闭到全面开放的重大转变。海南始终坚持以开放促改革、以改革促发展，从设立洋浦经济开发区到建成洋浦保税港区，从实行落地签证和免签证政策到航权开放政策，从成功促成博鳌亚洲论坛永久落户海南到广泛参与区域经济合作，海南越来越深入、广泛地融入外部世界，初步形成了全方位开放格局。经过20年改革开放，海南实现了从一个边陲岛屿进入到改革开放前沿、从传统农业社会进入到最具发展活力的省市行列的历史性巨变。

——基本实现了从经济落后到初步繁荣的重大转变。海南始终坚持以经济建设为中心，紧紧抓住发展这个第一要务不动摇，经济实力显著增强。2007年与1987年相比，国民生产总值、财政收入分别增长20倍和50倍；近5年，全省城镇居民人均可支配收入和农民人均纯收入年均分别增长9.7%和9.6%。具有海南特色的产业发展格局逐步形成。建成了环岛高速公路、粤海铁路、海口和三亚两个国际机场，初步形成了覆盖全岛的立体交通运输网络，电力、水利、通讯等基础设施日趋完善，发展基础更加扎实。

——*基本实现了从边治理边发展到生态立省、环境优先的重大转变*。海南在发展中较早认识到生态环境保护对于实现可持续发展的重大意义，并不断深化对生态文明的理论认识和建设实践。如今，海南水质和空气质量持续保持全国领先水平，森林覆盖率从建省办特区之初的38.3%提升到57.1%，全省超过30%的自然村建成文明生态村，城乡人民的生活环境和质量得到显著改善，生态环境保护与经济社会发展进入良性循环。

二、海南特区改革开放的基本经验

2008年4月，海南迎来了建省办经济特区20周年。经济特区20年在改革开放发展道路上的探索和试验，为中国的改革开放和现代化建设作出了自己应有的贡献。

20年来，海南经济特区都坚定不移地沿着中国特色社会主义道路，朝着中央和邓小平确定的战略目标不断推进特区事业发展。在新的发展阶段，中央进一步对海南经济特区提出“努力构建具有海南特色的经济结构和更具活力的体制机制，突出经济特区的‘特’字，实现海南又好又快发展”的要求。这既是中央的殷切期望，更是有力的鞭策。

始终坚持解放思想，勇于创新的特区精神，是推进海南经济特区改革开放和社会主义现代化建设的重要法宝。20年实践充分表明，要抓住机遇、抢占先机，实现关键阶段改革开放的突破和进展，都需要以解放思想作为先导，而每一次重大的思想解放，都会开创出改革开放发展的新局面。

在实践中不断探索和深化符合科学发展观要求的发展路子，是巩固和扩大特区改革开放成果的基本前提。党的十六大以来，海南社会事业投入最多、发展最快，经济社会已走上协调发展、相互促进的轨道。海南经济特区在加快发展和加速工业化进程的同时，在全国率先迈出生态文明建设步伐，取得了生态文明建设的新成果。

始终坚持以人为本，着力改善民生，让全省人民共享改革开放发展成果，促进社会和谐，是特区事业发展的出发点和归宿。20年来，随着改革开放发展带来的经济实力的增强，海南经济特区不断加强以民生为重点的社会建设，提高全省人民的生活水平和质量，让20年改革开放发展成果惠及全省人民。

脚踏实地，真抓实干，艰苦创业，防止产生浮躁、急于求成的思想，是继续推进海南经济特区科学发展必须汲取的深刻教训。从1999年到2002年，海南经济发展从低谷到恢复性增长艰难突围的沉痛经历，成为海南经济特区的宝贵精神财富。

三、推进特区改革开放的新探索

——*大胆解放思想，肩负起推进特区加快发展的重大责任*。在改革开放的新征程上，特区人必须把解放思想、实事求是、与时俱进作为自己的重大责任和突出品格，始终保持永不僵化、永不停滞的精神状态，敢于实践、勇于开拓，不断研究和解决现代化建设中的新情况新问题。

——*进一步深化行政管理体制改革，继续打造特区体制新优势*。在新的行政管理体制改革中，海南要继续推进以完善省直管市县体制为重点的改革，下决心下放权力、理顺关系，增强县域经济发展活力。

——*以建设国际旅游岛为载体，增创对外开放新优势*。在海南建设国际旅游岛将是中国新一轮改革开放大格局中的重要“棋子”，必须立足国内，面向国际市场，用世界眼光和战略思维去布局。以建设国际旅游岛为载体，全面推动以旅游开放带动产业开放。

——*坚持生态立省、环境优先，实现经济发展与社会发展双赢*。在新的历史时期，我们将把建设生态文明，保护生态环境放在经济社会发展的首要位置，努力建设生态文明示范省。

（海南省邓小平理论和“三个代表”重要思想研究中心）

崛起中的南京信息工程大学思政中心、马克思主义研究院

南京信息工程大学思政中心、马克思主义研究院，其前身为1960年成立的原南京气象学院马列主义教研组，之后更名为马列主义教研室（1984）、社会科学部（1985）、社会科学系（1988），2006年成立思想政治理论课教育中心（简称“思政中心”），并于2009年组建马克思主义研究院。“思政中心”下设2个教研室，即马克思主义基本原理教研室和思想政治教育教研室；拥有马克思主义理论两个二级学科硕士点，即马克思主义基本原理硕士点和思想政治教育硕士点。在2009年教育部学位中心公布的2007~2009年度全国高校学科评估排名中，我校马克思主义理论一级学科与中国政法大学、兰州大学等同列第26名，其中科学研究排名更是取得了第12名的好成绩。目前，思政中心、马克思主义研究院负责人为周显信教授。

目标定位：根据学校发展规划，立足自身实际，坚持全面发展、重点发展与特色发展相结合，教学、科研与管理相统一的方针，通过优势引领、重点攻关和内涵提升，力争在未来三年内实现教学、科研、管理等各项事业的质的提高。加大教学质量工程建设，力争在国家级精品课程、教学质量奖上有突破；科研成果的数量和质量高速增长，省部级获奖明显增加、国家级获奖实现突破；形成科学高效的管理体系，不断提升学科核心竞争力，在某些领域达到省内有地位、国内有影响的建设水平。

近年来，在师资队伍建设上，遵循“引进、培养与使用”并重的方针，坚持以基地为平台，以学科为基础，以方向为指引塑造核心带头人，以核心带头人引领基地、学科建设和方向凝练，促进学科团体建设；通过自我生产和外部引进培育能有效支撑学院长远发展的师资队伍；通过为教师提供良好的工作环境，稳定师资队伍。努力做到使人才进得来、留得住、能干事、干成事。目前共有专兼职老师46名，教授14名，副教授20名，高级职称占76%；博士23名，占50%，35岁以下的年轻教师已全部实现了博士化。教师队伍中，有江苏省教育厅“青蓝工程”中青年学术带头人与优秀青年骨干教师、江苏省高校优秀共产党员、江苏省高校思想政治教育工作先进个人等各级各类人才10余名。

学科建设：我校马克思主义理论学科以当代中国实践为根基，以中国马克思主义理论创新为逻辑主线，形成了三大特色：一是马克思主义大众化研究。以马克思主义中国化实践路径为突破口，集中研究了早期和当代中国马克思主义大众化的历史经验与发展规律。二是科学发展观的哲学基础研究。坚持唯物辩证法发展的时代性，对和谐发展动力说作出新解释，深化了科学发展观哲学基础的研究。三是以公平正义为核心的公共伦理研究。借鉴当代西方公平正义理论和规范伦理学的方法，探讨了当代公共伦理建设的规律、模式，提出了社会主义公平正义的实践机制。

目前，中心、研究院学科布局基本完成，学科建设水平大有提高。

教学质量建设：近年来，中心、研究院通过“教与学双创新”、“教与研互推动”、“内与外共促进”等多渠道全面提高教学质量。实现了教学理念、特别是教学方式等的全面创新。首先，教学理念创新，提出增强“三力”的教学理念。即进一步增强马克思主义科学理论的真理力量、思政课教师的人格力量和社会实践的说服力量，引导学生完成由被动灌输到主动学习、由外化到内化、由书本到实践的转化。其次，教学实效性原则创新，探索出增强教学实效性的课程建设原则。在教学与科研关系上，确立科研教学良性互动原则；在课件建设上坚持感性与理性相统一，注重课件形象化的冲击力与思辨性的扩张力；在授课内容上坚持基础性与前沿性相结合；在讲课方法上坚持知识性与趣味性相结合。再次，教学方式创新，实现全部任课教师挂牌上课、全校学生民主公开选课的方式推进教学方式创新。最后，创新教改效果评价体系。实现过程评价与结果评价、

理论评价与实践评价的统一，把学生由过去的突击学习引导到过程学习中来，把单纯的理论学习引导到理论与实践相结合的过程中来。

教学改革成效显著，近年来教学立项课题、教研论著论文、教研成果获奖都有了显著增长。其中，两门课程获得省局共建重点项目立项。《毛泽东思想与中国特色社会主义理论体系概论》获得江苏省精品课程。教学研究成果《创新教学模式，增强“毛泽东思想与中国特色社会主义理论体系概论”的教学实效性》获得了江苏省高等教育教学成果二等奖。此外，还有其他成果获得江苏省高校思想政治教育优秀研究成果二等奖、江苏省高等教育教学成果二等奖等。

科研工作：通过团队运作、集体攻关等方式，使科研成果数量和质量均有大幅度提高。2008 年全年科研立项总数达 48 项，其中省部级达 22 项，省厅级以上占 72%；项目和科研经费较上一年均翻一番，论文的数量和质量均有提高，签订学术专著出版合同 12 份，目前已经推出 6 部；全年共获得科研奖励 21 项，其中省级奖励 10 项，占获奖总数的 47.6%。2009 年我中心获得国家社科基金立项课题，标志着我校马克思主义理论研究跨上新台阶。

学术交流：坚持“走出去”与“请进来”两条腿走路，积极扩大交流与合作，不断增强中心、研究院整体实力。2009 年，先后邀请了中国人民大学、南京大学、武汉大学、清华大学、南开大学等知名高校的专家学者来校讲学。同时，积极参加全国性的高水平学术会议。有多名专家应邀参与中宣部《社会主义核心价值体系学习读本》、《六个“为什么”——对几个重大问题的回答》等通俗理论读物的编写工作，研究成果和努力得到了中共中央宣传部充分肯定与表扬。

主要学术带头人简介

程建军教授，马克思主义理论硕士生导师，南京信息工程大学大学副校长、政治学重点学科带头人，江苏省哲学史与科学史学会副理事长。

程建军教授近年来承担江苏省社科基金、江苏省教育厅高校哲学社会科学等项目 12 项。先后在《马克思主义与现实》、《江海学刊》、《南京社会科学》等学术期刊发表论文 30 余篇，参编著作和教材 5 部。撰写的“论新时期马克思主义大众化的基本经验”、“论协商民主视域下的高校决策创新”等论文被《中国社科文摘》全文转载，“试论‘三个代表’重要思想的中国传统文化特色”等 4 篇论文被《人大报刊复印资料》全文复印，参编的《马克思主义哲学原理》统编教材获得教育部优秀教材奖。先后获得江苏省首届“两课”优秀教师称号、江苏省优秀教育质量奖 1 项、江苏省高校哲学社会科学第六届优秀成果奖 1 项、江苏省教育教学成果奖 1 项。

周显信教授，博士生导师，南京信息工程大学社会科学处处长、思想政治理论教育中心，马克思主义研究院院长，江苏省马克思主义中国化研究中心特聘研究员、江苏省宣传文化系统“五个一批”培养人才、江苏省“青蓝工程”中青年学术带头人。

周显信教授目前承担国家社会科学基金课题“‘十个结合’经验与中国特色社会主义理论体系逻辑关系研究”、国家社科基金重大招标课题“改革开放的基本经验研究”子课题研究，先后承担国家级省部级科研项目 10 余项，出版著作 10 余部，在《马克思主义研究》、《人民日报》等权威报刊发表学术论文 60 多篇。学术成果曾获得中国图书奖，江苏省优秀社科成果二等奖、三等奖，江苏省第六届精神文明建设“五个一工程”奖、江苏省高校思想政治教育优秀研究成果二等奖；获得江苏省省级精品课程、江苏省高等教育教学成果二等奖等多项省部级奖励。

王锡伟教授，硕士生导师，南京信息工程大学公共管理学院副院长。主要研究方向是马克思主义认识论，在《江海学刊》、《江苏社会科学》等发表论文近 20 篇，多篇论文被人大复印资料转载。

李志江教授，硕士生导师，南京信息工程大学马克思主义研究院副院长。主要从事社会主义公平正义理论和当代西方社会正义理论研究。近年来，出版了《良序社会的政治哲学——罗尔斯正义理论研究》《新情况·新思路·新机制——新时期思想政治工作研究》等专著、译著 5 部，在《道德与文明》等核心期刊发表研究论文 20 多篇，主持和参与省厅级课题 10 多项。研究成果曾获中宣部“五个一工程”奖、省精神产品精品特别奖、省高等教育教学成果二等奖、省哲学社会科学规划研究项目优秀成果二等奖等。

湖南大学马克思主义学院

湖南大学马克思主义学院成立于2003年，其前身是1985年成立的人文社会科学系。

马克思主义学院现有教职工55人，其中专任教师50人，校内兼任教师5人。专任教师中，有教授11人，副教授27人。兼任教师中，有教授4人，副教授1人。专任教师中，有国家教学名师1人，享受政府特殊津贴专家1人，有博士生导师6人，硕士生导师30人，是一支年龄结构、职称结构合理，充满活力的教师队伍。

学院设有“五室六所两基地”。“五室”为马克思主义基本原理教研室、中国近现代史教研室、思想道德修养与法律基础教研室、毛泽东思想和中国化马克思主义理论体系教研室、科学技术哲学教研室等5个教研室；“六所”为科技经济与社会发展研究所、马克思主义理论与思想教育研究所、中共党史研究所、党的学说与建设研究所、中国近现代史研究所、多元文化与应用哲学研究所等6个研究所；“两基地”为湖南省中国特色社会主义理论体系研究基地和湖南省思想政治工作研究基地2个省级研究基地。

学院教师勇于开拓，锐意进取，在科学研究领域取得了特色鲜明的成果。2003～2008年的6年间，全院教师主持各种研究课题95项，其中，国家级重点项目1项，国家级一般项目4项；省部级重点项目2项，省部级一般项目53项。6年来，出版学术著作16部，主编教材14本。在《求是》、《哲学研究》、《马克思主义研究》、《马克思主义与现实》、《高等教育研究》、《科学社会主义》、《思想理论教育导刊》、《中国大学教学》、《社会主义研究》和《人民日报》理论版、《光明日报》理论周刊等重要报刊发表论文近400篇，其中CSSCI期刊论文140篇，被相关期刊摘录和人民大学复印报刊资料全文收录论文40篇，被《新华文摘》全文转载论文2篇。

近年来，学院面向全校从本科到博士各学历层次学生开设了10多门马克思主义理论和思想品德课课程，还为全校开出10余门文化素质教育课程。

学院在教学改革和课程建设方面取得有影响的成果。特别是在思想政治理论课教学内容和教学方法改革与创新方面形成了富有特色的成果。2007年6月12日，中央电视台在《新闻联播》节目中，对学院教师的教学工作和课程改革作了专门报道。一是以创新教学方法为重点，提出和实施并总结的“五结合”教学法和素质教育研究与实践，对思想政治教育理论的创新与发展研究具有重要影响。二是创新学生成绩评价体系，得到了教育部的肯定。《教育部简报》2004年第52期以《构建湖南大学“两课”学习成绩评价新体系》为题，专门介绍了我校的经验和做法。三是课程建设取得标志性成果。2004年，“毛泽东思想概论”课程获国家精品课程，这是当时全国仅有的6门思想政治理论课精品课程之一。2007年，“毛泽东思想、邓小平理论和‘三个代表’重要思想概论”课程和研究生的“科学社会主义的理论与实践”，已建成省级精品课程。四是教学团队和教研室建设取得突出成绩。2008年，学院的“概论”课教学团队获省级教学团队，“概论”课教研室获得省级优秀教研室。

近年来，学院教师先后获得省部级以上各类奖励20余项。其中，获国家级教学成果二等奖1项，省级教学成果一等奖2项、二等奖2项、三等奖2项。国家“五个一工程奖”1项、省“五个一工程奖”5项，并获得湖南省高等学校首届教学名师奖和第二届全国高等学校教学名师奖。

学院没有招收本科生，研究生教育始于80年代末的科技哲学专业，现有“马克思主义基本原理”、“思想政治教育”2个二级学科博士授权点，“哲学”和“政治学”2个一级学科硕士授权点，马克思主义基本原理、思想政治教育、科技哲学、中共党史、马克思主义哲学5个二级学科硕士点招生。已有博士研究生19人（其中留学博士生1人），全日制和在职硕士研究生200余人。

思想政治教育学科学术带头人——柳礼泉

柳礼泉，湖南大学二级教授，国家级教学名师，湖南大学思想政治教育学科的学术带头人、博士生导师。现任马克思主义学院院长、校教学指导委员会委员和学术委员会委员，兼任湖南省中共党史学会副会长、湖南省科学社会主义学会副会长、湖南省延安精神研究会副会长、湖南省高校思想政治理论课教学研究会副会长、湖南省毛泽东思想和中国特色社会主义理论体系概论教学研究会会长等职。

近十年来，出版《撞击与升华：改革实践过程对人们思想的影响》《“两课”教学法研究与述评》《大学思想政治理论课实践教学研究》《中国共产党对艰苦奋斗精神的发展与升华》等著作6部；主编《毛泽东思想概论》《〈毛泽东思想、邓小平理论和“三个代表”重要思想概论〉学生辅学读本》等教材8种；在《马克思主义与现实》《高等教育研究》《科学社会主义》《思想理论教育导刊》《中国大学教学》《社会主义研究》等学术期刊发表论文50余篇，其中，有多篇论文为中国人民大学复印资料全文转载，有1篇论文为《新华文摘》2009年第10期全文转载；主持部省级研究课题12项，国际合作项目1项。

近十年间，先后获国家级教学成果二等奖1项，省级教学成果一等奖2项、二等奖1项、三等奖1项，省级科研三等奖2项。主持的“毛泽东思想概论”课程，获2004年度“国家精品课程”。主持的“毛泽东思想、邓小平理论和‘三个代表’重要思想概论”课程，获2007年度“湖南省级精品课程”。主持的“科学社会主义的理论与实践”课程，获2007年湖南省研究生精品课程。作为带头人的教学团队，获湖南省级教学团队。作为课程责任教授的教研室，获湖南省级优秀教研室。获2008年度宝钢优秀教师奖。2006年，先后获湖南省高等学校首届教学名师奖和第二届高等学校国家级教学名师奖，在人民大会堂接受国家领导人的颁奖。2007年6月12日中央电视台在《新闻联播》节目中，对他的教学改革作了报道。

马克思主义基本原理学科带头人——沈其新

沈其新，现为湖南大学马克思主义学院副院长、教授，博士生导师，马克思主义基本原理博士点学科带头人。1997年荣获湖南省有突出贡献优秀中青年专家，2000年荣获享受国务院政府特殊津贴专家。近年来，出版专著9部，在《求是》《马克思主义研究》《马克思主义与现实》《人民日报》理论版、《光明日报》理论周刊等学术理论报刊上发表论文60多篇。主持完成国家社会科学研究基金重点课题“中华廉洁文化与中国共产党先进性建设”，独立完成国家社会科学研究基金”、湖南省社会科学基金重点课题“中国共产党与中华民族凝聚力发展研究”和一般课题多项。目前承担教育部2008年度专项课题“中华廉洁文化与民族时代精神”。

主持完成的研究成果《精神之火——中华民族精神与当代青少年使命》获中宣部“五个一工程奖”、国家图书奖提名奖和湖南省哲学社会科学优秀成果一等奖，独著《重塑辉煌——跨向新纪元的革命老区》与合著《邓小平理论与湖南改革开放实践研究》都获得湖南省哲学社会科学优秀成果二等奖。学术论文《“三个代表”重要思想与中华民族凝聚力》在《求是》（2003年第15期）发表后，全国20多家报刊转载，在国内理论界产生了广泛的影响。

厚积薄发，谱写新篇

——西南大学马克思主义理论学科简介

西南大学马克思主义理论学科发展起源于1950年的政治课研究指导组和马列教研室。改革开放以来尤其是20世纪90年代获得了较大发展。目前，具有马克思主义理论一级学科硕士学位授权点和马克思主义基本原理、思想政治教育两个博士学位授权点，思想政治教育是重庆市首批重点学科。依托马克思主义理论学科，建有重庆市首批人文社会科学重点研究基地“西南大学马克思主义理论研究中心”，“重庆市马克思主义研究与建设工程”四大中心之一的“西南大学马克思主义理论与思想政治教育研究中心”。2006年，成为教育部“高校辅导员培训与研修基地”依托单位。建有国家精品课程“邓小平教育思想”，获国家教学成果二等奖。

本学科拥有一支以黄蓉生教授为带头人的结构合理、团结协作、特别能战斗的教学科研队伍。现有教授16人，副教授21人，博士生导师6人，硕士生导师16人，其中15人具有博士学位，5位重庆市学术带头人。长期致力于马克思主义基本原理、马克思主义中国化、中国特色社会主义理论体系、马克思主义理论教育、青年思想政治教育理论与实践、思想政治教育与人的全面发展、社会思潮与思想教育等方面的研究，2004年以来，在人民出版社、高等教育出版社、中央文献出版社等出版本学科方面的专著50余部，在《求是》、《人民日报》、《光明日报》、《哲学研究》、《马克思主义研究》、《高校理论战线》、《思想理论教育导刊》等报刊发表重要学术论文200多篇，承担省部级以上相关项目40余项，获得省部级以上教学和科研（政府）奖励20余项。其中，思想政治教育基础理论研究、青年思想政治教育研究、马克思主义中国化研究、马克思主义理论教育研究等方面的成果在学术界享有较高声誉。

西南大学马克思主义理论学科经过多年的积淀，形成了显著的研究特色。

1. 思想政治教育理论与实践研究

本研究主要聚焦于以下研究领域：第一，青年思想政治教育的理论与实践问题。本研究从1985年开始至今经历了二十多年的研究历程，立足于马克思主义思想政治教育理论的正确运用与发展创新，坚持时代性与继承性、理论性与应用性、民族性与国际性的统一，力求建构以马克思主义为指导的具有中国特色的青年思想政治教育理论；关注社会变迁的独特人口群体——青年大学生，注重青年本体理论在变革中的探新，致力于青年价值观、青年思想政治教育方法论研究，尤以青年思想行为特点，青年思想政治教育性质、规律、功能、内容和方法等研究为重点。第二，社会思潮与青年教育的理论与实践问题。主要运用马克思主义的立场、观点和方法评析现实社会中存在的各种社会思潮，包括研究社会思潮的一般理论、马克思主义与社会思潮的关系、社会思潮与思想政治教育的关系、当代中国的主要社会思潮，以及对当代中国社会思潮的正确评析和科学认识；研究对社会思潮的引领与教育，包括如何以马克思主义引领各种社会思潮，如何对广大人民群众、尤其是青年大学生进行社会思潮教育，以及如何引导青年大学生以马克思主义的立场、观点和方法对待社会思潮等。

本研究已承担教育部哲学社会科学研究重大课题攻关项目“当代大学生诚信制度建设及加强大学生思想政治工作研究”以及“社会主义核心价值体系与大学生思想政治教育创新研究”、“大学生思想政治教育测评体系研究”等项目20余项，出版《青年思想政治教育专论》、《青年学研究》、《当代青年思想政治教育研究》、《社会时尚与当代青年》、《涌浪中的理性审视——社会时尚的嬗变与青年价值观研究》、《变革社会环境视野中的大学生就业》等著作30余部，发表论文80余篇，代表作有“育人为本，德育为先——加强和改进大学生思想政治教育工作的实践与探索”、“大学生思想政治教育的时代价值取向”、“大学生思想政治教育：理想信念是核心”、“社会主义核心价值体系视域下大学生思想政治教育创新”、“当代大学生诚信制度建设的体系构建”、“大教育观与大学生思想政治教育工作”等。

2. 思想政治教育与人的全面发展研究

第一，思想政治教育学的基础理论。主要研究思想政治教育的理论体系、思想政治教育的价值、教育对象、目标、环境、载体、评估等内容。第二，如何改进和加强思想政治教育，研究思想政治教育的方法。第三，运用思想政治教育理论，开发人的思想素质和潜力，培养思想政治教育战线的理论工作者和社会主义现代化的建设人才。

本研究承担了国家社科基金项目“经济转型环境下抵御西方文化对青少年思想负面影响的研究”、教育部课题“中国大学生思想政治教育创新三十年研究”、国家人事部重大课题“马克思主义人才思想史”等项目10余项，出版《思想政治教育原理与方法》、《思想政治教育原理与方法基础理论研究》、《困惑与超越：西方文化与经济转型期的中国青少年问题研究》、《思想政治教育与现代人才开发》、《马克思主义人才思想史》等专著30余部，发表论文60余篇，代表作有“思想政治教育学基本问题初探”、“思想政治教育学术视域的新拓展”、“文化环境：思想政治教育运行的新视界”、“我国大学生思想政治教育创新三十年的改革与探索”、“论思想政治教育学科建设的自主创新”、“全球化背景下我国主导文化面临的受动性冲击”、“西方文化在我国的传播方式及对青年影响的变化趋势”、“思想政治教育显性方法的当代价值及其发展取向”等。

3. 马克思主义理论教育研究

本研究重点在于：第一，研究马克思主义基本原理的现代发展。对马克思主义的经典理论进行解读研究，力争还原马克思主义的经典意义；注重马克思主义理论在现代社会的发展性运用，为改革开放和现代化建设提供理论和方法的支撑和指导。第二，研究马克思主义理论在全球化背景下的挑战及其应对方式。第三，研究马克思主义基本原理的教育理论和实践。探讨怎样在新形势下进行马克思主义传统理论和中国化马克思主义理论的传播与教育，探索马克思主义理论的“三进”问题，确立坚定的马克思主义信仰和健康的人生价值理念。进行理论教育的创新性研究和实践，建设以马克思主义理论发展为线索，以科学素养和人文关怀为价值目标的政治理论课教育体系。

本研究承担了国家社会科学基金项目“全球化进程中的公正性问题研究”、教育部后期资助项目“科学发展观视域中的社会公正问题研究”等10余项，出版《高校思想政治理论课教育教学现代化研究》、《教育哲学与哲学教育》、《马克思主义基本原理》、《新时代马克思主义哲学专题研究》、《马克思主义哲学教育方法论研究》、《马克思主义政治观教育研究》等著作20余部，发表论文60余篇，代表作有“马克思主义党建理论的根本性重大课题”、“用马克思主义引领各种社会思潮”、“马克思主义人权论”、“论全球发展公正性的权利与义务问题”、“文化自觉与文化研究的方法论问题”、“论马克思主义哲学的实事求是方法”、“论思想理论建设在党的先进性建设中的基础地位”、“论高校思想政治理论课的科学发展”、“思想政治理论课实践教学的基本涵义和基本方式”、“高校应加强大学生马克思主义政治观教育”等。

4. 中国特色社会主义理论体系研究

本研究重点在中国特色社会主义理论体系在当代构建的逻辑体系和历史联系、马克思主义的中国化历程和中国特色社会主义理论体系的继续发展等方面做文章，深入挖掘中国特色社会主义理论体系代表人物的思想与文化渊源，并与当代西方马克思主义及其他思潮的文化社会背景作比较研究，对于发展和完善中国特色社会主义理论体系具有积极推动作用。

本研究承担了“‘三个代表’重要思想与全面建设小康社会研究”、“马克思主义中国化理论体系研究”、“社会主义和谐社会构建与党的执政能力建设研究”等项目10余项，出版了《邓小平的一个世纪》、《中国特色社会主义理论与实践》、《三代领导核心关于中国现代化建设思想比较研究》、《中国化马克思主义理论概论》、《邓小平民主政治思想与社会主义政治文明建设研究》等著作30余部，发表论文70余篇，代表作有“社会主义政治文明及其时代价值取向”、“邓小平理论与中国特色社会主义理论体系的逻辑联系”、“论科学发展观的系统性”、“马克思主义中国化在新世纪的创新”、“试论邓小平的精神文明建设思想”、“在比较与借鉴中创新社会主义理论”、“科学考察社会发展与国家兴衰”等。

大理学院马克思主义学院（政法学院）简介

大理学院马克思主义学院（政法学院）主要承担着马克思主义基本原理和思想政治教育两个学科专业硕士点、全校马克思主义基本原理等5门思想政治理论课、思想政治教育本科专业和法学本科专业、“三生教育”课程等的建设任务。是云南省高校思想政治理论课建设的优秀等级学校。学院现有一个校级重点学科——马克思主义理论与思想政治教育，一个校级重点建设专业——思想政治教育，1门省级精品课程——马克思主义哲学原理，2门校级精品课程等，还有部分校级重点建设课程、教改项目、应用型示范课程。有党政综合办公室、7个教研室、中国特色社会主义理论研究中心、图书资料室和研究生电子资料室等机构。

大理学院马克思主义学院（政法学院）拥有一支整体实力较强的师资队伍。现有教职工51人（含管理人员4人），其中，教授6人，副教授15人；博士8人（含在读），硕士研究生25人（含在读）；有硕士研究生导师17人；有北京大学陈占安、王东，中国人民大学秦宣、王向明，云南大学陈国新等一大批省内外知名教授、博导作为客座教授或兼职教授。学院现有在校本科生500多人、硕士研究生66人。

大理学院马克思主义学院（政法学院）有较强的科研实力，科研主要围绕地方经济社会发展而开展。主持国家社科基金项目、教育部人文社科基金项目4项，主持云南省社科规划项目3项，主持云南省教育厅、大理州、大理学院等各级科研课题50多项；在各级刊物上发表学术论文400多篇，其中核心期刊80多篇，多篇文章被《新华文摘》、人大复印资料等权威刊物全文转载，主、参编教材和著作40多部；获曾宪梓教育基金奖、云南省哲学社会科学先进集体奖、云南省哲学社会科学优秀成果奖、云南省优秀教学成果奖等100多项科研和教学成果奖励。

大理学院马克思主义学院（政法学院）有一个图书资料室，现有专业学术刊物150多种，有专业图书10000多册，有1间研究生电子图书室，有电子资料17万多册。

简论科学发展观对马克思主义中国化的新贡献

马克思主义作为科学的世界观和方法论，要在中国得以运用和发展，就必须实现中国化，取得中华民族的形式。我们党在领导中国革命、建设、改革的长期实践中，把马克思主义基本原理同中国具体实际和时代特征相结合，不断推进马克思主义中国化，实现了两次历史性飞跃。第一次飞跃的理论成果是毛泽东思想。第二次飞跃的理论成果是中国特色社会主义理论体系，科学发展观是其最新理论成果，它在一系列问题上对马克思主义中国化作出了新贡献。笔者认为，这种新贡献主要表现在以下几方面。

一、“以人为本”的科学发展观是马克思主义群众史观和人的全面自由发展理论的中国化

“以人为本”是科学发展观的核心，是马克思群众史观和人的全面自由发展理论的中国化。马克思的群众史观认为，人民群众是社会历史的主体，是历史的创造者；人的全面自由发展是马克思学说追求的最高目标。马克思在他所处的时代条件下虽然为广大人民群众的解放、实现人的全面自由发展作了不懈努力，但由于他没有能够看到社会主义理想的实现而未能具体实践其人的全面自由发展学说。

毛泽东把马克思的群众史观和人的全面自由发展理论中国化、具体化。他把群众史观具体化为中国共产党的群众观点、群众路线、宗旨；把人的全面自由发展理论具体化为人的德智体全面发展论，并化为党和国家的教育方针，化为指导党和国家人才培养的具体实践。邓小平在毛泽东的基础上进一步坚持和发展了群众史观和人的全面自由发展理论。他把党的群众观点和群众路线进一步具体化为人民主体思想，强调一切要以人民的需要、高兴、赞成、满意为转移，把衡量一切工作是非得失的根本标准看作是否有利于提高人民的生活水平。江泽民把群众史观进一步化为

"三个代表"重要思想，把全面自由发展学说同经济社会发展的具体实际相结合，指出："推进人的全面发展，同推进经济、文化的发展和改善人民物质文化生活，是互为前提和基础的。这两个历史过程应相互结合、相互促进地向前发展。"

科学发展观则把"以人为本"确定为核心，进一步实现了马克思群众史观和人的全面自由发展理论的中国化。坚持以人为本，就是要以实现人的全面发展为目标，从人民群众的根本利益出发谋发展、促发展，不断满足人民群众日益增长的物质文化需要，切实保障人民群众的经济、政治、文化权益，让发展成果惠及全体人民。这是更加符合新世纪新阶段中国经济社会和人的发展实际和要求的中国化的马克思主义群众史观和人的全面自由发展思想。

二、科学发展观是对马克思主义生产力发展观的坚持和发展

唯物史观认为，社会基本矛盾是人类社会发展的基本动力，其中，生产力是社会发展的最终决定力量。新中国成立初期毛泽东十分重视生产力的发展；而邓小平则是注重生产力的典范；江泽民在此基础上进一步强调"发展是党执政兴国的第一要务"，中国共产党必须"始终代表中国先进生产力发展的要求"，并提出了可持续发展的理念，实施了可持续发展战略；科学发展观的第一要义仍然是发展，即要牢牢扭住经济建设这个中心，聚精会神搞建设、一心一意谋发展，不断解放和发展社会生产力，为发展中国特色社会主义奠定坚实的物质基础。这是对马克思主义生产力发展观的坚持和发展。

三、统筹城乡发展是对马克思主义城乡观的实践和发展

消灭城乡差别是马克思追求的共产主义的目标之一。马克思通过分析城乡差别的成因，提出了一系列缩小城乡差别的措施，认为城乡发展必须是一个统一体，才能实现社会的进步和发展。毛泽东提出了"以农业为基础，以工业为主导"的发展国民经济的总方针，实行以农、轻、重为序安排国民经济的方针，突出了农业的基础地位，对统筹城乡经济发展，作出开拓性的贡献。邓小平高度重视农业的基础地位，强调："农业是根本，不要忘掉"，"国以民为本，民以食为天"，解决吃饭问题始终是中国面临的一个大问题。农村的发展和稳定是整个国家发展和稳定的基础，没有农村这一稳定的基础是不行的。江泽民也十分重视农业的基础地位，强调必须坚持把加强农业放在首位，全面振兴农村经济。

中共三代领导集体都非常重视城乡之间的协调发展。统筹城乡发展是科学发展观的根本方法之一，是对马克思主义城乡观的实践和发展。统筹城乡发展，就要更加注重农村的发展，解决好"三农"问题，坚决贯彻工业反哺农业、城市支持农村的方针，逐步改变城乡二元经济结构，逐步缩小城乡发展差距，实现农村经济社会全面发展，实行以城带乡、以工促农、城乡互动、协调发展，实现农业和农村经济的可持续发展。这是对马克思消灭三大差别观点的实践和发展。

四、统筹区域发展是对马克思主义区域发展观的继承和发展

统筹区域发展的科学发展观是对马克思主义区域协调发展观的继承和发展。在马克思看来，区域差别是由分工造成的，而区域分工最初又是自然条件的差别造成的，后来增加了社会经济条件的作用。各地区自然条件和社会经济条件千差万别，形成了各具特色的区域经济，也形成了城乡对立等区域差别。随着分工由自然形成的分工发展到自觉自愿的分工以及生产力的高度发展，在消除了城乡差别、工农差别等条件下，区域发展差别也将消除。毛泽东和邓小平都非常重视区域发展，但差别在于毛泽东搞的是"均衡发展战略"，而邓小平搞的"非均衡发展"战略。两者都存在一定的利弊。江泽民继承、丰富和发展了毛泽东及邓小平区域经济发展思想，为我国缩小地区差距，促进区域经济协调发展，提出了实施西部大开发战略等一系列设想，进一步丰富和发展了邓小平"共同富裕"、"两个大局"的思想，形成了非均衡的"区域协调发展"观。科学发展观强调要统筹区域发展，就是要积极推进西部大开发，振兴东北地区等老工业基地，促进中部地区崛起，鼓励东部地区率先发展，继续发挥各个地区的优势和积极性，逐步扭转区域发展差距拉大的趋势，形成东中西部地区相互促进、优势互补、共同发展的新格局。这是一种更加科学的区域协调发展观，是对马克思主义区域发展观的继承和发展。

（赵卓元）

弘扬和传播马克思主义 培养高质量人才

——辽宁师范大学政治与行政学院事迹

辽宁师范大学政治与行政学院组建于2003年10月，其前身是1951年成立的政教系。学院设有“三系一部”：即思想政治教育系、政治学与行政学系、行政管理学系、公共政治理论课教研部。学院还设有台湾研究所、当代中国政治研究所、池田大作和平文化研究所、辽宁省马克思主义理论与思想政治教育研究中心、辽宁省邓小平理论研究中心、大连市马列主义毛泽东思想研究会、伦理学研究会、自然科学史暨自然辩证法研究所等教学与科研机构。学院有马克思主义基本原理、马克思主义中国化研究、思想政治教育和中共党史4个二级学科博士学位授予点；马克思主义理论、政治学2个一级学科硕士学位授予点；中共党史、马克思主义基本原理、马克思主义中国化研究、伦理学、学科教学论（思想政治教育）等15个二级学科硕士学位授予点。学院拥有辽宁省人文社科重点研究基地——马克思主义理论与思想政治教育研究基地、辽宁省创新团队——马克思主义中国化研究、辽宁省重点学科——马克思主义基本原理、思想政治教育。

学院现有教职工60人，其中专任教师54人，教授17人，副教授23人，讲师16人，具有博士学位和正在攻读博士学位的有26人。学院现有在校学生共计881人，其中本科生571人，硕士研究生283人，博士研究生27人。

一、在教书育人中弘扬马克思主义，不断提高教学质量

政治与行政学院是一个极具中国大学特色的学院。学院在加强教学基本建设，全面提高教学质量方面主要做了以下几个方面的工作：

1. 加大专业教师培养和引进力度，进一步提升师资队伍的教学能力和水平。学院积极支持和鼓励专业教师进一步学习和深造。近年来，学院先后从中国人民大学、吉林大学、黑龙江省委党校引进了2名学科带头人、6名博士、博士后，有18位教师考上了博士研究生并陆续回学院工作，有十几名教师到北京大学、北京师范大学、中国人民大学等重点大学做高级访问学者。另有4名教师先后到美国、日本学习交流，有2位教师到相关学科的博士后流动站学习和提升科研水平，推进了整体教学能力和教学水平的提高。

2. 建立学科带头人和专业带头人制度，以适应教学、学科和专业发展的需要。学院根据需要，选出了学术造诣高、学术成果丰硕、科研能力强的6位教授作为学院的学科带头人，由其组建学术研究梯队、制定学术研究规划和目标，实施推进学院学科、专业建设的发展和整体科研能力的提高。近5年，学院教师获国家社科基金5项，国家专项基金1项，教育部社科基金3项，获批辽宁省高校人文社科重点研究基地科研项目11项，省社科基金12项，省教育厅项目20项。教学研究人员在省级以上刊物发表论文572篇，其中有10余篇被《新华文摘》、《人大报刊复印资料》转载，其中16篇获省级以上优秀论文。出版学术专著42部，其中8部获辽宁省社科优秀论著。

3. 全面加强课程建设，优化课程设置，构建完善、系统、科学的课程体系。在课程建设方面主要做了以下几个方面的工作：（1）进一步巩固和完善已有的省级和校级精品课程建设，积极培育两个试办专业的专业骨干课程的建设和发展。（2）加强课程质量的评估和检查工作，着力解决影响课程质量的薄弱环节。（3）加强网络课程、双语课程和研究型课程的建设，拓展学生的专业视阈和自主学习能力。（4）加强实习和实践基地建设，切实提高学生综合能力和素质。学院在进一步加强实践教学环节方面，一是重视课程实习和实践类课程的建设和实施；二是加强实践基地的建设和实践过程的指导；三是认真总结实践教学的经验教训，不断修订专业实习计划和具体的考评办法，切实提高专业实习效果。

二、制度管理和思想教育相结合，营造和谐的育人环境

为进一步提高教学质量和学生的学习效果，充分体现本科教学的中心地位和以学生为本的发

展理念，着重进行了以下几个方面的改革和调整：

1. 加大对教学改革项目的支持和投入力度，鼓励更多的教师投入教学研究和教学改革：一是支持和引导教师将教学改革的研究成果融入课堂教学内容中，使学生更多地了解本学科理论知识的具体应用；二是鼓励和支持专业教师编著高质量、高水平，能够充分体现专业发展需求和人才培养目标的教材，每年度从学院的教学发展基金中支持三门教材编写和出版；三是支持和鼓励教师以教学改革为内容的科研立项和原有科研项目的深度研究，学院为获批项目的研究予以一定的经费支持。

2. 学院开设“政苑讲坛”，为学生的专业学习和未来发展提供服务。将专业学习和未来发展相结合，凸显学院的学科优势和专业特色。该讲坛将为学生开设以“时政热点分析”、“专业前沿问题研究”、“未来就业和发展”等为主题的系列讲座。使学生能够提早规划自己的未来发展，并能将未来发展目标和专业学习相结合，增强学生学习的目的性和针对性。

3. 改革论文指导模式，切实提高毕业论文质量。围绕提高毕业论文质量所进行的调整和改革主要有三：（1）针对以往毕业生做毕业论文、找工作和参加专业实践因在时间上相互交叉和重叠而严重影响毕业论文质量的情况，学院从05届毕业生开始，提前安排毕业年级的毕业论文写作任务。（2）在毕业论文的指导方式上也进行了改革和调整，尝试进行集体指导和个别指导相结合的指导模式。毕业论文的写作、修改、准备评议和答辩过程主要由个别指导来完成。（3）将学生对毕业论文完成过程的评价纳入到最后评定当中，使优秀论文的评价更趋客观和公平。

三、以“学生为本”，以培养高质量的人才为目的

1. 切实加强大学生思想政治教育。坚持发挥学生理论社团的先导作用，充分调动学生理论学习的自觉性、主动性。学生邓小平理论研究会是大连市第一个市级大学生理论社团，从1996年10月成立起至今，一直坚持每月开展一次研讨，每年推出两场学生报告，编印两期刊登学生学习体会的刊物《学与思》，有力地推动了学生的理论学习活动和“三进”工作。

2. 着力推进学风建设。新生入学伊始，就通过开展专业教育、经验交流等方式，引导学生明确学习目的，保持学习状态，树立奋斗目标，在校新生“促进杯”英语竞赛中，多次获得一、二等奖。2006～2009年四年间共考取研究生125人，学院每年近35%的毕业生考取研究生，考研率名列全校第一名，其中每年都有十几人考取清华、北大、人大、南开、浙大等全国知名学府。2人获得国家奖学金，1人被评为省优秀毕业生党员，4人次获得大连市三好学生，1人获得大连市自立自强标兵，3人次被评为大连市优秀思想政治教育工作者，1人被评为大连市优秀团干部。近4年，10人次获得辽宁省优秀毕业生称号，大连市“三下乡”社会实践先进单位，学院团委连续多年被评为大连市先进团委、学校先进团委。

3. 积极开展校园文化和社会实践活动。学院积极支持鼓励学生开展社团活动，其中流年话剧社、火花文学社、英语俱乐部等社团在校内已经形成广泛影响。学院还特别注重结合专业特点，开展社会实践活动，先后在大连市行政服务中心、中山公园街道、马栏街道等处建立了社会实践基地，连续多年被评为大连市和学校社会实践先进单位。

史艺军简介

史艺军，女，现为辽宁师范大学政治与行政学院院长，教授，博士生导师，主要学术兼职有北京师范大学高校党建研究中心特约研究员，辽宁省行政管理学会副会长，大连市社会科学院特邀研究员。先后在《中共党史研究》、《毛泽东思想研究》等学术刊物上发表学术论文60余篇，著作10余部，近5年来，承担国家重大委托课题1项，主持省部级课题10项。获得科研教学奖励6次。在教书育人的岗位上辛勤耕耘，承担了大量的教学任务，教学效果良好，其中所教课程《毛泽东思想概论》被辽宁省评定为省精品课程。先后多次获得辽宁师范大学“优秀教育工作者”，“三育人先进个人”，“三八红旗手”，“教学优秀”等荣誉称号，获得“大连市高校2003～2006年度优秀共产党员”称号，2007年获大连市“三育人”先进个人称号。2006年被推选为中共大连市第十届党代会代表。她所领导的学院也多次被评为“校教学工作先进单位”、“学科建设先进单位”。

安徽师范大学马克思主义理论学科

安徽师范大学创建于1928年，马克思主义理论学科创建于新中国成立后的1953年。

马克思主义理论学科所在政法学院和马克思主义研究中心（省级人文社会科学重点研究基地）现有马克思主义基本原理、思想政治教育两个博士点，马克思主义理论、哲学两个一级学科硕士学位授权点，马克思主义基本原理、中共党史、马克思主义中国化、思想政治教育、马克思主义哲学、中国哲学、外国哲学、伦理学、政治学理论、科学社会主义与国际共产主义运动、宪法学与行政法学等13个硕士点，另设有教育部高校辅导员培训和研修基地，安徽省“三个代表”重要思想安徽师范大学研究基地；马克思主义哲学、中共党史为省级重点学科，邓小平理论为省级重点课程，马克思主义伦理学、思想道德修养与法律基础为省级精品课程。

马克思主义理论学科现有教学研究人员121名，其中博士生导师7名，教授21名，副教授29名，具有博士学位19名，在读博士生13人，项目博士后在研1人。

近五年来，教学研究人员承担国家社科基金项目13项（含今年刚批准的5项），省部级社科基金项目20项，共获项目经费230余万元；出版学术著作32部；在国家核心期刊发表学术论文260余篇；获安徽省社会科学研究优秀成果奖21项。曾分别有1人获“全国模范教师”、“全国普通高等学校首届百名‘两课’优秀教师”、“安徽省十大杰出教师”、“安徽省‘五一’劳动奖章”、安徽省优秀教师和优秀“两课”教师，2人分别获有“安徽省高校‘两课’青年教师教学基本功比赛”一等奖。

整体与相关析论
——关于马克思主义理论学科整体性问题的一些思考

2005年12月23日，国务院学位委员会和教育部在《关于调整增设马克思主义理论一级学科及所属二级学科的通知》（即64号文件）的附件中强调指出：“马克思主义是科学的世界观和方法论，是反映客观世界特别是人类社会的本质和规律的科学真理。它既应该从哲学、政治经济学、科学社会主义等方面进行分门别类的研究，更应该进行整体性研究，完整地把握马克思主义的科学体系。‘马克思主义理论’就是一门从整体上研究马克思主义基本原理和科学体系的学科。”由此可见，培育马克思主义的整体意识，确立马克思主义的整体观，从整体上建设马克思主义，是增设马克思主义理论学科的根本宗旨所在，也是建设好这一学科的最重要的方法论原则。

马克思主义理论学科增设以来，一些著名学者一直高度关注学科人对马克思主义理论的整体性问题的理解，多次发起和组织马克思主义理论学科全国性的“博导论坛”，在每次论坛上都发表自己对整体性问题的见解。“论坛”之外，一些学者也一直在探讨整体性的问题，他们在一些重要刊物上发表的看法，让人受到启发。但是无庸讳言，如何理解和把握马克思主义理论学科的整体性问题目前依然存在，其突出表现就是：“整体性”在多数学科人的意识中仍然是一个模糊的概念，感到“说不清道不明”；马克思主义理论学科的整体观还远没有确立，甚至作为一种“提法”也没有取得应有的共识，得到应有的尊重；一些从事马克思主义理论研究的人对一级学科所属的二级学科思想政治教育和中国近现代史基本问题研究至今还持有“门户之见”；许多人在实际的学科建设包括马克思主义基本原理专业研究生的课程教学中仍习惯于走“分门别类”的老路，把“整体性”的要求丢在脑后。之所以会是这样，主要是没有适时引进相关性的概念，就整体性谈论整体性，以对整体性之重要性的宣示和说明替代了对相关性问题的细致分析，没有揭示和阐明马克思主义理论学科整体与其相关问题之间的逻辑联系，彰显由对相关性问题的分析到对整体的把握的方法论路径。

相关，即相互牵涉、相互关联、相互作用的意思。在语词学的意义上，中国人的话语系统从来没有“相关”的概念。“相关”语词的缺失，使得我们缺乏在伦理关系之外运用“相关”的概念认识和把握事物的自觉意识和话语习惯，虽然今天的人们已经较为普遍地使用“相关”这一概念。

马克思主义哲学认为，世界是不同事物普遍联系的整体，某一特定的事物也是其内部各要素之间普遍联系的整体。马克思主义作为知识体系，可以依据其研究的不同对象“分门别类”地划分为哲学、政治经济学和科学社会主义等不同学科，而作为意识形态的价值体系则不能作这样的划分，它应当是一个相互联系和相互作用的整体。

在意识形态的意义上，相关和联系不是同一含义的概念。联系，是用来描绘和说明世界的统一性以及一事物内部不同部分之间及其与外部其他事物之间的客观关系，是关于事物“纯自然”或“纯客观”状态的表达用语，虽然这样的表达用语从来都不可能是“纯自然”、“纯客观”的，换言之，联系属于反映事物“在我之先”的“本来面貌”的真理观范畴。而相关则不同，当人们运用相关的方法观察和思考事物的时候，就首先在自己与事物之间预设和建构了一种价值关系，事物就必然会因此带上“人的因素”，烙上人的“价值尺度”，因而也就不可能是“纯自然”或“纯客观”的了。进而言之，相关属于“为我所在”的价值论范畴。诚然，相关也是一种联系，但当我们在相关的意义上谈论联系时，此时的联系就已经被预设为“价值哲学”的范畴了，尽管这种预设或许是不自觉的。

整体，是一个与部分相对应的客观范畴，反映的是事物的整体状态。事物是怎样的，整体和部分的关系就是怎样的，事物的整体就是怎样的。人对事物整体状态的认识和把握形成关于事物整体的整体性知识体系，由于人的认识活动不可能是“纯自然”、“纯客观”的，所以在人的大脑里显现的“整体性知识体系”也从来不是“纯自然”、“纯客观”的，而是与人的价值追问和追求相关的。这就决定了人关于事物的整体的认识和把握必然是在与价值追问和追求的过程中才能显现出来，关于事物的“整体性知识体系”必然同时也是与价值追问和追求相关的价值论体系，离开事物的相关性问题探讨事物的整体性问题，势必会导致事物整体抽象化和虚幻化，使整体性问题变得模糊起来。因此，坚持“相关”的认识和实践是把握一切事物的“整体”的方法论路径。整体性的问题本质上是一个相关性的问题。

在马克思主义理论学科的研究和建设工程中，整体与相关的区别主要体现在：整体是一种结构概念，反映的是马克思主义理论一级学科体系经由内部不同分支学科相互关联而形成的内在的逻辑结构，属于学科结构范畴。相关——相互关联、牵连和设计之意，是一种实践概念，反映的是马克思主义理论一级学科体系内部不同分支学科之间及其与外部环境因素包括其他一级学科在建设和发展中相互关涉、相互影响的实践关系，属于学科实践范畴。整体性问题讨论的是马克思主义理论一级学科的“学理性”关系，相关性问题关注的是马克思主义理论一级学科的“实践性”关系。整体与相关之间的联系主要体现在：整体的形成依赖相关部分的建构，相关的建构需要在整体观念的指导下进行。相关性的观念和方法把我们引向实践，实践的过程在相关的意义上体现不同部分内在的质的同一性，从而使不同部分在结构上形成整体的性征，这便是相关性与整体性的逻辑关系的实质。

因此，马克思主义理论工作者，不论以前和现在是从事哪个方向研究的，都应培育自己的学科相关意识和价值观念，为此都应有开放的情怀，开阔的视界，创新的精神。为此，就要厘清各种相互关联的“实践性”关系，如马克思主义理论一级学科同其他相关的一级学科之间的建设关系、一级学科与其内含的各个二级学科之间的建设关系、一级学科内含的各个二级学科相互之间的建设关系、一级学科同与其相关的高校思想政治理论课教学和研究之间的建设关系、一级学科的“上层建筑”与“下层建筑”之间的建设关系，如此等等。就目前的实际情况看，这些相互关联的实践性关系亟待在实际的建设过程中加以理顺。

综上所述，探讨马克思主义理论学科的整体性问题，需要引进相关性的概念，将其与相关的建设和实践活动紧密地联系起来。马克思主义理论的整体观、整体意识及整体性格局的形成，需要在系统的相关的建设和实践活动的过程中逐步实现。

（钱广荣）

安徽财经大学政治学院

研究生学习科学发展观研讨会

图为院长曹天生向教育部评估专家汇报工作

学院部分教师的科研成果

一、简介

政治学院成立于2007年，是学校在本科教学评估建设中组建的新单位。

政治学院现有教职工48人，其中专任教师43人，行政人员5人。专任教师中教授7人，副教授13人，讲师26人，研究生导师18人，省中青年骨干教师2人，省优秀教育工作者1人，省优秀德育工作者1人，省优秀教师1人。

政治学院又称思想政治理论教学部，内分设四个教学分部和国际政治系。四个教学分部分别为马克思主义基本原理教学分部（简称原理教学部）、毛泽东思想和中国特色社会主义理论体系概论教学分部（简称特色理论教学部）、思想道德修养与法律基础教学分部（简称思修教学部）、中国近现代史纲要教学分部（简称近代史教学分部），其职责是实施全校学生的思想政治理论课教学。国际政治系设国际政治本科1个专业。

学院大多数教师来自北京大学、清华大学、中国人民大学、北京师范大学、复旦大学、南开大学、浙江大学、南京大学、苏州大学、武汉大学、中山大学、东北大学、南京师范大学、安徽大学等全国著名高校。

学院有7个院属研究所：马克思主义研究所、党史党建研究所、大学生思想政治教育研究所、历史文化研究所、涉台关系研究所、新农村建设研究所、绩效研究中心等。

二、学科建设

1. 国际政治专业本科生培养

培养目标。为贯彻专业培养目标的要求，在经济全球化的背景下，适应社会主义市场经济对于复合型人才的需求，本专业在系统开设国际政治类课程的基础上，开设了相当的法律类课程，尤其是国际法学的课程，同时还开设了适量的国际经贸类课程，使同学们在学习系统文化课的基础上实现国际政治与国际法律和国际经贸的复合。

培养要求。本专业学生主要学习政治学、国际政治、国际法和世界经济等方面的基本理论和基础知识；受到国际政治和国际形势研究、社会调查等方面的基本训练，具有调查研究、分析判断和协调组织等方面的基本能力。

2. 研究生培养

学院有四个硕士点。

马克思主义基本原理硕士点有两个研究方向：(1) 马克思主义与社会主义市场经济理论。(2) 马克思主义基本原理与经典著作。

马克思主义中国化硕士点有四个研究方向：(1) 党史党建理论研究；(2) 当代中国政府与行政研究；(3) 马克思中国化的理论与实践研究；(4) 中国特色社会主义理论体系研究。

思想政治教育硕士点有三个研究方向：(1) 民族文化与民族精神研究；(2) 高校思想政治教育与管理研究；(3) 企业文化与企业思想政治工作研究。

专门史硕士点有四个研究方向：(1) 中国文化史研究；(2) 中国抗日战争史研究；(3) 区域社会经济史研究；(4) 中国近现代思想文化史研究。

三、教学科研

学院坚持“教学兴院”的原则，十分重视课堂教学、教学实践和教学理论研究。目前有校级教学团队1个；省级精品课程1门；大学生思想政治理论教育实践基地5个。学院自成立以来，出版思想政治理论课教学教研专著1部，发表教研论文20篇；省级各类教学奖6项，校级各类教学奖13项。

学院坚持“学术立院”的理念，十分重视学术研究，强化精品意识。学院成立以来，教师分别在中华书局、中国档案出版社、中国科学技术出版社等出版专著10部；在多家报刊发表论文近200篇，其中80篇为国家核心期刊，有37篇论文分别被《新华文摘》、《中国社会科学文摘》、《中国人民大学报刊复印资料》等转载、摘介；申报成功省级以上课题10项，校级课题25项，其他横向课题6项；获省部级社会科学优秀成果二等奖5项，三等奖6项，校级8项。

四、人才培养工作特色

本科生培养工作方面。本科生自大一起实行导师制，培养学生浓厚的专业兴趣和学习氛围，加强实践教学环节等。2009届本科毕业生中，考研国家分数线达线率为32%，录取人数占学院毕业生总数的28 %。此外，考取国家公务员的占毕业生总数的8 %。

研究生培养工作方面。新生自入学两个月起实行导师制，师生实行互选；加强教学实践环节，鼓励在调查研究中寻找学术生长点和学位论文选题；指导教师与研究生经常交流互动；加强研究生经常性思想政治工作等。

学院教师合影

中山大学马克思主义哲学与中国现代化研究所

中山大学马克思主义哲学与中国现代化研究所，前身是1986年成立的“马克思主义哲学史研究所”，2000年9月，经教育部批准为全国普通高校人文社会科学重点研究基地。叶汝贤教授任首届所长，徐俊忠教授担任第二届所长，现任所长为李萍教授。

本所拥有一支以博士为主，老中青相结合的专职研究队伍。专职研究教授12人，副教授1人，讲师1人，另聘任了兼职教授12人。

研究所下设马克思主义解释史、实践哲学、唯物史观与当代中国三个研究室。本所坚持理论联系实际，以服务于国家现代化发展为主旨，倡导马克思主义哲学与其他学科相互渗透与融合；同时强化研究的国际化维度，积极主动地开展国际交流与合作。

基地自成立以来，共出版专著57部，发表论文260多篇，咨询报告7篇。发表在一类刊物上的学术论文近40篇。已出版的两套系列丛书是本所科学研究的标志性成果，一套是《马克思主义的当代价值》系列丛书9本，另一套是目前正陆续出版的《马克思主义哲学与现代文明》系列丛书，已出版了8本。本所论文或著作获国家高校人文社会科学研究成果奖6次，广东省哲学社会科学优秀成果奖15次。

中国马克思主义解释史：一种拓展中国马克思主义研究的新思路

七年前，经过中山大学文科学术委员会的批准，中山大学马克思主义研究院成立“中山大学中国马克思主义解释史研究中心”。中心工作由徐俊忠教授主持。作为中山大学马克思主义研究院的重要组成机构，中心以探索中国马克思主义研究新思路为基本学术取向。中心的基本工作理念是：重视学术积累，严格学术规范，追求学术原创。目前，学术资料积累、人才培养和科学研究等项工作均在扎实推进。

七年前，提出开展中国马克思主义解释史研究，主要基于拓展对中国马克思主义研究这一目的。毛泽东同志曾经说过，十月革命一声炮响，给中国人民送来了马克思列宁主义。马克思主义在中国近百年的历史，确实使中国发生了翻天覆地的变化。然而，近百年来中国人对于马克思主义的态度与理解也十分复杂多变。不同人群的政治立场与价值取向、历史时空的变换以及社会实践的发展等等，都是影响人们对于马克思主义的态度与理解的重要因素。就人群的认知维度看，中国人对于马克思主义的态度与理解，大致可以区分为：（1）把马克思主义作为政治改造与社会治理的指导思想来看待的人群，这主要以中国共产党为代表；（2）把马克思主义作为应该加以反对与去除对象的人群，（3）把马克思主义作为学术研究对象的非意识形态学者。在不同的历史时期，由于政治生态与社会境遇的不同，这三部分人各自所持有的观点对于社会的影响是不一样的。但是，不论如何，对于马克思主义的多元化理解是客观存在的。这种多元化理解既表现在不同群体对于马克思主义基本内容的立场、观点与方法的不同，也表现在不同群体对于马克思主义的解读维度与兴趣对象的不同。同时，由于历史本身就是一个流动的过程，不同群体并非铁板一块，其对马克思主义的立场、观点与方法也会由于所面临的政治生态与社会境遇的变化而有所调整，甚至发生根本性的变化。这是近百年来马克思主义在中国的一种实际存在。研究中国马克思主义必须正视历史的这种状况。

问题在于不同人群对于马克思主义所持有的立场、观点与方法实际上是存在着相互影响和互相诱导的。这种状况就像恩格斯的历史发展“合力论”所揭示的那样，各种不同的思想相互冲突与抵消，但都对历史发展产生着影响。欧洲社会当今较为注重公共福利的社会政策，实际上就有马克思主义和左翼政党的思想痕迹。把市场经济与中国的社会主义统一起来的言论，首先发自于非主流意识形态的知识分子群体。中国共产党人把“以人为本”理解为马克思主义的基本思想，也有着对学者们关于“马克思主义与人道主义”讨论成果的吸收因素等等。这种现象的发生不是特例，而是符合人类思想发生与变化的一般规律的。因此，要科学地理解中国马克思主义理论的发展与变化，我们就不能把视野仅仅局限在多元理解群体中的一元。而是要全面地历史地把握不同群体在不同时期对于马克思主义所作出的不同理解，并从他们的不理解中，深入地分析各种不同理解交互作用的复杂过程，探究中国马克思主义的演变规律。这是我们提出研究中国马克思主义解释史的一个重要考量。

基于上述考量，我们认为，推进中国马克思主义解释史研究必须实事求是地面对多元。因此，在研究的向度上，以下四个方面都是应该加以认真研究的对象：第一，中国共产党对于马克思主义的理解。中国的马克思主义是中国共产党的指导思想，及时深入地研究中国共产党对于马克思主义的最新解释和历史文献，是研究工作最为基础性的要求。第二，非官方学者对于马克思主义的理解。这一维度的理解，其成果所表现出来的形式与所表达的思想，一定与代表中国共产党的意识形态言论有所不同，有的甚至截然相反。其中，也许有不同的理论视角，不同的观点见解，也会有一些以纯学术形式出现的被称为“马克思主义学”的东西等等。但是，不论如何，它们都是马克思主义学术园地的展现，是民间对于马克思主义理解的表达。第三，各种“反共”和反马克思主义的政治势力对于马克思主义的理解。这一维度的理解，一定会有许多直接冲击中国共产党政治意识形态的内容，攻击、诽谤、曲解、丑化等等情绪性言论也会存在。第四，反映境外思潮对于中国马克思主义理解与评价。显然，境外对于中国的马克思主义的理解，有其某些局限与不足，然而，近代以来的中国，毕竟是世界的中国。境外人士对于中国的认识与理解，也许会提供某种独特的视角或者独特的方法。有些持有科学态度的境外学者，还可以由于身居境外而超越于政治纷争之外而发挥“第三只眼睛”的作用。因此，着眼于学术的发展，我们不仅应该而且十分必要认真地把其作为研究的对象。

从总体上看，中国马克思主义解释史属于带有很强的思想史色彩的范畴。当然，我们不能把它等同于一般的思想史研究。在中国，对于中国共产党人来说，马克思主义本身不是脱离社会实践而深居于学院的玄学理论，而是改造社会，推进文明发展的理论武器。这一特点决定着对于中国马克思主义的变化和发展的历史研究，不能采用一般的深藏于书斋而远离社会实践，穷究抽象概念的推演。实践是马克思主义尤其是中国马克思主义的基本品格，解决社会的实际发展问题才是它的基本使命。因此，中国马克思主义发展中所表现出来的概念、观点和理论的变化，不是理论自身逻辑演绎的结果，而是实践发展的产物。实践的逻辑，才是中国马克思主义发展的真实逻辑。因此，我们不主张以一般的思想史的研究方法去对待中国马克思主义解释史的研究。抽象地关注概念、观点与理论的变化，是无法真实地把握中国马克思主义发展的逻辑的。只有关注中国革命与建设的伟大实践的发展，把表现为概念、观点与理论上的变化与中国革命与建设的实践发展紧密联系起来，并以这个实践为基础，才有可能理解中国马克思主义发展的真实逻辑。

七年来，我们基本上是根据以上认识去指导研究工作与人才培养的。

研究工作的规范也是我们高度重视的问题。我们要求中心的所有研究课题的开展，都要建立在扎实的文献基础上。因此，课题研究的第一步是编制所研究问题的编年史。这一工作规范也是本中心博士研究生的基本工作规范。目前，已经完成和正在进行的博士论文工作，都编制有30万～60万字的主题编年史资料。

在研究力量的配置上，我们高度重视多学科的背景。我们认为，时下学科分类适应于知识的传授，但限制了人才的培养和研究工作的有效开展。科学研究所面对的是问题而不是学科。开展中国马克思主义解释史的研究，在目前人才知识背景分科过于狭窄的条件下，必须尽量配置多学科背景的研究人员，以实现知识的互补和方法的相互诱导。本中心现有人员既有来自哲学的，也有来自史学和社会学的。此外，研究人员的国际视野也是我们努力追求的目标。目前，本中心的主要研究人员都有在欧美国家进修研究一年以上的经历。

本中心的学术工作坚持回归严肃的学术。学术交流重视质量。这些年来，中心除了经常性的内部讨论与交流，仅与中央文献研究室举行过一次全国性的“毛泽东与当代中国”中型学术讨论会。然而，由于本中心具有严格的学术规范要求，学术研究初步形成了突出的风格。本中心人员所提交的七篇学术论文，均以视野开阔，论证多维，思想复合和史料掌握严谨扎实而受到与会人员的一直好评。

（岛　夫）

锐意进取，铸就辉煌

——湖南科技大学马克思主义理论学科简介

湖南科技大学马克思主义理论学科起源于20世纪70年代末，当时学校开始招收思想政治教育专业的专科生，1993年开始招收思想政治教育专业的本科生。本学科自改革开放以来、尤其在20世纪90年代获得了较大发展。目前，马克思主义理论学科有3个二级学科硕士点：马克思主义基本原理、思想政治教育和马克思主义中国化研究。拥有与之密切相关的3个二级学科硕士学位授权点：中共党史、马克思主义哲学和中国近现代史。本学科现拥有中共党史省级重点学科，拥有湖南省中国特色社会主义理论体系研究基地、湖南省党的学说与党的建设研究基地、湖南省思想政治工作研究基地等三个省级社会科学研究基地。2009年马克思主义理论一级学科被学校确定为博士学位授权立项建设学科。

经过几十年的建设，本学科在中国特色社会主义理论与实践、网络文化与思想政治教育、马克思主义与当代社会思潮、中国近现代史基本规律和主要经验研究等方面取得了一系列有影响的研究成果，形成了比较鲜明的研究特色。

本学科现已形成了一支以刘建武教授为学科带头人的结构合理、团结协作、特别能战斗的教学科研队伍。现有教授27人，博士23人，副教授18人，博士生导师（兼）1人；全国高校教学名师1人，享受政府特殊津贴专家1人，湖南省新世纪“121人才工程”人选5人。同时，拥有湖南省跨世纪学术带头人、湖南省高校学科带头人、国家留学基金公派留学人员等多人。思想政治理论课教学团队为省级教学团队。

近年来，承担中宣部马克思主义理论研究和建设工程项目1项、国家社会科学基金项目12项、教育部人文社会科学规划项目3项和湖南省社会科学基金重大项目等省部级项目30项。获得第五届中国高校人文社会科学优秀成果奖1项，省部级哲学社会科学优秀成果奖13项，其中一等奖2项。在国家级刊物和CSSCI来源期刊上发表学术论文近200篇，其中2篇人选中共中央2003年7月和2008年12月召开的“‘三个代表’重要思想理论研讨会”、“纪念党的十一届三中全会召开30周年理论研讨会”，数十篇论文被《新华文摘》、《光明日报》、人大复印资料等刊物转载、摘编。在国家级和省级出版社出版学术著作25部，其中译著2部。

近年来，本学科获得省级教学成果奖2项，出版教材10部，承担省级学位与研究教育研究项目2项，省级教学研究与改革项目6项。在3个二级学科招收硕士研究生80余人，3个相关二级学科招收硕士研究生60余人。硕士学位论文抽检全部合格，其中1篇被评为“湖南省优秀硕士学位论文”，6篇被评为湖南科技大学优秀硕士毕业论文。研究生在校期间在公开学术刊物上发表论文200余篇。

湖南科技大学马克思主义理论学科经过多年的积淀和发展，凝练了四个主要研究方向，形成了比较鲜明的研究特色。

1. 中国特色社会主义理论与实践研究

本方向主要聚焦于以下研究领域：（1）中国特色社会主义理论体系形成的思想渊源与历史条件研究；（2）中国特色社会主义道路研究；（3）中国特色社会主义政治制度研究；（4）中国特色社会主义政党制度研究；（5）中国特色社会主义理论体系的由来与发展研究。

本方向已承担中宣部马克思主义理论研究和建设工程项目《中国特色社会主义理论体系形成的思想渊源和历史条件研究》，国家社会科学基金项目《邓小平社会主义特色观研究》、《邓小平认识和处理社会主义同资本主义关系的理论与实践研究》和《民生问题与中国共产党的执政基础研究》，以及省部级项目20余项；出版《中国特色与中国模式——邓小平社会主义特色观研究》《科学发展观——中国特色社会主义理论体系的最新成果》《全球化与中国共产党执政能力建设研究》《中国共产党执政资源论》等著作20余部；发表论文120余篇，代表作有《深化对中国特色社会主义理论体系形成的思想渊源和历史条件的研究》《对深化“邓小平两制关系”理论研究的思考》

《"三个代表"重要思想形成的历史启示》《论党的执政资源体系及其优化》《论社会主义核心价值体系建设的基本要求》《论科学发展观的科学性》《领导干部道德素质与党的执政能力建设三题》《论领导干部执政道德规范》《民主：中国共产党的执政道德原则》等。

2. 网络文化与思想政治教育研究

本方向研究的重点是：（1）网络思想政治教育基本理论研究；（2）网络思想政治教育比较研究；（3）网络思想政治教育发展趋势研究；（4）大学生网络思想政治教育创新研究；（5）大学生网络思想道德建设研究。

本方向已承担了国家社会科学基金项目《网络文化与人的发展研究》《网络文化与加强党的执政能力建设研究》，教育部教育科学规划项目《网络文化培育与思想政治教育研究》，湖南省社会科学基金项目《网络思想政治教育生活化研究》和《马克思主义利益观中国化理论与实践研究》等项目10余项；出版《网络文化与大学生思想政治教育》《网络文明教育论》《儒学和谐合理性——兼与目的合理性、交往合理性比较》《大学生思想道德修养》等著作10余部；发表论文80余篇，代表作有《论网络思想政治教育的本质、现状及其有效运用》《构建指向人的全面发展的网络文化模式》《网络文化培育与人的全面发展》《培育网络文化，建设社会主义核心价值体系》《论网络文化对人的发展要素的促动》《德育生活化路径新探》等。

3. 马克思主义与当代社会思潮

本方向研究重点在于：（1）马克思主义与民主社会主义研究；（2）马克思主义与新自由主义研究；（3）马克思主义与生态社会主义研究；（4）马克思主义与文化批判思潮研究；（5）马克思主义与当代发展理论研究。

本方向已承担了国家社科基金项目《发展观转变与实践对策研究》《现代视域下公共道德及其基础研究》和《儒佛会通与现代新儒学之理论建构》，以及教育部人文社会科学规划项目《批判实在论与马克思主义哲学比较研究》和《人力资源管理伦理建设研究》等项目，以及省部级项目20余项；出版《实践合理性》《当代英美著名哲学家学术自述》《从传统伦理向现代伦理的转化与跨越》《中国文化的精神价值——中国人文精神之检讨》《现代公民社会的道德基础》《经济行为道德论》等著作10余部；发表论文100余篇，代表作有《社会知识论还是社会认识论》《批判实在论的社会科学哲学》《当代知识论与社会科学哲学》《当代西方社会科学哲学发展的三种态势》《协调自由与平等的冲突——孙中山正义思想研究》《效率与公平兼得的范式——孙中山的经济伦理思想》《发展理念转变与发展价值论转向》《论农民共享城市繁荣的道德意义》等。

4. 中国近现代基本规律及主要经验研究

本方向研究重点在于：（1）中国选择和坚持民族区域自治制度及其历史必然性研究；（2）中国选择和坚持人民代表大会制度及其历史必然性研究；（3）中国选择和坚持共产党领导的多党合作和政治协商制度及其历史必然性研究；（4）中国选择和坚持马克思主义及其历史必然性研究；（5）中国选择和坚持社会主义及其历史必然性研究。

本方向已承担了国家社会科学基金项目《乌托邦思想与城市人民公社研究》《国民政府行政院的制度变迁研究（1928～1937）》，湖南省社会科学基金项目《毛泽东建党思想与中国传统文化研究》《中苏论战问题再思考》、从《'民族自决'到'民族区域自治'——中共民族政策转型研究》等项目10余项；出版《执政为民论》《新民与救国——早年毛泽东国民性改造思想研究》《斯大林的社会主义观》《城市人民公社运动研究》等著作10余部；发表论文80余篇，代表作有《论公民社会在社会主义和谐社会构建中的两重性》《中国共产党与当代农民土地情感迁变》《另辟道路，另造环境》《论早年毛泽东对近代国民性改造思想内在矛盾之思考》《论城市人民公社化运动的历史必然性》《论当前中国社会政策的主流化趋势》《关于中共最早提出民族自觉主张的时间考证》等。

湖南科技大学马克思主义理论学科正以博士学位授权立项建设为契机，以建设高水平的学科团队为根本点，以形成高质量、标志性的系列成果为突破口，以全面提高研究生培养质量为立足点，迎接国务院学位办2011年的检查验收，并获得一级学科博士学位授予权。

改革创新　求真务实

——开拓进取中的河南大学马克思主义研究院

河南大学马克思主义研究院成立于2006年，是当时我国成立的第5家马克思主义研究院，是河南省第一个马克思主义的专门研究机构。河南大学与中共中央编译局世界社会主义研究所签订协议，由双方合作共建河南大学马克思主义研究院。目前，研究院下设马克思主义基本原理、马克思主义中国化、马克思主义发展史、思想政治教育、国外马克思主义五个研究室，聘请国内多位在马克思主义理论研究领域中的著名专家为兼职研究员。近年来，该研究院进行了卓有成效的理论研究，取得了明显的建设成效。

改革创新　学科优势不断彰显

河南大学马克思主义理论的教学与研究具有悠久的历史。罗章龙、关梦觉等在20世纪二三十年代即在河南大学从事马克思主义理论的教学与研究工作。新中国成立后，本学科的研究和教学获得了进一步的发展：1981年，马克思主义哲学、政治经济学在全国首批获得硕士学位授予权。1993年，河南大学获批马克思主义理论教育专业（世界政治经济与国际关系）硕士点。1997年，河南大学的马克思主义理论教育专业硕士点改为马克思主义理论与思想政治教育专业硕士点。2005年，获批马克思主义理论一级学科硕士学位授予权，马克思主义基本原理、马克思主义经济学（政治经济学）获批博士学位授予权。2008年河南大学马克思主义理论一级学科、马克思主义哲学、马克思主义经济学（政治经济学）两个二级学科分别获批河南省重点学科。总之，近年来，河南大学马克思主义理论学科建设不断进步，学科优势日益彰显，学科特色渐趋鲜明。

1. 马克思主义中国化研究。本研究方向有三个重点领域：（1）马克思主义经济理论中国化研究。（2）马克思主义中国化的历史进程与基本经验研究。（3）马克思主义中国化的功能地位与价值选择研究。

2. 马克思主义基本原理研究。本研究方向有三个重点领域：（1）马克思主义基本范畴及其理论体系研究。（2）马克思主义基本原理的实践本性及其当代价值研究。（3）马克思主义基本原理的创新与发展研究。

3. 马克思主义发展史研究。本研究方向有三个重点领域：（1）马克思主义意识形态理论史研究。（2）马克思主义经济思想史研究。（3）马克思主义在中国的运用和发展研究。

4. 国外马克思主义研究。本研究方向有三个重点领域：（1）国外马克思主义学者代表人物及其思想研究。（2）苏联东欧社会主义失败的经验教训研究。（3）欧洲社会民主党关于社会主义理论的研究。

5. 思想政治教育研究。本研究方向有三个重点领域：（1）思想政治教育基本理论研究。（2）民族精神、文化传统与思想政治教育研究。（3）大学生心理健康教育与高校思想政治教育研究。

求真务实　科学研究成果丰硕

河南大学马克思主义研究院坚持求真务实的科学精神，加强科学研究，取得了较为丰硕的成果。近年来，共承担各级各类科研项目98项，其中国家社科基金项目15项、教育部项目6项，河南省社科基金项目29项；在本学科公开学术期刊上发表学术论文459篇，其中CSSCI文章167篇，出版学术专著50余部；被有关部门鉴定科研成果63项，获省部级以上奖励28项。支持本学科点教师出境参加国际学术会议11人次，邀请国内外知名学者来校讲学30余人次。科学研究成果呈现出以下几个方面的特点：

1. 重视对马克思主义基本原理的系统研究和整体性研究。这方面代表性的研究成果有：吕世荣教授的学术专著《马克思主义哲学的当代视野》和《唯物史观的返本开新》（均由人民出版社出版）以及吕世荣教授主持的国家社科基金课题《经济全球化与马克思的世界历史理论研究》（2004～2007年）。

2. 以现实问题为着眼点，实现马克思主义基本原理研究与现实问题研究的结合。这方面的代表性成果有：张兴茂教授的《马克思主义所有制理论中国化研究》（中国社会科学出版社，2008

年）、《劳资两利与构建社会主义和谐劳动关系》（《当代世界与社会主义》2007 年第 5 期）、《坚持与发展马克思主义的阶级划分理论——兼论中产阶级的阶级属性》（《社会主义研究》2008 年第 1 期），于金富教授主持的国家社科基金课题《马克思主义政治经济学生产方式理论创新研究》（2006 ~2008 年）等在学术界有着巨大反响。

3. 在马克思主义经典著作的文本研究方面具有较为明显的特色。主要学术带头人许兴亚教授在对马克思经济学、哲学手稿和《资本论》的研究方面，其水平居于国内同类研究的前列。如发表于《马克思主义研究》2006 年第 4 期的《马克思〈1844 年经济学哲学手稿〉中若干译文的辨析》、发表于《中国社会科学》2008 年第 2 期的《马克思主义经济学应如何看待“经济人假设”——与程恩富同志商榷》等成果，在国内学界产生了较大反响。戈士国博士发表的《文本与真理：马克思早期著作解读的方法研究》（《马克思主义研究》2007 年第 9 期）等成果也在学术界产生了一定的影响。

4. 学术交流活动硕果累累。2005 年河南大学马克思主义研究院成立以来先后承办和协办了“马克思主义理论研究和建设工程暨哲学教材研究编写组学术研讨会”、“中国国际共运史学会 2006 年年会暨学术研讨会”、“全国首届马克思主义经济学发展与创新论坛”。教学和科研人员近三年来参加国内重要学术会议 125 人次，参加国际学术会议 20 余人次，派出国内进修学者 10 余人次，出境进修、访问学者 3 人，邀请国内外著名学者来校交流 30 余人次。张兴茂教授于 2005 年 3 月 ~ 2006 年 3 月在日本一桥大学做访问学者，并在该校作了题为“1949 年以来中国马克思主义经济学的发展”的学术报告；2006 年 11 月在“所有制与产权问题”国际研讨会上作了题为“南街村的集体经济”的学术报告。许兴亚教授于 2006 年 3 月参加了“当代马克思主义经济理论国际研讨会”，作了“走出对劳动价值论认识的误区”的学术报告；2007 年 3 月参加了“中国·日本‘人的发展经济学’国际学术研讨会”，作了“马克思主义关于人的解放和人的发展的理论与我国社会主义和谐社会的建设”的学术报告；2007 年 3 月参加了“现代马克思主义政治经济学与应用经济学创新”国际学术研讨会，作了“论中国当代的马克思主义经济学——再论中国马克思主义学者的历史使命”的学术报告；2007 年 10 月 ~ 11 月，在日本岛根大学参加“当代世界劳资关系的政治经济学观察——世界政治经济学学会第二届论坛”，作了“马克思主义经济学劳资关系理论中的若干问题”的报告，在国际学术界产生了较大影响。王德军教授于 2005 年 6 月 ~ 12 月被派到美国马里兰大学做访问学者，马进举教授于 2006 年 7 月 ~ 12 月被派到日本一桥大学做访问学者。

开拓进取　不断拓宽学科领域

近年来，紧紧围绕着马克思主义一级学科建设中的基本理论问题和实践问题，在以下几个方面拓宽了马克思主义学科的研究领域，为马克思主义理论学科的建设开辟了新的生长点。

1. 中国马克思主义解释学研究。该研究注重研究方法创新，在科学研究当代诠释学在马克思主义中国化进程中的创造性运用的基础上，详实地梳理了马克思主义中国化的历史进程及解释经验，系统地研究了在中国如何实现科学解释马克思主义的理论与学问——中国马克思主义解释学。王浩斌博士的《中国马克思主义解释学研究》已由新华出版社 2008 年出版。

2. 马克思主义意识形态理论史研究。意识形态理论也是马克思主义的重要组成部分。提出了马克思恩格斯意识形态概念到第二国际意识形态概念的流变和列宁的意识形态思想，是马克思主义理论发展的一种缩影的理论观点，在国内学术界产生了较大影响。戈士国博士主持的国家社科基金课题《意识形态概念变迁及其实践意蕴研究》（2008 ~ 2010 年）正在深入研究和梳理马克思主义的意识形态理论史。

3. 中国化马克思主义发展史研究。近年来，科研人员加强了对马克思主义在中国运用和发展的历史进程的研究。在研究的方法上，更加突出运用史料分析法、比较分析法对马克思主义在中国发展的各个阶段的特点、联系及影响。原思明教授的国家社科基金课题《三代中央领导集体治藏兴藏思想研究》（2004 ~ 2007 年）就是这方面的突出成就。

4. 继续深化马克思主义基本问题及其中国化的深层次研究。研究院在今后的研究规划中，计划形成《中国马克思主义国外研究述评》、《马克思主义中国化学科论》、《马克思主义中国化主体论》、《马克思主义中国化文化论》以及《马克思主义中国化方法论》等系列学术研究成果，力争为不断加深加厚马克思主义理论的学术底蕴作出更大的贡献。

常熟理工学院马克思主义哲学学科

马克思主义哲学学科2004年被确定为学校首批“重点扶持学科”，学科带头人周宏教授为常熟理工学院人文学院院长兼社会科学部主任，《常熟理工学院学报》主编兼编辑部主任，苏州大学博士生导师，河南大学特聘教授、博士生导师，江苏省“333工程”科学技术带头人。目前学科设有马克思主义哲学史和著作研究、马克思主义哲学原理研究两个方向，在马克思主义意识形态理论和第二国际研究方面颇有建树。学科人才队伍中，有教授2人、副教授3人，讲师3人；博士3人，在读博士1人，硕士3人，学士1人；平均年龄为39岁。

学科组成员从2004年6月~2008年12月共发表论文90余篇，其中核心期刊文章30篇，出版著作5本，著作或论文获奖8次。学院曾举办“当代资本主义研究国际学术研讨会”、“十七大精神与马克思主义的理论创新”研讨会、“马克思主义经典著作与中国特色社会主义理论体系”研讨会等高层次学术会议。学科组已经完成省厅级课题3项。目前参与国家社科重点招标课题1项，承担国家级、省部级和厅级课题9项，承担市级、校级课题4项。学科承担的“哲学”优秀课程群建设2006年12月获常熟理工学院“优秀课程群”称号。

马克思主义原典与中国特色社会主义理论体系

原典即由马克思和恩格斯创立的马克思主义经典性理论。从原典看，马克思主义是关于无产阶级争取解放斗争的理论，立场上的无产阶级性、观点上的超越资本统治、方法上的唯物辩证法、目标上的共产主义是它的精神实质。胡锦涛指出，“在当代中国，坚持中国特色社会主义理论体系，就是真正坚持马克思主义。”这不仅是对三十年改革开放历史经验的总结，也是对新时期中国共产党理论探索和创新的经典概括。它昭示了马克思主义在中国发展的境遇与成果，揭示了中国特色社会主义理论体系与原典在历史和逻辑上的一脉相承关系。

一、无产阶级立场与人民立场的逻辑关联

马克思主义的一个鲜明特征就是它的无产阶级立场。马克思主义的无产阶级立场与人民立场是相融的，坚持无产阶级立场不过是坚持人民立场的最集中、最彻底的体现。在中国，特殊的历史造就了无产阶级与人民与生俱来的一体化。新民主主义革命是中国化的无产阶级革命，人民民主专政是中国化的无产阶级专政。人民当家作主与无产阶级领导、代表人民的利益与代表无产阶级阶级利益达到了有机统一。不仅如此，无产阶级与人民的界限或许在革命时期还具有一定的意义，而当无产阶级取得政权成为社会的领导者以后，人民就成为无产阶级实现自己目的的基本力量，无产阶级的利益只有在人民的利益得到实现的前提下才可能得到实现。从这个意义上说，马克思主义的无产阶级立场在无产阶级取得革命胜利后就必然会走向人民立场。中国特色社会主义理论体系把人民作为自己的社会基础，把实现中国人民的利益作为自己最重要的内容。无论是邓小平指出的社会主义就是要使全体人民共同富裕，江泽民提出的代表中国最广大人民的根本利益，还是胡锦涛把以人为本诠释为以人民群众为本，都说明了中国特色社会主义理论体系的人民立场。而这种人民立场是对马克思主义无产阶级立场在新的时间和空间下的继承和发挥，它与原典立场具有逻辑上的承袭性和一致性。

二、超越资本统治观点与利用资本、制衡资本逻辑观点的逻辑关联

马克思主义最伟大的理论贡献之一就是科学地揭示了一条超越资本统治的道路。马克思认为，资本主义的基本矛盾是资本主义内部所不能解决的症结。生产资料的集中和劳动的社会化，达到了同它们的资本主义外壳不能相容的地步，这个外壳就要炸毁了，资本主义私有制的丧钟就要响了，剥夺者就要被剥夺了。然而，随着社会主义从理论走向实践，超越资本统治的复杂性和艰巨性就突出地表现出来了。

列宁在原则性和灵活性统一的基础上，提出要消灭资本的作用首先就要利用资本，发挥其恢复和发展经济的作用，限制其消极的作用等思想。中国没有经历过完整的资本统治的社会形态，社会生产力没有在资本的刺激下得到充分的发展。在这样的国度中，马克思主义者首先要解决的是利用一切手段包括资本的手段发展社会生产力，使国家强大、人民富裕，同时尽力避免资本对社会的统治，消除因资本的存在而产生与社会主义原则相悖的社会现象。改革开放以来，中国共产党坚持解放思想、实事求是的思想路线，在超越资本统治的问题上找到了一条既坚持原典的基本原则又结合中国国情的务实道路——中国特色社会主义道路。中国特色社会主义理论体系是原典与中国具体的社会主义实践相结合的产物，其利用资本、制衡资本逻辑的观点不过是马克思主义超越资本统治观点的具体化，与原典观点具有逻辑上的一致性。

三、唯物辩证法研究方法与解放思想、实事求是、与时俱进工作方法的逻辑关联

唯物辩证法不仅是一种科学的研究方法，也是一种科学的工作方法。中国共产党坚持解放思想、实事求是、与时俱进的工作方法，在实践中开辟了中国特色社会主义道路，在理论上形成了中国特色社会主义理论体系。从这一意义上说，解放思想、实事求是、与时俱进是中国特色社会主义理论体系的方法论。

解放思想、实事求是、与时俱进，是马克思主义唯物辩证法的中国式概述，它准确地体现了唯物辩证法的精神实质。这主要表现为：第一，解放思想、实事求是、与时俱进就是要从实际出发，按照事物的本来面目来认识事物的本质和规律。第二，解放思想、实事求是、与时俱进就是要揭示客观事物的本质联系，全面整体地把握事物。第三，解放思想、实事求是、与时俱进就是要在事物的运动、变化和发展中达到主观与客观的统一，获得关于事物规律性的认识。解放思想、实事求是、与时俱进，三者都以发展为基本事实，以主观与客观、理论与实践的具体的历史的统一为基本取向。因此，中国特色社会主义理论体系的方法论——解放思想、实事求是、与时俱进，是原典唯物辩证研究方法在认识和工作中的贯彻和发扬，二者之间具有逻辑上的继承性。

四、共产主义社会理想与民族复兴、人民幸福基本目标的逻辑关联

马克思主义以共产主义为最高价值目标。在资本主义自由竞争时期，全球性的经济与社会矛盾并未充分显露，马克思和恩格斯只能通过科学的抽象来求证共产主义理想的实现路径。他们认为无产阶级革命至少应该首先在几个发达资本主义国家同时取得胜利，进而在全球展开。不可能存在发达资本主义与共产主义在空间上的制度对峙、发达国家与不发达国家在阶级结构上的错综复杂性。

19世纪下半叶的历史变迁并没有沿着原典的思路走。无产阶级革命并没有在发达资本主义国家中发起，倒是在不发达国家中发生。不发达国家无产阶级革命的胜利难以促成全球无产阶级革命的发动，从而形成了资本主义与社会主义之间在制度上的空间性共存。在这种共存中，社会主义国家以自觉的无产阶级力量展现于世，社会主义国家的强大本质上就是世界性无产阶级力量的强大，其前途在一定意义上成为无产阶级取得全球胜利、实现共产主义理想的关键。

中国正是在这一历史情境中进行无产阶级革命和建设的，这决定了中国特色社会主义与原典的设想在具体内容上存在着差异性。这种差异性恰恰证明了中国共产党自觉地把原典精神实质与中国国情、时代特征相结合的伟大历史创造。中国特色社会主义理论体系把民族复兴、人民幸福作为奋斗的基本目标，虽与原典的共产主义理想在具体内容上存在一定的差异性。但这恰恰说明了中国特色社会主义理论体系在顺应时代变迁中对原典的理论继承和发展，展现出共产主义理想在新的历史条件下的现实实现路径。民族复兴、人民幸福的基本目标是中国共产党为实现共产主义理想打造坚实基础的宏伟蓝图。因为中华民族的复兴就是自觉的无产阶级力量的壮大，中国人民的幸福就是自觉的无产阶级利益的实现。所以，这样的基本目标不仅是民族性的，更是世界性的。它是共产主义理想在中国实践的重要环节，也是共产主义理想在全球实现的一个基础。在这一意义上，中国特色社会主义理论体系的民族复兴、人民幸福基本目标就是原典的共产主义社会理想在当代中国的具体展现，二者之间存在着内在的逻辑统一性。

（周宏　董岗彪）

竢实扬华 开拓创新

——西南交通大学马克思主义理论研究与建设30年记

西南交通大学作为一所以工科为主的首批“211”院校、教育部直属的“985创新平台”学校和百年老校，在建国以来特别是改革开放30年里，高举中国特色社会主义理论伟大旗帜、坚持科学发展、秉承“竢实扬华、自强不息”的交大精神，不断开拓创新，在马克思主义理论研究与建设工程方面，取得了一些标志性的理论成果，形成了自身的特点和经验，成为中国高校推进马克思主义理论研究与建设工程队伍中的重要成员。

一、理论研究不断创新 课程建设成果累累

我校虽然是一所以工科为主的院校，但在历任学校党政领导的重视和广大马克思主义理论工作者的共同努力下，30年来承担或完成各级有关马克思主义理论与教学研究方面的科研项目236项，获省部级政府哲学社会科学奖34项，出版专著、教材60余种，发表论文1200余篇。主要反映在：

（一）理论研究

1. 在马克思主义基本原理与马克思主义中国化研究方面，突出的有苏志宏教授关于晚年恩格斯对议会道路的思考的关系的研究，关于李达思想的发展历程研究；杨筱刚教授的国家社科基金项目成果《马克思主义“硬核”及其剥取——当代社会主义的自我意识》等。他们的研究受到学界的好评。

2. 在中共党史与中国近现代史研究方面，鲜于浩教授关于“留法勤工俭学运动史”的研究，“保路运动与辛亥革命”的研究方面；冉绵惠教授关于抗战大后方的四川保甲制度与全国抗战的关系的研究；田永秀教授、何薇副教授关于中国共产党从利用资本到消灭资本再到运作资本的理论认识与政策演变过程的研究，以及江红英博士关于建国前后中国共产党对工业化与社会主义道路的探索等都颇有新意。

3. 在“共产国际与中国革命”的研究方面，朱铃教授、何云庵教授关于共产国际、联共（布）对中国革命的影响、中国革命新道路的形成以及马克思主义中国化等重大问题的研究；曾森副教授对“现代托派”的研究等都有自己独特的见解。

4. 在社会主义民主政治建设研究方面，林伯海教授的“人民代表大会监督制度”的研究；王习明博士《乡村治理中的老人福利》问题研究，都受到专家的首肯。

（二）教学教研

早在80年代中期，根据《中共中央关于改革学校思想品德和政治理论课教学的通知》精神，我校在全省乃至全国高校中率先将原有三门课改为新设三门课。朱铃、李凤岭、李金营三名教授在四川省教委审定的《中国革命史》、《马克思主义原理》和《中国社会主义建设》三门课的统编教材中担任主编或副主编，汇聚了马克思主义理论课的多种教改成果。其中朱铃教授获得全国高校教学优秀成果特等奖、全国“两课”优秀教师称号，成为高校马克思主义理论教学的一面旗帜。朱铃教授参编的国家统编教材和主编的四川省统编教材《中国革命史》获得广泛的好评。何云庵教授担任副主编、朱铃教授和鲜于浩教授担任主审的四川省统编教材《毛泽东思想概论》于2001年获教育部优秀教材。在最新一轮的全国政治理论课教材统编中，鲜于浩教授作为“国家马克思主义理论研究与建设工程”专家的一员，参加了《中国近现代史纲要》教材的编写工作。

30年来，我校还涌现出何云庵教授、田雪梅副教授等三位四川省“两课”优秀教师、一位教育部“师德标兵”。何云庵教授的《毛泽东思想概论》于1999年获教育部“精彩一课”。目前，有国家级精品课两门（《毛泽东思想与中国特色社会主义理论体系概论》和《中国近现代史纲要》）；省级精品课三门《毛泽东思想与中国特色社会主义理论体系概论》《中国近现代史纲要》和《思想道德修养与法律基础》）；校级精品课五门《毛泽东思想与中国特色社会主义理论体系概论》《中国近现代史纲要》《思想道德修养与法律基础》《马克思主义基本原理概论》《当代世界经济与政

治》。有教育部思想政治理论课“精彩一章”获得者3名，多人获教育部思想政治理论课“优秀教学案例”、“优秀教案”、“优秀课件”等。

（三）学科建设

我校于1990年经国务院学位办批准设立马克思主义理论教育（中国革命史）专业硕士学位授权点，是四川省高校中率先获得此授权点的学校。2006年1月，我校又获得了马克思主义原理、思想政治教育两个二级学科博士点和马克思主义理论一级学科硕士点。2008年我校马克思主义理论一级学科被评为省级重点学科，在西部高校中位居前列。

二、领导重视机构健全 经费保障队伍稳定

（一）领导重视

从新中国建立时起，历任学校党政领导均十分重视马克思主义理论学科及其队伍的建设。20世纪50年代初，选派数批骨干教师和优秀毕业生到人大、北大上研究生班，奠定了我校马列师资队伍的坚实基础。改革开放初期，学校招收了马列师资班，并花费重金，采取“国内留学”的培养方式，把该班学生派往北大、人大、复旦、厦大等国内一流大学学习两年，为我校马克思主义理论学科建设培养了高水平的稳定的师资队伍。

（二）机构健全

根据校党委2000年1号文件，组建了“西南交通大学‘两课’建设工作领导小组”，负责全校“两课”建设工作。同时，学校组建了由思政课退休老教授组成的“两课”教学督导小组。在人文社会科学学院，还专门设立了思想政治理论课教研部和教学基地。2009年1月，学校成立了政治学院。

（三）队伍稳定

新世纪以来，一批毕业于北大、清华、人大、中山大学、南开大学、中国社科院研究生院的博士陆续加盟马克思主义理论学科队伍，为我校马克思主义理论建设增添了生力军。截至2008年7月，学校共有马克思主义理论教学与科研人员87人。其中，有正高职称的15人，副高职称30人，中级职称36人，初级职称6人。正是因为领导重视、经费保障，才使得马列教学部引得进人才，留得住人才，且人尽其才。才铸就了我校马克思主义理论建设的辉煌。

附：西南交通大学马克思主义理论学科研究方向与学术团队

马克思主义理论一级学科硕士点作为省级重点学科，依托马克思主义基本原理和思想政治教育两个博士学位授权点，在过去若干年的发展中，业已形成了以下较为稳定的研究方向：即中国化马克思主义研究，中国近现代史基本问题研究，马克思主义政治理论与国家学说研究，中国马克思主义教育史研究，思想政治教育的原理与方法研究，社会思潮与青年教育研究，新时期党团与学生工作研究。

结合学科发展态势与社会需求，在未来主要侧重在以下方向给予重点关注并组建由苏志宏、鲜于浩、何云庵和林伯海四位教授领衔的一级学科学术团队，下属4个二级学科团队。

1. 马克思主义基本原理

主要研究内容：（1）马克思主义范畴体系，特别是从整体上研究马克思主义；（2）马克思主义政治经济学及其在当代的运用与发展；（3）马克思主义在中国传播史。

该方向研究团队：学术带头人苏志宏，成员有严冰、覃世艳、唐眉江和谢渝。

2. 中国化马克思主义

主要研究内容：（1）留学生群体与马克思主义中国化；（2）共产国际与中国革命；（3）中国特色社会主义理论体系形成与发展；（4）马克思主义政治理论与国家学说建设。

该方向研究团队：学术带头人何云庵，成员有王习明、田雪梅、曾森、陈洁、王君、黄莉。

3. 中国近现代基本问题研究

主要研究内容：（1）保路运动与辛亥革命；（2）保甲制度与抗日战争；（3）中国共产党关于资本的理论与实践；（4）废约运动与中国革命。

方向研究团队：学术带头人鲜于浩，成员有徐文生、田永秀、冉绵惠、何薇、张雪永、邓小林、胡晓。

4. 思想政治教育

主要研究内容：（1）马克思主义与当代社会思潮；（2）思想政治教育的原理与方法；（3）新时期党团与学生工作研究。

该方向研究团队：学术带头人林伯海，成员有王顺洪、肖平、许义文、桂富强、向仲敏、刘占祥、胡子祥、饶世权、李学勇。

南京师范大学马克思主义研究院

南京师范大学马克思主义研究院于2006年建立。现拥有“马克思主义理论”一级学科博士学位授权点、“马克思主义理论”博士后流动站，拥有“马克思主义基本原理”国家重点学科和“马克思主义理论”江苏省一级学科重点学科。现有教授21人（其中博士生导师14人），副教授9人，获博士学位的教师28人，4人次获国务院政府特殊津贴和省级有突出贡献的中青年专家称号，1人为江苏省首批跨世纪学术技术带头人，1人为江苏省“青蓝工程”中青年学术带头人和江苏省“333高层次人才培养工程”首批科技带头人。

该院形成了四个有特色的学术研究方向：

（1）马克思主义经典著作及东方发展的基本原理。该方向主要研究马克思、恩格斯、列宁等的经典著作及其基本原理。已经获得教育部颁发的第二届、第三届、第四届中国高校人文社会科学成果二等奖1项、三等奖2项，获得省人民政府颁发的哲学社会科学成果一等奖、二等奖、三等奖各1项。当前承担着国家社会科学基金项目“马恩列斯关于东方社会发展的理论体系研究”、“列宁后期重要著作与列宁的理论创新”、“列宁苏俄农村建设重要思想的研究”等等。

（2）马克思主义意识形态理论与当代中国主流意识形态建设。该方向主要研究马克思主义经典作家关于意识形态问题的基本观点和思想精髓，研究马克思主义意识形态理论的新发展，探讨新形势下我国社会主义意识形态建设问题。已经主持完成国家社科基金项目“经济全球化与社会主义意识形态问题研究”，省社科基金项目“在参与全球化进程中加强我国社会主义意识形态建设”等重要课题。已经获得省哲学社会科学优秀成果一等奖1项、二等奖2项、三等奖1项。当前承担着国家社会科学基金重点项目“经济全球化与我国社会主流意识形态建设研究”和教育部专项任务项目“当前意识形态领域的热点、难点问题与推进马克思主义大众化研究”等等。

（3）马克思主义道德建设的理论与实践。该方向主要研究马克思主义经典作家关于道德问题的基本观点和思想精髓，关注当代中国的公民道德建设尤其是未成年人的道德教育。近年来，围绕研究方向，先后主持3项教育部人文社会科学重点研究基地基金项目，2项教育部“十五”规划重点课题，1项江苏省重点课题，3项江苏省一般课题，以及若干项教育厅项目。已经获得江苏省人民政府颁发的哲学社会科学成果一等奖2项，二等奖1项，三等奖4项。目前承担着国家社会科学基金重大项目“经典作家关于意识形态、先进文化和道德的基本观点研究”和国家社会科学基金重点项目“商业伦理与企业核心竞争力研究”等等。

（4）马克思主义理论与当代社会思潮。该方向在立足于马克思主义基本原理特别是它的历史唯物论和社会实践观的基础上，研究当代各种社会思潮及影响，重点对西方马克思主义等西方各种思潮、学说和流派进行分析。先后主持2项国家社会科学基金项目，1项江苏省重点课题，3项江苏省一般课题，以及若干项教育厅项目。已经获得江苏省人民政府颁发的哲学社会科学成果二等奖2项，三等奖3项，以及其他奖励5项。出版相关论著、译著5部，发表论文100多篇。当前承担着国家社会科学基金项目“西方马克思主义中的伦理思想研究”、“ 西方美德伦理学问题的研究与创新”等等。

马克思恩格斯关于意识形态本质特征的思想

马克思恩格斯是现代意识形态理论的奠基人，他们不仅树立马克思主义的意识形态批判性，更重要的成果是奠定了马克思主义意识形态理论发展的基石，使意识形态逐步成为唯物史观的一个基本范畴，成为无产阶级认识和变革社会的重要工具。在马克思恩格斯看来，意识形态所具有的本质特性和特征主要表现以下几个方面。

1. 鲜明的阶级性。马克思主义创始人认为，鲜明的阶级性是意识形态的内在表现和最本质的特征。意识形态是一定社会历史条件下的统治阶级或社会利益集团，自觉和全面地反映社会经济形态和政治制度关系的系统化了的思想观念和价值体系，因此，它必然反映一定阶级或社会集团的要求和利益，并为该阶级和或社会集团服务。由于意识形态的鲜明阶级性和群体性，使得一定的意识形态必然要在整体上论证该阶级和社会集团的利益及愿望的正当性和合法性，以便得到该阶级成员的广泛认同和支持，维护该阶级的利益。从这个意义说，意识形态是阶级斗争的工具。此外，在任何社会中占主导地位或主流地位的意识形态，也总是统治阶级的或控制该国家的阶级和社会集团的意识形态，正像马克思恩格斯在《德意志意识形态》中指出的："统治阶级的思想在每一时代都是占统治地位的思想。这就是说，一个阶级是社会上占统治地位的物质力量，同时也是社会上占统治地位的精神力量"（《马克思恩格斯选集》第1卷，人民出版社，1995，第98页）由于统治阶级的思想在每一时代都是占统治地位的意识形态，所以，在资本主义社会，资产阶级意识形态占统治地位，在社会主义社会，无产阶级意识形态要处于领导地位，这是"天经地义"的。

2. 系统的理论性。在马克思恩格斯看来，意识形态不是支离破碎的想法和观念，而是形成了一种思想理论体系，从范围和内容上讲，它是由政治、法律、哲学、道德、艺术、宗教等社会学说、思想观点组成的系统化了的思想观念体系，而这种社会意识形态诸形式既是相对完整的理论体系，又是互相联系、互相影响的有机的整体，使得意识形态具有系统的理论性。按照马克思主义的基本观点，意识形态并不是各种具体的意识形式的机械的总和，而是一个有一定结构的、有活力的总体。意识形态诸形式是一个层次不同、地位各异的统一体。其中政治法律思想是最核心层次。政治法律思想是对一定的经济基础和阶级利益的最直接和最集中的反映，并强制性地直接作用于一定的经济基础，维护着经济基础的合法性，所以，它在意识形态诸形式中处于统领和核心地位。道德和艺术等是基础层次。道德是指以善恶美丑的评价方式，依靠传统习惯、内心信念和社会舆论等调整人们之间及个人与社会之间的原则和行为规范的总和。道德也是一定经济基础的反映，但它不是直接的反映而是间接的反映，它要通过一定的环节作用于人们的现实行动。哲学（包括宗教）等是距离社会的经济基础最远的、但又处于最高层次的意识形态形式，是意识形态的灵魂。马克思说，"任何真正的哲学都是自己时代的精神上的精华"（《马克思恩格斯全集》第1卷，人民出版社，1995，第220页）。哲学是世界观的理论体系，是人们认识世界和改造世界的强大思维武器。上述不同层次意识形态诸形式相互连接并构成有机的整体，具有系统性的特点，它在与经济基础的互动中推动社会发展。

3. 强烈的实践性。意识形态的系统的理论性的特点决定了它具有强烈的实践性，这种实践性是意识形态的又一基本特征。实践观点是马克思主义唯物论的首要的和基本的观点，实践性是马克思主义的固有特色。在马克思恩格斯看来，意识形态不仅是统治阶级和社会集团根本利益得到集中反映的理论形式，也是统治阶级和社会集团利益得以满足和实现的实践要求和实践行动。意识形态的这种强烈的实践指向性表明，毫无政治目标和社会理想的意识形态，以及毫无实践内容和行动策略要求的意识形态是根本不存在的。无产阶级意识形态提出以后，就是通过不断的无产阶级革命运动、社会主义革命及社会主义建设来实现自己的意识形态的预定目标。

4. 相对的独立性。任何意识形态都具有相对的独立性，即社会意识在反映社会存在的同时，它还具有自身的特殊的发展形式和发展规律。在马克思恩格斯看来，这种相对独立性主要表现在两个方面：一方面是社会意识对社会存在的反作用性。马克思主义基本原理认为，社会存在决定社会意识，社会意识又反作用于社会存在。即社会意识发展的独立性是以一定的社会存在为前提的，社会意识的性质、取向离不开一定的社会存在，所以，这种独立性不是绝对的，而是有条件的和相对的。当然，社会意识对社会存在的反映不是被动消极的，而是一种能动的反映。另一方面是社会意识与社会发展的不完全同步性。这种不完全同步性主要表现为两种情况：一是"滞后性"，即社会意识有时可能会落后于社会存在的变化。在意识形态的诸形式中，有的能随着社会关系和经济关系的变化而变化，有的反映可能迟钝，落后于社会变化，成为社会前进的阻力和障碍。二是"先导性"，即社会意识有时可能会领先和超前于社会存在。尤其在社会历史急剧变化的时期，某些社会意识往往成为社会革命和历史变革的先导，给社会存在以深刻巨大的影响。这正是社会意识能动作用的彰显，也是社会意识与社会存在不总是同步的表现。

5. 历史的继承性。意识形态还有历史的继承性，这实际上是社会意识相对（下转第767页）

陕西师范大学政治经济学院马克思主义理论学科建设与研究成果

陕西师范大学是教育部直属、国家“211”工程重点建设大学。陕西师范大学政治经济学院长期以来把马克思主义研究和教学作为学院发展的重心，在马克思主义理论学科建设上取得了重要的成绩。2002 年学院思想政治教育专业被陕西省人民政府授予名牌专业称号，2003 年获得马克思主义理论与思想政治教育专业博士授予权，2006 年获得马克思主义理论博士、硕士一级学科授予权。在 2008 年教育部学位与研究生教育发展中心组织的全国马克思主义理论一级学科评估中，名列第六。此外，作为教育部全国辅导员培训基地和国家民委少数民族马克思主义理论骨干的教学单位，学院承担着培养高校马克思主义理论课教师、学生辅导员和少数民族高层次政治理论人才的专项任务。

经过几代人的努力，学院建设起了一支结构合理、梯队性强、学风严谨的教学科研队伍，目前有 10 位博士生导师：江秀乐、马启民、陈答才、王振亚、王继、金延、门忠民、王俊栓、闫树群、袁祖社，硕士生导师 20 名。其中 11 人拥有博士学位，是我国西北地区马克思主义理论教学和研究的重要力量。近些年来，学院在马克思主义理论研究的各个方面取得了重要的成果。

在马克思主义哲学和辩证法研究方面，江秀乐在《自然辩证法研究》2006 年第 8 期发表的《近代科学的精神气质及其文化背景和希腊来源》以及 2008 年第 4 期发表的《奎因的“经验论批判”与“语义上溯”对科学哲学的重构——从规范主义到自然主义》两篇论文对近代西方的科学主义和科学哲学的发展进行了独具特色的学理分析。雷龙乾《中国社会转型的哲学阐释》（人民出版社，2004 年）从历史定位、价值思辨和实现方式三个方面对当代中国社会转型的过程进行了深入的哲学解读。雷龙乾在《北京大学学报》2007 年第 1 期发表的《马克思的现代性批判理论刍议——兼论“物的依赖性”》提出，“物的依赖性”理论是马克思现代性批判理论的精华，对全面认识资本主义现代性和构建中国特色社会主义现代性具有极重要的思想价值。袁祖社《权力与自由：市民社会的人学考察》（中国社会科学出版社，2003 年）从马克思主义哲学的视角对市民社会以及中国特色“市民社会”的构建进行了细致深入的研究。袁祖社在《中国社会科学》2007 年第 3 期发表的《“公共哲学”与当代中国的公共性社会实践》提出，现代公共哲学作为一种代表着未来哲学演进的可能方向，理性地表达人类生存智慧的新哲学形态，是立足于“全球公民社会”背景下的生存情境。武天林《唯物史观与中国问题》（中国社会科学出版社，2008 年）从唯物史观的视野对当代中国发展中的一系列问题进行了深刻的哲学阐述。

在马克思主义中国化和马克思主义政治学研究方面，王继在《马克思主义研究》2006 年第 10 期发表的《中国马克思主义阅读学的研究对象及基本问题》中提出“中国马克思主义阅读学”的学术新概念，认为中国马克思主义阅读学是一门在中国科学理解与阅读马克思主义的学问。马启民《国外邓小平理论研究评析》（高等教育出版社，2002 年）对于国外学者对邓小平理论的研究进行了全面、系统的介绍和评析。马启民在《当代世界与社会主义》2008 年第 6 期上发表的《国外中国特色社会主义理论研究评析》对当前西方学者关于中国特色社会主义的研究进行了全面的介绍和评析，对于拓展关于中国特色社会主义的研究有重要的学术意义。王俊拴在《政治学研究》2004 年第 4 期发表的《马克思主义视域中的“多数暴政”问题分析》指出，“多数暴政”是西方自由主义政治思想家提出并不断加工的理论假设，以“防止多数暴政”理论作为分析工具研究当代中国的政治实践缺乏解释力。

阎树群主持的国家社科基金重大项目《当代中国的马克思主义学风》（中国社会科学出版社，2004年）深入系统地探讨了毛泽东、邓小平、江泽民三代中央领导核心关于学风的理论与实践。王振亚主持的教育部人文社科项目《政治文明与当代中国政治发展》（人民出版社，2006年）深入地研究了新中国成立以来中国政治发展的历程和当代中国政治文明建设中一系列亟待解决的问题。陈答才《周恩来经济建设思想论》（陕西人民出版社，1998年）全面介绍了周恩来的经济建设思想，并深入总结了党把马克思主义经济理论与中国社会主义建设相结合的历史规律。王晓荣《国共两党与察哈尔抗日》（人民出版社，2005年）以系统全面的史料深入研究了察哈尔抗日期间国共两党的政策演变，填补了学术空白，在中共党史、中国近代史研究领域产生了重要的学术影响。

在马克思主义政治经济学研究方面，陈答才《中国共产党开发西部的理论与实践》（人民出版社，2008年）系统考察了新中国历届中央领导集体关于开发西部的思路和方法，并深入研究了科学发展观在推动当前西部经济社会发展中的重要意义。叶普万《贫困经济学研究》（中国社会科学出版社，2004年）和《中国城市贫困问题研究论纲》（中国社会科学出版社，2007年）运用马克思主义政治经济学的基本理论深入研究农村贫困问题、城市贫困问题的根源和中国特色反贫经济战略。任晓伟《社会主义计划经济的历史和理论起源》（人民出版社，2009年）对传统计划经济形成的具体历史和理论过程进行了全面的研究，对于认识中国社会主义市场经济的改革路径和历史地位有比较重要的学术意义。

（上接第765页）独立性表现的延伸。马克思恩格斯认为，意识形态这种历史继承性表现在两个方面：一方面是发展的继承性。任何一种意识形态都不是凭空形成的，它是在继承以往积累的思想材料的基础上产生和发展的。马克思在《路易·波拿巴的雾月十八日》中曾指出：“人们自己创造自己的历史，但是他们并不是随心所欲地创造，并不是在他们自己选定的条件下创造，而是在直接碰到的、既定的、从过去承继下来的条件下创造。一切已死的先辈们的传统，像梦魔一样纠缠着活人的头脑”（《马克思恩格斯选集》第1卷，人民出版社，1995，第585页）当然，这种继承既可能是汲取历史的精华，也可能承袭了历史的糟粕，而任何进步的意识形态，肯定都是在扬弃和批判地继承了历史材料的合理和有价值成分的基础上发展起来的，马克思主义理论如此，中国特色社会主义更是如此。另一方面是发展的相互影响性或相关性。表现为不仅一定历史时期内的社会意识诸形式之间相互影响和相互作用，而且不同国家和民族之间的意识形态也相互影响、相互作用。这种情况就像今天的全球化浪潮所带来的影响一样。正是各种意识形态之间的相互影响和相互作用，不仅使意识形态的相对独立性更加彰显，也为意识形态的不断发展开辟了广阔的道路。

（王永贵）